AUTOMAÇÃO INDUSTRIAL E SISTEMAS DE MANUFATURA

Mikell P.
Groover

AUTOMAÇÃO INDUSTRIAL E SISTEMAS DE MANUFATURA

3ª edição

Tradução
Jorge Ritter
Luciana do Amaral Teixeira
Marcos Vieira

Revisão Técnica
Prof. Dr. José Hamilton Chaves Gorgulho Júnior
Professor do Instituto de Engenharia de Produção e Gestão (IEPG)
da Universidade Federal de Itajubá – UNIFEI

Pearson

abdr
ASSOCIAÇÃO BRASILEIRA DE DIREITOS REPROGRÁFICOS
Respeite o direito autoral

© 2011 by Pearson Education do Brasil
© 2008 by Pearson Education, Inc.

Tradução autorizada a partir da edição original, em inglês, *Automation, production systems, and computer-integrated manufacturing*, 3rd edition, publicada pela Pearson Education, Inc., sob o selo Prentice Hall.

Todos os direitos reservados. Nenhuma parte desta publicação poderá ser reproduzida ou transmitida de qualquer modo ou por qualquer outro meio, eletrônico ou mecânico, incluindo fotocópia, gravação ou qualquer outro tipo de sistema de armazenamento e transmissão de informação, sem prévia autorização, por escrito, da Pearson Education do Brasil.

Diretor editorial: Roger Trimer
Gerente editorial: Sabrina Cairo
Supervisor de produção editorial: Marcelo Françozo
Editora plena: Arlete Sousa
Preparação: Bárbara Borges
Revisão: Thaís Rimkus e Guilherme Summa
Capa: Alexandre Mieda
Editoração eletrônica e diagramação: Casa de Ideias

Dados Internacionais de Catalogação na Publicação (CIP)
(Câmara Brasileira do Livro, SP, Brasil)

Groover, Mikell
    Automação industrial e sistemas de manufatura / Mikell Groover ; tradução Jorge Ritter, Luciana do Amaral Teixeira, Marcos Vieira ; revisão técnica José Hamilton Chaves Gorgulho Júnior. – 3. ed. – São Paulo : Pearson Prentice Hall, 2011.

Título original: Automation, production systems, and computer-integrated manufacturing.
ISBN 978-85-7605-871-7

1. Controle de produção 2. Processos de fabricação – Automação 3. Robôs industriais 4. Sistemas CAD/CAM 5. Sistemas de fabricação intergrada por computador I. Título.

10-12689   CDD-670.427

Índice para catálogo sistemático:
1. Sistemas de produção : Automação industrial : Tecnologia   670.427

Direitos exclusivos cedidos à
Pearson Education do Brasil Ltda.,
uma empresa do grupo Pearson Education
Avenida Santa Marina, 1193
CEP 05036-001 - São Paulo - SP - Brasil
Fone: 11 2178-8609 e 11 2178-8653
pearsonuniversidades@pearson.com

Distribuição
Grupo A Educação
www.grupoa.com.br
Fone: 0800 703 3444

SUMÁRIO

Prefácio IX

Agradecimentos X

Capítulo 1 Introdução 1
    1.1 Sistemas de produção 3
    1.2 Automação em sistemas de produção 7
    1.3 Trabalho manual nos sistemas de produção 10
    1.4 Princípios e estratégias da automação 12
    1.5 Organização deste livro 15

Parte I Visão geral da produção 18

Capítulo 2 Operações de produção 19
    2.1 Setores de produção e produtos 22
    2.2 Operações de produção 26
    2.3 Instalações de produção 29
    2.4 Relação produto/produção 33
    2.5 Produção enxuta 37

Capítulo 3 Modelos e métricas de produção 40
    3.1 Modelos matemáticos de desempenho da produção 40
    3.2 Custos da produção 46

Parte II Automação e tecnologias de controle 55

Capítulo 4 Introdução à automação 56
    4.1 Elementos básicos de um sistema automatizado 58
    4.2 Funções avançadas de automação 64
    4.3 Níveis de automação 68

Capítulo 5 Sistemas de controle industrial 71
    5.1 Indústrias de processos *versus* indústrias de produção discreta 71
    5.2 Controle contínuo *versus* controle discreto 74
    5.3 Controle de processos por computador 79

Capítulo 6 Componentes de hardware para automação e controle de processos 92
    6.1 Sensores 93
    6.2 Atuadores 96
    6.3 Conversores analógico-digital 103
    6.4 Conversores digital-analógico 105
    6.5 Dispositivos de entrada/saída para dados discretos 107

Capítulo 7 Controle numérico 112
    7.1 Fundamentos da tecnologia de controle numérico 115
    7.2 Controle numérico computadorizado 120
    7.3 Controle numérico distribuído 124
    7.4 Aplicações do controle numérico 126

7.5 Análise de engenharia dos sistemas de posicionamento do CN 132
7.6 Programação das peças no CN 137
Apêndice A7: Codificação para a programação manual 153
Apêndice B7: Programação com APT 160

Capítulo 8 Robótica industrial 172
   8.1 Anatomia de um robô e atributos relacionados 174
   8.2 Sistemas de controle de robôs 179
   8.3 Efetuadores finais 181
   8.4 Sensores em robótica 182
   8.5 Aplicações de robôs industriais 182
   8.6 Programação de robôs 188
   8.7 Precisão e repetibilidade de robôs 194

Capítulo 9 Controle discreto utilizando controladores lógicos programáveis e computadores pessoais 202
   9.1 Controle discreto de processos 203
   9.2 Diagramas de lógica ladder 209
   9.3 Controladores lógicos programáveis (CLPs) 213
   9.4 Computadores pessoais utilizando lógica *soft* 219

Parte III Manuseio de materiais e tecnologias de identificação 223

Capítulo 10 Sistemas de transporte de materiais 224
   10.1 Introdução ao manuseio de materiais 225
   10.2 Equipamentos de transporte de materiais 229
   10.3 Análise de sistemas de transporte de materiais 243

Capítulo 11 Sistemas de armazenamento 257
   11.1 Desempenho do sistema de armazenamento e estratégias de localização 258
   11.2 Métodos e equipamentos convencionais de armazenamento 261
   11.3 Sistemas automatizados de armazenamento 264
   11.4 Análise de engenharia dos sistemas de armazenamento 271

Capítulo 12 Identificação automática e captura de dados 281
   12.1 Visão geral dos métodos de identificação automática 282
   12.2 Tecnologia de códigos de barras 284
   12.3 Identificação por radiofrequência 291
   12.4 Outras tecnologias de identificação automática e captura de dados (AIDC) 293

Parte IV Sistemas de manufatura 295

Capítulo 13 Introdução aos sistemas de manufatura 296
   13.1 Componentes de um sistema de manufatura 297
   13.2 Esquema de classificação para sistemas de manufatura 302
   13.3 Resumo do esquema de classificação 308

Capítulo 14 Células de manufatura com uma estação 311
   14.1 Células operadas com uma estação 312
   14.2 Células automatizadas com uma estação 313
   14.3 Aplicações de células com uma estação 317
   14.4 Análise de sistemas com uma estação 321

Capítulo 15 Linhas de montagem manuais 329
   15.1 Aspectos básicos das linhas de montagem manuais 330
   15.2 Análise das linhas de montagem de modelo único 336
   15.3 Algoritmos de balanceamento de linha 341
   15.4 Linhas de montagem de modelo misto 346

15.5 Considerações sobre estações de trabalho..355
15.6 Outras considerações sobre o projeto de linhas de montagem..356
15.7 Sistemas de montagem alternativos...359

Capítulo 16 Linhas de produção automatizadas...367
16.1 Princípios fundamentais das linhas de produção automatizadas...368
16.2 Aplicações de linhas de produção automatizadas...375
16.3 Análise de linhas de transferência...379

Capítulo 17 Sistemas de montagem automatizados..393
17.1 Fundamentos dos sistemas de montagem automatizados..394
17.2 Análise quantitativa dos sistemas de montagem...399

Capítulo 18 Manufatura celular..413
18.1 Famílias de peças...415
18.2 Classificação e codificação de peças...417
18.3 Análise do fluxo de produção..420
18.4 Manufatura celular...422
18.5 Aplicações da tecnologia de grupo..427
18.6 Análise quantitativa na manufatura celular...428

Capítulo 19 Sistemas flexíveis de manufatura..438
19.1 O que é um sistema flexível de manufatura?..440
19.2 Componentes do FMS...445
19.3 Aplicações e vantagens do FMS...452
19.4 Aspectos de planejamento e implementação do FMS..454
19.5 Análise quantitativa dos sistemas flexíveis de manufatura..456

Parte V Controle de qualidade em sistemas de manufatura...473

Capítulo 20 Programas de qualidade para manufatura..474
20.1 Qualidade em projeto e manufatura..475
20.2 Controle de qualidade moderno e tradicional...476
20.3 Variabilidade e capabilidade do processo..478
20.4 Controle estatístico de processo..481
20.5 Seis sigma..490
20.6 O procedimento DMAIC seis sigma...492
20.7 Métodos taguchi na engenharia de qualidade...497
20.8 ISO 9000..500

Capítulo 21 Princípios e práticas de inspeção...507
21.1 Fundamentos da inspeção..508
21.2 Inspeção por amostragem *versus* inspeção cem por cento...511
21.3 Inspeção automatizada...515
21.4 Quando e onde inspecionar...517
21.5 Análise quantitativa da inspeção..520

Capítulo 22 Tecnologias de inspeção..530
22.1 Inspeção metrológica...531
22.2 Técnicas de inspeção com contato *versus* sem contato...534
22.3 Medição convencional e técnicas de calibragem..535
22.4 Máquinas de medição por coordenadas (MMCs)...537
22.5 Medição de superfície...547
22.6 Visão de máquina..549
22.7 Outros métodos de inspeção ótica..554
22.8 Técnicas de inspeção não óticas sem contato...556

Índice remissivo..561

PREFÁCIO

Este livro foi originalmente publicado em 1980 sob o título *Automation, production systems, and computer-aided manufacturing*. Ele continha 19 capítulos e 601 páginas. Os tópicos incluíam linhas de fluxo automatizadas, balanceamento de linhas de montagem, controle numérico, CAD/CAM, teoria de controle, controle de processos, planejamento de produção, tecnologia de grupo e sistemas flexíveis de manufatura. Uma edição revisada foi publicada em 1986, e o título, alterado para *Automation, production systems, and computer-integrated manufacturing*. Os tópicos adicionais incluíam robótica industrial, controladores lógicos programáveis, sistemas de montagem automatizados, armazenamento e manuseio de materiais, técnicas de identificação automática, controle de chão de fábrica e a fábrica automatizada do futuro. A segunda edição desse título foi lançada no ano 2000, com direito de publicação até 2001. Embora muitos tópicos tenham permanecido os mesmos da edição de 1986, o livro foi amplamente reorganizado e a maioria dos capítulos foi reescrita, o que permitiu a atualização dos assuntos técnicos. O número de páginas aumentou para 856, embora grande parte do material sobre controle de processos industriais tenha sido eliminada ou reduzida.

Nesta edição do título atual (quarta do texto original), consolidei e reorganizei alguns tópicos e eliminei materiais que julgava não mais relevantes. Ao mesmo tempo, acrescentei ou expandi em diversos capítulos a discussão sobre tecnologias novas ou emergentes (por exemplo, identificação por radiofrequência, Seis Sigma, produção enxuta, ERP). Algumas mudanças no livro foram motivadas por respostas a um questionário aplicado pela editora. Os nomes dos participantes da pesquisa estão incluídos na seção de agradecimentos. Algumas sugestões bastante valiosas foram dadas por esses revisores, e tentei responder a elas sempre que possível. De qualquer modo, agradeço os esforços empenhados no projeto e tenho certeza de que o livro está melhor por conta desses esforços. Por fim, acrescentei perguntas de revisão no fim de cada capítulo e revisei alguns dos problemas propostos.

O principal objetivo do livro continua o mesmo das edições anteriores. É um manual criado primeiramente para os estudantes de engenharia nos níveis avançados da graduação ou em níveis iniciais da pós-graduação em engenharia industrial, mecânica ou de produção. Ele apresenta todas as características dos manuais de engenharia: equações, problemas-exemplo, diagramas, exercícios quantitativos no fim dos capítulos e descrições técnicas que, normalmente, são confusas.

O livro também deve ser útil para engenheiros e gerentes atuantes que desejem aprender sobre tecnologias de sistemas de automação e de produção na manufatura moderna. Em diversos capítulos, apresento orientações de aplicação que visam a auxiliar os leitores na decisão sobre qual tecnologia em particular pode ser apropriada para suas aplicações.

MIKELL P. GROOVER

EDIÇÃO BRASILEIRA

Material de apoio do livro

No site www.grupoa.com.br professores e alunos podem acessar os seguintes materiais adicionais:

Para professores

- Manual de soluções abrangendo todas as questões de revisão (em inglês).

- Apresentações em PowerPoint.

   Para estudantes

- Parte VI do livro (capítulos 23 a 26) (em inglês).

- Respostas das questões de revisão (em inglês).

Esse material é de uso exclusivo para professores e está protegido por senha. Para ter acesso a ele, os professores que adotam o livro devem entrar em contato através do e-mail divulgacao@grupoa.com.br.

AGRADECIMENTOS

Os participantes da pesquisa previamente mencionada, que revisaram o livro são Amarnath Banerjee, da Texas A&M University; Joe Chow, da Florida International University; Joseph Domblesky, da Marquette University; e Frank Peters, da Iowa State University. Suas sugestões foram de grande auxílio na formatação final do conteúdo e na organiza-ção deste livro. Pelas sugestões e conselhos em relação a esta nova edição, muitas pessoas devem ser citadas: Kalyan Ghosh, do Departamento de Matemática e Engenharia Industrial da École Polytechnique, em Montreal, Quebec, Canadá, por ser um usuário antigo deste livro em seus cursos e por suas sugestões para esta nova edição; Jack Feng, do Departa-mento de Engenharia de Manufatura da Bradley University, por seu valioso *feedback* sobre este e outros manuais que escrevi; George Wilson, meu colega no Departamento de Engenharia Industrial e de Sistemas na Lehigh, por seus con-selhos sobre o capítulo de planejamento e controle da produção (Capítulo 25, disponível no Companion Website); e Marcia Hamm Groover, por ser minha esposa, especialista em slides do PowerPoint e em computadores (eu escrevo li-vros sobre tecnologias relacionadas aos computadores, mas é ela quem resolve meus problemas computacionais).

Também agradeço aos editores na Pearson Prentice Hall: Holly Stark, editor sênior; Dee Bernhard, editor associa-do; Scott Disanno, editor executivo sênior para esta edição e editor de produção das edições anteriores; e James Buckley, editor de produção *freelance* na Pearson Prentice Hall. Além disso, agradeço pelo cuidadoso trabalho de copidesque e edição do manuscrito realizada pela WriteWith. Por fim, sou grato a todos os colegas de faculdade que adotaram as edi-ções anteriores do livro em seus cursos e que, assim, fizeram que o projeto fosse comercialmente bem-sucedido para a Pearson Prentice Hall, tornando viável a produção desta nova edição.

Agradecimentos à edição brasileira

Agradecemos a todos os profissionais que trabalharam na produção desta edição brasileira de *Automação industrial e sistemas de manufatura*, em especial ao professor José Hamilton Gorgulho, pela atenção, pelo suporte ao trabalho e cuidado com a revisão técnica do livro.

CAPÍTULO 1
Introdução

CONTEÚDO DO CAPÍTULO

1.1 Sistemas de produção
    1.1.1   As instalações
    1.1.2   Sistemas de apoio à produção

1.2 Automação em sistemas de produção
    1.2.1   Sistemas de produção automatizados
    1.2.2   Sistemas computadorizados de apoio à produção
    1.2.3   Razões para a automação

1.3 Trabalho manual nos sistemas de produção
    1.3.1   Trabalho manual nas operações das fábricas
    1.3.2   Trabalho nos sistemas de apoio à produção

1.4 Princípios e estratégias da automação
    1.4.1   O princípio USA
    1.4.2   Dez estratégias para automação e melhoria dos processos
    1.4.3   Estratégia de migração para a automação

1.5 Organização deste livro

Os aspectos dos sistemas de manufatura, ou sistemas de produção, são mais importantes atualmente do que jamais foram. A palavra 'manufatura' tem sua origem em duas palavras latinas, *manus* (mão) e *factus* (fazer), e a combinação de ambas significa 'fazer com as mãos'. Era assim que se realizava a produção quando a palavra surgiu na língua inglesa, por volta de 1567. Os produtos comerciais dessa época eram produzidos com as mãos. Os métodos eram artesanais, realizados em pequenas lojas, e os produtos eram relativamente simples se comparados com os padrões atuais. Com o passar do tempo, fábricas foram criadas, com muitos trabalhadores em um só local, e as técnicas artesanais de trabalho deram lugar às máquinas. Os produtos tornaram-se mais complexos, assim como os processos. Os trabalhadores precisaram se especializar em suas tarefas e, em vez de supervisionar a produção completa, eles passaram a ser responsáveis somente por parte do trabalho. Um planejamento mais apurado e uma maior coordenação eram necessários para que se pudesse controlar o progresso nas fábricas. Os sistemas de produção, que contam com diversas tarefas separadas, embora relacionadas, estavam em fase de evolução.

Hoje, os sistemas de produção são indispensáveis. Os modernos empreendimentos de manufatura que os gerenciam devem considerar as realidades econômicas do mundo moderno. Tais realidades incluem:

- *Globalização.* Os países subdesenvolvidos — como China, Índia e México — estão se tornando peças importantes no jogo da produção devido ao alto índice populacional e à mão de obra barata que possuem. Outras regiões do mundo com mão de obra barata incluem a América Latina, o Leste Europeu e o Sudeste Asiático, regiões com países que se tornaram importantes fornecedores de produtos manufaturados.
- *Terceirização internacional.* Peças e produtos inicialmente fabricados nos Estados Unidos por empresas norte-americanas passaram a ser produzidos com incentivos fiscais em outros continentes (o que demanda o uso de navios de carga para sua entrega) ou em países mais próximos (como o México ou outros países da América Central, que requerem a utilização de trens ou caminhões). Em geral, a terceirização internacional representa a diminuição de vagas no mercado de trabalho norte-americano.
- *Terceirização local.* As empresas podem também terceirizar fornecedores localizados nos Estados Unidos. As razões pelas quais as empresas escolhem a terceirização local incluem: (1) benefícios na contratação de fornecedores especializados em determinadas tecnologias de produção; (2) impostos de trabalho mais baixos para empresas menores; (3) limitações da própria capacidade de produção disponível.
- *Fabricação terceirizada.* Refere-se a empresas especializadas na fabricação de produtos completos, e não somente de peças, sob contrato com outras empresas. Os fabricantes terceirizados se aprimoram em técnicas de produção eficientes, deixando para seus clientes somente a preocupação com o projeto e a comercialização dos produtos.
- *Tendência rumo ao setor de serviços na economia norte-americana.* Houve uma queda gradual no número de empregados diretos na produção, enquanto aumentou o número de vagas nos setores de serviços (por exemplo, saúde, alimentação e varejo).
- *Expectativas de qualidade.* Os clientes, tanto os consumidores como os clientes corporativos, exigem que os produtos adquiridos sejam de alta qualidade. A expectativa é que a qualidade seja perfeita.
- *Necessidade de eficiência operacional.* Para ser bem-sucedidos, os produtores norte-americanos devem ser eficientes em suas operações de modo a superar a vantagem com relação aos custos da mão de obra com a qual contam seus concorrentes internacionais. Em alguns casos, a vantagem do custo da mão de obra é um entre muitos fatores.

Este livro aborda os sistemas de produção utilizados na manufatura de produtos e de suas peças. Dá-se ênfase aos sistemas e às tecnologias utilizadas nos Estados Unidos, mas o país certamente não detém o monopólio sobre eles. A economia norte-americana cresceu durante os últimos 120 anos e se tornou uma potência industrial, mas outros países copiaram seus métodos — em alguns casos, inclusive os melhoraram — e se tornaram concorrentes formidáveis no mundo da produção. Japão, Alemanha e Coreia do Sul são exemplos dessa competição. Graças a seu poder de produção, a China caminha rapidamente rumo a tornar-se a maior economia do mundo durante a segunda metade do século XXI. A Índia segue um percurso parecido. A produção é importante em todos esses países, inclusive nos Estados Unidos.

Neste capítulo introdutório, oferecemos uma visão geral dos sistemas de produção e de como eles algumas vezes são automatizados e computadorizados. Nos capítulos seguintes, examinamos como os produtores podem competir de forma bem-sucedida, recorrendo a modernas abordagens e tecnologias que incluem:

- *Automação.* O uso de equipamentos automatizados compensa a desvantagem com os custos da mão de obra se comparado aos concorrentes internacionais. A automação reduz os custos de mão de obra, reduz a quantidade de ciclos de produção e aumenta a qualidade e a consistência do produto.
- *Tecnologias de manuseio de materiais.* A produção normalmente envolve uma sequência de atividades realizadas em diferentes locais da fábrica. O objeto a ser trabalhado deve ser transportado, armazenado e rastreado à medida que se movimenta pela fábrica.
- *Sistemas de produção.* Envolvem a integração e a coordenação de múltiplas estações de trabalho automatizadas e/ou manuais por meio do uso de tecnologias de gerenciamento de materiais que visam a alcançar um efeito colaborativo se comparado à operação independente das estações de trabalho individuais. Os exemplos incluem linhas de produção, células de manufatura e sistemas automatizados de montagem.
- *Manufatura flexível.* A maior parte da terceirização para os concorrentes internacionais, como a China e o México, tem envolvido a produção de um alto volume de produtos de consumo. A flexibilidade na produção permite que os produtores norte-americanos possam competir de maneira efetiva na categoria baixo volume/alta diversidade de produtos.
- *Programas de qualidade.* Os produtores devem empregar técnicas como o controle estatístico da qualidade e Seis Sigma de forma a alcançar os altos níveis de qualidade esperados pelos consumidores.

- *Manufatura integrada por computador (computer integrated manufacturing — CIM)*. As tecnologias incluem o projeto auxiliado por computador (*computer-aided design* — CAD), a manufatura auxiliada por computador (*computer-aided manufacturing* — CAM) e redes de computadores para integrar as operações de produção e logística.
- *Produção enxuta*. Realizar um número maior de trabalho com um número menor de recursos é o objetivo geral da produção enxuta, que envolve técnicas de aumento da produtividade no trabalho e da eficiência operacional.

Vamos começar nossa discussão sobre os sistemas de produção pela definição do termo. Em seguida, examinaremos a automação e a manufatura integrada por computador e seus papéis nos sistemas de produção. No Capítulo 2, discutiremos as operações de produção a serem realizadas pelos sistemas de produção.

1.1 SISTEMAS DE PRODUÇÃO

Um sistema de produção é um conjunto de pessoas, equipamentos e procedimentos organizados para realizar as operações de produção de uma empresa (ou outra organização). Os sistemas de produção podem ser divididos em duas categorias ou níveis, conforme indicado na Figura 1.1:

1. *Instalações*. As instalações do sistema de produção incluem a fábrica, os equipamentos instalados e a forma como estão organizados.
2. *Sistemas de apoio à produção*. É o conjunto de procedimentos utilizados pela empresa no gerenciamento da produção e na solução de problemas técnicos e logísticos encontrados na encomenda de materiais, na movimentação de trabalho pela fábrica e na garantia de que os produtos atenderão aos requisitos de qualidade. O projeto de produtos e determinadas funções de negócios estão incluídos nos sistemas de apoio à produção.

Nas operações de manufatura modernas, partes dos sistemas de produção são automatizadas e/ou computadorizadas. Entretanto, os sistemas de produção incluem pessoas e são elas que fazem esses sistemas funcionar. Em geral, as pessoas diretamente ligadas ao trabalho (os trabalhadores de colarinho azul) são responsáveis pela operação das instalações, enquanto as pessoas da equipe profissional (os de colarinho branco) são responsáveis pelos sistemas de apoio à produção.

Figura 1.1 **O sistema de produção inclui as instalações e seus sistemas de apoio**

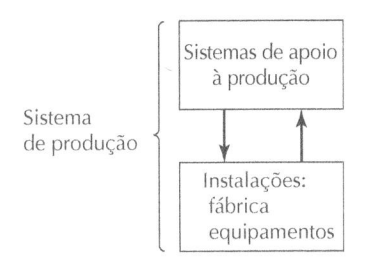

1.1.1 As instalações

Nos sistemas de produção, as instalações representam as fábricas, as máquinas e as ferramentas, o equipamento para tratamento de materiais, os equipamentos de inspeção e os sistemas computadorizados que controlam as operações de produção. As instalações incluem também o *layout da fábrica*, que se refere à organização física dos equipamentos. Os equipamentos normalmente estão organizados em grupos lógicos e nos referimos a esses arranjos e aos trabalhadores que nele trabalham como *sistemas de produção* na fábrica. Os sistemas de produção podem ser células individuais de trabalho, compostas por uma única máquina de produção e um único trabalhador responsável. É mais comum que se pense em um sistema de produção como grupos de máquinas e trabalhadores, por exemplo, uma linha de produção. Os sistemas de produção entram em contato físico direto com as peças e/ou montagens sendo feitas. Eles 'tocam' o produto. Em termos da participação humana no processo executado pelos sistemas de produção, três categorias básicas podem ser listadas, conforme mostra a Figura 1.2: (a) sistemas de trabalho manual; (b) sistemas trabalhador-máquina; (c) sistemas automatizados.

Sistemas de trabalho manual. São formados por um ou mais trabalhadores que executam uma ou mais tarefas sem a ajuda de ferramentas motorizadas. Tarefas que envolvem o trabalho manual com materiais são atividades comuns nesses sistemas. As tarefas de produção costumam demandar o uso de *ferramentas manuais*, que são pequenas ferramentas operadas manualmente por meio da força e da destreza de um ser humano. Quando são utilizadas, normalmente recorre-se a um *mandril* para segurar a parte manuseada e posicioná-la de maneira segura durante seu processamento. Exemplos de atividades de produção que envolvem o trabalho com ferramentas manuais incluem:

Figura 1.2 Três categorias de sistemas de produção: (a) sistema de trabalho manual; (b) sistema trabalhador-máquina; (c) sistema automatizado

```
              ┌──────────────────┐
              │ Ferramentas manuais│
              │ comumente usadas  │┄┐
              └─────────┬────────┘ ┊
              ┌─────────┴────────┐ ┊
              │   Trabalhador    │ ┊
              └─────────┬────────┘ ┊
                        ▼          ▼
Início da unidade   ┌───────────┐      Unidade de trabalho
de trabalho    ───▶ │  Processo │ ───▶ concluída
                    └───────────┘
                        (a)
```

```
              ┌──────────────┐
              │   Máquina    │
              └──────┬───────┘
              ┌──────┴───────┐
              │ Trabalhador  │
              └──────┬───────┘
                     ▼      ▼
Início da unidade ┌───────────┐   Unidade de trabalho
de trabalho  ───▶ │  Processo │──▶ concluída
                  └───────────┘
                      (b)
```

```
              ┌──────────────────┐
              │ Atenção periódica │┄┐
              │  do trabalhador   │ ┊
              └─────────┬────────┘ ┊
              ┌─────────┴────────┐ ┊
              │     Máquina      │ ┊
              │   automatizada   │ ┊
              └─────────┬────────┘ ┊
                        ▼          ▼
Início da unidade   ┌───────────┐      Unidade de trabalho
de trabalho    ───▶ │  Processo │ ───▶ concluída
                    └───────────┘
                        (c)
```

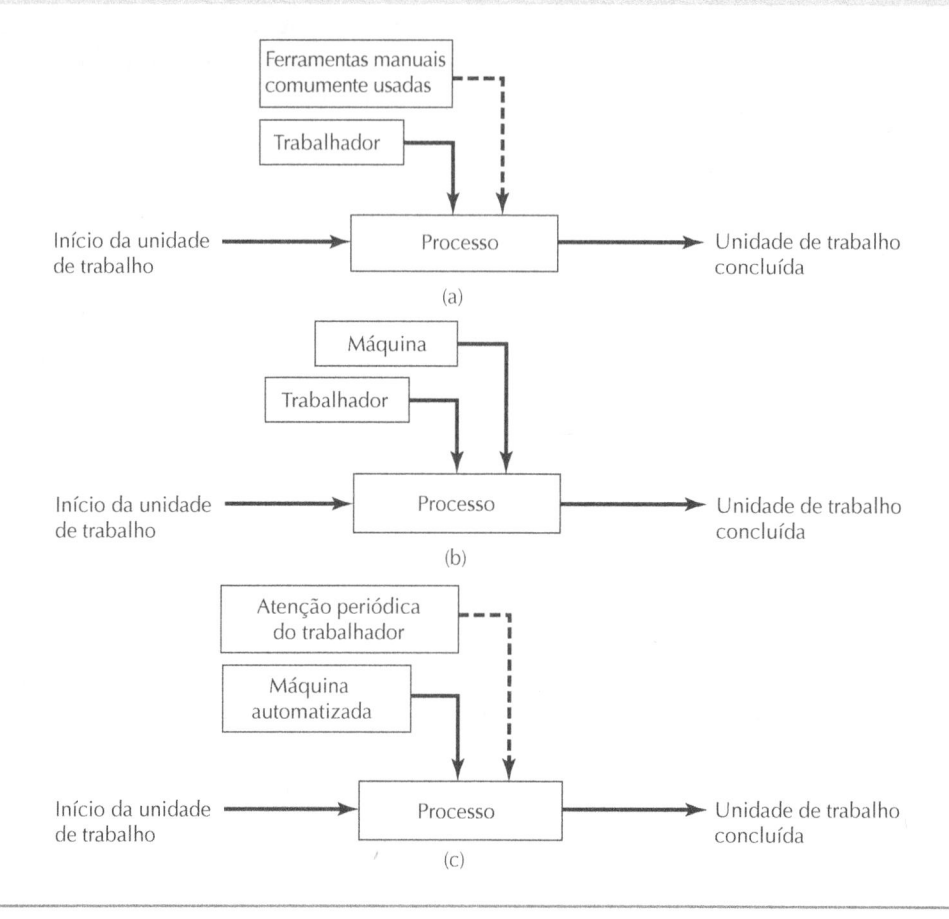

- Um mecânico utilizando uma lixa para arredondar as pontas de uma peça retangular que acabou de ser polida.

- Um inspetor de qualidade utilizando um micrômetro para medir o diâmetro de um eixo.

- Um trabalhador responsável por manusear um carrinho que movimenta caixas em um depósito.

- Uma equipe de montadores trabalhando em uma peça de máquina e utilizando ferramentas manuais.

Sistemas trabalhador-máquina. Nesses tipos de sistemas, um trabalhador humano opera um equipamento motorizado, tal como uma máquina-ferramenta ou outra máquina de produção. Esse é um dos sistemas de produção mais utilizados, e inclui combinações de um ou mais trabalhadores e um ou mais equipamentos. Trabalhadores e máquinas se combinam de modo a tirar vantagem de seus pontos fortes e de seus atributos, listados na Tabela 1.1. Exemplos de sistemas trabalhador-máquina incluem:

- Um trabalhador operando um torno mecânico em uma ferramentaria para produzir parte de um produto encomendado.

- Um montador e um robô industrial trabalhando juntos em uma célula de trabalho de soldagem a arco elétrico.

- Uma equipe de trabalhadores operando um laminador que converte placas quentes de alumínio em discos planos.

- Uma linha de produção na qual as unidades de trabalho são movidas por um condutor mecânico e os trabalhadores de certas estações utilizam ferramentas mecânicas para realizar suas tarefas de montagem.

Sistemas automatizados. São aqueles nos quais um processo é executado por uma máquina sem a participação direta de um trabalhador humano. A automação é implementada por meio de um programa de instruções combinado a um programa de controle que executa as instruções. É preciso energia para conduzir o processo e operar o programa e o sistema de controle (esses termos são detalhados no Capítulo 4). Nem sempre existe distinção clara entre os sistemas trabalhador-máquina e os sistemas automatizados, pois muitos sistemas trabalhador-máquina operam com certo grau de automação.

Tabela 1.1 Pontos fortes e atributos relativos de humanos e máquinas

Pontos fortes relativos de humanos	Pontos fortes relativos de máquinas
Percebem estímulos inesperados	Executam tarefas repetitivas de forma consistente
Desenvolvem novas soluções para problemas	Armazenam grandes volumes de dados
Lidam com problemas abstratos	Recuperam dados da memória de forma confiável
Adaptam-se às mudanças	Executam diversas tarefas simultaneamente
Generalizam a partir de observações	Aplicam muita força e potência
Aprendem com a experiência	Executam cálculos simples com rapidez
Tomam decisões difíceis com base em dados incompletos	Tomam decisões rotineiras rapidamente

Vamos distinguir dois níveis de automação: semiautomatizado e totalmente automatizado. Uma *máquina semiautomatizada* executa parte do ciclo de trabalho sob algum tipo de controle de programa, e um trabalhador humano opera a máquina durante o restante do ciclo, carregando-a e descarregando-a ou executando algum outro tipo de tarefa a cada ciclo. Uma *máquina totalmente automatizada* se difere da anterior por sua capacidade de operar por períodos mais longos sem a atenção humana. Períodos mais longos significam mais do que um ciclo de trabalho. Não é necessário que um trabalhador esteja presente em cada ciclo. Em vez disso, pode ser que ele precise ir até a máquina a cada dez ou cem ciclos. Um exemplo desse tipo de operação é encontrado em muitas fábricas de moldagem por injeção, nas quais as injetoras funcionam em ciclos automáticos, mas que precisam que as peças fabricadas sejam periodicamente coletadas por um trabalhador.

Em determinados processos totalmente automatizados, um ou mais trabalhadores devem estar presentes para monitorar continuamente a operação e certificar-se de que a máquina opera conforme as especificações. Exemplos desses tipos de processos automatizados incluem complexos processos químicos, refinarias de petróleo e usinas nucleares. Os trabalhadores não participam ativamente do processo, exceto para fazer ajustes ocasionais nas configurações dos equipamentos, executar manutenções periódicas e entrar em ação quando algo dá errado.

Figura 1.3 O ciclo de processamento da informação em uma empresa de produção típica

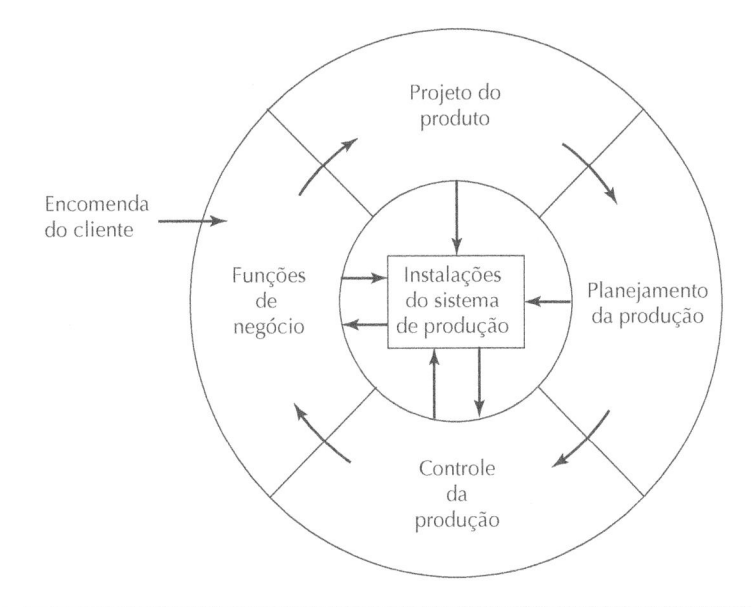

1.1.2 Sistemas de apoio à produção

Para operar de forma eficiente as instalações de produção, a empresa deve se organizar para projetar os processos e os equipamentos, planejar e controlar as encomendas a ser produzidas e atender aos requisitos de qualidade do produto. Essas funções são alcançadas com sistemas de apoio à produção — pessoas e procedimentos por meio dos quais uma empresa gerencia suas operações de produção.

A maior parte desses sistemas de apoio não trava contato direto com o produto, mas planeja e controla seu progresso pela fábrica.

O apoio à produção envolve um ciclo de atividades de processamento de informação, conforme ilustra a Figura 1.3. As instalações do sistema de produção descritas na Seção 1.1.1 estão representadas no centro da figura. O ciclo de processamento da informação pode ser descrito por quatro funções: (1) funções de negócio; (2) projeto do produto; (3) planejamento da produção; (4) controle da produção.

Funções de negócio. Essas funções são o principal meio de comunicação com o cliente. Representam, portanto, o início e o fim do ciclo de processamento de informações. Incluídos nessa categoria estão vendas e marketing, previsão de vendas, registro do pedido, contabilidade de custos e cobrança ao cliente.

O pedido para a produção de um produto costuma partir de um cliente e seguir para a empresa por meio do departamento de vendas e marketing. A ordem de produção será apresentada em uma das seguintes formas: (1) um pedido para a produção de um item segundo especificações do cliente; (2) um pedido do cliente para comprar um ou mais produtos proprietários do fabricante; (3) uma ordem de compra interna da empresa com base em uma previsão de demanda futura por um produto proprietário.

Projeto do produto. Se o produto precisar ser fabricado conforme o projeto do cliente, o planejamento será fornecido pelo próprio cliente e o departamento de projetos do fornecedor não estará envolvido. Se o produto tiver de ser produzido segundo especificações do cliente, o departamento de projetos do fabricante pode ser contratado para realizar a tarefa de planejamento do produto e sua posterior produção. Se o produto for proprietário, a empresa produtora é responsável por seu desenvolvimento e projeto. O ciclo de eventos que inicia o projeto de um novo produto sempre começa no departamento de vendas e marketing, e a informação flui conforme indicado na Figura 1.3. Os departamentos da empresa organizados de forma a executar o projeto do produto podem envolver pesquisa e desenvolvimento, engenharia de projetos e, talvez, uma oficina de protótipos.

Planejamento da produção. A documentação e as informações que compõem o projeto do produto seguem para a função de planejamento da produção. As informações de processamento da informação dessa fase incluem o planejamento do processo, do plano-mestre, dos requisitos do projeto e do planejamento da capacidade.

O *planejamento do processo* consiste na determinação da sequência de processamento individual e das operações de montagem necessárias à produção da peça. Os departamentos de engenharia de produção e de engenharia industrial são responsáveis pelo planejamento dos processos e dos detalhes técnicos relacionados. O planejamento da manufatura inclui questões de logística, comumente conhecidas como planejamento da produção. A autorização para produzir o produto deve estar relatada no *plano-mestre da produção (master production schedule* — MPS*)*, que é uma lista dos produtos a ser produzidos, as datas nas quais devem ser entregues e as quantidades de cada um. Nesse cronograma, normalmente meses são utilizados na representação das entregas. É com base nesse cronograma que devem ser planejados os componentes individuais e as submontagens que compõem cada produto. As matérias-primas devem ser adquiridas pelo estoque ou a ele solicitadas, as peças a ser compradas devem ser pedidas aos fornecedores e todos esses itens devem ser planejados para que estejam disponíveis quando necessário. Toda essa tarefa é denominada *planejamento das necessidades materiais*. Fora isso, o plano-mestre não deve listar quantidades de produtos mais altas do que a capacidade de produção da fábrica a cada mês, segundo o número de máquinas e sua força de trabalho. Uma função denominada *planejamento da capacidade* preocupa-se com o planejamento da força de trabalho e dos recursos de máquinas da empresa.

Controle da produção. Essa fase preocupa-se com o gerenciamento e o controle das operações físicas realizadas na fábrica com vistas à execução do plano de produção. O fluxo de informações vai do planejamento para o controle, conforme mostra a Figura 1.3. A informação também trafega entre o controle da produção e as operações da fábrica nos dois sentidos. Incluídos na função de controle da produção estão o controle do chão da fábrica, do estoque e da qualidade.

O *controle do chão da fábrica* lida com o problema do monitoramento do progresso do produto sendo processado, montado, movimentado e inspecionado na fábrica. Esse controle preocupa-se com o estoque no sentido de que os materiais sendo processados na fábrica representam o estoque de materiais em processo. Assim sendo, o chão de fábrica e o controle do estoque de certa forma se sobrepõem.

O *controle do estoque* tenta manter um balanço adequado entre o risco de um estoque muito baixo (com possibilidade de falta de material) e os custos de manutenção de um estoque muito alto. Esse controle lida com questões como a decisão sobre a quantidade certa de materiais a ser pedidos e quando solicitar novamente um determinado item com estoque baixo.

A função de *controle da qualidade* serve para garantir que a qualidade do produto e seus componentes atendam aos padrões especificados pelo projetista do produto. Para cumprir sua missão, o controle de qualidade depende das atividades de inspeção realizadas na fábrica em diversos momentos da produção do produto. Além disso, matérias-primas e componentes fornecidos por terceiros podem, algumas vezes, ser inspecionados quando recebidos, e a inspeção e o teste finais do produto acabado são realizados de modo a garantir a qualidade funcional e a aparência. O controle de qualidade também inclui a coleta de dados e a abordagem de solução de problemas para tratar os problemas de processamento relacionados à qualidade. Exemplos dessas abordagens incluem o controle estatístico de processos (CEP) e Seis Sigma.

1.2 AUTOMAÇÃO EM SISTEMAS DE PRODUÇÃO

Pode ser que alguns componentes do sistema de produção da empresa sejam automatizados, enquanto outros podem operar manual ou administrativamente. Os elementos automatizados do sistema de produção podem ser separados em duas categorias: (1) automação dos sistemas de produção da fábrica; (2) controle computadorizado dos sistemas de apoio à produção. Nos sistemas de produção modernos, essas duas categorias se sobrepõem em alguns momentos, já que os sistemas de produção automatizados operando na fábrica geralmente são implementados por sistemas computacionais e conectados aos sistemas de apoio à produção e aos sistemas de gerenciamento de informações em funcionamento na fábrica e nos diferentes níveis da operação. O termo 'manufatura assistida por computador' é utilizado para indicar o amplo uso de computadores nos sistemas de produção. As duas categorias de automação são apresentadas na Figura 1.4 como uma sobreposição da Figura 1.1.

Figura 1.4   Oportunidades para automação e uso de computadores em um sistema de produção

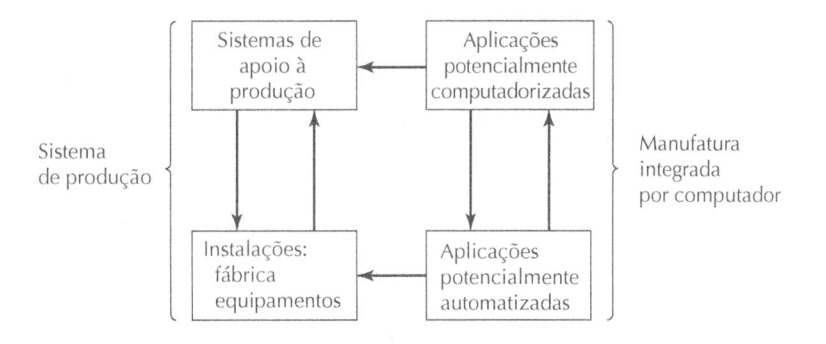

1.2.1 Sistemas de produção automatizados

Os sistemas de produção automatizados operam na fábrica sobre o produto físico. Eles executam operações tais como processamento, montagem, inspeção e gerenciamento de materiais e, algumas vezes, várias dessas tarefas são realizadas pelo mesmo sistema. São denominados automatizados porque executam suas operações com um nível reduzido de participação humana se comparado ao processo manual equivalente. Em alguns sistemas altamente automatizados, quase não existe participação humana. Exemplos de sistemas de produção automatizados incluem:

- Máquinas-ferramenta automatizadas que processam peças.
- Linhas de transferência que executam uma série de operações de usinagem.
- Sistemas de montagem automatizados.
- Sistemas de produção que utilizam robôs industriais para executar operações de processamento ou montagem.
- Sistemas para tratamento e armazenamento automáticos de materiais que integram operações de produção.
- Sistemas de inspeção automática para controle de qualidade.

Os sistemas automatizados de produção podem ser classificados em três tipos básicos: (1) automação rígida; (2) automação programável; (3) automação flexível. Eles costumam operar como sistemas totalmente automatizados, embora os sistemas semiautomatizados sejam comuns na automação programável. A posição relativa dos três tipos de automação para os diferentes volumes e variedades dos produtos é mostrada na Figura 1.5.

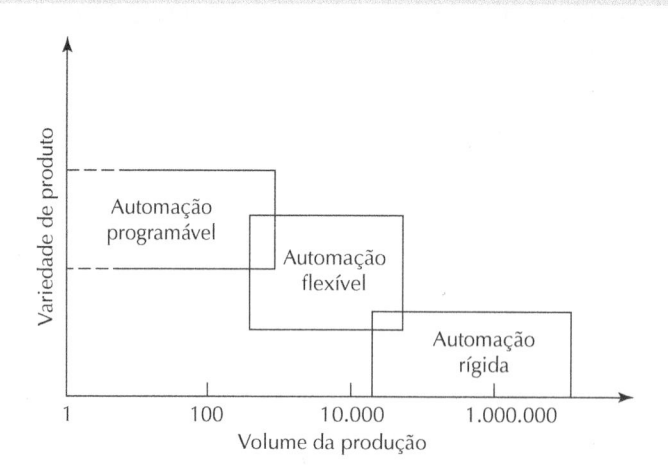

Figura 1.5 Três tipos de automação relativos ao volume de produção e variedade do produto

Automação rígida. Sistema no qual a sequência das operações de processamento (ou montagem) é definida pela configuração do equipamento. Normalmente, cada operação na sequência é simples e talvez envolva um movimento linear plano ou rotacional, ou uma combinação simples dos dois, tal como a alimentação de um carretel em rotação. A integração e a coordenação de muitas dessas operações em um único equipamento é o que torna o sistema complexo. Algumas características da automação rígida são: (1) alto investimento inicial em equipamentos com engenharia personalizada; (2) altas taxas de produção; (3) inflexibilidade relativa do equipamento na acomodação da variedade de produção.

A justificativa econômica da automação rígida está nos produtos que são fabricados em grandes quantidades e nas altas taxas de produção. O alto custo inicial do equipamento pode ser diluído na grande quantidade de unidades, o que torna o custo unitário mais atrativo se comparado a métodos alternativos de produção. Exemplos de automação rígida incluem a linha transfer de montagem e as máquinas de montagem automatizadas.

Automação programável. Nesse tipo de automação, o equipamento de produção é projetado com a capacidade de modificar a sequência de operações de modo a acomodar diferentes configurações de produtos. A sequência de operações é controlada por um *programa*, um conjunto de instruções codificado de maneira que possa ser lido e interpretado pelo sistema. Novos programas podem ser preparados e inseridos nos equipamentos para fabricarem novos produtos. Algumas das características da automação programável incluem: (1) alto investimento em equipamentos de propósito geral; (2) baixas taxas de produção se comparada à automação rígida; (3) flexibilidade para lidar com variações e alterações na configuração do produto; (4) alta adaptabilidade para a produção em lote.

Os sistemas de produção automatizados programáveis são utilizados em produção de baixo e médio volumes. As peças ou produtos são normalmente produzidos em lotes e, a cada novo lote de um produto diferente, o sistema deve ser reprogramado com o conjunto de instruções de máquina correspondentes a ele. A configuração física da máquina também deve ser alterada: ferramentas devem ser carregadas, acessórios devem ser fixados à mesa da máquina e as configurações necessárias devem ser carregadas. Esse procedimento de alterações toma tempo. Consequentemente, o ciclo típico para determinado produto inclui um período durante o qual a configuração e a reprogramação acontecem, seguido de outro período no qual as peças no lote são produzidas. Exemplos de automação programável incluem máquinas-ferramenta numericamente controladas (CN), robôs industriais e controladores lógicos programáveis.

Automação flexível. É uma extensão da automação programável. Um sistema automatizado flexível é capaz de produzir uma variedade de peças (ou produtos), quase sem perda de tempo e com modificações de um modelo de peça para outro. Não existe perda de tempo de produção enquanto são reajustados o sistema e as configurações físicas (ferramentas, acessórios e configurações de máquina). Assim, o sistema pode produzir diferentes variações e planos de peças e produtos sem exigir que eles sejam produzidos em lotes. O que viabiliza a automação flexível é que a diferença entre as peças processadas pelo sistema não são significativas e, portanto, o volume de alterações exigidas entre os modelos é mínimo. Dentre as características da automação flexível estão: (1) alto investimento em um sistema com engenharia personalizada; (2) produção contínua de um conjunto variado de produtos; (3) taxas médias de produção; (4) flexibilidade para lidar com variações no projeto do produto. Exemplos de automação flexível incluem os sistemas flexíveis de manufatura para execução de operações de máquinas. O primeiro desses sistemas foi instalado no fim da década de 1960.

1.2.2 Sistemas computadorizados de apoio à produção

A automação dos sistemas de apoio à produção tem o objetivo de reduzir o volume de esforço manual e burocrático nas etapas de projeto do produto, planejamento e controle da produção e nas funções de negócio da empresa. Quase todos os sistemas modernos de apoio à produção são implementados por meio de computadores. Na verdade, a tecnologia dos computadores também é utilizada na implementação da automação dos sistemas de produção na fábrica. O termo *manufatura integrada por computador* (CIM) ressalta o uso abrangente dos sistemas computadorizados nas etapas de projeto do produto, planejamento da produção, controle das operações e execução de diferentes funções de processamento de informações presentes em uma empresa de produção. A verdadeira CIM envolve todas essas funções em um sistema que opera em todo o projeto. Outros termos são empregados na identificação de elementos específicos do sistema CIM. O termo *projeto auxiliado por computador* (*computer-aided design* — CAD), por exemplo, denota o uso de sistemas computadorizados no apoio à função de projeto do produto. Por sua vez, *manufatura auxiliada por computador* (*computer-aided manufacturing* — CAM) refere-se ao uso de sistemas computadorizados na execução de funções relacionadas à engenharia de manufatura, tais como o planejamento de processos e programação da peça no controle numérico. Alguns sistemas computacionais executam tanto CAD como CAM e, portanto, o termo *CAD/CAM* é utilizado para indicar a integração de ambos em um único sistema.

A manufatura integrada por computador envolve atividades de processamento de informações que proveem os dados e o conhecimento necessários à fabricação bem-sucedida do produto. Eles estão projetados para realizar as quatro funções básicas de apoio à produção identificadas anteriormente: (1) funções de negócio; (2) projeto do produto; (3) planejamento da produção; (4) controle da produção. Essas quatro funções formam um ciclo de eventos que deve acompanhar as atividades físicas de produção, mas que não tocam fisicamente o produto.

1.2.3 Razões para a automação

As empresas realizam projetos de automação da produção e de manufatura integrada por computador por diversos motivos. Algumas das razões mais comuns para justificar a automação são as seguintes:

1. *Aumentar a produtividade.* A automação das operações de produção costuma aumentar a taxa de produção e a produtividade no trabalho. Isso significa uma produção maior por hora de trabalho.

2. *Reduzir os custos do trabalho.* O custo cada vez mais alto de trabalho vem sendo tendência nas sociedades industrializadas ao redor do mundo. Por consequência, um investimento maior em automação tem sido economicamente justificado como forma de substituir as operações manuais. Para reduzir o custo da unidade do produto, os seres humanos estão cada vez mais sendo substituídos pelas máquinas.

3. *Minimizar os efeitos da falta de trabalhadores.* Existe uma diminuição geral de mão de obra qualificada em muitos países desenvolvidos, o que estimula o desenvolvimento de operações automatizadas como forma de substituir os trabalhadores.

4. *Reduzir ou eliminar as rotinas manuais e das tarefas administrativas.* Pode-se argumentar que existe um valor social na automação das operações que são rotineiras, tediosas, desgastantes e, possivelmente, irritantes. A automação de tais tarefas aumenta o nível geral das condições de trabalho.

5. *Aumentar a segurança do trabalhador.* A automação de determinada operação e a transferência do trabalhador do papel ativo no processo para a tarefa de monitoração, ou mesmo a eliminação total do trabalhador em toda a operação, torna o trabalho mais seguro. A segurança e o bem-estar físico do trabalhador tornaram-se um objetivo nos Estados Unidos com a instauração, em 1970, do Ato Ocupacional de Segurança e de Saúde (*Occupational Safety and Health Act* — OSHA). A medida impulsionou a automação.

6. *Melhorar a qualidade do produto.* A automação não só resulta em taxas de produção mais altas que as da operação manual como também realiza o processo de produção com maior uniformidade e conformidade às especificações de qualidade.

7. *Diminuir o tempo de produção.* A automação ajuda a reduzir o tempo de espera entre a encomenda do cliente e a entrega do produto, oferecendo vantagem competitiva ao fabricante nas encomendas futuras. Reduzindo o tempo para a conclusão da tarefa de produção, o fabricante também reduz o estoque de materiais em processo.

8. *Realizar processos que não podem ser executados manualmente.* Algumas operações não podem ser realizadas sem ajuda de máquina. Esses processos envol-

vem precisão, miniaturização ou complexidade geométrica que não podem ser alcançadas manualmente. Exemplos incluem algumas operações da fabricação de circuitos integrados, processos de prototipagem rápida com base em modelos gráficos computadorizados (CAD) e a execução de superfícies complexas e matematicamente definidas utilizando controle numérico computadorizado. Esses processos somente podem ser realizados por sistemas controlados por computador.

9. *Evitar o alto custo da não automação.* Existe significativa vantagem competitiva na automação de uma planta de produção. A vantagem não pode ser facilmente demonstrada sob a forma de autorização de um projeto, e os benefícios da automação geralmente surgem de maneiras inesperadas e intangíveis, tais como na melhoria da qualidade, no aumento das vendas, em melhores relações de trabalho e na melhoria da imagem da empresa. As empresas que não optam pela automação estão mais propensas a se ver em desvantagem competitiva diante de seus clientes, empregados e público em geral.

1.3 TRABALHO MANUAL NOS SISTEMAS DE PRODUÇÃO

Existe lugar para o trabalho manual nos sistemas de produção modernos? A resposta é 'sim'. Mesmo em um sistema de produção altamente automatizado, os seres humanos continuam a ser componente necessário do empreendimento de produção. No futuro, as pessoas serão solicitadas a gerenciar e manter a fábrica, mesmo nos casos em que não participem diretamente nas operações de produção. Vamos separar nossa discussão sobre o trabalho em duas partes, que correspondem a nossa distinção prévia entre instalações e apoio à produção: (1) trabalho manual nas operações da fábrica e (2) trabalho nos sistemas de apoio à produção.

1.3.1 Trabalho manual nas operações das fábricas

Não há como negar que, no longo prazo, a tendência na produção é o uso cada vez maior de máquinas automatizadas como substituição do trabalho manual. Foi assim ao longo da história humana e existem muitas razões para se acreditar que a tendência continua a ser a mesma. Tornou-se possível por meio da aplicação dos avanços da tecnologia nas operações de fábrica. Paralelamente a essa tendência à tecnologia — e, algumas vezes, em conflito com ela — estão as questões econômicas que continuam a encontrar motivos para o emprego do trabalho manual nas operações de produção.

É certo que uma das realidades econômicas mundiais é a de que existem países nos quais o valor médio da hora de trabalho é tão baixo que fica impossível justificar a automação somente com base na redução de custos. Esses países incluem China, Índia, Rússia, México e muitos outros no Leste Europeu, no Sudeste Asiático e na América Central. Com a aprovação do Tratado Norte-Americano de Livre Comércio (North American Free Trade Agreement — NAFTA), o continente norte-americano tornou-se um enorme consórcio de trabalho. Nesse consórcio, a taxa de trabalho do México é de magnitude inferior à dos Estados Unidos. Os executivos norte-americanos que decidem sobre a localização das fábricas e sobre a terceirização do trabalho devem considerar essa realidade econômica.

Além da questão do custo da mão de obra, existem outras razões, baseadas na economia, que fazem do uso do trabalho manual uma alternativa viável se comparada à automação. Em determinadas situações e em determinados tipos de tarefa (Tabela 1.1), os seres humanos possuem certos atributos que lhes conferem alguma vantagem sobre as máquinas. Diversas situações nas quais é preferível o trabalho manual à automação podem ser listadas:

- *A tarefa é tecnologicamente muito difícil de ser automatizada.* Algumas tarefas são muito difíceis (seja tecnológica ou economicamente) de ser automatizadas. As razões para a dificuldade incluem: (1) problemas com o acesso físico ao local de trabalho; (2) necessidade de ajustes na tarefa; (3) necessidade de destreza manual; (4) exigência de coordenação visual da mão. Nesses casos, o trabalho manual é utilizado na execução das tarefas. Exemplos incluem a linha de montagem final de automóveis na qual muitas operações de acabamento são realizadas por trabalhadores humanos, tarefas de inspeção que demandam julgamento na avaliação da qualidade ou tarefas de manuseio que envolvam materiais flexíveis ou frágeis.

- *O ciclo de vida do produto é curto.* Se o produto precisa ser projetado e lançado em um curto período, de modo a atender a uma janela de oportunidade de mercado com prazo muito restrito, ou se já se sabe que o produto ficará um tempo relativamente curto no mercado, então um método de produção desenvolvido em torno do trabalho manual permite um lançamento muito mais rápido do que um método automatizado. As ferramentas para o trabalho manual podem ser fabricadas em muito menos tempo e a um custo muito mais baixo se comparadas às ferramentas da automação.

- *O produto é customizado.* Se o cliente requer um item exclusivo, com características únicas, o trabalho manual pode ser o recurso de produção adequado devido a sua versatilidade e adaptabilidade. Os humanos são mais flexíveis que qualquer máquina automatizada.

- *A demanda passa por altos e baixos.* Mudanças na demanda por um produto necessitam alterações nos níveis de saída da produção. Essas alterações podem ser facilmente realizadas quando o meio de produção é o trabalho manual. Um sistema de produção automatizado apresenta um custo fixo associado ao investimento. Se a produção diminui, esse custo fixo deve ser diluído sobre menos unidades, o que aumenta o custo unitário do produto. De outro lado, um sistema automatizado apresenta uma capacidade máxima de produção e não é capaz de produzir mais do que essa capacidade. Em contrapartida, o trabalho manual pode produzir uma quantidade maior ou menor, conforme a necessidade de atendimento da demanda, e o custo associado do recurso é diretamente proporcional a seu emprego. O trabalho manual pode ser utilizado para aumentar a produção de um sistema automatizado existente durante os períodos nos quais a demanda excede a capacidade do sistema automatizado.

- *É preciso reduzir o risco de falhas no produto.* Uma empresa lançando um novo produto no mercado nunca sabe ao certo se terá sucesso. Alguns produtos passarão por um longo ciclo de vida, enquanto outros terão tempo de vida relativamente curto no mercado. O uso do trabalho manual como recurso produtivo no início da vida do produto reduz o risco de a empresa perder um investimento significativo na automação caso o produto não consiga alcançar uma vida longa no mercado. Na Seção 1.4.3, discute-se uma estratégia de migração para automação adequada ao lançamento de um novo produto.

- *Falta de capital.* Algumas vezes, as empresas são forçadas a utilizar o trabalho manual nas operações de produção por falta de capital para investimento em equipamentos automatizados.

1.3.2 Trabalho nos sistemas de apoio à produção

Nas funções de apoio à produção, muitas das tarefas manuais e burocráticas podem ser automatizadas por meio do uso de sistemas computadorizados. Algumas atividades de planejamento da produção são mais bem executadas por computadores do que por funcionários administrativos. O planejamento das necessidades de materiais (*material requirements planning* — MRP) é um exemplo. Nessa fase, a distribuição dos pedidos é gerada para componentes e para a matéria-prima com base no plano-mestre de produção para os produtos finais. Isso requer um enorme volume de processamento de dados que é mais bem tratado pela automação computadorizada. Muitos pacotes comerciais de software estão disponíveis para o planejamento das necessidades de materiais. Com raras exceções, as empresas que precisam realizar esse planejamento recorrem aos computadores. As pessoas continuam sendo necessárias na interpretação e realização da proposta resultante do planejamento e no gerenciamento da função de planejamento da produção.

Nos sistemas de produção modernos, o computador é usado como auxílio na execução de quase todas as atividades de apoio à produção. Os sistemas de projetos auxiliados por computador são utilizados no projeto do produto. O projetista ainda é necessário na execução do trabalho criativo. O sistema CAD é uma ferramenta que potencializa os talentos criativos do projetista. Os sistemas de planejamento de processos auxiliados por computador são usados por engenheiros de produção no planejamento dos métodos e do percurso de produção. Nesses exemplos, os seres humanos são componentes integrantes da operação das funções de apoio à produção e os sistemas auxiliados por computador são ferramentas para aumento da produtividade e melhoria da qualidade. Os sistemas CAD e CAM dificilmente operam completamente no modo automático.

Os seres humanos continuarão a ser necessários nos sistemas de apoio à produção, mesmo quando o nível de automação desses sistemas aumentar. As pessoas serão necessárias nas atividades de tomada de decisões, aprendizagem, engenharia, avaliação, gerenciamento e outras para as quais os seres humanos são bem melhores do que as máquinas, conforme descreve a Tabela 1.1. Mesmo que todos os sistemas de produção da fábrica sejam automatizados, ainda será necessário que os seguintes tipos de trabalho sejam executados:

- *Manutenção de equipamentos.* Será necessário que técnicos habilidosos realizem a manutenção e o reparo dos sistemas automatizados da fábrica quando esses sistemas apresentarem problemas. Para aumentar a confiabilidade dos sistemas automatizados, são realizados programas de manutenção preventiva.

- *Programação e operação de computadores.* Haverá uma demanda contínua pela atualização de programas, instalação de novas versões de pacotes de software e execução de programas. Já se sabe que grande parte das rotinas de planejamento de processos, programação de controle numérico e de robôs pode ser fortemente automatizada utilizando inteligência artificial (IA). Os programas de IA, entretanto, devem ser desenvolvidos e operados por pessoas.

- *Trabalho de engenharia de projetos.* A fábrica integrada e automatizada por computadores nunca estará concluída. Haverá a necessidade contínua de atualização de máquinas de produção, projeto de ferramentas, solução de problemas técnicos e realização de projetos de melhoria. Essas atividades demandam as habilidades dos engenheiros que atuam na fábrica.

- *Gerenciamento da fábrica.* Alguém deve ser responsável pelo funcionamento da fábrica. Haverá uma equipe limitada de gerentes e engenheiros — profissionais responsáveis pelo funcionamento das instalações. É possível que haja uma ênfase maior nas habilidades técnicas dos gerentes se comparado às posições de gerenciamento de uma fábrica tradicional, na qual a ênfase está nas habilidades pessoais.

1.4 PRINCÍPIOS E ESTRATÉGIAS DA AUTOMAÇÃO

A discussão anterior nos leva a concluir que a automação nem sempre é a resposta adequada à determinada situação de produção. Certa cautela e respeito devem ser observados quando da aplicação das tecnologias de automação. Nesta seção, oferecemos três abordagens para o tratamento dos projetos de automação[1]: (1) o princípio USA; (2) dez estratégias para automação e melhoria dos processos; (3) estratégia de migração para a automação.

1.4.1 O princípio USA

O princípio USA é uma abordagem de senso comum para os projetos de automação e melhoria dos processos. Procedimentos semelhantes foram sugeridos na literatura sobre produção e automação, mas nenhum apresenta um título tão criativo quanto este. A sigla USA significa (1) compreender (do inglês, *understand*) o processo existente; (2) simplificar (do inglês, *simplify*) o processo; e (3) automatizar (do inglês, *automate*) o processo. Um artigo publicado pela American Production and Inventory Control Society (Sociedade Americana de Produção e Controle de Inventário), que faz referência ao princípio USA [6], trata da implementação do planejamento de recursos corporativos, mas o princípio USA é tão genérico que pode ser aplicado em quase todos os projetos de automação. A discussão de cada etapa do princípio para um projeto de automação pode revelar que a simplificação do processo é suficiente e a automação é desnecessária.

Compreender o processo existente. O primeiro passo do princípio USA é a compreensão do processo atual e de todos os seus detalhes. Quais são os insumos? Quais são os produtos? O que acontece exatamente ao produto entre sua entrada e sua saída? Qual a função do processo? Como ele acrescenta valor ao produto? Quais são as operações iniciais e finais da sequência de produção? E elas podem ser combinadas ao processo em questão?

Algumas das ferramentas gráficas tradicionais da engenharia industrial utilizadas em métodos de análise são úteis nessas funções, como o diagrama operacional e o diagrama de fluxo do processo [4]. A aplicação dessas ferramentas ao processo existente oferece um modelo que pode ser analisado para que se encontrem fraquezas (e pontos fortes). O número de passos no processo, a quantidade e o momento das inspeções, o número de movimentações e esperas vivenciado pela unidade de trabalho e o tempo gasto no armazenamento podem ser medidos por essas técnicas de diagramação.

Modelos matemáticos do processo também podem ser úteis para indicar as relações entre os insumos e as variáveis do produto. Quais são as variáveis importantes? Como essas variáveis são afetadas pelos insumos do processo, como propriedades da matéria-prima, configurações do processo, parâmetros operacionais e condições ambientais? Essas informações podem ser valiosas na identificação de quais variáveis de produto devem ser medidas para fins de *feedback* e na formulação de algoritmos para controle automático de processos.

Simplificar o processo. Uma vez compreendido o processo atual, inicia-se a busca por simplificação. Essa etapa normalmente envolve uma lista de perguntas sobre o processo atual. Qual o propósito dessa etapa ou transporte? A etapa é necessária? Pode ser eliminada? Essa etapa utiliza a tecnologia mais adequada? Como essa etapa pode ser simplificada? Existem etapas desnecessárias no processo que podem ser eliminadas sem que se altere a função?

Algumas das dez estratégias para os sistemas de automação e produção, descritas na Seção 1.4.2, podem ajudar a simplificar o processo. As etapas podem ser combinadas? As etapas podem ser realizadas simultaneamente? As etapas podem se integrar a uma linha de produção operada manualmente?

---

[1] Existem outras abordagens que não foram discutidas aqui, nas quais o leitor pode estar interessado. Um exemplo: os dez passos para os sistemas de produção industrial integrados, discutidos no livro de J. T. Black, *The design of the factory with a future* [1].

Automatizar o processo. Depois que o processo estiver reduzido a sua forma mais simples, a automação pode ser considerada. As formas possíveis de automação incluem as dez estratégias listadas a seguir. Pode-se implementar uma estratégia de migração para a automação (Seção 1.4.3) para um novo produto que ainda não tenha sido experimentado.

1.4.2 Dez estratégias para automação e melhoria dos processos

Seguir o princípio USA é um bom começo em um projeto de automação. Conforme sugerido anteriormente, pode ser que, depois da simplificação do processo, se descubra que a automação é desnecessária ou que seu custo não se justifica.

Se a automação parecer uma solução viável para aumentar a produtividade, a qualidade ou qualquer outra medida de desempenho, então as dez estratégias listadas a seguir podem servir de mapa na busca por essas melhorias. Essas dez estratégias foram inicialmente publicadas em meu primeiro livro[2] e continuam tão relevantes e apropriadas quanto eram em 1980. Referimo-nos a elas como 'estratégias para automação e melhoria dos processos' porque algumas podem ser aplicadas tanto quando o processo é um candidato à automação como quando ele é somente simplificado.

1. *Especialização das operações.* A primeira estratégia envolve o uso de equipamentos especiais projetados para a execução de uma única operação com a maior eficiência possível. Ela é análoga à especialização da mão de obra, empregada para aumentar a produtividade no trabalho.

2. *Operações combinadas.* A produção acontece em uma sequência de operações. Peças complexas podem demandar dezenas ou centenas de etapas de processamento. A estratégia de operações combinadas envolve a redução do número de máquinas ou estações de trabalho de produção pelas quais a unidade deve passar. Esse objetivo é alcançado quando mais de uma operação é executada por uma mesma máquina, reduzindo assim o número de máquinas necessárias. Como cada máquina costuma requerer uma configuração, pode-se economizar tempo com essa estratégia. Também são reduzidos esforço no tratamento de materiais, tempo não operacional, tempo de espera e tempo de processamento do pedido.

3. *Operações simultâneas.* Uma extensão lógica da estratégia de operações combinadas é a execução simultânea de operações combinadas em uma estação de trabalho. Na verdade, duas ou mais operações de processamento (ou montagem) são executadas simultaneamente sobre a mesma peça, o que reduz o tempo total de processamento.

4. *Integração das operações.* Essa estratégia envolve a ligação de diferentes estações de trabalho em um único mecanismo integrado, utilizando dispositivos automatizados para tratamento do trabalho na transferência das peças entre as estações. Na verdade, isso reduz o número de centros de trabalho isolados para os quais o produto deve ser escalado. Com mais de uma estação de trabalho, diferentes peças podem ser processadas simultaneamente, aumentando a produção total do sistema.

5. *Aumento da flexibilidade.* Essa estratégia tenta alcançar a utilização máxima do equipamento na produção da unidade encomendada e em situações de volume médio por meio da utilização do mesmo equipamento para uma variedade de peças ou produtos. Ela envolve o uso de conceitos da automação flexível (Seção 1.2.1) e seus principais objetivos são a redução do tempo de programação e configuração da máquina de produção. Isso normalmente se traduz em menor tempo para a conclusão da produção e menos processos.

6. *Melhoria na armazenagem e manuseio de materiais.* Uma ótima oportunidade para reduzir o tempo improdutivo é utilizar sistemas automatizados de tratamento e armazenamento de materiais. Os benefícios mais comuns incluem a redução do número de processos e do tempo de conclusão da produção.

7. *Inspeção* on-line. A inspeção da qualidade do trabalho costuma ser realizada depois que o processo termina, o que significa que qualquer produto de baixa qualidade já foi produzido quando é inspecionado. A incorporação da inspeção ao processo de produção permite correções no processo à medida que ele é realizado. Isso reduz o descarte e aproxima a qualidade do produto das especificações nominais idealizadas pelo projetista.

8. *Otimização e controle do processo.* Essa estratégia inclui uma vasta variedade de esquemas de controle cujo objetivo é operar os processos individuais e os equipamentos associados de maneira mais eficiente. Com ela, o tempo do processo individual pode ser reduzido e a qualidade do produto pode aumentar.

9. *Controle das operações de fábrica.* Enquanto a estratégia anterior preocupava-se com o controle do proces-

---

[2] GROOVER, M. P. *Automation, production systems, and computer-aided manufacturing*. Englewood Cliffs, NJ: Prentice Hall, 1980.

so de produção individual, essa se preocupa com o controle da fábrica. Ela tenta gerenciar e coordenar as operações agregadas na fábrica de maneira mais eficiente. Sua implementação normalmente envolve a presença de uma rede computacional de alto nível na fábrica.

10. *Manufatura integrada por computador (CIM).* Elevando a estratégia anterior em um nível, temos a integração das operações da fábrica com a engenharia de projetos e as funções de negócio da empresa. A CIM envolve o uso extensivo de aplicações computacionais, bancos de dados e redes de computadores em toda a fábrica.

As dez estratégias formam uma lista de verificação de possibilidades para melhorar o sistema de produção por meio de automação ou simplificação. Elas não devem ser consideradas mutuamente exclusivas. Na maioria das situações, múltiplas estratégias podem ser implementadas em um projeto de melhoria. O leitor verá que essas estratégias estão presentes em muitos dos sistemas discutidos ao longo do livro.

1.4.3 Estratégia de migração para a automação

Diante das pressões competitivas do mercado, as empresas sempre precisam introduzir novos produtos em tempo mais curto possível. Conforme mencionado anteriormente, a maneira mais fácil e econômica de alcançar esse objetivo é projetar um método de trabalho manual que faça uso de uma sequência de estações de trabalho operando de forma independente. As ferramentas para um método manual podem ser fabricadas rapidamente a um custo baixo. Se for necessário mais do que um conjunto de estações de trabalho para fabricar o produto em quantidade suficiente, o que normalmente acontece, replica-se a célula manual quantas vezes forem necessárias para atender à demanda. Se o produto se revelar bem-sucedido e uma alta demanda futura for prevista, então faz sentido que a empresa automatize sua produção. As melhorias são sempre realizadas em fases. Muitas empresas possuem uma *estratégia de migração para a automação*, ou seja, um plano formalizado para evolução dos sistemas de produção utilizados no processo de novos produtos à medida que a demanda aumenta. Uma estratégia de migração típica é a seguinte:

Fase 1: *Produção manual* utilizando uma única célula tripulada que opera de forma independente. É utilizada na introdução de um novo produto pelas razões já mencionadas: ferramentas que podem ser feitas rapidamente e a um baixo custo.

Fase 2: *Produção automatizada* utilizando uma única célula automatizada que opera de forma independente. À medida que aumenta a demanda pelo produto e fica claro que a automação se justifica, as células individuais são automatizadas de modo a reduzir a mão de obra e aumentar a produção. As peças ainda são movidas manualmente entre estações de trabalho.

Fase 3: *Produção automatizada integrada* utilizando um sistema automatizado multiestação com operações em série e transferência automatizada das unidades de trabalho entre as estações. Quando a empresa tiver certeza de que o produto será produzido em massa por vários anos, pode-se garantir que a integração das células automatizadas de trabalho individuais reduzirá a mão de obra e aumentará a taxa de produção.

Essa estratégia é ilustrada na Figura 1.6. Os detalhes sobre a estratégia de migração para a automação variam de empresa para empresa, dependendo do tipo de produto que produzem e dos processos de produção que executam. As empresas de manufatura bem gerenciadas, entretanto, possuem políticas como a estratégia de migração para a automação. Existem muitas vantagens nessa estratégia:

- Permite a introdução do novo produto no menor tempo possível, já que as células de produção baseadas nas estações de trabalho manual são as mais fáceis de ser projetadas e implementadas.

- Viabiliza a introdução gradual da automação (em fases planejadas) e, à medida que a demanda pelo produto aumenta, realiza alterações na engenharia do produto e aloca tempo para um trabalho completo de projeto nos sistemas de produção automatizados.

- Evita o comprometimento com um alto nível de automação desde o início, já que sempre existe o risco de a demanda do produto não justificar a automação.

Figura 1.6 Uma típica estratégia de migração para a automação. Fase 1: Produção manual com uma única estação de trabalho independente. Fase 2: Estações de produção automatizadas com transferência manual entre as estações. Fase 3: Produção automatizada integrada com transferência automatizada entre as estações

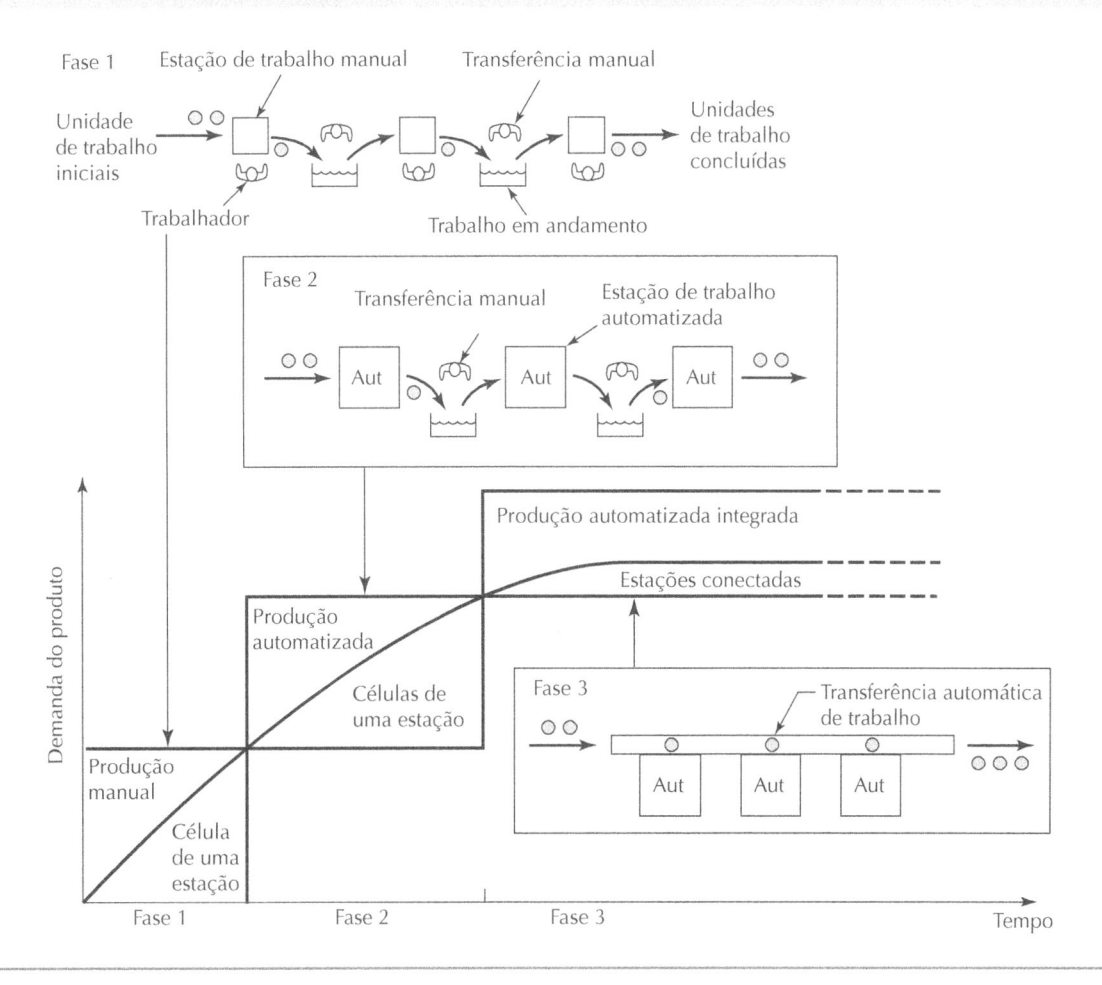

1.5 ORGANIZAÇÃO DESTE LIVRO

Este capítulo oferece uma visão geral dos sistemas de produção e de como a automação e a produção integrada por computadores são utilizadas nesses sistemas. Vimos que as pessoas são necessárias na produção mesmo quando os sistemas são extremamente automatizados.

Os próximos 21 capítulos estão organizados em cinco partes. Vamos descrevê-las fazendo referência à Figura 1.7, que mostra como os tópicos se relacionam. A Parte I inclui dois capítulos que oferecem uma visão geral da produção. O Capítulo 2 é uma análise das operações de produção: processos de produção, tratamento de materiais e outras atividades que acontecem na fábrica. No Capítulo 3, desenvolvemos diversos modelos matemáticos e métricas que visam a aumentar a compreensão do leitor sobre questões e parâmetros nas operações de produção e enfatizar sua natureza quantitativa.

A Parte II é composta por seis capítulos que discutem as tecnologias automatizadas. Enquanto o Capítulo 1 trata da automação em termos gerais, a Parte II descreve os detalhes técnicos. A automação baseia-se fortemente nos sistemas de controle e, por isso, o título da Parte II é "Automação e tecnologias de controle". Essas tecnologias incluem controle numérico, robótica industrial e programação de controladores lógicos.

A Parte III agrupa três capítulos sobre tecnologias de tratamento de materiais utilizadas principalmente em fábricas e depósitos. Essas tecnologias envolvem equipamentos para transporte de materiais, o armazenamento e a identificação automática desses materiais para controle.

A Parte IV preocupa-se com a integração das tecnologias de automação e de tratamento de materiais aos sistemas de produção — aqueles que operam na fábrica e tocam o produto. Alguns desses sistemas de produção são extremamente automatizados, enquanto outros se baseiam fortemente no trabalho manual. A Parte IV contém sete capítulos que abordam células de trabalho com uma estação, linhas de produção, sistemas de montagem, manufatura celular e sistemas flexíveis de manufatura.

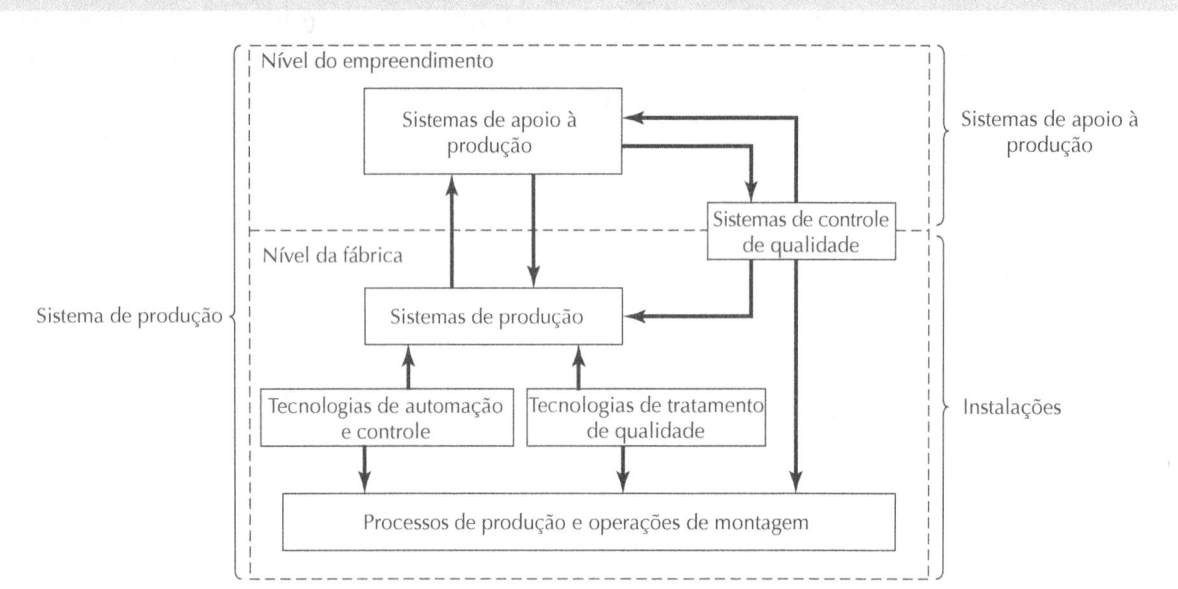

Figura 1.7 Visão geral das seis partes do livro e seus relacionamentos

A importância do controle de qualidade não deve ser subestimada nos sistemas de produção modernos. A Parte V apresenta esse assunto e aborda o controle estatístico de processos e questões de inspeção. Descrevemos algumas das mais importantes tecnologias de inspeção, como a visão de máquina e as máquinas de medição por coordenadas. Conforme sugere a Figura 1.7, os sistemas de controle de qualidade (CQ) incluem tanto elementos da fábrica como dos sistemas de apoio à produção. O CQ é uma função do nível do empreendimento, mas possui equipamentos e procedimentos que operam na fábrica.

No Companion Website deste livro (www.prenhall.com/groover.br) você encontrará a Parte VI (capítulos 23 a 26), que trata das outras funções de apoio no sistema de produção. Incluímos um capítulo sobre projeto de produtos e como ele é apoiado por sistemas computadorizados de suporte a projetos. O segundo capítulo dessa parte trata do planejamento de processos e de como é automatizado por meio de sistemas computadorizados de planejamento de processos. Discutimos também engenharia simultânea e projeto para fabricação (*design for manufacturing* — DFM). O Capítulo 25 aborda planejamento e controle de produção, incluindo tópicos como planejamento das necessidades de materiais (já mencionado neste capítulo), planejamento de recursos da manufatura e planejamento de recursos corporativos. O capítulo 26 trata da produção *just-in-time* e produção enxuta — abordagens que as empresas de produção modernas estão utilizando no funcionamento de seu negócio.

Referências

[1] BLACK, J. T. *The design of the factory with a future*. New York, NY: McGraw-Hill, 1991.

[2] ENGARDIO, P. "A new world economy". *BusinessWeek*, [S.l.]: Bloomberg, p. 52-61, 22-29 ago. 2005.

[3] GROOVER, M. P. *Fundamentals of Modern manufacturing: Materials, processes, and systems*. 3. ed. Hoboken, NJ: John Wiley & Sons, 2007.

[4] ____. *Work systems and the methods, Measurement, and management of work*. Upper Saddle River, NJ: Pearson/Prentice Hall, 2007.

[5] HARRINGTON, J. *Computer integrated manufacturing*. New York, NY: Industrial Press, 1973.

[6] KAPP, K. M."The USA principle". *APICS — The Performance Advantage*. [s.l.]: [s.n.], p. 62-66, jun. 1997.

[7] SPANGLER, T.; MAHAJAN, R.; PUCKETT, S.; STAKEM, D. "Manual labor — Advantages, when and where?" *MSE 427 Term Paper*, Bethlehem, PA: Lehigh University, 1998.

[8] WEBER, A. "Managing the reality of Offshore Assembly". *Assembly*, [s.l.]: [s.n.], p. 56-67, mar. 2005.

[9] ____. "Automation vs. Outsourcing". *Assembly*, [s.l.]: [s.n.], p. 46-55, dez. 2006.

[10] ZAKARIA, F. "Does the future belong to China?". *Newsweek*, p. 26-40, 9 maio 2005.

Questões de revisão

1.1 Cite quatro das realidades mencionadas no início deste capítulo com as quais os empreendimentos modernos de produção devem se preocupar?

1.2 O que é um sistema de produção?

1.3 Os sistemas de produção podem ser divididos em dois níveis ou duas categorias. Cite quais são e defina-os de forma breve.

1.4 Quais são os sistemas de manufatura e como eles se diferenciam dos sistemas de produção?

1.5 Os sistemas de manufatura são divididos em três categorias segundo a participação do trabalhador. Quais são elas?

1.6 Quais são as quatro funções incluídas no escopo dos sistemas de apoio à produção?

1.7 Três tipos básicos de automação são descritos neste capítulo. O que é automação rígida e quais são as suas características?

1.8 O que é automação programável e quais são suas características?

1.9 O que é automação flexível e quais são suas características?

1.10 O que é manufatura integrada por computador?

1.11 Cite cinco dos motivos para as empresas automatizarem suas operações. O texto lista nove razões.

1.12 Identifique três situações nas quais o trabalho manual é preferível à automação.

1.13 Os trabalhadores humanos são necessários nas operações de fábrica mesmo quando as operações são extremamente automatizadas. O texto apresenta ao menos quatro tipos de trabalho nos quais seres humanos são necessários. Cite três deles.

1.14 O que é o princípio USA? O que a sigla significa?

1.15 O texto cita dez estratégias para automação e melhoria do processo. Identifique cinco delas.

1.16 O que é uma estratégia de migração para a automação?

1.17 Quais são as três fases típicas de uma estratégia de migração para a automação?

PARTE I

VISÃO GERAL DA PRODUÇÃO

CAPÍTULO 2
Operações de produção*

CONTEÚDO DO CAPÍTULO

- **2.1** Setores de produção e produtos
- **2.2** Operações de produção
    - 2.2.1 Operações de processamento e montagem
    - 2.2.2 Outras operações de fábrica
- **2.3** Instalações da produção
    - 2.3.1 Produção baixa
    - 2.3.2 Produção média
    - 2.3.3 Produção alta
- **2.4** Relação produto/produção
    - 2.4.1 Quantidade produzida e variedade do produto
    - 2.4.2 Complexidade do produto e da peça
    - 2.4.3 Limitações e capacidades da planta de produção
- **2.5** Produção enxuta

A *manufatura*, ou produção, pode ser definida como a aplicação de processos físicos e químicos na alteração da geometria, de propriedades e/ou da aparência de determinado material inicial com vistas a produzir peças ou produtos. Ela também inclui a junção de diferentes peças para a criação de produtos montados. Os processos envolvidos na produção englobam uma combinação de máquinas, ferramentas, força e trabalho manual, conforme descrito na Figura 2.1(a), e quase sempre acontecem como uma sequência de operações. Cada operação sucessiva faz com que o material fique mais próximo do estado final desejado.

Do ponto de vista econômico, a produção preocupa-se com a transformação de materiais em itens de maior valor por meio de uma ou mais operações de processamento e/ou montagem, conforme mostra a Figura 2.1(b). O ponto mais importante é que a produção *agrega valor* ao material por meio da mudança de sua forma ou de suas propriedades ou da combinação do material com outros que também já foram alterados. Quando o minério de ferro é convertido em aço, agrega-se valor. O mesmo acontece quando a areia é transformada em vidro e o petróleo é refinado e transformado em plástico. E, quando o plástico, por sua vez, é moldado segundo uma complexa geometria e transformado em uma cadeira, ele se torna ainda mais valioso.

Neste capítulo, oferecemos uma análise das operações de produção. Começamos pela avaliação das indús-

---

* A Introdução e as seções 2.1 e 2.2 deste capítulo baseiam-se em GROOVER, M. P. *Fundamentals of modern manufacturing:* Materials, processes, and systems, Capítulo 1.

Figura 2.1 Definições alternativas de produção: (a) como processo tecnológico e (b) como processo econômico

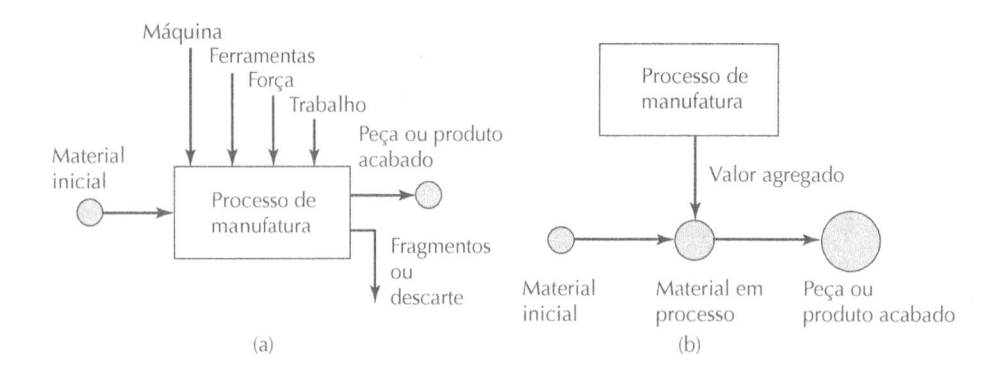

(a) Material inicial → Processo de manufatura (com entradas: Máquina, Ferramentas, Força, Trabalho) → Peça ou produto acabado; Fragmentos ou descarte

(b) Material inicial → Material em processo → Peça ou produto acabado; Processo de manufatura adiciona Valor agregado

trias engajadas na produção e dos tipos de produtos que fabricam. Em seguida, discutimos os processos de fabricação e montagem e as atividades que os apoiam, como o tratamento e a inspeção de materiais. Depois disso, apresentamos diversos parâmetros de produtos, como quantidade de produção, variedade e complexidade, e exploramos a influência que exercem sobre as operações de produção e as instalações necessárias à realização dessas operações. O capítulo se encerra com uma breve introdução à produção enxuta — uma abordagem que visa a minimizar o desperdício e maximizar a produção.

A história da produção inclui tanto o desenvolvimento dos processos de fabricação, alguns datados de milhares de anos atrás, como a evolução dos sistemas de produção necessários na aplicação dos processos (Nota histórica 2.1). A ênfase deste livro é nos sistemas.

Nota histórica 2.1

História da produção

A história da produção inclui dois tópicos: (1) a descoberta e a invenção de materiais e processos para fazer coisas e (2) o desenvolvimento dos sistemas de produção. Os materiais e processos antecedem os sistemas em muitos milênios. Os sistemas de produção referem-se ao modo de organização de pessoas e equipamentos de maneira que a produção possa ser realizada de forma mais eficiente. Alguns dos processos mais básicos datam do período neolítico (entre 8.000-3.000 a.C.), quando foram desenvolvidas operações como *carpintaria*, *moldagem* e *cozedura* de argila, *moagem* e *polimento* de pedras, *fiação* de fibras e *tecelagem* e *tingimento* de tecidos. A metalurgia também teve início durante o período neolítico, na Mesopotâmia e em outras áreas ao redor do Mediterrâneo. Ela também se espalhou, ou se desenvolveu de forma independente, em regiões da Europa e da Ásia. Os primeiros humanos encontraram ouro em uma forma tão pura na natureza que podia ser *moldado com um martelo*. É provável que o cobre tenha sido o primeiro metal extraído dos minérios, o que demandou a utilização da *fundição* como uma técnica de processamento. O cobre não podia ser diretamente tratado com um martelo porque deformava. Assim sendo, era modelado por meio de fundição e *moldagem*. Prata e estanho também eram utilizados nessa época. Descobriu-se que a combinação do cobre com o estanho produzia um metal mais maleável do que o cobre puro e que permitia tanto a moldagem por martelo como aquela por fundição. Isso impulsionou um período conhecido como *Idade do Bronze* (entre 3.500-1.500 a.C.).

O ferro foi fundido pela primeira vez nesse período. Meteoritos podem ter sido uma das fontes do metal, mas o ferro também foi minerado. As temperaturas necessárias à redução do ferro minerado em metal são muito mais altas do que as exigidas pelo cobre, o que dificultava as operações de forno. Os primeiros ferreiros aprenderam que, quando determinados ferros (aqueles contendo pequenas quantidades de carbono) eram corretamente aquecidos e *temperados* (mergulhados em água para resfriar), eles se tornavam muito resistentes. Isso permitia que pontas afiadas fossem amoladas e transformadas em facas e armas, mas também deixava o metal mais frágil. A resistência podia ser aumentada pelo reaquecimento à baixa temperatura, um processo conhecido como *têmpera*. Descrevemos aqui o *tratamento térmico* do aço. Suas propriedades superiores fizeram com que o metal substituísse o bronze em muitas aplicações (artilharia, agricultura e dispositivos mecânicos). O período de seu uso ficou conhecido como *Idade do Ferro* (iniciada em torno de 1.000 a.C.). Não tardou para que a demanda por aço aumentasse, já no século XIX, e novas técnicas de tratamento de metal fossem desenvolvidas.

A fabricação inicial de utensílios e armas realizava-se mais como arte e moeda de troca do que como a produção que conhecemos hoje em dia. Os antigos romanos tinham o que poderia ser chamado de fábricas para produção de armas, pergaminhos, cerâmica, objetos de cristal e outros produtos da época, mas os procedimentos baseavam-se amplamente no trabalho manual. Somente na época da *Revolução Industrial* (em torno de 1760-1830) é que as principais mudanças começaram a afetar os sistemas de produção de coisas. Esse período marcou a transição de uma economia baseada na agricultura e no trabalho artesanal para outra baseada na indústria e na produção. A mudança começou na Inglaterra, onde uma série de máquinas importantes foi inventada, a máquina a vapor começou a substituir a força animal, da água e do vento. Inicialmente, esses avanços ofereceram vantagens significativas para a indústria britânica em relação a outras nações, mas a revolução acabou se espalhando por outros países europeus e pelos Estados Unidos. A Revolução Industrial contribuiu para o desenvolvimento da produção das seguintes maneiras: (1) *A máquina a vapor de Watt*, uma nova tecnologia de geração de energia; (2) o desenvolvimento de *máquinas-ferramenta*, começando com a broqueadeira de John Wilkinson, por volta de 1775, que foi utilizada para perfurar a máquina a vapor de Watt; (3) invenção da *máquina de fiar*, do *tear mecânico* e de outras máquinas para a indústria têxtil, o que permitiu melhorias significativas na produtividade; e (4) o *sistema de produção*, uma nova maneira de organizar trabalhadores da produção com base na divisão do trabalho.

A broqueadeira de Wilkinson normalmente marca o início da tecnologia de máquinas-ferramenta. Era movida à água. Entre 1775 e 1850, outras máquinas-ferramenta foram desenvolvidas para a maioria dos *processos* convencionais de usinagem, tais como *furação, torneamento, fresamento, polimento, conformação* e *plainamento*. A máquina a vapor tornou-se a fonte de energia preferida para a maioria dessas máquinas à medida que foi sendo difundida. É interessante observar que muitos processos individuais foram criados séculos antes das máquinas-ferramenta. Perfuração, serração e torneamento (de madeira), por exemplo, existem desde os velhos tempos.

Métodos de montagem foram utilizados em culturas antigas na confecção de navios, armas, ferramentas, utensílios de fazenda, maquinários, carroças e carrinhos, mobília e vestuário. Os processos incluíam *união* com fio e corda, *soldagem, rebitagem* e *pregagem*. Por volta da era de Cristo, foram desenvolvidas a *soldagem* e a *colagem*. O amplo uso de parafusos, arruelas e porcas — tão comuns nas montagens atuais — exigiram o desenvolvimento de máquinas-ferramenta, em especial o torno mecânico de Maudsley (1800), que fazia roscas helicoidais com precisão. Somente por volta de 1900 os processos de *soldagem por fusão* começaram a ser desenvolvidos como técnicas de união.

Enquanto a Inglaterra liderava a Revolução Industrial, um importante conceito relacionado à tecnologia de montagem estava sendo introduzido nos Estados Unidos: o da produção de *peças intercambiáveis*. O crédito desse conceito costuma ser atribuído a Eli Whitney (1765-1825), mas sua importância foi reconhecida por outros [3]. Em 1797, Whitney negociou um contrato para a produção de 10 mil mosquetes para o governo norte-americano. Na época, o método tradicional de montagem de armas envolvia a fabricação sob medida de cada uma das peças de uma arma em particular e o agrupamento manual das peças para montagem da arma por meio de *polimento*. Cada mosquete era, portanto, único, e o tempo para construí-lo era considerável. Whitney acreditava que era possível fazer os componentes com precisão capaz de permitir que as partes fossem montadas sem ajustes. Depois de anos de desenvolvimento em sua fábrica em Connecticut, ele viajou a Washington em 1801 para demonstrar seu princípio. Diante dos oficiais do governo, inclusive Thomas Jefferson, ele dispôs componentes para dez mosquetes e, aleatoriamente, começou a selecionar peças para montar armas. Nenhum polimento ou ajuste especial era necessário e todas as armas funcionavam com perfeição. O segredo por trás de seu feito estava na coleção de máquinas, complementos e medidores especiais que desenvolvera e em sua fábrica. A produção de peças intercambiáveis demandou muitos anos de desenvolvimento e refino antes de se tornar uma realidade prática, no entanto, revolucionou os métodos de produção. É um pré-requisito para a produção em massa de produtos montados. Como surgiu nos Estados Unidos, a produção de peças intercambiáveis é conhecida como o *Sistema Americano* de produção.

A partir da metade da década de 1800, iniciou-se a expansão de estradas de ferro, navios movidos a vapor e de outras máquinas que criaram uma demanda constante por ferro e aço. Novos métodos de produção de aço foram criados para atender tal demanda. Além disso, diversos produtos de consumo foram desenvolvidos durante esse período, incluindo máquinas de costura, bicicletas e automóveis. Para atender à demanda massiva por esses produtos, foi necessária a criação de métodos de produção mais eficientes. Alguns historiadores chamam os avanços ocorridos nesse período de *Segunda Revolução Industrial*, caracterizada por seus efeitos sobre os sistemas de produção pelas seguintes características: (1) produção em massa; (2) linhas de montagem; (3) movimento da administração científica; e (4) eletrificação das fábricas.

A *produção em massa* foi primeiramente um fenômeno norte-americano. Foi motivada pelo mercado de massa que existia nos Estados Unidos, cuja população, em crescimento, era de 76 milhões de pessoas em 1900. Em 1920, excedia 106 milhões. Uma população tão grande, maior do que a de qualquer país europeu, criou uma demanda por um número maior de produtos. A produção em massa passou a fornecê-los. Uma das tecnologias importantes desse tipo de produção era a *linha de montagem*, introduzida por Henry Ford (1863-1947) em 1913 na fábrica de Highland Park (Nota histórica 15.1). A linha de montagem viabilizou a produção de complexos produtos de consumo. Em 1916, o uso dos métodos da linha de montagem permitiu que Ford vendesse um automóvel Modelo T por menos de US$ 500, o que tornou viável a aquisição de carros para uma grande parcela da população americana.

O movimento da *administração científica* começou no fim da década de 1800, nos Estados Unidos, em resposta à necessidade de planejar e controlar as atividades de um número crescente de trabalhadores na produção. O movimento foi liderado por Frederick W. Taylor (1856-1915), Frank Gilbreath (1868-1924) e sua esposa Lilian (1878-1972), dentre outros. A administração científica inclui: (1) *estudo do movimento*, cujo objetivo é encontrar o melhor método para execução de determinada tarefa; (2) *estudo do tempo*, para que se estabeleçam padrões de trabalho para uma atividade; (3) uso extensivo de *padrões* no setor; (4) *sistema de pagamento por peça produzida* e outros planos de incentivo semelhantes; (5) uso de coleta de dados, manutenção de registros e contabilidade dos custos nas operações de fábrica.

Em 1881, teve início a *eletrificação* com a construção, na cidade de Nova York, da primeira estação de geração de energia elétrica. A utilização de motores elétricos como fonte de energia para a operação do maquinário das fábricas não tardou a acontecer. Esse método de sistema de energia era muito mais conveniente do que a máquina a vapor, que usava polias deslizantes na distribuição mecânica de energia entre as máquinas. Em 1920, a eletricidade já tinha ultrapassado o vapor como principal fonte de energia nas fábricas norte-americanas. A eletrificação também motivou muitas invenções que afetaram as operações e os sistemas de produção. O século XX foi uma época de mais avanços tecnológicos do que todos os outros juntos, muitos deles resultando na *automação* da produção. Este livro inclui algumas notas históricas sobre esses avanços na automação.

2.1 SETORES DE PRODUÇÃO E PRODUTOS

A produção é uma atividade comercial importante, executada por empresas que vendem produtos a clientes. O tipo de produção realizada por uma empresa depende dos tipos de produtos que ela faz. Vamos primeiro analisar o escopo dos setores de produção e, em seguida, avaliar seus produtos.

Setores de produção. Um setor é formado por empresas e organizações que produzem e/ou fornecem bens e/ou serviços. Os setores podem ser classificados como primários, secundários ou terciários. *Setores primários* são aqueles que cultivam e exploram recursos naturais, como agricultura e mineração. *Setores secundários* convertem os resultados da exploração do setor primário em produtos. A produção é a principal atividade nessa categoria, mas os setores secundários também incluem a construção e a geração de energia. *Setores terciários* constituem o setor de serviços da economia. A Tabela 2.1 apresenta uma lista de setores específicos de cada uma dessas categorias.

Neste livro, preocupamo-nos com os setores secundários (listados na coluna central da Tabela 2.1), que são aqueles compostos por empresas engajadas na produção. É útil diferenciar os setores de processos daqueles que produzem peças discretas e produtos. Os setores de processos incluem indústrias química, farmacêutica, petrolífera, de metais básicos, alimentícia, de bebidas e de

Tabela 2.1 Indústrias específicas nos setores primário, secundário e terciário. Baseada principalmente na Classificação Industrial Internacional Padrão (*International Standard Industrial Classification* — ISIC) utilizada pela Organização das Nações Unidas (ONU)

Primário	Secundário	Terciário (Serviços)
Agricultura	Aeroespacial	Bancário
Florestal	Aparelhagem	Comunicações
Pesca	Automotivo	Educação
Pecuária	Metais básicos	Entretenimento
Caça	Bebidas	Serviços financeiros
Mineração	Materiais de construção	Governo
Petróleo	Químicos	Saúde e médico
	Computadores	Hotéis
	Construção	Informações
	Aparelhos elétricos	Seguros
	Eletrônicos	Serviços legais
	Equipamentos	Imobiliário
	Metais fabricados	Reparos e manutenção
	Processamento alimentar	Restaurantes
	Vidro, cerâmica	Comércio a varejo
	Máquinas pesadas	Turismo
	Papel	Transportes
	Refino de petróleo	Comércio atacadista
	Farmacêuticos	
	Plásticos (moldagem)	
	Geração de energia	
	Publicação	
	Têxteis	
	Pneus e borrachas	
	Madeira e mobília	

geração de energia elétrica. Os setores de produtos discretos incluem indústrias de automóveis, aeronaves, eletrodomésticos, computadores, máquinas e componentes a partir dos quais esses produtos são montados. A Tabela 2.2 lista as indústrias segundo o tipo de produto produzido conforme a Classificação Industrial Internacional Padrão (*International Standard Industrial Classification* — ISIC). Em geral, as indústrias de processos são listadas entre os códigos 31-37 da ISIC, enquanto as indústrias de produtos discretos aparecem entre os códigos 38-39. Entretanto, deve-se reconhecer que muitos produtos fabricados por indústrias de processos acabam vendidos aos consumidores como unidades discretas. Por exemplo, as bebidas são vendidas em garrafas e latas. Os farmacêuticos normalmente são adquiridos em comprimidos e cápsulas.

Nas indústrias de processo e nas de produtos discretos, as operações de produção podem ser divididas em produção contínua e produção em lote. As diferenças são mostradas na Figura 2.2.

A *produção contínua* ocorre quando o equipamento de produção é utilizado exclusivamente para um determinado produto cuja produção não para. Nas indústrias de

Tabela 2.2 Códigos da Classificação Industrial Internacional Padrão (*International Standard Industrial Classification* — ISIC) para diferentes indústrias no setor de produção

Código básico	Produtos fabricados
31	Alimentos, bebidas (alcoólicas ou não), tabaco
32	Têxteis, vestuário, produtos em couro, produtos de pele
33	Madeira e produtos em madeira (mobília, por exemplo), produtos de cortiça
34	Papel, produtos de papel, impressão, publicação, encadernação
35	Químicos, carvão, petróleo, plástico, borracha, produtos feitos desses materiais, farmacêuticos
36	Cerâmicas (incluindo vidro), produtos minerais não metálicos (cimento, por exemplo)
37	Metais básicos (aço e alumínio, por exemplo)
38	Produtos de metais fabricados, máquinas, equipamentos (por exemplo, aeronaves, câmeras, computadores e outros equipamentos de escritório, máquinas, veículos motores, ferramentas, televisores)
39	Outros produtos manufaturados (por exemplo, joias, instrumentos musicais, produtos esportivos, brinquedos)

processo, a produção contínua significa que o processo é executado sobre uma cadeia contínua de materiais, sem interrupções no fluxo de produção, conforme sugere a Figura 2.2(a). O material processado pode estar em forma de líquido, gás, pó ou em outro estado. Nas indústrias de produção discreta, a produção contínua significa dedicação integral do equipamento ao produto ou peça produzida, sem pausas para troca de produto. Conforme mostra a Tabela 2.2(b), as unidades individuais do produto são identificáveis.

Figura 2.2 Produção contínua e em lote nas indústrias de processo e de produção discreta, incluindo (a) produção contínua nas indústrias de processo; (b) produção contínua nas indústrias de produção discreta; (c) produção em lote nas indústrias de processo; (d) produção em lote nas indústrias de produção discreta

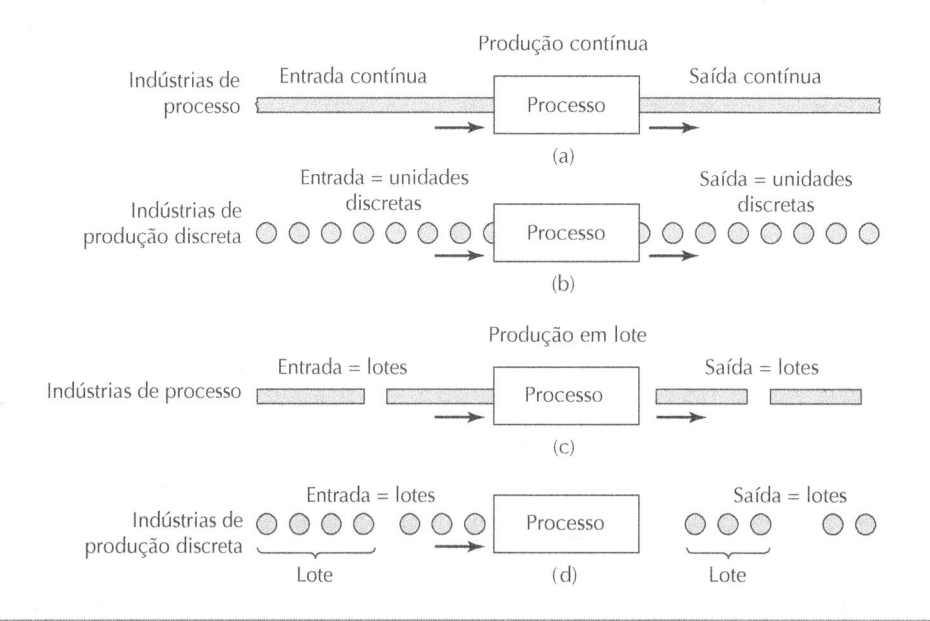

A *produção em lote* ocorre quando os materiais são processados em quantidades ou montantes finitos, chamados *lotes* tanto na indústria de processos como na de produção discreta. A produção em lote não é contínua, visto que há interrupções na produção entre os lotes. A razão para utilização desse tipo de produção se deve ao fato de a natureza do processo exigir que somente uma quantidade finita de material seja acomodada por vez (por exemplo, o montante de material pode ser limitado pelo tamanho do recipiente utilizado no processamento) e/ou porque existem diferenças entre as partes ou os produtos feitos em diferentes lotes (por exemplo, um lote de 20 unidades da peça A seguido por um lote de 50 unidades da peça B em uma operação de máquina, e a necessidade de alteração de configuração entre os lotes por conta de diferenças nas ferramentas e nos acessórios necessários). As diferenças da produção em lote nas indústrias de processo e nas de produção discreta são listadas na Tabela 2.2(c) e (d). Nas indústrias de processo, a produção em lote geralmente significa que os produtos iniciais estão na forma líquida ou granel, e são processados juntos como uma única unidade. Em contrapartida, nas indústrias de produção discreta, um lote representa uma determinada quantidade de unidades de trabalho, processadas individualmente e não todas ao mesmo tempo. O número de peças em um lote pode variar de um a milhares de unidades.

Produtos manufaturados. Conforme indicado na Tabela 2.2, os setores secundários incluem alimentos, bebidas, têxteis, madeira, papel, publicação, químicos e metais básicos (códigos ISIC 31-37). Este livro é primeiramente direcionado às indústrias que produzem produtos discretos (códigos ISIC 38-39). Os dois grupos interagem entre si e muitos dos conceitos e sistemas discutidos aqui podem ser aplicados nas indústrias de processo, mas nossa atenção volta-se, principalmente, para a produção de equipamentos discretos, que variam de parafusos e porcas a carros, aeronaves e computadores digitais. A Tabela 2.3 lista as indústrias de produção e seus produtos correspondentes nos quais os sistemas de produção descritos neste livro podem ser aplicados.

Os produtos finais produzidos pelas indústrias listadas na Tabela 2.3 podem ser divididos em duas classes principais: bens de consumo e bens de capital. Os *bens de consumo* são produtos adquiridos diretamente pelos consumidores, tais como carros, computadores pessoais, televisores, pneus, brinquedos e raquetes de tênis. Os *bens de capital* são produtos adquiridos por outras empresas para a produção de bens e prestação de serviços. Exemplos de bens de capital incluem aeronaves comerciais, computadores de grande porte, máquinas-ferramenta, equipamentos ferroviários e maquinário para a construção.

Além dos produtos finais, que costumam ser montados, existem empresas no setor cujo negócio é primeiramente produzir materiais, componentes e suprimentos para as empresas que fazem o produto final. Exemplos desses itens incluem folhas de aço, vergalhões de precisão, estampagem de metal, partes usinadas em conjunto, mol-

Tabela 2.3 **Indústrias de produção cujos produtos podem ser produzidos pelos sistemas discutidos neste livro**

Indústria	Produtos típicos
Aeroespacial	Aeronaves comerciais e militares
Aparelhos elétricos	Utensílios domésticos de pequeno e grande portes
Automotiva	Carros, caminhões, ônibus, motocicletas
Computadores	Computadores pessoais e de grande porte
Eletrônicos	Televisores, aparelhos de DVD, equipamentos de som, consoles de videogame
Equipamentos industriais	Máquinas, equipamentos ferroviários
Máquinas pesadas	Máquinas-ferramenta, equipamentos para construção
Metais fabricados	Peças de máquinas, selagem de matais, ferramentas
Plástico (modelagem)	Moldes de plástico, extrusores
Pneu e borracha	Pneus, solas de sapato, bolas de tênis
Vidro, cerâmica	Produtos de vidro, ferramentas em cerâmica, utensílios de cerâmica

dagem em plástico, ferramentas de corte, fieira, moldes e lubrificantes. Assim sendo, as indústrias de produção constituem uma infraestrutura complexa, com várias categorias e camadas de fornecedores intermediários com os quais o consumidor nunca lida.

2.2 OPERAÇÕES DE PRODUÇÃO

Existem certas atividades básicas que devem ser executadas em uma fábrica de modo a converter matérias-primas em produtos acabados. Limitando nosso escopo a uma fábrica envolvida na fabricação de produtos discretos, as atividades da fábrica são (1) operações de processamento e montagem; (2) manuseio de materiais; (3) inspeção e teste; e (4) coordenação e controle.

As três primeiras atividades são atividades físicas que 'tocam' o produto enquanto ele é feito. As operações de processamento e montagem alteram a geometria, as propriedades e/ou a aparência do item que está sendo trabalhado. Elas agregam valor ao produto. O produto deve passar da operação atual para a seguinte na sequência de produção e deve ser inspecionado e/ou testado para garantir a alta qualidade. Argumenta-se que o manuseio de materiais e as atividades de inspeção não agregam valor ao produto. Entretanto, podem ser necessários para acompanhar a execução de operações de processamento e montagem necessárias como, por exemplo, o carregamento de peças em uma máquina de produção e a garantia de que uma unidade de trabalho inicial é de boa qualidade antes que o processamento comece. Acreditamos que se agrega valor pela totalidade das operações de produção executadas sobre o produto. Todas as operações desnecessárias — seja de processamento, montagem, manuseio de materiais ou inspeção — devem ser eliminadas da sequência de etapas necessárias à conclusão de determinado produto. Retomamos essas ideias na discussão sobre produção enxuta, na Seção 2.5.

2.2.1 Operações de processamento e montagem

Os processos de produção podem ser divididos em dois tipos básicos: (1) operações de processamento e (2) operações de montagem. Uma *operação de processamento* transforma um material de trabalho em um estado de completude para um estado mais avançado e que está mais próximo da peça ou produto desejado. Ela agrega valor por meio da alteração da geometria, das propriedades ou da aparência do material inicial. Em geral, as operações de processamento são executadas sobre peças individuais, mas algumas dessas operações também podem ser aplicadas a itens montados, como, por exemplo, a pintura da carroceria metálica de um carro. Uma *operação de montagem* junta dois ou mais componentes para criar uma nova entidade, denominada montagem, submontagem ou outro termo qualquer que faça referência ao processo específico de montagem. A Figura 2.3 mostra uma classificação dos processos de produção e como eles se dividem em várias categorias.

Operações de processamento. Uma operação de processamento usa energia para alterar forma, propriedades físicas ou aparência de uma peça de modo a agregar valor ao material. A energia pode ser mecânica, térmica, elétrica ou química e é aplicada de modo controlado por meio das máquinas e das ferramentas. A energia humana também pode ser necessária, mas trabalhadores humanos costumam atuar no controle de máquinas, na fiscalização de operações e no carregamento e descarregamento de peças antes e depois de cada ciclo de operação. Um modelo geral da operação de processamento é reproduzido na Figura 2.1(a). O material entra no processo, máquinas e ferramentas aplicam energia para transformar o material e a peça de trabalho concluída sai do processo. Conforme mostra o modelo, a maior parte das operações de produção fabrica fragmentos ou material a ser descartado, seja como subproduto do processo (ou seja, removendo material, como na usinagem) ou na forma ocasional de peças defeituosas. Um objetivo almejado na produção é a redução do descarte em qualquer uma dessas duas formas.

Mais de uma operação de processamento costuma ser necessária na transformação do material inicial no resultado final. As operações são executadas na sequência particular para o alcance da geometria e/ou da condição definida na especificação do projeto.

Existem três categorias de operações de processamento: (1) operações de moldagem; (2) operações de melhoria da propriedade; e (3) operações de processamento da superfície.

As *operações de moldagem de peças* aplicam força mecânica e/ou calor ou outras formas e combinações de energia para alterar a geometria do material de trabalho. Existem diversas maneiras de classificar esse processo. A categorização que utilizamos aqui se baseia no estado do material inicial. As categorias são quatro:

1. *Processos de solidificação.* Nessa categoria, os processos importantes são os de *fundição* (para metais) e *moldagem* (para plásticos e vidros), nos quais o material inicial é um líquido aquecido ou semifluido que pode ser depositado ou forçado a escorrer para a cavidade de um molde no qual esfria e solidifica, assumindo forma idêntica à do molde.

Figura 2.3 Classificação dos processos de produção

```
Processos de manufatura
├── Operações de processamento
│   ├── Processo de moldagem
│   │   ├── Processo de solidificação
│   │   ├── Processamento de partículas
│   │   ├── Processos de conformação
│   │   └── Remoção de material
│   ├── Melhoria da propriedade
│   │   └── Tratamento térmico
│   └── Processamento da superfície
│       ├── Limpeza e tratamento da superfície
│       └── Revestimento e deposição
└── Operações de montagem
    ├── Processo de junção
    │   ├── Soldagem
    │   ├── Brasagem (forte e fraca)
    │   └── Colagem
    └── Fixação mecânica
        ├── Parafusagem
        └── Fixação permanente
```

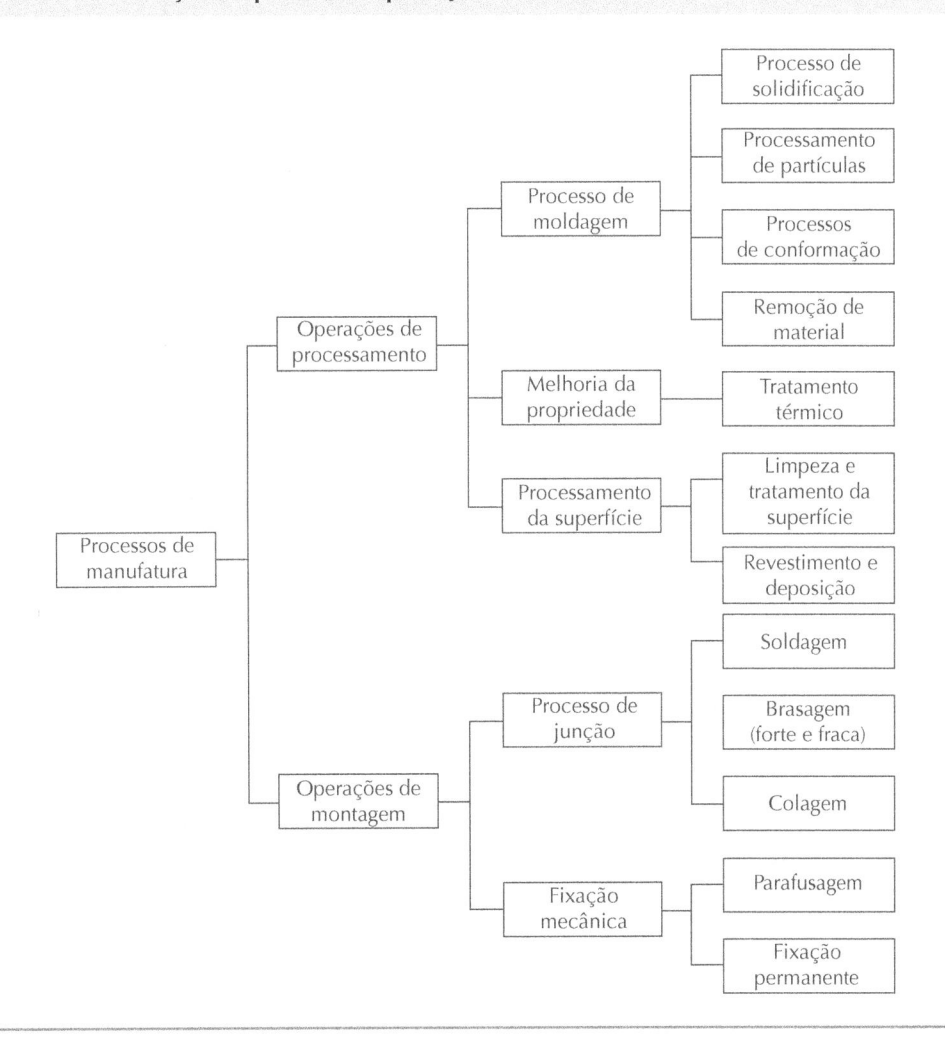

2. *Processamento de partículas.* O material inicial é um pó. A técnica mais comum envolve a *prensagem* a alta pressão do pó em um molde-matriz para fazer com que ele tome sua forma. Entretanto, a peça compactada não é forte o suficiente para ser utilizada de maneira útil. Para aumentar sua resistência, a peça é, então, *sinterizada* — aquecida a uma temperatura abaixo do ponto de fusão —, o que faz com que as partículas individuais se aglutinem. Tanto os metais (metalurgia do pó) como a cerâmica (ou seja, os produtos de argila) podem ser criados pelo processamento de partículas.

3. *Processos de conformação.* Na maioria dos casos, o material inicial é um metal maleável moldado por meio da aplicação de pressões que excedem a resistência do metal. Para aumentar a maleabilidade, o metal normalmente é aquecido antes da conformação. Os processos de conformação incluem *forjamento*, *extrusão* e *laminação*. Também incluídos nessa categoria estão os processos que trabalham com o metal em folha, como *trefilação*, *moldagem* e *dobramento*.

4. *Remoção de material.* O material inicial é um sólido (em geral, um metal, maleável ou rígido) a partir do qual o material excessivo é removido da peça de trabalho inicial de modo que a peça resultante tenha a geometria desejada. A etapa mais importante nessa categoria é a de operações de *usinagem*, como *torneamento*, *furação* e *fresamento*, alcançadas com a utilização de ferramentas de corte afiadas que são mais resistentes do que o metal trabalhado. O *polimento* é outro processo comum nessa categoria, no qual um rebolo abrasivo é utilizado na remoção de material. Outros processos de remoção de material são conhecidos como *processos não convencionais*, pois não usam ferramentas tradicionais de corte e polimento. Em vez disso, baseiam-se na utilização de laser, feixes de elétrons, erosão química, descarga elétrica ou energia eletroquímica.

As *operações de melhoria da propriedade* servem para melhorar as propriedades mecânicas ou físicas do material de trabalho. As operações de melhoria mais importantes envolvem tratamentos térmicos, que incluem fortalecimento induzido por temperatura e/ou processos de enrijecimento para metais e vidros. A sinterização de metais em pó e cerâmica, mencionada anteriormente, também é um tratamento térmico que fortalece uma peça em pó prensada. As operações de melhoria da propriedade não alteram a forma da peça, exceto de maneira não intencional em alguns casos, como, por exemplo, a deformação de uma peça de metal durante o aquecimento térmico ou a diminuição de uma peça de cerâmica durante a sinterização.

As *operações de processamento da superfície* incluem processos de (1) limpeza; (2) tratamentos superficiais; e (3) revestimento e deposição da camada metálica. A *limpeza* utiliza processos químicos e mecânicos para a remoção de sujeira, óleo ou outro contaminante qualquer da superfície. Os *tratamentos superficiais* incluem trabalho mecânico, como o *shot peening* (bombardeamento com esferas para encruamento superficial) e jateamento de areia, e processos físicos, como difusão e implantação de íon. Os processos de *revestimento e deposição de camada fina* aplicam uma camada de material ao exterior da superfície da peça de trabalho. Os processos comuns de revestimento incluem *galvanoplastia*, *anodização* do alumínio e revestimento orgânico (chamado *pintura*). Os processos de deposição da camada fina incluem *deposição física de vapor* e *deposição química de vapor* para formar revestimentos extremamente finos de várias substâncias. Diversas operações de processamento da superfície foram adaptadas de modo a fabricar materiais semicondutores (mais comumente, silício) em circuitos integrados usados na microeletrônica. Esses processos incluem deposição química do vapor, deposição física do vapor e oxidação. Eles são aplicados a áreas bastante localizadas na superfície do fino *wafer* de silício (ou outro material semicondutor) para criar um circuito microscópico.

Operações de montagem. O segundo tipo básico de operação de produção é a montagem, na qual duas ou mais partes separadas são ligadas para formar uma nova entidade. Os componentes dessa nova entidade podem ser ligados de forma permanente ou semipermanente. Os processos de junção permanente incluem *soldagem*, *brasagem forte*, *brasagem fraca* e *colagem*. Eles combinam peças por meio da formação de uma nova entidade que não pode ser desconectada com facilidade. Os métodos de montagem mecânica estão disponíveis para fixar duas ou mais peças juntas em uma nova entidade que pode ser convenientemente desmontada. O uso de *parafusagem* (ou seja, de parafusos, porcas e arruelas) é um método tradicional importante nessa categoria. Outras técnicas de montagem mecânica para criação de uma conexão permanente incluem *rebites*, *cravamento* (*press fitting*) e *encaixe por expansão*. Na eletrônica são utilizados métodos especiais de montagem. Alguns deles são idênticos às técnicas descritas ou apenas adaptações das mesmas. Por exemplo, a soldagem é largamente utilizada na montagem eletrônica. Esse tipo de montagem preocupa-se primeiramente com a montagem de componentes (ou seja, dos circuitos integrados) para as placas de circuito impresso usadas na produção de circuitos complexos presentes em muitos dos produtos atuais.

2.2.2 Outras operações em uma fábrica

Outras atividades que devem ser executadas na fábrica incluem armazenagem e manuseio de materiais, inspeção e testes e coordenação e controle.

Armazenagem e manuseio de materiais. Em geral, é necessário que exista um meio para movimentação e armazenamento de materiais entre as operações de processamento e/ou montagem. Na maioria das fábricas, os materiais passam mais tempo sendo movimentados e armazenados do que sendo processados. Em alguns casos, a maior parte dos custos do trabalho na fábrica é oriunda de manuseio, movimentação e armazenamento de materiais. É importante que esta função seja executada da maneira mais eficiente possível. Na Parte III deste livro, discutimos as tecnologias para manuseio e armazenagem de materiais utilizadas nas operações de fábrica.

Eugene Merchant, defensor e promotor da indústria de máquinas-ferramenta por muitos anos, observou que os materiais mais comuns nas fábricas de produção em lote ou naquelas de produção por encomenda passam mais tempo em estado de espera ou movimentação do que sendo processados [4]; sua observação é demonstrada na Figura 2.4. Cerca de 95 por cento do tempo de uma peça são gastos na movimentação ou na espera (armazenamento temporário). Somente 5 por cento de seu tempo são gastos na máquina-ferramenta. Desse último percentual, menos de 30 por cento do tempo gasto na máquina (1,5 por cento do tempo total da peça) são dedicados ao corte. Os 70 por cento restantes (3,5 por cento do total) são gastos em carregamento e descarregamento, manuseio e posicionamento da peça, posicionamento da ferramenta, calibragem e outros elementos que não fazem parte do tempo de processamento. Essas frações de tempo sinalizam a importância da armazenagem e do manuseio de materiais em uma fábrica convencional.

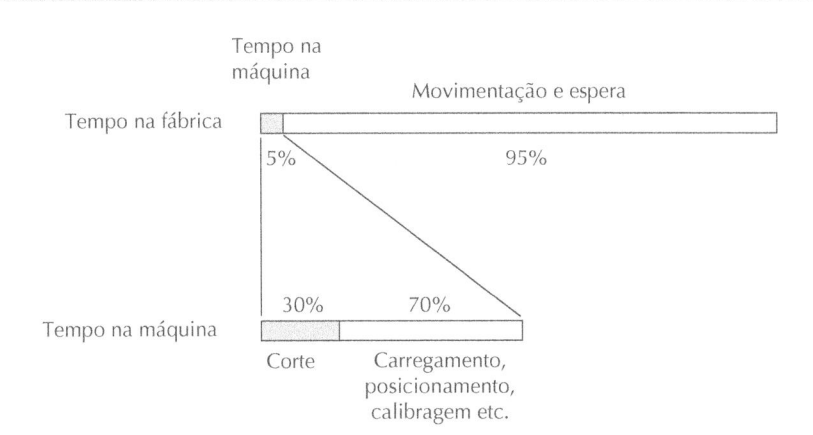

Figura 2.4 Como o tempo é gasto na fabricação de uma peça em uma fábrica de produção em lote [4]

Tempo na fábrica — Movimentação e espera: 5% / 95%

Tempo na máquina — Corte: 30% / Carregamento, posicionamento, calibragem etc.: 70%

Inspeção e testes. Essas são atividades de controle. O objetivo da inspeção é determinar se o produto fabricado está em conformidade com padrões e especificações do projeto. A inspeção examina, por exemplo, se as atuais dimensões de uma peça mecânica estão dentro da tolerância indicada em seu desenho de engenharia. Os testes normalmente se preocupam com as especificações funcionais do produto final, e não com as peças individuais que o compõem. O teste final do produto, por exemplo, garante que ele funcione e opere no modo especificado pelo projetista. Na Parte V deste livro, examinamos as atividades de inspeção e testes.

Coordenação e controle. Na produção, essas atividades incluem tanto a regulamentação do processamento individual como as operações de montagem e o gerenciamento das atividades da fábrica. No nível do processo, o controle envolve o alcance de certos objetivos de desempenho por meio da manipulação correta das entradas e de outros parâmetros do processo. Esse aspecto é discutido na Parte II deste livro.

No nível da fábrica, o controle engloba uso efetivo da mão de obra, manutenção de equipamentos, movimentação de materiais na fábrica, controle de estoque, entrega de produtos de boa qualidade conforme agendamento e manutenção dos custos de operação da fábrica em um nível mínimo. Nesse nível, a função de controle da produção representa o principal ponto de interseção entre as operações físicas da fábrica e as atividades de processamento de informações que acontecem na produção. Muitas dessas funções de controle no nível da fábrica e no nível do empreendimento são discutidas nas partes V e VI (esta última está disponível no Companion Website) deste livro.

2.3 INSTALAÇÕES DE PRODUÇÃO

Uma empresa de produção tenta organizar suas instalações da maneira mais eficiente para cumprir a missão particular de cada fábrica. Ao longo dos anos, certos tipos de instalações de produção passaram a ser reconhecidos como a maneira mais apropriada de organizar o ambiente para determinado tipo de produção. É claro que um dos fatores mais importantes na determinação do tipo de produção é o produto a ser feito. Conforme mencionado anteriormente, este livro preocupa-se primeiramente com a produção de peças discretas e produtos. A quantidade de peças e/ou produtos feitos por uma fábrica exerce influência significativa sobre as instalações e sobre o modo como a produção está organizada. O *volume produzido* refere-se ao número de unidade de determinada peça ou produto que é produzida anualmente pela fábrica. Ele pode ser classificado em três faixas:

1. *Produção baixa:* quantidades na faixa de 1 a 100 unidades.
2. *Produção média:* quantidades na faixa de 100 a 10 mil unidades.
3. *Produção alta:* quantidades na faixa de 10 mil a milhões de unidades.

As fronteiras entre as faixas são um tanto arbitrárias (segundo julgamento do autor) e podem variar dependendo dos tipos de produtos.

Algumas fábricas produzem variedades de tipos de produtos, cada um sendo produzido em quantidade baixa ou média. Outras se especializam na produção de grandes quantidades de somente um tipo de produto. Vale a pena identificar a variedade de produtos para que sirva como parâmetro diferente da quantidade produzida. A *variedade do produto* refere-se aos diferentes projetos ou tipos de produtos em uma fábrica. Diferentes produtos têm diferentes formas, tamanhos e modelos, executam funções diferentes, podem ser direcionados a mercados distintos, possuem uma quantidade diferente de componentes etc. O número de tipos diferentes de produtos produzidos a cada ano pode ser contabilizado. Quando esse número é alto, tem-se uma grande variedade de produtos.

Em termos de operações de fábrica, existe uma correlação inversa entre a variedade do produto e o volume produzido. Quando a variedade do produto é alta, o volume produzido tende a ser baixo e vice-versa. Essa relação é apresentada na Figura 2.5. As fábricas costumam se especializar em uma combinação de variedade de produtos e volume produzido que se posicione em algum ponto dentro da faixa diagonal mostrada na Figura 2.5. Em geral, uma determinada fábrica tende a limitar-se ao valor da variedade do produto correlacionado ao volume produzido.

Embora tenhamos identificado a variedade de produtos como parâmetro quantitativo (a quantidade de tipos diferentes de produtos produzidos por uma fábrica ou empresa), esse valor é muito menos exato do que o volume produzido, pois os detalhes sobre o quão diferentes são os projetos não podem ser capturados simplesmente a partir do número de projetos diferentes. As diferenças entre um automóvel e um aparelho de ar-condicionado são muito maiores do que entre um ar-condicionado e um aquecedor. Os produtos podem ser diferentes, mas a extensão das diferenças pode ser muita ou pouca. O setor automotivo oferece alguns exemplos que ilustram esse ponto. Cada uma das montadoras norte-americanas produz carros com duas ou três identificações distintas na mesma fábrica, embora os modelos e as outras características de projeto sejam praticamente os mesmos. Em fábricas diferentes, a mesma empresa produz caminhões pesados. Vamos empregar os termos 'intensa' e 'leve' para descrever essas diferenças na variedade do produto. A *variedade intensa do produto* acontece quando os produtos diferem substancialmente. Em um produto montado, a variedade intensa é caracterizada por uma baixa proporção de peças comuns entre os produtos — em muitos casos não há sequer peças em comum. A diferença entre um carro e um caminhão é grande, caracterizando uma variedade intensa entre esses produtos. A *variedade leve do produto* ocorre quando existem diferenças pequenas entre os produtos, tais como as diferenças entre os modelos de carro montados na mesma linha de produção. Quando a variedade é leve, existe uma alta proporção de peças comuns entre os produtos montados. A variedade entre diferentes categorias de produtos tende a ser intensa; enquanto entre diferentes modelos do mesmo produto tende a ser leve.

Podemos usar três faixas de volume produzido para identificar categorias básicas de plantas de produção. Embora existam variações na organização do trabalho em cada uma das categorias — em geral, dependendo da variedade do produto —, essa ainda é uma maneira de classificar as fábricas para fins de apresentação.

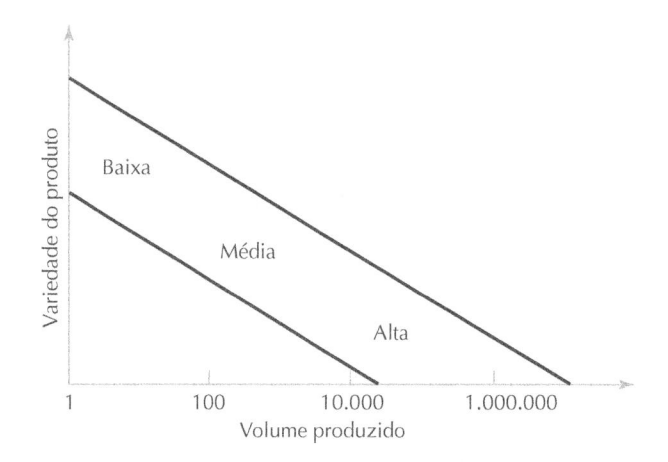

Figura 2.5   **Relação entre a variedade do produto e o volume produzido na fabricação de produtos discretos**

2.3.1 Produção baixa

O tipo de instalação normalmente associado à faixa de quantidade de uma a cem unidades por ano é a *unidade de produção por encomenda*, que produz baixas quantidades de produtos especializados e personalizados. Os produtos normalmente são complexos, tais como cápsulas espaciais, aeronaves e máquinas especiais. A produção por encomenda também pode incluir a fabricação das peças componentes do produto. Para esses tipos de itens, as encomendas dos clientes costumam ser especiais e a repetição do pedido pode não acontecer nunca. Na produção por encomenda, os equipamentos são de propósito geral e a mão de obra é altamente qualificada.

Uma unidade de produção por encomenda deve estar organizada de modo a oferecer a maior flexibilidade possível para a variedade de peças e produtos encontrada (variedade intensa de produtos). Se o produto for grande e pesado e, portanto, difícil de ser movimentado pela fábrica, ele costuma ficar em um único local ao menos durante a montagem final. Ao contrário de se levar o produto ao equipamento, os trabalhadores e o equipamento de processamento são levados até o produto. Esse tipo de organização é denominado *layout de posição fixa*, conforme mostra a Figura 2.6(a); nele o produto permanece em uma única posição durante toda sua fabricação. Exemplos desse tipo de produto incluem navios, aeronaves, locomotivas férreas e máquinas pesadas. Na prática atual, esses itens costumam ser montados em grandes módulos em uma mesma localidade e, então, os módulos completos são agrupados na montagem final com a ajuda de guindastes de grande capacidade.

As peças individuais que compõem esses grandes produtos costumam ser feitas em fábricas organizadas conforme o layout *por processo*, no qual o equipamento é disposto de acordo com a função ou tipo. Os tornos estão em um departamento, as fresadoras estão em outro departamento etc., conforme mostra a Figura 2.6(b). Peças diferentes, cada uma com uma sequência de operação específica, trafegam pelos departamentos na ordem particular necessária ao processamento, normalmente realizado em lotes. O *layout* por processos é elogiado por sua

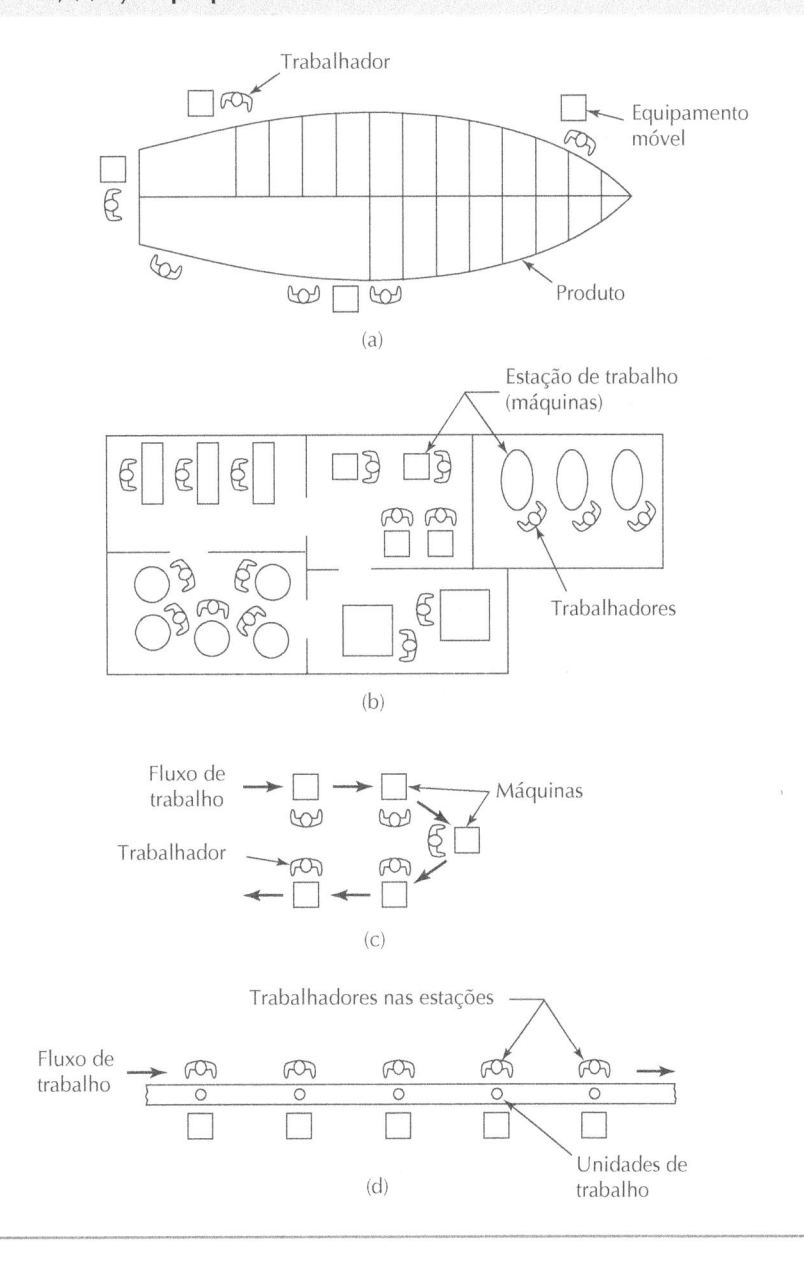

Figura 2.6 Vários tipos de organização de fábrica: (a) *layout* de posição fixa; (b) *layout* por processo; (c) *layout* celular, (d) *layout* por produto

flexibilidade, já que pode acomodar grande variedade de sequências alternativas de operação para diferentes configurações de peças. Sua desvantagem está no fato de as máquinas e os métodos para a produção da peça não serem adequados à alta eficiência. É necessário muito manuseio de material para movimentar as peças entre os departamentos e, portanto, o estoque de material em processo costuma ser grande.

2.3.2 Produção média

Na faixa de quantidade média (100 a 10 mil unidades por ano), existem dois tipos distintos de instalações, dependendo da variedade do produto. Quando a variedade é intensa, a abordagem tradicional é a da *produção em lote*, na qual, após a conclusão de um lote de determinado produto, as instalações são alteradas de modo a produzir um lote do próximo produto etc. É comum que se repitam as encomendas de produto. A taxa de produção do equipamento é maior do que a taxa da demanda por qualquer tipo individual de produto e, portanto, o equipamento pode ser compartilhado entre múltiplos produtos. A troca de configurações entre as produções leva tempo. Denominado *tempo de configuração* ou *tempo de preparação (setup time)*, esse período é destinado à troca de ferramentas e à configuração ou reprogramação das máquinas. Uma desvantagem na produção em lote é esse tempo de produção perdido. A produção em lote é normalmente utilizada nas situações de produção para estoque, na qual os itens são produzidos para reabastecer o estoque que foi gradativamente esgotado a partir da demanda. Para a produção em lote, o equipamento costuma estar disposto conforme o *layout* por processo mostrado na Figura 2.6(b).

É possível utilizar uma abordagem alternativa para a faixa de produção média quando a variedade do produto é leve. Nesse caso, pode ser que não seja necessário muito tempo de preparo entre a produção de um modelo de produto e outro. É sempre possível configurar o equipamento de modo que grupos de peças ou produtos semelhantes sejam produzidos no mesmo equipamento sem perda significativa de tempo para as trocas. O procedimento de processamento ou montagem de peças ou produtos diferentes é realizado em células compostas por diversas estações de trabalho e máquinas. O termo *manufatura celular* é comumente associado a esse tipo de produção. Cada célula é destinada à produção de uma variedade limitada de configurações de peças; ou seja, a célula se especializa na produção de determinado conjunto de peças ou produtos semelhantes, segundo o princípio da *tecnologia de grupo* (Capítulo 18). A organização é denominada layout *celular*, conforme mostra a Figura 2.6(c).

2.3.3 Produção alta

A faixa de alta quantidade (10 mil a milhões de unidades por ano) é frequentemente denominada *produção em massa*. A situação é caracterizada por uma alta taxa de demanda pelo produto, e a instalação da produção é dedicada à sua fabricação. Existem duas categorias de produção em massa: (1) produção em quantidade e (2) linha de fluxo de produção. A *produção em quantidade* envolve a produção em massa de peças individuais em equipamentos individuais. O método de produção normalmente envolve máquinas-padrão (tais como as prensas de estampagem) equipadas com ferramentas especiais (como moldes e dispositivos de manuseio de materiais) que acabam ficando dedicadas à produção de um tipo de peça. Na produção em quantidade, a organização física típica é a do *layout* por processo, mostrado na Figura 2.6(b).

A *linha de fluxo de produção* envolve múltiplas estações de trabalho dispostas em sequência e, para concluir o produto, peças ou montagens são movidas fisicamente através da sequência. As estações de trabalho são compostas de máquinas de produção e/ou trabalhadores equipados com ferramentas especializadas. A coleção de estações é destinada especificamente ao produto de modo a maximizar a eficiência. A organização física é denominada layout *por produto*, e as estações de trabalho são distribuídas em uma longa linha, conforme mostra a Figura 2.6(d), ou em série de segmentos de linha conectados. O trabalho costuma ser movido entre as estações por um transporte motorizado. Em cada estação, um pequeno montante do trabalho total é concluído sobre cada unidade do produto.

O exemplo mais familiar da linha de fluxo de produção é a linha de montagem, associada a produtos como carros e eletrodomésticos. O caso da linha de fluxo de produção pura é aquele no qual não existem variações de produtos produzidos na linha. Os produtos são idênticos e a linha é tratada como uma *linha de produção de um modelo*. Entretanto, para uma comercialização bem-sucedida de um produto, é sempre necessário introduzir variações dos modelos para que os consumidores individuais possam escolher o modelo exato e as opções que mais lhes agradam. Do ponto de vista da produção, as diferenças nos modelos representam um caso de variedade do produto leve. O termo *linha de produção mista* se aplica àquelas situações nas quais a variedade do produto na linha é leve. A montagem de automóveis moderna é um exemplo. Os carros que saem da linha de montagem apresentam variações nos opcionais e na carroceria, representando modelos diferentes (e, em muitos casos, modelos diferentes) do mesmo projeto básico de veículo. Outros exemplos incluem utensílios pequenos e grandes. A Boeing Commercial Airplanes

Company emprega técnicas de linha de produção na montagem do modelo 737.

Grande parte da nossa discussão sobre os tipos de instalações de produção está resumida na Figura 2.7, que detalha a Figura 2.5 por meio da identificação dos tipos de instalações de produção e dos *layouts* de fábrica utilizados. Conforme mostra a figura, existe certa sobreposição entre os diferentes tipos de instalações.

Figura 2.7 **Tipos de instalação e *layouts* utilizados para diferentes níveis de quantidade produzida e variedade de produto**

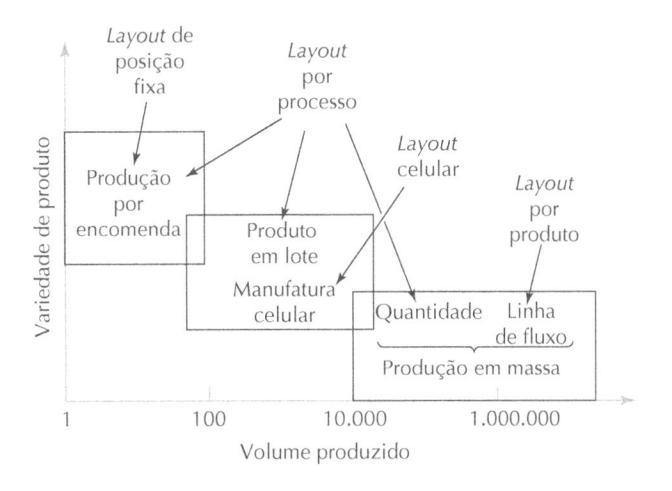

2.4 RELAÇÃO PRODUTO/PRODUÇÃO

Conforme observado na seção anterior, as empresas organizam as instalações da produção e os sistemas de manufatura da maneira mais eficiente segundo os produtos que fabricam. É importante reconhecer que existem certos parâmetros de produto que são essenciais na determinação de como são feitos. Vamos considerar os seguintes parâmetros: (1) volume produzido; (2) variedade do produto; (3) complexidade de produtos (montados); e (4) complexidade das partes.

2.4.1 Quantidade produzida e variedade do produto

Na Seção 2.3, discutimos o volume produzido e a variedade do produto. Vamos agora desenvolver um conjunto de símbolos para representar esses importantes parâmetros. Considere que Q é o volume produzido e P, a variedade do produto. Podemos, assim, discutir a relação entre o volume produzido e a variedade do produto como relações PQ.

Q se refere ao número de unidade de uma peça ou de um produto feito anualmente por uma fábrica. Nosso interesse inclui tanto a quantidade individual de cada produto ou peça como a quantidade total de todos os modelos. Vamos identificar o modelo do produto ou peça utilizando o subscrito j de modo que Q_j é igual à quantidade anual do modelo j. Considere que Q_f é a quantidade total de todas as partes ou produtos produzidos pela fábrica (o subscrito f refere-se à fábrica). Q_j e Q_f são relacionados como

$$Q_f = \sum_{j=1}^{P} Q_j \qquad (2.1)$$

em que P é o número total de modelos diferentes de peças ou produtos, e j é o subscrito para identificar os produtos – $j = 1, 2,..., P$.

P refere-se aos projetos diferentes de produtos ou tipos produzidos na fábrica. É um parâmetro que pode ser contado, no entanto, reconhecemos que as diferenças entre os produtos podem ser grandes ou pequenas. Na Seção 2.3, fizemos a distinção entre as variedades dos produtos intensa e leve. A variedade intensa ocorre quando os produtos diferem substancialmente. A variedade leve acontece quando as diferenças entre os produtos são pequenas. Vamos dividir o parâmetro P em dois níveis, como uma estrutura em árvore. Vamos chamá-los de P_1 e P_2. P_1 refere-se ao número de linhas de produto distintas produzidas pela fábrica, e P_2 refere-se ao número de modelos em uma linha de produtos. P_1 representa uma variedade de produtos intensa, e P_2 representa uma variedade leve. O número total de modelos de produtos é dado por

$$P = \sum_{j=1}^{P_1} P_{2j} \qquad (2.2)$$

em que o subscrito j identifica a linha de produtos: $j = 1, 2,..., P_1$.

> **EXEMPLO 2.1**
> **Linhas e modelos de produtos**
> Uma empresa se especializa em produtos de entretenimento doméstico. Ela produz somente televisores e sistemas de som. Assim $P_1 = 2$. Sua linha de televisores oferece 15 modelos diferentes, enquanto sua linha de sistemas de som oferece 5. Assim sendo, $P_2 = 15$ para os televisores e, para os sistemas de som, $P_2 = 5$. A totalidade de modelos de produtos ofericidos é dada pela Equação 2.2:
>
> $$P = \sum_{j=1}^{2} P_{2j} = 15 + 5 = 20$$

2.4.2 Complexidade do produto e da peça

O quão complexo é cada produto produzido na fábrica? A complexidade do produto é uma questão complicada, pois tem tanto aspectos qualitativos como quantitativos. Vamos tentar abordá-la utilizando medidas quantitativas. Para um produto montado, um indicador possível da *complexidade do produto* é o número de componentes — quanto mais peças, mais complexo o produto. Isso é facilmente demonstrado por meio da comparação do número de peças em diferentes produtos montados, conforme apresentado na Tabela 2.4. Nossa lista demonstra que quanto mais componentes tiver o produto, mais complexo ele tende a ser.

Para um componente fabricado, uma medida possível para a *complexidade da peça* é o número de etapas de processamento necessárias a sua produção. Um circuito integrado, que tecnicamente é um *chip* monolítico de silício com alterações localizadas na química de sua superfície, demanda centenas de etapas de processamento em sua fabricação. Embora possa medir somente 12 mm de largura e 0,5 mm de espessura, sua complexidade é maior do que a de uma arruela com 12 mm de diâmetro externo, moldada em aço inoxidável com 0,8 mm de espessura em apenas uma etapa. Na Tabela 2.5, compilamos uma lista de peças produzidas com o número típico de operações de processamento para cada uma delas.

Portanto, temos a complexidade de um produto montado definido como o número de componentes distintos. Consideremos que n_p é igual ao número de peças por produto. Temos ainda que a complexidade do processamento de cada peça é o número de operações necessárias em sua produção. Consideramos que n_o é igual ao número de operações ou etapas de processamento para fazer uma peça. Podemos verificar algumas diferenças entre as fábricas a partir de n_p e n_o. Conforme definido na Tabela 2.6, três tipos diferentes de fábrica podem ser identificados: produtoras de peças, fábricas de montagem pura e fábricas verticalmente integradas.

Vamos desenvolver algumas relações simples entre P, Q, n_p e n_o que indicam o nível de atividade em uma fábrica. Vamos ignorar as diferenças entre P_1 e P_2, embora a Equação 2.2 possa ser utilizada para converter esses parâmetros no valor P correspondente. O número total de produtos produzidos anualmente na fábrica é a soma das quantidades dos projetos individuais de produtos, conforme mostrado na Equação 2.1. Considerando que todos os produtos são montados e que todas as peças utilizadas nesses produtos são feitas na fábrica (ou seja, nenhum componente é comprado), então o número total de partes produzidas por ano na fábrica é dado por

$$n_{pf} = \sum_{j=1}^{P} Q_j n_{pj} \qquad (2.3)$$

em que n_{pf} é o número total de peças produzidas na fábrica (peças/ano), Q_j é a quantidade anual de produtos do modelo j (produtos/ano), e n_{pj} é o número de peças no produto j (peças/produto).

Tabela 2.4 Número típico de componentes separados em diversos produtos montados (compilados a partir de [1], [3] e outras fontes)

Produto (data aproximada)	Número aproximado de componentes
Lapiseira (moderna)	10
Rolamento de esferas (moderno)	20
Rifle (1800)	50
Máquina de costura (1875)	150
Correia de bicicleta (moderna)	300
Bicicleta (moderna)	750
Automóvel antigo (1910)	2.000
Automóvel (moderno)	20.000
Aeronave comercial (1930)	100.000
Aeronave comercial (moderna)	1.000.000
Ônibus espacial (moderno)	10.000.000

Tabela 2.5 Número típico de operações de processamento demandado na fabricação de diferentes peças

Peça	Nº aproximado de operações de processamento	Operações de processamento típicas empregadas
Parte moldada em plástico	1	Moldagem por injeção
Arruela (aço inoxidável)	1	Estampagem
Arruela (aço galvanizado)	2	Estampagem, galvanoplastia
Peça forjada	3	Aquecimento, forjamento, aparação
Eixo de bomba	10	Usinagem (de barra rígida)
Ferramenta de corte em carboneto revestido	15	Prensagem, sinterização, revestimento, moagem
Bomba hidráulica, usinada	20	Moldagem, usinagem
Bloco de motor V6	50	Moldagem, usinagem
Chip de circuito integrado	75	Fotolitografia, diversos processos térmicos e químicos

Tabela 2.6 Fábricas de produção diferenciadas pelos valores n_p e n_o

$n_o > 1$	*Produtor de peças*. A fábrica produz componentes individuais e cada componente demanda múltiplas etapas de processamento. Não há montagem, portanto, $n_p = 1$.	*Fábrica verticalmente integrada*. A fábrica produz peças e as utiliza na montagem do produto final. Assim sendo, $n_o > 1$; $n_p > 1$.
$n_o = 1$	*Fábrica artesanal*. Não chega a ser uma fábrica. Fabrica uma peça por ano; portanto, $n_o = 1$, $n_p = 1$.	*Fábricas de montagem*. Uma fábrica de montagem pura não produz peças. Ela compra de fornecedores. É necessária uma operação para montagem da peça no produto, portanto $n_o = 1$.
	$n_p = 1$	$n_p > 1$

Por fim, se todas as peças são produzidas na fábrica, o número total de operações de processo executadas pela fábrica é dado por

$$n_{of} = \sum_{j=1}^{P} Q_j n_{pj} \sum_{k=1}^{n_{pj}} n_{ojk} \quad (2.4)$$

em que n_{of} é o número total de ciclos de operações executadas pela fábrica (operações/ano), e n_{ojk} é o número de operações de processamento para cada peça k, somada ao número de peças no produto j, n_{pj}. O parâmetro n_{of} retorna um valor numérico para o nível total de atividade na fábrica.

Podemos tentar simplificar essa equação de modo a conceituar a situação por meio da utilização de valores médios para os quatro parâmetros P, Q, n_p e n_o. Na verdade, estamos assumindo que os projetos de produtos P são feitos nas mesmas quantidades Q, que todos os produtos possuem o mesmo número de componentes n_p e que todos os componentes demandam um número igual de etapas de processamento n_p. Nesse caso, o número total de unidade do produto produzidas pela fábrica é dado por

$$Q_f = PQ \quad (2.5)$$

O número total de peças produzidas pela fábrica é dado por

$$n_{pf} = PQ_p^n \quad (2.6)$$

O número total de operações de produção executadas pela fábrica é dado por

$$n_{of} = PQn_p n_o \quad (2.7)$$

Utilizando as equações simplificadas, considere o exemplo a seguir.

EXEMPLO 2.2
Sistema de produção — um problema
Suponha que uma empresa projetou uma nova linha de produtos e está planejando construir uma nova fábrica para produção dessa linha. A nova linha é composta por

100 tipos diferentes de produtos e, para cada um deles, a empresa quer produzir 10 mil unidades anualmente. A média de componentes por produtos é igual a mil, e o número médio de operações de processamento necessárias para cada componente é igual a 10. Todas as peças serão produzidas na fábrica. Cada etapa de processamento leva, em média, um minuto. Determine (a) quantos produtos, (b) quantas peças, (c) quantas operações de produção serão necessárias a cada ano e (d) quantos trabalhadores serão necessários na fábrica se ela operar em turnos de oito horas durante 250 dias/ano?

Solução:

(a) O número total de unidade a ser produzido pela fábrica é dado por

$Q = PQ = 100 \times 10.000 = 1.000.000$ produtos/ano.

(b) O número total de peças produzidas é

$n_{pf} = PQn_p = 1.000.000 \times 1.000 = 1.000.000.000$ de peças/ano.

(c) O número de operações de produção distintas é

$n_{of} = PQn_p n_o = 1.000.000.000 \times 10 = 10.000.000.000$ de operações

(d) Primeiro, considere o tempo total gasto na execução dessas operações. Se cada operação levar um minuto (1/60 h),

Tempo total = $10.000.000.000 \times 1/60 = 166.666.667$ h

Se cada trabalhador trabalhar 2.000 h/ano (250 dias/ano x 8 h/dia), então o número total de trabalhadores necessários é

$$w = \frac{166.666.667}{2.000} = 83.333 \text{ trabalhadores.}$$

A fábrica do exemplo é totalmente integrada. Seria uma grande fábrica. O número de trabalhadores calculado inclui somente a mão de obra direta. Acrescente a mão de obra indireta e o pessoal administrativo e gerencial, e o número sobe para além de 100 mil trabalhadores. Imagine o estacionamento. Dentro da fábrica, os problemas de logística no gerenciamento de todos os produtos, peças e operações seriam esmagadores. Atualmente, nenhuma organização ajuizada consideraria a construção ou o funcionamento de uma fábrica dessas — nem mesmo o governo federal.

2.4.3 Limitações e capacidades da planta de produção

As empresas não se arriscam com fábricas como a do exemplo. Em vez disso, as fábricas atuais são projetadas com missões específicas. Denominadas *fábricas focadas*, são plantas que se concentram na produção "de um conjunto limitado, conciso e gerenciável de produtos, tecnologias, volumes e mercados" [5]. É o reconhecimento de que uma planta de produção não pode fazer tudo; ela deve limitar sua missão a determinado escopo de produtos e atividades nas quais pode competir melhor. Seu tamanho inclui cerca de 500 trabalhadores, ou menos, embora o número varie para tipos diferentes de produtos e operações de produção.

Vamos considerar de que forma uma fábrica, ou sua matriz, limita seu escopo de operações e sistemas de produção. Na limitação de seu escopo, a fábrica toma uma série de decisões deliberadas com relação ao que não vai tentar fazer. Certamente uma das formas de limitar o escopo da fábrica é evitar tornar-se totalmente integrada, ao menos conforme a extensão da fábrica do Exemplo 2.2. Em vez disso, a fábrica se especializa em ser ou uma produtora de peças ou uma fábrica de montagem. Assim que decide o que não fará, a fábrica deve também decidir sobre as tecnologias, os produtos e os volumes específicos nos quais se especializará. Essas decisões determinam a intenção de capacidade de produção da fábrica. A *capacidade de produção* refere-se às limitações físicas e técnicas da empresa de produção e cada uma de suas fábricas. Podemos identificar diversas dimensões dessa capacidade: (1) capacidade de processamento tecnológico; (2) tamanho físico e peso do produto; e (3) capacidade de produção.

Capacidade de processamento tecnológico. A capacidade de processamento tecnológico de uma fábrica (ou empresa) refere-se ao conjunto de processos de produção disponíveis. Algumas fábricas realizam operações de máquinas, outras transformam tarugos de aço em materiais laminados, enquanto outras produzem automóveis. Uma oficina mecânica não lida com tarugos, e um laminador não fabrica carros. A característica que distingue essas fábricas é o conjunto de processos que elas podem executar. A capacidade de processamento tecnológico está fortemente relacionada ao material processado. Alguns processos de produção são destinados a determinados materiais, enquanto outros processos são destinados a outros. Especializando-se em um processo ou em um grupo de processos, a fábrica está simultaneamente especializando-se em determinado tipo de material ou em alguns tipos específicos de materiais.

A capacidade de processamento tecnológico inclui não só os processos físicos, mas também o conhecimento do pessoal da fábrica sobre essas tecnologias de processamento. As empresas são limitadas pelos processos disponíveis. Elas devem focar no projeto e na produção de produtos para os quais a capacidade de processamento tecnológico oferece vantagem competitiva.

Limitações físicas do produto. Um segundo aspecto da capacidade de produção é imposto pelo produto físico. Dada uma fábrica com determinado conjunto de processos, existem limitações de tamanho e peso sobre os produtos que podem ser acomodados na fábrica. É difícil movimentar produtos grandes e pesados. Para movê-los, a fábrica deve estar equipada com guindastes com capacidade para cargas grandes. Peças e produtos menores produzidos em grandes quantidades podem ser movimentados com um transporte ou uma empilhadeira. A limitação com relação ao tamanho e peso do produto também se estende à capacidade física do equipamento de produção. As máquinas têm tamanhos diferentes. Máquinas maiores podem ser usadas no processamento de peças maiores. Máquinas menores limitam o tamanho do trabalho passível de processamento. Equipamentos de produção, manuseio de materiais, capacidade de armazenamento e tamanho da fábrica devem ser planejados para os produtos dentro de determinada faixa de tamanho e peso.

Capacidade de produção. Uma terceira limitação na capacidade de produção de uma fábrica é a quantidade que pode ser produzida em determinado período de tempo (por exemplo, meses ou anos). A capacidade de produção é definida como a taxa máxima de produção por período que uma fábrica consegue alcançar sob determinadas condições de operação. Essas condições referem-se a número de turnos por semana, horas por turno, níveis de lotação de trabalho direto na fábrica e condições semelhantes sob as quais a fábrica foi projetada para operar. Esses fatores representam insumos para a fábrica. Dados esses insumos, quanto é possível produzir?

A capacidade da fábrica costuma ser medida em termos de unidades produzidas, tais como toneladas anuais de aço produzidas por uma siderúrgica ou o número de carros produzidos por uma fábrica de montagem final. Nesses casos, os produtos são mais ou menos homogêneos. Nos casos em que as unidades produzidas não são homogêneas, outros fatores podem ser considerados medidas mais apropriadas, tais como o número de horas de trabalho disponíveis da capacidade de produção em uma oficina mecânica que produz variedades de peças.

2.5 PRODUÇÃO ENXUTA

Hoje em dia, as empresas de produção e suas fábricas devem operar de modo eficiente e eficaz para continuar competitivas na economia global. Nesse sentido, uma das abordagens gerais bem-sucedidas é a produção enxuta. Dado o seu amplo uso nas operações de produção, nesta seção oferecemos uma breve descrição dessa abordagem.

Produção enxuta significa que a fábrica operará com o mínimo de recursos possível e, ainda assim, maximizará o volume de trabalho realizado com esses recursos, os quais incluem trabalhadores, equipamentos, tempo, espaço e materiais. Produção enxuta também implica a conclusão dos produtos no menor tempo possível e o alcance de um nível bastante alto de qualidade de modo que o consumidor esteja completamente satisfeito. Em resumo, a produção enxuta significa fazer mais com menos, e fazer melhor.

Em geral, as operações de produção incluem muitas atividades que não passam de desperdício, ou seja, que não agregam valor ao produto, tal como produzir peças defeituosas ou mais peças do que o necessário, manusear materiais desnecessariamente e deixar os trabalhadores esperando. As atividades de produção podem ser divididas em três categorias, segundo o valor que agregam à peça ou ao produto produzido:

1. *Atividades de agregação de valor.* São as atividades de trabalho que agregam valor real à unidade de trabalho. Incluem operações de processamento e montagem que alteram a peça ou o produto de modo que o consumidor possa reconhecer e apreciar.

2. *Atividades auxiliares.* São aquelas que apoiam as atividades de agregação de valor, mas não contribuem para o valor da peça ou do produto. São necessárias porque, sem elas, as atividades de agregação de valor não podem ser concluídas. Atividades auxiliares incluem carregamento e descarregamento de uma máquina que executa processos de agregação de valor.

3. *Atividades desnecessárias.* São aquelas que nem agregam valor ao produto nem apoiam as atividades de agregação de valor. Se não fossem realizadas, o produto não sofreria efeito colateral.

A produção enxuta trabalha na eliminação de atividades inúteis de modo que sejam executadas somente atividades auxiliares e de agregação de valor. Quando isso é feito, significa que menos recursos são necessários, o trabalho é concluído em menos tempo e uma qualidade mais alta é alcançada no final. Alguns dos programas associados à produção enxuta são os seguintes:

- *Entrega de produtos* just-in-time. Refere-se ao modo como as peças são movimentadas pelo sistema de produção quando uma sequência de operações de produção é necessária. No sistema *just-in-time* ideal, cada parte é entregue à estação de trabalho seguinte logo antes que a peça seja necessária na estação. A disciplina minimiza o volume de material em processo entre as estações, o que gera um alto nível de qualidade nas peças produzidas.

- *Envolvimento do trabalhador.* Em um ambiente enxuto, os trabalhadores recebem responsabilidades maiores e são treinados de forma a tornarem-se flexíveis nos trabalhos que podem executar. Além disso, participam da solução de problemas enfrentados pela empresa em equipes de trabalho. A filosofia subjacente é oposta à divisão da carga de trabalho total em diferentes classificações de tarefas e à criação de regras que proíbem os trabalhadores de realizar tarefas fora das classificações de seu cargo.

- *Melhoria contínua.* Envolve uma busca contínua por maneiras de implementar melhorias nos produtos e nas operações de produção. Costuma ser alcançada por equipes de trabalho que cooperam no desenvolvimento de soluções para os problemas de qualidade e de produção.
- *Tempos de preparo reduzidos.* A engenharia de métodos é utilizada para minimizar o tempo necessário à troca entre uma configuração e outra na produção em lote. Isso permite que os lotes sejam menores, o que reduz o volume de trabalho em processo na fábrica.
- *Interrupção do processo quando algo dá errado.* As máquinas de produção são projetadas para parar automaticamente quando uma peça defeituosa é produzida, quando a quantidade solicitada foi alcançada ou quando alguma operação anormal é detectada. Isso aumenta a qualidade da peça e evita a superprodução.
- *Prevenção de erros.* Refere-se ao uso, em cada estação de trabalho, de dispositivos de baixo custo e características de projeto que previnem a ocorrência de erros. Os erros comuns na produção incluem a omissão de etapas de processamento ou montagem, a localização incorreta de uma peça no procedimento de fixação e o uso da ferramenta inadequada.
- Manutenção produtiva total (*total productive maintenance* — MPT ou TPM). É um programa que inclui a manutenção preventiva e outros procedimentos para evitar que quebras de máquinas atrapalhem operações de produção. Uma característica central do programa é fazer com que o trabalhador na máquina execute pequenos reparos e procedimentos de manutenção.

Uma listagem mais completa dos programas no sistema de produção enxuta é dada no Capítulo 26 (disponível no Companion Website).

Referências

[1] BLACK, J. T. *The design of the factory with a future*, New York, NY: McGraw-Hill, 1991.

[2] GROOVER, M. P. *Fundamentals of Modern manufacturing:* Materials, processes, and systems. 3. ed. Hoboken, NJ: John Wiley & Sons, 2007.

[3] HOUNSHELL, D. A. *From the American system to mass production, 1800-1932.* Baltimore, MD: The Johns Hopkins University Press, 1984.

[4] MERCHANT, M. E. "The inexorable push for automated production". *Production Engineering*, p. 45-46, jan. 1977.

[5] SKINNER, W. "The focused factory". *Harvard Business Review*, p. 113-121, maio-jun. 1974.

Questões de revisão

2.1 O que é produção?

2.2 Quais são as três categorias básicas de setor?

2.3 Qual a diferença entre bens de consumo e bens de capital?

2.4 Qual a diferença entre uma operação de processamento e uma operação de montagem?

2.5 Com base no estado do material de trabalho inicial, cite as quatro categorias de operações de moldagem.

2.6 As operações de montagem podem ser classificadas como processos de junção permanente ou montagem mecânica. Quais são os quatro tipos de métodos de junção permanente?

2.7 Qual a diferença entre a variedade de produto intensa e a leve?

2.8 Que tipo de produção uma unidade de produção por encomenda realiza?

2.9 A linha de fluxo de produção está associada a qual dos seguintes tipos de *layout*: (a) *layout* de posição fixa, (b) *layout* por processo, (c) *layout* celular ou (d) *layout* por produto?

2.10 Qual a diferença entre uma linha de produção de um modelo e uma linha de produção mista?

2.11 O que se entende por *capacidade de processamento tecnológico*?

2.12 O que é produção enxuta?

2.13 Na produção enxuta, o que é a entrega de peças *just-in-time*?

2.14 Na produção enxuta, o que o envolvimento do trabalhador representa?

2.15 Na produção enxuta, o que significa a melhoria contínua e como costuma ser alcançada?

Problemas

2.1 Uma fábrica produz três linhas de produto: A, B e C. Existem seis modelos na linha A, quatro na linha B e oito na linha C. O volume anual médio produzido para cada modelo na linha A é de 500 unidades; na linha B, 700 unidades; e, na linha C, 1.100 unidades. Determine os valores de (a) P e (b) Q para essa fábrica.

2.2 A empresa ABC está planejando uma nova linha de produtos e irá construir uma nova fábrica para produzir as peças dessa linha, que inclui 50 modelos distintos. Espera-se que o volume anual médio de cada produto seja de mil unidades. A montagem de cada produto requer 400 componentes. O processamento completo de todas as peças será realizado em uma fábrica. Uma média de seis etapas são necessárias na produção de cada componente, e cada etapa de processamento dura um minuto (incluindo o tempo de configuração e de manuseio da peça). Todas as operações de processamento são executadas em estações de trabalho, cada uma com uma máquina de produção e um trabalhador. Se cada estação de trabalho requer um espaço físico de 250 pés quadrados e se a fábrica opera em um turno (2.000 h/ano), determine (a) quantas operações de produção, (b) qual espaço físico e (c) quantos trabalhadores serão necessários na fábrica.

2.3 A empresa XYZ planeja introduzir uma nova linha de produtos e construirá uma nova fábrica para produzir as peças e montar os produtos finais da nova linha, a qual inclui cem modelos diferentes. Espera-se que a produção média anual de cada produto seja de mil unidades. A montagem de cada produto requer 600 componentes. O processamento completo de todas as peças e a montagem dos produtos serão realizados em uma fábrica. Uma média de dez etapas são necessárias na produção de cada componente, e cada etapa de processamento dura 30 segundos (incluindo o tempo de configuração e de manuseio da peça). A montagem de cada unidade final do produto leva três horas. Todas as operações de processamento são executadas em células de trabalho que incluem uma máquina de produção e um trabalhador. Os produtos são montados em estações de trabalho individuais, com dois trabalhadores cada. Se cada célula de trabalho e cada estação de trabalho requerem um espaço físico de 200 pés quadrados, e se a fábrica opera em um turno (2.000 h/ano), determine (a) quantas operações de produção, (b) qual espaço físico e (c) quantos trabalhadores serão necessários na fábrica.

2.4 Se a empresa do Problema 2.3 operasse em três turnos (6.000 h/ano), e não somente em um, quais seriam as respostas para (a), (b) e (c)?

CAPÍTULO 3
Modelos e métricas de produção

CONTEÚDO DO CAPÍTULO

3.1 Modelos matemáticos de desempenho da produção
  3.1.1 Taxa de produção
  3.1.2 Capacidade de produção
  3.1.3 Utilização e disponibilidade
  3.1.4 Tempo de produção
  3.1.5 Material em processo

3.2 Custos da produção
  3.2.1 Custos fixos e variáveis
  3.2.2 Mão de obra direta, matéria-prima e gastos gerais
  3.2.3 Custo do uso dos equipamentos
  Apêndice A3: Procedimentos de nivelamento nos modelos de produção

Companhias de produção bem-sucedidas usam uma variedade de métricas para ajudar a gerenciar suas operações. Métricas quantitativas permitem à companhia acompanhar o desempenho em períodos sucessivos (ou seja, meses e anos), experimentar novas tecnologias e novos sistemas a fim de determinar seus méritos, identificar problemas de desempenho, comparar métodos alternativos e tomar boas decisões. Métricas de produção podem ser divididas em duas categorias básicas: (1) medidas de desempenho da produção e (2) custos da produção. Métricas que indicam o desempenho da produção incluem a taxa de produção, a capacidade da fábrica, o tempo de uso do equipamento (uma medida de confiabilidade) e o tempo de produção. Os custos de produção importantes para uma companhia incluem os custos de material e de trabalho, os custos de produção dos produtos e os custos de operação de um determinado equipamento. Neste capítulo definimos essas métricas e apresentamos como são calculadas.

3.1 MODELOS MATEMÁTICOS DE DESEMPENHO DA PRODUÇÃO

Muitos aspectos da produção são quantitativos. No capítulo anterior, vimos alguns deles nos quatro parâmetros de produto: volume produzido Q, variedade de produtos P, número de peças por produto n_p e número de operações para a produção de uma peça n_o. Nesta seção definimos vários parâmetros e variáveis adicionais medidos quantitativamente e desenvolvemos modelos matemáticos que podem ser usados para definir e calcular esses parâmetros. Nos capítulos subsequentes, faremos referência a essas definições nas discussões de tópicos específicos em sistemas de automação e produção.

3.1.1 Taxa de produção

A taxa de produção para um processamento individual ou uma operação de montagem é geralmente expressa como uma taxa horária, isto é, unidades de trabalho completas por hora (peças concluídas/hora). Vamos considerar como a taxa é determinada para os três tipos de produção: produção em lote, produção por encomenda e produção em massa. Nosso ponto de partida é o tempo de ciclo.

Tempo de ciclo. Para qualquer operação de produção o *tempo de ciclo* (T_c) é definido como o tempo que uma unidade de trabalho leva para ser processada ou montada. É o tempo entre o início do processamento (ou montagem) de uma unidade e o início da próxima. T_c é o tempo que uma peça passa na máquina, mas nem todo esse tempo é produtivo (lembre-se do estudo de Merchant, Seção 2.2.2). Em uma operação de produção típica, como a usinagem, T_c consiste de (1) tempo efetivo de usinagem, (2) tempo de manuseio de peças de trabalho e (3) tempo de manuseio de ferramentas por peça. Como uma equação, pode-se expressar dessa forma:

$$T_c = T_o + T_h + T_{th} \quad (3.1)$$

em que T_c é o tempo de ciclo (minutos/parte concluída), T_o é o tempo efetivo do processamento ou montagem (minutos/peça concluída), T_h é o tempo de manuseio (minutos/peça concluída) e T_{th} é o tempo de manuseio de ferramentas (minutos/peça concluída). O tempo de manuseio de ferramentas é o tempo que se leva trocando as ferramentas quando elas se desgastam, mudando de uma ferramenta para a próxima, o tempo de indexação de ferramentas para inserções indexáveis ou para ferramentas em um torno mecânico ou torre de furação é o de reposicionamento de ferramenta para um próximo passo e assim por diante. Algumas dessas atividades de manuseio de ferramentas não ocorrem em todos os ciclos; dessa forma, devem ser distribuídas sobre o número de peças entre suas ocorrências para se obter um tempo médio por peça.

Cada um dos termos T_o, T_h e T_{th} tem sua contraparte nos outros tipos de produção discreta. Há uma porção do ciclo em que a peça está de fato sendo processada (T_o), uma porção do ciclo em que a peça está sendo manuseada (T_h) e há, em média, uma parte em que as ferramentas estão sendo ajustadas ou substituídas (T_{th}). Portanto, podemos generalizar a Equação (3.1) para cobrir mais operações da produção.

Produção em lote e por encomenda. Na produção em lote, o tempo de processamento de um lote de Q unidades de trabalho é a soma do tempo de preparo e do tempo de processamento; isto é,

$$T_b = T_{su} + QT_c \quad (3.2)$$

em que T_b é o tempo de processamento do lote (minutos), T_{su} é o tempo de preparo do lote (minutos), Q é a quantidade de lotes (peças concluídas), e T_c é o tempo de ciclo por unidade de trabalho (minutos/ciclo). Assumimos que uma unidade de trabalho é terminada a cada ciclo e por isso T_c também tem unidades em minutos/peça concluída. Caso mais de uma peça seja produzida por ciclo, então a Equação (3.2) deve ser ajustada. Dividindo-se o tempo de lote pela quantidade de lotes, temos o tempo médio de produção por unidade de trabalho T_p para uma dada máquina:

$$T_p = \frac{T_b}{Q} \quad (3.3)$$

A taxa média de produção para a máquina é simplesmente o inverso do tempo de produção. Ela é geralmente expressa como uma taxa horária:

$$R_p = \frac{60}{T_p} \quad (3.4)$$

em que R_p é a taxa horária de produção (peças concluídas/hora), T_p é o tempo médio de produção por minuto (minutos/peça concluída) e a constante 60 converte os minutos em horas.

Para a produção por encomenda, quando a quantidade Q é igual a 1, o tempo de produção por unidade de trabalho é a soma dos tempos de preparo e de ciclo:

$$T_p = T_{su} + T_c \quad (3.5)$$

Quando a quantidade é maior que 1, a taxa de produção é determinada como no caso da produção em lote discutido acima.

Produção em massa. Para a produção em massa do tipo quantidade podemos dizer que a taxa de produção é igual à taxa de ciclo da máquina (inverso da operação de tempo de ciclo) depois que a produção é iniciada e os efeitos do tempo de preparo tornam-se insignificantes. Isto é, à medida que Q fica muito grande,

$$(T_{su}/Q) \to 0 \text{ e}$$
$$R_p \to R_c = \frac{60}{T_c} \quad (3.6)$$

em que R_c é a taxa do ciclo de operação da máquina (peças concluídas/hora) e T_c é o tempo do ciclo de operação (minutos/peça concluída).

Para produção em massa de fluxo em linha, a taxa de produção se aproxima da taxa de ciclo da linha de produção, não levando em conta o tempo de preparo. Entretanto, a operação das linhas de produção é complicada pela interdependência de suas estações de trabalho. Uma complicação é que geralmente é impossível dividir todo o trabalho de forma igual entre todas as estações de trabalho na linha de produção; dessa forma, uma estação acaba com o tempo de operação maior e determina o ritmo de toda a linha. O termo *operação gargalo* é usado algumas vezes em referência a essa estação. Também incluído no tempo de ciclo está o tempo usado para mover as peças de uma estação para a próxima no fim de cada operação. Em muitas linhas de produção, todas as unidades de trabalho na linha são movidas de modo simultâneo, cada uma para sua respectiva estação seguinte. Levando essas fábricas em conta, o tempo de ciclo de uma linha de produção é o mais longo tempo de processamento (ou montagem) somado ao tempo de transferência das unidades de trabalho entre as estações. Isso pode ser escrito como

$$T_c = T_r + \text{Máx } T_o \qquad (3.7)$$

em que T_c é o tempo de ciclo da linha de produção (minutos/ciclo), T_r é o tempo para transferir as unidades de trabalho entre as estações a cada ciclo (minutos/ciclo) e Máx T_o é o tempo de operação na estação gargalo (o tempo máximo de operação para todas as estações da linha, minutos/ciclo). Teoricamente, a taxa de produção pode ser determinada tomando-se o inverso de T_c como

$$R_c = \frac{60}{T_c} \qquad (3.8)$$

em que R_c é a taxa de produção ideal ou teórica, mas vamos chamá-la de taxa de ciclo para sermos mais precisos (ciclos/hora), e T_c é o tempo de ciclo ideal da Equação (3.7) (minutos/ciclo).

As linhas de produção são de dois tipos básicos: (1) manuais e (2) automatizadas. Na operação de linhas de produção automatizadas um complicador é a confiabilidade. Baixa confiabilidade reduz o tempo de produção disponível na linha, o que resulta da interdependência das estações de trabalho na linha automatizada, que é forçada a parar quando uma estação de trabalho quebra. A taxa média real de produção R_p é reduzida a um valor que está, em geral, bem abaixo da R_c ideal dada pela Equação (3.8). Discutimos confiabilidade e parte de sua terminologia na Seção 3.1.3. O efeito da confiabilidade em linhas de produção automatizada é examinado nos capítulos 16 e 17.

3.1.2 Capacidade de produção

Mencionamos a capacidade de produção em nossa discussão na Seção 2.4.3. A capacidade de produção é definida como a taxa máxima de saída que uma unidade de produção (linha de produção, centro de trabalho ou grupo de centros de trabalho) é capaz de produzir sob um dado conjunto de condições operacionais. A unidade de produção geralmente se refere a uma fábrica ou planta e, dessa forma, o termo *capacidade da fábrica* é bastante usado para essa medida. Como já dissemos, as supostas condições operacionais referem-se ao número de expedientes por dia (um, dois ou três), número de dias na semana (ou mês) em que a fábrica trabalha, níveis de emprego e assim por diante.

O número de horas de operação da fábrica por semana é um fator importante para a definição da capacidade da fábrica. Para a produção química contínua, em que as reações ocorrem em altas temperaturas, a fábrica opera em geral 24 horas/dia, sete dias/semana. Para uma montadora de automóveis a capacidade é definida, de forma típica, por um ou dois expedientes. Na produção discreta, uma tendência crescente é definir a capacidade da fábrica para o total de sete dias por semana, 24 horas/dia. Isso é o máximo de tempo disponível (168 horas/semana) e, se a fábrica trabalha menos horas do que o máximo, então sua capacidade não está sendo utilizada de maneira completa.

Medidas quantitativas de capacidade de fábrica podem ser desenvolvidas tomando por base os modelos de taxa de produção derivados anteriormente. Sendo PC a capacidade de produção de uma dada fábrica sob consideração e a medida de capacidade sendo o número de unidades produzidas por semana; n, o número de máquinas ou centros de trabalho na fábrica. Um *centro de trabalho* é um sistema de produção na fábrica que consiste, de modo geral, de um trabalhador e uma máquina, podendo ser também uma máquina automática sem trabalhador ou vários trabalhadores atuando juntos em uma linha de produção. Um centro de trabalho é capaz de produzir uma taxa R_p de unidades/hora, como definido na Seção 3.1.1, e cada um deles funciona por um determinado número de horas por expediente H_{sh} (8 horas/expediente é comum em produção). A provisão para o tempo de preparo está incluída em R_p de acordo com a Equação (3.4). Deixe S_w indicar o número de expedientes por semana. Esses parâmetros podem ser combinados para calcular a capacidade de produção da fábrica,

$$PC = nS_w H_{sh} R_p \qquad (3.9)$$

em que PC é a capacidade de produção semanal da fábrica (unidades produzidas/semana), n é o número de centros de trabalho atuando em produção paralela na fábrica, S_w é o número de expedientes por período (expediente/semana), H_{sh} é igual a horas/expediente (horas) e R_p é a taxa horária de produção de cada centro de trabalho (unidades produzidas/hora). Ainda que tenhamos usado uma semana como o período de tempo de interesse, a Equação (3.9) pode ser facilmente adaptada para outros períodos (meses, anos etc.). Como nas equações anteriores, nossa suposição é a de que as unidades processadas pelo grupo de centros de trabalho são homogêneas e, portanto, o valor de R_p é o mesmo para todas as unidades produzidas.

> **EXEMPLO 3.1**
> **Capacidade de produção**
> A seção de torneamento automático tem seis máquinas, todas dedicadas à produção da mesma peça. A seção funciona com dez turnos/semana. O número de horas por expediente é, em média, oito. A taxa média de produção de cada máquina é de 17 unidades/hora. Determine a capacidade de produção semanal da seção do torno automático.
> Solução: Usando a Equação (3.9),
>
> $PC = 6(10)(8.0)(17) = 9.160$ unidades produzidas/semana

Se incluirmos a possibilidade na qual cada unidade de trabalho requer n_o operações em sua sequência de processamento, com cada operação demandando um novo preparo, seja na mesma máquina ou em uma diferente, então a equação da capacidade da fábrica deve ser alterada para

$$PC = \frac{nS_w H_{sh} R_p}{n_o} \quad (3.10)$$

em que n_o é o número de operações distintas às quais as unidades de trabalho são submetidas, e os outros termos têm o mesmo significado de antes.

A Equação (3.10) indica os parâmetros de operação que afetam a capacidade da fábrica. As alterações que podem ser feitas para aumentar ou diminuir a capacidade da fábrica a curto prazo são:

1. Alterar o número de turnos por semana S_w. Por exemplo, expedientes aos sábados podem ser autorizados para aumentar a capacidade por algum tempo.

2. Alterar o número de horas trabalhadas por expediente H_{sh}. Por exemplo, horas extras em cada expediente regular podem ser autorizadas para aumentar a capacidade.

A médio ou longo prazo, as seguintes alterações podem ser feitas para aumentar a capacidade da fábrica:

3. Aumentar o número de centros de trabalho, n, na fábrica, o que pode ser conseguido com equipamentos que não estavam em uso antes, adquirindo-se novas máquinas e contratando novos trabalhadores. Diminuir a capacidade é mais fácil, exceto pelo impacto econômico e social: os trabalhadores devem ser dispensados e as máquinas desativadas.

4. Aumentar a taxa de produção, R_p, fazendo melhorias nos métodos ou processos tecnológicos.

5. Reduzir o número de operações, n_o, necessárias por unidade de trabalho por meio de operações combinadas, simultâneas ou integração de operações (Seção 1.4.2, estratégias 2, 3 e 4).

Esse modelo de capacidade supõe que todas as n máquinas produzem em cem por cento do tempo e que não há operações gargalo devido a variações nas rotas do processamento que inibam a fluidez do trabalho pela fábrica. Em parques reais de produção em lote, nos quais cada produto tem uma sequência de operações diferentes, é improvável que o trabalho seja distribuído entre os recursos produtivos (máquinas) de forma perfeitamente equilibrada. Como consequência, há algumas operações que são utilizadas de forma completa enquanto outras, às vezes, ficam aguardando trabalho. Examinemos o efeito de utilização.

3.1.3 Utilização e disponibilidade

A utilização se refere a quanto uma unidade de produção produz em relação a sua capacidade. Expressando como uma equação,

$$U = \frac{Q}{PC} \quad (3.11)$$

em que U é a utilização da fábrica, Q é a quantidade real produzida pela fábrica em um dado período de tempo (ou seja, peças concluídas/semana) e PC é a capacidade de produção para o mesmo período (peças concluídas/semana).

A utilização pode ser avaliada para uma fábrica inteira, uma única máquina na fábrica ou qualquer outro recurso produtivo (ou seja, trabalho). Por conveniência, é em geral definida como a proporção de tempo em que a fábrica está operando em relação ao tempo disponível na definição da capacidade e é normalmente expressa em porcentagem.

> **EXEMPLO 3.2**
> **Utilização**
> Uma máquina de produção funciona 80 horas/semana (dois expedientes, cinco dias) em total capacidade. Sua taxa de produção é de 20 unidades/hora. Durante determinada semana, a máquina produziu mil peças e ficou ociosa o resto do tempo. (a) Determine a capacidade de produção da máquina. (b) Qual foi a utilização da máquina durante a semana em questão?
> Solução: (a) A capacidade da máquina pode ser determinada, a partir do dado de 80 horas/semana, da seguinte maneira:
>
> $PC = 80(20) = 1.600$ unidade/semana
>
> (b) A utilização pode ser determinada como a razão entre o número de peças produzidas pela máquina e sua capacidade.
>
> $U = 1.000/1.600 = 0,625$ (62,5%)
>
> Outra forma de avaliar a utilização é pelo tempo em que a máquina foi de fato usada durante a semana. Para produzir mil unidades, a máquina operou

$$H = \frac{1.000 \text{ pc}}{20 \text{ pc/h}} = 50 \text{ h}$$

A utilização é definida de acordo com as 80 horas disponíveis.

$$U = 50/80 = 0{,}625 \quad (62{,}5\%)$$

A disponibilidade é uma medida comum para a confiabilidade do equipamento, apropriada sobretudo aos equipamentos de produção automatizada. É definida a partir de dois outros termos de confiabilidade: *tempo médio entre falhas* (do inglês, *mean time between failures* — MTBF) e *tempo médio de reparo* (do inglês, *mean time to repair* — MTTR). O MTBF é o espaço médio de tempo em que o equipamento funciona entre avarias e o MTTR é o tempo médio necessário para prestar a manutenção no equipamento e colocá-lo de volta em operação quando ocorre uma avaria, como ilustra a Figura 3.1. A disponibilidade é definida como

$$A = \frac{MTBF - MTTR}{MTBF} \quad (3.12)$$

em que A é a disponibilidade, $MTBF$ é o tempo médio entre falhas (horas) e $MTTR$ é o tempo médio de reparo (horas). A disponibilidade é geralmente expressa em porcentagem. Quando um equipamento é novo (e está sendo depurado) e depois quando ele começa a envelhecer, sua disponibilidade tende a ser menor.

EXEMPLO 3.3
Efeito da utilização e da disponibilidade na capacidade da fábrica

Considere o Exemplo 3.1. Suponhamos que os mesmos dados daquele exemplo fossem aplicados, mas que a disponibilidade das máquinas A fosse igual a 90 por cento e a utilização U fosse igual a 80 por cento. Com esses dados adicionais, calcule a produção esperada da fábrica.

Solução: A Equação (3.9) pode ser alterada para incluir a disponibilidade e utilização como

$$Q = AU(nS_w H_{sh} R_p) \quad (3.13)$$

em que A é a disponibilidade e U é a utilização. Combinando isso com os novos dados, temos

$Q = 0{,}90(0{,}80)(6)(10)(8)(17) = 5.875$ produzidas/semana

Figura 3.1 Escala de tempo mostrando o emprego de MTBF e MTTR para definir a disponibilidade A

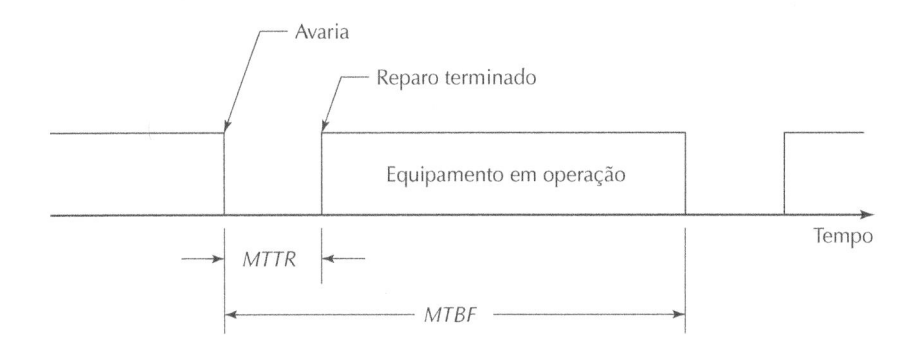

3.1.4 Tempo de produção

No ambiente competitivo dos negócios modernos, a habilidade de uma empresa de produção de entregar um produto ao consumidor no menor tempo possível muitas vezes ganha o pedido. Esse tempo é referido como o tempo de produção. De forma específica, definimos o *tempo de produção* (do inglês, *manufacturing lead time* — MLT) como o tempo total necessário para processar uma dada peça ou um dado produto pela fábrica, incluindo qualquer tempo perdido devido a atrasos, tempo gasto no armazenamento, problemas de confiabilidade e assim por diante. Examinemos os componentes do MLT.

A produção normalmente consiste de uma sequência de processamentos individuais e operações de montagem. Entre as operações, há manuseio de materiais, armazenamento, inspeções e outras atividades não produtivas. Divida-se, então, as atividades de produção em duas categorias principais: elementos operacionais e não operacionais. Uma operação é realizada em uma unidade de trabalho quando ela está na máquina de produção. Os elementos não operacionais incluem manuseio, armazenamento temporário, inspeções e outras fontes de atraso quando a unidade de trabalho não está na máquina. Tome T_c como tempo de ciclo da operação em uma dada máquina ou estação de trabalho e T_{no} como o tempo não operacional associado à mesma máquina. Além disso, suponhamos que o número de operações separadas (máquinas) pelas quais a unidade de trabalho deve passar seja igual a n_o. Se tomarmos a produção em lote, então há Q unidades de trabalho no lote. Uma configuração é em geral necessária para preparar cada máquina de produção para o produto em particular, o que requer um tempo igual a T_{su}. Dados esses termos, podemos definir o tempo de produção como

$$MLT_j = \sum_{i=1}^{n_{oj}} (T_{suji} + Q_j T_{cji} + T_{noji}) \quad (3.14)$$

em que MLT_j é o tempo de produção da peça ou do produto (minutos), T_{suji} é o tempo de preparo para a operação i (minutos), Q_j é a quantidade de peças ou produtos j no lote sendo processado (peças concluídas), T_{cji} é o tempo de ciclo para a operação i (minutos/peça concluída), T_{noji} é o tempo não operacional associado à operação i (minutos) e i indica a sequência de operações no processamento; $i = 1, 2,..., n_{oj}$. A equação de MLT não inclui o tempo em que a matéria-prima permanece armazenada antes de iniciada sua produção.

Para simplificar e generalizar nosso modelo, vamos assumir que todos os tempos de preparo, tempos de ciclo de operação e tempos não operacionais são iguais para as máquinas n_{oj}. Além disso, vamos supor que as quantidades das peças ou dos produtos dos lotes processados por toda a fábrica são iguais e que são todos processados pelo mesmo número de máquinas, de modo que n_{oj} seja igual a n_o. Com essas simplificações, a Equação (3.14) torna-se:

$$MLT = n_o(T_{su} + QT_c + T_{no}) \quad (3.15)$$

em que MLT é o tempo médio de produção para uma peça ou um produto (minutos). Em uma fábrica de produção em lote real, que essa equação pretende representar, os termos n_o, Q, T_{su}, T_c e T_w variariam por produto e por operação. Essas variações podem ser explicadas ponderando-se, de maneira correta, valores médios dos vários termos. O procedimento de nivelamento é explicado no Apêndice no fim deste capítulo.

> **EXEMPLO 3.4**
> **Tempo de produção**
> Uma certa peça é produzida em um lote de cem unidades. O lote deve passar por cinco operações para completar o processamento das peças. O tempo médio de preparo é de três horas/operação, e o tempo médio de operação é de seis minutos (0,1 hora). O tempo não operacional médio de manuseio, atrasos, inspeções etc. é de sete horas para cada operação. Determine quantos dias serão necessários para completar o lote, supondo-se que a fábrica funcione em expedientes de oito horas/dia.
> Solução: O tempo de produção é calculado pela Equação (3.15).
>
> $MLT = 5 (3 + 100 \times 0,1 + 7) = 100$ horas
>
> Em 8 horas/dia, isso equivale a $100/8 = 12,5$ dias.

A Equação (3.15) pode ser adaptada para a produção por encomenda e para a produção em massa, com ajustes nos valores dos parâmetros. Para a produção por encomenda em que o tamanho do lote é um ($Q = 1$), a Equação (3.15) fica

$$MLT = n_o(T_{su} + T_c + T_{no}) \quad (3.16)$$

Para a produção em massa, o termo Q na Equação (3.15) é muito grande e domina os outros termos. Para produção em massa do tipo quantidade em que muitas unidades são produzidas em uma única máquina ($n_o = 1$), o MLT torna-se simplesmente o tempo de ciclo de operação para a máquina assim que o preparo é terminado e a produção se inicia.

Para produção em massa de fluxo em linha, toda a linha de produção é preparada com antecedência. Além disso, o tempo não operacional entre as etapas de processamento é apenas o tempo de transferência T_r para mover a peça ou o produto de uma estação de trabalho para a próxima. Se as estações de trabalho estão integradas, de modo que todas elas processem suas próprias unidades de trabalho, então o tempo para completar todas as operações é o que cada unidade de trabalho leva para progredir por todas as estações da linha. A estação com o maior tempo de operação define o ritmo para todas as estações:

$$MLT = n_o(T_r + \text{Máx } T_o) = n_o T_c \quad (3.17)$$

em que MLT é o tempo entre o início e o término de uma unidade de trabalho na linha (minutos), n_o é o número de operações da linha, T_s é o tempo de transferência (minutos), $\text{Máx}\,T_o$ é o tempo de operação do gargalo (minutos) e T_c é o tempo de ciclo da linha de produção (minutos/peça concluída). Tomemos da Equação (3.7). Como o número de estações é igual ao número de operações ($n = n_o$), a Equação (3.17) também pode ser escrita como

$$MLT = n(T_r + \text{Máx } T_o) = nT_c \quad (3.18)$$

em que os símbolos têm o mesmo significado que os descritos acima e n (número de estações de trabalho ou máquinas) está no lugar do número de operações n_o.

3.1.5 Material em processo

Material em processo (do inglês, *work-in-process* — WIP) é a quantidade de peças ou produtos, localizados na fábrica, que estão sendo processados ou estão entre as operações de processamento. WIP é o inventário do que está no estado de ser transformado de matéria-prima em produto acabado. Uma medida aproximada do material em processo pode ser obtida da seguinte forma, usando termos já definidos:

$$WIP = \frac{AU(PC)(MLT)}{S_w H_{sh}} \quad (3.19)$$

em que WIP é o material em processo na fábrica (peças concluídas), A é a disponibilidade, U é a utilização, PC é a capacidade de produção da fábrica (peças concluídas/semana), *MLT* é o tempo de produção (semana), S_w é o número de turnos por semana (turnos/semana) e H_{sh} são as horas por turno (horas/turno). A Equação (3.19) declara que o nível de *WIP* é igual à taxa com que as peças fluem pela fábrica multiplicado pelo tempo que elas gastam na fábrica. As unidades de tempo para $(PC)/S_w H_{sh}$ devem ser consistentes com as unidades do *MLT*. Examinamos os custos desse inventário em processo na Seção 25.5.2 (disponível no Companion Website).

O material em processo representa um investimento da empresa, mas um investimento que não pode ser transformado em receita até que todo o processamento seja terminado. Muitas companhias de produção sustentam custos maiores porque o trabalho se mantém em processo na fábrica durante muito tempo.

3.2 CUSTOS DA PRODUÇÃO

As decisões em sistemas de produção e automação são geralmente baseadas nos custos relativos das alternativas. Nesta seção examinamos como esses custos e seus fatores são determinados.

3.2.1 Custos fixos e variáveis

Os custos da produção podem ser classificados em duas categorias principais: (1) custos fixos e (2) custos variáveis. *Custo fixo* é aquele que se mantém constante para qualquer nível de resultado da produção. Os exemplos incluem o custo das instalações da fábrica e de equipamentos de produção, seguros e impostos de propriedade. Todos os custos fixos podem ser expressos em quantidades anuais. Despesas como seguro e impostos de propriedade ocorrem de forma natural como custos anuais. Investimentos de capital, como um prédio ou equipamentos, podem ser convertidos para os custos anuais uniformes equivalentes usando-se os fatores das taxas de juros.

Custo variável é aquele que varia em proporção ao nível de resultados da produção. Conforme a produção aumenta, custos variáveis aumentam. Exemplos incluem mão de obra direta, matéria-prima e energia elétrica para operar equipamentos de produção. O conceito ideal de custo variável é que seja diretamente proporcional ao nível de resultados da produção. Quando custos fixos e variáveis são adicionados, temos a seguinte equação de custo total:

$$TC = FC + VC(Q) \quad (3.20)$$

em que *TC* é o custo anual total ($/ano), *FC* é o custo anual fixo ($/ano), *VC* é o custo variável ($/peça concluída) e *Q* é o volume anual produzido (peças concluídas/ano).

Quando comparamos os métodos manuais e automatizados (Seção 1.4), é típico que o custo fixo do método automatizado seja alto em relação ao do método manual, e o custo variável da automação seja baixo em relação ao método manual, como mostrado na Figura 3.2. Assim, o método manual tem uma vantagem de custo em uma escala de pequenas quantidades, enquanto a automação tem vantagem para grandes quantidades. Isso reforça os argumentos apresentados na Seção 1.4.1 sobre a adequação do trabalho manual para determinadas situações de produção.

Figura 3.2 **Custos fixos e variáveis como funções dos resultados da produção para métodos de produção manual e automatizados**

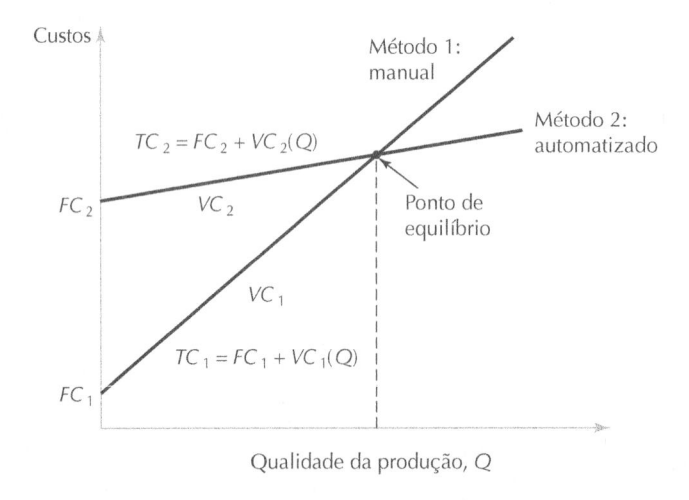

3.2.2 Mão de obra direta, matéria-prima e gastos gerais

Fixos *versus* variáveis não são as únicas classificações possíveis dos custos de produção. Uma classificação alternativa separa os custos em (1) mão de obra direta, (2) matéria-prima e (3) gastos gerais. Essa é muitas vezes uma maneira mais conveniente de analisar custos em produção. O *custo da mão de obra direta* é a soma dos salários e benefícios pagos aos trabalhadores que operam os equipamentos de produção e realizam tarefas de processamento e montagem. O *custo de matéria-prima* é o custo de toda matéria-prima utilizada para fazer o produto. No caso de uma estamparia, a matéria-prima consiste no estoque de folhas de aço usadas para fazer a estampagem. Para o laminador que fez as folhas de aço, a matéria-prima é o minério de ferro ou a sucata de ferro dos quais a folha de aço é laminada. No caso da montagem de produtos, os materiais incluem os componentes fabricados por empresas fornecedoras. Assim, a definição de "matéria-prima" depende da companhia. O produto final de uma companhia pode ser matéria-prima para outra. Em termos de custos fixos e variáveis, a mão de obra direta e a matéria-prima devem ser consideradas variáveis.

Os gastos gerais são todas as outras despesas associadas ao funcionamento da empresa de produção. São divididos em duas categorias: (1) gastos gerais da fábrica e (2) gastos gerais corporativos. Os *gastos gerais da fábrica* consistem nos custos operacionais da fábrica que não sejam a mão de obra direta nem a matéria-prima, como as despesas da fábrica listadas na Tabela 3.1, e são tratados como custo fixo ainda que alguns dos itens em nossa lista possam ser correlacionados com o nível dos resultados de produção da fábrica. Os *gastos gerais corporativos* são os custos não relacionados às atividades de produção da companhia, como as despesas corporativas na Tabela 3.2. Muitas companhias operam mais de uma fábrica e essa é uma das razões da divisão dos gastos gerais em categorias de fábrica e corporativa. Fábricas diferentes podem ter gastos gerais significativamente diferentes.

J. Black [1] fornece alguns percentuais típicos para os diferentes tipos de gastos corporativos e de produção; esses são apresentados na Figura 3.3. É possível fazer muitas observações sobre esses dados. Primeiro, o custo total de produção representa apenas cerca de 40 por cento do preço de venda do produto. Os gastos gerais corporativos e o custo total da produção são aproximadamente iguais. Segundo, a matéria-prima (inclusive peças compradas) representa o maior percentual do custo total da produção, cerca de 50 por cento. E, terceiro, a mão de obra direta é uma proporção relativamente pequena do custo total de produção: 12 por cento de custo de produção e cerca de cinco por cento do preço de venda.

Os gastos gerais podem ser alocados de acordo com um número de bases diferentes, incluindo o custo da mão de obra direta, o custo dos materiais, as horas de mão de obra direta e o espaço. O mais comum na indús-

Tabela 3.1 Despesas típicas com gastos gerais da fábrica

Supervisão da fábrica	Impostos cabíveis	Depreciação da fábrica
Chefes de linha	Seguro	Depreciação de equipamentos
Equipe de manutenção	Aquecimento e refrigeração	Benefícios extras
Serviços de custódia	Luz	Manuseio de materiais
Equipe de segurança	Energia para as máquinas	Envio e recebimento
Almoxarife	Serviços de folha de pagamento	Apoio administrativo

Tabela 3.2 Despesas típicas com gastos gerais corporativos

Executivos	Engenharia	Impostos cabíveis
Marketing e vendas	Pesquisa e desenvolvimento	Escritórios
Departamento de contabilidade	Demais equipes de suporte	Equipe de segurança
Departamento financeiro	Seguro	Aquecimento e refrigeração
Advogados	Benefícios extras	Iluminação

Figura 3.3 Discriminação dos custos de um produto fabricado [1]

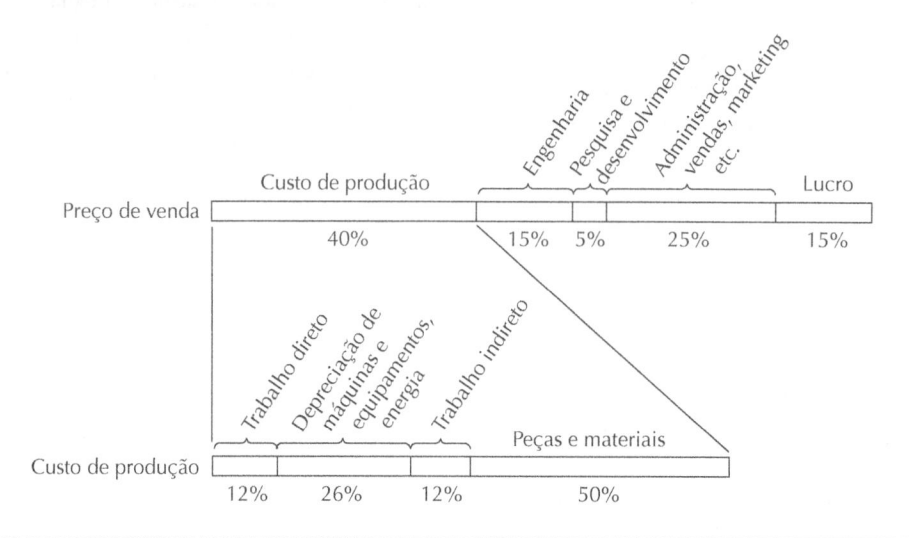

tria é o custo da mão de obra direta, que usaremos aqui para ilustrar como os gastos gerais são alocados e posteriormente para calcular fatores como o preço de venda do produto.

O procedimento de alocação (simplificado) é o seguinte: para o ano mais recente (ou para os anos), todos os custos são unificados e classificados em quatro categorias — (1) mão de obra direta, (2) materiais, (3) gastos gerais da fábrica e (4) gastos gerais corporativos. O objetivo é determinar a *taxa de gastos gerais* (também chamada de *taxa de encargos*) que pode ser usada no ano seguinte para alocar custos gerais para um processo ou produto como uma função dos custos de mão de obra direta associados ao processo ou produto. Em nosso tratamento, taxas separadas de gastos gerais serão desenvolvidas para gastos gerais da fábrica e gastos gerais corporativos. A *taxa de gastos gerais da fábrica* é calculada como a razão entre despesas com gastos gerais da fábrica (categoria 3) e as da mão de obra direta (categoria 1); isto é,

$$FOHR = \frac{FOHC}{DLC} \quad (3.21)$$

em que $FOHR$ é a taxa de gastos gerais da fábrica, $FOHC$ são os custos anuais dos gastos gerais da fábrica ($/ano) e DLC são os custos anuais da mão de obra direta ($/ano).

A *taxa de gastos gerais corporativos* é a razão entre as despesas com gastos gerais corporativos (categoria 4) e as da mão de obra direta:

$$COHR = \frac{COHC}{DLC} \quad (3.22)$$

em que $COHR$ é a taxa de gastos gerais corporativos, $COHC$ são os custos anuais dos gastos gerais corporativos e DLC são os custos anuais da mão de obra direta ($/ano). As duas taxas são geralmente expressas em porcentagem. Se o custo de material fosse usado como base de alocação, então ele seria usado como denominador nos dois casos. Vamos apresentar dois exemplos para ilustrar (1) como as taxas de gastos gerais são determinadas e (2) como são usadas para estimar custos de produção e estabelecer preços de venda.

EXEMPLO 3.5
Determinando taxas de gastos gerais
Suponha que todos os custos anuais de uma empresa de produção tenham sido compilados. O resumo é mostrado na tabela a seguir. A companhia administra duas fábricas diferentes além dos escritórios da sede.
Determine (a) a taxa de gastos gerais da fábrica para as duas fábricas e (b) a taxa de gastos gerais corporativos. Essas taxas serão usadas pela empresa para estimar os gastos do ano seguinte.

Categoria de despesa	Fábrica 1 ($)	Fábrica 2 ($)	Escritórios ($)	Total ($)
Mão de obra direta	800.000	400.000		1.200.000
Matéria-prima	2.500.000	1.500.000		4.000.000
Gasto de fábrica	2.000.000	1.100.000		3.100.000
Gasto corporativo			7.200.000	7.200.000
Total	5.300.000	3.000.000	7.200.000	15.500.000

Solução: (a) Uma taxa separada de gastos gerais deve ser determinada para cada fábrica. Para a fábrica 1, temos:

$$FOHR_1 = \frac{\$2.000.000}{\$800.000} = 2,5 = 250\%$$

Para a fábrica 2,

$$FOHR_2 = \frac{\$1.100.000}{\$400.000} = 2,75 = 275\%$$

(b) A taxa de gastos gerais corporativos é baseada no custo total da mão de obra direta das duas fábricas.

$$COHR = \frac{\$7.200.000}{\$1.200.000} = 6,0 = 600\%$$

EXEMPLO 3.6
Estimando custo de produção e estabelecendo preço de venda

Um pedido de 50 peças de um consumidor deve ser processado pela fábrica 1 do exemplo anterior. A matéria-prima e as ferramentas são fornecidas pelo consumidor. O tempo total de processamento das peças (incluindo tempo de preparo e outros trabalhos diretos) é de cem horas. O custo da mão de obra direta é de $ 10/hora. A taxa de gastos gerais da fábrica é de 250 por cento e a taxa de gastos gerais corporativos é de 600 por cento.
(a) Calcule o custo do serviço.
(b) Qual preço deve ser cotado para um cliente em potencial se a companhia usa margem de lucro de dez por cento?
Solução:
(a) O custo da mão de obra direta para o serviço é igual a (100 horas)($ 10/hora) = $ 1.000.
A taxa de gastos gerais da fábrica cobrada, de 250 por cento da mão de obra direta, é igual a ($ 1.000)(2,50) = $ 2.500. O custo total de fábrica da tarefa, incluindo os gastos gerais da fábrica alocados, é igual a $ 1.000 + $ 2.500 = $ 3.500.
A taxa de gastos corporativos cobrada, de 600 por cento da mão de obra direta, é igual a ($ 1.000)(6,00) = $ 6.000. O custo total da tarefa incluindo os gastos gerais corporativos é igual a $ 3.500 + $ 6.000 = $ 9.500.
(b) Se a companhia adota uma margem de lucro de dez por cento, o preço cotado para o consumidor seria igual a (1,10)($ 9.500) = $ 10.450.

3.2.3 Custo do uso dos equipamentos

O problema com taxas de gastos gerais da maneira que as apresentamos aqui é que são baseadas apenas no custo do trabalho. Um operador de máquina que opera um antigo e pequeno torno mecânico cujo valor contábil é zero será custeado sob a mesma taxa de gastos gerais que um operador de um novo centro de usinagem CNC que acabou de ser comprado por $ 500 mil. É evidente que o tempo no centro de usinagem é mais produtivo e deveria ser avaliado por uma taxa maior. Se as diferenças nas taxas ou diferentes máquinas de produção não forem reconhecidas, os custos de produção não serão medidos de forma precisa pela estrutura de taxa de gastos gerais.

Para lidar com essa dificuldade, é apropriado dividir o custo de um trabalhador operando uma máquina em dois componentes: (1) mão de obra direta e (2) máquina. Associada a cada um há uma taxa aplicável de gastos gerais. Esses custos não se aplicam a todas as operações da fábrica, mas a centros de trabalho individuais. Um centro de trabalho pode ser: (1) um trabalhador e uma máquina, (2) um trabalhador e várias máquinas, (3) vários trabalhadores operando uma máquina ou (4) vários trabalhadores e várias máquinas. Em qualquer dos casos é vantajoso separar a despesa de trabalho da despesa de máquina quando se estima custo total de produção.

O custo da mão de direta consiste dos salários e benefícios pagos para operar o centro de trabalho. Os gastos gerais da fábrica aplicáveis alocados ao custo da mão de obra direta podem incluir impostos estaduais, alguns benefícios extras e supervisão da linha. O custo anual de máquina é o custo inicial, repartido ao longo de sua vida útil sob a incidência da taxa de retorno apropriada usada pela empresa. Isso é feito usando o fator de recuperação de capital, como

$$UAC = IC(A/P, i, n) \qquad (3.23)$$

em que UAC é o custo anual uniforme equivalente ($/ano); IC é o custo inicial da máquina ($); e ($A/P$, i, n) é o fator de recuperação de capital que converte o custo inicial no ano zero em uma série de valores anuais de fim de ano uniformes e equivalentes, em que i é a taxa de juros anual e n é o número de anos de vida útil do equipamento. Dados os valores de i e n, (A/P, i, n) pode ser calculado da seguinte forma:

$$(A/P, i, n) = \frac{i(1+i)^n}{(1+i)^n - 1} \qquad (3.24)$$

Os valores de (A/P, i, n) também podem ser encontrados em tabelas de juros amplamente disponíveis.

O custo anual uniforme pode ser expresso como uma taxa horária dividindo-se o custo anual pelo número de horas de uso anuais do equipamento. A taxa de gastos gerais da máquina é baseada nas despesas de fábrica que são atribuídas de forma direta à máquina; elas incluem a energia necessária ao funcionamento da máquina, o espaço, as despesas com manutenção e os reparos, e assim por diante. Para separar os itens de gastos gerais da fábrica da Tabela 3.1 entre trabalho e máquina, deve-se usar de discernimento, que por vezes é arbitrário. A taxa de custo total para o centro de trabalho é a soma dos custos de trabalho e de máquina, o que pode ser resumido, para um centro de trabalho com um trabalhador e uma máquina, da seguinte maneira:

$$C_o = C_L(1 + FOHR_L) + C_m(1 + FOHR_m) \qquad (3.25)$$

em que C_o é a taxa horária para a operação do centro de trabalho ($/hora), C_L é a taxa de salários de mão de obra direta ($/hora), $FOHR_L$ é a taxa de gastos gerais da fábrica para o trabalho, C_m é a taxa horária da máquina ($/hora) e $FOHR_m$ é a taxa de gastos gerais da fábrica aplicáveis à máquina.

É da opinião do autor que as despesas com gastos gerais corporativos não devem ser incluídas na análise quando comparamos métodos de produção; sua inclusão não serve a nenhum outro propósito que não o de aumentar de maneira dramática o custo das alternativas. Fato é que essas despesas com gastos gerais corporativos estão presentes, seja ou não selecionada qualquer uma das alternativas. Por outro lado, quando se estimam os custos para a tomada de decisões sobre preços, os gastos gerais corporativos devem ser incluídos porque, a longo prazo, esses custos têm de ser recuperados por meio da receita gerada pela venda de produtos.

> **EXEMPLO 3.7**
> **Custo horário de um centro de trabalho**
> Os dados fornecidos a seguir são de um centro de trabalho com um trabalhador e uma máquina: taxa de mão de obra direta igual a $ 10/hora, taxa de gastos gerais da fábrica alocados ao trabalho igual a 60 por cento, investimento de capital em máquina de $ 100 mil, vida útil da máquina de oito anos, taxa de retorno de 20 por cento, valor residual em oito anos igual a zero e taxa de gastos gerais da fábrica aplicáveis à máquina igual a 50 por cento. O centro de trabalho será operado em um expediente de oito horas, 250 dias/ano. Determine a taxa horária apropriada para o centro de trabalho.
> Solução: O custo de trabalho por hora é igual a = $ 10 (1 + 0,60) = $ 16/hora.
> O custo do investimento da máquina deve ser anualizado, com a vida útil de oito anos e a taxa de retorno de 20 por cento. Primeiro, calcula-se o fator de recuperação de capital:
>
> $$(A/P, 20\%, 8) = \frac{0{,}20(1 + 0{,}20)^8}{(1 + 0{,}20)^8 - 1} = \frac{0{,}20(4{,}2998)}{4{,}2998 - 1} = 0{,}2606$$
>
> Agora o custo anual uniforme para o custo inicial de $ 100 mil pode ser determinado:
>
> $$UAC = \$100.000(A/P, 20\%, 8) = 100.000(0{,}2606) = \$26.060{,}00/yr$$
>
> O número de horas por ano é igual a (8 horas/dia)(250 dias/ano) = 2.000 horas/ano. Usando isso para dividir UAC, tem-se que 26.060/2.000 = $ 13,03/hora. Aplicando a taxa de gastos gerais da fábrica, temos
>
> $$C_m(1 + FOHR_m) = \$13{,}03(1 + 0{,}5) = \$19{,}55/h$$
>
> A taxa de custo total para o centro de trabalho é
>
> $$C_o = 16 + 19{,}55 = \$35{,}55/h.$$

Referências

[1] BLACK, J. T. *The design of the factory with a future*. New York, NY: McGraw-Hill, 1991.

[2] GROOVER, M. P. *Fundamentals of Modern manufacturing:* Materials, processes, and systems. 3. ed. Hoboken, NJ: John Wiley & Sons, 2007.

Questões de revisão

3.1 Qual é o tempo de ciclo em uma operação de produção?

3.2 O que é um gargalo?

3.3 O que é capacidade de produção?

3.4 Como a capacidade de produção pode ser aumentada ou diminuída a curto prazo?

3.5 O que é utilização em uma fábrica?

3.6 O que é disponibilidade?

3.7 O que é tempo de produção?

3.8 O que é material em processo?

3.9 Como são distinguidos os custos fixos dos custos variáveis em produção?

3.10 Nomeie cinco típicos gastos gerais da fábrica.

3.11 Nomeie cinco típicos gastos gerais corporativos.

Problemas

Conceitos de produção e modelos matemáticos

3.1 Uma determinada peça passa por seis máquinas em uma fábrica de produção em lote. Os tempos de preparo e operação para cada máquina são fornecidos na tabela a seguir. O tamanho do lote é cem, e o tempo não operacional médio por máquina é de 12 horas. Determine (a) o tempo de produção e (b) a taxa de produção para a operação 3.

Máquina	Tempo de preparo (h)	Tempo de operação (min)
1	4	5
2	2	3,5
3	8	10
4	3	1,9
5	3	4,1
6	4	2,5

3.2 Suponha que a peça do exercício anterior seja produzida em grandes quantidades em uma linha de produção na qual é utilizado um sistema automático de manuseio das peças entre as máquinas. O tempo de transferência entre as estações é de 15 segundos. O tempo total necessário para preparar toda a linha é de 150 horas. Admita que os tempos de operação em cada máquina continuem os mesmos. Determine (a) o tempo de produção de uma peça saindo da linha, (b) a taxa de produção para a operação 3 e (c) a taxa de produção teórica para toda a linha de produção.

3.3 A peça habitual produzida em determinada fábrica de produção em lotes deve ser processada de forma sequencial por seis máquinas em média. Vinte novos lotes de peças são lançados a cada semana. O tempo médio de operação é de seis minutos, o tempo médio de preparo é de cinco horas, o tamanho médio do lote é igual a 25 peças e o tempo não operacional médio por lote é de 10 horas/máquina. Há 18 máquinas na fábrica trabalhando em paralelo, e cada uma pode ser preparada para qualquer tipo de trabalho realizado na fábrica, que opera em uma média de 70 horas produtivas por semana. A taxa de descarte é desprezível. Determine (a) o tempo de produção de uma peça habitual, (b) a capacidade da fábrica e (c) a utilização da fábrica. (d) Como você esperaria que o tempo não operacional fosse afetado pela utilização da fábrica?

3.4 Com base nos dados do problema anterior e em suas respostas, determine o nível médio de material em processo (o número de peças em processo) da fábrica.

3.5 Uma média de 20 novos pedidos são feitos por mês a uma fábrica. Em média, um pedido consiste de 50 peças que são processadas de forma sequencial por dez máquinas na fábrica. O tempo de operação por máquina para cada peça é de 15 minutos. O tempo não operacional por pedido em cada máquina gira em torno de oito horas, e o tempo de preparo necessário por pedido é de quatro horas. Há um total de 25 máquinas na fábrica trabalhando em paralelo. Cada uma das máquinas pode ser preparada para realizar qualquer tarefa da fábrica. Apenas 80 por cento das máquinas estão sempre prontas (os outros 20 por cento estão em manutenção ou sofrendo reparos). A fábrica funciona 160 horas por mês. Entretanto, o gerente da fábrica reclama que um total de cem horas extras por máquina deve ser autorizado a cada mês para que os compromissos de produção sejam atendidos. (a) Qual o tempo de produção para um pedido habitual? (b) Qual a capacidade da fábrica (em uma base mensal) e por que as horas extras têm de ser autorizadas? (c) Qual a utilização da fábrica de acordo com a definição dada no texto? (d) Determine o nível médio de material em processo (número de peças em processo) na fábrica.

3.6 O tempo médio entre falhas para uma certa máquina é de 250 horas e o tempo médio de reparo é de seis horas. Determine a disponibilidade da máquina.

3.7 Um milhão de unidades de certo produto devem ser produzidas anualmente em máquinas de produção dedicadas que trabalham 24 horas por dia, cinco dias por semana, 50 semanas por ano. (a) Se o tempo de ciclo de uma máquina para produzir uma peça é de um minuto, quantas dessas máquinas serão necessárias para acompanhar a demanda? Suponha que a disponibilidade, a utilização e a eficiência dos trabalhadores sejam iguais a cem por cento e que não haverá perdas de tempo de preparo. (b) Resolva a parte (a) com disponibilidade igual a 0,9.

3.8 O tempo médio entre falhas e o tempo médio de reparo em um determinado departamento da fábrica são de 400 horas e de oito horas, respectivamente. O departamento opera 25 máquinas em um expediente de oito horas por dia, cinco dias por semana, 52 semanas por ano. Toda vez que uma máquina sofre avaria custa à companhia $ 200 por hora (por máquina) em perdas de receita. Uma proposta foi feita para a instalação de um programa de manutenção preventiva nesse departamento, que seria realizada nas máquinas durante a noite, de modo que não houvesse interrupções na produção durante o expediente regular. É esperado que o efeito desse programa seja a duplicação da média de MTBF e que metade do tempo de reparo emergencial, que normalmente é realizado durante o dia, seja durante a noite. O custo da equipe de manutenção será de $ 1.500 por semana. Entretanto, uma redução da equipe de manutenção do expediente diurno resultará em uma economia durante o expediente normal de $ 700 por semana. (a) Calcule a disponibilidade das máquinas do departamento antes e depois da instalação do programa de manutenção preventiva. (b) Determine quantas horas por ano as 25 máquinas no departamento estão sofrendo reparos tanto antes como depois da instalação do programa de manutenção preventiva. Nesse item e no item (c) ignore os efeitos de enfileiramento nas máquinas que podem ter de aguardar pela equipe de manutenção. (c) O programa de manutenção preventiva será autossuficiente em termos de economia dos custos de perda de receita?

3.9 Há nove máquinas na seção do torno automático de certa fábrica. O tempo de preparo em um torno automático é de cerca de seis horas. O tamanho médio do lote de peças processadas pela seção é igual a 90. O tempo médio de operação é de oito minutos. Sob as regras da fábrica, um operador pode ser atribuído a até três máquinas. Assim, há três operadores na seção para os nove tornos. Além dos operadores dos tornos, há dois preparadores que realizam exclusivamente o preparo das máquinas; eles são mantidos ocupados durante todo o expediente. A seção funciona em um expediente de oito horas por dia, seis dias por semana. Entretanto, uma média de 15 por cento do tempo de produção é perdida devido a avarias nas máquinas. Perdas com descarte são desprezíveis. O gerente de controle de produção afirma que a capacidade da seção deveria ser de 1.836 peças por semana, mas a produção atual é de cerca de apenas 1.440 unidades por semana. Qual é o problema? Proponha uma solução.

3.10 Certa fábrica é especializada em pedidos de um tipo único lidando com peças de complexidade média e alta. Uma peça típica é processada de forma sequencial por dez máquinas em lotes de tamanho igual a um. A fábrica tem um total de oito máquinas-ferramenta convencionais e funciona 35 horas por semana de tempo de produção. As máquinas-ferramenta são intercambiáveis de modo que possam ser preparadas para qualquer operação necessária para qualquer uma das peças. Os valores médios de tempo na peça são: usinagem por máquina igual a 0,5 hora, tempo de manuseio por máquina de 0,3 hora, tempo de troca de ferramenta por máquina de 0,2 hora, tempo de preparo por máquina de seis horas e tempo não operacional por máquina de 12 horas. Uma máquina programável nova, que é capaz de realizar as dez operações em um único preparo, foi comprada pela fábrica. A programação da máquina para essa peça necessitará 20 horas, mas pode ser feita *off-line* sem ocupar a máquina. O tempo de preparo será de dez horas. O tempo total de usinagem será reduzido para 80 por cento de seu valor anterior devido aos avançados algoritmos de controle de ferramentas; o tempo de manuseio será o mesmo que de uma máquina, e o total de trocas de ferramenta será reduzido em 50 por cento, pois será realizado de forma automática sob o controle do programa. Para essa única máquina é esperado que o tempo não operacional seja de 12 horas. (a) Determine o tempo de produção do método tradicional e do novo método. (b) Calcule a capacidade da fábrica para as seguintes alternativas: (i) um parque contendo as oito máquinas tradicionais e (ii) um parque contendo duas das novas máquinas programáveis. Suponha que os trabalhos habituais sejam representados pelos dados acima. (c) Determine o nível médio de material em processo para as duas alternativas na questão (b), se a fábrica operar em sua máxima capacidade. (d) Identifique quais das dez estratégias de automação (Seção 1.5.2) estão representadas (ou possivelmente representadas) pela nova máquina.

3.11 Uma fábrica produz caixas de papelão. A sequência de produção consiste de três operações: (1) corte, (2) vincagem e (3) impressão. Há três máquinas na fábrica, uma para cada operação. As máquinas são cem por cento confiáveis e operam da seguinte forma, quando em cem por cento de utilização: (1) no *corte*, grandes rolos de papelão são alimentados na máquina e cortados em unidades. Cada rolo contém material suficiente para 4 mil unidades. O tempo de ciclo da produção é de 0,03 minutos/unidade, mas leva 35 minutos para mudar os rolos entre os ciclos. (2) Na *vincagem*, as linhas são pressionadas nas unidades para permitir que estas sejam dobradas em caixas depois. As unidades da operação anterior, de corte, são divididas em lotes cuja quantidade inicial é de 2 mil unidades. A vincagem é realizada em 4,5 minutos por cem unidades. O tempo de mudança das matrizes na máquina de vincagem é igual a 30 minutos. (3) Na *impressão*, as unidades vincadas são impressas com rótulos para um consumidor em particular. As unidades da operação anterior, de vincagem, são divididas em lotes cuja quantidade inicial é de mil unidades. A taxa de ciclo de impressão é igual a 30 unidades por minuto. Entre os lotes, é necessária a mudança das placas de impressão, o que leva 20 minutos. É permitida a criação de um estoque de materiais em processo entre as máquinas 1 e 2 e entre as máquinas 2 e 3, de modo que essas máquinas possam operar da forma mais independente possível. Com base nessa informações, determine a produção máxima possível dessa fábrica durante uma semana de 40 horas em unidades terminadas/

semana (as unidades terminadas foram cortadas, vincadas e impressas). Suponha que a operação esteja em estado estacionário e não em inicialização.

Custos de operações de produção

3.12 Na teoria, qualquer fábrica tem um nível otimizado de produção. Suponha que uma fábrica tem custos fixos anuais FC iguais a $ 2 milhões. O custo variável VC é relacionado em forma de função com a produção anual Q, de modo que possa ser descrita pela função $VC = $ 12 + $ 0,005Q$. O custo anual total é dado por $TC = FC + VC \times Q$. O preço unitário de venda do produto, P, é igual a $ 250. (a) Determine o valor de Q que minimiza o custo unitário UC, em que $UC = TC/Q$, e calcule o lucro anual obtido pela fábrica para essa quantidade. (b) Determine o valor de Q que maximiza o lucro anual obtido pela fábrica e calcule o lucro para essa quantidade.

3.13 Os custos do ano mais recente de uma dada companhia de produção foram compilados, e o resumo é apresentado na tabela a seguir. A companhia administra duas fábricas diferentes além dos escritórios na sede. Determine (a) a taxa de gastos gerais da fábrica para cada uma das fábricas e (b) a taxa de gastos gerais corporativos. A empresa usará essas taxas para estimar os custos do ano seguinte.

Categoria de despesa	Fábrica 1 ($)	Fábrica 2 ($)	Escritórios ($)
Mão de obra direta	1.000.000	1.750.000	
Matéria-prima	3.500.000	4.000.000	
Gastos de fábrica	1.300.000	2.300.000	
Gastos corporativos			5.000.000

3.14 A taxa horária para um dado centro de trabalho deve ser determinada tendo por base os seguintes dados: custo de mão de obra direta de $ 15/hora; a taxa de gastos gerais da fábrica aplicáveis ao trabalho de 35 por cento; o investimento de capital em máquinas de $ 200 mil; a vida útil da máquina de cinco anos; a taxa de retorno de 15 por cento; o valor residual em cinco anos igual a zero; e a taxa de gastos gerais da fábrica aplicáveis às máquinas de 40 por cento. O centro de trabalho funcionará em dois expedientes de oito horas/dia, 250 dias por ano. Determine a taxa horária apropriada para o centro de trabalho.

3.15 No problema anterior, se a carga de trabalho da fábrica só consegue justificar a operação de um expediente, determine a taxa horária aproximada do centro de trabalho.

3.16 Na operação de uma determinada máquina, um trabalhador é requisitado a um custo de mão de obra direta de $ 10/hora. A taxa de gastos gerais de fábrica aplicável é de 50 por cento; o investimento de capital no sistema é igual a $ 250 mil; a vida útil esperada é de dez anos; não há valor residual no fim desse período; e as taxas de gastos gerais de fábrica aplicáveis às máquinas são de 30 por cento. A unidade de trabalho vai funcionar 2 mil horas/ano. Use uma taxa de retorno de 25 por cento para determinar a taxa horária apropriada para essa unidade de trabalho.

3.17 No problema anterior, suponha que a máquina será operada em três expedientes, ou 6 mil horas/ano, em vez de 2 mil horas/ano. Note o efeito do aumento da utilização da máquina na taxa horária comparada à taxa determinada no problema anterior.

3.18 O ponto de equilíbrio deve ser determinado para dois métodos de produção, um manual e outro automatizado. O método manual requer dois trabalhadores custando $ 9/hora cada; juntos eles produzem a uma taxa de 36 unidades/hora. O método automatizado tem um custo inicial de $ 125 mil, uma vida útil de quatro anos, valor residual igual a zero e custos anuais de manutenção de $ 3 mil. Nenhum trabalho (exceto o de manutenção) é necessário para o funcionamento da máquina, mas a energia necessária é de 50 kW (em produção). O custo da energia elétrica é de $ 0,05/kWh. Se a taxa de produção da máquina automática é de cem unidades/hora, determine o ponto de equilíbrio para os dois métodos, usando uma taxa de retorno de 25 por cento.

Apêndice A3: procedimentos de nivelamento nos modelos de produção

Como indicado na apresentação dos modelos de produção na Seção 1.1, procedimentos de nivelamento especiais são necessários para reduzir as variações inerentes aos dados reais de fábrica para valores únicos de parâmetros usados em nossas equações. Este apêndice explica os procedimentos de nivelamento.

Uma média aritmética contínua é usada para calcular os valores de quantidade de lote, Q, e o número de operações (máquinas) nas rotas do processamento, n_o. Deixe n_Q ser igual ao número de lotes dos vários modelos de peças ou produtos a serem considerados. Isso pode ser o número de lotes processados pela fábrica durante certo período de tempo (ou seja, semana, mês, ano) ou uma amostra de tamanho n_Q tomada desse período de tempo para análise. A quantidade média de lotes é dada por

$$Q = \frac{\sum_{j=1}^{n_Q} Q_j}{n_Q} \quad (A3.1)$$

em que Q é a quantidade média de lotes, em peças concluídas; Q_j é a quantidade de lotes para o modelo de peça ou produto j do total n_Q de lotes ou modelos sendo considerados, em peças concluídas, em que $j = 1, 2,..., n_Q$. A média de operações no processamento é um cálculo similar:

$$n_o = \frac{\sum_{j=1}^{n_Q} n_{oj}}{n_Q} \quad (A3.2)$$

em que n_o é a média de operações em todas as rotas de processamento em consideração, n_{oj} é o número de operações na rota de processamento para o modelo de peça ou produto j e n_Q é o número de lotes sob consideração.

Quando os dados da fábrica são usados para aferir os termos T_{su}, T_c e T_{no}, médias ponderadas devem ser usadas. Para calcular o tempo total médio de preparo para n_Q diferentes modelos de partes ou produtos, primeiramente computamos o tempo médio de preparo para cada máquina, ou seja,

$$T_{suj} = \frac{\sum_{k=1}^{n_{oj}} T_{sujk}}{n_{oj}} \quad (A3.3)$$

em que T_{suj} é o tempo médio de preparo para um modelo de produto ou peça j, em minutos; T_{sujk} é o tempo de preparo para a operação k na sequência de processamento da peça ou do produto no modelo j, também em minutos; $k = 1, 2,..., n_{oj}$; e n_{oj} é igual ao número de operações na sequência de processamento da peça ou do produto no modelo j. Utilizando os valores de n_Q do T_{suj} calculados na equação anterior, podemos calcular o tempo total médio de preparo para todos os modelos de peças ou produtos, dados

$$T_{su} = \frac{\sum_{j=1}^{n_Q} n_{oj} T_{suj}}{\sum_{j=1}^{n_Q} n_{oj}} \quad (A3.4)$$

em que T_{su} equivale ao tempo total médio de preparo para todos os modelos n_Q de peças ou produtos incluídos no grupo de interesse, expresso em minutos. Os outros termos já foram detalhados.

Um procedimento semelhante é utilizado para obter os tempos médios para o ciclo do tempo de operação T_c e para o tempo de inatividade T_{no}. Considerando primeiro o tempo do ciclo,

$$T_{cj} = \frac{\sum_{k=1}^{n_{oj}} T_{cjk}}{n_{oj}} \quad (A3.5)$$

em que T_{cj} é o tempo médio do ciclo de operação para um modelo de produto ou peça j, em minutos; T_{cjk} é a duração do ciclo para a operação k na sequência de processamento da peça ou do produto no modelo j; $k = 1, 2,..., n_{oj}$, em minutos; e n_{oj} é igual ao número de operações na sequência de processamento da peça ou do produto no modelo j. A duração média do ciclo para todos os modelos n_Q é dada por

$$T_c = \frac{\sum_{j=1}^{n_Q} n_{oj} T_{cj}}{\sum_{j=1}^{n_Q} n_{oj}} \quad (A3.6)$$

em que T_c é a duração média do ciclo para todos os modelos n_Q de peças ou produtos considerados, em minutos. Os outros termos já foram definidos. Os mesmos tipos de equação se aplicam ao tempo de inatividade T_{no},

$$T_{noj} = \frac{\sum_{k=1}^{n_{oj}} T_{nojk}}{n_{oj}} \quad (A3.7)$$

em que T_{noj} equivale ao tempo médio de inatividade para uma peça ou um produto no modelo j, expresso em minutos; T_{nojk} é igual ao tempo de inatividade para a operação k na sequência de processamento da peça ou do produto no modelo j, também em minutos. A média geral para todos os modelos (lotes) é

$$T_{no} = \frac{\sum_{j=1}^{n_Q} n_{oj} T_{noj}}{\sum_{j=1}^{n_Q} n_{oj}} \quad (A3.8)$$

em que T_{no} equivale ao tempo médio de inatividade para todas as peças ou todos os produtos considerados, expresso em minutos. Os outros termos já foram definidos.

PARTE II

AUTOMAÇÃO E TECNOLOGIAS DE CONTROLE

CAPÍTULO 4

Introdução à automação

CONTEÚDO DO CAPÍTULO

4.1 Elementos básicos de um sistema automatizado
    4.1.1 Energia para realização do processo automatizado
    4.1.2 Programa de instruções
    4.1.3 Sistema de controle

4.2 Funções avançadas de automação
    4.2.1 Monitoramento da segurança
    4.2.2 Manutenção e diagnósticos de reparação
    4.2.3 Detecção e recuperação de erros

4.3 Níveis de automação

A *automação* pode ser definida como a tecnologia por meio da qual um processo ou procedimento é alcançado sem assistência humana. É realizada utilizando-se um *programa de instruções* combinado a um *sistema de controle* que executa as instruções. Para automatizar um processo, é preciso *energia* não só para conduzir o processo como para operar o programa e o sistema de controle. Embora possa ser aplicada em diversas áreas, a automação está diretamente associada às indústrias de produção. Nesse contexto, o termo foi originalmente criado, em 1946, por um engenheiro da Ford Motor Company, para descrever a variedade de dispositivos automáticos de transferência e os mecanismos de alimentação que haviam sido instalados nas plantas de produção da empresa (Nota histórica 4.1). É irônico que quase todas as aplicações modernas da automação sejam controladas por tecnologias computadorizadas que não estavam disponíveis em 1946.

Nesta parte do livro, examinamos tecnologias desenvolvidas para a automatização das operações de produção. A posição das tecnologias de automação e controle nos sistemas de produção maiores é mostrada na Figura 4.1. Neste capítulo, oferecemos uma visão geral da automação: quais são os elementos de um sistema automatizado? Quais são algumas das características avançadas, além dos elementos básicos? Quais são os níveis da empresa nos quais a automação pode ser implementada? Nos próximos dois capítulos, discutiremos os sistemas de controle industrial e seus componentes de hardware. Esses capítulos servem de base para os seguintes, que abordam as tecnologias de automação e controle, que são: (1) controle numérico (Capítulo 7); (2) robótica industrial (Capítulo 8); e (3) controladores lógicos programáveis (Capítulo 9).

Nota histórica 4.1

História da automação

A história da automação está relacionada ao desenvolvimento de dispositivos mecânicos, tais como: roda (por volta de 3200 a.C.), alavanca, guincho (por volta de 600 a.C.), came (por volta do ano 1000), parafuso (1405) e engrenagem nos tempos antigos e medievais. Esses dispositivos básicos foram refinados e utilizados na construção dos mecanismos presentes em rodas hidráulicas, moinhos de vento (por volta de 650) e máquinas a vapor (1765). Essas máquinas geravam a energia necessária na operação de maquinário de diferentes tipos, tais como moinhos de farinha (por volta de 85 a.C.), teares (lançadeira volante, 1733), máquinas-ferramenta (mandriladora, 1775), barco a vapor (1787) e locomotivas (1803). A energia, e a capacidade de gerá-la e transmiti-la para a operação de um processo, é um dos três elementos básicos de um sistema automatizado.

Depois de sua primeira máquina a vapor, em 1765, James Watt e seu parceiro, Matthew Boulton, fizeram muitas melhorias no projeto. Uma delas foi o controlador centrífugo (por volta de 1785), que fornecia retroalimentação para o controle da válvula da máquina. O controlador era formado por uma esfera na extremidade de uma alavanca articulada conectada a um eixo rotativo, que por sua vez estava conectado à válvula de borboleta. À medida que a velocidade do eixo rotativo aumentava, a força centrífuga forçava a esfera a mover-se para fora; em contrapartida, fazia com que a alavanca diminuísse a abertura da válvula e reduzisse a velocidade do motor. Com a diminuição da velocidade rotacional, a esfera e o eixo repousavam, permitindo que a válvula se abrisse. O controlador centrífugo foi um dos primeiros exemplos na engenharia de controle de realimentação (*feedback*), um tipo importante de sistema de controle — o segundo elemento básico de um sistema automatizado.

O terceiro elemento de um sistema automatizado é o programa de instruções que direciona as ações do sistema ou da máquina. Um dos primeiros exemplos de programação de máquinas foi o tear de Jacquard, inventado por volta de 1800 com o objetivo de produzir tecidos a partir de fios. O programa de instruções que determinava o padrão de tecelagem do tecido era formado por placas de metal perfuradas. O padrão dos orifícios nas placas direcionava os movimentos da lançadeira do tear, que, em contrapartida, determinava o padrão de tecelagem. Disposições diferentes dos orifícios produziam padrões distintos de tecelagem. Assim, o tear de Jacquard era uma máquina programável — uma das primeiras.

No início da década de 1800, os três elementos básicos de um sistema automatizado — fonte de energia, controles e máquinas programáveis — já haviam sido desenvolvidos, embora ainda fossem primitivos se comparados aos padrões atuais. Foram necessários muitos anos de aprimoramento e de novas invenções e desenvolvimentos, tanto nos elementos básicos como na infraestrutura das indústrias de produção, para que os sistemas de produção totalmente automatizados se tornassem realidade comum. Exemplos importantes dessas invenções e desenvolvimentos incluem *peças intercambiáveis* (por volta de 1800, Nota histórica 1.1); *eletrificação* (iniciada em 1881); *linha de montagem* (1913, Nota histórica 15.1); *linhas de transferência* mecanizadas para a produção em massa, cujos programas eram definidos pela configuração do equipamento (1924, Nota histórica 16.1); teoria matemática de *sistemas de controle* (décadas de 1930 e 1940); *computador* eletromecânico MARK I, da Universidade de Harvard (1944). Todas essas invenções e avanços aconteceram depois da Segunda Guerra Mundial.

Desde 1945, muitas invenções e muitos desenvolvimentos vêm contribuindo de forma significativa para a tecnologia de automação. Del Harder cunhou o termo *automação* por volta de 1946 para fazer referência aos muitos dispositivos automáticos que a Ford Motor Company havia desenvolvido para suas linhas de produção. O primeiro computador eletrônico digital foi desenvolvido em 1946, na Universidade da Pensilvânia. A primeira máquina-ferramenta de *controle numérico* foi criada e demonstrada em 1952, no Massachusetts Institute of Technology — MIT, com base em um conceito proposto por John Parsons e Frank Stulen (Nota histórica 7.1). No fim da década de 1960 e no início da de 1970, os computadores digitais começaram a ser conectados às máquinas-ferramenta. Em 1954, o primeiro *robô industrial* foi projetado e, em 1961, foi patenteado por George Devol (Nota histórica 8.1). O primeiro robô comercial foi instalado em 1961, para descarregar as peças em uma operação de fundição. No fim da década de 1960, o primeiro *sistema de manufatura flexível* dos Estados Unidos foi instalado na Ingersoll Rand Company para executar operações de máquina em uma variedade de peças (Nota histórica 19.1). Por volta de 1969, o primeiro *controlador lógico programável* foi introduzido (Nota histórica 9.1). Em 1978, o primeiro *computador pessoal* (PC) comercial foi apresentado pela Apple Computer, embora antes de 1975 um produto semelhante já tivesse sido lançado em forma de *kit*.

Desenvolvimentos na tecnologia dos computadores tornaram-se possíveis por conta dos avanços na eletrônica, incluindo o surgimento de *transistores* (1948), *disco rígido* para computador (1956), pastilhas de *circuitos integrados* (1960), *microprocessador* (1971), *memória de acesso aleatório (random access memory – RAM,* 1984), *chips* de memória com capacidade para milhões de *bytes* (por volta de 1990) e processadores *Pentium* (1993). Os avanços no desenvolvimento de programas relacionados à automação foram igualmente importantes, incluindo a linguagem de programação *FORTRAN* (1955), a linguagem de programação *APT* para controle numérico (CN) de máquinas-ferramenta (1961), o sistema operacional *UNIX* (1969), a linguagem *VAL* para programação de robôs (1979), o *Microsoft Windows* (1985) e a linguagem de programação *JAVA* (1995). Os avanços e melhorias dessas tecnologias continuam.

4.1 ELEMENTOS BÁSICOS DE UM SISTEMA AUTOMATIZADO

Um sistema automatizado é composto por três elementos: (1) energia para concluir os processos e operar o sistema, (2) um programa de instruções que direcione os processos e (3) um sistema de controle que execute as instruções. A relação entre esses elementos é ilustrada na Figura 4.2. Todos os sistemas que se intitulam automatizados incluem esses três elementos básicos em uma ou outra forma.

Figura 4.1 **Tecnologias de automação e controle no sistema de produção**

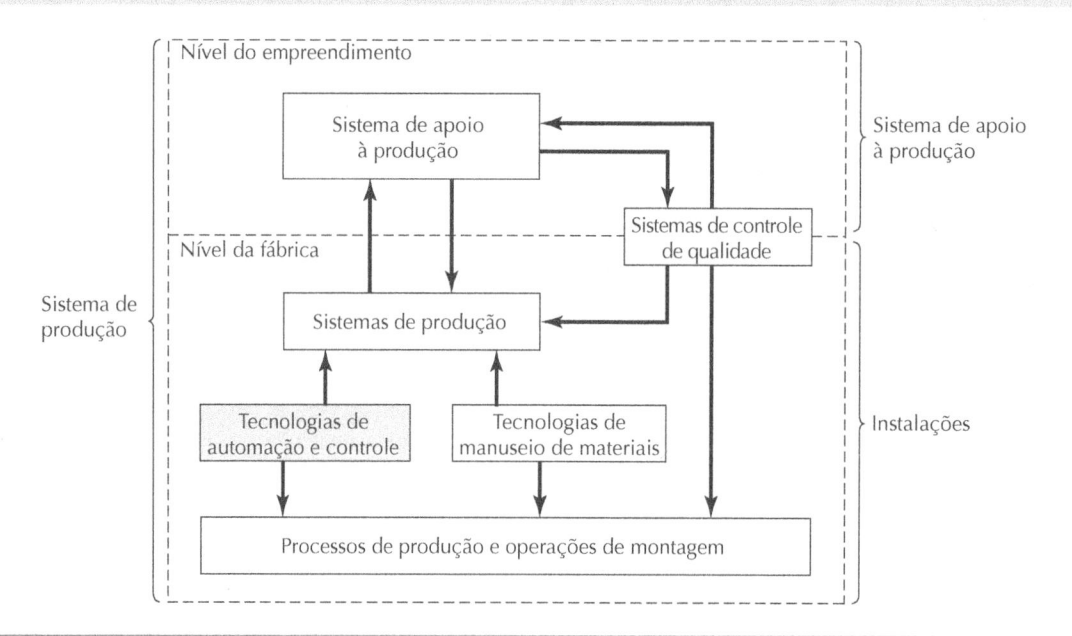

Figura 4.2 **Elementos de um sistema automatizado: (1) energia, (2) programa de instruções e (3) sistemas de controle**

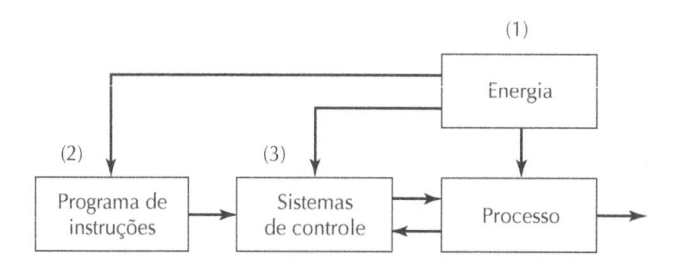

4.1.1 Energia para realização do processo automatizado

Um sistema automatizado é utilizado para operar alguns processos e é necessária energia para conduzir esses processos e controles. Nos sistemas automatizados, a principal fonte de energia é a eletricidade. A energia elétrica apresenta muitas vantagens tantos nos processos automatizados como naqueles não automatizados:

- A energia elétrica está amplamente disponível a um custo moderado. Ela é parte importante de nossa infraestrutura industrial.
- A energia elétrica pode ser prontamente convertida em formas alternativas de energia: mecânica, térmica, luminosa, acústica, hidráulica e pneumática.
- Em níveis baixos, a energia elétrica pode ser utilizada na realização de tarefas como transmissão de sinal, processamento de informações e comunicação e armazenamento de dados.
- A energia elétrica pode ser armazenada em baterias de longa duração para utilização em locais nos quais não estão disponíveis fontes externas de energia.

Fontes alternativas de energia incluem combustíveis fossilizados, energia solar, água e vento. Entretanto, seu uso exclusivo é raro em sistemas automatizados. Em muitos casos, quando fontes alternativas de energia são utilizadas na condução do processo em si, a energia elétrica é empregada nos controles que automatizam a operação. Por exemplo, na moldagem ou no tratamento térmico, o forno pode ser aquecido por combustíveis fossilizados, mas o sistema de controle para regular a temperatura e o tempo de ciclo é elétrico. Em outros casos, a energia dessas fontes alternativas é convertida em energia elétrica para operar tanto o processo como sua automação. Quando a energia solar é utilizada como fonte de energia em um sistema automatizado, ela normalmente é convertida dessa maneira.

Energia para o processo. Na produção, o termo *processo* se refere à operação de produção executada sobre uma unidade de trabalho. A Tabela 4.1 apresenta uma lista de processos de produção comuns, da forma de energia necessária para realizar cada um deles e da ação resultante sobre a unidade de trabalho. Nas plantas de produção, a maior parte da energia é consumida por esses tipos de operações. A 'forma de energia' na coluna do meio da tabela refere-se à energia aplicada diretamente

Tabela 4.1 **Processos de produção comuns e seus requisitos de energia**

Processo	Forma de energia	Ação alcançada
Corte (feixe de laser)	Luminosa e térmica	Um feixe de luz altamente coerente é utilizado no corte de material através da vaporização e do derretimento.
Forjamento	Mecânica	A unidade de trabalho de metal é deformada por moldes opostos. As peças costumam ser aquecidas antes da deformação, o que demanda energia térmica.
Moldagem	Térmica	Derretimento do metal antes de seu despejo no molde em que ocorre a solidificação.
Moldagem por injeção	Térmica e mecânica	O calor é usado para elevar a temperatura do polímero a uma consistência altamente plástica, e a força mecânica é utilizada na injeção do polímero fundido em um molde.
Perfuração e estampagem de folhas de metal	Mecânica	A força mecânica é utilizada para cisalhar folhas e chapas de metal.
Soldagem	Térmica (pode ser mecânica)	A maior parte dos processos de soldagem utiliza o calor para causar a fusão e a união de duas (ou mais) peças de metal em suas superfícies de contato. Alguns processos de soldagem também aplicam pressão mecânica às superfícies.
Tratamento térmico	Térmica	A peça de trabalho metálica é aquecida a uma temperatura abaixo do ponto de derretimento para causar alterações microestruturais.
Usinagem	Mecânica	O corte do metal é alcançado por meio da movimentação entre a ferramenta e a peça de trabalho.
Usinagem por eletroerosão (*eletric discharge machining* — EDM)	Elétrica	A remoção do metal é realizada por meio de uma série de descargas elétricas discretas entre o eletrodo (ferramenta) e a unidade de trabalho. As descargas elétricas causam elevações localizadas de temperatura que derretem o metal.

ao processo. Conforme indicado anteriormente, a fonte de energia para cada operação costuma ser convertida da eletricidade.

Além de conduzir os processos de produção, a energia também é necessária nas seguintes operações de manuseio de materiais:

- *Carga e descarga da unidade de trabalho.* Todos os processos listados na Tabela 4.1 são realizados sobre peças discretas. Essas peças devem ser colocadas na posição e orientação adequadas para que o processo seja executado, e a energia é necessária nessa função de transporte e posicionamento. Após a conclusão do processo, a peça de trabalho deve ser removida. Se o processo for completamente automatizado, então algum tipo de energia mecanizada é utilizada. Se o processo for operado manualmente ou de forma semiautomatizada, a energia humana pode ser empregada no posicionamento e na localização da peça de trabalho.

- *Transporte de material entre as operações.* Além de ser carregadas e descarregadas em uma operação, as peças de trabalho devem ser movidas entre as operações. Avaliamos as tecnologias de manuseio de materiais associadas a essa função de transporte no Capítulo 10.

Energia para automação. Além dos requisitos básicos de energia para as operações de produção, energia adicional é necessária na automação. Essa energia é utilizada nas seguintes funções:

- *Unidade controladora.* As controladoras industriais modernas baseiam-se em computadores digitais, que demandam energia elétrica para ler o programa de instruções, realizar os cálculos de controle e executar as instruções por meio da transmissão dos comandos adequados aos dispositivos em funcionamento.

- *Energia para enviar sinais de controle.* Os comandos enviados pela unidade controladora são executados por meio de dispositivos eletromecânicos, tais como comutadores e motores, denominados *atuadores* (Seção 6.2). Os comandos normalmente são transmitidos por meio de sinais de controle de baixa tensão elétrica. Para executar os comandos, os atuadores precisam de mais energia e, portanto, os sinais de controle devem ser amplificados de modo a oferecer o nível adequado de energia para o dispositivo atuante.

- *Coleta de dados e processamento de informações.* Na maioria dos sistemas de controle, os dados devem ser coletados do processo e utilizados como entradas nos algoritmos de controle. Além disso, pode ser que o processo demande a manutenção de registros de desempenho do processo ou da qualidade do produto. Essas funções de coleta de dados e manutenção de registros demandam energia, ainda que em montantes modestos.

4.1.2 Programa de instruções

As ações realizadas por um processo automatizado são definidas por um programa de instruções. Independentemente de a operação envolver uma produção baixa, média ou alta, cada peça ou cada produto feito por essa operação envolve uma ou mais etapas de processamento que são únicas da peça ou do produto manipulado. Essas etapas de processamento são executadas durante um ciclo de trabalho. Uma nova peça é concluída a cada ciclo (em algumas operações de produção, mais de uma peça é produzida durante um ciclo; por exemplo, uma operação de moldagem por injeção plástica pode produzir múltiplas peças a cada ciclo utilizando diversos moldes). As etapas de processamento particulares a um ciclo de trabalho são definidas em um *programa de ciclo de trabalho*. No controle numérico (Capítulo 7), esses programas são chamados de *programas de peças*. Outras aplicações de controle de processos utilizam nomes diferentes para esse tipo de programa.

Programa de ciclo de trabalho. Nos processos de automação mais simples, o ciclo de trabalho é formado essencialmente por uma etapa, que envolve manter um único parâmetro de processo em um nível definido, como, por exemplo, manter a temperatura de um forno em determinado valor durante a duração do ciclo de tratamento térmico. (Assumimos que a carga e a descarga das peças de trabalho no forno são realizadas manualmente e, portanto, não fazem parte do ciclo automático.) Nesse caso, a programação envolve simplesmente a configuração da temperatura no forno. Para alterar o programa, o operador simplesmente altera a configuração da temperatura. Em uma extensão desse caso simples, o processo de etapa única é definido por mais de um parâmetro de processo, como, por exemplo, um forno no qual tanto a atmosfera como a temperatura sejam controladas.

Em sistemas mais complicados, o processo envolve um ciclo de trabalho composto por múltiplas etapas que são repetidas, sem desvios, de um ciclo para o seguinte. A maior parte das operações de produção de peças discretas está nessa categoria. Uma sequência típica de etapas (simplificadas) é a seguinte: (1) carregamento da peça na máquina de produção, (2) execução do processo e (3) descarregamento da peça. Durante cada etapa, existem uma ou mais atividades que envolvem a alteração de um ou mais parâmetros. Os *parâmetros do processo* são entradas do processo, tais como a configuração da temperatura de um forno, o valor do eixo coordenado em um sistema de posicionamento, a válvula aberta ou fechada em um sistema de fluxo de fluidos e o motor ligado ou desligado. Os parâmetros do processo são identificados por *variáveis de processo*, que são saídas do processo; por exemplo, a temperatura atual de um forno, a posição atual do eixo, a taxa atual de fluxo de fluido em uma tubulação e a velocidade rotacional do motor. Conforme sugere nossa lista de exemplos, as alterações nos valores dos parâmetros do processo podem ser contínuas (alterações graduais durante uma etapa do processo; por exemplo, o aumento gradual da temperatura durante um ciclo de tratamento térmico) ou discretas (mudanças de estado; por exemplo, ligado/desligado). Diferentes parâmetros de processo podem estar envolvidos em cada etapa.

EXEMPLO 4.1
Uma operação automatizada de torneamento

Considere uma operação automatizada de torneamento que gera um produto em forma de cone. Considere que o sistema é automatizado e que um robô é utilizado na carga e descarga da peça de trabalho. O ciclo de trabalho é composto pelas seguintes etapas: (1) carregamento da peça de trabalho inicial; (2) posicionamento da ferramenta de corte que antecede o torneamento; (3) torneamento; (4) reposicionamento da ferramenta em um local seguro após o torneamento; (5) descarregamento da peça de trabalho concluídas. Identifique as atividades e os parâmetros do processo para cada etapa da operação.

Solução: Na etapa (1), as atividades incluem a ida até a peça de trabalho em estado inicial, sua elevação e seu posicionamento no mandril do torno pelo robô manipulador e o retorno do robô a uma posição segura até que precise realizar o descarregamento. Para essa atividade, os parâmetros do processo são os valores do eixo do robô manipulador (que se alteram constantemente), o valor da pinça (aberta ou fechada), e o valor do mandril (aberto ou fechado).

Na etapa (2), a atividade é a movimentação da ferramenta de corte para a posição de 'pronta'. Os parâmetros do processo associados a essa atividade são os eixos *x* e *z* da posição da ferramenta.

A etapa (3) é responsável pelo torneamento. Ela requer o controle simultâneo de três parâmetros do processo: velocidade rotacional da peça de trabalho (rotações/minuto), velocidade de avanço (milímetros/rotação) e distância radial da ferramenta de corte do eixo de rotação. Para cortar a forma cônica, a distância radial deve ser frequentemente alterada a uma taxa constante para cada rotação da peça. Para um acabamento superficial adequado, a velocidade rotacional deve ser constantemente ajustada para manter uma velocidade de corte constante na superfície (metros/minuto); e para marcações idênticas na superfície, o avanço deve ser configurado com um valor constante. Dependendo do ângulo do cone, podem ser necessárias múltiplas passadas de torneamento para que, gradualmente, se gere o contorno desejado. Cada passada representa uma etapa adicional na sequência.

As etapas (4) e (5) são os opostos das etapas (1) e (2), respectivamente, e os parâmetros do processo são os mesmos.

Muitas operações de produção são formadas por múltiplas etapas, algumas vezes mais complicadas do que o exemplo de torneamento. Exemplos dessas operações incluem ciclos automáticos de máquinas de parafuso, operações de estampagem em folhas de metal, moldagem por injeção plástica e fundição. Cada um desses processos de produção foi usado por muitas décadas. Em versões anteriores dessas operações, os ciclos de trabalho eram controlados por componentes de hardware, tais como comutadores, temporizadores, cames e relés eletromecânicos. Na verdade, os componentes de hardware e seus arranjos serviam como o programa de instruções que direcionava a sequência no ciclo de processamento. Embora esses dispositivos fossem bastante adequados na execução da função de sequenciamento, eles apresentavam as seguintes desvantagens: (1) costumavam demandar tempo considerável no projeto e fabricação, forçando o equipamento a atuar somente na produção em lote; (2) demandavam tempo e tornavam difícil a realização mesmo de alterações pequenas; (3) continham um programa em forma física que não era prontamente compatível com a comunicação e o processamento de dados.

Os controladores modernos utilizados nos sistemas automatizados baseiam-se em computadores digitais. No lugar de cames, temporizadores, relés e outros dispositivos de hardware, os programas para equipamentos controlados por computador são armazenados em fitas magnéticas, disquetes, CD-ROMs, na memória do computador ou em outras tecnologias modernas de armazenamento. Quase todos os novos equipamentos que executam as operações de produção em massa citadas anteriormente são projetados com algum tipo de controlador de computador para executar seus respectivos ciclos de processamento. O uso de computadores digitais como controlador do processo permite que sejam feitas melhorias e atualizações nos programas de controle, tais como a inclusão de funções de controle não previstas durante o projeto inicial do equipamento. Esses tipos de mudanças de controle costumam ser difíceis de ser realizadas nos dispositivos de hardware antigos.

Um ciclo de trabalho pode incluir etapas manuais, nas quais o operador é responsável por certas atividades no ciclo e o sistema automatizado realiza o restante. Um exemplo comum é o carregamento de peças pelo operador em uma máquina de controle numérico e o descarregamento das mesmas entre os ciclos, enquanto a máquina executa a operação de corte sob o controle do programa. Após o carregamento da peça, o início da operação de corte de cada ciclo é ativado pelo operador por meio de um botão 'iniciar'.

Tomada de decisões no ciclo de trabalho programado. Na discussão anterior sobre ciclo de trabalho automatizado, as únicas duas características do ciclo de trabalho são (1) o número de etapas e a sequência de processamento das mesmas e (2) o parâmetro do processo que muda a cada etapa. Cada ciclo de trabalho é composto pelas mesmas etapas e os parâmetros de processo associados permanecem inalterados de um fluxo para outro. O programa de instruções é repetido sem desvios a cada ciclo de trabalho. Na verdade, muitas operações automatizadas de produção demandam a tomada de decisões durante o ciclo de trabalho programado, de forma a lidar com as variações. Em muitos casos, as variações são elementos de rotina do ciclo e as instruções correspondentes para o tratamento das mesmas são incorporadas no programa regular. Esses casos incluem:

- *Interação com o operador*. Embora o programa de instruções tenha sido criado para funcionar sem a interação humana, a unidade controladora pode precisar de dados de entrada de um operador para funcionar. Por exemplo, em uma operação automatizada de gravação, pode ser que o operador precise informar os caracteres alfanuméricos a ser gravados na peça de trabalho (ou seja, na placa, no troféu ou na fivela do cinto). Uma vez informados os caracteres, o sistema realiza a gravação automaticamente. (Um exemplo cotidiano de interação com operador com sistema automatizado é um cliente bancário utilizando um caixa eletrônico. O cliente deve informar os códigos indicando a transação a ser realizada pelo caixa eletrônico.)
- *Diferentes modelos de produto ou peças processadas pelo sistema*. Nesse exemplo, o sistema automatizado é programado de forma a executar diferentes ciclos de trabalho em diferentes modelos de peças ou produtos. Um exemplo é um robô industrial que executa uma série de operações de solda de ponto em carrocerias de carros realizada em uma planta de montagem final. Essas plantas constumam ser projetadas para produzir modelos diferentes de carroceria na mesma linha de montagem semiautomatizada, tais como *sedãs* de duas ou quatro portas. Conforme a carroceria entra em uma estação de soldagem na linha de montagem, sensores identificam seu modelo, e o robô executa a sequência correta de soldagens para aquele modelo.
- *Variações na unidade de trabalho inicial*. Em algumas operações de produção, as unidades de trabalho iniciais não são consistentes. Um bom exemplo é o da areia de fundição como material inicial em uma operação de usinagem. As variações de dimensão nas peças iniciais algumas vezes demandam uma passada extra da usinagem para que a dimensão do usinado chegue ao valor especificado. O programa da peça deve ser codificado de forma a permitir a passada adicional quando necessária.

Em todos esses exemplos, as variações rotineiras podem ser acomodadas no programa regular do ciclo de trabalho, que pode ser projetado para responder a entradas vindas de um sensor ou de um operador por meio da execução da sub-rotina apropriada correspondente à entrada. Em outros casos, as variações no ciclo de trabalho não são nem um pouco rotineiras. Elas são infrequentes e inesperadas, tal como uma falha em um componente do equipamento. Nesses casos, o programa deve incluir procedimentos de contingência ou modificações na sequência capazes de lidar com as condições que fogem à rotina normal. Discutimos essas medidas mais adiante, no contexto das funções avançadas de automação (Seção 4.2).

Diversas situações de produção e programas de ciclo de trabalho foram discutidos aqui. Vamos tentar resumir as características dos programas de ciclo de trabalho (programas de peças) utilizados para direcionar as operações de um sistema automatizado:

- *Número de etapas no ciclo de trabalho*. Quantas etapas ou elementos de trabalho distintos estão incluídos no ciclo de trabalho? Uma sequência típica nas operações de produção discretas inclui (1) carregamento, (2) processo e (3) descarregamento.
- *Participação manual no ciclo de trabalho*. Existe a necessidade de um trabalhador executar determinadas etapas no ciclo de trabalho, tais como carregamento na máquina de produção e descarregamento da mesma, ou o ciclo de trabalho é totalmente automatizado?
- *Parâmetros do processo*. Quantos parâmetros de processo devem ser controlados durante cada etapa? São contínuos ou discretos? Como são acionados? Os parâmetros precisam ser modificados durante a etapa, tal como, por exemplo, um sistema de posicionamento cujos valores dos eixos se alteram durante a etapa de processamento?

- *Interação com o operador.* É necessário, por exemplo, que o operador informe dados de processamento para cada ciclo de trabalho?
- *Variações nos modelos de peças ou produtos.* As unidades de trabalho são idênticas em cada ciclo, como na produção em massa (automação rígida) ou na produção em lote (automação programável), ou cada ciclo pode processar modelos diferentes de peças ou produtos (automação flexível)?
- *Variações na unidade de trabalho inicial.* As variações podem ocorrer nas dimensões ou materiais iniciais. Se forem significativas, alguns ajustes podem ser necessários no ciclo de trabalho.

4.1.3 Sistemas de controle

O elemento de controle em um sistema automatizado executa o programa de instruções, faz com que o processo execute sua função de forma a realizar alguma operação de produção. Aqui, vamos fazer uma breve introdução aos sistemas de controle. O próximo capítulo descreve detalhadamente essa importante tecnologia industrial.

Os controles de um sistema automatizado podem ser tanto de malha fechada como de malha aberta. Um *sistema de controle de malha fechada*, também conhecido como *sistema de controle por realimentação*, é aquele no qual a variável de saída se compara a um parâmetro de entrada e qualquer diferença entre eles é utilizada para fazer com que a saída esteja em conformidade com a entrada. Conforme mostra a Figura 4.3, um sistema de controle de malha fechada é formada por seis elementos básicos: (1) parâmetro de entrada, (2) processo, (3) variável de saída, (4) sensor por realimentação, (5) controlador e (6) atuador.

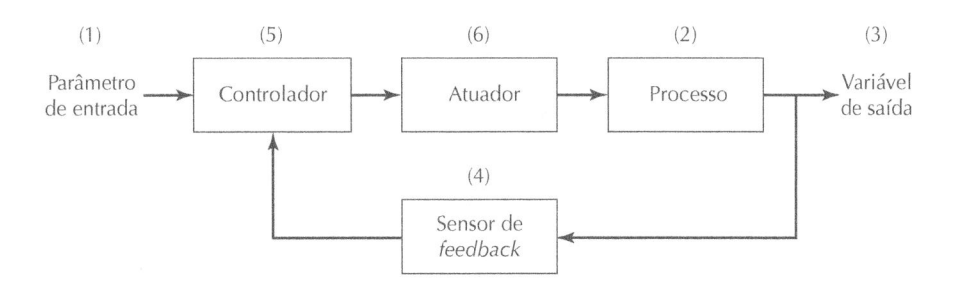

O *parâmetro de entrada*, normalmente chamado de *valor desejado*, representa o valor de saída desejado. Em um sistema doméstico de controle de temperatura, o valor-alvo é o valor de configuração do termostato. O *processo* é a operação ou função sendo controlada. Em particular, é a *variável de saída* que está sendo controlada na malha. Na discussão atual, o processo de interesse normalmente é uma operação de produção e a variável de saída é alguma variável do processo, talvez uma medida crítica de desempenho no processo tal como temperatura, força ou vazão. Um *sensor* é utilizado para medir a variável de saída e fechar a malha entre a entrada e a saída. Os sensores são responsáveis pela função por realimentação em um sistema de controle de malha fechada. O *controlador* compara a saída com a entrada e faz os ajustes necessários no processo para reduzir as diferenças entre elas. O ajuste é alcançado utilizando-se um ou mais *atuadores*, que são os dispositivos de hardware que fisicamente executam as ações de controle, tais como motores elétricos ou válvulas de controle de vazão. Vale ressaltar que o modelo na Figura 4.3 apresenta somente uma malha. A maioria dos processos industriais demanda múltiplas malhas — um para cada variável de processo a ser controlada.

Em contraste com o sistema de controle de malha fechada, temos o *sistema de controle de malha aberta*, que opera sem uma malha por realimentação, conforme mostra a Figura 4.4. Nesse caso, os controles operam sem medir a variável de saída e, portanto, não há comparação entre o valor de saída e o parâmetro de entrada desejado. O controlador confia em um preciso modelo do efeito de seu atuador sobre a variável do processo. Com um sistema de malha aberta, existe sempre o risco de o atuador não causar o efeito esperado no processo e essa é a desvantagem desse tipo de sistema de controle. Sua vantagem é que

Figura 4.3 **Sistema de controle por realimentação**

Figura 4.4 **Sistema de controle de malha aberta**

ele costuma ser mais simples e mais barato do que o sistema de malha fechada. Os sistemas de malha aberta geralmente são apropriados nas seguintes condições: (1) as ações executadas pelo sistema de controle são simples, (2) a função do atuador é bastante confiável e (3) quaisquer forças de reação opostas às do atuador são pequenas demais para causar algum efeito sobre a atuação. Se essas características não se aplicam, então pode ser que um sistema de controle de malha fechada seja mais apropriado.

Considere a diferença entre um controle de malha fechada e um controle de malha aberta para o caso de um sistema de posicionamento. Os sistemas de posicionamento são comuns na produção para a localização da peça de trabalho em relação a uma ferramenta ou cabeçote porta-ferramenta. A Figura 4.5 ilustra o caso de um sistema de controle de malha fechada.

Em operação, o sistema é levado a mover a mesa de trabalho para uma posição específica, conforme definido pelo valor da coordenada em um sistema cartesiano (ou outro qualquer). A maioria dos sistemas de posicionamento possuem ao menos dois eixos (por exemplo, uma mesa de posicionamento x-y) com um sistema de controle para cada eixo, mas nosso diagrama ilustra somente um desses eixos. Um servomotor DC conectado a um fuso de avanço é um atuador comum para cada eixo. Um sinal indicando o valor da coordenada (por exemplo, o valor de x) é enviado do controlador para o motor que direciona o fuso de avanço, cuja rotação é convertida no movimento linear da mesa de trabalho. Conforme a mesa se aproxima do valor da coordenada x desejado, diminui a diferença entre a posição x atual e o valor de entrada para x. A posição x atual é medida por um sensor por realimentação (como um codificador ótico). O controlador continua a direcionar o motor até que a posição atual da mesa corresponda ao valor de entrada para a posição.

No caso dos sistemas de malha aberta, o diagrama para o sistema de posicionamento seria semelhante ao anterior, mas sem a presença de um sensor por realimentação e com um motor de passo no lugar do servomotor DC. Um motor de passo é projetado para rotacionar uma fração precisa de um giro para cada pulso recebido do controlador. Como o eixo do motor está conectado ao fuso de avanço, e o fuso de avanço direciona a mesa de trabalho, cada pulso é convertido em um pequeno movimento linear constante da mesa. Para mover a mesa a uma distância desejada, é enviado ao motor o número de pulsos correspondente a essa distância. Dada a aplicação adequada, cujas características correspondem à lista anterior de condições para operação, um sistema de posicionamento de malha aberta funciona com alta confiabilidade.

Consideramos a análise de engenharia de sistemas de posicionamento de malha aberta e de malha fechada no contexto do controle numérico em um capítulo mais à frente (Seção 7.5).

Figura 4.5 Um sistema de posicionamento (monoeixo) formado por um parafuso de avanço (fuso) direcionado por um servomotor DC

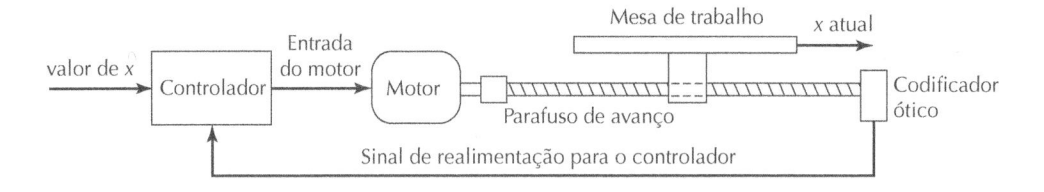

4.2 FUNÇÕES AVANÇADAS DE AUTOMAÇÃO

Além de executar os programas dos ciclos de trabalho, um sistema automatizado pode ser capaz de executar funções avançadas não específicas de uma unidade de trabalho em particular. Em geral, as funções preocupam-se com a melhoria da segurança e do desempenho do equipamento. Funções avançadas de automação incluem: (1) monitoramento da segurança, (2) manutenção e diagnósticos de reparação e (3) detecção de erros e recuperação.

As funções avançadas de automação são viabilizadas por sub-rotinas especiais incluídas no programa de instruções. Em alguns casos, as funções somente oferecem informações e não envolvem quaisquer ações físicas por parte do sistema de controle, como no caso, por exemplo, de relatar uma lista de tarefas de manutenção preventiva a ser realizadas. Quaisquer atitudes tomadas com base nesse relatório são decididas por operadores humanos e gerentes do sistema, não pelo sistema em si. Em outros casos, o programa de instruções deve ser fisicamente executado pelo sistema de controle que toca o alarme quando o trabalhador humano se aproxima demais de um equipamento automatizado.

4.2.1 Monitoramento da segurança

Uma das principais razões para a automatização de uma operação de produção é a remoção de trabalhadores de ambientes de trabalho perigosos. Um sistema automatizado costuma ser instalado para executar uma operação potencialmente perigosa que acabaria sendo executada por um humano. Entretanto, mesmo nos sistemas automatizados, os trabalhadores ainda são necessários no serviço ao sistema em intervalos periódicos ou mesmo em tempo integral. Portanto, é importante que o sistema automatizado seja projetado para operar com segurança quando os trabalhadores estão em atendimento. Além disso, é essencial que o sistema automatizado execute seus processos sem ser autodestrutivo. Assim, existem duas razões para que o sistema automatizado conte com um monitoramento da segurança: (1) proteger os trabalhadores que estejam próximos do sistema e (2) proteger o equipamento associado ao sistema.

O monitoramento da segurança significa mais do que medidas convencionais de segurança, tais como escudos protetores ao redor da operação ou dos tipos de dispositivos manuais que podem ser utilizados por trabalhadores humanos, tais como botões de parada de emergência. Em um sistema automatizado, o *monitoramento da segurança* envolve o uso de sensores para rastrear a operação do sistema e identificar condições e eventos arriscados ou potencialmente arriscados. O sistema de monitoramento de segurança é programado para responder a condições de risco da forma apropriada. Respostas possíveis a diferentes situações de perigo podem incluir:

- Parada total do sistema automatizado.
- Toque de alarme.
- Redução da velocidade de operação do processo.
- Tomada de medidas corretivas que recuperem a violação de segurança.

A última resposta é a mais sofisticada e sugere a existência de uma máquina inteligente executando antecipadamente alguma estratégia. Esse tipo de resposta se aplica a diferentes tipos de acidentes, não é necessariamente limitado às questões de segurança e é chamado de detecção e recuperação de erros (Seção 4.2.3).

No monitoramento da segurança, os sensores variam de dispositivos muito simples a sistemas altamente sofisticados. O tema da tecnologia de sensores é discutido no Capítulo 6 (Seção 6.1). A lista a seguir sugere alguns sensores possíveis e suas aplicações no monitoramento da segurança:

- Comutadores de limite para detectar o posicionamento adequado de uma peça em um dispositivo para que o ciclo do processo possa começar.
- Sensores fotoelétricos ativados pela interrupção de um feixe de luz; isso pode ser utilizado para indicar que uma peça está na posição adequada ou para detectar a presença de um intruso humano em uma célula de trabalho.
- Sensores de temperatura para indicar que uma peça de metal está suficientemente aquecida para seguir para uma operação de forjamento a quente. Se não estiver, então a maleabilidade do metal pode ser muito baixa e os moldes podem ser danificados durante a operação.
- Detectores de calor ou fumaça para prever risco de incêndio.
- Tapetes sensíveis à pressão para detectar presença de instrusos nas células de trabalho.
- Sistemas de visão de máquina que façam vigilância do sistema automatizado e seus arredores.

Vale ressaltar que um determinado sistema de segurança está limitado a responder às condições de risco segundo possíveis irregularidades previstas pelo projetista do sistema. Se determinado risco não foi antecipado pelo projetista e, consequentemente, o sistema não foi programado com a capacidade para detecção de tal risco, então o sistema de monitoramento da segurança não conseguirá reconhecer o evento caso venha a ocorrer.

4.2.2 Manutenção e diagnósticos de reparação

Os sistemas de produção automatizados modernos estão-se tornando cada vez mais complexos e sofisticados, complicando ainda mais sua manutenção e seu reparo. Manutenção e diagnósticos de reparação referem-se às capacidades de um sistema automatizado auxiliar na identificação da fonte de maus funcionamentos potenciais ou reais do sistema. Três modos de operação são comuns nos subsistemas modernos de manutenção e diagnósticos de reparação:

1. *Monitoramento da condição* (status). Nesse modo, o sistema de diagnóstico monitora e registra a condição dos sensores e parâmetros do sistema durante a operação normal. Quando solicitado, o subsistema de diagnóstico pode listar qualquer um desses valores e oferecer uma interpretação sobre o *status* atual, talvez alertando sobre uma falha iminente.

2. *Diagnóstico de falhas*. Esse modo é empregado quando se tem um mau funcionamento ou uma falha. Seu propósito é interpretar os valores atuais das variáveis monitoradas e analisar os valores registrados antes da falha, de modo que sua causa possa ser identificada.

3. *Recomendação de procedimento de reparo*. No terceiro modo de operação, o subsistema recomenda à equipe de reparo as etapas que devem ser tomadas na

realização de reparos. Algumas vezes, os métodos para o desenvolvimento das recomendações baseiam-se no uso de sistemas especialistas nos quais os julgamentos coletivos de muitos especialistas em reparos são agrupados e incorporados a um programa de computador que usa técnicas de inteligência artificial.

O monitoramento do *status* serve a duas funções importantes no diagnóstico das máquinas: (1) oferecer informação para o diagnóstico de uma falha corrente e (2) oferecer dados para que seja possível prever um futuro mau funcionamento ou uma futura falha. Primeiro, quando ocorre uma falha do equipamento, a equipe de reparo costuma ter dificuldades para determinar a razão da falha e quais atitudes tomar para proceder o reparo. É sempre útil reconstruir os eventos que levaram à falha. O computador está programado para monitorar e registrar os componentes adequados. Essa medida é especialmente útil nos reparos eletrônicos, em que é sempre difícil determinar o componente defeituoso com base na inspeção visual.

A segunda função do monitoramento da condição (*status*) é identificar sinais de falha iminente, de forma que os componentes afetados possam ser substituídos antes que a falha faça com que o sistema caia. A substituição dessas partes pode acontecer no turno da noite ou em outro horário qualquer, durante o qual o processo não esteja em operação, para que não haja perda de operações regulares no sistema.

4.2.3 Detecção e recuperação de erros

Na operação de qualquer sistema automatizado, podem ocorrer situações de mau funcionamento de equipamentos e eventos inesperados durante a operação. Esses eventos podem resultar em atrasos dispendiosos e perda de produção até que o problema seja acorrigido e a operação regular seja restaurada. Tradicionalmente, o mau funcionamento do equipamento é corrigido por trabalhadores humanos, talvez com a ajuda de uma rotina de manutenção e de diagnósticos de reparação. Com o uso crescente do controle computadorizado dos processos de produção, existe uma tendência ao uso do controle computadorizado não somente no diagnóstico do mau funcionamento, mas também na tomada automática de medidas corretivas que restaurem o sistema à operação normal. O termo *detecção e recuperação de erros* é utilizado quando o computador executa essas funções.

Detecção de erros. Essa etapa usa os sensores disponíveis do sistema automatizado para identificar quando ocorre desvio ou mau funcionamento, interpretar o sinal (ou sinais) do sensor e classificar o erro. O projeto do subsistema de detecção de erros deve começar com uma enumeração sistemática dos possíveis erros que possam ocorrer durante a operação do sistema. Em um processo de produção, os erros tendem a ser muito particulares para cada aplicação. Eles devem ser antecipados para que sejam selecionados sensores que permitam sua identificação.

Na análise de determinada operação de produção, os possíveis erros podem ser classificados em três categorias: (1) aleatórios, (2) sistemáticos e (3) aberrações. Os *erros aleatórios* ocorrem como resultado da natureza estocástica normal do processo. Podem acontecer quando o processo está em controle estatístico (Seção 20.3). Grandes variações na dimensão das peças, mesmo quando o processo de produção está em controle estatístico, podem causar problemas nas operações seguintes. Detectando esses desvios peça a peça, é possível tomar medidas corretivas nas operações subsequentes. Os *erros sistemáticos* são aqueles que resultam de alguma causa identificável, tais como uma mudança nas propriedades de uma matéria-prima ou no curso de uma configuração de equipamento. Esses erros costumam fazer com que o produto se desvie das especificações, de modo a ser rejeitados em termos de qualidade. Por fim, o terceiro tipo de erro, as *aberrações*, resulta ou de uma falha no equipamento ou de um erro humano. Exemplos de falhas nos equipamentos incluem fratura de um pino por cisalhamento mecânico, explosões em uma linha hidráulica, ruptura de válvula de pressão e falha inesperada de uma ferramenta de corte. Exemplos de erros humanos incluem erros no programa de controle, configurações inadequadas de fixação e substituição das matérias-primas erradas.

Os dois problemas de projeto mais comuns na detecção de erros são (1) a antecipação de todos os erros possíveis em determinado processo e (2) a especificação dos sistemas de sensores adequados e associados ao software interpretador para que o sistema seja capaz de reconhecer cada erro. A solução do primeiro problema requer uma avaliação sistemática das possibilidades dentro de cada uma das categorias de erros. Se o erro não foi antecipado, então o subsistema de detecção de erros não poderá detectá-lo e identificá-lo corretamente.

> **EXEMPLO 4.2**
> **Detecção de erros em uma célula de usinagem automatizada**
> Considere uma célula automatizada composta por uma máquina-ferramenta CNC, uma unidade de armazenamento de peças e um robô que movimenta as peças entre a máquina e a unidade de armazenamento. Os possíveis erros que podem afetar o sistema são divididos nas seguintes categorias: (1) máquina e processo, (2) ferramentas de corte, (3) posicionamento das peças para fixação, (4) unidade de armazenamento das

peças e (5) carga/descarga do robô. Desenvolva uma lista dos possíveis erros (desvios e mau funcionamento) de cada uma dessas cinco categorias.

Solução: A seguir está uma lista dos possíveis erros na célula de máquina para cada uma das cinco categorias:

- *Máquina e processo.* Erros possíveis incluem queda de energia, sobrecarga na rede de energia, deformação térmica, temperatura de corte muito elevada, vibração, ausência de refrigeração, falhas na rebarbação, programa errado para peça e peça defeituosa.
- *Ferramentas de corte.* Erros possíveis incluem quebra da ferramenta, desgaste da ferramenta, vibração, ausência da ferramenta e ferramenta errada.
- *Posicionamento das peças para fixação.* Erros possíveis incluem presença de uma peça que não pertence à montagem, queda ou deslocamento da peça durante a usinagem, quebra da peça e *chips* causando problemas localizados.
- *Unidade de armazenamento das peças.* Erros possíveis incluem ausência da peça de trabalho, peça de trabalho errada e problemas na dimensão da peça de trabalho.
- *Carga/descarga do robô.* Erros possíveis incluem seleção da parte de trabalho errada, queda da parte de trabalho e ausência da parte no momento de sua seleção.

Recuperação de erros. Preocupa-se com a aplicação da medida corretiva necessária para tratar o erro e restaurar o sistema à operação normal. O problema de projetar um sistema de recuperação de erros está na definição de estratégias e procedimentos apropriados que corrigirão ou compensarão a variedade de erros que podem ocorrer no processo. Geralmente, uma estratégia de recuperação ou um procedimento específico devem ser desenvolvidos para cada erro distinto. Os tipos de estratégias podem ser classificados como:

1. *Realizar ajustes no fim do ciclo de trabalho atual.* Quando o ciclo de trabalho atual estiver concluído, o programa da peça se volta para uma sub-rotina de ação corretiva projetada especificamente para o erro selecionado, executa a sub-rotina e, então, retorna para o programa do ciclo de trabalho. Essa ação reflete um baixo nível de urgência e é mais comumente associada a erros aleatórios no processo.
2. *Realizar ajuste durante o ciclo atual.* Se comparado ao anterior, esse reparo geralmente indica alto nível de urgência. Nesse caso, a ação para corrigir ou compensar o erro detectado é iniciada tão logo o erro for identificado. Entretanto, deve ser possível concluir a ação corretiva selecionada enquanto o ciclo de trabalho ainda está em execução.
3. *Parar o processo para evocar a ação corretiva.* Nesse caso, o desvio ou mau funcionamento requer a suspensão do ciclo de trabalho durante a ação corretiva. Assume-se que o sistema é capaz de automaticamente se recuperar do erro sem a assistência humana. No fim da ação corretiva, o ciclo de trabalho regular é retomado.
4. *Parar o processo e solicitar auxílio.* Nesse caso, o erro não pode ser resolvido por meio de procedimentos automatizados. Essa situação surge quando (1) a célula da máquina não está apta a resolver o problema ou (2) o erro não pode ser classificado na lista de erros predefinida. Em qualquer um dos casos, a assistência humana é necessária na correção do problema e na restauração do sistema ao modo de operação totalmente automatizado.

A detecção e a recuperação de erros requerem um sistema de interrupção (Seção 5.3.2). Quando um erro no processo é percebido e identificado, é evocada uma interrupção na execução do programa atual para que o processamento seja direcionado à sub-rotina de recuperação apropriada. Isso é feito tanto no fim do ciclo atual (tipo 1) como imediatamente (tipos 2, 3 e 4). No fim do procedimento de recuperação, a execução do programa volta ao normal.

EXEMPLO 4.3
Recuperação de erros em uma célula de usinagem automatizada

Para a célula automatizada do Exemplo 4.2, desenvolva uma lista das possíveis ações corretivas de ser tomadas pelo sistema no tratamento de alguns erros.

Tabela 4.2 Recuperação de erros em uma célula de usinagem automatizada: ações corretivas possíveis de ser tomadas em resposta aos erros detectados durante a operação

Erro detectado	Ação corretiva possível para recuperação
Desvio de dimensões da peça devido à deformação térmica da máquina-ferramenta	Ajuste as coordenadas no programa da peça para compensar (Categoria 1 de ação corretiva)
Peça derrubada pelo robô durante sua tomada	Selecione outra peça (Categoria 2 de ação corretiva)
Peça de trabalho inicial ultrapassa os limites de tamanho	Ajuste o programa da peça para uma passada preliminar de usinagem sobre a superfície de trabalho (Categoria 2 de ação corretiva)
Barulho (vibração da ferramenta)	Aumente ou diminua a velocidade de corte para alterar a frequência harmônica (Categoria 2 de ação corretiva)
Temperatura de corte está muito alta	Reduza a velocidade de corte (Categoria 2 de ação corretiva)

Ferramenta de corte falha	Substitua a ferramenta de corte por outra ferramenta afiada. (Categoria 3 de ação corretiva)
As peças na unidade de armazenamento de peças acabaram	Ligue para o operador para o reabastecimento das peças de trabalho iniciais (Categoria 4 de ação corretiva)
Cavacos sujando a operação de máquina	Ligue para o operador para que os cavacos sejam limpos da área de trabalho (Categoria 4 de ação corretiva)

Solução: Uma lista das possíveis ações corretivas é apresentada na Tabela 4.2

4.3 NÍVEIS DE AUTOMAÇÃO

O conceito de sistemas automatizados pode ser aplicado a diferentes níveis de operações de fábrica. É comum que se associe a automação às máquinas de produção individuais. Entretanto, a máquina de produção em si é composta por subsistemas que podem, também, ser automatizados. Por exemplo, uma das tecnologias de automação importantes discutidas nesta parte do livro é o controle numérico (Capítulo 7). Uma máquina-ferramenta de controle numérico moderna é um sistema automatizado. Entretanto, a própria máquina de CN é composta por múltiplos sistemas de controle. Qualquer máquina de CN possui ao menos dois eixos de movimentação, e algumas têm até cinco eixos. Cada um desses eixos opera um sistema de posicionamento, conforme descrito na Seção 4.1.3, e é, na verdade, um sistema automatizado. Analogamente, uma máquina de CN costuma fazer parte de um sistema maior de produção que pode ser automatizado. Por exemplo, duas ou três máquinas-ferramenta podem estar conectadas por meio de um sistema automatizado de manuseio de peças operando sob controle computadorizado. As máquinas-ferramenta também recebem instruções (ou seja, programas de peças) do computador. Assim, temos três níveis de automação e controle incluídos aqui (o nível do sistema de posicionamento, o nível da máquina-ferramenta e o nível do sistema de produção). Para atender aos propósitos deste texto, podemos identificar cinco níveis possíveis de automação em uma planta de produção. Esses níveis são definidos a seguir, e sua hierarquia é apresentada na Figura 4.6.

1. *Nível do dispositivo.* Esse é o nível mais baixo em nossa hierarquia de automação. Ele inclui atuadores, sensores e outros componentes de hardware incluídos no nível da máquina. Os dispositivos são combinados em *loops* individuais de controle, por exemplo, na malha de controle por realimentação para um eixo de uma máquina CNC ou uma articulação de um robô industrial.

2. *Nível da máquina.* No nível do dispositivo, o hardware é montado em máquinas individuais. Exemplos incluem máquinas-ferramenta CNC e equipamentos de produção semelhantes, robôs industriais, transportadores elétricos e veículos guiados automatizados. Nesse nível, as funções de controle incluem a execução da sequências de etapas no programa de instruções na or-

Figura 4.6 **Cinco níveis de automação e controle na produção**

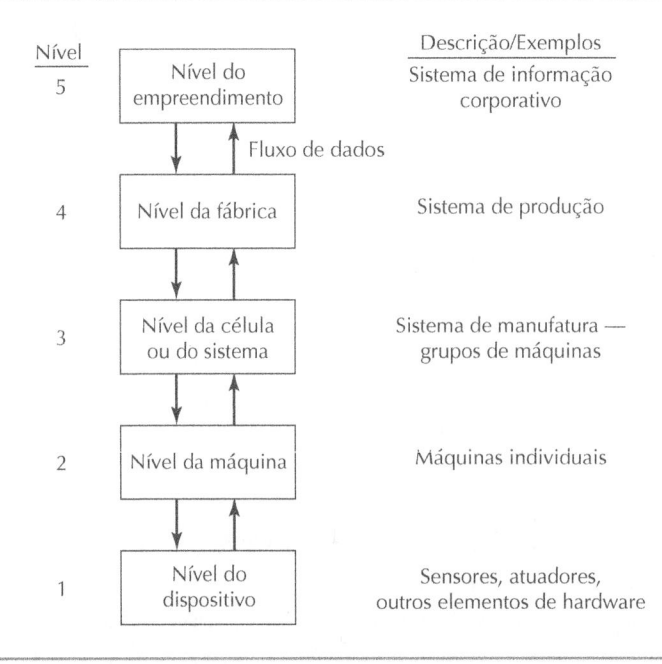

Nível		Descrição/Exemplos
5	Nível do empreendimento	Sistema de informação corporativo
	↕ Fluxo de dados	
4	Nível da fábrica	Sistema de produção
3	Nível da célula ou do sistema	Sistema de manufatura — grupos de máquinas
2	Nível da máquina	Máquinas individuais
1	Nível do dispositivo	Sensores, atuadores, outros elementos de hardware

dem correta e a certificação de que cada etapa foi adequadamente executada.

3. *Nível da célula ou da máquina*. Esse nível opera sob as instruções do nível da fábrica. Uma célula ou um sistema de produção é um grupo de máquinas ou estações de trabalho conectadas e apoiadas por um sistema de manuseio de materiais, um computador ou outro equipamento apropriado ao processo de produção. As linhas de produção estão incluídas nesse nível. As funções incluem a expedição da peça e o carregamento da máquina, a coordenação das máquinas com os sistemas de manuseio de materiais e a coleta e avaliação dos dados de inspeção.

4. *Nível da fábrica*. Esse é o nível da fábrica ou da produção. Ele recebe instruções do sistema de informações corporativas e as traduz em planos operacionais para a produção. Funções semelhantes incluem processamento de pedidos, planejamento de processos, controle de estoque, aquisição, planejamento de requisitos de materiais, controle do chão de fábrica e controle de qualidade.

5. *Nível do empreendimento*. Esse é o nível mais alto, formado pelo sistema de informações corporativas. Ele se preocupa com todas as funções necessárias ao gerenciamento da empresa: marketing e vendas, contabilidade, projeto, pesquisa, planejamento agregado e o plano mestre de produção.

A maioria das tecnologias discutidas nesta parte do livro estão no nível 2 (nível da máquina), mas discutiremos também as tecnologias de automação de nível 1 (dos dispositivos que formam um sistema de controle) no Capítulo 6. As tecnologias de nível 2 incluem os controladores individuais (por exemplo, controladores lógicos programáveis e controles por computador digital), máquinas de controle numérico e robôs industriais. O equipamento de manuseio de materiais discutido na Parte III também representa tecnologias no nível 2, embora alguns desses equipamentos sejam sofisticados sistemas automatizados. As questões de automação e controle no nível 2 preocupam-se com a operação básica do equipamento e com os processos físicos que eles executam.

Controladores, máquinas e equipamentos de manuseio de material são combinados em células de produção, linhas de produção ou sistemas semelhantes, que formam o nível 3, analisados na Parte IV (disponível no Companion Website). Um *sistema de produção* é definido neste livro como uma coleção de equipamentos integrados projetados para alguma missão especial, tal como usinar uma família definida de peças ou montar um determinado produto. Os sistemas de produção também incluem pessoas. Alguns sistemas de produção altamente automatizados podem operar por longos períodos sem que humanos estejam presentes para atender a suas demandas. Mas a maioria dos sistemas de produção inclui trabalhadores como parte importante do sistema, por exemplo, os trabalhadores de montagem em uma linha de produção equipada com transportadores ou carregadores/descarregadores de peças em uma célula de máquina. Assim, os sistemas de manufatura são projetados com níveis variados de automação; alguns são altamente automatizados, outros são completamente manuais, e existe uma enorme variedade entre os dois tipos.

Em uma fábrica, os sistemas de manufatura são componentes de um sistema maior, um sistema de produção. Definimos *sistema de produção* como as pessoas, os equipamentos e os procedimentos que estão organizados para a combinação de materiais e processos que compreendem as operações de produção de uma empresa. Os sistemas de produção estão no nível 4, no nível da fábrica, enquanto os sistemas de manufatura estão no nível 3 de nossa hierarquia de automação. Os sistemas de produção incluem não só os grupos de máquinas e estações de trabalho na fábrica, mas também os procedimentos de apoio que os fazem funcionar. Esses procedimentos incluem controle de produção, controle de estoque, planejamento das necessidades de material, controle do chão de fábrica e controle de qualidade. Esses sistemas, discutidos nas partes IV e V, costumam ser implementados não somente no nível da fábrica como também no nível do empreendimento (nível 5).

Referências

[1] BOUCHER, T. O. *Computer automation in manufacturing*. Londres: Chapman & Hall, 1996.

[2] GROOVER, M. P. "Automation". *Encyclopaedia Britannica, Macropaedia*. 15. ed. Chicago, IL: Encyclopaedia Britannica, v. 14, p. 548-557, 1992.

[3] ____. "Automation". In: DORF, R. C.; KUSIAK, A. (eds.) *Handbook of design, manufacturing, and automation*. Nova York, NY: John Wiley & Sons, p. 3-21, 1994.

[4] ____. "Industrial control systems". In: ZANDIN, K. (ed.) *Maynard's industrial engineering handbook*. 5. ed. Nova York, NY: McGraw-Hill Book Company, 2001.

[5] PLATT, R. *Smithsonian visual timeline of inventions*. Londres: Dorling Kindersley, 1994.

[6] "The power of invention". *Newsweek Special Issue*, Nova York, NY, p. 6-79, 1997-98.

Perguntas de revisão

4.1 O que é automação?
4.2 Quais são os três elementos básicos que compõem um sistema automatizado?
4.3 Qual a diferença entre um parâmetro de processo e uma variável de processo?
4.4 Quais são as duas razões para a existência de um plano de tomada de decisões em um ciclo de trabalho programado?
4.5 Qual a diferença entre um sistema de controle de malha fechada e uma de malha aberta?
4.6 O que é o monitoramento da segurança em um sistema automatizado?
4.7 O que é detecção e recuperação de erros em um sistema automatizado?
4.8 Cite três das quatro estratégias possíveis na recuperação de erros.
4.9 Identifique os cinco níveis de automação em uma fábrica.

CAPÍTULO 5
Sistemas de controle industrial

CONTEÚDO DO CAPÍTULO

5.1 Indústrias de processos *versus* indústrias de produção discreta
    5.1.1 Níveis de automação nas duas indústrias
    5.1.2 Variáveis e parâmetros nas duas indústrias

5.2 Controle contínuo *versus* controle discreto
    5.2.1 Sistemas de controle contínuo
    5.2.2 Sistemas de controle discreto

5.3 Controle de processos por computador
    5.3.1 Requisitos de controle
    5.3.2 Recursos do controle por computador
    5.3.3 Formas de controle de processos por computador

O sistema de controle é um dos três componentes básicos de um sistema automatizado (Seção 4.1). Neste capítulo, examinamos os sistemas de controle industrial, em especial como os computadores digitais são utilizados para implementar a função de controle na produção. *Controle industrial* é definido aqui como a regulação automática das operações da unidade e de seus equipamentos associados, bem como a integração e a coordenação dessas operações no sistema de produção maior. No contexto do nosso livro, o termo *operações da unidade* se refere normalmente às operações de produção; entretanto, o termo também se aplica à operação de manuseio de materiais e outros equipamentos industriais. Vamos começar este capítulo comparando a aplicação de controle industrial nas indústrias de processamento com suas aplicações nas indústrias de produção discreta.

5.1 INDÚSTRIAS DE PROCESSOS *VERSUS* INDÚSTRIAS DE PRODUÇÃO DISCRETA

Em nossas discussões anteriores dos tipos de indústria no Capítulo 2, dividimos as indústrias e suas operações de produção em duas categorias básicas: (1) indústrias de processos e (2) indústrias de produção discreta. As indústrias de processos executam suas operações de produção em *montantes* de materiais, porque esses materiais tendem a ser líquidos, gases, pós e similares, enquanto as indústrias de produção discreta executam suas operações em *quantidades* de materiais, pois os materiais tendem a ser peças discretas e produtos. Os tipos de operações de unidade executados nos materiais são diferentes nas duas categorias de indústria. Algumas das operações da unidade típicas em cada categoria estão listadas na Tabela 5.1.

Tabela 5.1 Operações típicas da unidade nas indústrias de processos e nas indústrias de produção discreta

Operações típicas nas indústrias de processos	Operações típicas nas indústrias de produção discreta
Reações químicas	Fusão
Fragmentação	Forjamento
Deposição (por exemplo, deposição de vapor químico)	Extrusão
	Usinagem
Destilação	Montagem mecânica
Mistura de ingredientes	Moldagem de plástico
Separação de ingredientes	Estampagem em folha de metal

5.1.1 Níveis de automação nas duas indústrias

Os níveis de automação (Seção 4.3) nas duas indústrias são comparados na Tabela 5.2. As diferenças significativas são vistas nos níveis baixo e intermediário. No nível de dispositivo, há diferenças nos tipos de atuadores e sensores usados nas duas categorias de indústria, simplesmente porque os processos e os equipamentos são diferentes. Nas indústrias de processos, os dispositivos são usados em sua maioria para as malhas (*loops*) de controle em operações de processamento químico, térmico ou similares, ao passo que, nas indústrias de produção discreta, os dispositivos controlam as ações mecânicas das máquinas. No próximo nível acima, a diferença é que as operações de unidade são controladas nas indústrias de processos e as máquinas são controladas em operações de produção discreta. No terceiro nível, a diferença está entre controle de operações de unidade interconectadas e máquinas interconectadas. Nos níveis superiores (fábrica e empresa), as questões de controle são semelhantes, admitindo o fato de que os produtos e processos sejam diferentes.

Tabela 5.2 Níveis de automação nas indústrias de processo e nas indústrias de produção discreta

Nível	Nível de automação nas indústrias de processo	Nível de automação nas indústrias de produção discreta
5	*Nível corporativo* — sistema de gerenciamento de informações, planejamento estratégico, gerenciamento de alto nível da empresa	*Nível corporativo* — sistema de gerenciamento de informações, planejamento estratégico, gerenciamento de alto nível da empresa
4	*Nível de fábrica* — agendamento, rastreamento de materiais, monitoramento de equipamentos	*Nível de fábrica ou produção* — agendamento, rastreamento de material em processo, roteamento de peças pelas máquinas, utilização das máquinas
3	*Nível de controle supervisório* — controle e coordenação de várias operações de unidade interconectadas que compõem o processo total	*Célula de manufatura ou nível de sistema* — controle e coordenação de grupos de máquinas e equipamentos de suporte trabalhando de modo sincronizado, incluindo os equipamentos de tratamento de material
2	*Nível de controle regulatório* — controle das operações de unidades	*Nível de máquina* — máquinas de produção e estações de trabalho para a produção discreta de peças e produtos
1	*Nível de dispositivo* — sensores e atuadores compreendendo as malhas de controle básicos para as operações de unidades	*Nível de dispositivo* — sensores e atuadores para completar as ações de controle de máquina

5.1.2 Variáveis e parâmetros nas duas indústrias

A distinção entre indústrias de processos e indústrias de produção discreta se estende às variáveis e aos parâmetros que caracterizam as respectivas operações de produção. O leitor vai lembrar dos capítulos anteriores (Seção 4.1.2), nos quais definimos variáveis como saídas do processo e parâmetros como entradas para o processo. Nas indústrias de processos, variáveis e parâmetros que interessam tendem a ser contínuos, enquanto na produção discreta eles tendem a ser discretos. Vamos explicar as diferenças com referência à Figura 5.1.

Uma *variável contínua* (ou parâmetro) é a que se mantém ininterrupta conforme o tempo procede, pelo menos durante a operação de produção. Uma variável contínua é de modo geral considerada *analógica*, o que significa que pode assumir qualquer valor dentro de um determinado intervalo; ela não é restrita a um conjunto discreto de valores. As operações de produção tanto nas indústrias de processo como nas de produção de peças discretas são caracterizadas por variáveis contínuas. Exemplos incluem força, temperatura, vazão, pressão e velocidade. Todas essas variáveis (quaisquer que se apliquem a um dado processo de produção) são contínuas no tempo durante o processo e podem assumir qualquer número de infinitos valores possíveis dentro de certo intervalo.

Uma *variável discreta* (ou parâmetro) pode assumir apenas certos valores em um dado intervalo. O tipo mais comum de variável discreta é a binária, o que quer dizer que ela pode assumir um de dois valores possíveis, ligado ou desligado, aberto ou fechado, e assim por diante. Exemplos de variáveis e parâmetros discretos binários em produção incluem interruptor fim-de-curso aberto ou fechado, motor ligado ou desligado e peça de trabalho presente ou ausente em uma instalação. Nem todas as variáveis (e parâmetros) discretas são binárias. Outras possibilidades são variáveis que podem assumir mais de dois valores possíveis, porém menos de um número infinito, ou seja, *discretas não binárias*. Exemplos incluem a contagem diária de peças em uma operação de produção e a exibição na tela de um tacômetro digital. Uma forma especial de variável discreta (e parâmetro) é o *trem de pulsos*, que consiste em uma trilha de pulsos, como mostrado na Figura 5.1. Como variável discreta, um trem de pulsos pode ser usado para indicar contagem de peças, por exemplo, peças passando por um transportador ativam uma célula fotoelétrica que gera um pulso para cada peça detectada. Como um parâmetro de processo, um trem de pulsos pode ser usado para acionar um motor de passo.

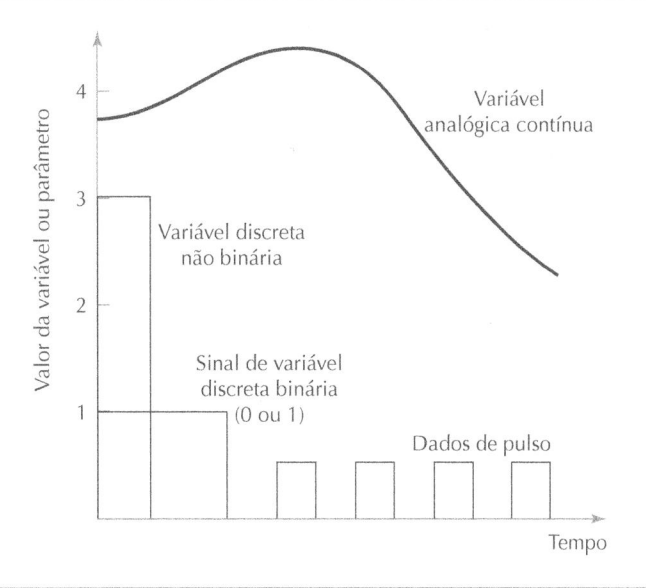

Figura 5.1 **Variáveis e parâmetros contínuos e discretos em operações de produção**

5.2 CONTROLE CONTÍNUO VERSUS CONTROLE DISCRETO

Os sistemas de controle industrial usados nas indústrias de processos tendem a enfatizar o controle de variáveis e parâmetros contínuos. Por outro lado, as indústrias de produção produzem peças discretas e produtos, e seus controladores tendem a enfatizar variáveis e parâmetros discretos. Da mesma forma que temos dois tipos básicos de variáveis e parâmetros que caracterizam operações de produção, também temos dois tipos básicos de controle: (1) *controle contínuo*, em que variáveis e parâmetros são contínuos e analógicos, e (2) *controle discreto*, em que variáveis e parâmetros são discretos, na maioria discretos binários. Algumas das diferenças entre controle contínuo e controle discreto são resumidas na Tabela 5.3.

Na realidade, a maioria das operações nas indústrias de processo e de produção discreta inclui tanto variáveis e parâmetros contínuos como discretos. Como consequência, muitos controladores industriais são projetados com capacidade de receber, operar e transmitir os dois tipos de sinais e dados. No Capítulo 6, discutiremos os vários tipos de sinais e dados em sistemas de controle industrial e como os dados são convertidos para o uso em controladores computacionais digitais.

Para complicar as coisas, desde que os computadores digitais começaram a substituir os controladores analógicos em aplicações de controle contínuo de processos, por volta de 1960, as variáveis contínuas de processo não são mais medidas de forma contínua. Em vez disso, são recolhidas periodicamente, criando então um sistema discreto de amostragem de dados que se aproxima do sistema contínuo real. De maneira similar, os sinais de controle enviados ao processo são quase sempre funções graduais que se aproximam dos sinais de controle anteriores transmitidos por controladores analógicos. Por isso, no controle de processos em computadores digitais, até variáveis e parâmetros contínuos possuem características de dados discretos, e essas características devem ser consideradas no projeto da interface entre o processo e o computador e nos algoritmos de controle usados pelo controlador.

Tabela 5.3 Comparação entre controle contínuo e controle discreto

Fator de comparação	Controle contínuo nas indústrias de processo	Controle discreto nas indústrias de produção discreta
Medidas típicas de saída de produto	Medidas de peso, medidas de volume de líquidos, medidas de volume de sólidos	Número de peças, número de produtos
Medidas típicas de qualidade	Consistência, concentração da solução, ausência de contaminantes, conformidade com as especificações	Dimensões, acabamento superficial, aparência, ausência de defeitos, confiabilidade do produto
Variáveis e parâmetros típicos	Temperatura, vazão, pressão	Posição, velocidade, aceleração, força
Sensores típicos	Medidores de fluxo, termopares, sensores de pressão	Interruptores de fim-de-curso, sensores fotoelétricos, extensômetros, sensores piezoelétricos
Atuadores típicos	Válvulas, aquecedores, bombas	Interruptores, motores, pistões
Constantes típicas de tempo de processo	Segundos, minutos, horas	Menos de um segundo

5.2.1 Sistemas de controle contínuo

No controle contínuo, o objetivo comum é manter o valor de uma variável de saída em um nível desejado, como na operação de um sistema de controle por realimentação (*feedback*), definida no capítulo anterior (Seção 4.1.3). Entretanto, a maioria dos processos contínuos na prática consiste em muitas malhas de realimentação separadas, das quais todas devem ser controladas e coordenadas para manter a variável de saída com o valor desejado. Exemplos de processos contínuos são os seguintes:

- Controle da saída de uma reação química que depende de temperatura, pressão e vazão de entrada de vários reagentes. Todas essas variáveis e/ou parâmetros são contínuos.

- Controle da posição de uma peça de trabalho relativa à ferramenta de corte em uma operação de fresamento de contornos em que superfícies curvadas complexas são geradas. A posição da peça é definida por valores de coordenadas x-, y- e z-. Conforme a peça é movida, os valores de x, y e z podem ser considerados variáveis e/ou parâmetros contínuos que mudam ao longo do tempo para trabalhar a peça.

Há várias formas de atingir o objetivo de controle em um sistema de controle contínuo de processos. Nos parágrafos seguintes, examinamos as categorias mais importantes.

Controle regulatório. No controle regulatório, o objetivo é manter o desempenho do processo em certo nível ou dentro de uma faixa de tolerância desse nível. Isso é apropriado, por exemplo, quando o desempenho é usado de alguma forma na medida da qualidade do produto, e é importante manter a qualidade no nível especificado ou dentro de um intervalo especificado. Em várias aplicações, a medida de desempenho do processo, algumas vezes chamada de *índice de desempenho*, deve ser calculada tendo por base muitas variáveis de saída do processo. Exceto por esse aspecto, o controle regulatório é, para o processo de modo geral, o que o controle por realimentação é para uma malha de controle individual no processo, como é sugerido na Figura 5.2.

O problema com o controle regulatório (e também com uma simples malha de controle por realimentação) é que uma ação de compensação é tomada apenas depois que uma perturbação já afetou a saída do processo. Um erro deve estar presente para que qualquer ação de controle seja tomada. A presença de um erro significa que a saída do processo está diferente do valor desejado. O modelo de controle seguinte, controle preditivo, aborda essa questão.

Controle preditivo. A estratégia no controle preditivo é antecipar o efeito de perturbações que vão prejudicar o processo fazendo seu sensoriamento e compensando-as antes que elas possam afetar o processo. Como mostrado na Figura 5.3, os elementos do controle preditivo sentem a

Figura 5.2 **Controle regulatório**

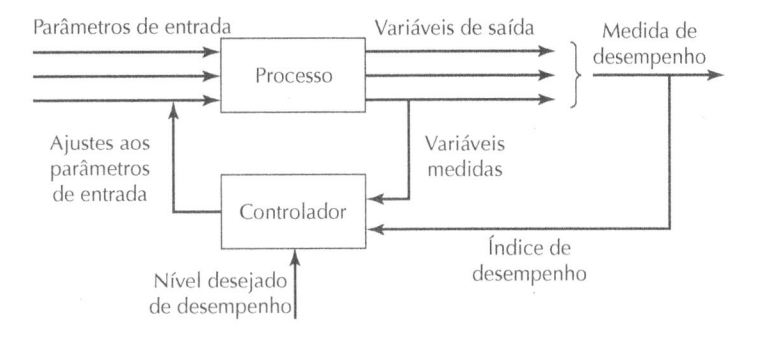

Figura 5.3 **Controle preditivo, combinado com o controle por realimentação**

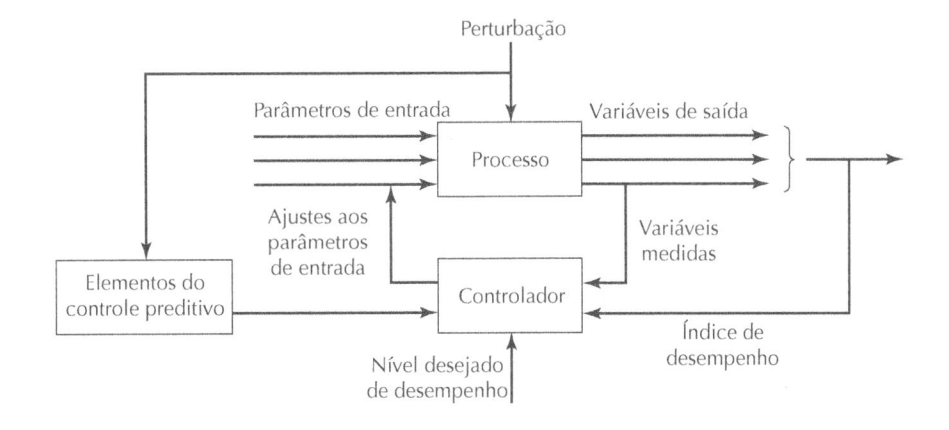

presença de uma perturbação e tomam medidas corretivas ajustando um parâmetro de processo que compense qualquer efeito que a perturbação terá no processo. No caso ideal, a compensação é completamente efetiva. Entretanto, a compensação completa é improvável por conta de imperfeições nas medidas da realimentação, operações do atuador e dos algoritmos de controle; então o controle preditivo é de forma usual combinado com o controle por realimentação, como mostrado na figura. O controle regulatório e o preditivo estão mais associados às indústrias de processo que às de produção discreta.

Otimização em estado estacionário. Esse termo se refere a uma classe de técnicas de otimização em que o processo exibe as seguintes características: (1) há um índice de desempenho bem definido, como o custo do produto, a taxa de produção ou o rendimento do processo, (2) a relação entre as variáveis do processo e o índice de desempenho é conhecida e (3) os valores dos parâmetros de sistema que otimizam o índice de desempenho podem ser determinados matematicamente. Quando essas características se aplicam, o algoritmo de controle é projetado para fazer ajustes nos parâmetros do processo para conduzi-lo ao estado ideal. O sistema de controle é de malha aberta, como visto na Figura 5.4. Muitas técnicas matemáticas estão disponíveis para a solução de problemas com controle de estado estacionário otimizado, incluindo cálculos diferenciais, cálculos de variações e muitos métodos matemáticos de programação.

Figura 5.4 Controle em estado estacionário (malha aberta — *open loop*) ideal

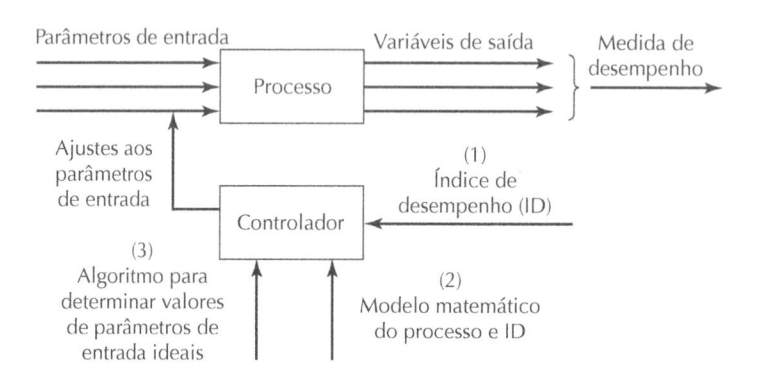

Controle adaptativo. O sistema de controle do estado estacionário otimizado opera como um sistema de malha aberta. Isso funciona com sucesso quando não há perturbações que invalidam a relação conhecida entre os parâmetros do processo e seu desempenho. Quando essas perturbações estão presentes na aplicação, uma forma autocorretiva de controle otimizado chamada de controle adaptativo pode ser usada. Ele combina o controle por realimentação e o controle otimizado medindo as variáveis relevantes do processo durante a operação (como no controle por realimentação) e usando um algoritmo de controle que tenta otimizar algum índice de desempenho (como no controle otimizado).

O controle adaptativo é distinto do controle por realimentação e do controle de otimização em estado estacionário por sua capacidade única de lidar com um ambiente que varia com o tempo. Não é incomum para um sistema operar em um ambiente que muda com o tempo e que essas mudanças tenham efeito potencial em seu desempenho. Se os parâmetros ou mecanismos internos do sistema são fixos, como no controle por realimentação ou controle otimizado, o sistema pode funcionar de forma bem diferente em tipos distintos de ambiente. Um sistema de controle adaptativo é projetado para compensar a mudança do ambiente monitorando seu próprio desempenho e alterando alguns aspectos de seu mecanismo de controle para alcançar um desempenho ótimo ou próximo do ideal. Em um processo de produção, o "ambiente que muda com o tempo" consiste de variações nas variáveis do processo, materiais brutos, ferramentas, condições atmosféricas e assim por diante, todas que possam afetar o desempenho.

A configuração geral de um sistema de controle adaptativo é ilustrada na Figura 5.5. Para avaliar seu desempenho e responder de acordo, um sistema de controle adaptativo executa três funções, como mostra a figura:

1. *Função de identificação*. Nessa função, o valor atual do índice de desempenho do sistema é determinado com base em medidas coletadas do processo. Como o ambiente sofre alterações com o tempo, o desempenho do sistema também muda. Assim, a função de identificação deve ser completada de forma mais ou menos contínua durante o tempo em que o sistema estiver operando.

2. *Função de decisão*. Uma vez que o desempenho do sistema foi determinado, a próxima função é decidir quais mudanças devem ser feitas para aumentá-lo.

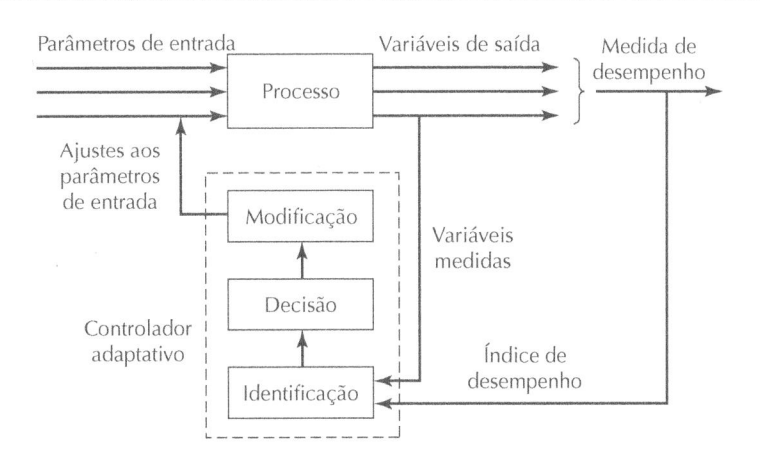

Figura 5.5 Configuração de um sistema de controle adaptativo

A função de decisão é implementada por meio do algoritmo programado do sistema adaptativo. Dependendo desse algoritmo, a decisão pode ser de mudar um ou mais parâmetros de entrada para o processo, alterar algum dos parâmetros internos do controlador ou fazer outras alterações.

3. *Funções de modificação*. A terceira função do controle adaptativo é implementar a decisão. Se de um lado a decisão é uma função lógica, de outro a modificação diz respeito a mudanças físicas no sistema, envolvendo hardware em vez de software. Na modificação, os parâmetros do sistema ou as entradas de processo são alterados usando-se os atuadores disponíveis para conduzir o sistema a um estado mais otimizado.

O controle adaptativo é mais aplicável aos níveis 2 e 3 em nossa hierarquia de automação (Tabela 5.2) e tem sido assunto de pesquisas e desenvolvimento por várias décadas. Foi originalmente motivado por problemas com o controle de voo de alta velocidade na era dos aviões a jato. Os princípios também foram aplicados a outras áreas, incluindo a de produção. Um exemplo notável é a *usinagem por controle adaptativo*, em que as mudanças nas variáveis de processo, como força de corte, potência e vibração, são usadas para controlar os parâmetros de processo como a velocidade do corte e a velocidade de avanço.

Estratégias de busca em tempo real. Podem ser usadas na abordagem de uma classe especial de problemas com controle adaptativo em que a função de decisão não pode ser definida de forma eficiente; isto é, a relação entre os parâmetros de entrada e o índice de desempenho não é conhecida, ou não é conhecida de forma suficiente para a utilização do controle adaptativo conforme a descrição anterior. Dessa forma, não é possível decidir as mudanças nos parâmetros internos do sistema para produzir o aumento desejado do desempenho. Em vez disso, experimentos devem ser executados no processo. Pequenas mudanças sistemáticas são feitas nos parâmetros de entrada do processo para se observar o efeito dessas mudanças nas variáveis de saída. Baseando-se nos resultados dessas experiências, mudanças maiores são feitas nos parâmetros de entrada para conduzir o processo ao melhor desempenho.

As estratégias de busca em tempo real incluem uma variedade de esquemas para a exploração dos efeitos das mudanças nos parâmetros do processo, partindo de técnicas de tentativa e erro até métodos de gradiente. Todos esses esquemas tentam determinar quais parâmetros de entrada causam o maior efeito positivo no índice de desempenho e depois mover o processo a essa direção. Há poucas evidências de que as técnicas de busca em tempo real sejam muito usadas na produção de peças discretas; suas aplicações são mais comuns nas indústrias de processo contínuo.

Outras técnicas especializadas. São estratégias que estão se desenvolvendo atualmente na teoria de controle e ciência da computação. Exemplos incluem os sistemas de aprendizagem, sistemas especialistas, redes neurais e outros métodos de inteligência artificial para o controle de processo.

5.2.2 Sistemas de controle discreto

No controle discreto, os parâmetros e as variáveis do sistema são modificados em momentos discretos de tempo. As mudanças envolvem variáveis e parâmetros que também são discretos, normalmente binários (LIGADO/DESLIGADO) e são definidas de forma antecipada por meio de um programa de instruções, por exemplo, um programa de ciclo de trabalho (Seção

4.1.2). As mudanças são executadas porque o estado do sistema mudou ou porque certo espaço de tempo passou. Esses dois casos podem ser descritos como (1) mudanças ocasionadas por evento ou (2) mudanças ocasionadas por tempo. [2]

Uma *mudança ocasionada por evento* é executada pelo controlador em resposta a algum evento que tenha causado alteração no estado do sistema. A mudança pode ser para iniciar ou terminar uma operação, ligar ou desligar um motor, abrir ou fechar uma válvula e assim por diante. Os exemplos de mudanças ocasionadas por evento são:

- Um robô carrega uma peça de trabalho para fixação e ela é detectada por um interruptor de fim-de-curso. A detecção da presença da peça é o evento que altera o estado do sistema. A mudança causada por evento é que o ciclo automático de usinagem pode começar.

- A diminuição do nível de compostos de plástico de moldagem no funil de uma máquina de moldagem por injeção aciona um interruptor de baixo nível, o que abre uma válvula para iniciar o fluxo de plástico novo para a máquina. Quando o nível de plástico atinge o interruptor de alto nível, este aciona a válvula para que feche, interrompendo assim o fluxo para o funil.

- A contagem de peças movidas por um transportador passando por um sensor óptico é um sistema conduzido por evento. Cada peça que passa pelo sensor é um evento que altera o contador.

Uma *mudança ocasionada por tempo* é executada pelo sistema de controle, seja em um ponto específico no tempo ou depois de passado um determinado período de tempo. Como no caso anterior, a mudança consiste em iniciar ou parar alguma coisa, e o tempo em que a mudança ocorre é importante. Os exemplos de mudanças ocasionadas por tempo são:

- Nas fábricas com tempos específicos de início e término dos expedientes e períodos uniformes de parada para todos os trabalhadores. O 'relógio da fábrica' é configurado para soar um alarme em momentos específicos durante o dia, que indicam esses tempos de início e término.

- Operações de tratamento de calor devem ocorrer por certo espaço de tempo. Um ciclo automatizado de tratamento de calor consiste do carregamento automático de peças para o forno (talvez por um robô) e da retirada, depois que as peças tenham sido aquecidas por um período de tempo determinado.

- Na operação de uma máquina de lavar, uma vez que o compartimento de lavagem tenha sido cheio até o nível preestabelecido, o ciclo de lavagem é realizado pelo espaço de tempo configurado nos controles. Quando o tempo acaba, o temporizador termina o ciclo e inicia a drenagem. (Por comparação com o ciclo de lavagem, encher o compartimento da máquina com água é conduzido por evento. A máquina continua a encher até que o nível apropriado seja atingido, o que ocasiona o fechamento da válvula de entrada de água.)

Os dois tipos de mudanças correspondem a dois tipos distintos de controle discreto, chamados de controle lógico combinacional e controle sequencial. O *controle lógico combinacional* é usado para controlar a execução de mudanças ocasionadas por evento, e o *controle sequencial* é usado para gerenciar as mudanças ocasionadas por tempo. Esses tipos de controle são discutidos com mais detalhes no Capítulo 9.

O controle discreto é muito usado, tanto em produção discreta como em indústrias de processos. Na produção discreta, é usado para controlar a operação dos transportadores e outros sistemas de transporte de material (Capítulo 10), sistemas de armazenamento automatizado (Capítulo 11), máquinas de produção independentes (Capítulo 14), linhas de transferência automatizadas (Capítulo 16), sistemas de montagem automatizados (Capítulo 17) e sistemas flexíveis de manufatura (Capítulo 19). Todos esses sistemas são operados seguindo uma sequência bem definida de ações de início e parada, como movimentações elétricas de alimentação, transferência de peças entre estações de trabalho e inspeções automatizadas em tempo real.

Nas indústrias de processos, o controle discreto é mais associado ao processamento em lote do que aos processos contínuos. Em uma operação típica de processamento em lote, cada lote de ingredientes iniciais é submetido a um ciclo de etapas de processamento que envolve mudanças nos parâmetros de processo (por exemplo, mudanças de temperatura e pressão), a possível transferência de um recipiente para outro durante o ciclo e finalmente a embalagem. A etapa de embalagem difere de acordo com o produto. Para os alimentos, a embalagem pode ser feita em latas ou caixas; para produtos químicos, significa preencher recipientes com os produtos líquidos; para produtos farmacêuticos, podem-se preencher frascos com comprimidos de remédios. No controle de processamento em lote, o objetivo é gerenciar a sequência e a cronometragem das etapas de processamento, bem como regular os parâmetros do processo em cada etapa. Dessa forma, o controle de processo de lote normalmente inclui tanto o controle contínuo como o controle discreto.

5.3 CONTROLE DE PROCESSOS POR COMPUTADOR

A utilização de computadores digitais para controlar processos industriais se iniciou nas indústrias de processos contínuos no fim dos anos de 1950 (Nota histórica 5.1). Antes disso, controladores analógicos eram usados para implementar o controle contínuo, e sistemas de relés eram usados para implementar o controle discreto. Naquele tempo a tecnologia computacional estava em sua infância, e os únicos computadores disponíveis para o controle de processos eram os grandes e caros *mainframes* (computadores de grande porte). Comparados à tecnologia de hoje, os computadores digitais de 1950 eram lentos, não confiáveis e não muito adequados às aplicações de controle de processos. Os computadores que eram instalados, algumas vezes, custavam mais caro que os processos que controlavam. Por volta de 1960, os computadores digitais começaram a substituir os controladores analógicos em aplicações de controle de processos contínuos e, por volta de 1970, os controladores lógicos programáveis começaram a substituir os bancos de relés em aplicações de controle discreto. Avanços na tecnologia dos computadores desde os anos de 1960 e 1970 resultaram no desenvolvimento do microprocessador. Hoje, praticamente todos os processos industriais, com certeza novas instalações, são controlados por computadores digitais baseados na tecnologia dos microprocessadores. Os controladores baseados em microprocessadores são discutidos na Seção 5.3.3.

Nota histórica 5.1

Controle de processos por computador [1;7]

O controle de processos industriais por computadores digitais pode ser traçado até às indústrias de processo do fim dos anos de 1950 e 1960. Essas indústrias, como refinarias de petróleo e fábricas de produtos químicos, usam processos de produção contínuos de alto volume caracterizados por muitas variáveis e malhas de controle associados. Os processos tinham sido controlados, por tradição, por dispositivos analógicos, cada malha tendo seu próprio valor desejado definido e, na maioria dos casos, operando de forma independente das outras malhas. Qualquer coordenação do processo era executada em uma sala de controle central, na qual os trabalhadores ajustavam as configurações individuais, na tentativa de atingir estabilidade e economia no processo. O custo dos dispositivos analógicos para todas as malhas de controle era considerável, e a coordenação humana do processo era abaixo do ideal. O desenvolvimento comercial do computador digital nos anos de 1950 ofereceu oportunidade de substituir alguns dos dispositivos de controle analógicos pelo computador.

A primeira tentativa de usar computador digital no controle de processos foi em uma refinaria Texaco em Port Arthur, no Texas, no fim dos anos de 1950. A Texaco havia sido contatada em 1956 pelo fabricante de computadores Thomson Ramo Woodridge (TRW), e um estudo de viabilidade foi realizado em uma unidade de polimerização na refinaria. O sistema de controle por computador entrou em operação em março de 1959. A aplicação de controle envolvia 26 fluxos, 72 temperaturas, três pressões e três composições. Esse trabalho inovador não escapou à atenção das outras indústrias de processos, bem como de outras companhias de computação. As indústrias de processos viram no controle de processos por computador um meio de automação e as companhias de computação encontraram um mercado com potencial para seus produtos.

Os computadores disponíveis no fim dos anos de 1950 não eram confiáveis, e a maior parte das instalações de controle de processos subsequentes operava ou por meio da impressão de instruções para o operador ou mediante a realização de ajustes nos valores desejados dos controladores analógicos, reduzindo assim o risco de inatividade dos processos por falhas nos computadores. O segundo modo de operação citado era chamado de *controle do valor desejado* (do inglês, *set point control*). Em março de 1961, um total de 37 sistemas de controle de processos havia sido instalado. Muita experiência foi adquirida dessas primeiras instalações. A *função de interrupção* (Seção 5.3.2), pela qual o computador suspende a execução atual do programa para responder rapidamente a uma necessidade de um processo, foi desenvolvida durante esse período.

O primeiro sistema de *controle digital direto* (do inglês, *direct digital control* — DDC) (Seção 5.3.3), em que certos dispositivos analógicos são substituídos por computadores, foi instalado pela Imperial

> Chemical Industries, na Inglaterra, em 1962. Nessa implementação, 224 variáveis de processo eram medidas e 129 atuadores (válvulas) eram controlados. Foram feitas melhorias na tecnologia de DDC e outros sistemas foram instalados durante os anos de 1960. As vantagens do DDC observadas na época incluíam (1) economias com o custo pelo corte de instrumentação analógica, (2) painéis simplificados para o operador e (3) flexibilidade devido à capacidade de reprogramação.
>
> A tecnologia da computação avançava, levando ao desenvolvimento do *minicomputador* no fim dos anos de 1960. As aplicações de controle de processo eram fáceis de justificar com a utilização de computadores menores e mais baratos. O desenvolvimento do *microcomputador* no início dos anos de 1970 deu continuidade a essa tendência. Hardwares de controle de processos e equipamentos de interface (como conversores analógico-digital) de baixo custo tornavam-se disponíveis graças ao amplo mercado que se abriu com os controladores computacionais de baixo custo.
>
> A maior parte do desenvolvimento em controle de processos por computador até esse momento havia sido destinada às indústrias de processo em vez das de produção discreta de peças e produtos. Assim como os dispositivos analógicos tinham sido usados para automatizar as operações das indústrias de processo, os bancos de revezamento foram usados de forma abrangente para satisfazer os requerimentos do controle de processos discreto (LIGADO/DESLIGADO) na automação da produção. O *controlador lógico programável* — CLP (do inglês, *programmable logic controller* — PLC), um computador de controle projetado para o controle de processos discreto foi desenvolvido no começo dos anos de 1970 (Nota histórica 9.1). Da mesma maneira, máquinas-ferramenta de *controle numérico* — CN (do inglês, *numerical control* — NC) (Nota histórica 7.1) e *robôs* industriais (Nota histórica 8.1), tecnologias que precederam o controle computacional, começaram a ser projetadas tendo computadores digitais como seus controladores.
>
> A disponibilidade dos microcomputadores de baixo custo e dos controladores lógicos programáveis resultou em um número crescente de instalações nas quais um processo era controlado por múltiplos computadores reunidos em rede. O termo *controle distribuído* foi usado para esse tipo de sistema, o primeiro do qual foi um produto oferecido pela Honeywell em 1975. No início dos anos 1990, os *computadores pessoais* (do inglês, *personal computer* — PC) começaram a ser utilizados chão de fábrica, algumas vezes para fornecer agendamento e dados de engenharia para o pessoal de base da fábrica, em outros casos como a interface do operador para processos controlados por CLPs. Hoje, um número crescente de PCs é usado para controlar diretamente as operações de produção.

Nesta seção sobre controle de processos por computador, identificamos os requisitos colocados no computador em aplicações de controle industrial. Examinaremos em seguida as capacidades que foram incorporadas ao computador de controle para atender a esses requisitos e, finalmente, analisaremos as diversas formas de controle de computador usadas na indústria.

5.3.1 Requisitos de controle

Quer a aplicação envolva controle contínuo, controle discreto ou ambos, há alguns requisitos básicos que tendem a ser comuns a quase todas as aplicações de controle de processos. Em geral, elas se preocupam com a necessidade de comunicação e interação com o processo em tempo real. Um *controlador em tempo real* é um controlador capaz de responder ao processo dentro de um intervalo de tempo suficientemente pequeno para não atrapalhar o desempenho do processo. O controle em tempo real geralmente requer que o controlador seja *multitarefa*, o que significa lidar com várias tarefas de forma simultânea sem que elas interfiram umas nas outras.

Há dois requisitos básicos que devem ser gerenciados pelo controlador para alcançar o controle em tempo real:

1. *Interrupções iniciadas por processo*. O controlador deve ser capaz de responder a sinais de entrada do processo. Dependendo da importância relativa desses sinais, o computador pode precisar interromper a execução de um programa para atender a uma necessidade de maior prioridade do processo. Uma interrupção iniciada por processo é quase sempre ativada por condições anormais de operação, indicando que alguma ação corretiva deve ser tomada de pronto.

2. *Ações iniciadas por temporizador*. O controlador deve ser capaz de executar certas ações em intervalos específicos de tempo. As ações iniciadas por temporizador podem ser geradas por intervalos de tempo regulares, desde valores muito pequenos (por exemplo, 100 µs) até vários minutos, ou podem ser geradas em momentos distintos do tempo. Ações típicas iniciadas por temporizador em controle de processos incluem (1) a leitura de valores de sensores do processo em intervalos de coleta regulares, (2) a ligação e o desligamento

de interruptores, motores e outros dispositivos binários associados ao processo em pontos discretos do tempo durante o ciclo de trabalho, (3) exibição de dados de desempenho no painel do operador em intervalos regulares durante um ciclo de produção e (4) recálculo dos valores ideais de parâmetros do processo em momentos específicos.

Esses dois requisitos correspondem aos dois tipos de mudanças mencionados previamente no contexto de sistemas de controle discreto: (1) mudanças ocasionadas por evento e (2) mudanças ocasionadas por tempo.

Além desses requisitos, o computador de controle deve também lidar com outros tipos de interrupções e eventos. Dentre os quais, os seguintes:

3. *Comandos do computador para o processo*. Além de receber sinais de entrada do processo, o computador deve enviar sinais de controle para o processo com o objetivo de realizar uma ação corretiva. Esses sinais de saída podem acionar um dispositivo de hardware ou reajustar o valor desejado em uma malha de controle.

4. *Eventos iniciados por programa ou sistema*. São eventos relacionados ao próprio sistema do computador; eles se parecem com os tipos de operações de computador associadas a aplicações de negócios e engenharia. Um *evento iniciado por sistema* envolve a comunicação entre os computadores e os dispositivos periféricos ligados em uma rede. Nessas redes múltiplas de computadores, os sinais de realimentação, comandos de controle e outros dados devem ser transferidos entre os computadores durante todo o controle do processo. Um *evento iniciado por programa* ocorre quando o programa chama uma ação não relacionada ao processo, tal como a impressão ou a exibição de relatórios em impressora ou monitor. No controle de processos, eventos iniciados por programa ou sistema ocupam de modo geral um nível baixo de prioridade quando comparados com interrupções de processo, comandos para o processo e eventos iniciados por temporizador.

5. *Eventos iniciados por operador*. Finalmente, o computador de controle deve ser capaz de aceitar entradas da equipe de operação. Os eventos iniciados por operador incluem (1) entrada de novos programas; (2) edição de programas existentes; (3) entrada de dados do consumidor, número do pedido ou instruções de iniciação para o próximo ciclo de produção; (4) requisição de dados do processo e (5) solicitação de paradas de emergência.

5.3.2 Recursos do controle por computador

Os requisitos acima podem ser satisfeitos oferecendo-se ao controlador certos recursos que o permitam interagir em tempo real com o processo e o operador. Os recursos são (1) pesquisa, (2) intertravamentos, (3) sistema de interrupção e (4) tratamento de exceções.

Pesquisa (amostragem de dados). No controle de processos por computador, a pesquisa se refere à amostragem periódica de dados que indicam o estado do processo. Quando os dados consistem de um sinal analógico contínuo, amostragem significa substituir o sinal contínuo por uma série de valores numéricos que o representam em momentos distintos do tempo. O mesmo tipo de substituição ocorre com dados discretos, exceto pelo fato de que o número de valores numéricos possíveis que os dados podem assumir é mais limitado — com certeza o caso dos dados binários. Discutiremos no Capítulo 6 as técnicas pelas quais dados contínuos e discretos são recebidos e transmitidos pelo computador. Outros nomes para a pesquisa incluem *amostragem* e *digitalização*.

Em alguns sistemas, o procedimento de pesquisa procura se houve alguma mudança nos dados desde o último ciclo de busca e então coleta apenas novos dados do processo. Isso tende a encurtar o tempo do ciclo necessário para a pesquisa. As questões relacionadas à pesquisa incluem:

1. *Frequência de pesquisa*. É a recíproca do intervalo de tempo entre as coletas de dados.

2. *Ordem de pesquisa*. É a sequência em que os diferentes pontos de coleta de dados do processo são colhidos.

3. *Formato da pesquisa*. Refere-se à forma em que o procedimento de amostragem é projetado. As alternativas incluem: (a) informar todos os novos dados de todos os sensores e outros dispositivos a cada ciclo de pesquisa; (b) atualizar o sistema de controle apenas com os dados que sofreram mudanças desde o último ciclo de pesquisa ou (c) usar *digitalização de alto* e *baixo nível* ou *digitalização condicional*, na qual apenas certos dados principais são coletados em cada ciclo da pesquisa (digitalização de alto nível); se os dados indicarem alguma irregularidade no processo, uma digitalização de baixo nível é realizada com o objetivo coletar dados mais completos e assegurar a causa da irregularidade.

Essas questões tornam-se bastante críticas em processos muito dinâmicos, nos quais as mudanças no estado do processo ocorrem de forma rápida.

Intertravamentos. É um mecanismo de segurança para a coordenação de atividades de dois ou mais dispositivos e previne que um dispositivo interfira em outro(s). No controle de processos, os intertravamentos oferecem os meios pelos quais o controlador é capaz de sequenciar as atividades em uma célula de trabalho, garantindo que as ações de um equipamento sejam completadas antes que o próximo equipamento inicie sua atividade. Os intertravamentos operam regulando o fluxo de sinais de controle entre o controlador e os dispositivos externos.

Há dois tipos de intertravamentos, os de entrada e os de saída, em que entrada e saída são definidos em relação ao controlador. Um *intertravamento de entrada* é um sinal que se origina em um dispositivo externo (por exemplo, um interruptor de fim-de-curso, um sensor ou uma máquina de produção) enviado para o controlador. Eles podem ser usados para qualquer uma das seguintes funções:

1. Para proceder com a execução do programa de ciclo de trabalho. Por exemplo, a máquina de produção envia um sinal para o controlador informando que terminou o processamento da peça: esse sinal constitui um intertravamento de entrada indicando que o controlador pode então proceder para o próximo passo no ciclo de trabalho, que é descarregar a peça.

2. Para interromper a execução do programa de ciclo de trabalho. Por exemplo, enquanto está descarregando a peça da máquina, o robô acidentalmente a deixa cair; o sensor em sua garra transmite um sinal de bloqueio para o controlador, indicando que a sequência regular do ciclo de trabalho deve ser interrompida até que sejam tomadas medidas corretivas.

Um *intertravamento de saída* é um sinal enviado pelo controlador para algum dispositivo externo. É usado para controlar as atividades de cada dispositivo externo e para coordenar sua operação com as dos outros equipamentos na célula. Por exemplo, um intertravamento de saída pode ser usado para enviar um sinal de controle para uma máquina de produção com o objetivo de iniciar o ciclo automático após a peça de trabalho ter sido carregada.

Sistema de interrupção. Relacionado estreitamente com os intertravamentos está o sistema de interrupção. Como sugerido por nossa discussão de intertravamentos de entrada, há ocasiões em que se torna necessário ao processo ou operador interromper a operação normal do controlador para lidar com questões mais sérias. Todos os sistemas de computador são capazes de ser interrompidos, no pior dos casos, desligando-se a energia. Um sistema de interrupção mais sofisticado é necessário em aplicações de controle de processos. Um *sistema de interrupção* é uma característica de controle por computador que permite a suspensão da execução do programa atual para executar outro programa ou sub-rotina, em resposta a um sinal de entrada indicativo de evento de maior prioridade. Ao receber um sinal de interrupção, o computador transfere para uma sub-rotina predefinida, projetada para lidar com a interrupção específica. O estado do atual programa é registrado para que sua execução possa continuar assim que o atendimento da interrupção for terminado.

As condições de interrupção podem ser classificadas como interna e externa. *Interrupções internas* são geradas pelo próprio sistema de computador. Incluem os eventos iniciados por temporizador, como pesquisa de dados dos sensores conectados ao processo, ou o envio de comandos ao processo em pontos específicos do tempo. Interrupções iniciadas por sistema e programa também são classificadas como internas porque são geradas dentro do sistema. *Interrupções externas* são alheias ao sistema de computador; elas incluem interrupções iniciadas por processos e entrada do operador.

Um sistema de interrupção é necessário ao controle de processos porque é essencial que os programas mais importantes (com maior prioridade) sejam executados antes dos menos importantes (com baixas prioridades). O projetista do sistema decide qual nível de prioridade deve ser anexado a cada função de controle. Uma função de prioridade mais alta pode interromper uma função de prioridade mais baixa. O número de níveis de prioridade e a relativa importância das funções dependem dos requisitos da situação individual do controle de processos. Por exemplo, o desligamento de emergência de um processo por riscos de segurança ocuparia um nível muito alto de prioridade, mesmo que fosse uma interrupção iniciada por operador. A maioria das entradas do operador teria baixas prioridades.

Uma possível organização classificatória de prioridade das funções de controle de processos é mostrada na Tabela 5.4. Naturalmente, o sistema de prioridades pode ter um número maior ou menor de níveis, dependendo da situação de controle. Por exemplo, algumas interrupções de processo podem ser mais importantes que outras, e algumas interrupções de sistema podem ter precedência sobre certas interrupções de processos, sendo assim necessários mais do que os seis níveis mostrados nessa tabela.

Para responder aos muitos níveis de prioridade definidos para uma dada aplicação de controle, uma interrupção de sistema pode ter um ou mais níveis de interrupção. Um *sistema de interrupção de nível único*

Tabela 5.4 Níveis de prioridade possíveis em um sistema de interrupção

Nível de prioridade	Função do computador
1 (prioridade mais baixa)	A maior parte de entradas do operador
2	Interrupções de sistema e programa
3	Interrupções de temporizador
4	Comandos para o processo
5	Interrupções de processo
6 (prioridade mais alta)	Parada de emergência (entrada do operador)

tem apenas dois modos de operação: normal e de interrupção. O modo normal pode ser interrompido, o de interrupção não. Isso significa que interrupções que se sobrepõem recebem tratamento do tipo "primeiro que chega", "primeiro a ser atendido", o que pode ter consequências perigosas se uma interrupção de processo importante fosse forçada a esperar sua vez enquanto uma série de interrupções menos importantes de operador e sistema fossem atendidas. Um *sistema de interrupção de múltiplos níveis* tem um modo de operação normal além de mais de um nível de interrupção. O modo normal pode ser interrompido por qualquer nível de interrupção, e os níveis de interrupção têm prioridades relativas, que determinam quais funções podem interromper as outras. O Exemplo 5.1 ilustra a diferença entre os sistemas de interrupção de nível único e múltiplo.

EXEMPLO 5.1
Sistemas de interrupção de nível único *versus* os de múltiplos níveis
Três interrupções representando tarefas de três níveis diferentes chegam ao tratamento na ordem inversa de suas respectivas prioridades. A tarefa 1, com a prioridade mais baixa, chega primeiro. Logo, chega a tarefa 2, de maior prioridade. E depois dela chega a tarefa 3, de maior prioridade. Como o sistema de controle por computador responderia funcionando sob (a) um sistema de interrupções de nível único e (b) um sistema de interrupções de múltiplos níveis?
Solução: A resposta para os dois sistemas de interrupção é mostrada na Figura 5.6.

Tratamento de exceções. No controle de processos, uma *exceção* é um evento que está fora da operação normal ou desejada do sistema de controle de processos. Lidar com exceções é uma função essencial do controle de processos industriais e geralmente ocupa uma grande porção do algoritmo de controle. A necessidade do tratamento de exceções pode ser indicada por meio do procedimento normal de pesquisa ou pelo sistema de interrupção. Exemplos de eventos que invocam as rotinas de tratamento de exceções incluem:

- Problemas de qualidade no produto.

- Variáveis de processo operando fora dos intervalos normais.

- Escassez de matérias-primas ou insumos necessários para suprir o processo.

- Condições de perigo, como incêndio.

- Mau funcionamento do controlador.

Na realidade, o tratamento de exceções é uma maneira de detecção e recuperação de erros, discutida no contexto de recursos avançados de automação (Seção 4.2.3).

Figura 5.6 Resposta do sistema de controle por computador do Exemplo 5.1 a três interrupções de prioridade para (a) um sistema de interrupção de nível único e (b) um sistema de interrupção de múltiplos níveis. A tarefa 3 é a de maior nível de prioridade. A tarefa 1 é a de nível mais baixo. As tarefas chegam para ser atendidas na ordem 1, depois 2 e depois 3. Em (a), a tarefa 3 deve esperar até que as tarefas 1 e 2 sejam completadas. Em (b), a tarefa 3 interrompe a execução da tarefa 2, cujo nível de prioridade a havia permitido interromper a tarefa 1

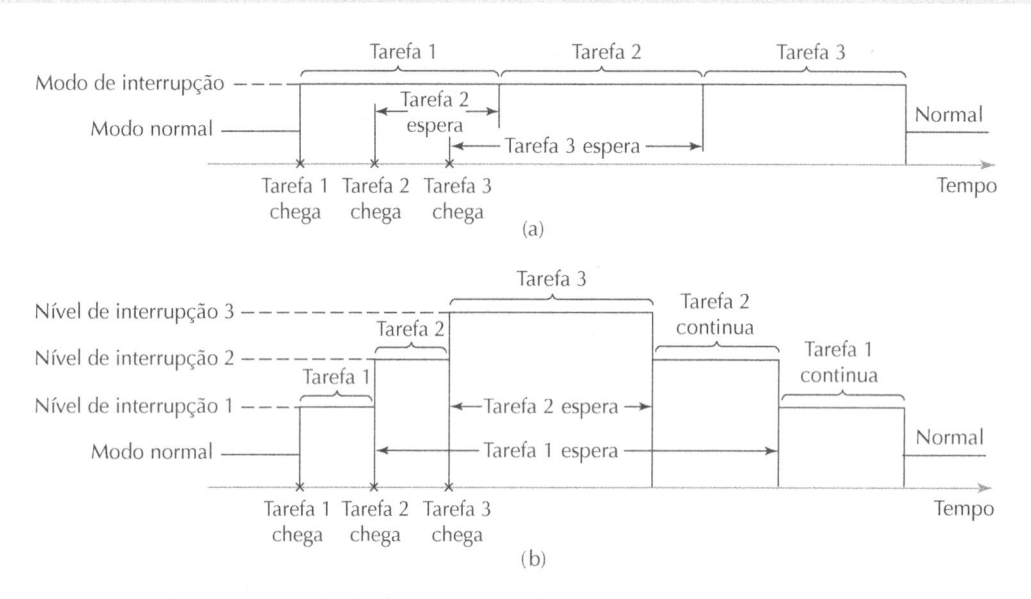

5.3.3 Formas de controle de processos por computador

Há várias formas de utilização de computadores para controle de um processo. Primeiro, podemos fazer a distinção entre monitoramento de processos e controle de processos, conforme ilustrada na Figura 5.7. No monitoramento de processos o computador é usado apenas para coletar dados dos processos, ao passo que no controle de processos o computador regula o processo. Em algumas implementações de controle de processos certas ações são realizadas pelo computador de controle que não precisam que dados de realimentação sejam coletados do processo. Esse é o controle de malha aberta. Entretanto, na maior parte dos casos, algum tipo de realimentação ou intertravamento é necessário para garantir que as instruções de controles tenham sido executadas de maneira devida. Dessas situações, a mais comum é o controle de malha fechada.

Nesta seção, examinaremos os vários tipos de monitoramento e controle de processos por computador, dos quais todos são comumente usados na indústria hoje, exceto um. O controle digital direto (do inglês, *direct digital control* — DDC) representa uma fase transitória na evolução da tecnologia de controle de processos por computador. Em seu estado puro, ele não é mais usado hoje. No entanto, descrevemos com brevidade o DDC a fim de revelar as oportunidades para as quais ele contribuiu. Os sistemas de controle distribuído, muitas vezes implementados usando-se computadores pessoais, são os meios mais recentes de implementação do controle de processos por computador.

Monitoramento de processos por computador. É um dos meios pelos quais o computador pode se comunicar com um processo. Envolve a utilização do computador para observar o processo e os equipamentos associados e para coletar e gravar dados da operação. O computador não é usado para controlar diretamente o processo; o controle permanece nas mãos das pessoas, que usam os dados para conduzi-las durante o gerenciamento e a operação do processo. Os dados coletados pelo computador no monitoramento de processos por computador podem, de modo geral, ser classificados em três categorias:

1. *Dados do processo.* Valores medidos dos parâmetros de entrada e das variáveis de saída que indicam o desempenho do processo. Quando os valores indicam um problema, o operador humano toma as ações corretivas.

2. *Dados de equipamento.* Esses dados indicam o estado de um equipamento na célula de trabalho e são usados para monitorar a utilização das máquinas, agendar a troca de ferramentas, evitar avarias nas máquinas, diagnosticar o mau funcionamento de equipamentos e planejar manutenções preventivas.

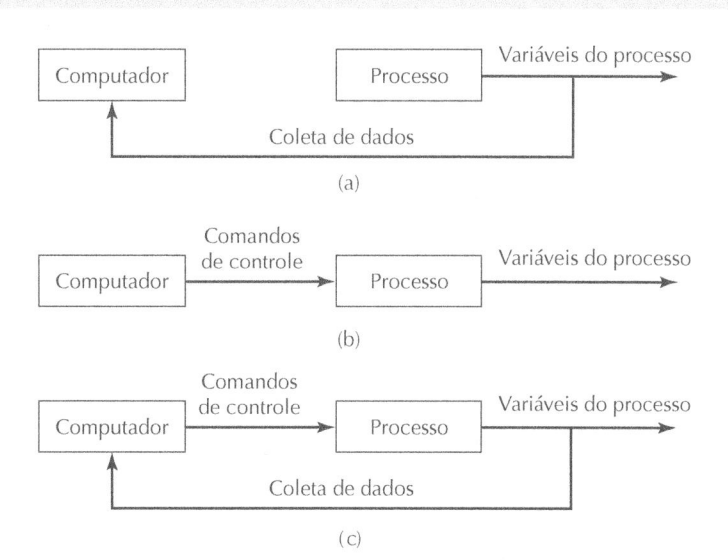

Figura 5.7 (a) **Monitoramento de processo,** (b) **controle de processo em malha aberta e** (c) **controle de processo em malha fechada**

3. *Dados do produto.* Normas governamentais pedem que algumas indústrias de produção coletem e preservem dados de fabricação de seus produtos. As indústrias farmacêuticas e de suprimentos médicos são um exemplo proeminente. O monitoramento por computador é o meio mais conveniente para satisfazer tais normas. Uma empresa também pode querer coletar dados para uso próprio.

A coleta de dados das operações da fábrica pode ser realizada de várias maneiras: dados de fabricação podem ser informados pelos trabalhadores em terminais manuais localizados pela planta ou ser coletados de forma automática por meio de interruptores de fim-de-curso, sistemas de sensores, leitores de códigos de barra ou outros dispositivos. Os sensores são descritos no Capítulo 6, e as tecnologias de coleta e identificação automática de dados são discutidas no Capítulo 12. A coleta e a utilização de dados de produção nas operações da fábrica para fins de agendamento e rastreamento são chamadas de *controle do chão de fábrica.*

Controle digital direto. O DDC foi, com certeza, um dos passos mais importantes no desenvolvimento do controle de processos por computador. Vamos examinar brevemente esse modo de controle por computador e suas limitações, o que motivou melhorias levando à tecnologia moderna desse controle. O DDC é um sistema de controle de processos por computador em que certos componentes de um sistema de controle analógico convencional são substituídos pelo computador digital. A regulação do processo é realizada pelo computador em uma base de tempo compartilhado e com uma amostragem de dados em vez dos vários componentes analógicos individuais trabalhando de forma contínua e dedicada. Com o DDC, o computador calcula valores desejados dos parâmetros de entrada e valores-meta, e esses valores são aplicados por uma conexão direta com o processo, por isso o nome 'controle digital direto'.

A diferença entre controle digital direto e controle analógico pode ser percebida comparando-se as figuras 5.8 e 5.9. A primeira mostra a instrumentação para uma malha de controle analógico comum. O processo inteiro teria muitas malhas de controle individuais, mas apenas um é exibido aqui. Os componentes típicos de hardware para a malha de controle analógico incluem o sensor e o transdutor, um instrumento para a exibição de variáveis de saída (tais instrumentos nem sempre estão incluídos na malha), algum meio de se estabelecer o valor desejado da malha (representado na figura como um mostrador, sugerindo que a configuração é determinada por um operador humano), um comparador (para comparar as variáveis de saída medidas com o valor desejado), o controlador analógico, um amplificador e o atuador que determina os parâmetros de entrada para o processo.

No sistema DDC (Figura 5.9), alguns dos componentes da malha de controle permanecem inalterados, incluindo (provavelmente) o sensor e o transdutor, bem como o amplificador e o atuador. Os componentes mais prováveis de ser substituídos no DDC incluem o controlador analógico, os instrumentos de exibição e gravação, os mostradores de valor desejado e o comparador. Os novos componentes na malha incluem o computador digital, conversores analógico-digital e digital-analógico (do inglês, *analog-to-*

Figura 5.8 Uma malha de controle analógico comum

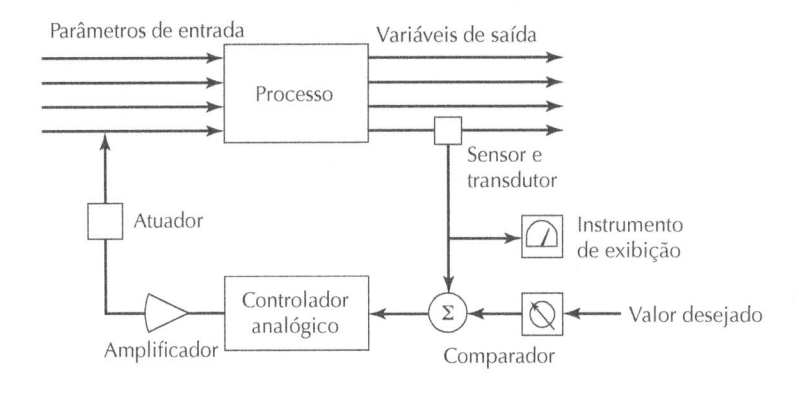

Figura 5.9 Componentes de um sistema DDC

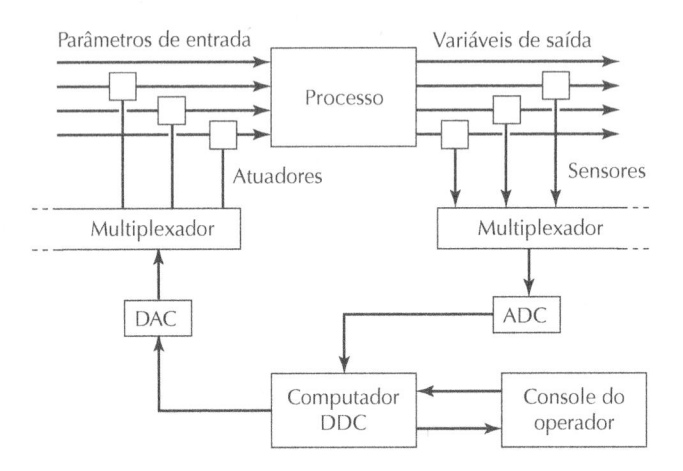

-digital converter e digital-to-analog converter — ADC e DAC), e os multiplexadores para compartilhar os dados de malhas de controle diferentes para o mesmo computador.

O DDC foi originalmente concebido como um meio mais eficiente de realizar os mesmos tipos de ações de controle que o controlador analógico que ele estava substituindo. No entanto, a prática de apenas usar o computador digital para imitar a operação de controladores analógicos parece ter sido uma fase de transição no controle de processos por computador. Outras oportunidades para o computador de controle seriam logo reconhecidas, incluindo:

- *Mais opções de controle que o analógico tradicional.* Com o controle digital por computador, é possível executar algoritmos de controle mais complexos que os executados nos modos de controle proporcional-integral-derivativos convencionais usados por controladores analógicos; por exemplo, o controle ligado/desligado ou as não linearidades nas funções de controle podem ser implementadas.

- *Integração e otimização de várias malhas.* É a habilidade de integrar medidas de realimentação de várias malhas e de implementar estratégias de otimização para melhorar o desempenho geral do processo.

- *Habilidade de editar os programas de controle.* Usando computador digital, fica relativamente fácil mudar um algoritmo de controle quando necessário, apenas reprogramando o computador. Reprogramar a malha de controle analógico normalmente requer mudanças de hardware que custam mais e são menos convenientes.

Essas melhorias tornaram o conceito original de controle digital direto algo obsoleto. Além disso, a própria tecnologia de computação progrediu bastante, de modo que computadores muito menores e mais baratos, e ainda assim mais poderosos, estão disponíveis para o controle de processos em vez dos enormes *mainframes* disponíveis no começo dos anos de 1960. Isso permitiu que o controle de processos por computador fosse economicamente justificado para processos e equipamentos de menor escala; também motivou o uso dos *sistemas de controle distribuídos*, em que uma rede de microcomputadores é usada para controlar um processo complexo de várias operações de unidade e/ou máquinas.

Controle numérico e robótica. O controle numérico (do inglês, *numerical control* — NC) é outra maneira industrial de controle por computador. Envolve a utilização do computador (aqui também microcomputador) para dirigir uma ferramenta de usinagem por meio de uma sequência de etapas de processamento, definida por um programa de instruções que especifica os detalhes de cada etapa e sua ordem. A característica distintiva do CN é o controle da posição relativa de uma ferramenta em relação a um objeto (peça de trabalho) sendo processado. Cálculos devem ser feitos para determinar a trajetória que será seguida pela ferramenta de corte para dar forma à geometria da peça. Dessa forma, o CN requer que o controlador execute não apenas controle sequencial, mas também cálculos geométricos. Por conta de sua importância no controle e na automação industrial, o CN é tratado em detalhes no Capítulo 7.

A robótica industrial tem estreita relação com o CN; nela as juntas do manipulador (braços do robô) são controladas para mover o final do braço por uma sequência de posições durante o ciclo de trabalho. Como no CN, o controlador deve realizar cálculos durante o ciclo de trabalho para implementar interpolação do movimento, controle por realimentação e outras funções. Além disso, uma célula de trabalho robótica geralmente inclui outros equipamentos além do robô, e as atividades dos outros equipamentos devem ser coordenadas com as do robô. Essa coordenação é atingida usando intertravamentos. Discutiremos robótica industrial no Capítulo 8.

Controladores lógicos programáveis. Os CLPs (do inglês, *programmable logic controllers* — PLC) foram introduzidos por volta de 1970 como melhoria nos controladores eletromecânicos por relés usados na época para implementar o controle discreto nas indústrias de produção discreta. A evolução dos CLPs foi facilitada pelos avanços na tecnologia de computação, e os CLPs de hoje são muito mais capazes que os controladores de 1970. Podemos definir um *controlador lógico programável* moderno como um controlador baseado em microprocessador que usa instruções guardadas na memória programável para implementar funções de lógica, sequenciamento, tempo, contagem e controle aritmético a fim de controlar as máquinas e processos. Os CLPs atuais são usados tanto para aplicações de controle contínuo como para as de controle discreto, tanto nas indústrias de processo como nas de produção discreta. No Capítulo 9, trataremos dos CLPs e dos tipos de controle para cuja implementação eles são utilizados.

Controle supervisório. O termo *controle supervisório* é habitualmente associado às indústrias de processo, mas o conceito também se aplica à automação da produção discreta, em que corresponde ao controle da célula ou de nível de sistema. Ele representa um nível mais alto de controle do que o DDC, o CN e os CLPs. De modo geral, esses outros tipos de sistemas de controle são colocados em comunicação direta com o processo. Em contrapartida, o controle supervisório muitas vezes sobrepõe esses sistemas de controle de nível de processo e direciona suas operações. A relação entre o controle supervisório e as técnicas de controle de nível de processo é ilustrada na Figura 5.10.

No contexto das indústrias de processo, o *controle supervisório* denota um sistema de controle que gerencia as atividades de um número de operações de unidade integradas para alcançar certos objetivos econômicos do processo. Em algumas aplicações, o controle supervisório não é muito mais que o controle regulatório ou o controle pre-

Figura 5.10 Controle supervisório sobreposto aos outros sistemas de controle no nível de processo

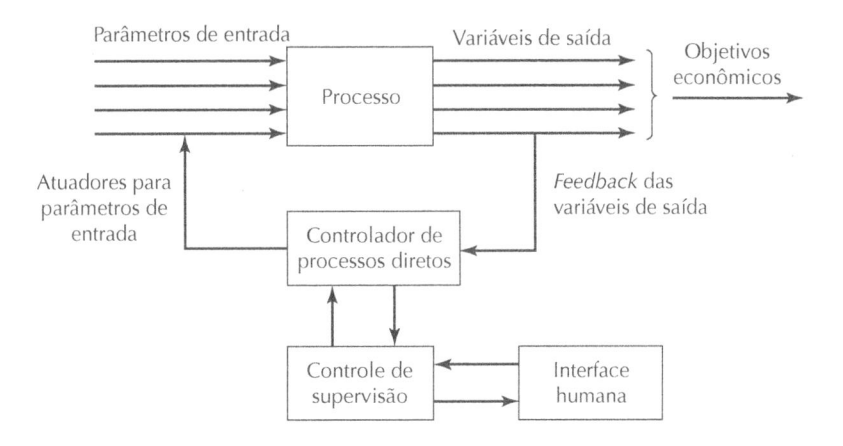

ditivo, já em outras, é projetado para implementar o controle otimizado ou adaptativo. Procura otimizar alguma função de objeto bem definida, o que é normalmente baseado em um critério econômico, como rendimento, taxa de produção, custo, qualidade ou outros objetivos que dizem respeito ao desempenho do processo.

No contexto da produção discreta, o *controle supervisório* pode ser definido como o sistema de controle que direciona e coordena as atividades de vários equipamentos interagindo entre si em um sistema ou célula de manufatura, como um grupo de máquinas interconectadas por um sistema de manuseio de matéria-prima. Mais uma vez, os objetivos do controle supervisório são motivados por considerações econômicas e podem incluir a diminuição do custo por peça ou produto por meio da determinação de condições de operação otimizadas, o aumento da utilização de máquinas por meio do agendamento eficiente ou a diminuição dos custos das ferramentas por meio do rastreamento de sua vida útil e do agendamento de sua troca.

É tentador conceituar um sistema de controle supervisório como totalmente automático, de modo que opere sem a interferência ou assistência humana, mas, em quase todos os casos, os sistemas de controle supervisório são projetados para permitir a interação com operadores humanos, e a responsabilidade pelo controle é dividida entre os controladores e os homens. As proporções relativas de responsabilidades são diferentes dependendo da aplicação.

Sistemas de controle distribuído. Com o desenvolvimento do microprocessador, tornou-se possível conectar vários computadores para compartilhar e distribuir a carga de trabalho do controle de processos. O termo *sistema de controle distribuído* (do inglês, *distributed control system* — DCS), também chamado sistema digital de controle distribuído (SDCD), é usado para descrever essa configuração, que consiste dos seguintes componentes e características [8]:

- Várias estações de controle de processo localizadas pela planta para controlar malhas individuais e dispositivos do processo.

- Uma central de controle equipada com estações com operador onde ocorre o controle supervisório da fábrica.

- Estações locais com operador distribuídas pela planta, o que dá redundância ao SDCD. Se uma falha ocorrer na central de controle, as estações locais de operador assumem as funções da central de controle. Se uma estação local com operador falhar, outra estação assume suas funções.

- Todos os processos e as estações com operador interagem uns com os outros por meio da rede de comunicação, ou via de dados (do inglês, *data highway*), como também é chamada.

Esses componentes são ilustrados em uma configuração típica de um sistema de controle de processos distribuído apresentado na Figura 5.11. Há vários benefícios e vantagens nos SDCDs: (1) um SDCD pode ser instalado para uma dada aplicação com configuração bem básica e depois melhorado e expandido conforme necessidade; (2) como o sistema consiste de muitos computadores, isso facilita a execução multitarefa em paralelo; (3) por causa de seus vários computadores, um SDCD tem redundância embutida; (4) o cabeamento de controle é reduzido em comparação a uma configuração de controle por computador central e (5) as redes oferecem informações sobre o

Figura 5.11 **Sistema de controle distribuído**

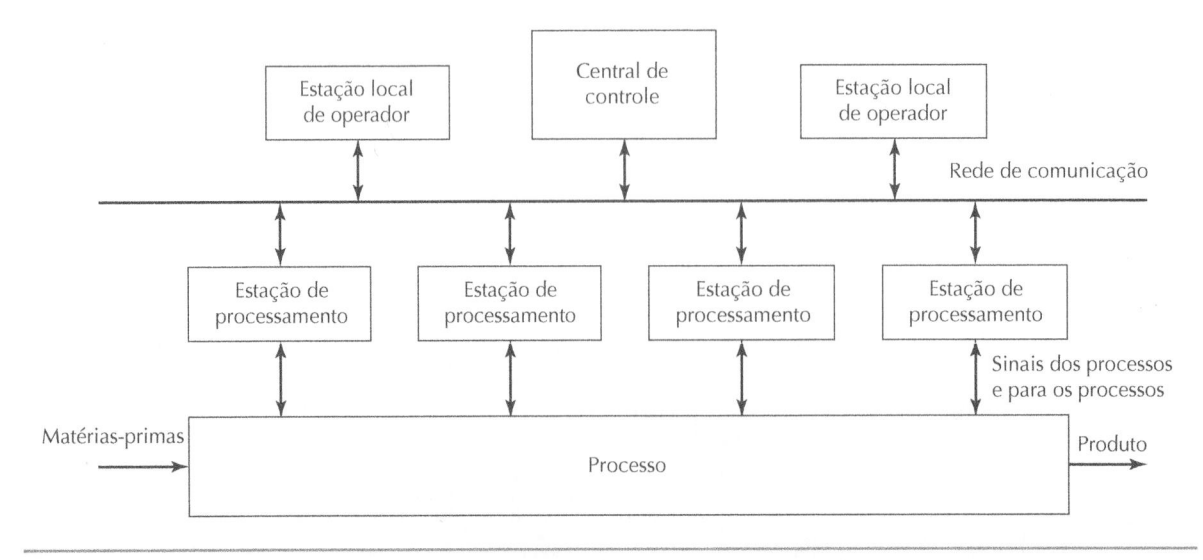

processo em toda a empresa para um gerenciamento mais eficiente da fábrica e do processo.

O desenvolvimento dos SDCDs começou por volta de 1970. Um dos primeiros sistemas comerciais foi o TDC2000 da Honeywell, introduzido em 1975 [1]. As primeiras aplicações de SDCD ocorreram nas indústrias de processos. Nas indústrias de produção discreta, os controladores lógicos programáveis foram introduzidos na mesma época. O conceito de controle distribuído se aplica igualmente bem aos CLPs; ou seja, vários CLPs distribuídos pela fábrica, para controlar equipamentos individuais, mas integrados por meio de uma rede de comunicação em comum. A introdução do PC pouco depois do SDCD e do CLP, e seu subsequente aumento de poder de computação e redução no custo através dos anos estimularam a crescente adoção de SDCDs baseados em PCs para as aplicações de controle de processos.

PCs no controle de processos. Hoje, os PCs dominam o mundo dos computadores. Tornaram-se a ferramenta-padrão com a qual os negócios são conduzidos, seja no setor de produção ou de serviços. Por isso, não é surpresa que sejam usados em um número crescente de aplicações de controle de processos. Duas categorias básicas de implementações do PC em controle de processos podem ser destacadas: (1) interface com o operador (interface homem-máquina — IHM) e (2) controle direto. Seja na utilização para interface com o operador, seja no controle direto, os PCs normalmente são conectados em rede com outros computadores, criando um sistema de controle distribuído.

Quando usado como interface com o operador, o PC é ligado a um ou mais CLPs ou outros dispositivos (possivelmente outros microcomputadores) que controlam diretamente o processo. Os computadores pessoais foram usados para realizar a função de comunicação com o operador desde o início dos anos de 1980. Nessa função, o computador executa certas funções de monitoramento e controle supervisório, mas não controla diretamente o processo. Algumas vantagens da utilização do PC apenas como a interface com o operador são que: (1) o PC oferece uma interface amigável para o operador; (2) pode ser usado para todos os cálculos convencionais e funções de processamento de dados que os PCs realizam de forma tradicional; (3) o CLP ou outro dispositivo que esteja controlando diretamente o processo é isolado do PC, de modo que uma falha no último não afetará o controle do processo e (4) o computador pode ser atualizado facilmente conforme os avanços da capacidade e tecnologia dos PCs, enquanto o software de controle de CLP e as conexões com o processo permanecem no lugar.

A segunda maneira de utilizar os PCs no controle de processos é o *controle direto*, o que significa que o PC é diretamente ligado ao processo e controla sua operação em tempo real. O pensamento tradicional tem sido o de que é muito arriscado permitir ao PC controlar diretamente as operações de produção. Se o computador falhasse, a operação descontrolada poderia parar de funcionar, fabricar um produto defeituoso ou tornar-se perigosa. Outro fator é que os PCs convencionais, equipados com sistemas operacionais e softwares aplicativos usuais orientados aos negócios, são projetados para funções de cálculo e processamento de dados, não para controle de processos. Não são pensados de modo a ser ligados a um processo externo da maneira necessária para o controle de processos em tempo real. Por fim, a maior parte dos PCs é projetada para ser usada em escritórios e não no ambiente agressivo da fábrica.

Avanços recentes tanto na tecnologia dos PCs como nos softwares disponíveis desafiaram esse pensamento tradicional. A partir do início dos anos de 1990, os PCs foram instalados em um passo acelerado para o controle direto de processos industriais. Vários fatores permitiram essa tendência:

- Familiaridade generalizada com os PCs. Os softwares amigáveis para casa e empresas certamente contribuíram para a popularidade dos PCs. Entre os trabalhadores, há uma crescente expectativa de que serão fornecidos computadores no local de trabalho, mesmo que seja uma fábrica.

- A disponibilidade de PCs de alto desempenho, capazes de satisfazer os requisitos exigentes do controle de processos (Seção 5.3.1).

- A tendência em direção à *filosofia da arquitetura livre* em projetos de sistemas de controle, em que fornecedores de hardware e software de controle concordam em obedecer a normas de produção que permitem a interoperabilidade de seus produtos. Isso significa que componentes de diferentes fornecedores podem ser interconectados no mesmo sistema. A filosofia tradicional era de que cada fornecedor projetava sistemas proprietários, obrigando o usuário a comprar um pacote completo de hardware e software de um mesmo fornecedor. A arquitetura livre permite ao usuário uma escolha mais abrangente de produtos no projeto de uma dada aplicação do controle de processos.

- A disponibilidade dos sistemas operacionais dos PCs, que facilitam o controle em tempo real, a execução em multitarefa e a comunicação em rede. Ao mesmo tempo, esses sistemas oferecem a conveniência da interface amigável do PC e grande parte do poder de uma estação de engenharia. Instalado em uma fábrica, um PC equipado com o software apropriado pode executar diversas funções de forma simultânea, como registro de dados e análise de tendências e exibir visualização animada do processo durante sua execução; tudo isso enquanto reserva parte da capacidade da CPU para controle direto do processo.

No que tange à questão do ambiente da fábrica, isso pode ser resolvido usando-se PCs de nível industrial, equipados com gabinetes projetados para o ambiente das fábricas. Em comparação com a configuração de PC/CLP discutida anteriormente, na qual o PC é usado apenas como interface com o operador, há uma economia de custo na instalação de um PC para o controle direto, em vez de um PC mais um CLP. Uma questão relacionada é a integração de dados: configurar uma ligação de dados entre um PC e um CLP é mais complexo do que manter todos os dados no PC.

Integração de dados da fábrica em extensão empresarial. A evolução mais recente em controle distribuído baseado em PC é a integração dos dados das operações da fábrica em extensão empresarial, como mostrado na Figura 5.12. Essa tendência é compatível com as filosofias modernas de gerenciamento de informação e capacitação dos trabalhadores. Essas filosofias adotam menos níveis de gerenciamento empresarial e mais responsabilidades para os trabalhadores da linha de frente em vendas, agendamento de pedidos e produção. As tecnologias de redes de comunicação que permitem tal integração estão disponíveis. Os sistemas operacionais mais recentes para PC oferecem várias funcionalidades ideais embutidas para a comunicação do sistema de controle industrial da fábrica aos sistemas de extensão empresarial e o suporte para a troca de dados entre as várias aplicações (por exemplo, permitir que dados coletados na fábrica sejam usados em pacotes de análise, como planilhas). O termo *planejamento de recursos empresariais* (do inglês, *enterprise resource planning* — ERP) refere-se a um sistema de software de computador que atinge a integração em extensão empresarial não apenas dos dados da fábrica, mas de todos os outros dados necessários à execução de funções de negócios da organização. Uma característica importante do ERP é a utilização de uma única base de dados central que pode ser acessada de qualquer lugar na companhia.

A seguir, algumas das capacidades possíveis por meio da disponibilização dos dados de processo em extensão empresarial:

1. Os gerentes podem ter acesso direto às operações no nível da fábrica.

Figura 5.12 **SDCD baseado em PC com extensão empresarial**

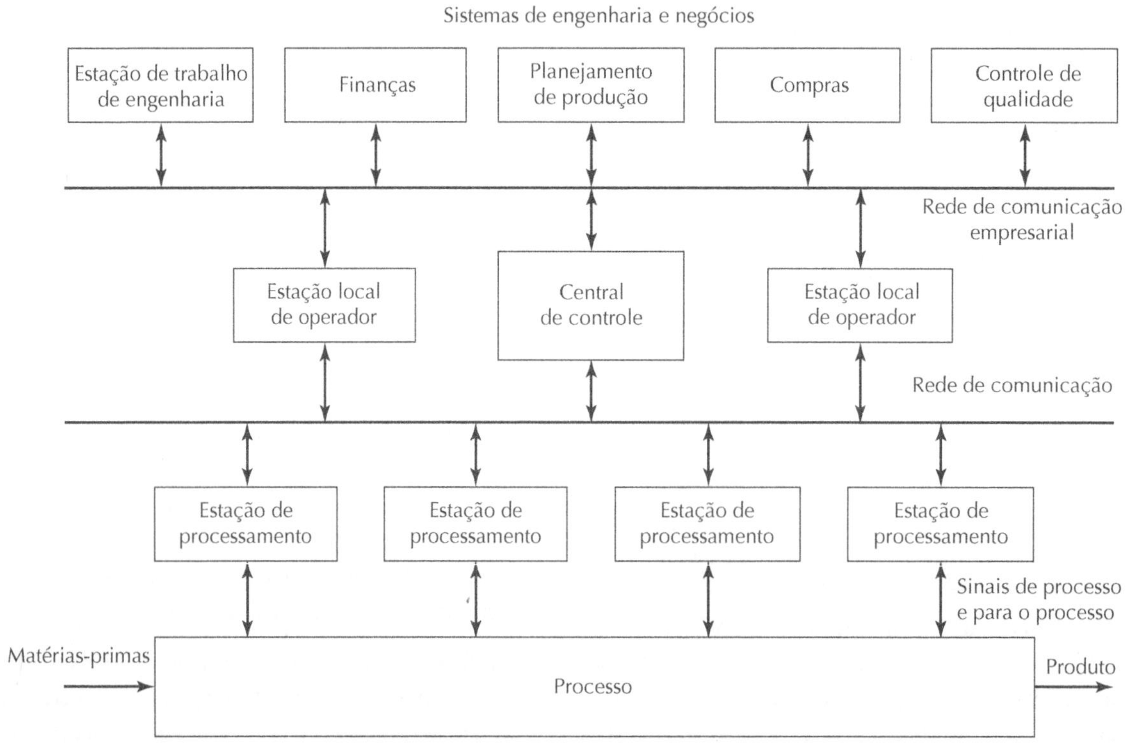

2. Os planejadores da produção podem usar os dados mais atuais sobre o tempo e as taxas de produção no agendamento dos próximos pedidos.

3. A equipe de vendas pode fornecer estimativas realistas para as datas de entrega aos consumidores, baseando-se na carga atual da fábrica.

4. Rastreadores de pedidos podem oferecer aos consumidores informações de estado atual dos pedidos.

5. A equipe de controle de qualidade é alertada sobre problemas de qualidade reais ou potenciais nos pedidos em andamento, baseado no acesso aos históricos de desempenho dos pedidos anteriores.

6. A contabilidade dos custos tem acesso aos dados mais recentes de custos da produção.

7. A equipe de produção pode acessar detalhes de projetos, das peças e dos produtos para esclarecer ambiguidades e realizar seu trabalho de maneira mais eficiente.

Referências

[1] ASTROM, K. J.; WITTENMARK, B. *Computer-controlled systems — theory and design*. 3. ed. Upper Saddle River, NJ: Prentice Hall, 1997.

[2] BATESON, R. N. *Introduction to control system technology*. 7. ed. Upper Saddle River, NJ: Prentice Hall, 2002.

[3] BOUCHER, T. O. *Computer automation in manufacturing*. Londres: Chapman & Hall, 1996.

[4] CAWLFIELD, D. "PC-based direct control flattens control hierarchy, opens information flow". *Instrumentation & Control Systems*, p. 61-67, set. 1997.

[5] GROOVER, M. P. "Industrial control Systems". In: ZANDIN, K. (ed.) *Maynard's industrial engineering handbook*. 5. ed. Nova York, NY: McGraw-Hill Book Company, 2001.

[6] HIRSH, D. "Acquiring and sharing data seamlessly". *Instrumentation and Control Systems*, p. 25-35, out. 1997.

[7] OLSSON, G.; PIANI, G. *Computer systems for automation and control*. Londres: Prentice Hall, 1992.

[8] PLATT, G. *Process control: A primer for the nonspecialist and the newcomer*. 2. ed. NC: Instrument Society of America, Research Triangle Park, 1998.

[9] RULLAN, A. "Programmable logic controllers *versus* personal computers for process control". *Computers and Industrial Engineering*, v. 33, n. 1-2, p. 421-424, 1997.

[10] STENERSON, J. *Fundamentals of programmable logic controllers, sensors, and communications*. 3. ed. Upper Saddle River, NJ: Pearson/Prentice Hall, 2004.

Questões de revisão

5.1 O que é controle industrial?

5.2 Qual a diferença entre variável contínua e variável discreta?

5.3 Nomeie e defina brevemente cada um dos três tipos de variáveis discretas.

5.4 Qual a diferença entre sistema de controle contínuo e sistema de controle discreto?

5.5 O que é controle preditivo?

5.6 O que é controle adaptativo?

5.7 Quais são as três funções do controle adaptativo?

5.8 Qual é a diferença entre uma mudança ocasionada por evento e uma mudança ocasionada por tempo no controle discreto?

5.9 Quais são os dois requisitos básicos que devem ser gerenciados pelo controlador para atingir o controle em tempo real?

5.10 O que é pesquisa no controle de processos por computador?

5.11 O que é um intertravamento? Quais são os dois tipos de intertravamentos no controle industrial?

5.12 O que é um sistema de interrupção no controle de processos por computador?

5.13 O que é monitoramento de processos por computador?

5.14 O que é controle digital direto (DDC), e porque ele não é mais usado nas aplicações de controle de processos industriais?

5.15 Os controladores lógicos programáveis (CLPs) estão mais estreitamente associados às indústrias de processos ou às indústrias de produção discreta?

5.16 O que é um sistema de controle distribuído?

5.17 Qual é a filosofia de arquitetura livre no projeto de sistemas de controle?

CAPÍTULO 6
Componentes de hardware para automação e controle de processos

CONTEÚDO DO CAPÍTULO

6.1 Sensores

6.2 Atuadores
    6.2.1   Motores elétricos
    6.2.2   Outros tipos de atuadores

6.3 Conversores analógico-digital

6.4 Conversores digital-analógico

6.5 Dispositivos de entrada/saída para dados discretos
    6.5.1   Interfaces de contato de entrada/saída
    6.5.2   Contadores e geradores de pulsos

Para implementar a automação e o controle de processos, o computador de controle deve coletar dados do processo de produção e transmitir sinais a ele. Na Seção 5.1.2, as variáveis e os parâmetros de processo foram classificados como contínuos ou discretos, com diversas subcategorias na classe discreta. O computador digital opera com dados digitais (binários), enquanto alguns dados do processo são contínuos ou analógicos. É preciso acomodar essa diferença na interface entre o processo e o computador. Os componentes necessários à implementação dessa interface são os seguintes:

1. Sensores para medir as variáveis contínuas e discretas do processo.
2. Atuadores que acionam os parâmetros contínuos e discretos do processo.
3. Dispositivos que convertem sinais analógicos contínuos em dados digitais.
4. Dispositivos que convertem dados digitais em sinais analógicos.
5. Dispositivos de entrada/saída para dados discretos.

A Figura 6.1 apresenta a configuração geral do sistema de controle de processos por computador e como essas cinco categorias de componentes são utilizadas na criação da interface do processo com o computador. Esse modelo representa o arranjo geral da maioria dos sistemas de manuseio de material e dos sistemas de manufatura descritos do Capítulo 10 ao Capítulo 19. O capítulo atual está organizado em torno dessas cinco categorias.

Figura 6.1 O sistema de controle de processos por computador, mostrando os diversos tipos de componentes necessários na interface do processo com o computador

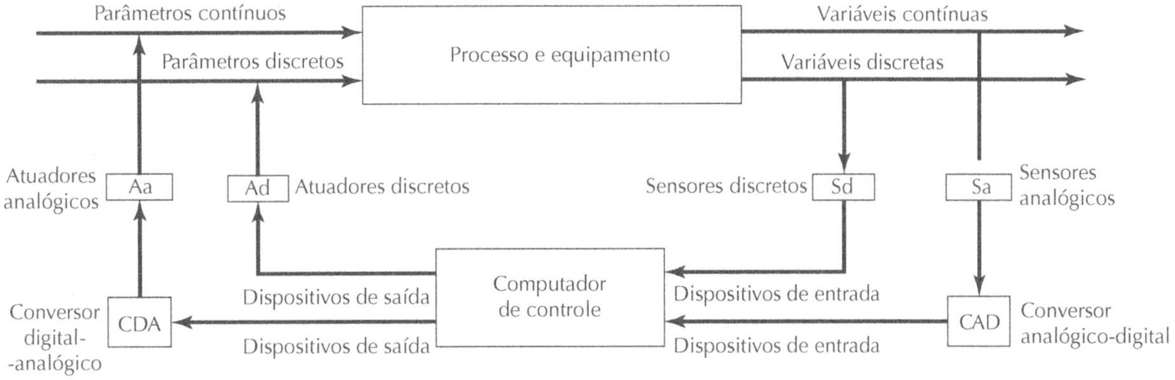

6.1 SENSORES

Uma enorme variedade de sensores está disponível para coleta de dados do processo de produção e utilização no controle por realimentação (*feedback*). Um sensor é um *transdutor*, um dispositivo que converte uma variável física de uma forma em outra mais útil para a aplicação em questão. Em particular, um sensor é um dispositivo que converte um estímulo físico ou uma variável de interesse (tal como temperatura, força, pressão ou deslocamento) em uma forma mais conveniente (em geral um sinal elétrico de tensão), cujo propósito é medir o estímulo. O processo de conversão quantifica a variável de modo que ela possa ser interpretada como um valor numérico.

Os sensores podem ser classificados de diferentes formas, sendo a mais relevante para nós a da categoria do estímulo ou da variável física a ser medida, conforme apresentado na Tabela 6.1. Para cada categoria, podem existir múltiplas variáveis a ser medidas, conforme indicado na coluna da direita.

Além do tipo de estímulo, os sensores também são classificados como analógicos ou discretos, conforme as variáveis de processo apresentadas no Capítulo 5. Um dispositivo de medição *analógico* produz um sinal analógico contínuo como uma tensão elétrica, cujo valor varia de modo analógico com a variável sendo medida. Termopares, extensômetros e potenciômetros são alguns exemplos. O sinal de saída de um dispositivo de medição analógico deve ser convertido em dados digitais por um conversor analógico-digital (Seção 6.3) de modo a ser utilizado por um computador.

Um dispositivo de medição *discreto* produz uma saída que pode ter somente determinados valores. Dispositivos de sensoreamento discretos costumam ser divididos em duas categorias: binários e digitais. Um dispositivo de

Tabela 6.1 Categorias de estímulos e variáveis físicas associadas

Categoria do estímulo	Exemplos de variáveis físicas
Mecânico	Posição (deslocamento, linear e angular), velocidade, aceleração, força, torque, pressão, desgaste, tensão, massa, densidade
Elétrico	Tensão elétrica, corrente, carga, resistência, condutividade, capacitância
Térmico	Temperatura, calor, fluxo de calor, condutividade térmica, calor específico
Radiação	Tipo de radiação (por exemplo, raios gama, raios X, luz visível), intensidade, comprimento da onda
Magnético	Campo magnético, fluxo, condutividade, permeabilidade
Químico	Identidades de componentes, concentração, níveis de pH, presença de ingredientes tóxicos, poluentes

Fontes: Tabelas semelhantes em [6] e [7].

medição *binário* produz um sinal ligado/desligado. Os dispositivos mais comuns operam fechando contato elétrico a partir de uma posição normalmente aberta. Interruptores de limite operam dessa maneira. Outros sensores binários incluem sensores fotoelétricos e interruptores de proximidade. Um dispositivo de medição *digital* produz um sinal de saída digital tanto na forma de um conjunto de bits paralelos (por exemplo, uma matriz de sensor fotoelétrico) como na de uma série de pulsos que podem ser contados (por exemplo, um *encoder* ótico). Seja qual for, o sinal digital representa a quantidade a ser medida. Transdutores digitais estão se tornando cada vez mais comuns porque são de fácil leitura quando utilizados como instrumentos isolados de medida e porque são compatíveis com sistemas computadorizados digitais. Muitos dos sensores e dispositivos de medição comuns utilizados no controle industrial estão listados em ordem alfabética na Tabela 6.2. Uma forte tendência na tecnologia de sensores foi o desenvolvimento de diversos sensores muito pequenos. O termo *microssensor* refere-se aos dispositivos de medição cujas características físicas possuem dimensões na escala do mícron, em que 1 mícron (1 μm) = 10^{-6} m. Micros-sensores costumam ser fabricados em silício por meio de técnicas de processamento associadas à fabricação de circuitos integrados.

Os sensores podem ser ativos ou passivos. O *sensor ativo* responde ao estímulo sem a necessidade de energia externa. Um exemplo é o termopar, que responde ao aumento de temperatura gerando uma pequena tensão elétrica (na escala de milivolt) que está funcionalmente relacionada à temperatura (no funcionamento ideal, sua tensão elétrica é diretamente proporcional à temperatura). O *sensor passivo* requer uma fonte externa de energia para operar, como é o caso do termistor. Ele também mede temperatura, mas sua operação requer que uma corrente elétrica passe por ele. À medida que a temperatura aumenta, a resistência elétrica do termistor se altera. A resistência pode ser medida e novamente relacionada à temperatura.

Para cada sensor, existe uma *função de transferência*, que é a relação entre o valor do estímulo físico e o valor do sinal produzido pelo sensor em resposta ao estímulo. A função de transferência é relação entrada/saída. O estímulo é a entrada, e o sinal gerado pelo dispositivo

Tabela 6.2 **Dispositivos de medição comumente utilizados na automação**

Dispositivo de medição	Descrição
Acelerômetro	Dispositivo analógico utilizado para medir vibração e choque. Pode basear-se em diversos fenômenos físicos (capacitivos, piezoresistivos, piezoelétricos).
Amperímetro	Dispositivo analógico que mede a força de uma corrente elétrica.
Interruptor bimetálico	Interruptor binário que utiliza lâmina bimetálica para abrir e fechar um contato elétrico como resultado da alteração de temperatura. A *lâmina bimetálica* é formada pela união de duas tiras de metal com coeficientes de expansão térmica diferentes.
Termômetro bimetálico	Dispositivo analógico de medição de temperatura formado por lâmina metálica (ver definição na descrição anterior) que muda de forma em resposta à mudança de temperatura. A mudança de forma da lâmina pode ser calibrada de modo a indicar a temperatura.
Dinamômetro	Dispositivo analógico utilizado para medir força, potência ou torque. Pode basear-se em diferentes fenômenos físicos (por exemplo, extensômetro elétrico, efeito piezoelétrico).
Transdutor flutuador	Flutuador anexado a um braço de alavanca. O movimento giratório do braço pode ser utilizado para medir o nível de líquido em um navio (dispositivo analógico) ou ativar o interruptor por contato (dispositivo binário).
Sensor de vazão	Medição analógica da vazão de líquido, normalmente baseada na diferença de pressão entre o fluxo de duas tubulações de diâmetros diferentes.
Pressostato	Interruptor binário semelhante ao interruptor de fim-de-curso, mas ativado pelo aumento de pressão do fluido, não por um objeto com o qual entrou em contato.
Transformador diferencial linear variável	Sensor analógico de posição que consiste em uma bobina primária separada por um núcleo magnético de duas bobinas secundárias conectadas em oposição. Quando a bobina primária é energizada, induz uma tensão nas bobinas secundárias em função da posição do núcleo. Também pode ser adaptada para medir força ou pressão.
Interruptor de fim-de-curso (mecânico)	Sensor binário de contato no qual o braço da alavanca ou o botão de pressão fecha (ou abre) um contato elétrico.
Manômetro	Dispositivo analógico utilizado para medir a pressão de gás ou líquido com base na comparação de uma força de pressão conhecida ou não. *Barômetro* é um tipo específico de manômetro usado na medição da pressão atmosférica.

(continua)

(continuação)

Dispositivo de medição	Descrição
Ohmímetro	Dispositivo analógico que mede a resistência elétrica.
Encoder ótico	Dispositivo digital utilizado para medir posição e/ou velocidade, formado por um disco ranhurado que separa uma fonte de luz de uma fotocélula. À medida que o disco gira, a fotocélula percebe a luz através dos orifícios como uma série de pulsos. A quantidade e a frequência dos pulsos são proporcionais (respectivamente) à posição e à velocidade do eixo conectado ao disco. Pode ser adaptado tanto para medições lineares como para medições rotacionais. (O *encoder* ótico é descrito de forma mais detalhada na Seção 7.5.2, sobre sistemas de posicionamento de controle numérico.)
Matriz de sensor fotoelétrico	Sensor digital composto por séries lineares de interruptores fotoelétricos. A matriz é criada para indicar a altura ou o tamanho do objeto que interrompe alguns dos feixes de luz.
Interruptor fotoelétrico	Sensor binário sem contato (interruptor) formado por um emissor (fonte de luz) e um receptor (fotocélula) disparados pela interrupção do feixe de luz. Dois tipos comuns: (1) *tipo transmitido*, no qual o objeto bloqueia o feixe de luz entre o emissor e o receptor, e (2) *tipo retrorreflexivo*, no qual emissor e receptor estão localizados em um dispositivo e o feixe de luz é emitido por um refletor remoto, exceto quando o objeto interrompe o feixe refletido.
Fotômetro	Dispositivo analógico que mede a iluminação e a intensidade da luz. Pode basear-se em diferentes dispositivos fotodetectores, incluindo fotodiodos, fototransistores e fotorresistores.
Transdutor piezoelétrico	Dispositivo analógico baseado no efeito piezoelétrico de determinados materiais (por exemplo, o quartzo), no qual uma carga elétrica é produzida quando o material é deformado. Pode ser utilizado para medir força, pressão e aceleração.
Potenciômetro	Sensor analógico de posição formado por um resistor e um contato deslizante. A posição do contato sobre o resistor determina a resistência medida. Disponível tanto para medições lineares como para medições rotacionais (angulares).
Interruptor de proximidade	O sensor binário sem contato que dispara quando um objeto próximo causa alterações no campo eletromagnético. Pode basear-se em diversos princípios físicos, incluindo indutância, capacitância, ultrassom e ótica.
Pirômetro de radiação	Dispositivo analógico de medição de temperatura que percebe a radiação eletromagnética na área do espectro infravermelho visível.
Termistor resistivo	Dispositivo analógico de medição de temperatura baseado no aumento da resistência elétrica de um material metálico à medida que a temperatura aumenta.
Extensômetro	Sensor analógico largamente utilizado para medir força, torque ou pressão. Baseia-se na alteração da resistência elétrica resultante da tensão mecânica aplicada sobre um material condutor.
Tacômetro	Dispositivo analógico formado por um gerador CC (corrente contínua) que produz uma tensão elétrica proporcional à velocidade de rotação.
Sensor tátil	Dispositivo de medição que indica contato físico entre dois objetos. Pode basear-se em qualquer um dos diversos dispositivos físicos, como o contato elétrico (para materiais condutores) e o efeito piezoelétrico.
Termistor semicondutor	Contração de *térmico* e *resistor*. Dispositivo analógico de medição de temperatura baseado na mudança na resistência elétrica de um material semicondutor à medida que a temperatura aumenta.
Termopar	Dispositivo analógico de medição de temperatura baseado no efeito termoelétrico, no qual a junção de duas tiras de materiais distintos emite uma pequena tensão elétrica que é uma função da temperatura da junção. Termopares comuns incluem: Tipo K (chromel-alumel), Tipo J (ferro-constantan) e Tipo E (chromel-constantan).
Sensor ultrassônico	Lapso de tempo a partir do qual se mede a emissão e a reflexão (a partir de um objeto) de pulsos de som de alta frequência. Pode ser utilizado para medir a distância ou simplesmente para indicar a presença de um objeto.

é a saída. A função de transferência pode ser demonstrada da seguinte maneira:

$$S = f(s) \quad (6.1)$$

em que S é o sinal de saída (normalmente uma tensão elétrica), s é o estímulo e $f(s)$ é a relação funcional entre eles.

Interruptores de fim-de-curso e outros sensores binários têm relações funcionais binárias definidas pelas seguintes expressões:

$$S = 1, \text{ se } s > 0, \text{ e } S = 0, \text{ se } s \leq 0 \quad (6.2)$$

A forma funcional ideal para um dispositivo analógico de medição é uma relação proporcional simples, tal como:

$$S = C + ms \quad (6.3)$$

em que C é o valor de saída quando o valor do estímulo é igual a zero, e m é a constante de proporcionalidade entre s e S. A constante m pode ser definida como a *sensibilidade* do sensor. É uma medida de quanto a saída (ou resposta) do sensor é afetada pelo estímulo. Por exemplo, a sensibilidade de um termopar chromel/alumel padrão gera

40,6 microvolts (μV) por grau Celsius (°C). Outras funções de transferência apresentam formas matemáticas mais complexas, incluindo equações diferenciais que englobam dinâmica do tempo, que significa que existe uma diferença de tempo entre o momento de ocorrência do estímulo e aquele no qual o sinal de saída indica com exatidão o valor do estímulo.

Antes de utilizar qualquer dispositivo de medição, o operador deve *calibrar* o dispositivo para que ele determine a função transferência, ou seu inverso, que converte a saída S no valor do estímulo ou da variável s medida. A facilidade com a qual se pode realizar o procedimento de calibragem é um dos critérios pelos quais um dispositivo de medição é avaliado. Uma lista das características desejáveis nos dispositivos de medição é apresentada na Tabela 6.3. Poucos dispositivos de medição alcançam a pontuação máxima em todos esses critérios, e o engenheiro do sistema de controle deve decidir quais características são mais importantes quando da escolha de um dos sensores ou transdutores disponíveis para determinada aplicação.

Tabela 6.3 Características desejáveis na seleção de dispositivos de medição utilizados em sistemas automatizados

Característica desejável	Definição e comentários
Alta exatidão	A medição contém erros sistemáticos pequenos em comparação ao valor real.
Alta precisão	A variabilidade randômica ou o ruído no valor medido é baixo.
Ampla área de operação	O dispositivo de medição apresenta exatidão e precisão altas ao longo de uma ampla faixa de valores das variáveis físicas medidas.
Alta velocidade de resposta	O dispositivo responde rapidamente às mudanças nas variáveis físicas medidas. Idealmente, o tempo de espera seria igual a zero.
Facilidade de calibragem	A calibragem do dispositivo de medição é rápida e fácil.
Desvio mínimo	O desvio se refere à perda gradual da exatidão ao longo do tempo. Desvios altos demandam calibragem frequente do dispositivo de medição.
Alta confiabilidade	O dispositivo não está sujeito a situações de mau funcionamento e falhas durante o serviço. Ele é capaz de operar em ambientes potencialmente adversos do processo de manufatura em que é aplicado.
Baixo custo	O custo de aquisição (ou fabricação) e instalação do dispositivo de medição é baixo se comparado ao valor do dado fornecido pelo sensor.

6.2 ATUADORES

Nos sistemas de controle industrial, um atuador é um dispositivo de hardware que converte um sinal de comando do controlador em uma mudança em um parâmetro físico. Essa mudança normalmente é mecânica, tal como uma alteração de posição ou velocidade. Um atuador é um transdutor, visto que transforma um tipo de quantidade física, como uma corrente elétrica, em outro tipo de quantidade física, como uma velocidade de rotação de um motor elétrico. O sinal de comando do controlador costuma ser de baixo nível e, portanto, um atuador pode demandar também um *amplificador* que aumente o sinal até que ele seja capaz de acionar o atuador.

A maioria dos atuadores pode ser classificada em três categorias, segundo o tipo de amplificador utilizado: (1) elétrico, (2) hidráulico e (3) pneumático. Os *atuadores elétricos* são os mais comuns. Eles incluem motores elétricos de diversos tipos, motores de passo e solenoides. Os atuadores elétricos podem ser tanto lineares (a saída é um deslocamento linear) como rotacionais (a saída é um deslocamento angular). Os *atuadores hidráulicos* utilizam fluido hidráulico para amplificar o sinal de comando do controlador. Os dispositivos disponíveis oferecem movimento linear ou rotativo. Os atuadores hidráulicos normalmente são recomendados quando grandes forças são necessárias. Os *atuadores pneumáticos* utilizam ar comprimido como energia propulsora. Mais uma vez, há atuadores pneumáticos que oferecem movimento linear ou rotativo. Se comparados aos atuadores hidráulicos, costumam estar limitados a aplicações de força relativamente baixa devido a baixas pressões de ar.

Esta seção está organizada em dois tópicos: (1) motores elétricos e (2) outros tipos de atuadores, inclusive alguns movidos a eletricidade. Nossa abordagem não é completa, e o objetivo é oferecer uma introdução dos diferentes tipos de atuadores disponíveis para a implementação da automação e do controle de processos. Uma visão mais completa pode ser encontrada em algumas das referências, incluindo [2], [3] e [11].

6.2.1 Motores elétricos

Um motor elétrico converte energia elétrica em energia mecânica. A maioria deles é do tipo rotativo, e sua operação pode ser explicada com base na Figura 6.2. O motor é composto por dois componentes básicos: um estator e um rotor. O *estator* é o componente fixo em forma de anel, e o *rotor* é a parte cilíndrica que gira dentro do estator. O rotor é montado sobre um eixo sustentado por rolamentos e pode ser acoplado a outros elementos de máquina, como engrenagens, polias, parafusos de ligação ou eixos. A corrente elétrica que alimenta o motor gera um campo magnético em deslocamento constante que faz com que o rotor gire na tentativa de sempre alinhar seus polos aos polos opostos do estator. Detalhes relacionados ao tipo de corrente (alternada ou contínua), à criação do campo magnético em deslocamento constante e a outros aspectos da construção do motor abrem espaço para diferentes tipos de motores elétricos. A classificação mais simples e mais comumente utilizada é a que distingue motores de corrente contínua (do inglês, *direct current* — DC) de motores de corrente alternada (do inglês, *alternate current* — AC). Dentro de cada categoria, existem diversas subcategorias. Discutimos aqui três tipos que são largamente utilizados na automação e no controle industrial: (1) motores CC, (2) motores CA e (3) motores de passo.

Figura 6.2 Um motor elétrico rotativo

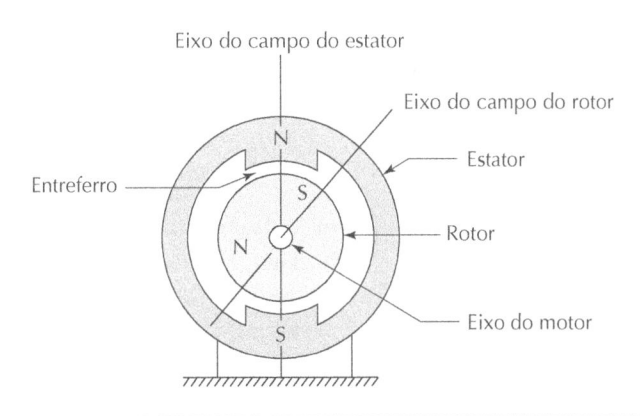

Motores CC. Esses motores são alimentados por corrente e tensão elétrica constantes. O campo magnético em deslocamento constante é criado por meio de um dispositivo de movimento rotativo chamado *comutador*, que gira com o rotor e toma corrente de uma série de escovas de carbono componentes na montagem do estator. Sua função é alterar continuamente a polaridade relativa entre o rotor e o estator, de modo que o campo magnético produza um torque que gire o motor de forma ininterrupta. O uso de comutadores representa a montagem típica de motores CC. Essa construção é desvantajosa, pois resulta em centelhamento, desgaste das escovas e problemas de manutenção. Há um tipo especial de motor CC que evita o uso do comutador e das escovas. Denominado 'motor CC sem escovas', utiliza circuitos de estado sólido para substituir as escovas e o comutador. A eliminação dessas peças trouxe o benefício de diminuição da inércia da montagem do rotor, permitindo maior velocidade de operação.

Os motores CC são largamente utilizados por duas razões. A primeira é a conveniência da utilização de corrente contínua como fonte de energia. Os pequenos motores elétricos dos automóveis, por exemplo, são CC porque a bateria do carro oferece corrente contínua. A segunda razão para a popularidade dos motores CC é que sua relação torque/velocidade é atraente para muitas aplicações, se comparada aos motores CA.

Um tipo comum de motor de corrente contínua são os servomotores CC utilizados em sistemas mecanizados e automatizados — vamos utilizá-los para representar essa classe de motores elétricos. O termo *servomotor* significa, simplesmente, que uma malha (*loop*) de realimentação é usada no alcance da velocidade de controle. Em um servomotor CC, um estator típico consiste em dois imãs permanentes em lados opostos do rotor. O rotor, chamado de *armadura* em um motor CC, é formado por três conjuntos de fios de cobre enrolados em torno de núcleo de metal ferroso. A corrente de entrada chega ao enrolamento por um comutador e interage com o campo magnético do estator, de modo a produzir o torque que aciona o rotor. A magnitude do torque do rotor é uma função da corrente que passa através do enrolamento, e a relação pode ser modelada pela seguinte equação:

$$T = K_t I_a \quad (6.4)$$

em que T é o torque do motor, N.m; I_a é a somatória da corrente de armadura, A; e K_t é constante de torque do motor, N.m/A. A razão para definir I_a como somatória da corrente será explicada em seguida.

A rotação da armadura no campo magnético do estator produz uma tensão elétrica nos terminais da armadura denominada força contraeletromotriz. Na verdade, o motor age como gerador e essa força aumenta com a velocidade de rotação da seguinte maneira:

$$E_b = K_v \omega \qquad (6.5)$$

em que E_b é igual à força contraeletromotriz, V; ω é a velocidade angular, rad/s; e K_v é a constante de tensão elétrica do motor, V/(rad/s). A intenção da força contraeletromotriz é reduzir a corrente que flui no enrolamento da armadura. A velocidade angular em rad/s pode ser convertida para uma velocidade de rotação mais familiar da seguinte maneira:

$$N = \frac{60\omega}{2\pi} \qquad (6.6)$$

em que N é igual à velocidade de rotação, rev/min (rpm).

Dadas a resistência da armadura, R_a, e a tensão elétrica de entrada, V_{in}, fornecidas pelos terminais do motor, a corrente resultante na armadura é $I_a = V_{in}/R_a$. Essa é a corrente inicial que produz um torque inicial conforme dado pela Equação (6.4). Entretanto, à medida que a armadura começa a girar, ela gera a força contraeletromotriz E_b que reduz a tensão elétrica disponível. Assim, a corrente real na armadura depende da velocidade de rotação do rotor,

$$I_a = \frac{V_{in} - E_b}{R_a} = \frac{V_{in} - K_v\omega}{R_a} \qquad (6.7)$$

em que todos os termos já foram definidos anteriormente. Combinando as equações (6.4) e (6.7), o torque produzido pelo servomotor CC a uma velocidade ω é:

$$T = K_t \left[\frac{V_{in} - K_v\omega}{R_a} \right] \qquad (6.8)$$

A força mecânica produzida pelo motor é o produto do torque e da velocidade, conforme definida na equação a seguir:

$$P = T\omega \qquad (6.9)$$

em que P é potência em N.m/s (Watts); T é o torque do motor, N.m; e ω é a velocidade angular, rad/s. A potência correspondente é dada por:

$$HP = \frac{T\omega}{745,7} \qquad (6.10)$$

em que a constante 745,7 é o fator de conversão 745,7 W = 1 hp.

O servomotor pode estar conectado tanto diretamente como por meio de uma engrenagem de redução a um equipamento, que, por sua vez, pode ser um ventilador, uma bomba, um eixo, um fuso de mesa ou qualquer outro aparelho mecânico semelhante. O aparelho representa a carga acionada pelo motor e requer um determinado torque para operar. O torque normalmente está relacionado de alguma maneira à velocidade de rotação. Em geral, o torque aumenta com a velocidade. No caso mais simples, a relação é proporcional:

$$T_L = K_L \omega \qquad (6.11)$$

em que T_L é o torque de carregamento, N.m; e K_L é a constante de proporcionalidade entre o torque e a velocidade angular, N.m/(rad/s). A relação entre K_L e T_L pode não ser proporcional, de modo que o próprio K_L dependa da velocidade angular. Por exemplo, o torque necessário para acionar um ventilador aumenta aproximadamente com o quadrado da velocidade de rotação, $T_L \propto \omega^2$.

O torque desenvolvido pelo motor e o demandado pela carga devem ser balanceados. Ou seja, $T = T_L$ em operações de estado estacionárias, e esse montante de torque é denominado *ponto de operação*. A relação do torque do motor com a velocidade angular pode ser demonstrada conforme se vê na Figura 6.3 e denominada *curva torque-velocidade*. Também na Figura 6.3 se vê a relação carga-torque. A interseção dos dois traços é o ponto de operação, definido pelos valores do torque e da velocidade angular.

Figura 6.3 **Curva torque-velocidade de um servomotor CC (idealizado) e típica relação carga/torque. A interseção dos dois traços é o ponto de operação**

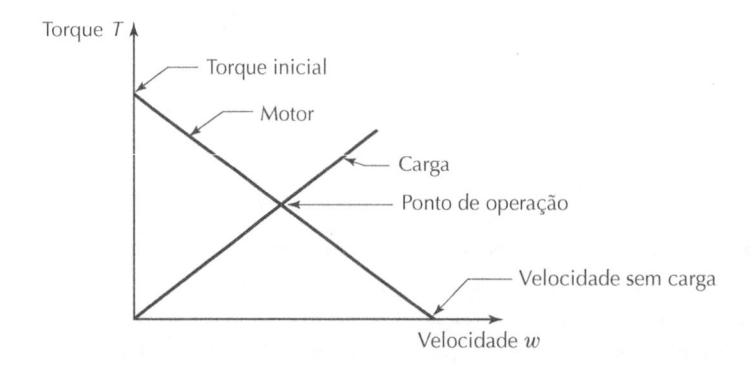

EXEMPLO 6.1
Operação de um servomotor CC

Um servomotor CC possui uma constante de torque, $K_t = 0{,}095$ N.m/A, e uma constante de tensão elétrica, $K_v = 0{,}11$ V/(rad/s). A resistência da armadura é $R_a = 1{,}6$ ohms. Uma tensão de 24 V é usada na operação do motor. Determine (a) o torque inicial gerado pelo motor assim que a tensão é aplicada (denominado torque estacionário — *stall torque*), (b) a velocidade máxima quando o torque é igual a zero e (c) o ponto de operação do motor quando ele está conectado a uma carga cuja característica de torque é dada por $T_L = K_L \omega$ e $K_L = 0{,}007$ N.m/(rad/s). Dê a velocidade de rotação em rev/min.

Solução: (a) Em $\omega = 0$, a corrente da armadura é $I_a = V_{in}/R_a = 24/1{,}6 = 15$ A.
O torque correspondente é, então, $T = K_t I_a = 0{,}095(15) = 1{,}425$ N.m.

(b) A velocidade máxima é alcançada quando a força contraeletromotriz E_b é igual à tensão terminal V_{in}.

$E_b = K_v \omega = 0{,}11\omega = 24$ V
$\omega = 24/0{,}11 = 218{,}2$ rad/s

(c) O torque de carga é dado pela equação $T_L = 0{,}007\,\omega$. A equação do torque do motor é dada pela Equação (6.8). Utilizando os dados do problema,

$T = 0{,}095\,(24 - 0{,}11\,\omega)/1{,}6 = 1{,}425 - 0{,}00653\,\omega$.

Fazendo $T = T_L$ e resolvendo ω, temos que $\omega = 105{,}3$ rad/s. Convertendo esse valor na velocidade de rotação, $N = 60(105{,}3)/2\pi = 1.006$ rev/min.

EXEMPLO 6.2
Potência do servomotor CC

No exemplo anterior, qual a potência distribuída pelo motor no ponto de operação? Dê a resposta em (a) Watts e em (b) cavalo-vapor (horsepower — hp).

Solução: (a) Em $\omega = 105{,}3$ rad/s e utilizando a equação do torque de carga,

$T_L = 0{,}007\,(105{,}3) = 0{,}737$ N.m
Potência $P = T\omega = 0{,}737\,(105{,}3) = 77{,}6$ W.

(b) Potência em hp = $77{,}6/745{,}7 = 0{,}104$ hp.

Nosso modelo de operação de servomotor CC ignora certas perdas e ineficiências que ocorrem nesses motores (perdas semelhantes acontecem em todos os motores elétricos). Essas perdas incluem a perda de contato entre as escovas no comutador, perdas na armadura, atritos com o ar (perda pelo arraste do ar em velocidades de rotação muito altas do rotor) e perda por atrito mecânico nos rolamentos. Nosso modelo também ignora a dinâmica da operação do motor. Na verdade, a característica de inércia do próprio motor e a carga por ele impulsionada, bem como quaisquer mecanismos de transmissão (por exemplo, uma caixa de marchas), teria papel importante na determinação de como o motor opera como função do tempo. Apesar das limitações, as equações conseguem ilustrar uma das vantagens significativas do servomotor CC, que é sua habilidade de distribuir um torque bastante alto em velocidade inicial igual a zero. Além disso, é um motor de velocidade variável e sua direção de rotação pode ser prontamente alterada. Essas são considerações importantes em muitas aplicações de automação, nas quais frequentemente é necessário iniciar e parar a rotação do motor ou reverter sua direção.

Motores CA. Embora os motores CC apresentem inúmeras características interessantes, também possuem duas fortes desvantagens: (1) o comutador e as escovas utilizadas na condução da corrente da montagem do estator para o rotor causam problemas de manutenção nesses motores e (2) a fonte de energia mais comum no setor é a corrente alternada, não a contínua. Para utilizar corrente alternada no acionamento de um motor CC, é preciso acrescentar um retificador que converta a corrente alternada em contínua. Por essas razões, os motores CA são largamente utilizados em muitas aplicações industriais. Eles não usam escovas e são compatíveis com o tipo anterior de energia elétrica.

Motores de corrente alternada operam por meio da geração de um campo magnético rotativo no estator, em que a velocidade de rotação depende da frequência da tensão elétrica de entrada. O rotor é forçado a girar na mesma velocidade do campo magnético. Os motores CA podem ser classificados em duas grandes categorias: motores de indução e motores síncronos. Os *motores CA de indução* são, provavelmente, os mais amplamente utilizados no mundo devido à construção relativamente simples e ao baixo custo de manufatura. Na operação desse tipo de motor, a rotação do rotor através do campo magnético do estator induz a formação de outro campo magnético. Devido a essa característica, o rotor, na maioria dos motores de indução, não precisa de uma fonte externa de energia elétrica. Os *motores CA síncronos* operam por meio da energização do rotor com corrente alterada, o que gera um campo magnético no espaço que separa o rotor do estator. Esse campo magnético cria um torque que gira o rotor na mesma velocidade de rotação das forças magnéticas no estator. Motores síncronos são mais complexos porque requerem um dispositivo denominado *excitatriz* para iniciar a rotação do rotor quando a energia chega ao motor. O excitador aumenta a velocidade de rotação do rotor para sincronizá-la com a do campo magnético rotativo do estator, o que é condição necessária para que um motor CA síncrono funcione.

Tanto os motores por indução como os síncronos operam a uma velocidade constante que depende da frequência da potência elétrica de entrada. Suas aplicações costumam ser aquelas nas quais existe necessidade de funcionamento em uma velocidade constante. Essa é uma desvantagem em muitas aplicações de automação, pois alterações frequentes de velocidade costumam ser necessárias com tantos inícios e paradas. A questão da velocidade algumas vezes é tratada por meio de acionadores de frequência ajustável (denominados *inversores*) que controlam a frequência de corrente alternada para o motor. A velocidade do motor é proporcional à frequência e, portanto, alterá-la significa alterar a velocidade do motor. Os avanços na eletrônica do estado sólido ajudaram a melhorar o controle da velocidade nos motores CA e os tornaram competitivos em algumas aplicações tradicionalmente reservadas aos motores CC.

Motores de passo. Essa classe de motor fornece rotação na forma de deslocamentos angulares discretos, chamados de passos. Cada passo angular é atuado por um pulso elétrico discreto. A rotação angular total é controlada pelo número de pulsos recebidos pelo motor, e a velocidade de rotação é controlada pela frequência dos pulsos. O ângulo do passo está relacionado ao número de passos para o motor conforme a relação:

$$\alpha = \frac{360}{n_s} \quad (6.12)$$

em que α é igual ao ângulo do passo, graus (°); e n_s é igual ao número de passos para o motor de passo, que deve ser um valor inteiro. Valores comuns para o ângulo do passo nos motores de passo comercialmente disponíveis são 7,5°, 3,6° e 1,8°, correspondendo a 48, 100 e 200 passos (pulsos) por volta do motor. O ângulo total, A_m, por meio do qual o ângulo gira é dado por:

$$A_m = n_p \alpha \quad (6.13)$$

em que A_m é medido em graus (°); n_p é o número de pulsos recebido pelo motor e α é o ângulo do passo. A velocidade angular ω e a velocidade de rotação N são dadas pelas expressões:

$$\omega = \frac{2\pi f_p}{n_s} \quad (6.14)$$

$$N = \frac{60 f_p}{n_s} \quad (6.15)$$

em que ω é igual à velocidade angular, rad/s; N é a velocidade de rotação, rev/min; f_p é a frequência de pulsos, pulsos/s; e n_p é o número de passos no motor, passos/rev ou pulsos/rev.

As relações torque-velocidade típicas nos motores de passo são apresentadas na Figura 6.4. Assim como no servomotor CC, o torque diminui quando a velocidade de rotação aumenta. Como a velocidade de rotação está relacionada à frequência do pulso no motor de passo, o torque é mais baixo em taxas de pulso mais altas. Conforme indicado na figura, existem dois modos de operação, travado e girando. No *modo travado*, cada pulso recebido pelo motor faz com que se dê um passo angular discreto; o motor inicia e para (ao menos aproximadamente) com cada pulso. Nesse modo, o motor pode ser parado e iniciado e sua direção pode ser revertida. No *modo girando*, normalmente associado a altas velocidades, a rotação do motor é mais ou menos contínua e não permite paradas ou reversão de direção a cada passo subsequente. Ainda assim, o rotor continua respondendo aos pulsos individuais; ou seja, a relação entre a velocidade de rotação e a frequência dos pulsos é mantida nesse modo.

Os motores de passo são utilizados em sistemas de controle de malha aberta para aplicações nas quais o torque e os requisitos de energia são modestos. Eles são largamente

Figura 6.4 **Curva torque-velocidade típica de um motor de passo**

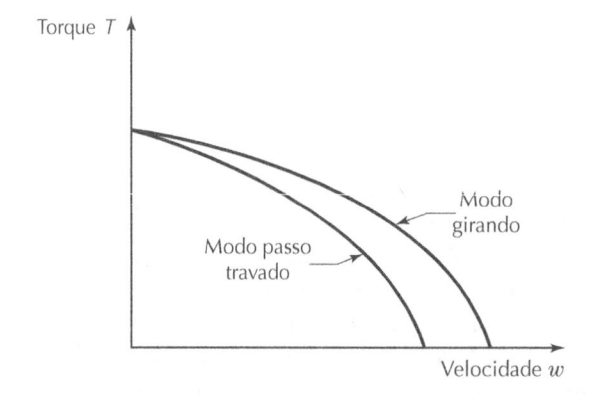

utilizados em máquinas-ferramenta e em outras máquinas de produção, robôs industriais, plotadores *x-y*, instrumentos médicos e científicos e em periféricos para computadores. É provável que a aplicação mais comum seja mover os ponteiros de relógios de quartzo analógicos.

6.2.2 Outros tipos de atuadores

Existem outros tipos de atuadores elétricos além dos motores. Eles incluem solenoides e relés, que são dispositivos eletromagnéticos como motores elétricos, mas que operam de maneira diferente. Existem também atuadores que operam utilizando força hidráulica e pneumática.

Atuadores elétricos diferentes dos motores. Os dois atuadores descritos aqui são os solenoides e os relés eletromecânicos. Um *solenoide* é formado por um pistão móvel dentro de uma bobina de fios estacionária, conforme mostra a Figura 6.5. Quando uma corrente é aplicada à bobina, ela age como um ímã, atraindo o pistão para os fios. Quando a corrente é desligada, uma mola retorna o pistão para sua posição anterior. Solenoides lineares do tipo descrito aqui costumam ser utilizados para abrir ou fechar válvulas em sistemas de fluxo de fluido, tais como equipamentos de processamento químico. Nessas aplicações, o solenoide age puxando ou empurrando (linearmente). Solenoides rotativos também estão disponíveis para oferecer movimento rotativo, em geral sobre uma faixa angular limitada (por exemplo, de uma posição neutra até um ângulo entre 25° e 90°).

Um *relé eletromecânico* é um interruptor elétrico liga/desliga formado por dois componentes principais: uma bobina estacionária e um braço móvel que pode ser feito para abrir ou fechar um contato elétrico através de um campo magnético gerado quando a corrente passa pela bobina. A razão para utilização de um relé é que ele pode ser operado com níveis relativamente baixos de corrente, mas ele abre e fecha circuitos que operam correntes e/ou voltagens altas. Assim, os relés representam um modo seguro de ligar e desligar remotamente um equipamento que requer altos valores de energia elétrica.

Figura 6.5 Solenoide

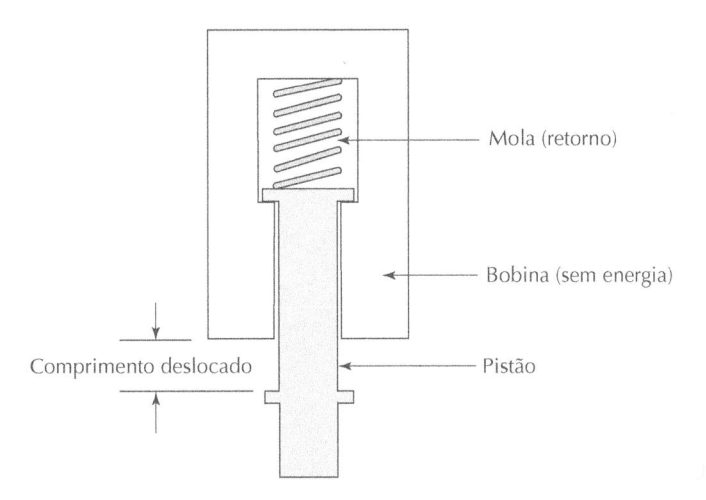

Atuadores hidráulicos e pneumáticos. Essas duas categorias de atuadores são energizadas por fluxos pressurizados. Óleo é utilizado nos sitemas hidráulicos e ar comprimido é utilizado nos sistemas pneumáticos. Em ambas as categorias, os dispositivos são semelhantes no funcionamento, mas distintos na construção devido às diferenças nas propriedades do óleo e do ar. Algumas dessas diferenças e seus efeitos sobre características e aplicações dos dois tipos de atuadores, são mostradas na Tabela 6.4.

Atuadores hidráulicos e pneumáticos estão disponíveis tanto para movimentação linear como para a movimentação rotativa. O cilindro, ilustrado na Figura 6.6, é um dispositivo de movimento linear comum. É basicamente um tubo, e um pistão é forçado a deslizar em seu interior devido à pressão do fluido. Dois tipos são mostrados na figura: (a) ação simples com retorno por mola e (b) dupla ação. Embora esses cilindros operem de modo semelhante para ambos os tipos de fluido, é mais difícil predizer as características de velocidade e força nos cilindros pneumáticos por causa da compressibilidade do ar nesses dispositivos. Nos cilindros hidráulicos, o fluido não é comprimido, e a velocidade e a força do pistão dependem da vazão do fluido e da pressão no interior do cilindro, respectivamente, conforme dado pela relações:

Tabela 6.4 Comparação dos sistemas hidráulicos e pneumáticos

Característica do sistema	Sistema hidráulico	Sistema pneumático
Fluido pressurizado	Óleo (ou emulsão água-óleo)	Ar comprimido
Compressibilidade	Incompressível	Compressível
Nível típico de pressão do fluido	20 MPa (3.000 lb/pol^2)	0,7 MPa (100 lb/pol^2)
Forças aplicadas pelos dispositivos	Altas	Baixas
Velocidades de atuação dos dispositivos	Baixas	Altas
Controle de velocidade	Controle de velocidade preciso	Difícil de controlar com precisão
Problemas com vazamento de fluidos	Sim, danos potenciais na segurança	Sem problemas quando o ar vaza
Custos relativos dos dispositivos	Altos (fator de cinco a dez vezes)	Baixo
Construção e manufatura de dispositivos	Necessários bons acabamentos de superfície e tolerâncias restritas nos componentes	Em vez de componentes de alta precisão, anéis de vedação são utilizados na prevenção de vazamentos
Aplicações de automação	Preferíveis quando forças intensas e controle preciso são necessários	Preferíveis quando o custo baixo e a alta velocidade de atuação são necessários

Figura 6.6 Cilindro e pistão: (a) ação simples com mola de retorno e (b) ação dupla

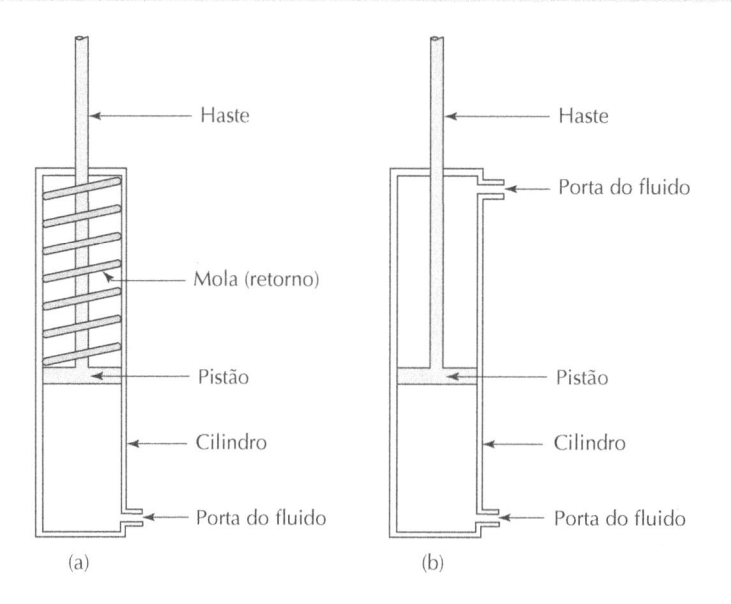

$$v = \frac{Q}{A} \quad (6.16)$$

$$F = pA \quad (6.17)$$

em que v é a velocidade do pistão, m/s (pol/s); Q é a taxa de fluxo volumétrico, m^3/s (pol^2/s); A é a área da seção transversal do cilindro, m^2 (pol^2); F é a força aplicada, N (lbf); e p é a pressão do fluido, N/m^2 ou Pa (lb/pol^2). Vale ressaltar que, em um cilindro de ação dupla, a área é diferente nas duas direções devido à presença da haste. Quando o pistão está retraído no cilindro, a área da seção transversal da haste deve ser subtraída da área do cilindro. Isso significa que a velocidade do pistão será um pouco maior e a força aplicada será um pouco menor quando o pistão estiver recuando (curso reverso) se comparado a quando ele estiver avançando (curso adiante).

Motores rotativos acionados por fluidos também estão disponíveis para o fornecimento de movimento rotativo contínuo. Os motores hidráulicos são bons no desenvolvimento de torques altos, enquanto os motores pneumáticos podem ser utilizados para aplicações de alta velocidade. Existem inúmeros mecanismos diferentes por meio dos quais esses motores podem operar, incluindo o uso de pistões, palhetas e turbina. As características de desempenho dos motores rotativos acionados por ar são mais difíceis de ser analisadas, conforme já observado para o funcionamento dos cilindros pneumáticos. De outro lado, motores hidráulicos apresentam bom comportamento. Em geral, a velocidade de rotação de um motor hidráulico é diretamente proporcional à vazão de fluido, conforme definido na equação:

$$\omega = KQ \quad (6.18)$$

em que ω é a velocidade angular, rad/s; Q é a vazão de fluido volumétrica, m^3/s (pol^3/s); e K é uma constante de proporcionalidade com unidade de rad/m^3 (rad/pol^3). A velocidade angular (rad/s) pode ser convertida em revoluções por minutos (rev/min) multiplicando-a por $60/2\pi$.

6.3 CONVERSORES ANALÓGICO-DIGITAL

Para ser utilizados pelo computador, os sinais analógicos contínuos do processo devem ser convertidos em valores digitais, e os dados digitais gerados pelo computador devem ser convertidos em sinais analógicos a ser usados pelos atuadores analógicos. Nesta seção, discutimos a conversão analógico-digital; a conversão digital-analógico é abordada na próxima seção.

O procedimento para conversão de um sinal analógico do processo em forma digital normalmente é composto pelas etapas e os dispositivos de hardware descritos a seguir e ilustrados na Figura 6.7:

1. *Sensor e transdutor.* São os dispositivos de medição que geram o sinal analógico (Seção 6.1).

2. *Condicionamento do sinal.* O sinal analógico contínuo do transdutor pode demandar condicionamento de maneira a assumir uma forma mais apropriada. O condicionamento típico de sinais inclui (1) filtragem para remoção de ruídos e (2) conversão de uma forma de sinal para outra, por exemplo, conversão de corrente para tensão elétrica.

3. *Multiplexador.* É um dispositivo de interrupção conectado em série a cada um dos canais de entrada do processo; é utilizado para compartilhar o tempo do conversor analógico-digital (do inglês, *analog-to-digital converter* — ADC) entre os canais de entrada. A alternativa é ter um ADC separado para cada canal, o que aumentaria o custo para uma grande aplicação com muitos canais de entrada. Como as variáveis do processo precisam ser tomadas somente periodicamente, a utilização de um multiplexador oferece uma alternativa viável em termos de custo se comparada aos ADCs dedicados aos canais individuais.

4. *Amplificador.* É utilizado para escalar o sinal de entrada para mais ou para menos de forma a torná-lo compatível com a faixa do conversor analógico-digital.

5. *Conversor analógico-digital.* Como o nome indica, a função do ADC é converter o sinal analógico de entrada em sinal digital.

Consideremos a operação do ADC, que é o coração do processo de conversão. A conversão analógico-digital ocorre em três fases: (1) amostragem, (2) quantização e

Figura 6.7 **Etapas da conversão analógico-digital de sinais analógicos contínuos do processo**

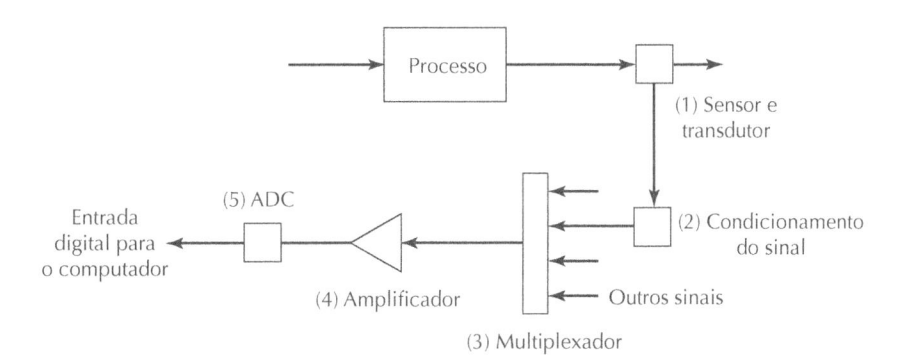

(3) codificação. A amostragem consiste na conversão do sinal contínuo em uma série de sinais analógicos discretos em intervalos periódicos, conforme mostra a Figura 6.8. Na quantização, cada sinal analógico discreto é atribuído a um dos números finitos dos níveis de amplitude previamente definidos. Esses níveis são valores discretos de tensão elétrica que variam conforme a faixa de trabalho do ADC. Na fase de codificação, os níveis de amplitude discretos obtidos durante a quantização são convertidos em código digital, representando os níveis de amplitude discretos por meio de uma sequência de dígitos binários.

Na escolha de um conversor analógico-digital para uma aplicação, os seguintes fatores são relevantes: (1) taxa de amostragem, (2) tempo de conversão, (3) resolução e (4) método de conversão.

A *taxa de amostragem* é aquela na qual os sinais analógicos contínuos são tomados ou pesquisados. Uma alta taxa de amostragem significa que se pode chegar mais perto da forma de onda contínua do sinal analógico. Quando os sinais de entrada são mulltiplexados, a taxa de amostragem mais alta possível para cada sinal é a taxa máxima de amostragem do ADC dividida pelo número de canais processados pelo multiplexador. Por exemplo, se a taxa máxima de amostragem do ADC é 1.000 amostras/s e existem dez canais de entrada no multiplexador, então a taxa máxima de amostragem para cada linha de entrada é 1.000/10 = 100 amostras/s. (Esse procedimento ignora perdas de tempo causadas pela interrupção do multiplexador.)

A taxa de amostragem mais alta possível de um ADC é limitada pelo tempo de conversão do ADC. O *tempo de conversão* de um ADC é o intervalo de tempo decorrido entre a aplicação de um sinal de entrada e a determinação do valor digital pelas fases de quantização e codificação do procedimento de conversão. Esse tempo depende (1) do tipo de procedimento de conversão utilizado pelo ADC e (2) do número de bits *n* utilizados para definir o valor digital convertido. Conforme *n* aumenta, o tempo de conversão diminui (o que é ruim), mas a resolução do ADC aumenta (o que é bom).

A *resolução* de um ADC é a precisão com a qual o sinal analógico é avaliado. Como o sinal é representado na forma binária, a precisão é determinada pelo número de níveis de quantização, o que, em contrapartida, é determinado pela capacidade de bits do ADC e do computador. O número de níveis de quantização é definido por:

$$N_q = 2^n \quad (6.19)$$

em que N_q é o número de níveis de quantização e *n* é o número de bits. A resolução pode ser definida na forma de equação como:

$$R_{ADC} = \frac{L}{N_q - 1} = \frac{L}{2^n - 1} \quad (6.20)$$

em que R_{ADC} é a resolução do ADC, também denominada *espaço entre níveis de quantização*, que é o comprimento de cada nível de quantização; *L* é o limite da faixa de trabalho do ADC, normalmente entre 0-10 V (o sinal de entrada normalmente precisa ser amplificado, para mais ou para menos, até essa faixa); e N_q é o número de níveis de quantização, definido na Equação (6.19).

A quantização gera um erro, visto que o valor digital quantizado pode ser diferente do valor real do sinal analógico. O maior erro possível ocorre quando o valor verdadeiro do sinal analógico está na fronteira entre dois níveis de quantização adjacentes. Nesse caso, o erro é a metade do espaçamento entre os níveis de quantização. Assim sendo, o erro de quantização é definido como:

$$\text{Erro de quantização} = \pm \frac{1}{2} R_{ADC} \quad (6.21)$$

Diversos métodos de conversão estão disponíveis para uso na codificação de um sinal analógico em seu valor digital equivalente. Vamos discutir a técnica mais comumente empregada, denominada *método de aproximação sucessiva*. Nesse método, uma série de tensões de referência é sucessivamente comparada ao sinal de entrada cujo valor é desconhecido. O número de tensões de referência corresponde ao número de bits usados na codificação do sinal. A primeira

Figura 6.8 **Sinal analógico convertido em uma série de dados discretos de amostragem por meio do conversor analógico-digital**

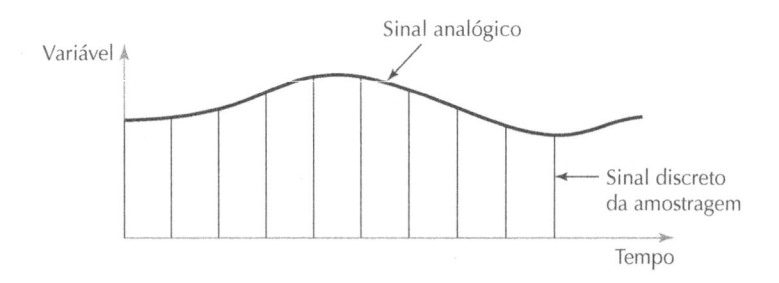

tensão de referência é metade da faixa de trabalho do ADC, e cada tensão de referência subsequente é metade do valor anterior. A comparação do restante da tensão elétrica de entrada com cada tensão de referência retorna um bit no valor 1, se a entrada exceder o valor de referência, e 0, se a entrada for menor do que o valor de referência. Os valores de bits seguintes, multiplicados por suas tensões de referência correspondentes, formam o valor codificado do sinal de entrada. Vamos ilustrar esse procedimento com um exemplo.

EXEMPLO 6.3
Método de aproximação sucessiva na conversão analógico-digital

Suponha que o sinal de entrada é 6,8 V. Utilizado o método de aproximação sucessiva, codifique o sinal para um registro de seis bits para um ADC com limite de escala de 10 V.

Solução: o procedimento de codificação para a entrada de 6,8 V é ilustrado na Figura 6.9. Na primeira tentativa, 6,8 V é comparado a 5 V. Como 6,8 > 5, o valor do primeiro bit é 1. Comparando o valor restante (6,8 − 5) = 1,8 V com a segunda tensão de ensaio de 2,5 V, temos zero para o valor do bit, já que 1,8 < 2,5. A terceira tensão de ensaio é igual a 1,25 V. Como 1,8 > 1,25, o valor do terceiro bit é 1. O resto dos seis bits são avaliados na figura para resultarem no valor codificado igual a 6,718 V.

6.4 CONVERSORES DIGITAL-ANALÓGICO

O processo executado por um conversor digital-analógico (DAC) é o contrário do processo ADC. O DAC transforma a saída digital do computador em um sinal contínuo que aciona um atuador ou outro dispositivo analógico. A conversão digital-analógico é composta de duas etapas: (1) *decodificação*, na qual a saída digital é convertida em uma série de valores analógicos em momentos discretos de tempo, e (2) *exploração de dados* (do inglês, *data holding*), na qual cada valor sucessivo é transformado em um sinal contínuo (normalmente tensão elétrica) usado para acionar o atuador analógico durante o intervalo de amostragem.

A decodificação é alcançada por meio da transferência do valor digital do computador para um registro binário que controla uma fonte de tensão elétrica de referência. Cada bit sucessivo no registro controla metade da tensão elétrica do bit precedente, de modo que o nível da tensão elétrica de saída é determinado pelo estado dos bits no registro. Assim, a tensão elétrica de saída é dada por:

$$E_0 = E_{ref}\{0{,}5B_1 + 0{,}25B_2 + 0{,}125B_3 + ... + (2^n)^{-1}B_n\} \quad (6.22)$$

em que E_0 é a tensão elétrica de saída da etapa de decodificação, V; E_{ref} é a tensão elétrica de referência V; e $B_1, B_2,..., B_n$ são os estados dos bits sucessivos no registro, zero ou um; e n é o número de bits no registro binário.

Figura 6.9 Método de aproximação sucessiva aplicado ao Exemplo 3

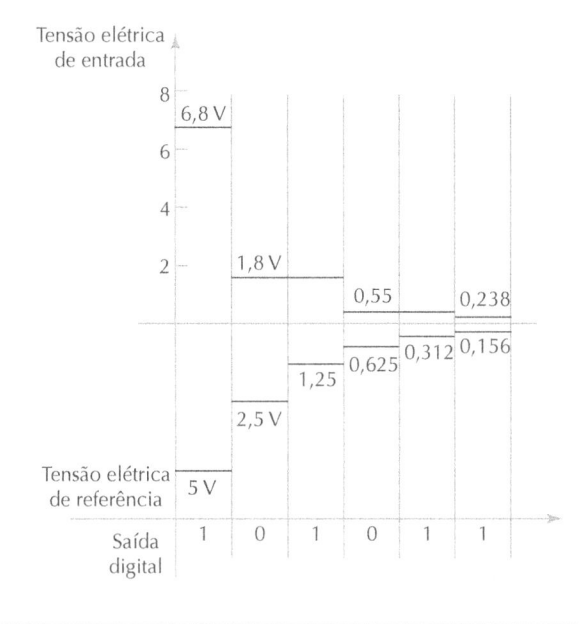

O objetivo da etapa de exploração de dados é aproximar o conjunto formado pela série de dados, conforme ilustra a Figura 6.10. Os dispositivos de exploração de dados são classificados conforme a ordem do cálculo de extrapolação utilizado para determinar a tensão elétrica de saída durante os intervalos de amostragem. O extrapolador mais comum é o *retentor de ordem zero*, no qual a tensão elétrica de saída entre os instantes da amostragem é uma sequência de sinais de passo, como mostra a Figura 6.10(a). A função de tensão elétrica é constante durante o intervalo da amostragem e pode ser expressa de modo simples como:

$$E(t) = E_0 \qquad (6.23)$$

em que $E(t)$ é a tensão elétrica como função do tempo t durante o intervalo de amostragem, V, e E_0 é a tensão elétrica de saída da etapa de codificação, conforme Equação (6.22).

O retentor de dados de primeira ordem é menos comum do que o de ordem zero, mas ele costuma aproximar com maior precisão o conjunto de dados da amostragem. Com o *retentor de primeira ordem*, a função tensão elétrica $E(t)$ se altera durante o intervalo de amostragem com uma inclinação constante determinada pelos dois valores anteriores de E_0. Expressando matematicamente, temos que:

$$E(t) = E_0 + \alpha t \qquad (6.24)$$

em que α é a taxa de alteração de $E(t)$; E_0 é a tensão elétrica de saída da Equação (6.22) no início do intervalo de amostragem, V; e t é o tempo, s. O valor de α é calculado a cada intervalo de amostragem como:

$$\alpha = \frac{E_o - E_o(-\tau)}{\tau} \qquad (6.25)$$

em que E_0 é a tensão elétrica de saída da Equação (6.22) no início do intervalo de amostragem, V; τ é o intervalo de tempo entre os instantes de amostragem, s; e $E_0(-\tau)$ é o valor de E_0 da Equação (6.22) do instante de amostragem anterior, que retrocede conforme τ, V. O resultado do retentor de primeira ordem é apresentado na Figura 6.10(b).

EXEMPLO 6.4
Retentores de ordem zero e de primeira ordem para conversores digital-analógico

Um conversor digital-analógico utiliza uma tensão elétrica de referência de 100 V e possui uma precisão de 6 bits. Em três instantes de amostragem sucessivos, com diferença de 0,5 segundo entre cada um, os dados armazenados no registro binário são os seguintes:

Instante	Dado binário
1	101000
2	101010
3	101101

Determine (a) os valores de saída do decodificador para os três instantes de amostragem, (b) os sinais de tensão elétrica entre os instantes 2 e 3 para um retentor de ordem zero, e (c) os sinais de tensão elétrica entre os instantes 2 e 3 para um retentor de primeira ordem.

Solução: (a) Os valores de saída do decodificador para os três instantes de amostragem são calculados conforme a Equação (6.22):
Instante 1, E_0 = 100{0,5(1) + 0,25(0) + 0,125(1) + 0,0625(0) + 0,03125(0) + 0,015625(0)} = 62,50 V
Instante 2, E_0 = 100{0,5(1) + 0,25(0) + 0,125(1) + 0,0625(0) + 0,03125(1) + 0,015625(0)} = 65,63 V
Instante 3, E_0 = 100{0,5(1) + 0,25(0) + 0,125(1) + 0,0625(1) + 0,03125(0) + 0,015625(1)} = 70,31 V
(b) O retentor de ordem zero entre os instantes 2 e 3 resulta em uma tensão elétrica constante $E(t)$ = 65,63 V, conforme Equação (6.23).

Figura 6.10 Etapa de exploração de dados utilizando (a) retentor de ordem zero e (b) retentor de primeira ordem

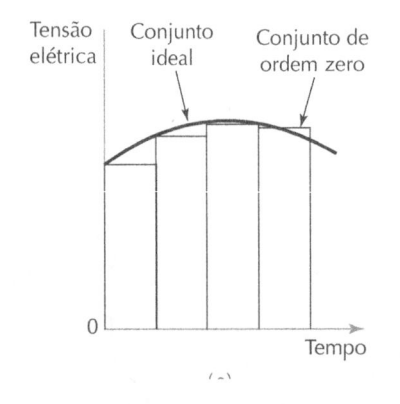

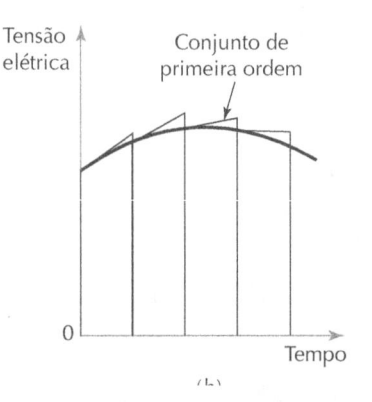

(c) O retentor de primeira ordem resulta em uma **tensão elétrica crescente**. A inclinação α é dada pela Equação (6.25):

$$\alpha = \frac{65{,}63 - 62{,}5}{0{,}5} = 6{,}25$$

e, pela Equação (6.24), a função **tensão elétrica** entre os instantes 2 e 3 é:

$$E(t) = 65{,}63 + 6{,}25\,t$$

Esses valores e essas funções são representados na Figura 6.11. Observe que, comparado ao retentor de ordem zero, o retentor de primeira ordem antecipa com maior precisão o valor de E_0 no instante de amostragem 3.

6.5 DISPOSITIVOS DE ENTRADA/ SAÍDA PARA DADOS DISCRETOS

Dados discretos podem ser processados por um computador digital sem os tipos de procedimentos de conversão necessários para os sinais analógicos contínuos. Conforme vimos anteriormente, os dados discretos se dividem em três categorias: (a) dados binários, (b) dados discretos que não são binários e (c) dados de pulso. A Tabela 6.5 resume as interfaces de entrada/saída para as três categorias de dados discretos.

6.5.1 Interfaces de contato de entrada/ saída

As interfaces de contato podem ser de dois tipos: entrada ou saída. Essas interfaces trazem os dados binários do processo para o computador e transmitem sinais binários do computador para o processo, respectivamente. Os termos 'entrada' e 'saída' fazem referência ao computador.

Uma *interface de contato de entrada* é um dispositivo por meio do qual os dados binários são lidos pelo computador a partir de alguma fonte externa (por exemplo, o processo). Ela é formada por uma série de contatos simples que podem estar fechados ou abertos (ligados ou desligados) para indicar o estado de um dispositivo binário conectado ao processo, como uma chave fim-de-curso (conectada ou desconectada), válvulas (abertas ou fechadas) ou botoeiras de acionamento de motor (ligado ou desligado). O computador verifica periodicamente o estado atual dos contatos para atualizar os valores armazenados em memória.

A interface de contato de entrada também pode ser usada na entrada de dados discretos que não sejam binários. Esse tipo de dado é gerado por dispositivos como uma matriz de sensor fotoelétrico e pode ser armazenado em um registro binário composto por múltiplos bits. Os valores individuais dos bits (0 ou 1) podem ser fornecidos pela interface de contato de entrada. Na verdade, um determinado número de contatos na interface de entrada é alocado para o registro binário, o número de contatos igual ao número de bits no registro. O número binário pode ser convertido para a base 10 convencional conforme necessidade da aplicação.

A *interface de contato de saída* é o dispositivo que comunica os sinais ligados/desligados do computador para o processo. As posições do contato são definidas como ligado ou desligado. Essas posições são mantidas até que sejam alteradas pelo computador, talvez em resposta a eventos do processo. Nas aplicações de controle de processos por computador, o hardware controlado pela interface de contato de saída inclui alarmes, luzes indicadoras (em painéis de controle), solenoides e motores de velocidade constante. O computador controla a sequência de

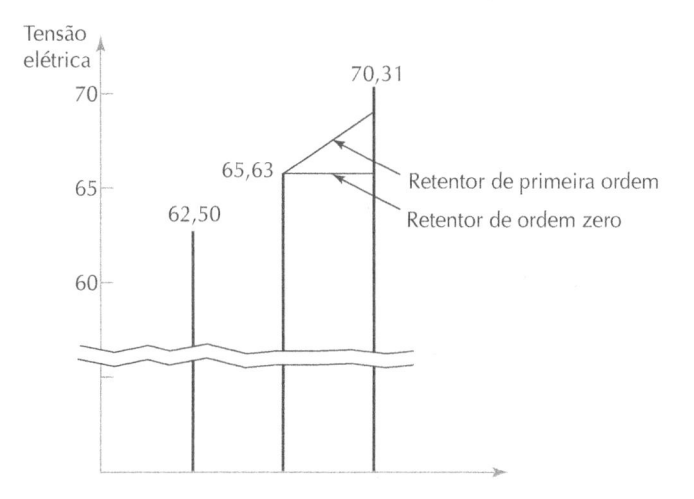

Figura 6.11 Solução do Exemplo 6.4

Tabela 6.5 Tipos de interfaces de entrada/saída do computador para diferentes tipos de variáveis e parâmetros discretos

Tipo de dado digital	Interface de entrada para o computador	Interface de saída do computador
Dado discreto binário (ligado/desligado)	Entrada de contato	Saída de contato
Dado discreto que não seja binário	Matriz de entrada de contato	Matriz de saída de contato
Dados de pulso discretos	Contadores de pulsos	Geradores de pulsos

acionamentos (atividade ligadas/desligadas), no ciclo de trabalho por meio dessa interface.

A interface de contato de saída pode ser utilizada para transmitir outros dados que não sejam binários por meio da associação na interface de uma matriz de contatos com esse propósito. Os valores zero e um dos contatos na matriz são avaliados como um grupo, de modo a determinar o número discreto correspondente. Na verdade, esse procedimento é o oposto daquele utilizado pela interface de contato de entrada para dados discretos que não sejam binários.

6.5.2 Contadores e geradores de pulsos

Dados discretos também podem existir em forma de uma série de pulsos. Esses dados são gerados por transdutores digitais tais como codificadores óticos (encoders). Dados em pulsos também são utilizados no controle de certos dispositivos, como motores de passo.

Um *contador de pulsos* é um dispositivo utilizado para converter uma série de pulsos (chamado *trem de pulsos*, conforme mostrado na Figura 5.1) em um valor digital que é, então, passado ao computador por um canal de entrada. O tipo mais comum de contador de pulsos é aquele que conta pulsos elétricos. Ele é construído utilizando portas lógicas sequenciais, denominada *flip-flops*, que são dispositivos eletrônicos com capacidade de memória e que podem ser utilizados no armazenamento dos resultados do procedimento de contagem.

Os contadores de pulso podem ser utilizados tanto em aplicações de contagem como nas de medição. Uma aplicação de contagem típica pode somar o número de pacotes que passam por um sensor fotoelétrico em um transportador de um centro de distribuição. Uma aplicação de medição típica pode indicar a velocidade de rotação de um eixo. Um método possível para se chegar à medição é conectar o eixo a um *encoder* ótico, que gera um determinado número de pulsos elétricos para cada rotação. Para determinar a velocidade de rotação, o contador de pulsos mede o número de pulsos recebidos durante um determinado período de tempo e o divide pelo tempo e pelo número de pulsos em cada ciclo do codificador. Discutiremos esses contadores no contexto do controle digital na Seção 9.1.2.

Um *gerador de pulsos* é um dispositivo que produz uma série de pulsos elétricos cujas quantidade e frequência totais são definidas pelo computador de controle. O número total de pulsos pode ser utilizado para acionar um eixo de um sistema de posicionamento. A frequência da cadeia de pulsos, ou taxa de pulsos, poderia ser usada no controle da velocidade de rotação de um motor de passos. Um gerador de pulsos opera repetindo continuamente as operações de fechamento e abertura de um contato elétrico, produzindo assim uma sequência de pulsos elétricos discretos. A amplitude (nível de tensão elétrica) e a frequência são projetadas de modo a ser compatíveis com o dispositivo sendo controlado.

Referências

[1] ASTROM, K. J.; WITTENMARK, B. *Computer-controlled systems:* Theory and design. 3. ed. Upper Saddle River, NJ: Prentice Hall, 1997.

[2] BATESON, R. N. *Introduction to control system technology.* 7. ed. Upper Saddle River, NJ: Prentice Hall, 2002.

[3] BEATY, H. W.; KIRTLEY JR., J. L. *Electric motor handbook.* Nova York, NY: McGraw-Hill Book Company, 1998.

[4] BOUCHER, T. O. *Computer automation in manufacturing.* Londres: Chapman & Hall, 1996.

[5] DOEBLIN, E. O. *Measurement systems*: Applications and design, 4. ed. Nova York, NY: McGraw-Hill, 1990.

[6] FRADEN, J. *Handbook of modern sensors.* 3. ed. Nova York, NY: Springer-Verlag, 2003.

[7] GARDNER, J. W. *Microsensors:* Principles and applications. Nova York, NY: John Wiley & Sons, 1994.

[8] GROOVER, M. P.; WEISS, M.; NAGEL, R. N.; ODREY, N. G.; MORRIS, S. B. *Industrial automation and robotics.* Nova York, NY: McGraw-Hill (Primus Custom Publishing), 1998.

[9] OLSSON, G.; PIANI, G. *Computer systems for automation and control.* Londres: Prentice Hall, 1992.

[10] PESSEN, D. W. *Industrial automation:* Circuit design and components. Nova York, NY: John Wiley & Sons, 1989.

[11] RIZZONI, G. *Principles and applications of electrical engineering.* 5. ed. Nova York, NY: McGraw-Hill, 2007.

[12] STENERSON, J. *Fundamentals of programmable logic controllers, sensors, and communications.* 3. ed. Upper Saddle River, NJ: Pearson/Prentice Hall, 2004.

Questões de revisão

6.1 O que é um sensor?

6.2 Qual a diferença entre um sensor analógico e um sensor discreto?

6.3 Qual a diferença entre um sensor ativo e um sensor passivo?

6.4 Em um sensor, o que é a função transferência?

6.5 O que é um atuador?

6.6 Quase todos os atuadores podem ser classificados em três categorias, segundo o tipo de energia utilizada. Defina essas categorias.

6.7 Cite os dois componentes de um motor elétrico.

6.8 No motor CC, o que é um comutador?

6.9 Quais são as duas desvantagens significativas dos motores CC elétricos que fazem com que os motores CA se tornem relativamente atraentes?

6.10 Qual a diferença entre a operação de um motor de passo convencional e um motor CC ou CA?

6.11 O que é um solenoide?

6.12 Qual a diferença entre um atuador hidráulico e um atuador pneumático?

6.13 Descreva brevemente as três fases do processo de conversão analógico-digital.

6.14 Qual é a resolução de um conversor analógico-digital?

6.15 Descreva brevemente as duas fases do processo de conversão digital-analógico.

6.16 Qual a diferença entre uma interface de contato de entrada e uma interface de contato de saída?

6.17 O que é um contador de pulsos?

Problemas

Sensores

6.1 Durante a calibragem, um termopar ferro/constantan é zerado (configurado para emitir uma tensão elétrica igual a zero) a 0 °C. A 750 °C, ele emite uma tensão elétrica de 38,8 mV. Existe uma relação de entrada/saída linear entre 0 °C e 750 °C. Determine (a) a função transferência do termopar e (b) a temperatura correspondente à tensão elétrica de saída de 29,6 mV.

6.2 Um tacômetro digital é utilizado para determinar a velocidade de superfície de uma peça de trabalho rotativa em pés/min. Os tacômetros são projetados para leitura da velocidade de rotação em rev/min, mas, nesse caso, o eixo do tacômetro está diretamente acoplado a uma roda cujo aro externo é feito de borracha. Quando esse aro é pressionado contra a superfície da peça de trabalho em rotação, o tacômetro realiza a leitura da velocidade da superfície. A unidade de medida desejada para essa leitura é pés/min. Qual é o diâmetro do aro da roda que irá oferecer uma leitura direta da velocidade da superfície em pés/min?

6.3 Um medidor digital de vazão opera emitindo um pulso para cada unidade de volume de fluido que o percorre. O medidor que nos interessa possui uma unidade de volume de 57,9 cm^3 por pulso. Em determinada aplicação de controle de processo, o medidor emitiu 6.489 pulsos durante o período de 3,6 minutos. Determine (a) o volume total de fluido que percorreu o medidor, (b) a vazão do fluido e (c) a frequência de pulsos (Hz) correspondente a uma vazão de 75.000 cm^3/min.

6.5 Um termopar para interface ferramenta-cavaco é utilizado para medir a temperatura de corte em uma operação de torneamento. Os dois metais não semelhantes nesse tipo de termopar são o material da ferramenta e o metal da peça de trabalho. Durante a operação de torneamento, o cavaco da peça de trabalho forma uma junção com a aresta de ataque da ferramenta para criar o termoacoplamento exatamente na posição em que a temperatura deve ser medida: na interface entre a ferramenta e o cavaco. Um procedimento separado de calibragem deve ser executado para cada combinação do material da ferramenta com o metal de trabalho. Na combinação que aqui nos interessa, a curva de calibração (inverso da função transferência) para determinado grau de ferramenta de metal duro utilizada no torneamento de aço C1040 é: $T = 88,1E_{tc} - 127$, em que T é a temperatura em °F e E_{tc} é a saída da força eletromotriz do termopar em mV. (a) Revise a equação da temperatura de modo que ela assuma a forma de uma função transferência semelhante à da Equação (6.3). Qual a sensibilidade desse termopar? (b) Durante uma operação de torneamento em linha reta, a força eletromotriz de saída do termopar foi medida em 9,25 mV. Qual era a temperatura de corte correspondente?

Atuadores

6.5 Um servomotor DC é utilizado para atuar em um dos eixos de um posicionador x-y. O motor tem torque constante de 8,75 pol-lb/A e tensão elétrica constante de 10 V/(1.000 rev/min). A resistência da armadura é de 2 ohms. Em determinado momento, a mesa de posionamento não está se movendo e uma tensão elétrica de 20 V é aplicada aos terminais do motor. Determine o torque (a) imediatamente depois que a tensão elétrica é aplicada e (b) a uma velocidade de rotação de 400 rev/min. (c) Qual a velocidade teórica máxima do motor?

6.6 Um servomotor CC possui um torque constante de 0,088 N-m/A e uma tensão elétrica constante igual a 0,12 V(rad/s). A resistência da armadura é de 2,3 ohms. Uma tensão elétrica de 30 V é utilizada na operação do motor. Determine (a) o torque inicial gerado pelo motor assim que a tensão elétrica é aplicada, (b) a velocidade máxima quando o torque é igual a zero e (c) o ponto de operação do motor quando ele está conectado a uma carga cuja característica de torque é proporcional à velocidade com uma constante de proporcionalidade igual a 0,011 N.m/(rad/s).

6.7 No problema anterior, qual a potência fornecida pelo motor no ponto de operação em (a) Watts e em (b) hp?

6.8 Uma tensão de 24 V é aplicada a um servomotor CC cujas constantes de torque e tensão elétrica são 0,115 N.m/A e 0,097 V(rad/s), respectivamente. A resistência da blindagem é 1,9 ohms. O motor está diretamente ligado ao eixo de um ventilador para um processo industrial. (a) Qual o torque estático do motor? (b) Determine o ponto de operação do motor, se a característica torque--velocidade do ventilador for dada pela equação $T_L = K_{L1}\omega + K_{L2}\omega^2$, em que T_L é o torque de carga, N.m; ω é a velocidade angular, rad/s; K_{L1} é igual a 0,005 N.m/(rad/s) e K_{L2} é igual a 0,00033 N.m/(rad/s)^2. (c) Qual potência está sendo gerada pelo motor no ponto de operação?

6.9 O ângulo de passo de um motor de passos é igual a 1,8°. A aplicação que nos interessa deve fazer o eixo do motor dar dez giros completos a uma velocidade angular de 20 rad/s. Determine (a) o número necessário de pulsos e (b) a frequência de pulsos para alcançar a rotação especificada.

6.10 Um motor de passos possui um ângulo de passo de 7,5°. (a) Quantos pulsos são necessários para que o motor dê cinco giros completos? (b) Qual a frequência de pulsos necessária para que o motor gire a uma velocidade de 200 rev/min?

6.11 O eixo de um motor de passo está diretamente conectado a um fuso que aciona uma mesa de trabalho em um sistema de posicionamento x-y. O motor possui um ângulo de passo igual a 5°. O passo do fuso é de 6 mm, o que significa que a mesa de trabalho se move em direção ao eixo do fuso a uma distância de 6 mm para cada giro completo do fuso. Deseja-se mover a mesa a uma distância de 300 mm a uma velocidade máxima de 40 mm/s. Determine (a) o número de pulsos e (b) a frequência de pulsos necessária para alcançar esse movimento.

6.12 Um cilindro hidráulico de ação simples com retorno por mola possui um diâmetro interno de 88 mm. Sua aplicação deve empurrar paletes para fora de um transportador, em uma área de armazenamento. A unidade de potência hidráulica pode gerar até 3,2 MPa de pressão a uma vazão de 175.000 mm^3/s para acionar o pistão. Determine (a) a velocidade máxima possível do pistão e (b) a força máxima que pode ser aplicada ao aparelho.

6.13 Um cilindro hidráulico de dupla ação possui um diâmetro interno de 75 mm. O pistão tem diâmetro de 14 mm. A fonte de energia hidráulica pode gerar até 5 MPa de pressão a uma taxa de fluxo de 200.000 mm^3/s para acionar o pistão. (a) Quais a velocidade máxima possível do pistão e a força máxima que pode ser aplicada no curso adiante? (b) Quais a velocidade máxima possível do pistão e a força máxima que pode ser aplicada no curso reverso?

6.14 Um cilindro hidráulico de ação dupla é usado para atuar em uma articulação linear de um robô indstrial. O diâmetro interno é de 3,5 pol. O pistão tem diâmetro de 0,5 pol. A unidade de potência hidráulica pode gerar até 500 lb/pol^2 de pressão com uma vazão de 1.200 pol^3/min para acionar o pistão. (a) Determine a velocidade máxima possível do pistão e a força máxima que pode ser aplicada no avanço. (b) Determine a velocidade máxima possível do pistão e a força máxima que pode ser aplicada no recuo.

ADC e DAC

6.15 Um sinal contínuo de tensão elétrica deve ser convertido em seu equivalente digital utilizando um conversor analógico-digital. A faixa máxima de tensão elétrica é ± 30 V. O ADC possui capacidade de 12 bits. Determine (a) o número de níveis de quantização, (b) a resolução, (c) o espaçamento entre cada nível de quantização e (d) o erro de quantização para esse ADC.

6.16 Um sinal de tensão elétrica na faixa de zero a 115 V deve ser convertido por meio de um ADC. Determine o número mínimo de bits necessários para a obtenção de um erro de quantização de, no máximo, (a) ± 5 V, (b) ± 1 V e (c) ± 0,1 V.

6.17 Um conversor digital-analógico usa uma tensão elétrica de referência de 120 V CC e possui oito dígitos binários de precisão. Em um dos instantes de amostragem, os dados contidos no registro binário são 01010101. Se um retentor de ordem zero for utilizado para gerar o sinal de saída, qual será o nível de tensão elétrica do sinal?

6.18 Um conversor digital-analógico usa tensão elétrica de referência de 80 V e possui precisão de seis dígitos. Em quatro instantes sucessivos de amostragem, cada um com um segundo de duração, os dados binários contidos no registro de saída foram 100000, 011111, 011101 e 011010. Determine a equação para a tensão elétrica como uma função do tempo entre os instantes de amostragem 3 e 4 utilizando retentores (a) de ordem zero e (b) de primeira ordem.

6.19 No problema anterior, imagine que um retentor de segunda ordem fosse utilizado para gerar o sinal de saída. A equação para esse retentor seria $E(t) = E_0 + \alpha t + \beta t^2$, em que E_0 é a tensão elétrica inicial no começo do intervalo de tempo. (a) Para os dados binários citados no problema anterior, determine os valores de α e β que seriam utilizados na equação para o intervalo de tempo entre os instantes 3 e 4. (b) Compare a atuação dos retentores de primeira e de segunda ordem na antecipação da tensão elétrica no quarto instante.

CAPÍTULO 7
Controle numérico

CONTEÚDO DO CAPÍTULO

7.1 Fundamentos da tecnologia de controle numérico
- 7.1.1 Componentes básicos de um sistema de CN
- 7.1.2 Sistemas de coordenadas do CN
- 7.1.3 Sistemas de controle de movimento

7.2 Controle numérico computadorizado
- 7.2.1 Características do CNC
- 7.2.2 A unidade de controle da máquina CNC
- 7.2.3 *Software* de CNC

7.3 Controle numérico distribuído

7.4 Aplicações do controle numérico
- 7.4.1 Aplicações de máquinas-ferramenta
- 7.4.2 Outras aplicações do CN
- 7.4.3 Vantagens e desvantagens do CN

7.5 Análise de engenharia dos sistemas de posicionamento do CN
- 7.5.1 Sistemas de posicionamento em malha aberta
- 7.5.2 Sistemas de posicionamento em malha fechada
- 7.5.3 Precisão no posicionamento por CN

7.6 Programação das peças no CN
- 7.6.1 Programação manual
- 7.6.2 Programação assistida por computador
- 7.6.3 Programação do CN usando CAD/CAM
- 7.6.4 Entrada manual de dados

Apêndice A7: Codificação para a programação manual

Apêndice B7: Programação com APT

O *controle numérico* (CN, em inglês *numerical control* — NC) é uma forma de automação programável em que as ações mecânicas de uma máquina-ferramenta, ou outro equipamento, são controladas por um programa contendo dados alfanuméricos codificados. Esses dados representam posições relativas entre um cabeçote (*workhead*) e uma peça de trabalho, bem como outras instruções necessárias à operação da máquina. O cabeçote é um dispositivo com uma ferramenta de corte ou outro aparato de processamento, e a peça de trabalho é o objeto sendo processado. Quando o trabalho em andamento é terminado, as instruções do programa podem ser modificadas para o processamento de um novo trabalho. A capacidade de modificação do programa torna o CN adaptável para a pequena e a média produção. É muito mais fácil escrever novos programas do que fazer maiores alterações nos equipamentos de processamento.

O controle numérico pode ser aplicado a uma variedade de processos. As aplicações se dividem em duas categorias: (1) aplicações de usinagem, como furação, fresamento, torneamento e outros processos de metalurgia e (2) aplicações que não usam máquinas-ferramenta, como montagem, desenho e inspeção. A característica comum de operação do CN em todas essas aplicações é o controle do movimento do cabeçote em relação à peça. O conceito de CN data do fim dos anos de 1940, e a primeira máquina de CN foi desenvolvida em 1952 (veja a Nota histórica 7.1).

Nota histórica 7.1

As primeiras máquinas de controle numérico [1], [4], [8], [10]

O desenvolvimento do CN deve muito à Força Aérea dos Estados Unidos e às primeiras indústrias aeroespaciais. O primeiro trabalho na área do CN é atribuído a John Parsons e seu sócio Frank Stulen na Parsons Corporation, em Traverse City, Michigan. Parsons era empreiteiro da Força Aérea durante os anos de 1940 e tinha experimentado o conceito de utilização de dados de posicionamento coordenado, contidos em cartões perfurados para definir e usinar os contornos da superfície de aerofólios. Ele havia nomeado seu sistema de fresadora *Cardamatic*, uma vez que os dados numéricos eram guardados em cartões perfurados. Parsons e seus colegas apresentaram a ideia à base da Força Aérea Wright-Patterson em 1948, e o contrato inicial foi assinado em junho de 1949. Uma subcontratação foi feita por Parsons em julho de 1949 para os Laboratórios de Servomecanismos do Instituto de Tecnologia de Massachusetts (Massachusetts Institute of Technology — MIT) para (1) realizar um estudo de engenharia de sistemas sobre controles de máquinas-ferramenta e (2) desenvolver um protótipo de máquina-ferramenta baseado no princípio Cardamatic. A pesquisa foi iniciada com base nessa subcontratação, que continuou até abril de 1951, quando um contrato foi assinado entre o MIT e a Força Aérea para completar o trabalho de desenvolvimento.

No início do projeto, tornou-se claro que as taxas de transferência de dados necessárias entre o controlador e a máquina-ferramenta não poderiam ser alcançadas usando cartões perfurados, então foi proposta a utilização de fitas de papel perfuradas ou fitas magnéticas para o armazenamento de dados numéricos. Esses e outros detalhes técnicos do sistema de controle para as máquinas-ferramenta foram definidos até junho de 1950. O nome *controle numérico* foi adotado em março de 1951, baseado em um concurso patrocinado por John Parsons entre "o pessoal do MIT que trabalha no projeto". A primeira máquina de CN foi desenvolvida por meio do reequipamento (*retrofitting*) de uma fresadora vertical Hydro-Tel da Cincinnati Milling Machine Company (uma fresadora convencional de 24 pol por 60 pol) que havia sido doada dos equipamentos excedentes da Força Aérea. O controlador combinava componentes analógicos e digitais, que consistiam de 292 válvulas eletrônicas e ocupavam um espaço maior do que a própria máquina-ferramenta. O protótipo realizou com sucesso o controle simultâneo do movimento de três eixos baseando-se nos dados de coordenada de fitas binárias perfuradas. Essa máquina experimental entrou em operação em março de 1952.

Uma patente para o sistema de máquina-ferramenta intitulada *Servossistema de Controle Numérico* foi requerida em agosto de 1952 e concedida em dezembro de 1962. Os inventores foram listados: Jay Forrester, William Pease, James McDonough e Alfred Susskind, todos integrantes da equipe do Laboratório de Servomecanismos durante o projeto. É interessante apontar que uma patente foi requerida por John Parsons e Frank Stulen em maio de 1952 para um *Instrumento Controlado por Motor para o*

Posicionamento de Máquina-ferramenta baseada na ideia de utilizar cartões perfurados e controlador mecânico em vez de eletrônico. Essa patente foi emitida em janeiro de 1958. Em retrospectiva, é claro que a pesquisa do MIT forneceu o protótipo para os desenvolvimentos subsequentes da tecnologia de CN. Até onde sabemos, nenhuma máquina comercial foi apresentada usando a configuração de Parsons-Stulen.

Quando a máquina de CN entrou em operação em março de 1952, peças de teste foram solicitadas por companhias de aviação de todo o país para que se conhecessem as características de operação e economia do CN. Várias vantagens potenciais do CN foram conhecidas com esses testes. Incluíam a boa precisão e repetibilidade, a redução do tempo sem corte no ciclo de usinagem e a capacidade de usinar geometrias complexas. A programação de usinagem (também descrita como programação de peças, programação CN ou, simplesmente, programação) foi reconhecida como uma dificuldade pela nova tecnologia. Uma demonstração pública da máquina aconteceu em setembro de 1952 para os fabricantes de máquinas-ferramenta (previstos para ser as empresas que desenvolveriam produtos na nova tecnologia), produtores de componentes de aviação (esperados como os principais usuários do CN) e outras partes interessadas.

As reações das companhias de máquinas-ferramenta que acompanhavam as demonstrações "variavam do otimismo cauteloso ao completo negativismo" [10, p. 61]. A maior parte das companhias se preocupava com um sistema que dependia de válvulas eletrônicas, sem perceber que elas seriam logo substituídas por transistores e circuitos integrados. Também se preocupavam com as qualificações de suas equipes para manter tal equipamento e eram de modo geral céticos com relação ao conceito de CN. Antecipando essa reação, a Força Aérea patrocinou duas tarefas adicionais: (1) disseminação de informação para a indústria e (2) um estudo econômico. A tarefa de disseminação de informação incluía várias visitas do pessoal do Laboratório de Servomecanismos aos fabricantes de máquinas-ferramenta bem como visitas ao laboratório por equipes das indústrias para observar demonstrações do protótipo da máquina. O estudo econômico mostrou de forma clara que as aplicações de máquinas-ferramenta de CN de uso geral estavam na produção de baixa e média quantidade, em oposição às linhas de transferência do tipo Detroit, que só podiam ser justificadas para quantidades muito grandes.

Em 1956, a Força Aérea decidiu patrocinar o desenvolvimento de máquinas-ferramenta de CN em várias companhias. Essas máquinas foram postas em operação em companhias de aviação entre os anos de 1958 e 1960. As vantagens do CN logo se tornaram aparentes, e as companhias aeroespaciais começaram a fazer pedidos de novas máquinas de CN. Em alguns casos, até construíam suas próprias unidades. Isso serviu de estímulo para os fabricantes de máquinas-ferramenta restantes que ainda não haviam abraçado o CN. Os avanços em tecnologia da computação também estimularam mais desenvolvimento. A primeira aplicação do computador digital para o CN foi a programação. Em 1956, o MIT demonstrou a viabilidade de um sistema de programação assistido por computador usando um protótipo inicial de computador digital que havia sido desenvolvido. Baseado nessa demonstração, a Força Aérea patrocinou o desenvolvimento de uma linguagem de programação. Essa pesquisa resultou no desenvolvimento da linguagem APT em 1958.

O sistema de ferramenta automaticamente programável (do inglês, *automatically programmed tool* — APT) foi fruto do trabalho do matemático Douglas Ross, que trabalhava no Laboratório de Servomecanismos do MIT na época. Lembre-se de que esse projeto foi iniciado nos anos de 1950, tempo em que a tecnologia dos computadores digitais estava em sua infância, como estavam também as linguagens e os métodos de programação. O projeto APT foi um esforço pioneiro não apenas no desenvolvimento da tecnologia do CN, mas também em conceitos de programação de computadores, computação gráfica e projeto assistido por computador (CAD). Ross vislumbrou um sistema de programação, em que (1) o usuário prepararia instruções para operar a máquina-ferramenta usando palavras parecidas com o inglês, (2) o computador digital traduziria essas instruções para uma linguagem que o computador pudesse entender e processar, (3) o computador realizaria os cálculos aritméticos e geométricos necessários para executar as instruções e, então, (4) processaria (pós-processo) as instruções de modo que pudessem ser interpretadas pelo controlador da máquina-ferramenta. Depois, ele reconheceu que o sistema de programação devia ser expandido para além das aplicações consideradas inicialmente pela pesquisa do MIT (aplicações de fresamento).

O trabalho de Ross no MIT tornou-se um dos focos da programação de CN, e um projeto foi iniciado para desenvolver uma versão bidimensional da APT, com nove companhias de aviação mais a IBM Corporation participando do esforço conjunto e tendo o MIT como coordenador do projeto. O sistema de 2D-APT ficou pronto para avaliação em campo nas fábricas de companhias participantes em abril de 1958. Os testes, a depuração e o refinamento do sistema de programação levaram aproximadamente três anos. Em 1961, o Illinois Institute of Technology Research Institute (IITRI) foi escolhido como responsável pela manutenção e atualização de longo prazo da APT. Em 1962, o IITRI anunciou a conclusão da APT-III, versão comercial da APT para programação tridimensional de peças. Em 1974, a APT foi aceita como padrão dos Estados Unidos para programação de CN de máquinas-ferramenta de corte de metais. Em 1978, foi aceita pela ISO como padrão internacional.

A tecnologia de controle numérico estava em sua segunda década antes do emprego efetivo de computadores no controle dos movimentos das máquinas-ferramenta. Em meados dos anos de 1960, foi desenvolvido o conceito de *controle numérico direto* (do inglês, *direct numerical control* — DNC), no qual máquinas-ferramenta individuais eram controladas por um computador de grande porte, distante das máquinas. O computador ignorava o leitor de fita perfurada, transmitindo, em vez disso, instruções para as máquinas em tempo real, um bloco de cada vez. O sistema protótipo foi demonstrado em 1966 [4]. Duas companhias pioneiras no desenvolvimento do DNC foram a General Electric Company e a Cincinnati Milling Machine Company (que mudou seu nome para Concinnati Milacron em 1970). Muitos sistemas de DNC foram demonstrados na Mostra Nacional de Máquinas-Ferramenta em 1970.

Os computadores de grande porte representavam a condição da tecnologia de meados dos anos de 1960. Não havia computadores pessoais ou microcomputadores naquela época. Entretanto a tendência na tecnologia da computação era para a utilização de circuitos integrados de crescentes níveis de integração, o que resultou em um aumento considerável no desempenho computacional ao passo que o tamanho e o custo do computador eram reduzidos. No início dos anos de 1970, a economia estava certa em usar um computador dedicado como a MCU (do inglês, *machine control unit*). Essa aplicação veio a se tornar conhecida como *controle numérico computadorizado* (CNC). No começo, minicomputadores eram usados como os controladores; depois, foram usados conforme a tendência desempenho/tamanho continuava.

7.1 FUNDAMENTOS DA TECNOLOGIA DE CONTROLE NUMÉRICO

Para introduzir a tecnologia do CN, primeiro definimos os componentes básicos de um sistema de CN, depois descrevemos os sistemas de coordenadas de CN de uso comum e tipos de controle de movimento usados no CN.

7.1.1 Componentes básicos de um sistema de CN

Um sistema de CN consiste de três componentes básicos: (1) um programa de instruções de usinagem, (2) uma unidade de controle de máquina e (3) um equipamento de processamento. A relação comum entre os três componentes é ilustrada na Figura 7.1.

O *programa de usinagem* é o conjunto de comandos passo a passo detalhados que dirigem as ações do equipamento de processamento. Em aplicações de máquinas-ferramenta, a pessoa que prepara o programa é chamada *programador*. Nessas aplicações, os comandos individuais se referem a posições de uma ferramenta de corte em relação à mesa de trabalho na qual a peça a ser usinada é fixada. Instruções adicionais são geralmente incluídas, como a velocidade do eixo, a velocidade de avanço, a seleção da ferramenta de corte e outras funções. O programa é codificado em um meio adequado para a apresentação à unidade de controle da máquina. Por muitos anos, o meio comum

Figura 7.1 **Componentes básicos de um sistema de CN**

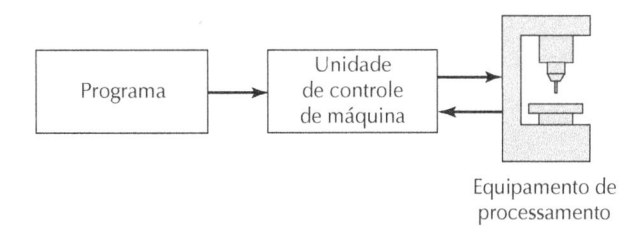

era uma fita perfurada, com uma polegada de largura, usando um formato-padrão que poderia ser interpretado pela unidade de controle da máquina. Nos dias de hoje, nas fábricas modernas, as fitas perfuradas foram substituídas por tecnologias de armazenamento mais atuais. Essas tecnologias incluem fita magnética, disquetes e transferência eletrônica de programas do computador.

Na tecnologia moderna de CN, a *unidade de controle da máquina* (MCU) é um microcomputador, e seus periféricos, que armazena as instruções do programa e as executa convertendo cada comando em ações mecânicas do equipamento de processamento, um comando por vez. Os periféricos relacionados à MCU incluem componentes de comunicação com o equipamento de processamento e elementos de controle de realimentação (*feedback*). A MCU também inclui um ou mais dispositivos de leitura para a entrada de programas na memória. Os *softwares* residentes da MCU incluem o sistema de controle, algoritmos de cálculo e *softwares* de tradução para converter o programa CN em formato utilizável pela MCU. Por ser a MCU um computador, o termo *controle numérico computadorizado* (CNC) é usado para distinguir esse tipo de CN de seus precedentes tecnológicos, que eram inteiramente baseados em eletrônica de componentes discretos. Hoje, praticamente todas as MCUs novas são baseadas em tecnologia da computação; por isso, quando nos referirmos a CN, queremos dizer CNC.

O terceiro componente básico de um sistema de CN é o *equipamento de processamento*, que executa o real trabalho produtivo (por exemplo, a usinagem). Ele realiza os passos do processamento para transformar a peça inicial em uma peça terminada. Sua operação é dirigida pela MCU, que por sua vez é dirigida pelas instruções contidas no programa da peça. No exemplo mais comum de CN — a usinagem, o equipamento de processamento consiste da mesa de trabalho e do eixo, bem como dos motores e controles que os dirigem.

7.1.2 Sistemas de coordenadas do CN

Para programar o equipamento de processamento de CN, um programador deve definir um sistema de eixos padrão pelo qual a posição do cabeçote em relação à peça possa ser especificada. Há dois sistemas de eixos usados no CN, um para peças de trabalho planas e prismáticas e outro para peças rotacionais. Os dois são baseados no sistema cartesiano de coordenadas.

O sistema de eixo para peças planas e prismáticas consiste dos três eixos lineares (x, y, z) do sistema cartesiano de coordenadas e de mais três eixos rotacionais (a, b, c), como mostra a Figura 7.2(a). Na maioria das aplicações de máquinas-ferramenta, os eixos x e y são usados para mover e posicionar a mesa de trabalho na qual a peça é presa, e o eixo z é usado para controlar a posição vertical da ferramenta de corte. Um esquema de posicionamento como esses é adequado para aplicações simples de CN como a furação de folhas de metal. A programação dessas máquinas-ferramenta consiste de algo além da especificação de uma sequência de coordenadas x-y.

Os eixos rotacionais a, b e c especificam posições angulares sobre os eixos x, y e z respectivamente. Para distinguir os ângulos positivos dos negativos, a *regra da mão direita* é usada: usando a mão direita com o polegar apontado na direção linear positiva do eixo ($+x$, $+y$ ou $+z$), os dedos da mão são dobrados na direção da rotação positiva. Os eixos rotacionais podem ser usados para o seguinte: (1) orientação da peça para apresentar diferentes superfícies para a usinagem e/ou (2) orientação de ferramenta ou ca-

Figura 7.2 **Sistemas de coordenadas usados no CN (a) para trabalhos planos e prismáticos e (b) para trabalho rotacional (Na maioria das máquinas de torneamento, o eixo z é horizontal em vez de vertical, como mostramos)**

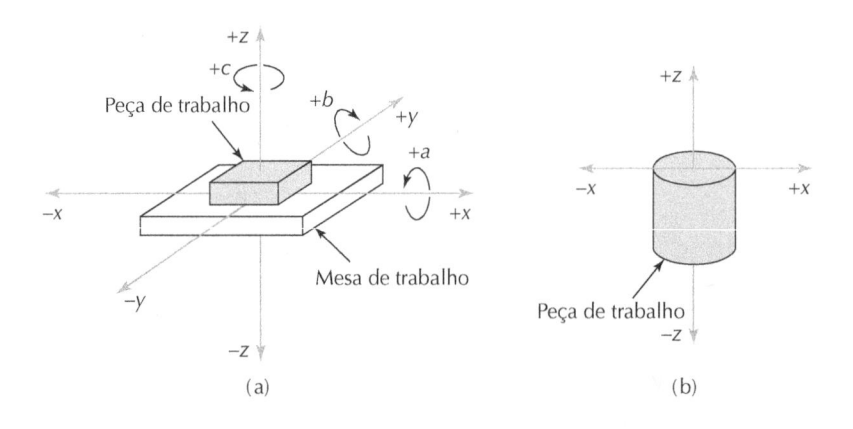

(a)

(b)

beçote em algum ângulo relativo à peça. Esses eixos adicionais permitem a usinagem de geometrias complexas da peça. As máquinas-ferramenta com capacidade de eixos rotacionais geralmente têm quatro ou cinco eixos: três eixos lineares mais um ou dois eixos rotacionais. A maior parte dos sistemas de CN de máquinas-ferramenta não requer todos os seis eixos.

Os eixos de coordenadas para um sistema de CN rotacional estão ilustrados na Figura 7.2(b). Esses sistemas estão associados com tornos e centros de torneamento de CN. Ainda que a peça gire, esse não é um dos eixos controlados na maioria das máquinas de torneamento. Como consequência, o eixo y não é usado. O caminho da ferramenta de corte relativo à peça sendo rotacionada é definido no plano x-z, em que o eixo x é a localização radial da ferramenta e o eixo z é paralelo ao eixo de rotação da peça.

O programador deve decidir onde a origem do sistema de eixos de coordenadas deve estar localizada. Essa decisão normalmente é baseada na conveniência da programação. Por exemplo, a origem pode estar localizada em um dos extremos da peça. Se a peça for simétrica, o ponto zero pode ser definido mais convenientemente como o centro da simetria. Seja onde for a localização, esse ponto zero é comunicado ao operador da máquina-ferramenta. No início do trabalho, o operador deve mover a ferramenta de corte sob controle manual para algum *ponto-alvo* na mesa de trabalho, onde a ferramenta pode ser posicionada de maneira fácil e precisa. O ponto-alvo foi referenciado anteriormente à origem do sistema de eixos de coordenadas pelo programador. Quando a ferramenta estiver posicionada corretamente no ponto-alvo, o operador indica para a MCU onde a origem está localizada para os movimentos subsequentes da ferramenta.

7.1.3 Sistemas de controle de movimento

Alguns processos de CN são realizados em lugares discretos da peça (por exemplo, furação e solda ponto). Outros são executados enquanto o cabeçote está em movimento (por exemplo, torneamento, fresamento e soldagem por arco contínuo). Se o cabeçote está se movendo, pode ser necessário seguir um caminho reto ou circular ou outro caminho curvilíneo. Esses diferentes tipos de movimento são realizados pelo sistema de controle de movimentos, cujas características são explicadas a seguir.

***Controle ponto a ponto* versus *caminho contínuo*.** Os sistemas de controle de movimento para CN (e robótica, Capítulo 8) podem ser divididos em dois tipos: (1) ponto a ponto e (2) caminho contínuo. *Sistemas ponto a ponto*, também chamados de *sistemas de posicionamento*, movem a mesa de trabalho para uma posição programada sem levar em consideração o caminho tomado para chegar até ela. Uma vez que a movimentação termina, alguma ação de processamento é realizada pelo cabeçote no local, como a perfuração de um orifício. Dessa maneira, o programa consiste de uma série de localidades pontuais nas quais as operações são realizadas, como mostra a Figura 7.3.

Os *sistemas de caminho contínuo* são capazes de controle simultâneo contínuo de dois ou mais eixos. Isso oferece controle do trajeto da ferramenta em relação à peça. Nesse caso, a ferramenta realiza o processo enquanto a mesa de trabalho é movimentada, permitindo ao sistema gerar superfícies angulares, curvas bidimensionais, ou contornos tridimensionais na peça. Esse modo de controle é necessário em várias operações de fresamento e torneamento. Uma operação simples de fresamento de perfil bidimensional é mostrada na Figura 7.4 para ilustrar o controle de caminho contínuo. Quando o controle de caminho contínuo é utilizado para mover a ferramenta paralela a apenas um dos eixos principais da mesa de trabalho da máquina-ferramenta, isso é chamado *CN de corte reto*. Quando o controle de caminho contí-

Figura 7.3 Controle ponto a ponto (posicionamento) em CN. Em cada posição *x-y*, o movimento da mesa é interrompido para realizar a operação de usinagem do furo

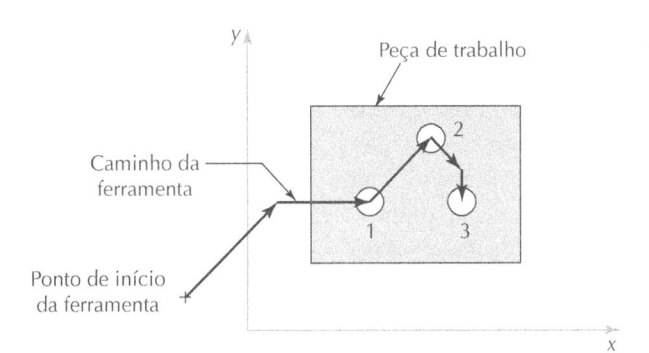

Figura 7.4 Controle de caminho contínuo (contorno) em CN (plano x-y apenas). Note que o caminho da ferramenta de corte deve ser afastado da linha externa da peça por uma distância igual a seu raio

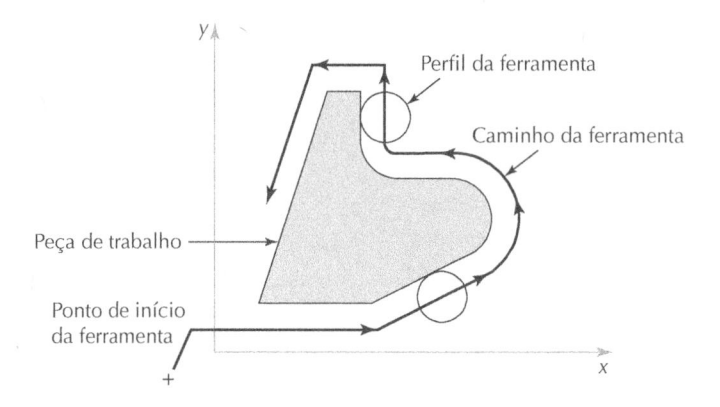

nuo é usado para o controle simultâneo de dois ou mais eixos em operações de usinagem, o termo *contorno* é usado.

Métodos de interpolação. Um dos aspectos importantes do contorno é a interpolação. Os caminhos que um sistema de CN do tipo contorno precisa gerar muitas vezes consistem de arcos circulares e outras formas lisas não lineares. Algumas dessas formas podem ser definidas matematicamente por fórmulas geométricas simples (por exemplo, a equação para um círculo é $x^2 + y^2 = R^2$, em que R é o raio do círculo, e o centro do círculo está na origem), enquanto outras não podem ser definidas matematicamente exceto por aproximação. Em qualquer dos casos, um problema fundamental na geração dessas formas usando equipamentos de CN é que eles são contínuos, enquanto o CN é digital. Para cortar por um caminho circular, o círculo deve ser dividido em uma série de segmentos de linhas retas que se aproximam da curva. A ferramenta é ordenada a usinar cada segmento de linha em sucessão de modo que a superfície usinada corresponda à forma desejada. O erro máximo entre a superfície nominal (desejada) e a real (usinada) pode ser controlado pela extensão dos segmentos de linha individuais, como explicado na Figura 7.5.

Se fosse solicitado ao programador especificar os pontos de finalização para cada um dos segmentos de linha, a tarefa de programação seria extremamente árdua e carregada de erros. Além disso, o programa da peça seria muito longo por conta do grande número de pontos. Para diminuir esse fardo, foram desenvolvidas rotinas de interpolação que calculam os pontos intermediários a ser seguidos pelo cortador para gerar um caminho particular definido matematicamente ou aproximado.

Vários métodos de interpolação estão disponíveis para lidar com os variados problemas encontrados na geração de caminhos contínuos suaves e contorno. Eles incluem (1) interpolação linear, (2) interpolação circular, (3) interpolação helicoidal, (4) interpolação parabólica e (5) interpolação cúbica. Cada um desses procedimentos, descritos com brevidade na Tabela 7.1, permite ao programador gerar instruções de máquina para caminhos lineares ou curvilíneos usando relativamente poucos parâmetros de entrada. O módulo de interpolação na MCU realiza os cálculos e direciona a ferramenta através do caminho. Nos sistemas CNC, o interpolador é normalmente executado por *software*. Os interpoladores lineares e circulares são quase sempre incluídos em sistemas CNC modernos, enquanto a interpolação helicoidal é uma opção comum. Interpolações parabólicas e cúbicas são menos comuns; são necessárias apenas em fábricas que precisam produzir contornos de superfície complexos.

Posicionamento absoluto versus incremental. Outro aspecto do controle de movimentos se preocupa com as posições definidas em relação à origem do sistema de coordenadas ou em relação à posição anterior da ferramenta. Os casos são chamados de posicionamento absoluto e posicionamento incremental. No posicionamento absoluto, o posicionamento do cabeçote sempre é definido em relação à origem do sistema de eixos. No posicionamento incremental, a próxima posição do cabeçote é definida em relação a sua posição atual. A diferença é ilustrada na Figura 7.6.

Figura 7.5 Aproximação de um caminho curvado em CN por uma série de segmentos de linha reta. A precisão da aproximação é controlada pelo desvio máximo (chamado de tolerância) entre a curva nominal (desejada) e os segmentos de linha reta que são usinados pelo sistema de CN. Em (a), a tolerância é definida apenas no interior da curva nominal. Em (b), a tolerância é definida apenas no exterior da curva desejada. Em (c), a tolerância é definida em ambos os lados da curva desejada

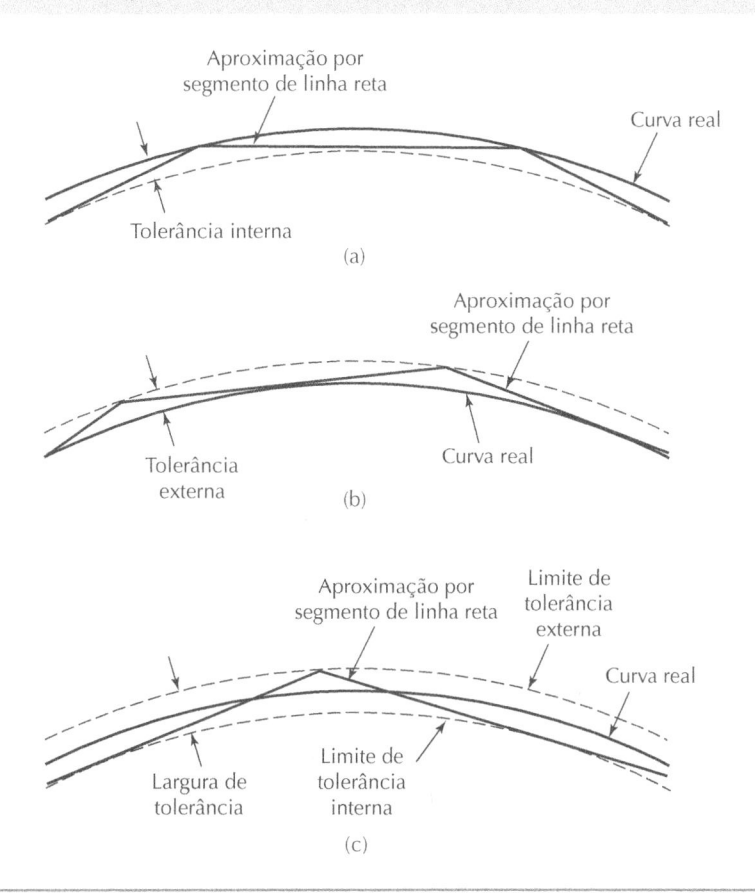

Tabela 7.1 Métodos de interpolação em controle numérico para controle de caminho contínuo

Interpolação linear. Esse é o método mais básico e é usado quando um caminho em linha reta deve ser gerado em CN de caminho contínuo. Rotinas de interpolação linear de dois ou três eixos são algumas vezes diferenciadas na prática, mas conceitualmente são as mesmas. O programador especifica o ponto de início e o ponto de término da linha reta e a velocidade de avanço a ser usada ao longo da linha. O interpolador calcula as taxas de alimentação para cada um dos dois (ou três) eixos para atingir a velocidade de avanço especificada.

Interpolação circular. Esse método permite programar um arco circular pela especificação dos seguintes parâmetros: (1) as coordenadas do ponto de início, (2) as coordenadas do ponto de término, (3) o centro ou o raio do arco e (4) a direção da ferramenta ao longo do arco. O caminho da ferramenta gerado consiste de uma série de pequenos segmentos de linha reta (Figura 7.5) calculadas pelo módulo de interpolação. A ferramenta é direcionada para mover-se ao longo de cada segmento de linha, um por um, para gerar um caminho circular suave. Uma limitação da interpolação circular é que o plano onde o arco circular existe deve ser definido por dois eixos do sistema de CN (x-y, x-z ou y-z).

Interpolação helicoidal. Esse método combina o esquema de interpolação circular para os dois eixos descritos acima com o movimento linear de um terceiro eixo. Isso permite a definição de um caminho helicoidal em um espaço tridimensional. As aplicações incluem usinagem de grandes roscas internas, retas ou cônicas.

Interpolação parabólica ou cúbica. Essas rotinas fornecem aproximações de curvas livres usando equações de ordem maior. Elas normalmente requerem uma potência computacional considerável e não são comuns como a interpolação linear e circular. A maior parte das aplicações está nas indústrias aeroespaciais e automotivas para o projeto de formas livres que não podem ser aproximadas de maneira precisa e conveniente pela combinação da interpolação linear com a circular.

Figura 7.6 Posicionamento absoluto *versus* incremental. O cabeçote está atualmente no ponto (20, 20) e está para ser movido para o ponto (40, 50). No posicionamento absoluto, o movimento é especificado por $x = 40$, $y = 50$; enquanto no posicionamento incremental, o movimento é especificado por $x = 20$, $y = 30$

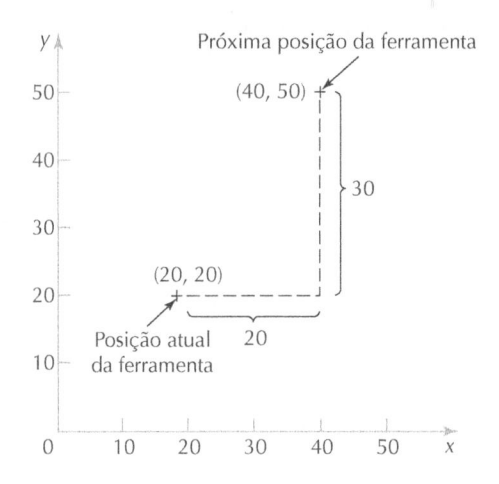

7.2 CONTROLE NUMÉRICO COMPUTADORIZADO

Desde a introdução do CN em 1952, houve grandes avanços na tecnologia do computador digital. O tamanho físico e o custo de um computador digital foram reduzidos de maneira significante ao passo que suas capacidades computacionais aumentaram substancialmente. Era lógico para os fabricantes dos equipamentos de CN incorporar esses avanços da tecnologia da computação em seus produtos, começando com computadores de grande porte nos anos de 1960, passando em seguida pelos minicomputadores nos anos de 1970, além dos microcomputadores nos anos de 1980. Hoje, CN quer dizer *controle numérico computadorizado* (CNC) e é definido como um sistema de CN cuja MCU é baseada em um microcomputador dedicado, em vez de um controlador de circuitos diretos. Os mais atuais controladores computadorizados para CNC têm como características processadores de alta velocidade, memória maior, memórias *flash* de estado sólido, servomecanismos melhorados e arquiteturas de barramento [13]. Alguns controladores têm capacidade de controlar várias máquinas no modo de DNC (Seção 7.3).

7.2.1 Características do CNC

Os sistemas computadorizados de CN incluem características além do que é viável com o CN convencional por circuitos discretos. Essas características, muitas das quais são padrão na maioria das MCUs da CNC, são relacionadas a seguir:

- *Armazenamento de mais de um programa de usinagem.* Com os avanços da tecnologia de armazenamento dos computadores, os novos controladores CNC têm capacidade suficiente para guardar vários programas. Os fabricantes de controladores geralmente oferecem uma ou mais expansões de memória como opcionais para a MCU.

- *Várias maneiras de entrada de programas.* Enquanto as MCUs convencionais (por circuitos discretos) são limitadas às fitas perfuradas como meio de entrada para os programas de usinagem, os controladores CNC normalmente possuem várias capacidades de entrada de dados, como fitas perfuradas (se a fábrica ainda as utiliza), fita magnética, disquetes, comunicação com computadores externos por meio de porta RS-232 e entrada de dados manual (entrada de programas pelo operador).

- *Edição de programas na máquina-ferramenta.* O CNC permite que um programa seja editado enquanto reside na memória do computador da MCU. Por esse motivo, um programa pode ser testado e corrigido na máquina, em vez de ser devolvido ao escritório de programação para correções. Além das correções nos programas, a edição também permite que as condições de corte no ciclo de usinagem sejam otimizadas. Depois que o programa for corrigido e otimizado, a versão revisada pode ser armazenada em uma fita perfurada ou em outra mídia para utilização no futuro.

- *Ciclos fixos e sub-rotinas de programação.* A capacidade aumentada de memória e a habilidade para programar o computador de controle fornecem a oportunidade de armazenar os ciclos de usinagem mais utilizados como *macros*, que podem ser chamadas pelos programas. Em vez de escrever toda a instrução para um ciclo particular em todos os programas, um programador inclui uma chamada no programa de uma peça para indicar que o ciclo da macro deve ser executado. Esses ciclos muitas vezes necessitam que certos parâmetros sejam definidos, por exemplo, uma flange, para a qual o diâmetro do círculo dos parafusos, o espaçamento entre os furos e outros parâmetros devem ser especificados.

- *Interpolação.* Alguns dos esquemas de interpolação descritos na Tabela 7.1 são normalmente executados apenas em um sistema de CNC por conta dos requisitos computacionais. A interpolação linear e a circular são algumas vezes implementadas por circuitos discretos na unidade de controle, mas as interpolações helicoidal, parabólica e cúbica são de modo geral executadas por um algoritmo de programa armazenado.

- *Características para a preparação de posicionamento.* Preparar a máquina-ferramenta para uma dada peça envolve a instalação e o alinhamento de um dispositivo de fixação na mesa da máquina-ferramenta. Isso deve ser realizado de modo que os eixos da máquina sejam estabelecidos em respeito à peça. O alinhamento pode ser facilitado usando certas funcionalidades que se tornaram possíveis com as opções de *software* de um sistema CNC. A *configuração de posição* é uma dessas funcionalidades. Com ela, o operador não precisa posicionar o dispositivo de fixação na mesa da máquina com precisão extrema. Em vez isso, os eixos da máquina-ferramenta são referenciados com relação à posição da fixação usando um ponto-alvo, um conjunto de pontos-alvo na peça ou um dispositivo de fixação.

- *Comprimento da ferramenta e compensação de seu tamanho.* Nos antigos controles, as dimensões da ferramenta tinham de ser configuradas precisamente para corresponder ao caminho da ferramenta definido no programa. Métodos alternativos para garantir a definição precisa do caminho da ferramenta foram incorporados aos controles CNC. Um método envolve a entrada manual das dimensões reais da ferramenta na MCU. Essas dimensões reais podem ser diferentes das originalmente programadas. As compensações são então feitas automaticamente no caminho calculado da ferramenta. Outro método envolve a utilização de um sensor de comprimento da ferramenta embutido na máquina. Nessa técnica, a ferramenta é montada no eixo e o sensor mede seu comprimento; esse valor medido é então usado para corrigir o caminho programado da ferramenta.

- *Cálculos de aceleração e desaceleração.* Essa característica se aplica quando a ferramenta se move com altas velocidades de avanço. Ela é projetada para evitar marcas da ferramenta na superfície de trabalho que seriam geradas pela dinâmica da máquina-ferramenta quando o caminho da ferramenta mudasse de forma abrupta. Como alternativa, a velocidade de avanço é ligeiramente desacelerada em antecipação a uma mudança no caminho da ferramenta e então acelerada novamente até a velocidade programada depois da mudança de direção.

- *Interface de comunicação.* Com a atual tendência de utilização de interfaces e redes de comunicação nas fábricas, a maioria dos controladores CNC modernos são equipados com uma porta padrão RS-232 ou outras interfaces de comunicação para ligar a máquinas a outros computadores e dispositivos controlados por computador. Isso é útil para várias aplicações, como (1) o *download* de programas de usinagem de um arquivo central de dados, (2) a coleta de dados operacionais como contagem de peças, tempos de ciclo e utilização de máquina e (3) a comunicação com equipamentos periféricos, como robôs que carregam e descarregam as peças.

- *Diagnósticos.* Muitos sistemas de CNC modernos possuem capacidade de diagnóstico que monitora certos aspectos da máquina-ferramenta para detectar falhas ou sinais de falhas iminentes ou para diagnosticar quedas no sistema.

7.2.2 A unidade de controle de máquina CNC

A MCU é o *hardware* que diferencia o CNC do CN convencional. A configuração geral da MCU em um sistema de CNC é ilustrada na Figura 7.7. A MCU consiste dos seguintes componentes e subsistemas: (1) unidade central de processamento, (2) memória, (3) interface de E/S, (4) controles para os eixos da máquina-ferramenta e velocidade de rotação do eixo e (5) controles sequenciais para outras funções da máquina-ferramenta. Esses subsistemas são interconectados por meio de um barramento de sistema, que comunica os dados e os sinais por todos os componentes da rede.

Unidade central de processamento (do inglês, central processing unit — CPU). É o cérebro da MCU. Ela gerencia os outros componentes da MCU baseando-se no *software* contido na memória principal. A CPU pode ser dividida em três seções: (1) seção de controle, (2) unidade lógico-aritmética e (3) memória de acesso imediato. A *seção de controle* recupera comandos e dados da memória e gera sinais para ativar outros componentes na MCU.

Em resumo, sequencia, coordena e regula todas as atividades do computador da MCU. A *unidade lógico-aritmética* (do inglês, *arithmetic-logic unit* — ALU) consiste dos circuitos necessários para a realização de vários cálculos (adição, subtração, multiplicação), contagem e funções lógicas solicitadas pelo *software* residente na memória. A *memória de acesso imediato* fornece armazenamento temporário para os dados sendo processados pela CPU. É conectada à memória principal por meio do barramento de dados do sistema.

Memória. A memória de acesso imediato na CPU não é destinada ao armazenamento do *software* de CNC. Uma capacidade de armazenamento muito maior é exigida para os vários programas e dados necessários à operação do sistema de CNC. Como na maioria dos sistemas de computador, a memória do CNC pode ser dividida em duas categorias: (1) memória principal e (2) memória secundária. A *memória principal* (também conhecida como *armazenamento primário*) consiste de dispositivos de ROM (memória somente de leitura, do inglês, *read-only memory*) e RAM (memória de acesso aleatório, do inglês, *random access memory*). O *software* do sistema operacional e os programas de interface da máquina (Seção 7.2.3) são geralmente armazenados na ROM. Esses programas costumam ser instalados pelo fabricante da MCU. Os programas de controle numérico são gravados nos dispositivos de RAM. Os programas armazenados na RAM podem ser apagados e substituídos por novos programas conforme mudam os serviços.

Os dispositivos de *memória secundária* de alta capacidade (também chamados *armazenamento auxiliar* ou *secundário*) são usados para guardar programas e arquivos de dados maiores, depois transferidos para a memória principal conforme a necessidade. Os discos rígidos são comuns entre os dispositivos de memória secundária, bem como os dispositivos portáteis; eles substituíram a maior parte das fitas perfuradas usadas tradicionalmente para o armazenamento de programas. Os discos rígidos são dispositivos de armazenamento de alta capacidade instalados de forma permanente na unidade de controle da máquina de CNC. A memória secundária do CNC é usada para guardar programas, macros e outros *softwares*.

Interface de entrada/saída. Oferece a comunicação entre os vários componentes do sistema de CNC, outros sistemas de computador e o operador da máquina. Como o nome sugere, a interface de E/S transmite e recebe dados e sinais dos dispositivos externos, muitos dos quais são indicados na Figura 7.7. O *painel de controle do operador* é a interface básica pela qual o operador da máquina se comunica com o sistema de CNC. É usada para a entrada de comandos relacionados com a edição de programas de usinagem, a definição do modo de operação da MCU (por exemplo, controle por programa *versus* controle manual), ajustes de velocidades de rotação e avanço, ligar e desligar a bomba de fluido de corte, e funções similares. O painel de controle do operador costuma incluir um teclado alfanumérico. A interface de E/S também inclui uma tela (CRT ou LED) para comunicação de dados e informações da MCU para o operador da máquina. A tela é usada para indicar o estado atual do programa conforme ele é executado e para avisar o operador de quaisquer falhas no sistema de CNC.

Também incluídos na interface de E/S estão um ou mais meios de entrada dos programas para o armazenamento. Como indicado anteriormente, os programas CN são gravados de várias maneiras. Os programas também podem ser inseridos manualmente pelo operador da máquina ou gravados em um computador central e transmitidos via rede local (LAN) para o sistema de CNC. Seja qual for o meio empregado pela fábrica, um dispositivo adequado deve ser incluído à interface de E/S para permitir a entrada dos programas na memória da MCU.

Figura 7.7 Configuração de uma unidade de controle de máquina CNC

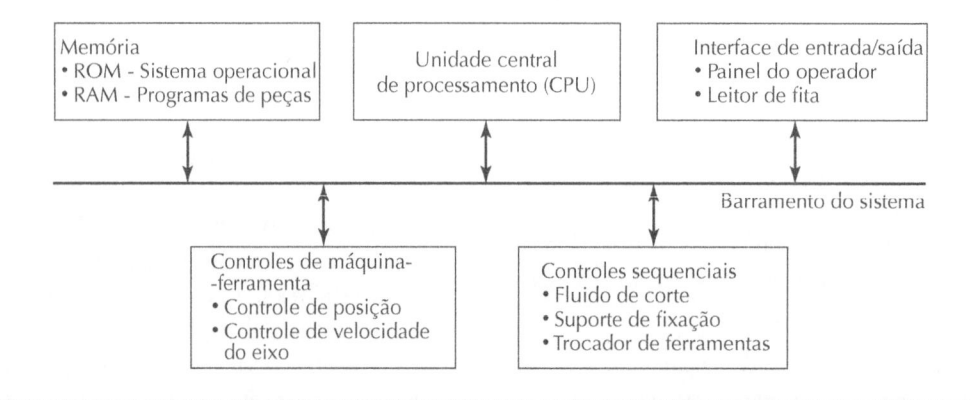

Controles para os eixos da máquina-ferramenta e velocidade do eixo-árvore. Esses são componentes de *hardware* que controlam a posição e a velocidade (de avanço) de cada um dos eixos da máquina bem como a velocidade de rotação do eixo-árvore da máquina-ferramenta. Os sinais de controle gerados pela MCU devem ser convertidos à forma e ao nível de energia compatíveis com os distintos sistemas de controle de posição usados para movimentar os eixos da máquina. Os sistemas de posicionamento podem ser classificados como malha aberta e malha fechada, e diferentes componentes de *hardware* são necessários em cada caso. Uma discussão mais detalhada desses elementos de *hardware* é apresentada na Seção 7.6, junto a uma análise de como funcionam para realizar o controle de posição e da velocidade de avanço. Para nossos propósitos aqui, é suficiente indicar que alguns dos componentes de *hardware* são embutidos na MCU.

De acordo com o tipo de máquina-ferramenta, o eixo-árvore é usado para mover (1) a peça ou (2) uma ferramenta rotativa. O torneamento exemplifica o primeiro caso, enquanto o fresamento e a furação exemplificam o segundo. A velocidade do eixo-árvore é um parâmetro programado na maioria das máquinas-ferramenta de CNC. Os componentes do controle de velocidade do eixo-árvore na MCU consistem, de modo geral, de um dispositivo de circuito de controle e uma interface de sensor de realimentação. Os componentes particulares de *hardware* dependem do tipo da unidade de eixo-árvore.

Controles sequenciais para outras funções da máquina-ferramenta. Além do controle da posição da mesa, da velocidade de avanço e da velocidade de rotação do eixo-árvore, muitas outras funções adicionais são realizadas sob o controle do programa. Essas funções auxiliares são normalmente atuações do tipo liga/desliga (binárias), intertravamentos e dados numéricos discretos. Uma amostra dessas funções é apresentada na Tabela 7.2. Para evitar a sobrecarga da CPU, um controlador lógico programável (Capítulo 9) é usado algumas vezes para gerenciar a interface de E/S para essas funções auxiliares.

Computadores pessoais e a MCU. Em um número crescente, os computadores pessoais (PCs) estão sendo usados na fábrica na implementação do controle de processos (Seção 5.3.3), e o CNC não é exceção. Duas configurações básicas são aplicadas [7]: (1) o PC é usado como interface de entrada separada da MCU, e (2) o PC contém a placa de controle de movimento e outros *hardwares* necessários à operação da máquina-ferramenta. No segundo caso, a placa de controle de CNC é instalada em uma entrada padrão do PC. Em qualquer uma das configurações, a vantagem da utilização do PC para o CNC é sua flexibilidade para executar uma variedade de *softwares* de usuário, enquanto controla as operações da máquina-ferramenta. Os *softwares* de usuário podem incluir programas para o controle do chão de fábrica, o controle estatístico de processo, a modelagem de sólidos, o gerenciamento da ferramenta de corte e outros *softwares* de produção assistida por computador. Outros benefícios incluem mais facilidade de utilização comparada ao CNC convencional e a facilidade de comunicação em rede dos PCs. Uma desvantagem possível é o tempo gasto em reequipar o PC para operar como CNC, em especial quando da instalação dos controles de movimento do CNC dentro do PC. Além disso, algumas fábricas preferem não ter PCs no chão da fábrica devido à preocupação com vírus e segurança [15].

7.2.3 Software de CNC

O computador no CNC funciona por meio do *software*. Há três tipos de *softwares* usados em sistemas de CNC: (1) *software* de sistema operacional, (2) *software* de interface com a máquina e (3) *softwares* aplicativos.

A principal função do sistema operacional é interpretar os programas CN e gerar os sinais de controle correspondentes para mover os eixos na máquina-ferramenta. Ele é instalado pelo fabricante do controlador e armazenado na ROM da MCU. O sistema operacional consiste do seguinte: (1) um *editor*, que permite ao operador informar e editar programas CN, além de realizar outras funções de gerenciamento de arquivos; (2) um *programa de controle*, que decodifica as instruções dos programas, executa os cálculos de interpolação e aceleração/desaceleração, além de realizar outras funções relacionadas para produzir os sinais de controle de coordenadas para cada eixo e (3) um *programa executivo*, que gerencia a execução do *software* de CNC bem como das operações de E/S da MCU. O sistema operacional também inclui as rotinas de diagnóstico disponíveis no sistema de CNC.

O *software* de interface com a máquina é usado para realizar a comunicação entre a CPU e a máquina-ferramenta com o objetivo de executar as funções auxiliares do CNC (Tabela 7.2). Conforme indicado anteriormente, os sinais de E/S associados às funções auxiliares são algumas vezes implementados por meio de um controlador lógico programável conectado à MCU; desse modo o *software* de interface com a máquina é muitas vezes escrito na forma de diagramas de lógica ladder (Seção 9.2).

Finalmente, os *softwares* aplicativos consistem dos programas CN escritos para as aplicações de usinagem (ou outras) na planta do usuário. Transferimos o tópico de programação de usinagem para a Seção 7.6.

Tabela 7.2 **Exemplos de funções auxiliares implementadas muitas vezes por um controlador lógico programável na MCU**

Função auxiliar do CNC	Tipo ou classificação
Controle do fluido de corte	Saída ligado/desligado da MCU para a bomba
Trocador de ferramenta e unidade de armazenamento de ferramenta	Dados numéricos discretos (valores possíveis limitados à capacidade da unidade de armazenamento de ferramentas)
Dispositivo de fixação	Saída ligado/desligado da MCU para o atuador do dispositivo
Alarme ou parada de emergência	Entrada de ligado/desligado do sensor para a MCU; saída ligado/desligado para a tela e alarme
Robô para carga/descarga de peças	Intertravamento para sequenciar a operação de carga/descarga; sinais de E/S entre a MCU e o robô
Contadores (por exemplo, de peças)	Dados numéricos discretos (valores possíveis limitados ao número de peças que podem ser produzidas em dado período de tempo, como um expediente)

7.3 CONTROLE NUMÉRICO DISTRIBUÍDO

A Nota histórica 7.1 descreve vários modos pelos quais os computadores foram utilizados para implementar o CN. A primeira tentativa de usar um computador digital para controlar a máquina-ferramenta de CN foi chamada de *controle numérico direto* (DNC). Isso aconteceu no fim dos anos 1960, antes do advento do CNC. Como havia sido implementado antes, o DNC envolvia o controle de várias máquinas-ferramenta por um único computador (de grande porte) por meio da conexão direta e em tempo real. Em vez de usar um leitor de fitas perfuradas na entrada de programas para a MCU, o programa era transmitido para a MCU diretamente do computador, um bloco de instruções por vez. Esse modo de operação recebeu o nome de *atrás do leitor de fitas* (do inglês, *behind the tape reader* — BTR). O computador do DNC fornecia os blocos de instrução para a máquina-ferramenta por demanda; quando a máquina necessitava de comandos de controle, os mesmos eram comunicados a ela imediatamente. À medida que cada bloco era executado pela máquina, o próximo era transmitido. Até onde a máquina-ferramenta sabia, a operação não era diferente da dos controladores convencionais de CN. Na teoria, o DNC libertou o sistema de CN dos componentes menos confiáveis: a fita perfurada e o leitor de fitas.

A configuração geral de um sistema de DNC é apresentada na Figura 7.8. O sistema consistia de quatro componentes: (1) o computador central, (2) a memória de massa no computador central, (3) o conjunto de máquinas controladas e (4) as linhas de telecomunicação para conectar as máquinas ao computador central. Durante a operação, o computador chamava os programas necessários da memória de massa e os enviava (um bloco de cada vez) para a máquina-ferramenta designada. Esse procedimento

Figura 7.8 **Configuração geral de um sistema de DNC. A conexão com a MCU está atrás do leitor de fitas.**

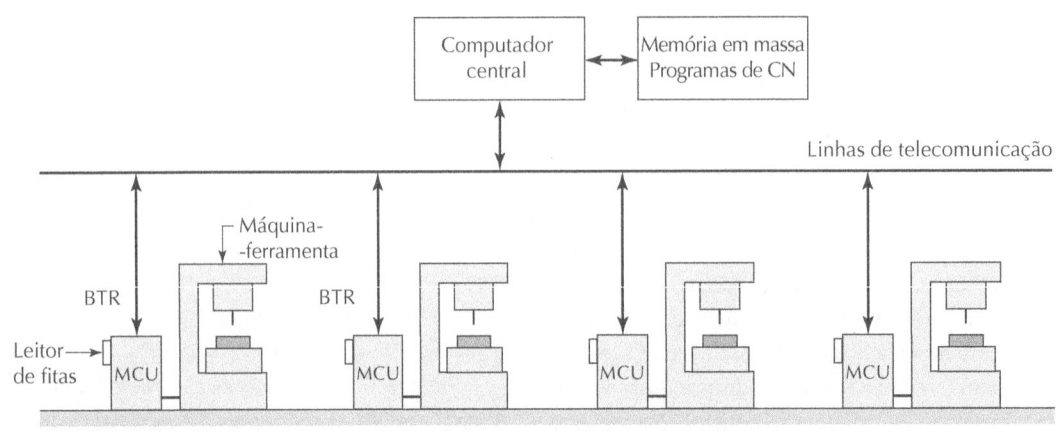

Legenda: BTR quer dizer "atrás do leitor de fitas" e MCU significa "unidade de controle de máquina"

era repetido para todas as máquinas-ferramenta que estavam sob controle direto do computador. Dizia-se que um sistema DNC disponível comercialmente durante os anos 1970 era capaz de controlar até 256 máquinas.

Além de transmitir dados para as máquinas, o computador central também recebia delas os dados que indicavam o desempenho operacional da fábrica (por exemplo, o número de ciclos completos de usinagem, utilização de máquinas e falhas). Um objetivo central do DNC era atingir a comunicação de duas vias entre as máquinas e o computador central.

Conforme o número de instalações de máquinas de CNC crescia durante os anos 1970 e 1980, um novo modo de DNC emergiu, chamado *controle numérico distribuído* (do inglês, *distributed numerical control* — DNC). A configuração do novo DNC é muito similar àquela mostrada na Figura 7.8, exceto pelo fato de que o computador central é conectado às MCUs, que são, elas próprias, computadores. Isso permite que programas completos sejam enviados às máquinas-ferramenta e não em um bloco de cada vez, além de permitir uma instalação mais fácil e menos custosa de todo o sistema, porque as máquinas de CNC individuais podem ser colocadas em serviço e o CN distribuído pode ser adicionado depois. Computadores excedentes aumentam a confiabilidade do sistema comparado ao DNC original. O novo DNC permite comunicação de mão dupla dos dados entre o chão da fábrica e o computador central, que foi uma das importantes características incluídas no antigo DNC. Todavia, as melhorias nos dispositivos de coleta de dados, bem como os avanços na tecnologia computacional e de comunicações expandiram a variedade e a flexibilidade das informações que podem ser coletadas e distribuídas. Alguns dos conjuntos de dados e informações incluídos no fluxo de comunicação de mão dupla são discriminados na Tabela 7.3. Esse fluxo de informação no DNC é similar ao fluxo de informação no controle de chão de fábrica discutido no Capítulo 25 (disponível no Companion Website).

Os sistemas distribuídos de CN podem ser configurados de várias maneiras, dependendo do número de máquinas-ferramenta incluídas, da complexidade do serviço, dos requisitos de segurança e da disponibilidade e preferência de equipamentos. Há muitos modos de configurar um sistema de DNC e ilustramos dois tipos na Figura 7.9: (a) rede comutadora (do inglês, *switching network*) e (b) LAN (do inglês, *local area network*). Cada tipo tem muitas variações possíveis.

A rede comutadora é o sistema de DNC mais simples de se configurar. Ela usa um comutador de dados para fazer a conexão entre o computador central e dada máquina de CNC, com o objetivo de realizar operações de *download* dos programas e *upload* de dados. A transmissão dos programas para a MCU é realizada pela conexão RS-232-C. Praticamente todas as MCUs comerciais incluem a RS-232-C ou um dispositivo compatível como equipamento padrão. A utilização do comutador de dados limita o número de máquinas que podem ser incluídas no sistema de DNC e esse limite depende de fatores como a complexidade dos programas de usinagem, a frequência de serviço necessária para cada máquina e as capacidades do computador central. O número de máquinas no sistema DNC pode ser aumentado por meio do emprego de um multiplexador de ligação serial RS-232-C.

As redes locais (LANs) têm sido utilizadas para o DNC desde o início dos anos 1980. Muitas estruturas de rede são utilizadas nos sistemas de DNC, entre as quais está a estrutura centralizada ilustrada na Figura 7.9 (b). Nesse arranjo, o sistema de computador é organizado como uma hierarquia, com o computador central (*host*), coordenando vários computadores-satélites que são responsáveis por um certo número de máquinas CNC. Estruturas alternativas de LAN são possíveis, cada uma com

Tabela 7.3 **Fluxo de dados e informação entre o computador central e as máquinas-ferramenta no DNC**

Dados e informações descarregados do computador central para as máquinas-ferramenta e para o chão de fábrica	Dados e informações carregados a partir das máquinas-ferramenta e do chão de fábrica para o computador central
Programas CN	Contagem de peças
Lista de ferramentas necessárias para o trabalho	Tempos reais do ciclo de usinagem
Instruções de configuração da máquina-ferramenta	Estatística de vida útil da ferramenta
Instruções do operador da máquina	Estatísticas de tempo de uso e não uso da máquina, das quais podem ser acessadas as taxas de utilização e de confiabilidade da máquina
Tempo de ciclo de máquina para o programa de usinagem	
Dados de quando o programa foi utilizado pela última vez	
Informação de agendamento da produção	Dados de qualidade do produto

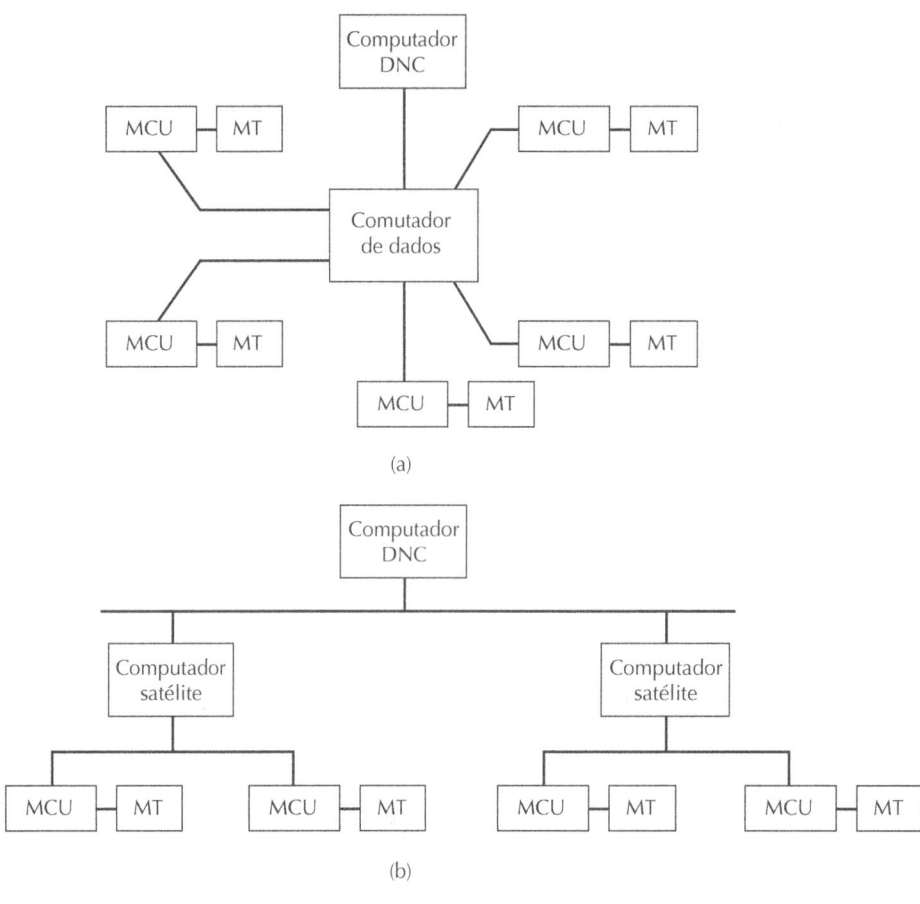

Figura 7.9 Duas configurações do DNC: (a) rede comutadora e (b) LAN.

(a)

(b)

Legenda: MCU é a unidade de controle da máquina e MT é a máquina-ferramenta

suas vantagens e desvantagens. As redes locais em diferentes seções e departamentos de uma planta são muitas vezes interconectadas em redes que cobrem toda a planta e as redes de extensão empresarial.

7.4 APLICAÇÕES DO CONTROLE NUMÉRICO

O princípio operacional do CN tem muitas aplicações. Há várias operações industriais nas quais a posição de um cabeçote deve ser controlada de modo relativo à peça ou ao produto sendo processado. As aplicações se dividem em duas categorias: (1) aplicações de usinagem e (2) aplicações não destinadas à usinagem. As aplicações em usinagem são em geral associadas à indústria de metalurgia, enquanto as aplicações não destinadas à usinagem abrangem um grupo diversificado de operações de outras indústrias. Deve ser notado que as aplicações não são sempre identificadas pelo termo "controle numérico"; esse termo é usado principalmente na indústria de máquinas-ferramenta.

7.4.1 Aplicações de máquinas-ferramenta

As aplicações mais comuns do CN estão no controle de máquinas-ferramenta. A usinagem foi a primeira aplicação do CN e ainda é uma das mais importantes comercialmente. Nesta seção, discutimos as aplicações de CN em máquinas-ferramenta, com ênfase nos processos de usinagem de metais.

Operações de usinagem e máquinas-ferramenta de CN. A usinagem é um processo de produção no qual a geometria do trabalho é produzida por meio de remoção de material em excesso (Seção 2.2.1). O controle do movimento relativo entre uma ferramenta de corte e a peça cria a geometria desejada. A usinagem é considerada um dos processos mais versáteis porque pode ser usada na criação de uma variedade ampla de formas e acabamentos superficiais. Ela pode ser realizada em taxas de produção relativamente altas para o fornecimento de peças de alta precisão a um custo relativamente baixo.

Há quatro tipos comuns de operações de usinagem: (a) torneamento, (b) furação, (c) fresamento e (d) retífica. As quatro operações são mostradas na Figura 7.10. Cada uma das operações de usinagem é realizada sob certa combinação de velocidade, avanço e profundidade do corte, coletivamente chamadas de *condições ou parâmetros de corte* para a operação. A terminologia varia um pouco para a retífica. Essas condições de corte são ilustradas na Figura 7.10 para (a) o torneamento, (b) a furação e (c) o fresamento. Considere o fresamento; a *velocidade de corte* é a velocidade da ferramenta (fresa) em relação à peça, medida em metros por minuto (pés por minutos). Isso é normalmente programado na máquina como uma velocidade de rotação do eixo-árvore (rotações por minuto). A velocidade de corte pode ser convertida em velocidade de rotação do eixo-árvore por meio da equação:

$$N = \frac{v}{\pi D} \quad (7.1)$$

em que N é a velocidade de rotação do eixo (rotações/min ou rpm), v é a velocidade de corte (m/min, pés/min) e D é o diâmetro da fresa (m, pés). No fresamento, a *alimentação* geralmente é o tamanho do cavaco formado por cada dente na fresa, muitas vezes referenciada como *avanço por dente*, que deve ser programado, naturalmente, na máquina de CN como a velocidade de avanço (a velocidade de movimentação da mesa da máquina-ferramenta). Portanto, a alimentação deve ser convertida em velocidade de avanço como:

$$f_r = N n_t f \quad (7.2)$$

em que f_r é a velocidade de avanço (mm/min, pol/min), N é a velocidade de rotação (rpm), n_t é o número de dentes da fresa e f é o avanço por dente (mm/dente, pol/dente). Para uma operação de torneamento, a velocidade de avanço é definida como o movimento lateral da ferramenta de corte por rotação da peça; desse modo a unidade é milímetros por rotação (polegadas por rotação). A *profundidade do corte* é a distância que a ferramenta penetra abaixo da superfície original da peça (mm, pol). Esses são os parâmetros que devem ser controlados durante a operação de uma máquina de CN por meio de comandos de posição ou movimentação no programa de usinagem.

Figura 7.10 **As quatro operações comuns de usinagem são (a) torneamento, (b) furação, (c) fresamento periférico e (d) retífica de superfície**

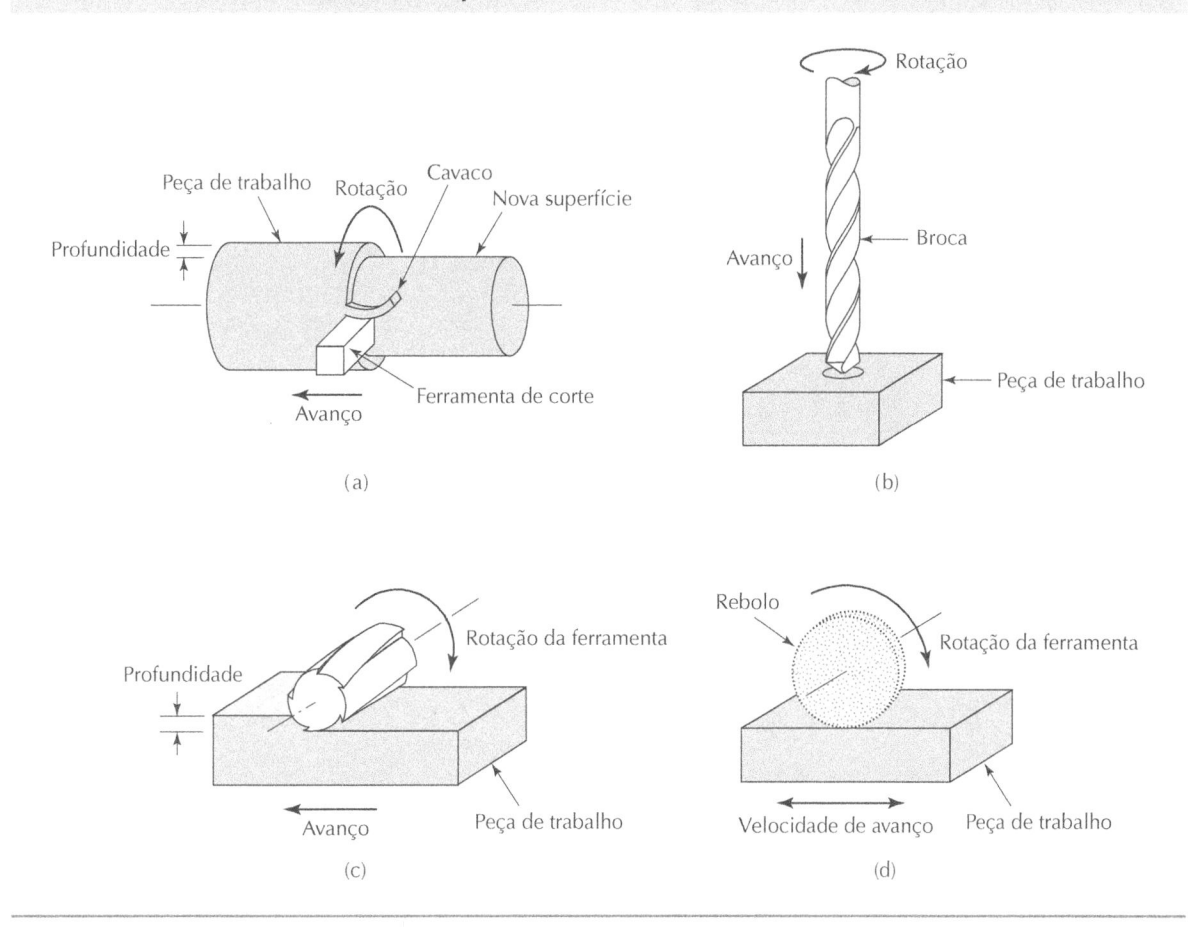

Cada um dos quatro processos é realizado tradicionalmente em uma máquina-ferramenta projetada para sua execução. O torneamento é realizado em um torno, a furação em uma furadeira, o fresamento em uma fresadora e assim por diante. As máquinas-ferramenta de CN comuns são listadas a seguir junto com suas características típicas:

- *Torno de CN*, eixos horizontais ou verticais. O torneamento requer dois eixos e controle contínuo de caminho, seja para produzir uma geometria cilíndrica reta (chamada de giro reto) ou para criar um perfil (giro de contorno).
- *Mandrilhadora de CN*, eixo horizontal e vertical. O mandrilhamento é como o torneamento, exceto pelo fato de que um cilindro interno é criado em vez de um externo. A operação requer o controle contínuo do caminho e de dois eixos.
- *Furadeira de CN*. Essas máquinas usam o controle ponto a ponto do cabeçote (eixo-árvore contendo broca) e o controle de dois eixos (*x-y*) da mesa de trabalho. Algumas furadeiras de CN têm bancadas contendo seis ou oito brocas. A posição da bancada é programada sob controle do CN, permitindo que brocas diferentes sejam aplicadas a mesma peça durante o ciclo da máquina sem que o operador precise trocar manualmente a ferramenta.
- *Fresadora de CN*. As fresadoras requerem o controle contínuo do caminho para a realização de cortes retos ou operações de contorno. A Figura 7.11 ilustra as características de uma fresadora de quatro eixos.
- *Retífica cilíndrica de CN*. Funciona como uma máquina de torneamento, exceto pelo fato de que a ferramenta é um rebolo. Tem controle contínuo de caminho em dois eixos, como um torno de CN.

O controle numérico teve uma influência profunda no projeto e na operação das máquinas-ferramenta. Um dos efeitos é que a proporção de tempo gasto pela máquina cortando os metais é bem maior que com as máquinas operadas manualmente. Isso faz com que alguns componentes, como o eixo-árvore, a caixa de engrenagens e fusos de alimentação se desgastem mais rapidamente. Esses componentes devem ser projetados para durar mais em máquinas de CN. Em segundo lugar, a adição da unidade de controle eletrônico aumentou o custo da máquina, necessitando mais utilização do equipamento. Em vez de colocar a máquina em operação durante apenas um turno, que é o que acontece normalmente com máquinas operadas manualmente, as máquinas de CN são operadas muitas vezes durante dois ou até mesmo três turnos para se obter o rendimento econômico desejado. Em terceiro lugar, o custo crescente do trabalho alterou as posições relativas do operador humano e da máquina-ferramenta. Em vez de o trabalhador altamente capacitado controlar

Figura 7.11 **(a) Fresadora horizontal de CNC de quatro eixos com painéis de segurança instalados e (b) com painéis de segurança removidos para mostrar a configuração típica do eixo horizontal**

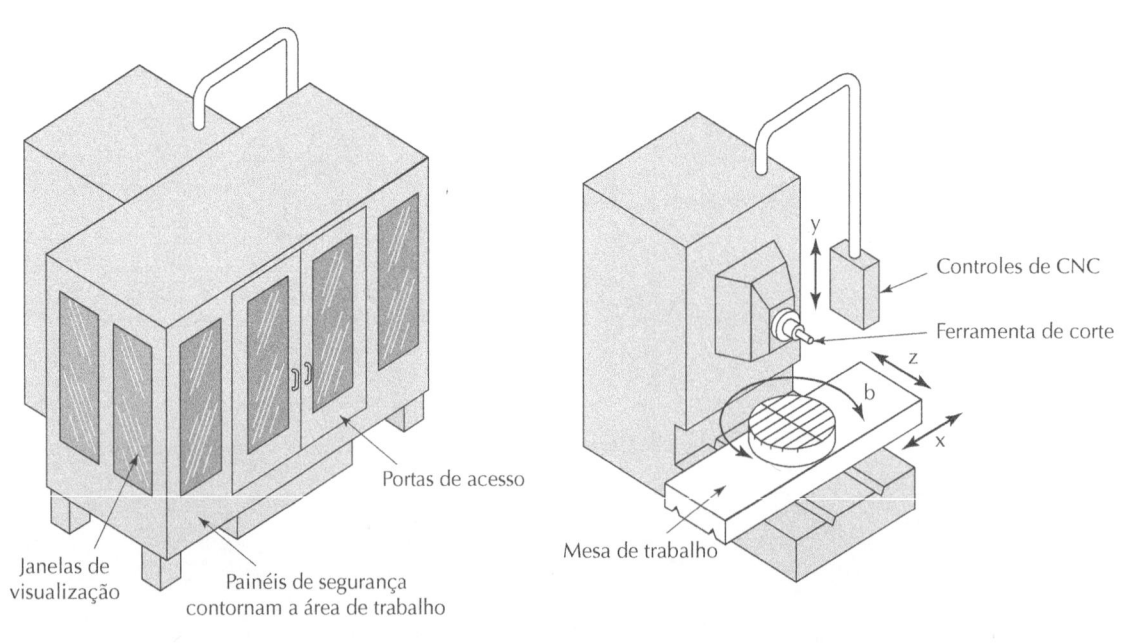

todos os aspectos da produção da peça, o operador de máquinas de CN executa apenas a carga e descarga das peças, a troca de ferramenta, faz a limpeza dos cavacos e assim por diante. Com as responsabilidades reduzidas, um operador pode muitas vezes operar duas ou três máquinas automáticas.

As funções da máquina-ferramenta também mudaram. As máquinas de CN são projetadas para ser altamente automáticas e capazes de combinar várias operações em uma preparação que antes precisava de várias máquinas diferentes. Também são projetadas para reduzir o tempo consumido pelos elementos não cortantes no ciclo da operação, como a mudança de ferramentas e a carga ou descarga da peça. Essas mudanças são mais bem exemplificadas por um novo tipo de máquina que não existia antes do desenvolvimento do CN: os centros de usinagem. Um *centro de usinagem* é uma máquina-ferramenta capaz de realizar várias operações de usinagem em uma única peça de uma preparação. As operações envolvem ferramentas rotativas, como fresamento e furação, e a característica que permite que mais de uma operação seja realizada em uma preparação é a troca automática de ferramentas. Discutiremos centros de usinagem e máquinas-ferramenta relacionadas em nossa cobertura de células de produção monoestação (Seção 14.3.3).

Características da aplicação de CN. De modo geral, a tecnologia de CN é apropriada para a baixa até a média produção em uma variedade de média a alta de produtos. Usando a terminologia da Seção 2.4.1, o produto é de baixo a médio Q, médio a alto P. Ao longo de muitos anos de prática nas máquinas de fábricas, certas características de peças foram identificadas como mais adequadas à aplicação do CN. Essas características são as seguintes:

1. *Produção em lote.* O CN é mais apropriado para peças sendo produzidas em lotes de tamanho pequeno ou médio (os tamanhos de lote variam de uma até centenas de unidades). A automação dedicada não seria viável economicamente para essas quantidades devido ao alto custo fixo. A produção manual necessitaria de muitas preparações separadas de máquinas e resultaria em alto custo de trabalho, maior tempo de produção e maior taxa de refugos.

2. *Repetição de pedidos.* Lotes de peças iguais são produzidos em intervalos aleatórios ou periódicos. Uma vez que o programa CN foi preparado, as peças podem ser produzidas economicamente em lotes subsequentes usando o mesmo programa.

3. *Geometria complexa de peças.* A geometria de peça inclui superfícies curvas complexas como as encontradas em aerofólios e pás de turbina. Superfícies definidas de forma matemática como círculos e hélices também podem ser realizadas com CN. Algumas dessas geometrias seriam difíceis, se não impossíveis, de ser produzidas de forma precisa com as máquinas-ferramenta convencionais.

4. *Muito metal precisa ser removido da peça.* Essa condição é muitas vezes associada à geometria complexa das peças. O volume e o peso da peça usinada são uma fração relativamente pequena do bloco inicial. Essas peças são comuns na indústria de aviação na fabricação de seções estruturais grandes com baixo peso.

5. *Muitas operações de usinagem separadas na peça.* Isso se aplica às peças que consistem de várias funções de usinagem, necessitando de diferentes ferramentas de corte, como furos cpm ou sem rosca, canais, planos e assim por diante. Se essas operações fossem usinadas por uma série de operações manuais, muitas preparações seriam necessárias. O número de preparações pode ser reduzido com o uso do CN.

6. *A peça é cara.* Esse fator é muitas vezes consequência de um ou mais dos fatores 3, 4 e 5 anteriores. Pode também ser resultado da utilização de matéria-prima de alto custo. Quando a peça é cara, os erros no processamento custam muito e o uso do CN ajuda a reduzir o retrabalho e as perdas por refugo.

Ainda que essas características pertençam principalmente à usinagem, elas são adaptáveis a outras aplicações da produção.

O CN para outros processos de metalurgia. As máquinas-ferramenta de CN foram desenvolvidas para outros processos de metalurgia além das operações de usinagem. Essas máquinas incluem as seguintes:

- *Puncionadeiras* para a perfuração de furos em chapas de metal. A operação de CN de dois eixos é similar à da furadeira, exceto pelo fato de que os furos são produzidos por punção em vez de broca.

- *Prensas* para a dobra de chapas de metal. Em vez de cortar as chapas de metal, esses sistemas as dobram de acordo com comandos programados.

- *Máquinas de solda.* Tanto as máquinas de solda a ponto como as de soldagem contínua estão disponíveis com controles automáticos baseados em CN.

- *Máquinas de corte térmico,* como oxicorte, o corte a laser e o corte com plasma. O produto é normalmente plano, desse modo o controle de dois eixos é adequado. Algumas máquinas de corte a laser podem fazer furos em peças pré-formadas de chapas de metal, necessitando controle de quatro ou cinco eixos.

- *Máquinas para curvar tubos.* As máquinas automáticas para curvar tubos são programadas para controlar a posição (ao longo da extensão do tubo) e o ângulo da curvatura. As aplicações importantes incluem chassis para bicicletas e motocicletas.

7.4.2 Outras aplicações do CN

O princípio operacional do CN tem uma série de outras aplicações além do controle de máquinas-ferramenta. Algumas das máquinas com controles do tipo CN, que posicionam um cabeçote em relação a um objeto sendo processado, são as seguintes:

- *Máquinas elétricas de enrolar fios.* Introduzidas pela Gardner Denver Corporation, foram usadas para enrolar e encordoar fios em volta dos pinos traseiros das placas de circuitos elétricos com o objetivo de estabelecer conexão entre os componentes da parte da frente da placa. O programa de posições de coordenadas que define as conexões do painel traseiro é determinado pelos dados do projeto e alimentado à máquina de enrolar fios. Esse tipo de equipamento foi usado por empresas de computação e outras companhias na indústria eletrônica.

- *Máquinas de inserção de componentes.* Esse equipamento é usado para posicionar e inserir um componente em um plano *x-y*, normalmente uma placa plana ou um painel. O programa especifica as posições dos eixos *x* e *y* no plano em que os componentes devem ser posicionados. As máquinas de inserção de componentes têm muitas aplicações na inserção de componentes eletrônicos em placas de circuito impresso. Elas estão disponíveis tanto para aplicações de inserção através de furos como para aplicações de montagem em superfície, bem como para operações similares de montagem mecânica do tipo inserção.

- *Plotters.* Os *plotters* automatizados servem como um dos dispositivos de saída para um sistema de CAD/CAM (projeto assistido por computador/produção assistida por computador, do inglês, *computer-aided design/computer-aided manufacturing*). O projeto de um produto e seus componentes é desenvolvido no sistema de CAD/CAM e as iterações do projeto são desenvolvidas no monitor gráfico em vez das pranchetas de desenho. Quando o projeto é finalizado, o resultado é impresso no *plotter x-y* de alta velocidade.

- *Máquinas de medição por coordenadas (MMC).* Uma máquina de medição por coordenadas (do inglês, *coordinate-measuring machine* — CMM) é uma máquina de inspeção usada para medir ou checar dimensões de uma peça. A MMC contém uma sonda que pode ser manipulada em três eixos e que identifica quando é feito contato com a superfície da peça. A localização da ponta da sonda é determinada pela unidade de controle da MMC, indicando, assim, alguma dimensão da peça. Muitas máquinas de medição por coordenadas são programadas para executar inspeções automáticas no CN. Discutimos essas máquinas na Seção 22.4.

- *Máquina de deposição de camadas de fita para compósitos poliméricos.* O cabeçote dessa máquina é um distribuidor de fita de material compósito com matriz de polímero não curado. A máquina é programada para aplicar a fita na superfície de um molde, seguindo um padrão cruzado de ida e volta para obter a espessura desejada. O resultado é um painel multicamadas com a mesma forma do molde.

- *Máquinas elétricas de enrolar filamentos para compósitos poliméricos.* Essas são similares às anteriores, exceto pelo fato de que um filamento é mergulhado em polímero não curado e depois enrolado em uma forma aproximadamente cilíndrica seguindo um padrão de rotação.

Aplicações adicionais do CN incluem o corte de tecido, trabalho de malha e rebitagem.

7.4.3 Vantagens e desvantagens do CN

Quando a aplicação de produção satisfaz as características identificadas na Seção 7.4.1, o CN apresenta muitas vantagens sobre os métodos de produção manual. Essas vantagens são traduzidas em economia para a companhia usuária. Todavia, o CN envolve uma tecnologia mais sofisticada que a utilizada por métodos convencionais de produção e há custos que devem ser considerados para a aplicação efetiva da tecnologia. Nesta seção, examinamos vantagens e desvantagens do CN.

Vantagens do CN. As vantagens geralmente atribuídas ao CN, com ênfase nas aplicações de usinagem, são as seguintes:

- *Tempo não produtivo é reduzido.* O CN não pode otimizar o próprio processo de corte do metal, mas pode reduzir a proporção de tempo em que a máquina não está cortando o metal. Essa redução é atingida por meio de poucas preparações, menor tempo de preparação, de manuseio da peça e da troca automática de ferramentas em algumas máquinas CN. Essa vantagem se traduz em economias com o custo de trabalho e na diminuição do tempo transcorrido para a produção das peças.

- *Grande precisão e repetibilidade.* Comparado a métodos de produção manuais, o CN reduz ou elimina as variações que ocorrem por conta de diferenças nas habilidades de operadores, fadiga e outros fatores atribuídos às variabilidades inerentes aos seres humanos. As peças produzidas são mais próximas das dimensões nominais e há menos variações dimensionais nas peças do lote.
- *Baixas taxas de refugo.* Como são alcançadas maior precisão e repetibilidade e por conta da redução dos erros humanos durante a produção, mais peças são produzidas dentro da tolerância. Como consequência, uma menor quantidade de refugo pode ser planejada no agendamento da produção, de modo que menos peças sejam feitas em cada lote, tendo como resultado uma economia no tempo de produção.
- *Os requisitos de inspeção são reduzidos.* Menos inspeção é necessária quando o CN é usado, pois as peças produzidas a partir do mesmo programa CN são praticamente idênticas. Uma vez que o programa foi verificado, não há necessidade do alto nível de inspeção de amostras — o que é necessário quando as peças são produzidas por métodos manuais convencionais. Exceto pelo desgaste de ferramentas e falhas nos equipamentos, o CN produz réplicas exatas da peça a cada ciclo.
- *São possíveis geometrias de peça mais complexas.* A tecnologia do CN expandiu a variedade de geometrias de peças possíveis além das que são realizáveis por métodos manuais de produção. Essas são vantagens no projeto de produto de várias formas: (1) mais características funcionais podem ser projetadas em uma única peça, reduzindo assim o número total de peças no produto e o custo de montagem associado, (2) superfícies definidas matematicamente podem ser fabricadas com alta precisão e (3) são expandidos os limites dentro dos quais a imaginação do projetista pode vagar para a criação de novas geometrias de peças e produtos.
- *Mudanças de engenharia podem ser acomodadas mais graciosamente.* Em vez de fazer alterações em uma fixação complexa para que a peça possa ser usinada de acordo com a mudança de engenharia, revisões são feitas no programa CN para realizar a modificação.
- *São necessárias fixações mais simples.* O CN requer fixações mais simples porque o posicionamento preciso da ferramenta é atingido pela máquina-ferramenta de CN. O posicionamento da ferramenta não precisa ser projetado junto com o gabarito.
- *Tempos menores de execução da produção.* Os serviços podem ser preparados mais rapidamente e menos preparações são necessárias por peça quando o CN é usado. Isso resulta na diminuição do tempo transcorrido entre a liberação do pedido e sua execução.
- *Estoque de peças reduzido.* Como são necessárias menos preparações e a mudança de trabalhos é mais fácil e rápida, o CN permite a produção de peças em menores lotes. O tamanho econômico do lote é menor no CN do que na produção em lote convencional. O estoque médio de peças é então reduzido.
- *Menos espaço necessário de chão de fábrica.* Isso resulta do fato de que menos máquinas de CN são necessárias para realizar a mesma quantidade de trabalho comparado ao número de máquinas-ferramenta convencionais necessárias. O estoque reduzido de peças também contribui para a redução da necessidade de espaço.
- *Os requisitos de nível de capacidade do operador são reduzidos.* Os trabalhadores precisam de menos capacitação para operar uma máquina de CN do que para operar uma máquina-ferramenta convencional. Normalmente cuidar de uma máquina-ferramenta CN consiste apenas da carga e descarga das peças e da troca periódica de ferramentas. O ciclo de usinagem é realizado sob o controle do programa. Realizar um ciclo de usinagem comparável em uma máquina convencional requer muito mais participação do operador e um nível mais alto de treinamento e habilidade.

Desvantagens do CN. Há certos compromissos para com a tecnologia de CN que devem ser assumidos pela fábrica que instala equipamentos desse tipo, e esses compromissos, que em sua maioria envolvem custos adicionais para a companhia, podem ser vistos como desvantagens. As desvantagens do CN incluem:

- *Alto custo de investimento.* Uma máquina-ferramenta de CN tem custo inicial mais alto que o de uma máquina-ferramenta convencional comparável. Há muitas razões para isso: (1) máquinas de CN incluem controles de CNC e *hardware* de eletrônica, (2) os custos de desenvolvimento de *software* dos fabricantes dos controles de CNC devem ser incluídos no custo da máquina, (3) geralmente componentes mecânicos mais confiáveis são usados nas máquinas de CN e (4) muitas vezes as máquinas-ferramenta de CN possuem funcionalidades adicionais não incluídas em máquinas convencionais, como os trocadores automáticos de ferramentas e os trocadores de peças (Seção 14.3.3).

- *Maior esforço de manutenção*. Em geral, o equipamento de CN requer mais manutenção que os equipamentos convencionais, o que se traduz em maiores custos de manutenção e reparos.

- Isso é devido muito ao computador e a outras partes eletrônicas incluídas em um sistema moderno de CN. A equipe de manutenção deve incluir pessoal treinado para manter e reparar esse tipo de equipamento.

- *Programação de usinagem*. Os equipamentos de CN devem ser programados. Para ser justo, deve-se mencionar que o planejamento do processo precisa ser executado para qualquer peça, seja produzida ou não em equipamentos de CN. Entretanto, a programação CN é um passo especial na preparação da produção em lote que não existe em operações de fábricas convencionais.

- *Maior utilização de equipamentos de CN*. Para maximizar os benefícios econômicos de uma máquina-ferramenta de CN, ela deve ser operada normalmente em vários turnos. Isso pode significar de um a dois turnos extras em relação à operação normal da planta, com necessidade de supervisão e outros postos de suporte.

7.5 ANÁLISE DE ENGENHARIA DOS SISTEMAS DE POSICIONAMENTO DO CN

Durante o processamento, um sistema de posicionamento por CN converte os valores de coordenadas dos eixos no programa CN em posições relativas da ferramenta e da peça durante o processamento. Consideremos o sistema de posicionamento simples mostrado na Figura 7.12. O sistema consiste de uma ferramenta de corte e uma mesa de trabalho na qual a peça é fixada. A mesa é projetada para mover a peça em relação à ferramenta. A mesa de trabalho se move de maneira linear, por meio de um parafuso de avanço rotativo (fuso), que é controlado por um motor de passo ou um servomotor. Para simplificar, mostramos apenas um eixo no nosso esquema. Para oferecer a capacidade x-y, o sistema mostrado teria de ser montado em cima de um segundo eixo, perpendicular ao primeiro. O parafuso de avanço tem um dado passo p (pol/volta, mm/volta). Dessa forma, a mesa se move a uma distância igual ao passo para cada rotação. A velocidade da mesa de trabalho, que corresponde à velocidade de avanço de uma operação de usinagem, é determinada pela velocidade de rotação do parafuso de avanço.

Dois tipos de sistema de controle de posicionamento são usados em sistemas de CN: (a) malha aberta e (b) malha fechada, como mostra a Figura 7.13. Um *sistema em malha aberta* funciona sem verificar se a posição atual atingida no movimento é a mesma que a desejada. Um *sistema em malha fechada* usa medições por realimentação para confirmar se a posição final da mesa de trabalho é a posição especificada pelo programa. Os sistemas de malha aberta custam bem menos que os sistemas de malha fechada e são mais apropriados quando a força de resistência à atuação do movimento é mínima. Os sistemas de malha aberta são normalmente específicos para máquinas que realizam operações de caminho contínuo, como o fresamento ou o torneamento, nas quais há forças significativas resistindo ao movimento da ferramenta de corte.

Figura 7.12 **Arranjo de motor e parafuso de avanço em um sistema de posicionamento por CN**

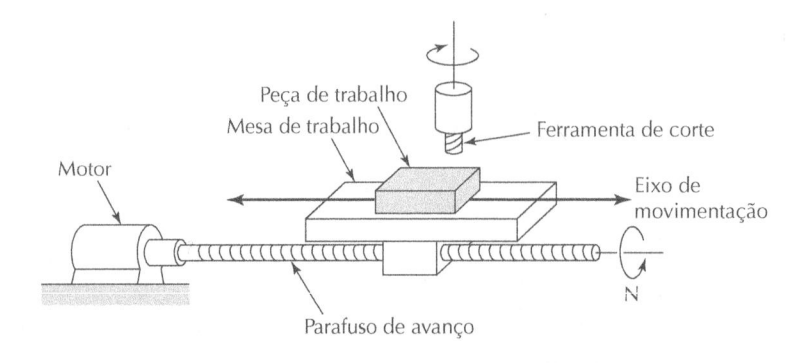

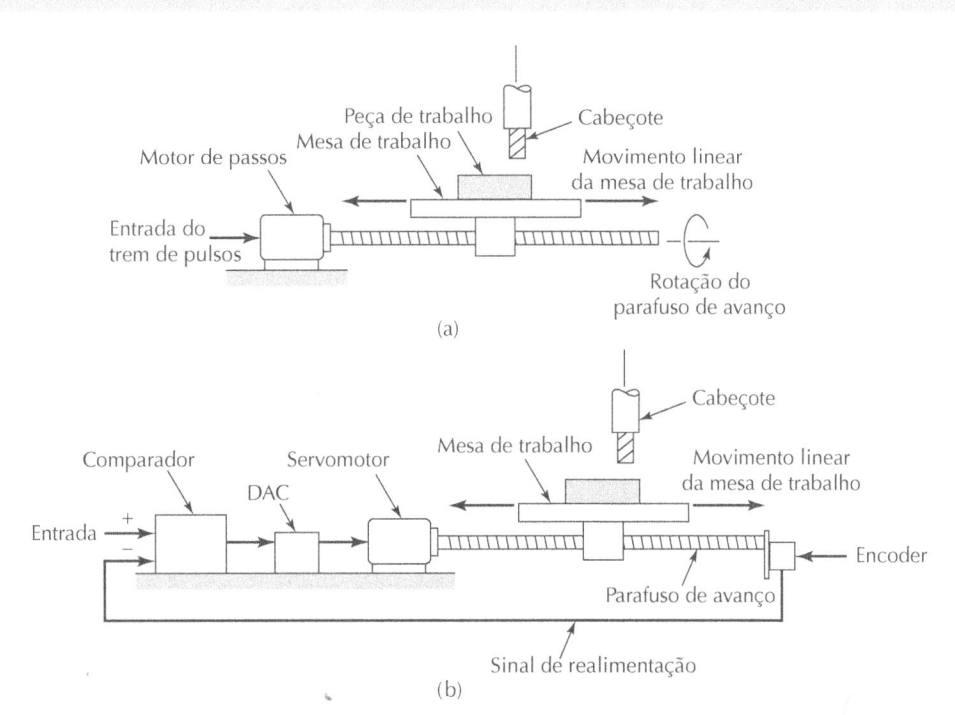

Figura 7.13 Dois tipos de controle de movimento em CN: (a) malha aberta e (b) malha fechada

7.5.1 Sistemas de posicionamento em malha aberta

Um sistema de posicionamento em malha aberta usa normalmente um motor de passo que gira um parafuso de avanço (fuso). Esse tipo de motor é controlado por uma série de pulsos elétricos, que são gerados pela MCU em um sistema de CN. Cada pulso faz o motor girar uma fração de rotação, chamada de ângulo de passo. Os ângulos de passo possíveis devem respeitar a relação:

$$\alpha = \frac{360}{n_s} \quad (7.3)$$

em que α é o ângulo de passo (graus) e n_s é o número de passos por volta do motor, que deve ser um valor inteiro. O ângulo pelo qual o eixo do motor gira é dado por:

$$A_m = n_p \alpha \quad (7.4)$$

em que A_m é o ângulo de rotação do eixo do motor (graus), n_p é o número de pulsos recebidos pelo motor e α é o ângulo de passo (graus/pulso). O eixo do motor é normalmente conectado ao fuso por uma caixa de transmissão, que reduz a rotação angular do fuso. O ângulo da rotação do fuso deve levar em consideração a relação de velocidade como sendo

$$A = \frac{n_p \alpha}{r_g} \quad (7.5)$$

em que A é o ângulo de rotação do fuso (graus) e r_g é a relação de velocidade, definida como o número de voltas do motor para cada volta do fuso. Isto é,

$$r_g = \frac{A_m}{A} = \frac{N_m}{N} \quad (7.6)$$

em que N_m é a velocidade de rotação do motor (rpm) e N é a velocidade de rotação do fuso (rpm).

O movimento linear da mesa de trabalho é dado pelo número de rotações completas e parciais do fuso multiplicado por seu passo,

$$x = \frac{pA}{360} \quad (7.7)$$

em que x é a posição no eixo x em relação à posição inicial (mm, pol), p é o passo do fuso (mm/rotação, pol/rotação) e $A/360$ é o número de rotações do fuso. O número de pulsos necessários para alcançar uma posição específica no eixo x em um sistema ponto a ponto pode ser encontrado por meio da combinação das duas equações anteriores, como:

$$n_p = \frac{360 x r_g}{p\alpha} \text{ ou } \frac{n_s x r_g}{p} \quad (7.8)$$

em que a segunda expressão ao lado direito é obtida pela substituição de $360/\alpha$ por n_s, o que é obtido por meio do rearranjo da Equação (7.3).

Os pulsos de controle são transmitidos a partir do gerador em uma certa frequência, que move a mesa de trabalho a uma velocidade de avanço correspondente na direção do eixo do fuso. A velocidade de rotação do fuso depende da frequência do trem de pulsos, como em:

$$N = \frac{60 f_p}{n_s r_g} \quad (7.9)$$

em que N é a velocidade de rotação do fuso (rpm), f_p é a frequência do trem de pulsos (Hz, pulsos/s) e n_s são os passos por rotação ou pulsos por rotação. Para uma mesa de dois eixos com controle contínuo de caminho, as velocidades relativas dos eixos são coordenadas para se obter a direção desejada de movimento.

A velocidade de movimentação da mesa na direção do eixo do fuso é determinada pela velocidade de rotação, como:

$$v_t = f_r = Np \quad (7.10)$$

em que v_t é a velocidade de movimentação da mesa (mm/min, pol/min), f_r é a velocidade de avanço da mesa (mm/min, pol/min), N é a velocidade de rotação do fuso (rpm) e p é o passo do fuso (mm/rotação, pol/rotação).

A frequência do trem de pulsos necessária para mover a mesa em uma velocidade de avanço linear específica pode ser obtida por meio da combinação e do rearranjo das equações (7.9) e (7.10) para se encontrar f_p:

$$f_p = \frac{v_t n_s r_g}{60 p} \text{ ou } \frac{f_r n_s r_g}{60 p} \quad (7.11)$$

EXEMPLO 7.1

Posicionamento por malha aberta no CN

A mesa de trabalho de um sistema de posicionamento é dirigida por um fuso cujo passo é de 6 mm. O fuso é conectado à saída do eixo de um motor de passo por uma caixa de transmissão cuja relação de velocidade é de 5:1 (cinco voltas do motor para uma volta do fuso). O motor de passo tem 48 passos por volta. A mesa deve se mover a uma posição de 250 mm de sua posição atual a uma velocidade linear de 500 mm/min. Determine (a) quantos pulsos são necessários para mover a mesa pela distância especificada e (b) a velocidade de giro e a frequência necessária dos pulsos do motor para atingir a velocidade desejada da mesa.

Solução: (a) Fazendo o rearranjo da Equação (7.7) para encontrar o ângulo de rotação A do fuso correspondente à distância x que é de 250 mm,

$$A = \frac{360 x}{p} = \frac{360(250)}{6} = 15.000°$$

Com 48 passos por volta, cada passo tem um ângulo de

$$\alpha = \frac{360}{48} = 7,5°$$

Dessa forma, o número de pulsos para mover a mesa por 250 mm é

$$n_p = \frac{360 x r_g}{p\alpha} = \frac{A r_g}{\alpha} = \frac{15.000(5)}{7,5} = 10.000 \text{ pulsos.}$$

(b) A velocidade de rotação do fuso correspondente a uma velocidade da mesa de 500 mm/min pode ser determinada pela Equação (7.10):

$$N = \frac{v_t}{p} = \frac{500}{6} = 83,333 \text{ rev/min}$$

A Equação (7.6) pode ser usada para encontrar a velocidade do motor:

$$N_m = r_g N = 5(83,333) = 416,667 \text{ rev/min}$$

A frequência de pulsos aplicada para mover a mesa é dada pela Equação (7.11):

$$f_p = \frac{v_t n_s r_g}{60 p} = \frac{500(48)(5)}{60(6)} = 333,333 \text{ Hz}$$

7.5.2 Sistemas de posicionamento em malha fechada

Um sistema de CN em malha fechada, ilustrado na Figura 7.13 (b), utiliza servomotores para garantir que a mesa de trabalho seja movida para a posição desejada. Um sensor de realimentação comum usado para CN (e também para robôs industriais) é o *encoder* ótico, mostrado na Figura 7.14. Um *encoder* é um dispositivo para medição de velocidade de rotação, que consiste de uma fonte de luz e fotodetectores em cada lado de um disco. O disco contém ranhuras uniformemente distribuídas ao longo da parte exterior de sua face. Essas ranhuras permitem a passagem da luz e a energização do fotodetector. O disco é conectado ao eixo de rotação cuja posição angular e velocidade devem ser medidos. Conforme o eixo gira, as ranhuras fazem com que a luz seja vista pelo fotodetector como uma série de *flashes*. Os *flashes* são convertidos em um número igual de pulsos elétricos e, pela contagem dos pulsos e cálculo da frequência do trem de pulsos, pode-se determinar a posição da mesa e sua velocidade.

As equações que definem a operação de um sistema de CN em malha fechada são similares às do sistema em malha aberta. No *encoder* básico, o ângulo entre as ranhuras do disco deve satisfazer o seguinte requisito:

$$\alpha = \frac{360}{n_s} \quad (7.12)$$

Figura 7.14 Encoder: (a) instrumentos e (b) série de pulsos emitidos para medir a rotação do disco

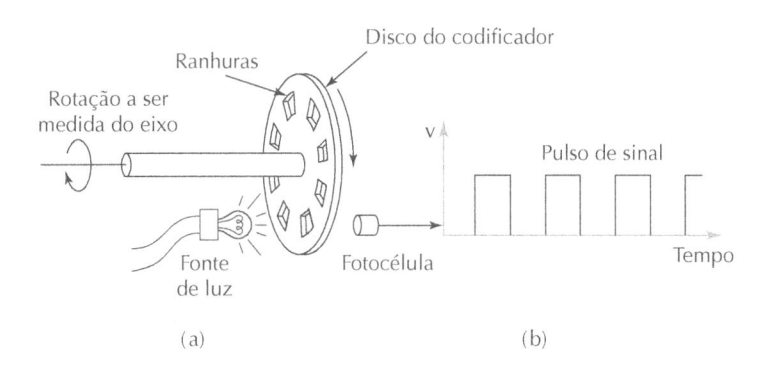

em que α é o ângulo entre as ranhuras (graus/ranhura) e n_s é o número de ranhuras no disco (ranhuras/rotação). Para dada rotação angular do eixo do encoder, o número de pulsos sentidos por ele é:

$$n_p = \frac{A}{\alpha} \quad (7.13)$$

em que n_p é a contagem de pulsos emitida pelo encoder, A é o ângulo de rotação do eixo do encoder (graus) e α é o ângulo entre as ranhuras, convertido em graus por pulso. A contagem de pulsos pode ser usada para determinar a posição linear da mesa de trabalho no eixo x por meio da utilização do passo do fuso na equação. Dessa maneira,

$$x = \frac{p n_p}{n_s} \quad (7.14)$$

em que n_p e n_s são definidos acima e p é o passo do fuso (mm/rotação, pol/rotação).

A velocidade da mesa de trabalho, que normalmente é a velocidade de avanço em uma operação de usinagem, é obtida a partir da frequência do trem de pulsos, como:

$$v_t = f_r = \frac{60 p f_p}{n_s} \quad (7.15)$$

em que v_t é a velocidade da mesa de trabalho (mm/min, pol/min), f_r é a velocidade de avanço (mm/min, pol/min), f_p é a frequência do trem de pulsos emitida pelo encoder (Hz, pulsos/segundo) e a constante 60 converte a velocidade da mesa de trabalho e a de avanço de milímetros por segundo (polegadas por segundo) para milímetros por minuto (polegadas por minuto).

O trem de pulsos gerado pelo encoder é comparado com as coordenadas da posição e a velocidade de avanço especificadas no programa de usinagem, e a diferença é usada pela MCU para acionar o servomotor, que por sua vez move a mesa de trabalho. Um conversor analógico-digital (Seção 6.4) é usado para converter os sinais digitais usados pela MCU em corrente contínua analógica que energiza o motor. Os sistemas de CN em malha fechada do tipo descrito aqui são apropriados quando uma força reacionária resiste ao movimento da mesa. Máquinas-ferramenta de corte de metais que realizam operações de corte em caminho contínuo, como o fresamento e o torneamento, enquadram-se nessa categoria.

EXEMPLO 7.2
Posicionamento por malha fechada no CN

Uma mesa de trabalho de CN funciona com posicionamento por malha fechada. O sistema consiste de um servomotor, fuso e encoder. O fuso tem um passo de 6 mm e é acoplado ao eixo do motor com uma relação de velocidade de 5:1 (cinco voltas do motor para cada volta do fuso). O encoder gera 48 pulsos/rotação em seu eixo de saída. A mesa foi programada para se mover a uma distância de 250 mm com uma velocidade de avanço igual a 500 mm/min. Determine (a) quantos pulsos devem ser recebidos pelo sistema de controle para garantir que a mesa se moveu exatos 250 mm, (b) a frequência dos pulsos do encoder e (c) a velocidade de rotação do motor que corresponde à velocidade de avanço especificada.

Solução: (a) Fazendo o rearranjo da Equação (7.14) para encontrar n_p,

$$n_p = \frac{x n_s}{p} = \frac{250(48)}{6} = 2.000 \text{ pulsos}$$

(b) A frequência dos pulsos correspondente a 500 mm/min pode ser obtida pelo rearranjo da Equação (7.15):

$$f_p = \frac{f_r n_s}{60 p} = \frac{500(48)}{60(6)} = 66{,}667 \text{ Hz}$$

(c) A velocidade de rotação do motor é igual à velocidade da mesa (velocidade de avanço) dividida pelo passo do fuso, corrigido pela relação de velocidade:

$$N_m = \frac{r_g f_r}{p} = \frac{5(500)}{6} = 416{,}667 \text{ rev/min}$$

Note que a velocidade de rotação do motor tem o mesmo valor numérico do Exemplo 7.1 porque a velocidade da mesa de trabalho e a relação de velocidades são as mesmas.

7.5.3 Precisão no posicionamento por CN

Para usinar ou realizar outros processos em uma peça de trabalho de forma exata, o sistema de posicionamento do CN deve possuir um alto nível de precisão. Três medidas de precisão podem ser definidas para um sistema de posicionamento de CN: (1) resolução do controle, (2) precisão e (3) repetibilidade. Esses termos são explicados mais facilmente considerando-se um único eixo do sistema de posicionamento, como mostrado na Figura 7.15. A resolução do controle se refere à habilidade do sistema de controle em dividir o curso total do movimento do eixo em pontos distribuídos uniformemente que podem ser distinguidos pela MCU. A *resolução do controle* é definida como a distância que separa dois pontos endereçáveis adjacentes no movimento do eixo. Os *pontos endereçáveis* são as posições ao longo do eixo para as quais a mesa de trabalho pode ser enviada. É desejável que a resolução do controle seja a menor possível, o que depende de limitações impostas (1) pelos componentes eletromecânicos do sistema de posicionamento e/ou (2) pelo número de bits usados pelo controlador para definir a posição das coordenadas de localização no eixo.

Vários fatores eletromecânicos afetam a resolução do controle, incluindo o passo do fuso, a relação de velocidades do sistema, além do ângulo de passo em um motor de passo para um sistema em malha aberta e o ângulo entre as ranhuras de um disco de encoder para um sistema em malha fechada. Em um sistema de posicionamento em malha aberta controlado por um motor de passo, esses fatores podem ser combinados em uma expressão que define a resolução de controle, como:

$$CR_1 = \frac{p}{n_s\, r_g} \quad (7.16)$$

em que CR_1 é a resolução de controle dos componentes eletromecânicos (mm, pol), p é o passo do fuso (mm/rotação, pol/rotação), n_s é o número de passos por rotação e r_g é a relação de velocidades entre o eixo do motor e o fuso, como o definido na Equação (7.6). A mesma expressão pode ser usada para um sistema de posicionamento em malha fechada.

O segundo fator que limita a resolução do controle é o número de bits usados pela MCU para especificar os valores das coordenadas no eixo. Por exemplo, essa limitação pode ser imposta pela capacidade de armazenamento de bits do controlador. Se B é o número de bits destinados ao eixo no registrador, então o número de pontos de controle pelo qual o curso do eixo pode ser dividido é 2^B. Considerando que os pontos de controle são distribuídos de forma uniforme ao longo do curso, então:

$$CR_2 = \frac{L}{2^B - 1} \quad (7.17)$$

em que CR_2 é a resolução do controle do sistema de controle por computador (mm, pol) e L é o curso do eixo (mm, pol). A resolução do controle do sistema de posicionamento é o máximo dos dois valores, ou seja,

$$CR = \text{Máx}\{CR_1, CR_2\} \quad (7.18)$$

Um critério desejável é que $CR_2 \leq CR_1$, o que significa que o sistema eletromecânico é o fator limitante que determina a resolução do controle. A capacidade de armazenamento de bits de um controlador computadorizado moderno é suficiente para satisfazer esse critério, exceto em situações incomuns. Resoluções de 0,0025 mm (0,0001 pol) estão dentro do estado atual da tecnologia de CN.

Figura 7.15 Uma porção de um eixo linear de sistema de posicionamento, com definição de resolução do controle, precisão e repetibilidade

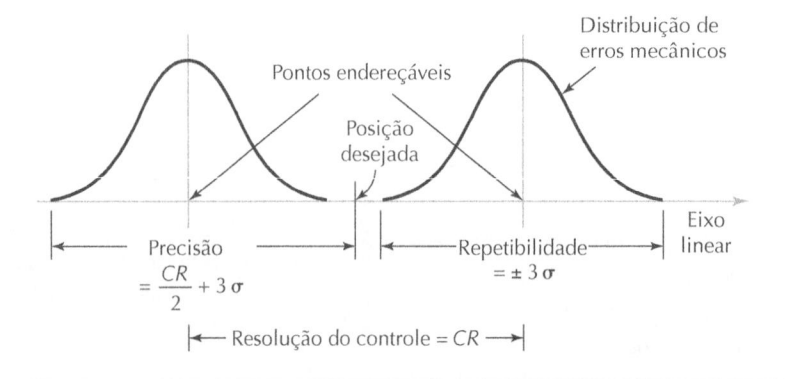

A capacidade do sistema de posicionamento em mover uma mesa de trabalho para uma posição exata definida por um dado ponto endereçável é limitada pelos erros mecânicos que se devem às várias imperfeições do sistema mecânico. Essas imperfeições incluem o jogo entre o fuso e a mesa de trabalho, folga nas engrenagens e defeitos nos componentes das máquinas. Consideramos que os erros mecânicos formam uma distribuição estatística normal imparcial sobre o ponto de controle, cuja média μ é igual a zero. Consideramos ainda que o desvio padrão σ da distribuição é constante ao longo do curso do eixo em questão. Dadas essas considerações, quase todos os erros mecânicos (99,73 por cento) estão contidos em $\pm 3\sigma$ do ponto de controle. Isso é representado na Figura 7.15 para uma porção do curso do eixo que inclui dois pontos de controle.

Vamos agora usar essas definições de resolução do controle e da distribuição de erros mecânicos para definir a precisão e a repetibilidade de um sistema de posicionamento. A precisão é definida sob as piores condições, nas quais o ponto-alvo desejado encontra-se no meio de dois pontos endereçáveis adjacentes. Como a mesa só pode ser movida em direção a um ou outro ponto endereçável, haverá um erro em sua posição final. Esse é o maior erro possível de posicionamento, porque, se o alvo estiver mais perto de qualquer dos dois pontos, então a mesa seria movida para o ponto de controle mais próximo e o erro seria menor. É apropriado definir a precisão sob o pior cenário. A *precisão* de qualquer eixo de um sistema de posicionamento é o maior erro possível que pode ocorrer entre o ponto-alvo desejado e a posição real tomada pelo sistema. Em forma de equação,

$$\text{Precisão} = \frac{CR}{2} + 3\sigma \quad (7.19)$$

em que CR é a resolução do controle (mm, pol) e σ é o desvio padrão da distribuição de erros. As precisões de máquinas-ferramenta são geralmente expressas para um certo curso de movimento de mesa, por exemplo, $\pm 0,01$ mm para 250 mm ($\pm 0,0004$ pol para 10 pol) de movimentação da mesa.

A repetibilidade se refere à capacidade do sistema de posicionamento de retornar a um dado ponto endereçável programado anteriormente. Essa capacidade pode ser medida em termos dos erros de posicionamento encontrados quando o sistema tenta se posicionar em um ponto endereçável. Os erros de posicionamento são uma manifestação dos erros mecânicos do sistema de posicionamento, que seguem uma distribuição normal, como aceito anteriormente. Dessa forma, a *repetibilidade* de qualquer dado eixo de um sistema de posicionamento é ± 3 desvios-padrão da distribuição de erros mecânicos associados ao eixo. Isso pode ser escrito como:

$$\text{Repetibilidade} = \pm 3\sigma \quad (7.20)$$

A repetibilidade de uma máquina-ferramenta de CN moderna é de cerca de $\pm 0,0025$ mm ($\pm 0,0001$ pol).

EXEMPLO 7.3
Resolução do controle, precisão e repetibilidade do CN

Suponha que as imprecisões mecânicas no sistema de posicionamento em malha aberta do Exemplo 7.1 sejam descritas por uma distribuição normal com desvio padrão σ igual a 0,005 mm. O curso do eixo da mesa de trabalho é de 1.000 mm e há 16 bits no registrador binário usado pelo controlador digital para armazenar a posição programada. Outros parâmetros relevantes do Exemplo 7.1 são os seguintes: o passo p é igual a 6 mm, a relação de velocidade entre o eixo do motor e o parafuso de avanço r_g é igual a 5 e o número de passos do motor de passo n_s é igual a 48. Determine (a) a resolução do controle, (b) a precisão e (c) a repetibilidade do sistema de posicionamento.

Solução: (a) A resolução do controle é a maior entre CR_1 e CR_2, conforme definido pelas equações (7.16) e (7.17).

$$CR_1 = \frac{p}{n_s \, r_g} = \frac{6}{48(5)} = 0,025 \text{ mm}$$

$$CR_2 = \frac{1000}{2^{16} - 1} = \frac{1000}{65.535} = 0,01526 \text{ mm}$$

$$CR = \text{Máx}\{0,025, 0,01526\} = 0,025 \text{ mm}$$

(b) A precisão é dada pela Equação (7.19):

Precisão $= 0,5(0,025) + 3(0,005) = 0,0275$ mm

(c) A repetibilidade é de $\pm 3(0,005) = \pm 0,015$ mm

7.6 PROGRAMAÇÃO DAS PEÇAS NO CN

A programação CN consiste do planejamento e da documentação da sequência de etapas do processamento a ser realizado pela máquina de CN. O programador deve ter conhecimentos de usinagem (ou outra tecnologia de processamento para qual a máquina de CN seja projetada), bem como de geometria e trigonometria. A parte de documentação da programação envolve o meio de entrada usado para transmitir o programa de instruções para a unidade de controle da máquina de CN (MCU). O meio tradicional de transmissão de entrada, datando das primeiras máquinas de CN nos anos de 1950, era a fita perfurada de uma polegada de largura. Recentemente, a fita magnética e os disquetes passaram a ser usados para o CN devido ao fato de sua densidade de dados ser muito maior.

A programação de usinagem pode ser realizada usando uma série de procedimentos que variam dos mais manuais até os mais automatizados métodos. Esses métodos são (1) programação manual, (2) programação assistida por computador, (3) programação usando CAD/CAM e (4) entrada manual de dados.

7.6.1 Programação manual

Na programação manual, o programador prepara o código de CN usando uma linguagem de máquina de baixo nível que é descrita brevemente nesta seção e de maneira mais completa no Apêndice A7. O sistema de codificação é baseado em números binários e é a linguagem de máquina de baixo nível que pode ser compreendida pela MCU. Quando as linguagens de alto nível são usadas, como a APT (Seção 7.5.2 e Apêndice B7), as sentenças do programa são convertidas para o código básico. O CN usa uma combinação de sistemas numéricos binários e decimais, chamada *sistema decimal codificado em binário* (do inglês, *binary-coded decimal* — BCD). Nesse esquema de codificação, cada um dos dez dígitos (0-9) do sistema decimal é codificado como um número binário com quatro dígitos, e esses são adicionados em sequência, como no sistema numérico decimal. A conversão dos dez dígitos do sistema numérico decimal em números binários é mostrada na Tabela 7.4. Por exemplo, o valor decimal 1250 seria codificado em BCD como o seguinte:

Sequência numérica	Número binário	Valor decimal
Primeiro	0001	1000
Segundo	0010	200
Terceiro	0101	50
Quarto	0000	0
Soma		1250

Além dos valores numéricos, o sistema de codificação do CN deve também fornecer caracteres alfabéticos e outros símbolos. Oito dígitos binários são usados para representar todos os caracteres necessários para a programação do CN. Uma palavra é formada a partir de uma sequência de caracteres. Uma *palavra* especifica um detalhe sobre a operação, como a posição no eixo x, a posição do eixo y, a velocidade de avanço ou a rotação do eixo-árvore. A partir de uma coleção de palavra é formado um *bloco*, uma instrução completa de CN. Ele especifica o destino do movimento, a velocidade e o avanço da operação de corte e outros comandos que determinam explicitamente o que a máquina-ferramenta vai fazer. Por exemplo, um bloco de instruções para uma fresadora de CN de dois eixos provavelmente incluiria as coordenadas x e y para as quais a mesa de trabalho seria movida, o tipo de movimentação a ser realizada (interpolação linear ou circular), a velocidade de rotação da fresa e a velocidade de avanço sob a qual a operação seria realizada.

A organização de palavras em um bloco é conhecida como o *formato de bloco* (também chamada de *formato de fita*, já que os formatos foram originalmente desenvolvidos para fitas perfuradas). Ainda que vários formatos diferentes de bloco tenham sido desenvolvidos ao longo dos anos, todos os controladores modernos usam o formato de endereço de palavra, que utiliza um prefixo de letra para identificar cada tipo de palavra e espaços para separar as palavras no bloco. Esse formato também permite variações na ordem das palavras e a omissão de palavras do bloco se seus valores não mudaram desde o bloco anterior. Por exemplo, os dois comandos no formato de endereço de palavra para executar as duas operações de furação ilustradas na Figura 7.16 são:

N001 G00 X07000 Y03000 M03
N002 Y06000

em que N é o prefixo da sequência de números e X e Y são os prefixos para os eixos x e y respectivamente. Palavras com G e M precisam de algum detalhamento. As palavras

Tabela 7.4 **Comparação entre números binários e decimais**

Binário	Decimal	Binário	Decimal
0000	0	0101	5
0001	1	0110	6
0010	2	0111	7
0011	3	1000	8
0100	4	1001	9

Figura 7.16 Sequência de furação para o exemplo de formato de endereço de palavra. As dimensões estão apresentadas em milímetros

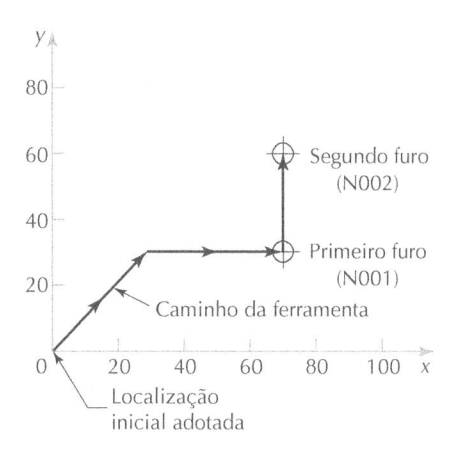

iniciadas por G são chamadas de 'palavras de preparo' e consistem de dois dígitos numéricos (depois do prefixo "G") que preparam a MCU para os dados e as instruções contidos no bloco. Por exemplo, G00 prepara o controlador para um movimento transversal rápido ponto a ponto entre o ponto anterior e o ponto final definido no comando atual. As palavras iniciadas com M são usadas para especificar funções diversas ou auxiliares que estejam disponíveis na máquina-ferramenta. A palavra M03 em nosso exemplo é usada para iniciar a rotação do eixo-árvore. Outros exemplos incluem a parada do eixo-árvore para uma troca de ferramenta e o ligar ou desligar o fluido de corte. Naturalmente a máquina-ferramenta em questão tem que conter a função que está sendo chamada.

As palavras em um bloco de instruções têm o objetivo de transmitir todos os comandos e dados necessários para que a máquina-ferramenta execute o movimento definido no bloco, e as palavras necessárias para um tipo de máquina-ferramenta podem ser diferentes das necessárias para outro tipo; por exemplo, o torneamento requer um conjunto de comandos diferente do conjunto de comandos de fresamento. As palavras em um bloco são normalmente dadas na seguinte ordem (ainda que o formato de endereço de palavra permita variações nessa ordem):

- Número da sequência (iniciada com N).
- Palavra de preparo (iniciada com G).
- Coordenadas (iniciadas por X, Y, Z para eixos lineares e A, B, C para eixos rotativos).
- Velocidade de avanço (iniciada com F).
- Velocidade de rotação do eixo-árvore (iniciada com S).

- Seleção de ferramenta (iniciada com T).
- Comandos diversos (iniciada com M).

Para o leitor interessado, preparamos o Apêndice A7, que descreve em detalhes o sistema de codificação usado em programação manual. Os exemplos de comandos de programação são fornecidos e várias palavras iniciadas por G e M são definidas. A programação manual pode ser utilizada tanto para trabalhos ponto a ponto como para serviços de contorno. Ela é mais adequada às operações de usinagem ponto a ponto, como a furação, e também pode ser usada em trabalhos simples de contorno, como o fresamento e o torneamento que envolvem apenas dois eixos. Todavia, para operações de usinagem tridimensional complexas há uma vantagem na utilização da programação assistida por computador.

7.6.2 Programação assistida por computador

A programação manual pode ser demorada, entediante e sujeita a peças processando geometrias complexas ou que requeiram muitas operações de usinagem. Nesses casos, e até para serviços mais simples, é vantajoso usar a programação assistida por computador. Vários sistemas de linguagem de programação CN foram desenvolvidos para a realização de muitos dos cálculos que o programador teria de fazer. O programa é escrito em sentenças parecidas com o inglês, que são posteriormente convertidas para a linguagem de máquina. A programação assistida por computador economiza tempo e resulta em um programa mais preciso e eficiente. Usando-se esse arranjo de programação, as várias tarefas são divididas entre o programador e o computador.

Figura 7.17 Exemplo de peça com elementos geométricos (pontos, linhas e circunferência) indicados para a programação assistida por computador

(a)

(b)

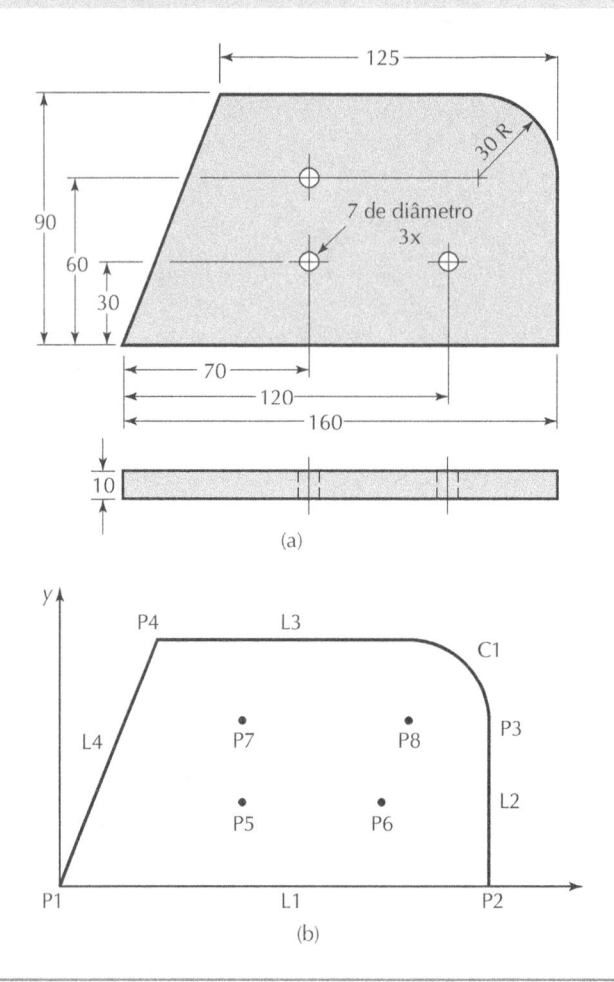

O trabalho do programador. Na programação assistida por computador, as instruções de usinagem são escritas em sentenças parecidas com inglês, as quais são depois traduzidas pelo computador para o código de máquina de baixo nível, que pode ser interpretado e executado pelo controlador da máquina-ferramenta. As duas tarefas mais importantes do programador são (1) definir a geometria de peça e (2) especificar o caminho da ferramenta e a sequência de operação.

Não importando quão complicada a peça de trabalho possa parecer, ela é composta de elementos geométricos simples e superfícies matematicamente definidas. Considere a amostra de peça na Figura 7.17, ainda que sua aparência seja de algum modo irregular, sua linha externa consiste da interseção de linhas retas e de uma circunferência parcial. As posições dos furos nas peças podem ser definidas por meio das coordenadas x e y de seus centros. Quase todos os componentes que um projetista pode conceber podem ser descritos por pontos, linhas retas, planos, círculos, cilindros e outras superfícies matematicamente definidas. É tarefa do programador identificar e enumerar os elementos geométricos a partir dos quais a peça é construída. Cada elemento deve ser definido em termos de suas dimensões e posições em relação aos outros elementos. Alguns exemplos serão instrutivos aqui para mostrar como os elementos geométricos são definidos. Usaremos nosso exemplo de peça para ilustrar, com os identificadores dos elementos geométricos adicionados como mostrado na Figura 7.17 (b). Nossas sentenças são tiradas da linguagem APT, que significa ferramenta automaticamente programada. No Apêndice B7, a linguagem APT é descrita com detalhes.

Vamos começar com o elemento geométrico mais simples, o ponto. A forma mais simples de se definir um ponto é por meio de suas coordenadas; por exemplo,

$$P4 = POINT /35, 90, 0$$

em que o ponto é identificado por um símbolo (P4) e suas coordenadas são dadas na ordem dos eixos x, y e z em milímetros ($x = 35$ mm, $y = 90$ mm e $z = 0$). Uma linha pode ser definida por dois pontos, como o seguinte:

L1 = LINE/P1, P2

em que L1 é a linha definida na sentença e P1 e P2 são dois pontos definidos anteriormente. Finalmente, um círculo pode ser definido por seu raio e pela posição de seu centro,

C1 = CIRCLE/CENTER, P8, RADIUS, 30

em que C1 é o novo círculo definido, com o centro no ponto P8, definido antes, e um raio de 30 mm. A linguagem APT oferece muitos meios alternativos de definição de pontos, linhas, círculos e outros elementos geométricos. Uma amostra dessas definições é fornecida no Apêndice B7.

Depois que a geometria da peça é definida, o programador deve especificar o caminho que a ferramenta seguirá para usinar a peça. O caminho da ferramenta consiste de uma sequência de linhas e segmentos de arco conectados, usando os elementos geométricos previamente definidos para conduzir a ferramenta. Por exemplo, suponha que estejamos usinando o exterior de nosso exemplo da Figura 7.17 em uma operação de fresamento de perfil (contorno). Terminamos de cortar ao longo da superfície L1 no sentido anti-horário em volta da peça e a ferramenta está posicionada na interseção das superfícies L1 e L2. A sentença APT seguinte poderia ser usada para comandar a ferramenta a fazer uma curva para a esquerda de L1 para L2 e cortar ao longo de L2:

GOLFT/L2, TANTO, C1

A ferramenta prossegue ao longo da superfície L2 até que fique tangente (TANTO) ao círculo C1. Esse é um comando de movimentação em caminho contínuo. Os comandos ponto a ponto tendem a ser mais simples; por exemplo, a sentença seguinte direciona a ferramenta para o ponto P5 definido anteriormente:

GOTO/P5

Além de definir a geometria das peças e especificar o caminho das ferramentas, o programador deve realizar várias outras funções de programação, como nomear o programa, identificar a máquina-ferramenta na qual o serviço será realizado, especificar velocidades de corte e velocidades de avanço, determinar as dimensões da ferramenta (raio, comprimento etc.) e especificar as tolerâncias na interpolação circular.

Tarefas do computador na programação assistida por computador. O papel do computador na programação assistida por computador consiste das seguintes tarefas, realizadas mais ou menos na sequência descrita: (1) tradução da entrada, (2) aritmética e cálculos de percurso de corte, (3) edição e (4) pós-processamento. As três primeiras tarefas são executadas sob a supervisão do programa de processamento da linguagem. Por exemplo, a linguagem APT usa um processador projetado para interpretar e processar as palavras, símbolos e números escritos em APT. Outras linguagens precisam de seus próprios processadores. A quarta tarefa, pós-processamento, requer um programa separado. A sequência e a relação das tarefas do programador e do computador são demonstradas na Figura 7.18.

O programador faz a entrada do programa usando a APT ou alguma outra linguagem de programação de usinagem de alto nível. O módulo de *tradução de entrada* converte as instruções codificadas contidas no programa para a forma utilizável pelo computador, preparando para sua execução adiante. Na APT, a tradução da entrada realiza as seguintes tarefas: (1) checagem de sintaxe do código de entrada para identificar erros no formato, pontuação, ortografia e ordem das sentenças; (2) definição de um número de sequência para cada sentença de APT do programa; (3) conversão dos elementos geométricos em formas adequadas ao processamento do computador e (4) geração de um arquivo intermediário chamado PROFIL que é utilizado em cálculos aritméticos futuros.

O *módulo aritmético* consiste de um conjunto de sub-rotinas para a realização dos cálculos matemáticos necessários para definir a superfície da peça e gerar o caminho da ferramenta, incluindo a compensação para o percurso do corte. As sub-rotinas são chamadas pelas várias sentenças usadas na linguagem de programação de usinagem. Os cálculos aritméticos são realizados no arquivo PROFIL. O módulo aritmético livra o programador

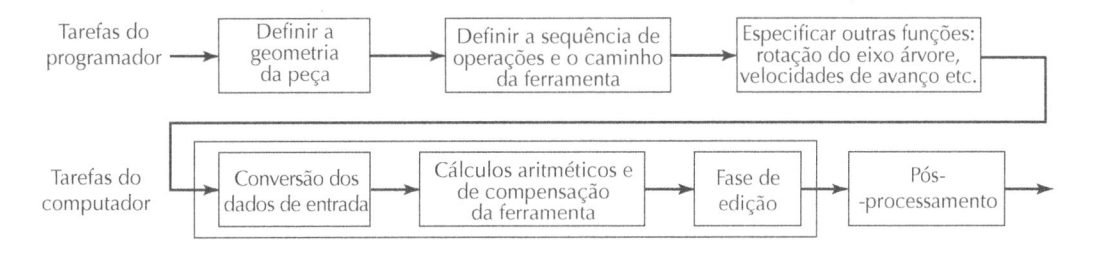

Figura 7.18 Tarefas em programação de peças assistidas por computador

dos cálculos geométricos e aritméticos demorados e propensos a erros para se concentrar em questões relacionadas ao processamento da peça. A saída desse módulo é um arquivo chamado CLFILE, que significa "arquivo de localização da ferramenta" (do inglês, *cutter location file*). Como o nome sugere, esse arquivo consiste principalmente dos dados do caminho da ferramenta.

Durante o estágio de edição, o computador edita o arquivo CLFILE e gera um novo arquivo chamado CLDATA. Quando impresso, o CLDATA oferece dados legíveis de posicionamento da ferramenta e comandos de operação da máquina-ferramenta. Os comandos da máquina-ferramenta podem ser convertidos em instruções específicas durante o pós-processamento. O resultado da fase de edição é um programa de usinagem em um formato que pode ser pós-processado para a máquina-ferramenta na qual o trabalho será realizado.

Os sistemas das máquinas-ferramenta são diferentes e têm funções e capacidades diferentes. As linguagens de programação de usinagem de alto nível, como a APT, geralmente não se destinam a apenas um tipo de máquina-ferramenta. Elas são projetadas para uso geral. Assim, a última tarefa do computador na programação assistida por computador é o *pós-processamento*, em que os dados de posicionamento da ferramenta e os comandos de usinagem do arquivo CLDATA são convertidos para o código de baixo nível que pode ser interpretado pelo controlador de CN para uma máquina-ferramenta específica. O resultado do pós-processamento é um programa de usinagem que consiste de códigos G, coordenadas de *x*, *y* e *z*, funções S, F, M e outras no formato de endereço de palavras. O pós-processador é separado da linguagem de programação de usinagem de alto nível. Um pós-processador individual deve ser escrito para cada sistema de máquina-ferramenta.

7.6.3 Programação do CN usando CAD/CAM

Um *sistema de CAD/CAM* é um sistema gráfico interativo do computador equipado com *software* para realizar algumas tarefas de projeto e manufatura e para integrar essas funções. Uma das importantes tarefas realizadas nos sistemas de CAD/CAM é a programação CN. Nesse método de programação, parte do procedimento normalmente executado pelo programador é realizada pelo computador. As vantagens da programação CN usando CAD/CAM incluem [12]: (1) o programa pode ser simulado de forma *off-line* no sistema de CAD/CAM para verificar sua precisão; (2) o tempo e o custo da operação de usinagem podem ser determinados pelo sistema de CAD/CAM; (3) as ferramentas mais apropriadas podem ser selecionadas de forma automática para a operação e (4) o sistema de CAD/CAM

pode inserir de forma automática os valores otimizados para as velocidades de rotação e avanço para o material de trabalho e as operações.

Outras vantagens são descritas abaixo. Lembre-se de que as duas principais tarefas do programador na programação assistida por computador são (1) definir a geometria da peça e (2) especificar o caminho da ferramenta. Os sistemas avançados de CAD/CAM automatizam partes de ambas essas tarefas.

Definição de geometria usando CAD/CAM. Um objetivo fundamental do CAD/CAM é integrar as funções de engenharia de projeto e engenharia de manufatura. Com certeza uma das funções de projeto importantes é desenhar os componentes individuais do produto. Se um sistema de CAD/CAM é usado, um modelo em computação gráfica de cada peça é desenvolvido pelo projetista e guardado no banco de dados de CAD/CAM. Esse modelo contém todas as especificações geométricas, dimensionais e materiais da peça.

Quando o mesmo sistema de CAD/CAM ou um sistema de CAM que tenha acesso à mesma base de dados de CAD em que o modelo da peça está armazenado é usado para realizar a programação, não faz muito sentido recriar a geometria da peça durante o procedimento de programação. Em vez disso, o programador geralmente recupera o modelo geométrico da peça do banco de dados e o utiliza para definir o caminho apropriado do cortador. A vantagem significativa da utilização de CAD/CAM assim é a eliminação de um dos passos demorados da programação assistida por computador: a definição da geometria. Depois que a geometria da peça é recuperada, o procedimento normal é identificar os elementos geométricos que serão utilizados durante a programação da peça. Essas identificações são os nomes das variáveis (símbolos) dados às linhas, círculos e superfícies que compõem a peça. A maior parte dos sistemas tem capacidade de identificar automaticamente os elementos geométricos e exibir as identificações no monitor. O programador pode então fazer referência a esses elementos identificados durante a construção do caminho da ferramenta.

Um programador de CN que não tenha acesso ao banco de dados deve definir a geometria da peça usando técnicas gráficas interativas similares às que o projetista usaria para desenhar a peça. Pontos são definidos em um sistema de coordenadas usando o sistema de computação gráfica, linhas e círculos são definidos a partir dos pontos, superfícies são definidas, e assim por diante, para construir o modelo geométrico da peça. A vantagem do sistema gráfico interativo sobre a programação assistida por computador convencional é que o programador recebe verificação visual imediata dos elementos geométricos sendo criados. Isso tende a aumentar a velocidade e a precisão do processo de definição da geometria.

Geração de caminho de ferramenta usando CAD/CAM. A segunda tarefa do programador de CN na programação assistida por computador é a especificação do caminho da ferramenta. Em primeiro lugar o programador seleciona a ferramenta de corte para a operação. A maioria dos sistemas de CAD/CAM tem bibliotecas de ferramentas que podem ser chamadas pelo programador para identificar as ferramentas disponíveis do almoxarifado. O programador deve decidir qual das ferramentas disponíveis é mais apropriada para a operação em questão e então especificá-la para o caminho de ferramenta. Isso permite que o diâmetro da ferramenta e outras dimensões sejam informados automaticamente para os cálculos de percurso da ferramenta. Se a ferramenta de corte desejada não estiver disponível na biblioteca, o programador poderá especificar uma ferramenta apropriada. Ela então tornar-se-á parte da biblioteca para utilização futura.

O próximo passo é a definição do caminho da ferramenta. Há diferenças nas capacidades dos vários sistemas de CAD/CAM, o que resulta em abordagens diferentes para a geração dos caminhos de ferramenta. A abordagem mais básica envolve a utilização do sistema gráfico interativo para informar os comandos de movimentação, um por um, de forma similar à programação assistida por computador. As sentenças individuais da APT, ou outra linguagem de programação, são informadas e o sistema de CAD/CAM fornece a visualização gráfica imediata da ação resultante do comando, validando assim a sentença. Uma abordagem mais avançada para a geração de comandos do caminho de ferramenta é usar um dos módulos de *software* automáticos disponíveis no sistema de CAD/CAM. Esses módulos foram desenvolvidos para realizar uma série de ciclos comuns de usinagem para fresamento, furação e torneamento. Eles são sub-rotinas contidas no pacote de programação de CN que podem ser chamadas e receber os parâmetros necessários para executar um ciclo de usinagem. Muitos desses módulos são identificados na Tabela 7.5 e na Figura 7.19. Quando o programa completo da peça for elaborado, o sistema de CAD/CAM pode proporcionar uma simulação animada dele para validação.

Tabela 7.5 **Alguns módulos de CN comuns para programação automática de ciclos de usinagem**

Tipo de módulo	Breve descrição
Usinagem de perfil	Gera caminho da ferramenta em volta da periferia da peça, normalmente um contorno bidimensional no qual a profundidade se mantém constante.
Usinagem de cavidade	Gera o caminho de ferramenta para usinar uma cavidade (ou bolsão), como na Figura 7.19 (a). Uma série de cortes normalmente é necessária para completar o fundo da cavidade até a profundidade desejada.
Inscrição (gravação, fresamento)	Gera o caminho de ferramenta para gravar (fresar) caracteres alfanuméricos e outros símbolos de letras e tamanhos especificados.
Torneamento de contorno	Gera o caminho de ferramenta para uma série de cortes de torneamento para fornecer um contorno definido em uma peça rotativa, como na Figura 7.19 (b).
Faceamento (torneamento)	Gera o caminho de ferramenta para uma série de cortes de face para remover excessos da face da peça ou para criar um ressalto na peça por meio de uma série de operações de faceamento, como na Figura 7.19 (c).
Rosqueamento (torneamento)	Gera o caminho de ferramenta para uma série de cortes de rosqueamento para cortar roscas internas, externas ou cônicas em uma peça rotativa, como na Figura 7.19 (d) para roscas externas.

Figura 7.19 Exemplos de ciclos de usinagem disponíveis em módulos automáticos de programação: (a) usinagem de cavidade, (b) torneamento de contorno, (c) faceamento e faceamento de ressalto e (d) rosqueamento (externo)

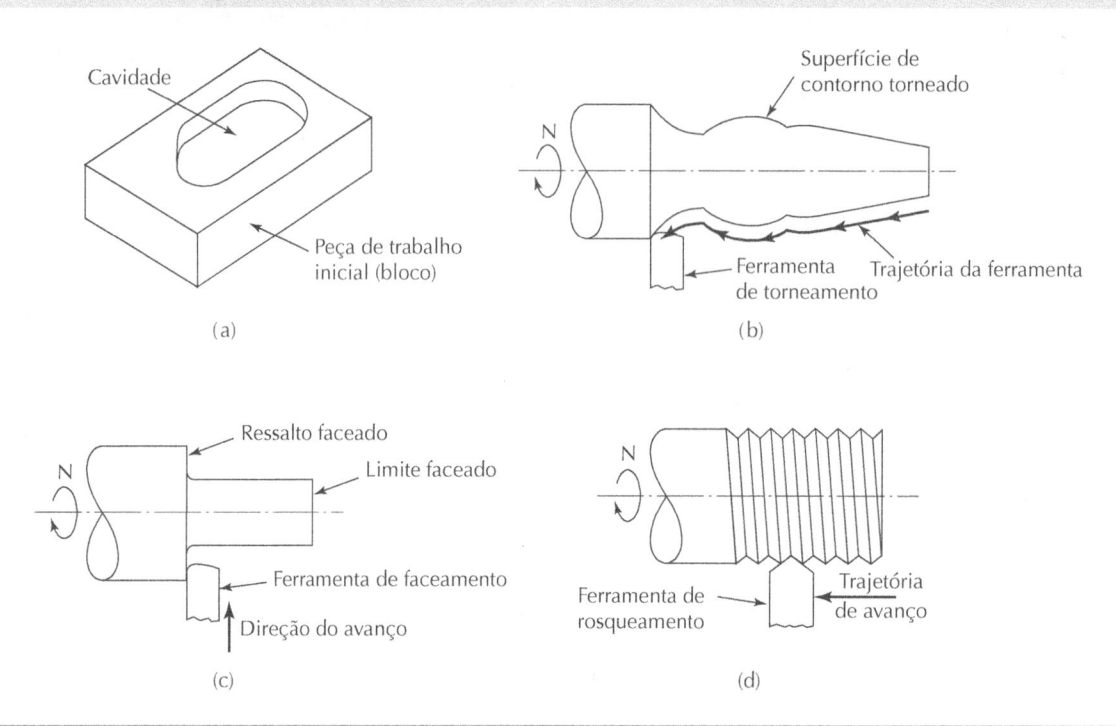

Programação automatizada por computador. Na abordagem de CAD/CAM para a programação CN, muitos aspectos do procedimento são automatizados. No futuro, será possível automatizar todo o procedimento de programação CN. Referimo-nos a esse procedimento totalmente automatizado como programação automatizada por computador. Dado o modelo geométrico da peça que foi definido durante o desenho do produto, o sistema automatizado por computador possuiria capacidades suficientes de lógica e de tomada de decisão para realizar a programação do CN para toda a peça sem assistência humana.

Isso pode ser feito de maneira mais fácil para certos processos de CN que envolvam geometrias de peças relativamente simples e bem definidas. Os exemplos são operações ponto a ponto como a furação por CN e máquinas de fresamento de componentes eletrônicos. Nesses processos, o programa consiste basicamente de uma série de posições em um sistema de coordenadas x e y em que o trabalho deve ser realizado (por exemplo, orifícios devem ser furados e componentes devem ser inscritos). Essas posições são determinadas por dados gerados durante o projeto do produto. Algoritmos especiais podem ser desenvolvidos para processar os dados de projeto e gerar o programa de CN para o sistema em particular. Os sistemas de contorno de CN eventualmente tornar-se-ão capazes de um nível similar de automação. Esse tipo de programação automática é estreitamente relacionado ao planejamento de processos auxiliado por computador (do inglês, *computer-aided process planning* — CAPP).

Mastercam. O Mastercam é um pacote de *software* para CAD/CAM comercial líder para programação CNC. É comercializado pela CNC Software, Inc. [16]. O pacote inclui uma capacidade de CAD para o projeto de peças além de suas funções de CAM para a programação das peças. Caso um pacote de projeto assistido por computador alternativo seja utilizado (por exemplo, AutoCAD® ou SolidWorks®), os arquivos desses outros pacotes podem ser traduzidos para a utilização no Mastercam. Os processos para os quais o Mastercam pode ser aplicado incluem fresamento, furação, torneamento, corte por plasma e corte a laser. Mais informações estão disponíveis no site da companhia [16]. As etapas típicas que um programador usaria no Mastercam para realizar um serviço de programação de usinagem são listadas na Tabela 7.6. O resultado seria um programa cujo formato é o endereçamento de palavras.

Tabela 7.6 **Sequência típica de etapas na programação CNC usando Mastercam para uma sequência de operações de fresamento e furação**

Etapa	Descrição
1	Desenvolver um modelo CAD da peça a ser usinada usando Mastercam ou importar o modelo CAD de um pacote compatível.
2	Orientar a peça de trabalho inicial em relação ao sistema de eixos da máquina.
3	Identificar a matéria-prima da peça e sua graduação específica (por exemplo, Alumínio 2024, para a seleção de condições de corte).
4	Selecionar a operação a ser realizada (por exemplo, furação, usinagem de cavidade, contorno) e a superfície a ser usinada.
5	Selecionar a ferramenta de corte (por exemplo, broca de 0,250 pol) da biblioteca de ferramentas.
6	Informar os parâmetros de corte aplicáveis como a profundidade do furo.
7	Repetir as etapas 4 a 6 para cada operação de usinagem adicional a ser realizada na peça.
8	Selecionar o pós-processador apropriado para gerar o endereçamento de palavras para a máquina-ferramenta na qual o serviço de usinagem será realizado.
9	Verificar o programa por meio da simulação animada da sequência de operações de usinagem a ser realizada na peça.

7.6.4 Entrada manual de dados

A programação manual ou a assistida por computador requer um nível relativamente mais alto de procedimentos e de documentação formal. Há um tempo de execução necessário para escrever e validar os programas. A programação com CAD/CAM automatiza uma parte significativa do procedimento, mas um compromisso importante com equipamento, *software* e treinamento é necessário. Um modo de simplificar o procedimento é fazer o operador da máquina realizar a tarefa de programação de usinagem na máquina-ferramenta. Isso é chamado de *entrada manual de dados* (do inglês, *manual data input* — MDI) porque o operador informa manualmente os dados de geometria da peça e os comandos de movimento direto para a MCU que está executando o serviço. A MDI, também conhecida como *programação conversacional* [5], [11] é vista como uma forma para as pequenas fábricas introduzirem o CN a suas operações sem precisar adquirir equipamentos especiais de programação CN nem contratar um programador. A MDI permite à fábrica fazer investimentos iniciais mínimos para começar a transição para a tecnologia moderna de CNC. A limitação da entrada manual de dados é o risco de erros de programação conforme os trabalhos ficam mais complicados. Por essa razão, a MDI é aplicada a peças relativamente simples.

A comunicação entre o programador operador de máquina e o sistema de MDI é feita por meio de um monitor e um teclado alfanumérico. A entrada dos comandos de programação para o controlador é feita normalmente por meio de um procedimento orientado por menus em que o operador responde a questões propostas pelo sistema de CN sobre o trabalho a ser usinado. A sequência das questões é projetada de modo que o operador informa a geometria da peça e os comandos de usinagem de uma forma lógica e consistente. Uma capacidade de computação gráfica é incluída em sistemas modernos de programação por MDI para permitir que o operador visualize as operações de usinagem e verifique o programa. As características típicas de verificação incluem a exibição do caminho da ferramenta e a animação de sua sequência.

É necessário que o operador da máquina tenha treinamento em programação CN. Ele deve ter capacidade de compreender um desenho de engenharia e ter familiaridade com os processos de usinagem. Uma advertência importante na utilização de MDI é certificar-se de que o sistema de CN não se torne um brinquedo caro que fique ocioso enquanto o operador informa as instruções de programação. O uso eficiente do sistema requer que a programação da próxima peça seja realizada enquanto a peça atual está sendo usinada. A maioria dos sistemas de MDI permite que essas duas funções sejam executadas simultaneamente para reduzir o tempo de passagem entre os serviços.

Referências

[1] CHANG, C. H; MELKANOFF, M. *NC machine programming and software design*. Englewood Cliffs: Prentice Hall, 1989.

[2] GROOVER, M. P.; ZIMMERS Jr., E. W. *CAD/CAM:* Computer-aided design and manufacturing. Englewood Cliffs: Prentice Hall, 1984.

[3] ILLINOIS Institute of Technology Research Institute. *APT part programming*. Nova York: McGraw-Hill Book Company, 1967.

[4] LIN, S. C. *Computer numerical control:* Essentials of programming and networking. Albânia: Delmar Publishers, 1994.

[5] LYNCH, M. *Computer numerical control for machining*. Nova York: McGraw-Hill, 1992.

[6] NOAKER, P. M. "Down the Road with DNC". *Manufacturing engineering*, p. 35-8, nov. 1992.

[7] ____. "The PC's CNC Transformation". *Manufacturing Engineering*, p. 49-53, ago. 1995.

[8] NOBLE, D. F. *Forces of production*. Nova York: Alfred A. Knopf, 1984.

[9] QUESADA, R. *Computer numerical control, machining and turning centers*. Upper Saddle River: Pearson; Prentice Hall, 2005.

[10] REINTJES, J. F. *Numerical control:* Making a new technology. Nova York: Oxford University Press, 1991.

[11] STENERSON, J.; CURRAN, J. *Computer numerical control:* Operation and programming. 3. ed. Upper Saddle River: Pearson; Prentice Hall, 2007.

[12] VALENTINO, J. V.; GOLDENBERG, J. *Introduction to computer numerical control (CNC)*. 3. ed. Upper Saddle River: Pearson; Prentice Hall, 2003.

[13] WAURZYNIAK, P. "Machine Controllers: Smarter and faster". *Manufacturing Engineering*, p. 61-73, jun. 2005.

[14] ____. "Software controls productivity". *Manufacturing Engineering*, p. 67-73, ago. 2005.

[15] ____. "Under control". *Manufacturing Engineering*, p. 51-8, jun. 2006.

[16] Website do CNC Software, Inc.: Disponível em: <www.mastercam.com>. Acesso em: 09 nov. 2010.

Questões de revisão

7.1 O que é controle numérico?

7.2 Quais são os três componentes básicos de um sistema de CN?

7.3 O que é a regra da mão direita no CN e em que é usada?

7.4 Qual a diferença entre controle ponto a ponto e controle de caminho contínuo em um sistema de controle de movimento?

7.5 O que é interpolação linear e por que ela é importante no CN?

7.6 Qual a diferença entre posicionamento absoluto e posicionamento incremental?

7.7 Como o controle numérico computadorizado (CNC) é distinguido do CN convencional?

7.8 Cite cinco das dez características e capacidades de uma unidade de controle de máquina de CNC moderna listadas no texto.

7.9 O que é controle numérico distribuído (DNC)?

7.10 Cite alguns dos tipos de máquinas-ferramenta para os quais o controle numérico tem sido aplicado.

7.11 O que é um centro de usinagem?

7.12 Cite quatro das seis características de peças que mais se adequam à aplicação do controle numérico listadas no texto.

7.13 Ainda que a tecnologia de CN seja estreitamente associada às aplicações de máquinas-ferramenta, ela tem sido aplicada também a outros processos. Cite três dos seis exemplos listados no texto.

7.14 Quais são as quatro vantagens do controle numérico quando aplicado corretamente nas operações de máquina-ferramenta?

7.15 Quais são as três desvantagens da implementação da tecnologia de CN?

7.16 Descreva brevemente as diferenças entre os dois tipos básicos de sistemas de controle de posicionamento usados no CN.

7.17 O que é um *encoder* ótico e como ele funciona?

7.18 Com referência à precisão em um sistema de posicionamento de CN, o que é resolução do controle?

7.19 Qual a diferença entre programação manual e programação assistida por computador?

7.20 O que é pós-processamento na programação assistida por computador?

7.21 Cite algumas das vantagens da programação CN baseada em CAD/CAM comparada à programação assistida por computador.

7.22 O que é entrada manual de dados do programa no CN?

Problemas

Aplicações do CN

7.1 Uma grade de alumínio está para ser usinada em uma máquina de CN com uma fresa de 20 mm de diâmetro e quatro dentes. A velocidade de corte é de 120 m/min e a alimentação é igual a 0,008 mm/dente. Converta esses valores para rpm e mm/rotação, respectivamente.

7.2 Uma peça de ferro fundido deverá ter sua superfície usinada em uma máquina de CN usando pastilhas de metal duro. A ferramenta tem 16 dentes e 120 mm de diâmetro. A velocidade de corte é de 200 m/min e a velocidade de avanço por dente é de 0,005 mm/dente. Converta esses valores para rpm e mm/rotação, respectivamente.

7.3 Uma operação de fresamento de acabamento é realizada em um centro de usinagem de CN. A extensão total do movimento é de 625 mm ao longo de um caminho em linha reta para cortar uma peça de trabalho em particular. A velocidade do corte é de 2 m/s e a velocidade de avanço por dente (avanço/dente) é igual a 0,075 mm. A ferramenta tem dois dentes e seu diâmetro é de 15 mm. Determine a velocidade de avanço e o tempo para a conclusão do corte.

7.4 Uma operação de torneamento deve ser realizada em um torno de CN. A velocidade de corte é de 2,5 m/s, a velocidade de avanço é igual a 0,2 mm/rotação e a profundidade é de 4 mm. O diâmetro da peça de trabalho é de 100 mm e o comprimento é de 400 mm. Determine (a) a velocidade de rotação da barra, (b) a velocidade de avanço, (c) a taxa de remoção do material e (d) o tempo para mover a peça do início ao fim.

7.5 Uma furadeira de controle numérico cria furos com 10 mm de diâmetro em quatro lugares de uma placa de alumínio plana em um ciclo de produção. Ainda que a placa tenha espessura de apenas 12 mm, a furadeira deve se mover 20 mm verticalmente em cada posição de furo para permitir um vão livre acima da placa e o atravessar por completo da broca ao outro lado da placa. As condições de corte são: velocidade de 0,4 m/s e velocidade de avanço de 0,10 mm/rotação. As posições dos furos são indicadas na tabela seguinte:

Número do furo	Coordenada x (mm)	Coordenada y (mm)
1	25	25
2	25	100
3	100	100
4	100	25

A furadeira inicia no ponto (0, 0) e retorna para a mesma posição depois que o ciclo de trabalho é terminado. A velocidade de avanço da mesa de uma posição para a outra é de 500 mm/min. Devido aos efeitos de aceleração e desaceleração e ao tempo necessário para o sistema de controle atingir o posicionamento final, uma perda de 3s é percebida em cada posição de parada da mesa. Considere que todos os movimentos são feitos de modo a minimizar o tempo total do ciclo. Se a carga e descarga da placa leva 20s (tempo total de manuseio), determine o tempo necessário para o ciclo de trabalho.

Análise de sistemas de posicionamento em malha aberta

7.6 Dois motores de passo são usados em um sistema em malha aberta para mover os fusos para o posicionamento x-y. O curso de cada eixo é de 250 mm. Os eixos dos motores estão conectados diretamente aos fusos. O passo de cada fuso é de 3 mm e o número de passos dos motores é 125. (a) Quão precisamente pode ser controlada a posição da mesa, assumindo-se que não há erros mecânicos do sistema de posicionamento? (b) Quais são as frequências necessárias para o trem de pulsos e as velocidades rotacionais correspondentes de cada motor de passo para o objetivo de direcionar a mesa a 275 mm/min em uma linha reta a partir do ponto ($x = 0$, $y = 0$) até o ponto ($x = 130$ mm, $y = 220$ mm)?

7.7 O eixo de um sistema de posicionamento de CN é dirigido por um motor de passo. O motor é conectado a um fuso cujo passo é igual a 4 mm, e o fuso move a mesa. A resolução do controle para a mesa é especificada como 0,015 mm. Determine (a) o número de passos necessários para atingir a resolução do controle especificada, (b) o tamanho de cada ângulo de passo do motor e (c) a velocidade de deslocamento linear do motor a uma frequência de 200 pulsos por segundo.

7.8 A mesa de trabalho em um sistema de posicionamento de CN é dirigida por um fuso com passo de 4 mm. O fuso é movido por um motor de passo que tem 250 passos por volta. A mesa de trabalho é programada para se mover por uma distância de 100 mm de sua posição atual a uma velocidade de 300 mm/min. (a) Quantos pulsos são necessários para mover pela distância especificada? (b) Qual a velocidade e a frequência de pulsos necessárias no motor para atingir a velocidade desejada da mesa de trabalho?

7.9 Um motor de passo com 200 passos por volta é acoplado a um fuso por uma relação de velocidade de 5:1 (cinco voltas do motor para cada volta do fuso). O fuso tem 2,4 fios/cm. A mesa de trabalho dirigida pelo fuso deve se mover a uma distância de 25 cm a uma velocidade de avanço de 75 cm/minuto. Determine (a) o número necessário de pulsos para mover a mesa, (b) a velocidade necessária do motor e (c) a frequência de pulsos para atingir a velocidade desejada da mesa.

7.10 Uma máquina de inserção de componentes leva 2s para colocar um componente em uma placa de circuito impresso (do inglês, *printed circuit board* — PCB), uma vez que a placa esteja posicionada sob a cabeça de inserção. A mesa de eixos *x-y* que posiciona a placa de PCB usa um motor de passo ligado diretamente a um fuso para cada eixo. O fuso tem passo de 5 mm. O ângulo de passos do motor é igual a 7,2 graus e a frequência do trem de pulsos é de 400 Hz. Dois componentes são colocados na placa de PCB, cada um nas posições (25, 25) e (50, 150), expressas em milímetros. A sequência de posições é (0, 0), (25, 25), (50, 150), (0, 0). O tempo necessário para descarregar a placa terminada e carregar a próxima placa em branco para a mesa da máquina é de 5s. Considere que 0,25s é perdido devido à aceleração e desaceleração a cada movimento. Qual é a taxa de produção horária dessas placas de PCB?

7.11 Os dois eixos de uma mesa de posicionamento *x-y* são dirigidos, cada um, por um motor de passo conectado a um fuso sob uma relação de velocidades de 4:1. O número de passos por volta em cada motor é 200. Cada fuso tem passo de 5 mm e fornece um curso de eixo de 400 mm. Há 16 bits em cada registrador binário usado pelo controlador para armazenar dados de posição dos dois eixos. (a) Qual é a resolução do controle de cada eixo? (b) Qual é a velocidade de rotação e a correspondente frequência do trem de pulsos necessárias de cada motor de passo para o objetivo de mover a mesa a 600 mm/min em uma linha reta a partir do ponto (25, 25) até o ponto (300, 150)? Ignore a aceleração.

Análise dos sistemas de posicionamento em malha fechada

7.12 Um servomotor CC é usado para mover um dos eixos da mesa de uma máquina fresadora de CN. O motor é acoplado diretamente ao fuso do eixo cujo passo é de 5 mm. O encoder anexado ao fuso emite 500 pulsos por rotação. O motor gira a uma velocidade normal de 300 rpm. Determine (a) a resolução do controle do sistema, expressa em distância de movimento linear do eixo da mesa, (b) a frequência do trem de pulsos emitida pelo encoder quando o servomotor funciona na velocidade máxima e (c) a velocidade de avanço da mesa a uma velocidade de rotação normal do motor.

7.13 No Problema 7.3, o eixo correspondente à velocidade de avanço usa um servomotor CC como unidade motora e um encoder como o sensor de realimentação. O motor é acoplado ao fuso sob uma relação de velocidade de 10:1 (dez voltas do motor para cada volta do fuso). Sendo o passo do fuso igual a 5 mm e o encoder emitindo 400 pulsos por rotação, determine a velocidade de rotação do motor e a frequência de pulsos do codificador para atingir a velocidade de avanço indicada.

7.14 A mesa de trabalho de uma máquina de CN é movida por um sistema de posicionamento em malha fechada que consiste de um servomotor, um fuso e um encoder. O passo do fuso é de 4 mm e é acoplado diretamente ao eixo do motor (relação de velocidade de 1:1). O encoder gera 225 pulsos por rotação do fuso. A mesa foi programada para se mover a uma distância de 200 mm sob uma velocidade de avanço de 450 mm/min. (a) Quantos pulsos são recebidos pelo sistema de controle para garantir que a mesa tenha se movido na distância programada? Qual é (b) a frequência de pulsos e (c) a velocidade correspondente do motor para a velocidade de avanço especificada?

7.15 A mesa de uma máquina-ferramenta de CN é controlada por um servomotor, um fuso e um encoder. O fuso tem um passo de 5 mm e é conectado ao eixo do motor sob uma relação de 16:1 (16 voltas do motor para cada volta do fuso). O encoder é conectado diretamente ao fuso e gera 200 pulsos por rotação. A mesa deve se mover a uma distância de 100 mm sob uma velocidade de avanço de 500 mm/min. Determine (a) o número de pulsos recebidos pelo sistema de controle para garantir que a mesa se mova os exatos 100 mm, (b) a taxa de pulsos e (c) a velocidade do motor que correspondem à velocidade de avanço de 500 mm/min.

7.16 Solucione o problema anterior supondo que o encoder seja acoplado ao eixo do motor e não ao fuso.

7.17 Um fuso acoplado diretamente a um servomotor de CC é usado para mover um dos eixos da mesa de uma máquina fresadora de CN e tem 2,5 fios/cm. O encoder conectado ao fuso emite cem pulsos para cada rotação. O motor gira a uma velocidade máxima de 800 rpm. Determine (a) a resolução do controle do sistema, expressa em distância linear de movimento do eixo da mesa, (b) a frequência do trem de pulsos emitidos pelo encoder quando o servomotor funciona na velocidade máxima e (c) a velocidade de movimento da mesa na velocidade máxima de giro do motor.

7.18 Solucione o problema anterior supondo que o servomotor esteja conectado ao fuso por uma caixa de transmissão cuja relação de velocidade seja de 10:1 (dez rotações do motor para cada rotação do fuso).

7.19 Uma operação de fresamento é realizada em um centro de usinagem de CN. A distância total de movimento é de 300 mm em uma direção paralela a um dos eixos da mesa de trabalho. A velocidade de corte é de 1,25 m/s e o avanço por dente é de 0,05 mm. A ferramenta tem quatro dentes e um diâmetro de 20,0 mm. O eixo utiliza um servomotor de CC cujo eixo de saída está acoplado a um fuso de passo igual a 6 mm. O sensor de realimentação é um encoder que emite 250 pulsos por rotação. Determine (a) a velocidade de avanço e o tempo de execução do corte, (b) a velocidade de rotação do motor e (c) a frequência de pulsos do codificador correspondente à velocidade de avanço indicada.

7.20 Um servomotor de CC move o eixo x da mesa de uma fresadora de CN. O motor é acoplado diretamente ao fuso da mesa, cujo passo é de 6,25 mm. Um encoder é conectado ao fuso e emite 125 pulsos por rotação. Para executar uma instrução programada, a mesa precisa se mover de um ponto ($x = 87,5$ mm, $y = 35,0$ mm) para o ponto ($x = 25,0$ mm, $y = 180,0$ mm) em uma trajetória de linha reta sob a velocidade de avanço de 200 mm/min. Determine (a) a resolução do controle do sistema para o eixo x, (b) a velocidade de rotação do motor e (c) a frequência do trem de pulsos emitidos pelo encoder na velocidade de avanço desejada.

Resolução e precisão dos sistemas de posicionamento

7.21 Um sistema de CN de dois eixos usado para controlar a mesa de uma máquina-ferramenta utiliza 16 bits de capacidade de armazenamento em sua memória de controle para cada eixo. O curso do eixo x é de 600 mm e o do eixo y é de 500 mm. A precisão mecânica da mesa pode ser representada pela distribuição normal com desvio padrão de 0,002 mm para os dois eixos. Para cada eixo do sistema de CN, determine (a) a resolução do controle, (b) a precisão e (c) a repetibilidade.

7.22 Motores de passo são usados para mover os dois eixos de uma máquina de inserção utilizada para montagem eletrônica. Uma placa de circuito impresso é montada na mesa que deve ser posicionada corretamente para a inserção segura dos componentes. O curso de cada eixo é de 700 mm e o fuso usado para mover cada um dos eixos tem passo de 3 mm. Os erros mecânicos inerentes ao posicionamento da mesa podem ser caracterizados por uma distribuição normal com desvio padrão de 0,005 mm. Sendo a precisão necessária para a mesa 0,04 mm, determine (a) o número de passos que o motor deve ter e (b) quantos bits são necessários na memória de controle para cada eixo com o objetivo de identificar de forma única cada posição de controle.

7.23 Fazendo referência ao Problema 7.8, as imprecisões mecânicas no sistema de posicionamento em malha aberta podem ser descritas por uma distribuição normal cujo desvio-padrão é de 0,005 mm. O curso do eixo da mesa de trabalho é de 500 mm e há 12 bits no registrador binário usado pelo controlador digital para armazenar a posição programada. Para o sistema de posicionamento, determine (a) a resolução do controle, (b) a precisão e (c) a repetibilidade. (d) Qual é o número mínimo de bits que o registrador binário deve ter para que o sistema mecânico se transforme em componente limitante da resolução de controle?

7.24 A mesa se posicionamento para uma máquina de inserção de componentes usa um mecanismo composto por motor de passo e fuso. As especificações do projeto requerem que a velocidade da mesa seja de 0,4 m/s e a precisão, 0,02 mm. O passo do fuso é de 5 mm e a relação de velocidade é de 2:1 (duas voltas do motor para cada volta do fuso). Os erros mecânicos no motor, na caixa de transmissão, no fuso e na conexão da mesa são caracterizados por uma distribuição normal com desvio-padrão de 0,0025 mm. Determine (a) o número mínimo de passos no motor e (b) a frequência do trem de pulsos, necessários para mover a mesa sob a velocidade máxima desejada.

7.25 Os dois eixos (x e y) de uma mesa de posicionamento são controlados, cada um, por um motor de passo conectado a um fuso sob uma relação de velocidade de 10:1. O número de passos de cada motor é 20. Cada fuso tem um passo de 4,5 mm e oferece curso de 300 mm. Há 16 bits em cada registrador binário usado pelo controlador para armazenar os dados de posição para os dois eixos. (a) Qual é a resolução do controle de cada eixo? (b) Quais são as velocidades de rotação e as correspondentes frequências dos trens de pulso necessários em cada motor para mover a mesa a uma velocidade de 500 mm/min em uma linha reta do ponto (30, 30) até o ponto (100, 200)? Ignore a aceleração e a desaceleração.

Programação manual CN

Nota: O Apêndice A7 é necessário para a solução dos problemas nesse grupo.

7.26 Escreva o programa de usinagem para furar a peça mostrada na Figura P7.26. A peça tem espessura de 12 mm. A velocidade do corte é de 100 m/min e o avanço é de 0,06 mm/rotação. Use o vértice inferior esquerdo da

Figura P7.26 Desenho de peça para o Problema 7.26. As dimensões estão em milímetros

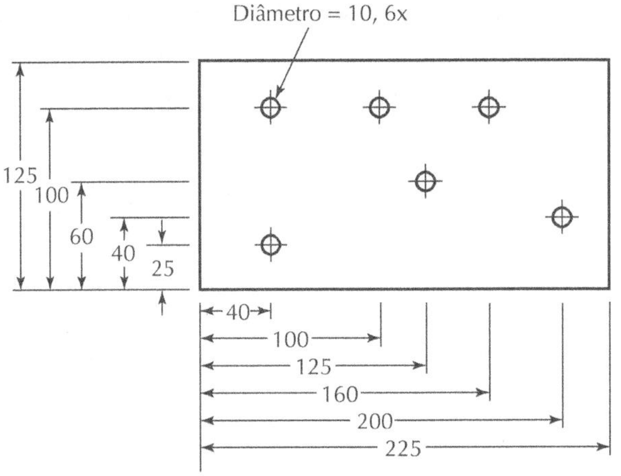

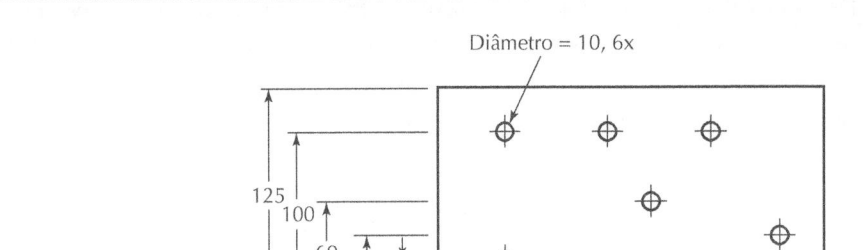

peça como origem do sistema de eixos *x-y*. Escreva o programa de usinagem no formato de endereçamento de palavras usando o posicionamento absoluto. O estilo do programa deve ser similar ao do Exemplo A7.1.

7.27 A peça da Figura P7.27 deve ser furada com uma furadeira vertical. A peça tem 15 mm de espessura. Há três tamanhos de broca a ser usados: 8 mm, 10 mm e 12 mm. Essas brocas devem ser especificadas no programa pelas posições de ferramentas T01, T02 e T03. Todas as ferramentas são de aço rápido. A velocidade do corte é de 75 mm/min e o avanço é de 0,08 mm/rotação. Use o canto inferior esquerdo da peça como a origem do sistema de eixos *x-y*. Escreva o programa no formato de endereçamento de palavras usando o posicionamento absoluto. O estilo do programa deve ser similar ao apresentado no Exemplo A7.1.

Figura P7.27 Desenho da peça para o Problema 7.27. As dimensões estão em milímetros

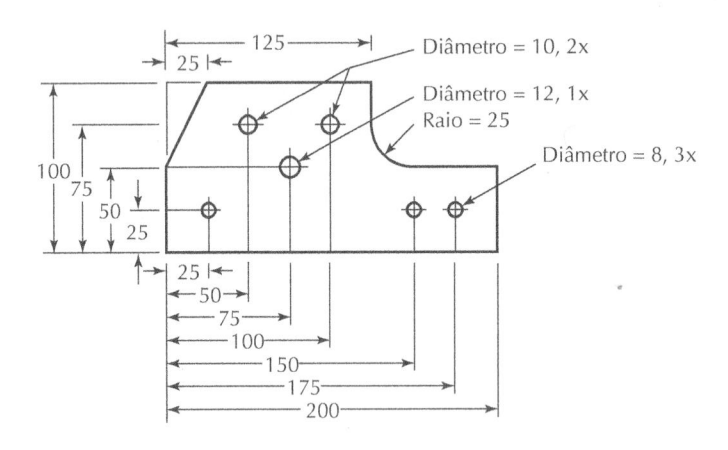

7.28 A linha externa da peça do problema anterior deve ser usinada com o uso de uma fresa de topo de quatro dentes com diâmetro igual 30 mm. A peça tem 15 mm de espessura. A velocidade do corte é de 150 mm/min e o avanço por dente é de 0,085 mm/dente. Use o canto inferior esquerdo da peça como a origem do sistema de eixos *x-y*. Dois dos furos da peça já foram executados e serão usados para prender a peça durante o processo de usinagem do perfil. Escreva o programa no formato de endereçamento de palavra usando o posicionamento absoluto. O estilo do programa deve ser similar ao Exemplo A7.2.

7.29 A linha externa da peça da Figura P7.29 deve ser usinada usando uma fresa de topo com dois dentes e diâmetro de 20 mm. A peça tem espessura de 10 mm. A velocidade do corte é de 125 mm/min e o avanço por dente é de 0,10 mm/dente. Use o canto inferior esquerdo da peça como origem do sistema de eixos *x-y*. Os dois furos da peça já foram usinados e serão usados em sua fixação durante o processo de usinagem do perfil. Escreva um

Figura P7.29 Desenho de peça para o Problema 7.29. As dimensões estão em milímetros

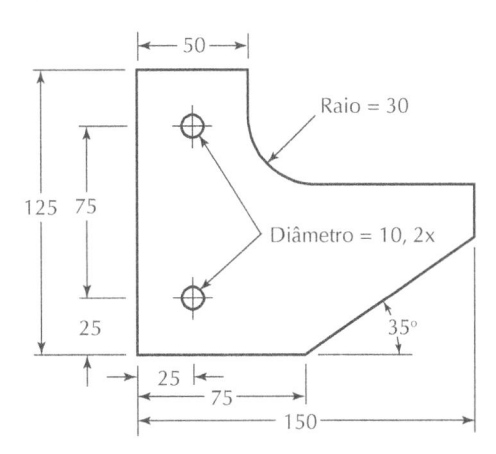

programa no formato de endereçamento de palavras usando o posicionamento absoluto. O estilo do programa deve ser similar ao Exemplo A7.2.

Programação CN em APT

Nota: O Apêndice B7 é necessário para solucionar os problemas nesse grupo.

7.30 Escreva as sentenças geométricas de APT para definir as posições dos furos da peça da Figura P7.26. Use o canto inferior esquerdo da peça como origem do sistema de eixos *x-y*.

7.31 Escreva o programa completo em APT para realização de operações de furação do desenho da peça na Figura P7.26. A velocidade de corte é de 0,4 m/s, o avanço é de 0,10 mm/rotação e a velocidade de movimentação da mesa entre os pontos é de 500 mm/min. A sentença de chamada do pós-processador é a MACHIN/DRILL, 04.

7.32 Escreva as sentenças geométricas em APT para definir as posições dos furos na peça da Figura P7.27. Use o canto inferior esquerdo da peça como origem do sistema de eixos *x-y*.

7.33 Escreva o programa em APT para realizar as operações de furação para o desenho da peça da Figura P7.27. Use o comando TURRET para chamar as diferentes brocas necessárias. A velocidade do corte é de 0,4 m/s, o avanço é de 0,10 mm/rotação e a velocidade de movimentação da mesa entre os furos é de 500 mm/min. A sentença de chamada do pós-processador é MACHIN/TURDRL, 02.

7.34 Escreva as sentenças geométricas em APT para definir a linha externa na peça na Figura P7.27. Use o canto inferior esquerdo como origem do sistema de eixos *x-y*.

7.35 Escreva o programa completo em APT para a usinagem de perfil da superfície externa da peça na Figura P7.27. A peça tem 15 mm de espessura. A fresa de topo tem 30 mm de diâmetro e quatro dentes, a velocidade de corte é de 150 mm/min e o avanço por dente é de 0,085 mm/dente. Use o canto inferior esquerdo da peça como origem do sistema de eixos *x-y*. Dois dos furos da peça já foram usinados e serão utilizados em sua fixação durante a usinagem do perfil. A sentença de chamada do pós-processador é MACHIN/MILL, 06.

7.36 Escreva as sentenças geométricas em APT para definir a geometria da peça mostrada na Figura P7.29. Use o canto inferior esquerdo da peça como origem do sistema de eixos *x-y*.

7.37 Escreva o programa completo em APT para realizar a operação de usinagem do perfil para o desenho da peça na Figura P7.29. A fresa de topo tem 20 mm de diâmetro e dois dentes, a velocidade de corte é de 125 mm/min e o avanço por dente é de 0,10 mm/dente. A peça tem 10 mm de espessura. Use o canto inferior esquerdo da peça como a origem do sistema de eixos *x-y*. Os dois furos da peça já foram executados e serão utilizados em sua fixação durante a usinagem. A sentença de chamada do pós-processador é MACHIN/MILL, 01.

7.38 Escreva as sentenças geométricas em APT para definir a linha externa do came mostrado na Figura P7.38.

Figura P7.38 Desenho da peça para o Problema 7.38. As dimensões estão em milímetros

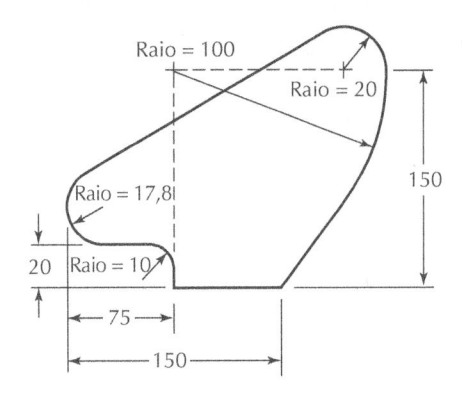

7.39 O contorno da peça na Figura P7.38 deve ser usinado em uma operação de fresamento, com uma fresa de topo com dois dentes e diâmetro de 12,5 mm. A peça tem espessura de 7,5 mm. Escreva o programa completo em APT para esse serviço, usando velocidade de avanço de 80 mm/min e velocidade de rotação do eixo-árvore de 500 rpm. A sentença de chamada do pós-processador é MACHIN/MILL, 03. Suponha que a linha externa bruta da peça foi obtida por uma operação de corte por serra. Ignore as questões de suporte no problema.

7.40 A linha externa da peça na Figura P7.40 deve ter seu perfil usinado por meio de vários passes de uma placa retangular (exterior da placa mostrado pelas linhas tracejadas), usando uma ferramenta com 25 mm de diâmetro e quatro dentes. Os passes iniciais são para remover não mais que 5 mm de material do entorno da peça e os passes finais devem remover não mais que 2 mm para realizar o contorno da forma final. Escreva as sentenças geométricas e de movimentação em APT para esse serviço. A espessura final da peça deve ser a mesma espessura da placa inicial, que é de 10 mm; por isso não é necessária usinagem na parte superior ou inferior da peça.

Figura P7.40 Desenho da peça para o Problema 7.40. As dimensões estão em milímetros

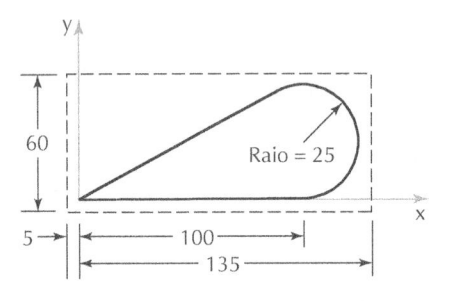

7.41 A superfície superior de uma grande placa de ferro fundido deve sofrer usinagem de superfície. A área a ser usinada mede 400 mm de largura por 700 mm de comprimento. A fresa de faceamento tem oito dentes (insertos de metal duro) e diâmetro de 100 mm. Defina a origem do sistema de eixos x-y no canto inferior esquerdo da peça com o lado do comprimento paralelo ao eixo x. Escreva as sentenças geométricas e de movimentação em APT para esse trabalho.

7.42 Escreva as sentenças geométricas em APT para definir a geometria da peça mostrada na Figura P7.42.

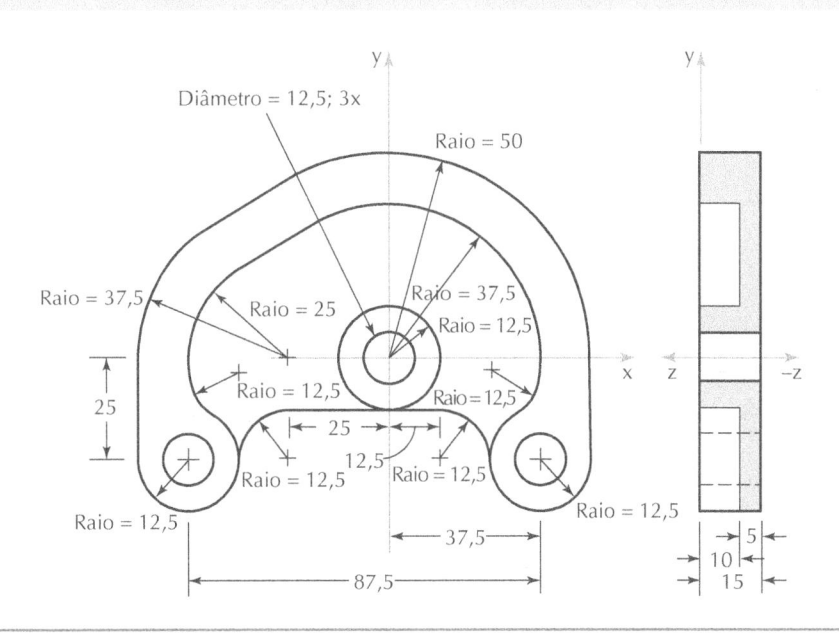

Figura P7.42 Desenho da peça para o Problema 7.42. As dimensões estão em milímetros

7.43 A peça da Figura P7.42 deve ser usinada com uma fresa de topo com 20 mm de diâmetro e quatro dentes. Escreva as sentenças geométricas e de movimentação em APT para esse trabalho. Suponha que os passes preliminares foram realizados de modo que apenas o passe final (acabamento) deve ser completado nesse programa. A velocidade de corte é de 500 rpm e a velocidade de avanço é de 250 mm/min. A espessura inicial da placa é de 15 mm, então não há usinagem necessária na parte superior ou inferior da peça. Três furos foram executados para a fixação nessa sequência de usinagem.

Apêndice A7: Codificação para a programação manual

Os blocos de instrução no formato de endereçamento de palavras consistem de uma série de palavras, cada uma identificada por um prefixo. Os prefixos comuns estão listados na Tabela A7.1, junto com exemplos. Como indicado no texto, a sequência usual de palavras em um bloco é (1) a palavra iniciada com N, ou número da sequência, (2) a palavra do tipo G, ou palavra de preparo, (3) as coordenadas X, Y, Z, (4) as palavras do tipo F ou velocidade de avanço, (5) as palavras do tipo S, ou velocidade de rotação do eixo-árvore, (6) as palavras do tipo T, para seleção de ferramentas, se aplicável, e (7) as palavras do tipo M, ou comandos diversos. As tabelas A7.2 e A7.3 listam palavras comuns dos tipos G e M, respectivamente.

Em nossa cobertura, as sentenças são ilustradas com dimensões dadas em milímetros. Os valores são expressos em quatro dígitos incluindo uma casa decimal. Por exemplo, X020.0 significa $x = 20$ mm. Deve-se notar que muitas máquinas de CNC usam formatos diferentes do nosso, e por isso o manual de instruções de cada máquina em particular deve ser consultado para determinar os próprios formatos. Nosso formato é projetado para transmitir os princípios e facilitar a leitura.

Na preparação do programa CN, o programador deve primeiro definir a origem dos eixos de coordenadas e então fazer referência dos comandos de movimentação para esse sistema de eixos. Isso é realizado na primeira sentença do programa. As direções dos eixos x, y e z são predeterminadas pela configuração da máquina-ferramenta, mas a origem do sistema de coordenadas pode ser localizada em qualquer posição desejada. O programador define essa posição relativa a alguma característica da peça que pode ser facilmente reconhecida pelo operador da máquina. O operador é instruído a mover a ferramenta para essa posição no início do serviço. Com a ferramenta na posição, o código G92 é usado pelo programador para definir a origem como:

G92 X0 Y-050.0 Z010.0

em que ao valores de x, y e z especificam as coordenadas para a posição da peça no sistema de coordenadas; com efeito, isso define a posição da origem. Em alguns tornos e centros de usinagem de CNC, o código G50 é usado no lugar do G92. Os valores de x, y e z são especificados em milímetros, o que

Tabela A7.1   Prefixos de palavra comuns utilizados no formato de endereçamento de palavras

Prefixo de palavra	Exemplo	Função
N	N01	Número de sequência; identifica o bloco de instruções. Podem ser usados de um a quatro dígitos.
G	G21	Palavra de preparo; prepara o controlador para as instruções dadas no bloco. (Tabela 7.2.) Pode haver mais de uma palavra do tipo G em um bloco. O exemplo especifica que os valores numéricos estão em milímetros.
X, Y, Z	X75.0	Dados de coordenada para três eixos lineares. Podem ser especificados em polegadas ou milímetros. O exemplo define o valor do eixo x como 75 mm.
U, W	U25.0	Dados de coordenada para movimentos incrementais no torneamento nas direções dos eixos x e z, respectivamente. O exemplo especifica um movimento incremental de 25 mm na direção do eixo x.
A, B, C	A90.0	Dados de coordenada para três eixos rotativos. A é o eixo rotativo sobre o eixo x; B gira em torno do eixo y e C em torno do eixo z. Especificados em graus. O exemplo define 90 graus de rotação sobre o eixo x.
R	R100.00	Raio do arco; usado na interpolação circular. O exemplo define um raio de 100 mm para a interpolação circular. O código do tipo R pode também ser usado para informar o raio de corte na definição de distância do percurso do corte do caminho da ferramenta para a superfície da peça.
I, J, K	I32 J67	Valores de coordenada do centro do arco, correspondendo aos eixos x, y e z, respectivamente; usados na interpolação circular. O exemplo define que o centro do arco para a interpolação circular esteja na posição $x = 32$ mm e $y = 67$ mm.
F	G94 F40	Velocidade de avanço por minuto ou por rotação em polegadas ou milímetros, como especificado pelas palavras do tipo G na Tabela A7.2. O exemplo especifica velocidade de avanço de 40 mm/min em operação de fresamento ou furação.
S	S0800	Velocidade de rotação do eixo-árvore em rotações por minuto, expressa em quatro dígitos. Para algumas máquinas, a velocidade de rotação do eixo-árvore é expressa como porcentagem da velocidade máxima disponível, com dois dígitos.
T	T14	Seleção de ferramenta, usada para máquinas-ferramenta com trocadores automáticos de ferramenta ou torres. O exemplo especifica que a ferramenta de corte a ser usada no atual bloco de instruções está na posição 14 do tambor.
D	D05	Palavra de diâmetro de ferramenta usada nos movimentos de contorno para distanciar a ferramenta da peça de trabalho por uma distância gravada no registrador indicado; normalmente a distância é o raio da ferramenta. O exemplo indica que a distância do raio do percurso do corte está gravada no registro de percurso número 5 do controlador.
P	P05 R15.0	Usada para guardar os dados de raio da ferramenta no registrador número 5. O exemplo indica que um valor de raio de cortador de 15 mm deve ser gravado no registrador número 5.
M	M03	Comandos diversos. (Tabela A7.3.) O exemplo comanda a máquina a iniciar a rotação do eixo-árvore no sentido horário.

Nota: Os valores dimensionais nos exemplos estão especificados em milímetros.

deve ser informado explicitamente. Por isso, um bloco de instruções mais completo seria:

G21 G92 X0 Y-050.0 Z010.0

em que o código G21 indica que os valores subsequentes de coordenadas estão em milímetros.

Os movimentos são programados pelos códigos G00, G01, G02 e G03. O G00 é usado para um movimento transversal rápido ponto a ponto da ferramenta para as coordenadas especificadas no comando; por exemplo,

G00 X050.0 Y086.5 Z100.0

especifica um movimento transversal rápido a partir da posição atual para a posição definida pelas coordenadas x igual a 50 mm, y igual a 86,5 mm e z igual a 100 mm. Esse comando seria apropriado para máquinas de furação de CN nos quais

Tabela A7.2 **Palavras comuns do tipo G (palavras de preparo)**

Palavra do tipo G	Função
G00	Movimento ponto a ponto (transversal rápido) entre o ponto anterior e o ponto final definido no bloco atual. O bloco deve incluir as coordenadas x-y-z da posição final.
G01	Movimento de interpolação linear. O bloco deve incluir as coordenadas x-y-z da posição final. A velocidade de avanço também deve ser especificada.
G02	Interpolação circular, no sentido horário. O bloco deve incluir o raio do arco ou seu centro; as coordenadas da posição final devem ser especificadas.
G03	Interpolação circular, no sentido anti-horário. O bloco deve incluir o raio do arco ou seu centro; as coordenadas da posição final devem ser especificadas.
G04	Permanecer parado por um tempo especificado.
G10	Entrada de dados de percurso da ferramenta, seguida de códigos do tipo P e R.
G17	Seleção do plano x-y no fresamento.
G18	Seleção do plano x-z no fresamento.
G19	Seleção do plano y-z no fresamento.
G20	Valores de entrada, especificados em polegadas.
G21	Valores de entrada, especificados em milímetros.
G28	Retornar ao ponto de referência.
G32	Usinagem de rosca no torneamento.
G40	Cancelar a compensação do raio da ferramenta no percurso de corte (raio de ponta no caso de torneamento).
G41	Compensação do raio da ferramenta no percurso de corte, a esquerda da superfície da peça. O raio da ferramenta (raio de ponta no torneamento) deve ser especificado no bloco.
G42	Compensação do raio da ferramenta no percurso de corte, à direita da superfície da peça. O raio da ferramenta (raio de ponta no torneamento) deve ser especificado no bloco.
G50	Especifica a origem do sistema de coordenadas em relação à posição inicial da ferramenta de corte. Usada em alguns tornos. Máquinas fresadoras e de furação usam G92.
G90	Programação em coordenadas absolutas.
G91	Programação em coordenadas incrementais.
G92	Especifica a origem do sistema de coordenadas em relação à posição inicial da ferramenta de corte. Usada em máquinas fresadoras e de furação e em alguns tornos. Outros usam a G50.
G94	Especifica o avanço por minuto para o fresamento e a furação.
G95	Especifica o avanço por rotação para o fresamento e a furação.
G98	Especifica o avanço por minuto para o torneamento.
G99	Especifica o avanço por rotação para o torneamento.

Tabela A7.3 Palavras comuns do tipo M usadas no formato de endereçamento de palavras

Palavra do tipo M	Função
M00	Parada do programa; usada no meio de um programa. O operador deve reiniciar a máquina.
M01	Parada opcional do programa; ativa apenas quando o botão de parada opcional do painel de controle estiver pressionado.
M02	Fim do programa. Parada da máquina.
M03	Inicia o giro do eixo-árvore no sentido horário para a fresadora (avanço para o torno).
M04	Inicia o giro do eixo-árvore no sentido anti-horário para a fresadora (retrocesso para o torno).
M05	Parada do eixo-árvore.
M06	Executa a troca de ferramenta, manual ou automaticamente. Para a troca manual o operador deve reiniciar a máquina. Não inclui a seleção de ferramenta, que é feita pela palavra do tipo T quando automática ou pelo operador se manual.
M07	Muda o fluido de corte para vazão.
M08	Muda o fluido de corte para pulverização.
M09	Desliga o fluido de corte.
M10	Travamento automático de fixação de peça, deslocamentos da máquina etc.
M11	Destravamento automático.
M13	Inicia o giro do eixo-árvore no sentido horário para a fresadora (avanço para o torno) e ativa o fluido de corte.
M14	Inicia o giro do eixo-árvore no sentido anti-horário para a fresadora (retrocesso para o torno) e ativa o fluido de corte.
M17	Parada do eixo-árvore e do fluido de corte.
M19	Desliga o eixo-árvore na posição orientada.
M30	Fim do programa. Parada da máquina. Rebobina a fita (nas máquinas controladas por fitas).

um movimento rápido é desejado para a posição do próximo furo, sem especificação do caminho da ferramenta. A velocidade sob a qual o movimento é realizado no modo de deslocamento rápido é definida por parâmetros na MCU, não numericamente no bloco de instruções. O código G00 não se destina às operações de contorno.

A interpolação linear é realizada pelo código G01, usado quando se deseja que a ferramenta execute uma operação de corte de contorno ao longo de um caminho em linha reta. Por exemplo, o comando

G01 G94 X050.0 Y086.5 Z100.0 F40 S800

especifica que a ferramenta deve se mover em linha reta a partir de sua posição atual para a posição definida por x igual a 50 mm, y igual a 86,5 mm e z igual a 100 mm, a uma velocidade de avanço de 40 mm/min e uma velocidade do eixo de 800 rpm.

Os códigos G02 e G03 são usados para a interpolação circular de sentido horário e anti-horário, respectivamente. Como indicado na Tabela 7.1, a interpolação circular em uma máquina fresadora é limitada a um dos três planos, x-y, x-z ou y-z. A diferença entre sentido horário e anti-horário é estabelecida pela vista frontal do plano. A seleção do plano desejado é realizada pela entrada de um dos códigos, G17, G18 ou G19, respectivamente. Dessa forma, a instrução

G02 G17 X088.0 Y040.0 R028.0 F30

movimenta a ferramenta ao longo de uma trajetória circular no sentido horário no plano x-y para as coordenadas finais definidas por x igual a 88 mm e y igual a 40 mm a uma velocidade de avanço de 30 mm/min. O raio do arco circular é de 28 mm. O caminho tomado pela ferramenta a partir de um suposto ponto inicial ($x = 40$, $y = 60$) é ilustrado na Figura A7.1.

Figura A7.1 Caminho de ferramenta em interpolação circular para a sentença: G02 G17 X088.0 Y040.0 R028.0. As unidades são milímetros

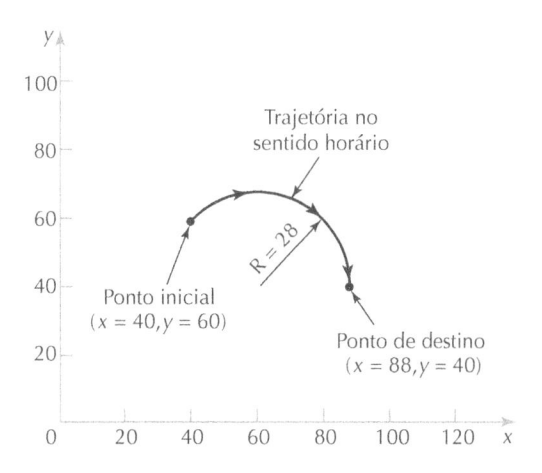

Em uma sentença de movimento ponto a ponto (G00), é normalmente desejável posicionar a ferramenta de modo que seu centro esteja localizado nas coordenadas especificadas. Isso é apropriado para operações como a furação, nas quais um furo deve ser colocado nas coordenadas indicadas na sentença. Entretanto, em movimentos de contorno, é quase sempre desejável separar o caminho seguido pelo centro da ferramenta da superfície real da peça por uma distância igual ao raio da ferramenta. Isso é mostrado na Figura A7.2 para usinagem de perfil das superfícies externas de uma peça retangular em duas dimensões. Para uma superfície tridimensional, a forma do fim do cortador também teria de ser considerada no cálculo do percurso do corte. Essa compensação do caminho da ferramenta é chamada de *percurso do corte*, e os cálculos das coordenadas correspondentes dos pontos finais para cada movimento podem ser demorados e entediantes para o programador. Os controladores modernos de máquinas-ferramenta de CNC executam esses cálculos de percurso de corte de forma automática quando o programador usa os códigos G40, G41 e G42. O código G40 é usado para cancelar a compensação do raio. O G41 e o G42 invocam a compensação do raio do lado esquerdo e direito da peça, respectivamente. Os lados esquerdo e direito são definidos de acordo com a direção do caminho da ferramenta. Para ilustrar, na peça retangular da Figura A7.2, um caminho de ferramenta no sentido horário ao longo da peça sempre posicionaria a ferramenta no lado esquerdo da borda sendo cortada, então um código G41 seria usado para calcular a compensação do percurso do corte. Em contrapartida, um caminho no sentido anti-horário manteria a ferramenta do

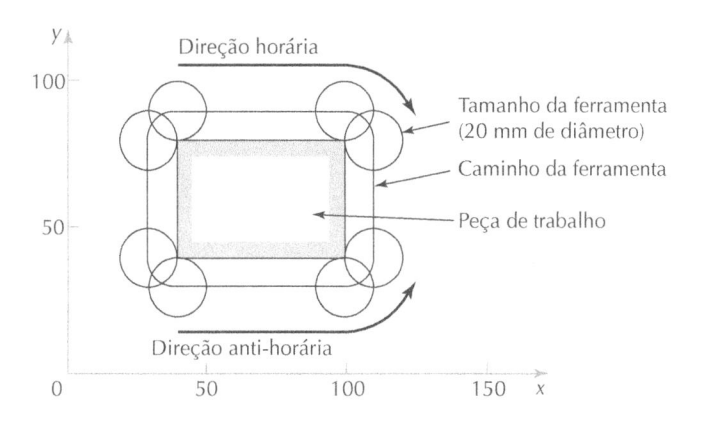

Figura A7.2 Percurso do corte para uma peça retangular simples. O caminho da ferramenta é afastado do perímetro da peça por uma distância igual ao raio da ferramenta. Para invocar a compensação do percurso do corte, o código G41 é usado para seguir o caminho no sentido horário, que mantém a ferramenta no lado esquerdo da peça. O G42 é usado para seguir o caminho anti-horário, que mantém a ferramenta do lado direito da peça

lado direito da peça, então o código G42 seria usado. Assim, a instrução para realizar a usinagem de perfil da borda de baixo da peça, supondo que a ferramenta começasse ao longo do canto inferior esquerdo, seria

$$G42\ G01\ X100.0\ Y040.0\ D05$$

em que D05 refere-se ao valor do raio do cortador gravado na memória da MCU. Com certeza, há registradores reservados na unidade de controle para esses valores. O código do tipo D faz referência ao valor contido no registrador identificado. D05 indica que o valor do raio está gravado no registrador número 5 do controlador. Esse dado pode ser informado ao controlador como uma entrada manual ou uma instrução no programa. A entrada manual é mais flexível porque as ferramentas usadas para executar a usinagem da peça podem mudar de uma configuração para a outra. Quando o trabalho for executado, o operador sabe qual ferramenta será usada e o dado pode ser gravado do registrador apropriado como uma das etapas da configuração. Quando os dados de percurso do corte são informados como instrução do programa, a sentença tem a forma

$$G10\ P05\ R10.0$$

em que G10 é a palavra de preparo indicando que os dados de percurso de corte serão informados, P05 indica que os dados serão gravados no registrador número 5 e R10.0 é o valor do raio, 10 mm.

Para demonstrar a programação manual, apresentamos dois exemplos usando a peça da Figura A7.3. O primeiro exemplo é um programa ponto a ponto para furar os três orifícios na peça. O segundo exemplo é um programa de contorno de dois eixos para realizar a usinagem de perfil em volta da peça.

EXEMPLO A7.1
Furação ponto a ponto

Esse exemplo apresenta o programa CN no formato de endereçamento de palavras para furar os três orifícios na peça de exemplo mostrada na Figura A7.3. Assumimos que as bordas externas da peça inicial tiveram corte irregular (foram serrados) e estão ligeiramente maiores para a usinagem do perfil subsequente. Os três furos a ser usinados nesse exemplo serão usados para posicionar e fixar a peça para a usinagem do perfil do próximo exemplo. Para a sequência de furação atual, a peça está fixada de modo que sua superfície superior está a 40 mm acima da mesa da máquina-ferramenta para oferecer amplo espaço livre abaixo da peça para a furação dos orifícios. Definiremos os eixos x, y e z como mostrados na Figura A7.4. Uma broca de 7 mm de diâmetro, correspondente ao tamanho especificado do furo, foi equipada na furadeira CNC. A broca será operada com avanço de 0,05 mm/rotação e velocidade de rotação do eixo-árvore de 1000 rpm (correspondente a uma velocidade superficial de aproximadamente 0,37 m/s, lenta por alumínio ser o material de trabalho). No início do trabalho, a broca será posicionada em um ponto alvo posicionado nas coordenadas x igual a zero, y igual a –50 e z igual a +10 (unidades do eixo em milímetros). O programa inicia com a ferramenta posicionada nesse ponto.

Figura A7.3 Peça de exemplo para ilustrar a programação CN. As dimensões estão em milímetros. A tolerância geral é de ±0,1 mm. A matéria-prima é alumínio usinável

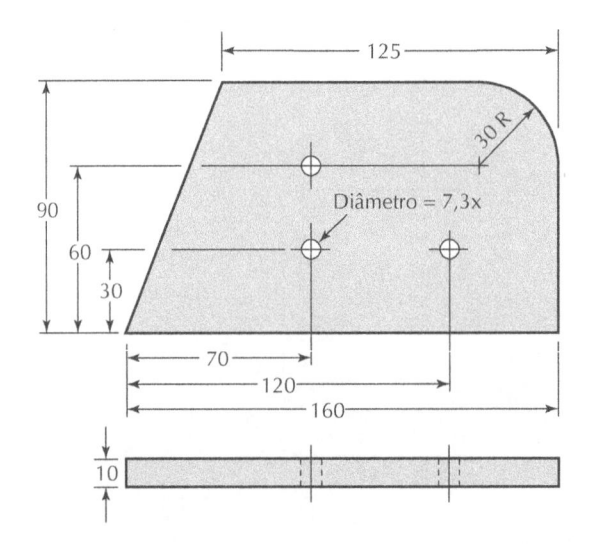

Código do programa CN	Comentários
N001 G21 G90 G92 X0 Y-050.0 Z010.0;	Define a origem dos eixos.
N002 G00 X070.0 Y030.0;	Movimento rápido para a posição do primeiro furo.
N003 G01 G95 Z-15.0 F0.05 S1000 M03;	Faz o primeiro furo.
N004 G01 Z010.0;	Retira a broca do furo.
N005 G00 Y060.0;	Movimento rápido para a posição do segundo furo.
N006 G01 G95 Z-15.0 F0.05;	Faz o segundo furo.
N007 G01 Z010.0;	Retira a broca do furo.
N008 G00 X120.0 Y030.0;	Movimento rápido para a posição do terceiro furo.
N009 G01 G95 Z-15.0 F0.05;	Faz o terceiro furo.
N010 G01 Z010.0;	Retira a broca do furo.
N011 G00 X0 Y-050.0 M05;	Movimento rápido para o ponto-alvo.
N012 M30;	Fim do programa, parada da máquina.

EXEMPLO A7.2
Fresamento em dois eixos

Os três orifícios no exemplo anterior podem ser usados para posicionamento e travamento da peça para a realização completa da usinagem de suas bordas externas sem que haja refixação. As coordenadas dos eixos são mostradas na Figura A7.4 (as mesmas coordenadas da sequência anterior de furação). A peça é fixada de modo que sua superfície superior esteja 40 mm acima da superfície da mesa da máquina-ferramenta. Assim, a origem do sistema de eixos estará 40 mm acima da superfície da mesa. Uma fresa de topo com 20 mm de diâmetro e quatro dentes será usada. A fresa tem um comprimento lateral de dentes de 40 mm. Durante o processo de usinagem, a ponta da fresa será posicionada 25 mm abaixo da superfície superior da peça, que corresponde ao valor de z igual a – 25 mm. Como a peça tem espessura de 10 mm, e esse valor para o eixo z permitirá que a lateral cortante da fresa corte toda essa espessura durante a usinagem do contorno. A fresa será operada a uma rotação do eixo-árvore de 1.000 rpm (o que corresponde a uma velocidade de superfície de aproximadamente 1 m/s) e uma velocidade de avanço de 50 mm/min (correspondente a 0,20 mm/dente). O caminho da ferramenta a ser seguido pela fresa é mostrado na Figura A7.5, com numerações que representam os números de sequência do programa.

Figura A7.4 Peça de exemplo alinhada relativamente aos eixos *x-y* em (a) e ao eixo *z* em (b). As características importantes da peça têm suas coordenadas indicadas em (a)

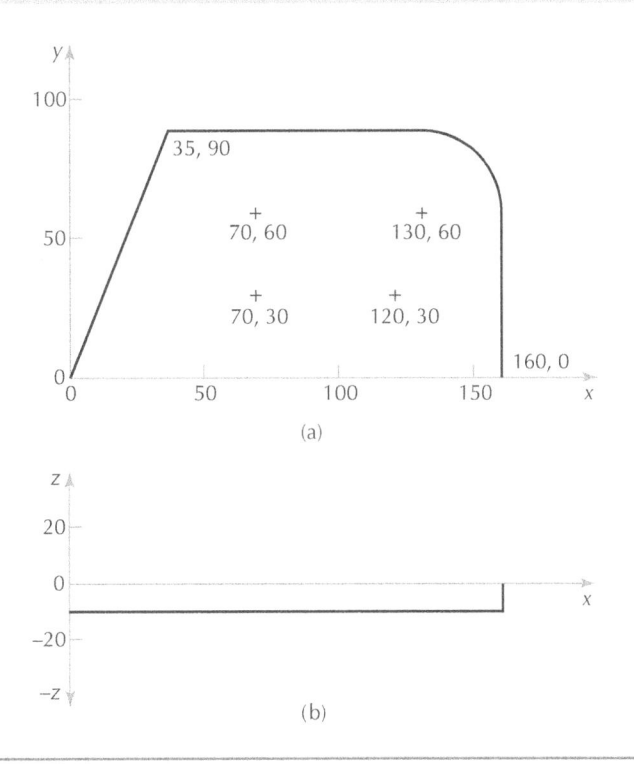

> **Figura A7.5** Caminho da ferramenta para a usinagem da superfície do perímetro externo da peça de exemplo

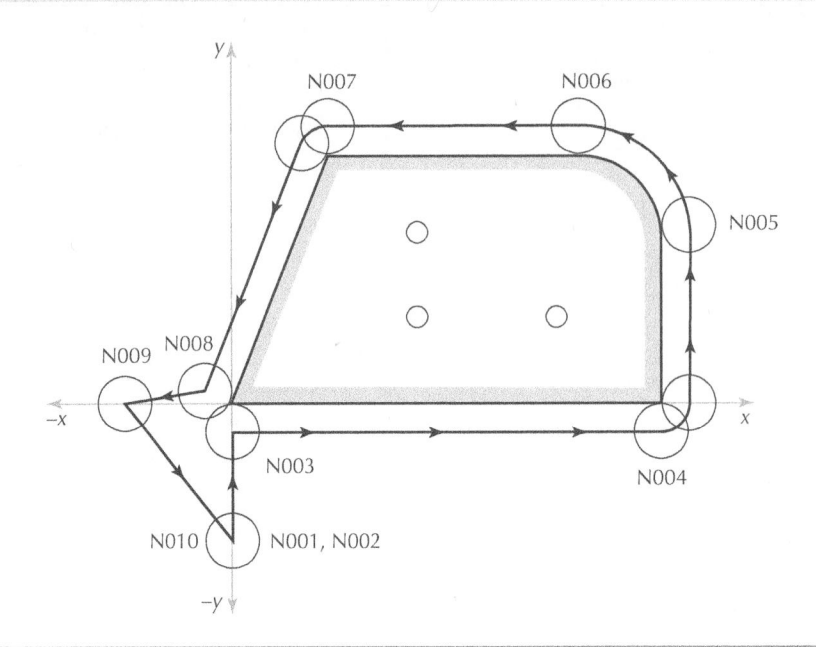

Os dados de diâmetro da ferramenta foram informados manualmente para o registrador 5. No início do trabalho, a ferramenta será posicionada de modo que seu centro esteja no ponto localizado nas coordenadas ($x = 0$, $y = -50$, $z = +10$). O programa inicia com a ferramenta posicionada nesse local.

Código do programa CN	Comentários
N001 G21 G90 G92 X0 Y-050.0 Z010.0;	Define a origem dos eixos.
N002 G00 Z-025.0 S1000 M03;	Movimento rápido para a profundidade do cortador, acionamento do eixo-árvore.
N003 G01 G94 G42 Y0 D05 F40;	Encontro com a peça, iniciar percurso do corte.
N004 G01 X160.0;	Fresamento da superfície inferior da peça.
N005 G01 Y060.0;	Fresamento reto da superfície direita.
N006 G17 G03 X130.0 Y090.0 R030.0;	Interpolação circular ao redor do arco.
N007 G01 X035.0;	Fresamento da superfície superior da peça.
N008 G01 X0 Y0;	Fresamento da superfície esquerda da peça.
N009 G40 G00 X-040.0 M05;	Saída rápida da peça, percurso de corte cancelado.
N010 G00 X0 Y-050.0;	Movimento rápido para o ponto-alvo.
N011 M03;	Fim do programa, parada da máquina.

Apêndice B7: Programação com APT

APT é uma sigla que significa ferramenta automaticamente programada (do inglês, *automatically programmed tooling*). É um sistema de programação CN tridimensional desenvolvido no fim dos anos 1950 e início dos 1960 (Nota histórica 7.1). Hoje, continua como importante linguagem nos Estados Unidos e ao redor do mundo, e a maioria das abordagens de CAD/CAM para a programação (Seção 7.5.3) são baseadas em APT. Também é importante porque muitos de seus conceitos incorporados formaram a base de outros sistemas subsequentes desenvolvidos com gráficos interativos. A APT era originalmente destinada a ser uma linguagem de contorno, mas as versões modernas podem ser usadas tanto para operações ponto a ponto como de contorno em até cinco eixos. Nossa discussão será limitada aos três eixos lineares x, y e z. A APT pode ser usada para uma variedade de operações. Nossa cobertura concentrar-se-á em operações de furação (ponto a ponto) e fresamento (contorno). Há mais de 500 palavras no vocabulário de APT, no entanto, apenas uma parte pequena (mas importante) de toda a linguagem será tratada aqui.

A APT não é apenas uma linguagem; também é um programa de computador que processa as sentenças em APT para calcular as posições correspondentes da ferramenta e gerar os comandos de controle para a máquina-ferramenta. Para programar em APT, o programador deve primeiro definir a geometria da peça, então a ferramenta é direcionada para vários pontos de localização e ao longo de superfícies da peça para realizar as operações de usinagem necessárias. Do ponto de vista do programador, a peça de trabalho se mantém estática e a ferramenta é instruída a se mover em relação à peça. Para completar o programa, as velocidades de rotação e avanço devem ser especificadas, ferramentas devem ser chamadas, tolerâncias devem ser definidas para a interpolação circular e assim por diante. Desse modo, há quatro tipos básicos de sentenças na linguagem APT:

1. *Sentenças geométricas* são usadas para definir os elementos geométricos que compõem a peça.
2. *Comandos de movimento* são usados para especificar o caminho da ferramenta.
3. *Sentenças de pós-processamento* controlam a operação da máquina-ferramenta, por exemplo, especificando velocidades de rotação e avanço, configurando valores de tolerância para a interpolação circular e ativando outras capacidades da máquina-ferramenta.
4. *Sentenças auxiliares* são um grupo de sentenças diversas, usadas para dar nome ao programa, inserir comandos no programa e realizar funções similares.

Essas sentenças são construídas a partir das palavras do vocabulário de APT, símbolos e números, todos organizados usando uma pontuação apropriada. As palavras do vocabulário de APT consistem de seis ou menos caracteres. Essa restrição parece arcaica hoje em dia, mas devemos lembrar que a APT foi desenvolvida durante os anos 1950, quando a tecnologia de memória dos computadores era extremamente limitada. A maior parte das sentenças de APT inclui barra (/) como parte da pontuação. As palavras da APT que precedem imediatamente a barra são chamadas de *palavras principais*, enquanto aquelas que vêm depois são chamadas de *palavras menores*.

B7.1 Sentenças geométricas de APT

A geometria de uma peça deve ser definida para identificar superfícies e características que serão usinadas. Dessa maneira, os pontos, as linhas e as superfícies devem ser definidos no programa antes de se especificarem as sentenças de movimento. A forma geral de uma sentença geométrica de APT é a seguinte:

SÍMBOLO = TIPO DE GEOMETRIA/dados descritivos

Um exemplo de tal sentença é:

P1 = POINT/20.0, 40.0, 60.0

Uma sentença geométrica de APT consiste de três seções. A primeira é o símbolo usado para identificar o elemento geométrico. Um símbolo pode ser qualquer combinação de seis ou menos caracteres alfabéticos ou numéricos, com pelo menos um sendo alfabético. Além disso, o símbolo não pode ser uma palavra do vocabulário de APT. A segunda seção da sentença geométrica de APT é a palavra principal de APT que identifica o tipo de elemento geométrico. Os exemplos são POINT, LINE, CIRCLE e PLANE. A terceira seção da sentença geométrica de APT fornece os dados descritivos que definem os elementos de maneira precisa, completa e única. Esses dados podem incluir valores numéricos que especifiquem as informações dimensionais e de posição, elementos geométricos definidos anteriormente e palavras menores de APT.

A pontuação em uma sentença geométrica de APT é indicada nas sentenças geométricas precedentes. A definição geométrica é escrita como equação, sendo o símbolo relacionado ao tipo de elemento seguido por uma barra com dados descritivos a sua direita. As vírgulas são usadas para separar as palavras e os valores numéricos dos dados descritivos. Há uma variedade de modos de se especificar elementos geométricos. Na discussão seguinte, exemplos de sentenças APT serão apresentados para pontos, linhas, planos e círculos.

Pontos. A especificação de um ponto é mais facilmente realizada pela definição das coordenadas para x, y e z:

P1 = POINT/20.0, 40.0, 60.0

em que os dados descritivos depois da barra indicam as coordenadas para x, y e z. A especificação pode ser feita em polegadas ou milímetros (métricos). Aqui, usamos valores métricos nos exemplos. Como alternativa, um ponto pode ser definido como a interseção de duas linhas que se cruzam, como o seguinte:

P1 = POINT/INTOF, L1, L2

em que a palavra de APT INTOF nos dados descritivos significa "interseção de".

Outros métodos para a definição de pontos também estão disponíveis. Muitos estão ilustrados na Figura B7.1. Os pontos associados são identificados nas seguintes sentenças APT:

P2 = POINT/YLARGE, INTOF, L3, C2

P2 = POINT/XSMALL, INTOF, L3, C2

P3 = POINT/XLARGE, INTOF, L3, C2

P3 = POINT/YSMALL, INTOF, L3, C2

P4 = POINT/YLARGE, INTOF, C1, C2

Figura B7.1 Definindo um ponto usando interseções de linhas e círculos definidos anteriormente

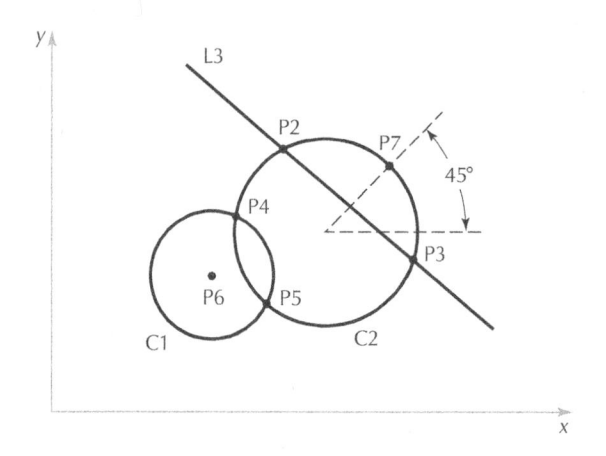

P5 = POINT/YSMALL, INTOF, C1, C2
P6 = POINT/CENTER, C1
P7 = POINT/C2, ATANGL, 45

em que a palavra ATANGL significa "no ângulo" na última sentença.

Linhas. Uma linha definida em APT é considerada de extensão infinita em ambas as direções e, além disso, a APT trata uma linha como um plano vertical perpendicular ao plano x-y. O modo mais fácil de especificar uma linha é por meio de dois pontos pelos quais ela passe, como na Figura B7.2:

L1 = LINE/P1, P2

A mesma linha pode ser definida por meio da indicação das posições coordenadas dos dois pontos, informando suas coordenadas para x, y e z em sequência; por exemplo,

L1 = LINE/20, 30, 0, 70, 50, 0

Em algumas situações, o programador pode achar mais conveniente definir uma nova linha paralela ou perpendicular a um dos eixos ou a outra linha que foi definida anteriormente; por exemplo, com referência à Figura B7.3,

L5 = LINE/P2, PARLEL, L3
L6 = LINE/P2, PERPTO, L3
L7 = LINE/P2, PERTO, XAXIS

em que PARLEL e PERPTO são formas de se dizer "paralelo a" e "perpendicular a" em APT, respectivamente.

As linhas também podem ser definidas em relação a um ponto e a um círculo, como na Figura B7.4 e nas sentenças geométricas:

L1 = LINE/P1, LEFT, TANTO, C1

Figura B7.2 Definindo uma linha usando dois pontos anteriormente definidos

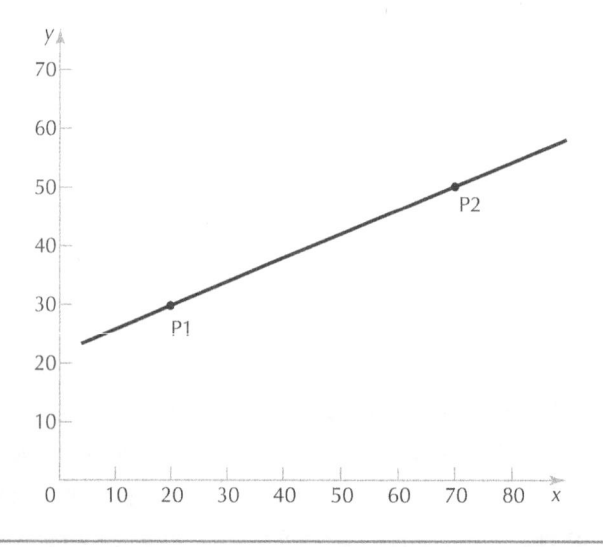

Figura B7.3 Definindo uma linha usando um ponto e paralelismo ou perpendicularidade a outra linha

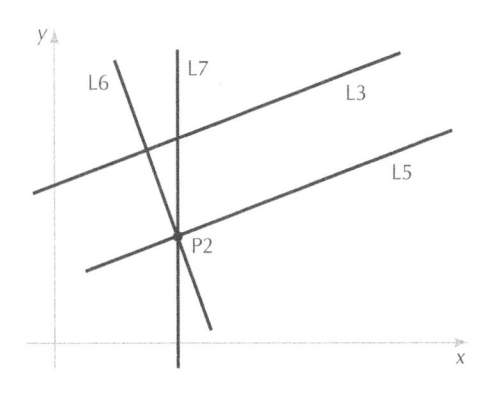

Figura B7.4 Definindo uma linha usando um ponto e um círculo

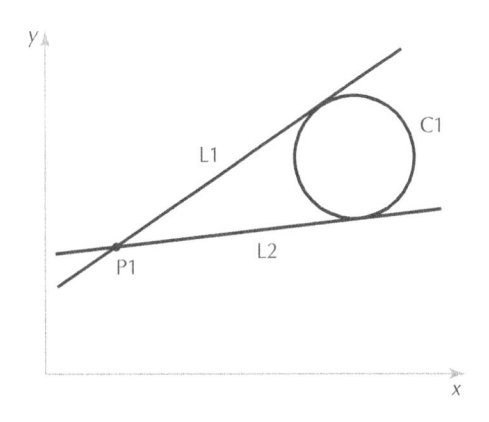

L2 = LINE/P1, RIGHT, TANTO, C1

em que ESQUERDA e DIREITA são palavras usadas para olhar na direção do círculo do ponto P1, e TANTO significa "tangente".

Finalmente, linhas podem ser definidas usando um ponto e o ângulo da linha em relação ao eixo x ou outra linha, como na Figura B7.5. As sentenças seguintes ilustram as definições:

L3 = LINE/P1, ATANGL, 20, XAXIS

L4 = LINE/P1, ATANGL, 30, L3

Planos. Um plano pode ser definido especificando-se três pontos pelos quais o plano passe, como o seguinte:

PL1 = PLANE/P1, P2, P3

Certamente, os três pontos devem ser não colineares. Um plano também pode ser definido como paralelo a outro definido anteriormente; por exemplo,

Figura B7.5 Definindo uma linha usando um ponto e o eixo x ou outra linha

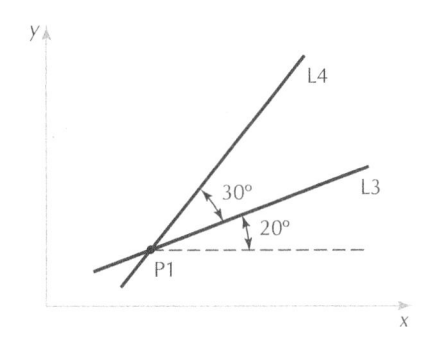

PL2 = PLANE/P2, PARLEL, PL1

que declara que o plano PL2 passa pelo ponto P2 e é paralelo ao plano PL1. Em APT, um plano se estende indefinidamente.

Círculos. Em APT, um círculo é considerado uma superfície cilíndrica perpendicular ao plano dos eixos *x-y* e se estende até o infinito na direção do eixo *z*. O modo mais fácil de definir um círculo é por meio de seu centro e seu raio, como nas duas sentenças seguintes, ilustradas na Figura B7.6:

C1 = CIRCLE/CENTER, P1, RADIUS, 32

C1 = CIRCLE/CENTER, 100, 50, 0, RADIUS, 32

Duas maneiras adicionais de se definir um círculo utilizam os pontos P2, P3 e P4, definidos anteriormente, ou a linha L1 na mesma figura:

C1 = CIRCLE/CENTER, P2, P3, P4

C1 = CIRCLE/CENTER, P1, TANTO, L1

Obviamente, os três pontos na primeira sentença não podem ser colineares.

Outros modos de definir círculos fazem uso das linhas existentes L2 e L3 na Figura B7.7. As sentenças para os quatro círculos na figura são as seguintes:

C2 = CIRCLE/XSMALL, L2, YSMALL, L3, RADIUS, 25

C3 = CIRLCE/YLARGE, L2, YLARGE, L3, RADIUS, 25

C4 = CIRCLE/XLARGE, L2, YLARGE, L3, RADIUS, 25

C5 = CIRCLE/YSMALL, L2, YSMALL, L3, RADIUS, 25

Regras básicas. Algumas regras básicas devem ser obedecidas quando se formulam sentenças geométricas em APT. A seguir estão quatro regras importantes da APT:

1. Os dados de coordenada devem ser especificados na ordem *x*, depois *y*, depois *z*, pois a sentença

P1 = POINT/20.5, 40.0, 60.0

é interpretada como sendo $x = 20{,}5$ mm, $y = 40$ mm e $z = 60$ mm.

Figura B7.6 Definindo um círculo

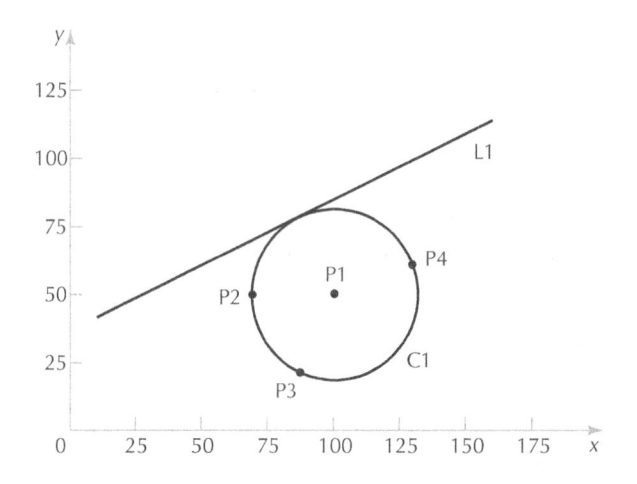

Figura B7.7 Definindo um círculo por duas linhas que se cruzam

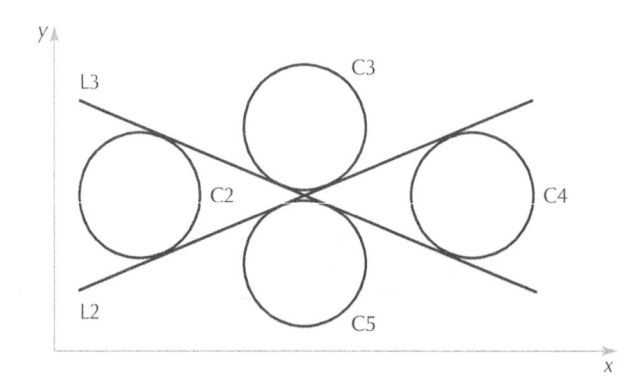

2. Quaisquer símbolos usados como dados descritivos devem ser definidos anteriormente; por exemplo, na sentença

$$P1 = POINT/INTOF, L1, L2$$

as duas linhas L1 e L2 devem ser definidas anteriormente. Na configuração da lista de sentenças geométricas, um programador de APT deve se certificar que definiu os símbolos antes de utilizá-los nas sentenças subsequentes.

3. Um símbolo pode ser usado para definir apenas um elemento geométrico. O mesmo símbolo não pode ser usado para definir dois elementos diferentes. Por exemplo, as sentenças seguintes estariam incorretas se fossem incluídas no mesmo programa:

$$P1 = POINT/20, 40, 60$$
$$P1 = POINT/30, 50, 70$$

4. Apenas um símbolo pode ser usado para definir qualquer elemento. Por exemplo, as duas sentenças seguintes estariam incorretas no mesmo programa:

$$P1 = POINT/20, 40, 60$$
$$P2 = POINT/20, 40, 60$$

EXEMPLO B7.1
Geometria de peças usando APT
Vamos construir a geometria da peça de exemplo da Figura A7.3 (Apêndice A7). Os elementos geométricos da peça a ser definida em APT estão identificados na Figura 7.17. Também é feita referência à Figura A7.4, no Apêndice A7, que mostra os valores das coordenadas dos pontos usados para dimensionar a peça. Apenas as sentenças geométricas são dadas na sequência de APT em seguida:

P1 = POINT/0, 0, 0
P2 = POINT/160.0, 0, 0
P3 = POINT/160.0, 60.0, 0
P4 = POINT/35.0, 90.0, 0
P5 = POINT/70.0, 30.0, 0
P6 = POINT/120.0, 30.0, 0
P7 = POINT70.0, 60.0, 0
P8 = POINT/130.0, 60.0, 0
L1 = LINE/P1, P2
L2 = LINE/P2, P3
C1 = CIRCLE/CENTER, P8, RADIUS, 30.0
L3 = LINE/P4, PARLEL, L1
L4 = LINE/P4, P1

B7.2 Comandos de movimento em APT

Todas as sentenças de movimento em APT seguem um formato comum, do mesmo modo que as sentenças geométricas têm formato próprio. O formato de um comando de movimento em APT é

COMANDO DE MOVIMENTO/dados descritivos

Um exemplo de uma sentença de movimento em APT é

GOTO/P1

A sentença consiste de duas seções separadas por uma barra. A primeira seção é o comando básico que indica qual movimento a ferramenta deve fazer. Os dados descritivos que seguem a barra dizem para a ferramenta aonde ir. No exemplo acima, a ferramenta é direcionada (GOTO) ao ponto P1, que havia sido definido em uma sentença geométrico anterior.

No início da sequência de sentenças de movimento, a ferramenta deve receber um ponto de partida, que normalmente é o ponto-alvo, a localização onde o operador posicionou a ferramenta no começo do trabalho. O programador demarca essa posição inicial com a sentença

FROM/PTARG

em que FROM é um palavra do vocabulário de APT que indica o ponto inicial a partir do qual todos os outros elementos geométricos serão referenciados e PTARG é o símbolo dado ao ponto inicial. Outra forma de fazer essa sentença é

FROM/ – 20.0, – 20.0, 0

em que os dados descritivos nesse caso são as coordenadas x, y e z para o ponto inicial. A sentença FROM ocorre apenas no início da sequência de movimentos.

Comandos ponto a ponto. Em nossa discussão das sentenças de movimento em APT, é apropriado distinguir movimentos ponto a ponto dos movimentos de contorno. Para os movimentos ponto a ponto, há apenas dois comandos: GOTO e GODLTA. A sentença GOTO dá a instrução para a ferramenta se deslocar até a posição de um ponto particular especificado nos dados descritivos. Dois exemplos são:

GOTO/P2

GOTO/25.0, 40.0, 0

No primeiro comando, P2 é ponto de destino da ferramenta, e sua posição foi definida anteriormente em uma sentença geométrica. No segundo comando, a ferramenta recebeu instrução para se deslocar para a posição cujas coordenadas são $x = 25$, $y = 40$ e $z = 0$.

O comando GODLTA especifica um movimento incremental para a ferramenta. Para ilustrar, a sentença seguinte dá à ferramenta a instrução de se deslocar uma distância de 50 mm de sua posição atual na direção do eixo x, 120 mm na direção do eixo y e 40 mm na direção do eixo z:

GODLTA/50.0, 120.0, 40.0

Figura B7.8 Três superfícies em movimentação de contorno de APT que guiam a ferramenta cortador

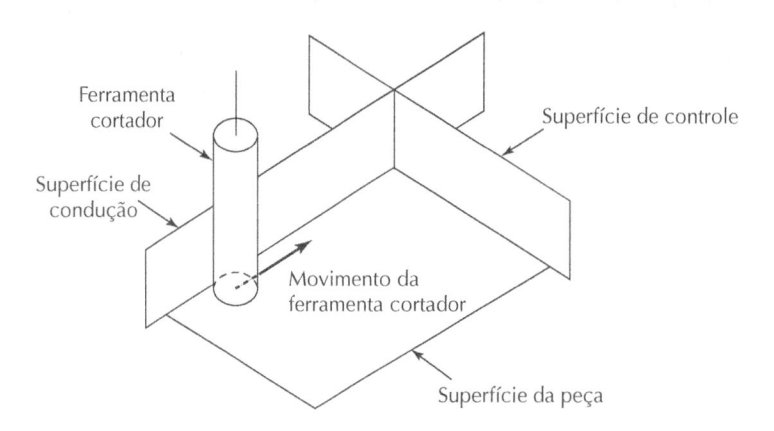

A sentença GODLTA é útil para furação e outras operações de usinagem relacionadas. A ferramenta pode ser direcionada para a posição de um dado furo; depois o comando GODLTA pode ser usado para usinar o furo, como na sentença seguinte:

GODLTA/P2

GODLTA/0, 0, –50.0

GODLTA/0, 0, 50.0

Movimentos de contorno. Os comandos de contorno são mais complicados que os ponto a ponto porque a posição da ferramenta deve ser controlada continuamente durante a movimentação. Para realizar esse controle, a ferramenta é direcionada ao longo de duas superfícies que se cruzam até que alcance uma terceira superfície, como mostrado na Figura B7.8. Essas três superfícies têm nomes na APT:

1. *Superfície de condução*. É a que guia a lateral da ferramenta. É mostrada como um plano figura.
2. *Superfície da peça*. É a superfície, também representada por um plano, pela qual a parte inferior ou a ponta da ferramenta é guiada.
3. *Superfície de controle*. É a que termina o movimento de avanço da ferramenta na execução o comando atual. Pode-se dizer que essa superfície "controla" o avanço da ferramenta.

Deve-se notar aqui que a "superfície da peça" pode ou não ser a superfície real da peça. O programador pode escolher usar a superfície real da peça ou outra superfície definida anteriormente para manter o controle do caminho contínuo da ferramenta. O mesmo se aplica às superfícies de condução e controle.

A superfície de controle pode ser usada de muitas maneiras, o que é determinado por meio da utilização de qualquer uma das quatro palavras de modificação da APT nos dados descritivos da sentença de movimento. As palavras de modificação são TO, ON, PAST e TANTO. Como mostra a Figura B7.9, a palavra TO coloca a ponta da ferramenta em contato com a superfície de controle, ON coloca o centro da ferramenta na superfície de controle e PAST move a ferramenta para além da superfície de controle de modo que sua superfície posterior é colocada em contato com a superfície de controle. A quarta palavra de modificação, TANTO, é usa-

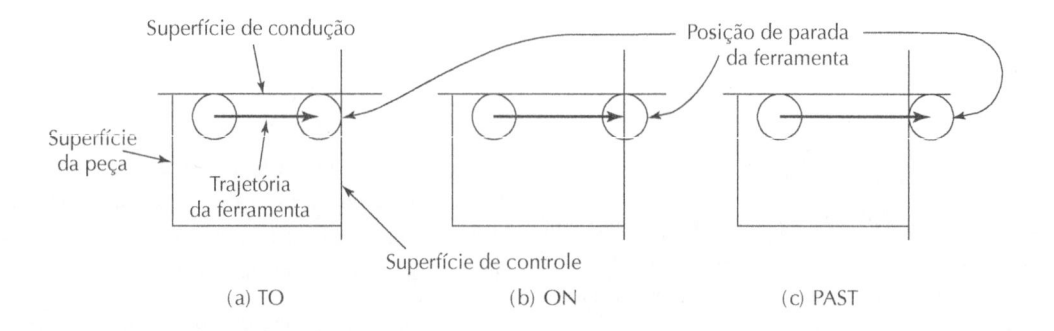

Figura B7.9 Uso das palavras de modificação da APT em sentenças de movimento: (a) TO coloca a ferramenta em contato inicial com superfície de controle; (b) ON coloca o centro da ferramenta na superfície de controle; e (c) PAST move a ferramenta para além da superfície de controle

da quando a superfície de condução é tangente a uma superfície de controle circular, como na Figura B7.10. TANTO movimenta a ferramenta de corte até o ponto de tangência com a superfície circular.

Um comando de movimentação de contorno em APT faz a ferramenta prosseguir por uma trajetória definida pelas superfícies de condução e da peça; quando a ferramenta atinge a superfície de controle ela para de acordo com uma das palavras de modificação TO, ON, PAST ou TANTO. Quando escreve uma sentença de movimentação, o programador deve ter em mente a direção de onde a ferramenta vem do comando de movimento anterior. Ele deve se imaginar em cima da ferramenta, como se dirigisse um carro. Depois que a ferramenta atinge a superfície de controle no movimento anterior, o próximo movimento envolve uma curva para a esquerda, para direita ou o quê? A resposta a essa questão é determinada por uma das seis palavras de movimentação seguintes, cujas interpretações são ilustradas na Figura B7.11:

- GOLFT ordena que a ferramenta faça uma curva à esquerda em relação ao último movimento.
- GORGT ordena que a ferramenta faça uma curva à direita em relação ao último movimento.
- GOFWD ordena que a ferramenta mova-se adiante em relação ao último movimento.
- GOBACK ordena que a ferramenta mova-se da direção contrária ao último movimento.
- GOUP ordena que a ferramenta mova-se para cima em relação ao último movimento.
- GODOWN ordena que a ferramenta se mova para baixo em relação ao último movimento.

Em muitos casos, o próximo movimento será em uma direção que é a combinação de duas direções puras. Por exemplo, a direção pode ser algum lugar entre mover adiante e mover para a direita. Nesses casos, o comando de movimentação apropriado indicaria o componente de direção mais longa entre as escolhas possíveis.

Para iniciar a sequência de comandos de movimentação, a sentença FROM é usada da mesma maneira que nos movimentos ponto a ponto. A sentença que segue o comando FROM define a superfície de condução inicial, a superfície da

Figura B7.10 Uso da palavra de modificação APT TANTO, que movimenta a ferramenta para o ponto de tangência entre duas superfícies, sendo pelo menos uma delas circular

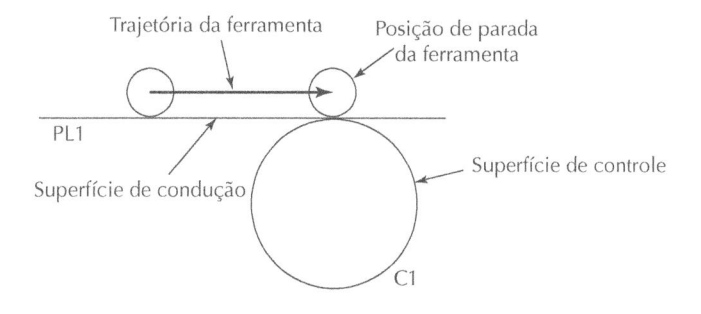

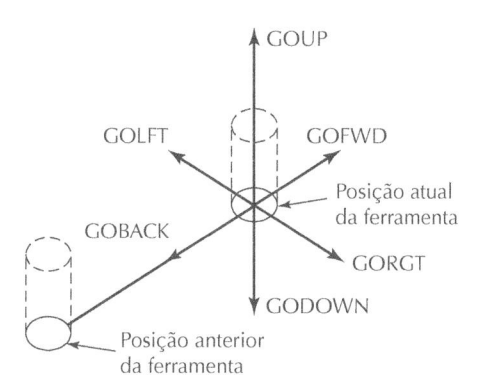

Figura B7.11 Uso das palavras de movimento da APT. A ferramenta foi movida de uma posição anterior para a atual. A direção do próximo movimento é determinada por uma das palavras de movimento da APT GOLFT, GORGT, GOFWD, GOBACK, GOUP ou GODOWN

peça e a superfície de controle. Com referência à Figura B7.12, a sequência tem a seguinte forma:

FROM/PTARG
GO/TO, PL1, TO, PL2, TO, PL3

O símbolo PTARG representa o ponto-alvo em que o operador configurou a ferramenta. O comando GO dá a instrução para que a ferramenta se mova para a interseção das superfícies de condução (PL1), peça (PL2) e controle (PL3). Como a palavra de modificação TO foi usada para cada uma das três superfícies, a circunferência da ferramenta é tangente à PL1 e PL3, e a ponta da ferramenta está em PL2. As três superfícies incluídas na sentença GO devem ser especificadas na ordem: (1) superfície de condução, (2) superfície da peça e (3) superfície de controle.

Perceba que o comando GO/TO não é o mesmo que GOTO, que é usado apenas para movimentos ponto a ponto. O comando GO/ é usado para iniciar uma sequência de movimentos de contorno e pode adotar formas variadas como GO/ON, GO/TO ou GO/PAST.

Depois da inicialização, a ferramenta é direcionada através de seu caminho por uma das seis palavras de comando de movimentação. Não é necessário redefinir a superfície da peça a cada comando de movimento depois que ela foi definida inicialmente, contanto que se mantenha a mesma para os comandos subsequentes. No comando de movimentação anterior, o cortador foi direcionado a partir de PTARG para a interseção das superfícies PL1, PL2 e PL3. Suponha que queremos mover a ferramenta ao longo do plano PL3 da Figura B7.12, mantendo PL2 como a superfície da peça. O comando seguinte realizaria esse movimento:

GORGT/PL3, PAST, PL4

Note que PL2 não é mencionado nesse novo comando. PL3, que era a superfície de controle do movimento anterior, é a superfície de condução no novo comando, e a nova superfície de controle é PL4. Ainda que a superfície da peça possa se manter a mesma ao longo da sequência de movimentos, as superfícies de condução e controle devem ser redefinidas a cada novo comando de movimento de contorno.

Há muitas peças, cujas características podem ser definidas em dois eixos, x e y. Mesmo que tais peças certamente possuam uma terceira dimensão, não há estruturas que serão usinadas nessa direção. Nossa peça de exemplo é um desses casos. No desenho de engenharia, Figura A7.3 do Apêndice A7, os lados da peça aparecem como linhas, embora sejam superfícies tridimensionais na peça física. Em casos como esses, é mais conveniente para o programador definir o perfil da peça em termos de linhas e círculos do que planos e cilindros. Felizmente, o sistema de linguagem de APT permite isso porque as linhas são tratadas como planos e os círculos como cilindros, ambos perpendiculares ao plano x-y. Por isso, os planos ao redor do contorno da peça na Figura A7.3 podem ser substituídos por linhas (dê a elas os nomes L1, L2, L3 e L4), e os comandos APT precedentes podem ser substituídos pelos seguintes:

FROM/PTARG
GO/TO, L1, TO, PL2, TO L3
GORGT/L3, PAST, L4

A substituição das linhas e círculos por planos e cilindros em APT é permitida apenas quando os lados da peça são perpendiculares ao plano x-y. Note que o plano PL2 não foi convertido em linha. Como a "superfície da peça" na sentença de movimentação, ele deve manter seu estado de plano paralelo aos eixos x e y.

Figura B7.12 Inicialização de uma sequência de movimentos de contorno em APT

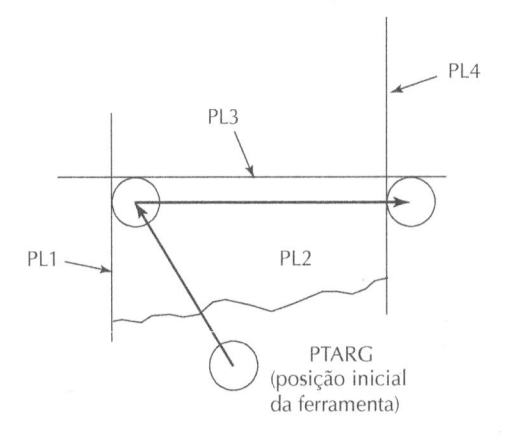

EXEMPLO B7.2
Comandos de movimento de contorno em APT
Vamos escrever os comandos de movimento em APT para realizar a usinagem de perfil das bordas de nossa peça de exemplo. Os elementos geométricos são identificados na Figura 7.17(b) e o caminho da ferramenta é mostrado na Figura A7.5 do Apêndice A7. A ferramenta inicia sua sequência de movimentos a partir de um ponto-alvo, PTARG, localizado nas coordenadas $x = 0$, $y = -50$ mm e $z = 10$ mm. Vamos assumir também que a "superfície da peça" PL2 foi definida como um plano paralelo ao plano x-y e localizado 25 mm abaixo da superfície superior da peça (Figura A7.4). A razão para defini-lo assim é garantir que a ferramenta realizará a usinagem em toda a espessura da peça:

FROM/PTARG
GO/TO, L1, TO, PL2, ON, L4
GORGT/L1, PAST, L2
GOLFT/L2, TANTO, C1
GOFWD/C1, PAST, L3
GOFWD/L3, PAST, L4
GOLFT/L4, PAST, L1
GOTO/P0

B7.3 Sentenças de pós-processador e auxiliares

Um programa em APT completo deve incluir funções não realizadas por sentenças geométricas e comandos de movimento. Essas funções adicionais são implementadas por sentenças do pós-processador e sentenças auxiliares.

As sentenças do pós-processador controlam a operação da máquina-ferramenta e cumprem papel de suporte na geração do caminho da ferramenta. Essas sentenças são usadas para definir o tamanho da ferramenta de corte, especificar velocidades de rotação e de avanço, ativar e desativar a vazão do fluido de corte e controlar outras funções da máquina-ferramenta na qual o serviço de usinagem será realizado. A forma geral de uma sentença de pós-processador é:

COMANDO DO PÓS-PROCESSADOR/dados descritivos

em que o COMANDO DO PÓS-PROCESSADOR é uma palavra principal de APT que indica o tipo ou função ou ação a ser realizada, e os dados descritivos consistem de palavras menores de APT e valores numéricos. Em alguns comandos, os dados descritivos são omitidos. Alguns exemplos de sentenças importantes do pós-processador são os seguintes:

- UNITS/MM indica que as unidades especificadas no programa são INCHES (polegadas) ou MM (mm).
- INTOL/0.02 especifica a tolerância interna para a interpolação circular.
- OUTTOL/0.02 especifica a tolerância externa para a interpolação circular.
- CUTTER/20.0 define o diâmetro da ferramenta de corte na Figura B7.13(a) para os cálculos de percurso do corte. A sentença CUTTER/20, 5 indica que a ferramenta tem um raio de canto de 5 mm (Figura B7.13(b)), para contorno tridimensional. A extensão e outras dimensões da ferramenta também podem ser especificadas, se necessário.
- SPINDL/1000, CLW especifica a velocidade de rotação do eixo em rotações por minuto. Podem ser especificadas rotações CLW (horárias) e CCLW (anti-horárias).
- SPINDL/OFF interrompe a rotação do eixo.
- FEDRAT/40, IPM especifica a velocidade de avanço em milímetros por minuto ou polegadas por minuto. As palavras menores IPM ou IPR são usadas para indicar se a velocidade de avanço é de unidades por minuto ou unidades por rotação, em que as unidades são especificadas como polegadas ou milímetros em uma sentença UNITS precedente.

Figura B7.13 Definição para uma fresa com 20 mm de diâmetro (a) com raio de canto igual a zero e (b) com raio de canto igual a 5 mm

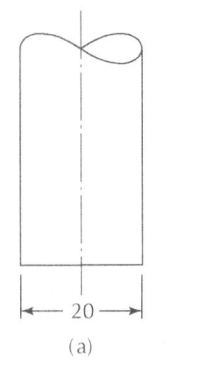

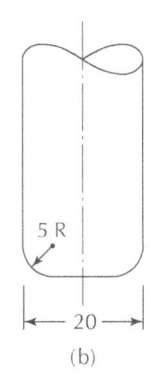

- RAPID inicia o modo de deslocamento rápido (alta velocidade de avanço) para os próximos movimentos.
- COOLNT/FLOOD ativa o fluido de corte.
- LOADTL/01 usado com trocadores automáticos de ferramenta para identificar qual ferramenta de corte deve ser carregada no eixo.
- DELAY/30 para a máquina temporariamente por um período especificado em segundos.

As sentenças auxiliares identificam o programa de usinagem, especificam qual pós-processador usar, inserem marcações no programa e assim por diante. As sentenças auxiliares não têm efeito na geração do caminho da ferramenta. As seguintes palavras de APT são usadas em sentenças auxiliares:

- PARTNO é a primeira sentença em um programa de APT, usada para identificar o programa; por exemplo,

    PARTNO AMOSTRA DE PEÇA NÚMERO UM

- MACHIN/ permite ao programador especificar o pós-processador, o que na verdade especifica a máquina-ferramenta.
- CLPRNT significa "impressão da localização da ferramenta" (do inglês, *cutter location print*), usado para imprimir a sequência de posições da ferramenta.
- REMARK é usada para inserir comentários explicativos no programa que não são interpretados ou processados pelo processador de APT.
- FINI indica o fim de um programa de APT.

A palavra principal MACHIN requer uma barra (/) conforme indicado em nossa lista acima, com dados descritivos que identificam o pós-processador a ser usado. As palavras como CLPRNT e FINI são completas, sem dados descritivos. PARTNO e REMARK tem um formato que é uma exceção à estrutura normal de sentença em APT. Essas são palavras seguidas de dados descritivos, porém sem a barra para separar a palavra APT dos dados descritivos.

PARTNO é usada bem no início do programa e é seguida por uma série de caracteres alfanuméricos que identificam o programa. REMARK permite ao programador inserir comentários que o processador de APT não processa.

B7.4 Alguns exemplos de programação em APT

Como exemplos da APT, vamos preparar dois programas para nossa peça de exemplo, um para furar os três orifícios e o segundo para realizar a usinagem de perfil de suas bordas externas. Como nos exemplos de programas no Apêndice A7, a peça inicial é uma placa de alumínio de espessura desejada, cujo perímetro foi serrado ligeiramente maior em antecipação à operação de usinagem de perfil. Em realidade, esses programas em APT realizarão as mesmas operações que os exemplos A7.1 e A7.2 anteriores, nos quais foi usada a programação manual.

EXEMPLO B7.3
Sequência de furação em APT

Vamos escrever um programa em APT para realizar a sequência de furação para nossa peça de exemplo da Figura A7.3. Mostraremos apenas as sentenças geométricas para as três posições dos furos, deixando os outros elementos geométricos para o Exemplo B7.4.

PARTNO OPERAÇÃO DE FURAÇÃO DA PEÇA DE AMOSTRA
MACHIN/DRILL, 01
CLPRNT
UNITS/MM
REMARK Geometria da peça. Os pontos são definidos 10 mm acima da superfície da peça.
PTARG = POINT/0, −50.0, 10.0
P5 = POINT/70.0, 30.0, 10.0
P6 = POINT/120.0, 30.0, 10.0
P7 = POINT/70.0, 60.0, 10.0
REMARK Sentenças de movimentação da broca.
FROM/PTARG
RAPID
GOTO/P5
SPINDL/1000, CLW
FEDRAT/0.05, IPR
GODLTA/0, 0, −25
GODLTA/0, 0, 25
RAPID
GOTO/P6
SPINDL/1000, CLW
FEDRAT/0.05, IPR
GODLTA/0, 0, −25
GODLTA/0, 0, 25
RAPID
GOTO/P7
SPINDL/1000, CLW
FEDRAT/0.05, IPR
GODLTA/0, 0, −25
GODLTA/0, 0, 25
RAPID
GOTO/PTARG
SPINDL/OFF
FINI

EXEMPLO B7.4
Usinagem de perfil em dois eixos em APT

Os três furos usinados no Exemplo B7.3 serão usados para posicionamento e fixação da peça para a usinagem das bordas externas. As coordenadas dos eixos são dadas na Figura A7.4. A superfície superior da peça está 40 mm acima da superfície da mesa da máquina. Será usada uma fresa de topo com diâmetro igual a 20 mm, quatro dentes e comprimento lateral dos dentes de 40 mm. A ponta inferior da fresa será posicionada 25 mm abaixo da superfície superior durante a usinagem, garantindo assim que a lateral cortante da fresa abrangerá toda a espessura da peça. A velocidade de rotação do eixo-árvore é de 1.000 rpm e a velocidade de avanço é de 50 mm/min. O caminho da ferramenta, mostrado na Figura A7.5 é o mesmo seguido no Exemplo A7.2:

PARTNO OPERAÇÃO DE USINAGEM DA PEÇA DE EXEMPLO
MACHIN/MILLING, 02
CLPRNT
UNITS/MM
CUTTER/20.0
REMARK Geometria da peça. Os pontos e linhas estão definidos 25 mm abaixo da superfície superior da peça.
PTARG = POINT/0, −50.0, 10.0
P1 = POINT/0, 0, −25
P2 = POINT/160, 0, −25
P3 = POINT/160, 60, −25
P4 = POINT/35, 90, −25
P8 = POINT/130, 60, −25
L1 = LINE/P1, P2
L2 = LINE/P2, P3
C1 = CIRCLE/CENTER, P8, RADIUS, 30
L3 = LINE/P4, LEFT, TANTO, C1
L4 = LINE/P4, P1
PL1 = PLANE/P1, P2, P4
REMARK Sentenças de movimentação da fresa.
FROM/PTARG
SPINDL/1000, CLW
FEDRAT/50, IPM
GO/TO, L1, TO, PL1, ON, L4
GORGT/L1, PAST, L2
GOLFT/L2, TANTO, C1
GOFWD/C1, PAST, L3
GOFWD/L3, PAST, L4
GOLFT/L4, PAST, L1
RAPID
GOTO/PTARG
SPINDL/OFF
FINI

CAPÍTULO 8

Robótica industrial

CONTEÚDO DO CAPÍTULO

- **8.1** Anatomia de um robô e atributos relacionados
  - 8.1.1 Articulações e elos
  - 8.1.2 Configurações comuns de robôs
  - 8.1.3 Sistemas de movimentação das articulações
- **8.2** Sistemas de controle de robôs
- **8.3** Efetuadores finais
  - 8.3.1 Garras
  - 8.3.2 Ferramentas
- **8.4** Sensores em robótica
- **8.5** Aplicações de robôs industriais
  - 8.5.1 Aplicações de manuseio de materiais
  - 8.5.2 Operações de processamento
  - 8.5.3 Montagem e inspeção
- **8.6** Programação de robôs
  - 8.6.1 Programação guiada
  - 8.6.2 Linguagens de programação de robôs
  - 8.6.3 Simulação e programação off-line
- **8.7** Precisão e repetibilidade de robôs

Um *robô industrial* é uma máquina programável, de aplicação geral e que possui determinadas características antropomórficas. A característica antropomórfica mais óbvia de um robô industrial é o braço mecânico, utilizado para desempenhar diversas tarefas industriais. Outras características humanas são as capacidades do robô de reagir a estímulos sensoriais, comunicar-se com outras máquinas e tomar decisões. Essas capacidades permitem que os robôs desempenhem uma série de tarefas úteis. O desenvolvimento da tecnologia de robótica seguiu-se ao desenvolvimento do controle numérico (Nota histórica 8.1), e as duas tecnologias são bastante similares. Ambas envolvem um controle coordenado de múltiplos eixos (chamados de *articulações* ou juntas em robótica) e usam computadores digitais dedicados como controladores. Enquanto máquinas de CN (controle numérico, do inglês, *numerical control* — NC) são projetadas para desempenhar processos específicos (por exemplo, usinagem, estampagem de metais laminados e corte térmico), robôs são projetados para uma gama mais ampla de tarefas. Aplicações de produção típicas de robôs industriais incluem solda a ponto, transferência de materiais, carga de máquinas, pintura pulverizada e montagem.

Algumas das qualidades que tornam os robôs industriais comercial e tecnologicamente importantes são:

- Podem substituir pessoas em ambientes de trabalho perigosos e desconfortáveis.
- Desempenham o ciclo de trabalho com consistência e repetibilidade que não podem ser alcançadas por pessoas.
- Podem ser reprogramados. Quando o curso de produção da tarefa corrente está concluído, um robô pode ser reprogramado e equipado com as ferramentas necessárias para desempenhar uma tarefa completamente diferente.
- São controlados por computadores e podem, dessa maneira, ser conectados a outros sistemas de computadores para chegar à manufatura integrada por computadores.

Nota histórica 8.1

Uma breve história dos robôs industriais

A palavra 'robô' entrou na língua inglesa por meio de uma peça tchecoslovaca intitulada *Rossum's universal robots* (Robôs universais de Rossum), escrita por Karel Capek no início da década de 1920. A palavra tcheca *robota* significa trabalhador forçado. Na tradução inglesa, a palavra foi convertida para *robot*. O enredo da peça centra-se em torno de um cientista chamado Rossum, que inventa uma substância química similar ao protoplasma e a utiliza para produzir robôs. A meta do cientista é fazer com que os robôs sirvam os seres humanos e realizem trabalhos físicos. Rossum, continua a fazer melhorias em sua invenção, para deixá-la perfeita. Esses "seres perfeitos" começam a se ressentir de seu papel subserviente na sociedade e se voltam contra seus mestres, matando toda a vida humana.

A peça de Kapec era pura ficção científica. Nossa breve história tem de incluir dois inventores de verdade que fizeram as contribuições originais para a tecnologia da robótica industrial. O primeiro foi Cyril W. Kenward, inventor britânico que desenvolveu um manipulador que se movia em um sistema de eixos *x-y-z*. Em 1954, Kenward solicitou uma patente britânica para seu invento robótico e, em 1957, a patente foi emitida.

O segundo inventor foi um norte-americano chamado George C. Devol, que recebeu o crédito por duas invenções relacionadas à robótica. A primeira foi um invento para gravar magneticamente sinais elétricos de maneira que pudessem ser reproduzidos novamente para controlar a operação de máquinas. Esse invento foi desenvolvido em torno de 1946, e uma patente norte-americana foi emitida em 1952. A segunda invenção foi um projeto robótico desenvolvido na década de 1950, o qual Devol chamou de Transferência Programada de Artigos (Programmed Article Transfer). Esse invento foi feito para manipulação de peças. A patente norte-americana foi finalmente emitida em 1961. Foi um protótipo para os robôs impulsionados hidraulicamente, construídos mais tarde pela Unimation Inc.

Apesar de o robô de Kenward ter sido cronologicamente o primeiro (pelo menos em termos de data da patente), o robô de Devol, em última análise, provou ser muito mais importante no desenvolvimento e na comercialização da tecnologia robótica. A razão para isso foi a ação catalisadora de Joseph Engelberger, que havia se formado em física em 1949. Como estudante, ele havia lido romances de ficção científica sobre robôs. Em meados da década de 1950, estava trabalhando para uma empresa que produzia sistemas de controle para turbinas a jato. Assim, quando um encontro ao acaso ocorreu entre Engelberger e Devol em 1956, Engelberger estava "predisposto por educação, diversão e ocupação à noção da robótica".[2] O encontro ocorreu em um coquetel em Fairfield, Connecticut. Devol descreveu sua invenção de transferência programada de artigos para Engelberger, e eles subsequentemente começaram a considerar como desenvolver o invento como produto comercial para a indústria. Em 1962, a Unimation Inc. foi fundada, tendo Engelberger como presidente. O nome do primeiro produto da empresa foi Unimate, um robô de configuração polar, cuja primeira aplicação, em 1961, foi descarregar uma máquina de fundição de moldes em uma planta da General Motors localizada em Nova Jersey.

---

[2] Esta citação foi tomada emprestada de Groover et al. *Industrial robotics:* Technology, programming, and applications.

Figura 8.1 Diagrama da construção de um robô mostrando como um robô é constituído de combinações de articulações-elos

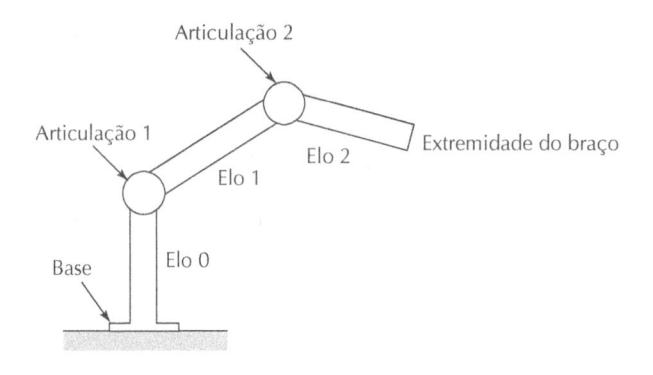

8.1 ANATOMIA DE UM ROBÔ E ATRIBUTOS RELACIONADOS

O *manipulador* de um robô industrial consiste de uma série de articulações (ou juntas, do inglês, *joints*) e elos (do inglês, *links*). A anatomia de um robô diz respeito aos tipos e tamanhos dessas articulações e elos e outros aspectos da construção física do manipulador.

8.1.1 Articulações e elos

A articulação de um robô industrial é similar à articulação em um corpo humano: proporciona movimento relativo entre duas peças do corpo. Cada articulação, ou *eixo* como é chamada às vezes, proporciona ao robô o chamado grau de liberdade (do inglês, *degree-of-freedom* — DOF) do movimento. Em quase todos os casos, apenas um grau de liberdade é associado a cada articulação. Robôs são seguidamente classificados de acordo com o número total de graus de liberdade que possuem. Dois elos estão conectados a cada articulação, um elo de entrada e um de saída. Elos são os componentes rígidos do manipulador do robô. A finalidade da articulação é proporcionar um movimento relativo controlado entre o elo de entrada e o de saída.

A maioria dos robôs é montada sobre uma base estacionária no chão. Vamos nos referir a essa base e a sua conexão à primeira articulação como elo 0. É o elo de entrada para a articulação 1, a primeira de uma série de articulações usadas na construção do robô. O elo de saída da articulação 1 é o elo 1. O elo 1 é o elo de entrada para a articulação 2, cujo elo de saída é o elo 2, e assim por diante. Esse esquema de numeração de articulações-elos é ilustrado na Figura 8.1.

Quase todos os robôs industriais têm articulações mecânicas que podem ser classificadas em cinco tipos: dois tipos que proporcionam movimento de translação e três que proporcionam movimento rotativo. Esses tipos de articulações são ilustrados na Figura 8.2 e são baseados em um esquema descrito em [5]. Os cinco tipos de articulações são:

1. *Articulação linear* (articulação do tipo L). O movimento relativo entre o elo de entrada e o de saída é um movimento de deslizamento translacional, com os eixos dos dois elos paralelos.

2. *Articulação ortogonal* (articulação do tipo O). É também um movimento de deslizamento translacional, mas os elos de entrada e saída são perpendiculares uns aos outros durante o movimento.

3. *Articulação rotacional* (articulação do tipo R). Proporciona movimento relativo rotacional, com o eixo de rotação perpendicular aos eixos dos elos de entrada e saída.

4. *Articulação de torção* (articulação do tipo T). Também envolve movimento rotativo, mas o eixo de rotação é paralelo aos eixos dos dois elos.

5. *Articulação rotativa* (articulação do tipo V, do "v" em *revolving*[2]). O eixo do elo de entrada é paralelo ao eixo de rotação da articulação, e o eixo do elo de saída é perpendicular ao eixo de rotação.

Cada um desses tipos de articulações tem um raio de ação sobre o qual pode ser movido. O raio de ação para uma articulação translacional é normalmente de menos de um metro, mas para um grande robô de pórtico (*gantry robot*), o raio

---
[2] No original em inglês, *revolving joint*. (N. T.)

Figura 8.2 Cinco tipos de articulações comumente usadas na construção de robôs industriais: (a) articulação linear (do tipo L), (b) articulação ortogonal (do tipo O), (c) articulação rotacional (do tipo R), (d) articulação de torção (do tipo T) e (e) articulação rotativa (do tipo V)

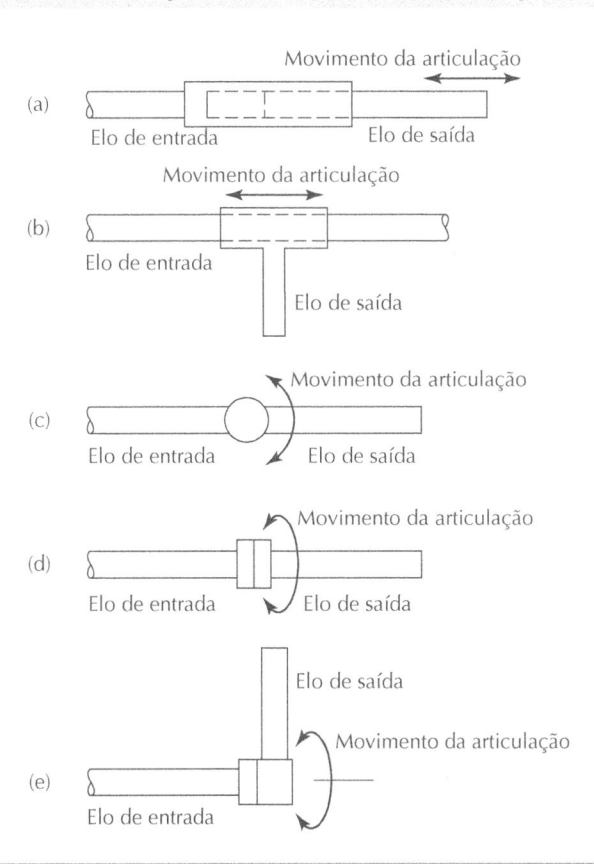

de ação pode ser de vários metros. Os três tipos de articulação rotativa podem ter raio de ação tão pequeno quanto uns poucos graus e tão grande quanto várias voltas completas.

8.1.2 Configurações comuns de robôs

Um robô manipulador pode ser dividido em duas partes: um conjunto formado pelo corpo e pelo braço (que chamaremos de estrutura ou simplesmente braço) e um conjunto formado pelo punho (no inglês, *wrist*). Normalmente há três graus de liberdade associados ao corpo e ao braço, e dois ou três graus de liberdade associados ao punho. Na extremidade do punho do manipulador há um dispositivo relacionado à tarefa que tem de ser realizada pelo robô. O dispositivo, chamado de *efetuador* (no inglês, *end effector*) (Seção 8.3), normalmente é (1) uma garra para segurar uma peça ou (2) uma ferramenta para desenvolver algum processo. O corpo e o braço do robô são utilizados para posicionar o efetuador, e o punho do robô é utilizado para orientar o efetuador.

Configurações de corpo e braço. Dados os cinco tipos de articulações definidos acima, existem 5 x 5 x 5 = 125 combinações de articulações que podem ser usadas para projetar o conjunto de corpo e braço para um manipulador de robô com três graus de liberdade. Além disso, há variações de design dentro dos tipos de articulações individuais (por exemplo, tamanho físico da articulação e raio de ação do movimento). É de certa maneira extraordinário, portanto, que existam apenas cinco configurações básicas comumente disponíveis em robôs industriais comerciais.[3] Essas cinco configurações são:

1. *Configuração polar.* Essa configuração (Figura 8.3) consiste de um braço deslizante (articulação L) acionado em relação ao corpo, que pode girar tanto em torno de um eixo vertical (articulação T) como ao redor de um eixo horizontal (articulação R).

2. *Configuração cilíndrica.* Essa configuração de robôs (Figura 8.4) consiste de uma coluna vertical, a qual um conjunto de braço é movido para cima ou para baixo. O braço pode ser movido para dentro e para fora em relação ao eixo da coluna. A figura mostra uma maneira

---

[3] Há variações possíveis nos tipos de articulações que podem ser usados para construir as cinco configurações básicas.

Figura 8.3 **Estrutura de configuração polar**

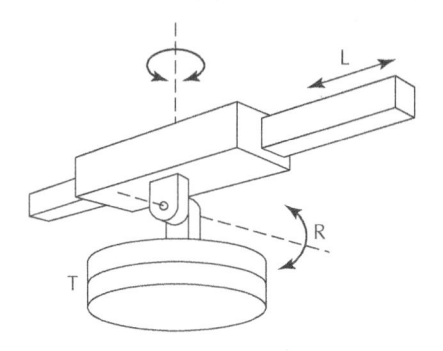

Figura 8.4 **Estrutura de configuração cilíndrica**

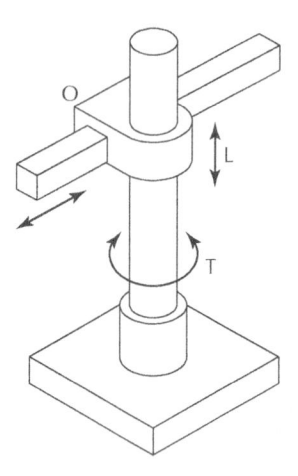

possível de essa configuração ser construída, utilizando uma articulação T para girar a coluna em torno do eixo. Uma articulação L é usada para mover o conjunto de braço verticalmente ao longo da coluna, enquanto uma articulação O é usada para conseguir o movimento radial do braço.

3. *Robô de coordenadas cartesianas.* Outros nomes para essa configuração incluem robô retilíneo e robô *x-y-z*. Como aparece na Figura 8.5, ele é composto de três articulações deslizantes, duas das quais são ortogonais.

4. *Robô articulado.* Esse robô manipulador (Figura 8.6) tem a configuração geral de um braço humano. O braço articulado consiste de uma coluna vertical que gira em torno da base usando uma articulação T. No topo da coluna há uma articulação de ombro (mostrada como uma articulação R na figura), cujo elo de saída conecta-se a uma articulação de cotovelo (outra articulação R).

5. *SCARA.* Acrônimo para *S*elective *C*ompliance *A*ssembly *R*obot *A*rm (Braço Robótico para Montagem com Flexibilidade Seletiva). Essa configuração (Figura 8.7) é similar ao robô articulado, exceto pelos eixos rotacionais do ombro e do cotovelo que são verticais, o que significa que o braço é muito rígido na direção vertical, mas complacente na direção horizontal. Isso permite que o robô realize tarefas de inserção (em montagens) na direção vertical, na qual algum alinhamento na lateral pode ser necessário para casar as duas peças de maneira apropriada.

Configurações de punho. O punho do robô é utilizado para estabelecer a orientação do efetuador. Punhos de robôs normalmente consistem de dois ou três graus de liberdade. A Figura 8.8 ilustra uma configuração possível para um conjunto de punho de três graus de liberdade. As três articulações são definidas como: (1) *rolamento* (do inglês, *roll*), utilizando uma articulação T para realizar rotação em torno do eixo do braço do robô; (2) *arfagem* (do inglês, *pitch*), que envolve rotação para cima e para baixo e tipicamente utiliza uma articulação R; e (3) *guinada* (do inglês, *yaw*), que envolve rotação para a direita e para a esquerda,

Figura 8.5 Estrutura de configuração cartesiana

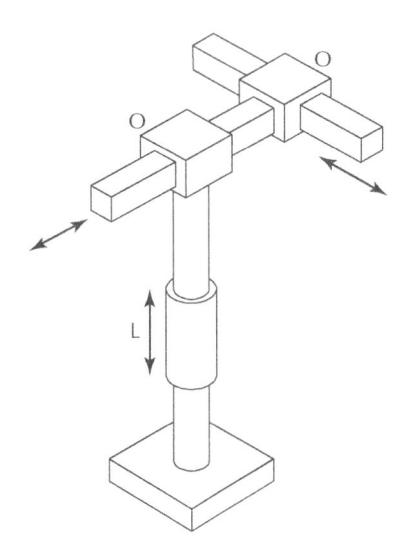

Figura 8.6 Estrutura de configuração articulada

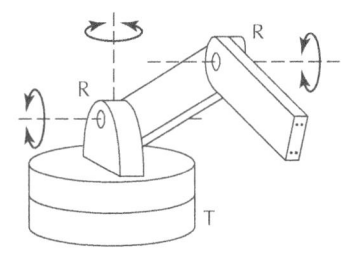

Figura 8.7 Montagem de configuração SCARA

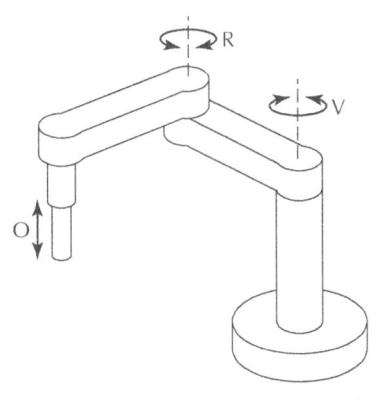

também realizada por meio de uma articulação R. Um punho de dois graus de liberdade em geral inclui somente articulações de rolamento e arfagem (articulações T e R).

Para evitar confusão nas definições de arfagem e guinada, o rolamento do punho dever ser presumido em posição central, como apresenta a figura. Para demonstrar a confusão possível, considere um conjunto de punho duplamente articulado. Com a articulação de rolamento em posição central, a segunda articulação (articulação R) proporciona rotação para cima e para baixo (arfagem). Entretanto, se a posição de rolamento fosse 90° do centro (no sentido horário ou no sentido anti-horário), a segunda articulação proporcionaria uma rotação direita-esquerda (guinada).

Figura 8.8 Configuração típica de uma montagem de punho com três graus de liberdade, mostrando rolamento, arfagem e quinada

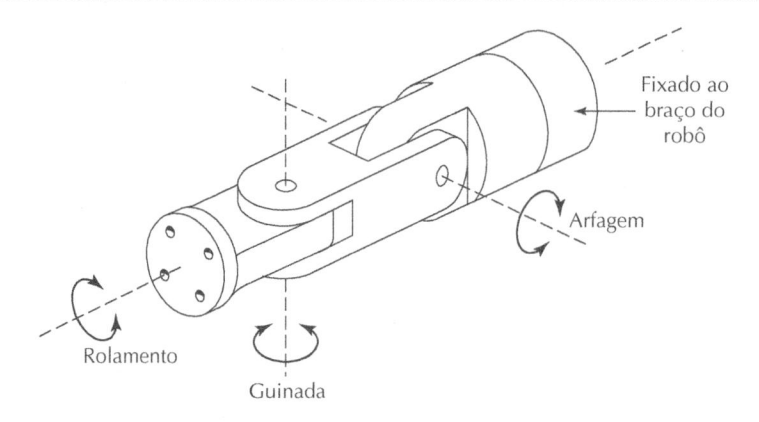

A configuração SCARA (Figura 8.7) é única no sentido de que normalmente não tem um conjunto de punho separado. Como descrito, é usada para operações de montagem tipo inserção, nas quais a inserção é feita por cima. Consequentemente, as exigências de orientação são mínimas e, portanto, o punho não é necessário. A orientação do objeto a ser inserido é às vezes necessária, e uma articulação rotativa adicional pode ser fornecida para essa finalidade. As outras quatro configurações da estrutura possuem conjuntos de punho que quase sempre consistem de combinações de articulações rotativas de tipos R e T.

Sistema de notação de uma articulação. Os símbolos de letras para os cinco tipos de articulações (L, O, R, T e V) podem ser usados para definir um sistema de notação de uma articulação para o manipulador do robô. Nesse sistema de notação, o manipulador é descrito pelos tipos de articulações que formam estrutura, seguidos pelos símbolos de articulações que formam o punho. Por exemplo, a notação TLR: TR representa um manipulador de cinco graus de liberdade cuja estrutura é feita de uma articulação de torção (articulação 1 = T), uma articulação linear (articulação 2 = L) e uma articulação rotacional (articulação 3 = R). O punho consiste de duas articulações, uma articulação de torção (articulação 4 = T) e uma articulação rotacional (articulação 5 = R). Um delimitador separa a notação da estrutura da notação de punho. Notações de articulações típicas para as cinco configurações comuns são apresentadas na Tabela 8.1. Notações de articulações de punho comuns são TRR e TR.

Tabela 8.1 Notações de articulações para cinco configurações robóticas comuns

Configuração	Notação de articulação	Configurações alternativas
Polar	TRL (Figura 8.3)	
Cilíndrica	TLO (Figura 8.4)	LVL
Cartesiana	LOO (Figura 8.5)	OOO
Braço articulado	TRR (Figura 8.6)	VVR
SCARA	VRO (Figura 8.7)	

Nota: Em alguns casos, mais de uma notação de articulação é dada porque a configuração pode ser construída utilizando mais de uma série de tipos de articulações.

Volume de trabalho. O volume de trabalho (o termo *envelope de trabalho* também é usado) do manipulador é definido como o envelope ou espaço tridimensional dentro do qual o robô pode manipular a extremidade de seu punho. O volume de trabalho é determinado por número e tipos de articulações do manipulador (estrutura e punho), raios de ação das várias articulações e tamanhos físicos dos elos. O formato do volume de trabalho depende em grande parte da configuração do robô. Um robô de configuração polar tende a ter uma esfera parcial como volume de trabalho, um robô cilíndrico tem um envelope de trabalho cilíndrico e um robô de coordenadas cartesianas tem um volume de trabalho retangular.

8.1.3 Sistemas de movimentação das articulações

Articulações de robôs são acionadas utilizando qualquer um dos três tipos de sistemas de movimentação: (1) elétrico, (2) hidráulico ou (3) pneumático. Sistemas elétricos utilizam motores elétricos como atuadores de articulações (por exemplo, servomotores ou motores de passo, os mesmos tipos utilizados em sistemas de posicionamento CN, Capítulo 7). Sistemas hidráulicos e pneumáticos utilizam mecanismos como pistões lineares e atuadores de pás rotativas para conseguir o movimento da articulação.

A movimentação pneumática é tipicamente limitada a robôs menores, utilizados em aplicações de transferência de materiais simples. A propulsão elétrica e a propulsão hidráulica são utilizadas em robôs industriais mais sofisticados. A movimentação elétrica tornou-se o sistema preferido em robôs comercialmente disponíveis, à medida que a tecnologia de motores elétricos tem avançado em anos recentes. É mais prontamente adaptável ao controle de computadores, tecnologia dominante hoje em dia para controladores de robôs. Comparados com robôs hidraulicamente alimentados, robôs de movimentação elétrica são relativamente precisos. Entretanto, as vantagens da movimentação hidráulica incluem velocidade e força maiores.

O sistema de movimentação, os sensores de posição (e sensores de velocidade, se usados) e os sistemas de controle por realimentação para as articulações determinam as características de resposta dinâmica do manipulador. A velocidade com a qual o robô pode chegar a uma posição programada e a estabilidade de seu movimento são características importantes de resposta dinâmica em robótica. A *velocidade* refere-se à velocidade absoluta do manipulador na extremidade do braço. A velocidade máxima de um robô grande é de em torno de 2 m/s (6 pés/s). A velocidade pode ser programada no ciclo de trabalho de maneira que diferentes porções do ciclo sejam realizadas em velocidades diferentes. O que às vezes é mais importante do que a velocidade é a capacidade do robô de acelerar e desacelerar de uma maneira controlada. Em muitos ciclos de trabalho, grande parte do movimento do robô é desempenhada em uma região confinada do volume de trabalho, de maneira que o robô nunca alcança a sua velocidade máxima. Nesses casos, quase todo o ciclo de movimento é consumido em aceleração e desaceleração em vez de em velocidade constante. Outros fatores que influenciam a velocidade de movimento são o peso (massa) do objeto que está sendo manipulado e a precisão com a qual o objeto tem de ser colocado no fim de um determinado movimento. Um termo que leva esses fatores em consideração é a *velocidade de resposta*, que se refere ao tempo necessário para o manipulador se mover de um ponto a outro no espaço. A velocidade de resposta é importante porque influencia o ciclo de tempo do robô, que, por sua vez, afeta a razão de produção na aplicação. A *estabilidade* se refere ao montante de *overshoot* (ultrapassar do ponto programado) e oscilação que ocorre no movimento do robô na extremidade do braço à medida que ele tenta se mover para a próxima posição programada. Mais oscilação no movimento é indicação de menos estabilidade. O problema é que robôs com mais estabilidade são inerentemente mais lentos em sua resposta, enquanto robôs mais rápidos são geralmente menos estáveis.

A capacidade de movimentação de carga depende do tamanho físico e da construção do robô assim como da força e potência que pode ser transmitida à extremidade do punho. A capacidade de movimentação de peso de robôs comerciais varia de menos de 1 kg até aproximadamente 900 kg. Robôs de tamanho médio projetados para aplicações industriais típicas têm capacidades que variam de 10 kg a 45 kg. Quando se considera a capacidade de carga, um fator que deve ser mantido em mente é que um robô normalmente trabalha com uma ferramenta ou uma garra fixada a seu punho. Garras são projetadas para agarrar e mover objetos em torno da célula de trabalho. A capacidade de carga líquida do robô é obviamente reduzida pelo peso da garra. Se o robô é classificado em uma capacidade de 10 kg e o peso da garra é 4 kg, então a capacidade de mover peso é reduzida para 6 kg.

8.2 SISTEMAS DE CONTROLE DE ROBÔS

Os acionamentos das articulações individuais têm de ser controlados de maneira coordenada para que o manipulador realize o ciclo de movimentos desejado. Hoje em dia, controladores baseados em microprocessadores são comumente utilizados na robótica como o hardware do sistema de controle. O controlador é organizado em uma estrutura hierárquica (Figura 8.9) para que cada articulação tenha seu próprio sistema de controle por realimentação, e um supervisor coordena os acionamentos combinados das articulações de acordo com a sequência do programa do robô. Diferentes tipos de controle são necessários para diferentes aplicações. Controladores de robôs podem ser classificados em quatro categorias [5]: (1) controle de sequência limitada, (2) controle ponto a ponto, (3) controle de percurso contínuo e (4) controle inteligente.

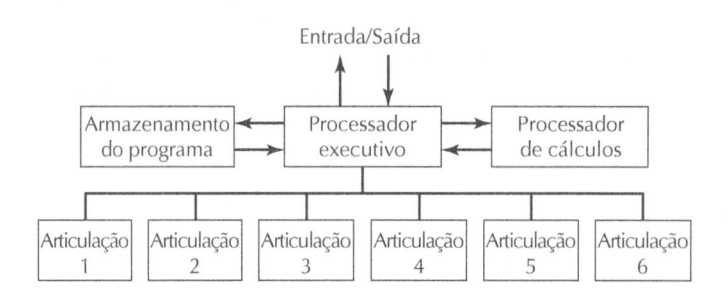

Figura 8.9 Estrutura de controle hierárquico de um microcomputador controlador de robô

```
                          Entrada/Saída
                              ↑↓
  ┌──────────────┐   ┌──────────────┐   ┌──────────────┐
  │ Armazenamento│ ← │  Processador │ → │  Processador │
  │  do programa │ → │   executivo  │ ← │  de cálculos │
  └──────────────┘   └──────┬───────┘   └──────────────┘
           ┌──────┬─────────┼─────────┬──────┬──────┐
      ┌────┴─┐┌───┴──┐┌─────┴┐┌───────┴┐┌────┴─┐┌───┴──┐
      │Artic.││Artic.││Artic.││ Artic. ││Artic.││Artic.│
      │  1   ││  2   ││  3   ││   4    ││  5   ││  6   │
      └──────┘└──────┘└──────┘└────────┘└──────┘└──────┘
```

Controle de sequência limitada. Esse é o tipo de controle mais elementar. Ele pode ser utilizado somente para ciclos de movimento simples, tais como operações de pegar e largar (isto é, pegar um objeto de um lugar e colocá-lo em outro). Ele é normalmente implementado estabelecendo-se limites ou paradas mecânicas para cada articulação e colocando em sequência o acionamento das articulações para a conclusão o ciclo. Às vezes verificações de realimentação são utilizadas para indicar que o acionamento de uma articulação em particular foi concluído para que o próximo passo na sequência possa ser iniciado. Entretanto, não há um servocontrole para conseguir um posicionamento preciso da articulação. Muitos robôs pneumáticos são robôs de sequência limitada.

Controle ponto a ponto. Robôs programáveis (*playback robots*) representam um controle mais sofisticado do que robôs de sequência limitada. Significa que o controlador tem uma memória para gravar a sequência de movimentos em um dado ciclo de trabalho, assim como as posições e outros parâmetros (como a velocidade) associados a cada movimento, e então, subsequentemente, reproduzir (em inglês, *play back*) o ciclo de trabalho durante a execução do programa. No controle ponto a ponto (do inglês, *point-to-point* — PTP), posições individuais do braço do robô são gravadas na memória. Essas posições não são limitadas a paradas mecânicas para cada articulação como em robôs de sequência limitada. Em vez disso, cada posição no programa do robô consiste de um conjunto de valores representando localizações no raio de ação de cada articulação do manipulador. Desse modo, cada 'ponto' consiste de cinco ou seis valores correspondendo às posições de cada uma das cinco ou seis articulações do manipulador. Para cada posição definida no programa, as articulações são assim direcionadas para atuar nas respectivas localizações especificadas. O controle por realimentação é usado durante o ciclo de movimento para garantir que as articulações individuais cheguem às localizações especificadas no programa.

Controle de percurso contínuo. Robôs de percurso contínuo têm a mesma capacidade de execução que o tipo anterior. A diferença entre o percurso contínuo e o de ponto a ponto é a mesma na robótica e no CN (Seção 7.1.3). Um robô com controle de percurso contínuo é capaz de uma ou ambas as ações seguintes:

1. *Maior capacidade de armazenamento.* O controlador tem capacidade de armazenamento muito maior do que de ponto a ponto, de maneira que o número de localizações que podem ser registradas na memória é muito maior. Desse modo, os que constituem o ciclo de movimento podem ser espaçados muito proximamente para permitir que o robô realize um movimento contínuo suave. Em PTP, apenas a localização final dos elementos de movimento individual é controlado, de maneira que o percurso assumido pelo braço para chegar à localização final não é. Em um movimento de percurso contínuo, o movimento de braço e punho são controlados.

2. *Cálculos de interpolação.* O controlador calcula o percurso entre o ponto de partida e o ponto de chegada de cada movimento utilizando rotinas de interpolação similares àquelas usadas em CN. Essas rotinas geralmente incluem interpolação linear e circular (Tabela 7.1).

A diferença entre PTP e controle de percurso contínuo pode ser distinguida da seguinte maneira matemática. Considere um manipulador de coordenadas cartesianas de três eixos no qual a extremidade do braço é movida no espaço x-y-z. Em sistemas de ponto a ponto, os eixos x, y e z são controlados para chegar a uma localização de ponto específica dentro do volume de trabalho do robô. Em sistemas de percurso contínuo, não apenas os eixos x, y e z, mas também as velocidades dx/dt, dy/dt e dz/dt são controladas simultaneamente para realizar o percurso linear ou curvilíneo específico. Servocontrole é utilizado para regular continuamente a posição e a velocidade do manipulador. Deve ser mencionado que um robô de controle de percurso contínuo tem capacidade de controle PTP.

Controle inteligente. Os robôs industriais estão se tornando cada vez mais inteligentes. Nesse contexto, um *robô inteligente* é aquele que exibe comportamento que o faz parecer inteligente. Algumas das características que fazem um robô parecer inteligente incluem a capacidade para interagir com o meio, tomar decisões quando as coisas saem errado durante o ciclo de trabalho, comunicar-se com pessoas, fazer cálculos durante o ciclo de movimento e reagir à entrada de dados sensórios avançados como visão de máquina.

Além disso, robôs com controle inteligente possuem capacidade tanto para PTP como para controle de percurso contínuo. Essas características exigem (1) nível relativamente alto de controle do computador e (2) linguagem de programação avançada para inserir a lógica de tomada de decisões e outra "inteligência" na memória.

8.3 EFETUADORES FINAIS

Em nossa discussão de configurações de robôs (Seção 8.1.2), mencionamos que um efetuador é normalmente fixado ao punho do robô. O efetuador capacita o robô a realizar uma tarefa específica. Devido ao fato de existir uma ampla gama de tarefas executadas por robôs industriais, o efetuador é normalmente produzido como um projeto personalizado e fabricado para cada aplicação diferente. As duas categorias de efetuadores são garras e ferramentas.

8.3.1 Garras

Garras são efetuadores utilizados para agarrar e manipular objetos durante o ciclo de trabalho. Os objetos são normalmente peças movidas de uma localização para outra na célula. Aplicações de carga e descarga de máquinas caem nessa categoria (Seção 8.5.1). Devido à variedade de formatos, tamanhos e pesos das peças, a maioria das garras tem de ser personalizada. Tipos de garras usadas em aplicações de robôs industriais incluem as seguintes:

- *Garras mecânicas*, que consistem de dois ou mais dedos que podem ser acionados pelo controlador do robô para o movimento de abrir e fechar para agarrar a peça (a Figura 8.10 mostra uma garra de dois dedos).

- *Garras a vácuo*, nas quais copos de sucção são usados para segurar objetos planos.

- *Dispositivos magnetizados*, para segurar peças ferrosas.

- *Dispositivos adesivos*, que usam uma substância adesiva para segurar um material flexível, como um tecido.

- *Dispositivos mecânicos simples*, como ganchos e pás.

Garras mecânicas são o tipo de garra mais comum. Algumas das inovações e dos avanços na tecnologia de pinças mecânicas incluem:

- *Garras duplas*, que consistem de dois dispositivos de garras e um efetuador para carga e descarga. Com uma única garra, o robô tem de ir até a máquina de produção duas vezes, uma vez para descarregar a peça terminada da máquina e posicioná-la em uma localização externa, e a segunda vez para pegar a próxima peça e carregá-la na máquina. Com uma garra dupla, o robô pega a próxima peça enquanto a máquina ainda está processando a peça anterior. Quando o ciclo está terminado, o robô vai até a máquina apenas uma vez: para remover a peça terminada e carregar a próxima. Isso reduz o tempo do ciclo por peça.

Figura 8.10 **Garra mecânica de um robô**

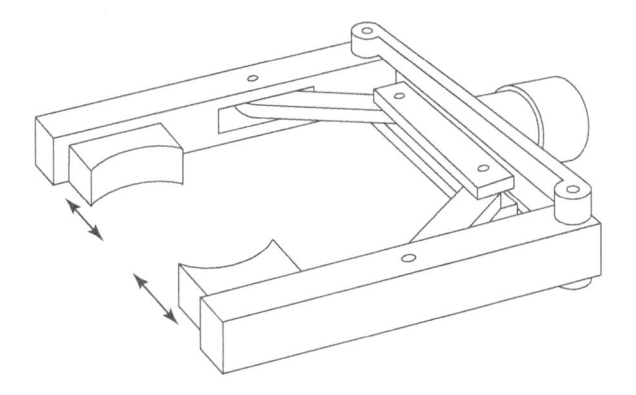

- *Dedos intercambiáveis*, que podem ser usados em um mecanismo de garra. Para acomodar diferentes peças, diferentes dedos são fixados à garra.
- *Realimentação sensória* nos dedos, que proporcionam à garra capacidades como (1) sentir a presença da peça a ser trabalhada ou (2) aplicar uma força limitada específica à peça a ser trabalhada ao pegá-la (para peças frágeis).
- *Garras com múltiplos dedos*, que possuem a anatomia geral de mão humana.
- *Garras padronizadas*, que são comercialmente disponíveis e, desse modo, reduzem a necessidade de personalizar uma garra para cada aplicação de robô em separado.

8.3.2 Ferramentas

O robô utiliza ferramentas para realizar operações de processamento sobre a peça e as manipula em relação a um objeto estacionário ou em movimento lento (por exemplo, uma peça ou um subconjunto). Exemplos de ferramentas usadas como efetuadores por robôs para executar aplicações de processamento incluem pistolas de soldagem por pontos; soldas a arco; pistolas de pintura pulverizada; broca rotativa para furação, fresamento, rebarbação e operações similares; ferramenta de montagem (por exemplo, chave de fenda automática); maçarico de aquecimento; concha (para fundição de metal); e ferramenta de corte a jato de água. Em cada caso, o robô tem não somente de controlar a posição da ferramenta em relação ao trabalho como uma função de tempo, ele também tem de controlar a operação da ferramenta. Para essa finalidade, o robô tem de ser capaz de transmitir sinais de controle para a ferramenta começar, parar e regular suas ações de outra forma.

Em algumas aplicações, o robô pode usar múltiplas ferramentas durante o ciclo de trabalho. Por exemplo, vários tamanhos de brocas de furação e fresamento têm de ser aplicados à peça. Desse modo, o robô tem de ter um meio de mudar rapidamente de ferramentas. O efetuador nesse caso assume a forma de mandril porta-ferramenta de troca rápida para apertar e soltar rapidamente as várias ferramentas usadas durante o ciclo de trabalho.

8.4 SENSORES EM ROBÓTICA

O tópico geral de sensores como componentes em sistemas de controle foi discutido no Capítulo 6 (Seção 6.1). Aqui discutimos sensores à medida que eles são aplicados à robótica. Sensores usados na robótica industrial podem ser classificados em duas categorias: (1) internos e (2) externos. *Sensores internos* são componentes do robô usados para controlar as posições e velocidades das várias articulações. Formam uma malha de controle por realimentação com o controlador do robô. Sensores típicos utilizados para controlar a posição do braço do robô incluem potenciômetros e encoders. Tacômetros de vários tipos são usados para controlar a velocidade do braço do robô.

Os *sensores externos* são utilizados para coordenar a operação do robô com outro equipamento na célula. Em muitos casos, os sensores externos são dispositivos relativamente simples, tais como interruptores de fim de curso que determinam se uma peça foi posicionada de maneira apropriada em um gabarito ou se uma peça está pronta para ser pega em um transportador. Outras situações exigem tecnologias de sensores mais avançadas, incluindo as seguintes:

- *Sensores táteis.* Usados para determinar se é feito contato entre o sensor e outro objeto, podem ser divididos em dois tipos em aplicações de robôs: (1) sensores táteis e (2) sensores de força. *Sensores táteis* indicam simplesmente que foi realizado contato com o objeto. *Sensores de força* indicam a magnitude da força com o objeto. Isso pode ser útil em garras para medir e controlar a força aplicada para segurar um objeto delicado.
- *Sensores de proximidade.* Indicam quando um objeto está próximo do sensor. Quando usado para indicar a distância real do objeto, é chamado de *sensor de alcance*.
- *Sensores óticos.* Fotocélulas e outros dispositivos fotométricos podem ser utilizados para detectar presença ou ausência de objetos e são seguidamente utilizados para a detecção de proximidade.
- *Visão de máquina.* É utilizada em robótica para inspeção, identificação de peças, orientação e outros usos. Na Seção 22.6, há uma discussão completa de visão de máquina em inspeção automatizada. Melhorias na programação de sistemas de robôs guiados por visão (do inglês, *vision-guided robot* — VGR) tornaram as implementações dessa tecnologia mais fáceis e rápidas [12].
- *Outros sensores.* Sensores que podem ser usados em robótica, como dispositivos para medir temperatura, pressão e vazão de fluidos, tensão elétrica, corrente e outras propriedades físicas.

8.5 APLICAÇÕES DE ROBÔS INDUSTRIAIS

Uma das primeiras instalações de robô industrial foi feita em 1961, quando um robô foi usado em uma operação para descarregar moldes de uma máquina de fundição (Nota histórica 8.1). O ambiente típico da fundição não é agradável para seres humanos devido ao calor proveniente dos gases emitidos pelo processo de fundição. Assim, parecia bastante lógica a utilização de um robô nesse tipo de ambiente de trabalho no lugar de um operador humano. O ambiente de trabalho é uma das várias características que devem ser consideradas quando se escolhe uma aplicação para robô. As características gerais de situações de trabalho industrial que tendem a promover a substituição de robôs por mão de obra humana são as seguintes:

1. *Trabalho perigoso para pessoas.* Quando o trabalho e o ambiente no qual ele é desempenhado são perigosos, inseguros, nocivos à saúde, desconfortáveis ou, de outro modo, desagradáveis para as pessoas, é desejável (também moral e socialmente necessário) considerar o uso de um robô industrial para a tarefa. Além da fundição, há outras situações de trabalho que são perigosas ou desagradáveis para as pessoas, como forjamento, pintura *spray* (por pulverização), soldagem a arco e soldagem a ponto. Robôs industriais são utilizados em todos esses processos.

2. *Ciclo de trabalho repetitivo.* Uma segunda característica que tende a promover o uso da robótica é um ciclo de trabalho repetitivo. Se a sequência de elementos no ciclo é a mesma e os elementos consistem de movimentos relativamente simples, um robô normalmente é capaz de desempenhar o ciclo de trabalho com mais consistência e repetibilidade que um trabalhador, o que normalmente reflete em uma qualidade de produto mais alta que a alcançada em uma operação manual.

3. *Difícil manuseio para pessoas.* Se a tarefa envolve manuseio de peças ou ferramentas que são pesadas ou difíceis de manipular, um robô industrial pode ser disponibilizado para que realize a operação. Peças ou ferramentas que são pesadas demais para que as pessoas manuseiem de maneira conveniente encontram-se absolutamente dentro da capacidade condutiva de um grande robô.

4. *Operação de múltiplos turnos.* Em operações manuais exigindo segundo e terceiro turnos, a substituição por robô proporciona retorno financeiro mais rápido do que a operação de turno único. Em vez de substituir um trabalhador, o robô substitui dois ou três trabalhadores.

5. *Mudanças esporádicas.* A maioria das operações por produto exige a mudança do local de trabalho. O tempo exigido para fazer a mudança é um tempo não produtivo, já que as peças não estão sendo produzidas. Consequentemente, a utilização de robôs têm sido tradicionalmente mais fáceis de se justificar nos casos de execuções de produção relativamente longas, em que mudanças são esporádicas. Avanços foram feitos na tecnologia de robôs para reduzir o tempo de programação, e as atividades de produção mais curtas tornaram-se mais econômicas.

6. *Posição e orientação de peças são estabelecidas na célula de trabalho.* Atualmente, a maioria dos robôs nas aplicações industriais não tem capacidade de visão. Sua capacidade de pegar um objeto durante cada ciclo de trabalho baseia-se no fato de a peça encontrar-se em posição e orientação conhecidas. Deve-se pensar em um meio de apresentar a peça para o robô na mesma localização em cada ciclo.

Robôs estão sendo usados em diversas aplicações na indústria. A maioria das aplicações atuais está na manufatura. As aplicações normalmente podem ser classificadas em uma das seguintes categorias: (1) manuseio de materiais, (2) operações de processamento ou (3) montagem e inspeção. Pelo menos algumas das características de trabalho discutidas acima têm de estar presentes para tornar a instalação de um robô técnica e comercialmente viável.

8.5.1 Aplicações de manuseio de materiais

Em aplicações de manuseio de materiais, o robô move materiais ou peças de um lugar para outro. Para realizar a transferência, o robô é equipado com um efetuador tipo garra. A garra tem de ser projetada para manusear a peça específica ou as peças que devem ser movidas na aplicação. Incluídos dentro dessa categoria de aplicação estão (1) a transferência de materiais e (2) a carga e/ou descarga de máquinas. Em quase todas as aplicações de manuseio de materiais, as peças têm de ser apresentadas ao robô em posição e orientação conhecidas. Isso exige alguma forma de dispositivo de manuseio de materiais para que as peças sejam entregues em posição e orientação definidas na célula de trabalho.

Transferência de materiais. Essas aplicações são aquelas em que a principal finalidade do robô é pegar peças em uma posição e colocá-las em outra. Em muitos casos, a reorientação da peça é realizada durante a movimentação. A aplicação básica nessa categoria é a operação relativamente simples de *pegar e largar* (do inglês, *pick-and-place*), na qual o robô pega uma peça e a deposita em uma nova localização. Transferir peças de um transportador para outro é um exemplo. As exigências da aplicação são modestas; um robô de baixa tecnologia (por exemplo, do tipo sequência limitada) normalmente é suficiente. Apenas duas, três ou quatro articulações são necessárias para a maioria das aplicações. Robôs com movimentação pneumática são usados frequentemente.

Um exemplo mais complexo de transferência de materiais é a *paletização*, na qual o robô busca peças, caixas de papelão ou outros objetos de uma localização e os deposita em um palete ou em contêineres em posições múltiplas no palete (Figura 8.11). Apesar de o ponto de busca ser o mesmo para cada ciclo, a localização de depósito no palete é diferente para cada caixa de papelão. Isso aumenta o grau de dificuldade da tarefa. O robô tem de ser treinado para localizar cada posição no palete utilizando o método guiado *leadthrough* (Seção 8.6.1) ou tem de calcular a localização baseando-se nas dimensões e nas distâncias de centro entre as caixas de papelão (tanto nas direções x como nas y).

Outras aplicações similares incluem a *despaletização*, que consiste em remover peças de um arranjo ordenado em um palete e colocá-las em outra posição (por exemplo, em um transportador em movimento); operações de *empilhamento*, que envolvem a atividade de colocar peças planas umas sobre as outras de tal maneira que a posição vertical de liberação esteja em contínua mudança de acordo com cada ciclo; e operações de *inserção*, nas quais o robô insere peças nos compartimentos de uma caixa de papelão dividida.

Figura 8.11 Típico arranjo de peças para operação de paletização de um robô

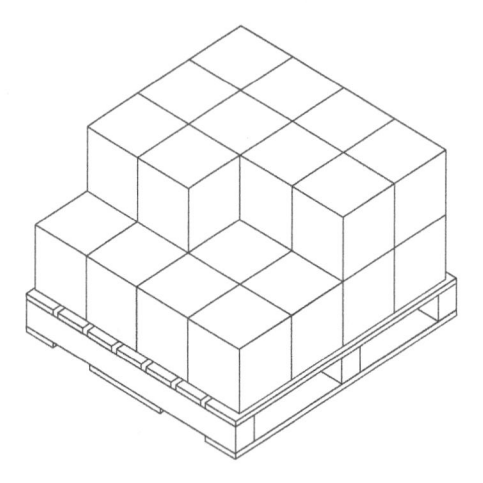

Carga e/ou descarga de uma máquina. Em aplicações de carga e/ou descarga, o robô transfere peças para dentro e/ou de uma máquina de produção. Os três casos possíveis são: (1) *carga de máquinas*, na qual o robô carrega peças para dentro da máquina de produção, mas as peças são descarregadas de outra forma; (2) *descarga de máquinas*, na qual as matérias-primas são alimentadas na máquina sem o robô, que, por sua vez, descarrega as peças terminadas; e (3) *carga e descarga de máquinas*, que envolve tanto a carga da peça bruta como a descarga da peça concluída pelo robô. Aplicações de robôs industriais de carga e/ou descarga de máquinas incluem os processos a seguir:

- *Fundição.* O robô descarrega peças de uma máquina de fundição. Operações periféricas às vezes desempenhadas por robôs incluem imersão das peças em água para esfriamento.

- *Injeção de plástico.* A injeção de plástico é similar à fundição. O robô descarrega peças injetadas de uma máquina de injeção.

- *Operações de usinagem de metal.* O robô carrega metal bruto para a máquina-ferramenta e descarrega as peças concluídas da máquina. A mudança de formato e tamanho da peça antes e depois da usinagem frequentemente apresenta problema no projeto do efetuador e as garras duplas (Seção 8.3.1) são muitas vezes utilizadas para lidar com essa questão.

- *Forjamento.* O robô tipicamente carrega o lingote quente bruto para o molde, segura-o durante os golpes de forjamento e o remove do martelo de forja. A ação de martelamento e o risco de dano ao molde ou ao efetuador são problemas técnicos significativos. Forjamento e processos relacionados são difíceis aplicações de robôs devido às severas condições sob as quais o robô tem de operar.

- *Laminação de chapas de metal.* Operadores humanos correm riscos consideráveis em operações de laminação de metal devido à ação da prensa. Para reduzir os perigos, robôs são usados como substitutos para os trabalhadores. Nessas aplicações, o robô carrega a chapa de metal na prensa, a operação de prensagem é realizada e a peça cai da parte de trás da máquina para dentro de um contêiner. Em execuções de alta produção, operações de laminação podem ser mecanizadas utilizando-se rolos de chapas de metal em vez de chapas individuais. Essas operações não exigem a participação direta de pessoas, tampouco de robôs, no processo.

- *Tratamento térmico*. Em geral, são operações relativamente simples nas quais o robô carrega e/ou descarrega peças de uma fornalha.

8.5.2 Operações de processamento

Em aplicações de processamento, o robô realiza alguma operação de processamento em uma peça, como retífica ou pintura. Uma característica distinta dessa categoria é a de que o robô é equipado com algum tipo de ferramenta como efetuador (Seção 8.3.2). Para realizar o processo, o robô tem de manipular a ferramenta em relação à peça durante o ciclo de trabalho. Em algumas aplicações de processamento, mais de uma ferramenta tem de ser usada durante o ciclo de trabalho. Nesses casos, um mandril porta-ferramenta de troca rápida é usado para substituir ferramentas durante o ciclo. Exemplos de aplicações de robôs industriais na categoria de processamento incluem soldagem a ponto, soldagem a arco, pintura, diversas usinagens e outros processos que usam eixos rotativos.

Soldagem a ponto. Processo de junção de metal no qual duas chapas de metal são fundidas juntas em pontos de contato localizados. Dois eletrodos apertam as peças de metal juntas e, então, uma grande corrente elétrica é aplicada através do ponto de contato para fazer com que a fusão ocorra. Os eletrodos, juntamente ao mecanismo que atua com eles, constituem a pistola de soldagem na soldagem a ponto. Devido a seu amplo uso na indústria automobilística para a fabricação de chassis de carros, a soldagem a ponto representa uma das aplicações mais comuns de robôs industriais hoje. O efetuador é a pistola de soldagem a ponto usada para prender simultaneamente os painéis do carro e realizar o processo de soldagem de resistência. A pistola de soldagem usada para a soldagem a ponto de automóveis é normalmente pesada. Antes da aplicação por robôs, trabalhadores realizavam essa operação, e as pesadas ferramentas de soldagem eram difíceis para que as pessoas as manipulassem com precisão. Consequentemente havia muitos casos de soldagens não realizadas, soldagens mal localizadas e outros defeitos, resultando em baixa qualidade geral do produto terminado. O uso de robôs industriais nessa aplicação melhorou dramaticamente a consistência das soldagens.

Robôs usados para a soldagem a ponto são normalmente grandes, com capacidade de carga suficiente para empunhar a pesada pistola de soldagem. Cinco ou seis eixos são geralmente precisos para que a posição e a orientação necessárias da pistola de soldagem sejam alcançadas. São usados robôs de execução ponto a ponto. Além deles, robôs de braço articulado são o tipo mais comum nas linhas de soldagem a ponto de automóveis, as quais podem consistir de várias dúzias de robôs.

Soldagem a arco. Usada para fornecer soldas contínuas em vez de soldas a ponto individuais em pontos de contato específicos. A junta soldada a arco é substancialmente mais forte que a da soldagem a ponto. Tendo em vista que a solda é contínua, ela pode ser usada em vasos de pressão e em outras soldagens nas quais força e continuidade são necessárias. Há várias formas de soldagem a arco, e todas seguem a descrição geral apresentada.

As condições de trabalho para as pessoas que realizam soldagem a arco não são boas. O soldador tem de usar capacete de rosto, cuja janela tem de ser escura o suficiente para a proteção dos olhos contra a radiação ultravioleta (UV) emitida pelo processo de soldagem a arco. Uma corrente elétrica alta é usada no processo de soldagem, o que também cria um risco para o soldador. Por fim, há o perigo óbvio das temperaturas do processo, altas o suficiente para fundir aço, alumínio ou outro metal que está sendo soldado. Uma quantidade significativa de coordenação mão-olho é exigida dos soldadores para se ter certeza de que o arco segue o percurso desejado com precisão para uma boa solda. Isso, juntamente com as condições descritas acima, resulta em alto nível de fadiga do trabalhador. Consequentemente, o soldador consegue realizar com sucesso o processo de soldagem em apenas 20-30 por cento das vezes. Essa porcentagem é chamada de tempo com arco aberto (em inglês, *arc-on time*), definida como a proporção de tempo durante o turno enquanto o arco de soldagem está em andamento e realizando o processo. Para ajudar o soldador, um segundo trabalhador, chamado *ajustador*, está presente no local de trabalho; sua tarefa é preparar as peças que devem ser soldadas e desempenhar outras funções de apoio ao soldador.

Devido às condições na soldagem a arco manual, a automação é utilizada onde é técnica e economicamente viável. Para trabalhos repetitivos de soldagem que envolvem longas juntas contínuas, máquinas de soldagem mecanizadas foram projetadas para a realização do processo. Essas máquinas são usadas para partes retas longas e peças curvas regulares, como vasos de pressão, tanques e canos.

Robôs industriais podem também ser utilizados para automatizar o processo de soldagem a arco. A célula consiste de robô, aparato de soldagem (unidade de força, controlador, ferramenta de soldagem e mecanismo alimentador) e um gabarito que posicione os componentes para o robô. O gabarito é mecanizado com um ou dois graus de liberdade, de maneira que possa apresentar diferentes porções da peça para o robô durante a soldagem (o termo *posicionador* é usado para esse tipo de gabarito). Tendo em vista maior produtividade, um gabarito duplo é comumente utilizado para que um ajudante humano possa descarregar o trabalho finalizado e carregar o componente para o próximo ciclo enquanto o robô está simultaneamente soldando a peça atual. A Figura 8.12 ilustra esse tipo de arranjo de local de trabalho.

O robô utilizado nos trabalhos de soldagem a arco tem de ser capaz de exercer um controle de percurso contínuo. Robôs de braço com seis articulações são frequentemente utilizados. Alguns fornecedores de robôs disponibilizam manipuladores que têm braços superiores ocos, de maneira que os cabos conectados ao maçarico de soldar possam ser contidos no braço para proteção em vez de fixados no exterior. Melhorias de programação para soldagem a arco baseadas em CAD/CAM também tornaram muito mais fácil e rápido implementar uma célula robótica. O percurso de soldagem pode ser desenvolvido diretamente a partir do modelo em CAD da unidade [8].

Figura 8.12 **Célula de soldagem a arco (escudos de proteção foram removidos para deixar a ilustração mais clara; na realidade, haveria uma barreira entre o robô e o trabalhador)**

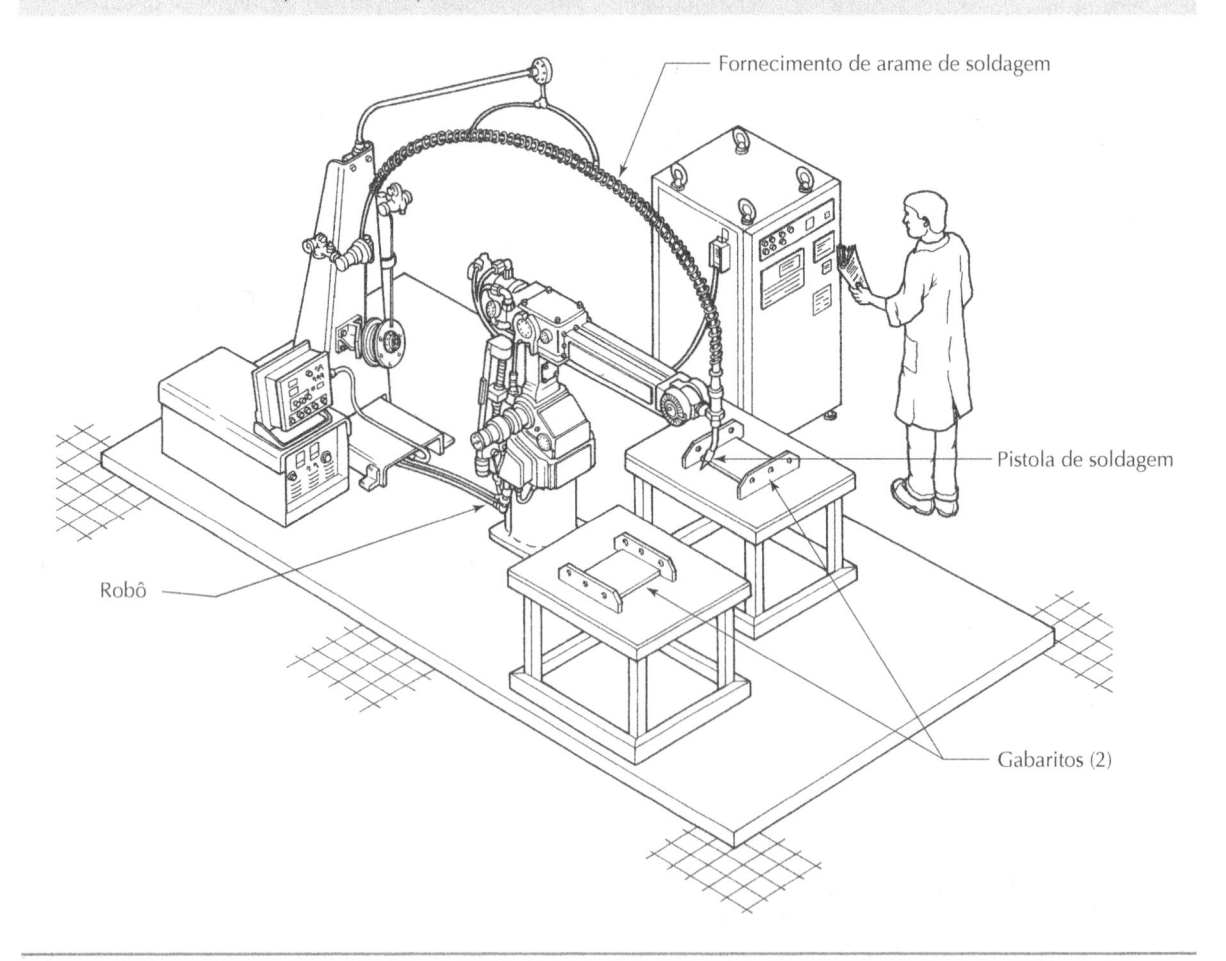

Revestimento pulverizado. Direciona uma pistola pulverizadora no objeto a ser trabalhado. O fluido (por exemplo, tinta) sai através do bico da pistola pulverizadora para ser disperso e aplicado sobre a superfície do objeto. Pintura pulverizada é a aplicação mais comum na categoria, mas o revestimento pulverizado refere-se a uma gama mais ampla de aplicações além da pintura.

O ambiente de trabalho para pessoas que realizam esse processo é cheio de perigos à saúde, os quais incluem gases nocivos e prejudiciais no ar, risco de fogos repentinos (*flash fires*) e ruído do bico da pistola pulverizadora. Principalmente devido a esses perigos, robôs estão sendo cada vez mais usados em tarefas de revestimento pulverizado.

Aplicações de robôs incluem revestimento pulverizado de utensílios, chassis de automóveis, motores e outras peças; tingimento pulverizado de produtos de madeira; e pulverização de revestimentos de porcelana em acessórios de banheiro. O robô tem de ser capaz de um controle de percurso contínuo para realizar as sequências de movimentos suaves exigidas na pintura pulverizada. O método de programação mais conveniente é o guiado manual (Seção 8.6.1). Robôs de braço articulado parecem ser a anatomia mais comum para essa aplicação. O robô tem de possuir um volume de trabalho suficiente para acessar as áreas da peça a ser revestida na aplicação.

Além de proteger trabalhadores de um ambiente nocivo, o uso de robôs industriais para aplicações de revestimento pulverizado oferece uma série de benefícios, os quais incluem maior uniformidade na aplicação do revestimento em relação ao trabalho realizado por pessoas, redução no desperdício de tinta, necessidades mais baixas de ventilação da área de trabalho, já que pessoas não estão presentes no processo, e maior produtividade.

Outras aplicações de processamento. Soldagem a ponto, soldagem a arco e revestimento pulverizado são as aplicações de processamento mais familiares de robôs industriais. A lista de processos industriais realizados por robôs cresce continuamente. Entre eles estão:

- *Furação, fresamento e outros processos de usinagem.* Aplicações que utilizam ferramenta rotativa como efetuador. A ferramenta de corte é montada no mandril. Um dos problemas dessa aplicação são as altas forças de corte encontradas na usinagem. O robô tem de ser forte o suficiente para suportá-las e manter a precisão exigida do corte.

- *Retífica, escovação a aço e operações similares.* Operações que também usam eixo rotativo para impulsionar a ferramenta (rebolo, escova de aço, roda de polimento etc.) em alta velocidade rotacional para a realização de acabamento e rebarbação na peça trabalhada.

- *Corte por jato de água.* Processo no qual um fluxo de água de alta pressão é forçado através de um pequeno bico em alta velocidade para cortar com precisão chapas de plástico, tecidos, papelão e outros materiais. O efetuador é o bico do jato de água, que é direcionado para seguir o percurso de corte desejado pelo robô.

- *Corte a laser.* A função do robô é similar à desempenhada no caso de corte por jato de água. A ferramenta a laser é fixada ao robô como seu efetuador. Soldagem a raio laser é uma aplicação similar.

8.5.3 Montagem e inspeção

Em certos pontos, montagem e inspeção são misturas das duas categorias de aplicação anteriores: manuseio e processamento de materiais. Aplicações de montagem e inspeção podem envolver o manuseio de materiais ou a manipulação de uma ferramenta. Por exemplo, operações de montagem normalmente envolvem a adição de componentes para a fabricação de um produto. Isso exige o movimento de peças de um local de suprimento no espaço de trabalho para o produto sendo montado — manuseio de materiais. Em alguns casos, a fixação dos componentes exige que uma ferramenta seja usada pelo robô (por exemplo, soldar, aparafusar). Similarmente, algumas operações de inspeção de robôs exigem que peças sejam manipuladas, enquanto outras exigem que uma ferramenta de inspeção seja manipulada.

Tradicionalmente, montagem e inspeção são atividades de trabalho intensivo, altamente repetitivas e normalmente tediosas. Por essas razões, são candidatas lógicas para aplicações robóticas. Entretanto, o trabalho de montagem tipicamente envolve tarefas diversas e às vezes difíceis, exigindo constantes ajustes em peças que não estejam se encaixando bem. O sentido do tato é muitas vezes necessário para se conseguir o encaixe das peças. O trabalho de inspeção exige alta precisão e paciência, e o julgamento humano é muitas vezes necessário para determinar se um produto está dentro das especificações de qualidade ou não. Devido a essas complicações em ambos os tipos de trabalho, a aplicação de robôs não tem sido fácil. Contudo, os resultados potencialmente positivos são tão grandes que esforços substanciais estão sendo feitos para desenvolver as tecnologias necessárias para alcançar o sucesso nessas aplicações.

Montagem. Envolve a combinação de duas ou mais peças para formar uma nova entidade, chamada de submontagem ou montagem. A nova entidade torna-se segura com a fixação simultânea das partes, baseada no uso de técnicas de fixação mecânica (por exemplo, parafusos, cavilhas, porcas e rebites) ou processos de junção (por exemplo, caldeamento, brasagem, soldagem ou colagem por adesivo). Aplicações robóticas em soldagem foram discutidas anteriormente.

Devido à importância econômica da montagem, métodos automatizados são seguidamente aplicados. A automação rígida é apropriada à produção em massa de produtos relativamente simples, como canetas, lapiseiras, isqueiros e bocais de mangueiras de jardim. Robôs normalmente estão em desvantagem nessas situações de alta produção porque não operam nas altas velocidades alcançadas por equipamentos automáticos rígidos. A aplicação mais interessante de robôs industriais para montagem é em situações nas quais uma mistura de produtos ou modelos similares é produzida na mesma célula de trabalho ou linha de montagem. Exemplos desses tipos de produtos incluem motores elétricos, utensílios pequenos e outros produtos elétricos e mecânicos pequenos. Nesses casos, a configuração básica dos diferentes modelos é a mesma, mas há variações em tamanho, formato, opções e outras características. Tais produtos são seguidamente feitos em lotes em linhas de montagem manual. Entretanto, a pressão para reduzir estoques torna as linhas de montagem de modelo misto (Seção 15.4) mais atraente. Robôs podem substituir algumas ou todas as estações manuais nessas linhas. O que os torna viáveis em montagens de modelo misto é a capacidade de executar variações programadas no ciclo de trabalho para acomodar configurações de produtos diferentes.

Robôs industriais usados para os tipos de operações de montagem descritos são tipicamente pequenos, com capacidades de carga leves. As configurações mais comuns são braço articulado, SCARA e coordenadas cartesianas. Exigências de precisão em trabalhos de montagem são frequentemente mais rigorosas do que em outras aplicações de robôs, e alguns dos robôs mais precisos nessa categoria têm repetibilidades tão próximas quanto $\pm 0,05$ mm ($\pm 0,002$ pol). Além do robô em si, as exigências do efetuador são muitas vezes rigorosas. O efetuador pode ter de desempenhar múltiplas funções em uma única estação de trabalho para reduzir o número de robôs exigidos na célula. Essas funções múltiplas podem incluir manuseio de mais de um formato de peça e desempenho de funções tanto de garra como de ferramenta de montagem automática.

Inspeção. Em sistemas de montagem e produção automatizada, frequentemente há necessidade de inspeção do trabalho realizado. Inspeções têm as seguintes funções: (1) certificação de que um determinado processo foi completado, (2) garantia de que as peças foram acrescentadas na montagem como especificado, e (3) identificação de falhas em matérias-primas e peças terminadas. A inspeção automatizada é detalhada no Capítulo 21. Nosso propósito aqui é identificar o papel realizado por robôs industriais em inspeção. Tarefas de inspeção desempenhadas por robôs podem ser divididas nos dois casos a seguir:

1. O robô realiza tarefas de carga e descarga para dar apoio a uma máquina de inspeção ou testes. Esse caso é realmente carga e descarga de máquinas, em que a máquina é uma máquina de inspeção. O robô pega peças (ou conjuntos) que entram na célula, as carrega e descarrega para levar adiante o processo de inspeção, e as coloca na produção da célula. Em alguns casos, a inspeção pode resultar na escolha de peças que tem de ser realizada pelo robô. Dependendo do nível de qualidade das peças, o robô as coloca em diferentes contêineres ou em diferentes transportadores de saída.

2. O robô manipula um dispositivo de inspeção, como uma sonda mecânica, para testar o produto. Esse caso é similar à operação de processamento na qual o efetuador fixado ao punho do robô é a sonda de inspeção. Para desempenhar o processo, a peça tem de ser apresentada na estação de trabalho na posição e na orientação corretas, e o robô tem de manipular o dispositivo de inspeção como exigido.

8.6 PROGRAMAÇÃO DE ROBÔS

Para realizar um trabalho útil, um robô tem de estar programado para desempenhar seu ciclo de movimento. Um *programa de robô* pode ser definido como um percurso no espaço a ser seguido pelo manipulador, combinado com ações periféricas que dão apoio ao ciclo de trabalho. Exemplos de ações periféricas incluem abrir e fechar a garra, realizar tomada de decisões lógica e comunicar-se com outros equipamentos na célula do robô. Um robô é programado por meio da inserção de comandos de programação na memória de seu controlador. Robôs diferentes usam métodos diferentes de inserção de comandos.

No caso de robôs de sequência limitada, a programação é realizada estabelecendo-se interruptores de fim de curso e paradas mecânicas para o controle dos pontos finais de seus movimentos. A sequência na qual os movimentos ocorrem é regulamentada por um dispositivo sequenciador. Esse dispositivo determina a ordem na qual cada articulação é acionada para formar o ciclo de movimento completo. Estabelecer as paradas e os interruptores e fazer a conexão com o sequenciador são mais parecidos com ajuste manual do que com programação.

Hoje em dia, quase todos os robôs industriais têm computadores digitais como controladores, e dispositivos de armazenamento compatíveis como unidades de memória. Para esses robôs, três métodos de programação podem ser distinguidos: (1) programação guiada, (2) linguagens de programação de robôs semelhantes a computadores e (3) programação off-line.

8.6.1 Programação guiada

A programação guiada ou ensinada (do inglês, *leadthrough*) data do início dos anos de 1960, antes de o controle dos computadores ser predominante. Os mesmos métodos básicos são usados atualmente para muitos robôs controlados por computadores. Na programação guiada, a tarefa é ensinada ao robô movendo o manipulador através do ciclo de movimento exigido e inserindo simultaneamente o programa na memória do controlador para a execução subsequente.

***Ensinamento acionado* (powered leadthrough) versus *Ensinamento manual* (leadthrough manual).** Existem dois métodos para se realizar o procedimento de ensino guiado: (1) ensinamento acionado e (2) ensinamento manual. A diferença entre os dois está na maneira como o manipulador é deslocado através do ciclo de movimento durante a programação. O ensinamento acionado é comumente utilizado como método de programação para robôs com controle ponto a ponto. Envolve o uso de painéis de programação (painel de controle manual — *teach pendant*) que têm chaves articuladas e/ou botões de contato para controle do movimento das articulações do manipulador. A Figura 8.13 ilustra os componentes importantes de um painel de controle manual de ensino. Utilizando as chaves articuladas ou botões, o programador dirige o braço do robô para as posições desejadas, em sequência, e registra as posições na memória. Posteriormente, durante a execução, o robô se move através da sequência de posições sob sua própria vontade.

O ensinamento manual é conveniente para programar robôs com controle de percurso contínuo, em que o percurso contínuo é um padrão de movimento irregular como na pintura. Esse método de programação exige que o operador fisicamente segure a extremidade do braço ou a ferramenta que está fixada ao braço e o mova através da sequência do movimento, gravando o percurso na memória. Devido ao fato de que o braço do robô em si pode ter uma massa significativa e seria, portanto, difícil de mover, normalmente um dispositivo de programação especial substitui o robô em si para o procedimento de ensino. O dispositivo de programação tem a mesma configuração de articulações que o robô e é equipado com um punho de gatilho (ou outra chave de controle), o qual o operador ativa quando está gravando movimentos na memória. Os movimentos são gravados como uma série de pontos proximamente espaçados. Durante a execução, o percurso é recriado controlando o próprio braço do robô através da mesma sequência de pontos.

Figura 8.13   **Um típico painel de programação de robô**

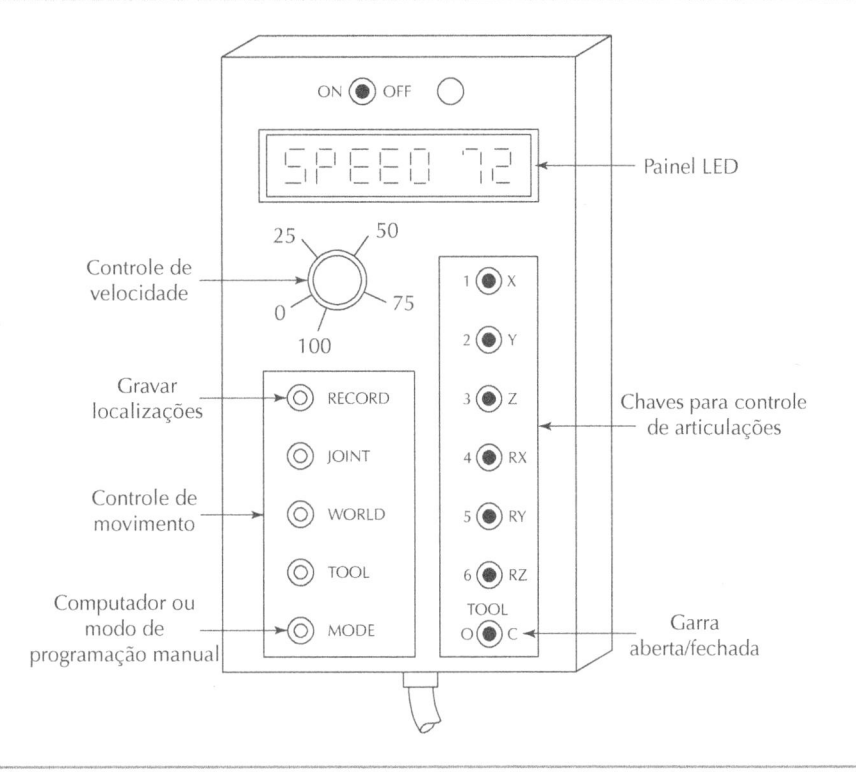

Programação de movimento. Os métodos de ensinamento proporcionam uma maneira natural de programar comandos de movimento no controlador do robô. No ensinamento manual, o operador simplesmente move o braço através do percurso exigido para criar o programa. No ensinamento acionado, o operador utiliza um painel de programação para dirigir o manipulador. O painel de programação é equipado com uma chave ou botões de contato para cada articulação. Ao ativar essas chaves ou esses botões de maneira coordenada para as várias articulações, o programador move o manipulador para as posições exigidas no espaço de trabalho.

Coordenar as articulações individuais com caixão painel de programação é uma maneira desajeitada e tediosa de inserir comandos de movimento para o robô. Por exemplo, é difícil coordenar as articulações individuais de um robô de braço articulado (configuração TRR) para dirigir a extremidade do braço e um movimento de linha reta. Portanto, muitos dos robôs que utilizam ensinamento acionado fornecem dois métodos alternativos para controlar o movimento do manipulador durante a programação, além de controles para articulações individuais. Com esses métodos, o programador pode mover a extremidade do punho do robô em percursos de linha reta. Os nomes dados para essas alternativas são (1) sistema de coordenadas da base e (2) sistema de coordenadas da ferramenta. Ambos fazem uso de sistemas de coordenadas cartesianas. Em um sistema de *coordenadas da base*, a origem e eixos são definidos em relação à base do robô, como ilustrado na Figura 8.14(a). Em um sistema de *coordenadas da ferramenta*, mostrado na Figura 8.14(b), o alinhamento dos eixos é definido em relação à orientação da placa do punho (na qual o efetuador está fixado). Dessa maneira, o programador pode orientar a ferramenta da maneira desejada e, então, controlar o robô para fazer movimentos lineares em direções paralelas ou perpendiculares à ferramenta.

Os sistemas de coordenadas da base e de ferramenta são úteis somente se o robô tem capacidade de mover a extremidade de seu punho em um movimento de linha reta, paralelo a um dos eixos do sistema de coordenadas. Movimento de linha reta é bastante natural para um robô de coordenadas cartesianas (configuração LOO), mas pouco para robôs com qualquer combinação de articulações rotacionais (tipos R, T e V). Executar movimento de linha reta exige que esses manipuladores com esses tipos de articulações executem um processo de interpolação linear. Na *interpolação de linha reta*, o computador de controle calcula a se-

Figura 8.14 **(a) Sistema de coordenadas da base (b) Sistema de coordenadas da ferramenta**

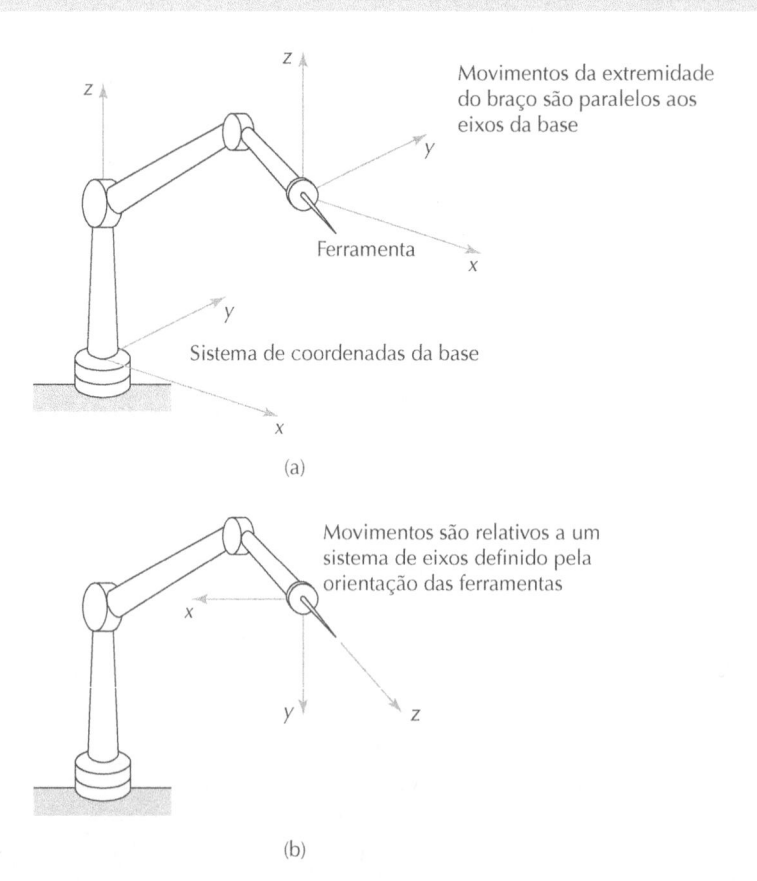

quência de pontos endereçáveis no espaço através do qual a extremidade do punho tem de se deslocar para realizar um percurso reto entre dois pontos.

Outros tipos de interpolação estão disponíveis. Mais comum do que a interpolação de linha reta é a das juntas. Quando um robô é comandado para mover sua extremidade de punho entre dois pontos utilizando *interpolação de juntas*, ele aciona cada uma das articulações simultaneamente em sua própria velocidade constante, de maneira que todas as articulações partam e parem ao mesmo tempo. A vantagem de uma interpolação das juntas sobre uma de linha reta é a de que normalmente menos energia de movimento total é necessária para realizar o movimento. Isso significa que o movimento poderia ser feito em menos tempo. Deve ser observado que, no caso de um robô de coordenadas cartesianas, a interpolação de articulações e a interpolação de linha reta resultam no mesmo percurso de movimento.

Ainda assim, outra forma de interpolação é usada na programação de ensinamento manual. Nesse caso, o robô deve seguir a sequência de pontos proximamente espaçados que são definidos durante o procedimento de programação. Na realidade, esse é um processo de interpolação para um percurso que normalmente consiste de movimentos suaves irregulares, como a pintura pulverizada.

A velocidade do robô é controlada por meio de um indicador, ou outro mostrador, localizado no painel de programação e/ou no painel de controle principal. Certos movimentos do ciclo de trabalho devem ser realizados em altas velocidades (por exemplo, mover peças através de distâncias substanciais na célula de trabalho), enquanto outros movimentos exigem operações de baixa velocidade (por exemplo, movimentos que exigem alta precisão na colocação da peça). O controle de velocidade também permite que um dado programa seja testado a uma baixa velocidade, segura, e, então, utilizado a uma velocidade mais alta durante a produção.

Vantagens e desvantagens. A vantagem oferecida pelos métodos de ensinamento é que podem ser prontamente aprendidos pelo pessoal do chão de fábrica. Programar o robô movendo seu braço através do percurso de movimento exigido é uma maneira lógica para alguém ensinar o ciclo de trabalho. As linguagens de robôs descritas na próxima seção, especialmente as mais avançadas, são facilmente aprendidas por alguém cuja formação inclui programação de computadores.

Há várias desvantagens inerentes aos métodos de programação guiada. Primeiro, a produção regular tem de ser interrompida durante os procedimentos de programação. Em outras palavras, a programação guiada resulta em tempo ocioso da célula do robô ou linha de produção. A consequência econômica disso é que os métodos guiados têm de ser usados para sequências de produção relativamente longas e são inapropriados para lotes pequenos.

Segundo, o painel de programação utilizado com o ensinamento guiado e os dispositivos de programação utilizados com o ensinamento manual são limitados em termos da lógica de tomada de decisões que pode ser incorporada ao programa. É muito mais fácil escrever instruções lógicas utilizando as linguagens de robô semelhantes a computadores do que os métodos guiados.

Terceiro, já que os métodos guiados foram desenvolvidos antes de o controle de computadores tornar-se comum para robôs, esses métodos não são prontamente compatíveis com modernas tecnologias baseadas em computadores para robôs como CAD/CAM, bancos de dados de manufatura e redes de comunicações locais. A capacidade de conectar prontamente os vários subsistemas automatizados de computadores da fábrica para transferência de dados é considerada exigência para se chegar à manufatura integrada por computadores.

8.6.2 Linguagens de programação de robôs

O uso de linguagens de programação textuais tornou-se um método de programação apropriado à medida que computadores digitais assumiram a função de controle na robótica. Seu uso foi estimulado pela complexidade cada vez maior das tarefas que os robôs desempenham, com a necessidade concomitante de se embutir decisões lógicas no ciclo de trabalho do robô. Essas linguagens de programação semelhantes a de computadores são realmente métodos de programação on-line/off-line porque o robô ainda tem de ser ensinado sobre suas localizações utilizando o método guiado. Linguagens de programação textual para robôs proporcionam a oportunidade de realizar as seguintes operações que a programação guiada não pode conseguir prontamente:

- Acentuadas capacidades sensórias, incluindo o uso de dados de entrada e de saída analógicos, assim como digitais.

- Capacidade de execução incrementada para controlar equipamentos externos.

- Lógica de programa que está além das capacidades dos métodos guiados.

- Cálculos e processamento de dados similares a linguagens de programação de computadores.

- Comunicação com outros sistemas de computadores.

Esta seção analisa algumas das capacidades das linguagens de programação de robôs. Muitas das declarações (linhas de programa) são tomadas de linguagens de robôs comercialmente disponíveis.

Programação de movimento. A programação de movimento com linguagens de robô normalmente exige uma combinação de declarações textuais e técnicas de ensinamento. Algumas vezes, esse método de programação é chamado de *programação on-line/off-line*. As declarações textuais são usadas para descrever o movimento, e os métodos de ensinamento são usados para definir a posição e a orientação do robô durante e/ou no fim do movimento. Para ilustrar, a declaração de movimento básica é

MOVE *P1*

que comanda o robô a mover-se da posição atual para a posição e orientação definidas pela variável de nome P1. O ponto P1 tem de ser definido, e a maneira mais conveniente de definir P1 é usar o ensinamento acionado ou o ensinamento manual para colocar o robô no ponto desejado e gravar o ponto na memória. Declarações como

HERE *P1*

ou

LEARN *P1*

são usadas no procedimento guiado para indicar o nome de variável para o ponto. O que é gravado na memória de controle do robô é o conjunto de posições das articulações ou coordenadas usadas pelo controlador para definir o ponto. Por exemplo, o conjunto

(236, 158, 85, 0, 0, 0)

poderia ser utilizado para representar as posições das articulações de um manipulador de seis articulações. Os primeiros três valores (236, 158, 65) dão as posições das articulações do braço, e os últimos três valores (0, 0, 0) definem as posições da articulação do punho. Os valores são especificados em milímetros ou graus, dependendo dos tipos de articulações.

Há variantes da declaração MOVE, as quais incluem a definição de movimentos de interpolação em linha reta, movimentos incrementais, movimentos de aproximação e afastamento e percursos. Por exemplo, a declaração

MOVES P1

denota um movimento que deve ser feito utilizando interpolação em linha reta. O sufixo S em MOVE indica movimento em linha reta (do inglês, *straight line*).

Um movimento incremental é aquele cujo ponto final é definido em relação à posição atual do manipulador em vez de ser em relação ao sistema de coordenadas absoluto do robô. Por exemplo, suponha que o robô esteja no momento em um ponto definido pelas coordenadas de articulações (236, 158, 65, 0, 0, 0) e queiramos mover a articulação 4 (movimento de torção de punho) de 0 para 125. A forma seguinte de declaração pode ser usada para se realizar esse movimento:

DMOVE (4, 125)

As novas coordenadas de articulação do robô seriam dadas, portanto, por (236, 158, 65, 125, 0, 0). O prefixo *D* é interpretado como delta, então DMOVE representa um movimento delta ou movimento incremental.

Declarações de aproximação e afastamento são úteis em operações de manuseio de materiais. A declaração APPROACH move a garra de sua posição atual para dentro de uma determinada distância do ponto de pegar (ou largar) uma peça, e então uma declaração MOVE posiciona o efetuador no ponto de pegar a peça. Após ela ter sido apanhada, uma declaração de DEPART move a garra para longe do ponto. As declarações a seguir ilustram a sequência

APPROACH P1, 40 MM
MOVE P1
(comando para acionar a garra)
DEPART, 40 MM

O destino é o ponto P1, mas o comando APPROACH move a garra para uma distância segura (40 mm) acima do ponto. Isso pode ser útil para se evitar obstáculos como outras peças em uma caixa de transporte. A orientação da garra no fim do movimento APPROACH é a mesma que a definida para o ponto *P1*, de maneira que o MOVE P1 final é realmente uma translação espacial da garra. Isso permite que a garra seja deslocada diretamente para a peça a ser pega.

Um percurso em um programa de robô é uma série de pontos conectados em um único passo. O percurso recebe um nome de variável, como ilustrado na declaração a seguir:

DEFINE PATH123 =
PATH (P1, P2, P3)

Esse é um percurso que consiste de pontos P1, P2, e P3. Os pontos são definidos da maneira descrita acima. Uma declaração MOVE é usada para dirigir o robô através do percurso.

MOVE PATH123

A velocidade do robô é controlada definindo uma velocidade relativa ou uma absoluta. A declaração a seguir representa o caso da definição de velocidade relativa:

SPEED 75

Quando essa declaração aparece dentro do programa, é normalmente interpretada com o significado de que o manipulador deve operar a 75 por cento da velocidade inicialmente comandada nas declarações que seguem no programa. A velocidade inicial é dada em um comando que precede a execução do programa do robô. Por exemplo,

SPEED 0,5 MPS
EXECUTE PROGRAM1

indica que o programa chamado PROGRAM1 deve ser executado pelo robô a uma velocidade de 0,5 m/s.

Comandos de intertravamento e de sensores.

Os dois comandos básicos de intertravamento (Seção 5.3.2) usados para robôs industriais são WAIT e SIGNAL. O comando WAIT é utilizado para implementar um intertravamento de entrada. Por exemplo,

WAIT 20, ON

faria com que a execução do programa parasse nessa declaração até que o sinal de entrada chegasse ao controlador de robô no porto 20 e na condição *on*. Isso poderia ser utilizado em uma situação na qual o robô precisasse esperar pelo término de um ciclo de máquina automático em uma aplicação de carga e descarga.

A declaração SIGNAL é utilizada para implementar um intertravamento de saída. Isso é utilizado para comunicar-se com alguma peça de equipamento externa. Por exemplo,

SIGNAL 20, ON

acionaria o sinal na porta de saída 20, talvez para acionar a partida de um ciclo de máquina automático.

Ambos os exemplos acima indicam sinais *on/off* (ligado/desligado). Alguns controladores de robôs possuem capacidade de controlar dispositivos analógicos que operam em vários níveis. Suponha que o programador quisesse que o robô ligasse um dispositivo externo que opera em voltagens variáveis de 0 a 10 V. O comando

SIGNAL 20, 6.0

é típico de uma declaração de controle que pode ser utilizada para produzir um nível de voltagem de 6 V para o dispositivo a partir da porta de saída 20 do controlador.

Todos os comandos de intertravamento acima representam situações nas quais a execução da declaração ocorre no ponto do programa no qual ela aparece. Há outras situações nas quais é desejável para um dispositivo externo ser continuamente monitorado para qualquer mudança que possa ocorrer no dispositivo. Isso seria útil, por exemplo, em monitoramento de segurança em que um sensor é instalado para detectar a presença de pessoas que poderiam entrar desavisadas no volume de trabalho do robô. O sensor reage à presença das pessoas sinalizando o controlador do robô. O tipo de declaração a seguir pode ser usado para esse caso:

REACT 25, SAFESTOP

Esse comando seria escrito para monitorar continuamente a porta de entrada 25 para quaisquer mudanças no sinal de entrada. Se e quando uma mudança no sinal ocorresse, a execução regular do programa seria interrompida e o controle seria transferido para uma sub-rotina chamada de SAFESTOP. Essa sub-rotina faria com que o robô parasse de realizar mais movimentos e/ou faria com que alguma outra ação de segurança fosse tomada.

Apesar de sua fixação no punho do manipulador, os efetuadores são na realidade muito parecidos com dispositivos externos. Comandos especiais são normalmente escritos para controlar o efetuador. No caso de garras, os comandos básicos são

OPEN

e

CLOSE

que fazem com que a garra assuma posições completamente abertas e completamente fechadas, respectivamente, em que completamente fechada é a posição para pegar o objeto na aplicação. Um maior controle sobre a garra fica disponível em algumas mãos com sensores ou servo-controladas. Para garras com sensores de força, que podem ser reguladas por meio do controlador do robô, um comando como

CLOSE 2.0 N

controla o fechamento da garra até que uma força de 2 N seja encontrada pelos dedos da garra. Um comando similar usado para fechar a garra em uma determinada largura de abertura é

CLOSE 25 MM

Um conjunto especial de declarações é seguidamente exigido para controlar a operação de efetuadores do tipo ferramenta, como pistolas de soldagem a ponto, ferramentas de soldagem a arco, pistolas de pintura pulverizada e eixos rotativos (por exemplo, para furação ou retífica). Controles de soldagem a ponto e de pintura pulverizada são basicamente comandos binários simples (por exemplo, abrir/fechar e ligado/desligado), os quais seriam similares aos utilizados para o controle de garras. No caso de soldagem a arco e eixos rotativos, uma maior variedade de declarações de controle é necessária para controlar velocidades de avanço e outros parâmetros da operação.

Cálculos e lógica de programas. Muitas linguagens de robôs possuem capacidade de realizar cálculos e operações de processamento de dados similares a linguagens de programação de computadores. A maioria das aplicações de robôs atuais não exige alto nível de potência computacional. À medida que a complexidade das aplicações de robôs cresce, espera-se que no futuro essas capacidades sejam mais bem utilizadas do que no presente.

Atualmente, muitas das aplicações de robôs exigem o uso de derivações e sub-rotinas no programa. Declarações como

GO TO 150

e

IF GO TO 150

fazem com que o programa derive para alguma outra linha no programa (por exemplo, para a linha número 150 nas ilustrações acima).

Uma sub-rotina em um programa de robô é um grupo de declarações que devem ser executadas separadamente quando chamadas do programa principal. No exemplo anterior, a sub-rotina SAFESTOP foi indicada na declaração REACT para uso em monitoramento de segurança. Outros usos de sub-rotinas incluem fazer cálculos ou realizar sequências de movimento repetitivas em um número de diferentes lugares no programa. Utilizar uma sub-rotina é mais eficiente do que escrever os mesmos passos várias vezes no programa.

8.6.3 Simulação e programação off-line

O problema com os métodos guiados e as técnicas de programação textual é que o robô tem de ser tirado da produção por um determinado período de tempo para que a programação seja feita. A programação off-line (desconectada) permite que o programa do robô seja preparado em um terminal de computador distante e que o download seja feito para o controlador do robô para execução sem interromper a produção. Na verdadeira programação off-line, não há necessidade de localizar fisicamente as posições no espaço de trabalho para o robô como é exigido nas atuais linguagens de programação textual. Alguma forma de simulação gráfica de computador é requisitada para validar os programas desenvolvidos off-line, similares aos procedimentos off-line utilizados na programação de peças CN.

Os procedimentos de programação off-line desenvolvidos e comercialmente oferecidos utilizam simulação gráfica para construir um modelo tridimensional de uma célula de robô para avaliação e programação off-line. A célula pode consistir do robô, de máquinas-ferramentas, de transportadores e de outros equipamentos. O simulador exibe esses componentes de célula no monitor gráfico e mostra o robô realizando seu ciclo de trabalho em uma animação computadorizada. Após o programa ter sido desenvolvido com a utilização do procedimento de simulação, ele é convertido à linguagem textual correspondente ao robô em particular empregado na célula. Esse passo no procedimento de programação off-line é equivalente ao pós-processamento na programação de peças CN.

Nos pacotes de programação off-line, algum ajuste tem de ser feito para levar em consideração as diferenças geométricas entre o modelo tridimensional no sistema de computador e a célula física real. Por exemplo, a posição de uma ferramenta de máquina no *layout* físico pode ser ligeiramente diferente do modelo utilizado para fazer a programação off-line. Para o robô carregar e descarregar a máquina de maneira confiável, ele necessita da localização precisa do ponto de carga/descarga gravado em sua memória de controle. Esse módulo é utilizado para calibrar o modelo de computador tridimensional, substituindo os dados de localização da célula real para os valores aproximados desenvolvidos no modelo original. A desvantagem da calibração da célula é que o tempo de produção é perdido no procedimento.

8.7 PRECISÃO E REPETIBILIDADE DE ROBÔS

A capacidade de um robô em posicionar e orientar a extremidade de seu punho com precisão e repetibilidade é um atributo de controle importante em quase todas as aplicações industriais. Algumas aplicações de montagem exigem que objetos estejam localizados com uma precisão de 0,05 mm (0,002 pol). Outras aplicações, como soldagem a ponto, normalmente exigem precisões de 0,5-1 mm (0,020- -0,040 pol). Vamos examinar como um robô é capaz de mover suas várias articulações para conseguir posicionamento preciso e com repetibilidade. Vários termos têm de ser definidos no contexto dessa discussão: (1) resolução de controle, (2) precisão e (3) repetibilidade. Esses termos têm os mesmos significados básicos tanto na robótica como no CN. Na robótica, as características são definidas na extremidade do punho e na ausência de qualquer efetuador fixado ao punho.

A *resolução de controle* refere-se à capacidade do sistema de posicionamento do robô de dividir o curso da articulação em pontos igualmente espaçados, chamados de *pontos endereçáveis*, para os quais a articulação pode ser movida pelo controlador. Conforme a Seção 7.5.3, lembre-se de que a capacidade de dividir o curso em pontos endereçáveis depende de dois fatores: (1) das limitações dos componentes eletromecânicos que compõem cada combinação de articulação-elo e (2) da capacidade de armazenamento de bits do controlador para aquela articulação.

Se a combinação de articulação-elo consiste em um mecanismo de parafuso de avanço, como no caso de um sistema de posicionamento CN (fuso), então os métodos da Seção 7.5.3 podem ser utilizados para determinar a resolução de controle. Identificamos essa resolução de controle eletromecânico como CR_1. Infelizmente, do nosso ponto de vista, há uma variedade muito mais ampla de articulações utilizadas em robótica do que em ferramentas de máquinas CN. E não é possível analisar detalhes mecânicos de todos os tipos aqui. Basta reconhecer que há um limite mecânico para a capacidade de se dividir o curso de cada sistema de articulação-elo em pontos endereçáveis, e que esse limite é dado por CR_1.

O segundo limite sobre a resolução de controle é a capacidade de armazenamento de bits do controlador. Se B é o número de bits no registro de armazenamento de bits devotado a uma articulação em particular, então o número de pontos endereçáveis no curso daquela articulação é dado por 2^B. A resolução de controle é, portanto, definida como a distância entre pontos endereçáveis adjacentes. Isso pode ser determinado como

$$CR_2 = \frac{R}{2^B - 1} \quad (8.1)$$

em que CR_2 é a resolução de controle determinada pelo controlador do robô; e R é o curso da combinação articulação-junta, expressa em unidades lineares ou angulares, dependendo se a articulação fornece um movimento linear (tipos de articulação L ou O) ou um movimento rotativo (tipos de articulação R, T ou V). A resolução de controle de cada mecanismo de articulação-elo será o máximo de CR_1 e CR_2, isto é,

$$CR = \text{Max}\{CR_1, CR_2\} \quad (8.2)$$

Em nossa discussão de resolução de controle para CN (Seção 7.5.3), indicamos que é desejável para ($CR_2 \leq CR_1$), o que significa que o fator limitante em determinar a resolução de controle é o sistema mecânico, não o de controle computacional. Devido ao fato de a estrutura mecânica de um manipulador de robô ser muito menos rígida do que a de uma máquina-ferramenta, a resolução de controle para cada articulação de um robô será quase certamente determinada por fatores mecânicos (CR_1).

Similar ao caso de um sistema de posicionamento CN, a capacidade de um manipulador de robô em posicionar qualquer mecanismo de articulação-elo na exata localização definida por um ponto endereçável é limitada por erros mecânicos na articulação e elos associados. Os erros mecânicos surgem de fatores como folgas em engrenagens, deformação do elo, vazamentos de fluidos e outras fontes que dependem da construção mecânica da combinação de articulação-elo dada. Se caracterizarmos os erros mecânicos por uma distribuição normal, como fizemos na Seção 7.5.3, com a média μ no ponto endereçável e desvio padrão σ caracterizando a magnitude da dispersão de erro, então podemos determinar a precisão e a repetibilidade para o eixo.

Repetibilidade é o termo mais fácil de definir. É uma medida da capacidade do robô em posicionar sua extremidade de punho em um ponto previamente ensinado no volume de trabalho. Cada vez que o robô retorna ao ponto programado, ele volta para uma posição ligeiramente diferente. Variações de repetibilidade têm como principal fonte os erros mecânicos previamente mencionados. Portanto, como no CN, para um mecanismo de articulação-elo único,

$$\text{Repetibilidade} = \pm 3\sigma \quad (8.3)$$

em que σ é o desvio padrão da distribuição de erro.

Precisão é a capacidade do robô de posicionar a extremidade de seu punho em uma localização desejada no volume de trabalho. Para um único eixo, utilizando o mesmo raciocínio usado para definir precisão na nossa discussão de CN, temos

$$\text{Precisão} = \frac{CR}{2} + 3\sigma \quad (8.4)$$

em que CR é a resolução de controle da Equação (8.2).

Os termos resolução de controle, precisão e repetibilidade estão ilustrados na Figura 7.15 do capítulo anterior para um eixo que é linear. Para uma articulação rotativa, esses parâmetros podem ser conceituados com um valor angular da própria articulação ou um comprimento de arco na extremidade do elo de saída da articulação.

EXEMPLO 8.1
Resolução de controle, precisão e repetibilidade na articulação de um braço robótico.

Uma das articulações de um determinado robô industrial é do tipo L com um curso de 0,5 m. A capacidade de armazenamento de bits do controlador do robô é de dez bits para essa articulação. Os erros mecânicos formam uma variável aleatória distribuída normalmente em torno de um ponto ensinado dado. A média da distribuição é zero e o desvio padrão é 0,06 mm na direção do elo de saída da articulação. Determine a resolução de controle (CR_2), a precisão e a repetibilidade para essa articulação de robô.

Solução: o número de pontos endereçáveis no curso da articulação é $2^{10} = 1.024$. A resolução de controle é, portanto,

$$CR_2 = \frac{0,5}{1.024 - 1} = 0,004888 \text{ m} = 0,4888 \text{ mm}$$

A precisão é dada pela Equação (8.4):

$$\text{Precisão} = \frac{0,4888}{2} + 3(0,06) = 0,4244 \text{ mm}$$

A repetibilidade é definida como ± 3 desvios padrão

$$\text{Repetibilidade} = 3 \times 0,06 = 0,18 \text{ mm}$$

Nossas definições de resolução de controle, precisão e repetibilidade foram descritas utilizando uma única articulação ou eixo. Para ter um valor prático, a precisão e a repetibilidade de um manipulador de robô devem incluir o efeito de todas as articulações, combinado ao efeito de seus erros mecânicos. Para um robô de múltiplos graus de liberdade, precisão e repetibilidade vão variar dependendo de onde no volume de trabalho a extremidade de punho está posicionada. A razão para isso é que determinadas combinações de articulações vão tender a aumentar o efeito da resolução de controle e dos erros mecânicos. Por exemplo, para um robô de configuração polar (TRL) com sua articulação linear completamente estendida, quaisquer erros nas articulações R ou T serão maiores do que quando a articulação estiver completamente retraída.

Robôs se movem no espaço tridimensional, e a distribuição de erros de repetibilidade é, portanto, também tridimensional. Em três dimensões, nós podemos conceituar a distribuição normal como uma esfera cujo centro (média) está no ponto programado e cujo raio é igual a três desvios padrão da distribuição de erro de repetibilidade. Em prol da concisão, a repetibilidade é normalmente expressa em termos de raio da esfera: por exemplo, ± 1 mm ($\pm 0,040$ pol). Alguns pequenos robôs de montagem atuais têm valores de repetibilidade tão baixos quanto $\pm 0,05$ mm ($\pm 0,002$ pol).

Na realidade, o formato de distribuição de erro não será uma esfera perfeita em três dimensões. Em outras palavras, os erros não serão isotrópicos. Em vez disso, o raio sofrerá variação porque os erros mecânicos associados a ele serão diferentes em determinadas direções. O braço mecânico do robô é mais rígido em curtas direções, e essa rigidez influencia os erros. A esfera não vai permanecer constante em tamanho durante todo o volume de trabalho do robô. Assim como com a resolução de controle, ela será afetada pela combinação particular das posições das articulações do manipulador. Em algumas regiões do volume de trabalho, os erros de repetibilidade serão maiores do que em outras.

A precisão e a repetibilidade foram definidas acima como parâmetros estáticos do manipulador. Entretanto, esses parâmetros de precisão são afetados pela operação dinâmica do robô. Características como velocidade, carga útil e direção de aproximação afetarão a precisão e a repetibilidade do robô.

Referências

[1] COLESTOCK, H. *Industrial robotics:* selection, design, and maintenance. Nova York, NY: McGraw-Hill, 2004.

[2] CRAIG, J. J. *Introduction to Robotics:* mechanics and control. 2. ed. Reading, MA: Addison-Wesley Publishing Company, 1989.

[3] CRAWFORD, K. R. "Designing robot end effectors". *Robotics Today*, p. 27-29, out. 1985.

[4] ENGELBERGER, J. F. *Robotics in practice*. Nova York, NY: Amacom (American Management Association), 1980.

[5] GROOVER, M. P.; WEISS, M; NAGEL, R. N.; ODREY, N. G. *Industrial robotics:* technology, programming, and applications. Nova York, NY: McGraw-Hill Book Company, 1986.

[6] NIEVES, E. "Robots: more capable, still flexible". *Manufacturing Engineering*, p. 131-143, maio 2005.

[7] SHREIBER, R. R. "How to teach a robot". *Robotics Today*, p. 51-56, jun. 1984.

[8] SPROVIERI, J. "Arc welding with robots". *Assembly*, p. 26-31, jul. 2006.

[9] TOEPPERWEIN, L. L.; BLACKMAN, M. T. et al. "ICAM robotics aplication guide". *Technical report AFWAL-TR-80-4042*, Ohio: Material Laboratory, Air Force Wright Aeronautical Laboratories, abr. 1980. v. II.

[10] WAURZYNIAK, P. "Robotics Evolution". *Manufacturing Engineering*, p. 40-50, fev. 1999.

[11] ____. "Masters of manufacturing: Joseph F. Engelberger". *Manufacturing Engineering*, p. 66-75, jul. 2006.

[12] ZENS JR., R. G. "Guided by vision". *Assembly*, p. 52-58, set. 2005.

Questões de revisão

8.1 O que é um robô industrial?

8.2 Qual foi a primeira aplicação de um robô industrial?

8.3 Quais são os cinco tipos de articulações utilizadas em braços e punhos robóticos?

8.4 Nomeie as cinco configurações de corpo e braço identificadas no texto.

8.5 O que é o volume de trabalho de um manipulador de robô?

8.6 O que é um robô com controle de ponto a ponto?

8.7 O que é um efetuador?

8.8 Em uma aplicação de carga e descarga, qual é a vantagem de uma garra dupla sobre uma garra simples?

8.9 Sensores robóticos são classificados como internos e externos. Qual é a diferença?

8.10 Cite quatro das seis características gerais de situações de trabalho industrial que tendem a promover a substituição de trabalhadores humanos por robôs.

8.11 Quais são as três categorias de aplicações industriais de robôs identificadas no texto?

8.12 O que é uma operação de paletização?

8.13 O que é um programa de robô?

8.14 Qual é a diferença entre ensinamento acionado (*powered leadthrough*) e ensinamento manual (*manual leadthrough*) na programação de robôs?

8.15 O que é resolução de controle em um sistema de posicionamento de robôs?

8.16 Qual é a diferença entre repetibilidade e precisão em um manipulador robótico?

Problemas

Anatomia de robôs

8.1 Utilizando o esquema de notação para definir configurações do manipulador (Seção 8.1.2), trace diagramas (similares à Figura 8.1) dos robôs a seguir: (a) TRT, (b) VVR, (c) VROT.

8.2 Utilizando o esquema de notação para definir configurações do manipulador (Seção 8.1.2), trace diagramas (similares à Figura 8.1) dos robôs a seguir: (a) TRL, (b) OLO, (c) LVL.

8.3 Utilizando o esquema de notação para definir configurações do manipulador (Seção 8.1.2), trace diagramas (similares à Figura 8.1) dos robôs a seguir: (a) TRT:R, (b) TVR:TR, (c) RR:T.

8.4 Utilizando o esquema de notação de configuração do robô discutido na Seção 8.1, escreva as notações de configuração para alguns dos robôs em seu laboratório ou em seu chão de fábrica.

8.5 Descreva as diferenças em capacidades de orientação e volumes de trabalho para uma montagem de punho:TR e uma montagem de punho:RT. Utilize desenhos conforme a necessidade.

Aplicações de robôs

8.6 Um robô realiza uma operação de carga e descarga para uma máquina-ferramenta. O ciclo de trabalho consiste da sequência de atividades a seguir:

Seq.	Atividade	Tempo (s)
1	Robô estica o braço, pega a peça de um transportador de chegada e carrega a peça no gabarito da ferramenta de máquina	5,5
2	Ciclo de usinagem (automático)	33
3	Robô insere o braço, retira a peça da ferramenta de máquina e a deposita no transportador de saída	4,8
4	Robô retorna à posição inicial	1,7

As atividades são realizadas sequencialmente como listadas. A cada 30 peças, as ferramentas de corte na máquina têm de ser mudadas. Esse ciclo irregular leva três minutos para ser realizado. A eficiência de tempo produtivo do robô é de 97 por cento e a eficiência de tempo produtivo da máquina-ferramenta é de 98 por cento, não incluindo interrupções para as mudanças de ferramentas. Presume-se que as duas eficiências não se sobrepõem (isto é, se o robô quebra, a célula vai deixar de operar, então a máquina-ferramenta não terá a oportunidade de quebrar e vice-versa). O tempo improdutivo resulta de defeitos elétricos e mecânicos do robô, da máquina-ferramenta e do gabarito. Determine a taxa de produção por hora, levando em consideração o tempo perdido devido a mudanças de ferramentas e à eficiência de tempo produtivo.

8.7 No problema anterior, suponha que uma garra dupla seja utilizada em vez de uma garra única. As atividades no ciclo seriam mudadas como a seguir:

Seq.	Atividade	Tempo (s)
1	Robô estica o braço, pega a peça bruta do transportador de chegada em uma garra e espera a conclusão do ciclo de usinagem. Essa atividade é realizada simultaneamente ao ciclo de usinagem	3,3
2	Na conlusão do ciclo de usinagem anterior, o robô insere o braço e retira a peça terminada da máquina, carrega a peça bruta no gabarito e se desloca para uma distância segura da máquina	5
3	Ciclo de usinagem (automático)	33
4	Robô se desloca para o transportador de saída e deposita a peça. Essa atividade é realizada simultaneamente ao ciclo de usinagem	3
5	Robô se desloca de volta para a posição inicial. Essa atividade é realizada simultaneamente ao ciclo de usinagem	1,7

Os passos 1, 4 e 5 são realizados simultaneamente ao ciclo de usinagem automática. Os passos 2 e 3 têm de ser realizados sequencialmente. As mesmas estatísticas de mudança de ferramenta e eficiências de tempo produtivo são aplicáveis. Determine a taxa de produção por hora quando a garra dupla é usada, levando em consideração o tempo perdido devido a mudanças de ferramentas e à eficiência de tempo produtivo.

8.8 Já que a porção do ciclo de trabalho do robô exige muito menos tempo do que a máquina-ferramenta no Problema 8.6, a empresa está considerando instalar uma célula com duas máquinas. O robô carregaria e descarregaria ambas as máquinas dos mesmos transportadores de chegada e de saída. As máquinas seriam arranjadas de maneira que as distâncias entre o gabarito e os transportadores fossem as mesmas para ambas as máquinas. Desse modo, os tempos de atividade dados no Problema 8.6 seriam válidos para a célula de duas máquinas. Os ciclos de usinagem seriam escalonados de maneira que o robô serviria apenas uma máquina de cada vez. As estatísticas e eficiências de tempo produtivo de mudança de ferramenta no Problema 8.6 são aplicáveis. Determine a taxa de produção por hora para a célula de duas máquinas. O tempo perdido devido a mudanças de ferramentas e à eficiência de tempo produtivo devem ser levados em consideração. Presuma que, se uma das duas máquinas-ferramentas está desligada, a outra pode continuar a operar, mas, se o robô está desligado, a operação da célula é parada.

8.9 Determine a taxa de produção por hora para uma célula com duas máquinas como no Problema 8.8, presumindo que o robô é equipado com uma garra dupla como no Problema 8.7. Presuma que os tempos de atividade do Problema 8.7 aplicam-se aqui.

8.10 O tempo com arco aberto é uma medida da eficiência na operação de soldagem a arco. Como indicado em nossa discussão de soldagem a arco na Seção 8.5.2, tempos com arco aberto típicos em soldagem manual variam entre 20 e 30 por cento. Suponha que uma determinada operação de soldagem é atualmente desempenhada com a utilização de um soldador e um ajustador. Exigências de produção são estáveis em 500 unidades por semana. O trabalho do ajustador é carregar as peças do componente no gabarito e prendê-las na posição para o soldador. O soldador então solda os componentes em dois passos, parando para recarregar o eletrodo de soldagem entre os dois passos. Algum tempo é perdido em cada ciclo para posicionar novamente o eletrodo de soldagem no trabalho. As atividades do soldador e do ajustador são realizadas sequencialmente, com tempos para vários elementos como indicado a seguir:

Seq.	Trabalhador e Atividade	Tempo (min)
1	Ajustador: carrega e prende as peças	4,2
2	Soldador: primeiro passo de soldagem	2,5
3	Soldador: carrega novamente o eletrodo de solda	1,8
4	Soldador: segundo passo de soldagem	2,4
5	Soldador: reposição	2
6	Tempo de atraso entre ciclos de trabalho	1, 1

Devido à fadiga, o soldador tem de fazer um descanso de 20 minutos no meio da manhã e no meio da tarde, e uma pausa para o almoço de 40 minutos em torno do meio-dia. O ajustador junta-se ao soldador nessas pausas de repouso. O tempo nominal do turno de trabalho é de oito horas, mas os últimos 20 minutos do turno são de tempo não produtivo para a limpeza em cada estação de trabalho. Uma proposta foi feita para instalar uma célula de soldagem de robô para realizar a operação. A célula seria montada com dois gabaritos, de maneira que o robô poderia soldar um trabalho (o conjunto de peças a ser soldado) enquanto o ajustador descarregaria o trabalho anterior e carregaria o próximo. Dessa maneira, o robô de soldagem e o ajustador humano poderiam fazer o trabalho simultaneamente em vez de sequencialmente. Um alimentador de arame contínuo também seria utilizado em vez de eletrodos de soldagem individuais. Foi estimado que o alimentador de arame terá de ser trocado apenas uma vez a cada 40 peças e o tempo perdido será de 20 minutos para fazer a mudança. Os tempos para as várias atividades no ciclo de trabalho regular são os seguintes:

Seq.	Ajustador e atividades do robô	Tempo (min)
1	Ajustador: carrega e prende as peças	4,2
2	Robô: soldagem completa	4
3	Tempo de reposição	1
4	Tempo de atraso entre os ciclos de trabalho	0,3

O ajustador faria uma pausa de dez minutos na manhã, outra na tarde e 40 minutos para o almoço. O tempo de limpeza no fim do turno é de 20 minutos. Em seus cálculos, presuma que a proporção de tempo produtivo do robô será de 98 por cento. Determine o seguinte: (a) tempos com arco aberto (expressos como uma porcentagem, utilizando o turno de oito horas como a base) para a operação de soldagem manual e a estação de soldagem do robô; (b) taxa de produção por hora na média durante o turno de oito horas para a operação de soldagem manual e a estação de soldagem do robô.

Exercícios de programação

Nota: os Problemas 8.11 até 8.17 são exercícios de programação que devem ser realizados em robôs disponíveis. As soluções dependem dos métodos de programação em particular ou das linguagens utilizadas.

8.11 A montagem para esse problema exige uma caneta com ponta de feltro montada na extremidade do braço do robô (ou fixada firmemente na garra do robô) e uma cartolina grossa, colocada na superfície da mesa de trabalho. Pedaços de papel branco simples serão presos com pinos ou fitas na superfície da cartolina. Programe o robô para escrever suas iniciais no papel com a caneta de ponta de feltro.

8.12 Incrementando do exercício de programação anterior, considere o problema de programar o robô para escrever qualquer letra que é acionada no teclado alfanumérico. Obviamente, uma linguagem de programação textual é necessária para realizar este exercício.

8.13 O aparato exigido para este exercício consiste de dois blocos de madeira ou plástico de duas cores diferentes que podem ser agarrados pela garra do robô. Os blocos devem ser colocados em posições específicas (chame as posições de A e B em cada lado de uma localização central, posição C). O robô deve ser programado para realizar o seguinte: (1) pegar o bloco na posição A e colocá-lo na posição central C; (2) pegar o bloco na posição B e colocá-lo na posição A; (3) pegar o bloco na posição C e colocá-lo na posição B; (4) e repetir os passos (1), (2) e (3) continuamente.

8.14 O aparato para este exercício consiste de uma caixa de papelão e um pino de quatro polegadas de comprimento (qualquer cilindro fino reto serve; por exemplo, caneta, lápis etc.). O pino é fixado à extremidade do braço do robô ou preso em sua garra. A intenção é que o pino simule um maçarico de soldagem a arco e que as arestas da caixa de papelão representem os cantos que devem ser soldados. Com a caixa orientada com um dos seus cantos apontando na direção do robô, programe-o para soldar as três arestas que formam um canto. O pino (maçarico de soldagem) deve ser continuamente orientada em um ângulo de 45 graus em relação à aresta sendo soldada. Veja a Figura P8.14.

Figura P8.14 **Orientação do maçarico de soldagem a arco para o Problema 8.14**

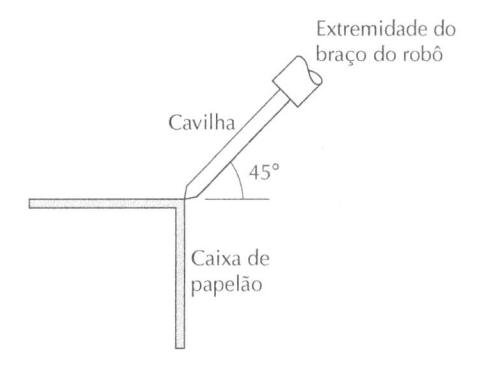

8.15 Este exercício tem a intenção de simular uma operação de paletização. O aparato inclui seis cilindros de madeira (ou plástico ou metal) de aproximadamente 20 mm em diâmetro e 75 mm em comprimento, e um bloco de madeira de 20 mm de espessura de aproximadamente 100 mm por 133 mm. O bloco deve ter seis buracos de 25 mm de diâmetro perfurados como ilustrado na Figura P8.15. O cilindro de madeira representa peças e o bloco de madeira representa um palete. (Como alternativa para o bloco de madeira, o layout do palete pode ser desenhado em um pedaço de papel simples fixado à mesa de trabalho.) Utilizando o método de programação de ensinamento guiado (*powered leadthrough*), programe o robô para que ele pegue as peças de uma posição fixa na mesa de trabalho e as coloque nas seis posições no palete. A posição fixa na mesa pode ser um ponto de parada em um transportador. (Pode ser preciso colocar as peças manualmente na posição se um transportador real não estiver disponível.)

Figura P8.15 Dimensões aproximadas de palete para o Problema 8.15

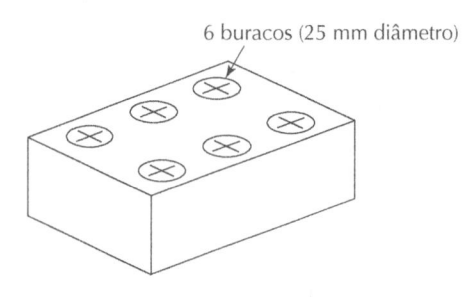

6 buracos (25 mm diâmetro)

8.16 Repita o exercício anterior utilizando linguagem de programação de robô e defina as posições no palete calculando suas coordenadas x e y qualquer que seja o método disponível na linguagem de programação em particular utilizada.

8.17 Repita o Problema 8.16 na ordem reversa para simular uma operação de despaletização.

Precisão e repetibilidade

8.18 A articulação linear (tipo L) de determinado robô industrial é acionada por um mecanismo de pistão. O comprimento da articulação quando completamente retraída é de 600 mm e, quando completamente estendida, é de 1.000 mm. Se o controlador do robô tem capacidade de armazenamento de oito bits, determine a resolução de controle para esse robô.

8.19 No problema anterior, os erros mecânicos associados à articulação linear formam uma distribuição normal na direção do acionamento da articulação com desvio padrão de 0,08 mm. Determine (a) resolução espacial, (b) precisão e (c) repetibilidade para o robô.

8.20 A articulação rotativa (tipo V) de um robô industrial tem um alcance de rotação de 240 graus. Os erros mecânicos na articulação e nas ligações de entrada/saída podem ser descritos por uma distribuição normal com média em qualquer ponto endereçável dado, e um desvio padrão de 0,25 grau. Determine o número de bits de armazenamento exigidos na memória do controlador de maneira que a precisão da articulação seja tão próxima quanto possível, mas menos do que a repetibilidade. Utilize seis desvios padrão como a medida da repetibilidade.

8.21 Um robô cilíndrico tem um eixo de pulso do tipo T que pode ser girado em um total de cinco rotações (cada rotação é uma volta de 360 graus completa). O trabalho do robô exige que ele posicione seu punho com uma resolução de controle de 0,5 grau entre os pontos endereçáveis adjacentes. Determine o número de bits necessários no registro binário para aquele eixo na memória de controle do robô.

8.22 Um eixo de um robô RRL é um mancal linear com um curso total de 950 mm. A memória de controle do robô tem capacidade de dez bits. Presume-se que erros mecânicos associados com o braço sejam distribuídos normalmente com uma média no ponto ensinado dado e um desvio padrão isotrópico de 0,10 mm. Determine (a) a resolução de controle para o eixo sob consideração, (b) a resolução espacial para o eixo, (c) a precisão definida e (d) a repetibilidade.

8.23 Um robô TLR tem uma articulação rotacional (tipo R) cujo elo de saída está conectado à montagem do punho. Considerando o desenho dessa articulação, o elo de saída tem 600 mm de comprimento e o curso total da articulação é de 40 graus. A resolução espacial dessa articulação é expressa como uma medida linear no punho e é especificada como sendo ± 0,5 mm. É sabido que as imprecisões mecânicas na articulação resultam em um erro de rotação de ± 0,018 e presume-se que o elo de saída é perfeitamente rígido, de maneira a não causar mais erros adicionais devido a deformações mecânicas. (a) Determine o número mínimo de bits necessários na memória de controle do robô a fim de se obter a resolução espacial especificada. (b) Com o nível dado de erro mecânico na articulação, demonstre que é possível alcançar a resolução espacial especificada.

CAPÍTULO 9
Controle discreto utilizando controladores lógicos programáveis e computadores pessoais

CONTEÚDO DO CAPÍTULO

- **9.1** Controle discreto de processos
  - 9.1.1 Controle lógico
  - 9.1.2 Sequenciamento
- **9.2** Diagramas de lógica ladder
- **9.3** Controladores lógicos programáveis (CLPs)
  - 9.3.1 Componentes dos CLP
  - 9.3.2 Ciclo de operação do CLP
  - 9.3.3 Capacidades adicionais do CLP
  - 9.3.4 Programando o CLP
- **9.4** Computadores pessoais utilizando lógica *soft*

O controle numérico (Capítulo 7) e a robótica industrial (Capítulo 8) preocupam-se, primeiramente, com o controle do movimento, pois as aplicações das máquinas-ferramenta e dos robôs envolvem movimentação de uma ferramenta de corte ou um efetuador, respectivamente. Uma categoria mais geral de controle é o controle discreto, definido na Seção 5.2.2. Neste capítulo, fazemos uma descrição mais completa do controle discreto e examinamos os dois principais controladores industriais utilizados na implementação do controle discreto: (1) controladores lógicos programáveis (do inglês, *programmable logic controllers* — CLPs ou PLCs,) e (2) computadores pessoais (PCs).

9.1 CONTROLE DISCRETO DE PROCESSOS

Os sistemas de controle discreto de processos lidam com parâmetros e variáveis que são discretos e alteram valores em momentos discretos do tempo. Dependendo da aplicação, os parâmetros e as variáveis costumam ser binários e podem assumir dois valores: 1 ou 0. Os valores significam ligado ou desligado, verdadeiro ou falso, objeto presente ou ausente, valor de tensão alto ou baixo. No controle discreto de processos, as variáveis binárias estão associadas a sinais de entrada, que chegam ao controlador, e a sinais de saída, que são enviados do controlador. Os sinais de entrada costumam ser gerados por sensores binários, tais como interruptores fim de curso ou fotossensores que fazem interface com o processo. Os sinais de saída são gerados pelo controlador para operar o processo em resposta aos sinais de entrada e como função do tempo. Esses sinais de saída ligam e desligam interruptores, motores, válvulas e outros atuadores binários relacionados ao processo. Na Tabela 9.1, apresentamos uma lista de sensores e atuadores binários juntamente à interpretação de seus valores, 0 e 1. O objetivo do controlador é coordenar as várias ações do sistema físico, tais como a transferência de peças para um sistema de fixação ou a alimentação do cabeçote de usinagem, dentre outras funções.

O controle de processos discreto pode ser dividido em duas categorias: (1) controle lógico, que se preocupa com alterações no sistema orientadas por eventos, e (2) sequenciamento, que se preocupa com alterações no sistema orientadas pelo tempo. Ambas referenciadas como *sistemas de comutação* (ou chaveamento), pois comutam seus valores de saída entre ligado e desligado em resposta às mudanças nos eventos ou no tempo.

Tabela 9.1 Sensores e atuadores binários utilizados no controle de processos discreto

Sensor	Interpretação 1/0	Atuador	Interpretação 1/0
Interruptor de fim de curso	Com contato/sem contato	Motor	Ligado/Desligado
Fotodetector	Ligado/Desligado	Relé de controle	Fechado/Aberto
Interruptor de botão de pressão	Ligado/Desligado	Luz	Ligado/Desligado
Temporizador	Ligado/Desligado	Válvula	Fechado/Aberto
Relé de controle	Fechado/Aberto	Embreagem	Conectado/Livre
Disjuntor	Fechado/Aberto	Solenoide	Energizado/Não energizado

9.1.1 Controle lógico

Também chamado de *controle lógico combinacional*, é um sistema de comutação cuja saída a qualquer instante é determinada exclusivamente pelos valores atuais das entradas. Um sistema de controle lógico não possui memória e não considera nenhum valor anterior de sinais de entrada na determinação do sinal de saída. Tampouco dispõe de características que sejam diretamente executadas como função do tempo.

Vamos usar um exemplo da robótica para ilustrar o controle lógico. Suponha que em uma aplicação de carregamento de uma máquina, o robô esteja programado para pegar uma peça em estado bruto em um ponto de parada conhecido, paralelo a um transportador, e posicioná-lo em uma prensa de forjamento. Três condições devem ser satisfeitas para que o ciclo de carregamento seja iniciado. Primeiro, a peça em estado bruto deve estar no ponto de parada; segundo, a prensa de forjamento deve ter concluído o processo na peça anterior; terceiro, a peça anterior deve ter sido removida da matriz. A primeira condição pode ser indicada por meio de um interruptor simples, que percebe a presença da peça na parada do transportador e transmite o sinal LIGADO para o controlador do robô. A segunda condição pode ser indicada pela prensa de forjamento, que envia um sinal LIGADO após concluir o ciclo anterior. A terceira condição pode ser determinada por um fotodetector posicionado de forma a identificar a presença ou a ausência da peça na matriz de forjamento. Quando a peça acabada é removida da matriz, um sinal LIGADO é transmitido pela fotocélula. Esses três sinais devem ser recebidos pelo controlador do robô para que o ciclo de trabalho seguinte seja iniciado. Quando esses sinais de entrada forem recebidos pelo controlador, o ciclo de carregamento do robô é iniciado. Nenhuma condição ou nenhum histórico anterior é necessário.

Elementos do controle lógico. Os elementos básicos do controle lógico são as portas lógicas AND (E), OR (OU) e NOT (NÃO ou Inversora). Em cada caso, a porta lógica é projetada de modo a oferecer um valor específico de saída com base nos valores de entrada. Tanto para as entradas como para as saídas, os valores podem ser de dois níveis: os valores binários 0 e 1. Para fins de controle industrial, definimos que 0 é DESLIGADO e 1 é LIGADO.

A porta AND fornece o valor de saída 1, se todas as entradas forem 1; caso contrário, o valor é 0. A Figura 9.1 ilustra a operação de uma porta lógica AND. Se ambos os interruptores X1 e X2 (representando as entradas) do circuito estiverem fechados, então a lâmpada Y (representando a saída) estará ligada. A porta AND deve ser usada em um sistema de produção automatizado para indicar que duas (ou mais) ações foram concluídas com sucesso, sinalizando, assim, que a próxima etapa do processo deve ser iniciada. O sistema de intertravamento no exemplo anterior de forjamento usando um robô ilustra uma porta AND. As três condições devem ser satisfeitas antes que o carregamento da prensa de forjamento possa acontecer.

A porta OR fornece uma saída de valor 1, se qualquer uma das entradas for 1; caso contrário, o valor é 0. A Figura 9.2 mostra como opera uma porta OR. Nesse caso, os dois sinais X1 e X2 estão organizados em um circuito paralelo de modo que, em se fechando qualquer um dos interruptores, a lâmpada Y seja ligada. Um uso possível da porta OR nos sistemas de manufatura é o monitoramento da segurança. Suponha que dois sensores sejam utilizados para monitorar a ocorrência de dois riscos diferentes na segurança. Quando qualquer um desses riscos acontecer, o sensor respectivo emitirá um sinal positivo, que soará a sirene de um alarme.

Tanto a porta AND como a porta OR podem ser utilizadas com duas ou mais entradas. A porta NOT possui somente uma entrada. Ela inverte o sinal de entrada: se ele for 1, a saída é 0; se ele for 0, a saída é 1. A Figura 9.3 mostra um circuito no qual o interruptor de entrada X1 está presente em um circuito paralelo com uma saída tal que a tensão flui pelo percurso inferior quando o interruptor está fechado (Y = 0) e pelo percurso superior quando o interruptor está aberto (Y = 1). A porta NOT pode ser usada para abrir um circuito após o recebimento de um sinal de controle.

Figura 9.1 Circuito elétrico ilustrando a operação de uma porta lógica AND

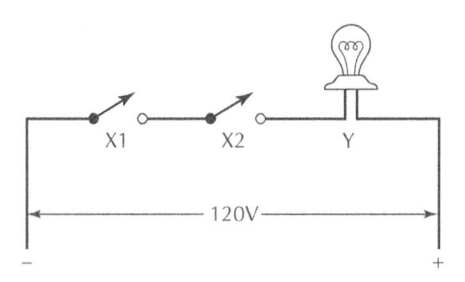

Figura 9.2 Circuito elétrico ilustrando a operação de uma porta lógica OR

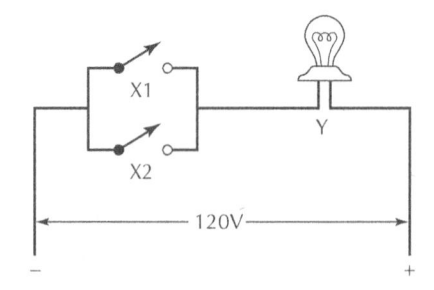

Figura 9.3 Circuito elétrico ilustrando a operação de uma porta lógica NOT

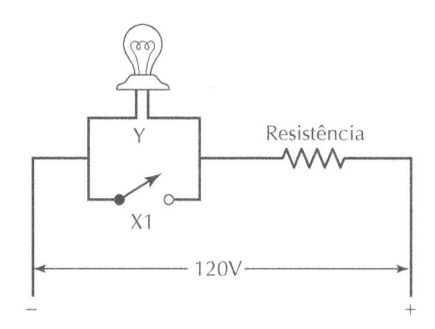

Álgebra booleana e tabelas-verdade. Os elementos lógicos formam a base de uma álgebra especial desenvolvida por volta de 1847 por George Boole e que leva seu nome. Seu propósito original era oferecer um meio simbólico de testar se declarações complexas de lógica eram VERDADEIRAS ou FALSAS. Na verdade, Boole a denominou *álgebra lógica*. Foi somente um século mais tarde que a álgebra booleana provou ser útil nos sistemas de lógica digital. Descrevemos brevemente alguns de seus fundamentos.

Na álgebra booleana, a função AND é representada como:

$$Y = X1 \cdot X2 \quad (9.1)$$

Essa expressão é chamada de produto lógico de X1 e X2. Como declaração lógica, significa: Y é verdadeiro se ambos X1 e X2 forem verdadeiros; senão, Y é falso. A tabela-verdade costuma ser sempre utilizada para apresentar a operação de sistemas lógicos. Uma *tabela-verdade* é uma tabulação de todas as combinações de valores de entrada correspondentes aos valores de saída. A tabela-verdade para a porta AND com quatro combinações possíveis para dois valores de entrada é apresentada na Tabela 9.2.

Na notação da álgebra booleana, a função OR é representada como:

$$Y = X1 + X2 \quad (9.2)$$

Essa expressão é chamada de soma lógica de X1 e X2. Na lógica, a declaração significa que Y é verdadeiro se um dos valores X1 ou X2 for verdadeiro; senão, Y é falso. As saídas da porta OR com quatro combinações possíveis para duas variáveis binárias de entrada são listados na Tabela 9.3.

A função NOT é conhecida como negação ou inversão da variável e indicada por uma barra acima da variável (por exemplo, X1). A tabela-verdade para a função NOT é apresentada na Tabela 9.4, e a equação booleana correspondente é a seguinte:

$$Y = \overline{X1} \quad (9.3)$$

Além dos três básicos, existem dois elementos que podem ser utilizados nos circuitos de comutação: as portas NAND e NOR. A porta NAND é formada pela combinação das portas AND e NOT em sequência, resultando na tabela-verdade mostrada na Tabela 9.5(a). Em forma de equação, tem-se:

$$Y = \overline{X1 \cdot X2} \quad (9.4)$$

A porta lógica NOR é formada pela combinação de uma porta OR seguida de uma porta NOT, resultando na tabela-verdade mostrada na Tabela 9.5(b). A equação da álgebra booleana para a porta NOR é a seguinte:

$$Y = \overline{X1 + X2} \quad (9.5)$$

Tabela 9.2 Tabela-verdade para a porta lógica AND

Saídas		Entradas
X1	X2	Y = X1 · X2
0	0	0
0	1	0
1	0	0
1	1	1

Tabela 9.3 Tabela-verdade para a porta lógica OR

Saídas		Entradas
X1	X2	Y = X1 + X2
0	0	0
0	1	1
1	0	1
1	1	1

Tabela 9.4 Tabela-verdade para a porta lógica NOT

Saídas	Entradas
X1	Y = $\overline{X1}$
0	1
1	0

Tabela 9.5 Tabelas-verdade para as portas lógicas (a) NAND e (b) NOR

(a) NAND			(b) NOR		
Saídas		Entradas	Saídas		Entradas
X1	X2	Y = $\overline{X1 \cdot X2}$	X1	X2	Y = $\overline{X1 + X2}$
0	0	1	0	0	1
0	1	1	0	1	0
1	0	1	1	0	0
1	1	0	1	1	0

Diversas técnicas de diagramação foram desenvolvidas para a representação dos elementos lógicos e seus relacionamentos em um determinado sistema de controle lógico. O diagrama lógico é um dos métodos mais comuns. Os símbolos usados nesse tipo de diagrama são apresentados na Figura 9.4. Demonstramos o uso do diagrama lógico em diversos exemplos ao longo desta seção.

Existem certas leis e certos teoremas na álgebra booleana, citados na Tabela 9.6, que podem sempre ser aplicados à simplificação de circuitos lógicos e à redução do número de elementos necessários na implementação da lógica. O resultado é a economia de *hardware* e/ou de tempo de programação.

EXEMPLO 9.1
Carregamento da máquina pelo robô
O exemplo do carregamento da máquina pelo robô descrito no início da Seção 9.1.1 demandava o cumprimento de três condições antes que a sequência de carregamento pudesse ser iniciada. Determine a expressão da álgebra booleana e o diagrama lógico para esse sistema de intertravamento.
Solução: Seja X1 o valor que determina se a peça em estado bruto está presente no ponto de parada do transportador (X1 = 1 para presente, X1 = 0 para ausente); X2 o valor que determina se a peça anterior está concluída (X2 = 1 para concluída, X2 = 0 para ausente); e X3 o valor que determina se a peça anterior foi removida da

Figura 9.4 Símbolos usados para as portas lógicas: ANSI[1] e ISO[2]

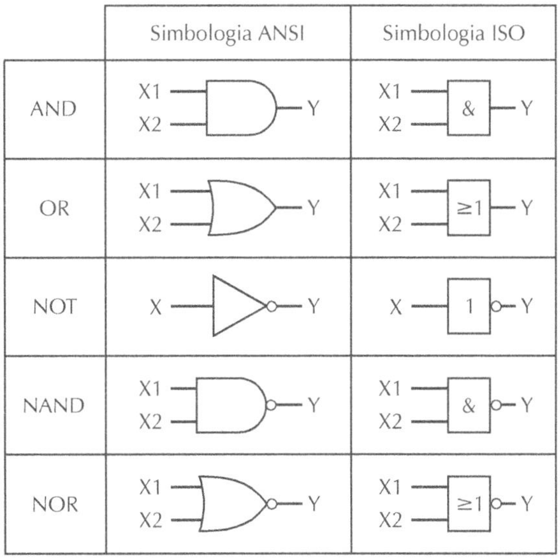

	Simbologia ANSI	Simbologia ISO
AND	X1, X2 → Y	X1, X2 → & → Y
OR	X1, X2 → Y	X1, X2 → ≥1 → Y
NOT	X → Y	X → 1 → Y
NAND	X1, X2 → Y	X1, X2 → & → Y
NOR	X1, X2 → Y	X1, X2 → ≥1 → Y

Tabela 9.6 Leis e teoremas da álgebra booleana

Lei comutativa:

$X + Y = Y + X$

$X \cdot Y = Y \cdot X$

Lei associativa:

$X + Y + Z = X + (Y + Z)$

$X + Y + Z = (X + Y) + Z$

$X \cdot Y \cdot Z = X \cdot (Y \cdot Z)$

$X \cdot Y \cdot Z = (X \cdot Y) \cdot Z$

Lei distributiva:

$X \cdot Y + X \cdot Z = X \cdot (Y + Z)$

$(X + Y) \cdot (Z + W) = X \cdot Z + X \cdot W + Y \cdot Z + Y \cdot W$

Lei da absorção:

$X \cdot (X + Y) = X + X \cdot Y = X$

Teoremas de de Morgan:

$\overline{(X + Y)} = \overline{X} \cdot \overline{Y}$

$\overline{(X \cdot Y)} = \overline{X} + \overline{Y}$

Teoremas da consistência:

$X \cdot Y + X \cdot \overline{Y} = X$

$(X + Y) \cdot (X + \overline{Y}) = X$

Teoremas da inclusão:

$X \cdot \overline{X} = 0$

$X + \overline{X} = 1$

---

matriz (X3 = 1 para removida, X3 = 0 para não removida). Por fim, seja Y o valor que determina se a sequência de carregamento pode ser iniciada (Y = 1 para iniciar, Y = 0 para aguardar).

A expressão da álgebra booleana é Y = X1 · X2 · X3.

As três condições devem ser satisfeitas, portanto, utiliza-se a porta lógica AND. Para que Y seja igual a 1 e a sequência de carregamento seja iniciada, todos os valores X1, X2 e X3 devem ser iguais a 1. O diagrama lógico para essa condição de intertravamento é apresentado na Figura 9.5.

EXEMPLO 9.2
Interruptor de pressão

Um interruptor de pressão utilizado para iniciar e parar motores e outros dispositivos elétricos é um componente de *hardware* comum nos sistemas de controle industrial.

Conforme mostrado na Figura 9.6(a), o interruptor é formado por uma caixa com dois botões, um para INICIAR e outro para PARAR. Quando o botão INICIAR é momentaneamente pressionado por um operador humano, energia é fornecida ao motor (ou outra carga) e lá mantida até que o botão PARAR seja pressionado.

---

[1] ANSI — American National Standard Institute (Instituto Nacional Americano de Padrões)

[2] ISO — International Organization for Standardization (Organização Internacional para Padronização)

Figura 9.5 Diagrama lógico para a máquina a ser carregada por um robô com o sistema de intertravamento descrito no Exemplo 9.1

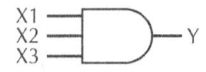

```
X1 ─┐
X2 ─┤AND├─ Y
X3 ─┘
```

Figura 9.6 (a) Interruptor de pressão do Exemplo 9.2 e (b) seu diagrama lógico

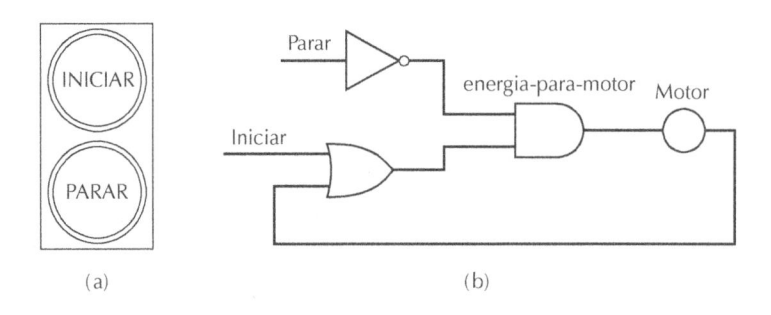

(a) Botões INICIAR e PARAR

(b) Diagrama lógico com Parar (NOT), Iniciar (OR), energia-para-motor (AND) e Motor com malha de realimentação

"Energia-para-motor" é a saída do interruptor de pressão. O valor das variáveis pode ser definido da seguinte maneira:

INICIAR = 0 normalmente indica o estado contato aberto.
INICIAR = 1 quando o botão INICIAR está pressionado para fazer contato.
PARAR = 0 normalmente indica o estado contato fechado.
PARAR = 1 quando o botão PARAR está pressionado para parar o contato.
ENERGIA-PARA-MOTOR = 0 quando os contatos estão abertos.
ENERGIA-PARA-MOTOR = 1 quando os contatos estão fechados.
MOTOR = 0 quando desligado (não está em funcionamento).
MOTOR = 1 quando ligado.

A tabela-verdade para o interruptor de pressão é apresentada na Tabela 9.7. A partir da condição inicial de desligado (MOTOR = 0), o motor é iniciado com o pressionamento do botão para iniciar (INICIAR = 1). Se o botão de parar estiver em sua condição normal de fechado (PARAR = 0), energia será fornecida ao motor (ENERGIA-PARA-MOTOR = 1). Enquanto o motor estiver funcionando (MOTOR = 1), ele pode ser parado por meio do pressionamento do botão de parar (PARAR = 1). O diagrama lógico correspondente é mostrado na Figura 9.6(b).

Tabela 9.7 Tabela-verdade para o interruptor de pressão do Exemplo 9.2

Iniciar	Parar	Motor	Energia para motor
0	0	0	0
0	1	0	0
1	0	0	1
1	1	0	0
0	0	1	1
0	1	1	0
1	0	1	1
1	1	1	0

De certa maneira, o interruptor de pressão do Exemplo 9.2 vai um pouco além de nossa definição de um sistema lógico puro, pois exibe características de memória. As variáveis MOTOR e ENERGIA-PARA-MOTOR são quase o mesmo sinal. As condições que determinam se a energia fluirá pelo motor são diferentes conforme o estado do motor (LIGADO/DESLIGADO). Compare as quatro primeiras linhas da tabela-verdade com as quatro últimas (Tabela 9.7). É como se o controle lógico precisasse lembrar se o motor está ligado ou desligado para decidir quais condições determinarão o valor do sinal de saída. Essa característica de memória é exibida pela malha de realimentação (parte inferior) no diagrama lógico da Figura 9.6(b).

9.1.2 Sequenciamento

Um sistema de sequenciamento utiliza dispositivos temporizadores internos para determinar quando iniciar as alterações nas variáveis de saída. Máquinas de lavar, secadoras, lavadoras de louça e aparelhos similares utilizam sistemas de sequenciamento para cronometrar o início e o fim dos elementos do ciclo. Existem muitas aplicações industriais de sistemas de sequenciamento.

Por exemplo, imagine que uma bobina de aquecimento por indução seja utilizada para aquecer uma peça em nosso exemplo anterior sobre uma operação de forjamento com a ajuda de um robô. Em vez de usar um sensor de temperatura, a bobina poderia ser configurada com um ciclo de aquecimento temporizado, de modo que energia suficiente fosse fornecida para aquecer a peça na temperatura desejada. O processo de aquecimento é suficientemente confiável e previsível e sabe-se que determinado tempo de energização da bobina de indução aquecerá de forma consistente a peça a uma determinada temperatura (com variação mínima).

Muitas aplicações da automação industrial exigem que o controlador ofereça um conjunto predefinido de valores LIGADOS/DESLIGADOS para as variáveis de saída. As saídas costumam ser geradas de uma única vez, o que significa que não existe verificação se a função de controle foi mesmo executada. Outra característica que exemplifica esse modo de controle é que a sequência de sinais de saída costuma ser cíclica: os sinais ocorrem no mesmo padrão repetido dentro de um ciclo regular. Temporizadores e contadores ilustram esse tipo de componente de controle.

Um *temporizador* é um dispositivo que alterna sua saída entre LIGADO ou DESLIGADO em determinados intervalos de tempo. Temporizadores comuns utilizados na indústria e em residências ligam quando são ativados e permanecem nesse estado durante um intervalo programado de tempo. Alguns temporizadores são ativados por meio do pressionamento de um botão para iniciar, como, por exemplo, os controles da bomba de água em uma banheira de hidromassagem. Outros operam com base em um relógio 24 horas. Por exemplo, alguns sistemas domésticos de segurança possuem características de temporização que ligam e apagam luzes durante o dia, dando a impressão de que há pessoas na casa.

Dois tipos adicionais de temporizadores são utilizados em sistemas de controle discreto: (1) temporizadores com atraso no desligamento (*delay-off timer*) e (2) temporizadores com atraso no acionamento (*delay-on timer*). Um *temporizador com atraso no desligamento* liga imediatamente a energia em resposta a um sinal para iniciar, e então a desliga após um tempo específico. Muitos carros estão equipados com esse tipo de dispositivo. Quando você sai do veículo, as luzes permanecem acesas durante determinado intervalo de tempo (por exemplo, 30 segundos), e então se apagam automaticamente. Um *temporizador com atraso no acionamento* espera um determinado intervalo de tempo antes de ligar a energia quando recebe um sinal para iniciar. Para programar um temporizador, o usuário deve especificar o tempo do intervalo de espera.

Um *contador* é um componente utilizado para contar pulsos elétricos e armazenar os resultados do procedimento de contagem (Seção 6.5.2). Os conteúdos instantâneos podem ser mostrados e/ou utilizados no algoritmo de controle do processo. Os contadores podem ser classificados como progressivos, regressivos, ou progressivos/regressivos. Um *contador progressivo* começa no zero e incrementa seu conteúdo (contagem total) em 1 como resposta a cada pulso. Quando determinado valor for alcançado, o contador progressivo voltará ao zero. Uma aplicação desse dispositivo é a contagem do número de garrafas de cervejas cheias em movimento sobre um transportador para encaixotamento. A cada conjunto de 24 garrafas, tem-se um engradado, e o contador retorna ao zero. Um *contador regressivo* inicia com determinado valor e decresce o total em 1 para cada pulso recebido. Ele poderia ser usado na mesma aplicação das garrafas, utilizando-se o valor inicial igual a 24. Um *contador progressivo/regressivo* combina as duas operações de contagem e pode ser útil no acompanhamento do número de garrafas restantes no *buffer* para armazenamento. Ele aumenta o número de garrafas entrando no *buffer* e diminui o número de garrafas saindo do *buffer* para obter um cálculo atual do conteúdo do *buffer*.

9.2 DIAGRAMAS DE LÓGICA LADDER

Os diagramas lógicos mostrados nas figuras 9.5 e 9.6(b) são úteis à exibição das relações entre os elementos lógicos. Outra técnica de diagramação que exibe a lógica e, de certo modo, o tempo e o sequenciamento do sistema é o diagrama de lógica ladder. O método gráfico apresenta uma virtude importante, pois é análogo aos circuitos elétricos usados para realizar a lógica e o controle da sequência. Além disso, os diagramas de lógica ladder são familiares ao pessoal de fábrica que deve construir, testar, manter e reparar os sistemas de controle discreto.

Em um diagrama de lógica ladder, vários elementos lógicos e outros componentes são dispostos ao longo de linhas horizontais ou degraus conectados em ambas as extremidades a dois trilhos verticais, conforme ilustrado na Figura 9.7. O diagrama tem aparência geral de escada (do inglês, *ladder*) e daí vem o nome. Os elementos e componentes são *contatos* (representando entradas lógicas) e cargas, também conhecidas como *bobinas* (representando saídas). As entradas incluem interruptores e contatos de relés, e as cargas são motores, lâmpadas e alarmes. A energia (por exemplo, 115 V de corrente alternada) para o componente é fornecida por dois trilhos verticais. Nos diagramas ladder, é comum posicionar as entradas à esquerda de cada degrau e as saídas à direita.

Figura 9.7 Diagrama de lógica ladder

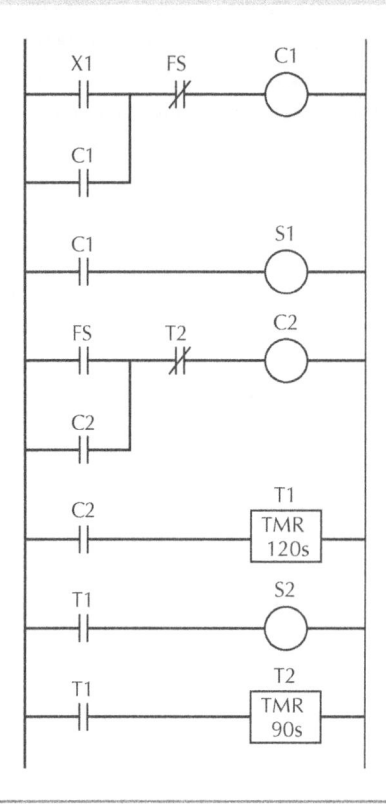

```
    X1      FS       C1
----| |----|/|------( )----
    C1
----| |----

    C1               S1
----| |-------------( )----

    FS      T2       C2
----| |----|/|------( )----
    C2
----| |----

    C2              ┌─────┐
----| |-----------T1│ TMR │
                    │120s │
                    └─────┘
    T1               S2
----| |-------------( )----

    T1              ┌─────┐
----| |-----------T2│ TMR │
                    │ 90s │
                    └─────┘
```

Os símbolos usados nos diagramas ladder para os componentes lógicos e de sequenciamento comuns são apresentados na Figura 9.8. Existem dois tipos de contatos: normalmente abertos e normalmente fechados. Um *contato normalmente aberto* permanece aberto até que seja ativado. Quando ativado, ele fecha para permitir a passagem de corrente. Um *contato normalmente fechado* permanece fechado, permitindo que a corrente flua até que seja ativado. Quando ativado, ele abre e impede, assim, o fluxo de corrente. Contatos normalmente abertos de um interruptor ou dispositivo semelhante são simbolizados por duas linhas verticais curtas ao longo de um degrau horizontal da escada, como mostra a Figura 9.8(a). Contatos normalmente fechados são mostrados nas mesmas linhas diagonais, mas com uma linha vertical sobre eles, como mostra a Figura 9.8(b). Ambos os tipos de contato são usados para re-

Figura 9.8 Símbolos para os elementos lógicos e de sequenciamento comuns em diagramas de lógica ladder

Símbolo ladder	Componente de *hardware*
(a) ─┤ ├─	Contatos normalmente abertos (interruptor, relé, outros dispositivos ON/OFF)
(b) ─┤/├─	Contatos normalmente fechados (interruptor, relé etc.)
(c) ─○─	Cargas de saída (motor, lâmpada, solenoide, alarme etc.)
(d) ─[TMR 3s]─	Temporizador
(e) ─[CTR]─	Contador

presentar entradas no circuito lógico do tipo LIGADO/DESLIGADO. Além dos interruptores, entradas incluem relés, sensores do tipo ligado/desligado (por exemplo, interruptores de fim de curso e fotodetectores), temporizadores e outros dispositivos binários de contato.

Cargas de saída tais como motores, luzes, alarmes, solenoides e outros componentes elétricos que são ligados e desligados pelo sistema de controle lógico são mostrados como círculos, como se vê na Figura 9.8(c). Temporizadores e contadores são simbolizados por quadrados (ou retângulos) com entradas e saídas apropriadas para o acionamento correto do dispositivo, conforme mostram as figuras 9.8(d) e (e). O temporizador simples requer a especificação do tempo de espera e a identificação do contato de entrada que ativa a espera. Quando o sinal de entrada é recebido, o temporizador aguarda o tempo de espera antes de ligar ou desligar o sinal de saída. O temporizador é reiniciado (volta ao valor inicial) quando o sinal de entrada é desligado.

Os contadores requerem duas entradas. A primeira é o trem de pulsos (séries de sinais ligado/desligado) que é contado pelo contador. A segunda é o sinal para reiniciar o contador e recomeçar o procedimento de contagem. Reiniciar o contador significa zerar a contagem em um contador progressivo e definir um valor inicial em um contador regressivo. A contagem acumulada é mantida na memória para uso, se demandado pela aplicação.

EXEMPLO 9.3
Três simples circuitos com lâmpadas
Três portas lógicas básicas (AND, OR e NOT) podem ser simbolizadas em diagramas de lógica ladder. Crie diagramas para os três circuitos com lâmpadas ilustrados nas figuras 9.1, 9.2 e 9.3.

Solução: Os três diagramas ladder correspondentes a esses circuitos são apresentados nas figuras 9.9(a)-(c). Observe a semelhança entre os diagramas de circuito originais e os diagramas ladder mostrados aqui. Veja que o símbolo NOT é o mesmo que o do contato normalmente fechado, que é o inverso lógico de um contato normalmente aberto.

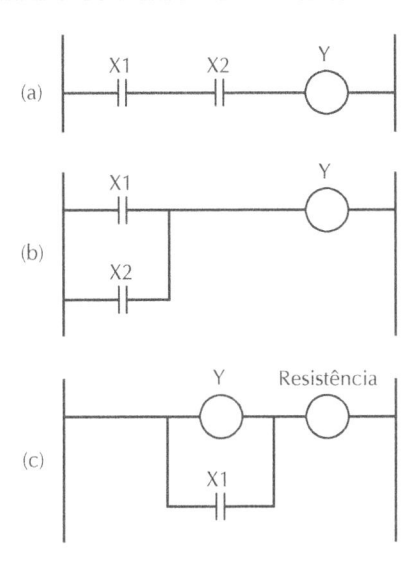

EXEMPLO 9.4
Interruptor de pressão
A operação do interruptor de pressão do Exemplo 9.2 pode ser representada em um diagrama de lógica ladder. A partir da Figura 9.6, vamos considerar que o INICIAR será representado por X1; PARAR, por X2; e MOTOR, por Y. Vamos criar o diagrama.
Solução: O diagrama ladder é apresentado na Figura 9.10. X1 e X2 são contatos de entrada, e Y é uma carga no diagrama. Observe como Y também serve como contato de entrada para oferecer a conexão ENERGIA-PARA-MOTOR.

EXEMPLO 9.5
Relé de controle
A operação de um relé de controle pode ser demonstrada por meio do diagrama de lógica ladder apresentado na Figura 9.11. Um relé pode ser utilizado para controlar a atuação ligado/desligado de um dispositivo elétrico em alguma localização remota. Também pode ser usado para definir decisões alternativas no controle lógico. Nosso diagrama ilustra ambos os usos. O relé é indicado pela carga C (para relé de controle), que controla a operação ligado/desligado de dois motores (ou outros tipos de cargas de saída) Y1 e Y2. Quando o interruptor de controle X está aberto, o relé fica sem energia e, assim, conecta a carga Y1 à linha de alimentação. Na verdade, o interruptor X aberto liga o motor Y1 por meio do relé.

Figura 9.9 Três diagramas de lógica ladder para os circuitos de lâmpada das figuras (a) 9.1, (b) 9.2 e (c) 9.3

Figura 9.10 Diagrama de lógica ladder para o interruptor de pressão do Exemplo 9.4

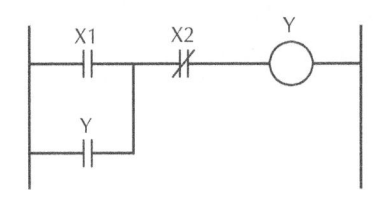

Quando o interruptor de controle está fechado, o relé fica energizado. Isso abre o contato normalmente aberto do segundo degrau da escada e fecha o contato normalmente aberto do terceiro degrau. Na verdade, a energia é desligada para a carga Y1 e ligada para a carga Y2.

O Exemplo 9.5 ilustra diversas características importantes de um diagrama de lógica ladder. Primeiro, a mesma entrada pode ser utilizada mais de uma vez no diagrama. No exemplo, o contato do relé C foi utilizado como entrada tanto no segundo como no terceiro degrau do diagrama. Como vamos ver na próxima seção, essa característica de utilização de um dado relé de contato em diversos degraus diferentes do diagrama ladder para servir a múltiplas funções lógicas oferece uma vantagem substancial para o controlador programável, se comparado às unidades de controle com relés reais conectados entre si. Com relés reais, contatos separados teriam de ser construídos no controlador para cada função lógica. Uma segunda característica do Exemplo 9.5 é a possibilidade de que uma saída (carga) em um degrau do diagrama seja uma entrada (contato) em outro degrau. O relé C foi a saída do degrau superior na Figura 9.11, mas tal saída foi utilizada como entrada em outra parte do diagrama. Essa mesma característica foi apresentada no diagrama do interruptor de pressão do Exemplo 9.4.

Figura 9.11 Diagrama de lógica ladder para o relé de controle no Exemplo 9.5

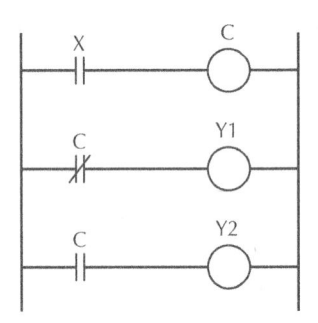

EXEMPLO 9.6
Considere o tanque de armazenamento de fluido ilustrado na Figura 9.12. Quando o botão para iniciar X1 é pressionado, o relé de controle C1 é energizado. Por sua vez, isso energiza o solenoide S1, que abre uma válvula que permite que o fluido passe para o tanque. Quando o tanque enche, o interruptor de boia FS se fecha, o que abre o relé C1 e faz com que o solenoide S1 deixe de receber energia e, assim, desligue o fluxo de entrada. O interruptor de boia FS também ativa o temporizador T1, que fornece um intervalo de 120 segundos para que determinada reação química aconteça no tanque. No fim do intervalo, o temporizador energiza um segundo relé C2, que controla dois dispositivos: (1) ele energiza o solenoide S2, que abre uma válvula que permite que o fluido saia do tanque; e (2) ele inicia o temporizador T2, que aguarda 90 segundos para permitir que o conteúdo do tanque seja drenado. No fim dos 90 segundos, o temporizador interrompe a corrente e para de energizar o solenoide S2, fechando assim a válvula de escoamento. O pressionamento do botão de iniciar X1 reinicia os temporizadores e abre seus respectivos contatos. Construa o diagrama de lógica ladder para o sistema.
Solução: O diagrama de lógica ladder é construído conforme se vê na Figura 9.7.

O diagrama de lógica ladder é uma excelente maneira de representar problemas de controle da lógica combinacional nos quais as variáveis de saída baseiam-se diretamente nos valores das entradas. Conforme indicado no Exemplo 9.6, ele também pode ser utilizado para demonstrar problemas de controle sequencial (temporizadores), embora, para esse propósito, o diagrama seja um tanto mais difícil de interpretar e analisar. O diagrama de lógica ladder é a principal técnica para configuração dos programas de controle nos controladores lógicos programáveis.

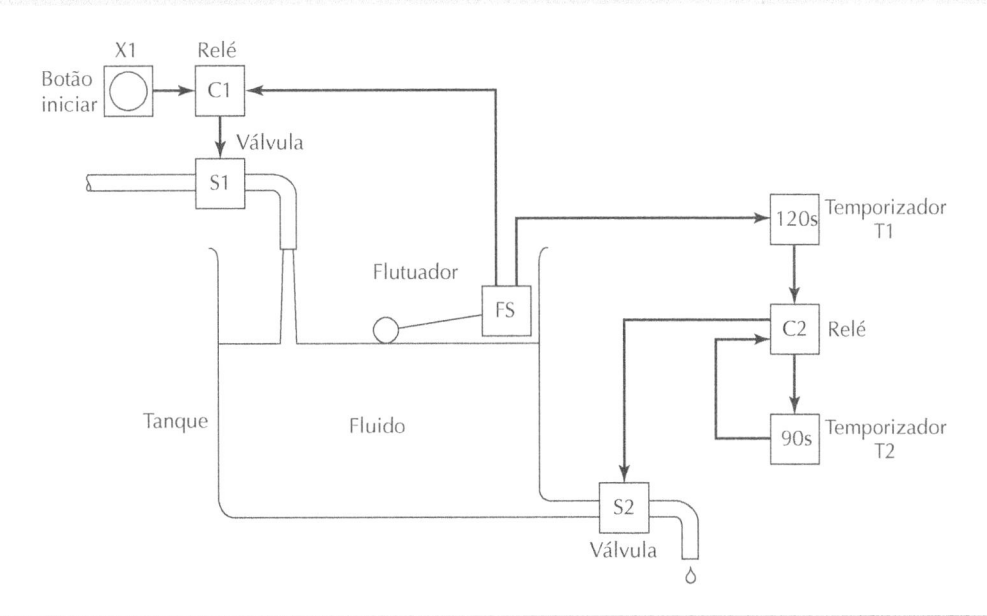

Figura 9.12 Operação de enchimento com fluido do Exemplo 9.6

9.3 CONTROLADORES LÓGICOS PROGRAMÁVEIS (CLPS)

Um controlador lógico programável (CLP) pode ser definido como baseado em microcomputador que usa instruções armazenadas em uma memória programável para implementar lógica, sequenciamento, temporização, contagem e funções aritméticas por meio de módulos de entrada/saída (E/S) digitais ou analógicos para controle de máquinas e processos. Aplicações de CLP são encontradas tanto em processos industriais como em manufatura discreta. Exemplos de aplicações nas indústrias de processos incluem processamento químico, operações em fábricas de papel e produção alimentícia. CLPs estão primeiramente associados às indústrias de manufatura discreta para o controle de máquinas individuais, células de máquina, linhas de transferência, equipamentos para manuseio de materiais e sistemas automatizados de armazenamento. Antes do CLP ser lançado, por volta de 1970, controladores compostos por relés, bobinas, contadores, temporizadores e componentes semelhantes eram utilizados na implementação desse tipo de controle industrial (Nota histórica 9.1). Hoje, muitos equipamentos antigos estão sendo adaptados aos CLPs para substituir os controlodores originais, em geral tornando o equipamento mais produtivo e confiável do que quando novo.

Nota histórica 9.1

Controladores lógicos programáveis [2], [5], [7], [8]

Em meados da década de 1960, Richard Morley era um dos sócios da Bedford Associates, empresa de consultoria de New England, especializada em sistemas de controle para empresas de máquinas-ferramenta. A maior parte do trabalho da empresa envolvia a substituição de relés por minicomputadores nos controles das máquinas-ferramenta. Em janeiro de 1968, Morley idealizou o primeiro controlador lógico programável e redigiu suas especificações.[3] Ele acabaria com algumas das limitações dos computado-

---

[3] Morley usou a abreviação PC para referir-se ao controlador programável. Esse termo foi utilizado por muitos anos até que a IBM começou a chamar seus computadores pessoais pela mesma sigla, no início da década de 1980. O termo CLP, amplamente utilizado hoje para referir-se ao controlador lógico programável, foi criado por Allen-Bradley, um importante fornecedor de CLPs.

res convencionais usados no controle de processos da época; especificamente, ele seria um processador em tempo real (Seção 5.3.1), seria previsível e confiável, modular e resistente. A programação seria baseada na lógica ladder, largamente utilizada para controles industriais. O controlador que surgia era chamado de Modicon Modelo 084. A palavra *modicon* era a abreviação de controlador digital modular (do inglês, *modular digital controller*). A nomenclatura do modelo 084 foi cunhada a partir do fato de o controlador ser o 84º produto criado pela Bedford Associates. Morley e seus associados decidiram criar uma nova empresa para a produção de comutadores, e o Modicon foi incorporado em outubro de 1968. Em 1977, foi vendido para a Gould e tornou-se a divisão de CLPs da empresa.

No mesmo ano em que Morley inventou o CLP, a Divisão Hidramática da General Motors Corporation desenvolveu um conjunto de especificações para um CLP. Essas especificações eram motivadas pelo alto custo e pela falta de flexibilidade dos controladores eletromecânicos baseados em relés utilizados largamente na indústria automotiva para controlar linhas de transferência e outros sistemas mecânicos e automatizados. Os requisitos para o dispositivo eram que devia (1) ser programável e reprogramável, (2) ser projetado para operar em ambiente industrial, (3) aceitar sinais de 120 V ac enviados por interruptores-padrão de pressão e de fim de curso, (4) dispor de saídas projetadas para comutar e operar continuamente cargas como motores e relés de classificação 2-A e (5) possuir preço e custo de instalação competitivos se comparados aos dos relés e dos dispositivos lógicos de estado sólido usados na época. Além da Modicon, diversas outras empresas viram uma oportunidade comercial nas especificações da GM e desenvolveram versões de CLP.

As características dos primeiros CLPs eram semelhantes às dos controles por relés que substituíram. Eram limitados a controles do tipo ligado/desligado. Em cinco anos, as melhorias no produto incluíram melhores interfaces de operação, capacidade aritmética, manipulação de dados e comunicação com computadores. Ao longo dos cinco anos seguintes, as melhorias incluíram aumento da memória, controle analógico e de posicionamento e E/S remota (permitindo que dispositivos remotos fossem conectados a um subsistema de E/S-satélite multiplexado para o CLP usando par trançado). Grande parte do progresso baseava-se nos avanços na área de tecnologia de microprocessadores. Em meados da década de 1980, foi lançado o micro-CLP, um CLP de pequeno porte em tamanho (tamanho típico = 75 mm x 75 mm x 125 mm) e custo bastante inferior (menos de US$ 500). Em meados da década de 1990, chega o nano-CLP, ainda menor e mais barato.

Existem vantagens significativas no uso do CLP em detrimento dos relés, temporizadores, contadores e outros componentes de controle convencionais. Essas vantagens incluem: (1) programar o CLP é mais fácil do que cabear o painel de controle do relé; (2) o CLP pode ser reprogramado, enquanto os controles convencionais devem ser recabeados e costumam ser destruídos nesse procedimento; (3) os CLPs ocupam menos espaço do que os painéis de controle de relés; (4) a confiabilidade é maior e a manutenção, mais fácil; (5) o CLP pode ser mais facilmente conectado aos sistemas de computador do que os relés; e (6) os CLPs podem executar uma variedade maior de funções de controle do que as dos controles de relés.

Nesta seção, descrevemos os componentes, a programação e a operação do CLP. Embora suas principais aplicações sejam no controle lógico e no sequenciamento (controle discreto), muitos CLPs também executam funções adicionais, descritas posteriormente nesta seção.

9.3.1 Componentes dos CLP

Um diagrama esquemático de um CLP é apresentado na Figura 9.13. Os componentes básicos do CLP são os seguintes: (1) processador, (2) unidade de memória, (3) fonte de energia, (4) módulo de E/S e (5) dispositivo de programação. Esses componentes ficam abrigados em um espaço apropriado projetado para suportar o ambiente industrial.

O *processador* é a unidade central de processamento (do inglês, *central processing unit* — UCP ou CPU) do controlador programável. Com vistas a determinar os sinais de saída apropriados, ele executa várias funções lógicas e de sequenciamento por meio da manipulação das entradas do CLP. O ciclo típico de operação da UCP é descrito na Seção 9.3.2. A UCP consiste de um ou mais microprocessadores semelhantes aos utilizados nos PCs e em outros equipamentos de processamento de dados. A diferença é que possuem sistema operacional em tempo real e são programados de modo a facilitar as transações de E/S e a executar a função de lógica ladder. Além disso, os CLPs são robustos para que a UCP e outros componentes eletrônicos possam operar no ambiente eletricamente ruidoso da fábrica.

A *unidade de memória* está conectada à UCP. Contém os programas de lógica, sequenciamento e operações de E/S. Também mantém arquivos de dados associados a

Figura 9.13 Componentes de um CLP

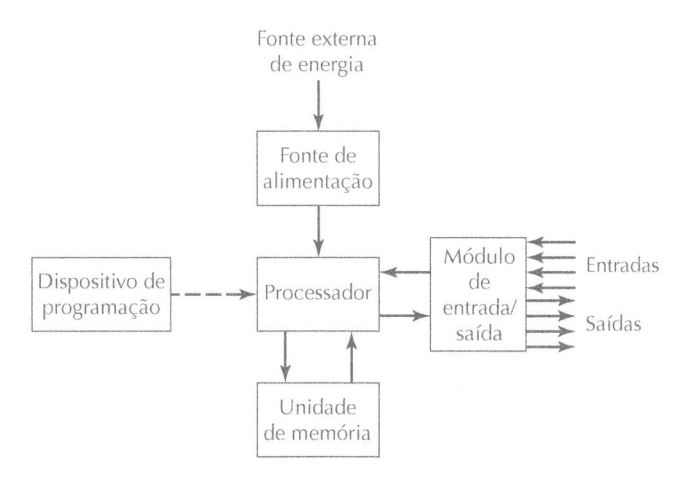

esses programas, inclusive bits de estado de E/S, constantes de contadores e temporizadores, e valores de outros parâmetros e variáveis. Essa unidade de memória é tratada como memória do usuário ou da aplicação, pois seu conteúdo é informado pelo usuário. Além disso, o processador também contém a memória do sistema operacional, que direciona a execução do programa de controle e coordena as operações de E/S. O sistema operacional é gravado pelo fabricante e não pode ser acessado ou alterado pelo usuário.

Uma *fonte de alimentação* de 115 V ac costuma ser utilizada para acionar o CLP (algumas unidades operam em 230 V ac). A fonte de energia converte os 115 V ac em tensões de corrente contínua (cc) de ±5 V. Essas baixas voltagens são usadas na operação de equipamentos que podem ter tensão elétrica e potência muito superiores às do CLP. A fonte de energia costuma incluir uma bateria reserva que é acionada automaticamente no caso de falha externa de energia.

O *módulo de entrada/saída* oferece as conexões com os equipamentos ou os processos industriais a ser controlados. As entradas para o controlador são sinais de interruptores de fim de curso ou de pressão, sensores e outros dispositivos do tipo ligado/desligado. As saídas do controlador são sinais de ligado/desligado para operar motores, válvulas e outros dispositivos necessários à ativação do processo. Além disso, muitos CLPs são capazes de aceitar sinais contínuos oriundos de sensores analógicos e de gerar sinais adequados aos atuadores analógicos. O tamanho de um CLP costuma ser medido em termos do número de terminais de E/S, conforme indicado na Tabela 9.8.

O CLP é programado por meio do dispositivo de programação, que geralmente pode ser desacoplado do compartimento do CLP de modo a ser compartilhado entre muitos controladores. Diferentes fabricantes de CLP oferecem diferentes dispositivos, variando de painéis de controle simples (do inglês, *teach-pendant*) semelhantes aos utilizados na robótica, a teclados e telas especiais de programação de CLPs. Um PC utilizado para esse fim algumas vezes permanece conectado ao CLP para servir como monitoramento de processos ou com função de supervisão e para aplicações convencionais de processamento de dados relacionados ao processo.

9.3.2 Ciclo de operação do CLP

Até onde sabe o usuário do CLP, as etapas no programa de controle são executadas simultânea e continuamente. Na verdade, é necessário um determinado tempo para que o processador do CLP execute o programa do usuário durante um ciclo de operação. O ciclo de operação típico do CLP, chamado de *varredura* (*scan*), é composto de três etapas: (1) varredura de entrada, (2) varredura do programa e (3) varredura de saída. Durante a *varredura de entrada*, as entradas do CLP são lidas pelo processador e o estado dessas entradas é armazenado na memória. Em seguida, o programa de controle é executado durante a *varredura do programa*. Os valores de entrada armazenados na memória são utilizados nos cálculos da lógica de controle para determinar os valores das saídas. Por fim, durante a *varredura de saída*, as saídas são atualizadas conforme os valores calculados. O tempo para execução da varredura é chamado de *tempo de varredura* e depende do número de entradas que devem ser lidas, da complexidade das funções que devem ser executadas e do número de saídas que devem ser alteradas. O tempo de varredura também depende da velocidade do relógio (*clock*) do processador e costuma variar entre 1 e 25 ms [3].

Um dos problemas potenciais que podem ocorrer durante o ciclo de varredura é que o valor de entrada

Tabela 9.8 Classificação típica de CLPs pelo número de terminais de entrada/saída

Tamanho do CLP	Quantidade de E/S
CLP grande	≥1024
CLP médio	<1024
CLP pequeno	<256
CLP micro	≤32
CLP nano	≤16

pode mudar imediatamente depois de ter sido lido. Como o programa usa o valor de entrada armazenado na memória, quaisquer valores de saída dependentes dessa entrada serão incorretamente calculados. Existe, obviamente, um risco potencial envolvido nesse modo de operação. Entretanto, o risco é minimizado porque o tempo entre as atualizações é tão curto que é pouco provável que o valor de saída permaneça incorreto por um tempo capaz de causar efeitos sérios sobre a operação do processo. O risco se torna mais significativo em processos nos quais o tempo de resposta é muito rápido e nos quais danos podem ocorrer durante o tempo de varredura. Alguns CLPs possuem características especiais para a realização de atualizações "imediatas" de sinais de saída quando se sabe que as alterações nas frequências das variáveis de entrada são mais rápidas do que o tempo de varredura.

9.3.3 Capacidades adicionais do CLP

É possível que as funções de controle lógico e sequenciamento descritas na Seção 9.1 representem as principais operações de controle realizadas pelo CLP. Essas são as funções para as quais o controlador programável foi originalmente criado. Entretanto, o CLP evoluiu e incluiu diversas possibilidades que vão além do controle lógico e do sequenciamento. Algumas dessas novas possibilidades disponíveis em muitos CLPs comerciais são:

- *Controle analógico.* O controle proporcional-integral--derivativo (PID) está disponível em alguns controladores programáveis. Esses algoritmos de controle foram tradicionalmente criados utilizando controladores analógicos. Hoje em dia, os esquemas de controle analógico são aproximados pelo uso do computador digital, seja com um CLP ou um controle de processos por computador.

- *Funções aritméticas.* Adição, subtração, multiplicação e divisão. O uso das mesmas permite que sejam desenvolvidos algoritmos de controle mais complexos do que os que eram possíveis com os elementos convencionais da lógica e do sequenciamento.

- *Funções de matriz.* Alguns CLPs possuem capacidade de executar funções de matriz sobre valores armazenados na memória. Esse recurso pode ser utilizado para comparar os valores atuais do conjunto de entradas e saídas com os valores armazenados na memória do CLP de modo a determinar se algum erro ocorreu.

- *Processamento e relatório de dados.* Essas funções estão tipicamente associadas a aplicações de negócios de PCs (*business applications*). Os fabricantes de CLPs julgaram necessário incluir essas características em seus controladores à medida que desaparecia a diferença entre PCs e CLPs.

9.3.4 Programando o CLP

A programação é o meio pelo qual o usuário informa as instruções de controle ao CLP, a partir do dispositivo de programação. As instruções de controle mais básicas são as de comutação, lógica, sequenciamento, contagem e temporização. Quase todos os métodos de programação de CLPs oferecem conjuntos de instruções que incluem essas funções. Muitas aplicações de controle demandam instruções adicionais para a realização do controle analógico de processos contínuos, lógica de controle complexa, processamento e relatório de dados, além de outras funções avançadas que não são prontamente realizadas pelo conjunto básico de instruções. Graças às diferenças nos requisitos, diversas linguagens de programação para CLPs foram desenvolvidas. Um padrão para a programação de CLPs foi publicado pela International Electromechanical Comission, em 1992, e intitulado *International Standard for Programmable Controllers* (IEC 1131-3). Esse padrão especifica três linguagens gráficas e duas textuais para programação de CLPs, respectivamente: (1) diagramas de lógica ladder, (2) diagramas de blocos de funções, (3) diagramas de funções sequenciais, (4) lista de instruções e (5) texto estruturado. A Tabela 9.9 lista as cinco linguagens e

Tabela 9.9 Características das cinco linguagens de CLP especificadas pelo padrão IEC1131-3

Linguagem	Abreviação	Tipo	Aplicações em que melhor se enquadram
Diagrama de lógica ladder	(LD)	Gráfica	Controle discreto
Diagrama de blocos de funções	(FBD)	Gráfica	Controle contínuo
Diagrama de funções sequenciais	(SFC)	Gráfica	Sequenciamento
Lista de instruções	(IL)	Textual	Controle discreto
Texto estruturado	(ST)	Textual	Lógica complexa, cálculos etc.

as aplicações mais comuns para cada uma delas. O padrão IEC 1131-3 também define que as cinco linguagens devem ser capaz de interagir entre si de modo a permitir todos os níveis possíveis de sofisticação do controle em qualquer aplicação.

Diagrama de lógica ladder. A linguagem de programação de CLPs mais utilizada atualmente envolve diagramas ladder (do inglês, *ladder diagrams* — LDs), que mostramos em várias figuras ao longo da seção anterior. Conforme indicado na Seção 9.2, os diagramas ladder são muito convenientes para o pessoal de chão de fábrica, que está familiarizado com diagramas ladder e de circuitos, mas que pode não conhecer computadores e sua programação. Para utilizar diagramas de lógica ladder, eles não precisam aprender uma linguagem de programação completamente nova.

A entrada direta do diagrama de lógica ladder na memória do CLP requer o uso de um teclado e de um monitor com capacidades gráficas para exibição de símbolos representando os componentes e suas inter-relações no diagrama de lógica ladder. Os símbolos são semelhantes aos apresentados na Figura 9.8; o teclado do CLP costuma ser projetado com teclas para cada um dos símbolos individuais; a programação é feita por meio da inserção do componente apropriado nos degraus (linhas) do diagrama ladder; os componentes são de dois tipos básicos: contatos e bobinas, conforme descrito na Seção 9.2; os contatos representam interruptores de entrada, contatos de relés e elementos semelhantes; as bobinas representam cargas, como motores, solenoides, relés, temporizadores e contadores. Na verdade, o programador insere, degrau por degrau, o circuito no diagrama de lógica ladder na memória do CLP e o monitor vai exibindo os resultados após cada verificação.

Diagrama de blocos de funções. Um diagrama de bloco de função (do inglês, *function block diagram* — FBD) oferece meios para a inserção de instruções de alto nível compostas por blocos operacionais. Cada bloco possui uma ou mais entradas e uma ou mais saídas. Dentro de um bloco, certas operações acontecem sobre as entradas de modo a transformar os sinais nas saídas desejadas. Os blocos de funções incluem operações como temporizadores e contadores, cálculos de controle utilizando equações (por exemplo, controle proporcional-integral-derivativo), manipulação de dados e transferência de dados para outros sistemas baseados em computador. Deixamos uma descrição mais apurada sobre esses diagramas de funções para outras referências, como Hughes [3] e os manuais de operação para os CLPs comerciais disponíveis.

Diagrama de funções sequenciais. O diagrama de funções sequenciais (do inglês, *sequential function chart* — SFC, também chamado de método *Grafcet*) exibe graficamente as funções sequenciais de um sistema automatizado como uma série de etapas e transições de um estado do sistema para o estado seguinte. O diagrama de funções sequenciais é descrito em Boucher [1]. Ele se tornou um método-padrão para a documentação do controle lógico e do sequenciamento em grande parte da Europa. Entretanto, seu uso nos Estados Unidos é mais limitado e, portanto, sugerimos ao leitor a referência citada como fonte de mais detalhes sobre o método.

Lista de instruções. A programação por lista de instruções (do inglês, *instruction list* — IL) também oferece um modo de inserir o diagrama de lógica ladder na memória do CLP. Nesse método, o programador utiliza uma linguagem de programação de baixo nível para construir o diagrama de lógica ladder por meio da entrada de declarações que especificam os vários componentes e suas relações para cada degrau do diagrama ladder. Vamos explicar essa abordagem por meio da introdução de um conjunto hipotético de instruções CLP. Nossa "liguagem" CLP compõem diversas linguagens de diferentes fabricantes e contém menos características do que a maioria dos CLPs disponíveis comercialmente. Assumimos que o dispositivo de programação é composto por um teclado adequado à entrada dos componentes individuais em cada degrau do diagrama de lógica ladder. Um monitor capaz de exibir os degraus do diagrama (e talvez vários dos degraus que o precedem) ajuda na verificação do programa. O conjunto de instruções do nosso CLP é apresentado na Tabela 9.10 com uma breve explicação sobre cada instrução. Vamos examinar o uso desses comandos em alguns exemplos.

Tabela 9.10 Conjunto típico de instruções de baixo nível para um CLP

STR	Armazena uma nova entrada e inicia um novo degrau do diagrama ladder.
AND	Operação lógica AND com o elemento anteriormente informado. É interpretada como um circuito em série relativo a ele.
OR	Operação lógica OR com o elemento anteriormente informado. É interpretada como um circuito paralelo relativo a ele.
NOT	Operação lógica NOT ou inversão do elemento informado.
OUT	Elemento de saída do degrau do diagrama ladder.
TMR	Elemento temporizador. Requer sinal de entrada para iniciar a sequência de temporização. Em relação à entrada, a saída é atrasada durante um tempo especificado pelo programador, em segundos. A restauração do temporizador é realizada por meio da interrupção (parada) do sinal de entrada.
CTR	Elemento contador. Requer duas entradas: uma é o trem de pulsos de entrada contador pelo elemento CRT; a outra é o sinal indicando a reinicialização do procedimento de contagem.

EXEMPLO 9.7

Comandos da linguagem para circuitos AND, OR e NOT

Utilizando o conjunto de comandos da Tabela 9.10, escreva os programas CLP para os três diagramas ladder da Figura 9.10 representando os circuitos AND, OR e NOT das figuras 9.1, 9.2 e 9.3.

Solução: Os comandos para os três circuitos estão listados a seguir, com explicações.

	Comando	Comentário
(a)	STR X1	Armazena a entrada X1
	AND X2	Entrada X2 em série com X1
	OUT Y	Fornece Y como saída
(b)	STR X1	Armazena a entrada X1
	OR X2	Entrada X2 paralela a X1
	OUT Y	Fornece Y como saída
(c)	STR NOT X1	Armazena o inverso de X1
	OUT Y	Fornece Y como saída

EXEMPLO 9.8

Comandos da linguagem para relé de controle

Utilizando o conjunto de comandos da Tabela 9.10, escreva um programa CLP para o controle de relé mostrado no diagrama de lógica ladder da Figura 9.11.

Solução: Os comandos para controle do relé estão listados a seguir, com explicações.

Comando	Comentário
STR X	Armazena a entrada X
OUT C	Saída do contato do relé C
STR NOT C	Armazena o inverso da saída C
OUT Y1	Saída da carga Y1
STR C	Armazena a saída C
OUT Y2	Saída da carga Y2

As linguagens de dois níveis costumam estar limitadas aos tipos de funções lógicas e de sequenciamento que podem ser definidas em um diagrama de lógica ladder. Embora temporizadores e contadores não tenham sido apresentados nos dois exemplos anteriores, alguns dos exercícios no fim do capítulo vão demandar o uso dos mesmos.

Texto estruturado. O texto estruturado (do inglês, *structured text* — ST) é uma linguagem de alto nível semelhante à dos computadores, que pode, no futuro, tornar-se a forma mais comum de programação de CLPs e PCs para aplicações de controle e automação. A principal vantagem de uma linguagem de alto nível é a capacidade de executar processamento de dados e cálculos sobre valores que não sejam binários. Os diagramas ladder e as linguagens CLP de baixo nível costumam ser limitados em sua habilidade de operar sinais que não sejam do tipo ligado/desligado. A capacidade de executar processamento de dados e cálculos permite o uso de algoritmos de controle mais complexos, a comunicação com outros sistemas baseados em computador, a exibição de dados em um monitor e a entrada de dados por meio de um operador humano. Outra vantagem é a relativa facilidade com que um programa de controle complicado pode ser interpretado por um usuário. Comentários explicativos podem ser inseridos no programa para facilitar a interpretação.

9.4 COMPUTADORES PESSOAIS UTILIZANDO LÓGICA *SOFT*

No início da década de 1990, os PCs começaram a invadir aplicações anteriormente dominadas pelos CLPs. Antigamente, recomendava-se CLPs para uso em fábricas porque eram projetados para operar em ambientes adversos, enquanto os PCs eram projetados para o uso em escritórios. Além disso, com sua interface E/S embutida e seus sistemas operacionais em tempo real, os CLPs poderiam ser prontamente conectados a um equipamento externo para processos de controle, enquanto os PCs demandavam cartões de E/S e programas especiais que viabilizassem essas funções. Por fim, os computadores pessoais às vezes travavam sem nenhuma causa aparente — em geral, paradas dessa natureza não podiam ser toleradas em aplicações de controle industrial. Os CLPs não estão propensos a esse tipo de mau funcionamento.

A despeito dessas vantagens do CLP, a evolução tecnológica dos controladores lógicos programáveis não acompanhou o desenvolvimento dos computadores pessoais, e novas gerações de PCs são lançadas com uma frequência muito maior do que a dos CLPs. Existem muito mais programas e arquiteturas proprietárias no CLP do que no PC, o que dificulta a mescla e a combinação de componentes de diferentes fornecedores. Ao longo do tempo, esses fatores resultaram na desvantagem do desempenho dos CLPs. O desempenho deles fica em torno de dois anos atrás do dos PCs, e a diferença continua a aumentar. As velocidades dos PCs estão dobrando a cada 18 meses, em média, enquanto as melhorias na tecnologia dos CLPs ocorrem muito mais lentamente e requerem que as empresas refaçam o projeto de seus programas e arquiteturas proprietárias a cada nova geração de microprocessadores.

Os PCs agora estão disponíveis em gabinetes mais robustos para o ambiente de fábrica sujo e ruidoso. Podem ser equipados com teclados do tipo membrana para proteção contra humidade, óleo e sujeira e ser adquiridos com placas de E/S e equipamentos que ofereçam os dispositivos necessários à conexão com os equipamentos e processos das fábricas. Os sistemas operacionais projetados para a implementação de aplicações de controle em tempo real podem ser instalados em conjunto com outros programas tradicionais de escritório. Os fabricantes de CLPs estão reagindo ao desafio imposto pelos PCs com a inclusão de componentes e características dos computadores em seus produtos controladores de modo a distingui-los dos CLPs convencionais. Ainda assim, o futuro está propenso a ver um número crescente de PCs sendo utilizados nas aplicações de controle de fábricas nas quais os CLPs costumavam ser utilizados.

Duas abordagens básicas são empregadas nos sistemas de controle baseados em PCs [10]: lógica *soft* e sistemas críticos de controle em tempo real. Na configuração da lógica *soft*, o sistema operacional do PC é o Windows e algoritmos de controle são instalados como programas de alta prioridade. Entretanto, é possível interromper as tarefas de controle para atender a determinadas funções do sistema no Windows, tais como comunicações de rede e acesso ao disco. Quando isso acontece, a função de controle aguarda, o que pode trazer consequências negativas ao processo. Assim, um sistema de controle com lógica *soft* não pode ser considerado um controlador em tempo real no sentido do CLP. Em aplicações de controle de alta velocidade ou processos voláteis, a falta do controle em tempo real é um perigo potencial. Em processos menos críticos, a lógica *soft* funciona bem.

Nos sistemas *críticos de controle em tempo real*, o sistema operacional do PC é o que opera em tempo real, e o *software* de controle tem prioridade sobre todos os outros programas. As tarefas do Windows são executadas com prioridade baixa em relação ao sistema operacional em tempo real. O Windows não pode interromper a execução do controlador em tempo real. Se o Windows travar, não há alterações nas operações do controlador. Além disso, o sistema operacional reside na memória ativa do PC e, portanto, uma falha no disco rígido não tem efeito algum sobre o sistema crítico de controle em tempo real.

Referências

[1] BOUCHER, T. O. *Computer automation in manufacturing*. Londres: Chapman & Hall, 1996.

[2] CLEVELAND, P. "PLCs get smaller, adapt to newest technology". *Instrumentation and Control Systems*, p. 23-32, abr. 1997.

[3] HUGHES, T. A. *Programmable controllers*. 2.ed. Research Triangle Park, NC: Instrument Society of America, 1997.

[4] *INTERNATIONAL Standard for Programmable Controllers, Standard IEC 1131-3*. Geneva, Suíça: International Electrotechnical Commission, 1993.

[5] JONES, T.; BRYAN, L. A. Programmable Controllers, International Programmable Controls, Inc. Atlanta, GA: IPC/ASTEC, 1983.

[6] LAVALEE, R. "Soft logic's new challenge: Distributed machine control". *Control Engineering*, p. 51-8, ago. 1996.

[7] *MICROMENTOR:* Understanding and applying micro programmable controllers. Milwaukee, WI: Allen-Bradley Company, Inc., 1995.

[8] MORLEY, R. "The techy history of modicon". *Technology*, 1989. (Manuscrito.)

[9] RIZZONI, G. *Principles and applications of electrical engineering*. 5. ed. Nova York: McGraw-Hill, 2007.

[10] STENEROSON, J. Fundamentals of programmable logic controllers, sensors, and communications. 3. ed. Upper Saddle River, NJ: Pearson; Prentice Hall, 2004.

[11] WEBB, J. W.; REIS, R. A. *Programmable logic controllers:* Principles and applications. 4. ed. Upper Saddle River, NJ: Pearson; Prentice Hall, 1999.

[12] WILHELM, E. Programmable controller handbook. Hasbrouck Heights, NJ: Hayden Book Company, 1985.

Perguntas de revisão

9.1 Defina brevemente as duas categorias de controle discreto de processos.

9.2 O que é uma porta lógica AND? Como ela opera sobre duas entradas binárias?

9.3 O que é uma porta lógica OR? Como ela opera sobre duas entradas binárias?

9.4 O que é a álgebra booleana? Qual era seu objetivo inicial?

9.5 Qual a diferença entre um temporizador com atraso no desligamento e um temporizador com atraso na ativação?

9.6 Qual a diferença entre um contador progressivo e um contador regressivo?

9.7 O que é um diagrama de lógica ladder?

9.8 Os componentes em um diagrama de lógica ladder são os contatos e as bobinas. Dê dois exemplos de cada tipo.

9.9 O que é um controlador lógico programável?

9.10 Quais as vantagens de se utilizar CLP em vez de relés, temporizadores, contadores e outros componentes de controle tradicionais?

9.11 Quais são os cinco componentes básicos de um CLP?

9.12 O ciclo de operação típico de um CLP, chamado de *varredura*, é formado por três etapas: (1) varredura de entrada, (2) varredura do programa e (3) varredura de saída. Descreva brevemente o que é realizado em cada parte.

9.13 Cite os cinco métodos de programação CLP identificados pelo *International Standard for Programmable Controllers* (IEC 1131-3).

9.14 Quais são as três razões e fatores que explicam por que os computadores pessoais estão sendo utilizados com uma frequência cada vez maior nas aplicações de controle industrial?

9.15 Cite duas abordagens básicas utilizadas nos sistemas de controle baseados em PC.

Problemas

9.1 Escreva a expressão lógica booleana para o interruptor de pressão do Exemplo 9.2 utilizando os seguintes símbolos: X1 = INICIAR, X2 = PARAR, Y1 = MOTOR, e Y2 = ENERGIA-PARA-MOTOR.

9.2 Construa o diagrama de lógica ladder para o sistema de intertravamento do robô no Exemplo 9.1.

9.3 No circuito da Figura 9.1, suponha que um fotodetector fosse utilizado para determinar se a lâmpada funcionou. Se a lâmpada não acender quando ambos os interruptores estiverem fechados, o fotodetector fará soar uma sirene. Construa o diagrama de lógica ladder para esse sistema.

9.4 Construa o diagrama de lógica ladder para (a) uma porta NAND e (b) uma porta NOR.

9.5 Construa os diagramas de lógica ladder para as seguintes expressões lógicas booleanas:

(a) Y = (X1 + X2) · X3, (b) Y = (X1 + X2) · (X3 + X4), (c) Y = (X1 · X2) + X3.

9.6 Utilizando o conjunto de instruções da Tabela 9.10, escreva as declarações de uma linguagem de baixo nível para o sistema de intertravamento do robô no Exemplo 9.1.

9.7 Utilizando o conjunto de instruções da Tabela 9.10, escreva as declarações de uma linguagem de baixo nível para a lâmpada e para o sistema do fotodetector no Problema 9.4.

9.8 Utilizando o conjunto de instruções da Tabela 9.10, escreva as declarações de uma linguagem de baixo nível para a operação de enchimento com fluido do Exemplo 9.6.

9.9 Utilizando o conjunto de instruções da Tabela 9.10, escreva as declarações de uma linguagem de baixo nível para as quatro partes do Problema 9.5.

9.10 Na operação de enchimento com fluido do Exemplo 9.6, imagine que um sensor (por exemplo, um interruptor de boia submersa) seja utilizado no lugar do temporizador T2 para determinar se o conteúdo do tanque foi evacuado. (a) Construa um diagrama de lógica ladder para esse novo sistema. (b) Com base no conjunto de instruções de CLP da Tabela 9.10, escreva as declarações da linguagem de baixo nível para o sistema.

9.11 No manual de operação de uma prensa de estampagem de metal laminado, costuma-se utilizar um sistema de intertravamento de segurança com dois botões para prevenir que o operador inicie inadvertidamente a prensa enquanto seu braço está na matriz. Ambos os botões devem ser pressionados para que seja iniciado o ciclo de estampagem. Nesse sistema, um botão está localizado em um lado da prensa e o outro está no lado oposto. Durante o ciclo de operação, o operador coloca a peça na matriz e pressiona os dois botões, utilizando as duas mãos. (a) Escreva a tabela-verdade para esse sistema de intertravamento. (b) Escreva a expressão lógica booleana para o sistema. (c) Construa o diagrama lógico para o sistema. (d) Construa o diagrama de lógica ladder para o sistema.

9.12 Um sistema de parada de emergência será projetado para determinada máquina de produção automática. Um único botão de iniciar é utilizado para ligar a energia para a máquina no início do dia. Além disso, existem três botões de parar localizados em diferentes posições da máquina e qualquer um pode ser pressionado para que se interrompa imediatamente a alimentação de energia da máquina. (a) Escreva a tabela-verdade para esse sistema de intertravamento. (b) Escreva a expressão lógica booleana para o sistema. (c) Construa o diagrama lógico para o sistema. (d) Construa o diagrama de lógica ladder para o sistema.

9.13 Um robô industrial executa as operações de carregamento e descarregamento de uma máquina. Um CLP é utilizado como controlador da célula do robô. A célula opera da seguinte maneira: (1) um trabalhador humano coloca uma peça em um compartimento, (2) o robô se movimenta, pega a peça e a coloca em uma bobina de aquecimento por indução, (3) a peça é aquecida por dez segundos, (4) o robô vai até a peça, pega a mesma e a coloca no transportador de saída. Na etapa (1), um interruptor de presença X1 (normalmente aberto) será usado no compartimento para indicar a presença da peça. Um contato de saída Y1 será utilizado para sinalizar para o robô a execução da etapa (2) do ciclo de trabalho. Ele é uma saída do CLP, mas uma entrada para o sistema de intertravamento para o controlador do robô. O temporizador T1 será usado para gerar um tempo de espera de dez segundos na etapa (3). O contato de saída Y2 será usado para sinalizar ao robô a execução da etapa (4). (a) Construa o diagrama de lógica ladder para o sistema. (b) Escreva as declarações em linguagem de baixo nível para o sistema utilizando o conjunto de instruções CLP da Tabela 9.10.

9.14 Um CLP é utilizado para controlar a sequência em uma operação automatizada de furação. Um operador humano carrega e aperta uma peça em estado bruto em um acessório da mesa da furadeira e pressiona um botão para iniciar o ciclo automático. O eixo-árvore da broca liga, desce em direção à peça a uma determinada profundidade (determinada pelo interruptor de contato) e se retrai. A broca então se move para uma segunda posição de furação e a operação de descida e retração da broca é executada. Após a segunda operação de furação, a broca é desligada e o acessório retorna à posição incial. O trabalhador então retira a peça acabada e coloca outra em estado bruto. (a) Especifique as variáveis de entrada/saída para a operação desse sistema e defina símbolos para cada uma delas. (b) Construa o diagrama de lógica ladder para o sistema. (c) Escreva as declarações em linguagem de baixo nível para o sistema utilizando o conjunto de instruções CLP da Tabela 9.10.

9.15 Um forno industrial deve ser controlado da seguinte maneira: os contatos de uma faixa bimetálica dentro do forno fecham se a temperatura ficar abaixo do valor-alvo e abrem quando a temperatura está acima desse valor. Os contatos regulam o relé de controle que liga e desliga os elementos de aquecimento do forno. Se a porta do forno for aberta, os elementos de aquecimento serão temporariamente desligados até que se feche a porta. (a) Especifique as variáveis de entrada/saída para a operação desse sistema e defina símbolos para cada uma delas (por exemplo, X1, X2, C1, Y1 etc). (b) Construa o diagrama de lógica ladder para o sistema. (c) Escreva as declarações em linguagem de baixo nível para o sistema utilizando o conjunto de instruções CLP da Tabela 9.10.

PARTE III

MANUSEIO DE MATERIAIS E TECNOLOGIAS DE IDENTIFICAÇÃO

CAPÍTULO 10
Sistemas de transporte de materiais

CONTEÚDO DO CAPÍTULO

10.1 Introdução ao manuseio de materiais
  10.1.1 Equipamentos de manuseio de materiais
  10.1.2 Considerações sobre o projeto no manuseio de materiais

10.2 Equipamentos de transporte de materiais
  10.2.1 Veículos industriais
  10.2.2 Veículos guiados automaticamente
  10.2.3 Monovia e outros veículos guiados por trilhos
  10.2.4 Transportadores
  10.2.5 Guindastes e guinchos

10.3 Análise de sistemas de transporte de materiais
  10.3.1 Análise de sistemas baseados em veículos
  10.3.2 Análise de transportadores

O *manuseio de materiais* é definido pela Material Handling Industry of America (MHIA)[1] como "o deslocamento, o armazenamento, a proteção e o controle de materiais por meio dos processos de manufatura e distribuição, incluindo seu consumo e manejo" [10]. O manuseio de materiais deve ser realizado a um custo baixo, de maneira segura, eficiente, pontual, precisa (os materiais certos nas quantidades certas para os locais certos) e sem danos aos materiais. O manuseio de materiais é uma questão importante, no entanto, muitas vezes descuidada no processo de produção. O custo do manuseio é uma porção significativa do custo de produção total. Estimativas giram em torno de 20 a 25 por cento do custo de mão de obra de manufatura total nos Estados Unidos [3]. A proporção do custo total varia de acordo com o tipo de produção e o grau de automação na função de manuseio de materiais.

Nesta parte do livro, discutimos o manuseio de materiais e os sistemas de identificação utilizados na produção. A posição do manuseio de materiais no sistema de produção maior é mostrada na Figura 10.1. Em nossa abordagem, dividimos o assunto em três categorias principais: (1) sistemas de transporte de materiais, discutido neste capítulo, (2) sistemas de armazenamento, descritos no Capítulo 11, e (3) sistemas de rastreamento e identificação automática, apresentados no Capítulo 12. Além disso, vários tipos de dispositivos de manuseio de materiais são discutidos nos outros capítulos do texto, incluindo robôs industriais utilizados para manuseio de materiais (Capítulo 8), transporte de paletes em centros de usinagem

---

[1] A Material Handling Industry of America (MHIA) é a associação mercantil para empresas de manuseio de materiais que realizam negócios na América do Norte. A definição é publicada em seu relatório anual a cada ano [10].

Figura 10.1 Manuseio de materiais no sistema de produção

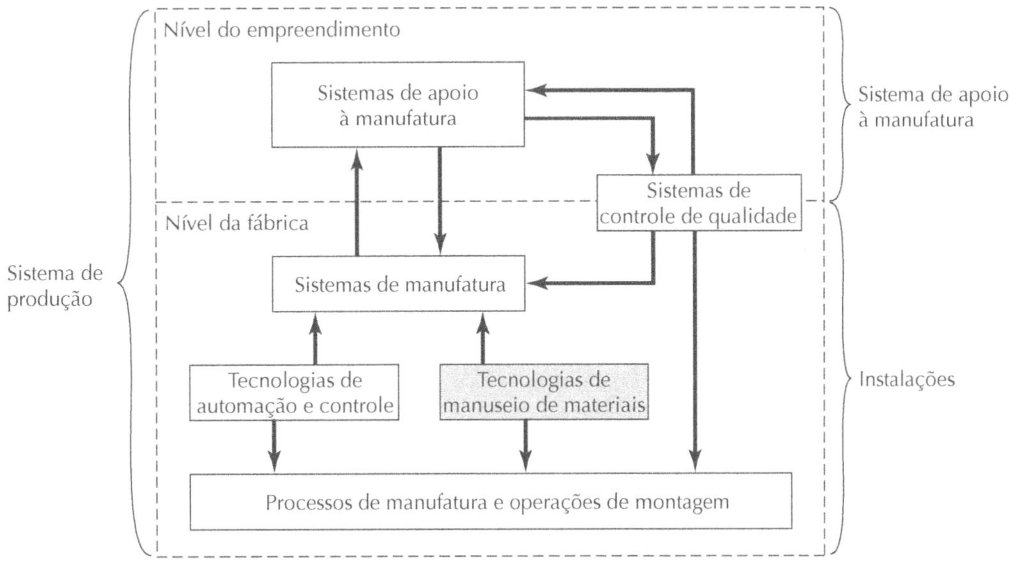

CN (Capítulo 14), transportadores em linhas de montagem manuais (Capítulo 15), mecanismos de transferência em linhas automatizadas (Capítulo 16) e dispositivos de alimentação de peças em montagem automatizada (Capítulo 17).

10.1 INTRODUÇÃO AO MANUSEIO DE MATERIAIS

O manuseio de materiais é uma atividade importante dentro de um sistema maior, por meio da qual materiais são movidos, armazenados e rastreados em infraestruturas comerciais. O termo comumente utilizado para o sistema maior é *logística*, que diz respeito à aquisição, ao deslocamento, ao armazenamento e à distribuição de materiais e produtos, assim como ao planejamento e ao controle dessas operações a fim de satisfazer a demanda dos clientes. Operações de logística podem ser divididas em duas categorias básicas: logística externa e logística interna. A *logística externa* diz respeito ao transporte e às atividades relacionadas que ocorrem fora de uma instalação. Em geral, essas atividades envolvem o deslocamento de materiais entre diferentes localizações geográficas. Os cinco modos tradicionais de transporte são ferroviário, rodoviário, aéreo, naval e por dutos. A *logística interna*, popularmente conhecida como manuseio de materiais, envolve deslocamento e armazenamento de materiais dentro de uma determinada instalação. Nosso interesse neste livro está na logística interna. Nesta seção, primeiro descrevemos vários tipos de equipamentos utilizados no manuseio de materiais e, então, identificamos algumas das considerações exigidas no projeto de sistemas de manuseio de materiais.

10.1.1 Equipamentos de manuseio de materiais

Uma grande variedade de equipamentos de manuseio de materiais está disponível comercialmente. O equipamento pode ser classificado em quatro categorias: (1) equipamento de transporte de materiais, (2) sistemas de armazenamento, (3) equipamentos de unitização e (4) sistemas de identificação e rastreamento.

Equipamentos de transporte de materiais. São utilizados para deslocar materiais dentro de uma fábrica, um armazém ou outra instalação. Os cinco tipos principais de equipamentos são: (1) veículos industriais, (2) veículos guiados automaticamente, (3) veículos guiados por trilhos, (4) transportadores e (5) guindastes e guinchos. Todos são descritos na Seção 10.2.

Sistemas de armazenamento. Apesar de ser geralmente desejável reduzir o armazenamento de materiais em manufatura, parece inevitável que matérias-primas e trabalhos em andamento passem algum tempo armazenados, mesmo temporariamente. Da mesma forma, produtos acabados provavelmente passarão algum tempo em um armazém ou centro de distribuição antes de ser entregues para o cliente. Normalmente, empresas têm de dar atenção aos métodos mais apropriados para armazenar materiais e produtos antes, durante e após a manufatura. Métodos e equipamentos de armazenamento podem ser classificados em duas categorias principais: (1) métodos convencionais de armazenamento e (2) sistemas automatizados de armazenamento. Métodos convencionais de armazenamento incluem armazenamento de grande capacidade (armazenar itens em uma área de piso aberto), sistemas de estantes, prateleiras e escaninhos, e armazenamento em gavetas. Em geral, métodos de armazenamento convencionais exigem mão de obra intensiva. Trabalhadores armazenam materiais e os retiram do armazenamento. Sistemas de armazenamento automatizados são projetados para reduzir ou eliminar a mão de obra manual envolvida nessas funções. Existem dois tipos principais de sistemas de armazenamento automatizado: (1) sistemas de armazenamento e recuperação automatizados e (2) sistemas a carrossel. Estes métodos de armazenamento são descritos com mais detalhes no Capítulo 11. Além disso, modelos matemáticos são desenvolvidos para prever a produtividade e outras características de desempenho de sistemas de armazenamento automatizados.

Equipamento de unitização. O termo refere-se a (1) contêineres utilizados para itens individuais durante o manuseio e (2) equipamentos utilizados para carregar e acondicionar os contêineres. Contêineres incluem paletes, caixas, cestas, barris, caçambas e tambores, alguns dos quais são mostrados na Figura 10.2. Apesar de aparentemente comuns, são muito importantes para deslocar materiais eficientemente como unidade de carga, em vez de como itens individuais. Paletes e outros contêineres que podem ser manuseados por equipamentos de empilhadeiras são amplamente utilizados em operações de produção e distribuição. A maioria das fábricas, armazéns e centros de distribuição utilizam empilhadeiras para mover cargas unitárias em paletes. Algumas vezes determinada instalação tem de padronizar um tipo e tamanho específico de contêiner se utilizar transporte automático e/ou equipamento de armazenamento para manusear as cargas.

A segunda categoria de equipamentos de unitização, carregamento e acondicionamento inclui *paletizadores*, projetados para carregar automaticamente caixas de papelão em paletes e as embrulhar com película plástica para envio, e *despaletizadores*, projetados para descarregar caixas de papelão de paletes. Outras máquinas de embrulho e empacotamento também são incluídas nessa categoria de equipamentos.

Sistemas de identificação e rastreamento. O manuseio de materiais tem de incluir um meio de rastrear materiais sendo movidos ou armazenados. Normalmente isso é feito fixando algum tipo de rótulo ao item, uma caixa de papelão ou uma carga unitária que o identifique de maneira única. O rótulo mais comum utilizado hoje em dia é um código de barra que pode ser lido rápida e automaticamente por leitores de códigos de barras. Essa é a mesma tecnologia básica utilizada por supermercados e varejistas. Uma tecnologia de identificação alternativa que está crescendo em importância é a identificação por radiofrequência (do inglês, *radio frequency identification device* — RFID). Códigos de barra, RFID e outras técnicas de identificação automáticas são discutidos no Capítulo 12.

10.1.2 Considerações sobre o projeto no manuseio de materiais

Equipamentos de manuseio de materiais são normalmente reunidos em um sistema. O sistema tem de ser espe-

Figura 10.2 Exemplos de contêineres de carga unitária para manuseio de materiais: (a) palete de madeira, (b) caixa de palete e (c) caixa de manuseio

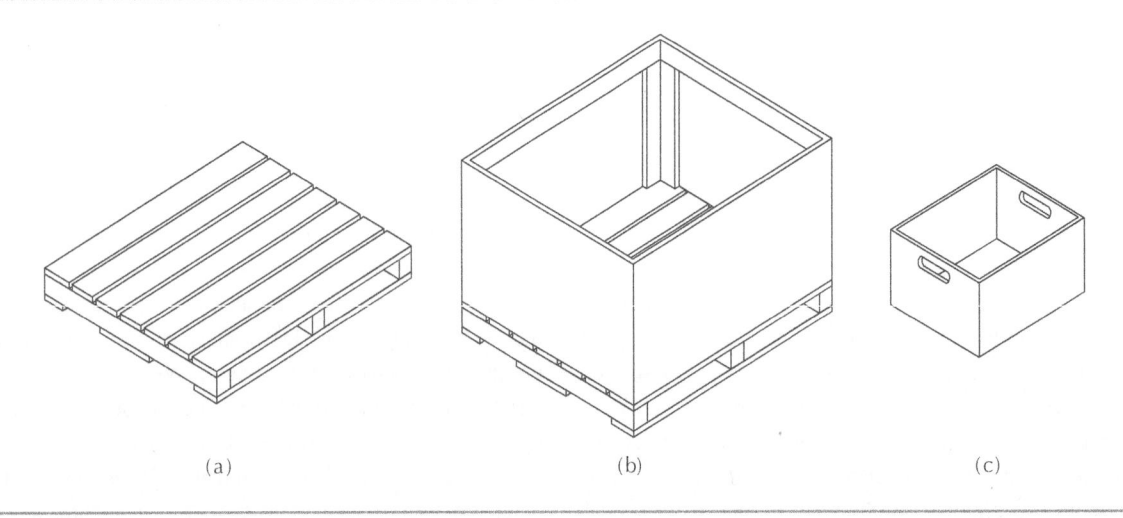

(a)   (b)   (c)

cificado e configurado para satisfazer as exigências de uma aplicação em particular. O projeto do sistema depende dos materiais que serão manipulados, das quantidades e das distâncias que serão deslocadas, do tipo de instalação de produção servida pelo sistema de manuseio e de outros fatores, incluindo o orçamento disponível. Nesta seção, consideramos esses fatores que influenciam o projeto do sistema de manuseio de materiais.

Características dos materiais. Para fins de manuseio, materiais podem ser classificados pelas características físicas apresentadas na Tabela 10.1, sugerida pelo esquema de classificação de Muther e Haganas [16]. O projeto do sistema de manuseio de materiais deve levar em conta esses fatores. Por exemplo, se o material é líquido e deve ser deslocado nesse estado através de longas distâncias em grandes volumes, então o duto é o meio de transporte apropriado. Mas esse método de manuseio seria impraticável para deslocar um líquido contido em barris ou outros contêineres. Materiais em uma fábrica normalmente consistem de itens sólidos: matérias-primas, peças e produtos acabados ou semiacabados.

Tabela 10.1   Características de materiais no manuseio de materiais

Categoria	Medidas ou descrições
Estado físico	Sólido, líquido ou gasoso
Tamanho	Volume, comprimento, largura, altura
Peso	Peso por peça, peso por unidade de volume
Formato	Longo e plano, redondo, quadrado etc.
Condição	Quente, frio, molhado, sujo, pegajoso
Risco de dano	Frágil, quebradiço, resistente
Risco de segurança	Explosivo, inflamável, tóxico, corrosivo etc.

Vazão, roteamento e agendamento. Além das características dos materiais, ao se determinar qual tipo de equipamento é mais apropriado para a aplicação, outros fatores devem ser considerados, como: (1) quantidades e vazões dos materiais que serão deslocados, (2) fatores de roteamento e (3) agendamento dos deslocamentos.

O montante ou a quantidade de material que será deslocado afeta o tipo de sistema de manuseio que deve ser instalado. Se grandes quantidades de material devem ser manuseadas, então um sistema de manuseio específico é apropriado. Se a quantidade de um tipo de material em particular é pequena, mas muitos tipos diferentes de materiais serão deslocados, então o sistema de manuseio deve ser projetado para ser compartilhado entre os vários materiais deslocados. O montante de material deslocado deve ser considerado no contexto do tempo, isto é, quanto material é deslocado dentro de dado período de tempo. Nós nos referimos ao montante de material movido por unidade de tempo como *vazão*. Dependendo da forma do material, a vazão é medida em peças/hora, cargas de palete/hora, toneladas/hora, pés³/dia ou unidades similares. Se o material deve ser deslocado como unidades individuais, em lotes, ou continuamente tem um efeito sobre a seleção do método de manuseio.

Fatores de roteamento incluem locais de busca e entrega, distâncias de deslocamento, variações de rota e condições que existem ao longo das rotas. Levando-se em consideração que outros fatores permanecem constantes, o custo de manuseio é diretamente relacionado à distância do deslocamento: quanto mais longa a distância de deslocamento, maior o custo. Variações de rotas ocorrem porque diferentes materiais seguem diferentes padrões de fluxo na fábrica ou no armazém. Se essas diferenças existem, o sistema de manuseio de materiais tem de ser flexível o suficiente para lidar com elas. Condições ao longo da rota incluem a condição da superfície do piso, o congestionamento de tráfego, se uma porção do deslocamento é ao ar livre, se o percurso é em linha reta ou envolve curvas e mudanças em elevação e a presença ou ausência de pessoas ao longo do percurso. Esses fatores afetam o projeto do sistema de transporte de materiais.

O agendamento diz respeito ao tempo ou instante de cada entrega individual. Na produção, assim como em muitas outras aplicações de manuseio de materiais, o material deve ser pego e entregue prontamente em seu destino apropriado para manter um alto desempenho e eficiência do sistema como um todo. Na medida exigida pela aplicação, o sistema de manuseio tem de ser sensível a essa necessidade para busca e entrega oportuna dos itens. Trabalhos em que há pressa para entrega aumentam o custo de manuseio de materiais. Normalmente o agendamento de urgência é minimizado ao se proporcionar espaço para estoques de armazenamento de materiais em pontos de busca e entrega. Isso permite que exista "flutuação" de materiais no sistema, reduzindo desse modo a pressão sobre o sistema de manuseio para resposta imediata a um pedido de entrega.

Layout da instalação. O *layout* das instalações é fator importante no projeto de um sistema de manuseio de materiais. Quando uma nova instalação está sendo planejada, o projeto do sistema de manuseio deve ser considerado parte do *layout*. Dessa maneira, há uma maior oportunidade de se criar um *layout* que otimize o fluxo de materiais no prédio e utilize o tipo mais apropriado de sistema de manuseio. No caso de uma instalação existente, há mais restrições no projeto do sistema de manuseio. O arranjo presente dos departamentos e equipamentos no prédio normalmente limita a obtenção de padrões de vazão otimizados.

O projeto do *layout* da planta deve fornecer os seguintes dados para uso no projeto do sistema de manuseio: área total da instalação e áreas dentro de departamentos específicos na planta, localizações relativas dos departamentos, arranjo do equipamento no *layout*, localizações onde os materiais devem ser buscados (estações de carga) e entregues (estações de descarga), possíveis rotas entre essas localizações e distâncias percorridas. Cada fator afeta os padrões de vazão e escolha dos equipamentos de manuseio de materiais.

Na Seção 2.3, descrevemos tipos convencionais de *layout* de plantas utilizados na manufatura: (1) *layout* de processo, (2) *layout* de produto e (3) *layout* de posição fixa. Sistemas diferentes de manuseio de materiais são geralmente necessários para os três tipos de *layout*. A Tabela 10.2 resume as características dos três tipos de *layouts* convencionais e os modelos de equipamentos de manuseio de materiais normalmente associados a cada tipo de *layout*.

Em *layouts* de processo, vários produtos diferentes são manufaturados em tamanhos de lotes pequenos ou médios. O sistema de manuseio tem de ser flexível para lidar com as variações. Um volume considerável de trabalho em andamento é normalmente uma das características da produção em lotes, e o sistema de manuseio de materiais tem de ser capaz de acomodar esse inventário. Carrinhos de mão e empilhadeiras (para mover paletes carregados com peças) são comumente utilizados em *layouts* de processo. Aplicações de sistemas de veículos guiados automaticamente estão crescendo em fábricas porque representam um meio versátil de manusear as diferentes configurações de cargas em volumes de produção médios e baixos. Normalmente o trabalho em andamento é estocado no piso da fábrica perto das próximas máquinas programadas. Maneiras mais sistemáticas de se gerenciar um estoque em andamento incluem sistemas de armazenamento automatizados (Seção 11.3).

Um *layout* de produto envolve produção de tipos-padrão ou quase idênticos de produtos em quantidades relativamente altas. Plantas de montagem finais para carros, caminhões e utensílios são normalmente projetadas como *layouts* de produtos. O sistema de transporte que move o produto é tipicamente caracterizado como rota fixa, mecanizada e capaz de grandes vazões. Às vezes serve como uma área de armazenamento para o trabalho em andamento para reduzir os efeitos de tempo improdutivo entre as áreas de produção ao longo da linha de fluxo de produtos. Sistemas de transporte são comuns em *layouts* de produtos. A entrega dos componentes para as várias estações de trabalho de montagem ao longo do percurso é conseguida por meio de caminhões e veículos de carga similares.

Finalmente, em um *layout* de posição fixa, o produto é grande e pesado e, portanto, permanece em uma única localização durante a maior parte de sua fabricação. Os componentes pesados e as submontagens devem ser deslocados para o produto. Os sistemas de manuseio utilizados para esses deslocamentos em *layouts* de posição fixa são grandes e muitas vezes móveis. Guindastes, guinchos e caminhões são comuns nessa situação.

Princípio da unidade de carga. O princípio da unidade de carga se coloca como um princípio aplicado importante e amplamente utilizado no manuseio de materiais. Uma *unidade de carga* é simplesmente a massa que tem de ser deslocada ou, de outra maneira, manuseada em determinado momento. A unidade de carga pode consistir de apenas uma peça, um contêiner carregado com múltiplas peças ou um palete carregado com múltiplos contêineres de cargas. Em geral, a unidade de carga deve ser projetada para ser tão grande quanto for prático para o sistema de manuseio de materiais que vai deslocá-la ou armazená-la, sujeita a considerações de segurança, conveniência e acesso aos materiais que formam a unidade de carga. Esse princípio é amplamente aplicado às indústrias naval, ferroviária e rodoviária. Unidades de carga paletizadas são reunidas em cargas de caminhões, as quais se tornam unidades de carga maiores em si. Então, essas cargas de caminhão são agregadas mais uma vez em trens de carga ou navios, tornando-se, na realidade, unidades de carga ainda maiores.

Há boas razões para se utilizar unidades de carga no manuseio de cargas, como descrito em Tompkins *et al.* [17]: (1) múltiplos itens podem ser manuseados simultaneamente, (2) o número de viagens é reduzido, (3) os tempos de carga e descarga são reduzidos e (4) o dano aos produtos é diminuído. A utilização de unidades de carga resulta em custo mais baixo e eficiência operacional mais alta.

Incluído na definição de unidade de carga está o contêiner que armazena ou dá suporte aos materiais que serão deslocados. Na medida do possível, esses contêineres são padronizados em tamanho e configuração para haver compatibilidade com o sistema de manuseio de materiais. Exemplos de contêineres utilizados para formar unidades de carga em manuseio de materiais são ilustrados na Figura 10.2. Dos contêineres disponíveis, paletes são provavelmente os mais amplamente utilizados, devido à versatilidade, ao baixo custo e à compatibilidade com vários tipos de equipamentos de manuseio de materiais. A maioria das instalações e armazéns utiliza empilhadeiras para deslocar materiais em paletes. A Tabela 10.3 lista alguns dos tamanhos-padrão mais populares atualmente em uso, os quais utilizamos em algumas de nossas análises de sistemas automatizados de armazenamento/recuperação no Capítulo 11.

Tabela 10.2 Tipos de equipamentos de manuseio de materiais associados com três tipos de *layouts*

Tipo de *layout*	Características	Equipamentos típicos de manuseio de materiais
Processo	Variações em produto e processamento, taxas de produção baixas e médias	Carrinhos de mão, empilhadeiras, sistemas de veículos guiados automaticamente
Produto	Variedade de produtos limitada, alta taxa de produção	Transportadores para vazão de produtos, carros industriais e veículos guiados automaticamente para entrega de componentes nas estações
Posição fixa	Tamanho grande de produtos, baixa taxa de produção	Guindastes, guinchos e carros industriais

Tabela 10.3 Tamanhos-padrão de paletes comumente utilizados em fábricas e armazéns

Profundidade = Dimensão x	Largura = Dimensão y
800 mm (32 pol)	1.000 mm (40 pol)
900 mm (36 pol)	1.200 mm (48 pol)
1.000 mm (40 pol)	1.200 mm (48 pol)
1.060 mm (42 pol)	1.060 mm (42 pol)
1.200 mm (48 pol)	1.200 mm (48 pol)

Fontes: [6], [17].

10.2 EQUIPAMENTOS DE TRANSPORTE DE MATERIAIS

Nesta seção, examinamos as cinco categorias de equipamentos de transporte de materiais comumente utilizadas para deslocar peças e outros materiais em instalações de manufatura e de armazenamento: (1) carros industriais, manuais e motorizados; (2) veículos guiados automaticamente; (3) monovia e outros veículos guiados por trilhos; (4) transportadores; (5) guindastes e guinchos. A Tabela 10.4 resume as principais características e os principais tipos de aplicações para cada categoria de equipamento. Na Seção 10.3, consideramos técnicas quantitativas por meio das quais sistemas de transporte de materiais consistindo desses equipamentos podem ser analisados.

10.2.1 Veículos industriais

Carros industriais são divididos em duas categorias: não motorizados e motorizados. Os tipos não motorizados são, normalmente, referidos como carrinhos de mão porque são empurrados ou puxados por trabalhadores. Quantidades de materiais movidas e distâncias deslocadas são relativamente baixas quando esse tipo de equipamento é utilizado para transportar materiais. Carrinhos de mão são classificados como de duas rodas ou de múltiplas rodas. Carrinhos de mão de duas rodas, apresentados na Figura

Figura 10.3 Exemplos de carrinhos industriais não motorizados: (a) carrinho de mão de duas rodas, (b) carretas de quatro rodas e (c) carrinho de palete de baixa elevação operado manualmente

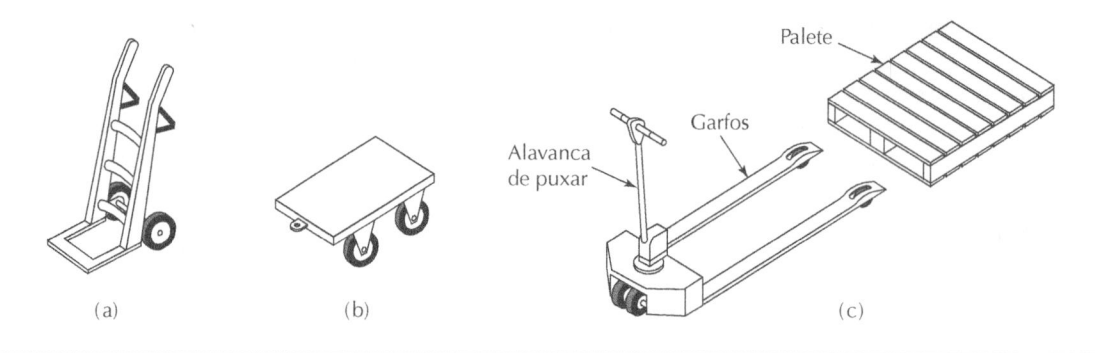

Tabela 10.4 Resumo de características e aplicações de cinco categorias de equipamentos de manuseio de materiais

Equipamentos de manuseio de materiais	Características	Aplicações típicas
Carros industriais, manuais	Baixo custo Baixa taxa de entregas/hora	Deslocamento de cargas leves em uma fábrica
Carros industriais, motorizados	Custo médio	Deslocamento de cargas de paletes e contêineres paletizados em uma fábrica ou um armazém
Sistemas de veículos guiados automaticamente	Alto custo Veículos com propulsão a bateria Roteamento flexível Esteiras não obstruídas	Deslocamento de cargas de paletes em fábricas e armazéns Deslocamento de trabalhos em andamento ao longo de rotas variáveis em produção média e baixa
Monovia e outros veículos guiados por trilhos	Alto custo Roteamento flexível Tipos: sobre o piso e aéreos (teleféricos)	Deslocamento de montagens simples, produtos ou cargas de paletes ao longo de rotas variáveis em fábricas ou armazéns Deslocamento de grandes quantidades de itens através de rotas fixas em fábricas ou armazéns
Transportadores, motorizados	Grande variedade de equipamentos De piso, sobre o piso e aéreo Potência mecânica para mover cargas colocadas na esteira do transportador	Deslocamento de produtos ao longo de uma linha de montagem manual Seleção de itens em um centro de distribuição
Guindastes e guinchos	Capacidades de elevação de mais de cem toneladas	Deslocar itens grandes e pesados em fábricas, engenhos, armazéns etc.

10.3(a), são geralmente mais fáceis de manipular pelo trabalhador, mas são limitados a cargas mais leves. Carrinhos de mão de múltiplas rodas estão disponíveis em vários tipos e tamanhos. Dois tipos comuns são carretas e carrinhos de palete. Carretas são estruturas simples ou plataformas, como mostrado na Figura 10.3(b). Várias configurações de rodas são possíveis, incluindo as fixas e as com suporte giratório. Carrinhos de palete, mostrados na Figura 10.3(c), têm dois garfos que podem ser inseridos através das aberturas em um palete.

Um mecanismo de elevação é acionado pelo trabalhador para elevar e baixar o palete do chão utilizando rodas de diâmetro pequeno próximas da extremidade dos garfos. Em operação, o trabalhador insere os garfos no palete, eleva a carga, empurra o carrinho até o destino, baixa o palete e remove os garfos.

Carros motorizados são autopropelidos para assumir a função do trabalhador de deslocar o carro manualmente. Três tipos comuns são utilizados em fábricas e armazéns: (a) carrinhos motorizados (do inglês, *walkie trucks*), (b) empilhadeiras e (c) tratores de reboque. Carrinhos motorizados, como o da Figura 10.4 (a), são veículos com propulsão a bateria, equipados com garfos com rodas para inserção em aberturas de paletes, mas sem provisão para um trabalhador rodar no veículo. O carrinho é dirigido por um trabalhador com controle manual na frente do veículo. A velocidade para frente de um carrinho motorizado é limitada a em torno de 5 km/hora (3 milhas/hora), aproximadamente a velocidade de caminhada normal de uma pessoa.

Empilhadeiras, como mostradas na Figura 10.4(b), são distintas de carrinhos motorizados pela presença de uma modesta cabine para o trabalhador sentar e dirigir o veículo. Empilhadeiras variam em capacidade condutiva de carga de em torno de 450 kg (1.000 libras) até mais de 4.500 kg (10.000 libras). Empilhadeiras foram modificadas e adequadas a várias aplicações. Algumas empilhadeiras têm capacidade de alcance para acessar cargas de paletes em sistemas de prateleiras altas, enquanto outras são capazes de operar em corredores estreitos de alta densidade de prateleiras de armazenamento. Fontes de propulsão para empilhadeiras são motores de combustão interna (gasolina, gás liquefeito de petróleo ou gás natural comprimido) ou motores elétricos (utilizando baterias a bordo).

Tratores de reboque industriais, como na Figura 10.4 (c), são projetados para puxar um ou mais reboques sobre superfícies relativamente lisas encontradas em fábricas e armazéns. São geralmente utilizados para deslocar grandes quantidades de materiais entre áreas importantes de coleta e distribuição. Os deslocamentos entre os pontos de origem e destino são, em geral, ligeiramente longos. A propulsão é fornecida por motor elétrico (acionado por bateria) ou motor de combustão interna. Tratores de reboque também encontram aplicações significativas em operações de transporte aéreo para mover bagagem e encomendas em aeroportos.

Figura 10.4 Três principais tipos de carros motorizados: (a) carrinho motorizado (do inglês, *walkie truck*), (b) empilhadeira e (c) trator de reboque

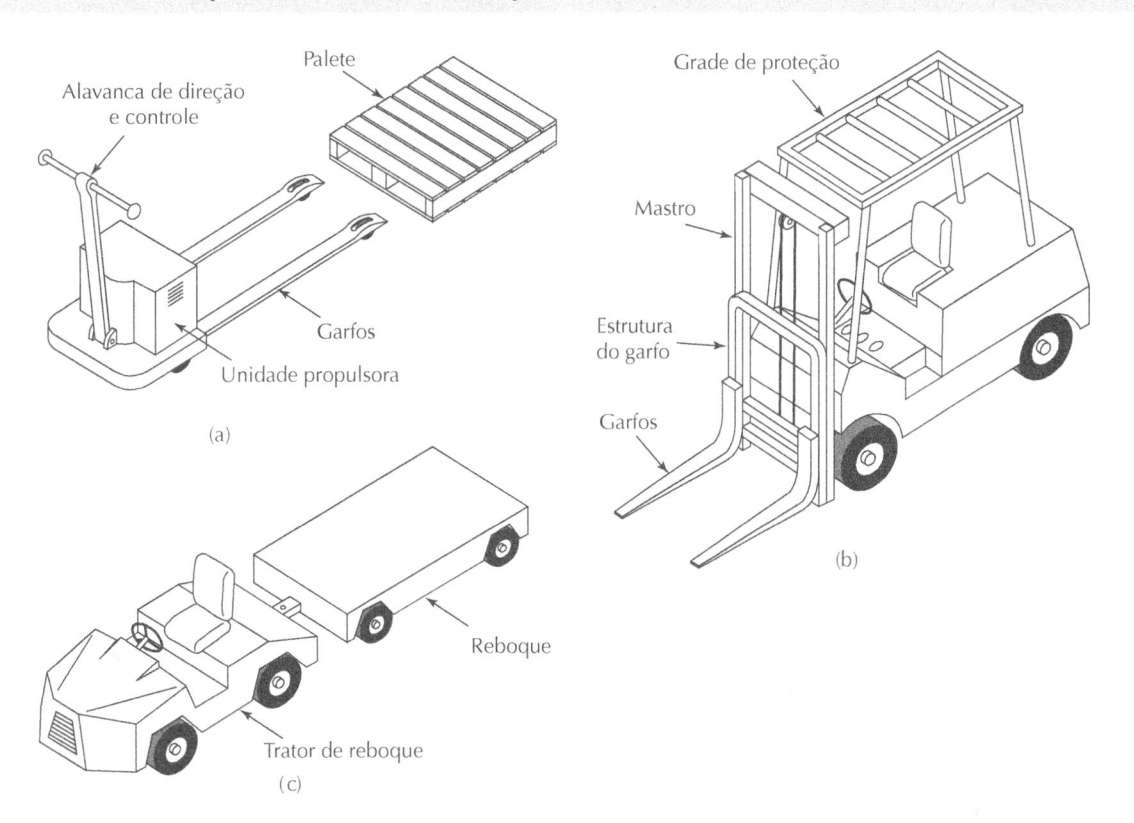

10.2.2 Veículos guiados automaticamente

Um *sistema de veículos guiados automaticamente* (do inglês, *automated guided vehicle system* — AGVS) é um sistema de manuseio de materiais que utiliza veículos autopropelidos, independentemente operados ao longo de percursos definidos. Os veículos são impelidos por baterias a bordo que permitem muitas horas de operação (8-16 horas é comum) antes da próxima recarga. Uma característica peculiar de um AGVS, comparado a sistemas de veículos guiados por trilhos e à maioria dos sistemas de transporte, é a de que os percursos não têm obstáculos. O uso de um AGVS é apropriado se diferentes materiais precisam ser deslocados de vários pontos de carga para vários pontos de descarga. Um AGVS é, portanto, adequado para automatizar o manuseio de materiais em produção de lotes e produção de modelos mistos.

Tipos de veículos. Veículos guiados automaticamente podem ser divididos nas seguintes categorias: (1) trens sem condutor, (2) carrinhos de paletes e (3) carregadores de unidades de carga, ilustrados na Figura 10.5. Um trem sem condutor consiste de um veículo (AGV) puxando um ou mais reboques para formar um trem, como na Figura 10.5(a). Foi o primeiro tipo de AGVS a ser introduzido e ainda é amplamente utilizado. Uma aplicação comum é transportar cargas úteis pesadas por longas distâncias em armazéns ou fábricas com ou sem pontos intermediários de busca e entrega ao longo da rota. Para trens consistindo de cinco ou seis reboques, esse é um sistema de transporte eficiente.

Carrinhos de palete guiados automaticamente, Figura 10.5(b), são utilizados para deslocar cargas paletizadas ao longo de rotas predeterminadas. Na aplicação típica, o veículo é dirigido de marcha à ré até o palete carregado por um trabalhador que dirige o carrinho e utiliza seus garfos para elevar a carga ligeiramente. Então o trabalhador dirige o carrinho de palete até a trilha (percurso-guia) e programa o destino, e o veículo desloca-se automaticamente até o destino para ser descarregado. A capacidade de um carrinho de palete AGVS varia até alguns milhares de quilos, e alguns carrinhos são capazes de manusear dois paletes em vez de um. Uma introdução mais recente relacionada ao carrinho de palete é a empilhadeira AGV. Esse veículo pode alcançar um movimento vertical significativo dos garfos para alcançar cargas em estantes e prateleiras.

Os transportadores unitários de carga AGV são usados para deslocar unidades de carga de uma estação para outra. Normalmente, são equipados para carga e descarga automática de paletes ou caixas de transporte através de roletes motorizados, esteiras rolantes, plataformas de elevação mecanizadas ou outros dispositivos construídos no piso do veículo. Uma unidade de carga AGV típica é ilustrada na Figura 10.5(c). Variações de transportadores unitários de carga incluem AGVs de carga leve e AGVs de linha de montagem. O AGV de carga leve é um veículo relativamente pequeno com capacidade de carga leve (normalmente 250 kg ou menos). Ele não exige a mesma largura grande de corredor que um AGV convencional. Veículos guiados de carga leve são projetados para deslocar cargas pequenas (peças únicas, pequenas cestas ou caixas de peças) por meio de plantas de tamanho limitado engajadas em manufatura leve. Um AGV de linha de montagem é projetado para carregar uma submontagem parcialmente completa, por meio de uma sequência de estações de trabalho de montagem para construir o produto.

Figura 10.5 Três tipos de veículos guiados automaticamente: (a) trem guiado automaticamente sem condutor, (b) AGV de palete e (c) carregador de unidade de carga

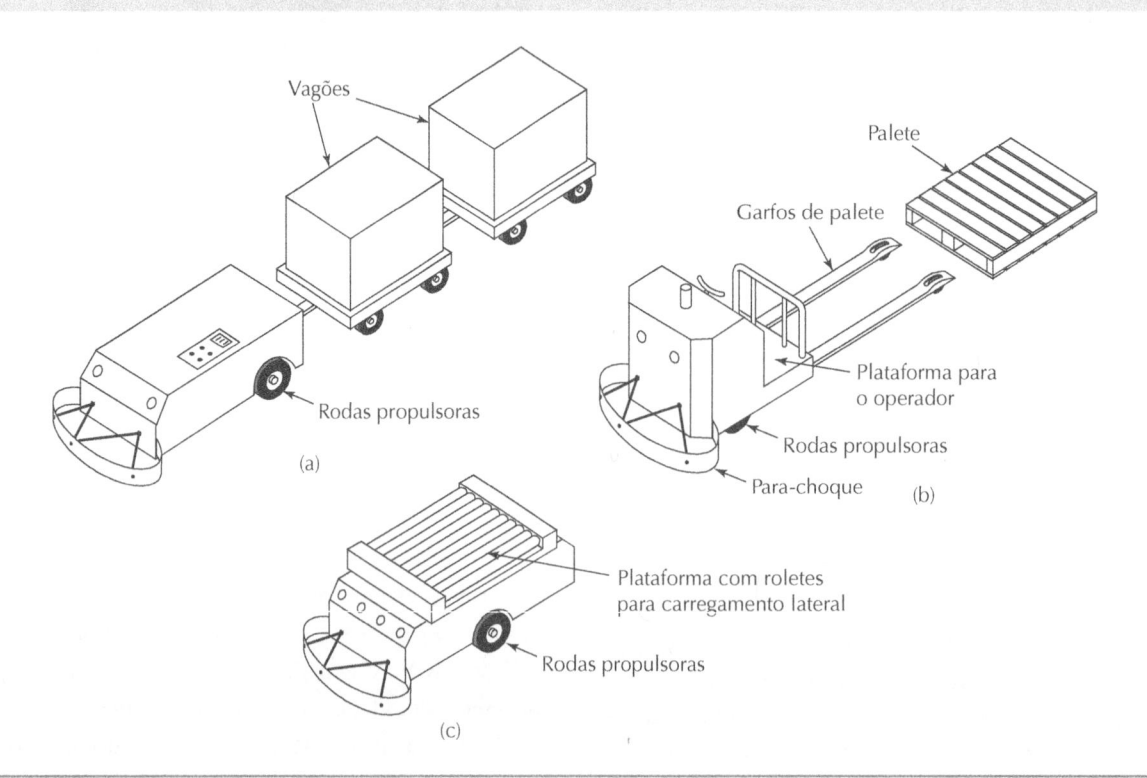

Aplicações de AGVS. Sistemas de veículos guiados automaticamente são utilizados em número e variedade crescentes de aplicações. As aplicações tendem a correlacionar-se com os tipos de veículos previamente descritos. As principais aplicações dos AGVS em produção e logística são (1) operações de trens sem condutor, (2) armazenamento e distribuição, (3) aplicações de linhas de montagem e (4) sistemas de manufatura flexíveis. Já descrevemos operações de trens sem condutores, as quais envolvem o transporte de grandes quantidades de materiais por distâncias relativamente longas.

Uma segunda aplicação é em operações de armazenamento e distribuição. Transportadores unitários de cargas e carrinhos de paletes são geralmente utilizados nessas aplicações que envolvem deslocamento de materiais em cargas unitárias. Normalmente as aplicações colocam em contato o AGVS com algum outro sistema de armazenamento ou manuseio automatizado, como um sistema de armazenamento/recuperação automatizado (*automated storage/retrieval system* — AS/RS) em um centro de distribuição. O AGVS entrega as cargas unitárias que chegam contidas em paletes do local de recepção para o AS/RS, que coloca os itens em armazenamento e o AS/RS recupera cargas de palete individuais do armazenamento e as transfere para veículos para entrega para o local de envio. Operações de armazenamento/distribuição também incluem manufatura leve e plantas de montagem nas quais o trabalho em andamento é armazenado em uma área de armazenamento central e distribuído a estações de trabalho individuais para processamento. A montagem de produtos eletrônicos é um exemplo desses tipos de aplicações. Componentes são reunidos em "*kits*" na área de armazenamento e entregues em caixas de peças ou bandejas para as estações de trabalho de montagem na planta. AGVs de carga leve são veículos apropriados a essas aplicações.

Sistemas de AGV são utilizados em aplicações de linha de montagem, baseados em uma tendência que começou na Europa, na qual transportadores unitários de cargas e veículos guiados de carga leve são utilizados nessas linhas. Na aplicação usual, a taxa de produção é relativamente baixa (o produto gastando, talvez, de quatro a dez minutos por estação) e há vários modelos de produtos diferentes feitos na linha, cada um exigindo um tempo diferente de processamento. Estações de trabalho são geralmente organizadas em paralelo para permitir que a linha lide com diferenças no tempo de ciclo de montagem para diferentes produtos. Entre estações, componentes são reunidos em *kits* e colocados no veículo para as operações de montagem que serão realizadas na próxima estação. As tarefas de montagem são normalmente realizadas com a unidade de trabalho a bordo do veículo, evitando, desse modo, o tempo extra exigido para carga e descarga.

Outra área de aplicação para a tecnologia de AGVS são sistemas de manufatura flexível (do inglês, *flexible manufacturing systems* — FMSs, Capítulo 19). Na operação típica, peças iniciais são colocadas em gabaritos de paletes por trabalhadores em uma área de organização, e os AGVs entregam as peças para as estações de trabalho individuais no sistema. Quando o AGV chega à estação designada, o palete é transferido da plataforma do veículo para a estação (como a mesa de trabalho de uma máquina-ferramenta) para processamento. No término do processamento, um veículo retorna para buscar a peça e transportá-la para a próxima estação designada. Um AGVS proporciona um sistema de manuseio de materiais versátil para complementar a flexibilidade do FMS.

A tecnologia de AGVS ainda está se desenvolvendo e a indústria está continuamente trabalhando para projetar novos sistemas que respondam a novas exigências de aplicação. Um exemplo interessante que combina duas tecnologias envolve o uso de um manipulador robótico montado em um veículo guiado automaticamente para oferecer um robô móvel que realize tarefas de manuseio complexas em várias localizações de uma planta.

Tecnologia de orientação de veículos. O sistema de orientação é o método por meio do qual percursos de AGVS são definidos e os veículos são controlados para seguir os percursos. Nesta seção, discutimos três tecnologias utilizadas em sistemas comerciais para orientação de veículos: (1) condutores embutidos, (2) faixas pintadas e (3) veículos guiados automaticamente.

No método dos condutores embutidos, fios elétricos são colocados em um pequeno canal cortado na superfície do piso. O fio condutor normalmente tem largura de três a 12 milímetros (1/8 a 1/2 polegadas) e profundidade de 13 a 26 milímetros (1/2 a uma polegada). Após o fio condutor ser instalado, o canal é preenchido com cimento para eliminar a descontinuidade na superfície do piso. O fio condutor é conectado a um gerador de frequência de um a 15 kHz. Isso produz um campo magnético ao longo do caminho que pode ser seguido por sensores a bordo de cada veículo. A operação de um sistema típico é ilustrada na Figura 10.6. Dois sensores (bobinas) são montados no veículo em cada lado do fio condutor. Quando o veículo está posicionado de tal maneira que o fio condutor está diretamente entre as duas bobinas, a intensidade do campo magnético medida por cada bobina é igual. Se o veículo se afasta para um lado ou para o outro ou se o percurso do fio condutor muda de direção, a intensidade do campo magnético nos dois sensores ficará desigual. Essa diferença é utilizada para controlar

Figura 10.6 Operação de um sistema de sensor a bordo que utiliza duas bobinas para rastrear o campo magnético do fio condutor

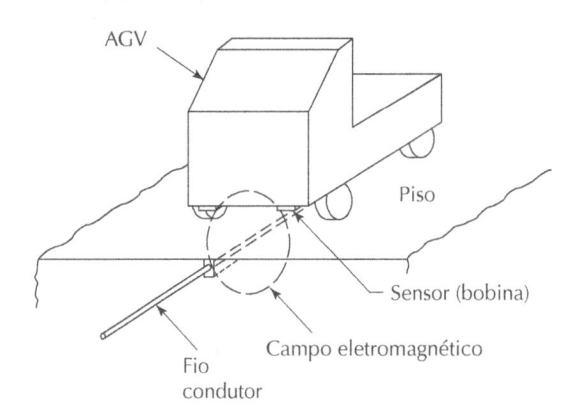

o motor de direção, que faz as mudanças necessárias na direção do veículo para igualar os dois sinais dos sensores, seguindo dessa maneira o fio condutor.

Um *layout* de AGVS contém múltiplas voltas, ramificações, desvios e ramais, assim como estações de busca e entrega. A rota mais apropriada deve ser escolhida entre os percursos alternativos disponíveis para um veículo à medida que ele se desloca para um destino específico no sistema. Quando um veículo se aproxima de um ponto de ramificação onde a trilha se divide em dois (ou mais) percursos, ele precisa ter um meio de decidir que percurso escolher. Os dois principais métodos dessa tomada de decisão em sistemas comerciais guiados por fios condutores são: (1) método de seleção por frequência e (2) método de seleção de percurso. No *método de seleção por frequência*, os fios condutores levando aos dois percursos separados no desvio têm frequências diferentes. À medida que o veículo entra no desvio, ele lê um código de identificação no chão para determinar sua localização. Dependendo da destinação programada, ele escolhe a trilha correta seguindo apenas uma das frequências. Esse método exige um gerador de frequência separado para cada frequência utilizada no *layout* da trilha.

O *método de seleção de percurso* opera com frequência única através do *layout* da trilha. Para controlar o percurso de um veículo em um desvio, a energia é cortada em todas as outras ramificações, exceto naquela para a qual o veículo está se deslocando. Para se conseguir o roteamento por meio do método de seleção de percurso, o *layout* da trilha é dividido em blocos eletricamente isolados uns dos outros. Os blocos podem ser ligados ou desligados, seja pelos próprios veículos ou por um computador de controle central.

Quando faixas de pintura são utilizadas para definir o percurso, o veículo utiliza um sistema de sensor ótico capaz de rastrear a pintura. As faixas podem ser feitas com fitas, com tinta *spray* ou pintadas no chão. Um sistema utiliza uma faixa de pintura de uma polegada de largura, contendo partículas fluorescentes que refletem uma luz ultravioleta (UV) do veículo. Um sensor a bordo detecta a luz refletida na faixa e controla o mecanismo de direção para segui-la. A orientação por faixas de pintura é útil em ambientes em que o ruído elétrico torna o sistema de fio condutor sem confiabilidade ou quando a instalação dos condutores na superfície do piso não é prática. Um problema com esse método de orientação é que a faixa de pintura se deteriora com o tempo. Ela deve ser mantida limpa e substituída periodicamente.

Veículos guiados automaticamente (AGVs) representam a mais recente tecnologia de orientação AGVS. Diferentemente dos dois métodos de orientação anteriores, AGVs operam sem percursos continuamente definidos. Em vez disso, utilizam uma combinação de orientação por cálculo e balizas localizados por toda a planta e que podem ser identificados por sensores a bordo. *Orientação por cálculo* refere-se à capacidade de um veículo em seguir uma determinada rota na ausência de um percurso definido no piso. O deslocamento do veículo ao longo da rota é conseguido por meio de um cálculo do número necessário de rotações das rodas em uma sequência de ângulos de direção especificados. Os cálculos são realizados pelo computador a bordo do veículo. Como seria de se esperar, a precisão do posicionamento das orientações por cálculo diminui através de longas distâncias. Normalmente, a localização de um veículo guiado automaticamente deve ser verificada comparando-se a posição calculada com uma ou mais posições conhecidas, as quais são estabelecidas utilizando-se balizas localizadas estrategicamente por toda a planta. Há vários tipos de balizas utilizadas em sistemas AGVs comerciais. Um sistema utiliza balizas com códigos de barra montadas ao longo dos corredores. Essas balizas podem ser percebidas por um escaner a *laser* rotativo no veículo. Com base nas posições das balizas, o computador de navegação a bordo utiliza triangulação para atualizar as posições calculadas pelas orientações por cálculo. Outro sistema de orientação utiliza balizas magnéticas embutidas no piso da planta ao longo do percurso. A orientação por cálculo é utilizada para deslocar o veículo entre as balizas e as localizações reais das balizas, fornecem dados para atualizar o mapa de orientação por cálculo do computador.

Deve-se observar que a orientação por cálculo pode ser utilizada por sistemas AGV, normalmente guiados por condutores no piso ou nas faixas pintadas. Essa capacidade permite que o veículo cruze placas de aço no piso da fábrica onde condutores não podem ser instalados ou deixe a trilha para posicionamento em uma estação de carga/descarga. No término da manobra de orientação por cálculo, o veículo é programado para retornar à trilha e voltar ao controle de orientação normal.

A vantagem da tecnologia de veículos guiados automaticamente sobre percursos fixos (condutores e faixas pintadas) é a flexibilidade. Os percursos do AGV são definidos em *software*. A rede de percursos pode ser mudada inserindo-se os dados necessários no computador de navegação. Novos pontos de parada podem ser definidos. A rede de percursos pode ser expandida instalando-se novas balizas, e essas mudanças podem ser feitas rapidamente sem grandes alterações na instalação da planta.

Gerenciamento de veículos. Para o AGVS operar eficientemente, os veículos têm de ser bem gerenciados. As tarefas de entregas têm de ser distribuídas de modo a minimizar tempos de espera nas estações de carga/descarga; o congestionamento de tráfego na rede de percursos-guias tem de ser minimizado. Nessa discussão, consideramos dois aspectos de gerenciamento de veículos: (1) controle de tráfego e (2) envio de veículos.

O propósito do controle de tráfego em um sistema de veículos guiados automaticamente é minimizar a interferência entre os veículos e evitar colisões. Dois métodos de controle de tráfego utilizados em sistemas AGVs comerciais são: (1) sensoriamento de veículos a bordo e (2) controle de zona. Normalmente as duas técnicas são utilizadas em combinação. *Sensoriamento de veículos a bordo*, também chamado de *sensoriamento à frente*, utiliza um ou mais sensores em cada veículo para detectar a presença de outros veículos ou obstáculos à frente na trilha. Tecnologias de sensores incluem dispositivos óticos e ultrassônicos. Quando o sensor a bordo detecta um obstáculo à frente, o veículo para. Quando o obstáculo é removido, o veículo segue em frente. Se o sistema de sensores é cem por cento efetivo, as colisões entre veículos são evitadas. A efetividade do sensoriamento é limitada pela capacidade do sensor de detectar obstáculos que estão em sua frente na trilha. Esses sistemas são mais eficientes em percursos retos e menos em curvas e pontos de convergência nos quais veículos podem não estar diretamente em frente do sensor.

No *controle de zona*, o *layout* do AGVS é dividido em zonas separadas, e a regra operacional é de que a nenhum veículo é permitido entrar em uma zona já ocupada por outro. O comprimento de uma zona é suficiente para conter um veículo mais concessões para segurança e outras considerações, as quais incluem número de veículos no sistema, tamanho e complexidade do *layout* e o objetivo de minimizar o número de zonas em separado. Por essas razões, as zonas são normalmente muito mais longas que o comprimento de um veículo. O controle de zona é ilustrado na Figura 10.7 em sua forma mais simples. Quando um veículo ocupa uma determinada zona, a qualquer veículo que o estiver seguindo não é permitido entrar. O veículo à frente tem de seguir para a próxima zona antes que o veículo que o segue a ocupe. Quando o movimento para frente de veículos nas zonas separadas é controlado, colisões são evitadas e o tráfego no sistema como um todo é controlado.

Figura 10.7 **Controle de zona para implementar um sistema de bloqueio. As zonas A e B estão bloqueadas. A Zona C está livre. O Veículo 2 está impedido de entrar na Zona A pelo Veículo 1. O Veículo 3 está livre para entrar na Zona C**

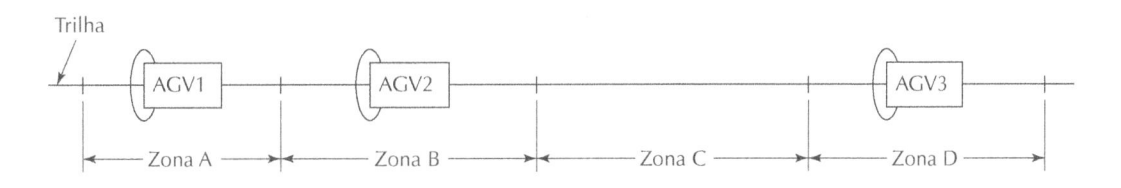

Um meio de se implementar o controle de zona é utilizar unidades de controle separadas montadas ao longo da trilha. Quando um veículo entra em determinada zona, ele ativa o bloqueio para evitar que qualquer veículo que o siga se movimente para frente e colida com ele. Quando esse veículo se desloca para a próxima zona (no sentido do fluxo), ele ativa o bloqueio naquela zona e desativa o bloqueio na zona anterior. Na realidade, as zonas são ligadas e desligadas para controlar o movimento de veículos pelo sistema de bloqueio. Outro método para se implementar o controle de zona é utilizar um computador central, que monitora a localização de cada veículo e tenta otimizar o movimento de todos os veículos no sistema.

Para um AGVS cumprir sua função, veículos têm de ser despachados de maneira pontual e eficiente para o ponto do sistema onde são necessários. Vários métodos são utilizados em sistemas AGV para despachar veículos: (1) painéis de controle a bordo, (2) estações de chamada remota e (3) computador de controle central. Esses métodos de envio são geralmente utilizados em combinação para maximizar a capacidade de reação e eficiência.

Cada veículo guiado é equipado com algum painel de controle a bordo com a finalidade de controle manual do veículo, programação do veículo e outras funções. A maioria dos veículos comerciais pode ser despachada por meio desse painel de controle até determinada estação no *layout* AGVS. O envio com um painel de controle a bordo representa o nível mais baixo de sofisticação entre os métodos possíveis. Ele proporciona flexibilidade e oportunidade ao AGVS em lidar com mudanças e variações em exigências de entrega.

Estações de chamada remota representam outro método para um AGVS satisfazer exigências de entrega. A estação de chamada mais simples é um botão de pressão montado na estação de carga/descarga. Isso transmite um sinal de chamado para qualquer veículo disponível nas proximidades para parar na estação e pegar ou deixar uma carga. O painel de controle a bordo pode então ser utilizado para despachar o veículo para o ponto de destino desejado. Estações de chamada remota mais sofisticadas permitem que o destino do veículo seja programado no mesmo instante em que o veículo é chamado. Esse é um método de despacho mais automatizado, útil em sistemas AGVs capazes de operações de carga e descarga automáticas.

Em grandes fábricas ou armazéns envolvendo alto grau de automação, o AGVS atendendo à instalação também tem de ser altamente automatizado para conseguir uma operação eficiente de todo o sistema de produção — armazenamento — e manuseio. O computador de controle central é utilizado para o envio automático de veículos de acordo com um cronograma pré-planejado de buscas e entregas no *layout* e/ou em resposta a chamadas de várias estações de carga/descarga. Nesse método de despacho, o computador central emite comandos para os veículos no sistema em relação a seus destinos e as operações que eles têm de desempenhar. Para realizar a função de despacho, o computador central tem de possuir informações atualizadas sobre a localização de cada veículo no sistema de maneira que ele possa tomar decisões apropriadas sobre quais veículos despachar para quais localizações. Assim, os veículos têm de continuamente comunicar seus paradeiros para o controlador central. A radiofrequência (RF) é comumente utilizada para realizar as ligações de comunicação necessárias.

Segurança dos veículos. A segurança das pessoas localizadas ao longo do percurso é um objetivo importante no projeto do AGVS. Uma característica de segurança inerente de um AGV é que sua velocidade de deslocamento é mais lenta do que o ritmo de caminhada normal de uma pessoa. Isto minimiza o perigo de bater em uma pessoa caminhando ao longo do percurso.

Além disso, AGVs normalmente contam com várias outras características especificamente por razões de segurança. Um mecanismo de segurança incluído na maioria dos sistemas de orientação é a parada automática do veículo se ele se perder mais do que uma distância da trilha, normalmente de 50 a 150 milímetros (de duas a seis polegadas) — a distância referida como *distância de aquisição* do veículo. Esse mecanismo de parada automática evita que um veículo saía rodando sem destino no prédio. Alternativamente, em um evento no qual o veículo esteja fora da trilha (por exemplo, para ser carregado), seu sistema sensório é capaz de conectar-se à trilha enquanto é movido para dentro da distância de aquisição.

Outro dispositivo de segurança é um sensor de detecção de obstáculos localizado em cada veículo. Esse é o mesmo sensor a bordo utilizado para controle de tráfego. O sensor pode detectar obstáculos ao longo do percurso à frente, incluindo pessoas. Os veículos são programados para parar ou reduzir a velocidade quando um obstáculo à frente é reconhecido. A razão para reduzir a velocidade é que o objeto percebido pode estar localizado ao lado do percurso do veículo ou diretamente à frente, mas além de uma curva na trilha, ou o obstáculo pode ser uma pessoa que vai sair do caminho à medida que o AGV se aproximar. Em qualquer um desses casos, ao veículo é permitido que prossiga a uma velocidade mais lenta (mais segura) até ter passado pelo obstáculo. A desvantagem de programar um veículo para parar quando ele encontra um obstáculo é o atraso na entrega e o consequente prejuízo no desempenho do sistema.

Um dispositivo de segurança incluído teoricamente em todos os AGVs comerciais é um para-choque de emergência. Os para-choques são as proeminências nas ilustrações mostradas na Figura 10.5. O para-choque circunda a frente do veículo e se projeta por uma distância de 300 milímetros (12 polegadas) ou mais. Quando o para-choque faz contato com um objeto, o veículo é programado para frear imediatamente. Dependendo da velocidade do veículo, sua carga e outras condições, a distância que o veículo precisa para parar completamente vai variar de centímetros a vários metros. Muitos veículos são programados para exigir uma nova partida manual após um obstáculo ter sido encontrado pelo para-choque de emergência. Outros dispositivos de segurança em um veículo típico incluem luzes de aviso (piscando ou rotativas) e/ou sinais sonoros de aviso, que alertam pessoas que o veículo está presente.

10.2.3 Monovias e outros veículos guiados por trilhos

A terceira categoria de equipamentos de transporte de materiais consiste de veículos motorizados guiados por um sistema fixo de trilhos. O sistema de trilhos consiste de um trilho (chamado de monovia) ou dois trilhos paralelos. Monovias em fábricas e armazéns são tipicamente suspensas do teto. Em sistemas de veículos guiados por trilhos utilizando trilhos fixos paralelos, estes geralmente se projetam do chão. Em qualquer um dos casos, a presença de um percurso de trilho fixo distingue esses sistemas dos sistemas de veículos guiados automaticamente. Assim como com AGVs, os veículos operam de maneira assíncrona e são impulsionados por um motor elétrico a bordo. Mas, diferentemente dos AGVs, que são impulsionados por suas próprias baterias a bordo, veículos guiados por trilhos obtêm energia elétrica de um trilho eletrificado (similar a um sistema ferroviário de trânsito rápido urbano). Isso livra o veículo de ter de recarregar sua bateria periodicamente; entretanto, o sistema de trilhos eletrificados introduz um perigo à segurança que não está presente em um AGVS.

Variações de rotas são possíveis em sistemas de veículos guiados por trilhos por desvios, plataformas giratórias e outras seções de trilhos especializadas. Isso permite que diferentes cargas se desloquem por diferentes rotas, de maneira similar a um AGVS. Sistemas guiados por trilhos são geralmente considerados mais versáteis que sistemas de transportadores e menos versáteis do que sistemas de veículos guiados automaticamente. Uma das aplicações originais das monovias não motorizadas foi na indústria de processamento de carnes, antes de 1900. Os animais abatidos eram pendurados em ganchos fixados a roletes em trilhos aéreos. Os roletes eram movidos manualmente pelos trabalhadores através dos diferentes departamentos da planta. É provável que Henry Ford tenha tido a ideia para a linha de montagem a partir da observação dessas operações de processamento de carnes. Atualmente, a indústria automotiva faz uso considerável de monovias aéreas eletrificadas para deslocar grandes componentes e submontagens em suas operações de manufatura.

10.2.4 Transportadores

Um *transportador* é um aparato mecânico para mover itens ou materiais de grande volume, normalmente dentro de uma instalação. Transportadores são utilizados quando materiais têm de ser movidos em quantidades relativamente grandes entre localizações específicas através de um percurso fixo, que podem ser de piso, acima do piso ou aéreo. Transportadores podem ser motorizados ou não motorizados. Em *transportadores motorizados*, o mecanismo de propulsão está contido no percurso fixo, utilizando correntes, esteiras, roletes ou outros mecanismos para propelir cargas ao longo do percurso. Transportadores motorizados são comumente utilizados em sistemas de transporte de materiais automatizados em plantas de manufatura, armazéns e centros de distribuição. Em *transportadores não motorizados*, materiais são movidos manualmente por trabalhadores, que empurram as cargas ao longo do percurso fixo ou pela gravidade de uma elevação para uma posição mais baixa.

Tipos de transportadores. Uma variedade de equipamentos transportadores encontra-se comercialmente disponível. Os principais tipos de transportadores motorizados, organizados de acordo com o tipo de potência mecânica fornecida no percurso fixo, são brevemente descritos a seguir:

- *Transportadores de roletes (roller conveyors).* Em transportadores de roletes, o percurso consiste de uma série de tubos (roletes) perpendiculares à direção de deslocamento, como na Figura 10.8(a). Cargas têm de possuir uma superfície de fundo de área plana suficiente para abarcar vários roletes adjacentes. Paletes, caixas de peças ou caixas de papelão servem bem a esse propósito. Os roletes estão contidos em uma estrutura fixa que eleva o percurso acima do nível do piso de vários centímetros a vários metros. As cargas são deslocadas para frente à medida que os roletes giram. Transportadores de roletes podem ser motorizados ou não motorizados. Transportadores de roletes motorizados são impulsionados por correias ou correntes. Normalmente os transportadores de roletes não motorizados são impulsionados pela gravidade de maneira que o percurso tenha inclinação para baixo suficiente para superar o atrito de rolamento. Transportadores de roletes são utilizados em uma ampla variedade de aplicações, incluindo manufatura, montagem, empacotamento, seleção e distribuição.

- *Transportadores de rodízios (skate-wheel conveyors).* São similares em operação aos transportadores de roletes. Em vez de roletes, utilizam rodas emborrachadas (similares às rodas de patins) girando sobre eixos conectados a uma estrutura de paletes de rolamento, caixas de peças ou outros contêineres ao longo do percurso, como na Figura 10.8(b). Transportadores de rodízios são mais leves em peso do que transportadores de roletes. Aplicações de transportadores de rodízios são similares àquelas de transportadores de roletes, exceto pelo fato de que as cargas têm de ser geralmente mais leves, uma vez que os contatos entre as cargas e o transportador são muito mais concentrados. Devido ao baixo peso, transportadores de rodízios são às vezes construídos como unidades portáteis que podem ser usadas para carregar e descarregar reboques de carros em pontos de envio e recebimento em fábricas e armazéns.

- *Transportadores de esteira (belt conveyors).* Transportadores de esteira consistem de uma esteira contínua. Metade de seu comprimento é utilizado para a entrega de materiais e a outra metade é a volta de retorno, como na Figura 10.8(c). A esteira é feita de elastômero reforçado (borracha), de maneira que possua alta flexibilidade, mas baixa capacidade de extensão. Em uma extremidade do transportador há um rolo de propulsão que impulsiona a esteira. A esteira flexível é apoiada por uma estrutura que tem roletes ou deslizadores de apoio ao longo de toda a sua volta. Transportadores de esteira são disponíveis em duas formas comuns: (1) esteiras planas para paletes, peças individuais, ou mesmo determinados tipos de materiais volumosos; e (2) esteiras sulcadas para materiais volumosos. Materiais colocados sobre a superfície da esteira se deslocam ao longo do percurso em movimento. No caso de transportadores de esteiras sulcadas, os roletes e apoios dão à esteira flexível um formato de V na parte superior (de entrega) para levar materiais granulados como carvão, cascalho, grãos ou materiais em partículas similares.

- *Transportadores de correntes (chain conveyors).* Seu equipamento típico consiste de correntes em uma configuração em cima, abaixo e em torno de engrenagens motorizadas nas extremidades do percurso. O transportador pode consistir de uma ou mais correntes operando em paralelo. As correntes se deslocam ao longo de canais no chão que proporcionam apoio para as seções de correntes flexíveis. As correntes deslizam ao longo do canal ou andam sobre roletes no canal. As cargas são geralmente arrastadas ao longo do percurso utilizando barras que se projetam da corrente em movimento.

- *Transportador de piso (in-floor towline conveyors).* Utilizam carros de quatro rodas impulsionados por correntes ou cabos em movimento localizados em sulcos no chão, como na Figura 10.8(d). A corrente ou o cabo é chamado de *towline*. Percursos para o sistema de transporte são definidos por sulco e cabo, e o cabo é tracionado por um sistema de roldanas motorizado. É possível trocar entre percursos motorizados para se ter flexibilidade no roteamento. Os carros utilizam pinos de aço que se projetam abaixo do nível do piso para o sulco para engatar a corrente para ser rebocada. (Dispositivos de garras substituem pinos quando cabos são utilizados como o sistema de roldanas, como nos bondes de São Francisco). O pino pode ser puxado da corrente (ou a garra soltar o cabo) para desengatar o carro para carga, descarga, desvios, acumular peças e empurrar o carro manualmente para fora do percurso principal. Sistemas de transportador de *towline* são utilizados em plantas de manufatura e armazéns.

- *Transportador aéreo (overhead trolley conveyor).* Um trole no manuseio de materiais é um carro com rodas que corre em um trilho aéreo no qual cargas podem ser suspensas. Um transportador aéreo, Figura 10.8(e), consiste de troles múltiplos, normalmente espaçados por igual ao longo de um trilho fixo. Os troles são conectados e deslocados juntos ao longo do trilho por meio de uma corrente ou um cabo que forma uma volta completa. Suspensos dos troles estão ganchos, cestas ou outros receptáculos para carregar cargas. A corrente (ou cabo) é fixada a uma roldana motriz que puxa a corrente com uma velocidade constante. O percurso do transportador é determinado pela configuração do sistema de trilhos, que tem curvas e possíveis mudanças de elevação. Normalmente os transportadores aéreos (teleféricos) são utilizados em fábricas para mover peças e montagens entre departamentos de produção importantes. Eles podem ser utilizados tanto para entrega como para armazenamento.

- *Transportador aéreo motorizado e livre (Power-and-free overheard trolley conveyor).* Este transportador é similar ao transportador aéreo, exceto que os troles

Figura 10.8 (a) Transportador de roletes, (b) transportador de rodízios, (c) transportador de correntes (plano) — estrutura de apoio não mostrada, (d) transportador *towline* (cabo de rebocar) de piso e (e) transportador aéreo

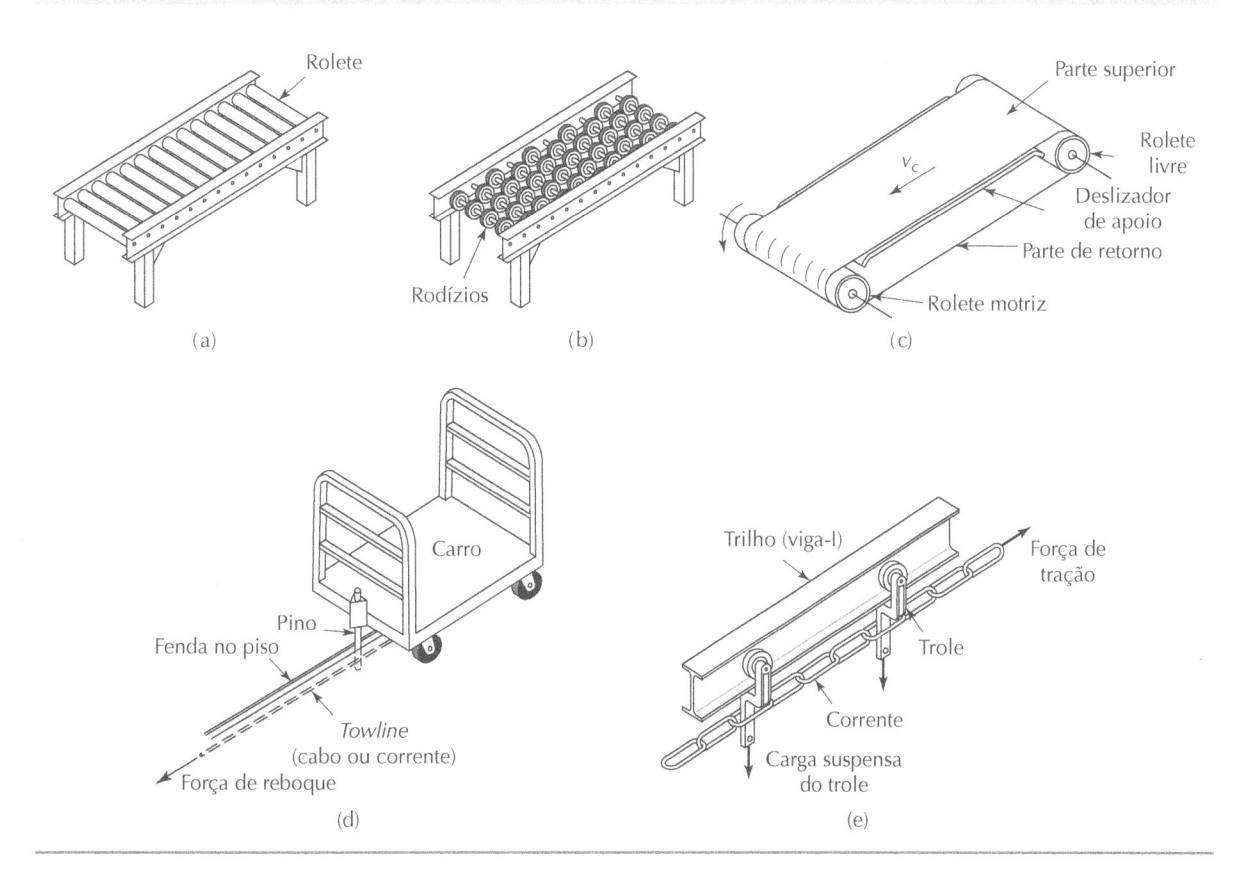

podem ser desconectados da corrente motriz, proporcionando ao transportador uma capacidade assíncrona. Isto é normalmente conseguido utilizando-se dois trilhos, um logo acima do outro. O trilho de cima contém a corrente sem fim continuamente em movimento, e os troles que levam as cargas rodam no trilho de baixo. Cada trole inclui um mecanismo por meio do qual ele pode ser conectado e desconectado da corrente matriz. Quando conectado, o trole é puxado ao longo do trilho pela corrente em movimento no trilho de cima. Quando desconectado, o trole é ocioso.

- *Transportador de carro em trilho (cart-on-track conveyor)*. Consiste de carros individuais rodando sobre um trilho poucos centímetros acima do nível do piso. Os carros são impulsionados por meio de um eixo rotativo, como ilustrado na Figura 10.9. Uma roda motriz, fixada ao fundo do carro e colocada em certo ângulo em relação ao tubo rotativo, repousa contra ele e impulsiona o carro para frente. A velocidade do carro é controlada regulando o ângulo de contato entre a roda de direção e o tubo girando. Quando o eixo da roda de direção está a 45 graus, o carro é impulsionado para frente. Quando o eixo da roda de direção é paralelo ao tubo, o carro não se move. Desse modo, o controle do ângulo da roda de direção no carro permite tanto operação livre como motorizada do transportador. Uma das vantagens do transportador de carro em trilho é que carros podem ser posicionados com alta precisão. Isso permite seu uso para trabalho de posicionamento durante a produção. Aplicações de sistemas de carro em trilho incluem linhas robóticas de soldagem a ponto em plantas automotivas e sistemas de montagem mecânicos.

- *Outros tipos de transportadores.* Outros transportadores motorizados incluem sistemas baseados em vibração e elevadores verticais. Transportadores helicoidais são versões motorizadas da espiral de Arquimedes, o dispositivo para puxar água projetado na Antiguidade, consistindo de um grande parafuso dentro de um tubo, girado manualmente para bombear água para um terreno inclinado para fins de irrigação. Transportadores baseados em vibração utilizam um trilho plano conectado a um eletroímã que confere movimento vibra-

Figura 10.9 Transportador de carro em trilho (Diagrama cortesia da SI Division, Paragon Technologies, Inc.)

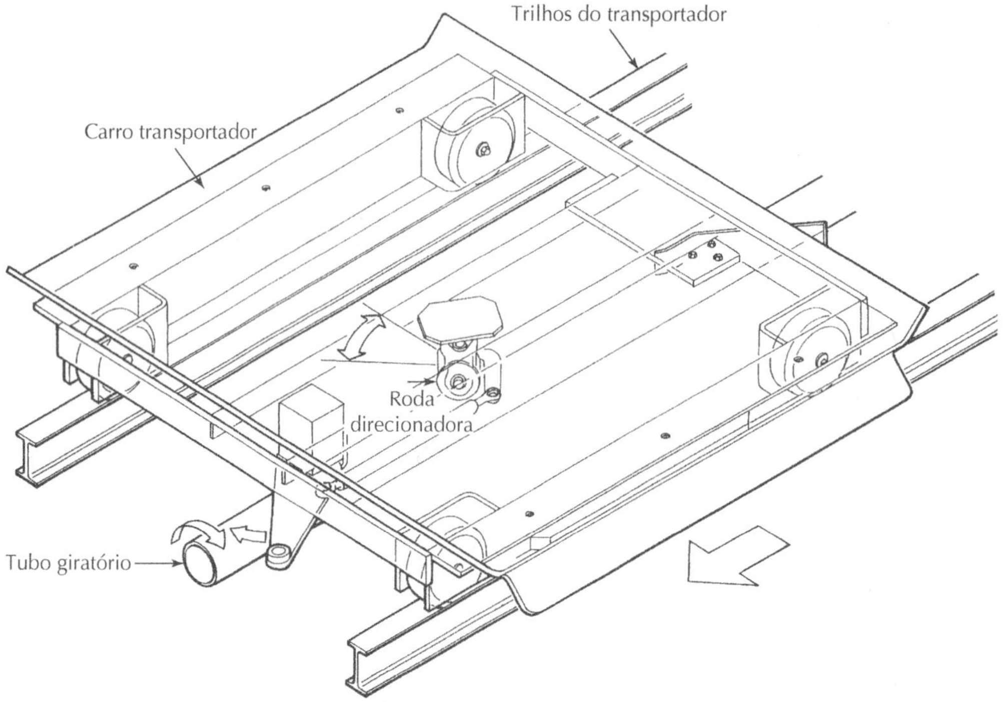

tório angular ao trilho para propelir itens para a direção desejada. Esse mesmo princípio é utilizado em alimentadores vibratórios para fornecer componentes em sistemas de montagem automatizados (Seção 17.1.2). Transportadores elevadores verticais incluem uma variedade de elevadores mecânicos projetados para proporcionar movimento vertical, como entre andares ou para ligar transportadores baseados no piso com transportadores aéreos. Outros tipos de transportador incluem escoadouros, rampas e tubos, que são impulsionados pela gravidade.

Operações e características de transportadores. Como indicado anteriormente, os equipamentos de transportadores cobrem uma ampla variedade de operações e características. Vamos restringir a discussão aqui a transportadores motorizados. Os sistemas de transportadores se dividem em dois tipos básicos em termos do movimento característico dos materiais deslocados pelo sistema: (1) contínuo e (2) assíncrono. Transportadores de movimento contínuo se deslocam com velocidade constante v_c ao longo do percurso. Incluem transportadores de esteira, rolete, roda de patim e aéreo.

Transportadores assíncronos operam com movimento de parada e partida no qual cargas, normalmente contidas em carregadores (por exemplo, ganchos, cestas, carros), deslocam-se entre estações e, então, param e permanecem na estação até sua liberação. O manuseio assíncrono permite um movimento independente de cada carregador no sistema. Exemplos desse tipo incluem transportadores aéreos, de piso *towline* e carro em trilho. Alguns transportadores de rolete e de rodízios também podem operar de maneira assíncrona. Razões para utilizar transportadores assíncronos incluem: (1) acumular cargas, (2) estocar temporariamente itens, (3) permitir diferentes taxas de produção entre áreas de processamento adjacentes, (4) reduzir a produção quando os tempos dos ciclos nas estações ao longo do transportador são variáveis e (5) acomodar diferentes velocidades de transportadores ao longo do percurso.

Transportadores também podem ser classificados como (1) unidirecionais, (2) contínuos e (3) de recirculação. Na Seção 10.3.2, apresentamos equações e técnicas com as quais analisar esses sistemas de transportadores. Transportadores unidirecionais são utilizados para transportar cargas em uma direção do ponto de origem para o ponto de destino, como descrito na Figura 10.10(a). Esses sistemas são apropriados quando não há necessidade de se deslocar cargas em ambas as direções ou de retornar contêineres ou carregadores das estações de descarga de volta para as estações de carga. Transportadores motorizados unidirecionais incluem tipos com roletes, rodízios, esteira e corrente no piso. Além disso, todos os transportadores de gravidade operam em uma direção.

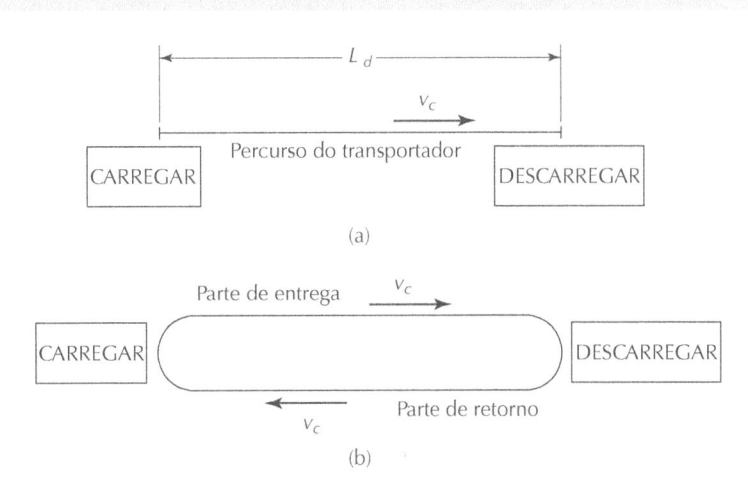

Figura 10.10 (a) Transportador unidirecional e (b) transportador contínuo

```
           |←——————— L_d ———————→|
                          v_c →
                Percurso do transportador
        [CARREGAR]                    [DESCARREGAR]
                        (a)

              Parte de entrega    v_c →
        [CARREGAR] (                )  [DESCARREGAR]
                          ← v_c
                        Parte de retorno
                          (b)
```

Transportadores contínuos formam um circuito completo, como na Figura 10.10(b). Um transportador aéreo é um exemplo desse tipo de transportador. Entretanto, qualquer tipo de transportador pode ser configurado assim, mesmo aqueles previamente identificados como transportadores unidirecionais, simplesmente conectando diversas seções de transportadores unidirecionais em uma volta fechada (*loop*). Um sistema contínuo permite que os materiais sejam deslocados entre quaisquer das estações ao longo do percurso. Transportadores contínuos são utilizados quando cargas são deslocadas em carregadores (por exemplo, ganchos, cestas) entre estações de carga e descarga e os carregadores são afixados ao transportador. Neste projeto, os carregadores vazios são automaticamente retornados da estação de descarga de volta para a estação de carga.

A descrição anterior de um transportador contínuo presume que os itens carregados na estação de carga são descarregados na estação de descarga. Não há cargas no retorno; o propósito do retorno é simplesmente enviar os carregadores vazios de volta para recarregar. Esse método de operação esquece uma oportunidade importante oferecida por um transportador contínuo: armazenar e entregar itens. Sistemas de transportadores que permitem que peças ou produtos permaneçam no retorno por uma ou mais passagens são chamados de *transportadores de recirculação*. Ao fornecer função de armazenagem, o sistema de transportadores pode ser utilizado para acumular peças e minimizar os efeitos de variações de carga e descarga que podem influenciar a operação de um sistema de transportadores de recirculação. Um problema é que pode haver momentos durante a operação do transportador que nenhum carregador vazio esteja imediatamente disponível na estação de carga quando necessário. Outro é o de que nenhum carregador esteja imediatamente disponível na estação de descarga quando necessário.

É possível construir pontos de bifurcação e união no trilho de um transportador para permitir diferentes rotas de diferentes cargas deslocando-se no sistema. Em quase todos os sistemas de transportadores, é possível colocar desvios, trechos de curto percurso ou outros mecanismos para se conseguir essas rotas alternativas. Em alguns sistemas, um mecanismo de empurrar-puxar ou um dispositivo de levanta-e-carrega são exigidos para movimentar ativamente a carga do percurso atual para o novo percurso.

10.2.5 Guindastes e guinchos

A quinta categoria de equipamentos de transporte no manuseio de materiais é a dos guindastes e guinchos. Guindastes são utilizados para o movimento horizontal de materiais em uma instalação, e guinchos são utilizados para içamento vertical. Um guindaste invariavelmente inclui um guincho; desse modo, o componente de guincho do guindaste iça a carga, e o guindaste transporta a carga horizontalmente para o destino desejado. Essa classe de equipamento de manuseio de materiais inclui guindastes capazes de içar e deslocar cargas muito pesadas, em alguns casos mais de cem toneladas.

Um *guincho* é um dispositivo mecânico que ergue e baixa cargas. Como visto na Figura 10.11, consiste de uma ou mais roldanas fixas, uma ou mais roldanas em movimento e uma corda, um cabo ou uma corrente esticada entre as roldanas. Um gancho ou outro meio de prender a carga é conectado à(s) roldana(s) em movimento. O número de roldanas no guincho determina sua vantagem mecânica, a qual é a razão do peso da carga para a força motriz exigida para içar o peso. A vantagem mecânica do guincho em nossa ilustração é 4. A força motriz para operar o guincho é aplicada manualmente ou por um motor elétrico ou pneumático.

Figura 10.11 Um guincho com uma vantagem mecânica de 4: (a) desenho do guincho e (b) diagrama para ilustrar a vantagem mecânica

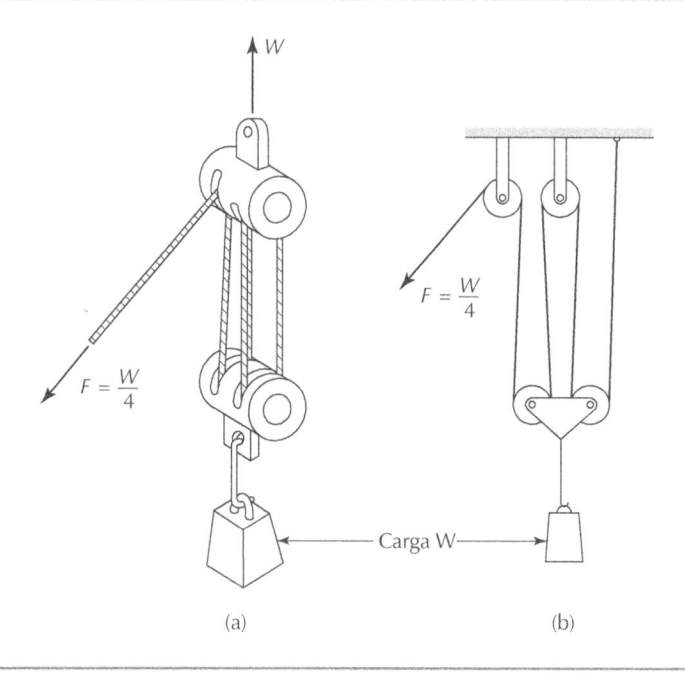

Guindastes incluem uma variedade de equipamentos de manuseio de materiais projetados para içamento e deslocamento de cargas pesadas utilizando uma ou mais vigas elevadas para apoio. Os principais tipos de guindastes encontrados em fábricas incluem (a) pontes rolantes, (b) guindastes de pórtico e (c) guindastes de lança. Nos três tipos, pelo menos um guincho é montado a um carro que corre na viga elevada do guindaste. Uma *ponte rolante* consiste de um ou dois travessões ou duas vigas horizontais suspensas em qualquer uma das extremidades que está conectada à estrutura do prédio, como mostrado na Figura 10.12(a). O carro do guincho pode ser movido ao longo do comprimento da ponte, e a ponte pode ser movida pelo comprimento dos trilhos no prédio. Essas duas capacidades de avanço proporcionam movimento nos eixos x e y do prédio, e o guincho proporciona movimento em direção ao eixo z. Assim, a ponte rolante consegue realizar o içamento vertical devido ao guincho e movimento horizontal devido ao sistema ortogonal de trilhos. Pontes rolantes grandes constam de travessões que chegam a ter envergadura de 36,5 metros (120 pés) e são capazes de carregar cargas de até 90 mil kg (90 toneladas). Pontes rolantes grandes são controladas por operadores posicionados nas cabinas. Aplicações incluem fabricação de máquinas pesadas, laminação de aço e outros metais e estações de geração de energia.

Um *guindaste de pórtico* é distinto de uma ponte rolante pela presença de uma ou duas pernas verticais que dão apoio à ponte horizontal. Assim como a ponte rolante, um guindaste de pórtico inclui um ou mais guinchos que realizam içamento vertical. Pórticos são disponíveis em diferentes tamanhos e capacidades, o maior chegando a ter envergadura de em torno de 46 metros (150 pés) e capacidade de carga de 136 mil kg (136 toneladas). Um guindaste de pórtico duplo tem duas pernas. Um guindaste de meio-pórtico, como na Figura 10.12(b), tem uma única perna em uma extremidade da ponte e a outra extremidade é apoiada por um trilho montado na parede ou outro membro estrutural de um prédio. Um guindaste de pórtico cantiléver tem uma ponte que se estende além da envergadura criada pelas pernas de apoio.

Um *guindaste de lança* consiste de um guincho apoiado em uma viga horizontal que serve de cantiléver de uma coluna vertical ou parede de apoio, como ilustrado na Figura 10.12(c). A viga horizontal realiza um pivô em torno do eixo vertical formado pela coluna ou parede para proporcionar uma volta horizontal para o guindaste. A viga também serve como trilho para o carro do guincho para proporcionar um deslocamento radial ao longo do comprimento da viga. Assim, a área horizontal incluída por um guindaste de lança é circular ou semicircular. Tal como com outros guindastes, o guincho proporciona movimentos verticais de içar e baixar. Capacidades-padrão de guindastes de lança variam até em torno de 5 mil kg. Guindastes de lança montadas em paredes podem conseguir uma oscilação de em torno 180 graus, enquanto um guindaste de lança montado no chão utilizando uma coluna ou poste como apoio vertical pode oscilar 360 graus completos.

Figura 10.12 Três tipos de guindastes: (a) ponte rolante, (b) guindaste de pórtico (um guindaste de meio-pórtico é mostrado) e (c) guindaste de lança

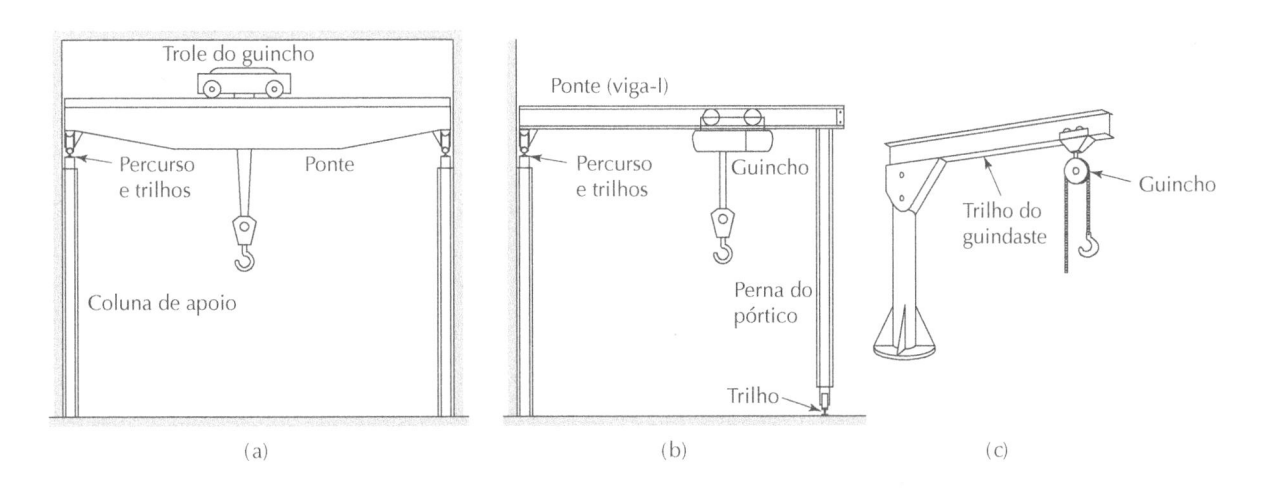

10.3 ANÁLISE DE SISTEMAS DE TRANSPORTE DE MATERIAIS

Modelos quantitativos são úteis para analisar a vazão de materiais, tempos de ciclos de entrega e outros aspectos de desempenho do sistema. A análise pode ser útil em determinar exigências de equipamentos; por exemplo, quantas empilhadeiras serão necessárias para satisfazer determinada especificação de vazão. Sistemas de transporte de materiais podem ser classificados como sistemas baseados em veículos ou sistemas de transporte. Nossa cobertura dos modelos quantitativos é organizada ao longo dessas linhas.

10.3.1 Análise de sistemas baseados em veículos

Equipamentos utilizados em sistemas de transporte baseados em veículos incluem veículos industriais (tanto carrinhos manuais como motorizados), veículos guiados automaticamente, monovia e outros veículos guiados por trilhos, e determinados tipos de sistemas de transportadores (por exemplo, transportadores de piso *towline*). Esses sistemas são comumente utilizados para entregar cargas individuais entre vários pontos de destino e origem diferentes. Duas ferramentas gráficas, úteis para exibir e analisar dados nessas entregas, são o diagrama de movimento de-para (do inglês, *from-to chart*) e o diagrama de rede (do inglês, *net chart*). O *diagrama de-para* é uma tabela que pode ser utilizada para indicar dados de vazão de materiais e distâncias entre múltiplas localizações. A Tabela 10.5 ilustra um diagrama de-para que lista dados de vazão e distâncias entre cinco estações de trabalho em um sistema de manufatura. A coluna vertical à esquerda lista os pontos de origem (estações de carga), enquanto a linha horizontal no topo identifica as localizações de destino (estações de descarga).

Diagramas de rede também podem ser utilizados para indicar o mesmo tipo de informações. Um *diagrama de rede* consiste de nós e setas, e as setas indicam relações entre os nós. No manuseio de materiais, os nós representam localizações (por exemplo, estações de carga e descarga), e as setas representam vazões de materiais e/ou a distância entre as estações. A Figura 10.13 mostra um diagrama de rede que fornece as mesmas informações que a Tabela 10.5.

Equações matemáticas podem ser desenvolvidas para descrever a operação de sistemas de transporte de materiais baseados em veículos. Presumimos que o veículo opera a uma velocidade constante durante toda a sua operação e ignora os efeitos da aceleração, desaceleração e outras diferenças em velocidade que podem depender de estar se deslocando carregado ou vazio. O tempo para um ciclo de entrega típico na operação de um sistema de transporte baseado em veículos consiste de (1) carregar na estação de carga, (2) tempo de deslocamento para a estação de descarga, (3) descarregar na estação de descarga e (4) tempo de deslocamento vazio do veículo entre entregas. O tempo de ciclo total por entrega por veículo é dado por:

$$T_c = T_L + \frac{L_d}{v_c} + T_U + \frac{L_e}{v_o} \qquad (10.1)$$

em que T_c é o tempo do ciclo de entrega (min/entrega), T_L é o tempo para carregar na estação de carga (min), L_d é a distância que o veículo se desloca entre as estações de carga e descarga (metros, pés), v_c é a velocidade do carregador (m/minuto, pés/minuto), T_U é o tempo para descarregar na estação de descarga (min) e L_e é a distância que o veí-

Tabela 10.5 **Diagrama de/para mostrando dados de vazão, cargas/hora (valor antes da barra diagonal) e distâncias percorridas (valor após a barra diagonal) entre estações em um *layout***

	Para	1	2	3	4	5
De	1	0	9/50	5/120	6/205	0
	2	0	0	0	0	9/80
	3	0	0	0	2/85	3/170
	4	0	0	0	0	8/85
	5	0	0	0	0	0

Figura 10.13 **Diagrama de rede mostrando entregas de materiais entre estações de carga/descarga. Os nós representam as estações de carga/descarga e as setas são rotuladas como dados de vazão e distâncias**

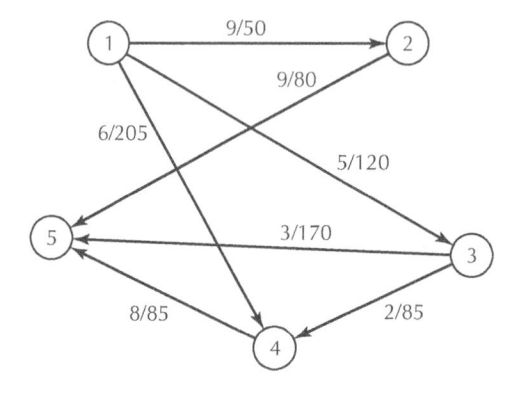

culo se desloca vazio até o começo do próximo ciclo de entrega (metros, pés).

O T_c calculado pela Equação (10.1) deve ser considerado um valor ideal, pois ignora quaisquer perdas de tempo devido a problemas de confiabilidade, congestionamento de tráfego e outros fatores que possam atrasar uma entrega. Além disso, nem todos os ciclos de entrega são os mesmos. Origens e destinos podem ser diferentes de uma entrega para a seguinte, o que vai afetar os termos L_d e L_e na equação. Normalmente esses termos são considerados como valores médios para a população de distâncias de deslocamento carregadas e vazias do veículo durante o curso de um turno de trabalho ou outro período de análise.

O tempo do ciclo de entrega pode ser utilizado para determinar certos parâmetros de interesse no sistema de transporte baseado em veículos. Vamos fazer uso do T_c para determinar dois parâmetros: (1) taxa de entregas por veículo e (2) número de veículos necessários para satisfazer uma exigência de entrega total específica. Vamos basear nossa análise em taxas e exigências por hora; entretanto, as equações podem ser rapidamente adaptadas para outros períodos.

A taxa de entregas por hora por veículo é de 60 minutos dividida pelo tempo do ciclo de entrega T_c, ajustado para quaisquer perdas de tempo durante a hora. As possíveis perdas de tempo incluem (1) disponibilidade, (2) congestionamento de tráfego e (3) eficiência de motoristas manuais no caso de carros operados manualmente. *Disponibilidade* (simbolizado A) é um fator de confiabilidade (Seção 3.1.3), definido como a proporção do tempo de turno total que o veículo é operacional, não está quebrado ou sendo consertado.

Para lidar com as perdas de tempo devido ao congestionamento de tráfego, vamos definir o *fator de tráfego* F_t como um parâmetro para estimar o efeito dessas perdas sobre o desempenho do sistema. Fontes de ineficiência levadas em consideração pelo fator de tráfego incluem a espera em cruzamentos, o bloqueio de veículos (como em AGVS) e a espera em uma fila nas estações de carga/descarga. Se essas situações não ocorrem, então F_t é igual a 1. À medida que os bloqueios aumentam, o valor de F_t diminui. A espera de cruzamentos, bloqueios e espera em filas das estações de carga/descarga são afetados pelo número de veículos no sistema em relação ao tamanho do *layout*. Se há apenas um veículo no sistema, não deve ocorrer bloqueio algum, e o fator de tráfego será de 1. Para sistemas com muitos veículos, ocorrerão mais situações de bloqueio e congestionamento, e o fator de tráfego terá valor menor. Valores típicos de fator de tráfego para um AGVS variam entre 0,85 e 1,0 [4].

Para sistemas baseados em carros industriais, incluindo tanto carrinhos manuais como motorizados operados por trabalhadores, o congestionamento de tráfego provavelmente não é a principal causa de baixo desempenho operacional. Em vez disso, o desempenho depende fundamentalmente da eficiência de trabalho dos operadores que dirigem os carros. Vamos definir a *eficiência de trabalhadores* como a taxa de trabalho real do operador em relação à taxa de trabalho esperada sob um desempenho-padrão ou normal. Deixe que E_w simbolize a eficiência do trabalhador.

Com esses fatores definidos, podemos expressar o tempo disponível por hora por veículo como 60 minutos ajustados por A, F_t, e E_w. Isto é,

$$AT = 60 A F_t E_w \qquad (10.2)$$

em que AT é o tempo disponível (min/hora por veículo), A é a disponibilidade, F_t é o fator de tráfego e E_w é a eficiência do trabalhador. Os parâmetros A, F_t e E_w não levam em consideração escolhas equivocadas de rotas de veículos, *layout* de percurso ruim ou mau gerenciamento de veículos no sistema. Esses fatores devem ser minimizados, mas, se presentes, são levados em consideração nos valores de L_d e L_e.

Podemos então escrever equações para os dois parâmetros de desempenho que interessam. A taxa de entregas por veículo é dada por:

$$R_{dv} = \frac{AT}{T_c} \qquad (10.3)$$

em que R_{dv} é a taxa de entrega por hora por veículo (entrega/hora por veículo), T_c é o tempo de ciclo de entrega calculado pela Equação (10.1) (min/entrega) e AT é o tempo disponível em uma hora com ajustes para perdas de tempo (min/hora).

O número total de veículos (carros, AGVs, troles, carretas etc.) necessários para satisfazer um cronograma de entrega especificado R_f no sistema pode ser estimado calculando primeiro a carga de trabalho total necessária e, então, dividindo pelo tempo disponível por veículo. A carga de trabalho é definida como o montante de trabalho, expresso em termos de tempo, que tem de ser realizado pelo sistema de transporte de materiais em uma hora. Isso pode ser expresso como:

$$WL = R_f T_c \qquad (10.4)$$

em que WL é a carga de trabalho (min/hora), R_f é a vazão especificada do total de entregas por hora para o sistema (entregas/hora) e T_c é o tempo do ciclo de entrega (min/entrega). Agora o número de veículos exigidos para realizar essa carga de trabalho pode ser escrito como:

$$n_c = \frac{WL}{AT} \qquad (10.5)$$

em que n_c é o número de carregadores necessários, WL é a carga de trabalho (min/horas) e AT é o tempo disponível por veículo (min/hora por veículo). A substituição das Equações (10.3) e (10.4) na Equação (10.5) proporciona uma maneira alternativa para determinar:

$$n_c = \frac{R_f}{R_{dv}} \qquad (10.6)$$

em que n_c é o número de carregadores necessários, R_f é o total de exigências de entrega no sistema (entregas/hora) e R_{dv} é a taxa de entrega por veículo (entrega/hora por veículo). Apesar de o fator de tráfego levar em consideração atrasos experimentados pelos veículos, ele não inclui atrasos encontrados por uma estação de carga/descarga que tenha de esperar pela chegada de um veículo. Devido à natureza aleatória das demandas de carga/descarga, estações de trabalho provavelmente experimentarão tempo de espera enquanto os veículos estarão ocupados com outras entregas. As equações anteriores não consideram esse tempo ocioso ou seu impacto sobre o custo operacional. Se o tempo ocioso das estações tiver de ser minimizado, então mais veículos do que o número indicado pelas Equações (10.5) ou (10.6) poderão ser necessários. Modelos matemáticos baseados em teorias de filas são apropriados para analisar essa situação estocástica complexa.

EXEMPLO 10.1
Determinando o número de veículos em um AGVS
Considere o *layout* de AGVS na Figura 10.14. Veículos se deslocam no sentido anti-horário em torno do percurso para entregar cargas da estação de carga para a estação de descarga. O tempo de carregamento na estação de carga é de 0,75 minuto e o tempo de descarga na estação de descarga é de 0,5 minuto. Estamos interessados em determinar quantos veículos são necessários para satisfazer a demanda para esse *layout* se um total de 40 entregas/hora precisam ser completadas pelo AGVS. Os parâmetros de desempenho são dados a seguir: velocidade do veículo de 50 m/min, disponibilidade de 0,95, fator de tráfego de 0,9 e eficiência do operador não aplicada, então E_w igual a 1. Determine (a) distâncias de deslocamento carregado e vazio, (b) tempo de ciclo de entrega ideal e (c) número de veículos necessários para satisfazer a demanda de entrega.

Figura 10.14 *Layout* de percurso AGVS para o Exemplo 10.1

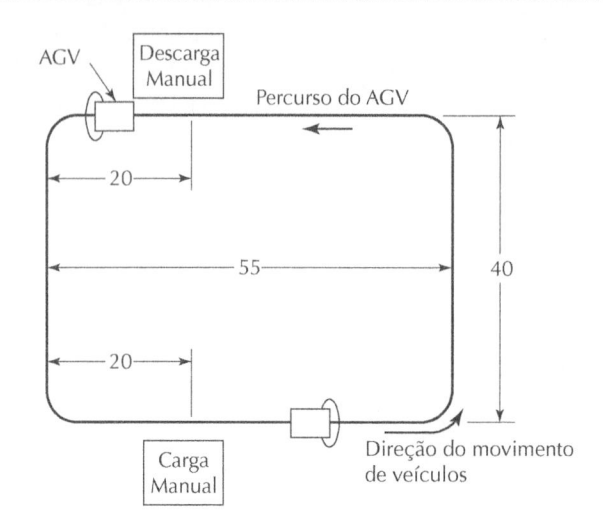

Solução: (a) Ignorando os efeitos de distâncias ligeiramente mais curtas em torno das curvas nos cantos da volta, os valores de L_d e L_e são prontamente determinados a partir do *layout* como sendo 110 metros e 80 metros, respectivamente.

(b) O tempo de ciclo de entrega ideal por veículo é dado pela Equação (10.1):

$$T_c = 0{,}75 + \frac{110}{50} + 0{,}5 + \frac{80}{50} = 5{,}05 \text{ min}$$

(c) Para determinar o número de veículos necessários para realizar 40 entregas/hora, calculamos a carga de trabalho do AGVS e o tempo disponível por hora por veículo:

$WL = 40(5{,}05) = 202$ min/hora
$AT = 60(0{,}95)(0{,}9)(1) = 51{,}3$ min/hora por veículo

Portanto, o número de veículos necessário é:

$$n_c = 202 / 51{,}3 = 3{,}94 \text{ veículos}$$

Esse valor deve ser arredondado para n_c igual a quatro veículos, já que o número de veículos tem de ser um número inteiro.

A determinação das distâncias de deslocamento médio, L_d e L_e, exige uma análise do *layout* do AGVS em particular. Para um *layout* de trajeto simples, como na Figura 10.14, determinar esses valores é direto. Para um *layout* AGVS complexo, o problema é mais complexo. O exemplo a seguir ilustra a questão.

EXEMPLO 10.2
Determinando L_d para um *layout* AGVS mais complexo
O *layout* para este exemplo é mostrado na Figura 10.15 e o diagrama *D* é apresentado na Tabela 10.5. O AGVS inclui a estação de carga 1 na qual peças brutas entram no sistema para entrega para qualquer uma das três estações de produção 2, 3 e 4. A estação de descarga 5 recebe peças acabadas das estações de produção. Tempos de carga e descarga nas estações 1 e 5 tem valor de 0,5 minuto cada um. Taxas de produção para cada estação de trabalho são indicadas pelas exigências de entrega na Tabela 10.5. Um fator de complicação é o de que algumas peças tem de ser despachadas entre as estações 3 e 4. Os veículos se deslocam na direção indicada pelas setas na figura. Determine a distância de entrega média, L_d.

Solução. A Tabela 10.5 mostra o número de entregas e distâncias correspondentes entre as estações. Os valores de distâncias são tomados do desenho do *layout* na Figura 10.15. Para determinar o valor de L_d, uma média ponderada tem de ser calculada baseada no número de trajetos e distâncias correspondentes mostrado do diagrama de-para do problema.

$$L_d = \frac{9(50) + 5(120) + 6(205) + 9(80) + 2(85) + 3(170) + 8(85)}{9 + 5 + 6 + 9 + 2 + 3 + 8} =$$

$$= \frac{4360}{42} = 103{,}8 \text{ m}$$

Determinar L_e, a distância média que um veículo se desloca vazio durante um ciclo de entrega, é mais complicado. Ela depende dos métodos de despacho e cronograma utilizados para decidir como um veículo deve prosseguir de sua última entrega para sua próxima busca. Na Figura 10.15, se cada veículo tem de se deslocar de volta para a estação 1 após cada entrega nas estações 2, 3, e 4, então a distância vazia entre as buscas seria realmente muita longa. L_e seria maior que L_d. Por outro lado, se um veículo pudesse trocar uma peça bruta por uma peça acabada em uma estação de trabalho, então o tempo de deslocamento vazio para o veículo

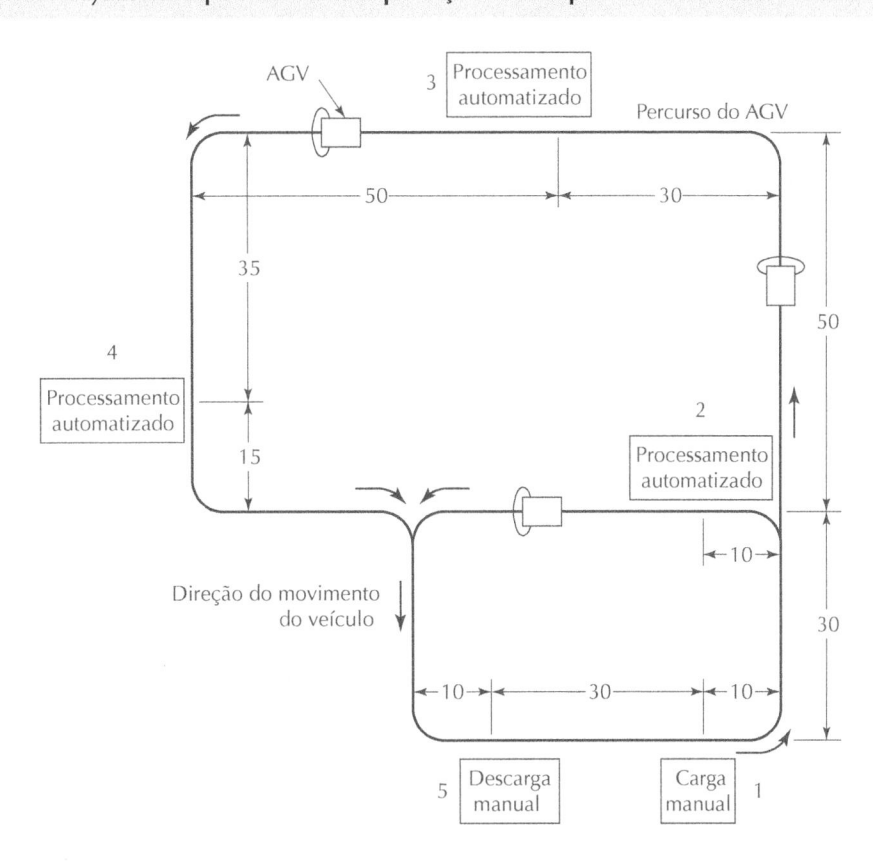

Figura 10.15 *Layout* AGVS para o sistema de produção do Exemplo 10.2. Dimensões em metros (m).

seria minimizado. Entretanto, isso exigiria uma plataforma de duas posições em cada estação para capacitar a troca. Portanto essa questão tem de ser considerada no projeto inicial do AGVS. De forma ideal, L_e deveria ser reduzido a zero. É altamente desejável minimizar a distância média que um veículo se desloca vazio por meio de um bom projeto de AGVS e de um bom cronograma de veículos. Nosso modelo matemático de sistemas baseados em veículos indica que o tempo de ciclo de entrega será reduzido se L_e for minimizado, e isso terá efeito benéfico sobre a taxa de entrega do veículo e o número de veículos necessário para operar o sistema. Dois de nossos problemas de exercícios no fim do capítulo pedem para o leitor determinar L_e sob diferentes cenários operacionais.

10.3.2 Análise de transportadores

Operações de transportadores foram analisadas na literatura pesquisada (ver referências [8], [9], [12], [13], [14] e [15]). Em nossa nossa discussão, consideramos os três tipos básicos de operações de transportadores discutidas na Seção 10.2.4: (1) transportadores unidirecionais, (2) transportadores contínuos e (3) transportadores de recirculação.

Transportadores unidirecionais. Considere o caso de um transportador motorizado unidirecional com uma estação de carga na extremidade de cima e uma estação de descarga na extremidade de baixo, como na Figura 10.10(a). Materiais são carregados em uma extremidade e descarregados na outra. Os materiais podem ser peças, caixas de papelão, cargas de paletes ou outras cargas unitárias. Presumindo que o transportador opera a uma velocidade constante, o tempo exigido para deslocar os materiais da estação de carga para a estação de descarga é dado por:

$$T_d = \frac{L_d}{v_c} \quad (10.7)$$

em que T_d é o tempo de entrega (min), L_d é o comprimento do transportador entre estações de carga e descarga (metros, pés) e v_c é a velocidade do transportador (m/min, pés/min).

A vazão de materiais no transportador é determinada pela taxa de carregamento na estação de carga. A taxa de carregamento é limitada pelo inverso do tempo necessário para carregar os materiais. Levando-se em consideração a velocidade do transportador, a taxa de carregamento estabelece o espaçamento dos materiais no transportador. Resumindo essas relações,

$$R_f = R_L = \frac{v_c}{s_c} \leq \frac{1}{T_L} \qquad (10.8)$$

em que R_f é a vazão de material (peças/minuto), R_L é a taxa de carregamento (peças/minuto), s_c é o espaçamento centro a centro dos materiais no transportador (m/peça, pé/peça) e T_L é o tempo de carregamento (min/peça). Você poderia ficar tentado a pensar que a taxa de carregamento R_L é o inverso da taxa de carregamento T_L. Entretanto, R_L é estabelecido pela exigência de vazão R_f, enquanto T_L é determinado por fatores ergonômicos. O trabalhador que carrega o transportador pode ser capaz de desempenhar a tarefa de carregamento a uma taxa mais rápida que a vazão exigida. Por outro lado, a exigência de vazão não pode ser definida como sendo mais rápida do que é humanamente possível para se desempenhar a tarefa de carregamento.

Uma exigência adicional para o carregamento e descarregamento é que o tempo exigido para descarregar o transportador tem de ser igual ou menor do que o inverso da vazão de material. Isto é,

$$T_U \leq \frac{1}{R_f} \qquad (10.9)$$

em que T_U é o tempo de descarregamento (min/peça). Se o descarregamento exige mais tempo do que o intervalo de tempo entre as cargas que chegam, então as cargas podem acumular ou ser jogadas no chão na extremidade de baixo do transportador.

Estamos utilizando peças como o material nas Equações (10.8) e (10.9), mas as relações aplicam-se a outras cargas unitárias também. A vantagem do princípio de carga unitária (Seção 10.1.2) pode ser demonstrada transportando n_p peças em um carregador em vez de uma única peça. Refazendo a Equação (10.8) para refletir essa vantagem, nós temos:

$$R_f = \frac{n_p v_c}{s_c} \leq \frac{1}{T_L} \qquad (10.10)$$

em que R_f é a vazão (peças/minuto), n_p é o número de peças por carregador, s_c é o espaçamento centro a centro dos carregadores no transportador (m/carregador, pé/carregador), e T_L é o tempo de carregamento por carregador (min/carregador). A vazão de peças transportadas é potencialmente muito maior nesse caso. Entretanto, o tempo de carregamento ainda é uma limitação, e T_L pode consistir não apenas do tempo para carregar o carregador no transportador, mas também o tempo para carregar peças no carregador. As equações anteriores têm de ser interpretadas e talvez ajustadas para a aplicação dada.

EXEMPLO 10.3
Transportador unidirecional

Um transportador de roletes segue um percurso de 35 metros de comprimento entre um departamento de produção de peças e um departamento de montagem. A velocidade do transportador é de 40 m/minuto. Peças são carregadas em grandes caixas de peças, que são colocadas no transportador na estação de carga no departamento de produção. Dois operadores trabalham na estação de carga. O primeiro trabalhador carrega as peças nas caixas de peças, o que leva 25 segundos. Cada caixa de peça contém 20 peças. As peças entram na estação de carga da produção a uma taxa que está em equilíbrio com esse ciclo de 25 segundos. O segundo trabalhador carrega caixas de peças para o transportador, que leva apenas dez segundos. Determine: (a) o espaçamento entre as caixas de peças ao longo do transportador, (b) a vazão possível máxima em peças/minuto e (c) o tempo mínimo necessário para descarregar a caixa de peças no departamento de montagem.

Solução: (a) O espaçamento entre caixas de peças no transportador é determinado pelo tempo de carregamento. Leva apenas 10 segundos para carregar uma caixa de peças no transportador, mas 25 segundos são necessários para carregar peças na caixa de peças. Portanto, o ciclo de carregamento é limitado por esses 25 segundos. A uma velocidade de transportador de 40 m/minuto, o espaçamento será:

$$s_c = (25/60 \text{ min})(40 \text{ m/min}) = 16,17 \text{ m}$$

(b) A vazão é dada pela Equação (10.10):

$$R_f = \frac{20(40)}{16,67} = 48 \text{ parts/min}$$

Isso é condizente com a taxa de carregamento de peças de 20 peças em 25 segundos, que é 0,8 peças/segundo ou 48 peças/minuto.

(c) O tempo mínimo admissível para descarregar uma caixa de peças tem de ser consistente com a vazão de caixas de peças no transportador. Essa vazão é uma caixa de peças a cada 25 segundos, então:

$$T_U \leq 25 \text{ s}$$

***Transportadores contínuos* (continous loop conveyor).** Considere um transportador contínuo como um trole aéreo no qual o percurso é formado por uma corrente sem fim se deslocando em um caminho fechado, e carregadores são suspensos em um trilho e puxados pela corrente. O transportador desloca peças nos carregadores entre uma estação de carga e uma estação de descarga. O caminho completo é dividido em duas seções: uma parte de entrega (para frente), na qual os carregadores estão carregados, e uma parte de retorno, na qual os carregadores se deslocam vazios, como mostrado na Figura 10.10(b). O comprimento da parte de entrega é L_d, e o comprimento da parte de retorno é L_e. O comprimento total do transportador é, portanto, $L = L_d + L_e$. O tempo necessário para realizar o percurso completo é:

$$T_c = \frac{L}{v_c} \qquad (10.11)$$

em que T_c é o tempo de ciclo total (min), e v_c é a velocidade da corrente do transportador (m/minuto, pés/minuto). O tempo que uma carga passa na parte de entrega é:

$$T_d = \frac{L_d}{v_c} \qquad (10.12)$$

em que T_d é o tempo de entrega na parte de entrega (min).

Carregadores são igualmente espaçados ao longo da corrente a uma distância s_c um do outro. Desse modo, o número total de carregadores no percurso é dado por:

$$n_c = \frac{L}{s_c} \qquad (10.13)$$

em que n_c é o número de carregadores, L é o comprimento total do percurso do transportador (metros, pés), e s_c é a distância centro a centro entre os carregadores (m/carregador, pés/carregador). O valor de n_c deve ser um número inteiro, e assim L e s_c devem concordar com essa exigência.

Cada carregador é capaz de conduzir peças na parte de entrega, e nenhuma peça na viagem de volta. Já que apenas aqueles carregadores na parte de entrega contêm peças, o número máximo de peças no sistema em qualquer momento é dado por:

$$\text{Total de peças no sistema} = \frac{n_p n_c L_d}{L} \qquad (10.14)$$

Como no transportador unidirecional, a vazão máxima entre as estações de carga e descarga é:

$$R_f = \frac{n_p v_c}{s_c}$$

em que R_f são as peças por minuto. Novamente, essa taxa deve estar de acordo com as limitações do tempo que leva para carregar e descarregar o transportador, como definido nas Equações (10.8) e (10.10).

Transportadores contínuos (recirculating conveyors). Lembre-se dos dois problemas complicando a operação de um sistema de transportadores contínuos (Seção 10.2.4) com: (1) a possibilidade de que nenhum carregador vazio esteja imediatamente disponível na estação de carregamento quando necessário e (2) a possibilidade de que nenhum carregador carregado esteja imediatamente disponível na estação de descarregamento quando necessário. O caso de um transportador contínuo com uma estação de carga e uma estação de descarga foi analisado por Kwo [8], [9]. De acordo com sua análise, três princípios básicos têm de ser obedecidos ao se projetar um sistema de transportadores como esse:

- *Regra da velocidade.* A velocidade operacional do transportador deve estar dentro de determinados limites. O limite inferior é determinado pelas taxas de carga e descarga exigidas nas respectivas estações. Essas taxas são ditadas pelos sistemas externos servidos pelo transportador. Deixe que R_L e R_U representem as taxas de carga e descarga nas duas estações, respectivamente. Então a velocidade do transportador deve satisfazer a relação:

$$\frac{n_p v_c}{s_c} \geq \text{Máx}\{R_L, R_U\} \qquad (10.15)$$

em que R_L é a taxa de carregamento exigida (peças/minuto), e R_U é a a taxa de descarregamento correspondente. O limite superior de velocidade é determinado pelas capacidades físicas dos trabalhadores que manuseiam os materiais para desempenhar as tarefas de carregamento e descarregamento. Suas capacidades são definidas pelo tempo necessário para carregar e descarregar os carregadores, de maneira que:

$$\frac{v_c}{s_c} \leq \text{Mín}\left\{\frac{1}{T_L}, \frac{1}{T_U}\right\} \qquad (10.16)$$

em que T_L é o tempo necessário para carregar um carregador (min/carregador) e T_U é o tempo necessário para descarregar um carregador. Além das Equações (10.15) e (10.16), outra limitação é, obviamente, que a velocidade não pode exceder os limites físicos do próprio transportador mecânico.

- *Restrição de capacidade.* A capacidade de vazão do sistema de transportadores tem de ser pelo menos igual à exigência de vazão para acomodar o estoque de reserva e permitir o tempo decorrido entre a carga e a descarga devido à distância de entrega. Isso pode ser expresso da seguinte forma:

$$\frac{n_p v_c}{s_c} \geq R_f \qquad (10.17)$$

Nesse caso, R_f tem de ser interpretado como uma especificação de sistema exigida pelo transportador contínuo.

- *Princípio de uniformidade.* Afirma que peças (cargas) devem ser uniformemente distribuídas através da extensão do transportador, de maneira que não haja seções do transportador em que todo carregador esteja cheio enquanto outras seções estão virtualmente vazias. A razão para o princípio de uniformidade é evitar tempos de espera muito longos nas estações de carga e descarga para carregadores vazios ou cheios (respectivamente) chegarem.

EXEMPLO 10.4
Análise de um transportador contínuo: Kwo
Um transportador contínuo tem comprimento total de 300 metros. Sua velocidade é de 60 m/minuto, e o espaçamento dos carregadores de peças ao longo do comprimento é de 12 metros. Cada carregador pode conter duas peças. O tempo exigido na tarefa de carregar duas peças em cada carregador é de 0,2 minuto e o tempo de descarregamento é o mesmo. As taxas de carregamento e descarregamento exigidas são ambas definidas pela vazão especificada, que é de 4 peças/minuto. Avalie o projeto do sistema de transportador em relação aos três princípios de Kwo.
Solução: *Regra da velocidade:* o limite de velocidade inferior é estabelecido pelas taxas de carga e descarga exigidas, que são de 4 peças/minuto. Confrontando com a Equação (10.15),

$$\frac{n_p v_c}{s_c} \geq \text{Máx}\{R_L, R_U\}$$

$$\frac{(2 \text{ peças/carregador})(60 \text{ m/min})}{12 \text{ m / carregador}} =$$

$$= 10 \text{ peças/min} > 4 \text{ peças/min}$$

Conferindo o limite inferior,

$$\frac{60 \text{ m/min}}{12 \text{ m/carregador}} = 5 \text{ carregador/min} \leq \text{Mín}\left\{\frac{1}{0,2}, \frac{1}{0,2}\right\} =$$

$$= \text{Mín}\{5, 5\} = 5$$

A regra da velocidade é satisfeita.
Restrição de capacidade: a capacidade de vazão do transportador é de 10 peças/minuto como calculado acima. Já que isso é substancialmente maior do que a taxa de entrega exigida de 4 peças/minuto, a restrição de capacidade é satisfeita. Kwo fornece orientações para determinar a exigência de vazão que deve ser comparada à capacidade do transportador.
Princípio de uniformidade: é presumido que o transportador seja uniformemente carregado em todo seu comprimento, já que as taxas de carregamento e descarregamento são iguais e a capacidade de vazão é substancialmente maior que a taxa de carga/descarga. Condições para checar o princípio da uniformidade estão disponíveis; os textos originais de Kwo [8], [9] são indicados.

Referências

[1] BOSE, P. P. "Basics of AVG systems". *American Machinist and Automated Manufacturing*, p. 105-22, mar. 1986. Special Report 784.

[2] CASTELBERRY, G. *The AVG handbook*, Ann Harbor: AVG Decisions; Braun-Brumfield, 1991.

[3] EASTMAN, R. M. *Materials handling*. Nova York: Marcel Dekker, 1987.

[4] FITZGERALD, K. R. "How to estimate the number of AVGs you need". *Modern Materials Handling*, p. 79, out. 1985.

[5] KULWIEC, R. A. *Basics of material handling*. Pittsburgh, PA: Material Handling Institute, 1981.

[6] ____. (ed.) *Materials handling handbook*. 2.ed. Nova York: John Wiley & Sons, 1985.

[7] ____. "Cranes for overhead handling". *Modern Materials Handling*, p. 43-7, jul. 1998.

[8] KWO, T. T. "A theory of conveyors". *Management Science*, v. 5, n. 1, p. 51-71, 1958.

[9] ____. "A method for designing irreversible overhead loop conveyors". *Journal of Industrial Engineering*, v. 11, n. 6, p. 459-66, 1960.

[10] MATERIAL Handling Industry of America (MHIA). *Annual report*. Charlotte: MHIA, 2006.

[11] MILLER, R. K. *Automated guided vehicle systems*. Madison: SEAI Institute; Fort Lee: Technical Insights, 1983.

[12] MUTH, E. J. "Analysis of closed-loop conveyor systems". *AIIE Transactions*, v. 4, n. 2, p. 134-43, 1972.

[13] ____. "Analysis of closed-loop conveyor systems: The discrete flow case". *AIIE Transactions*, v. 6, n. 1, p. 73-83, 1974.

[14] ____. "Modelling and analysis of multistation closed-loop conveyors". *International Journal of Production Research*, v. 13, n. 6, p. 559-66, 1975.

[15] ____.; WHITE, J. A. "Conveyor theory: A survey". *AIIE Transactions*, v. 11, n, 4, p. 270-77, 1979.

[16] MUTHER, R.; HAGANS, K. *Systematic handling analysis*. Kansas City: Management and Industrial Research Publications, 1969.

[17] TOMPKINS, J. A.; WHITE, J. A.; BOZER, Y. A.; FRAZELLE, E. H.; TANCHOCO, J. M.; TREVINO, J. *Facilities planning*. 3. ed. Nova York: John Wiley & Sons, 2003.

[18] WITT, C. E. "Palletizing unit loads: Many options" *Material handling Engineering*, p. 99-106, 1999.

[19] ZOLLINGER, H. A. "Methodology to concept horizontal transportation problem solutions". In: MHI 1994 International Research Colloquium, 1994, Grand Rapids, MI.

Questões de revisão

10.1 Forneça uma definição para manuseio de materiais.

10.2 Como o manuseio de materiais se encaixa dentro do campo da logística?

10.3 Denomine as quatro principais categorias de equipamentos de manuseio de materiais.

10.4 O que está incluído dentro do termo *equipamento de unitização*?

10.5 O que é o princípio de unidade de carga?

10.6 Quais são as cinco categorias de equipamentos de transporte de materiais comumente utilizadas para mover peças e materiais dentro de uma instalação?

10.7 Dê alguns exemplos de carros industriais utilizados no manuseio de materiais.

10.8 O que é um sistema de veículos guiados automaticamente (AGVS)?

10.9 Denomine três categorias de veículos guiados automaticamente.

10.10 Quais características distinguem veículos autopropelidos de AGVs convencionais?

10.11 O que é um sensor de obstáculos à frente em terminologia AGVS?

10.12 Cite algumas das diferenças entre veículos guiados por trilhos e veículos guiados automaticamente.

10.13 O que é um transportador?

10.14 Denomine alguns dos tipos diferentes de transportadores utilizados na indústria.

10.15 O que é um transportador contínuo?

10.16 Qual é a diferença entre guincho e guindaste?

Problemas

Análise de sistemas baseados em veículos

10.1 Um sistema de manufatura flexível está sendo planejado. Ele tem *layout* de escada, como descrito na Figura P10.1, e utiliza sistema de veículos guiados por trilhos para deslocar peças entre as estações no *layout*. Todas as peças são carregadas no sistema da estação 1, deslocadas para uma das três estações de processamento (2, 3 ou 4) e então trazidas de volta para a estação 1 para descarregamento. Uma vez carregadas em seu RGV (veículo guiado por trilhos, do inglês, *rail guided vehicle*), cada peça permanece no veículo durante seu tempo no sistema. Os tempos de carga e descarga na estação 1 consomem, cada um, um minuto. Os tempos de processamento nas outras estações são cinco minutos na estação 2, sete minutos na estação 3 e nove minutos na estação 4. A produção de peças por hora do sistema é de sete peças na estação 2, seis peças na estação 3 e cinco peças na estação 4. (a) Desenvolva o diagrama de-para relativo aos deslocamentos e distâncias utilizando o mesmo formato que a Tabela 10.5. (b) Desenvolva o diagrama de rede para esses dados similar à Figura 10.13. (c) Determine o número de veículos guiados por trilho necessários para atender às exigências do sistema de manufatura flexível, se a velocidade do veículo for 60 m/min e o fator de tráfego antecipado for 0,85. Presuma confiabilidade de cem por cento.

Figura P10.1 *Layout* de um sistema de manufatura flexível para o Problema 10.1

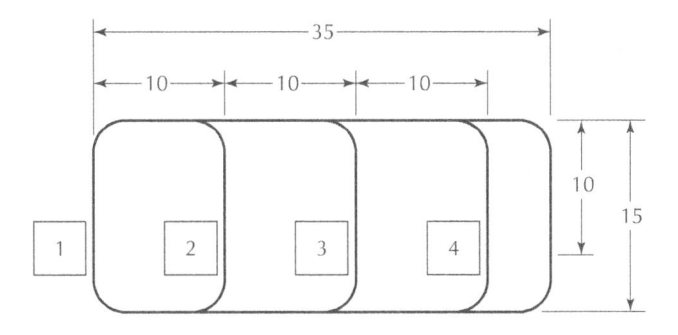

10.2 Com base no Exemplo 10.2, suponha que os veículos operem de acordo com as seguintes regras de cronograma: (1) veículos entregando peças brutas da estação 1 para as estações 2, 3 e 4 devem voltar vazios para a estação 5 e (2) veículos buscando peças acabadas nas estações 2, 3 e 4 para entrega na estação 5 têm de se deslocar vazios da estação 1. (a) Determine as distâncias deslocadas vazias associadas a cada entrega e desenvolva um diagrama de-para seguindo o formato da Tabela 10.5. (b) Suponha que os AGVs se deslocam a uma velocidade de 50 m/minuto, com fator de tráfego de 0,9. Presuma confiabilidade de cem por cento. Como determinado no Exemplo 10.2, a distância de entrega L_d é de 103,8 metros. Determine o valor de L_e para o layout baseado em sua tabela. (c) Quantos veículos guiados automaticamente serão necessários para operar o sistema?

10.3 Com base no Exemplo 10.2, suponha que, a fim de minimizar as distâncias que os veículos se deslocam vazios, veículos entregando peças brutas da estação 1 para as estações 2, 3 e 4 têm de buscar nelas as peças acabadas para entrega na estação 5. (a) Determine as distâncias de deslocamento vazias associadas a cada entrega e desenvolva um diagrama de-para seguindo o formato da Tabela 10.5. (b) Suponha que os AGVs se desloquem a uma velocidade de 50 m/minuto, e o fator de tráfego seja 0,9. Presuma confiabilidade de cem por cento. Como determinado no Exemplo 10.2, a distância de entrega L_d é de 103,8 metros. Determine o valor de L_e para o layout baseado em sua tabela. (c) Quantos veículos guiados automaticamente serão necessários para operar o sistema?

10.4 Uma frota planejada de empilhadeiras tem distância média de deslocamento carregada de 500 pés por entrega e distância média de deslocamento vazia de 350 pés. A frota tem de realizar um total de 60 entregas por hora. Os tempos de carga e descarga são, cada um, de 0,5 minuto e a velocidade dos veículos é de 300 pés/minuto. O fator de tráfego para o sistema é de 0,85, a disponibilidade é de 0,95 e a eficiência de trabalho é de 90 por cento. Determine (a) o tempo de ciclo ideal para cada entrega, (b) o número médio resultante de entregas por hora que uma empilhadeira pode realizar e (c) o número de carros necessários para conseguir realizar as 60 entregas por hora.

10.5 Um sistema de veículos guiados automaticamente tem distância média de deslocamento por entrega de 200 metros e distância média de deslocamento vazio de 150 metros. Os tempos de carga e descarga são, cada um, 24 segundos, a velocidade do AGV é de 1 m/segundo e o fator de tráfego é 0,9. Quantos veículos são necessários para satisfazer exigência de 30 entregas/hora? Presuma que a disponibilidade seja 0,95.

10.6 Quatro empilhadeiras são utilizadas para entregar cargas de paletes de peças entre células de trabalho em uma fábrica. A distância média de deslocamento carregada é de 350 pés e a distância de deslocamento vazia é estimada como sendo a mesma. As empilhadeiras são dirigidas a uma velocidade média de 3 milhas/hora quando carregadas e 4 milhas/hora quando vazias. O tempo terminal por entrega é, em média, um minuto (a carga é de 0,5 minuto e descarga é de 0,5 minuto). Se o fator de tráfego é presumido em 0,9, a disponibilidade é de cem por cento e a eficiência dos trabalhadores é 0,95, qual é a taxa de entrega por hora máxima das quatro empilhadeiras?

10.7 Um AGVS tem distância média de deslocamento carregado por entrega de 400 pés. A distância média de deslocamento vazio é desconhecida. O número exigido de entregas por hora é 60. Os tempos de carga e descarga são, cada um, 0,6 minuto, a velocidade AGV é de 125 pés/min, o fator de tráfego antecipado é 0,85 e a disponibilidade é 0,95. Desenvolva uma equação que relacione o número de veículos exigidos para operar o sistema com uma função da distância de deslocamento médio vazio L_e.

10.8 Um sistema de veículos guiados por trilhos está sendo planejado como parte de uma célula de montagem. O sistema consiste de duas linhas paralelas, como na Figura P10.8. Na operação, uma peça-base é carregada na estação 1 e entregue ou na estação 2 ou 4, onde componentes são acrescentados à peça-base. O RGV então vai para a estação 3 ou 5, respectivamente, nas quais mais componentes são montados. Das estações 3 ou 5, o produto se desloca para a estação 6 para ser removido do sistema. Veículos permanecem com os produtos à medida que se deslocam através da sequência de estações; desse modo, não há carga e descarga de peças nas estações 2, 3, 4 e 5. Após descarregar as peças na estação 6, os veículos então se deslocam vazios de volta para a estação 1 para recarga. Os deslocamentos por hora (peças/hora) e distâncias (pés) são listados na tabela abaixo. A velocidade do RGV é de 100 pés/minuto, os tempos de ciclo de montagem nas estações 2 e 3 são de quatro minutos cada e, nas estações 4 e 5, são de seis minutos cada. Os tempos de carga e descarga nas estações 1 e 6 respectivamente são cada um 0,75 minuto, O fator de tráfego é 1 e a disponibilidade é 1. Quantos veículos são necessários para operar o sistema?

Figura P10.8 *Layout* para o Problema 10.8

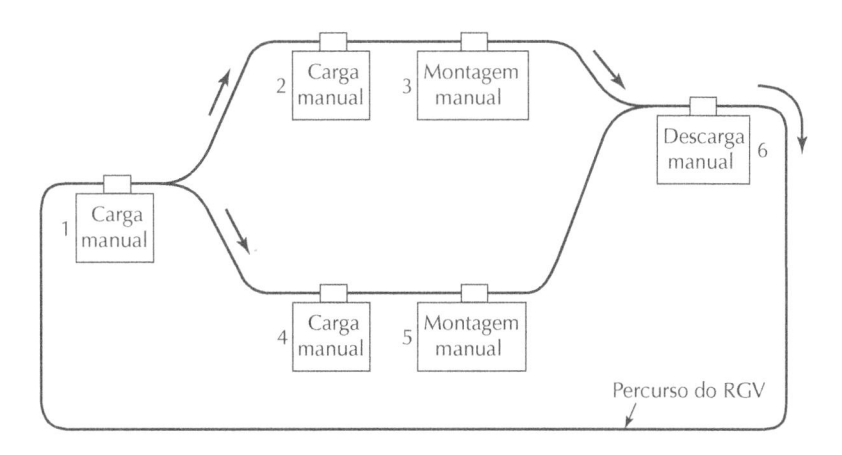

[Figura: Layout do percurso do RGV com estações 1 (Carga manual), 2 (Carga manual), 3 (Montagem manual), 4 (Carga manual), 5 (Montagem manual), 6 (Descarga manual)]

	Para	1	2	3	4	5	6
De	1	0/0	14L/200	0/NA	9L/150	0/NA	0/NA
	2	0/NA	0/0	14L/50	0/NA	0/NA	0/NA
	3	0/NA	0/NA	0/0	0/NA	0/NA	14L/50
	4	0/NA	0/NA	0/NA	0/0	9L/50	0/NA
	5	0/NA	0/NA	0/NA	0/NA	0/0	9L/100
	6	23E/400	0/NA	0/NA	0/NA	0/NA	0/0

10.9 Um AGVS será utilizado para satisfazer os fluxos de materiais do diagrama de-para da tabela abaixo, que mostra entregas por hora entre estações (antes da barra vertical) e distâncias em metros entre as estações (após a barra vertical). Deslocamentos indicados por "L" são percursos nos quais o veículo está carregado, enquanto "E" indica deslocamentos nos quais o veículo está vazio. Presume-se que a disponibilidade seja de 0,9, o fator de tráfego seja de 0,85 e a eficiência seja de 1. A velocidade de um AGV é de 0,9 m/segundo. Se o tempo de manuseio de carga por ciclo de entrega for de um minuto, determine o número de veículos necessários para satisfazer as entregas indicadas por hora. Presuma que a disponibilidade seja de 0,9.

	Para	1	2	3	4
De	1	0/0	9L/90	7L/120	5L/75
	2	5E/90	0/0	0/NA	4L/80
	3	7E/120	0/NA	0/0	0/NA
	4	9E/75	0/NA	0/NA	0/0

10.10 Um sistema de veículos guiados automaticamente está sendo proposto para entregar peças entre 40 estações de trabalho em uma fábrica. Cargas devem ser deslocadas de cada estação em torno de uma vez a cada hora; desse modo, a taxa de entrega é de 40 cargas por hora. A distância média de deslocamento carregada é estimada como sendo de 250 pés e a distância de deslocamento vazia é estimada como sendo de 300 pés. Veículos se deslocam a uma velocidade de 200 pés/min. O tempo de manuseio total por entrega é de 1,5 minuto (carga de 0,75 minuto e descarga de 0,75 minuto). O fator de tráfego F_t torna-se cada vez mais significativo à medida que o número de veículos n_c aumenta; isso pode ser colocado em um modelo como:

$$F_t = 1,0 - 0,05 (n_c - 1) \text{ para } n_c = \text{Número inteiro} > 0$$

Determine o número mínimo de veículos necessário na fábrica para atender à exigência de vazão. Presuma que a disponibilidade seja de 1 e eficiência do trabalhador seja de 1.

10.11 Um sistema de veículos guiados automaticamente está sendo planejado para um complexo de armazéns. O AGVS será um sistema de trens sem condutor, e cada trem vai consistir do veículo de reboque mais quatro carretas. A velocidade dos trens será de 160 pés/minuto. Apenas as carretas puxadas vão levar cargas. A distância média de deslocamento com carga por ciclo de entrega é de 2.000 pés e a distância de deslocamento vazia é a mesma. O fator de deslocamento antecipado é de 0,95. Presuma confiabilidade de 1. Espera-se que o tempo de manuseio de carga por trem por entrega seja de dez minutos. Se as exigências sobre o AGVS são de 25 cargas de carretas por hora, determine o número de trens necessários.

10.12 O diagrama de-para na tabela abaixo indica o número de cargas deslocadas por 8 horas dia (antes da barra vertical) e as distâncias em pés (após a barra vertical) entre departamentos em uma fábrica em particular. Empilhadeiras são utilizadas para transportar materiais entre departamentos. Elas se deslocam a uma velocidade média de 275 pés/minuto (carregadas) e 350 pés/minuto (vazio). O tempo de manuseio de carga por entrega é de 1,5 minuto, e o fator de tráfego antecipado é 0,9. Presuma confiabilidade de 1 e eficiência dos trabalhadores de 110 por cento. Utilize um fator de disponibilidade de 95 por cento e eficiência de trabalhadores de 110 por cento. Determine o número de empilhadeiras exigidas sob cada um dos pressupostos a seguir: (a) as empilhadeiras nunca se deslocam vazias e (b) as empilhadeiras se deslocam vazias em uma distância igual à sua distância carregada.

	Para departamento	A	B	C	D	E
Do departamento	A	–	62/500	51/450	45/350	0
	B	0	–	0	22/400	0
	C	0	0	–	0	76/200
	D	0	0	0	–	65/150
	E	0	0	0	0	–

10.13 Um armazém consiste de cinco corredores de prateleiras (prateleiras em ambos os lados de cada corredor) e um local de carregamento. O sistema de prateleiras tem quatro níveis de altura. Empilhadeiras são utilizadas para transportar cargas entre o local de carregamento e os compartimentos de armazenamento do sistema de prateleiras em cada corredor. As empilhadeiras se deslocam a uma velocidade média de 140 m/minuto (carregadas) e 180 m/minuto (vazias). O tempo de manuseio de carga (carregamento mais descarregamento) por entrega totaliza um minuto por entrega de armazenamento/recuperação na média, e o fator de tráfego antecipado é 0,9. A eficiência dos trabalhadores é de cem por cento e a confiabilidade dos veículos (disponibilidade) é de 96 por cento. A distância média entre o local de carregamento e os centros dos corredores 1 a 5 são de 200 metros, 300 metros, 400 metros, 500 metros e 600 metros, respectivamente. Esses valores devem ser utilizados para calcular os tempos de deslocamento. A taxa desejada de entregas de armazenamento/recuperação é de cem por hora, distribuídas igualmente entre os cinco corredores, e as empilhadeiras realizam entregas de armazenamento ou recuperação (não ambas) em um ciclo de entrega. Determine o número de empilhadeiras necessárias para alcançar as cem entregas por hora.

10.14 Suponha que o armazém no problema anterior fosse organizado de acordo com uma estratégia de armazenamento reservada de classe baseada no nível de atividade das cargas de paletes armazenadas, de maneira que os corredores 1 e 2 fossem responsáveis por 70 por cento das entregas (classe A) e os corredores 3, 4 e 5 fossem responsáveis pelos 30 por cento restantes (classe B). Presuma que as entregas na classe A são igualmente divididas entre os corredores 3, 4 e 5. Quantas empilhadeiras seriam necessárias para se alcançar cem entregas de armazenamento/recuperação por hora?

10.15 Utensílios grandes são montados em uma linha de produção a uma taxa de 55 por hora. Os produtos são movidos ao longo da linha em paletes de trabalho (um produto por palete). Na estação de trabalho final os produtos acabados são removidos dos paletes. Os paletes são então removidos da linha e entregues de volta para a frente da linha para reuso. Veículos guiados automaticamente são utilizados para transportar os paletes para frente da linha, a uma distância de 600 pés. A distância da viagem de volta (vazios) até o fim da linha também é de 600 pés. Cada AGV carrega quatro paletes e se desloca a uma velocidade de 150 pés/minuto (carregado ou vazio). Os paletes formam filas em cada extremidade da linha, de maneira que nem a linha de produção nem um AGV fique sem paletes. O tempo necessário para carregar cada palete em um AGV é de 15 segundos; o tempo para liberar um AGV carregado e deslocar um AGV vazio em posição para carregamento no fim da linha é de 12 segundos. Os mesmos tempos aplicam-se ao manuseio e à/ao liberação/posicionamento de paletes na estação de descarga na frente da linha de produção. Presuma que o fator de tráfego seja 1 e que a rota seja uma volta simples. Quantos veículos são necessários para operar o sistema AGV?

10.16 Para a linha de produção no problema anterior, presuma que um único trem AGV consistindo de um trator e múltiplos reboques seja utilizado para fazer entregas em vez de veículos em separado. O tempo necessário para carregar um palete em um reboque é de 15 segundos; e o tempo para liberar um trem carregado e deslocar um trem vazio em posição para carregamento no fim da linha de produção é de 30 segundos. Os mesmos tipos aplicam-se ao manuseio de paletes e à/ao liberação/posicionamento na estação de descarga localizada na frente da linha de produção. Se cada reboque é capaz de carregar quatro paletes, quantos reboques devem ser incluídos no trem?

10.17 Um AGVS será implementado para entregar cargas entre quatro estações de trabalho: A, B, C e D. As vazões por hora (cargas/hora) e distâncias (metros) dentro do sistema são dadas na tabela abaixo (deslocamento carregado denotado por "L" e deslocamento vazio denotado por "E"). Os tempos de carga e descarga são, cada um, 0,45 minuto e a velocidade de deslocamento de cada veículo é 1,4 m/segundo. Um total de 43 cargas entra o sistema na estação A e 30 cargas deixam o sistema na estação A. Além disso, seis cargas deixam o sistema da estação de trabalho B a cada hora e sete cargas deixam o sistema da estação D. Isso porque há um total de 13 trajetos vazios realizados dentro do AGVS. Quantos veículos são exigidos para satisfazer essas exigências de entrega, presumindo que o fator de tráfego seja 0,85 e a confiabilidade (disponibilidade) seja de 95 por cento?

Taxa por hora (cargas/hora)

	Para	A	B	C	D
De	A	–	18L	10L	15L
	B	6E		12L	
	C			–	22L
	D	30L, 7E			–

Distâncias (metros)

	A	B	C	D
A	–	95	80	150
B		–	65	75
C			–	80
D				–

Análise dos sistemas de transportadores

10.18 Um transportador aéreo é configurado como um percurso fechado contínuo. A parte de entrega tem comprimento de 120 metros e a parte de retorno tem 80 metros. Todas as peças carregadas na estação de carga são descarregadas na estação de descarga. Cada gancho no transportador pode segurar uma peça e os guinchos estão separados por quatro metros. A velocidade do transportador é de 1,25 m/segundo. Determine (a) o número máximo de peças no sistema de transportador, (b) a vazão das peças e (c) os tempos de carga e descarga máximos compatíveis com a operação do sistema de transportador.

10.19 Um transportador de roletes de 300 pés, que opera a uma velocidade de 80 pés/minuto, é utilizado para deslocar paletes entre estações de carga e descarga. Cada palete carrega 12 peças. O tempo de ciclo para carregar um palete é de 15 segundos e um trabalhador na estação de carga é capaz de carregar paletes com a taxa de quatro por minuto. Leva 12 segundos para descarregar na estação de descarga. Determine (a) a distância centro a centro entre os paletes, (b) o número de palete no transportador em determinado momento e (c) a vazão por hora das peças. (d) Em quanto a velocidade do transportador tem de ser aumentada para aumentar a vazão para 3.000 peças/hora?

10.20 Um transportador de roletes desloca caixas de peças em certa direção a 150 pés/minuto entre uma estação de carga e uma estação de descarga, uma distância de 200 pés. Com um trabalhador, o tempo para carregar peças em uma caixa na estação de carga é de três segundos por peça. Cada caixa contém oito peças. Além disso, são necessários nove segundos para carregar uma caixa no transportador. Determine (a) o espaçamento entre os centros das caixas se deslocando no sistema de transportador e (b) a vazão das peças no sistema de transportador. (c) Considere o efeito do princípio de unidade de carga. Suponha que as caixas sejam menores e possam conter apenas uma peça em vez de oito. Determine a vazão nesse caso considerando que se leva sete segundos para carregar uma caixa de peças no transportador (em vez de nove segundos para a caixa de peças maior) e se leva os mesmos três segundos para carregar a peça na caixa.

10.21 Um transportador aéreo de percurso fechado tem de ser projetado para entregar peças de uma estação de carga para uma estação de descarga. A vazão de peças especificada que tem de ser entregue entre as duas estações é de 300 peças por hora. O transportador tem carregadores, cada um contendo uma peça. As partes de entrega e de retorno terão cada uma 90 metros de comprimento. A velocidade do transportador é de 0,5 m/segundo e os tempos para carregar e descarregar peças nas respectivas estações são, cada um, de 12 segundos. O sistema é exequível. Sendo assim, qual é o número apropriado de carregadores e espaçamento centro a centro entre os carregadores que conseguirão realizar a vazão especificada?

10.22 Considere no problema anterior que apenas os carregadores sejam maiores e capazes de conter até quatro peças (n_p = 1, 2, 3 ou 4). O tempo de carregamento é $T_L = 9 + 3 n_p$, em que T_L é em segundos. Com outros parâmetros definidos como no problema anterior, determine quais dos quatro valores de n_p são exequíveis. Para estes, especifique os parâmetros de projeto apropriados para (a) o espaçamento entre os carregadores e (b) o número de carregadores que conseguirão essa vazão.

10.23 Um transportador de recirculação tem comprimento total de 700 pés, velocidade de 90 pés/minuto e espaçamento de carregadores de peças de 14 pés. Cada carregador pode conter uma peça. Máquinas automáticas carregam e descarregam o transportador nas estações de carga e descarga. O tempo para carregar uma peça é de 0,1 minuto e o tempo de descarga é o mesmo. Para satisfazer as exigências de produção, as taxas de carregamento e descarregamento são, cada uma, de duas peças por minuto. Avalie o projeto do sistema de transportador em relação aos três princípios desenvolvidos por Kwo.

10.24 Um transportador de recirculação tem comprimento total de 200 metros, velocidade de 50 m/minuto e espaçamento dos carregadores de peças de cinco metros. Cada carregador contém duas peças. O tempo necessário para carregar um carregador de peças é de 0,15 minuto. O tempo de descarregamento é o mesmo. As taxas de carga e descarga exigidas são de seis peças por minuto. Avalie o projeto do sistema de transportador em relação aos três princípios de Kwo.

10.25 Há um plano de instalar um sistema de transportador de ciclo contínuo com um comprimento total de mil pés e uma velocidade de 50 pés/minuto. O transportador terá carregadores separados por 25 pés. Cada carregador será capaz de conter uma peça. Uma estação de carga e uma estação de descarga ficarão localizadas a 500 pés uma da outra ao longo do transportador. Cada dia, começando vazia, a estação de carga carregará peças com a vazão de uma peça a cada 30 segundos, continuando a operação de carregamento por dez minutos; então repousará também por dez minutos, tempo em que não ocorre nenhum carregamento. Ela repetirá o ciclo de carga de 20 minutos e, então, repousará em um turno de oito horas. A estação de descarga esperará até que os carregadores comecem a chegar; então, descarregará as peças a uma taxa de uma peça a cada minuto durante as oito horas, continuando até que todos os carregadores estejam vazios. O sistema de transportador planejado funcionará? Apresente cálculos e argumentos que justifiquem sua resposta.

CAPÍTULO 11
Sistemas de armazenamento

CONTEÚDO DO CAPÍTULO

11.1 Desempenho do sistema de armazenamento e estratégias de localização
    11.1.1 Desempenho do sistema de armazenamento
    11.1.2 Estratégias de localização no armazenamento

11.2 Métodos e equipamentos convencionais de armazenamento

11.3 Sistemas automatizados de armazenamento
    11.3.1 Sistemas automatizados de armazenamento e recuperação
    11.3.2 Sistemas de armazenamento em carrossel

11.4 Análise de engenharia dos sistemas de armazenamento
    11.4.1 Sistemas automatizados de armazenamento e recuperação (R/S)
    11.4.2 Sistemas de armazenamento em carrossel

A função de um sistema de armazenamento de material é armazenar materiais por um período de tempo e permitir acesso a esses materiais quando necessário. O material armazenado por empresas de produção incluem uma variedade de tipos, como indicado na Tabela 11.1. As categorias de (1) a (5) estão relacionadas diretamente ao produto, as de (6) a (8) referem-se ao processo e às categorias (9) e (10) reportam-se ao suporte geral às operações da fábrica. As diferentes categorias de materiais precisam de métodos e controles de armazenamento distintos. Muitas plantas de produção usam métodos manuais para armazenar e recuperar os itens. A função de armazenamento é por vezes realizada de modo ineficiente, em termos de recursos humanos, espaço no chão da fábrica e controle de materiais. Há métodos automatizados disponíveis para melhorar a eficiência da função de armazenamento.

Neste capítulo, descrevemos os tipos de métodos e equipamentos de armazenamento, dividindo-os em convencionais e automatizados. A última parte apresenta uma análise quantitativa dos sistemas de armazenamento automatizado, com ênfase em duas medidas de desempenho importantes: capacidade de armazenamento e taxa de transferência (no inglês, *throughput*).

Tabela 11.1 Tipos de materiais típicos armazenados em uma fábrica

Tipo	Descrição
1. Materiais brutos	Estoque de material bruto a ser processado (por exemplo, barras, chapas de metal, granulados plásticos para moldagem)
2. Peças compradas	Peças de fornecedores a ser processadas ou montadas (por exemplo, peças fundidas, componentes comprados)
3. Materiais em processo	Peças parcialmente completas entre as operações de processamento ou peças aguardando montagem
4. Produto finalizado	Produto completo aguardando envio
5. Retrabalho e descarte	Peças que não atendem às especificações, que serão retrabalhadas ou descartadas
6. Refugo	Cavacos, limalhas, óleos e outros resíduos que sobraram após o processamento devem ser eliminados, às vezes usando precauções especiais
7. Ferramentas	Ferramentas de corte, serras, dispositivos de fixação, moldes, tintas, varetas de solda e outras ferramentas usadas na produção ou montagem; suprimentos como capacetes, luvas etc.
8. Peças de reposição	Peças necessárias para a manutenção e o reparo dos equipamentos da fábrica
9. Materiais de escritório	Papel, formulários, instrumentos de escrita e outros itens usados no escritório da fábrica
10. Registros da fábrica	Registros sobre produtos, equipamentos e pessoal

11.1 DESEMPENHO DO SISTEMA DE ARMAZENAMENTO E ESTRATÉGIAS DE LOCALIZAÇÃO

Antes de descrever os métodos e equipamentos de armazenamento, descreveremos certos termos e características operacionais relacionadas aos sistemas de armazenamento. Nossa abordagem é organizada nos seguintes tópicos: (1) desempenho do sistema de armazenamento e (2) estratégias de localização de armazenamento.

11.1.1 Desempenho do sistema de armazenamento

O desempenho de um sistema de armazenamento na realização de sua função deve ser suficiente para justificar seu investimento e seu custo operacional. As muitas medidas usadas para avaliar o desempenho de um sistema de armazenamento incluem (1) capacidade de armazenamento, (2) densidade de armazenamento, (3) acessibilidade e (4) taxa de transferência. Além disso, as medidas-padrão usadas para sistemas mecanizados e automatizados incluem (5) utilização e (6) confiabilidade.

A capacidade de armazenamento pode ser definida e medida de duas maneiras: (1) como o espaço total volumétrico disponível ou (2) como o número total de compartimentos de armazenamento disponíveis no sistema para manter itens ou cargas. Em muitos sistemas de armazenamento, os materiais são guardados em cargas unitizadas que são mantidas em contêineres de tamanho-padrão (paletes, caixas ou outros recipientes). O contêiner-padrão pode ser facilmente manuseado, transportado e armazenado pelos sistemas de armazenamento e de transporte de materiais, que podem ser conectados a ele. Assim, a capacidade de armazenamento é medida de forma conveniente como pelo número de cargas unitizadas que o sistema pode manter. A capacidade física do sistema de armazenamento deve ser maior que o número máximo previsto de cargas que serão armazenadas, para oferecer espaços vazios aos materiais que entram no sistema e permitir variações na máxima exigência de armazenamento.

A densidade de armazenamento é definida como o espaço volumétrico disponível para o armazenamento real em relação ao espaço volumétrico total das instalações. Em muitos armazéns, os espaços de corredor e os espaços aéreos desperdiçados somam um volume maior do que o disponível para o armazenamento real de matéria-prima. A área do piso é algumas vezes usada para avaliar a densidade do armazenamento porque é conveniente fazer a medida no plano do piso da instalação. Entretanto, a densidade volumétrica é normalmente uma medida mais apropriada que a densidade de área.

Para uma utilização eficiente do espaço, o sistema de armazenamento deve ser projetado para atingir uma densidade alta. Entretanto, conforme a densidade é aumentada, a acessibilidade, outra medida importante do desempenho de armazenamento, é afetada. A acessibilidade se refere à capacidade de se acessar qualquer item ou carga armazenados no sistema. Na concepção de um sistema de armazenamento, as compensações adequadas devem ser feitas entre a densidade de armazenamento e a acessibilidade.

A *taxa de transferência* do sistema é definida como a taxa horária sob a qual o sistema de armazenamento (1) recebe e armazena as cargas e/ou (2) busca e entrega cargas para a estação de saída. Em quaisquer operações de fábrica ou armazém, há certos períodos do dia em que as taxas necessárias de transações de armazenamento e/ou recuperação são maiores do que em outros. O sistema de armazenamento deve ser projetado para a maior taxa de transferência demandada durante o dia.

A taxa de transferência do sistema é limitada pelo tempo que se leva para realizar uma transação de armazenamento ou recuperação (do inglês, *storage/retrieval* — A/R ou S/R). Uma transação típica de armazenagem consiste dos seguintes elementos: (1) pegar a carga na estação de entrada, (2) movimentar-se até a localização do armazenamento, (3) colocar a carga no local e (4) voltar para a estação de entrada. Uma transação de recuperação consiste de: (1) mover-se até o local do armazenamento, (2) pegar o item armazenado, (3) mover-se para a estação de saída e (4) descarregar na estação de saída. Cada elemento leva um tempo e a somatória é o tempo de transação que determina a taxa de transferência do sistema de armazenamento. A taxa de transferência pode, algumas vezes, ser aumentada por meio da combinação de transações de armazenamento e recuperação em um ciclo, reduzindo desse modo o tempo de movimentação; isso é chamado de ciclo de comando duplo. Quando somente uma transação de armazenamento ou recuperação é realizada no ciclo, ele é chamado de ciclo de comando único. A habilidade de realização de ciclos de comando duplo em vez de ciclos de comando único depende de questões de demanda e agendamento. Se, durante um certo período do dia, há demanda apenas para transações de armazenamento e não de recuperação, então não é possível incluir os dois tipos de transação em um mesmo ciclo. Caso os dois tipos de transação sejam necessários, então uma taxa de transferência maior será atingida por meio do agendamento de ciclos de comando duplo. Esse agendamento é mais facilmente realizado por um sistema de armazenamento computadorizado (automatizado) do que por um sistema controlado manualmente.

Há variações na maneira com que um ciclo de armazenamento e recuperação é realizado, dependendo do tipo de sistema de armazenamento. Em sistemas operados manualmente, o tempo é muitas vezes perdido na procura da localização de armazenamento do item que está sendo guardado ou retirado. Por outro lado, os sistemas manuais podem alcançar alta eficiência por meio da combinação de múltiplas transações de armazenamento e/ou recuperação em um ciclo, reduzindo assim o tempo de movimentação entre as estações de entrada e saída. Os tempos dos elementos estão sujeitos a variações e motivações dos trabalhadores humanos, e há falta de controle sobre as operações.

Duas medidas adicionais de desempenho, aplicáveis aos sistemas de armazenamento mecanizado e automatizado, são a utilização e a disponibilidade. A utilização é definida como a proporção de tempo em que o sistema está de fato sendo usado para a realização de operações de A/R comparada ao tempo em que está disponível. A utilização varia ao longo do dia, conforme os requisitos mudam de uma hora para outra. É desejável projetar um sistema de armazenamento automatizado para utilização relativamente alta, de cerca de 80 a 90 por cento. Se a utilização é muito baixa, então o sistema foi provavelmente superdimensionado. Se a utilização é muito alta, então não há provisão para períodos de pico ou falhas do sistema.

A disponibilidade é uma medida de confiabilidade do sistema, definida como a proporção do tempo em que o sistema está pronto para operar (não está quebrado) comparada às horas normais de um turno (Seção 3.1.3). Falhas e mau funcionamento do equipamento causam tempo de inatividade. As razões para o tempo de inatividade incluem falhas no computador, falhas mecânicas, travamento de carga, manutenção corretiva e procedimentos incorretos de funcionários usando o sistema. A confiabilidade de um sistema pode ser aumentada seguindo-se bons procedimentos de manutenção preventiva e tendo peças de reparo disponíveis para os componentes críticos. Os procedimentos de substituição devem ser concebidos para atenuar os efeitos da inatividade do sistema.

11.1.2 Estratégias de localização de armazenamento

Muitas estratégias podem ser usadas para organizar o estoque em um sistema de armazenamento. Essas estratégias de localização de armazenamento afetam as medidas de desempenho discutidas acima. As duas estratégias básicas são (1) armazenamento aleatório e (2) armazenamento dedicado. Vamos explicar como essas estratégias são comumente aplicadas em operações de armazenagem. Cada tipo de item guardado em um armazém é conhecido como unidade de manutenção de estoque (do inglês, *stock-keeping-unit* — SKU). A SKU identifica de forma única aquele tipo de item. Os registros de estoque da instalação de armazenamento mantêm uma contagem das quantidades de cada SKU que estão armazenadas.

No armazenamento aleatório, os itens são estocados em qualquer localização disponível no sistema. Na implementação comum do sistema aleatório, os itens que chegam são colocados na localização mais próxima disponível.

Quando o pedido de uma SKU é recebido, o estoque é recuperado do armazenamento de acordo com uma política de primeiro a entrar, primeiro a sair para que os itens mantidos no armazenamento por mais tempo sejam usados para compor o pedido.

No armazenamento dedicado, as SKUs são designadas a localizações específicas das instalações. Isso significa que as localizações são reservadas para todas as SKUs armazenadas no sistema, e assim o número de localizações do armazenamento para cada SKU deve ser suficiente para acomodar o nível máximo de estoque. A base para especificar as localizações de armazenamento é normalmente uma das seguintes: (1) os itens são armazenados em uma sequência de número de peça ou número de produto; (2) os itens são armazenados segundo nível de atividade, com as SKUs mais ativas sendo localizadas mais próximas à estação de entrada/saída; ou (3) os itens são armazenados de acordo com as razões de atividade por espaço, com as mais altas sendo localizadas próximas à estação de entrada/saída.

Quando comparamos os benefícios das duas estratégias, geralmente vemos que um espaço total menor é necessário em um sistema que utilize o armazenamento aleatório, mas as maiores taxas de transferência podem normalmente ser alcançadas quando uma estratégia de armazenamento dedicado é implementada com base no nível de atividade. O Exemplo 11.1 ilustra a vantagem de densidade do armazenamento aleatório.

EXEMPLO 11.1
Comparação das estratégias de armazenamento

Suponha que um total de 50 SKUs deve ser mantido em um sistema de armazenamento. Para cada SKU, a quantidade média de pedidos é de cem caixas, a taxa média de diminuição é de duas caixas por dia e o nível de segurança do estoque é de dez caixas. Cada caixa requer uma localização de armazenamento no sistema. Com base nesses dados, cada SKU tem um ciclo de estoque que dura 50 dias. Como há um total de 50 SKUs, a gerência agendou pedidos de modo que uma SKU diferente chegue a cada dia. Determine o número de localizações de armazenamento necessárias no sistema sob duas estratégias alternativas: (a) armazenamento aleatório e (b) armazenamento dedicado.

Solução: As estimativas de requisitos de espaço são baseadas nas quantidades médias de pedidos e outros valores na sentença do problema. Primeiro calculamos os níveis máximo e médio de estoque para cada SKU, que variam ao longo do tempo, como mostra a Figura 11.1. O nível máximo do estoque, que ocorre logo depois que um pedido foi recebido, é a soma da quantidade do pedido e do nível de segurança do estoque:

Nível máximo do estoque = 100 + 10 = 110 caixas

O estoque médio é a média entre o nível máximo e o mínimo do estoque sob a suposição da taxa uniforme de demanda. O valor mínimo ocorre justamente antes de um pedido ser recebido quando o estoque está em seu nível de segurança:

Nível mínimo de estoque = 10 caixas
Nível médio de estoque = (100+10)/2 = 60 caixas

(a) Sob uma estratégia de armazenamento aleatório, o número de localizações necessárias para cada SKU é igual ao nível médio de estoque do item, uma vez que os pedidos estão agendados para chegar todos os dias ao longo do ciclo de 50 dias. Isso quer dizer que, quando o nível de estoque de uma SKU, próximo do início de seu ciclo, está alto, o nível de outra SKU, próximo do fim de seu ciclo, está baixo. Assim, o número de localizações de armazenamento necessárias no sistema é:

Número de localizações de armazenamento = (50 SKUs)(60 caixas) = 3.000 localizações

Figura 11.1 Nível de estoque como uma função do tempo para cada SKU no Exemplo 11.1

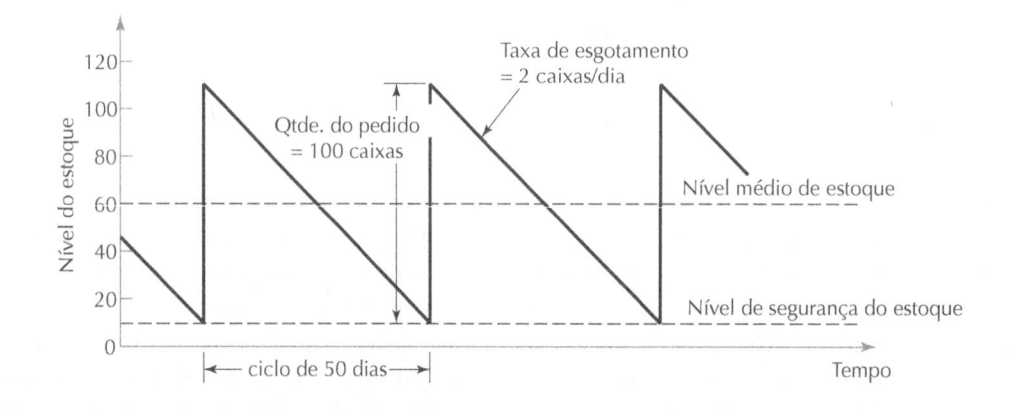

(b) Sob uma estratégia de armazenamento dedicado, o número de localizações necessárias para cada SKU deve ser igual a seu nível máximo de estoque. Dessa maneira, o número de localizações de armazenamento no sistema é:

Número de localizações de armazenamento = (50 SKUs)(110 caixas) = 5.500 localizações

Algumas das vantagens de ambas as estratégias podem ser obtidas em uma alocação de armazenamento dedicado baseada em classe, em que o sistema de armazenamento é dividido em várias classes de acordo com o nível de atividade, e uma estratégia de armazenamento aleatório é usado dentro de cada classe. As classes contendo as SKUs mais ativas são localizadas próximas ao ponto de entrada/saída do sistema de armazenamento para aumentar a taxa de transferência, e as localizações aleatórias dentro das classes reduzem o número total de compartimentos de armazenamento necessários. No fim do capítulo, examinamos o efeito do sistema de armazenamento baseado em classes sobre a taxa de transferência no Exemplo 11.4 e em muitos de nossos problemas.

11.2 MÉTODOS E EQUIPAMENTOS CONVENCIONAIS DE ARMAZENAMENTO

Uma variedade de métodos e equipamentos de armazenamento está disponível para armazenar os muitos materiais listados na Tabela 11.1. A escolha de um método e equipamento depende muito do material a ser armazenado, da filosofia operacional da equipe que gerencia as instalações de armazenamento e das limitações orçamentárias. Nesta seção discutimos os tipos de métodos tradicionais (não automatizados) e equipamentos. Os sistemas de armazenamento automatizados são discutidos na próxima seção. As características de aplicação dos diferentes tipos de equipamentos estão resumidas na Tabela 11.2.

Tabela 11.2 Características de aplicação dos tipos e métodos e equipamentos de armazenamento

Equipamento de armazenamento	Vantagens e desvantagens	Aplicações típicas
Armazenamento a granel	É possível alta densidade; baixa acessibilidade; custo por metro quadrado mais baixo possível	Armazenamento de itens de baixa rotatividade, de estoque grande ou de grandes cargas unitizadas
Sistemas de estantes	Baixo custo; boa densidade de armazenamento; boa acessibilidade	Cargas paletizadas em armazéns
Prateleiras e caixas	Alguns itens do estoque não são claramente visíveis	Armazenamento de itens individuais em prateleiras; armazenamento de mercadorias em caixas
Armazenamento e gavetas	Conteúdo da gaveta é facilmente visível; boa acessibilidade; custo relativamente alto	Pequenas ferramentas; pequenos itens em estoque; peças de reparo
Sistemas automatizados de armazenamento	Altas taxas de transferência; facilita o uso de sistema computadorizado de controle de estoque; equipamento com o custo mais alto; facilita a interface com o sistema automático de manuseio de materiais	Armazenamento de materiais em processo; centro de armazenamento e distribuição de produtos finais; recebimento de pedidos; conjuntos de peças para montagem eletrônica

Armazenamento a granel (Bulk Storage). É o armazenamento do estoque em uma área aberta. O estoque é geralmente mantido em cargas unitizadas, em paletes ou recipientes similares, e essas cargas são empilhadas para aumentar a densidade de armazenamento. A densidade mais alta é atingida quando as cargas estão posicionadas próximas umas das outras em ambas as direções do piso, como na Figura 11.2(a). Entretanto, isso oferece um acesso muito limitado às cargas internas. Para aumentar a acessibilidade, as cargas podem ser organizadas em filas e blocos, de modo que corredores naturais sejam criados entre os paletes, como na Figura 11.2(b). As larguras dos blocos podem ser projetadas para oferecer um balanço adequado entre densidade e acessibilidade. Dependendo da forma e do suporte físico fornecido pelos itens armazenados, pode haver restrição em quão alto as cargas possam ser empilhadas e, em alguns casos, as cargas não podem ser empilhadas, seja por causa da forma física ou da resistência à compressão limitada de cada uma delas. A inabilidade de empilhar as cargas no armazenamento a granel reduz sua densidade, removendo um de seus principais benefícios.

Ainda que o armazenamento a granel seja caracterizado pela ausência de equipamentos específicos de armazenamento, equipamentos de manuseio de materiais devem ser usados para armazenar os materiais e recuperá-los. Ca-

Figura 11.2 Arranjos de armazenamento a granel: (a) o armazenamento a granel de alta densidade oferece baixa acessibilidade; (b) armazenamento a granel com cargas organizadas para formar filas e blocos para maior acessibilidade

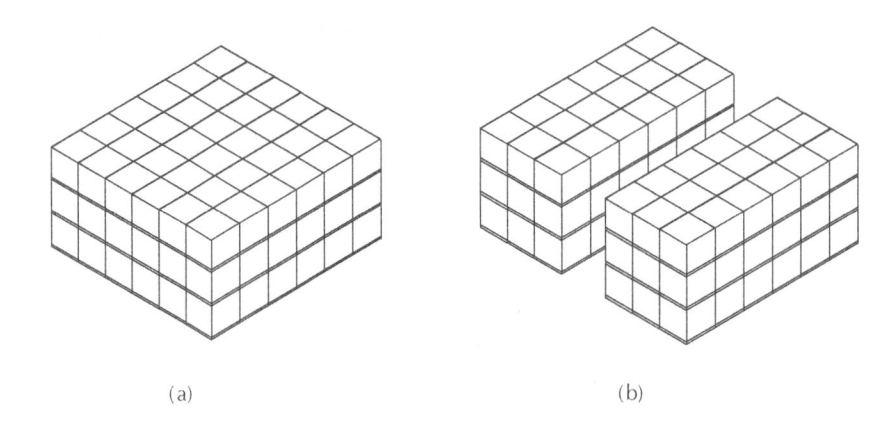

(a)   (b)

minhões industriais, como porta-paletes e empilhadeiras elétricas (Seção 10.2.1), são normalmente utilizados com essa finalidade.

Sistemas de estantes. Fornecem um método de empilhamento de cargas unitizadas verticalmente sem que as próprias cargas ofereçam suporte. Um dos sistemas de estante mais usado é o porta-paletes, que consiste de uma estrutura horizontal com vigas de suporte de carga, conforme ilustrado na Figura 11.3. As cargas em paletes são armazenadas nessas vigas horizontais. Os sistemas de estantes alternativos incluem:

- *Estantes cantilever*, similares aos porta-paletes, exceto pelo fato de que as vigas horizontais de suporte são suspensas a partir da estrutura vertical central. A eliminação das vigas verticais na frente da estrutura oferece vãos desobstruídos, o que facilita o armazenamento de materiais longos, como vergalhões, barras e canos.

- *Estantes portáteis*, que consistem de estruturas portáteis em forma de caixa, abrigando uma única carga paletizada e podem ser empilhadas, prevenindo o esmagamento de carga que pode ocorrer no armazenamento em massa vertical.

- *Estante de palete (drive-through).* Consistem de corredores, abertos de ambos os lados, tendo duas colunas verticais com trilhos de suporte para cargas em paletes de ambos os lados, mas sem vigas os obstruindo. Os trilhos são projetados para suportar paletes de larguras específicas (Tabela 10.3). Empilhadeiras são direcionadas aos corredores para posicionar os paletes nos trilhos de suporte. Um sistema de estantes relacionado é o *drive-in*, aberto de um lado, permitindo que as empilhadeiras acessem as cargas a partir de uma única direção.

- *Estantes dinâmicas*. No lugar das vigas horizontais de suporte de carga em um sistema de estantes convencional, a estante dinâmica usa trilhos transportadores capazes de suportar uma fila de cargas unitizadas. As cargas são carregadas de um lado da estante e descarregadas de outro, fornecendo assim a rotação de estoque do tipo primeiro que entra, primeiro que sai (do inglês, *first-in-first-out* — FIFO). Os trilhos transportadores são inclinados em um ângulo suave para permitir que a gravidade mova as cargas em direção ao lado de saída do sistema de prateleira.

Prateleiras e caixas. As prateleiras representam um dos tipos mais comuns de equipamento de armazenamento. Uma prateleira é uma plataforma horizontal, apoiada em uma parede ou estrutura, na qual os materiais são armazenados. Estruturas de prateleiras em aço são produzidas com tamanhos-padrão, normalmente variando de cerca de 0,9 a 1,2 metro (de 3 a 4 pés) de comprimento (na direção do corredor) por 0,3 a 0,6 metro (de 12 a 24 polegadas) de largura, e com até 3 metros (10 pés) de altura. O armazenamento em prateleiras muitas vezes envolve caixas, que são recipientes que abrigam itens soltos.

Armazenamento em gavetas. Encontrar os itens nas prateleiras pode ser difícil às vezes, em especial quando a prateleira está muito acima ou muito abaixo do nível de visão do funcionário de armazenamento. As gavetas de armazenamento, Figura 11.4, podem aliviar esse problema por ser puxada para fora e permitir que todo o conteúdo seja visto facilmente. Armários modulares estão disponíveis com uma variedade de profundidades de gavetas para diferentes tamanhos de itens e são amplamente utilizados para o armazenamento de ferramentas e itens de manutenção.

Sistemas de armazenamento ▼ **263**

Figura 11.3 Sistema porta-paletes para o armazenamento de cargas unitizadas em paletes

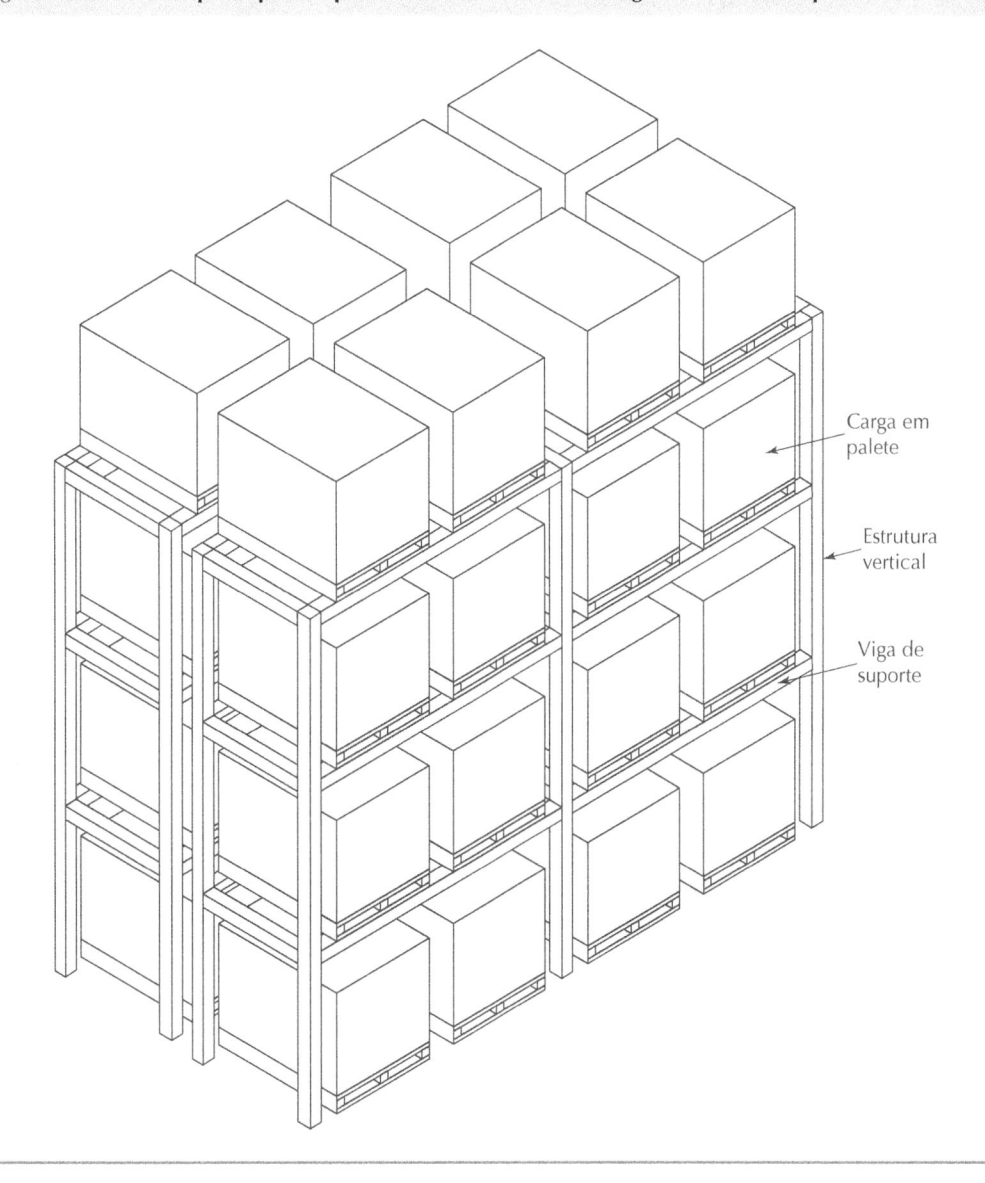

Carga em palete
Estrutura vertical
Viga de suporte

Figura 11.4 Armazenamento em gavetas

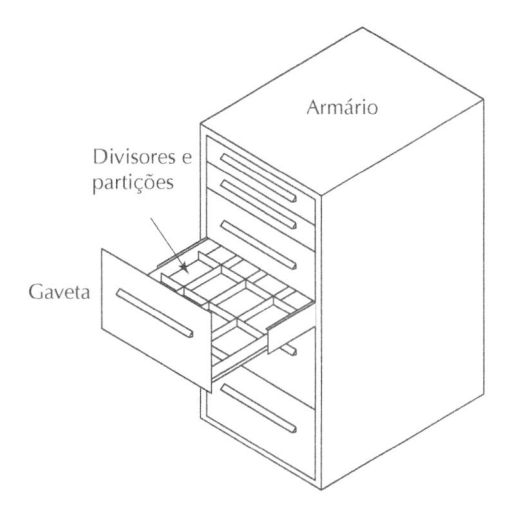

Armário
Divisores e partições
Gaveta

11.3 SISTEMAS AUTOMATIZADOS DE ARMAZENAMENTO

Os equipamentos de armazenamento descritos na seção anterior requerem trabalhador humano para acessar os itens em estoque. O sistema de armazenamento propriamente dito é estático. Sistemas de armazenamento mecanizados e automatizados são disponibilizados para reduzir ou eliminar a quantidade de intervenção humana necessária para operar o sistema. O nível de automação varia. Em sistemas menos automatizados, um operador humano é necessário para lidar com cada transação de armazenamento/recuperação. Em sistemas altamente automatizados, as cargas são armazenadas ou recuperadas sob controle do computador, sem participação humana, exceto para informar dados ao computador. A Tabela 11.2 lista vantagens e desvantagens bem como aplicações típicas dos sistemas de armazenamento automatizado.

Um sistema de armazenamento automatizado representa um investimento significativo e, muitas vezes, requer uma forma nova e diferente de se fazer negócios. As companhias têm razões diferentes para a automação da função de armazenamento. A Tabela 11.3 fornece uma lista de possíveis objetivos e razões por trás das decisões de uma companhia em automatizar suas operações de armazenamento. Os sistemas de armazenamento automatizado se dividem em dois tipos gerais: (1) sistemas automatizados de armazenamento/recuperação e (2) sistemas de armazenamento em carrossel. Esses dois tipos são discutidos nas seções seguintes.

Tabela 11.3 Possíveis objetivos e razões possíveis para a automação das operações de armazenamento de uma companhia

- Aumentar a capacidade de armazenamento
- Aumentar a densidade de armazenamento
- Recuperar espaço de chão da fábrica atualmente usado para armazenar materiais em processo
- Melhorar a segurança e reduzir roubos
- Melhorar a segurança na função de armazenamento
- Reduzir o custo de trabalho e/ou aumentar a produtividade do trabalho em operações de armazenamento
- Melhorar o controle de estoque
- Melhorar a rotatividade do estoque
- Melhorar o serviço ao consumidor
- Melhorar a taxa de transferência (*throughput*)

11.3.1 Sistemas automatizados de armazenamento e recuperação

Um sistema automatizado de armazenamento/recuperação (do inglês, *automated storage/retrieval system* — AS/RS) é um sistema que executa operações de armazenamento e recuperação com velocidade e precisão sob um grau definido de automação. A Figura 11.5 mostra um corredor de um AS/RS que trata e armazena cargas unitizadas em paletes. Uma variedade abrangente de automação é encontrada em AS/RSs disponíveis comercialmente. Em um nível mais sofisticado, as operações são totalmente automatizadas, controladas por computador e integradas de modo completo com as operações da fábrica ou depósito. Em outro extremo, trabalhadores humanos controlam o equipamento e realizam as transações de armazenamento e recuperação. Os sistemas de armazenamento/recuperação automatizados são projetados sob medida para cada aplicação, ainda que os projetos sejam baseados em componentes modulares padronizados disponíveis em cada respectivo fornecedor de AS/RS.

Nossa definição de AS/RS pode ser interpretada de modo a incluir os sistemas de armazenamento em carrossel. Entretanto, na indústria de manuseio de materiais, os sistemas baseados em carrossel são diferentes dos AS/RS. A maior diferença está na construção do equipamento. O AS/RS básico consiste de uma estrutura em estante para o armazenamento de cargas e um mecanismo de armazenamento/recuperação cujos movimentos são lineares (movimento em *x-y-z*), como mostrado na Figura 11.5. Em contrapartida, o sistema de carrossel usa cestos suspensos

Figura 11.5 Sistema automatizado de armazenamento/recuperação de cargas unitizadas

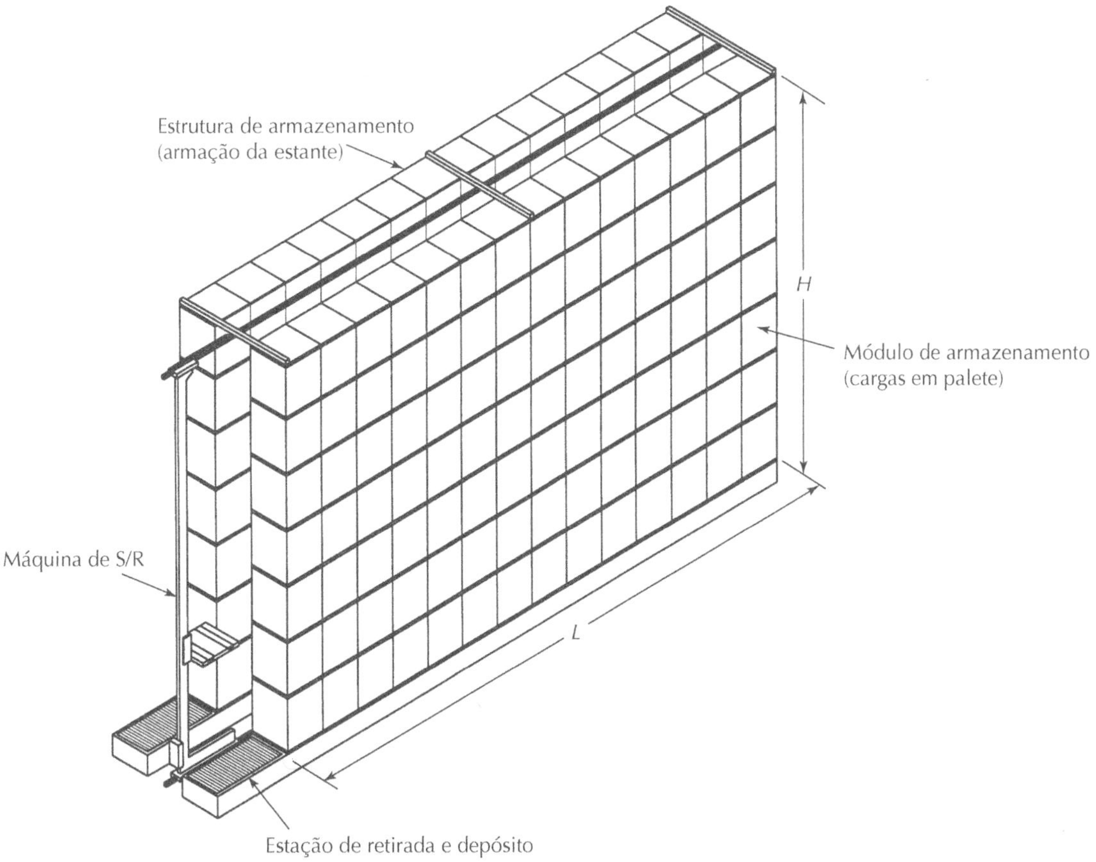

[Figura: diagrama mostrando Estrutura de armazenamento (armação da estante), Módulo de armazenamento (cargas em palete), Máquina de S/R, Estação de retirada e depósito, com dimensões H e L]

a partir de um transportador aéreo que gira em torno de um trilho em circuito fechado oval para entregar os cestos para a estação de carga/descarga (Figura 11.6). As diferenças entre um AS/RS e um sistema de armazenamento em carrossel são resumidas na Tabela 11.4.

Um AS/RS consiste de um ou mais corredores de armazenamento que são, cada um, atendidos por uma máquina de armazenamento/recuperação (do inglês, *storage/retrieval*, S/R). Essas máquinas de S/R são algumas vezes chamadas de guindastes ou, mais comumente, transelevadores. Os corredores têm estantes de armazenamento para os materiais. Os transelevadores são usados para colocar e recuperar os materiais das estantes. Cada corredor do AS/RS tem uma ou mais estações de entrada/saída em que os materiais são entregues para o sistema de armazenamento ou são retirados do sistema. Essas estações de entrada/saída (E/S) são chamadas de estações de retirada e depósito (do inglês, *pickup-and-deposit*, P&D) na terminologia de AS/RS. As estações de E/S podem ser operadas manualmente ou conectadas a algum tipo de sistema de transporte automatizado como um transportador ou um AGVS.

Tipos de AS/RS. Muitas categorias importantes do sistema automatizado de R/S podem ser apontadas. Os tipos principais são:

- AS/RS *para carga unitizada (Unit load)*. É normalmente um sistema automatizado, grande, projetado para lidar com cargas unitizadas armazenadas em paletes ou em outro recipiente-padrão. O sistema é controlado por computador e os transelevadores são automatizados e projetados para manusear os contêineres de cargas unitizadas. O AS/RS ilustrado na Figura 11.5 é um sistema de cargas unitizadas. Outros sistemas descritos abaixo representam variações do sistema AS/RS para cargas unitizadas.

- AS/RS de *profundidade (Deep-lane)*. É um sistema de armazenamento de cargas unitizadas de alta densidade adequado quando grandes quantidades de estoque são armazenadas, mas o número de tipos de itens em estoque (SKUs) é relativamente pequeno. Em vez de armazenar cada carga unitizada de modo que ela possa ser acessada diretamente do corredor (como em um sistema de cargas unitizadas convencional), o sistema de

Figura 11.6 Carrossel horizontal de armazenamento

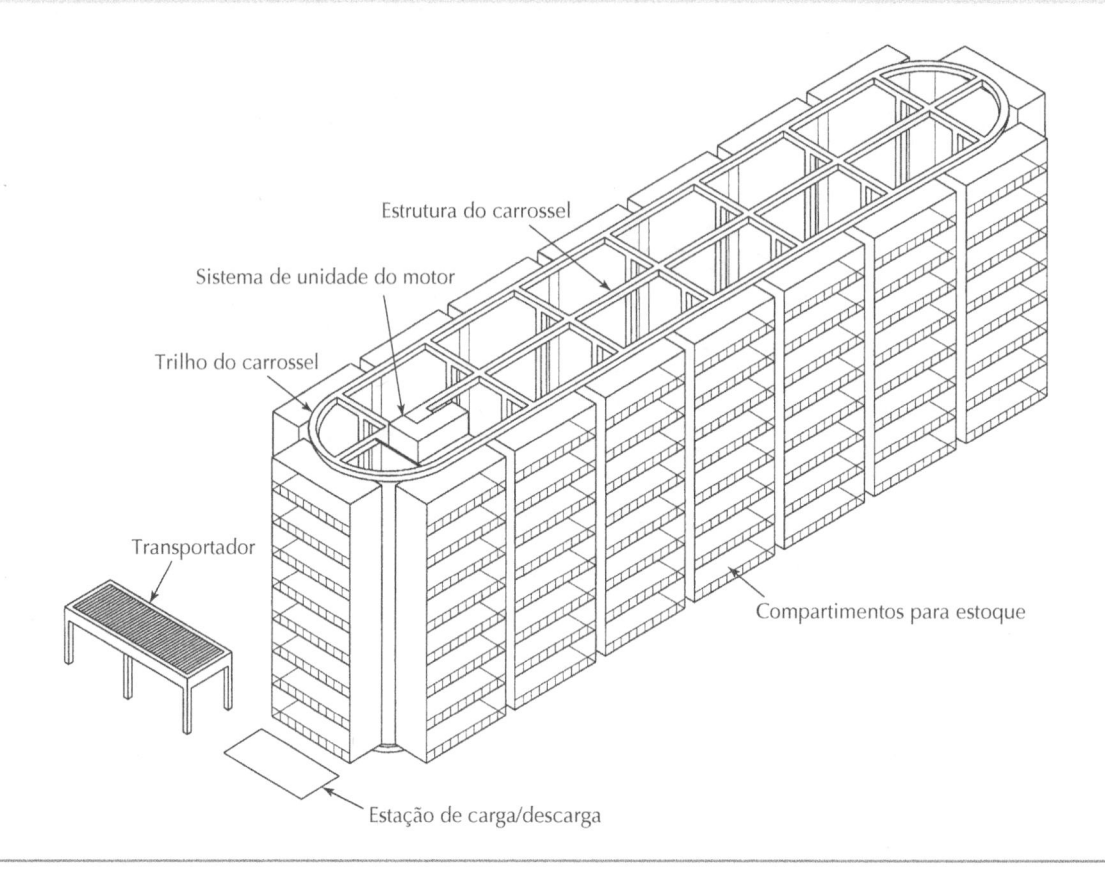

Tabela 11.4 Diferenças entre um AS/RS e um sistema de armazenamento em carrossel

Característica	AS/RS básico	Sistema básico de armazenamento em carrossel
Estrutura de armazenamento	Sistema de estante para suportar paletes ou sistema de prateleiras para suportar caixas	Cestos suspensos a partir de um transportador aéreo ou tróle
Movimentos	Movimentos lineares do transelevador	Rotação dos transportadores aéreos ao longo de um trilho oval
Operação de armazenamento e recuperação	O transelevador se desloca até os compartimentos na estrutura de estantes	O transportador gira para trazer os cestos para a estação de carga e descarga
Replicação da capacidade de armazenamento	Corredores múltiplos, cada um com uma estrutura de estante e transelevador	Carrosséis múltiplos, cada um com um trilho oval e caixas suspensas

profundidade armazena dez ou mais cargas em uma única estante, uma atrás da outra.

Cada estante é projetada para um fluxo (do inglês, *flow-through*) com a entrada de um lado e a saída do outro. As cargas são retiradas de um lado da estante por um transelevador projetado para retirada e outro transelevador carrega as cargas no lado de entrada da estante.

- AS/RS *miniload* (ou armazém automático para caixas — AAC). Esse sistema de armazenamento é usado para tratar de cargas pequenas (peças individuais ou suprimentos) contidas em caixas ou gavetas. O transelevador é projetado para recuperar a caixa e entregá-la à estação E/S no fim do corredor de modo que os itens individuais possam ser retirados das caixas. A estação E/S é normalmente operada por um trabalhador humano. A caixa ou gaveta deve então retornar para sua localização no sistema. Um AS/RS *miniload* é geralmente menor que um AS/RS para carga unitizada e, muitas vezes, é fechado para a segurança dos itens armazenados.

- AS/RS *tripulado* (*man-on-board*, ou "homem a bordo"). Um sistema de armazenamento e recuperação *man-on-board* (também chamado de *man-aboard*) representa uma abordagem alternativa para o problema de recuperação de itens individuais do estoque. Nesse sistema, um operador humano fica sobre o transelevador. Enquanto um sistema de *miniload* entrega uma caixa inteira para a estação de retirada do fim do corredor e deve depois devolver essa caixa para seu compartimento próprio no armazenamento, com o sistema *man-on-board* o trabalhador recolhe os itens individuais diretamente de suas localizações no estoque. Isso oferece a oportunidade de aumentar a taxa de transferência do sistema.

- *Sistema automatizado de recuperação de itens.* Esses sistemas de armazenamento também são projetados para a recuperação de um item individual ou de caixas pequenas com produtos; entretanto, os itens são guardados em pistas em vez de caixas ou gavetas. Quando um item é recuperado, ele é empurrado de sua pista e cai em um transportador para a entrega na estação de retirada. A operação é, de certo modo, similar à de uma máquina de doces, exceto pelo fato de que um sistema de recuperação de itens tem mais pistas de armazenamento e um transportador para levar os itens para uma localização central. Cada pista de itens a ser fornecidos é reabastecida de forma periódica, normalmente a partir do fundo do sistema para que haja escoamento dos itens, permitindo a rotatividade do estoque no modo primeiro que entra, primeiro que sai.

- *Módulos de armazenamento por elevador vertical* (do inglês, *vertical lift storage modules* — VLSM) [10]. Também chamados de sistemas automatizados de armazenamento e recuperação por elevador vertical (VL-AS/RS) [7]. Todos os tipos anteriores de AS/RS são projetados em torno de um corredor horizontal. O mesmo princípio de usar um corredor central para acessar as cargas é usado, exceto pelo fato de que o corredor é vertical. Os módulos de armazenamento por elevador vertical, alguns com altura de dez metros (30 pés) ou mais, são capazes de suportar grandes estoques ao passo que economiza um valoroso espaço de chão da fábrica.

Aplicações de AS/RS. A maioria das aplicações da tecnologia de AS/RS tem sido associada às operações de estocagem e distribuição. Um AS/RS também pode ser usado para armazenar materiais brutos e materiais em processo na produção. Três áreas de aplicação podem ser distinguidas para os sistemas de armazenamento e recuperação: (1) armazenamento e tratamento de cargas unitizadas, (2) preparação de encomendas e (3) armazenamento de materiais em processo. As aplicações de armazenamento e recuperação de cargas unitizadas são representadas pelos sistemas AS/RS de armazenamento de cargas unitizadas e de profundidade. Esses tipos de aplicações são encontrados com facilidade em estoques para mercadorias acabadas em um centro de distribuição, raramente em produção. Os sistemas de profundidade são usados na indústria de alimentos. Como descrito acima, a preparação de encomendas envolve a recuperação de materiais em quantidades menores que unidades de carga unitizadas completas. Os sistemas de recuperação de itens, *miniload* e *man-on-board*, são usados para essa segunda área de aplicação.

O armazenamento de materiais em processo (do inglês, *work-in process storage* — WIP) é uma aplicação mais recente da tecnologia de armazenamento automatizado. Enquanto é desejável minimizar a quantidade de materiais em processo, eles são inevitáveis e devem ser gerenciados com eficiência. Os sistemas automatizados de armazenamento, sejam os automatizados de armazenamento e recuperação ou os em carrossel, representam uma maneira eficiente de armazenar materiais entre as etapas de processamento, em particular em produções em lote e por encomenda. Em alta produção, os materiais em processo são muitas vezes levados entre as operações por sistemas transportadores, que desse modo servem tanto às funções de armazenamento como às de transporte.

Os méritos de um sistema automatizado de WIP para produção em lote ou por encomenda podem ser mais bem-vistos comparando o sistema com o modo tradicional de lidar com os materiais em processo. A fábrica típica contém múltiplas células de trabalho, cada uma realizando suas próprias operações de processamento em diferentes peças. Em cada célula, pedidos que consistem de uma ou mais peças aguardam no pátio da fábrica para ser processados, enquanto outros pedidos terminados aguardam para ser movidos para a próxima célula na sequência. Não é incomum para uma fábrica comprometida com a produção em lote ter centenas de pedidos em curso simultaneamente, todos eles representam materiais em processo. As desvantagens de manter todo esse estoque na fábrica inclui (1) tempo perdido da busca de pedidos, (2) peças ou pedidos inteiros tornando-se perdidos temporária ou permanentemente, resultando algumas vezes na repetição de pedidos para reprodução de peças extraviadas, (3) pedidos não sendo processados de acordo com suas prioridades relativas em cada célula e (4) pedidos gastando muito tempo na fábrica, causando atraso na entrega para o consumidor. Esses problemas indicam baixo controle dos materiais em processo.

Os sistemas de armazenamento e recuperação também são usados em operações de alta produção. Na indústria automobilística, algumas montadoras usam AS/RSs de grande capacidade para armazenar temporariamente chassis de carros e pequenos caminhões entre as principais etapas de montagem. O AS/RS pode ser usado na colocação e no sequenciamento das unidades de trabalho de acordo com o cronograma de produção mais eficiente [1].

Os sistemas automatizados de armazenamento ajudam a recuperar o controle sobre o WIP. As razões que justificam a instalação de sistemas automatizados de armazenamento para materiais em processo incluem:

- *Armazenamento em buffer na produção*. Um sistema de armazenamento pode ser usado como uma zona de armazenamento em buffer entre dois processos cujas taxas de produção são significativamente diferentes. Um simples exemplo é uma sequência de dois processos em que a primeira operação de processamento alimenta um segundo processo que opera em uma taxa de produção baixa. A primeira operação precisa de apenas um turno para atender aos requisitos de produção, enquanto a segunda precisa de dois turnos para produzir o mesmo número de unidades. Um buffer de processo é necessário entre essas operações para armazenar de maneira temporária a saída do primeiro processo.

- *Suporte para a entrega* just-in-time. O *just-in-time* (JIT) é uma estratégia de produção em que as peças necessárias para a produção e/ou montagem são recebidas imediatamente, antes que sejam necessárias na fábrica. Isso resulta em uma dependência grande por parte da fábrica para que os fornecedores entreguem as peças a tempo para o uso na produção. Para reduzir a chance de esgotamento dos estoques devido a atrasos dos fornecedores, algumas fábricas instalam sistemas automatizados de armazenamento como buffers de armazenamento para materiais que chegam. Ainda que essa abordagem subverta os objetivos do JIT, ela também reduz alguns de seus riscos.

- *Conjuntos de peças para montagem*. É o sistema de armazenamento usado para guardar componentes para a montagem de produtos ou subconjuntos. Quando um pedido é recebido, os componentes necessários são recuperados, reunidos em conjuntos ou kits (caixas) e entregues no local de produção para a montagem.

- *Compatibilidade com sistemas de identificação automática*. Os sistemas automatizados de armazenamento podem ser facilmente conectados a dispositivos de identificação automática, como leitores de códigos de barras. Isso permite que as cargas sejam armazenadas e recuperadas sem necessidade de operadores humanos para identificá-las.

- *Controle computadorizado e rastreamento de materiais*. Combinado com a identificação automática, um sistema de armazenamento de WIP permite que se conheça a localização e o estado de um material em processo.

- *Suporte à automação em toda a fábrica*. Dada a necessidade de armazenamento de alguns materiais em processo na produção em lote, um sistema automatizado de armazenamento de tamanho adequado é um subsistema importante em uma fábrica totalmente automatizada.

Características operacionais e de componentes de um ASAS/RS. Praticamente todos os sistemas automatizados de armazenamento e recuperação descritos acima consistem dos seguintes componentes (Figura 11.5): (1) estrutura de armazenamento, (2) veículo de S/R, (3) módulos de armazenamento (por exemplo, paletes para cargas unitizadas) e (4) uma ou mais estações de retirada e reposição. Além disso, um sistema de controle é necessário para operar o AS/RS.

A sustentação de armazenamento é a estrutura da estante, fabricada em aço, que suporta as cargas contidas no AS/RS. A estrutura da estante deve possuir resistência e rigidez suficientes para que ela não se deforme de modo significativo devido às cargas no armazenamento ou a outras forças na estrutura. Os compartimentos individuais de armazenamento na estrutura devem ser projetados para suportar os módulos de armazenamento usados para conter os materiais. A estrutura deve também ser usada para sustentar o teto e as laterais do edifício em que o AS/RS reside. Outra função da estrutura de armazenamento é dar suporte ao hardware de corredor necessário para alinhar os transelevadores com respeito aos compartimentos de armazenamento do AS/RS. Esse hardware inclui trilhos guia na parte superior e inferior da estrutura assim como batentes e outros recursos necessários para proporcionar uma operação segura.

O transelevador é usado para realizar as transações de armazenamento, entregar as cargas da estação de entrada para o armazenamento e trazê-las para a estação de saída. Para realizar essas transações, o transelevador de armazenamento e recuperação deve ser capaz de se movimentar horizontal e verticalmente para alinhar sua plataforma (ou berço, que carrega a carga) ao compartimento de armazenamento na estrutura da estante. O transelevador consiste de um mastro rígido no qual um sistema de elevador é montado para a movimentação vertical da plataforma. As rodas são unidas na base do mastro para permitir o deslocamento horizontal ao longo de um sistema de trilhos que atravessa o comprimento do corredor. Um trilho paralelo na parte superior da estrutura de armazenamento é usado para manter o alinhamento do mastro e da plataforma em respeito à estrutura da estante.

A plataforma inclui um mecanismo de deslocamento para movimentar as cargas de e para os compartimentos de armazenamento. O projeto do sistema de deslocamento também deve permitir que as cargas sejam transferidas do transelevador para as estações de E/S ou outra interface de tratamento de materiais do AS/RS. A plataforma e o mecanismo de deslocamento são posicionados e operados automaticamente no AS/RS comum. Os transelevadores do tipo *man-on-board* (homem a bordo) são equipados para que um operador humano possa ficar na plataforma.

Para realizar os movimentos desejados do transelevador, três sistemas são necessários: movimento horizontal do mastro, movimento vertical da plataforma e o movimento transversal do mecanismo de transferência entre a plataforma e um compartimento de armazenamento. Os modernos transelevadores estão disponíveis com velocidades horizontais de até 200 m/min (600 pés/min) ao longo do corredor e velocidades verticais ou de elevação de até 50 m/min (150 pés/min). Essas velocidades determinam o tempo necessário para que o carrinho se movimente da estação de E/S para uma localização particular no corredor de armazenamento. A aceleração e a desaceleração têm efeito mais significativo no tempo de deslocamento de pequenas distâncias. A transferência do mecanismo de deslocamento é realizada por qualquer um de muitos mecanismos, incluindo garfos (para cargas em paletes) e dispositivos de fricção para bandejas de lona de fundo plano.

Os módulos de armazenamento são os contêineres de cargas unitizadas dos materiais armazenados. Incluem paletes, contêineres e cestos de cabo de aço, bandejas de plástico e gavetas especiais (usadas em sistema *miniload*). Esses módulos são geralmente fabricados em um tamanho-padrão que pode ser manuseado automaticamente pelo mecanismo de transporte do transelevador. O tamanho padrão também é projetado para encaixar no compartimento de armazenamento da estrutura da estante.

A estação de retirada e depósito é onde as cargas são transferidas para e do AS/RS. Geralmente é localizada no fim do corredor para o acesso do sistema externo de manuseio que traz as cargas para o AS/RS e as leva embora. As estações de retirada e as estações de depósito podem estar localizadas em lados opostos do corredor de armazenamento ou combinadas na mesma localização. Isso depende da origem das cargas que chegam e do destino das cargas que saem. Uma estação de E/S deve ser compatível tanto com o mecanismo de deslocamento do transelevador quanto com o sistema de tratamento externo. Os métodos comuns para o tratamento de cargas em uma estação de E/S incluem a carga e descarga manual, empilhadeiras, transportadores (por exemplo, de roletes) e AGVS.

O principal problema dos controles do AS/RS é posicionar o transelevador dentro de uma tolerância aceitável em um compartimento de armazenamento na estrutura da estante para depositar ou retirar uma carga. As localizações dos materiais armazenados no sistema devem ser determinadas para direcionar o transelevador para um compartimento de armazenamento em particular. Dentro de um dado corredor no AS/RS, cada compartimento é identificado por sua posição vertical e horizontal e se está do lado direito ou esquerdo do corredor. Um esquema baseado em códigos alfanuméricos pode ser usado para esse propósito. Usando esse esquema de identificação de localização, cada unidade de material armazenado no sistema pode ser referenciada a uma localização específica no corredor. O registro dessas localizações é chamado de "arquivo de localização de item" (do inglês, *item location file*). Toda vez que uma transação de armazenamento é terminada, ela deve ser registrada no arquivo de localização de itens.

Dado um compartimento de armazenamento específico, o transelevador deve ser comandado a se mover para aquela localização e posicionar o mecanismo de deslocamento para a transferência da carga. Um método de posicionamento usa procedimento de contagem, em que o número de baias e níveis são contados na direção do movimento (horizontal e verticalmente), para determinar a posição. Um método alternativo é um procedimento de identificação numérica em que cada compartimento tem em sua face um alvo refletivo com identificações de localização em código binário. O transelevador utiliza escâneres óticos para ler o alvo e posicionar o mecanismo de deslocamento para o depósito ou a retirada de uma carga.

Os controles computadorizados e os controladores lógicos programáveis são usados para determinar a localização necessária e guiar o transelevador para seu destino. O controle por computador permite que a operação física do AS/RS seja integrada ao sistema de informações e criação de registros, o que por sua vez permite que as transações de armazenamento sejam informadas em tempo real, os registros de estoque sejam mantidos de modo preciso, o desempenho do sistema seja monitorado e a comunicação com outros sistemas de computador da instalação seja facilitada. Esses controles automáticos podem ser substituídos ou complementados por controles manuais, quando necessário, sob condições de emergência ou para a operação *man-on-board* do transelevador.

11.3.2 Sistemas de armazenamento em carrossel

Um sistema de armazenamento em carrossel consiste de uma série de caixas ou cestos suspensos a partir de um transportador aéreo de corrente que gira em torno de um longo sistema oval de trilhos, como mostrado na Figura 11.6. O propósito do transportador de corrente é posicionar as caixas em uma estação de carga e descarga no fim do percurso. A operação é similar à do sistema de transportador aéreo elétrico usado por empresas de lavagem a seco para levar as roupas prontas até a frente da loja. A maioria dos carrosséis é operada por trabalhador humano na estação de carga e descarga. Esse trabalhador ativa o carrossel para entregar uma caixa desejada à estação. Uma ou mais peças são removidas da caixa, ou adicionadas a ela, e então o ciclo é repetido. Alguns sistemas em carrossel são automatizados por meio da utilização de mecanismos de transferência na estação de carga e descarga para mover as cargas para o carrossel e a partir dele.

Tecnologia do carrossel. Os carrosséis (armazéns rotativos) podem ser classificados como horizontais e verticais. A configuração horizontal mais comum (Figura 11.6) existe em uma variedade de tamanhos entre três metros (dez pés) e 30 metros (cem pés) de comprimento. Aqueles que ocupam as posições mais altas desse intervalo têm densidade de armazenamento maior, e o tempo médio de ciclo de acesso é maior. Por esse motivo, a maioria dos carrosséis tem entre dez metros e 16 metros (entre 30 e 50 pés) de comprimento para atingir um balanço adequado entre esses fatores concorrentes.

Um sistema de armazenamento em carrossel horizontal consiste de uma armação soldada de aço que suporta o sistema oval de trilhos. O carrossel pode ser um sistema aéreo (chamado de unidade orientada ao topo) ou um sistema montado no chão (chamado de unidade montada no chão). Na unidade orientada ao topo, um sistema motorizado de polias é montado no topo da armação e dirige o sistema do trole aéreo. As caixas são suspensas a partir dos troles. Na unidade montada no chão, o sistema de direção por polias é montado na base da estrutura e o sistema de troles se desloca sobre um trilho na base; isso aumenta a capacidade de transporte de carga para o sistema de armazenamento em carrossel e também elimina o problema de sujeiras e óleo pingando dos sistemas de roladores aéreos em cima dos conteúdos do armazenamento nos sistemas orientados ao topo.

O projeto das caixas e cestos individuais do carrossel deve ser consistente com as cargas que serão armazenadas. As larguras das caixas variam entre cerca de 50 centímetros a 75 centímetros (de 20 a 30 polegadas), e as profundidades são de cerca de 55 centímetros (22 polegadas). As alturas dos carrosséis horizontais são tipicamente de 1,8 a 2,4 metros (de seis a oito pés). As caixas-padrão são feitas de telas de aço para aumentar a visibilidade do operador.

Os carrosséis verticais são construídos para funcionar em torno de um transportador vertical. Ocupam bem menos espaço no chão do que a configuração horizontal, mas precisam de espaço aéreo suficiente. O teto do edifício limita a altura dos carrosséis verticais e, por essa razão, sua capacidade de armazenamento é normalmente menor do que a média dos carrosséis horizontais.

Os controles para os sistemas de armazenamento em carrossel variam desde chamadas de controle manual até controle computadorizado. Os controles manuais incluem pedais, interruptores de mão e teclados especializados. O controle por pedal permite ao operador na estação de retirada girar o carrossel em ambas as direções para a posição da caixa desejada. O controle manual envolve a utilização de um interruptor montado em um braço que se projeta da estrutura do carrossel dentro do alcance do operador e, novamente, o controle bidirecional é o modo comum de operação. O controle pelo teclado permite uma variedade maior de funções de controle do que os tipos anteriores. Quando um operador informa a posição da caixa desejada, o carrossel é programado para entregar a caixa na estação de retirada pela menor rota (ou seja, movimentação horária ou anti-horária do carrossel).

O controle computadorizado aumenta as oportunidades de automação do carrossel mecânico e do gerenciamento dos registros de estoque. Para o lado mecânico, a carga e descarga automáticas estão disponíveis em sistemas modernos de armazenamento em carrossel. Isso permite que o carrossel seja conectado a um sistema de manuseio automatizado sem necessidade de participação humana nas operações de carga e descarga. As funções de gerenciamento de dados fornecidas pelo controle computadorizado incluem a capacidade de manter dados sobre as localizações das caixas, itens em cada caixa e outros registros de controle de estoque.

Aplicações de carrossel. Os sistemas de armazenamento em carrossel oferecem uma taxa de transferência relativamente alta e são muitas vezes uma alternativa atraente em relação a um AS/RS *miniload* nas operações de produção, em que são reconhecidos seu custo relativamente baixo, sua versatilidade e sua alta confiabilidade. As aplicações típicas do sistema de armazenamento em carrossel incluem (1) operações de R/S, (2) transporte e alojamento, (3) material em processo e (4) utilização especializada.

As operações de R/S podem ser realizadas com eficiência usando carrosséis quando os itens individuais devem ser selecionados de grupos de itens no estoque. Algumas vezes chamados de operações de "seleção e carregamento" (do inglês, *pick and load*), esses procedimentos são comuns em retiradas de pedidos de ferramenta em almoxarifado, materiais brutos em depósito, peças de reposição ou outros itens em empresa de atacado e materiais em processo em fábrica. Em pequenas montagens eletrônicas, os carrosséis são usados para o armazenamento de kits de peças que serão transportadas para as estações de trabalho de montagem.

Em aplicações de transporte e alojamento, o carrossel é usado para transportar e/ou classificar os materiais enquanto são armazenados. Um exemplo disso está nas operações de montagem em andamento em que as estações de trabalho estão localizadas em torno de um carrossel de movimento contínuo e os trabalhadores têm acesso às caixas individuais de armazenamento do carrossel. Eles retiram o trabalho das caixas para completar suas respectivas tarefas na montagem e, então, colocam seu trabalho em outra caixa para a próxima operação em alguma outra estação de trabalho. Outro exemplo de aplicação de transporte e alojamento é a classificação e consolidação dos itens. Cada caixa é definida para coletar os itens de um tipo ou consumidor particular. Quando a caixa está cheia, a carga coletada é removida para a expedição ou outro local.

Os sistemas de armazenamento em carrossel muitas vezes competem com os sistemas automatizados de armazenamento e recuperação para aplicações em que os materiais em processo devem ser armazenados temporariamente. As aplicações dos sistemas em carrossel na indústria eletrônica são comuns.

Um exemplo de utilização especializada dos sistemas de carrossel é o teste elétrico de produtos ou componentes, em que o carrossel é usado para armazenar o item durante o teste por um período específico de tempo. O carrossel é programado para entregar os itens para a estação de carga ou descarga na conclusão do período de teste.

11.4 ANÁLISE DE ENGENHARIA DOS SISTEMAS DE ARMAZENAMENTO

Muitos aspectos do projeto e da operação de um sistema de armazenamento são suscetíveis de análise quantitativa de engenharia. Nesta seção, examinamos o dimensionamento da capacidade e o desempenho da taxa de transferência para os dois tipos de sistemas automatizados de armazenamento.

11.4.1 Sistemas automatizados de armazenamento e recuperação (R/S)

Enquanto os métodos desenvolvidos aqui são especificamente para sistemas automatizados de R/S, abordagens similares podem ser usadas para analisar as instalações tradicionais de armazenamento, como depósitos consistindo de porta-paletes e armazenamento a granel.

Dimensionando a estrutura de estantes do AS/RS.
A capacidade total de armazenamento de um corredor do estoque depende de quantos compartimentos de armazenamento estejam organizados horizontal e verticalmente nos corredores, como indicado no diagrama da Figura 11.7. Isso pode ser expresso como:

$$\text{Capacidade por corredor} = 2n_y n_z \quad (11.1)$$

em que n_y é o número de compartimentos de carga ao longo do comprimento do corredor e n_z é o número de compartimentos de carga que compõem a altura do corredor. A constante 2 explica o fato de que as cargas estejam contidas em ambos os lados do corredor.

Se assumirmos um compartimento de tamanho-padrão (para aceitar uma carga unitizada de tamanho-padrão), então as dimensões do compartimento que faceiam o corredor devem ser maiores que as dimensões da carga unitizada. Suponhamos que x e y sejam iguais às dimensões de profundidade e largura de uma carga unitizada (por exemplo, um tamanho-padrão de palete, como na Tabela 10.3) e z seja igual à altura da carga unitizada. A largura, o comprimento e a altura da estrutura da estante do corredor do AS/RS estão relacionadas com as dimensões da carga unitizada e o número de compartimentos a seguir [6]:

$$W = 3(x + a) \quad (11.2a)$$

$$L = n_y(y + b) \quad (11.2b)$$

$$H = n_z(z + c) \quad (11.2c)$$

em que W, L e H são a largura, o comprimento e a altura de um dos corredores da estrutura de estantes do AS/RS (mm, pol); x, y e z são as dimensões da carga unitizada (mm, pol) e a, b e c são tolerâncias projetadas em cada compartimento de armazenamento para proporcionar o espaço da carga unitizada, contando com o tamanho das vigas de suporte na estrutura da estante (mm, pol). Para o caso de cargas unitizadas contidas em paletes-padrão, os valores recomendados para as tolerâncias são de: 150 milímetros (seis polegadas) para a; 200 milímetros (oito po-

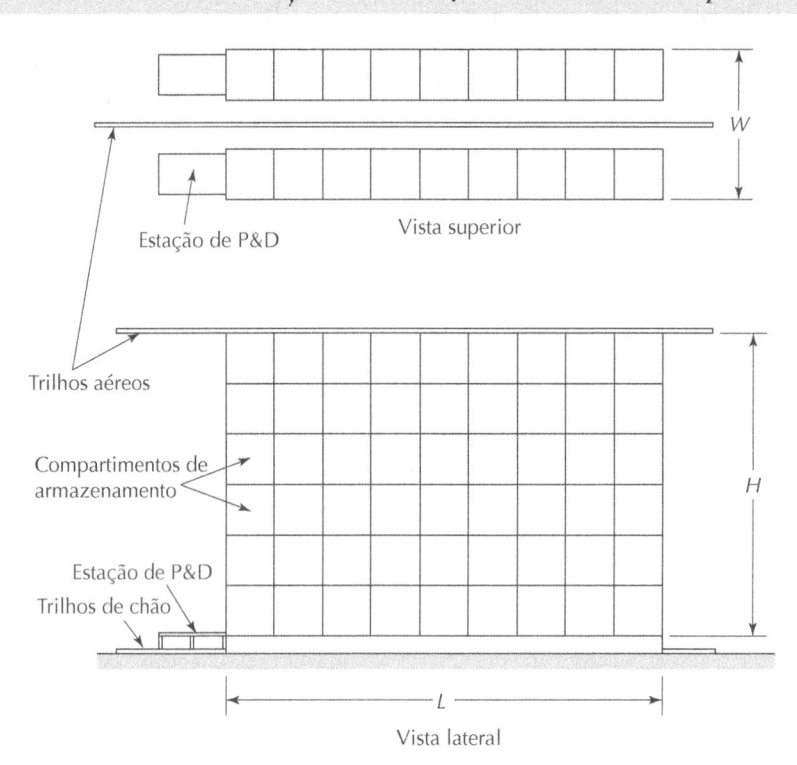

Figura 11.7 Vistas superior e lateral de um AS/RS para carga unitizada, com nove compartimentos de armazenamento na horizontal ($n_y = 9$) e seis compartimentos na vertical ($n_z = 6$).

legadas) para b e 250 milímetros (dez polegadas) para c [6]. Para um AS/RS com muitos corredores, W é simplesmente multiplicado pelo número de corredores para se obter a largura total do sistema de armazenamento. A estrutura das estantes é construída a uma distância de 300 milímetros a 600 milímetros (de 12 a 24 polegadas) acima do nível do chão e o comprimento do AS/RS se estende para além da estrutura de estantes com o objetivo de proporcionar espaço para a estação de E/S.

EXEMPLO 11.2
Dimensionando um sistema AS/RS
Cada um dos quatro corredores de um AS/RS contém 60 compartimentos de armazenamento na direção do comprimento e 12 compartimentos na vertical. Todos os compartimentos têm o mesmo tamanho para acomodar paletes de tamanho-padrão com as dimensões: $x = 42$ pol e $y = 48$ pol. A altura de uma carga unitizada, z, é de 36 pol. Usando as tolerâncias $a = 6$ pol, $b = 8$ pol e $c = 10$ pol, determine (a) quantas cargas unitizadas podem ser armazenadas no AS/RS e (b) a largura, comprimento e altura do AS/RS.
Solução: (a) A capacidade de armazenamento é dada pela Equação (11.1):
Capacidade por corredor = $2(60)(12) = 1.440$ cargas unitizadas. Como quatro corredores a capacidade total é:

Capacidade do AS/RS = $4(1.440) = 5.760$ cargas unitizadas

(b) A partir da Equação (11.2), podemos calcular as dimensões da estrutura de armazenamento:

$W = 3(42+6) = 144$ pol = 12 pés/corredor
A largura total do AS/RS = $4(12) = 48$ pés
$L = 60(48+8) = 3.360$ pol = 280 pés
$H = 12(36+10) = 552$ pol = 46 pés

Taxa de transferência do AS/RS. A taxa de transferência do sistema é definido como a taxa horária de transações de S/R que o sistema de armazenamento automatizado pode realizar (Seção 11.1). Uma transação envolve o depósito de uma carga no estoque ou a recuperação de uma carga do estoque. Qualquer uma dessas transações sozinha é realizada em um ciclo de comando único. Um ciclo de comando duplo realiza ambos os tipos de transação em um ciclo; com isso reduz-se o tempo de deslocamento por transação e a taxa de transferência é aumentada por meio da utilização de ciclos de comando duplo.

Muitos métodos estão disponíveis para calcular os tempos de ciclo do AS/RS com o objetivo de estimar o desempenho da taxa de transferência. O método apresentado aqui é recomendado pelo Material Handling Institute [2]. Ele assume (1) o armazenamento aleatório das cargas no AS/RS (isto é, qualquer compartimento do corredor de armazenamento tem a mesma chance de ser selecionado para uma transação), (2) os compartimentos de armazenamento de tamanho igual, (3) a estação de E/S localizada na base e no fim do corredor, (4) as velocidades horizontal e vertical constantes do transelevador e (5) os deslocamentos horizontal e vertical simultâneos. Para um ciclo de comando único, assume-se que a carga a ser armazenada ou retirada está localizada no centro da estrutura da estante, como na Figura 11.8(a). Assim, o transelevador deve se deslocar a metade do comprimento e a metade da altura do AS/RS e deve retornar a mesma distância. O tempo do ciclo de comando único pode então ser expresso por:

$$T_{cs} = 2 \text{ Máx} \left\{ \frac{0{,}5L}{v_y}, \frac{0{,}5H}{v_z} \right\} + 2T_{pd} =$$

$$= \text{Máx} \left\{ \frac{L}{v_y}, \frac{H}{v_z} \right\} + 2T_{pd} \qquad (11.3a)$$

em que T_{cs} é o tempo de ciclo de um ciclo de comando único (min/ciclo), L é o comprimento da estrutura de estante do AS/RS (metros, pés), v_y é a velocidade do transelevador ao longo do comprimento do AS/RS (m/min, pés/min), H é a altura da estrutura de estante (metros, pés), v_z é a velocidade do transelevador na direção vertical do AS/RS (m/min, pés/min) e T_{pd} é o tempo de retirada e depósito (min). Dois tempos de E/S são necessários por ciclo, representando as transferências de carga para transelevador e a partir dele.

Para um ciclo de comando duplo, assume-se que o transelevador se desloque para o centro da estrutura da estante para depositar uma carga, e depois se desloque três quartos do comprimento e da altura do AS/RS para recuperar uma carga, como na Figura 11.8(b). Dessa forma, a distância total em que o transelevador se desloca é de três quartos do comprimento e três quartos da altura da estrutura da estante, e retorna. Nesse caso, o tempo de ciclo é dado por:

$$T_{cd} = 2 \text{ Máx} \left\{ \frac{0{,}75L}{v_y}, \frac{0{,}75H}{v_z} \right\} + 4T_{pd} =$$

$$= \text{Máx} \left\{ \frac{1{,}5L}{v_y}, \frac{1{,}5H}{v_z} \right\} + 4T_{pd} \qquad (11.3b)$$

em que T_{cd} é o tempo de ciclo para um ciclo de comando duplo (min/ciclo) e os outros termos seguem as definições apresentadas acima.

A taxa de transferência do sistema depende dos números relativos de ciclos de comando único e duplo realizados pelo sistema. Suponhamos que R_{cs} seja o número de ciclos de comando único realizados por hora e R_{cd} seja o número de ciclos de comando duplo realizados por hora, em um nível específico ou assumido de utilização. Podemos formular a equação seguinte para a quantidade de tempo gasto na realização de ciclos de comando único e duplo a cada hora:

$$R_{cs}T_{cs} + R_{cd}T_{cd} = 60U \qquad (11.4)$$

em que U é a utilização do sistema durante a hora. O lado direito da equação diz o número total de minutos de operação por hora. Para resolver a Equação (11.4), as proporções relativas de R_{cs} e R_{cd} devem ser determinadas ou suposições sobre essas proporções devem ser feitas. Quando resolvida, a taxa total horária de ciclos é dada por:

$$R_c = R_{cs} + R_{cd} \qquad (11.5)$$

em que R_c é a taxa total de ciclos de S/R (ciclos/hora). Note que o número total de transações de R/S por hora será maior que esse valor a menos que R_{cd} seja igual a zero, uma vez que há duas transações realizadas a cada ciclo de comando duplo. Suponhamos que R_t seja o total de transações realizadas por hora, então:

$$R_t = R_{cs} + 2R_{cd} \qquad (11.6)$$

Figura 11.8 **Trajetória assumida do transelevador para (a) o ciclo de comando único e (b) o ciclo de comando duplo**

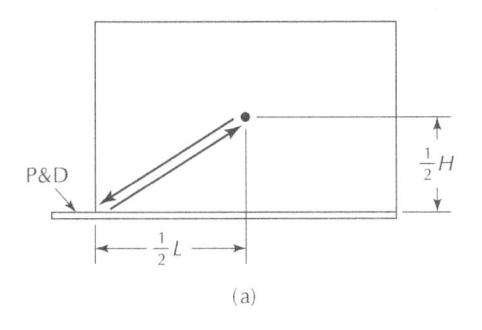

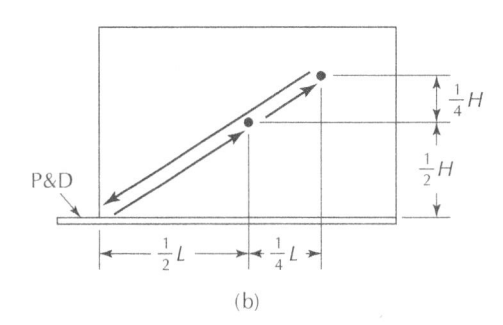

EXEMPLO 11.3
Análise da taxa de transferência do AS/RS

Considere o AS/RS do Exemplo 11.2, em que um transelevador é usado para cada corredor. O comprimento do corredor de armazenamento é igual a 280 pés e sua altura é de 46 pés. Suponha que as velocidades horizontal e vertical do transelevador sejam de 200 pés/min e 75 pés/min, respectivamente. O transelevador precisa de 20 segundos para realizar uma operação de E/S. Determine (a) os tempos dos ciclos de comando único e duplo por corredor e (b) a taxa de transferência por corredor sob as suposições de que a utilização do sistema de armazenamento seja de 90 por cento e o número de ciclos de comando único e duplo seja igual.

Solução: (a) Primeiro calculamos os tempos dos ciclos de comando único e duplo por meio da Equação (11.3):

$$T_{cs} = \text{Máx}\{280/200, 46/75\} + 2(20/60) = 2.066 \text{ min/ciclo}$$
$$T_{cd} = \text{Máx}\{1,5 \times 280/200, 1,5 \times 46/75\} + 4(20/60) = 3.432 \text{ min/ciclo}$$

(b) A partir da Equação (11.4) podemos estabelecer os níveis de atividade dos comandos únicos e duplos a cada hora como o seguinte:

$$2.066R_{cs} + 3.432R_{cd} = 60(0,9) = 54 \text{ min}$$

De acordo com a sentença do problema, o número de ciclos de comando único é igual ao de ciclos de comando duplo. Dessa forma, R_{cs} é igual a R_{cd}. Substituindo essa relação na equação acima, temos:

$2.066R_{cs} + 3.432R_{cs} = 54$
$5.498R_{cs} = 54$
$R_{cs} = 9.822$ ciclos de comando único/hora
$R_{cd} = R_{cs} = 9.822$ ciclos de comando duplo/hora

A taxa de transferência do sistema é igual ao total de transações de S/R por hora da Equação (11.6):

$$R_t = R_{cs} + 2R_{cd} = 29,46 \text{ transações/hora}$$

Com quatro corredores, o R_t para o AS/RS é igual a 117,84 transações por hora.

EXEMPLO 11.4
Taxa de transferência do AS/RS usando uma estratégia de armazenamento dedicado baseado em classe

Os corredores no AS/RS do exemplo anterior serão organizados seguindo uma estratégia de armazenamento dedicado baseado em classe. Haverá duas classes, de acordo com o nível de atividade. O estoque mais ativo é armazenado na metade do sistema de estantes que fica localizado mais próximo à estação de entrada e saída e o estoque menos ativo é armazenado na outra metade do sistema de estantes que fica mais longe da estação de entrada e saída. Em cada metade do sistema de estantes, o armazenamento aleatório é utilizado. Os estoques mais ativos representam 80 por cento das transações e os menos ativos representam os 20 por cento restantes. Como feito antes, assuma que a utilização do sistema seja de 90 por cento e que o número de ciclos de comando único seja igual ao número de ciclos de comando duplo. Determine a taxa de transferência do AS/RS, baseando os cálculos de tempos de ciclo nos mesmos tipos de suposições usadas no método do MHI.

Solução: Com um comprimento total de 280 pés, cada metade do sistema de estantes terá 140 pés de comprimento e 46 pés de altura. Vamos identificar o estoque mais próximo da estação de entrada e saída, que representa 80 por cento das transações, como Classe A, e a outra metade do estoque, que representa 20 por cento das transações, como Classe B. Os tempos de ciclo são calculados seguinte forma:

Para o estoque Classe A:

$$T_{scA} = \text{Máx}\left\{\frac{140}{200}, \frac{46}{75}\right\} + 2(0,333) = 1,366 \text{ min}$$

Para o estoque Classe B:

$$T_{dcA} = \text{Máx}\left\{\frac{1,5 \times 140}{200}, \frac{1,5 \times 46}{75}\right\} + 4(0,333) =$$
$$= 2,382 \text{ min}$$

De modo coerente com o problema anterior, vamos concluir que:

$$R_{csA} = R_{cdA} \text{ e } R_{csB} = R_{cdB} \qquad (a)$$

Também fomos informados que 80 por cento das transações são da Classe A e 20 por cento da Classe B. Assim,

$$R_{csA} = 4R_{csB} \text{ e } R_{cdA} = 4R_{cdB} \qquad (b)$$

Podemos estabelecer a equação seguinte para expressar como cada corredor gasta seu tempo durante uma hora:

$$R_{csA}T_{csA} + R_{cdA}T_{cdA} + R_{csB}T_{csB} + R_{cdB}T_{cdB} = 60(0,9)$$

Baseado na Equação (a),

$$R_{csA}T_{csA} + R_{csA}T_{cdA} + R_{csB}T_{csB} + R_{csB}T_{cdB} = 60(0,9)$$

Baseado na Equação (b),

$4R_{csB}T_{csA} + 4R_{csB}T_{cdA} + R_{csB}T_{csB} + R_{csB}T_{cdB} = 60(0,9)$
$4(1,366)R_{csB} + 4(2,382)R_{csB} + 2,766R_{csB} + 3,782R_{csB} = 54$
$21.54\ R_{csB} = 54$
$R_{csB} = 2,507$
$R_{csA} = 4R_{csB} = 10,028$
$R_{cdB} = R_{csB} = 2,507$
$R_{cdA} = 4R_{cdB} = 10,028$

Para um corredor,

$R_t = R_{csA} + R_{csB} + 21R_{cdA} + R_{cdB}2$
$= 10,028 + 2,507 + 2(10,028 + 2,507) = 37,607$ transações/hora

Para quatro corredores, R_t é igual a 150,42 transações por hora.

Isso representa quase 28 por cento de melhoria em relação à estratégia de armazenamento aleatório do Exemplo 11.3.

11.4.2 Sistemas de armazenamento em carrossel

Vamos desenvolver os relacionamentos correspondentes para a capacidade e a taxa de transferência de um sistema de armazenamento em carrossel. Por causa de sua construção, os sistemas em carrossel não possuem, nem de perto, a capacidade volumétrica de um AS/RS. Todavia, de acordo com nossos cálculos, um sistema em carrossel típico tem mais chances de ter taxas de transferência mais altas que um AS/RS.

Capacidade de armazenamento. O tamanho e a capacidade de um carrossel podem ser determinados com referência à Figura 11.9. As caixas ou os cestos individuais são suspensos a partir dos transportadores que giram em torno de um trilho oval cuja circunferência é dada por:

$$C = 2(L - W) + \pi W \qquad (11.7)$$

em que C é a circunferência do trilho oval do transportador (metros, pés) e L e W são o comprimento e a largura do trilho (metros, pés).

A capacidade do sistema de carrossel depende da quantidade e do tamanho das caixas (ou dos cestos) no sistema. Assumindo-se que são usadas caixas de tamanho-padrão, cada uma com certa capacidade volumétrica, então o número de caixas pode ser usado como nossa medida de capacidade. Como ilustrado na Figura 11.9, o número de caixas penduradas verticalmente a partir de cada transportador é n_b e n_c é o número de transportadores ao redor dos trilhos. Assim,

$$\text{Número total de caixas} = n_c n_b \qquad (11.8)$$

Os transportadores são separados por uma certa distância de modo que interfiram uns nos outros enquanto se deslocam ao redor das extremidades do carrossel. Suponhamos que s_c seja o espaçamento entre centros dos transportadores ao longo do trilho oval. Então a relação seguinte deve ser satisfeita pelos valores de s_c e n_c:

$$s_c n_c = C \qquad (11.9)$$

em que C é a circunferência (metros, pés), s_c é o espaçamento entre transportadores (m/transportador, pés/transportador) e n_c é o total de transportadores, que deve ter um valor inteiro.

Figura 11.9 Vistas superior e lateral de um carrossel de armazenamento com 18 transportadores (n_c = 18) e quatro caixas por transportador (n_b = 4)

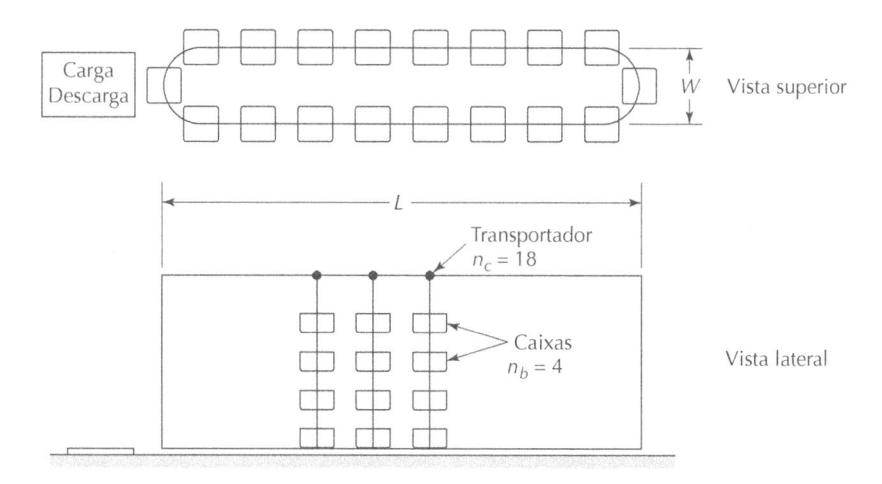

Análise da taxa de transferência. O tempo de ciclo de armazenamento ou recuperação pode ser obtido baseando-se nas suposições seguintes. Primeiro, apenas ciclos de comando único são realizados e uma caixa é acessada no carrossel, seja para armazenar itens ou para recuperar um ou mais itens do estoque; segundo, o carrossel funciona a uma velocidade constante v_c e os efeitos da aceleração e desaceleração são ignorados; terceiro, assume-se o armazenamento aleatório, isto é, qualquer localização em torno do carrossel tem a mesma chance de ser selecionada para uma transação de S/R; e quarto, o carrossel pode se mover em ambas as direções. Sob essa última suposição de deslocamento bidirecional, pode-se demonstrar que a distância média de movimentação entre a estação de carga e descarga e uma caixa localizada aleatoriamente no carrossel é C/4. Dessa forma, o tempo de ciclo de S/R é dado por:

$$T_c = \frac{C}{4v_c} + T_{pd} \qquad (11.10)$$

em que T_c é o tempo de ciclo de S/R (min), C é a circunferência do carrossel como dada pela Equação (11.7) (metros, pés), v_c é a velocidade do carrossel (m/min, pés/min) e T_{pd} é o tempo médio necessário para retirar ou depositar os itens em cada ciclo pelo operador na estação de carga e descarga (min). O número de transações realizadas por hora é o mesmo que o número de ciclos e é dado pelo seguinte:

$$R_t = R_c = \frac{60}{T_c} \qquad (11.11)$$

EXEMPLO 11.5
Operação do carrossel
O trilho oval de um sistema de armazenamento em carrossel tem comprimento igual a 12 metros e largura de um metro. Há 75 transportadores distribuídos igualmente ao redor do trilho. Suspensas a partir de cada transportador, há seis caixas e cada uma tem capacidade volumétrica de 0,026 m³. A velocidade do carrossel é de 20 m/min. O tempo médio de E/S para uma retirada é de 20 segundos. Determine (a) a capacidade volumétrica do sistema de armazenamento e (b) a taxa horária de retiradas do sistema de armazenamento.
Solução: (a) Total de caixas no carrossel é:

$$n_c n_b = 75 \times 6 = 450 \text{ caixas}$$

A capacidade volumétrica total = 450(0,026) = 11,7 m³
(b) A circunferência do trilho do carrossel é determinada pela Equação (11.7):

$$C = 2(12 - 1) + 1\pi = 25,14 \text{ m}$$

O tempo de ciclo por retirada é dado pela Equação (11.10):

$$T_c = \frac{25,14}{4(20)} + 20/60 = 0,647 \text{ min}$$

Expressando a taxa de transferência como uma taxa horária, temos:

$$R_t = 60/0,647 = 92,7 \text{ transações de recuperação/hora}$$

Referências

[1] FEARE, T. "GM runs in top gear with AS/RS sequencing". *Modern materials handling*, p. 50-2, ago. 1998.

[2] KULWIEC, R. A. (ed.). *Materials handling handbook*. 2. ed. Nova York: John Wiley & Sons, 1985.

[3] MATERIAL Handling Institute of America (MHIA). *AS/RS in the automated factory*. Pittsburgh, PA: MHIA, 1983.

[4] ____. *Consideration for planning and installing an automated storage/retrieval system*. Pittsburgh, PA: MHIA, 1977.

[5] MULCAHY, D. E. *Materials handling handbook*. Nova York: McGraw-Hill, 1999.

[6] TOMPKINS, J. A.; WHITE, J. A.; BOZER, Y. A.; FRAZELLE, E. H.; TANCHOCO, J. M.; TREVINO, J. *Facilities planning*. 3. ed. Nova York: John Wiley & Sons, 2003.

[7] TRUNK, C. "The sky's the limit for vertical lifts". *Material handling engineering*, p. 36-40, ago. 1998.

[8] ____. "Pick-to-light: Choices, choices, choices". *Material handling engineering*, p. 44-8, set. 1998.

[9] ____. "ProMat report: New ideas for carousels". *Material handling engineering*, p. 69-74, abr. 1999.

[10] "Vertical lift storage modules: Advances drive growth". *Modern materials handling*, p. 42-3, out. 1998.

[11] WEISS, D. J. "Carousel systems capabilities and design considerations". In: TOMPKINS, J. A.; SMITH, J. D. (ed.) *Automated material handling and storage*. Pennsauken, NJ: Auerbach Publishers, 1983.

Questões de revisão

11.1 Os materiais armazenados na produção incluem uma variedade de tipos. Nomeie seis das dez categorias listadas na Tabela 11.1.

11.2 Nomeie e descreva brevemente quatro das seis medidas usadas para avaliar o desempenho de um sistema de armazenamento.

11.3 Descreva brevemente as duas estratégias básicas de localização de armazenamento.

11.4 O que é uma estratégia de armazenamento dedicado baseado em classe?

11.5 Nomeie os quatro métodos tradicionais (não automatizados) para armazenamento de materiais.

11.6 Qual dos quatro métodos tradicionais de armazenamento é capaz da maior densidade de armazenamento?

11.7 Quais são alguns dos objetivos e algumas das razões por trás das decisões da companhia de automatizar suas operações de armazenamento? Nomeie seis dos dez objetivos e das razões listadas na Tabela 11.3.

11.8 Quais são as duas categorias básicas dos sistemas automatizados de armazenamento?

11.9 Quais são as diferenças entre os dois tipos básicos de sistemas automatizados de armazenamento?

11.10 Identifique as três áreas de aplicação dos sistemas automatizados de R/S.

11.11 Quais são os quatro componentes básicos de quase todos os sistemas automatizados de R/S?

11.12 Qual é a vantagem de um carrossel vertical de armazenamento em relação a um carrossel horizontal de armazenamento?

Problemas

Dimensionando a estrutura de estantes do AS/RS

11.1 Cada um dos seis corredores de um sistema automatizado de armazenamento e recuperação deverá conter 50 compartimentos de armazenamento na horizontal e 8 compartimentos na vertical. Todos os compartimentos terão o mesmo tamanho para acomodar paletes de tamanho-padrão cujas dimensões são: x = 36 pol e y = 48 pol. A altura de uma carga unitizada, z, é de 30 polegadas. Usando as tolerâncias a = 6 pol, b = 8 pol e c = 10 pol, determine (a) quantas cargas unitizadas podem ser armazenadas no AS/RS e (b) a largura, o comprimento e a altura do AS/RS. A estrutura de estantes será construída 18 polegadas acima do nível do chão.

11.2 Um AS/RS para carga unitizada está sendo projetado para armazenar mil cargas em paletes em um centro de distribuição localizado perto da fábrica. As dimensões dos paletes são x = 1.000 mm, y = 1.200 mm e a altura máxima de uma carga unitizada é igual a 1.300 mm. O AS/RS consiste de dois corredores com um transelevador por corredor, o comprimento da estrutura deve ser aproximadamente cinco vezes sua altura e ela será construída 500 milímetros acima do nível do chão. Usando as tolerâncias a = 150 mm, b = 200 mm e c = 250 mm, determine a largura, o comprimento e a altura da estrutura de estantes do AS/RS.

11.3 Considere a estrutura de estantes cujas dimensões foram calculadas no Problema 11.2. Assumindo-se que apenas 80 por cento dos compartimentos de armazenamento estão ocupados, e que o volume médio de uma carga unitizada por palete armazenado é de 0,75 m^3, calcule a razão entre o volume total das cargas unitizadas em estoque e o volume total ocupado pelo estoque na estrutura de estantes.

11.4 Um AS/RS de carga unitizada para o armazenamento de materiais em processo em uma fábrica deve ser projetado para armazenar duas mil cargas paletizadas, com tolerância mínima de 20 por cento compartimentos adicionais de armazenamento para os períodos de pico e flexibilidade. As dimensões do palete de carga unitizada são: profundidade (x) = 36 pol e largura (y) = 48 pol. A altura máxima de uma carga unitizada é de 42 polegadas. Foi determinado que o AS/RS terá quatro corredores com um transelevador por corredor. A altura máxima do teto (interior) do edifício permitida pela regulamentação local é de 60 pés, então o AS/RS deve caber dentro dessa limitação de altura. A estrutura de estantes será construída dois pés acima do nível do chão e o vão entre a estrutura e o teto do edifício deve ser de no mínimo 18 polegadas. Determine as dimensões (altura, comprimento e largura) da estrutura.

Análise de taxa de transferência do AS/RS

11.5 O comprimento de um corredor de armazenamento de um AS/RS é de 240 pés e sua altura é igual a 60 pés. Suponha que a velocidade horizontal e vertical do transelevador seja de 400 pés/min e 60 pés/min, respectivamente. O transelevador precisa de 18 segundos para realizar uma operação de retirada ou depósito. Encontre (a) os tempos dos ciclos de comando único e duplo por corredor e (b) a taxa de transferência para o corredor sob as suposições de que a utilização do sistema de armazenamento seja de 80 por cento e o número de ciclos de comando único seja igual ao de ciclos de comando duplo.

11.6 Resolva o problema anterior usando uma razão entre ciclos de comando único e duplo de 3:1 em vez de 1:1.

11.7 Um AS/RS é usado para o armazenamento de materiais em processo em uma instalação de produção. O sistema tem cinco corredores, cada um tem 120 pés de comprimento e 40 pés de altura. As velocidades, horizontal e vertical, do transelevador são de 400 pés/min e 50 pés/min, respectivamente. O transelevador precisa de 12 segundos para realizar uma operação de E/S. O número de ciclos de comando único é igual ao de comando duplo. Se a taxa de transferências deve ser de 200 transações de S/R por hora durante os períodos de pico, o AS/RS irá satisfazer esse requisito? Em caso afirmativo, qual é a utilização do AS/RS durante as horas de pico?

11.8 Um sistema automatizado de armazenamento e recuperação instalado em um depósito tem cinco corredores. As estantes de armazenamento em cada corredor têm altura igual a 30 pés e seu comprimento é de 150 pés. O transelevador de cada corredor se desloca a uma velocidade horizontal de 350 pés/min e vertical de 60 pés/min. O tempo de E/SD é de 0,25 minuto. Suponha que o número de ciclos de comando único e duplo por hora seja igual e que o sistema opera com utilização de 75 por cento. Determine a taxa de transferência (cargas movidas/hora) do AS/RS.

11.9 Um sistema automatizado de armazenamento e recuperação com dez corredores está localizado em uma instalação com fábrica e depósito integrados. As estantes de armazenamento em cada corredor têm 18 metros de altura e 95 metros de comprimento. O transelevador de cada corredor se desloca a uma velocidade horizontal de 2,5 m/s e vertical de 0,5 m/s. O tempo de retiradas e depósitos é de 20 segundos. Suponha que o número de ciclos de comando único por hora é a metade do número de ciclos de comando duplo por hora e que o sistema opera com utilização de 80 por cento. Determine a taxa de transferência (cargas movidas/hora) do AS/RS.

11.10 Um sistema automatizado de R/S para materiais em processo tem cinco corredores. As estantes de armazenamento em cada corredor têm dez metros de altura e 50 metros de comprimento. O transelevador em cada corredor se desloca a uma velocidade horizontal de dois m/s e vertical de 0,4 m/s. O tempo de retirada e depósito é de 15 segundos. Suponha que o número de ciclos de comando único por hora seja três vezes o número de ciclos de comando duplo por hora e que o sistema opera com utilização de 90 por cento. Determine a taxa de transferência (cargas movidas/hora) do AS/RS.

11.11 O comprimento de um corredor de um AS/RS é igual a cem metros e sua altura é igual a 20 metros. A velocidade de deslocamento horizontal é de 4 m/s. A velocidade de deslocamento vertical é especificada de modo que o sistema de armazenamento é "quadrado no tempo", o que significa que $L/v_y = H/v_z$. O tempo de retiradas e depósitos é de 12 segundos. Determine a taxa de transferência esperada (transações por hora) para o corredor se a razão esperada entre o número de transações realizadas sob ciclos de comando único e as realizadas sob ciclos de comando duplo é de 2:1. O sistema opera continuamente durante a hora.

11.12 Um sistema automatizado de armazenamento e recuperação tem quatro corredores. As estantes de armazenamento em cada corredor têm 40 pés de altura e 200 pés de comprimento. O transelevador de cada corredor se desloca a uma velocidade horizontal de 400 pés/min e vertical de 60 pés/min. Se o tempo de retiradas e depósitos é de 0,3 minuto, determine a taxa de transferência (cargas movidas/hora) do AS/RS sob a suposição de que o tempo gasto por hora na realização de ciclos de comando único é o dobro do tempo gasto na realização de ciclos de comando duplo e que o AS/RS opera com utilização de 90 por cento.

11.13 Um AS/RS com um corredor tem 300 pés de comprimento e 60 pés de altura. O transelevador tem velocidade máxima de 300 pés/min na horizontal. Ele acelera de zero a 300 pés/min ao longo de uma distância de 15 pés. Ao se aproximar de sua posição-alvo (onde o transelevador fará a transferência da carga para fora ou para dentro de sua plataforma), ela desacelera de 300 pés/min para a parada total ao longo de 15 pés. A velocidade máxima vertical é de 60 pés/min e as distâncias de aceleração e desaceleração são de 3 pés. Suponha movimentos horizontais e verticais simultâneos e taxas constantes de aceleração e desaceleração em ambas as direções. O tempo de retiradas e depósitos (P&D) é de 0,3 minuto. Usando a abordagem geral do método do MHI para calcular o tempo de ciclo e adicionando as considerações sobre aceleração e desaceleração, determine os tempos dos ciclos de comando único e duplo.

11.14 Um AS/RS com quatro corredores tem 80 metros de comprimento e 18 metros de altura. O transelevador tem velocidade máxima de 1,6 m/s na horizontal. Ela acelera de zero a 1,6 m/s ao longo de uma distância de dois metros. Ao se aproximar da posição-alvo (onde o transelevador fará a transferência da carga para fora ou para dentro de sua plataforma), ele desacelera de 1,6 m/s até a parada total ao longo de dois metros. A velocidade máxima vertical é de 0,5 m/s e as distâncias de aceleração e desaceleração são de 0,3 metro cada. As taxas de aceleração e desaceleração são constantes em ambas as direções. O tempo de retiradas e depósitos (P&D) é de 12 segundos. Assume-se que a utilização do AS/RS é de 90 por cento e que o número de ciclos de comando duplo é igual ao número de ciclos de comando único. (a) Calcule os tempos dos ciclos de comando único e duplo, incluindo as considerações sobre aceleração e desaceleração. (b) Determine a taxa de transferência do sistema.

11.15 Sua companhia está em busca de propostas para um sistema automatizado de armazenamento e recuperação que terá taxa de transferência de 300 transações de armazenamento ou recuperação por hora durante um expediente de 8 horas por dia. A solicitação de propostas indica ser esperado que o número de ciclos de comando único seja quatro vezes o número de ciclos de comando duplo. A primeira proposta recebida é de um vendedor que especifica o seguinte: dez corredores, cada corredor com 150 pés de comprimento e 50 pés de altura; velocidade horizontal e vertical do transelevador iguais a 200 pés/min e 66,67 pés/min, respectivamente, e tempo de retiradas e depósitos de 0,3 minuto. Como o engenheiro responsável pelo projeto, você deve analisar a proposta e fazer recomendações de acordo. Uma das dificuldades que você vê no AS/RS proposto é o grande número de transelevadores que seriam necessários: um para cada um dos dez corredores. Isso deixa o sistema proposto muito caro. Sua recomendação é reduzir o número de corredores de dez para seis e escolher um transelevador com velocidades horizontal e vertical, de 300 pés/min e cem pés/min, respectivamente. Ainda que cada transelevador de alta velocidade seja um pouco mais cara que o modelo mais lento, a redução do número de transelevadores de dez para seis reduzirá significativamente o custo total. Além disso, uma quantidade menor de corredores vai reduzir o custo da estrutura de estantes mesmo que cada corredor tenha de ser um pouco maior, já que a capacidade de armazenamento deverá ser mantida. O problema é que a taxa de transferência será afetada negativamente pelo sistema de estantes maior. (a) Determine a taxa de transferência do AS/RS proposto, com dez corredores, e calcule sua utilização relativa à taxa especificada de 300 transações/hora. (b) Determine o comprimento e a altura de um AS/RS com seis corredores cuja capacidade de armazenamento seja a mesma que a do sistema de dez corredores proposto. (c) Determine a taxa de transferência do AS/RS com seis corredores e calcule sua utilização relativa à taxa especificada de 300 transações/hora. (d) Dado o dilema que se apresenta, quais alternativas você analisaria e quais recomendações faria para melhorar o projeto do sistema?

11.16 Um sistema de armazenamento e recuperação de cargas unitizadas tem cinco corredores. As estantes de armazenamento têm 60 pés de altura e 280 pés de comprimento. O transelevador se desloca a uma velocidade horizontal de 200 pés/min e vertical de 80 pés/min. O tempo de retiradas e depósitos (P&B) é de 0,3 minuto. Suponha que o número de ciclos de comando único por hora seja quatro vezes o número de ciclos de comando duplo por hora e que o sistema opera com utilização de 80 por cento. Uma estratégia de armazenamento dedicado baseado em classe é utilizada para organizar o estoque, onde as cargas unitizadas são separadas em duas classes, de acordo com nível de atividade. O estoque mais ativo é armazenado na metade do sistema de estantes que fica localizado mais próximo da estação de entrada e saída e o estoque menos ativo é armazenado na outra metade do sistema de estantes (mais distante da estação de entrada e saída). Em cada metade do sistema de estantes é utilizado o armazenamento aleatório. O estoque mais ativo representa 75 por cento das transações e o estoque menos ativo representa os 25 por cento de transações restantes. Determine a taxa de transferência (cargas movidas/hora para dentro ou fora do sistema) do AS/RS, baseando seus cálculos de tempos de ciclo nas mesmas suposições usadas no método MHI. Suponha que, quando os ciclos de comando duplo são realizados, as duas transações por ciclos são ambas na mesma classe.

11.17 O corredor do AS/RS no Problema 11.5 será organizado seguindo uma estratégia de armazenamento dedicado baseado em classe. Haverá duas classes, de acordo com o nível de atividade. O estoque mais ativo é armazenado na metade do sistema de estantes que fica mais próximo da estação de entrada e saída, e o estoque menos ativo é armazenado na outra metade do sistema de estantes, mais distante da estação de entrada e saída. Em cada metade do sistema de estantes é usado o armazenamento aleatório. O estoque mais ativo representa 80 por cento das transações e o estoque menos ativo representa os 20 por cento restantes. Suponha que a utilização do sistema seja de 85 por cento e que o número de ciclos de comando único seja igual ao número de ciclos de comando duplo em cada metade do AS/RS. (a) Determine a taxa de transferência do AS/RS baseando-se no cálculo dos tempos de ciclo nas mesmas suposições usadas no método MHI. (b) Supõe-se que uma estratégia de armazenamento dedicado baseado em classe aumenta a taxa de transferência. Por que a taxa de transferência aqui é menor que no Problema 11.5?

Sistemas de armazenamento em carrossel

11.18 Um sistema de armazenamento de carrossel único está localizado em uma fábrica realizando pequenas montagens. Ele tem 20 metros de comprimento e um metro de largura. O tempo de retiradas e depósitos é de 0,25 minuto. A velocidade em que o carrossel opera é de 0,5 m/s. O sistema de armazenamento tem utilização de 90 por cento. Determine a taxa horária de transferências.

11.19 Um sistema de armazenamento servindo a uma fábrica de montagem eletrônica tem três carrosséis de armazenamento, cada um com sua própria estação de retirada e depósito operada manualmente. O tempo de retiradas e depósitos (P&B) é de 0,3 minuto. Cada carrossel tem 60 pés de comprimento e 2,5 pés de largura. A velocidade em que o sistema gira é de 85 pés/min. Determine a taxa de transferência do sistema de armazenamento.

11.20 Um sistema de armazenamento de carrossel único tem um trilho oval com 30 pés de comprimento e três pés de largura. Sessenta transportadores são distribuídos uniformemente ao redor do percurso. Cinco caixas são suspensas a partir de cada transportador e cada caixa tem capacidade volumétrica de 0,75 pés^3. A velocidade do carrossel é de cem pés/min. O tempo médio de E/S para uma retirada é de 20 segundos. Determine (a) a capacidade volumétrica do sistema de armazenamento e (b) a taxa horária de retiradas do sistema de armazenamento.

11.21 Um sistema de armazenamento em carrossel deve ser projetado para servir a uma fábrica de montagem mecânica. O sistema deve ter um total de 400 compartimentos de armazenamento e no mínimo 125 transações de armazenamento e recuperação por hora. Duas configurações alternativas estão sendo consideradas: (1) um sistema com um carrossel e (2) um sistema com dois carrosséis. Em ambos os casos, a largura do carrossel deve ser de quatro pés e o espaçamento entre os transportadores deve ser iguala a 2,5 pés. Será necessário um operador para o sistema com um carrossel e dois para o sistema com dois carrosséis. Em ambos os sistemas, v_c é igual a 75 pés/min. Para a conveniência do operador, a altura do carrossel será limitada a cinco caixas. O tempo-padrão para uma operação de retirada ou depósito na estação de carga e descarga é de 0,4 minuto, se uma peça é apanhada ou guardada por caixa, e de 0,6 minuto, se mais de uma peça é apanhada ou guardada. Suponha que 50 por cento das transações envolverão mais de um componente. Determine (a) o comprimento necessário do sistema com um carrossel, (b) a taxa de transferência correspondente, (c) o comprimento necessário do sistema com dois carrosséis e (d) a taxa de transferência correspondente. (e) Qual sistema melhor satisfaz as especificações do projeto?

11.22 Dadas suas respostas para o Problema 11.21, compare os custos dos dois sistemas de carrossel. O sistema com um carrossel tem custo instalado de R$ 50 mil e o custo do sistema com dois carrosséis é de R$ 75 mil. O custo de trabalho de um operador é de R$ 20/hora, incluindo os benefícios indiretos e as despesas gerais aplicáveis. Os sistemas de armazenamento serão operados 250 dias por ano, sete horas por dia, embora os operadores sejam pagos por oito horas. Usando um período de três anos em sua análise e uma taxa de retorno de 25 por cento, determine (a) o custo anual equivalente para as duas alternativas de projeto, supondo não haver valor residual no fim dos três anos e (b) o custo médio por transação de armazenamento ou recuperação.

CAPÍTULO 12
Identificação automática e captura de dados

CONTEÚDO DO CAPÍTULO

12.1 Visão geral dos métodos de identificação automática

12.2 Tecnologia de códigos de barras
 12.2.1 Códigos de barras lineares (unidimensionais)
 12.2.2 Códigos de barras bidimensionais

12.3 Identificação por radiofrequência

12.4 Outras tecnologias de identificação automática e captura de dados (AIDC)
 12.4.1 Tarjas magnéticas
 12.4.2 Reconhecimento ótico de caracteres
 12.4.3 Visão de máquina

A *identificação automática e captura de dados* (do inglês, *automatic identification and data captur* — AIDC) refere-se às tecnologias que fornecem a inserção direta de dados em um computador ou outro sistema controlado por microprocessador sem utilizar teclado. Muitas dessas tecnologias não exigem envolvimento humano na captura de dados e no processo de inserção. Sistemas de identificação automática estão sendo cada vez mais utilizados para coletar dados no manuseio de materiais e aplicações de manufatura. No manuseio de materiais, as aplicações incluem o envio e recebimento, o armazenamento, a separação, a tomada de pedidos e a organização das peças para montagem. Na manufatura, as aplicações incluem o monitoramento da situação (*status*) do processamento de pedidos, o trabalho em andamento, a utilização das máquinas, o comparecimento de trabalhadores e outras métricas operacionais e de desempenho da fábrica. Obviamente, a AIDC tem muitas aplicações importantes fora da fábrica, incluindo vendas a varejo e controle de estoque, operações de armazenamento e de centros de distribuição, correio e manuseio de remessas, identificação de pacientes em hospitais, processamento de cheques em bancos e sistemas de segurança. Neste capítulo enfatizamos o manuseio de materiais e as aplicações de manufatura.

A alternativa para a captura de dados automática é a coleta e a inserção de dados de maneira manual. Isso normalmente envolve um trabalhador que registra os dados no papel e os insere posteriormente no computador por um teclado. Porém, há várias desvantagens nesse método:

1. *Erros* ocorrem tanto na coleta dos dados quanto na inserção desses dados por teclado quando isso é realizado manualmente. A média de erros de inserção manual por teclado é de um erro a cada 300 caracteres.

2. *Tempo*. Obviamente, métodos manuais despendem mais tempo do que os automatizados. Além disso, quando métodos manuais são usados, há um atraso de tempo entre quando as atividades ocorrem e quando os dados são inseridos no computador.

3. *Custo de mão de obra.* A atenção absoluta dos trabalhadores é exigida na coleta e inserção de dados manual, com o custo de mão de obra associado.

Essas desvantagens são virtualmente eliminadas quando é usada a identificação e captura automáticas de dados. Com a AIDC, os dados sobre atividades, eventos e condições são adquiridos no local e no momento de sua ocorrência e inseridos no computador imediatamente ou pouco tempo depois.

A captura automática de dados é associada em seguida à indústria de manuseio de materiais. A associação de comércio da indústria de AIDC, a Associação de Fabricantes de Identificação Automática (do inglês, *Automatic Identification Manufacturers Association* — AIM), começou como uma afiliada do Instituto de Manuseio de Materiais (*Material Handling Institute*). Muitas das aplicações dessa tecnologia relacionam-se ao manuseio de materiais, mas a identificação automática e a captura de dados também se tornaram importantes no controle de chão de fábrica em plantas de manufatura. Neste capítulo, examinamos as tecnologias de AIDC importantes, com ênfase na manufatura.

12.1 VISÃO GERAL DOS MÉTODOS DE IDENTIFICAÇÃO AUTOMÁTICA

Quase todas as tecnologias de identificação automática consistem de três componentes principais, que também compreendem os passos sequenciais na AIDC [8].

- *Codificador de dados. Código* é um conjunto de símbolos ou sinais que normalmente representam caracteres alfanuméricos. Quando os dados são codificados, os caracteres são traduzidos para um código legível pela máquina. (Para a maioria das técnicas de AIDC, os dados codificados não são legíveis para humanos.) Um rótulo ou uma etiqueta contendo os dados codificados são fixados ao item que deve ser identificado.

- *Leitor ou escâner de dados.* Esse dispositivo lê os dados codificados, convertendo-os em uma forma alternativa, normalmente um sinal elétrico analógico.

- *Decodificador de dados.* Esse componente transforma o sinal elétrico em dados digitais e por fim de volta aos caracteres alfanuméricos originais.

Muitas tecnologias diferentes são utilizadas para implementar a identificação automatizada e a coleta de dados. Somente dentro da categoria dos códigos de barras (atualmente a principal tecnologia de AIDC), mais de 250 esquemas de códigos de barras diferentes foram desenvolvidos. As tecnologias de AIDC podem ser divididas nas seis categorias a seguir [18]:

- *Ótica.* Em sua maioria, utiliza símbolos gráficos de alto contraste que podem ser interpretados por um escâner ótico. Incluem códigos de barras lineares (unidimensionais) e bidimensionais, reconhecimento ótico de caracteres e visão de máquina.

- *Eletromagnética.* A importante tecnologia de AIDC nesse grupo é a identificação por radiofrequência (do inglês, *radio frequency identification* — RFID), que utiliza uma pequena etiqueta eletrônica capaz de conter mais dados do que um código de barras. As suas aplicações estão ganhando terreno dos códigos de barras devido a várias condições impostas por empresas como a Wal-Mart e o Ministério da Defesa norte-americano.

- *Magnética.* Codifica dados magneticamente de maneira similar a uma fita de gravação. As duas técnicas importantes nessa categoria são (a) tarja magnética, amplamente utilizada em cartões de crédito e cartões de acesso bancário; e (b) reconhecimento de caracteres por tinta magnética, amplamente utilizado na indústria bancária para o processamento de cheques.

- *Cartão inteligente.* Refere-se a cartões plásticos pequenos (do tamanho de um cartão de crédito) com *microchips* embutidos capazes de conter grandes quantidades de informações. Outros termos utilizados para essa tecnologia incluem *cartão com chip* e *cartão de circuito integrado*.

- *Técnicas de toque.* Incluem telas de toque e botões de memória.

- *Biométrica.* Utilizada para identificar humanos ou para interpretar comandos vocais de humanos, inclui reconhecimento de voz, análise de impressões digitais e leitura de retinas.

As tecnologias de AIDC mais utilizadas na produção e distribuição são os métodos de código de barras e a radiofrequência. As aplicações comuns de tecnologias de AIDC são: (1) recebimento, (2) envio, (3) tomada de pedidos, (4) armazenamento, (5) processamento de manufatura, (6) estoque de trabalho em andamento, (7) montagem e (8) separação. Algumas das aplicações de identificação exigem que os trabalhadores estejam envolvidos no procedimento de captura de dados, normalmente para operar o equipamento de identificação na aplicação. Essas técnicas são, portanto, métodos semiautomatizados em vez de automatizados. Outras aplicações realizam a identificação sem participação humana. As mesmas tecnologias sensórias básicas podem ser utilizadas em ambos os casos. Por exemplo, determinados tipos de leitores de códigos de barras são operados por humanos, enquanto outros tipos operam automaticamente.

Como indicado na introdução deste capítulo, há boas razões para que sejam utilizadas técnicas automáticas de captura e identificação de dados: (1) precisão dos dados, (2) oportunidade e (3) redução de mão de obra. Primeiramente, a precisão dos dados coletados é melhorada com a AIDC em muitos casos por uma margem significativa. A margem de erro na tecnologia de códigos de barras é aproximadamente 10 mil vezes mais baixa que a da inserção de dados via teclado manual. A margem de erro na maioria das outras tecnologias não é tão boa quanto a dos códigos de barras, mas ainda assim é melhor do que a de métodos manuais. A segunda razão para que técnicas de identificação automática sejam utilizadas é a redução do tempo exigido por trabalhadores para a tarefa de inserção de dados. De um lado, a velocidade de inserção de dados via teclado para documentos escritos à mão gira em torno de 5 a 7 caracteres por segundo, e para inserção via teclado, de 10-15 caracteres por segundo, na melhor das hipóteses. De outro lado, os métodos de identificação automática são capazes de ler centenas de caracteres por segundo. Essa redução de tempo pode significar uma economia substancial no custo de mão de obra em fábricas com muitos trabalhadores.

Apesar de a margem de erro em tecnologias de identificação automática e captura de dados ser muito mais baixa do que a de captura e inserção manual de dados, erros também ocorrem em AIDC. Para medi-los, a indústria adotou dois parâmetros:

- *Taxa de primeira leitura* (do inglês, *first read rate* — FRR). Essa é a probabilidade de uma leitura bem-sucedida (correta) feita pelo escâner em sua tentativa inicial.

- *Taxa de erro de substituição* (do inglês, *substitution error rate* — SER). Essa é a probabilidade ou frequência com a qual o escâner lê incorretamente um caractere codificado como se fosse outro. Em um determinado conjunto de dados codificados contendo n caracteres, o número esperado de erros é igual a SER multiplicados por n.

Obviamente, é desejável para o sistema de AIDC possuir uma alta taxa de primeira leitura e uma baixa taxa de erro de substituição. Uma comparação subjetiva entre as taxas de erro de substituição para diferentes tecnologias de AIDC é apresentada na Tabela 12.1.

Tabela 12.1 **Comparação de técnicas de AIDC e inserção de dados via teclado manual**

Técnica	Tempo para inserção*	Margem de erro**	Custo de equipamento	Vantagens/(Desvantagens)
Inserção manual	Baixo	Alta	Baixo	Baixo custo inicial (Exige operador humano) (Baixa velocidade) (Alta taxa de erro)
Códigos de barras: 1D	Médio	Baixa	Baixo	Alta velocidade Boa flexibilidade (Baixa densidade de dados)
Códigos de barras: 2D	Médio	Baixa	Alto	Alta velocidade Alta densidade de dados
Radiofrequência	Rápido	Baixa	Alto	Etiqueta não precisa ser visível para o leitor Capacidade de leitura/escrita disponível Alta densidade de dados (Alto custo de etiquetagem)
Tarja magnética	Médio	Baixa	Médio	Muitos dados podem ser codificados Dados podem ser modificados (Vulnerável a campos magnéticos) (Contato necessário para leitura)
OCR (do inglês, *optical character recognition* — reconhecimento ótico de caracteres)	Médio	Média	Médio	Pode ser lida por humanos (Baixa densidade de dados) (Alta taxa de erros)
Visão de máquina	Rápido	***	Muito alto	Alta velocidade (Equipamentos caros) (Não é adequada para aplicações de AIDC gerais)

Fonte: Baseado em dados de Palmer [14].
* O tempo para inserir os dados é baseado em um campo de 20 caracteres. Todas as técnicas, com exceção da visão de máquina, utilizam trabalhador humano para inserir os dados (inserção manual) ou para operar o equipamento de AIDC (códigos de barras, RFID, tarja magnética, OCR). Importante: lento varia entre 5 e 10 segundos; médio, de 2 a 5 segundos; rápido equivale a dois segundos ou menos.
** Taxa de erro de substituição (SER); ver definição (Seção 12.1).
*** Aplicação dependente.

12.2 TECNOLOGIA DE CÓDIGOS DE BARRAS

Como indicado anteriormente, códigos de barras se dividem em dois tipos básicos: (1) lineares, nos quais os dados codificados são lidos utilizando varredura linear do escâner e (2) bidimensionais, nos quais os dados codificados têm de ser lidos em ambas as direções.

12.2.1 Códigos de barras lineares (unidimensionais)

Como mencionado anteriormente, a técnica de identificação automática e captura de dados mais utilizada é a dos códigos de barras lineares. Na realidade há dois tipos de simbologias de código de barras lineares, ilustrados na Figura 12.1: (a) *modulado por largura*, no qual o símbolo consiste de barras e espaços de largura variável e (b) *modulado por altura*, no qual o símbolo consiste de barras espaçadas uniformemente e com altura variável. A única aplicação significativa das simbologias do código de barras modulado por altura é feita no correio dos Estados Unidos para a identificação do código postal, de maneira que a discussão aqui focará os códigos de barras modulados por largura, que são utilizados amplamente no varejo e na manufatura.

Na tecnologia de código de barras modulado por largura, o símbolo consiste de uma sequência de barras coloridas, largas e estreitas, separadas por espaços largos e estreitos (as barras coloridas são normalmente pretas e os espaços são brancos para se obter alto contraste). O padrão de barras e espaços é codificado para representar caracteres numéricos e alfanuméricos. Palmer [14] utiliza a analogia interessante de que códigos de barras podem ser pensados como uma versão impressa do código Morse, em que faixas estreitas representam pontos e faixas largas representam traços. Utilizando esse esquema, o código de barras para o familiar sinal de socorro SOS seria como mostrado na Figura 12.2. Entretanto, os códigos de barras não seguem o código Morse. As dificuldades com uma simbologia de código de barra "Morse" são (1) a utilização apenas de barras escuras, que, desse modo, aumentam o comprimento do símbolo codificado e (2) a diferença do número de barras que formam os caracteres alfanuméricos, tornando a decodificação mais difícil [14].

Leitores de códigos de barras interpretam o código fazendo uma leitura com o escâner e decodificando a sequência de barras. O leitor consiste do escâner e do decodificador. O escâner emite um feixe de luz que varre o código de barras (seja manual ou automaticamente) e percebe reflexos de luz para distinguir barras de espaços. Os reflexos de luz são sentidos por um fotodetector que, na ausência de um sinal elétrico, converte os espaços em sinal elétrico e as barras em ausência de sinal elétrico. A largura das barras e dos espaços é indicada pela duração dos sinais correspondentes. O procedimento é descrito na Figura 12.3. O decodificador analisa a sequência de pulsos para validar e interpretar os dados correspondentes.

Certamente uma razão importante para a aceitação dos códigos de barras é seu largo uso em supermercados e outras lojas varejistas. Em 1973, a indústria supermercadista adotou o Código Universal do Produto (do inglês, *Universal Product Code* — UPC) como padrão para a identificação de itens. Esse é um código de barras de 12

Figura 12.1 Dois tipos de códigos de barras lineares são: (a) modulado por largura, exemplificados aqui pelo Código Universal do Produto e (b) modulado por altura, exemplificado aqui pelo Postnet, utilizado pelo correio dos Estados Unidos

Figura 12.2 O sinal de socorro SOS em códigos de barras "Morse"

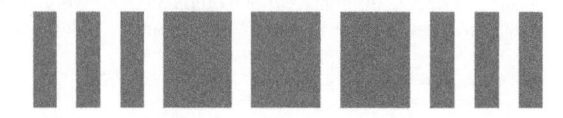

Figura 12.3 **Conversão de código de barras em sequência de pulsos elétricos: (a) código de barras e (b) sinal elétrico correspondente**

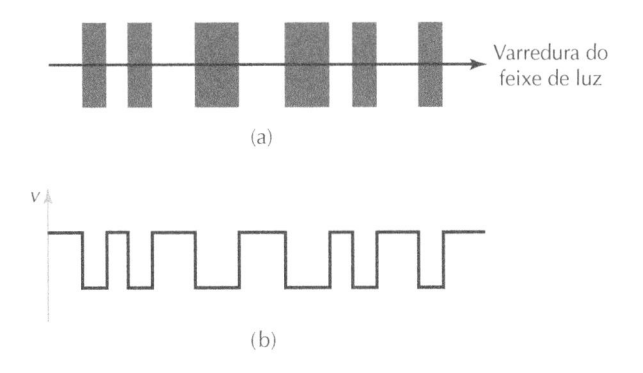

dígitos, dos quais seis são para identificar o fabricante e cinco para identificar o produto. O dígito final é um caractere de verificação. O Ministério da Defesa norte-americano garantiu mais um importante endosso em 1982 ao adotar um padrão de código de barras (Código 39) que tinha de ser aplicado por vendedores em caixas de papelão de produtos fornecidos para as várias agências do ministério. O UPC é um código numérico (0-9), enquanto o Código 39 fornece o conjunto completo de caracteres alfanuméricos mais outros símbolos (44 caracteres ao todo). Esses dois e outros códigos de barras lineares são comparados na Tabela 12.2.

Tabela 12.2 **Alguns códigos de barras amplamente utilizados**

Código de barras	Data	Descrição	Aplicações
Codabar	1972	Apenas 16 caracteres: 0-9, $:, /, ., +, —	Utilizado em bibliotecas, bancos de sangue e algumas aplicações de transporte
UPC*	1973	Somente numérico, comprimento de 12 dígitos	Amplamente utilizado nos Estados Unidos e no Canadá, em supermercados e outras lojas varejistas
Código 39	1974	Alfanumérico (ver texto para descrição)	Adotado pelo Ministério da Defesa, pela indústria automotiva e outras de manufatura
Postnet	1980	Somente numérico**	Código do correio norte-americano para números de códigos postais
Código 128	1981	Alfanumérico, mas com densidade mais alta	Substitutos em algumas aplicações de Código 39
Código 93	1982	Similar ao Código 39, mas com densidade mais alta	Algumas aplicações como Código 39

Fontes: Nelson [13], Palmer [14].
* UPC = *Universal Product Code*, adotado pela indústria supermercadista em 1973 e baseado em um símbolo desenvolvido pela IBM Corporation em testes iniciais em supermercados. Um sistema de código de barras foi desenvolvido na Europa em 1978 e chamado de Sistema de Numeração de Artigos Europeus (*European Article Numbering System* — EAN).
** Esse é único código de barras modulado por altura na tabela. Os outros são modulados por largura.

O símbolo do código de barras. O padrão de código de barras adotado pela indústria automotiva, pelo Ministério da Defesa, pela Administração de Serviços Gerais e por outras indústrias de manufatura é o Código 39, também conhecido como AIM USD-2 (do inglês, *Automatic Identification Manufacturers Uniform Symbol Description*-2), apesar de que este é, na realidade, um subconjunto. (Descrevemos esse formato como um exemplo de símbolos de códigos de barras lineares [3], [6], [14].) O Código 39 utiliza uma série de elementos largos e estreitos (barras e espaços) para representar caracteres alfanuméricos e outros. Os elementos largos são equivalentes ao valor binário 1 e os elementos estreitos correspondem a 0. A largura das barras e dos espaços largos é entre duas e três vezes a largura das barras e espaços estreitos. Qualquer que seja a razão largo/estreito, a largura tem de ser uniforme por todo o código para o leitor ser capaz de interpretar corretamente a sequência de pulsos resultante. A Figura 12.4 apresenta a estrutura

Figura 12.4 Conjunto de caracteres em um código de barras USD-2, um subconjunto do Código 39 [6]

Padrão de barras dos caracteres	9 bits	Padrão de barras dos caracteres	9 bits
1	100100001	K	100000011
2	001100001	L	001000011
3	101100000	M	101000010
4	000110001	N	000010011
5	100110000	O	100010010
6	001110000	P	001010010
7	000100101	Q	000000111
8	100100100	R	100000110
9	001100100	S	001000110
0	000110100	T	000010110
A	100001001	U	110000001
B	001001001	V	011000001
C	101001000	W	111000000
D	000011001	X	010010001
E	100011000	Y	110010000
F	001011000	Z	011010000
G	000001101	-	010000101
H	100001100	.	110000100
I	001001100	espaço	011000100
J	000011100	*	010010100

* Denota um código de início/fim que tem de ser colocado no início e no fim de toda mensagem de código de barras

de caracteres para USD-2 e a Figura 12.5 ilustra como o conjunto de caracteres pode ser desenvolvido em um código de barras típico.

O nome Código 39 é consequência de serem utilizados nove elementos (barras e espaços) em cada caractere e três desses elementos serem largos. A colocação de barras e espaços largos no código designa unicamente o caractere. Cada código começa e termina com uma barra larga ou estreita. O código é às vezes referido como código três de nove. Além do conjunto de caracteres no código de barras, também tem de haver a chamada "zona de silêncio" (Figura 12.5), tanto precedendo como seguindo o código de barras, na qual não há impressão que possa confundir o decodificador.

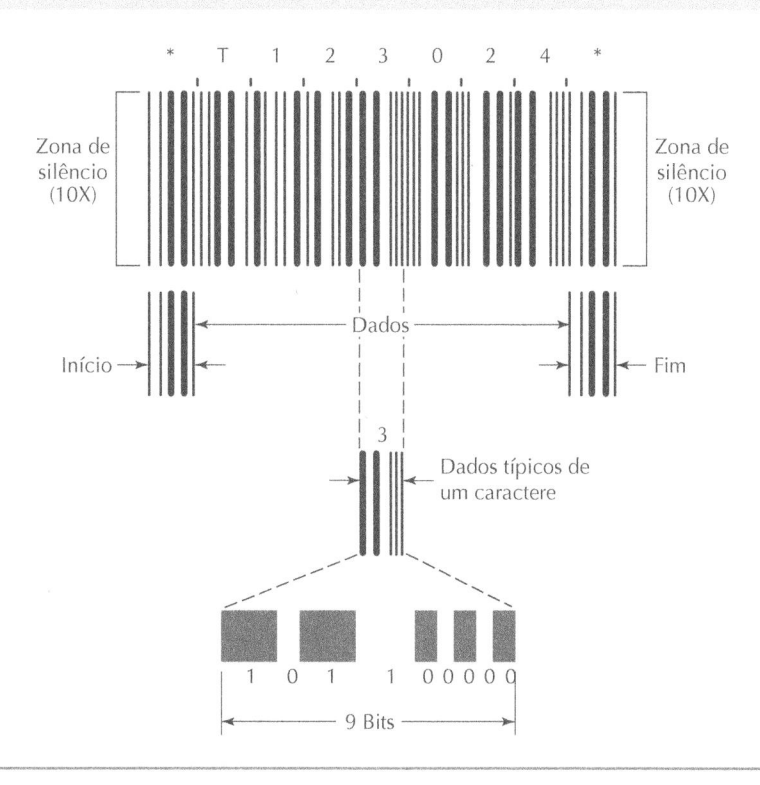

Figura 12.5 Um agrupamento típico de caracteres para formar um código de barras no Código 39 (Reimpresso com permissão da Automatic Identification Manufacturers) [6]

Leitores de códigos de barras.

Apresentam uma variedade de configurações; alguns exigem uma pessoa para operá-los e outros são unidades automáticas que funcionam por conta própria. Normalmente são classificados como leitores com contato ou sem contato. Leitores de códigos de barras com contato são dispositivos ou de feixes de luz operados manualmente deslocando-se a ponta do dispositivo rapidamente pelo código de barras no objeto ou documento. A ponta do dispositivo tem de estar em contato com a superfície do código de barras ou muito próxima durante o procedimento de leitura. Em uma aplicação de coleta de dados em uma fábrica, normalmente fazem parte de um terminal de inserção de dados por teclado. O terminal às vezes é referido como um terminal estacionário no sentido de que fica em um local fixo em meio à fábrica. Quando uma transação é realizada na fábrica, os dados são normalmente comunicados para o sistema de computadores. Além de seu uso nos sistemas de coleta de dados na fábrica, leitores estacionários de códigos de barra de contato são amplamente utilizados em lojas de varejo para inserir o item em uma transação de vendas.

Leitores de códigos de barras de contato também são disponíveis como unidades portáteis que podem ser carregadas em torno da fábrica ou armazém por um trabalhador. Eles utilizam bateria como fonte de energia e incluem um dispositivo de memória em estado sólido capaz de armazenar dados adquiridos durante a operação. Posteriormente, os dados podem ser transferidos para o sistema de computadores. Frequentemente os leitores de códigos de barras portáteis incluem um teclado a ser utilizado pelo operador na inclusão de dados que não podem ser inseridos via código de barras. Essas unidades portáteis são utilizadas para tomada de pedidos em um armazém e para aplicações similares que exigem que um trabalhador se desloque por distâncias significativas em um prédio.

Leitores de códigos de barras sem contato focam um feixe de luz no código de barras e um fotodetector lê o sinal refletido para interpretar o código. O dispositivo de leitura é posicionado a uma determinada distância do código de barras (várias polegadas ou vários pés) durante o procedimento de leitura. Leitores sem contato são classificados como escâneres de feixe fixo e de feixe em movimento. Leitores de feixe fixo são unidades estacionárias que utilizam um feixe de luz fixo. Normalmente são montados ao lado de um transportador e dependem do movimento do código de barras pelo feixe de luz para sua operação. Leitores de códigos de barras de feixe fixo são aplicados normalmente em operações de armazenamento e manuseio de materiais nas quais grandes quantidades de materiais têm de ser identificadas à medida que eles passam pelo escâner nos transportadores. Nessas operações, escâneres de feixe fixo representam uma das primeiras aplicações dos códigos de barras na indústria.

Escâneres de feixe em movimento utilizam um feixe de luz altamente focado, normalmente um laser, acionado por um espelho rotativo para percorrer uma varredura angular em busca do código de barras no objeto. Um escaneamento (*scan*) é definido como uma única varredura do feixe de luz através do percurso angular. A alta velocidade rotacional do espelho permite taxas de escaneamento muito altas — até 1.440 scans/s [1]. Isso significa que muitos escaneamentos de um único código de barras podem ser feitos durante um procedimento de leitura típico, permitindo, desse modo, a verificação da leitura. Escâneres de feixes em movimento podem ser unidades estacionárias ou portáteis. Os escâneres estacionários são localizados em uma posição fixa para leitura de códigos de barras em objetos à medida que passam em um transportador ou outro equipamento de manuseio de materiais. São utilizados em armazéns e centros de distribuição para automatizar as operações de identificação de produtos e de separação. Uma instalação típica utilizando um escâner estacionário é ilustrada na Figura 12.6. Escâneres portáteis são dispositivos manuais que o usuário aponta para o código de barras como uma pistola. É desse tipo a maioria dos escâneres de códigos de barras utilizados em fábricas e armazéns.

Figura 12.6 Escâner estacionário de código de barras de feixe em movimento localizado ao longo de um transportador em movimento

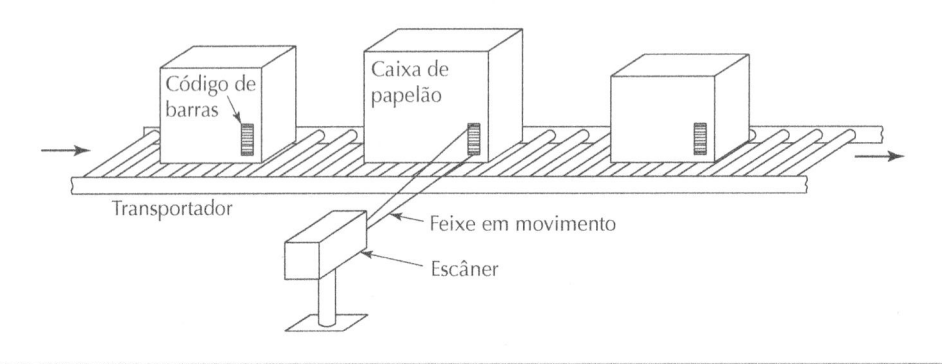

Impressoras de códigos de barras. Em muitas aplicações de códigos de barras, os rótulos são impressos em quantidades médias e grandes para pacotes de produtos e para as caixas de papelão utilizadas para enviar os produtos empacotados. Esses códigos de barras pré-impressos normalmente são produzidos fora do local de manufatura por empresas especializadas. Os rótulos são impressos em símbolos idênticos ou em sequência. Tecnologias de impressão incluem técnicas tradicionais como impressão tipográfica (*letterpress*), litografia *offset* e impressão flexográfica.

Os códigos de barras também podem ser impressos no próprio local por métodos nos quais o processo é controlado por um microprocessador para conseguir uma impressão individualizada do documento ou da etiqueta do item codificado com barras. Essas aplicações tendem a exigir múltiplas impressoras distribuídas onde são necessárias. As tecnologias de impressão utilizadas nessas aplicações incluem [7], [9], [14].

- *Jato de tinta.* As barras de jato de tinta são formadas sobrepondo pontos, e os pontos são feitos por gotículas de tinta. Avanços recentes na tecnologia de jato de tinta, motivados pelo mercado de computadores pessoais, melhoraram a resolução desse tipo de impressão e, assim, os códigos de barras de alta densidade são possíveis a um custo relativamente baixo.

- *Térmica direta.* Nessa técnica, etiquetas de papel claras são revestidas com um produto químico sensível ao calor que escurece quando aquecido. A cabeça de impressão da impressora térmica consiste de uma sucessão linear de pequenos elementos que aquecem áreas localizadas da etiqueta à medida que passa pela cabeça, fazendo com que a imagem desejada do código de barras seja formada. Códigos de barras feitos com impressão térmica direta são de boa qualidade, e o custo é baixo. Deve-se tomar cuidado com a etiqueta impressa para evitar exposição prolongada às temperaturas elevadas e à luz ultravioleta.

- *Transferência térmica.* Similar à impressão térmica direta, diferencia-se pelo fato de que a cabeça de impressão térmica está em contato com uma fita que, quando aquecida, transfere tinta para áreas localizadas da etiqueta em movimento. Diferentemente da impressão térmica direta, essa técnica pode usar papel branco (não revestido) e, assim, as preocupações sobre a temperatura do ambiente e sobre a luz ultravioleta não se aplicam. A desvantagem é que a fita de tinta termicamente ativada é consumida no processo de impressão e deve ser periodicamente substituída.

- *Impressão a laser.* Amplamente utilizada em impressoras para computadores pessoais, na impressão a laser, o código de barras é escrito sobre uma superfície fotossensível (normalmente um cilindro giratório) por uma fonte de luz controlável (*laser*), formando uma imagem eletrostática sobre a superfície. A superfície é então colocada em contato com partículas de *toner* atraídas para regiões escolhidas da imagem. A imagem de *toner* é transferida para o papel branco (a etiqueta) e curada por calor e pressão. Códigos de barra de alta qualidade podem ser impressos por essa técnica.
- *Gravação a laser.* Um processo de gravação a *laser* pode marcar códigos de barras em peças de metal, proporcionando uma marca de identificação permanente no item que não é suscetível a danos em ambientes severos encontrados em muitas operações de manufatura. Outros processos também utilizados para formar códigos de barras tridimensionais permanentes em peças incluem moldagem, fundição, gravação e gravação em relevo [7]. Escâneres especiais são exigidos para a leitura desses códigos.

Exemplos de aplicações desses métodos de impressão de códigos de barras individualizados incluem a inserção de dados via teclado para inclusão no código de barras de cada item que está sendo rotulado, identificação única de lotes de produção para produtos farmacêuticos e preparação de folhas de rota e outros documentos incluídos em um pacote que está sendo fabricado, percorrendo o chão de fábrica com uma ordem de produção, como na Figura 12.7. Trabalhadores de produção utilizam leitores de códigos de barras para indicar o número dos pedidos e término de cada passo da sequência de operações.

Figura 12.7 **Pedido de produção codificada em barras e folha de rota (cortesia da Computer Identics Corporation)**

12.2.2 Códigos de barras bidimensionais

O primeiro código de barras bidimensional (2D) foi introduzido em 1987. Desde então, mais de uma dúzia de esquemas de símbolos 2D foram desenvolvidos e é esperado que o número aumente. A vantagem dos códigos 2D é capacidade de armazenar quantidades muito maiores de dados em áreas de densidade mais alta. Sua desvantagem é ser necessário um equipamento de escaneamento especial para a leitura dos códigos, porém ele é mais caro que os escâneres utilizados para códigos de barras convencionais. Simbologias bidimensionais dividem-se em dois tipos básicos: (1) códigos de barras empilhados e (2) simbologias de matriz (matriz de dados ou de código).

Códigos de barras empilhados. O primeiro código de barras 2D a ser introduzido foi uma simbologia empilhada, desenvolvida em um esforço para reduzir a área exigida para um código de barras convencional. Sua verdadeira vantagem é conter quantidades significativamente maiores de dados. Um código de barras empilhado consiste de múltiplas linhas de códigos de barras lineares convencionais empilhadas umas sobre as outras. Diversos esquemas de empilhamento foram desenvolvidos através dos anos e quase todos tornam possíveis múltiplas filas e variações nos números de caracteres codificados. Um exemplo de um código de barras empilhado 2D está ilustrado na Figura 12.8. A densidade de dados de códigos de barras empilhados é normalmente de cinco a sete vezes daquela do código de barras linear 39.

Os dados embutidos em um código de barras empilhado são decodificados utilizando-se escâneres do tipo a *laser* que leem as linhas sequencialmente. Os problemas técnicos encontrados na leitura de um código de barras empilhado incluem (1) acompanhar as diferentes linhas durante o escaneamento, (2) lidar com cortes de escaneamentos que se entrecruzam nas linhas e (3) detectar e corrigir erros localizados [14]. Como em códigos de barras lineares, defeitos de impressão nos códigos de barras 2D também são problema.

Figura 12.8 Código de barras 2D empilhado. É mostrado um exemplo de símbolo PDF417

Simbologias de matriz. Introduzida em 1990, a simbologia de matriz consiste em padrões 2D de células de dados normalmente quadradas e escuras (na maioria das vezes pretas) ou brancas. As simbologias de matriz 2D foram introduzidas em 1990. Sua vantagem sobre códigos de barras empilhados é a capacidade para conter mais dados. Ela tem o potencial para densidades de dados mais altas — até 30 vezes mais densos do que o código 39. Sua desvantagem, comparada aos códigos de barras empilhados, é que são mais complicadas, o que exige equipamentos de leitura e impressão mais sofisticados. Os símbolos têm de ser produzidos (durante a impressão) e interpretados (durante a leitura) tanto horizontal como verticalmente; portanto, às vezes são referidos como simbologias de área. Um exemplo de um código de matriz 2D é ilustrado na Figura 12.9. Ler um código de matriz de dados costumava exigir um sistema de visão de máquina sofisticado, especialmente programado para a aplicação. Atualmente, os leitores de matriz de dados são muito mais fáceis de se instalar e usar, e são mais robustos, operando com segurança sob uma gama de condições [4].

Aplicações das simbologias de matriz são encontradas na identificação de peças e produtos durante a manufatura e a montagem. Espera-se que essas aplicações cresçam à medida que a manufatura integrada por computadores torna-se mais difusa por toda a indústria. A indústria de semicondutores adotou a matriz de dados ECC200 (uma variação do código da matriz de dados apresentado na Figura 12.9) como padrão para marcar e identificar pastilhas (*wafers*) e outros componentes eletrônicos [12].

Figura 12.9 Código de barras 2D de matriz. É mostrado um exemplo do símbolo da matriz de dados

12.3 IDENTIFICAÇÃO POR RADIOFREQUÊNCIA

A tecnologia de identificação por radiofrequência (do inglês, *frequency identification technology* — RFID) representa o maior desafio para o domínio dos códigos de barras. Empresas como Wal-Mart, Target e Metro AG (na Alemanha), assim como o Ministério da Defesa norte-americano, determinaram que seus fornecedores utilizem RFID nos materiais que recebem. Na realidade, o Ministério da Defesa exige uma combinação de matriz de dados e RFID em todas as peças, as montagens e os equipamentos para "missões críticas" [4]. Essas exigências proporcionaram um ímpeto significativo para a implementação da RFID na indústria. Utilizando o exemplo da Wal-Mart, quase mil de suas lojas e 600 de seus fornecedores estão atualmente utilizando RFID. De acordo com um estudo da Wal-Mart citado por Weber [17], "lojas com RIFD são 63 por cento mais eficientes na reposição de itens fora de estoque do que as lojas tradicionais".

Na identificação por radiofrequência, uma "etiqueta de identificação" contendo dados codificados eletronicamente é fixada ao item em questão, que pode ser uma peça, um produto ou um contêiner (por exemplo, caixa de papelão, caixa de peças, palete). A etiqueta de identificação consiste de um circuito integrado (chip) e uma pequena antena. Esses componentes estão normalmente envolvidos em um contêiner plástico de proteção, mas também podem estar embutidos em rótulos fixados aos contêineres. A etiqueta é projetada para satisfazer o padrão do Código Eletrônico de Produtos (do inglês, *Electronic Product Code* — EPC), que é a contrapartida do RIFD para o UPC utilizado nos códigos de barras. A etiqueta comunica os dados codificados por radiofrequência (RF) para um leitor à medida que o item é trazido para perto do leitor. O leitor pode ser portátil ou estacionário. Ele decodifica e confirma o sinal de radiofrequência antes de transmitir os dados associados para um sistema de computador de coleta.

Apesar de os sinais de radiofrequência serem parecidos com aqueles utilizados em transmissões sem fio de televisão e rádio, há diferenças em como a tecnologia de radiofrequência é utilizada na identificação de produtos. Uma diferença é que a comunicação ocorre em duas direções em vez de em uma como na TV e rádio comerciais. A etiqueta é um *transponder*, um dispositivo que emite sinal próprio quando recebe um sinal de uma fonte externa. Para ativá-lo, o leitor transmite um campo magnético de radiofrequência de baixo nível que serve como fonte de energia para o transponder quando eles estão próximos. Outra diferença entre RFID e a TV e rádio comerciais é que a potência do sinal é substancialmente mais baixa em aplicações de RFID (miliwatts em vez de vários watts) e as distâncias de comunicação normalmente variam entre vários milímetros e vários metros. Por fim, há diferenças nas frequências permissíveis que podem ser utilizadas para aplicações de RFID *versus* rádio, TV e outros usuários comerciais e militares.

Etiquetas de identificação de radiofrequência estão disponíveis em dois tipos gerais: (1) passivas e (2) ativas. *Etiquetas passivas* não têm fonte de energia interna; elas derivam sua energia elétrica para transmitir um sinal de ondas de rádio geradas pelo leitor quando bem próximos. *Etiquetas ativas* incluem suas próprias baterias de energia. Etiquetas passivas são menores, não tão caras, duram mais e têm alcance de comunicação de rádio mais curto. Etiquetas ativas geralmente possuem maior capacidade de memória assim como alcance de comunicação maior (normalmente dez metros ou mais). Aplicações das etiquetas ativas tendem a ser associadas com itens de valor mais alto devido ao custo por etiqueta ser mais alto.

Um dos usos iniciais do RFID foi feito na Inglaterra durante a Segunda Guerra Mundial para distinguir as aeronaves inimigas das aliadas voando sobre o Canal da Mancha. Aeronaves comerciais e militares ainda utilizam transponders para fins de identificação. Outra aplicação inicial foi rastrear cargas ferroviárias. Nessa aplicação, o termo "etiqueta" pode ser enganador porque um contêiner do tamanho de um tijolo foi utilizado para conter os equipamentos eletrônicos de armazenamento de dados e comunicações de radiofrequência. Aplicações posteriores utilizam etiquetas disponíveis em uma variedade de formas, como rótulos de plástico do tamanho de cartões de crédito para identificação de produtos e cápsulas de vidro muito pequenas injetadas em animais selvagens para fins de rastreamento e pesquisa. As principais aplicações de RFID na indústria (em ordem decrescente aproximada de frequência) são: (1) gerenciamento de estoque, (2) gerenciamento da cadeia de abastecimento, (3) sistemas de rastreamento, (4) controle de depósito, (5) identificação de localização e (6) trabalho em andamento [17].

Etiquetas de identificação em RFID tradicionalmente são dispositivos apenas de leitura que contêm até 20 caracteres de dados identificando o item e representando outras informações que devem ser comunicadas. Avanços na tecnologia proporcionaram uma capacidade de armazenamento de dados muito mais alta e uma capacidade de mudar os dados na etiqueta (etiquetas de leitura/escrita). Isso abriu oportunidades para incorporar muito mais informações de Estado e informações históricas na etiqueta de identificação automática em vez de utilizar um banco de dados central. A Tabela 12.3 compara as principais tecnologias de AIDC, códigos de barras e RFID.

As vantagens de RFID incluem as seguintes características: (1) a identificação não depende de contato físico ou observação direta (linha de visada) pelo leitor, (2) muito mais dados podem ser contidos na etiqueta de identificação do que na maioria das tecnologias de AIDC, (3) dados nas etiquetas de leitura/escrita podem ser alterados para fins de uso histórico ou reutilização da etiqueta. A desvantagem do RFID é de que os rótulos e *hardwares* são mais caros do que a maioria das tecnologias de AIDC. Por essa razão, sistemas de RFID têm sido tradicionalmente apropriados somente para situações de coleta de dados nas quais fatores ambientais impedem o uso de técnicas óticas como códigos de barras, por exemplo, para identificar produtos em processos de manufatura que obscureceriam quaisquer dados codificados oticamente (por exemplo, pintura *spray*). As aplicações estão agora se expandindo além desses limites devido a determinações colocadas pela Wal-Mart, Ministérios da Defesa e outros.

Além da identificação, frequências de rádio também são amplamente utilizadas para incrementar códigos de barras e outras técnicas de AIDC proporcionando comunicação entre os leitores de códigos de barras remotos e algum terminal central. A última aplicação é chamada comunicação de dados por radiofrequência (do inglês, *radio frequency data communication* — RFDC).

Tabela 12.3 **Códigos de barras *versus* identificação por radiofrequência**

Comparação	Códigos de barras	RFID
Tecnologia	Ótica	Radiofrequência
Capacidade de leitura/escrita	Leitura apenas	Leitura/escrita disponível
Capacidade de memória	14 a 16 dígitos (códigos de barras lineares)	96 a 256 dígitos
Leitura por linha de visão	Necessária	Não é necessária
Reutilização	Somente uma vez	Reutilizável
Custo por rótulo	Custo por rótulo muito baixo	Aproximadamente dez vezes o custo de um código de barras
Durabilidade	Suscetível a sujeira e arranhões	Mais durável no ambiente de uma planta

Fonte: Baseado na maior parte em Weber [17].

12.4 OUTRAS TECNOLOGIAS DE IDENTIFICAÇÃO AUTOMÁTICA E CAPTURA DE DADOS (AIDC)

Outras técnicas de identificação automática e captura de dados são utilizadas em aplicações especiais nas operações de fábrica ou são amplamente aplicadas fora da fábrica.

12.4.1 Tarjas magnéticas

Tarjas magnéticas fixadas ao produto ou ao contêiner são utilizadas para identificação de itens em aplicações de fábrica e armazenamento. Uma tarja magnética é um filme plástico fino contendo pequenas partículas magnéticas cujas orientações polares podem ser utilizadas para codificar bits de dados no filme. O filme pode ser envolvido em ou fixado a um cartão plástico ou tíquete de papel para identificação automática. Esses são os mesmos tipos de tarjas magnéticas utilizados para codificar dados em cartões de crédito plásticos e cartões de acesso bancário. Duas vantagens das tarjas magnéticas são a grande capacidade de armazenamento de dados e a possibilidade de se alterar os dados contidos nelas. Embora elas sejam amplamente utilizadas na comunidade financeira, seu uso aparenta declínio nas aplicações de controle no chão de fábrica pelas seguintes razões: (1) a tarja magnética tem de estar em contato com o equipamento de escaneamento para a leitura ser realizada, (2) não há métodos de codificação de chão de fábrica convenientes para inserir dados na tarja e (3) as etiquetas de tarjas magnéticas são mais caras que as etiquetas de códigos de barras.

12.4.2 Reconhecimento ótico de caracteres

O reconhecimento ótico de caracteres (do inglês, *optical character recognition* — OCR) é o uso de caracteres alfanuméricos especialmente projetados e legíveis por máquinas através de um dispositivo de leitura ótica. O reconhecimento ótico de caracteres é uma simbologia em 2D e o ato de escanear envolve a interpretação de ambos os traços vertical e horizontal de cada caractere durante a decodificação. Em geral, quando escâneres operados manualmente são utilizados, um determinado nível de habilidade é necessário do operador humano, e as taxas de primeira leitura são relativamente baixas (muitas vezes menos do que 50 por cento [14]). O benefício substancial da tecnologia de OCR é que os caracteres e texto associados podem ser lidos por humanos e por máquinas.

Como uma nota história interessante, OCR foi escolhido como a tecnologia de identificação automática pela Associação Mercantil Varejista Nacional (do inglês, *National Retail Merchants Association* — NRMA) logo após o código de barras UPC ter sido adotado pela indústria supermercadista. Muitos estabelecimentos varejistas fizeram investimento em equipamentos OCR na época. Entretanto, os problemas com a tecnologia tornaram-se evidentes em meados da década de 1980 [14]: (1) baixa taxa de primeira leitura e alta taxa de erro de substituição quando escâneres manuais são utilizados, (2) falta de escâner onidirecional para *checkout* automático e (3) adoção ampla e crescente da tecnologia de códigos de barras. Posteriormente a NRMA foi forçada a revisar o padrão recomendado da tecnologia OCR para os códigos de barras.

Para aplicações de fábricas e armazéns, a lista de desvantagens inclui (1) a exigência de um escaneamento quase fazendo contato, (2) taxas de escaneamento mais baixas e (3) taxas de erro mais altas comparadas ao escaneamento de código de barras.

12.4.3 Visão de máquina

A principal aplicação da visão de máquina encontra-se em tarefas de inspeção automatizadas (Seção 22.6). Para aplicações de AIDC, sistemas de visão de máquina são utilizados para ler símbolos em matriz 2D, tais como matriz de dados (Figura 12.9), e também podem ser utilizados para códigos de barras empilhados, como PDF-417 (Figura 12.8) [11]. Aplicações de visão de máquina também incluem outros tipos de problemas de identificação automática, e essas aplicações podem crescer em número à medida que a tecnologia avança. Por exemplo, sistemas de visão de máquina são capazes de distinguir entre uma variedade limitada de produtos se deslocando em um transportador, de maneira que os produtos possam ser separados. A tarefa de reconhecimento é realizada sem utilizar códigos de identificação especiais nos produtos e, em vez disso, é baseada nos traços geométricos inerentes do objeto.

Referências

[1] ACCU-SORT SYSTEMS. *Bar code technology:* Present state, future promise. 2.ed. Telford, PA: Accu-Sort Systems, [s.d.].

[2] "AIDC technologies: Who uses them and why". *Modern material handling*, p. 12-3, mar. 1993.

[3] AGAPAKIS, J.; STUEBLER, A. "Data matrix and RIFD: Partnership in Productivity". *Assembly*, p. 56-9, out. 2006.

[4] ALLAIS, D. C. *Bar code simbology*. Everett, WA: Intermec Corporation, 1984.

[5] ATTARAN, M. "RFID pays off". *Industrial Engineer*, p. 46-50, set. 2006.

[6] AUTOMATIC Identification Manufacturers (AIM). *Automatic identification manufacturers manual*. Pittsburgh, PA: AIM, [s.d.].

[7] "BAR codes move into the next dimension". *Modern materials handling/AIDC News & Solutions*, p. A11, jun. 1998.

[8] COHEN, J. *Automatic identification and data collection systems*. Bershire, Reino Unido: McGraw-Hill, 1994.

[9] FORCINO H. "Bar code revolution conquers manufacturing". *Managing Automation*, p. 59-61, jul. 1998.

[10] KINSELLA, B. "Delivering the goods". *Industrial Engineer*, p. 24-30, mar. 2005.

[11] MOORE, B. "New scanners for 2D symbols". *Material handling engineering*, p. 73-7, mar. 1998.

[12] NAVAS, D. "Vertical industry overview: Electronics '98" *ID Systems*, p. 16-26, fev. 1998.

[13] NELSON, B. *Punched cards to bar codes*. Peterborough, NH: Helmers Publishing, [s.d.].

[14] PALMER, R. C. *The bar code book*. 3.ed. Peterborough, NH: Helmers Publishing, 1995.

[15] "RFID: Wal-Mart has spoken: Will you comply?". *Material handling management*, p. 24-30, dez. 2003.

[16] SOLTIS, D. J. "Automatic identification system: Strenghts, weaknesses, and future trends". *Industrial Engineering*, p. 55-9, nov. 1985.

[17] WEBER, A. "RFID on the line". *Assembly*, p. 78-92, jan. 2006.

[18] Website da AIM USA: Disponível em: <www.aimusa.org/techinfo/aidc.html>. Acesso em: 09 nov. 2010.

Questões de revisão

12.1 O que é identificação automática e captura de dados?

12.2 Quais são as desvantagens da captura e inserção manual de dados?

12.3 Quais são os três principais componentes nas tecnologias de identificação automática?

12.4 Nomeie quatro das seis categorias de tecnologias de AIDC identificadas no texto.

12.5 Nomeie cinco aplicações comuns de tecnologias de AIDC na produção e na distribuição.

12.6 Há duas formas de códigos de barras lineares. Nomeie-as e indique qual é a diferença entre elas.

12.7 Qual foi a importante indústria a utilizar primeiro o Código Universal do Produto (UPC)?

12.8 Quais são os dois tipos básicos de códigos de barras bidimensionais?

12.9 O que significa RFID?

12.10 O que é um *transponder* em RFID?

12.11 Qual é a diferença entre uma etiqueta passiva e uma etiqueta ativa?

12.12 Quais são as vantagens relativas da RFID sobre os códigos de barras?

12.13 Quais são as vantagens relativas dos códigos de barras sobre a RFID?

12.14 Por que tarjas magnéticas não são amplamente utilizadas nas operações de piso de fábrica?

12.15 Qual é a vantagem do reconhecimento ótico de caracteres sobre a tecnologia de códigos de barras?

12.16 Qual é a principal aplicação da visão de máquina na indústria?

PARTE IV

SISTEMAS DE MANUFATURA

CAPÍTULO 13

Introdução aos sistemas de manufatura

CONTEÚDO DO CAPÍTULO

13.1 Componentes de um sistema de manufatura
- 13.1.1 Máquinas de produção
- 13.1.2 Sistema de manuseio de material
- 13.1.3 Sistema de controle computadorizado
- 13.1.4 Recursos humanos

13.2 Esquema de classificação para sistemas de manufatura
- 13.2.1 Tipos de operações realizadas
- 13.2.2 Número de estações de trabalho
- 13.2.3 *Layout* do sistema
- 13.2.4 Níveis de automação e de apoio humano
- 13.2.5 Variedade de peça ou produto

13.3 Resumo do esquema de classificação
- 13.3.1 Células com uma estação
- 13.3.2 Sistemas multiestação com roteamento fixo
- 13.3.3 Sistemas multiestação com roteamento variável

Nesta parte do livro, vamos considerar como a automação e as tecnologias de manuseio de material, bem como os trabalhadores humanos, são sintetizadas para criar sistemas de manufatura. Definiremos *sistema de manufatura* como uma coleção de equipamentos e recursos humanos integrados, cuja função é realizar uma ou mais operações de processamento e/ou montagem na matéria-prima, na peça ou em um conjunto inicial de peças. O equipamento integrado inclui máquinas e ferramentas de produção, dispositivos e manuseio de material e de posicionamento de trabalho e sistemas de computador. Os recursos humanos são necessários em tempo integral ou periodicamente para manter o sistema em operação. No sistema de manufatura, o trabalho de agregação de valor é realizado nas peças e nos produtos. A posição do sistema de manufatura no sistema de produção como um todo é vista na Figura 13.1. A seguir, listamos os exemplos de sistemas de manufatura descritos nesta parte do livro.

- *Célula com uma estação*. Comumente um trabalhador cuida de uma máquina de produção que opera no ciclo semiautomático.

- *Agrupamento de máquina*. Um trabalhador cuida de um grupo de máquinas semiautomáticas.

- *Linha de montagem manual*. Consiste de uma série de estações de trabalho na qual operações de montagem são realizadas de modo a construir gradualmente o

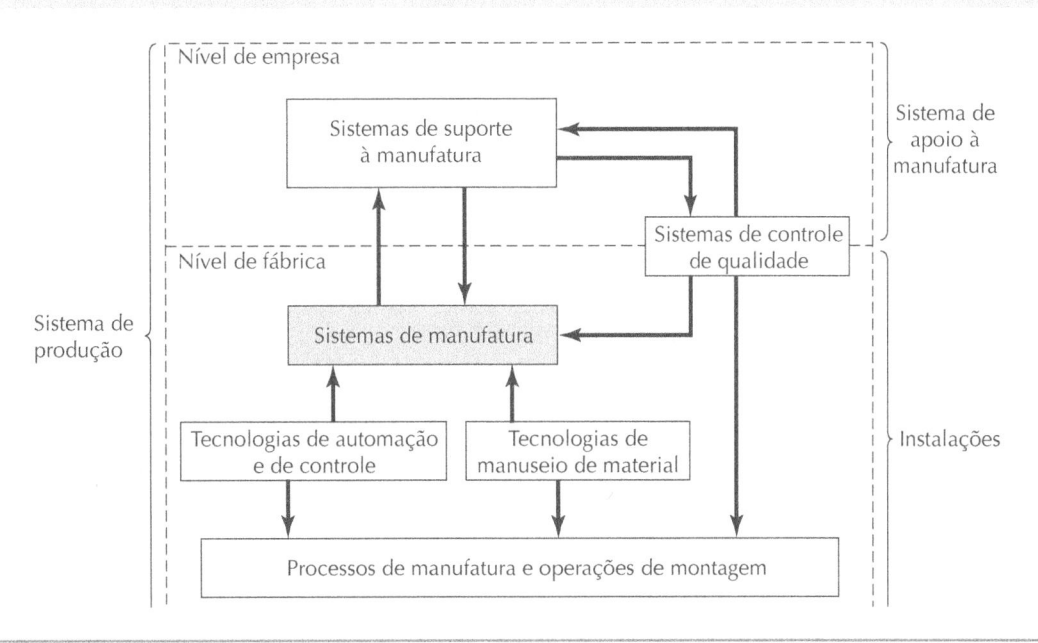

Figura 13.1 A posição do sistema de manufatura em um grande sistema de produção

produto, como um automóvel. Os trabalhadores humanos realizam as tarefas de montagem à medida que o produto é movido através da linha, normalmente por um transportador mecanizado.

- *Linha de transferência automatizada.* Consiste de uma série de estações de trabalho automatizadas que realizam operações de processamento, como usinagem. A transferência de peças entre as estações também é automatizada.
- *Sistema de montagem automatizado.* Realiza uma sequência de operações de montagem automatizadas ou mecanizadas. Os produtos geralmente são mais simples do que os fabricados em uma linha de montagem manual, por exemplo, canetas esferográficas, lâmpadas e pequenos motores elétricos.
- *Célula de máquinas.* Série de máquinas de produção e estações de trabalho operadas manualmente, em geral dispostas em uma configuração em U. Realiza uma sequência de operações em uma família de peças ou produtos semelhantes, mas não idênticos. O termo manufatura celular normalmente é aplicado a essa forma de sistema de manufatura.
- *Sistema de manufatura flexível (do inglês, Flexible Manufacturing System — FMS).* Célula de máquina altamente automatizada que produz famílias de peças ou produtos. A forma mais comum de FMS consiste de estações de trabalho que são máquinas ferramenta CNC.

Neste capítulo, fornecemos uma visão geral desses sistemas de manufatura descrevendo seus componentes e suas características comuns. Em seguida, desenvolvemos uma estrutura para mostrar como os componentes são combinados e organizados em sistemas a fim de adquirir várias capacidades na produção.

13.1 COMPONENTES DE UM SISTEMA DE MANUFATURA

Um sistema de manufatura consiste de vários componentes, que geralmente incluem (1) máquinas de produção, além de ferramentas, dispositivos de fixação e outros equipamentos relacionados, (2) um sistema de manuseio de material, (3) um sistema de computador para coordenar e/ou controlar os componentes anteriores e (4) trabalhadores humanos para operar e manusear o sistema.

13.1.1 Máquinas de produção

Em quase todos os sistemas modernos de manufatura, a maioria do trabalho de processamento ou montagem propriamente dita é realizada por máquinas ou com o auxílio de ferramentas. No que se refere à participação do trabalhador, as máquinas podem ser classificadas como (a) operadas manualmente, (b) semiautomatizadas ou (c) totalmente automatizadas. Os três tipos são descritos graficamente na Figura 13.2.

As *máquinas operadas manualmente* são controladas ou supervisionadas por um trabalhador humano. A máquina fornece a energia para a operação, e o trabalhador fornece o controle. As máquinas ferramenta convencionais (como tornos, fresadoras, furadeiras) estão nessa

Figura 13.2 Três tipos de máquinas de produção: (a) operadas manualmente, (b) semiautomatizadas e (c) totalmente automatizadas

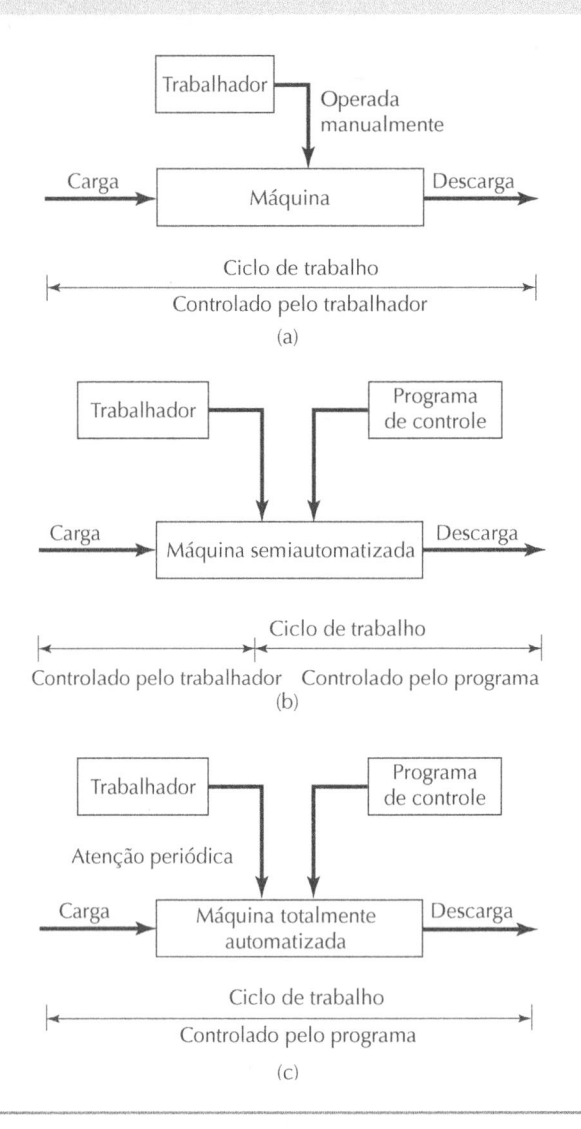

```
                    Trabalhador
                         │
                         │ Operada
                         │ manualmente
                         ▼
         Carga    ┌──────────────┐    Descarga
         ─────────▶│   Máquina   │─────────▶
                  └──────────────┘
         ├──────── Ciclo de trabalho ────────┤
              Controlado pelo trabalhador
                         (a)
```

```
         Trabalhador          Programa
                              de controle
              │                    │
              │                    │
              ▼                    ▼
      Carga   ┌──────────────────────────┐  Descarga
      ────────▶│  Máquina semiautomatizada │─────────▶
              └──────────────────────────┘
                     ├──── Ciclo de trabalho ────┤
         Controlado pelo trabalhador   Controlado pelo programa
                             (b)
```

```
         Trabalhador          Programa
                              de controle
              │                    │
         Atenção periódica          │
              ▼                    ▼
      Carga   ┌──────────────────────────┐  Descarga
      ────────▶│    Máquina totalmente    │─────────▶
              │      automatizada        │
              └──────────────────────────┘
              ├──────── Ciclo de trabalho ────────┤
                     Controlado pelo programa
                             (c)
```

categoria. O trabalhador precisa estar continuamente na máquina para realizar a alimentação, posicionar a ferramenta, carregar e descarregar as peças, e realizar outras tarefas relacionadas à operação.

As *máquinas semiautomatizadas* realizam parte do ciclo de trabalho sob alguma forma de controle de um programa, e um trabalhador opera a máquina pelo restante do ciclo, como indicado na Figura 13.2(b). Um exemplo dessa categoria é um torno CNC ou outra máquina de produção programável que é controlada na maioria do ciclo de trabalho pelo programa, mas que requer um trabalhador para descarregar a peça acabada e carregar a próxima peça ao fim de cada ciclo. Nesses casos, o trabalhador precisa dar assistência à máquina a cada ciclo, mas não precisa estar continuamente presente durante o ciclo. Se o ciclo automático da máquina durar, por exemplo, dez minutos, então o trabalhador pode ser capaz de assistir várias máquinas. Essa possibilidade é analisada no Capítulo 14 (Seção 14.4.2).

O que distingue uma *máquina totalmente automatizada* dos dois tipos anteriores é a capacidade de operar sem a atenção humana por períodos de tempo maiores que um ciclo de trabalho. Embora a assistência de um trabalhador não seja necessária durante cada ciclo, algum modo de atenção à máquina pode ser necessário periodicamente. Por exemplo, após certo número de ciclos, um novo fornecimento de matéria-prima pode precisar ser carregado na máquina automatizada.

Nos sistemas de manufatura, usamos o termo *estação de trabalho* como referência a um local na fábrica onde alguma tarefa ou operação definida é realizada por uma máquina automatizada, por uma combinação de trabalhador e máquina ou por um trabalhador usando ferramentas manuais e/ou ferramentas elétricas portáteis. No último caso, não há uma máquina de produção definível no local. Muitas tarefas de montagem estão nessa categoria. Um determinado sistema de manufatura pode consistir de uma ou mais estações de trabalho. Um sistema com múltiplas estações é chamado de linha de produção, linha de montagem, célula de máquinas ou de outro nome, dependendo da configuração e da função.

13.1.2 Sistema de manuseio de material

Na maioria das operações de processamento e montagem realizadas em peças e produtos distintos, as seguintes funções de manuseio de material precisam ser desempenhadas: (1) *carregar* os itens (normalmente peças individuais ou sub-montagens) em cada estação, (2) *posicionar* os itens na estação e (3) *descarregar* os itens da estação. Nos sistemas de manufatura compostos de múltiplas estações de trabalho, também é necessário (4) *transportar* os itens de uma estação para outra. Em muitos casos, os trabalhadores desempenham essas funções, mas, na maioria das vezes, algum tipo de sistema de transporte mecanizado ou automatizado (Capítulo 10) é utilizado para reduzir o esforço humano. A maioria dos sistemas de transporte usados na produção também tem (5) uma função de *armazenamento temporário*. A finalidade do armazenamento nesses sistemas geralmente é garantir que o item esteja presente nas estações, de modo que as estações não fiquem ociosas (significando que elas não possuem itens para realizar o trabalho).

Como algumas das questões relacionadas ao sistema de manuseio de material são peculiares ao tipo específico de sistema de manufatura, faz sentido discutirmos os detalhes de cada sistema de manuseio quando tratarmos do próprio sistema de manufatura, nos capítulos seguintes. Nossa abordagem aqui se preocupa com aspectos de manuseio de material mais gerais.

Carga, posicionamento e descarga. Essas três funções de manuseio de material ocorrem em cada estação de trabalho. A carga envolve mover os itens de uma fonte dentro da estação para a máquina de produção ou o equipamento de processamento. Por exemplo, peças iniciais nas operações de processamento em lote normalmente são armazenadas em conjuntos (paletes, caixas de transporte etc.) na adjacência imediata da estação. Para a maioria das operações de processamento, especialmente aquelas que exigem exatidão e precisão, o item precisa ser posicionado na máquina de produção. O posicionamento exige que a peça esteja em local e orientação conhecidos em relação ao cabeçote da máquina ou ao ferramental que realiza a operação. O posicionamento no equipamento de produção normalmente é realizado por meio de um dispositivo de fixação (do inglês, *workholder*). Um dispositivo de fixação é um acessório que localiza, orienta e fixa precisamente a peça para a operação, resistindo a quaisquer forças que possam ocorrer durante o processamento. Dispositivos de fixação comuns incluem gabaritos, morsas e mandris. Quando a operação de produção está completa, o item precisa ser descarregado, ou seja, removido da máquina de produção e colocado em um receptáculo na estação de trabalho ou preparado para transporte para a próxima estação na sequência de processamento. 'Preparada para transporte' pode significar simplesmente que a peça está em um transportador sendo conduzida para a próxima estação.

Quando a máquina de produção é operada manualmente ou é semiautomática, a carga, o posicionamento e a descarga são realizados pelo trabalhador manualmente ou com o auxílio de algum equipamento. Em estações totalmente automatizadas, um dispositivo mecanizado, como um robô industrial, um alimentador de peças, um alimentador de bobina (na estamparia de chapas de metal) ou um trocador de paletes automático, é usado para realizar essas funções de manuseio de material.

Transporte de trabalho entre estações. No contexto dos sistemas de manufatura, *transporte* de itens significa mover peças entre estações de trabalho em um sistema multiestação. A função de transporte pode ser desempenhada manualmente ou por um equipamento de transporte de material apropriado.

Em alguns sistemas de manufatura, os itens são passados de uma estação para outra manualmente, um de cada vez ou em lotes. Mover peças em lotes geralmente é mais eficiente de acordo com o Princípio da Unitização da Carga (Seção 10.1.2). O transporte manual de itens é limitado aos casos em que as peças são pequenas e leves, de modo que o trabalho manual seja ergonomicamente aceitável. Quando a carga a ser movida excede padrões de peso, são utilizados guinchos motorizados (Seção 10.2.5) e equipamentos de suspensão semelhantes. Os sistemas de manufatura que utilizam transporte manual de itens incluem linhas de montagem manuais e células de manufatura em tecnologia de grupo.

Vários tipos de equipamento de manuseio de material mecanizado e automatizado são amplamente usados para transportar itens nos sistemas de manufatura. Podemos distinguir duas categorias gerais de transporte de trabalho, de acordo com o tipo de roteamento entre estações: (1) roteamento fixo e (2) roteamento variável. No *roteamento fixo*, os itens fluem através da mesma sequência entre as estações de trabalho. Isso significa que os itens são idênticos ou semelhantes o bastante para que a sequência de processamento seja a mesma. O transporte de roteamento fixo é comumente usado nas linhas de produção. No *roteamento variável*, os itens são transportados através de uma variedade de sequências entre estações diferentes. Isso significa que o sistema de manufatura processa ou monta diferentes tipos de itens. O transporte de roteamento variável está associado à produção por encomenda ou *layout* por processo (do inglês, *job shop*) e muitas operações de produção em lote. Os sistemas de manufatura que usam roteamento variável incluem as células de máquinas e os sistemas de manufatura flexíveis. A diferença entre roteamento fixo e variável é ilustrada na Figura 13.3. A Tabela 13.1 relaciona alguns dos equipamentos de transporte de material normalmente usados para os dois tipos de roteamento de peças.

Figura 13.3 Dois tipos de roteamento nos sistemas de manufatura multiestação são (a) roteamento fixo e (b) roteamento variável

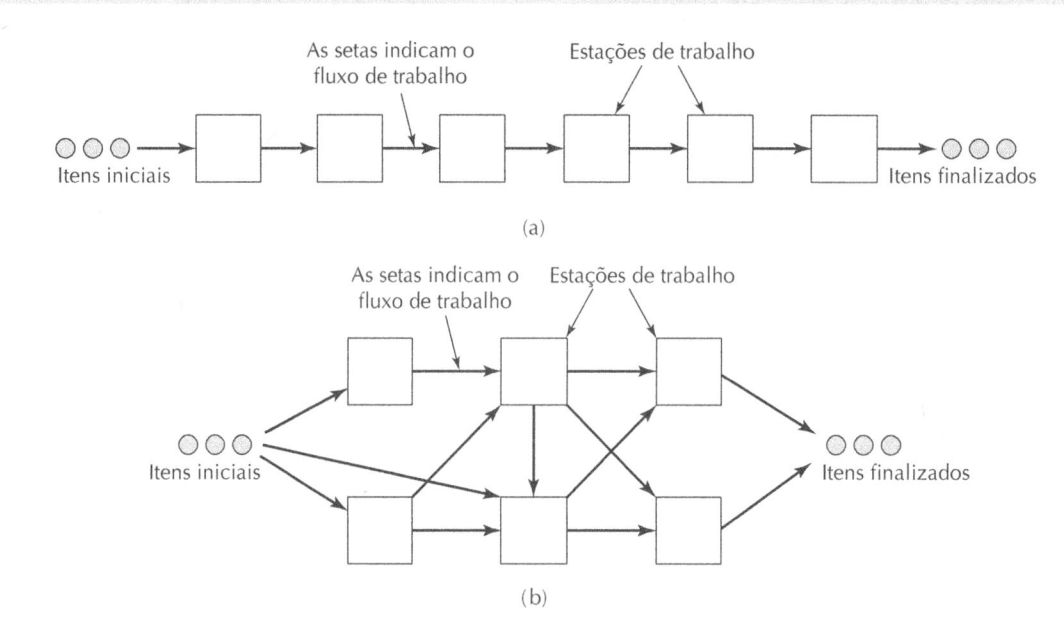

Tabela 13.1 Equipamentos de transporte de material comumente usados para roteamento fixo e variável nos sistemas de manufatura multiestação

Tipo de roteamento de peça	Roteamento fixo	Roteamento variável
Equipamento de manuseio de material (descrito nos capítulos 10 e 16)	Transportador de roletes acionados Transportador de esteira Transportador de corrente de tração Transportador aéreo Mecanismos de indexação giratórios Equipamentos de transferência de soleira caminhante (*walking beam transfer*)	Sistema de veículo guiados automaticamente Transportador aéreo motorizado e livre Sistema monovia Transportador de carro em trilho

Fixações de palete e carregadores de itens nos sistemas de transporte. Dependendo da geometria dos itens e da natureza das operações de processamento e/ou montagem realizadas, o sistema de transporte pode ser projetado para acomodar algum tipo de fixação em palete. A *fixação de palete* é um sistema de fixação projetado para ser transportado pelo sistema de manuseio de material. A peça é precisamente conectada à fixação na face superior do palete, e a parte inferior é projetada para ser movida, posicionada e fixada na posição em cada estação de trabalho do sistema. Como a peça é precisamente posicionada na fixação e o palete é precisamente fixado na estação, a peça é precisamente posicionada em cada estação para processamento ou montagem. O uso de fixações em paletes é comum em sistemas automatizados de manufatura, como as células com uma máquina com trocadores automáticos de palete, linhas de transferência e sistemas automatizados de montagem.

As fixações podem ser projetadas com características modulares que lhes permitem ser usadas para diferentes geometrias de peça. Com diferentes componentes e alguns ajustes, a fixação pode acomodar variações nos tamanhos e nas formas das peças. Essas *fixações modulares em palete* são ideais para uso em sistemas de manufatura flexíveis.

Métodos alternativos de transporte de peças evitam o uso de fixações em palete. Em vez disso, as peças são movidas pelo sistema de manuseio com ou sem carregadores de itens. Um *carregador de item* é um tipo de recipiente (por exemplo, uma bandeja de transporte, um palete plano ou uma cesta aramada) que contém uma ou mais peças e pode ser movido no sistema. Os carregadores de trabalho não fixam as peças em uma posição exata. Seu papel é simplesmente conter peças durante o transporte. Quando as peças chegam ao destino desejado, quaisquer exigências de posicionamento para a próxima operação precisam ser satisfeitas nessa estação (isso em geral é feito manualmente).

Uma alternativa ao uso de fixações em palete ou carregadores de itens é o *transporte direto*, no qual o sistema de transporte é projetado para mover o próprio item. A vantagem desse arranjo é evitar a despesa da compra de fixações em palete ou de carregadores de trabalho, bem como os custos extras para retorná-los ao ponto inicial do sistema para reutilização. Nos sistemas de manufatura operados manualmente, o transporte direto é bastante viável, já que qualquer posicionamento necessário nas estações de trabalho pode ser realizado por trabalhadores. Nos sistemas de manufatura automatizados, especialmente os sistemas que exigem posicionamento preciso nas estações de trabalho, a viabilidade do transporte direto depende da geometria da peça e de poder ser criado um método de manuseio automatizado capaz de mover, posicionar e fixar a peça com precisão suficiente. Nem todas as formas de peça permitem o manuseio direto por um sistema mecanizado ou automatizado.

13.1.3 Sistema de controle computadorizado

Nos modernos sistemas automatizados de manufatura, um sistema de computador é necessário para controlar o equipamento automatizado ou semiautomatizado e para participar da coordenação e do gerenciamento geral do sistema de manufatura. Mesmo nos sistemas de manufatura operados manualmente, como as linhas de montagem manuais, um sistema de computador é útil para apoiar a produção. As funções comuns do sistema de computador incluem:

- *Comunicar instruções aos trabalhadores*. Nas estações de trabalho operadas manualmente que realizam diferentes tarefas em diferentes itens, os operadores podem precisar de instruções de processamento ou montagem para o item específico.

- *Descarregar programas de peça*. O computador envia essas instruções para as máquinas controladas por computador.

- *Controlar o sistema de manuseio de material*. Função que também coordena as atividades do sistema de manuseio de material com as das estações de trabalho.

- *Programar a produção*. Certas funções de programação da produção podem ser realizadas no local do sistema de manufatura.

- *Diagnosticar falhas*. Envolve diagnosticar mau funcionamento do equipamento, preparar programações de manutenção preventiva e manter os inventários de peças sobressalentes.

- *Monitorar a segurança*. Função que garante que o sistema não irá operar de maneira precária. O objetivo do monitoramento de segurança é proteger tanto os trabalhadores humanos como o equipamento que compõe o sistema.

- *Manter o controle de qualidade*. Sua finalidade é detectar e rejeitar itens defeituosos produzidos pelo sistema.

- *Gerenciar as operações*. Consiste em administrar as operações gerais do sistema de manufatura, quer diretamente (supervisionando o controle computadorizado), quer indiretamente (preparando os relatórios necessários para o pessoal da gerência).

13.1.4 Recursos humanos

Em muitos sistemas de manufatura, os humanos realizam alguns ou todos os trabalhos de agregação de valor executados nas peças ou nos produtos. Nesses casos, o trabalho humano é chamado de *trabalho direto*. Por meio de esforço físico, acrescentam diretamente valor ao item realizando trabalho manual ou controlando as máquinas que realizam o trabalho. Nos sistemas totalmente automatizados, o trabalho direto ainda é necessário para realizar atividades como carga e descarga de peças, troca de ferramentas e reafiação de ferramentas. Os trabalhadores humanos também são necessários nos sistemas automatizados de manufatura para gerenciar ou apoiar o sistema, como programadores de computador, operadores de computador, programadores de peças para máquinas ferramenta CNC (Capítulo 7), pessoal de manutenção e reparo e funções indiretas semelhantes. Nos sistemas automatizados, a diferença entre trabalho direto e indireto nem sempre é precisa.

13.2 ESQUEMA DE CLASSIFICAÇÃO PARA SISTEMAS DE MANUFATURA

Nesta seção, exploramos tipos de sistemas de manufatura e desenvolvemos um esquema de classificação baseado em fatores que os definem e distinguem. Os fatores são (1) tipos de operações realizadas, (2) número de estações de trabalho, (3) *layout* do sistema, (4) nível de automação e apoio humano e (5) variedade de peças ou produtos. Esses cinco fatores são brevemente identificados na Tabela 13.2 e discutidos a seguir.

Tabela 13.2 **Fatores no esquema de classificação dos sistemas de manufatura**

Fator	Alternativas
Tipos de operações realizadas	Operações de processamento ou de montagem Tipos de operações de processamento ou montagem
Número de estações de trabalho	Célula com uma estação ou sistema multiestação
Layout do sistema	Para mais de uma estação, roteamento fixo ou variável
Nível de automação e apoio humano	Estações de trabalho manuais ou semiautomatizadas que exigem atenção contínua do operador ou estações totalmente automatizadas que exigem apenas atenção periódica do trabalhador
Variedade de peças ou produtos	Itens idênticos ou variações nos itens que exigem diferenças no processamento

13.2.1 Tipos de operações realizadas

Em primeiro lugar, os sistemas de manufatura são diferenciados pelos tipos de operações que realizam. No nível mais alto, a distinção é entre (1) operações de processamento nos itens individuais e (2) de montagem para combinar peças individuais em entidades montadas. Além dessa distinção, existem as tecnologias das operações individuais de processamento e de montagem (Seção 2.2.1).

Como parâmetros adicionais do produto que influenciam no projeto do sistema de manufatura, podemos citar:

- *Tipo de material processado.* Diferentes materiais de engenharia requerem diferentes tipos de processos. Por exemplo, as operações de processamento usadas para metais normalmente são diferentes daquelas usadas para plásticos ou materiais cerâmicos. Essas diferenças afetam o tipo de equipamento e o método de manuseio no sistema de manufatura.

- *Tamanho e peso da peça ou do produto.* Itens maiores e mais pesados exigem equipamento maior e com mais capacidade de força. Os riscos de segurança aumentam com o tamanho e o peso das peças e dos produtos.

- *Complexidade da peça ou do produto.* Em geral, a complexidade da peça está associada ao número de operações de processamento exigido, e a complexidade do produto está associada ao número de componentes que precisam ser montados.

- *Geometria da peça.* As peças fabricadas por máquinas podem ser classificadas como rotacionais ou não rotacionais. Peças rotacionais são cilíndricas ou em forma de disco e exigem torneamento ou operações rotativas relacionadas. Peças não rotativas, também chamadas de prismáticas, são retangulares ou cúbicas e exigem fresamento e operações relacionadas para ser geradas. Os sistemas de manufatura que realizam operações de usinagem precisam ser distinguidos conforme a fabricação de peças rotativas ou prismáticas. A distinção é importante não só devido às diferenças nos processos de fabricação e nas ferramentas necessárias, mas porque o sistema de manuseio de material precisa ser planejado de maneira diferente para os dois casos.

13.2.2 Número de estações de trabalho

O número de estações é um fator vital em nosso esquema de classificação dos sistemas de manufatura. Exerce importante influência sobre o desempenho do sistema de manufatura no que diz respeito aos fatores de desempenho, como a capacidade de carga de trabalho, a velocidade de produção e a estabilidade. Vamos representar o número de estações de trabalho no sistema pelo símbolo n. As estações individuais em um sistema de manufatura podem ser identificadas pelo i subscrito, em que $i = 1, 2, ..., n$. Isso pode ser útil na identificação de parâmetros das estações de trabalho individuais, como o tempo de operação ou o número de trabalhadores em cada estação. Em nosso esquema de classificação, distinguiremos entre células com uma estação ($n = 1$) e sistemas multiestação ($n > 1$).

O número de estações de trabalho no sistema de manufatura é uma medida conveniente de seu tamanho. Conforme o número de estações cresce, a quantidade de trabalho que pode ser realizado pelo sistema também cresce. Isso pode-se traduzir em uma maior velocidade de produção, proporcionalmente comparada à produção de uma única estação, mas também comparada ao mesmo número de estações únicas operando independentemente. Existe uma vantagem sinergética obtida nas múltiplas estações operando juntas em vez de independentemente; caso contrário, faria mais sentido as estações operarem como entidades independentes. O benefício sinergético normalmente é derivado do fato de que a quantidade total de trabalho realizado sobre a peça ou o produto é complexa demais para ser realizada em uma única estação. Existem muitas tarefas para ser desempenhadas em uma única estação. Quando tarefas separadas são atribuídas a estações individuais, a tarefa realizada em cada estação é simplificada. Desenvolvemos esse conceito na Seção 13.2.3.

Mais estações também significam que o sistema é mais complexo e, portanto, mais difícil de gerenciar e manter. O sistema consiste de mais trabalhadores, mais máquinas e mais peças sendo manuseadas. O sistema de manuseio de material é mais complexo em um sistema multiestação. Ele se torna cada vez mais complexo à medida que n aumenta. A logística e a coordenação do sistema também são mais complicadas, e os problemas de estabilidade e manutenção ocorrem com maior frequência.

13.2.3 *Layout* do sistema

Intimamente relacionada ao número de estações de trabalho está a configuração das estações de trabalho, ou seja, a maneira como o sistema é arranjado. Isso, é claro, se aplica principalmente aos sistemas com várias estações. Os *layouts* das estações de trabalho organizados para roteamento fixo geralmente são arranjados de maneira linear, como em uma linha de produção, enquanto *layouts* organizados para roteamento variável podem ter diferentes configurações possíveis. O *layout* das estações é um importante fator para determinar o sistema de manuseio de material mais apropriado.

A relação entre os dois fatores (o número de estações de trabalho e o *layout* do sistema) é descrita na Tabela 13.3. Essa relação se aplica aos sistemas de manufatura que realizam operações de processamento ou montagem. Embora essas operações sejam diferentes, os sistemas de manufatura que as realizam possuem configurações semelhantes. Por exemplo, algumas linhas de produção realizam operações de processamento, enquanto outras realizam operações de montagem.

Vamos considerar a relação entre os dois fatores: número de estações e *layout* do sistema. A relação mais óbvia lida com a capacidade de carga de trabalho do sistema. *Carga de trabalho* é a quantidade de processamento ou montagem realizada pelo sistema, expressa em função do tempo necessário para realizar o trabalho. Ela é a soma dos tempos de ciclo de todas os itens completados pelo sistema em um determinado período de interesse. É lógico dizer que duas estações de trabalho podem realizar o dobro da carga de trabalho de uma estação. Portanto, a relação óbvia é que a capacidade de carga de trabalho de um sistema de manufatura aumenta conforme o número de estações de trabalho que ele possui.

A questão que resta é: por que um sistema de manufatura multiestação com n estações teria alguma vantagem em relação a n estações únicas? Se a capacidade de carga de trabalho é proporcional ao número de estações, então por que um sistema de n estações não é equivalente a n estações únicas? A resposta é que nos sistemas de manufatura com várias estações de trabalho ($n > 1$), o conteúdo de trabalho total necessário para processar ou montar um item é dividido entre as estações de modo que diferentes tarefas sejam realizadas por diferentes estações. As diferentes estações são projetadas para se especializar em suas próprias tarefas. O conteúdo de trabalho total para produzir um item seria demais para ser completado em uma estação, pois a soma das tarefas envolve um escopo e uma complexidade além da capacidade de uma estação de trabalho. Desmembrando o conteúdo de trabalho total em tarefas e atribuindo diferentes tarefas a diferentes estações, o trabalho em cada estação é simplificado. É isso que fornece a um sistema multiestação sua vantagem sinergética referida na Seção 13.2.2. Devido à especialização que é projetada em cada estação em um sistema multiestação,

Tabela 13.3 Relação entre o número de estações de trabalho e o *layout* do sistema nos sistemas de manufatura

Número de estações de trabalho	n = 1	n ≥ 2
Layout do sistema	Célula com uma estação	Sistema multiestação com roteamento fixo (por exemplo, linha de produção) Sistema multiestação com roteamento variável (vários *layouts* possíveis)

esse sistema é capaz de lidar melhor com a complexidade do produto do que o mesmo número de estações únicas onde cada uma realiza o conteúdo de trabalho total na peça ou no produto. O resultado é uma maior velocidade de produção para peças e produtos complexos. As montadoras de automóveis são um bom exemplo dessa vantagem. O conteúdo de trabalho total necessário para montar cada carro na fábrica normalmente é de 15 a 20 horas — muito tempo e muita complexidade para uma única estação de trabalho. No entanto, quando o conteúdo de trabalho total é dividido em tarefas simples, de duração aproximada de uma hora, e essas tarefas são atribuídas a trabalhadores individuais nas estações ao longo da linha do fluxo, os carros são produzidos a uma taxa de cerca de 60 por hora.

13.2.4 Níveis de automação e de apoio humano

O nível de automação é outro fator que caracteriza o sistema de manufatura. Como definimos anteriormente, as máquinas das estação de trabalho em um sistema de manufatura podem ser operadas manualmente, semiautomatizadas ou automatizadas. Inversamente relacionada ao nível de automação está a proporção do tempo que um trabalhador precisa permanecer em assistência a cada estação. O *nível de apoio humano* de uma estação de trabalho, simbolizado por M_i, é a proporção do tempo que um trabalhador está na estação. Se M_i é igual a 1 para a estação i, isso significa que um trabalhador precisa estar presente na estação continuamente. Se um trabalhador cuida de quatro máquinas automáticas, então $M_i = 0,25$ para cada uma das máquinas, considerando que elas exigem o mesmo tempo de atenção. Nas seções de uma linha de montagem final de automóvel, existem estações que são assistidas por múltiplos trabalhadores, caso em que M_i é igual a 2 ou 3 ou mais. Em geral, valores altos de M_i ($M_i \geq 1$) indicam operações manuais na estação de trabalho, enquanto níveis baixos ($M_i < 1$) denotam algum modo de automação.

O nível médio de apoio humano em um sistema de manufatura multiestação é um indicador útil do conteúdo de trabalho direto do sistema. Vamos defini-lo como:

$$M = \frac{w_u + \sum_{i=1}^{n} w_i}{n} = \frac{w}{n} \qquad (13.1)$$

em que M é o nível médio de apoio humano para o sistema; w_u é o número de trabalhadores auxiliares atribuídos ao sistema; w_i é o número de trabalhadores atribuídos especificamente à estação i, para $i = 1, 2, ..., n$; e w é o número total de trabalhadores atribuídos ao sistema. *Trabalhadores auxiliares* são os funcionários não atribuídos especificamente a estações de processamento ou montagem individuais; em vez disso, eles desempenham funções como (1) substituição de trabalhadores nas estações em intervalos de pessoal, (2) manutenção e reparo do sistema, (3) manuseio de material e (4) troca de ferramenta. Mesmo um sistema de manufatura multiestação totalmente automatizado provavelmente terá um ou mais trabalhadores auxiliares responsáveis por mantê-lo em operação.

Incluindo o nível de automação e apoio humano em nosso esquema de classificação, temos dois níveis possíveis para estações únicas e três níveis possíveis para sistemas multiestação. Os dois níveis para estações únicas são com operadores e totalmente automatizado. A estação com operador é identificada pelo fato de que um ou mais trabalhadores precisam estar na estação a cada ciclo. Isso significa que qualquer máquina na estação é operada manualmente ou é semiautomatizada e que o apoio humano é igual ou maior que 1 ($M \geq 1$). Entretanto, em alguns casos, um trabalhador pode ser capaz de atender a mais de uma máquina (por exemplo, um agrupamento de máquina) se o ciclo semiautomático é longo em relação ao serviço necessário a cada ciclo do trabalhador (logo, $M < 1$). Os agrupamentos de máquinas são abordados na Seção 14.4.2. Uma estação totalmente automatizada requer menos do que a atenção em tempo integral de um trabalhador ($M < 1$). Para sistemas multiestação, os mesmos dois níveis são aplicáveis (com operadores e totalmente automatizado), mas um terceiro nível também é possível para o sistema. Esse é de um sistema híbrido, em que algumas estações são operadas enquanto outras são totalmente automatizadas. Expandindo a informação representada na Tabela 13.3 anterior para incluir o nível de automação e apoio humano, temos a Tabela 13.4.

Tabela 13.4 Estrutura dos sistemas de manufatura que inclui o nível de automação e apoio humano além do número de estações de trabalho e *layout* do sistema

Número de estações de trabalho	n = 1	n ≥ 2

Layout do sistema	Célula com uma estação
	Manual
	Totalmente automatizada
		Sistema multiestação com roteamento fixo (por exemplo, linha de produção)
		   Manual ($M_i \geq 1$ para todas as estações)
		   Totalmente automatizado ($M_i < 1$ para todas as estações)
		   Híbrido (algumas estações manuais e algumas automatizadas)
		Sistema multiestação com roteamento variável (vários *layouts* possíveis)
		   Manual ($M_i \geq 1$ para todas as estações)
		   Totalmente automatizado ($M_i < 1$ para todas as estações)
		   Híbrido (algumas estações manuais e algumas automatizadas)

13.2.5 Variedade de peça ou produto

Um quinto fator que caracteriza um sistema de manufatura é o grau em que ele é capaz de lidar com variações nas peças ou nos produtos que fabrica. Exemplos das possíveis variações com que um sistema de manufatura pode ter que lidar incluem:

- Variações no tipo e/ou na cor do plástico de peças moldadas por injeção.
- Variações nos componentes eletrônicos colocados em uma placa de circuito impresso de tamanho padronizado.
- Variações no tamanho das placas de circuito impresso manipuladas por uma máquina de posicionamento de componente.
- Variações na geometria de peças fabricadas por maquinário.
- Variações nas peças e opções em um produto montado.

Nesta seção, identificamos três tipos de sistemas de manufatura, distinguidos por sua capacidade de lidar com a variedade de peças ou produtos. São discutidos, então, duas maneiras pelas quais os sistemas de manufatura podem ser dotados com essa capacidade.

Variedade de peça ou produto: três casos.
Usando a terminologia da tecnologia de linha de montagem manual (Seção 15.1.4), os três casos de variedade de peça ou produto nos sistemas de manufatura são (1) modelo único, (2) modelo em lote e (3) modelo misto. Os três casos são descritos na Figura 13.4, em que diferenças na tonalidade dos itens representam o grau relativo da variedade de peças ou produtos.

No *caso do modelo único*, todas as peças ou todos os produtos fabricados pelo sistema de manufatura são idênticos. Não existe variação. Nesse caso, a demanda pelo item precisa ser suficiente para justificar a dedicação do sistema à produção dele por um extenso período de tempo, talvez vários anos. O equipamento associado ao sistema é especializado e projetado para máxima eficiência. A automação rígida (Seção 1.2.1) é comum nos sistemas de modelo único.

No *caso do modelo em lote*, peças ou produtos diferentes são fabricados pelo sistema, mas são produzidos em lotes, pois uma troca na configuração física e/ou na programação do equipamento é necessária entre os modelos, porque as diferenças no tipo da peça ou do produto são significativas o bastante para que o sistema não consiga lidar com isso, a menos que sejam feitas mudanças no ferramental e na programação. É um caso de variedade intensa de produto (Seção 2.3). O tempo necessário para efetuar a troca exige que o sistema seja operado em um modo de lote, em que o lote de um tipo de produto é seguido do lote de outro e assim por diante. O tempo de troca entre lotes é perdido no sistema de manufatura.

No *caso do modelo misto*, diferentes peças ou produtos são fabricados pelo sistema de manufatura, mas as diferenças não são significativas (variedade leve de produto, Seção 2.3). Portanto, o sistema é capaz de manipular as diferenças sem necessidade de trocas demoradas na configuração ou no programa. Isso significa que a mistura de tipos diferentes pode ser produzida continuamente e não em lotes. Na prática, a produção contínua de diferentes tipos de peça ou produto é obtida projetando-se o sistema de modo que quaisquer trocas necessárias de um tipo para outro possam ser feitas rápido o bastante para produzir economicamente os itens em lotes de tamanhos unitário.

Figura 13.4 Três casos de variedade de peças ou produtos nos sistemas de manufatura: (1) caso do modelo único, (2) caso do modelo em lote e (3) caso do modelo misto

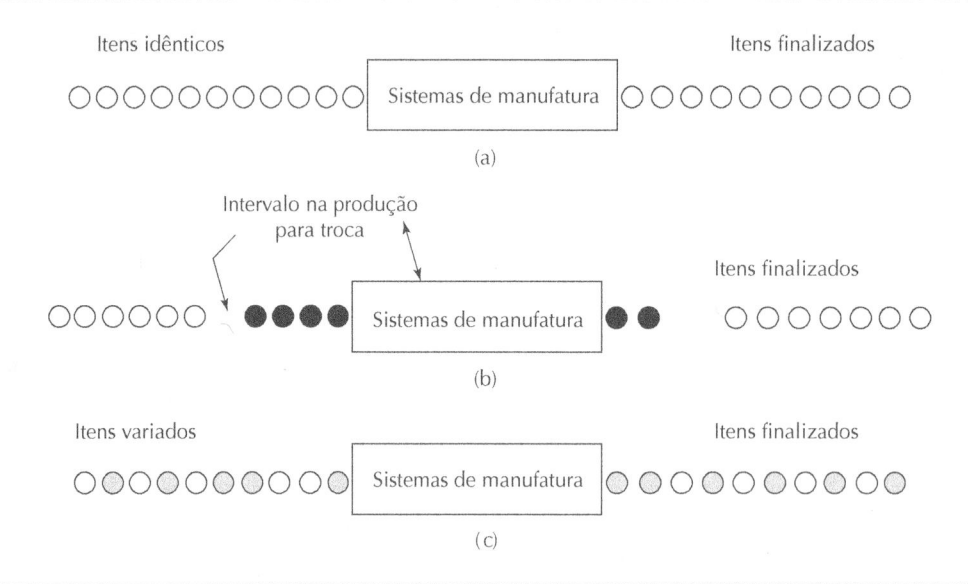

Flexibilidade nos sistemas de manufatura de modelo misto. A flexibilidade permite que um sistema de manufatura de modelo misto seja capaz de certo nível de variação no tipo de peça ou produto sem interrupções para trocas entre os modelos. A flexibilidade geralmente é uma característica desejável de um sistema de manufatura. Os sistemas que a possuem são chamados *sistemas de manufatura flexíveis*, ou *sistemas de montagem flexíveis*, ou por nome semelhante. Podem produzir diferentes tipos de peças ou produtos ou podem se adaptar rapidamente a novos tipos de peças quando os anteriores se tornam obsoletos. Para ser considerado flexível, um sistema de manufatura precisa possuir as seguintes capacidades:

- *Identificação dos diferentes itens.* Diferentes tipos de peças ou produtos exigem diferentes operações. O sistema de manufatura precisa identificar o item para que realize a operação correta. Em um sistema operado manualmente ou semiautomatizado, essa é uma tarefa fácil para os trabalhadores. Em um sistema automatizado, é preciso criar algum tipo de identificação automática dos itens.

- *Instruções de troca rápida de operação.* As instruções ou o programa de peça, no caso de máquinas de produção controladas por computador, precisam corresponder à operação correta para a peça em particular. No caso de um sistema operado manualmente, isso em geral significa trabalhadores (1) habilidosos na variedade de operações necessárias para processar ou montar os diferentes tipos de itens e (2) que sabem que operações realizar em cada um deles. Nos sistemas semiautomatizados e totalmente automatizados, isso significa que os programas de peça necessários estão prontamente disponíveis para a unidade de controle.

- *Troca rápida de configuração física.* Flexibilidade na produção significa que os diferentes itens não são produzidos em lotes. Para permitir que diferentes tipos de itens sejam produzidos sem tempo perdido entre um e outro, o sistema de manufatura flexível precisa ser capaz de fazer quaisquer mudanças necessárias na fixação e ferramental em um período muito curto de tempo (o tempo de troca deve corresponder aproximadamente ao tempo necessário para trocar o item completado pela próximo item a ser processado).

Normalmente essas capacidades são difíceis de projetar. Nos sistemas de manufatura operados manualmente, erros humanos podem causar problemas — operadores não realizando as operações corretas nos diferentes tipos de itens. Nos sistemas automatizados, sistemas de sensores precisam ser projetados para permitir a identificação do item. A troca do programa de peça é realizada com relativa facilidade usando tecnologia moderna. Mudar a configuração física normalmente é o problema mais difícil e se torna ainda mais difícil à medida que a variedade de peças ou produtos aumenta. Dotar um sistema de manufatura de flexibilidade aumentará sua complexidade. O sistema de manuseio de material e/ou as fixações em palete precisam ser projetados para conter variedades de formas de peça. O número necessário de ferramentas diferentes aumenta. A inspeção torna-se mais complicada devido à variedade de peças. A logística para fornecer ao sistema as quantidades corretas de peças brutas diferentes é mais complicada. A programação e a coordenação do sistema tornam-se mais difíceis.

As células com uma estação com operadores possuem grande flexibilidade. Os trabalhadores humanos são hábeis e podem se adaptar a uma variedade de tarefas que exigem diversas habilidades. Com as ferramentas apropriadas, um trabalhador pode mudar sua estação de trabalho para acomodar uma variedade significativa de tarefas e itens. Entretanto, as estações únicas são limitadas em relação à complexidade das peças ou produtos que podem manipular. Se o item é simples, exigindo apenas um número limitado de operações de processamento ou montagem, então uma célula com uma estação pode ser justificada para quantidades de produção anual altas ou baixas. Quantidades mais altas tornam as células automatizadas mais atraentes.

À medida que a complexidade do item aumenta, a vantagem se desloca em direção aos sistemas multiestação. O maior número de tarefas e o ferramental adicional necessário para peças ou produtos mais complexos começa a sobrecarregar uma estação única. Dividir o trabalho entre múltiplas estações é uma maneira de reduzir a complexidade em cada estação. Se não houver ou houver uma variedade leve de produto, e o produto for fabricado em grandes quantidades, então um sistema

Figura 13.5 **Tipos de sistemas de manufatura que são apropriados para várias combinações de complexidade das peças ou produtos, variedade de peças ou produtos e quantidades de produção anual: (a) alta complexidade de produto (alto conteúdo de trabalho total) e (b) baixa complexidade de produto (baixo conteúdo de trabalho total). Os retângulos cinzas indicam casos inviáveis, improváveis de ocorrer ou que revertem para algum outro caso**

Média ou alta complexidade de peça ou produto (alto conteúdo de trabalho total)

Variedade de produto	Baixa	Média	Alta
Alta	Layout por processo (job shop) com múltiplas células com uma estação, com operadores	(Múltiplos sistemas necessários)	(Múltiplos sistemas necessários)
Leve	Layout por processo com múltiplas células com uma estação, com operadores	Sistema multiestação com roteamento variável, com operadores ou automatizado	Sistema multiestação com roteamento fixo, com operadores ou automatizado
Nenhuma	Produção artesanal (craft shop)	Layout por processo com múltiplas células com uma estação, com operadores ou automatizado	Sistema multiestação com roteamento fixo, com operadores ou automatizado

Quantidade anual de produção

(a)

Baixa complexidade de peça ou produto (baixo conteúdo de trabalho total)

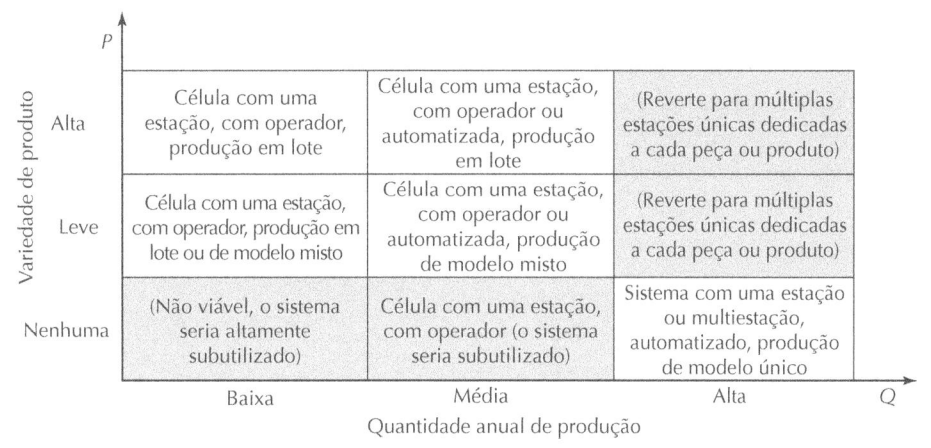

Variedade de produto	Baixa	Média	Alta
Alta	Célula com uma estação, com operador, produção em lote	Célula com uma estação, com operador ou automatizada, produção em lote	(Reverte para múltiplas estações únicas dedicadas a cada peça ou produto)
Leve	Célula com uma estação, com operador, produção em lote ou de modelo misto	Célula com uma estação, com operador ou automatizada, produção de modelo misto	(Reverte para múltiplas estações únicas dedicadas a cada peça ou produto)
Nenhuma	(Não viável, o sistema seria altamente subutilizado)	Célula com uma estação, com operador (o sistema seria subutilizado)	Sistema com uma estação ou multiestação, automatizado, produção de modelo único

Quantidade anual de produção

(b)

multiestação com roteamento fixo é apropriado. Conforme a variedade de produto aumenta para quantidades de produção na faixa média, um sistema multiestação com roteamento variável se torna mais apropriado. O roteamento variável permite que diferentes itens sigam a própria sequência individual de estações e operações no sistema. Finalmente, nos casos de significativa variedade de produto e baixas quantidades de produção, a maior flexibilidade é obtida em um conjunto de células com um estação, cada uma organizada para realizar um grupo limitado de tarefas e todas integradas para completar o conteúdo de trabalho total em cada item. É claro, o que estamos descrevendo é uma organização por processo (*job shop*), a mais flexível, mas menos eficiente, das organizações de fábrica. Muito da discussão nas seções anteriores é resumida na Figura 13.5(a) e (b).

A flexibilidade, por si só, é uma questão complexa, certamente mais do que parece ser nesta introdução. É reconhecida como um importante atributo do sistema. Forneceremos uma discussão mais aprofundada sobre o assunto no Capítulo 19.

Sistemas de manufatura reconfiguráveis. Em uma época em que os tipos de produto constantemente têm seus ciclos de vida reduzidos, o custo de projeto, a construção e a instalação de um novo sistema de manufatura toda vez que uma nova peça ou um novo produto precisa ser produzido estão se tornando proibitivos, tanto em termos de tempo como em termos de dinheiro. Uma alternativa é reutilizar e reconfigurar componentes do sistema original em um novo sistema de manufatura. Na prática de engenharia de produção moderna, mesmo os sistemas de manufatura de modelo único estão sendo construídos com características que lhe permitem mudar para novos tipos de produto quando necessário. Esses tipos de características incluem [1]:

- *Alta mobilidade.* As máquinas-ferramenta e outras máquinas de produção podem ser projetadas com bases de três pontos que lhes permitem ser rapidamente suspensas e movidas por guincho ou guindaste. A base de três pontos facilita o nivelamento da máquina após ser movida.
- *Projeto modular dos componentes do sistema.* Isso permite que os componentes de hardware de diferentes fabricantes de máquinas sejam conectados uns aos outros.
- *Arquitetura aberta nos controles por computador.* Isso permite a troca de dados entre pacotes de software de diferentes fornecedores.

13.3 RESUMO DO ESQUEMA DE CLASSIFICAÇÃO

Nesta última seção, fornecemos um resumo das três categorias básicas dos sistemas de manufatura: (1) células com uma estação, (2) sistemas multiestação com roteamento fixo e (3) sistemas multiestação com roteamento variável. Esses sistemas são descritos de maneira completa nos capítulos seguintes.[1]

13.3.1 Células com uma estação

As aplicações das estações de trabalho únicas estão em todo lugar e um caso típico é o da célula operador-máquina. Nosso esquema de classificação distingue duas categorias: (1) *estações de trabalho com operadores*, em que um trabalhador precisa estar continuamente em assistência ou em uma parte de cada ciclo de trabalho e (2) *estações automatizadas*, em que a atenção periódica é exigida menos frequentemente do que em cada ciclo. Em qualquer caso, esses sistemas são usados para operações de processamento e de montagem, e suas aplicações incluem a produção de modelo único, em lote ou mista. Vários exemplos desses sistemas são listados na Tabela 13.5.

A estação de trabalho de modelo único é comum porque (1) é o sistema de manufatura mais fácil e menos oneroso de implementar, especialmente na versão com operador; (2) é o sistema de manufatura mais adaptável, ajustável e flexível e (3) uma estação de trabalho única com operador pode ser convertida em uma estação automatizada, se a demanda por peças ou produtos fabricados na estação justificar essa conversão.

13.3.2 Sistemas multiestação com roteamento fixo

Um sistema de manufatura multiestação com roteamento fixo é uma linha de produção. Uma *linha de produção* consiste de uma série de estações de trabalho dispostas de modo que as peças ou os produtos se movam de uma estação para outra e uma parte do conteúdo total de trabalho seja realizada em cada estação. A transferência dos itens de uma estação para outra normalmente é realizada por meio de um transportador ou outro sistema de transporte mecânico. Entretanto, em alguns casos, o trabalho é simplesmente empurrado manualmente entre as estações. As linhas de produção geralmente estão associadas à produção em massa, embora

---

[1] Um dos exemplos usados aqui é o arranjo físico por processo (*job shop*), descrito na Seção 2.3. Nenhum detalhamento deste *layout* é fornecido nos capítulos seguintes.

Tabela 13.5 Exemplos de células de manufatura com uma estação

Exemplo	Operação	Automação	Variedade típica de peças ou produtos
Trabalhador no torno CNC (semiautomatizado)	Processamento	Com operador	Modelo em lote ou misto
Trabalhador na prensa de estampar (manual)	Processamento	Com operador	Modelo único ou em lote
Soldador e montador em configuração de soldagem de arco	Montagem	Com operador	Modelo único, em lote ou misto
Centro de torneamento CNC com carrossel de peças operando desassistido e usando um robô para carregar e descarregar peças	Processamento	Automatizada	Modelo em lote ou misto
Sistema de montagem em que um robô executa diversas tarefas de montagem para completar um produto	Montagem	Automatizada	Modelo único ou em lote

também possam ser aplicadas na produção em lote. As condições que favorecem o uso de uma linha de produção são as seguintes:

- A quantidade de peças ou produtos produzidos é muito grande (até milhões de unidades).
- Os itens são idênticos ou muito semelhantes (portanto, exigem que operações iguais ou semelhantes sejam realizadas na mesma sequência).
- O conteúdo total de trabalho pode ser dividido em tarefas separadas, de duração aproximadamente igual, que podem ser atribuídas a estações de trabalho individuais.

A Tabela 13.6 relaciona alguns exemplos de sistemas de manufatura multiestação com roteamento fixo, dos quais a maioria seria chamada de linhas de produção. As linhas de produção são usadas para operações de processamento ou montagem e podem ser operadas manualmente ou automatizadas.

As linhas de produção manuais geralmente realizam operações de montagem. Discutiremos as linhas de montagem manuais no Capítulo 15. As linhas automatizadas executam operações de processamento ou de montagem, as quais abordaremos nos capítulos 16 e 17. Existem também sistemas híbridos, analisados da Seção 17.2.4, nos quais estações manuais e automatizadas estão presentes na mesma linha.

Tabela 13.6 Exemplos de sistemas de manufatura multiestação com roteamento fixo

Exemplo	Operação	Automação	Variedade típica de peças ou produtos
Linha de montagem manual que produz pequenas ferramentas elétricas	Montagem	Com operador	Modelo único, em lote ou misto
Linha de transferência para usinagem	Processamento	Automatizada	Modelo único
Máquina de montagem automatizada com um sistema de carrossel para transporte de itens	Montagem	Automatizada	Modelo único
Montadora de automóveis, em que muitas das operações de soldagem e pintura são automatizadas enquanto a montagem geral é manual	Montagem e processamento	Híbrida	Modelo misto

13.3.3 Sistemas multiestação com roteamento variável

Um sistema de estação múltipla com roteamento variável é um grupo de estações de trabalho organizado de modo a atingir alguma finalidade especial. Em geral, é projetado para quantidades de produção na faixa média (produção anual de 10^2 a 10^4 peças ou produtos), embora suas aplicações às vezes se estendam para além desses limites. A finalidade especial pode ser qualquer uma das seguintes:

- Produção de uma família de peças que possuem operações de processamento semelhantes.
- Montagem de uma família de produtos que possuem operações de montagem semelhantes.
- Produção do conjunto completo dos componentes que são usados na montagem de um item ou do produto final. Produzir todas as peças em um produto, em vez de realizar a produção em lote das peças, reduz o estoque de material em processo.

Conforme essa lista indica, os sistemas multiestação com roteamento variável são aplicáveis tanto a operações de processamento como a operações de montagem. A lista também indica que as aplicações normalmente envolvem variedade de peça ou produto, o que significa diferenças em operações e sequências de operações que precisam ser realizadas. Os grupos de máquinas precisam possuir flexibilidade para lidar com essa variedade. O grupo de máquinas mais flexível para lidar com variedade de produto é *layout* por processo (*job shop*), incluído na lista de exemplos da Tabela 13.7. Na verdade, ele é um conjunto de células com uma estação, organizadas de modo a realizar a missão específica da seção de fábrica.

As máquinas em um sistema multiestação com roteamento variável podem ser operadas manualmente, semiautomatizadas ou totalmente automatizadas. Quando operados manualmente ou semiautomatizados, os grupos de máquinas geralmente são chamados de *células de manufatura*, e o uso dessas células em uma fábrica é chamado de *manufatura celular*. A manufatura celular e um tema relacionado, tecnologia de grupo, são discutidos no Capítulo 18. Quando as máquinas no grupo são totalmente automatizadas, com manuseio de material automatizado entre estações de trabalho, o sistema é chamado de *sistema de manufatura flexível* ou *célula de manufatura flexível*. Discutiremos a flexibilidade e os sistemas de manufatura flexíveis no Capítulo 19.

Tabela 13.7 Exemplos de sistemas de manufatura multiestação com roteamento variável

Exemplo	Operação	Automação	Variedade típica de peças ou produtos
Produção sob encomenda com um *layout* de processo consistindo de várias máquinas ferramenta que podem ser equipadas para diversas operações de usinagem	Processamento e montagem	Com operador	Modelo em lote ou misto
Célula de usinagem com tecnologia de grupo	Processamento	Com operador	Modelo misto
Sistema de manufatura flexível	Processamento	Automatizada	Modelo misto

Referências

[1] ARONSON, R. B. "Operation plug-and-play is on the way". *Manufacturing Engineering*, p. 108-112, mar. 1997.

[2] GROOVER, M. P. *Fundamentals of Modern manufacturing:* Materials, processes, and systems. 3. ed. Hoboken, NJ: John Wiley & Sons, 2007.

[3] GROOVER, M. P.; MEJABI, O. "Trends in manufacturing system design". *Proceedings.* Nashville,TN: IIE Fall Conference, nov. 1987.

Questões de revisão

13.1 O que é um sistema de manufatura?

13.2 Cite os componentes de um sistema de manufatura.

13.3 Quais são as três classificações das máquinas de produção quanto à participação do trabalhador?

13.4 Cite as cinco funções de manuseio de material que precisam ser fornecidas em um sistema de manufatura.

13.5 Qual é a diferença entre roteamento fixo e roteamento variável nos sistemas de manufatura consistindo de múltiplas estações de trabalho?

13.6 O que é uma fixação em palete no transporte de itens em um sistema de manufatura?

13.7 Um sistema de computador é componente integral em um sistema de manufatura moderno. Cite quatro das oito funções do sistema de computador relacionadas no texto.

13.8 Quais são os cinco fatores que podem ser usados para distinguir os sistemas de manufatura no esquema de classificação proposto no capítulo?

13.9 Por que o nível de operação é inversamente proporcional ao nível de automação em um sistema de manufatura?

13.10 Cite e defina brevemente os três casos de variedade de peça ou produto nos sistemas de manufatura.

13.11 O que é flexibilidade em um sistema de manufatura?

13.12 Quais são as três capacidades que um sistema de manufatura precisa possuir para que seja considerado flexível?

CAPÍTULO 14
Células de manufatura com uma estação

CONTEÚDO DO CAPÍTULO

- **14.1** Células operadas com uma estação
- **14.2** Células automatizadas com uma estação
  - 14.2.1 Elementos que habilitam células para operação sem assistência
  - 14.2.2 Subsistema de armazenamento de peças e transferência automática de peças
- **14.3** Aplicações de células com uma estação
  - 14.3.1 Aplicações de células operadas com uma estação
  - 14.3.2 Aplicações de células automatizadas com uma estação
  - 14.3.3 Centros de usinagem CNC e máquinas-ferramenta relacionadas
- **14.4** Análise de sistemas com uma estação
  - 14.4.1 Número de estações de trabalho necessárias
  - 14.4.2 Agrupamentos de máquinas

Estações únicas constituem o sistema de manufatura mais comum na indústria. Elas operam independentemente de outras estações de trabalho na fábrica, apesar de a coordenação de suas atividades estar dentro de um sistema de produção maior. Células de manufatura com uma estação podem ser manualmente operadas ou automatizadas. São utilizadas para operações de processamento ou montagem e podem ser projetadas para produção de modelos únicos (em que todas as peças ou produtos feitos pelo sistema são idênticos), para produção em lotes (em que diferentes tipos de peças são feitos em lotes) ou para produção de modelos mistos (em que diferentes peças são feitas sequencialmente, não em lotes).

Este capítulo descreve características e operações de células de manufatura com uma estação. A Figura 14.1 fornece um guia da discussão. Também examinamos duas questões de análise que devem ser consideradas no planejamento de sistemas com uma estação: (1) quantas estações de trabalho são necessárias para satisfazer os requisitos de produção e (2) quantas máquinas podem ser designadas para um trabalhador em um *agrupamento de máquinas*, conjunto de duas ou mais máquinas idênticas ou similares atendidas por um trabalhador.

Figura 14.1 Classificação de células de manufatura com uma estação

Número de trabalhadores $w \geq 1$
- Ferramentas manuais e ferramentas portáteis motorizadas
- Máquina operada manualmente ←------ Equipamento de apoio
- Máquina semiautomática ←------ Equipamento de apoio

Número de trabalhadores $w < 1$
- Máquina automática ←------ Equipamento de apoio

14.1 CÉLULAS OPERADAS COM UMA ESTAÇÃO

A célula operada com uma estação, modelo-padrão que consiste de um trabalhador atendendo a uma máquina, é provavelmente o método de produção mais utilizado hoje em dia. Ela domina a produção de peças individuais e em lotes e não é incomum em alta produção. Há muitas razões para sua ampla adoção:

- Exige um tempo mais curto para ser implementada. A empresa usuária pode lançar rapidamente a produção de uma peça nova ou um produto novo utilizando uma ou mais estações de trabalho manuais enquanto planeja e projeta um método de produção mais automatizado.

- Exige menor investimento de capital comparado a outros sistemas de manufatura.

- Tecnologicamente, é o sistema mais fácil de se instalar e operar. Seus requisitos de manutenção são em geral mínimos.

- Para muitas situações, particularmente para baixas quantidades de produção, resulta no mais baixo custo por unidade produzida.

- Em geral, é o sistema de manufatura mais flexível em relação a mudanças de tipo de peça ou produto.

Em uma estação com uma máquina/um trabalhador ($n = 1$, $w = 1$), a máquina é manualmente operada ou semiautomatizada. Em uma *estação operada manualmente*, o operador controla a máquina e carrega e descarrega as peças. Um exemplo de processamento típico é um trabalhador operando uma máquina-ferramenta padronizada como um torno mecânico, uma furadeira de coluna ou um martelo de forja. O ciclo de trabalho exige a atenção do trabalhador continuamente ou pela maior parte do ciclo (por exemplo, o operador pode relaxar temporariamente durante o ciclo quando o avanço automático da máquina está acionado no torno ou na furadeira).

A estação de trabalho operada manualmente também inclui o caso de um trabalhador utilizando ferramentas manuais (por exemplo, chave de fenda e chave de boca na montagem mecânica) ou ferramentas portáteis motorizadas (por exemplo, furadeira elétrica manual, ferro de soldar ou pistola de soldagem a arco). O fator-chave é que o trabalhador realiza a tarefa em um único local (uma estação de trabalho) na fábrica.

Em uma *estação semiautomatizada*, a máquina é controlada por algum programa, como um programa de peça que controla uma máquina-ferramenta CNC (do inglês, *computer numerical control*) durante uma porção do ciclo de trabalho. A função do trabalhador é carregar e descarregar a máquina a cada ciclo e, periodicamente, mudar as ferramentas de corte. Nesse caso, o comparecimento do trabalhador na estação é exigido a cada ciclo de trabalho, apesar de a atenção do trabalhador não precisar ser contínua durante todo o ciclo.

Há diversas variações do modelo-padrão de uma estação uma máquina/um trabalhador. Primeiro, a classificação da célula operada com uma estação inclui o caso em que dois ou mais trabalhadores são necessários em turno integral para operar a máquina ou realizar a tarefa no local de trabalho ($n = 1$, $w > 1$). Exemplos incluem:

- Dois trabalhadores necessários para manipular forjas pesadas em uma prensa.

- Um soldador e um ajustador trabalhando em um local para soldagem a arco.

- Múltiplos trabalhadores combinando esforços para montar uma grande peça de máquina em uma única estação de montagem.

Outra variação do caso-padrão ocorre quando há uma máquina de produção principal mais outro equipamento na estação que a apoia, sendo claramente subordinado a ela. Exemplos desse tipo de equipamentos incluem:

- Equipamento utilizado para secar o pó para moldagem plástica antes de colocá-lo em uma máquina de injeção operada manualmente.
- Rebarbadeira utilizada em máquina de moldagem a injeção para remover as rebarbas e os restos de plástico para reciclagem.
- Cinzéis utilizados em conjunção com martelo de forja para raspar as rebarbas de peças fundidas.

14.2 CÉLULAS AUTOMATIZADAS COM UMA ESTAÇÃO

A célula automatizada com uma estação consiste de uma máquina totalmente automatizada capaz de operar sem ser atendida por um período de tempo maior do que um ciclo. Não é exigido que um trabalhador esteja na máquina, exceto periodicamente para carregar e descarregar peças ou atendê-la de outra maneira. As vantagens desse sistema incluem:

- O custo de mão de obra é reduzido em comparação a uma célula operada com uma estação.
- Entre os sistemas de manufatura automatizados, a célula automatizada com uma estação é o mais fácil e menos caro de se implementar.
- As taxas de produção são geralmente mais altas em relação a uma máquina operada comparável a ela.
- Normalmente representa o primeiro passo em direção da implementação de um sistema automatizado de múltiplas estações integradas. A companhia usuária pode implantar e depurar as máquinas automatizadas individualmente e depois integrá-las (1) eletronicamente por meio de um sistema de computadores supervisor e/ou (2) fisicamente por meio de um sistema automatizado de manuseio de materiais. (Lembre-se da estratégia de migração de automação apresentada na Seção 1.4.3.)

A questão do equipamento de apoio surge em células automatizadas com uma estação, assim como em células operadas com uma estação. No caso de uma máquina de moldagem a injeção totalmente automatizada que utiliza equipamento de secagem para o composto de moldagem plástico chegando, o equipamento de secagem claramente tem papel de apoio para a máquina de moldagem. Outros exemplos de equipamentos de apoio em células automatizadas incluem:

- Um robô carregando e descarregando uma máquina de produção automatizada, em que ela é a principal máquina na célula e o robô executa papel de apoio.
- Dispositivos de alimentação de peças utilizados para entregar componentes em uma célula de montagem com um robô. Nesse caso, o robô de montagem é a principal máquina de produção na célula e os alimentadores são subordinados.

Vamos considerar as características tecnológicas desse tipo de sistema de manufatura, começando com os elementos que o tornam possível.

14.2.1 Elementos que habilitam células para operação sem assistência

Uma característica-chave de células automatizadas com uma estação é a capacidade de operar sem assistência por longos períodos de tempo. Os elementos exigidos para a operação sem assistência na produção de modelos únicos ou em lote têm de ser distinguidos daqueles exigidos para a produção de modelos mistos.

Elementos que habilitam a produção sem assistência de modelos únicos e modelos em lote. Os atributos técnicos exigidos para a operação sem assistência de uma célula de modelo único ou modelo em lote são os seguintes:

- *Ciclo programado*, que permite que a máquina desempenhe automaticamente todos os passos do ciclo de processamento ou montagem.
- *Subsistema de armazenamento e fornecimento de peças*, que permite uma operação contínua além de um ciclo de máquina. O sistema de armazenamento tem de ser capaz de conter tanto peças em estado bruto como unidades de trabalho finalizadas. Isso às vezes significa que duas unidades de armazenamento são necessárias, uma para peças brutas e outra para peças acabadas.
- *Transferência automática de peças* entre o sistema de armazenamento e a máquina (descarga automática de peças terminadas da máquina e carga de peças brutas para a máquina). Essa transferência é um passo no ciclo de trabalho regular. O subsistema de armazenamento e a transferência automática de peças são discutidos com mais detalhes na Seção 14.2.2.
- *Atenção periódica de um trabalhador*, que recarrega as peças brutas, tira as terminadas, troca ferramentas à medida que se desgastam (dependendo do processo) e desempenha outras funções de cuidado com a máquina

necessárias para o processamento ou a operação de montagem em particular.

- *Dispositivos de segurança integrados*, que protegem o sistema evitando operar sob condições que possam ser (1) inseguras para os trabalhadores, (2) autodestrutivas ou (3) destrutivas para as peças processadas e montadas. Alguns desses dispositivos de segurança podem estar, simplesmente, na forma de uma confiabilidade muito alta de processos e equipamentos. Em outros casos, a célula tem de ser suprida com a capacidade para detecção de erros e recuperação (Seção 4.2.3).

Elementos que habilitam a produção de modelos mistos. A lista anterior de elementos aplica-se à produção de modelos únicos e de lote. Em casos em que o sistema é projetado para processar ou montar uma variedade de tipos de peças e produtos em sequência (isto é, uma estação de trabalho de manufatura flexível), os elementos adicionais a seguir têm de ser fornecidos:

- *Subsistema de identificação de trabalho*, que pode distinguir as diferentes peças de partida entrando na estação, de maneira que a sequência de processamento correta possa ser utilizada para aquele tipo de produto ou peça. Há possibilidade de isso tomar a forma de sensores que reconhecem características da peça ou de o subsistema de identificação consistir de métodos de identificação automática, como códigos de barras (Capítulo 12). Em alguns casos, peças de partida idênticas são submetidas a diferentes operações de processamento de acordo com o cronograma de produção especificado. Se as peças de partida são idênticas, um subsistema de identificação da peça é desnecessário.

- *Capacidade de baixar um programa* para transferir o ciclo de programa da máquina, correspondente à peça identificada ou ao tipo de produto. Isso presume que programas foram preparados de antemão para todos os tipos de peças e que estão armazenados na unidade de controle da máquina ou que a unidade de controle tem acesso a eles.

- *Capacidade de mudança de configuração rápida* (*Quick setup*) de maneira que os dispositivos de trabalho e outras ferramentas para cada peça estejam disponíveis conforme a demanda.

Os mesmos elementos que descrevemos aqui são necessários para a operação sem assistência de estações de trabalho em sistemas de manufatura flexíveis de múltiplas estações discutidos nos capítulos seguintes.

14.2.2 Subsistema de armazenamento de peças e transferência automática de peças

O subsistema de armazenamento de peças e transferência automática de peças entre o subsistema de armazenamento e a estação de processamento são condições necessárias para uma célula automatizada que opera sem assistência por longos períodos de tempo. O subsistema de armazenamento tem capacidade projetada de armazenamento de peças n_p. Desse modo, teoricamente, a célula pode operar sem assistência por um período de tempo dado por:

$$UT = \sum_{j=1}^{n_p} T_{cj} \quad (14.1)$$

em que UT é o tempo de operação da célula de manufatura sem assistência (min); T_{cj} é o tempo do ciclo para peça j, mantida no subsistema de armazenamento de peças, para $j = 1, 2, ..., n_p$, em que n_p é a capacidade de armazenamento de peças do subsistema de armazenamento pc (do inglês, *parts storage capacity*). Essa equação presume que uma peça é processada a cada ciclo. Se todas as peças são idênticas e exigem o mesmo ciclo de máquina, a equação se simplifica:

$$UT = n_p T_c \quad (14.2)$$

Na realidade, o tempo de operação sem assistência será, de certa maneira, menor do que esse montante (por um ou mais tempos de ciclo) porque o trabalhador precisa de tempo para descarregar todas as peças terminadas e carregar as peças de partida no subsistema de armazenamento.

As capacidades de subsistemas de armazenamento de peças variam de uma peça a centenas. Como indica a Equação (14.2), o tempo de operação sem assistência aumenta proporcionalmente à capacidade de armazenamento, de maneira que há vantagem em se projetar o subsistema de armazenamento com capacidade suficiente para satisfazer os objetivos operacionais da planta. Os objetivos típicos para a capacidade de armazenamento, expressos de acordo com os períodos de tempo de operação sem assistência, incluem:

- Intervalo de tempo fixo que permite que um trabalhador atenda a várias máquinas.

- Tempo entre as mudanças programadas de ferramentas, de maneira que ferramentas e peças possam ser substituídas exatamente durante o tempo ocioso da máquina.

- Turno completo.

- Operação noturna, às vezes referida como *operação com luzes apagadas* (do inglês, *lights out operation*), cujo objetivo é manter as máquinas funcionando sem trabalhadores na planta durante os turnos intermediário e/ou noturno.

Capacidade de armazenamento de uma peça. A capacidade de armazenamento mínima de um subsistema de armazenamento de peças é de uma peça. Esse caso é representado por um mecanismo de transferência de peças automático operando com carga/descarga manual em vez de um subsistema de armazenamento de peças. Um exemplo desse arranjo em usinagem é um *trocador automático de paletes* (do inglês, *automatic pallet changer* — APC) de duas posições, utilizado como interface de entrada/saída de peças para um centro de usinagem CNC. O APC é utilizado para trocar paletes com peças fixadas entre a mesa de trabalho da máquina-ferramenta e a posição de carga/descarga. As peças são colocadas no sistema de fixação que está preso ao palete, de maneira que, quando o palete é posicionado precisamente na frente do eixo-árvore, a própria peça está localizada lá. A Figura 14.2 mostra a organização de um APC para carga e descarga de peças.

Quando a capacidade de armazenamento é de apenas uma peça, significa que o trabalhador tem de atender à máquina em turno integral. Enquanto a máquina processa uma peça, o trabalhador descarrega a peça recém-terminada e carrega a próxima peça, que será processada. É uma melhoria quando não há capacidade de armazenamento, pois, nesse caso, a máquina não será utilizada durante a carga e descarga. Se T_m é o tempo de processamento da máquina e T_s é o tempo de serviço do trabalhador (para realizar a carga e descarga ou outras tarefas de cuidado com a máquina), então o tempo de ciclo total da estação única sem armazenamento é:

$$T_c = T_m + T_s \quad (14.3)$$

Em comparação, o tempo de ciclo total para uma única estação com capacidade de armazenamento de uma peça, como na Figura 14.2, é:

$$T_c = \text{Máx}\{T_m, T_s\} + T_r \quad (14.4)$$

em que T_r é o *tempo de reposicionamento* para mover a peça acabada para fora do cabeçote de processamento e mover a peça bruta em posição na frente do cabeçote de trabalho. Na maioria dos casos, o tempo de serviço do trabalhador é menor em relação ao tempo de processamento da máquina — e a utilização da máquina é alta. Se $T_s > T_m$, a máquina experimenta um tempo ocioso forçado durante cada ciclo de trabalho, o que não é desejável. A análise de métodos deve ser aplicada para reduzir T_s de maneira que $T_s < T_m$.

Capacidade de armazenamento maior do que um. Maiores capacidades de armazenamento permitem uma operação sem assistência, de maneira que a carga e descarga de todas as peças podem ser realizadas em menos

Figura 14.2 **Trocador automático de paletes integrado a um centro de usinagem CNC, organizado para carga e descarga manual de peças. No término do ciclo de usinagem, o palete atualmente na área de trabalho é movido para o trocador automático de paletes (APC) e a mesa do APC é girada 180 graus para mover o outro palete da posição de transferência para a mesa de trabalho da máquina-ferramenta**

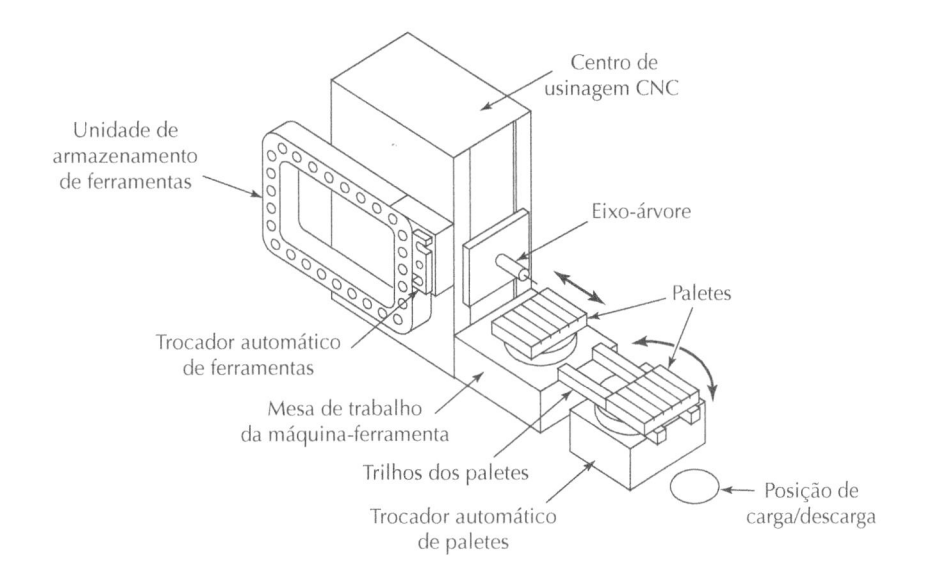

tempo do que o de processamento da máquina. A Figura 14.3 mostra vários possíveis projetos de subsistemas de armazenamento de peças para centros da usinagem CNC. A unidade de armazenamento das peças é conectada por meio de uma interface com um trocador automático de palete, uma carreta de transporte ou outro mecanismo que seja conectado diretamente à máquina-ferramenta. Arranjos comparáveis são disponíveis para centros de torneamento, nos quais um robô industrial é comumente utilizado para realizar a carga e a descarga entre a máquina-ferramenta e o subsistema de armazenamento de peças. Paletes de fixação não são empregados; em vez disso, o robô utiliza uma garra dupla especialmente projetada (Seção 7.3.1) para manusear peças brutas e peças terminadas durante a porção de carga/descarga do ciclo de trabalho.

Em processos diferentes da usinagem, uma variedade de técnicas pode realizar o armazenamento de peças. Em muitos casos, o material de partida não é uma peça discreta. Os exemplos a seguir ilustram alguns dos métodos:

- *Estampagem em chapas de metal.* Na impressão de folhas de metal, a operação automatizada da prensa é alcançada com a utilização de um rolo de folhas de metal de partida, cujo comprimento é suficiente para centenas ou mesmo milhares de impressões. As impressões permanecem fixadas ao restante do rolo ou são coletadas em um contêiner. É exigida a atenção periódica por parte de um trabalhador para mudar o rolo de partida e remover as estampagens terminadas.

- *Moldagem plástica por injeção.* O composto de partida da moldagem é em forma de pequenos grãos, carregados em um alimentador acima do tambor de aquecimento da máquina de moldagem. O alimentador contém material suficiente para dúzias ou centenas de peças moldadas. Normalmente, antes de ser carregado no alimentador, o composto de moldagem é submetido a um processo de secagem para remover a umidade, o que representa outra unidade de armazenamento de materiais. As peças moldadas caem por gravidade após cada ciclo e são temporariamente ar-

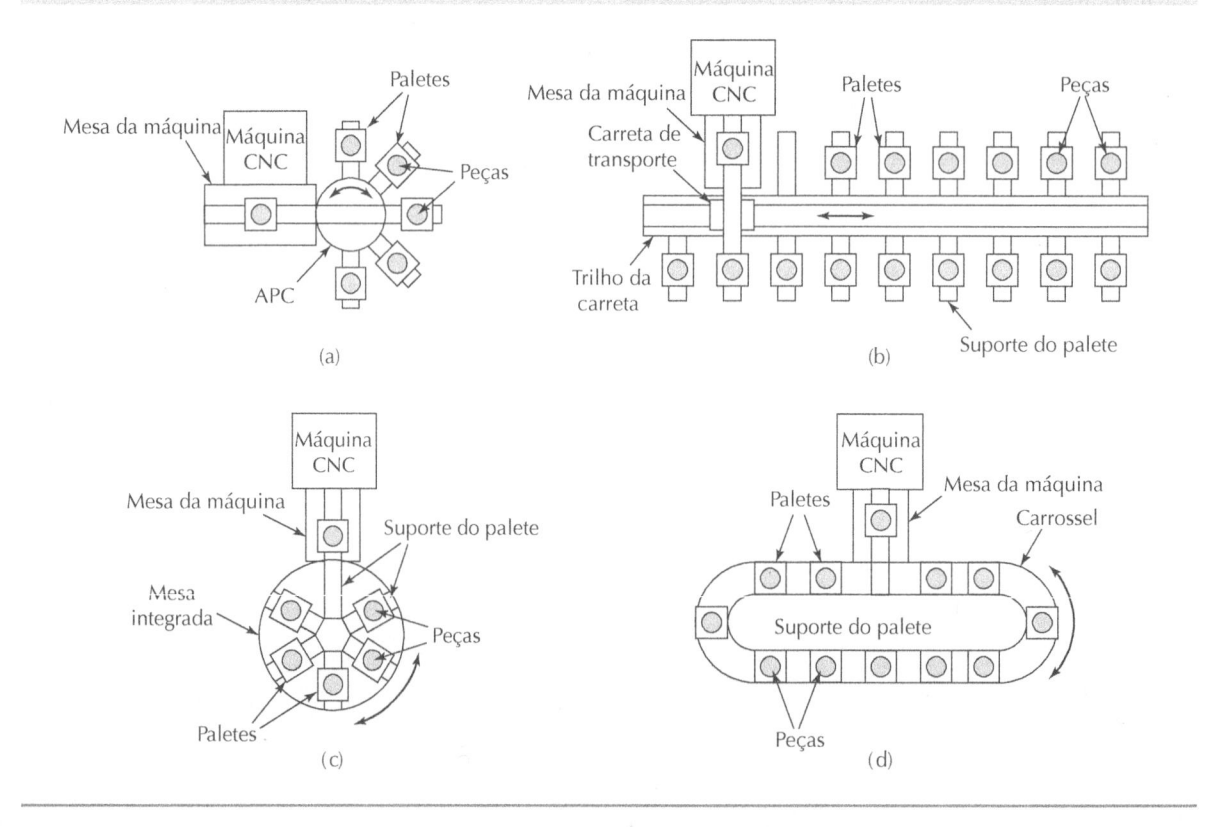

Figura 14.3 Projetos alternativos de subsistemas de armazenamento de peças que podem ser utilizados com centros de usinagem CNC: (a) trocador automático de palete com suportes de paletes arranjados radialmente, capacidade de armazenamento de peças igual a 5; (b) sistema de carretas de transporte em linha com suportes de paletes ao longo do comprimento, capacidade de armazenamento de peças igual a 16; (c) paletes contidos na mesa integrada, capacidade de armazenamento de peças igual a 6; e (d) carrossel de armazenamento de peças, capacidade de armazenamento de peças igual a 12

mazenadas em um contêiner debaixo do molde. Um trabalhador tem de, periodicamente, atender à máquina para carregar o composto de moldagem no secador ou alimentador e para coletar as peças moldadas.

- *Extrusão plástica.* Operações de extrusão são similares à moldagem por injeção, exceto pelo fato de o produto ser contínuo em vez de discreto. O material de partida e os métodos para carregamento na máquina de extrusão são basicamente os mesmos da moldagem por injeção. Um produto maleável pode ser coletado em um rolo, enquanto um produto rígido é normalmente cortado em comprimentos padronizados. Qualquer um dos métodos pode ser automatizado para permitir uma operação da máquina de extrusão sem assistência.

Nos sistemas de montagem automatizados com uma estação, o armazenamento de peças tem de ser proporcionado para cada componente, assim como para a unidade de trabalho como um todo. Vários sistemas de entrega e armazenamento de peças são utilizados na prática. Discutimos esses sistemas no Capítulo 17 sobre montagem automatizada.

14.3 APLICAÇÕES DE CÉLULAS COM UMA ESTAÇÃO

Células com uma estação são abundantes, e a maioria das operações de produção industrial é baseada no uso de células automatizadas e operada com uma estação. A seguir, distingue-se as aplicações entre estações únicas automatizadas e operadas.

14.3.1 Aplicações de células operadas com uma estação

Nossos exemplos na Seção 14.1 ilustram a variedade de possíveis células de trabalho semiautomáticas e manualmente operadas. Algumas aplicações adicionais incluem:

- Centro de usinagem CNC produzindo peças idênticas. A máquina executa um programa para cada peça. É exigido que um trabalhador fique na máquina no fim de cada execução para descarregar a peça recém-completada e carregar a peça bruta na mesa da máquina.

- Centro de usinagem CNC que produz peças não idênticas. Nesse caso, o operador da máquina tem de encontrar o programa de peça apropriado e carregá-lo na unidade de controle CNC para cada peça consecutiva.

- Agrupamento de dois centros de usinagem CNC, cada um produzindo a mesma peça, mas operando independentemente a partir da própria unidade de controle. Um único trabalhador atende ao carregamento e ao descarregamento de ambas as máquinas. Os programas são longos o suficiente em relação à porção de carga/descarga do ciclo de trabalho, de maneira que o trabalhador pode servir a ambas as máquinas sem forçar um tempo ocioso.

- Máquina de moldagem de injeção plástica em ciclo semiautomático, com um trabalhador presente para remover o moldado, as rebarbas e o sistema de rodízio quando o molde abre cada ciclo de moldagem e para colocar as peças em uma caixa. Outro trabalhador tem de periodicamente trocar a caixa de peças e reabastecer o composto de moldagem para a máquina.

- Estação de trabalho de montagem de produtos eletrônicos na qual um trabalhador coloca componentes em placas de circuito impresso em uma operação de lote. O trabalhador tem de periodicamente atrasar a produção e substituir o fornecimento de componentes armazenados em caixas de peças na estação. Placas de entrada e terminadas são armazenadas em depósitos que têm de ser periodicamente substituídas por outro trabalhador.

- Estação de trabalho de montagem na qual um trabalhador realiza a montagem mecânica de um produto simples (ou submontagem de um produto) com os componentes localizados em caixas de peças na estação.

- Prensa de estampagem que conforma e gera peças a partir de chapas de metal em uma pilha próxima da prensa. Um trabalhador é exigido para carregar a chapa para a prensa, acioná-la e então remover a estampagem a cada ciclo. Estampagens terminadas são armazenadas em carros de quatro rodas especialmente projetados para a peça.

14.3.2 Aplicações de células automatizadas com uma estação

A seguir, apresentam-se exemplos de células automatizadas com uma estação. Tomamos cada um dos exemplos anteriores de células operadas e os convertemos em uma célula automatizada.

- Centro de usinagem de controle numérico computadorizado (CNC) com carrossel de peças e trocador automático de paletes, como no *layout* da Figura 14.3(d). As peças são idênticas e o ciclo de usinagem é controlado por um programa. Cada peça é fixada em um gabarito no palete. A máquina usina as peças uma a uma. Quando todas as peças no carrossel foram usinadas, um trabalhador as remove do carrossel e carrega novas peças de partida. A carga e descarga do carrossel pode ser realizada enquanto a máquina opera.

- Centro de usinagem CNC que produz peças não idênticas. Nesse caso, o programa de peças apropriado é automaticamente baixado para a unidade de controle CNC para cada peça consecutiva, baseado em determinado cronograma de produção ou em um sistema de reconhecimento de peças que identifica a peça bruta.

- Agrupamento de dez centros de usinagem CNC, cada um com a produção de uma peça diferente. Cada estação de trabalho tem seu próprio carrossel de peças e braço robótico para carga e descarga entre a máquina e o carrossel. Um único trabalhador tem de atender às dez máquinas ao carregar e descarregar periodicamente os carrosséis de armazenamento. O tempo exigido para servir um carrossel é curto em relação ao tempo que cada máquina pode funcionar sem assistência, de maneira que as dez máquinas podem ser atendidas pelo trabalhador sem tempo ocioso.

- Máquina de moldagem por injeção de plástico em ciclo automático, com um braço mecânico para assegurar a remoção da moldagem, do jito e do sistema de rodízio a cada ciclo de moldagem. Peças são coletadas em uma caixa debaixo do molde. Um trabalhador tem de periodicamente trocar a caixa de peças e reabastecer o composto de moldagem da máquina.

- Máquina de inserção automatizada montando componentes eletrônicos em placas de circuito impresso em uma operação de lote. Placas de entrada e terminadas são armazenadas em depósitos para substituição periódica por um trabalhador. O trabalhador também tem de periodicamente substituir o abastecimento de componentes armazenados em grandes depósitos.

- Célula robótica de montagem constituída de um robô que monta um produto simples (ou submontagem de um produto) com componentes apresentados por vários sistemas de fornecimento de peças (por exemplo, alimentadores).

- Prensa de estampagem que conforma e gera pequenas peças de metal a partir de um longo rolo, como descrito na Figura 14.4. A prensa opera a uma taxa de 180 ciclos por minuto, e nove mil peças podem ser feitas a partir de cada rolo. As peças são coletadas em uma caixa no lado de saída da prensa. Quando termina o rolo, ele tem de ser substituído por um novo, e a caixa de peças é substituída ao mesmo tempo.

Figura 14.4 **Prensa de estampagem em ciclo automático produzindo peças a partir de um rolo de metal laminado**

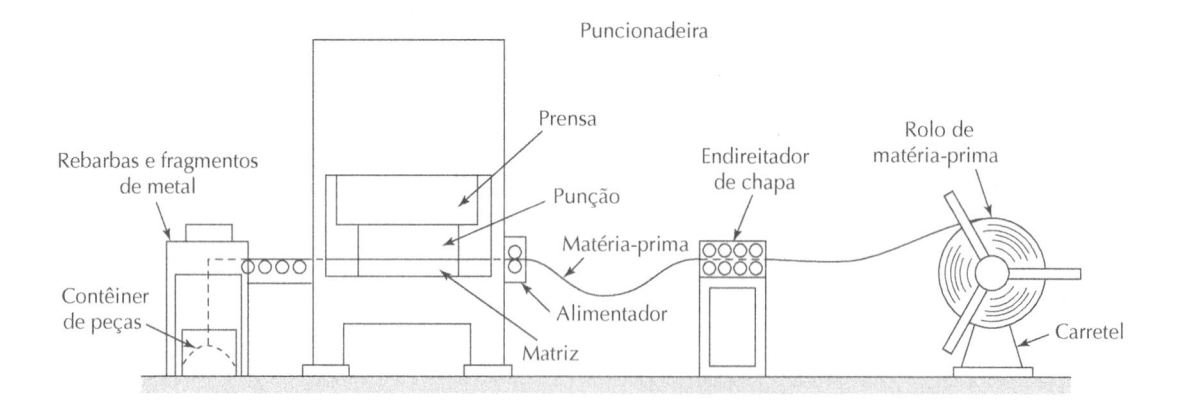

14.3.3 Centros de usinagem CNC e máquinas-ferramenta relacionadas

Vários dos nossos exemplos de aplicação de células de manufatura com uma estação consistiram de centros de usinagem CNC. Vamos discutir essa importante classe de máquinas-ferramenta, identificada na Seção 7.4.1. O *centro de usinagem*, desenvolvido no fim dos anos de 1950, antes do advento do CNC, é uma máquina-ferramenta capaz de desempenhar múltiplas operações de usinagem em uma peça, com apenas uma preparação, sob controle de programa NC (do inglês, *numerical control*). Os centros de usinagem atuais são CNC. Operações de usinagem típicas realizadas em um centro de usinagem utilizam ferramenta de corte rotativa, como fresamento, furação, alargamento e rosqueamento.

Centros de usinagem são classificados como verticais, horizontais ou universais. A designação refere-se à orientação do eixo-árvore da máquina. Um centro de usinagem vertical tem seu eixo-árvore em um eixo vertical em relação à mesa de trabalho; por sua vez, um centro de usinagem horizontal tem seu eixo-árvore em um eixo horizontal. Essa distinção geralmente resulta em uma diferença no tipo de trabalho que é realizado na máquina. Um centro de usinagem vertical (do inglês, *vertical machining center* — VMC) é geralmente utilizado para trabalhos planos, que exigem acesso da ferramenta por cima. Exemplos incluem cavidades de moldes e estampas e grandes componentes de aeronaves. Um centro de usinagem horizontal (do inglês, *horizontal machining center* — HMC) é utilizado para peças prismáticas nas quais o acesso às ferramentas pode ser mais bem alcançado pelos lados da peça. Um centro de usinagem universal (do inglês, *universal machining center* — UMC) tem um cabeçote de trabalho que articula seu eixo-árvore para qualquer ângulo entre a horizontal e a vertical, tornando a máquina-ferramenta bastante flexível. Formatos de aerofólios e outras geometrias curvilíneas normalmente exigem capacidades de um UMC.

Centros de usinagem de controle numérico são normalmente projetados com características que visam à redução do tempo não produtivo, o que inclui:

- *Trocador automático de ferramentas.* Uma variedade de operações de usinagem significa que diversas ferramentas de corte são necessárias. As ferramentas são contidas em uma unidade de armazenamento integrada à máquina-ferramenta. Quando uma precisa ser trocada, o tambor de ferramentas gira para a posição apropriada e um trocador automático de ferramentas (do inglês, *automatic tool changer* — ATC), operando sob controle do programa de peças, troca a ferramenta do eixo-árvore pela ferramenta na unidade de armazenamento de ferramentas. As capacidades da unidade de armazenamento são comumente de 16 a 80 ferramentas de corte.

- *Posicionador automático de peças.* Muitos centros de usinagem horizontais e universais têm capacidade de orientar a peça em relação ao eixo-árvore, o que é alcançado por meio de uma mesa rotativa na qual a peça é fixada. A mesa pode ser orientada em qualquer ângulo em torno de um eixo vertical para permitir que a ferramenta de corte acesse quase toda a superfície da peça em uma única fixação.

- *Trocador automático de paletes.* Normalmente os centros de usinagem são equipados com dois (ou mais) paletes separados que podem ser apresentados à ferramenta de corte utilizando um trocador automático de paletes (Seção 14.2.2). Enquanto a usinagem está sendo realizada com um palete na posição de usinagem, o outro está em uma localização segura, longe do eixo-árvore. Nessa posição, o operador pode descarregar a peça terminada do ciclo anterior e então fixar a peça bruta para o próximo ciclo.

Um centro de usinagem horizontal numericamente controlado, com muitas das características descritas acima, é apresentado na Figura 14.2. Centros de usinagem estão sendo cada vez mais usados pela indústria automotiva para produção de alto volume de componentes de transmissão, blocos e cabeçotes de motores [7].

O sucesso dos centros de usinagem NC motivaram o desenvolvimento de centros de torneamento NC. Um *centro de torneamento NC* moderno (Figura 14.5) é capaz de desempenhar várias operações de torneamento e similares, tor-

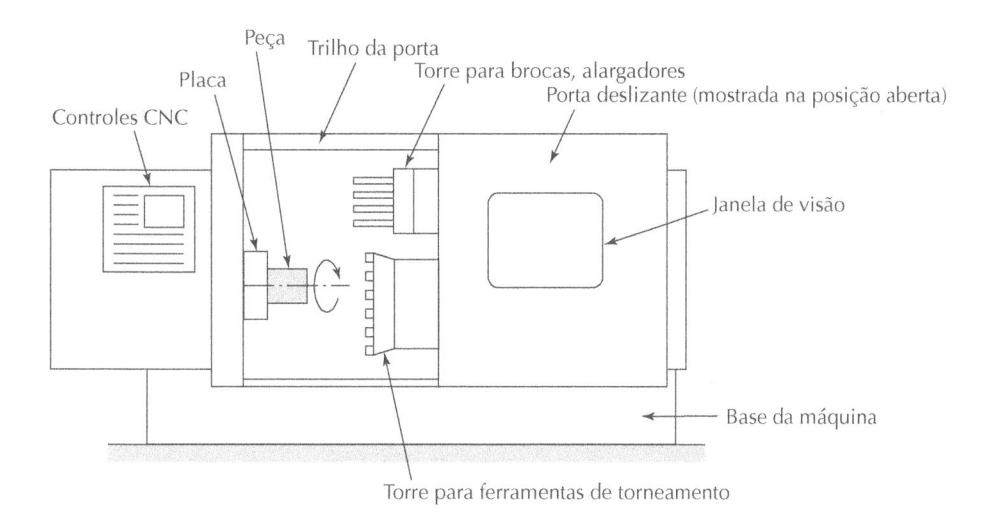

Figura 14.5 Visão frontal do centro de usinagem e torneamento CNC, mostrando duas torres de ferramentas, uma para ferramentas de torneamento e outra para brocas e ferramentas similares. As torres podem ser posicionadas sob o controle NC para usinar a peça

neamento de contornos e seleção automática de ferramentas, todas sob controle do computador. Além disso, os centros de torneamento mais sofisticados podem realizar (1) calibração de peças (aferimento de dimensões-chave após usinagem), (2) monitoramento de ferramentas (perceber quando as ferramentas estão gastas), (3) mudança automática de ferramentas quando estão desgastadas e (4) mudança automática de peças no término do ciclo de trabalho.

Outro desenvolvimento na tecnologia de máquinas-ferramenta NC é o *centro de usinagem e torneamento*, que tem a configuração geral de um centro de torneamento e também possui a capacidade de posicionar uma peça cilíndrica em um ângulo específico, de maneira que uma ferramenta rotativa possa usinar detalhes na superfície exterior da peça, como ilustrado na Figura 14.6. O centro de usinagem e torneamento tem os eixos *x* e *z* tradicionais de um torno NC. Além disso, a orientação da peça fornece um terceiro eixo, enquanto a manipulação da ferramenta rotativa em relação à peça proporciona mais dois eixos. Um centro de torneamento NC convencional não tem capacidade de parar a rotação da peça em uma posição angular definida e não possui eixo-árvore para ferramentas rotacionais.

A tendência na indústria de máquinas-ferramenta é projetar máquinas que desempenhem múltiplas operações em uma instalação, continuando os avanços em centros de usinagem, centros de torneamento e de usinagem e torneamento. O termo *máquina multitarefa* é utilizado para incluir todas as máquinas-ferramentas que realizam operações múltiplas e, normalmente, bem diferentes [4], [6]. Os processos que podem estar disponíveis em uma máquina multitarefa única incluem fresamento, furação, rosqueamento, torneamento, retífica e soldagem. Normalmente, para automatizar completamente o ciclo de trabalho, robôs industriais são utilizados para realizar a carga e descarga de peças. As vantagens dessa nova classe altamente versátil de máquinas, comparada a máquinas-ferramenta CNC convencionais, incluem (1) menos preparações, (2) manuseio reduzido de peças, (3) maior precisão e repetibilidade, porque as peças utilizam o mesmo dispositivo de fixação durante o processamento, e (4) entrega mais rápida de peças em tamanhos de lotes pequenos. A disponibilidade de softwares de manufatura auxiliados por computadores para programação de peças, simulação e seleção de condições de corte tornou-se pré-requisito para a implementação bem-sucedida dessas máquinas tecnologicamente avançadas [1].

Centros de usinagem, de torneamento e de usinagem e torneamento CNC e outras máquinas multitarefa podem ser operados como sistemas de manufatura tripulados ou automatizados. Se operam com um trabalhador em atenção contínua ou como uma estação única automatizada, depende da existência de um subsistema de armazenamento de peças integrado com transferência automática de peças entre a máquina-ferramenta e a unidade de armazenamento. Essas máquinas-ferramenta também podem ser utilizadas em células de máquinas flexíveis (capítulos 18 e 19).

Figura 14.6 **Operação de um centro de usinagem e torneamento: (a) peça de exemplo com superfícies torneadas, fresadas e furadas e (b) sequência de operações de corte: (1) tornear diâmetro menor; (2) entalhar plano com peça em posição angular programada, quatro posições para seção transversal quadrada; (3) usinar furo com peça em posição angular programada e (4) cortar a peça usinada**

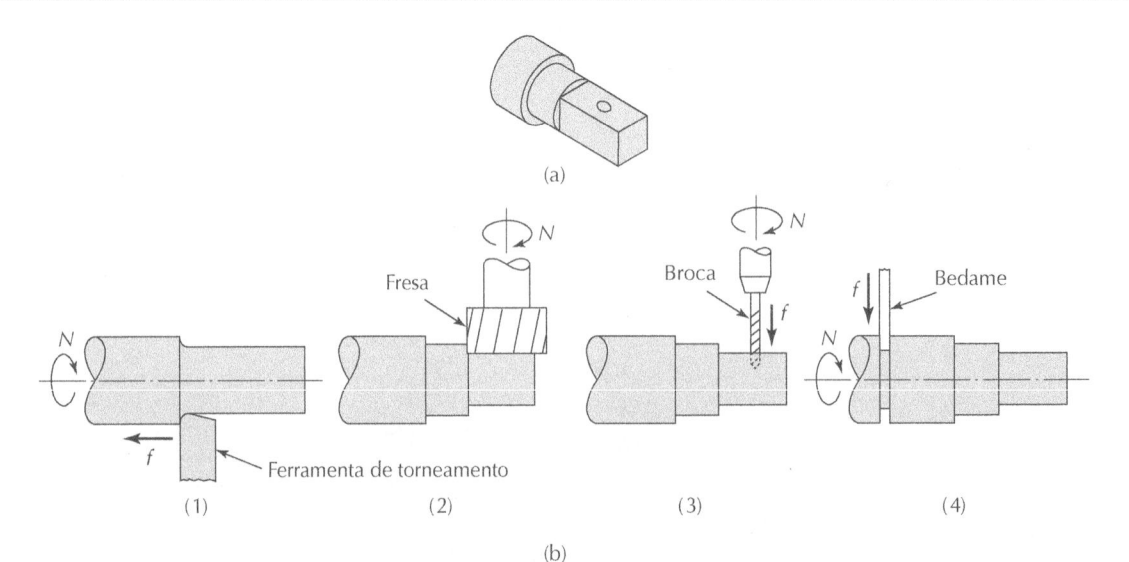

14.4 ANÁLISE DE SISTEMAS COM UMA ESTAÇÃO

Duas questões de análise relacionadas a sistemas de manufatura com uma estação são a determinação (1) do número de estações únicas necessárias para satisfazer os requisitos especificados de produção e (2) do número de máquinas para designar a um trabalhador em um agrupamento de máquinas.

14.4.1 Número de estações de trabalho necessárias

Qualquer sistema de manufatura tem de ser projetado para produzir uma quantidade específica de peças ou produtos a uma taxa de produção determinada. No caso de sistemas de manufatura com uma estação, isso pode significar que mais de uma célula com uma estação é necessária para alcançar determinada taxa de produção ou para produzir certa quantidade de unidades de trabalho. A abordagem básica é a seguinte: (1) determinar a carga de trabalho total que tem de ser realizada em um determinado período (hora, semana, mês, ano), sendo *carga de trabalho* o total de horas necessárias para se completar um determinado montante de trabalho ou para produzir um determinado número de peças programadas durante o período e, então, (2) dividir a carga de trabalho pelas horas disponíveis em uma estação de trabalho no mesmo período.

A carga de trabalho é calculada como a quantidade de peças que serão produzidas durante o período de interesse multiplicada pelo tempo (horas) necessário para cada peça. O tempo necessário para cada peça é, em sua maioria, o tempo de ciclo na máquina, de maneira que a carga de trabalho é dada pela equação a seguir:

$$WL = QT_c$$

em que WL é a carga de trabalho programada para um determinado período (hora de trabalho/hora ou hora de trabalho/semana); Q é a quantidade a ser produzida durante o período (peça/hora ou peça/semana) e T_c é o tempo de ciclo exigido por peça (hora/peça). Se a carga de trabalho inclui tipos de peças ou produtos múltiplos que podem ser produzidos no mesmo tipo de estação de trabalho, então podemos utilizar:

$$WL = \sum_j Q_j T_{cj} \quad (14.6)$$

em que Q_j é a quantidade de tipos de peças ou produtos j produzidos durante o período (pc); T_{cj} é o tempo de ciclo do tipo de peça ou produto j (hora/peça); e a soma inclui todas as peças ou todos os produtos feitos durante o período. No passo (2), a carga de trabalho é dividida pelas horas disponíveis em uma estação; isso é,

$$n = \frac{WL}{AT} \quad (14.7)$$

em que n é o número de estações de trabalho e AT é o tempo em uma estação no período (hora/período). Vamos ilustrar o uso dessas equações com um exemplo simples e então considerar algumas das complicações.

EXEMPLO 14.1
Determinando o número de estações de trabalho
Um total de 800 eixos tem de ser produzido na seção de torno mecânico de uma fábrica durante determinada semana. Os eixos são idênticos e exigem um tempo de ciclo de máquina T_c de 11,5 minutos. Todos os tornos no departamento são equivalentes em termos de capacidade de produção do eixo no tempo de ciclo especificado. Quantos tornos têm de ser designados à produção dos eixos durante essa determinada semana, se existem 40 horas de tempo disponível em cada torno?
Solução: a carga de trabalho consiste de 800 eixos a 11,5 minutos por eixo.

$$WL = 800(11,5 \text{ min}) = 9.200 \text{ min} = 153,33 \text{ h}$$

Tempo disponível por torno durante a semana $AT = 40$ h

$$n = 153,33/40 = 3,83 \text{ tornos}$$

Esse valor calculado seria arredondado para quatro tornos, designados para a produção dos eixos durante a semana determinada.

Vários fatores presentes na maioria dos sistemas de manufatura da vida real complicam o cálculo do número de estações de trabalho. Esses fatores incluem:

- *Tempo de configuração na produção em lote.* Durante a preparação, a estação de trabalho não está produzindo, mas o tempo está passando.

- *Disponibilidade.* Fator de confiabilidade que reduz o tempo de produção disponível.

- *Utilização.* Estações de trabalho podem não ser completamente utilizadas devido a problemas de cronograma, falta de peça para determinado tipo de máquina, desequilíbrio de carga de trabalho entre estações de trabalho etc.

- *Taxa de defeito.* A produção do sistema de manufatura pode não ser cem por cento de boa qualidade. Unidades com defeito são produzidas a uma determinada frequência. Para compensar isso, o sistema tem de aumentar o número total de unidades processadas.

Esses fatores afetam a quantidade de estações de trabalho e/ou trabalhadores exigidos para que uma determinada carga de trabalho seja alcançada e influenciam a carga de trabalho ou o montante de tempo disponível na estação de trabalho durante o período de interesse.

O *tempo de configuração* na produção ocorre entre lotes porque as ferramentas e os dispositivos de fixação devem ser trocados do tipo de peça atual para o próximo tipo de peça, e o controlador de equipamento tem de ser reprogramado. É tempo perdido quando nenhuma peça é produzida (exceto, talvez, em casos de peças-piloto feitas para conferir a nova configuração e programação). No entanto, isso consome tempo disponível em uma estação de trabalho. Os exemplos a seguir ilustram duas maneiras possíveis de se lidar com a questão, dependendo da informação dada.

EXEMPLO 14.2
Número de preparações é conhecido
Um total de 800 eixos tem de ser produzido na seção de torno mecânico da fábrica durante determinada semana. Os eixos são de 20 tipos diferentes, e cada tipo é produzido em seu próprio lote. O tamanho médio dos lotes é de 40 peças. Cada lote exige uma configuração e o tempo de preparação médio é 3,5 horas. O tempo de ciclo médio por máquina para produzir um eixo T_c é de 11,5 minutos. Quantos tornos são necessários durante a semana?

Solução: Nesse caso, sabemos quantas preparações são necessárias durante a semana porque temos quantos lotes serão produzidos: 20. Podemos determinar a carga de trabalho para as 20 preparações e a carga de trabalho para os 20 lotes de produção:

$WL = 20(3,5) + 20(40)(11,5/60) = 70 + 153,3 = 223,33$ h

Levando-se em consideração que cada torno está disponível 40 horas/semana (já que a preparação é incluída no cálculo de carga de trabalho),

$$n = \frac{223,33}{40} = 5,58 \text{ tornos}$$

Mais uma vez, arredondando, a fábrica teria de dedicar seis tornos para a manufatura de eixos.

EXEMPLO 14.3
Número de preparações não conhecido
Este exemplo é similar ao Exemplo 14.2, mas o número de preparações é igual ao número de máquinas necessárias, n, e não sabemos ainda qual é esse número. A configuração leva 3,5 horas. Quantos tornos serão necessários durante a semana?

Solução: Nessa formulação do problema, o número de horas disponíveis em qualquer torno utilizado para o pedido é reduzido pelo tempo de configuração. A carga de trabalho para realmente produzir as peças permanece a mesma, 153,33 horas. Acrescentando a carga de trabalho de preparação,

$WL = 153,33 + 3,5n$

Dividindo pelo tempo disponível de 40 horas por torno, temos:

$$n = \frac{153,33 + 3,5n}{40} = 3,83325 + 0,0875n$$

Calculando n,

$n - 0,0875n = 0,9125n = 3,83325$
$n = 4,2$

Arredondando, cinco tornos têm de ser designados à manufatura dos eixos. Infelizmente não serão completamente utilizados. Com cinco tornos, a utilização será:

$$U = \frac{4,20}{5} = 0,840 \text{ (84\%)}$$

Levando-se em consideração esse resultado insatisfatório, pode ser preferível oferecer horas extras para os trabalhadores em quatro dos tornos. Quantas horas extras além das 40 horas regulares serão necessárias?

$$OT = \left(3,5 + \frac{153,33}{4}\right) - 40 =$$
$(3,5 + 38,33) - 40 = 1,83 \text{ hr}$

Seria necessário um total de $4(1,83 \text{ h}) = 7,33$ h para os quatro operadores de máquinas.

Disponibilidade e utilização (Seção 3.1.3) tendem a reduzir o tempo disponível na estação de trabalho. O tempo disponível torna-se o tempo de turno no período multiplicado pela disponibilidade e a utilização. Em forma de equação,

$$AT = H_{sh} AU \qquad (14.8)$$

em que AT é o tempo disponível (h); H_{sh} são as horas de turno durante o período (h); A é a disponibilidade e U é a utilização.

A *taxa de defeitos* é a fração de peças defeituosas produzidas. Discutimos a questão da taxa de defeitos com mais detalhes posteriormente (Seção 21.5). Uma taxa de defeitos maior do que zero aumenta a quantidade de peças que tem de ser processada a fim de produzir a quantidade desejada. Se um processo é conhecido por produzir peças a determinada taxa média de refugo, então o tamanho de lote de partida é aumentado por essa margem de refugo para compensar as peças defeituosas que serão feitas. A relação entre a quantidade de partida e a quantidade produzida é:

$$Q = Q_o(1 - q) \qquad (14.9)$$

em que Q é a quantidade de boas unidades feitas no processo; Q_o é a quantidade original ou de partida; e q é a taxa de defeito. Assim, se quisermos produzir Q boas unidades, teremos de processar um total de Q_o unidades de partida, o que é:

$$Q_o = \frac{Q}{(1 - q)} \qquad (14.10)$$

O efeito combinado da eficiência do trabalhador e da taxa de defeito é dado pela equação a seguir, que retifica a fórmula de carga de trabalho, Equação (14.5):

$$WL = \frac{QT_c}{(1 - q)} \quad (14.11)$$

EXEMPLO 14.4
Incluindo disponibilidade, utilização e taxa de defeitos
Suponha que no Exemplo 14.2 a disponibilidade antecipada dos tornos seja de cem por cento durante a preparação e de 92 por cento durante a operação de produção, e a utilização esperada para fins de cálculo seja de cem por cento. A taxa de defeito para um trabalho de torno desse tipo é de cinco por cento. Outros dados do Exemplo 14.1 são aplicáveis. Quantos tornos são necessários durante a semana, levando-se em consideração essas informações adicionais?

Solução: Quando há separação de tarefas entre dois ou mais tipos de trabalhos (nesse caso, preparação e operação são dois tipos separados de trabalhos), temos de tomar o cuidado de utilizar os vários fatores somente onde são aplicáveis. Por exemplo, a taxa de defeito não se aplica ao tempo de preparação. Presume-se também que a disponibilidade não se aplica à preparação (como a máquina pode quebrar, se ela não está operando?). Normalmente é apropriado calcular o número de estações de trabalho equivalentes para preparação separadamente do número para a operação de produção.

Para a preparação, a carga de trabalho é simplesmente o tempo gasto na realização de 20 configurações:

$$WL = 20(3,5) = 70 \text{ h}$$

As horas disponíveis durante a semana são:

$$AT = 40(1)(1) = 40$$

Desse modo, o número de tornos necessários somente para a preparação é determinado a seguir:

$$n_{su} = \frac{70}{40} = 1,75 \text{ tornos}$$

A carga de trabalho total para as 20 operações de produção é calculada a seguir:

$$WL = \frac{20(40)(11,5/60)}{(1 - 0,05)} = 161,4 \text{ h}$$

O tempo disponível é afetado pela disponibilidade de 92 por cento:

$$AT = 40 (0,92) = 36,8 \text{ h/máquina}$$

$$n_{pr} = \frac{161,4}{36,8} = 4,39$$

Total de máquinas necessárias = 1,75 + 4,39 = 6,14 tornos

O resultado deveria ser arredondado para sete tornos, a não ser que o tempo restante no sétimo torno possa ser utilizado para outra produção.

Observe que o arredondamento deve ocorrer após o acréscimo das frações de máquina; de outra maneira, arriscamos superestimar as exigências da máquina (não nesse problema, entretanto).

14.4.2 Agrupamentos de máquinas

Quando a máquina em uma estação de trabalho única não exige atenção contínua de um trabalhador durante seu ciclo semiautomatizado, existe a oportunidade de designar mais do que uma máquina para o trabalhador. A estação de trabalho ainda exige atenção do operador a cada ciclo de trabalho. Entretanto, o nível de tripulação da estação de trabalho é reduzido de $M = 1$ para $M < 1$. Esse tipo de organização de máquina às vezes é referido como uma 'célula de manufatura' ou 'célula de usinagem'; entretanto, utilizaremos o termo agrupamento de máquinas. Um *agrupamento de máquinas* é um conjunto de duas ou mais máquinas produzindo peças ou produtos com tempos de ciclos idênticos e atendidas (normalmente carregadas e descarregadas) por um trabalhador. Em comparação, uma *célula de manufatura* consiste de uma ou mais máquinas organizadas para produzir uma família de peças ou produtos. Discutimos células de manufatura nos capítulos 18 e 19.

Várias condições têm de ser satisfeitas a fim de organizar um conjunto de máquinas em um agrupamento de máquinas: (1) o ciclo de máquinas semiautomatizado tem de ser longo em relação à porção de serviço do ciclo que exige a atenção do trabalhador; (2) o tempo de ciclo semiautomatizado tem de ser o mesmo para todas as máquinas; (3) as máquinas que o trabalhador atenderia têm de estar próximas o suficiente para permitir o tempo para caminhar entre elas; e (4) as regras de trabalho da planta têm de permitir que um trabalhador atenda mais de uma máquina.

Considere um conjunto de estações de trabalho únicas, todas produzindo as mesmas peças e operando no mesmo tempo de ciclo semiautomatizado. Cada máquina opera por uma determinada porção do ciclo total sob seu próprio controle T_m (tempo de máquina) e, então, exige ser atendida pelo trabalhador, o que leva tempo T_s. Assim, presumindo que o trabalhador está sempre disponível quando é necessário atender a uma máquina de maneira que ela nunca esteja ociosa, o tempo de ciclo total de uma máquina é $T_c = T_m + T_s$. Se mais de uma máquina é designada ao trabalhador, algum será perdido enquanto o trabalhador caminha de uma máquina para a próxima, referido aqui como *tempo de reposicionamento*, T_r. O tempo exigido para o operador atender a uma máquina é, portanto, $T_s + T_r$, e o tempo para atender n máquinas é $n(T_s + T_r)$. Para o sistema estar perfeitamente equilibrado em termos de tempo do trabalhador e tempo de ciclo da máquina,

$$n(T_s + T_r) = T_m + T_s$$

Podemos determinar a partir disso o número de máquinas que deve ser designado a um trabalhador calculando:

$$n = \frac{T_m + T_s}{T_s + T_r} \quad (14.12)$$

em que n é o número de máquinas; T_m é o tempo de ciclo semiautomático de máquinas (min); T_s é o tempo de serviço do trabalhador por máquina (min); e T_r é o tempo de reposicionamento do trabalhador entre máquinas (min).

É provável que o valor calculado de n não seja um número inteiro, o que significa que o tempo do trabalhador no ciclo, isto é, $n(T_s + T_r)$, não pode ser perfeitamente equilibrado com o tempo de ciclo T_c das máquinas. Entretanto, o número real de máquinas no sistema de manufatura tem de ser inteiro; dessa forma, o trabalhador ou as máquinas vão passar por algum tempo ocioso. O número de máquinas será o inteiro maior do que n na Equação (14.12) ou será o inteiro menor do que n. Vamos identificar esses dois inteiros como n_1 e n_2. Nós podemos determinar qual das alternativas é preferível introduzindo fatores de custo na análise. Presuma que C_L seja o custo de mão de obra e C_m seja o custo de máquina. Determinadas despesas gerais podem ser aplicáveis a essas taxas (ver Seção 3.2.2). A decisão será baseada no custo por peça produzida pelo sistema.

Caso 1: Se utilizarmos n_1 = inteiro máximo ≤ n, então o trabalhador terá tempo ocioso, e o ciclo de tempo do agrupamento de máquinas será o tempo de ciclo das máquinas $T_c = T_m + T_s$. Presumindo que uma peça seja produzida por cada máquina durante um ciclo, temos:

$$C_{pc}(n_1) = \left[\frac{C_L}{n_1} + C_m\right](T_m + T_s) \quad (14.13)$$

em que $C_{pc}(n_1)$ é o custo por unidade de trabalho ($/pc); C_L é o custo de mão de obra ($/min); C_m é o custo por máquina ($/min); e $(T_m + T_s)$ é expresso em minuto.

Caso 2: Se usamos n_2 = inteiro mínimo > n, então as máquinas terão tempo ocioso, e o tempo de ciclo do agrupamento de máquinas será o tempo que leva para o trabalhador atender as n_2 máquinas, que é $n_2(T_s + T_r)$. O custo por peça correspondente é dado por:

$$C_{pc}(n_2) = (C_L + C_m n_2)(T_s + T_r) \quad (14.14)$$

A escolha de n_1 ou n_2 é baseada naquele que resultar no custo mais baixo por peça.

Na ausência dos dados de custos necessários para fazer esses cálculos, sentimos que geralmente é preferível designar máquinas para um trabalhador de tal maneira que o trabalhador tenha algum tempo ocioso e que as máquinas sejam utilizadas em cem por cento. A razão para isso é a de que o custo total por hora de n máquinas de produção é normalmente maior do que o de mão de obra de um trabalhador. Portanto, o tempo ocioso de uma máquina custa mais do que o tempo ocioso de um trabalhador. O número correspondente de máquinas para designar ao trabalhador é dado, portanto, por:

$$n_1 = \text{inteiro máximo} \leq \frac{T_m + T_s}{T_s + T_r} \quad (14.15)$$

> **EXEMPLO 14.5**
> **Quantas máquinas para um trabalhador?**
> Uma fábrica possui muitos tornos CNC que operam em um ciclo de usinagem semiautomatizado sob controle de programas de peças. Um número significativo dessas máquinas produz a mesma peça, cujo tempo de ciclo de usinagem é de 2,75 minutos. Um trabalhador é necessário para realizar a carga e a descarga de peças ao fim de cada ciclo de usinagem, o que leva 25 segundos. Determine quantas máquinas um trabalhador pode atender, se ele leva uma média de 20 segundos para caminhar entre as máquinas e nenhum tempo ocioso de máquina é permitido.
>
> **Solução:** Levando-se em consideração que T_m é igual a 2,75 minutos, T_s é igual a 25 segundos, o que equivale a 0,4167 minuto, e T_r é igual a 20 segundos, o que equivale a 0,3333 minuto, a Equação (14.15) pode ser utilizada para obter
>
> n_1 = inteiro máximo
>
> $$\left[\frac{2,75 + 0,4167}{0,4167 + 0,3333} = \frac{3,1667}{0,75} = 4,22\right] = 4 \text{ máquinas}$$
>
> Cada trabalhador deve ter quatro máquinas designadas para ele. Com um ciclo de máquina T_c de 3,1667 minutos, o trabalhador passará 4(0,4167) = 1,667 minuto atendendo às máquinas, 4(0,3333) = 1,333 minuto caminhando entre máquinas, e o tempo ocioso do trabalhador durante o ciclo será de 0,167 minuto (dez segundos).
>
> Observe a regularidade que existe no cronograma do trabalhador nesse exemplo. Se imaginamos que as quatro máquinas são colocadas nos quatro cantos de um quadrado, o trabalhador atende a cada máquina e então procede no sentido horário para a máquina no próximo canto. Cada ciclo de atendimento e caminhada leva três minutos, com um tempo de descanso de dez segundos sobrando para o trabalhador.
>
> Se esse tipo de regularidade caracteriza as operações de um agrupamento de células automatizadas com uma estação, então o mesmo tipo de análise pode ser aplicado para determinar o número de células a designar para um trabalhador. Se, de outro lado, o atendimento de cada célula é exigido em intervalos aleatórios e imprevisíveis, ocorrerão períodos em que várias células exigirão atendimento simultaneamente, sobrecarregando as capacidades do trabalhador, enquanto durante outros períodos o trabalhador não terá células para atender. Uma análise de filas é apropriada nesse caso de exigências aleatórias de atendimento.

Referências

[1] ABRAMS, M. "Simply complex". *Mechanical Engineering*, v., n., p. 28-31, jan. 2006.
[2] ARONSON, R. "Turning's just the beginning". *Manufacturing Engineering*, p. 42-53, jun. 1999.
[3] ____. "Cells and centers". *Manufacturing Engineering*, p. 52-60, fev. 1999.
[4] ____. "Multitalented machine tools". *Manufacturing Engineering*, p. 65-75, jan. 2005.
[5] DROZDA, T. J.; WICK, C. (eds.). *Tool and Manufacturing Engineers Handbook*. 4. ed., v. I: *Machining, Society of Manufacturing Engineers*, Dearborn, MI, 1983.
[6] LORINCZ, J. "Multitasking machining". *Manufacturing Engineering*, p. 45-54, fev. 2006.
[7] LORINCZ, J. "Just say VMC". *Manufacturing Engineering*, p. 61-7, jun. 2006.
[8] WAURZYNIAK, P. "Programming dor MTM". *Manufacturing Engineering*, p. 83-91, abr. 2005.

Questões de revisão

14.1 Cite três razões pelas quais células operadas com uma estação são tão amplamente utilizadas na indústria.

14.2 O que significa o termo *estação semiautomática*?

14.3 O que é uma célula automatizada com máquina única?

14.4 Quais são os cinco elementos necessários para a operação sem assistência de uma célula de produção automatizada de lote ou peça única?

14.5 Quais são os três elementos adicionais necessários para a operação sem assistência de uma célula de produção automatizada de modelo misto?

14.6 O que é um trocador automático de palete?

14.7 O que é um centro de usinagem?

14.8 Cite algumas das características de um centro de usinagem NC para reduzir o tempo não produtivo no ciclo de trabalho.

14.9 O que é um agrupamento de máquinas?

Problemas

Operação sem assistência

14.1 Um centro de usinagem CNC tem um tempo de ciclo programado de 25 minutos para determinada peça. O tempo para descarregar a peça terminada e carregar uma peça bruta é de cinco minutos. (a) Se carga e descarga são feitas diretamente na mesa da máquina-ferramenta e nenhuma capacidade de armazenamento automática existe na máquina, quais são o tempo de ciclo e a taxa de produção por hora? (b) Se a máquina-ferramenta tem um trocador automático de palete, de maneira que carga e descarga podem ser feitas enquanto a máquina usina outra peça e o tempo de reposicionamento é de 30 segundos, quais são o ciclo de tempo e a taxa de produção por hora? (c) Se a máquina-ferramenta tem um trocador automático de palete com uma interface com unidade de armazenamento de peças cuja capacidade é de 12 peças e o tempo de reposicionamento é de 30 segundos, quais são o tempo de ciclo total e a taxa de produção por hora? Quanto tempo leva para que um trabalhador efetue a carga e a descarga das 12 peças e qual é o tempo que a máquina pode operar sem assistência entre trocas de peças?

Determinando requisitos de estações de trabalho

14.2 Um total de sete mil estampagens tem de ser produzido no departamento de prensa durante os próximos três dias. Prensas operadas manualmente serão utilizadas para completar o trabalho e o tempo de ciclo é 27 segundos. Cada prensa tem de ser configurada antes de a produção começar. O tempo de configuração para esse trabalho é de duas horas. Quantas prensas e operadores terão de ser utilizados nessa produção durante os três dias, se o tempo disponível por dia é de 7,5 horas?

14.3 Uma planta de estampagem tem de ser projetada para fornecer peças para uma indústria de motores automotivos. A planta vai operar por um turno de oito horas por 250 dias ao ano e tem de produzir 15 milhões de peças de boa qualidade anualmente. O tamanho do lote é de dez mil peças boas e a taxa de refugo é de cinco por cento. Em média, cada peça leva três segundos para ser produzida quando as prensas estão operando. Antes de cada lote, a prensa precisa ser configurada e, para realizar cada configuração, são necessárias quatro horas. Prensas são 90 por cento confiáveis durante a produção e cem por cento confiáveis durante a configuração. Quantas prensas serão necessárias para se chegar à produção especificada?

14.4 Uma nova planta de forjamento tem de fornecer peças para a indústria automotiva. Como o forjamento é uma operação a quente, a planta vai operar 24 horas por dia, cinco dias por semana, 50 semanas por ano. A produção total da planta tem de ser de dez milhões de forjamentos por ano em lotes de 1.250 peças. A taxa de refugo antecipada é de três por cento. Cada célula de forjamento vai consistir de um forno para aquecer as peças, uma prensa de forja e uma prensa de corte. As peças são colocadas no forno uma hora antes do forjamento; são então removidas, forjadas e cortadas, uma de cada vez. Em média, o ciclo de forjamento e acabamento leva 0,6 minuto para completar uma peça. Cada vez que um novo lote é iniciado, a célula de forjamento tem de ser trocada, o que consiste de mudar as matrizes de forjamento e acabamento para o próximo tipo de peça. Em média, são necessárias duas horas para completar uma troca entre lotes. Cada célula é considerada como sendo 96 por cento confiável durante a operação e cem por cento confiável durante a troca. Determine o número de células de forjamento necessárias na nova planta.

14.5 Uma planta de moldagem por injeção plástica será construída para produzir seis milhões de peças por ano. A planta vai operar três turnos de oito horas por dia, cinco dias por semana, 50 semanas por ano. Para fins de planejamento, o tamanho médio de lote é de seis mil peças, o tempo médio de troca entre lotes é de seis horas e o tempo médio de ciclo de moldagem por peça é de 30 segundos. Presuma que a taxa de refugo seja de dois por cento e a proporção média de tempo útil (confiabilidade) por máquina de moldagem seja de 97 por cento, tanto para o tempo de operação como para o tempo de troca. Quantas máquinas de moldagem são necessárias na nova planta?

14.6 Uma planta de extrusão plástica será construída para produzir 30 milhões de metros de extrusões por ano. A planta vai operar três turnos de oito horas por dia, 360 dias ao ano. Para fins de planejamento, o comprimento médio de operação é de três mil metros de plástico produzido, o tempo médio de troca entre operações é de 2,5 horas e a velocidade média de extrusão é de 15 m/min. Presuma que a taxa de refugo seja de um por cento e a proporção média de tempo útil por máquina de extrusão seja de 95 por cento durante o tempo de operação. A proporção de tempo útil durante a troca é presumida em cem por cento. Se cada máquina de extrusão exige 500 pés de espaço de piso e há uma concessão de 40 por cento para corredores e espaço de escritório, qual é a área total da planta de extrusão?

14.7 Requisitos de produção futuros em uma fábrica exigem que vários tornos automáticos sejam adquiridos para produzir três peças novas (A, B e C) acrescentadas à linha de produção da fábrica. As quantidades anuais e os tempos de ciclos para as três peças são dados na tabela a seguir. A fábrica opera um turno de oito horas por 250 dias por ano. Espera-se que as máquinas sejam 95 por cento confiáveis e que a taxa de refugo seja de três por cento. Quantos tornos automáticos serão necessários para atender à demanda anual especificada para as três peças novas?

Peça	Demanda anual	Tempo do ciclo de usinagem (min)
A	25.000	5
B	40.000	7
C	50.000	10

14.8 Determinado tipo de máquina será utilizado para produzir três produtos: A, B e C. As previsões de vendas para esses produtos são de 52 mil, 65 mil e 70 mil por ano, respectivamente. As taxas de produção para os três produtos são 12 peças/h, 15 peças/h e 10 peças/h e as taxas de refugo são de cinco por cento, sete por cento e nove por cento. A planta vai operar 50 semanas por ano, dez turnos por semana e oito horas por turno. Antecipa-se que as máquinas de produção desse tipo estarão paradas para reparos em média dez por cento do tempo. Quantas máquinas serão necessárias para atender à demanda?

14.9 Uma situação de emergência ocorreu no departamento de usinagem porque o navio que trazia de um fornecedor do exterior determinada quantidade de uma peça afundou numa noite de sexta-feira. Determinado número de máquinas no departamento tem de ser direcionado à produção dessa peça durante a próxima semana. Um total de mil dessas peças tem de ser produzido e o tempo de ciclo de produção por peça é de 16 minutos. Cada máquina de usinagem utilizada para a operação de produção de emergência tem de ser configurada primeiramente, o que leva cinco horas, e uma taxa de refugo de dois por cento pode ser esperada. (a) Se a semana de produção consiste de dez turnos de oito horas cada, quantas máquinas serão necessárias? (b) Devido a outras operações prioritárias no departamento, apenas duas máquinas de usinagem podem ser reservadas para a operação de emergência. Para lidar com a situação de emergência, a administração da planta autorizou uma operação de três turnos para seis dias na semana seguinte. É possível que as mil peças de substituição sejam completadas dentro dessas restrições?

14.10 Uma fábrica direcionou um centro de usinagem CNC para a produção de duas peças (A e B) utilizadas na montagem final do principal produto da empresa. O centro de usinagem é equipado com um trocador automático de paletes e um carrossel de peças que contém dez delas. Mil unidades do produto são produzidas por ano e uma peça de cada é utilizada por produto. A peça A tem um tempo de ciclo de usinagem de 50 minutos e a peça B tem um tempo de ciclo de usinagem de 80 minutos. Esses tempos de ciclos incluem a operação do trocador automático de paletes e nenhum outro tempo de troca é perdido entre as peças. A taxa de refugo antecipada é zero, o centro de usinagem é 95 por cento confiável e a fábrica opera 250 dias por ano. Em média, quantas horas o centro de usinagem CNC tem de operar a cada dia para fornecer peças ao produto?

Agrupamentos de máquinas

14.11 A seção de retífica CNC tem um grande número de máquinas destinadas a retificar eixos para a indústria automotiva. O ciclo de retificação leva 3,6 minutos. No fim desse ciclo, um operador tem de estar presente para descarregar e carregar peças, o que leva 40 segundos. (a) Determine a quantas máquinas o trabalhador pode atender, se leva 20 segundos para caminhar entre elas e nenhum tempo ocioso é permitido. (b) Quantos segundos durante o ciclo de trabalho o trabalhador está ocioso? (c) Qual é a taxa de produção por hora desse agrupamento de máquinas?

14.12 Atualmente um trabalhador é responsável por atender a duas máquinas em um agrupamento delas. O tempo de serviço por máquina é de 0,35 minuto, o tempo para caminhar entre elas é de 0,15 minuto e o tempo de ciclo automático das máquinas é de 1,9 minuto. Se o custo por hora do trabalhador for de $12/h e o custo por hora para cada máquina for de $18/h, determine (a) o custo por hora atual para o agrupamento e (b) o custo por unidade de produto atual, levando em consideração que duas unidades são produzidas por máquina durante cada ciclo. (c) Qual é a porcentagem de tempo que o trabalhador está ocioso? (d) Qual é o número adequado de máquinas que deve ser utilizado no agrupamento, se o custo mínimo por unidade de produto é o critério de decisão?

14.13 Considere que n é o número de máquinas em um agrupamento. Cada máquina de produção é idêntica e tem um tempo de processamento automático T_m de quatro minutos e um de atendimento T_s de 12 segundos. O tempo de ciclo total para cada máquina na célula é $T_c = T_s + T_m$ e o tempo de reposicionamento para o trabalhador é dado por $T_r = 5 + 3n$, em que T_r é dado segundo. T_r aumenta com n porque a distância entre as máquinas aumenta com mais máquinas. (a) Determine o número máximo de máquinas na célula, se não é permitido nenhum tempo ocioso. Calcule (b) o tempo de ciclo e (c) o tempo ocioso do trabalhador expresso como uma porcentagem do tempo de ciclo.

14.14 Um robô industrial vai atender n máquinas de produção em um agrupamento. Cada máquina de produção é idêntica e tem um tempo de processamento T_m de 130 segundos. O tempo de atendimento e reposicionamento do robô para cada máquina é dado pela equação $(T_s + T_r) = 15 + 4n$, em que T_s é o tempo de atendimento (segundo), T_r é o tempo de reposicionamento (segundo), e n é o número de máquinas que o robô atende. $(T_s + T_r)$ aumenta com n porque mais tempo é necessário para reposicionar o braço do robô à medida que n aumenta. O tempo de ciclo total para cada máquina na célula é $T_c = T_s + T_m$. (a) Determine o número máximo de máquinas na célula de maneira que não sejam mantidas em espera. (b) Qual é o tempo de ciclo da máquina e (c) qual é o tempo ocioso do robô expresso como uma porcentagem do tempo de ciclo T_c?

14.15 Um departamento de produção de uma fábrica consiste de um grande número de células de trabalho. Cada célula consiste de um trabalhador realizando tarefas de montagem de produtos eletrônicos, as células são organizadas em seções dentro do departamento e um supervisor cuida de cada seção. O trabalho do supervisor consiste de duas tarefas: (1) fornecer a cada célula uma provisão suficiente de peças para que ela possa trabalhar por quatro horas antes de precisar ser reabastecida e (2) preparar relatórios de produção para cada célula de trabalho. A tarefa 1 leva 18 minutos em média por célula de trabalho e tem de ser feita duas vezes por dia. O supervisor tem de programar o reabastecimento de peças para todas as células de maneira que não haja tempo ocioso em nenhuma célula. A tarefa 2 leva nove minutos por célula de trabalho e tem de ser realizada uma vez por dia. A planta opera um turno de oito horas de trabalho, mas nem os trabalhadores e tampouco o supervisor podem trabalhar mais de oito horas por dia. A cada dia, as células continuam a produção do ponto em que pararam no dia anterior. (a) Qual é o número máximo de células de trabalho que devem ser designadas para um supervisor com a condição de que as células de trabalho nunca estejam ociosas? (b) Com o número de células de trabalho da peça (a), quantos minutos ociosos o supervisor terá a cada dia?

CAPÍTULO 15
Linhas de montagem manuais

CONTEÚDO DO CAPÍTULO

15.1 Aspectos básicos das linhas de montagem manuais
    15.1.1 Estações de trabalho de montagem
    15.1.2 Sistemas de transporte de itens
    15.1.3 Ritmo da linha
    15.1.4 Lidando com a variedade de produto

15.2 Análise das linhas de montagem de modelo único
    15.2.1 Perdas de posicionamento
    15.2.2 O problema do balanceamento de linha

15.3 Algoritmos de balanceamento de linha
    15.3.1 Regra do maior candidato
    15.3.2 Método de Kilbridge e Wester
    15.3.3 Método dos pesos posicionais

15.4 Linhas de montagem de modelo misto
    15.4.1 Determinando o número de trabalhadores na linha
    15.4.2 Balanceamento de linha de modelo misto
    15.4.3 Lançamento de modelo nas linhas de modelo misto

15.5 Considerações sobre estações de trabalho

15.6 Outras considerações sobre o projeto de linha de montagem

15.7 Sistemas alternativos de montagem

A maioria dos produtos manufaturados consumidos é montada, e cada um consiste de múltiplos componentes agrupados por vários processos de montagem (Seção 2.2.1). Esses produtos geralmente são fabricados em uma linha de montagem manual, tipo de linha cujo uso é favorecido por fatores como:

- A demanda pelo produto é média ou alta.
- Os produtos fabricados na linha são semelhantes ou idênticos.
- O trabalho para montar o produto pode ser dividido em tarefas pequenas.
- É tecnologicamente impossível ou economicamente inviável automatizar as operações de montagem.

Os produtos caracterizados por esses fatores e que normalmente são fabricados em uma linha de montagem manual estão relacionados na Tabela 15.1.

Existem vários motivos pelos quais as linhas de montagem manuais são tão produtivas em comparação aos métodos alternativos com os quais múltiplos trabalhadores realizam individualmente todas as tarefas de montagem dos produtos.

- *Especialização do trabalho.* Chamado "divisão do trabalho" por Adam Smith (Nota histórica 15.1), este princípio afirma que, quando uma grande tarefa é dividida em pequenas tarefas e cada uma delas é atribuída a um trabalhador, o trabalhador se torna perito em realizar aquela única tarefa. Cada trabalhador se torna um especialista.
- *Peças intercambiáveis*, em que cada componente é fabricado com tolerâncias tão próximas que qualquer peça de um determinado tipo pode ser selecionada para montagem com os demais componentes. Sem peças intercambiáveis, a montagem exigiria preenchimento e ajuste dos componentes, tornando os métodos de linha de montagem pouco práticos.
- *Princípio do fluxo de trabalho*, que envolve a ação de mover o item que será trabalhado para o trabalhador, e não o contrário. Cada unidade de trabalho flui suavemente através da linha de produção, percorrendo uma distância mínima entre as estações.
- *Ritmo da linha*. Os trabalhadores em uma linha de montagem normalmente precisam completar suas tarefas atribuídas em cada unidade do produto dentro de certo tempo de ciclo, o que imprime um ritmo (ou andamento) à linha para manter uma velocidade de produção especificada. O andamento geralmente é implementado por meio de um transportador mecanizado.

Neste capítulo, abordaremos o planejamento e a tecnologia das linhas de montagem manuais. Os sistemas de montagem automatizados serão discutidos no Capítulo 17.

15.1 ASPECTOS BÁSICOS DAS LINHAS DE MONTAGEM MANUAIS

A *linha de montagem manual* é uma linha de produção que consiste de uma sequência de estações de trabalho nas quais as tarefas de montagem são realizadas por trabalhadores humanos, como ilustrado na Figura 15.1. Os produtos são montados à medida que se movem através da linha. Em cada estação, um trabalhador realiza uma parte do trabalho total no item (produto). A prática comum é 'lançar' peças-base ou iniciais no início da linha em intervalos regulares. Cada peça-base desloca-se através de estações sucessivas, e os trabalhadores acrescentam componentes que progressivamente constroem o produto. Um sistema de transporte de material mecanizado normalmente é usado para mover as peças-base ao longo da linha conforme são gradualmente transformadas em produtos acabados. A velocidade de produção de uma linha de montagem é determinada por sua estação mais lenta. As estações capazes de trabalhar mais rápido são efetivamente limitadas pela estação mais lenta.

A tecnologia da linha de montagem manual contribuiu significativamente para o desenvolvimento da indústria norte-americana no século XX (ver Nota histórica 15.1) e permanece em todo o mundo como um importante sistema de produção quando se trata da fabricação de automóveis, aparelhos de consumo e outros produtos montados relacionados na Tabela 15.1.

Tabela 15.1 **Produtos normalmente fabricados em linhas de montagem manuais**

Equipamentos de áudio	Móveis	Bombas
Automóveis	Lâmpadas	Refrigeradores
Câmeras	Malas e bolsas	Estufas
Fogões	Fornos de micro-ondas	Telefones
Lavadoras de louças	Computadores pessoais e periféricos (impressoras, monitores etc.)	Torradeiras e fornos
Secadoras de roupa		Caminhões leves e pesados
DVD *players*	Ferramentas elétricas (furadeiras, esmeris etc.)	Consoles de videogame
Motores elétricos		Máquinas de lavar

Figura 15.1 **Configuração de uma linha de montagem manual, em que *n* é o número de estações na linha**

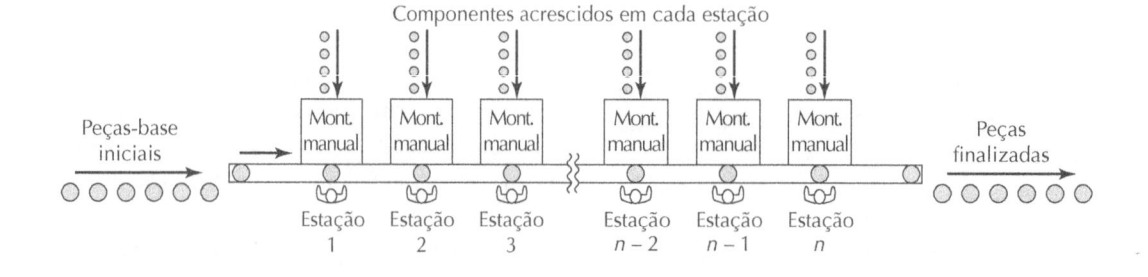

Nota histórica 15.1

A origem da linha de montagem manual

As linhas de montagem manuais são baseadas principalmente em dois princípios de trabalho fundamentais. O primeiro princípio é o da *divisão do trabalho*, defendido por Adam Smith (1723-90) em *A riqueza das nações*, livro publicado na Inglaterra em 1776. Usando uma fábrica de alfinetes para ilustrar a divisão do trabalho, o livro descreve como dez trabalhadores, especializados em várias tarefas distintas necessárias para a fabricação de um alfinete, produzem 48 mil alfinetes por dia, enquanto em um sistema no qual cada trabalhador realiza todas as tarefas em cada alfinete produz apenas alguns alfinetes por dia. Smith não inventou a divisão do trabalho, pois havia outros exemplos de seu uso na Europa durante séculos, mas foi o primeiro a perceber sua importância na produção.

O segundo princípio de trabalho é o das *peças intercambiáveis*, baseado, entre outros, nos esforços de Eli Whitney (1765-1825) no início do século XIX [15]. A origem do princípio das peças intercambiáveis foi anteriormente descrita na Nota histórica 1.1. Sem as peças intercambiáveis, a tecnologia da linha de montagem não seria possível.

A origem das linhas de produção modernas pode ser rastreada até a indústria de carne, em Chicago, Illinois, e em Cincinnati, Ohio. Em meados e no fim da década de 1800, os frigoríficos utilizavam transportadores aéreos manuais para mover os animais abatidos de um trabalhador para outro. Esses transportadores mais tarde foram substituídos por transportadores motorizados de corrente para criar 'linhas de desmontagem', antecessoras da linha de montagem. A organização do trabalho permitiu que cada cortador de carne se concentrasse em uma única tarefa (divisão do trabalho).

O industrial norte-americano do ramo automobilístico Henry Ford havia observado essas operações de embalagem de carne. Em 1913, ele e seus colegas engenheiros projetaram uma linha de montagem em Highland Park, Michigan, para produzir volantes magnéticos (do inglês, *magneto flywheels*), o que aumentou a produtividade em quatro vezes. Empolgado com o sucesso, Ford aplicou as técnicas de linha de montagem na fabricação de chassis. O uso de transportadores impulsionados por correntes e estações de trabalho organizadas para a conveniência e conforto de seus trabalhadores da linha de montagem aumentou a produtividade em oito vezes, em comparação aos métodos de montagem de estação única anteriores. Essas e outras melhorias resultaram em reduções significativas no preço do modelo Ford T, principal produto da Ford Motor Company na época. Assim, muitos norte-americanos puderam comprar um automóvel por causa da realização de Ford na redução de custos. Isso estimulou o desenvolvimento e o uso de técnicas de linha de produção, incluindo linhas de transferência automática. Também obrigou os concorrentes e os fornecedores da Ford a imitar seus métodos, tornando a linha de montagem manual intrínseca à indústria norte-americana.

15.1.1 Estações de trabalho de montagem

Uma *estação de trabalho* em uma linha de montagem manual é um local designado ao longo do caminho do fluxo de trabalho em que uma ou mais tarefas são executadas por um ou mais trabalhadores e representam pequenas partes do trabalho total que precisa ser realizado para montar o produto — as operações de montagem comuns realizadas nas estações em uma linha de montagem manual estão listadas na Tabela 15.2. Além disso, cada estação de trabalho inclui as ferramentas (manuais ou elétricas) necessárias para realizar a tarefa atribuída à estação.

Algumas estações de trabalho são projetadas para que os trabalhadores fiquem em pé, enquanto outras permitem que os trabalhadores se sentem. Quando os trabalhadores estão em pé, podem se mover pela área da estação para realizar a tarefa. Isso é comum na montagem de grandes produtos, como automóveis, caminhões e grandes eletrodomésticos. O produto normalmente é movido por uma esteira a uma velocidade constante. O trabalhador começa a tarefa de montagem perto do lado de entrada da estação e se move junto com a unidade de trabalho até que a tarefa esteja concluída; em seguida, vai para a próxima unidade de trabalho e repete o ciclo. Para produtos menores (como eletrodomésticos, aparelhos eletrônicos e subconjuntos usados em produtos maiores), as estações de trabalho normalmente são projetadas para permitir que os trabalhadores se sentem enquanto executam suas tarefas. Esse método é mais confortável e menos cansativo e geralmente é mais favorável à precisão na tarefa de montagem.

Tabela 15.2 Operações de montagem típicas realizadas em uma linha de montagem manual

Aplicação de adesivo	Aplicação de fixadores por expansão	União de duas peças
Aplicação de selante	Inserção de componentes	Soldagem
Soldagem de arco	Montagem em prensa	Soldagem de ponto
Brasagem	Montagem de placas de circuito impresso	Grampeamento
Aplicação de grampos	Aplicação de rebites e ilhoses	Costura
Crimpagem	Aplicação de fixação por contração/expansão	Parafusamento

Fonte: Veja definições em Groover [12].

Anteriormente, definimos o nível de apoio humano para vários tipos de sistemas de manufatura (Seção 13.2.4). Para uma linha de montagem manual, o *nível de apoio humano* da estação de trabalho *i*, simbolizado como M_i, é o número de trabalhadores atribuídos a essa estação, em que $i = 1, 2, ..., n$ e n é o número de estações de trabalho na linha. Geralmente é um trabalhador: $M_i = 1$. Nos casos em que o produto é grande, como um automóvel ou um caminhão, vários trabalhadores normalmente são atribuídos a uma única estação, de modo que $M_i > 1$. Múltiplos operários por estação economizam o valioso espaço da fábrica e reduzem o comprimento da linha e o tempo de produção, uma vez que menos estações são necessárias. O nível médio de pessoas em uma linha de montagem manual é simplesmente o número total de trabalhadores na linha dividido pelo número de estações, ou seja,

$$M = \frac{w}{n} \quad (15.1)$$

em que *M* é o nível médio de pessoas da linha (trabalhadores/estação), *w* é o número de trabalhadores e *n* é o número de estações. Essa relação simples é complicada pelo fato de que as linhas de montagem manuais normalmente incluem mais trabalhadores do que aqueles atribuídos a estações; portanto, *M* não é uma simples média dos valores de M_i. Esses trabalhadores adicionais, chamados *trabalhadores auxiliares*, não são destinados a estações de trabalho específicas; em vez disso, eles são responsáveis por funções como (1) ajudar trabalhadores que não conseguem acompanhar o ritmo, (2) liberar trabalhadores para intervalos pessoais, (3) manusear materiais e (4) realizar a manutenção e o reparo. Incluindo os trabalhadores auxiliares na contagem de trabalhadores, temos:

$$M = \frac{w_u + \sum_{i=1}^{n} w_i}{n} \quad (15.2)$$

em que w_u é o número de trabalhadores auxiliares atribuídos ao sistema e w_i é o número de trabalhadores destinados especificamente à estação *i* para $i = 1, 2, ..., n$. O parâmetro w_i é quase sempre um inteiro, exceto para o caso incomum em que um trabalhador é compartilhado entre duas estações adjacentes.

15.1.2 Sistemas de transporte de itens

Basicamente, existem duas maneiras de realizar o movimento das unidades que serão trabalhadas ao longo de uma linha de montagem manual: (1) manualmente ou (2) por sistema mecanizado. Os dois métodos fornecem o roteamento fixo (todas as unidades passam pela mesma sequência de estações), o que é característico das linhas de produção.

Métodos manuais de transporte de itens. No transporte manual de itens, as unidades do produto são passadas de estação para estação pelos próprios trabalhadores. Dois problemas resultam desse modo de operação: ociosidade e obstrução. A *ociosidade* é a situação em que o operador de montagem completou sua tarefa atribuída no item atual, mas o próximo item ainda não chegou à estação. Portanto, o trabalhador está ocioso esperando pelo item que será trabalhado. Quando uma estação está *obstruída*, o operador completou a tarefa atribuída no item atual, mas não pode passá-lo para a próxima estação porque o trabalhador ainda não está pronto para recebê-lo. O operador, portanto, está obstruído de trabalhar.

Para amenizar os efeitos desses problemas, *buffers* de armazenamento normalmente são usados entre as estações. Em alguns casos, os itens produzidos em cada estação são coletados em lotes e, então, movidos para a próxima estação. Em outros casos, os itens são movidos individualmente através de uma mesa plana ou um transportador não mecanizado. Quando a tarefa é concluída em cada estação, o trabalhador simplesmente empurra o item em direção à estação seguinte. Normalmente é permitido espaço para um ou mais itens em frente a cada estação de trabalho. Isso fornece um suprimento de trabalho disponível para a estação e um espaço para itens concluídos da estação anterior. Portanto, a ociosidade e a obstrução são minimizadas. O problema com esse método de operação é que ele pode resultar em uma significativa quantidade de itens em processo, que é economicamente indesejável. Além disso, os trabalhadores perdem o ritmo em linhas que se baseiam em métodos de transporte manuais e nas quais as velocidades de produção tendem a ser mais baixas.

Transporte mecanizado de itens. Transportadores mecanizados e outros tipos de equipamentos mecanizados de manuseio de material são amplamente usados para mover itens através de uma linha de montagem manual. Esses sistemas podem ser projetados para fornecer operação com ou sem andamento da linha. As três categorias principais de sistemas de transporte de itens em linhas de produção são (a) transporte contínuo, (b) transporte síncrono e (c) transporte assíncrono. Essas categorias estão ilustradas esquematicamente na Figura 15.2. A Tabela 15.3 identifica alguns dos equipamentos de transporte de material comumente associados a cada uma das categorias.

Um *sistema de transporte contínuo* usa um transportador que se move continuamente e opera em velocidade constante, como na Figura 15.2(a). Esse método é comum nas linhas de montagem manuais. O transportador normalmente percorre toda a extensão da linha. Entretanto, se a linha for muito longa, como no caso de uma montadora de automóveis, ela é dividida em segmentos com um transportador para cada.

O transporte contínuo pode ser implementado de duas maneiras: (1) os itens são fixados no transportador e (2) os itens são removíveis do transportador. No primeiro caso, o produto é grande e pesado (por exemplo, máquina de lavar) e não pode ser removido do transportador. O trabalhador, portanto, precisa caminhar junto com o produto na velocidade do transportador a fim de realizar a tarefa necessária.

No caso em que as unidades de trabalho são pequenas e leves, elas podem ser removidas do transportador para a conveniência física do operador em cada estação. Outra conveniência para o trabalhador é que a tarefa atribuída à estação não precisa ser concluída dentro de um tempo de ciclo fixo. Cada trabalhador tem flexibilidade para lidar com problemas técnicos que podem ocorrer em determinado item. Entretanto, em média, cada trabalhador precisa manter velocidade de produção igual à do restante da linha. Caso contrário, a linha produzirá *unidades incompletas*, o que ocorre quando peças que deveriam ser acrescidas em uma estação não o são devido ao trabalhador não dispor do tempo necessário.

Figura 15.2 Diagrama velocidade *versus* distância e *layout* físico para três tipos de sistemas de transporte mecanizado utilizados nas linhas de produção: (a) transporte contínuo, (b) transporte síncrono e (c) transporte assíncrono

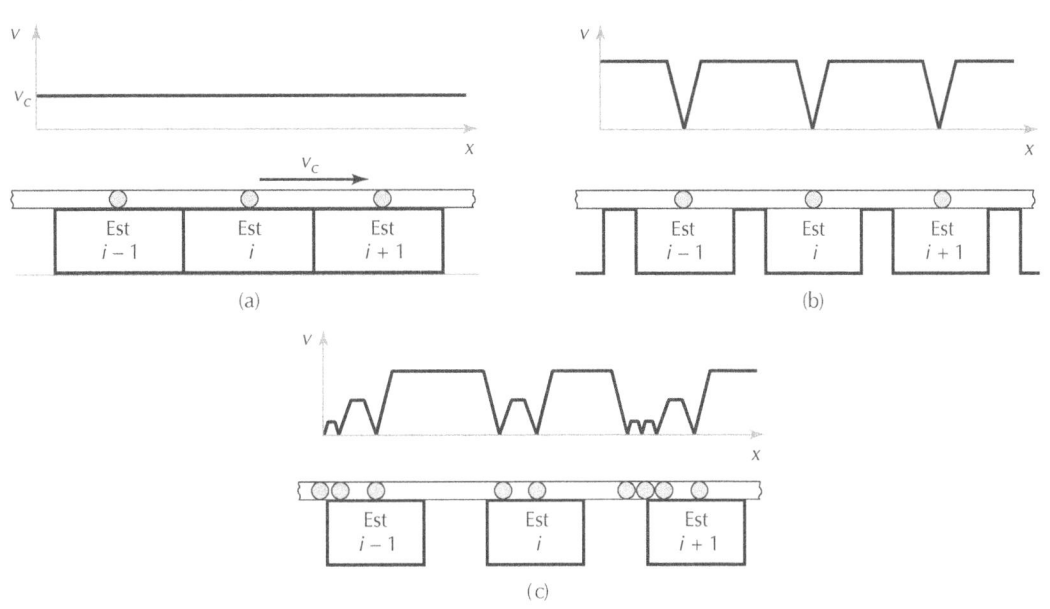

Legenda: v é a velocidade, v_c é a velocidade constante do transportador, x é a distância na direção do transportador, Est é a estação de trabalho, i é o identificador da estação de trabalho.

Tabela 15.3 **Equipamento de manuseio de material usado para obter os três tipos de transporte de itens de roteamento fixo descritos na Figura 15.2**

Sistema de transporte de trabalho	Equipamento de manuseio de material (referência de texto)
Transporte contínuo	Transportador aéreo (Seção 10.2.4) Transportador de esteira (Seção 10.2.4) Transportador de roletes (Seção 10.2.4) Transportador de corrente (Seção 10.2.4)
Transporte síncrono	Equipamento de transporte de soleira caminhante (Seção 16.1.2) Mecanismo rotativo de indexação (Seção 16.1.2)
Transporte assíncrono	Transportador aéreo motorizado e livre (Seção 10.2.4) Transportador de carro em trilho (Seção 10.2.4) Transportadores de roletes acionados (Seção 10.2.4) Sistema de veículo guiado automaticamente (Seção 10.2.2) Sistema monovia (Seção 10.2.3) Sistema em carrossel conduzido por corrente (Seção 11.3.2)

Em *sistemas de transporte síncronos*, todos os itens trabalhados são movidos simultaneamente entre as estações com um movimento rápido e descontínuo e, então, posicionados em suas respectivas estações. Representado na Figura 15.2(b), esse tipo de sistema também é conhecido como *transporte intermitente*, que descreve o movimento experimentado pelos itens. O transporte síncrono não é comum nas linhas manuais devido à necessidade de a tarefa ser concluída dentro de certo limite de tempo. Isso pode causar estresse indevido nos montadores e resultar em produtos incompletos. Apesar de suas desvantagens para as linhas de montagem manuais, o transporte síncrono normalmente é ideal para linhas de produção automatizadas, nas quais estações de trabalho mecanizadas operam em um tempo de ciclo constante.

Em um *sistema de transporte assíncrono*, um item sai de uma determinada estação quando a tarefa necessária foi completada e o trabalhador libera a unidade. Os itens se movem independentemente, em vez de sincronamente. Em qualquer momento, algumas unidades estão se movendo entre estações de trabalho enquanto outras estão posicionadas em estações, como na Figura 15.2(c). Com os sistemas de transporte assíncronos, a formação de pequenas filas de itens é permitida em frente a cada estação. Esse sistema tende a proibir variações nos tempos de tarefa dos trabalhadores.

15.1.3 Ritmo da linha

Uma linha de montagem manual opera em um determinado tempo de ciclo estabelecido para obter a velocidade de produção necessária da linha. Explicamos como esse tempo de ciclo é determinado na Seção 15.2. Em média, cada trabalhador precisa completar sua tarefa em sua estação dentro do tempo de ciclo ou a velocidade de produção necessária não será atingida. Esse ritmo (ou andamento) dos trabalhadores é uma das razões por que uma linha de montagem manual é bem-sucedida. O ritmo permite uma disciplina para os trabalhadores da linha de montagem que mais ou menos garante velocidade de produção. Do ponto de vista da administração, isso é desejável.

As linhas de montagem manuais podem ser projetadas com três níveis de andamento alternativos: (1) andamento rígido, (2) andamento com margem e (3) sem andamento. No *andamento rígido*, cada trabalhador tem um tempo fixo em cada ciclo para completar sua tarefa. O tempo permitido é implementado por um sistema de transporte de trabalho síncrono e (normalmente) é igual ao tempo de ciclo da linha. O andamento rígido possui dois aspectos indesejáveis, como mencionado acima. Primeiro, ele é emocional e fisicamente estressante para os trabalhadores humanos. Embora algum nível de estresse possa conduzir a um maior desempenho humano, um andamento rápido em uma linha de montagem em um turno de oito horas inteiras (ou mais) pode ter efeitos danosos sobre os trabalhadores. Segundo, em uma operação com andamento rígido, se a tarefa não tiver sido concluída dentro do tempo de ciclo fixado, o item trabalhado sai incompleto da estação. Isso pode inibir a conclusão de tarefas subsequentes nas próximas estações. Quaisquer tarefas deixadas incompletas no item nas estações de trabalho regulares precisam ser concluídas por algum outro trabalhador a fim de produzir um produto aceitável.

No *andamento com margem*, o trabalhador tem permissão de completar a tarefa na estação dentro de uma faixa de tempo especificada. O tempo máximo da faixa é maior que o tempo de ciclo, de modo que um trabalhador pode levar mais tempo se ocorrer um problema ou se o tempo de tarefa necessário para um item específico for maior que a média (isso ocorre quando tipos de produto diferentes são produzidos na mesma linha de montagem). Existem várias maneiras de o andamento com margem ser obtido: (1) permitindo a formação de filas de itens que serão trabalhados entre as estações, (2) projetando a linha de modo que o tempo que um item leva dentro de cada estação seja maior que o tempo de ciclo e (3) permitindo que o trabalhador se mova para além dos limites de sua própria estação. No método (1), implementado por meio do uso de um sistema de transporte assíncrono, os itens podem formar filas na frente de cada estação, garantindo assim que os trabalhadores nunca estejam ociosos e fornecendo tempo extra para alguns itens enquanto outros levam menos tempo. O método (2) se aplica a linhas em que os itens são fixados em um transportador em movimento contínuo e não podem ser removidas. Como a velocidade do transportador é constante quando o comprimento da estação é maior do que a distância necessária para que o trabalhador complete a sua tarefa, o tempo gasto pelo item dentro dos limites da estação (chamado de 'tempo de tolerância') é maior do que o tempo de ciclo. No método (3), o trabalhador pode retroceder além da estação atual para iniciar prematuramente no próximo item ou avançar além do limite da estação atual para terminar a sua tarefa no item atual. Em qualquer caso, normalmente existem limites práticos sobre o quanto o trabalhador pode se mover para trás ou para adiante na linha de montagem, o que é considerado um caso de andamento com margem. Os termos *permissão de volta* ou *permissão de avanço* algumas vezes são usados para designar esses limites no movimento. Em todos esses métodos, uma vez que o trabalhador mantenha um andamento médio que corresponda ao tempo de ciclo, a velocidade de ciclo necessária na linha será atingida.

O terceiro nível de andamento é *sem andamento*, significando que não existe qualquer limite de tempo dentro do qual a tarefa na estação precisa ser concluída. Na verdade, cada operador de montagem trabalha em seu próprio ritmo. Este caso pode ocorrer quando (1) é usado o transporte manual de itens na linha, (2) itens podem ser removidos do transportador, permitindo que o trabalhador leve o tempo que precisar para completar sua tarefa ou (3) um transportador assíncrono é usado e o trabalhador controla a liberação de cada item de sua estação. Em cada um desses casos, não existe meio mecânico de obter disciplina de andamento na linha. Para atingir a velocidade de produção necessária, os trabalhadores são motivados a obter um determinado andamento por sua própria ética de trabalho coletivo ou por um sistema de incentivo promovido pela empresa.

15.1.4 Lidando com a variedade do produto

Possuindo a versatilidade dos trabalhadores humanos, as linhas de montagem manuais podem ser projetadas para lidar com diferentes produtos montados. Em geral, a variedade de produto precisa ser relativamente pequena (Seção 2.3). Três tipos de linha de montagem podem ser distinguidas: (1) modelo único, (2) modelo em lote e (3) modelo misto.

Uma *linha de modelo único* produz apenas um produto, em grandes quantidades. Como cada item é idêntico, a tarefa realizada em cada estação é a mesma para todos os produtos. Esse tipo de linha destina-se a produtos com alta demanda.

As linhas de modelo em lote e de modelo misto são projetadas para produzir dois ou mais modelos, mas diferentes abordagens são usadas para lidar com as variações. Uma *linha de modelo em lote* produz cada modelo em lotes. As estações de trabalho são configuradas para produzir a quantidade necessária do primeiro modelo; em seguida, são reconfiguradas para produzir o próximo modelo, e assim por diante. Os produtos, muitas vezes, são montados em lotes, quando a demanda para cada produto é média. Em geral, é mais econômico usar uma linha de montagem para a produção de diversos produtos em lotes do que construir uma linha separada para cada modelo diferente.

Quando dizemos que as estações de trabalho são configuradas, estamos nos referindo à atribuição de tarefas a cada estação na linha, incluindo as ferramentas especiais necessárias para executar as tarefas e o *layout* físico da estação. Os modelos fabricados na linha geralmente são semelhantes e as tarefas para fabricá-los são, portanto, também semelhantes. No entanto, como existem diferenças entre os modelos, uma sequência de tarefas diferente em geral é necessária e as ferramentas utilizadas em uma determinada estação de trabalho para o último modelo podem não ser as mesmas que as exigidas para o próximo modelo. Um modelo pode levar mais tempo total do que o outro, exigindo que a linha seja operada em um ritmo mais lento. Um outro treinamento do trabalhador ou novos equipamentos podem ser necessários para produzir cada modelo. Por esses motivos, as mudanças na configuração da estação precisam ser feitas antes que a produção do próximo modelo possa começar. Essas alterações resultam em tempo de produção perdido em uma linha de modelo em lote.

Uma *linha de modelo misto* também produz mais de um modelo; entretanto, os modelos não são produzidos em lotes. Em vez disso, são fabricados simultaneamente. Enquanto uma estação está trabalhando em um modelo, a próxima estação está processando um modelo diferente. Cada estação é equipada para realizar as várias tarefas necessárias para produzir qualquer modelo que passe por ela. Muitos produtos de consumo são montados em linhas de modelo misto. São exemplos: automóveis e grandes aparelhos, caracterizados por variações de modelo, diferenças nas opções disponíveis e até mesmo diferenças de marca, em alguns casos.

Entre as vantagens de uma linha de modelo misto sobre uma linha de modelo em lote podemos citar: (1) nenhum tempo de produção é perdido na transição entre modelos, (2) a ausência dos estoques elevados típicos da produção em lote e (3) a capacidade de alterar as velocidades de produção de diferentes modelos quando a demanda do produto mudar. Por outro lado, o problema de atribuir tarefas às estações de trabalho de modo que todas compartilhem uma carga de trabalho igual é mais complexo em uma linha de modelo misto. A programação (determinação da sequência de modelos) e a logística (levar as peças certas para cada estação de trabalho para o modelo presente na estação) são mais difíceis nesse tipo de linha. E, em geral, uma linha de modelo em lote pode acomodar maiores variações nas configurações do modelo.

Como síntese dessa discussão, a Figura 15.3 indica a posição de cada um dos três tipos de linha de montagem em uma escala de variedade de produto.

Figura 15.3 Três tipos de linha de montagem manual relacionados à variedade de produto

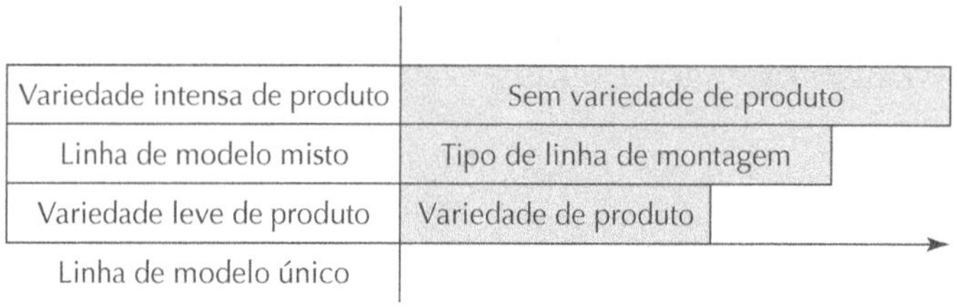

Variedade intensa de produto	Sem variedade de produto
Linha de modelo misto	Tipo de linha de montagem
Variedade leve de produto	Variedade de produto
Linha de modelo único	

15.2 ANÁLISE DAS LINHAS DE MONTAGEM DE MODELO ÚNICO

As relações desenvolvidas nesta e na próxima seção são aplicáveis às linhas de montagem de modelo único. Com uma pequena modificação, as mesmas relações se aplicam às linhas de modelo em lote. Consideramos as linhas de montagem de modelo misto na Seção 15.4.

A linha de montagem precisa ser projetada para obter uma taxa de produção R_p suficiente para satisfazer à demanda de produto. A demanda de produto normalmente é expressa como uma quantidade anual, que pode ser reduzida a uma taxa horária. A administração deve decidir sobre o número de turnos por semana em que a linha operará e o número de horas por turno. Considerando que a fábrica funciona 50 semanas por ano, a taxa de produção horária necessária é dada por:

$$R_p = \frac{D_a}{50 S_w H_{sh}} \qquad (15.3)$$

em que R_p é a taxa média de produção horária (unidades/hora); D_a é a demanda anual para o produto único que será fabricado na linha (unidades/ano); S_w é o número de turnos por semana e H_{sh} é o número de horas por turno. Se a linha funcionar 52 semanas em vez de 50, então $R_p = D_a/52 S_w H_{sh}$. Se um período de tempo diferente de um ano for usado para a demanda do produto, então a equação pode ser ajustada usando unidades de tempo consistentes no numerador e denominador.

Essa taxa de produção precisa ser convertida para um tempo de ciclo T_c, que é o intervalo de tempo em que a linha será operada. O tempo de ciclo precisa levar em consideração a realidade de que algum tempo de produção será perdido devido a falhas de equipamento ocasionais, interrupções de energia, falta de certos componentes necessários na montagem, problemas de qualidade, problemas trabalhistas e outras razões. Como consequência dessas perdas, a linha estará em plena operação apenas pelo tempo do turno total; essa proporção de tempo ativo é chamada de *eficiência de linha*. O tempo de ciclo pode ser determinado como:

$$T_c = \frac{60 E}{R_p} \qquad (15.4)$$

em que T_c é o tempo de ciclo da linha, R_p é a taxa de produção exigida, como determinado pela Equação (15.3) (unidades/hora); a constante 60 converte a taxa de produção horária em um tempo de ciclo em minutos; e E é a eficiência da linha. Os valores comuns de E para uma linha de montagem manual estão na faixa de 0,9 a 0,98. O tempo de ciclo T_c estabelece a taxa de ciclo ideal para a linha:

$$R_c = \frac{60}{T_c} \qquad (15.5)$$

em que R_c é a taxa de ciclo para a linha (ciclos/hora) e T_c é minutos/ciclo como na Equação (15.4). Essa taxa R_c deve ser maior que a taxa de produção exigida R_p porque a eficiência da linha E é menor que cem por cento. Logo, a eficiência da linha E é definida como:

$$E = \frac{R_p}{R_c} = \frac{T_c}{T_p} \qquad (15.6)$$

em que T_p é o tempo de ciclo de produção médio ($T_p = 60/R_p$).

Um produto montado requer um tempo total para ser construído, chamado *tempo total de trabalho* (T_{wc}), que é o tempo de todas as tarefas que precisam ser executadas na linha para produzir uma unidade do produto. Ele representa a quantidade total de trabalho que deve ser realizada sobre o produto pela linha de montagem. Ele é útil para calcular um número mínimo teórico de trabalhadores que será necessário na linha de montagem para produzir um produto com um T_{wc} conhecido e uma taxa de produção R_p especificada. A abordagem é basicamente a mesma que usamos na Seção 14.4.1 para calcular o número de estações de trabalho necessárias para obter uma carga de trabalho de produção especificada. Vamos usar a Equação (14.7) nesta seção para determinar o número de trabalhadores na linha de produção:

$$w = \frac{WL}{AT} \qquad (15.7)$$

em que w é o número de trabalhadores na linha; WL é a carga de trabalho a ser atingida em determinado período de tempo e AT é o tempo disponível no período. O período de tempo de interesse será 60 minutos e a *carga de trabalho* nesse período será a taxa de produção horária multiplicada pelo tempo de trabalho no produto, ou seja,

$$WL = R_p T_{wc} \qquad (15.8)$$

em que R_p é a taxa de produção (peças/hora) e T_{wc} é o tempo de trabalho (minutos/peça).

A Equação (15.4) pode ser reorganizada para a forma $R_p = 60E/T_c$. Inserindo essa equação na Equação (15.8), temos:

$$WL = \frac{60 E T_{wc}}{T_c}$$

O tempo disponível AT é de uma hora (60 minutos) multiplicada pela proporção de atividade na linha; ou seja,

$$AT = 60E$$

Substituindo esses termos por WL e AT na Equação (15.7), a equação se reduz à relação T_{wc}/T_c. Como o número de trabalhadores deve ser um inteiro, podemos escrever:

$$w^* = \text{Inteiro mínimo} \geq \frac{T_{wc}}{T_c} \qquad (15.9)$$

em que w^* é o número mínimo teórico de trabalhadores. Se consideramos um trabalhador por estação ($M_i = 1$ para todo i, $i = 1, 2, ..., n$; e o número de trabalhadores auxiliares $w_u = 0$), então essa relação também fornecerá o número mínimo teórico de estações de trabalho na linha.

Obter esse valor mínimo teórico na prática é improvável. A Equação (15.9) ignora dois fatores vitais que existem em uma linha de montagem real e costumam aumentar o número de trabalhadores acima do mínimo teórico.

1. *Perdas de reposicionamento*. Algum tempo será perdido em cada estação para reposicionar o item que será trabalhado ou o trabalhador. Portanto, o tempo disponível por trabalhador para realizar a montagem é menos que T_c.

2. *O problema do balanceamento de linha*. É praticamente impossível dividir o tempo de trabalho igualmente entre todas as estações de trabalho. Algumas são propensas a ter uma quantidade de trabalho que requer menos tempo do que T_c. Isso tende a aumentar o número de trabalhadores.

Vamos considerar as perdas de reposicionamento e o balanceamento imperfeito na discussão a seguir. Por questão de simplicidade, a discussão será limitada ao caso em que um trabalhador é atribuído para cada estação ($M_i = 1$). Portanto, quando nos referimos a determinada estação, estamos nos referindo ao trabalhador nessa estação; quando nos referimos a determinado trabalhador, estamos nos referindo à estação onde esse trabalhador está atarefado.

15.2.1 Perdas de posicionamento

As perdas de posicionamento em uma linha de produção ocorrem porque algum tempo é necessário em cada ciclo para reposicionar o trabalhador ou o item ou ambos. Por exemplo, em uma linha de transporte contínuo com itens fixados ao transportador e se movendo a uma velocidade constante, é necessário tempo para o trabalhador caminhar da unidade recém-completada até a unidade que está entrando na estação. Em outros sistemas com transportador, é necessário tempo para remover o item do transportador e posicioná-lo na estação para que o trabalhador realize sua tarefa nele. Em todas as linhas de montagem manuais, há alguma perda de tempo para reposicionamento. Vamos definir T_r como o tempo necessário para reposicionar o trabalhador, o item ou ambos. Na análise subsequente, consideramos que T_r é o mesmo para todos os trabalhadores, embora os tempos de reposicionamento possam, na prática, variar de uma estação para outra.

O tempo de reposicionamento T_r precisa ser subtraído do tempo de ciclo T_c para obtermos o tempo disponível restante para realizar a tarefa de montagem propriamente dita. Vamos nos referir ao tempo para realizar a tarefa atribuída a cada estação como o *tempo de serviço*. Ele é simbolizado como T_{si}, em que i é usado para identificar a estação i, $i = 1, 2, ..., n$. Os tempos de serviço variarão entre estações porque o conteúdo de trabalho total não pode ser alocado uniformemente entre as estações. Algumas estações terão mais trabalho do que outras. Haverá pelo menos uma estação em que T_{si} é máximo. Essa é chamada de *estação gargalo* porque estabelece o tempo de ciclo para a linha inteira. O tempo de serviço máximo não pode ser maior do que a diferença entre o tempo de ciclo T_c e o tempo de reposicionamento T_r; ou seja,

$$\text{Máx}\{T_{si}\} \leq T_c - T_r \text{ para } i = 1, 2, ... n \quad (15.10)$$

em que Máx$\{T_{si}\}$ é o tempo de serviço máximo entre todas as estações (minutos/ciclo); T_c é o tempo de ciclo para a linha de montagem pela Equação (15.4) (minutos/ciclo) e T_r é o tempo de reposicionamento (considerado igual para todas as estações) (minutos/ciclo). Para simplicidade da notação, vamos usar T_s para indicar esse tempo de serviço permitido máximo, ou seja,

$$T_s = \text{Máx}\{T_{si}\} \leq T_c - T_r \quad (15.11)$$

Em todas as estações em que T_{si} é menor que T_s, os trabalhadores estarão ociosos durante uma parte do ciclo, como ilustrado na Figura 15.4. Quando o tempo de serviço máximo não consumir o tempo disponível inteiro $T_c - T_r$ (ou seja, quando $T_s < T_c - T_r$), isso significa que a linha poderia ser operada em um ritmo mais rápido do que T_c por meio da Equação (15.4). Nesse caso, o tempo de ciclo T_c normalmente é reduzido de modo que $T_c = T_s + T_r$; isso permite que a taxa de produção aumente ligeiramente.

As perdas de reposicionamento reduzem a quantidade de tempo que pode ser dedicada ao trabalho de montagem produtivo na linha. Essas perdas podem ser expressas em função de um fator de eficiência como:

$$E_r = \frac{T_s}{T_c} = \frac{T_c - T_r}{T_c} \quad (15.12)$$

em que E_r é a *eficiência de reposicionamento* e os outros termos são definidos acima.

15.2.2 O problema do balanceamento de linha

O conteúdo de trabalho realizado em uma linha de montagem é composto de muitas tarefas distintas e separadas. Invariavelmente, a sequência em que essas tarefas podem ser realizadas é restrita, pelo menos até certo ponto, e a linha deverá operar em uma taxa de produção especificada, que se reduz a um tempo de ciclo necessário, como definido pela Equação (15.4). Dadas essas condições, o problema do balanceamento de linha preocupa-se com a atribuição de cada tarefa às estações de trabalho, de modo que todos os trabalhadores tenham uma quantidade igual de trabalho. Vamos discutir a terminologia do problema do balanceamento de linha nesta seção. Na Seção 15.3, vamos apresentar alguns algoritmos para resolver esse problema.

Figura 15.4 **Componentes do tempo de ciclo em várias estações de uma linha de montagem manual. Na estação mais lenta, a estação gargalo, o tempo ocioso é igual a zero; nas outras estações o tempo ocioso existe**

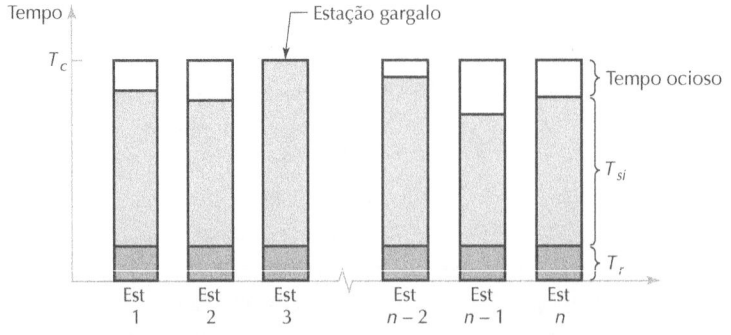

Legenda: Est é a estação de trabalho, n é o número de estações de trabalho na linha, T_r é o tempo de reposicionamento na linha, T_{si} é o tempo de serviço, T_c é o tempo de ciclo.

Dois conceitos importantes no balanceamento de linha são a separação do conteúdo de trabalho total em tarefas mínimas de trabalho racional e as restrições de precedência que devem ser atendidas por essas tarefas. Com base nesses conceitos, podemos definir as medidas de desempenho para soluções do problema do balanceamento de linha.

Tarefas mínimas de trabalho racional. Uma tarefa mínima de trabalho racional é uma pequena quantidade de trabalho que possui um objetivo limitado e específico, como acrescentar um componente na peça-base, unir dois componentes ou realizar alguma outra pequena parte do trabalho total. Uma tarefa mínima de trabalho racional não pode ser subdividida sem perda da praticidade. Por exemplo, fazer um furo completo em uma peça de metal ou unir dois componentes usinados com parafuso e porca seriam tarefas mínimas de trabalho racional. Não faz sentido dividir essas tarefas em atividades menores. A soma dos tempos das tarefas é igual ao tempo total de trabalho; ou seja,

$$T_{wc} = \sum_{k=1}^{n_e} T_{ek} \quad (15.13)$$

em que T_{ek} é o tempo para realizar a tarefa k (minutos) e n_e é o número de tarefas nas quais o trabalho total é dividido, ou seja, $k = 1, 2, ..., n_e$.

No balanceamento de linha, as seguintes suposições são feitas sobre os tempos das tarefas: (1) os tempos das tarefas são valores constantes e (2) os valores de T_{ek} são aditivos; isto é, o tempo para realizar duas ou mais tarefas em sequência é a soma dos tempos das tarefas individuais. Na verdade, sabemos que essas suposições não são totalmente verdadeiras. Os tempos das tarefas são variáveis, levando ao problema da variabilidade do tempo de tarefa. Normalmente existe uma economia de movimento que pode ser alcançada pela combinação de duas ou mais tarefas, violando a suposição da aditividade. Contudo, essas suposições são feitas para permitir a solução do problema do balanceamento de linha.

O tempo de tarefa na estação i ou tempo de serviço, como estamos chamando, T_{si}, é composto dos tempos das tarefas que foram atribuídas a essa estação, isto é,

$$T_{si} = \sum_{k \in i} T_{ek} \quad (15.14)$$

Uma suposição associada a essa equação é que todo T_{ek} é menor do que o tempo de serviço máximo T_s.

Diferentes tarefas exigem diferentes tempos, e, quando as tarefas são agrupadas em tarefas lógicas e atribuídas a trabalhadores, os tempos de serviço de estação T_{si} provavelmente não devem ser iguais. Portanto, simplesmente devido à variação entre os tempos das tarefas, alguns trabalhadores receberão mais trabalho, enquanto outros, menos. Embora os tempos de serviço variem de estação para estação, eles devem se somar ao tempo de trabalho:

$$T_{wc} = \sum_{i=1}^{n} T_{si} \quad (15.15)$$

Restrições de precedência. Além da variação nos tempos das tarefas que dificultam a obtenção de tempos de serviço iguais para todas as estações, existem restrições sobre a ordem na qual as tarefas podem ser realizadas. Algumas tarefas devem ser feitas antes de outras. Por exemplo, para criar um furo com rosca, a peça deve ser furada, antes que o furo possa ser rosqueado. O parafuso de máquina que utilizará o furo rosqueado para anexar um componente de acoplamento não pode ser inserido antes de o furo ter sido usinado e roscado. Esses requisitos tecnológicos na sequência de trabalho são chamados de *restrições de precedência* (ou relações de precedência). Como veremos adiante, eles complicam o problema do balanceamento de linha.

As restrições de precedência podem ser representadas graficamente na forma de um *diagrama de precedência*, um diagrama de rede indicando a sequência na qual as tarefas devem ser realizadas. As tarefas são simbolizadas por nós e os requisitos de precedência são indicados por setas ligando os nós. A sequência ocorre da esquerda para a direita. A Figura 15.5 apresenta o diagrama de precedência para o exemplo a seguir, que ilustra a terminologia e algumas das equações apresentadas aqui.

EXEMPLO 15.1
Um problema para o balanceamento de linha.
Um aparelho elétrico deve ser produzido em uma linha de montagem de modelo único. O conteúdo de trabalho da montagem do produto foi reduzido às tarefas listadas na Tabela 15.4. A tabela também relaciona os tempos para cada tarefa e a ordem de precedência em que devem ser realizadas. A linha deve ser balanceada para uma demanda anual de cem mil unidades. A linha funcionará 50 semanas por ano, cinco turnos por semana e 7,5 horas por turno. O apoio humano será de um trabalhador por estação. A experiência anterior sugere que a eficiência da atividade para a linha será de 96 por cento e o tempo de reposicionamento perdido por ciclo será de 0,08 minuto. Determine (a) o tempo total de trabalho T_{wc}, (b) a taxa de produção horária R_p necessária para atender a demanda anual, (c) o tempo de ciclo T_c, (d) o número mínimo teórico de trabalhadores necessário na linha e (e) o tempo de serviço T_s para o qual a linha deve ser balanceada.

Solução: (a) O tempo total de trabalho é a soma dos tempos das tarefas na Tabela 15.4.

Figura 15.5 **Diagrama de precedência para o Exemplo 15.1. Os nós representam tarefas e as setas indicam a sequência na qual as tarefas precisam ser feitas. Os tempos das tarefas são mostrados acima de cada nó**

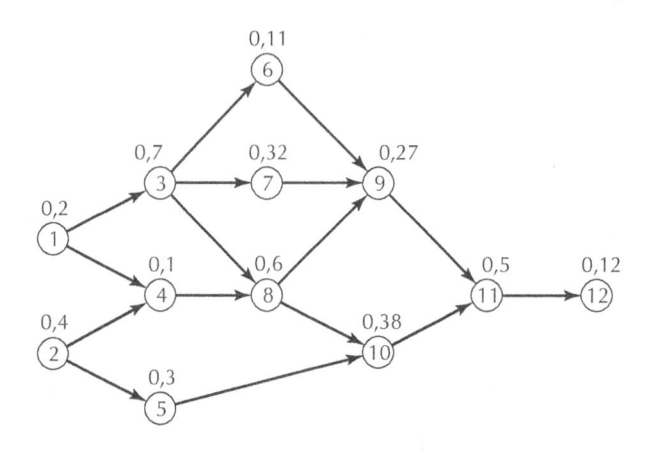

Tabela 15.4 **Tarefas para o Exemplo 15.1**

Número	Descrição da tarefa	T_{ek} (min)	Precisa ser precedido por
1	Colocar a base no dispositivo de fixação e travá-lo	0,2	—
2	Montar o plugue e o anel isolante no cabo de força	0,4	—
3	Montar as braçadeiras na base	0,7	1
4	Ligar o cabo de força no motor	0,1	1, 2
5	Ligar o cabo de força na chave	0,3	2
6	Montar a placa do mecanismo na braçadeira	0,11	3
7	Montar a lâmina na braçadeira	0,32	3
8	Montar o motor na braçadeira	0,6	3, 4
9	Alinhar a lâmina e fixar no motor	0,27	6, 7, 8
10	Montar a chave no suporte do motor	0,38	5, 8
11	Fixar a tampa, inspecionar e testar	0,5	9, 10
12	Colocar na caixa para embalagem	0,12	11

T_{wc} = 4 min

(b) Dada a demanda anual, a taxa de produção horária é:

$$R_p = \frac{100.000}{50(5)(7,5)} = 53,33 \text{ unidades/hora}$$

(c) O tempo de ciclo correspondente T_c com uma eficiência de atividade de 96 por cento é:

$$T_c = \frac{60(0,96)}{53,33} = 1,08 \text{ min}$$

(d) O número mínimo teórico de trabalhadores é dado pela Equação (15.9):

$$w^* = \text{Inteiro mínimo} \geq \frac{4}{1,08} (= 3,7) = 4 \text{ trabalhadores}$$

(e) O tempo de serviço disponível com o qual a linha precisa ser balanceada é:

$$T_s = 1,08 - 0,08 = 1 \text{ min}$$

Medidas da eficiência do balanceamento de linha. Devido às diferenças nos tempos da tarefa mínima de trabalho racional e às restrições de precedência entre as tarefas, é praticamente impossível obter um balanceamento de linha perfeito. Medidas precisam ser definidas para indicar o quanto determinada solução de balanceamento de linha é boa. Uma medida possível é a *eficiência do balanceamento*, o tempo total de trabalho dividido pelo tempo total de serviço disponível na linha:

$$E_b = \frac{T_{wc}}{wT_s} \quad (15.16)$$

em que E_b é a eficiência do balanceamento, normalmente expressa em porcentagem; T_s é o tempo de serviço disponível máximo na linha (Máx$\{T_{si}\}$, em minutos/ciclo) e w é o número de trabalhadores. O denominador na Equação (15.16) fornece o tempo de serviço total disponível na linha a ser dedicado à montagem da unidade de produto. Quanto mais próximos forem os valores de T_{wc} e wT_s, menos tempo ocioso haverá na linha. Portanto, E_b é uma medida do quanto uma solução de balanceamento de linha é boa. Um balanceamento de linha perfeito produz um valor de E_b igual a 1. Eficiências de balanceamento de linha comuns na indústria variam entre 0,9 e 0,95.

O complemento da eficiência do balanceamento é o *atraso do balanceamento*, que indica a quantidade de tempo perdido devido ao balanceamento imperfeito como uma relação com o tempo total disponível, ou seja,

$$d = \frac{(wT_s - T_{wc})}{wT_s} \quad (15.17)$$

em que d é o atraso do balanceamento e os outros termos possuem o mesmo significado de antes. Um atraso de balanceamento zero indica um balanceamento perfeito. Observe que $E_b + d = 1$.

Necessidade de trabalhadores. Em nossa discussão das relações nesta seção, identificamos três fatores que reduzem a produtividade de uma linha de montagem manual. Todos podem ser expressos como eficiências:

1. *Eficiência da linha*, a proporção de atividade na linha E, como definido na Equação (15.6).
2. *Eficiência de reposicionamento*, E_r, como definido na Equação (15.12).
3. *Eficiência do balanceamento de linha*, E_b, como definido na Equação (15.16).

Juntos, esses fatores constituem a eficiência de trabalho geral na linha de montagem:

Eficiência de trabalho na linha de montagem = EE_rE_b (15.18)

Usando essa medida de eficiência do trabalho, podemos calcular um valor mais realista para o número de trabalhadores na linha de montagem, baseado na Equação (15.9):

$$w = \text{Inteiro mínimo} \geq \frac{R_p T_{wc}}{60 EE_r E_b} = \frac{T_{wc}}{E_r E_b T_c} =$$

$$= \frac{T_{wc}}{E_b T_s} \quad (15.19)$$

em que w é o número real de trabalhadores necessários na linha; R_p é a taxa de produção horária (unidades/hora) e T_{wc} é o tempo total de trabalho por produto que será realizado na linha (minutos/unidade). O problema com essa relação é a dificuldade em determinar valores para E, E_r e E_b antes que a linha seja construída e operada. Entretanto, a equação fornece um modelo preciso dos parâmetros que afetam o número de trabalhadores necessários para realizar determinada carga de trabalho em uma linha de montagem de modelo único.

15.3 ALGORITMOS DE BALANCEAMENTO DE LINHA

O objetivo do balanceamento de linha é distribuir a carga de trabalho total na linha de montagem o mais uniformemente possível entre os trabalhadores. Esse objetivo pode ser expresso matematicamente de duas formas alternativas, mas equivalentes:

$$\text{Mín}(wT_s - T_{wc}) \text{ ou } \text{Mín} \sum_{i=1}^{w}(T_s - T_{si}) \quad (15.20)$$

sujeito a:

(1) $$\sum_{k \in i} T_{ek} \leq T_s$$

e

(2) todos os requisitos de precedência são obedecidos.

Nesta seção, vamos considerar vários métodos para resolver o problema do balanceamento de linha, usando os dados do Exemplo 15.1 para ilustrar. Os algoritmos são (1) a regra do maior candidato, (2) o método de Kilbridge e Wester e (3) o método dos pesos posicionais (do inglês, *ranked positional weights* — RPW). Esses métodos são heurísticos, baseados no bom-senso e na experimentação e não na otimização matemática. Em cada um dos algoritmos, consideramos que o nível de apoio humano é um; portanto, quando identificamos a estação i, também estamos identificando o trabalhador na estação i.

15.3.1 Regra do maior candidato

Nesse método, as tarefas são organizadas em ordem decrescente de acordo com seus valores T_{ek}, como na Tabela 15.5. Dada essa lista, os algoritmos consistem das seguintes etapas: (1) atribuir tarefas ao trabalhador da primeira estação de trabalho começando no alto da lista e selecionando a primeira tarefa que satisfaça os requisitos de precedência e que não faça com que a soma total de T_{ek} nessa estação exceda o T_s permitido. Quando uma tarefa for selecionada para ser atribuída à estação, comece novamente no topo da lista para as atribuições subsequentes; (2) quando não houver mais tarefas que possam ser atribuídas sem exceder T_s, então passe para a próxima estação; (3) repita as etapas 1 e 2 para tantas estações adicionais quantas forem necessárias até que todas as tarefas tenham sido atribuídas.

> **EXEMPLO 15.2**
> **Regra do maior candidato**
> Aplique a regra do maior candidato ao problema do Exemplo 15.1.
> *Solução*: As tarefas são organizadas em ordem decrescente na Tabela 15.5 e o algoritmo é executado como apresentado na Tabela 15.6. São necessários cinco trabalhadores e estações na solução. A eficiência do balanceamento é calculada como:
>
> $$E_b = \frac{4}{5(1)} = 0,8$$
>
> O atraso do balanceamento d é igual a 0,2. A solução do balanceamento de linha é apresentada na Figura 15.6.

15.3.2 Método de Kilbridge e Wester

Esse método tem recebido considerável atenção desde sua introdução em 1961 [17] e tem sido aplicado com aparente sucesso em vários problemas complicados de balanceamento de linha na indústria [21]. Trata-se de um procedimento heurístico que seleciona tarefas para a atribuição às estações de acordo com sua posição no diagrama de precedência. Isso resolve uma das dificuldades com a regra do maior candidato, na qual uma tarefa pode ser selecionada devido a um valor T_e elevado, mas independentemente de sua posição no diagrama de precedência. Em geral, o método Kilbridge e Wester fornece uma solução de balanceamento de linha superior ao previsto pela regra do maior candidato (embora não seja o caso para o exemplo).

No método Kilbridge e Wester, as tarefas no diagrama de precedência são organizadas em colunas, como mostra a Figura 15.7. As tarefas podem ser organizadas em uma lista de acordo com suas colunas, com as tarefas na primeira coluna listadas primeiro. Desenvolvemos esse tipo de lista de tarefas para o exemplo na Tabela 15.7. Se determinada tarefa puder ser localizada em mais de uma coluna, então todas as colunas para essa tarefa devem ser listadas, como fizemos no caso da tarefa 5. Em nossa lista, acrescentamos a função em que as tarefas em uma determinada coluna são apresentadas na ordem de seu valor T_{ek}, ou seja, aplicamos a regra do maior candidato dentro de cada coluna. Isso é útil ao atribuir tarefas às estações, pois garante que as tarefas maiores sejam selecionadas primeiro, aumentando assim as chances de tornar a soma de T_{ek} em cada estação mais próxima do limite permitido de T_s. Assim que a lista é estabelecida, o mesmo processo de três etapas é usado como antes.

Tabela 15.5 Tarefas organizadas conforme o valor de T_{ek} para a regra do maior candidato

Tarefa	T_{ek} (min)	Precedido por
3	0,7	1
8	0,6	3, 4
11	0,5	9, 10
2	0,4	–
10	0,38	5, 8
7	0,32	3
5	0,3	2
9	0,27	6, 7, 8
1	0,2	–
12	0,12	11
6	0,11	3
4	0,1	1, 2

Tabela 15.6 Elementos de trabalho atribuídos a estações de acordo com a regra do maior candidato

Estação	Tarefa	T_{ek} (min)	Tempo da estação (min)
1	2	0,4	
	5	0,3	
	1	0,2	
	4	0,1	1
2	3	0,7	
	6	0,11	0,81
3	8	0,6	
	10	0,38	0,98
4	7	0,32	
	9	0,27	0,59
5	11	0,5	
	12	0,12	0,62

Figura 15.6 Solução para o Exemplo 15.2, que indica: (a) atribuição das tarefas de acordo com a regra do maior candidato e (b) sequência física das estações com tarefas atribuídas

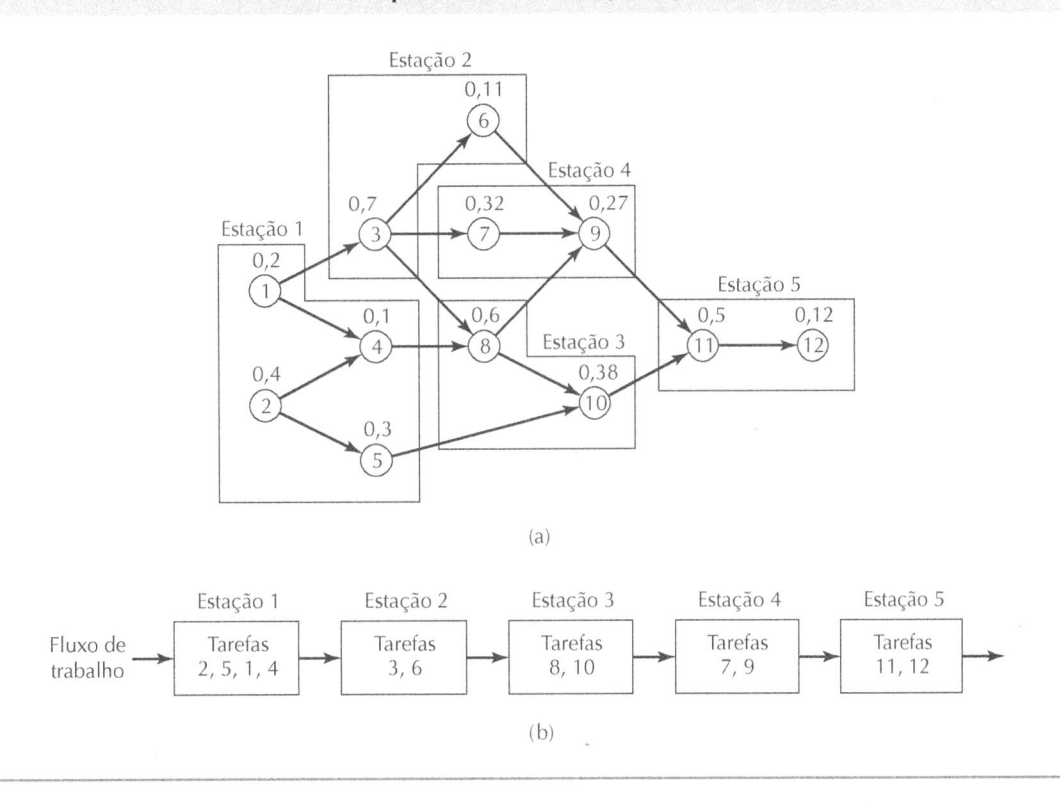

Figura 15.7 Tarefas no problema de exemplo organizadas em colunas para o método de Kilbridge e Wester

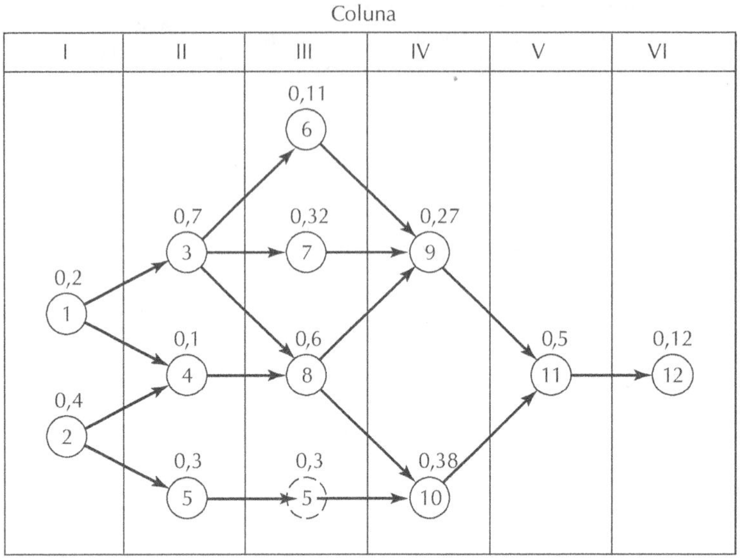

Tabela 15.7 Tarefas listadas de acordo com as colunas da Figura 15.7 para o método de Kilbridge e Wester

Tarefa	Coluna	T_{ek} (min)	Precedido por
2	I	0,4	–
1	I	0,2	–
3	II	0,7	1
5	II, III	0,3	2
4	II	0,1	1, 2
8	III	0,6	3, 4
7	III	0,32	3
6	III	0,11	3
10	IV	0,38	5, 8
9	IV	0,27	6, 7, 8
11	V	0,5	9, 10
12	VI	0,12	11

EXEMPLO 15.3
Método de Kilbridge e Wester
Aplique o método de Kilbridge e Wester ao problema do Exemplo 15.1.
Solução: As tarefas são organizadas na ordem das colunas da Tabela 15.7. A solução de Kilbridge e Wester é apresentada na Tabela 15.8. Cinco trabalhadores são necessários e a eficiência do balanceamento E_b é igual a 0,8. Observe que, embora a eficiência do balanceamento seja a mesma da regra do maior candidato, a alocação das tarefas às estações é diferente.

Tabela 15.8 Tarefas atribuídas às estações conforme o método de Kilbridge e Wester

Estação	Tarefa	Coluna	T_{ek} (min)	Tempo da estação (min)
1	2	I	0,4	
	1	I	0,2	
	5	II	0,3	
	4	II	0,1	1
2	3	II	0,7	
	6	III	0,11	0,81
3	8	III	0,6	
	7	III	0,32	0,92
4	10	IV	0,38	
	9	IV	0,27	0,65
5	11	V	0,5	
	12	VI	0,12	0,62

15.3.3 Método dos pesos posicionais

O método dos pesos posicionais (do inglês, *ranked positional weights* — RPW) foi introduzido por Helgeson e Birnie [13]. Nesse método, um valor de peso posicional ordenado é calculado para cada tarefa. O *RPW* leva em consideração o valor de T_{ek} e sua posição no diagrama de precedência. Especificamente, RPW_k é calculado somando T_{ek} e todos os outros tempos para as tarefas que seguem T_{ek} na cadeia de setas do diagrama de precedência. As tarefas são compiladas em uma lista de acordo com seu valor de *RPW* e o algoritmo continua usando as mesmas três etapas de antes.

EXEMPLO 15.4
Método dos pesos posicionais
Aplique o método dos pesos posicionais ao problema do Exemplo 15.1.
Solução: O *RPW* precisa ser calculado para cada tarefa. Para ilustrar,

$$RPW_{11} = 0,5 + 0,12 = 0,62$$
$$RPW_8 = 0,6 + 0,27 + 0,38 + 0,5 + 0,12 = 1,87$$

As tarefas são listadas de acordo com o valor de *RPW* na Tabela 15.9. A atribuição das tarefas às estações é realizada com a solução apresentada na Tabela 15.10. Observe que o maior valor de T_s é 0,92 minuto. Isso pode ser explorado operando-se a linha na velocidade mais rápida, resultando no aumento da eficiência do balanceamento de linha e no aumento da taxa de produção:

$$E_b = \frac{4}{5(0,92)} = 0,87$$

O tempo de ciclo é $T_c = T_s + T_r = 0,92 + 0,08 = 1$; logo,

$$R_c = \frac{60}{1} = 60 \text{ ciclos/h}$$

E, como a eficiência da linha E é 0,96, $R_p = 60(0,96) = 57,6$ unidades/h

Essa é uma solução melhor do que as dos métodos de balanceamento de linha anteriores. Ocorre que o desempenho de um determinado algoritmo de balanceamento de linha depende do problema a ser resolvido. Alguns métodos de balanceamento de linha funcionam melhor em alguns problemas.

Tabela 15.9 Tarefas classificadas conforme seus pesos posicionais (RPW)

Tarefa	RPW	T_{ek} (min)	Precedido por
1	3,3	0,2	–
3	3	0,7	1
2	2,67	0,4	–
4	1,97	0,1	1, 2
8	1,87	0,6	3, 4
5	1,3	0,3	2
7	1,21	0,32	3
6	1	0,11	3
10	1	0,38	5, 8
9	0,89	0,27	6, 7, 8
11	0,62	0,5	9, 10
12	0,12	0,12	11

Tabela 15.10 Tarefas atribuídas às estações conforme o método dos pesos posicionais (RPW)

Estação	Tarefa	T_{ek} (min)	Tempo da estação (min)
1	1	0,2	
	3	0,7	0,9
2	2	0,4	
	4	0,1	
	5	0,3	
	6	0,11	0,91
3	8	0,6	
	7	0,32	0,92
4	10	0,38	
	9	0,27	0,65
5	11	0,5	
	12	0,12	0,62

15.4 LINHAS DE MONTAGEM DE MODELO MISTO

A *linha de montagem de modelo misto* é uma linha de produção manual capaz de produzir uma variedade de modelos de produtos diferentes de modo simultâneo e contínuo (e não em lotes). Cada estação de trabalho se especializa em um determinado conjunto de tarefas de montagem, mas as estações são suficientemente flexíveis para que possam desempenhá-las em diferentes modelos. As linhas de modelo misto normalmente são usadas para realizar a montagem final de automóveis, caminhões de pequeno e grande porte e aparelhos grandes e pequenos. Nesta seção, discutiremos algumas questões técnicas relacionadas às linhas de montagem de modelo misto, em particular (1) a determinação do número de trabalhadores e outros parâmetros de operação, (2) o balanceamento de linha e (3) o lançamento de modelo.

15.4.1 Determinando o número de trabalhadores na linha

Para determinar o número de trabalhadores necessário para uma linha de montagem de modelo misto, começamos novamente com a Equação (15.7):

$$w = \frac{WL}{AT}$$

em que w é o número de trabalhadores; WL é a carga de trabalho que será cumprida pelos trabalhadores no período de tempo programado (minutos/hora) e AT é o tempo disponível por trabalhador no mesmo período de tempo (minutos/hora por trabalhador). O período de tempo usado aqui é uma hora, mas as unidades podem ser minutos/turno ou minutos/semana, dependendo das informações disponíveis e da preferência do analista.

A *carga de trabalho* consiste do tempo total de trabalho de cada modelo multiplicado pela respectiva taxa de produção durante o período, ou seja,

$$WL = \sum_{j=1}^{P} R_{pj} T_{wcj} \quad (15.21)$$

em que WL é a carga de trabalho (minutos/hora); R_{pj} é a taxa de produção do modelo j (peças/hora); T_{wcj} é o tempo total de trabalho do modelo j (minutos/peça); p é o número de modelos produzidos durante o período e j é usado para identificar o modelo, $j = 1, 2, ..., P$.

O tempo disponível por trabalhador é o número de minutos disponíveis para realizar o trabalho de montagem no produto durante a hora. No caso ideal, em que as eficiências de reposicionamento e de balanceamento de linha são cem por cento, AT é igual a $60E$, em que E é a proporção de atividade na linha. Isso permite determinar o número teórico mínimo de trabalhadores:

$$w^* = \text{Inteiro mínimo} \geq \frac{WL}{60E} \quad (15.22)$$

De modo mais realista, as eficiências de reposicionamento e de balanceamento de linha serão menores que cem por cento, e esse fato deve ser fatorado no tempo disponível:

$$AT = 60EE_rE_b \quad (15.23)$$

em que AT é o tempo disponível por trabalhador (minutos/hora); 60 é o número de minutos em uma hora (minutos/hora); E é a eficiência da linha; E_r é a eficiência de reposicionamento; e E_b é a eficiência do equilíbrio.

EXEMPLO 15.5
Número de trabalhadores necessário em uma linha de modelo misto

A taxa de produção horária e o tempo total de trabalho para dois modelos produzidos em uma linha de montagem de modelo misto são dados na tabela abaixo:

Modelo j	R_{pj}	T_{wcj} (min)
A	4/h	27
B	6/h	25

Também é dado que a eficiência da linha E é 0,96 e o nível de apoio humano $M = 1$. Determine (a) o número teórico mínimo de trabalhadores necessário na linha de montagem e (b) o número real de trabalhadores, se é sabido que a eficiência de reposicionamento E_r é igual a 0,974 e a eficiência do balanceamento E_b é 0,921.

Solução: (a) A carga de trabalho por hora é calculada pela Equação (15.21):

$$WL = 4(27) + 6(25) = 258 \text{ min/h}$$

O tempo disponível por hora é 60 minutos corrigidos para E, mas não para E_r e E_b:

$$AT = 60(0,96) = 57,6 \text{ min}$$

Usando a Equação (15.22), o número teórico mínimo de trabalhadores, portanto, é:

$$w^* = \text{Inteiro mínimo} \geq \frac{258}{57,6} = 4,48 \rightarrow 5 \text{ trabalhadores}$$

(b) Agora usando a Equação (15.23), $AT = 60(0,96)(0,974)(0,921) = 51,67$ min

$$w = \text{Inteiro mínimo} \geq \frac{258}{51,67} = 4,99 \rightarrow 5 \text{ trabalhadores}$$

15.4.2 Balanceamento de linha de modelo misto

O objetivo do balanceamento de linha de modelo misto é o mesmo para as linhas de modelo único: distribuir a carga de trabalho entre as estações o mais uniformemente possível. Os algoritmos usados para resolver o problema do balanceamento de linha de modelo misto em geral são adaptações de métodos desenvolvidos para linhas de modelo único. Nosso tratamento desse tema é admitidamente limitado. O leitor interessado pode pesquisar o balanceamento de linha de modelo misto e seu problema associado, o sequenciamento de modelos, em várias de nossas referências, incluindo [7], [21], [22], [23], [26]. Uma crítica literária desses temas é apresentada em [11].

No balanceamento de linha de modelo misto, os tempos das tarefas são utilizados para equilibrar a linha, como na Seção 15.3. No balanceamento de linha de montagem de modelo misto, são usados os tempos totais das tarefas por hora (ou por turno). A função objetivo pode ser expressa como:

$$\text{Mín } (wAT - WL) \text{ ou Mín}$$

$$\text{Mín} \sum_{i=1}^{w} (AT - TT_{si}) \quad (15.24)$$

em que w é o número de trabalhadores ou estações (novamente considerando o $M_i = 1$, de modo que $n = w$); AT é o tempo disponível no período de interesse (por exemplo, hora, turno, em minutos); WL é a carga de trabalho que será cumprida durante o mesmo período (minutos); e TT_{si} é o tempo de serviço total na estação i para realizar sua parte atribuída da carga de trabalho (minutos).

As duas declarações na Equação (15.24) são equivalentes. A carga de trabalho pode ser calculada como antes, usando a Equação (15.21):

$$WL = \sum_{j=1}^{P} R_{pj} T_{wcj}$$

Para determinar o tempo de serviço total na estação i, precisamos primeiramente calcular o tempo total para completar cada tarefa na carga de trabalho. Considere T_{ejk} como o tempo para completar a tarefa k no produto j. O tempo total por tarefa é dado por:

$$TT_k = \sum_{j=1}^{P} R_{pj} T_{ejk} \quad (15.25)$$

em que TT_k é o tempo total dentro da carga de trabalho que precisa ser alocada para a tarefa k para todos os produtos (minutos). Com base nesses valores de TT_k, as atribuições de tarefas podem ser feitas a cada estação de acordo com um dos algoritmos de balanceamento de linha. Os tempos totais de serviço em cada estação são calculados:

$$TT_{si} = \sum_{k \in i} TT_k \quad (15.26)$$

em que TT_{si} é o tempo de serviço total na estação i igual à soma dos tempos das tarefas que foram atribuídas a essa estação (minutos).

As medidas da eficiência do balanceamento para o balanceamento de linha de montagem de modelo misto correspondem àquelas no balanceamento de linha de modelo único,

$$E_b = \frac{WL}{w(\text{Máx}\{TT_{si}\})} \quad (15.27)$$

em que E_b é a eficiência do equilíbrio; WL é a carga de trabalho da Equação (15.21) (minutos); w é o número de trabalhadores (estações); e $\text{Máx}\{TT_{si}\}$ é o valor máximo do tempo de serviço total entre todas as estações na solução. É possível que a solução do balanceamento de linha produza um valor de $\text{Máx}\{TT_{si}\}$ menor que o tempo total disponível AT. Essa situação ocorre no exemplo a seguir.

EXEMPLO 15.6
Balanceamento de linha de montagem de modelo misto
Esta é uma continuação do Exemplo 15.5. Para os modelos A e B, as taxas de produção horárias são de quatro unidades por hora para A e de seis unidades por hora para B. A maioria das tarefas é comum aos dois modelos, mas, em alguns casos, elas levam mais tempo para um modelo do que para o outro. Tarefas, tempos e requisitos de precedência são dados na Tabela 15.11. Também são dados: E igual a 0,96, o tempo de reposicionamento T_r igual a 0,15 minuto e $M_i = 1$. (a) Construa o diagrama de precedência para cada modelo e para ambos os modelos combinados em um diagrama. (b) Use o método de Kilbridge e Wester para resolver o problema do balanceamento de linha. (c) Determine a eficiência do balanceamento para a solução em (b).

Solução: (a) Os diagramas de precedência são mostrados na Figura 15.8.
(b) Para usar o método de Kilbridge e Wester, precisamos (1) calcular os requisitos de tempo total de produção para cada tarefa, TT_k, conforme a Equação (15.25) — isso é feito na Tabela 15.12; (2) organizar as tarefas de acordo com as colunas no diagrama de precedência, como na Tabela 15.13 (dentro das colunas, listamos as tarefas de acordo com a regra do maior candidato) e (3) alocar tarefas às estações de trabalho usando o procedimento de três etapas definido na Seção 15.5.1. Para realizar a terceira etapa, precisamos calcular o tempo disponível por trabalhador, dada a proporção de tempo ativo E igual a 0,96 e a eficiência de reposicionamento E_r. Para determinar E_r, observamos que a taxa de produção total é:

$$R_p = 4 + 6 = 10 \text{ unidades/h}$$

O tempo de ciclo correspondente é encontrado multiplicando-se o inverso dessa taxa pela proporção de tempo ativo E e resolvendo a diferença nas unidades de tempo, como segue:

$$T_c = \frac{60(0,96)}{10} = 5,76 \text{ min}$$

O tempo de serviço em cada ciclo é o tempo de ciclo menos o tempo de reposicionamento T_r:

$$T_s = 5,76 - 0,15 = 5,61 \text{ min}$$

Agora a eficiência de reposicionamento pode ser determinada assim:

$$E_r = 5,61/5,76 = 0,974$$

Tabela 15.11 Tarefas para os modelos A e B no Exemplo 15.6

Tarefa k	T_{eAK} (min)	Precedido por	T_{eBK} (min)	Precedido por
1	3	–	3	–
2	4	1	4	1
3	2	1	3	1
4	6	1	5	1
5	3	2	–	–
6	4	3	2	3
7	–	–	4	4
8	5	5,6	4	7
T_{wc}	27		25	

Figura 15.8 Diagramas de precedência para o Exemplo 15.6: (a) para o modelo A, (b) para o modelo B e (c) para os dois modelos combinados

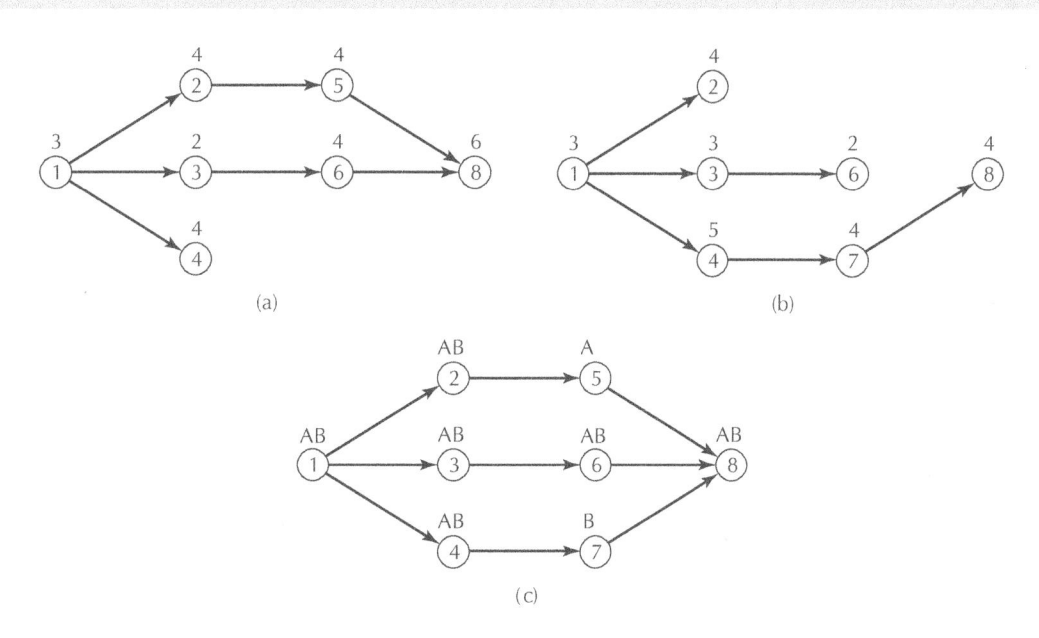

Portanto, temos o tempo disponível com o qual a linha deve ser equilibrada:

$$AT = 60(0,96)(0,974) = 56,1 \text{ min}$$

Alocando as tarefas às estações com base nesse limite, temos a solução apresentada na Tabela 15.14.
(c) A eficiência de balanceamento é determinada pela Equação (15.27). Máx$\{TT_{si}\}$ = 56 min. Observe que, como isso é ligeiramente menor do que o tempo disponível de 56,1 minutos, linha operará ligeiramente mais rápido do que originalmente a designamos para operar.

$$E_b = \frac{258}{5(56)} = 0,921 = 92,1\%$$

Tabela 15.12 Tempos totais para as tarefas em cada modelo para atender às respectivas taxas de produção e para ambos os modelos no Exemplo 15.6

Tarefa k	$R_{pA}T_{eAk}$ (min)	$R_{pB}T_{eBk}$ (min)	$\sum_{j=A,B} R_{pj}T_{ejk}$ (min)
1	12	18	30
2	16	24	40
3	8	18	26
4	24	30	54
5	12	0	12
6	16	12	28
7	0	24	24
8	20	24	44
			258

Tabela 15.13 Tarefas organizadas em colunas no Exemplo 15.6

Tarefa	Coluna	TT_k	Precedido por
1	I	30	–
4	II	54	1
2	II	40	1
3	II	26	1
6	III	28	3
7	III	24	4
5	III	12	2
8	IV	44	5, 6, 7

Tabela 15.14 Alocação das tarefas às estações no Exemplo 15.6 usando o método de Kilbridge e Wester

Estação	Tarefa	TT_k (min)	TT_{si} (min)
1	1	30	
	3	26	56
2	4	54	54
3	2	40	
	5	12	52
4	6	28	
	7	24	52
5	8	44	44
			258

15.4.3 Lançamento de modelo nas linhas de modelo misto

Observamos anteriormente que a produção em uma linha de montagem manual em geral envolve o lançamento de peças-base no início da linha em intervalos de tempo regulares. Em uma linha de modelo único, esse intervalo de tempo é constante e igual ao tempo de ciclo T_c. O mesmo se aplica para uma linha de modelo em lote, mas T_c provavelmente diferirá para cada lote porque os modelos são diferentes e suas necessidades de produção possivelmente também. Em uma linha de modelo misto, o lançamento é mais complicado porque cada modelo provavelmente possui um tempo total de trabalho diferente, que se traduz em diferentes tempos de serviço por estação. Assim, o intervalo de tempo entre os lançamentos e a seleção de qual modelo lançar são interdependentes. Por exemplo, se uma série de modelos com altos tempos totais de trabalho for lançada em curtos intervalos, a linha de montagem se tornará rapidamente congestionada (sobrecarregada com muito trabalho). De outro lado, se uma série de modelos com baixos tempos totais de trabalho for lançada em longos intervalos de tempo, então as estações terão períodos sem trabalho (resultando em ociosidade). Nem o congestionamento nem a ociosidade são desejáveis.

A determinação do intervalo de tempo entre lançamentos sucessivos é chamada de *disciplina de lançamento*. Duas disciplinas de lançamento alternativas estão disponíveis nas linhas de montagem de modelo misto: (1) lançamento com taxa variável e (2) lançamento com taxa fixa.

Lançamento com taxa variável. Nesse processo, o intervalo de tempo entre o lançamento da peça-base atual e a seguinte é igual ao tempo de ciclo da unidade atual. Como diferentes modelos possuem diferentes tempos totais de trabalho e, portanto, diferentes tempos de tarefa por estação, seus tempos de ciclo e seus intervalos de tempo de lançamento variam. O intervalo de tempo no lançamento com taxa variável pode ser expresso como:

$$T_{cv}(j) = \frac{T_{wcj}}{wE_rE_b} \quad (15.28)$$

em que $T_{cv}(j)$ é o intervalo de tempo antes do próximo lançamento no lançamento com taxa variável (minutos); T_{wcj} é o tempo total de trabalho do produto recém-lançado (modelo j, em minutos); w é o número de trabalhadores na linha; E_r é a eficiência de reposicionamento e E_b é a eficiência do balanceamento. Se o nível de apoio humano $M_i = 1$ para todo i, então o número de estações n pode ser substituído por w. Com um lançamento em taxa variável, uma vez que o intervalo de lançamento é determinado por essa fórmula, os modelos podem ser lançados em qualquer sequência desejada.

> **EXEMPLO 15.7**
> **Lançamento com taxa variável em uma linha de montagem de modelo misto**
> Determine os intervalos de lançamento de taxa variável para os modelos A e B nos exemplos 15.5 e 15.6. Dos resultados do Exemplo 15.6, temos E_r igual a 0,974 e E_b igual a 0,921.
> **Solução**: Aplicando a Equação (15.28) para o modelo A, temos
>
> $$T_{cv}(A) = \frac{27}{5(0,974)(0,921)} = 6,02 \text{ min}$$
>
> E, para o modelo B,
>
> $$T_{cv}(B) = \frac{25}{5(0,974)(0,921)} = 5,574 \text{ min}$$
>
> Quando uma unidade do modelo A é lançada no início da linha, 6,02 minutos precisam decorrer antes do próximo lançamento. Quando uma unidade do modelo B é lançada no início da linha, 5,574 minutos precisam decorrer antes do próximo lançamento.

A vantagem do lançamento com taxa variável é que as unidades podem ser lançadas em qualquer ordem, sem causar tempo ocioso ou congestionamento nas estações de trabalho, desde que o *mix* de modelos especificados seja alcançado até o fim do turno. O *mix* de modelos pode ser ajustado a qualquer momento para se adaptar às mudanças na demanda pelos diversos produtos fabricados na linha. No entanto, alguns problemas técnicos e logísticos devem ser resolvidos quando o lançamento em taxa variável é utilizado. Um deles é que os suportes (ou caixas) em um transportador em movimento geralmente estão localizados em intervalos constantes ao longo da sua extensão e os itens trabalhados precisam ser anexados apenas a essas posições. Isso não é compatível com o lançamento em taxa variável, que pressupõe que os itens possam ser anexados a qualquer local ao longo do transportador correspondente ao intervalo de lançamento em taxa variável T_{cv} para o modelo anterior. Um dos problemas logísticos no lançamento com taxa variável é a questão do fornecimento dos componentes e submontagens correto às estações individuais para os modelos que estão sendo montados na linha a qualquer momento. Devido a esses tipos de problemas, a indústria parece preferir o lançamento com taxa fixa.

Lançamento com taxa fixa para dois modelos. Nesse processo, o intervalo de tempo entre dois lançamentos é constante. Essa estratégia de lançamento normalmente é definida pela velocidade do transportador e pelo espaçamento entre os carregadores de itens (por exemplo, os ganchos em um transportador de corrente que ocorrem em espaçamentos regulares na corrente). O intervalo de tempo no lançamento com taxa fixa depende do *mix* de produtos e das taxas de produção dos modelos na linha. É claro, a programação precisa ser consistente com o tempo disponível e a força humana disponível na linha, de modo que a eficiência de reposicionamento e a eficiência do balanceamento de linha precisam ser consideradas. Dada a programação de produção horária, bem como os valores E_r e E_b, o intervalo de tempo de lançamento é determinado como:

$$T_{cf} = \frac{\frac{1}{R_p}\sum_{j=1}^{P}R_{pj}T_{wcj}}{wE_rE_b} \quad (15.29)$$

em que T_{cf} é o intervalo de tempo entre lançamentos no lançamento com taxa fixa (minutos); R_{pj} é a taxa de produção do modelo j (unidades/h); T_{wcj} é tempo de trabalho do modelo j (minutos/unidade); R_p é a taxa de produção total de todos os modelos na programação ou simplesmente a soma dos valores de R_{pj}; P é o número de modelos produzidos no período programado, $j = 1, 2, ..., P$; e w, E_r e E_b possuem o mesmo significado de antes. Se o nível de apoio humano $M_i = 1$ para todo i, então n pode ser usado no lugar de w na equação.

No lançamento com taxa fixa, os modelos precisam ser lançados em uma sequência específica; caso contrário, ocorrerá congestionamento de estação e/ou tempo ocioso (ociosidade). Vários algoritmos, cada um com vantagens e desvantagens, foram desenvolvidos para selecionar a sequência de modelo [6], [10], [21], [23], [26]. Nessa discussão, procuramos sintetizar as descobertas de pesquisas anteriores para fornecer dois métodos para o problema do lançamento com taxa fixa, um que funciona para o caso de dois modelos e outro que funciona para três ou mais.

O congestionamento e o tempo ocioso podem ser identificados em cada lançamento sucessivo como a diferença entre o intervalo de lançamento de taxa fixa cumulativo e a soma dos intervalos de lançamento para os modelos individuais que foram lançados na linha. Essa diferença pode ser expressa matematicamente como:

$$\text{Tempo de congestionamento} = \sum_{h=1}^{m}T_{cjh} - mT_{cf} \quad (15.30)$$
ou tempo ocioso

em que T_{cf} é o intervalo de lançamento de taxa fixa determinado pela Equação (15.29) (minutos); m é a sequência de lançamento durante o período de interesse; h é o índice de lançamento para fins de soma e T_{cjh} é o tempo de ciclo associado ao modelo j na posição de lançamento h (minutos), calculado como:

$$T_{cjh} = \frac{T_{wcj}}{wE_rE_b} \quad (15.31)$$

em que os símbolos no lado direito da equação são os mesmos da Equação (15.28).

O *congestionamento* é reconhecido quando a Equação (15.30) produz uma diferença positiva, indicando que a soma real dos tempos de tarefa para os modelos lançados até o momento (m) excede o tempo de tarefa cumulativo planejado. O *tempo ocioso* é identificado quando a Equação (15.30) produz um valor negativo, indicando que a soma real dos tempos de tarefa é menor que o tempo planejado para o lançamento atual m. É desejável minimizar o tempo de congestionamento e o tempo ocioso. Consequentemente, vamos propor o procedimento a seguir, no qual a sequência de modelos é selecionada de modo que o quadrado da diferença entre o intervalo de lançamento com taxa fixa e o intervalo de lançamento individual cumulativo seja minimizado para cada lançamento. Expressando esse procedimento na forma de equação, temos:

$$\text{Para cada lançamento } m, \text{ selecione } j \text{ de modo a minimizar } \left[\sum_{h=1}^{m}T_{cjh} - mT_{cf}\right]^2 \quad (15.32)$$

em que todos os termos seguem as definições anteriormente citadas.

EXEMPLO 15.8
Lançamento com taxa fixa em uma linha de montagem de modelo misto para dois modelos

Determine: (a) o intervalo de lançamento com taxa fixa para a programação de produção no Exemplo 15.5 e (b) a sequência de lançamento dos modelos A e B durante a hora. Use E_r e E_b do Exemplo 15.5(b).

Solução: (a) A taxa de produção combinada dos modelos A e B é $R_p = 4 + 6 = 10$ unidades/h. O intervalo de tempo fixo é calculado usando a Equação (15.29):

$$T_{cf} = \frac{\frac{1}{10}[4(27) + 6(25)]}{5(0{,}974)(0{,}921)} = 5{,}752 \text{ min}$$

(b) Para usar a regra do sequenciamento na Equação (15.32), precisamos calcular T_{cjh} para cada modelo pela Equação (15.31). Os valores são os mesmos já calculados no Exemplo 15.7 para o caso de lançamento variável: T_{cAh} é igual a 6,02 minutos para o modelo A; e T_{cBh} é igual a 5,574 minutos para o modelo B.

Para selecionar o primeiro lançamento, compare:

Para o modelo A, $(6{,}02 - 1(5{,}752))^2 = 0{,}072$
Para o modelo B, $(5{,}574 - 1(5{,}752))^2 = 0{,}032$

O valor é minimizado para o modelo B; portanto, uma peça-base para o modelo B é lançada primeiro ($m = 1$). Para selecionar o segundo lançamento, compare:

Para o modelo A, $(5,574 + 6,02 - 2(5,752))^2 = 0,008$
Para o modelo B, $(5,574 + 5,574 - 2(5,752))^2 = 0,127$

O valor é minimizado para o modelo A; portanto, uma peça-base para o modelo A é lançada em segundo lugar ($m = 2$). O procedimento continua dessa maneira, com os resultados apresentados na Tabela 15.15.

Lançamento com taxa fixa para três ou mais modelos.

O leitor notará que quatro unidades de A e seis unidades de B são programadas na sequência na Tabela 15.15, o que é consistente com os dados da taxa de produção fornecidos no exemplo original. Essa programação é repetida sucessivamente a cada hora. Quando apenas dois modelos estão sendo lançados em uma linha de montagem de modelo misto, a Equação (15.32) produz uma sequência que combina com a programação desejada usada para calcular T_{cf} e T_{cjh}. Entretanto, quando três ou mais modelos estão sendo lançados na linha, a Equação (15.32) provavelmente produzirá uma programação que não fornece o *mix* de modelos desejado durante o período. O que ocorre é que os modelos cujos valores de T_{cjh} são próximos de T_{cf} são superproduzidos, enquanto os modelos com valores de T_{cjh} significativamente diferentes de T_{cf} são subproduzidos ou mesmo omitidos da programação. Nosso procedimento de sequenciamento pode ser adaptado para o caso de três ou mais modelos somando-se à equação um termo que obrigue a programação desejada a ser atendida. O termo adicional é a taxa obtida pela divisão da quantidade do modelo j que será produzida durante o período pela quantidade de unidades do modelo j que ainda precisa ser lançada no período, ou seja,

$$\text{Termo adicional para três ou mais modelos} = \frac{R_{pj}}{Q_{jm}}$$

em que R_{pj} é a quantidade do modelo j produzida durante o período, ou seja, a taxa de produção do modelo j (unidades/hora), e Q_{jm} é a quantidade de unidades do modelo j a ser lançada durante o período conforme aumenta m (número de lançamentos, em unidades/hora). Portanto, o procedimento de lançamento com taxa fixa para três ou mais modelos pode ser expresso como:

Para cada lançamento m, selecione j de modo a minimizar

$$\text{Para cada lançamento } m, \text{ selecione } j \text{ de modo a minimizar } \left[\sum_{h=1}^{m} T_{cjh} - mT_{cf}\right]^2 + \frac{R_{pj}}{Q_{jm}} \quad (15.33)$$

em que todos os termos foram definidos anteriormente. O efeito do termo adicional é reduzir as chances de uma unidade de qualquer modelo j ser selecionada para lançamento conforme aumenta o número de unidades desse modelo já lançadas durante o período. Quando a última unidade do modelo j programado durante o período tiver sido lançada, a chance de lançar outra unidade do modelo j se torna zero.

A seleção da sequência no lançamento com taxa fixa algumas vezes pode ser simplificada dividindo-se todos os valores de R_{pj} na programação pelo máximo divisor comum (se existir) que resulte em um conjunto de novos valores, sendo que todos devem ser inteiros. Por exemplo, no Exemplo 15.8, a programação horária consiste de quatro unidades do modelo A e seis unidades do modelo B. Os dois números são divisíveis por dois, reduzindo a programação para duas unidades de A e três unidades de B a cada

Tabela 15.15 Sequência de lançamento com taxa fixa — obtida para o Exemplo 15.8

Lançamento m	mT_{cf}	$\left[\sum_{h=1}^{m-1} T_{cjh} + T_{cAm} - mT_{cf}\right]^2$	$\left[\sum_{h=1}^{m-1} T_{cjh} + T_{cBm} - mT_{cf}\right]^2$	Modelo
1	5,752	0,072	**0,032**	B
2	11,504	**0,008**	0,127	A
3	17,256	0,128	**0,008**	B
4	23,008	**0,032**	0,071	A
5	28,76	0,201		B
6	34,512	0,073	**0,031**	B
7	40,264	**0,008**	0,125	A
8	46,016	0,13	**0,007**	B
9	51,768	**0,033**	0,07	A
10	57,52	0,202		B

meia hora. Esses valores podem, então, ser usados na relação da Equação (15.33). A sequência de modelos obtida da Equação (15.33) é, então, necessariamente repetida para preencher a hora ou o turno.

EXEMPLO 15.9
Lançamento com taxa fixa em uma linha de montagem de modelo misto para três modelos
Vamos acrescentar um terceiro modelo, C, à programação de produção do Exemplo 15.8. Duas unidades do modelo C serão produzidas a cada hora e seu tempo total de trabalho será de 30 minutos. A proporção de tempo ativo E é igual a 0,96, como antes.
Solução: Vamos começar calculando a taxa de produção horária total

$$R_p = 4 + 6 + 2 = 12 \text{ unidades/h.}$$

O tempo de ciclo é determinado com base nessa taxa e no valor da proporção de tempo ativo dado E:

$$T_c = \frac{60(0,96)}{12} = 4,8 \text{ min}$$

Logo:

$$T_s = 4,8 - 0,15 = 4,65 \text{ min}$$

Usando esses valores, podemos determinar a eficiência de reposicionamento:

$$E_r = 4,65/4,8 = 0,96875$$

Para determinar a eficiência do balanceamento, precisamos dividir a carga de trabalho pelo tempo disponível na linha, em que o tempo disponível é ajustado para a eficiência da linha E e para a eficiência de reposicionamento E_r. A carga de trabalho é calculada assim:

$$WL = 4(27) + 6(25) + 2(30) = 318 \text{ min}$$

Logo, o tempo disponível a ser usado no balanceamento de linha é

$$AT = 60(0,96)(0,96875) = 55,8 \text{ min}$$

O número de trabalhadores (e estações, já que $M_i = 1$) necessário é dado por:

$$w = \text{Inteiro mínimo} \geq \frac{318}{55,8} = 5,7 \rightarrow 6 \text{ trabalhadores}$$

Para o nosso exemplo, vamos considerar que a linha pode ser balanceada com seis trabalhadores, o que leva à seguinte eficiência de balanceamento:

$$E_b = \frac{318}{6(55,8)} = 0,94982$$

Usando os valores de E_r e E_b na Equação (15.29), o intervalo de lançamento com taxa fixa é calculado:

$$T_{cf} = \frac{\frac{1}{12}(318)}{6(0,96875)(0,94982)} = 4,8 \text{ min}$$

Os valores de T_{cjh} para cada modelo são, respectivamente,

$$T_{cAh} = \frac{27}{6(0,96875)(0,94982)} = 4,891 \text{ min}$$

$$T_{cAh} = \frac{27}{6(0,96875)(0,94982)} = 4,891 \text{ min}$$

$$T_{cBh} = \frac{25}{6(0,96875)(0,94982)} = 4,528 \text{ min}$$

$$T_{cCh} = \frac{30}{6(0,96875)(0,94982)} = 5,434 \text{ min}$$

Podemos observar que os modelos A, B e C são produzidos em taxas de quatro, seis e duas unidades por hora. Dividindo por dois, essas taxas podem ser reduzidas, respectivamente, para duas, três e uma por cada meia hora. Esses são os valores que usaremos no termo adicional da Equação (15.33). Os valores de partida de Q_{jm} para $m = 1$ são $Q_{A1} = 2$, $Q_{B1} = 3$ e $Q_{C1} = 1$. De acordo com nosso procedimento, temos:

Para o modelo A, $(4,891 - 4,8)^2 + 2/2 = 1,008$
Para o modelo B, $(4,528 - 4,8)^2 + 3/3 = 1,074$
Para o modelo C, $(5,434 - 4,8)^2 + 1/1 = 1,402$

O valor mínimo ocorre se uma unidade do modelo A for lançada. Portanto, o primeiro lançamento ($m = 1$) é o modelo A. O valor de Q_{A1} é diminuído pela única unidade já lançada, de modo que $Q_{A2} = 1$. Para o segundo lançamento, temos:

Para A, $(4,891 + 4,891 - 2(4,8))^2 + 2/1 = 2,033$
Para B, $(4,891 + 4,528 - 2(4,8))^2 + 3/3 = 1,033$
Para C, $(4,891 + 5,434 - 2(4,8))^2 + 1/1 = 1,526$

O mínimo ocorre quando uma unidade do modelo B é lançada. Portanto, para $m = 2$, uma unidade do modelo B é lançada e $Q_{B3} = 2$. O procedimento continua dessa maneira, com os resultados apresentados na Tabela 15.16.

Tabela 15.16 Sequência de lançamento com taxa fixa obtida para o Exemplo 15.9

m	mT_{cf}	$\left[\sum_{h=1}^{m-1} T_{cjh} + T_{cAm} - mT_{cf}\right]^2$	$\left[\sum_{h=1}^{m-1} T_{cjh} + T_{cBm} - mT_{cf}\right]^2$	$\left[\sum_{h=1}^{m-1} T_{cjh} + T_{cCm} - mT_{cf}\right]^2$	Modelo
1	4,8	**1,008**	1,074	1,402	A
2	9,6	2,033	**1,033**	1,526	B
3	14,4	2,008	1,705	**1,205**	C
4	19,2	2,296	**1,526**	∞	B
5	24	**2,074**	3,008	∞	A
6	28,8	∞	3	∞	B

15.5 CONSIDERAÇÕES SOBRE ESTAÇÕES DE TRABALHO

Vamos associar uma definição quantitativa a alguns parâmetros da linha de montagem discutidos na Seção 15.1.1. Uma estação de trabalho é uma posição ao longo da linha de montagem na qual um ou mais trabalhadores desempenham tarefas de montagem. Se o nível de apoio humano é um para todas as estações ($M_i = 1$ para $i = 1, 2, ..., n$), então o número de estações é igual ao número de trabalhadores. Em geral, para qualquer valor de M para a linha,

$$n = \frac{w}{M} \quad (15.34)$$

Uma estação de trabalho possui um comprimento L_{si}, em que i denota a estação i. O comprimento total da linha de montagem é a soma dos comprimentos das estações:

$$L = \sum_{i=1}^{n} L_{si} \quad (15.35)$$

em que L é o comprimento da linha de montagem (metros ou pés) e L_{si} é o comprimento da estação i (metros ou pés). No caso em que todos os L_{si} são iguais,

$$L = nL_s \quad (15.36)$$

em que L_s é o comprimento da estação (metros ou pés).

Um sistema de transporte comum usado nas linhas de montagem manuais é um transportador de velocidade constante. Vamos considerar esse caso no desenvolvimento das relações a seguir. As peças-base são lançadas no início da linha em intervalos de tempo constantes iguais ao tempo de ciclo T_c. Isso fornece uma taxa de alimentação constante das peças-base e, se as peças-base permanecerem fixas ao transportador durante a montagem, essa taxa de alimentação será mantida durante toda a linha. A taxa de alimentação é simplesmente o inverso do tempo de ciclo,

$$f_p = \frac{1}{T_c} \quad (15.37)$$

em que f_p é a taxa de alimentação na linha (produtos/minuto). Uma taxa de alimentação constante em um transportador de velocidade constante fornece uma distância centro a centro entre as peças-base dada por:

$$s_p = \frac{v_c}{f_p} = v_c T_c \quad (15.38)$$

em que s_p é o espaçamento centro a centro entre as peças-base (metros/peça ou pés/peça) e v_c é a velocidade do transportador (metros/minuto ou pés/minuto).

Como discutimos na Seção 15.1.3, o andamento com margem é uma maneira de operar a linha de modo a obter a taxa de produção desejada e, ao mesmo tempo, permitir alguma variação nos tempos de tarefa de produto para produto nas estações de trabalho. Uma maneira de atingir o andamento com margem em um sistema de transporte contínuo é fornecer um tempo de tolerância maior do que o tempo de ciclo. O *tempo de tolerância* é definido como o tempo que um item que será trabalhado gasta dentro dos limites da estação de trabalho. É determinado como o comprimento da estação dividido pela velocidade do transportador, ou seja,

$$T_t = \frac{L_s}{v_c} \quad (15.39)$$

em que T_t é o tempo de tolerância (minutos/peça), considerando que todos os comprimentos de estação sejam iguais. Se as estações tiverem comprimentos diferentes, identificados por L_{si}, então os tempos de tolerância diferirão proporcionalmente, considerando que v_c é constante.

O tempo total consumido por um item na linha de montagem pode ser determinado simplesmente como o comprimento da linha dividido pela velocidade do transportador. Ele também é igual ao tempo de tolerância multiplicado pelo número de estações. Expressando essas relações na forma de equação, temos:

$$ET = \frac{L}{v_c} = \sum_{i=1}^{n} T_{ti} \qquad (15.40)$$

em que ET é o tempo decorrido para um item (especificamente, a peça-base) gastar no transportador durante sua montagem (minutos). Se todos os tempos de tolerância forem iguais, então $ET = nT_t$.

15.6 OUTRAS CONSIDERAÇÕES SOBRE O PROJETO DE LINHA DE MONTAGEM

Os algoritmos de balanceamento de linha descritos na Seção 15.3 são procedimentos computacionais precisos que alocam tarefas às estações com base em dados quantitativos. No entanto, o projetista de uma linha de montagem manual não deve ignorar outros fatores, alguns dos quais podem melhorar o desempenho da linha além do que os algoritmos de balanceamento fornecem. Listamos abaixo algumas das considerações.

- *Eficiência da linha*. A proporção de tempo ativo E é um parâmetro fundamental na operação da linha de montagem. Quando a linha inteira é desativada, todos os trabalhadores se tornam ociosos. É responsabilidade da administração manter um valor de E o mais próximo possível de cem por cento. Os passos que podem ser dados incluem: (1) implementar um programa de manutenção preventiva para minimizar as ocorrências de inatividade, (2) empregar equipes de reparo bem treinadas para corrigir rapidamente as falhas quando ocorrerem, (3) gerir os componentes de entrada de modo que as faltas de peças não causem paralisações na linha e (4) exigir dos fornecedores a mais alta qualidade das peças de entrada de modo que não haja inatividade devido a componentes de baixa qualidade.

- *Análise de métodos*. A análise de métodos envolve o estudo da atividade de trabalho humano para buscar meios em que a atividade possa ser feita com menos esforço, em menos tempo e com maior efeito. Esse tipo de análise é uma etapa óbvia no projeto de uma linha de montagem manual, já que as tarefas precisam ser definidas para equilibrar a linha. Além disso, a análise de métodos pode ser usada após a linha estar em operação para examinar estações de trabalho que se tornem gargalos. A análise pode resultar em uma maior eficiência dos movimentos de mãos e corpo dos trabalhadores, um melhor *layout* de local de trabalho, projeto de ferramentas e/ou acessórios especiais para facilitar as tarefas manuais, ou mesmo mudanças no projeto de produto para maior facilidade de montagem.

- *Subdivisão de tarefas*. As tarefas racionais são definidas como pequenas tarefas que não podem ser subdivididas. É razoável definir essas tarefas na montagem de um determinado produto, ainda que, em alguns casos, ainda possa ser tecnicamente possível subdividir a tarefa. Por exemplo, suponha um furo a ser feito através de uma seção transversal muito espessa em uma das peças que serão montadas. Normalmente faria sentido definir essa operação de furação como uma tarefa racional mínima. E se esse processo de furação fosse a estação gargalo? Então, poder-se-ia alegar que a operação de furação devesse ser subdividida em duas etapas separadas a ser realizadas em duas estações adjacentes. Isso não apenas liberaria o gargalo, mas provavelmente aumentaria a vida útil das brocas, reduzindo assim o tempo de paralisação para trocas de ferramentas.

- *Compartilhamento de tarefas entre duas estações adjacentes*. Se uma determinada tarefa resulta em um gargalo em uma estação enquanto a estação adjacente apresenta um tempo ocioso, talvez seja possível que essa tarefa seja compartilhada entre duas estações, talvez alternando ciclo sim, ciclo não.

- *Trabalhadores auxiliares*. Mencionamos anteriormente os trabalhadores auxiliares em nossa abordagem dos níveis de apoio humano. Os trabalhadores auxiliares podem ser usados para aliviar o congestionamento em estações temporariamente sobrecarregadas.

- *Mudança das velocidades de cabeçotes nas estações mecanizadas*. Nas estações em que uma operação mecanizada é realizada, como a etapa de furação mencionada anteriormente, a velocidade de avanço ou a rotação do processo pode ser aumentada ou diminuída alterando o tempo necessário para realizar a tarefa. Se a operação mecanizada levar muito tempo, será indicado um aumento na rotação ou na velocidade de avanço. De outro lado, se o processo mecanizado for de duração relativamente curta, de modo que um tempo ocioso seja associado à estação, então uma redução na rotação e/ou velocidade de avanço pode ser apropriada. A vantagem de reduzir a combinação rotação/avanço é que a vida útil da ferramenta aumenta. Por sua vez, se a rotação e/ou os avanços forem aumentados ou reduzidos, devem ser criados procedimentos para alterar eficientemente as ferramentas sem causar inatividade indevida na linha.

- *Pré-montagem de componentes.* Para reduzir a quantidade total de trabalho feito na linha de montagem regular, certas submontagens podem ser preparadas fora da linha, seja por outra célula na fábrica, seja adquirindo-as de um fornecedor externo especializado no tipo de processo exigido. Embora possa parecer que o trabalho simplesmente está sendo movido de um local para outro, existem boas razões para organizar as operações de montagem dessa maneira: (1) o processo exigido pode ser difícil de implementar na linha de montagem regular, (2) a variabilidade de tempo (por exemplo, para ajustes ou encaixes) para as operações de montagem associadas pode resultar em um tempo de ciclo geral mais longo se feita na linha regular e (3) uma configuração de célula de montagem na fábrica ou por um fornecedor com certas capacidades especiais para realizar o trabalho pode ser capaz de obter uma qualidade mais alta.

- *Buffers de armazenamento entre estações.* Um *buffer* de armazenamento é um local na linha de produção onde os itens são temporariamente armazenados. Entre as razões para incluir um ou mais *buffers* de armazenamento em uma linha de produção estão (1) acumular itens entre dois estágios da linha quando as taxas de produção são diferentes, (2) uniformizar a produção entre estações com grandes variações no tempo das tarefas e (3) permitir operação continuada de certas seções da linha quando outras seções estiverem temporariamente inativas para serviço ou reparo. O uso de *buffers* de armazenamento normalmente melhora o desempenho de operação da linha aumentando a eficiência de linha E (discutida no contexto das linhas de transferência no Capítulo 16).

- *Zoneamento e outras restrições.* Além das restrições de precedência, pode haver outras restrições na solução do balanceamento da linha. As restrições de zoneamento impõem limitações no agrupamento das tarefas e/ou sua alocação nas estações de trabalho. As restrições de zoneamento podem ser positivas ou negativas. Uma *restrição de zoneamento positiva* significa que certas tarefas devem ser agrupadas na mesma estação de trabalho, se possível. Por exemplo, tarefas de pintura *spray* devem ser agrupadas devido à necessidade de invólucros especiais. Uma *restrição de zoneamento negativa* indica que certas tarefas podem interferir umas nas outras e, portanto, não devem ser localizadas. Por exemplo, uma tarefa exigindo ajustes delicados não deve ser localizada próxima a uma operação de montagem em que ocorrem ruídos altos e abruptos, como funilaria. Outra limitação na alocação de tarefa nas estações é uma *restrição de posição*; ela é encontrada na montagem de grandes produtos, como caminhões e automóveis, quando é difícil para um trabalhador realizar tarefas em ambos os lados do item. Para facilitar o trabalho, operadores são posicionados nos dois lados da linha de montagem.

- *Estações de trabalho paralelas.* As estações paralelas algumas vezes são usadas para balancear uma linha de produção. Sua aplicação mais óbvia é quando determinada estação possui um tempo de tarefa peculiarmente longo, a ponto de fazer a taxa de produção ser menor do que o exigido para satisfazer à demanda do produto. Nesse caso, duas estações operando em paralelo e realizando a mesma tarefa podem eliminar o gargalo. Em outras situações, a vantagem de usar estações paralelas não é tão evidente. Os métodos de balanceamento de linha convencionais, como a regra do maior candidato, o método de Kilbridge e Wester e o método dos pesos posicionais não consideram o uso de estações de trabalho paralelas. Sendo assim, a única maneira de obter um balanceamento perfeito no exemplo anterior é usando as estações paralelas.

EXEMPLO 15.10
Estações paralelas para um melhor balanceamento de linha

Um perfeito balanceamento de linha pode ser obtido no Exemplo 15.1 usando estações paralelas?

Solução: Sim. Usando uma configuração de estação paralela para substituir as posições 1 e 2 e realocando as tarefas indicadas na Tabela 15.17, obtemos um balanceamento perfeito. A solução é ilustrada na Figura 15.9. O tempo de trabalho T_{wc} é igual a quatro minutos, como antes. Para descobrir o tempo de serviço disponível, observamos que existem duas estações convencionais (3 e 4) com T_s igual a um minuto cada uma. As estações paralelas (1 e 2) possuem tempos de serviço de dois minutos cada uma, mas ambas estão operando na própria unidade de produto, de modo que a produção efetiva das duas estações é uma unidade de trabalho a cada minuto. Usando esse raciocínio, podemos calcular a eficiência de balanceamento do seguinte modo:

$$E_b = \frac{4}{2\mathbin{1{,}02} + 2} = 1 = 100\%$$

Tabela 15.17 Atribuição de tarefas às estações para o Exemplo 15.11 usando estações de trabalho paralelas

Estação	Estação de trabalho	T_{ek} (min)	Tempo da estação (min)
1, 2*	1	0,2	
	2	0,4	
	3	0,7	
	4	0,1	
	8	0,6	2/2 = 1
3	5	0,3	
	6	0,11	
	7	0,32	
	9	0,27	1
4	10	0,38	
	11	0,5	
	12	0,12	1

* As estações 1 e 2 estão em paralelo.

Figura 15.9 Solução para o Exemplo 15.10 usando estações de trabalho paralelas: (a) diagrama de precedência e (b) *layout* de estação de trabalho mostrando atribuições de tarefas

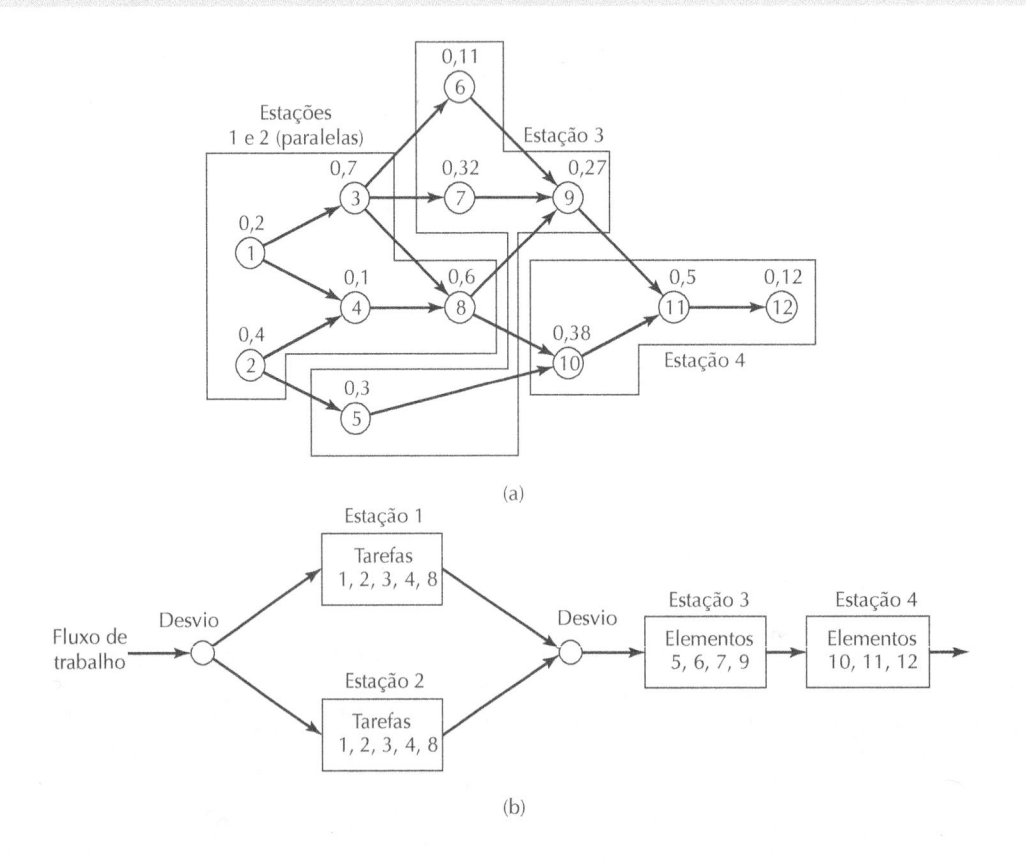

15.7 SISTEMAS DE MONTAGEM ALTERNATIVOS

O andamento bem definido de uma linha de montagem manual possui méritos do ponto de vista da maximização da taxa de produção. No entanto, os trabalhadores de uma linha de montagem normalmente reclamam da monotonia das tarefas repetitivas que realizam e do ritmo intenso que precisam manter quando um transportador mecanizado é empregado. Baixa qualidade de trabalho, sabotagem de equipamento de linha e outros problemas têm ocorrido nas linhas de montagem de alta produção. Para resolvê-los, existem sistemas de montagem alternativos em que o trabalho é automatizado ou se torna menos monótono e repetitivo pelo aumento da extensão das tarefas desempenhadas. Nesta seção, identificamos os seguintes sistemas de montagem alternativos: (1) células de montagem manuais de estação única, (2) células de montagem baseadas em equipes de trabalho e (3) sistemas de montagem automatizados.

Uma *célula de montagem manual de estação única* é composta de um único local de trabalho em que a montagem é realizada sobre o produto ou alguma submontagem principal do produto. Esse método geralmente é usado em produtos complexos e produzidos em pequenas quantidades, algumas vezes, um de cada tipo. O local de trabalho pode utilizar um ou mais trabalhadores, dependendo do tamanho do produto e da taxa de produção exigida. Produtos de engenharia personalizados, como máquinas, equipamentos industriais e protótipos de produtos complexos (por exemplo, aviões, eletrodomésticos e automóveis) são montados em estações manuais únicas.

A *montagem por equipes de trabalho* envolve o uso de vários trabalhadores atribuídos a uma tarefa de montagem comum. O ritmo do trabalho é controlado em grande parte pelos próprios trabalhadores e não por um mecanismo de andamento, como um transportador mecanizado que se move a velocidade constante. A montagem em equipe pode ser implementada de várias maneiras. Uma célula de montagem manual de estação única na qual existem vários trabalhadores é um modo de trabalho. As tarefas de montagem realizadas por cada trabalhador geralmente são muito menos repetitivas e mais amplas em extensão do que o trabalho correspondente em uma linha de montagem.

Uma das maneiras de organizar o trabalho de montagem por equipes é mover o produto através de várias estações de trabalho, mas com a mesma equipe acompanhando o produto de estação para estação. Esse modo de montagem de equipe foi idealizado pela Volvo, montadora de automóveis sueca, que usa veículos guiados automaticamente e operados independentemente (Seção 10.2.2) que sustentam os principais componentes e/ou subconjuntos do automóvel e os entrega a estações de trabalho de montagem manual ao longo da linha. Em cada estação, o veículo guiado para na estação e não é liberado até que a tarefa de montagem nessa estação tenha sido concluída pela equipe de trabalho. Assim, a taxa de produção é determinada pelo ritmo da equipe, não por um transportador em movimento. A razão para mover a unidade de trabalho através de várias estações, em vez de executar toda a montagem em uma estação é porque os muitos componentes montados no carro precisam estar localizados em mais de uma estação. Conforme o carro se move pelas estações, as peças dessa estação são acrescentadas. A diferença entre essa linha de montagem e a linha de montagem convencional é que todo o trabalho é feito por uma equipe de trabalho que se desloca com o carro. Dessa maneira, os membros da equipe conquistam maior satisfação pessoal por ter realizado uma parte importante da montagem do automóvel. Os trabalhadores em uma linha convencional, que realizam uma parcela muito pequena da montagem total do carro normalmente não têm essa satisfação profissional.

O uso de veículos guiados automaticamente permite que o sistema de montagem seja configurado com caminhos paralelos, filas de peças entre as estações e outras características que não são normalmente encontradas em uma linha de montagem convencional. Além disso, esses sistemas de montagem por equipe podem ser projetados para ser extremamente flexíveis e capazes de lidar com variações no produto e as correspondentes variações nos tempos de ciclo de montagem nas diferentes estações de trabalho. Assim, normalmente é usado quando há muitos modelos diferentes produzidos e as variações nos modelos resultam em diferenças significativas nos tempos de serviço das estações.

Os benefícios relatados dos sistemas de montagem por equipes de trabalho em relação à linha de montagem convencional incluem maior satisfação do trabalhador, melhor qualidade do produto, maior capacidade de acomodar variações de modelo e maior capacidade de lidar com problemas que exigem mais tempo sem parar a linha de produção inteira. A principal desvantagem é que esses sistemas não são capazes de atingir as altas taxas de produção características de uma linha de montagem convencional.

Os sistemas de montagem automatizados usam métodos automatizados nas estações de trabalho em vez de trabalhadores humanos. Os sistemas de montagem automatizados serão discutidos no Capítulo 17, no qual também aborda-se os sistemas de montagem híbridos, que consistem de estações de trabalho automatizadas e operadores de montagem humanos.

Referências

[1] ANDREASEN, M.; KAHLER, S.; LUND, T. *Design for assembly*. U.K: IFS (Publications); Berlim: Springer-Verlag, 1983.

[2] BARD, J. F.; DAR-EL, E. M.; SHTUB, A. "An analytical framework for sequencing mixed-model assembly lines". *Int. J. Production Research*, v. 30, n. 1, p. 35-48, 1992.

[3] BOOTHROYD, G.; DEWHURST, P; KNIGHT, W. *Product design for manufacture and assembly*. Nova York: Marcel Dekker, 1994.

[4] BRALLA, J. G. *Handbook of product design for manufacturing*. NovaYork: McGraw-Hill Book Company, 1986, cap. 7.

[5] CHOW, W.-M. *Assembly line design:* Methodology and applications. Nova York: Marcel Dekker, 1990.

[6] DAR-EL, E. M.; COTHER, F. "Assembly line sequencing for model mix". *Int. J. Production Research*, v. 13, n. 5, p. 463-77, 1975.

[7] DAR-EL, E. M. "Mixed-model assembly line sequencing problems". *OMEGA*, v. 6, n. 4, p. 313-23, 1978.

[8] DAR-EL, E. M.; NAVIDI, A. "A mixed-model sequencing application". *Int. J. Production Research*, v. 19, n. 1, p. 69-84, 1981.

[9] DEUTSCH, D. F. *A branch and bound technique for mixed-model assembly line balancing*. 1971. Dissertação — Arizona State University, 1971.

[10] FERNANDES, C. J. L. *Heuristic methods for mixed-model assembly line balancing and sequencing*. 1992. Tese — Lehigh University, 1992.

[11] FERNANDES, C. J. L.; GROOVER, M. P. "Mixed model assembly line balancing and sequencing: A Survey". *Engineering Design and Automation*, v. 1, p. 33-42, 1995.

[12] GROOVER, M. P. *Fundamentals of modern manufacturing:* Materials, processes, and systems. 3. ed. Hoboken, NJ: John Wiley & Sons, 2007.

[13] HELGESON, W. B.; BIRNIE, D. P. "Assembly line balancing using ranked positional weight technique". *Journal of Industrial Engineering*, v. 12, n. 6, p. 394-98, 1961.

[14] HOFFMAN, T. "Assembly line balancing: A set of challenging problems". *Int. J. Production Research*, v. 28, n. 10, p. 1807-15, 1990.

[15] HOUNSHELL, D. A. *From the American system to mass production, 1800-1932*. Baltimore, MD: The Johns Hopkins University Press, 1984.

[16] IGNALL, E. J. "A review of assembly line balancing". *Journal of Industrial Engineering*, v. 16, n. 4, p. 244-52, 1965.

[17] KILBRIDGE, M.; WESTER, L. "A heuristic method of assembly line balancing". *Journal of Industrial Engineering*, v. 12, n. 6, p. 292-98, 1961.

[18] MACASKILL, J. L. C. "Production line balances for mixed-model lines". *Management Science*, v. 19, n. 4, p. 423-34, 1972.

[19] MOODIE, C. L.; YOUNG, H. H. "A heuristic method of assembly line balancing for assumptions of constant or variable work element times". *J. Industrial Engineering*, v. 16, n. 1, p. 23-9, 1965.

[20] NOF, S. Y.; WILHELM, W. E.; WARNECKE, H.-J. *Industrial assembly*. Londres: Chapman & Hall, 1997.

[21] PRENTING, T. O.; THOMOPOULOS, N. T. *Humanism and technology in assembly systems*. Rochelle Park, NJ: Hayden Book Company, 1974.

[22] REKIEK, B.; DELCHAMBRE, A. *Assembly line design:* The balancing of mixed-model hybrid assembly lines with generic algorithms. Londres: Springer Verlag, 2006.

[23] SUMICHRAST, R. T.; RUSSEL, R. R.; TAYLOR, B. W. "A comparative analysis of sequencing for mixed-model assembly lines in a just-in-time production system". *Int. J. Production Research*, v. 30, n. 1, p. 199-214, 1992.

[24] VILLA, C. *Multi product assembly line balancing*. 1970. Dissertação — University of Florida, 1970.

[25] WHITNEY, D. *Mechanical assemblies*. Nova York: Oxford University Press, 2004.

[26] WILD, R. *Mass production management*. Londres: John Wiley & Sons, 1972.

Questões para revisão

15.1 Cite três dos quatro fatores que favorecem o uso das linhas de montagem manuais.

15.2 Quais são as quatro razões dadas no texto que explicam por que as linhas de montagem manuais são tão produtivas se comparadas com os métodos alternativos em que vários trabalhadores realizam individualmente todas as tarefas para montar o produto?

15.3 O que é uma linha de montagem manual?

15.4 Qual é o significado do termo *nível de apoio humano* no contexto de uma linha de montagem manual?

15.5 O que significam os termos *ociosidade* e *obstrução*?

15.6 Identifique e descreva brevemente as três principais categorias dos sistemas de transporte de trabalho mecanizados empregados nas linhas de produção.

15.7 O texto descreve três tipos de linha de montagem desenvolvidos para lidar com a variedade de produto. Cite-os e explique as diferenças entre eles.

15.8 O que significa o termo *eficiência de linha* na terminologia de linha de produção?

15.9 O número teórico mínimo de trabalhadores em uma linha de montagem w^* é o inteiro mínimo, que é maior do que a relação do tempo total de trabalho T_{wc}, dividido pelo tempo de ciclo T_c. Cite os dois fatores identificados no texto que dificultam a obtenção desse valor mínimo na prática.

15.10 Qual é a diferença entre o tempo de ciclo T_c e o tempo de serviço T_s?

15.11 O que é uma tarefa mínima de trabalho racional?

15.12 O que significa o termo *restrição de precedência*?

15.13 O que significa o termo *eficiência de balanceamento*?

15.14 Qual é a diferença entre a regra do maior candidato e o método de Kilbridge e Wester?

15.15 Em uma linha de montagem de modelo misto, qual é a diferença entre lançamento com taxa variável e lançamento com taxa fixa?

15.16 O que são *buffers* de armazenamento e por que algumas vezes eles são usados em uma linha de montagem manual?

Problemas

Linhas de montagem de modelo único

15.1 Um produto cujo tempo total de trabalho é de 47,5 minutos deve ser montado em uma linha de produção manual. A taxa de produção exigida é de 30 unidades por hora. Com base em experiência anterior, estima-se que o nível de apoio humano será de 1,25, o tempo ativo será de 0,95 e o tempo de reposicionamento será de seis segundos. Determine (a) o tempo de ciclo e (b) o número mínimo ideal de trabalhadores necessários na linha. (c) Se o número ideal na questão (b) pudesse ser atingido, quantas estações de trabalho seriam necessárias?

15.2 Uma linha de montagem manual possui 17 estações de trabalho com um operador cada. O tempo total de trabalho para montar o produto é de 28 minutos. A taxa de produção da linha é de 30 unidades por hora. A proporção de atividade é 0,94 e o tempo de reposicionamento é de seis segundos. Determine o atraso do balanceamento.

15.3 Uma linha de montagem manual precisa ser projetada para um produto com demanda anual de cem mil unidades. A linha irá operar 50 semanas por ano, cinco turnos por semana e 7,5 horas por turno. As unidades do produto serão conectadas a um transportador em movimento constante. O tempo total de trabalho é de 42 minutos. Considerando a eficiência de linha E igual a 0,97, a eficiência de balanceamento E_b igual a 0,92 e o tempo de reposicionamento T_r igual a seis segundos, determine (a) a taxa de produção horária para atender à demanda e (b) o número de trabalhadores necessários.

15.4 Uma linha de montagem de modelo único está sendo planejada para produzir um aparelho de consumo na taxa de 200 mil unidades por ano. A linha será operada oito horas por turno, dois turnos por dia, cinco dias por semana, 50 semanas por ano. O tempo total de trabalho é de 35 minutos. Para fins de planejamento, está previsto que a proporção de atividade na linha será de 95 por cento. Determine (a) a taxa de produção horária média R_p, (b) o tempo de ciclo T_c e (c) o número teórico mínimo de trabalhadores necessários na linha. (d) Se a eficiência de balanceamento for de 0,93 e o tempo de reposicionamento for igual a seis segundos, quantos trabalhadores serão realmente necessários?

15.5 A taxa de produção necessária é igual a 50 unidades por hora para um determinado produto cujo tempo total de trabalho de montagem é de 1,2 hora. O produto será produzido em uma linha que inclui quatro estações de trabalho automatizadas. Como as estações automatizadas não são completamente seguras, a linha terá uma eficiência de tempo ativo esperada de 90 por cento. Cada uma das estações manuais restantes terá um trabalhador. Há previsão de que oito por cento do tempo de ciclo será perdido devido ao reposicionamento na estação gargalo. Se o atraso de balanceamento esperado é de 0,07, determine (a) o tempo de ciclo, (b) o número de trabalhadores, (c) o número de estações de trabalho necessárias para a linha, (d) o nível médio de apoio humano na linha, incluindo as estações automatizadas e (e) a eficiência de trabalho.

15.6 A montadora de um determinado modelo de automóvel deve ter capacidade de 225 mil unidades anualmente. A fábrica operará 50 semanas por ano, dois turnos por dia, cinco dias por semana e 7,5 horas por turno. Ela será dividida em três departamentos: (1) seção de chassis, (2) seção de pintura e (3) departamento de montagem geral. A seção de chassis solda os chassis dos carros usando robôs, e a seção de pintura os pinta. Esses dois departamentos são altamente automatizados. A montagem geral não possui qualquer automação. São 15 horas de tempo total de trabalho em cada carro nesse terceiro departamento, onde os carros são movidos por um transportador contínuo. Determine (a) a taxa de produção horária da fábrica, (b) o número de trabalhadores e de estações de trabalho necessárias na seção de finalização se nenhuma estação automatizada é usada. O nível médio de apoio humano é 2,5, a eficiência de balanceamento é de 90 por cento, a proporção de atividade é de 95 por cento e um tempo de reposicionamento de 0,15 minuto é permitido para cada trabalhador.

15.7 A taxa de produção para determinado produto montado é de 47,5 unidades por hora. O tempo total de trabalho de montagem é igual 32 minutos de trabalho manual direto. A linha opera com atividade de 95 por cento. Dez estações de trabalho possuem dois trabalhadores em lados opostos da linha para que ambos os lados do produto possam receber atenção simultaneamente. As outras estações possuem um trabalhador. O tempo de reposicionamento perdido por cada trabalhador é de 0,2 minuto por ciclo. É sabido que o número de trabalhadores na linha é de dois a mais que o número necessário para um balanceamento perfeito. Determine (a) o número de trabalhadores, (b) o número de estações de trabalho, (c) a eficiência de balanceamento e (d) o nível médio de apoio humano.

15.8 O tempo de trabalho para um produto montado em uma linha de produção manual é de 48 minutos. O item é transportado com o uso de um transportador aéreo contínuo que opera a uma velocidade de 5 pés/min. Existem 24 estações de trabalho na linha, um terço das quais possui dois trabalhadores enquanto as outras possuem um trabalhador cada. O tempo de reposicionamento por trabalhador é de 9 segundos e a eficiência de atividade da linha é de 95 por cento. (a) Qual é a taxa de produção horária máxima possível se a linha está perfeitamente balanceada? (b) Se a taxa de produção real é de apenas 92 por cento da taxa máxima possível determinada na questão (a), qual é o atraso de balanceamento na linha?

15.9 O tempo total de trabalho para um produto montado em uma linha de produção manual é de 45 minutos. A taxa de produção da linha precisa ser de 40 unidades por hora. Os itens montados são conectados a um transportador mecanizado cuja velocidade é de 8 pés/min. O tempo de reposicionamento por trabalhador é de 8 segundos, a eficiência da linha é de 93 por cento e o nível de apoio humano é igual a 1,25. Devido a um balanceamento de linha imperfeito, espera-se que o número de trabalhadores necessários na linha seja aproximadamente dez por cento a mais do que o número necessário para um balanceamento perfeito. Se as estações de trabalho são organizadas em uma linha e o comprimento de cada estação é de 12 pés, (a) qual o comprimento da linha de produção inteira e (b) qual é o tempo gasto na linha por um item?

Balanceamento de linha (linhas de modelo único)

15.10 Demonstre que as duas declarações da função objetivo no balanceamento de linha de modelo único na Equação (15.20) são equivalentes.

15.11 A tabela abaixo define as relações de precedência e os tempos das tarefas para um novo modelo de brinquedo. (a) Construa o diagrama de precedência para essas tarefas. (b) Se o tempo de ciclo ideal for de 1,1 minuto, o tempo de reposicionamento igual a 0,1 minuto e a proporção de atividade considerada como sendo de 1, qual é o número teórico mínimo de estações de trabalho necessário para minimizar o atraso de balanceamento sob a suposição de que haverá um trabalhador por estação? (c) Use a regra do maior candidato para atribuir tarefas às estações. (d) Calcule o atraso de balanceamento para a solução.

Tarefa	T_e (min)	Predecessores imediatos
1	0,5	–
2	0,3	1
3	0,8	1
4	0,2	2
5	0,1	2
6	0,6	3
7	0,4	4, 5
8	0,5	3, 5
9	0,3	7, 8
10	0,6	6, 9

15.12 Resolva o problema anterior usando o método de Kilbridge e Wester na questão (c).

15.13 Resolva o Problema 15.11 usando o método dos pesos posicionais na questão (c).

15.14 Uma linha de montagem manual deve ser projetada para produzir um pequeno produto de consumo. Os itens que serão trabalhados, seus tempos e as restrições de precedência são dadas na tabela a seguir. Os trabalhadores operarão a linha por 400 minutos por dia e precisarão produzir 300 produtos por dia. Uma esteira mecanizada, movendo-se a uma velocidade de 1,25 m/min, transportará os produtos entre as estações. Devido à variabilidade no tempo necessário para realizar as operações de montagem, foi determinado que o tempo de tolerância deve ser 1,5 vez o tempo de ciclo da linha. (a) Determine o número mínimo ideal de trabalhadores na linha. (b) Use o método Kilbridge e Wester para balanceá-la. (c) Calcule o atraso de balanceamento para a sua solução na questão (b).

Tarefa	T_e (min)	Precedido por	Tarefa	T_e (min)	Precedido por
1	0,4	–	6	0,2	3
2	0,7	1	7	0,3	4
3	0,5	1	8	0,9	4, 9
4	0,8	2	9	0,3	5, 6
5	1	2, 3	10	0,5	7, 8

15.15 Resolva o problema anterior usando o método dos pesos posicionais na questão (b).

15.16 Uma linha de montagem manual opera com um transportador mecanizado. O transportador se move a uma velocidade de 5 pés/minuto e o espaçamento entre as peças-base lançadas na linha é de 4 pés. Foi determinado que a linha opera melhor quando existe um trabalhador por estação e cada estação possui seis pés de comprimento. Existem 14 atividades que precisam ser realizadas para completar a montagem; os tempos das tarefas e os requisitos de precedência estão listados na tabela abaixo. Determine (a) a taxa de alimentação e o tempo de ciclo correspondente, (b) o tempo de tolerância para cada trabalhador e (c) o número mínimo ideal de trabalhadores na linha. (d) Desenhe o diagrama de precedência para o problema. (e) Determine uma solução de balanceamento de linha eficiente e (f) o atraso de balanceamento para sua solução.

Tarefa	T_e (min)	Precedido por	Tarefa	T_e (min)	Precedido por
1	0,2	–	8	0,2	5
2	0,5	–	9	0,4	5
3	0,2	1	10	0,3	6, 7
4	0,6	1	11	0,1	9
5	0,1	2	12	0,2	8, 10
6	0,2	3, 4	13	0,1	11
7	0,3	4	14	0,3	12, 13

15.17 Um pequeno aparelho elétrico deve ser montado em uma linha de montagem de modelo único. A linha será operada 250 dias por ano, 15 horas por dia. O trabalho total foi dividido em tarefas definidas na tabela a seguir. Também são dados os tempos dessas tarefas e os requisitos de precedência. A produção anual deve ser de 200 mil unidades. Está previsto que a eficiência de linha será de 0,96. O tempo de reposicionamento para cada trabalhador é de 0,08 minuto. Determine (a) a taxa média de produção horária, (b) o tempo de ciclo e (c) o número mínimo teórico de trabalhadores necessário para atender às necessidades de produção anual. (d) Use um dos algoritmos para balancear a linha. Para sua solução, determine (e) a eficiência de balanceamento e (f) a eficiência de trabalho geral na linha.

Tarefa	Descrição da tarefa	T_e (min)	Precedido por
1	Colocar a estrutura no dispositivo e fixá-lo	0,15	–
2	Montar a ventoinha no motor	0,37	–
3	Montar o suporte A na estrutura	0,21	1
4	Montar o suporte B na estrutura	0,21	1
5	Montar o motor na estrutura	0,58	1, 2
6	Fixar o isolamento no suporte A	0,12	3
7	Montar a chapa angular no suporte A	0,29	3
8	Fixar o isolamento no suporte B	0,12	4
9	Conectar a barra de ligação ao motor e ao suporte B	0,3	4, 5

10	Montar três fios do motor	0,45	5
11	Montar a chapa de identificação na caixa	0,18	–
12	Montar o bocal de luz na caixa	0,20	11
13	Montar o mecanismo da lâmina na estrutura	0,65	6, 7, 8, 9
14	Ligar os fios da chave, do motor e da luz	0,72	10, 12
15	Ligar o fio do mecanismo da lâmina na chave	0,25	13
16	Conectar a caixa sobre o motor	0,35	14
17	Testar o mecanismo da lâmina, luz etc.	0,16	15, 16
18	Fixar o rótulo de instruções na chapa de cobertura	0,12	–
19	Montar o ilhós no cabo de força	0,1	–
20	Montar o cabo e os ilhós na chapa de cobertura	0,23	18, 19
21	Montar os terminais do cabo de força na chave	0,40	17, 20
22	Montar a chapa de cobertura na estrutura	0,33	21
23	Realizar inspeção final e remover dispositivo de fixação	0,25	22
24	Embalar	1,75	23

Linhas de montagem de modelo misto

15.18 Dois modelos de produto, A e B, devem ser produzidos em uma linha de montagem de modelo misto. A taxa de produção horária e o tempo total de trabalho para o modelo A são 12 unidades por hora e 32 minutos, respectivamente; e, para o modelo B, são 20 unidades por hora e 21 minutos. A eficiência da linha é igual a 0,95, a eficiência de balanceamento é de 0,93, o tempo de reposicionamento é igual a 0,1 minuto e o nível de apoio humano é 1. Determine quantos trabalhadores e quantas estações de trabalho precisam estar na linha de produção para produzir essa carga de trabalho.

15.19 Três modelos, A, B e C, serão produzidos em uma linha de montagem de modelo misto. A taxa de produção horária e o tempo total de trabalho para o modelo A são dez unidades por hora e 45 minutos; para o modelo B, são 20 unidades por hora e 35 minutos; e, para o modelo C, são 30 unidades por hora e 25 minutos. A eficiência da linha é de 95 por cento, a eficiência de balanceamento é 0,94, a eficiência de reposicionamento é igual a 0,93 e o nível de apoio humano é de 1,3. Determine quantos trabalhadores e quantas estações de trabalho precisam estar na linha de produção para produzir essa carga de trabalho.

15.20 Para o Problema 15.18, determine os intervalos de lançamento com taxa variável para os modelos A e B.

15.21 Para o Problema 15.19, determine os intervalos de lançamento com taxa variável para os modelos A, B e C.

15.22 Para o Problema 15.18, determine (a) o intervalo de lançamento com taxa fixa e (b) a sequência de lançamento dos modelos A e B durante uma hora de produção.

15.23 Para o Problema 15.19, determine (a) o intervalo de lançamento com taxa fixa e (b) a sequência de lançamento dos modelos A, B e C durante uma hora de produção.

15.24 Dois modelos A e B devem ser montados em uma linha de modelo misto. As taxas de produção horárias para os dois modelos são: A, 25 unidades por hora; e B, 18 unidades por hora. As tarefas, seus tempos e seus requisitos de precedência são dados na tabela a seguir. As tarefas 6 e 8 não são necessárias para o modelo A, e as tarefas 4 e 7 não são necessárias para o modelo B. Considere E igual a 1, E_r igual a 1, e M_i igual 1. (a) Construa o diagrama de precedência para cada modelo e para ambos os modelos combinados em um diagrama. (b) Encontre o número mínimo teórico de estações de trabalho necessário para obter a taxa de produção exigida. (c) Use o método de Kilbridge e Wester para resolver o problema do balanceamento de linha. (d) Determine a eficiência de balanceamento para a sua solução em (c).

Tarefa k	T_{eAk} (min)	Precedido por	T_{eBk} (min)	Precedido por
1	0,5	–	0,5	–
2	0,3	1	0,3	1
3	0,7	1	0,8	1
4	0,4	2	–	–
5	1,2	2, 3	1,3	2, 3
6	–	–	0,4	3
7	0,6	4, 5	–	–
8	–	–	0,7	5, 6
9	0,5	7	0,5	8
T_{wc}	4,2		4,5	

15.25 Para os dados fornecidos no Problema 15.24, resolva a questão do balanceamento de linha de montagem de modelo misto usando o método dos pesos posicionais para determinar a ordem de entrada das tarefas.

15.26 Três modelos A, B e C devem ser montados em uma linha de modelo misto. As taxas de produção horárias para os três modelos são: A, 15 unidades por hora; B, dez unidades por hora; e C, cinco unidades por hora. As tarefas, seus tempos e os requisitos de precedência são dados na tabela a seguir. Considere E igual a 1, E_r igual a 1 e M_i igual a 1. (a) Construa o diagrama de precedência para cada modelo e para os três modelos combinados em um diagrama. (b) Encontre o número mínimo teórico de estações de trabalho necessário para obter a taxa de produção exigida. (c) Use o método de Kilbridge e Wester para resolver o problema do balanceamento de linha. (d) Determine a eficiência de balanceamento para sua solução em (c).

Tarefa	T_{eAk} (min)	Precedido por	T_{eBk} (min)	Precedido por	T_{eCk} (min)	Precedido por
1	0,6	–	0,6	–	0,6	–
2	0,5	1	0,5	1	0,5	1
3	0,9	1	0,9	1	0,9	1
4	–		0,5	1	–	
5	–		–		0,6	1
6	0,7	2	0,7	2	0,7	2
7	1,3	3	1,3	3	1,3	3
8	–		0,9	4	–	
9	–		–		1,2	5
10	0,8	6, 7	0,8	6, 7, 8	0,8	6, 7, 9
T_{wc}	4,8		6,2		6,6	

15.27 Para os dados fornecidos no Problema 15.26, (a) resolva a questão do balanceamento de linha de modelo misto usando uma eficiência de linha de 0,96 e uma eficiência de reposicionamento de 0,95. (b) Determine a eficiência de balanceamento para sua solução.

15.28 Para o Problema 15.26, determine (a) o intervalo de lançamento com taxa fixa e (b) a sequência de lançamento dos modelos A, B e C durante uma hora de produção.

15.29 Dois modelos semelhantes, A e B, devem ser produzidos em uma linha de montagem de modelo misto. Há quatro trabalhadores e quatro estações na linha (M_i = 1 para i = 1, 2, 3, 4). As taxas de produção horárias para os dois modelos são: para A, sete unidades por hora e para B, cinco unidades por hora. As tarefas, seus tempos e requisitos de precedência para os dois modelos são listados na tabela a seguir. Como indicado, a maioria das tarefas é comum aos dois modelos. A tarefa 5 é exclusiva do modelo A, enquanto as tarefas 8 e 9 são exclusivas do modelo B. Considere E igual a 1 e E_r igual a 1. (a) Desenvolva o diagrama de precedência de modelo misto para os dois modelos e para os modelos combinados. (b) Determine uma solução de balanceamento de linha que permita que os dois modelos sejam produzidos nas quatro estações nas taxas especificadas. (c) Usando sua solução de (b), resolva o problema do lançamento de modelo com taxa fixa determinando o intervalo de lançamento e construindo uma tabela para mostrar a sequência dos lançamentos de modelos durante a hora.

Tarefa	T_{eAk} (min)	Precedido por	T_{eBk} (min)	Precedido por
1	1	–	1	–
2	3	1	3	1
3	4	1	4	1, 8
4	2	–	2	8
5	1	2	–	
6	2	2, 3, 4	2	2, 3, 4
7	3	5, 6	3	6, 9
8	–		4	–
9	–		2	4
T_{wc}	16		21	

Considerações de estação de trabalho

15.30 Um transportador aéreo contínuo é usado para transportar peças-base de um modelo de lavadora de louças por uma linha de montagem manual. O espaçamento entre os aparelhos é de 2,2 metros e a velocidade do transportador é de 1,2 metro/minuto. O comprimento de cada estação de trabalho é de 3,5 metros. Existem 25 estações e 30 trabalhadores na linha. Determine (a) o tempo que uma peça-base de lavadora de louças gasta na linha, (b) a taxa de alimentação e (c) o tempo de tolerância.

15.31 Uma linha de esteira móvel é usada para montar um produto cujo tempo total de trabalho é igual a 20 minutos. A taxa de produção é de 48 unidades por hora e a proporção de tempo ativo é de 0,96. O comprimento de cada estação é de cinco pés e o nível de apoio humano é igual a 1. A velocidade da esteira pode ser definida em qualquer valor entre 1 pé/minuto e 6 pés/minuto. Espera-se que o atraso de balanceamento seja de aproximadamente 0,08 ou ligeiramente maior. O tempo perdido para reposicionamento em cada ciclo é de três segundos. (a) Determine o número de estações necessário na linha. (b) Usando um tempo de tolerância que é 50 por cento maior do que o tempo de ciclo, quais seriam a velocidade da esteira e o espaçamento entre peças apropriados?

15.32 No departamento de montagem geral de uma montadora de automóveis, existem 500 estações de trabalho e o tempo de ciclo é de 0,95 minuto. Se cada estação de trabalho possui 6,2 metros e o tempo de tolerância é igual ao tempo de ciclo, determine o seguinte: (a) a velocidade do transportador, (b) o espaçamento centro a centro entre as unidades na linha, (c) o comprimento total da linha de montagem geral, considerando que não existe nenhum espaço vago entre as estações e (d) o tempo que um item gasta no departamento de montagem geral.

15.33 O tempo total para um produto ser montado em uma linha de produção manual é 33 minutos. A taxa de produção da linha deve ser de 47 unidades por hora. As unidades são conectadas a um transportador móvel cuja velocidade é igual a 7,5 pés/minuto. O tempo de reposicionamento por trabalhador é de seis segundos e a eficiência da atividade da linha é 94 por cento. Devido à imperfeição do balanceamento de linha, o número de trabalhadores na linha precisa ser de quatro a mais que o número necessário para o balanceamento perfeito. O nível de apoio humano é de 1,6. Determine (a) o número de trabalhadores e (b) o número de estações de trabalho na linha. (c) Qual é a eficiência de balanceamento para esta linha? (d) Se as estações de trabalho são organizadas em uma linha e o comprimento de cada estação é de 11 pés, qual é o tempo de tolerância em cada estação? (e) Qual é o tempo que uma unidade de trabalho gasta na linha?

15.34 Uma linha de montagem manual precisa ser projetada para um aparelho cujo tempo total de trabalho de montagem é igual a duas horas. A linha será projetada para uma taxa de produção anual de 150 mil unidades. A fábrica operará em um turno de dez horas por dia, 250 dias por ano. Um sistema de transportador contínuo será usado e operará a uma velocidade de 1,6 metro/minuto. A linha precisa ser projetada sob as seguintes suposições: atraso de balanceamento igual a 6,5 por cento, eficiência de tempo ativo igual a 96 por cento, tempo de reposicionamento de seis segundos para cada trabalhador e nível de apoio humano de 1,25. (a) Quantos trabalhadores serão necessários para operar a linha de montagem? Se cada estação possui dois metros de comprimento, (b) qual será o comprimento da linha de produção e (c) qual será o tempo que um item gastará na linha?

CAPÍTULO 16
Linhas de produção automatizadas

CONTEÚDO DO CAPÍTULO

16.1 Princípios fundamentais das linhas de produção automatizadas
- 16.1.1 Configurações dos sistemas
- 16.1.2 Mecanismos de transferência de peças
- 16.1.3 *Buffers* de armazenamento
- 16.1.4 Controle da linha de produção

16.2 Aplicações de linhas de produção automatizadas
- 16.2.1 Sistemas de usinagem
- 16.2.2 Considerações para o projeto de sistemas

16.3 Análise de linhas de transferência
- 16.3.1 Linhas de transferência sem armazenamento interno de peças
- 16.3.2 Linhas de transferência com *buffers* internos de armazenamento

---

Os sistemas de manufatura considerados neste capítulo são usados em alta produção de peças que exigem múltiplas operações de processamento. Cada operação de processamento é realizada em uma estação de trabalho, e as estações são fisicamente integradas por meio de um sistema mecanizado de transporte de itens (peças, montagens ou produtos) para formar uma linha de produção mecanizada. A usinagem (fresamento, furação e operações similares com ferramentas de corte rotativas) é comumente realizada nessas linhas de produção, caso em que o termo *linha de transferência* ou *máquina de transferência* é utilizado. Outras aplicações das linhas de produção automatizadas incluem solda a ponto robotizada em plantas de montagem finais de automóveis, estamparia de metal laminado e eletrogalvanização de metais. Linhas automatizadas similares são utilizadas para operações de montagem; entretanto, a tecnologia de montagem automatizada é suficientemente diferente para que posterguemos esse tópico até o capítulo seguinte.

As linhas de produção automatizadas exigem um investimento de capital significativo. Elas são exemplos de automação rígida (Seção 1.2.1), e geralmente é difícil se alterar a sequência e o conteúdo das operações de processamento uma vez que a linha esteja pronta. Sua aplicação é, portanto, apropriada somente sob as condições a seguir:

- *Alta demanda*, exigindo altas quantidades de produção.
- *Projeto de produto estável*, porque mudanças frequentes no projeto são de difícil acomodação em uma linha de produção automatizada.
- *Longa vida do produto*, pelo menos vários anos na maioria dos casos.
- *Múltiplas operações* realizadas no produto durante sua manufatura.

Quando a aplicação satisfaz essas condições, as linhas de produção automatizadas proporcionam os seguintes benefícios:

- Baixa quantidade de mão de obra direta.
- Baixo custo do produto, porque o custo do equipamento rígido é distribuído ao longo de muitas unidades.
- Alta taxa de produção.
- Minimização dos itens em processamento e do tempo de passagem (do inglês, *Lead time*, o tempo entre o começo da produção e o término de um produto acabado).
- Uso mínimo do espaço de chão de fábrica.

Neste capítulo, examinamos a tecnologia das linhas de produção automatizadas e desenvolvemos diversos modelos matemáticos que podem ser utilizados para analisar sua operação.

16.1 PRINCÍPIOS FUNDAMENTAIS DAS LINHAS DE PRODUÇÃO AUTOMATIZADAS

Uma *linha de produção automatizada* consiste de múltiplas estações de trabalho automatizadas e ligadas por um sistema de manuseio que transfere peças de uma estação para a próxima, como descrito na Figura 16.1. Uma peça bruta entra em uma extremidade da linha e os passos de processamento são realizados sequencialmente à medida que a peça progride para frente (da esquerda para a direita no desenho). A linha pode incluir estações de inspeção para realizar checagens de qualidade intermediárias. Estações manuais também podem estar localizadas ao longo da linha para realizar determinadas operações difíceis ou não econômicas de se automatizar. Cada estação realiza uma operação diferente, de maneira que todas as operações são necessárias para completar um item. Peças múltiplas são processadas simultaneamente na linha, uma peça em cada estação de trabalho. Na forma mais simples de linha de produção, o número de peças na linha a qualquer momento é igual ao número de estações de trabalho, como na figura. Em linhas mais complicadas, é providenciado um armazenamento de peças temporário entre as estações, caso em que há mais de uma peça por estação.

Uma linha de produção automatizada opera em ciclos similares a uma linha de montagem manual (Capítulo 15). Cada ciclo consiste no tempo de processamento mais o tempo para transferir peças para a próxima estação de trabalho. A estação de trabalho mais lenta na linha estabelece o ritmo da mesma, assim como em uma linha de montagem. Na Seção 16.3, desenvolvemos equações para descrever o desempenho do tempo de ciclo da linha de transferência e de sistemas de manufatura automatizados similares.

Dependendo da geometria da peça, uma linha de transferência pode utilizar dispositivos de fixação em paletes para o manuseio de peças. Um *dispositivo de fixação em palete* é uma estrutura de contenção que é projetada para (1) fixar a peça em uma posição precisa em relação a sua base e (2) ser movido, posicionado e preso com precisão em sucessivas estações de trabalho pelo sistema de transferência. Com as peças precisamente posicionadas no dispositivo no palete e o palete precisamente fixado em determinada estação de trabalho, a peça em si está precisamente posicionada em relação à operação de processamento desempenhada na estação. A exigência de posicionamento é especialmente crítica em operações de usinagem, em que tolerâncias são tipicamente especificadas em centésimos de milímetro ou milésimos de polegada. O termo *linha de transferência paletizada* às vezes é utilizado para identificar uma linha de transferência que utiliza dispositivos de fixação em palete ou dispositivos de contenção de peças similares. O método alternativo de posicionamento de peças é simplesmente fixar as próprias peças de estação para estação. Isso é chamado de *linha de transferência livre*, que tem o benefício óbvio de evitar o custo dos dispositivos em paletes. Entretanto, determinadas geometrias de peças exigem o uso de dispositivos em paletes para facilitar o manuseio e assegurar a posição precisa na estação de trabalho. Quando dispositivos de fixação em paletes são utilizados, um meio tem de ser fornecido para que sejam entregues de volta na frente da linha para reutilização.

Figura 16.1 Configuração geral de uma linha de produção automatizada

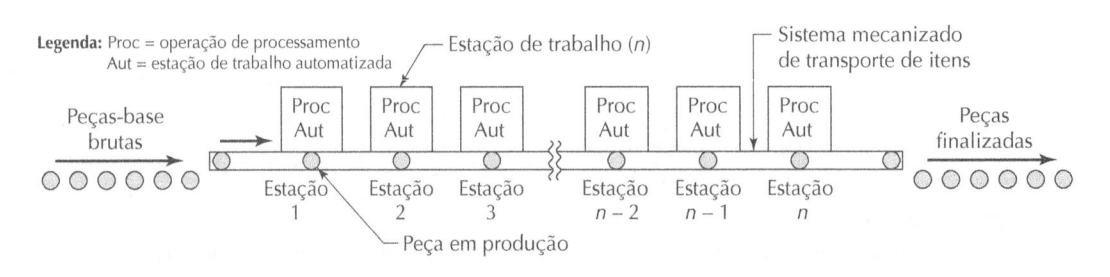

16.1.1 Configurações de sistemas

Apesar de a Figura 16.1 mostrar o fluxo de trabalho como estando em uma linha reta, o fluxo de trabalho pode assumir diversas formas. Classificamo-os como (1) em linha, (2) segmentados em linha e (3) rotativos. A configuração *em linha* consiste de uma sequência de estações em um arranjo de linha reta, como na Figura 16.1. Essa configuração é comum para usinar peças grandes, como blocos de motores automotivos, cabeçotes de motores e caixas de transmissão. Como essas peças exigem um grande número de operações, uma linha de produção com muitas estações é necessária. A configuração em linha pode acomodar um grande número de estações. Sistemas em linha também podem ser projetados com *buffers* de armazenamento integrados ao longo do percurso do fluxo (Seção 16.1.3).

A configuração *segmentada em linha* consiste de duas ou mais seções de transferência de linha reta, nas quais os segmentos são normalmente perpendiculares um ao outro. A Figura 16.2 mostra diversos *layouts* possíveis da categoria segmentada em linha. Há um número de razões para se projetar uma linha de produção nessas configurações em vez de em uma linha reta pura: (1) o espaço de chão de fábrica disponível pode limitar o comprimento da linha; (2) em uma configuração em linha segmentada, uma peça pode ser reorientada para apresentar diferentes superfícies para usinagem; e (3) o *layout* retangular proporciona um retorno rápido dos dispositivos de fixação de peças para a frente da linha para reutilização.

A Figura 16.3 mostra duas linhas de transferência que realizam operações de usinagem de metal em um cárter de eixo traseiro de caminhão. A primeira linha, na

Figura 16.2 Vários *layouts* possíveis da configuração em linha segmentada de uma linha de produção automatizada: (a) formato de L, (b) formato de U e (c) retangular

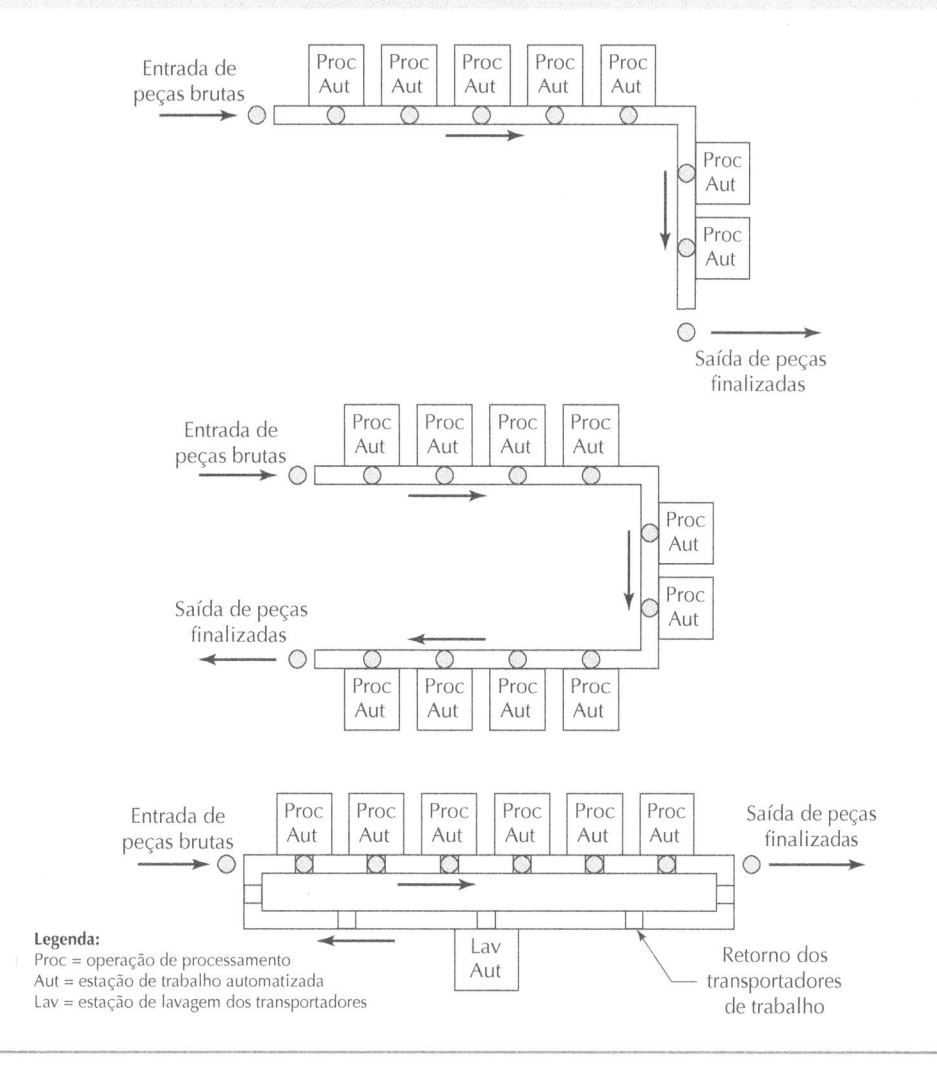

Legenda:
Proc = operação de processamento
Aut = estação de trabalho automatizada
Lav = estação de lavagem dos transportadores

Figura 16.3 Duas linhas de transferência de usinagem. A primeira, na parte inferior à direita, é uma configuração de doze estações segmentadas em linha que utiliza dispositivos de fixação em paletes para posicionar as peças. O retorno traz os paletes de volta para a frente da linha. No lado superior esquerdo, a segunda linha de transferência é uma configuração de sete estações em linha. A estação manual entre as linhas é utilizada para reorientar as peças (Cortesia da Snyder Corporation)

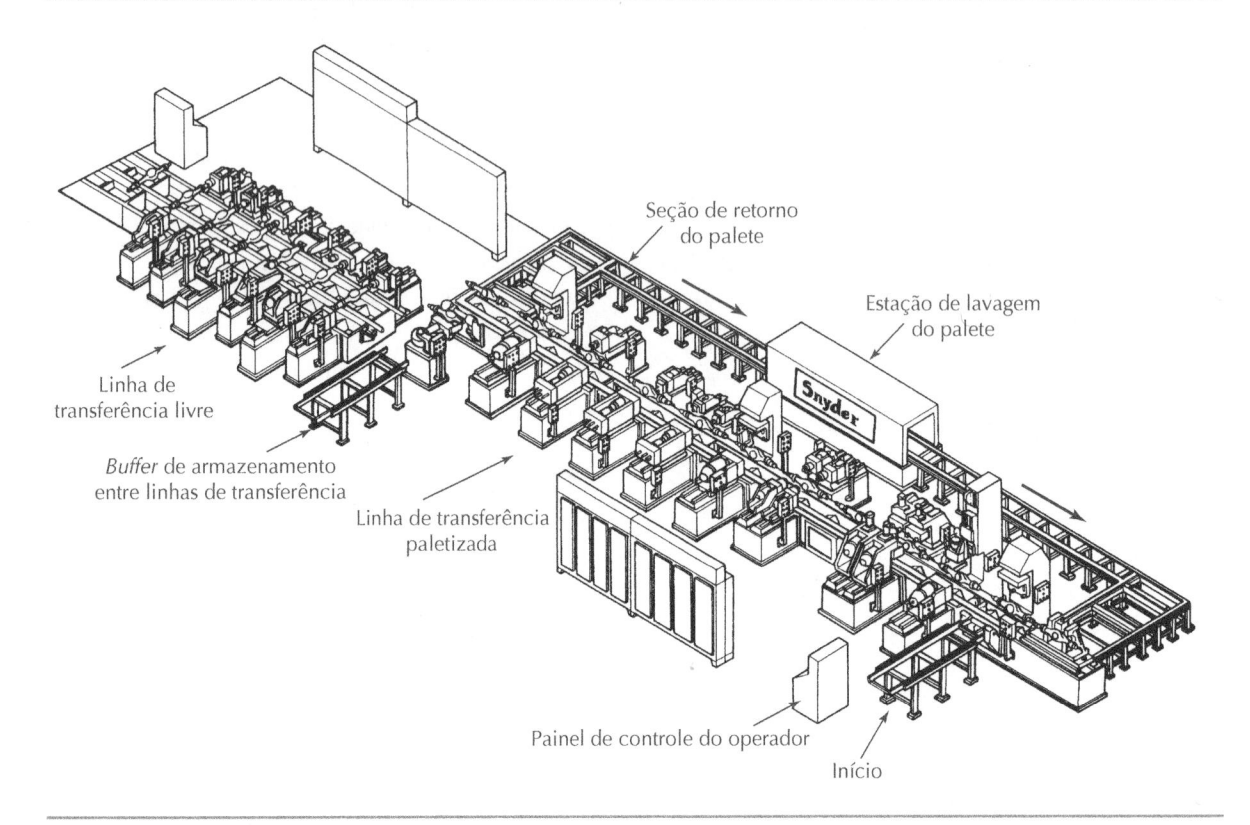

parte de baixo do lado direito, é uma configuração segmentada em linha em formato de retângulo. Dispositivos de fixação em paletes são utilizados nessa linha para posicionar as peças fundidas brutas nas estações de trabalho para usinagem. A segunda linha, no canto esquerdo superior, é uma configuração em linha convencional consistindo de sete estações. Quando o processamento na primeira linha é completo, as peças são manualmente transferidas para a segunda linha, onde são reorientadas para apresentar superfícies diferentes para usinagem. Nessa linha as peças são movidas individualmente pelo mecanismo de transferência, sem utilizar dispositivos de fixação em paletes.

Na configuração *rotativa*, as peças são fixadas a dispositivos em torno da periferia de uma mesa de trabalho circular, e a mesa é dividida (girada em angulos fixos) para posicionar as peças nas estações de trabalho para processamento. Um arranjo típico é ilustrado na Figura 16.4. A mesa de trabalho é continuamente referida como mesa rotativa (do inglês, *dial*), e o equipamento é chamado de *máquina de mesa rotativa indexada* ou simplesmente *máquina de mesa rotativa*. Apesar de a configuração rotativa aparentemente não pertencer à classe de sistemas de produção chamados de 'linhas', sua operação é, mesmo assim, muito similar. Em comparação às configurações em linha e segmentadas em linha, sistemas rotativos de indexação são comumente limitados a peças menores e menos estações de trabalho e não podem acomodar prontamente um *buffer* de armazenamento. Do lado positivo, o sistema rotativo normalmente envolve um equipamento menos caro e exige menos espaço de chão de fábrica.

Figura 16.4 Máquina de mesa rotativa indexada (*dial indexing machine*)

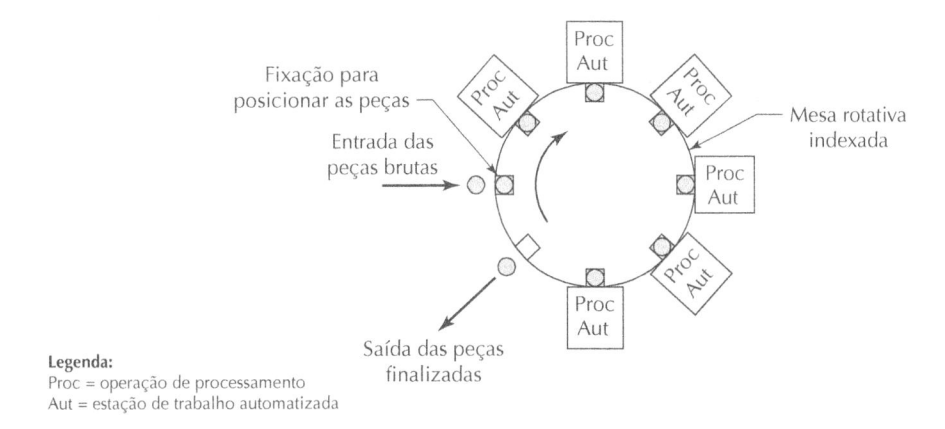

Legenda:
Proc = operação de processamento
Aut = estação de trabalho automatizada

16.1.2 Mecanismos de transferência de peças

O sistema de transferência de peças move peças entre as estações na linha de produção. Normalmente os mecanismos de transferência utilizados nas linhas de produção automatizadas são síncronos ou assíncronos (Seção 15.1.2). A transferência síncrona tem sido o meio tradicional de mover peças em uma linha de transferência. Entretanto, aplicações de sistemas de transferência assíncrona estão aumentando porque proporcionam determinadas vantagens sobre o movimento síncrono de peças [10]: (1) têm maior flexibilidade, (2) exigem menos dispositivos em paletes e (3) é mais fácil rearranjar ou expandir o sistema de produção. Essas vantagens são obtidas com um alto custo inicial. Os sistemas contínuos de transporte são incomuns em linhas automatizadas devido à dificuldade de proporcionar um posicionamento preciso entre os cabeçotes das estações e as peças continuamente em movimento.

Nesta seção, dividimos os mecanismos de transferência de peças em duas categorias: (1) sistemas de transporte linear para um sistema em linha e (2) mecanismos rotativos indexados para máquinas de mesa rotativa. Alguns dos sistemas de transporte linear proporcionam movimento síncrono, enquanto outros proporcionam movimento assíncrono. Todos os mecanismos indexados rotativos proporcionam movimento síncrono.

Sistemas de transferência linear. A maioria dos sistemas de transporte de materiais descrito no Capítulo 10 proporciona um movimento linear, e alguns são utilizados para transferência de peças em sistemas de produção automatizada, os quais incluem transportadores de roletes acionados, esteiras transportadoras, transportadores movidos por corrente e transportadores de carrinhos em trilhos (Seção 10.2.4). A Figura 16.5 ilustra a possível aplicação de um transportador por corrente ou de esteira para proporcionar movimento contínuo ou intermitente de peças entre estações. Uma corrente ou esteira flexível de aço é utilizada para transportar peças utilizando carregadores fixados ao transportador (algumas vezes chamados de canecas). A corrente é impulsionada por roldanas em uma configuração 'por cima e por baixo', na qual as roldanas giram em torno de um eixo horizontal (como nos transportadores de grãos ensacados), ou uma configuração 'em torno do canto', na qual as roldanas giram em torno de um eixo vertical (como nos transportadores de bagagens em aeroportos).

Figura 16.5 Visão lateral de um transportador movido por corrente ou esteira de aço (tipo 'por cima e por baixo') para transferência linear de peças utilizando carregadores

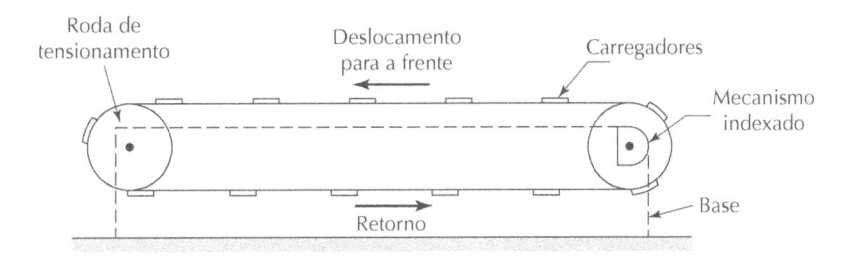

O transportador de esteira também pode ser adaptado para o movimento assíncrono de unidades de trabalho utilizando o atrito entre a esteira e a peça para mover peças entre as estações. O movimento para frente das peças é parado em cada estação utilizando pinos ejetados de um dispositivo ou outros mecanismos para fazer parar.

Transportadores de carrinhos em trilhos proporcionam movimento a peças assíncronas e são projetados para posicionar seus carrinhos dentro de uma distância em torno ± 0,12 milímetro (± 0,005 polegada), o que é adequado para muitas situações de processamento. Em outros tipos, deve-se tomar providências para parar as peças e posicioná-las dentro da tolerância exigida em cada estação de trabalho. Mecanismos de ejeção e dispositivos retentores podem ser utilizados para essa finalidade.

Muitas linhas de transferência de usinagem utilizam sistemas de transferência por *balancins* (do inglês, *walking beam*), nos quais as peças são sincronicamente erguidas das suas respectivas estações por um balancim de transferência e movidas uma posição à frente, para a próxima estação. O balancim de transferência baixa as peças em nichos que os posicionam para processamento em suas estações. O balancim então se retrai para estar pronto para o próximo ciclo de transferência. A sequência de ação é descrita na Figura 16.6.

Figura 16.6 Operação do sistema de transferência por balancim: (1) as peças na estação são posicionadas na viga fixa da estação, (2) o balancim é erguido para içar as peças dos nichos, (3) o balancim elevado move as peças para as próximas posições de estação e (4) o balancim abaixa para largar as peças nos nichos nas novas posições de estação. O balancim então se retrai para a posição original mostrada em (1)

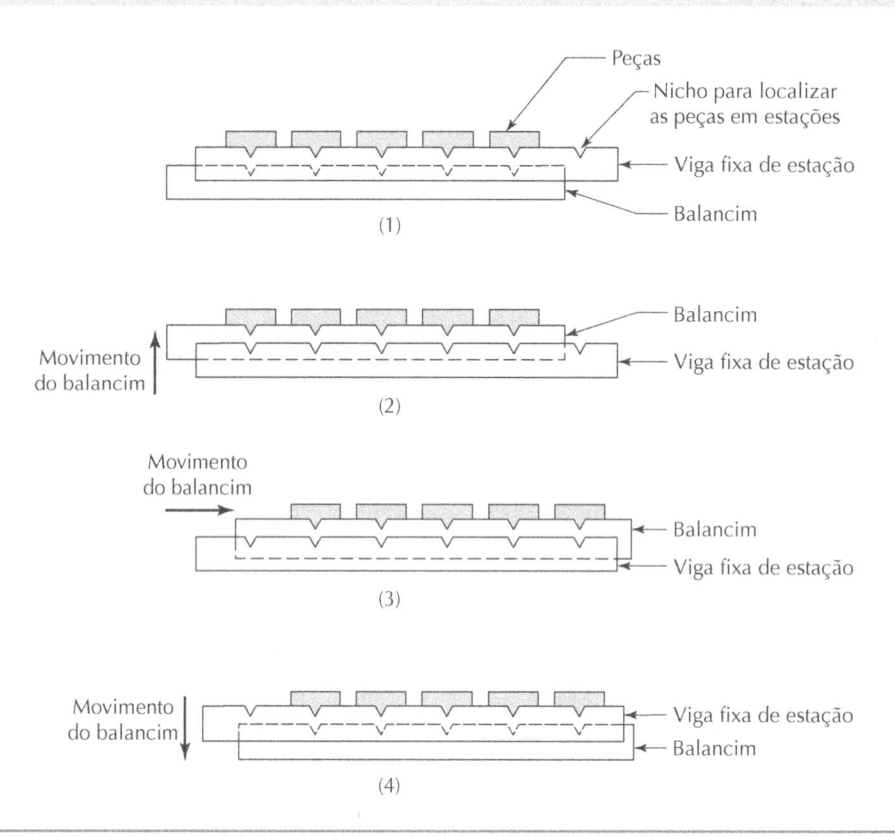

Mecanismos de indexação rotativos. Vários mecanismos encontram-se disponíveis para proporcionar o movimento de indexação rotacional exigido em uma máquina de mesa rotativa indexada. Dois tipos representativos são explicados aqui, mecanismo ou roda de Genebra e came.

O *mecanismo ou roda de Genebra* (também conhecido como Cruz de Malta) utiliza um sistema motor continuamente em rotação para dividir o giro da mesa por meio de uma rotação parcial, como ilustrado na Figura 16.7. Se a roda tem seis aberturas (para uma mesa rotativa indexada de seis estações), cada volta do motor resulta na rotação de 1/6 de volta da mesa de trabalho ou 60 graus. O motor gera movimento da mesa apenas durante uma porção da sua própria rotação. Para uma roda de Genebra de seis aberturas, 120 graus de rotação do motor são utilizados para indexar a mesa. Os 240 graus restantes de rotação do motor são o tempo de pausa para a mesa, durante o qual a operação de processamento tem de ser completada na peça. Em geral,

$$\theta = \frac{360}{n_s} \quad (16.1)$$

em que θ é o ângulo de rotação da mesa de trabalho durante a indexação (graus de rotação) e n_s é o número de aberturas na roda de Genebra. O ângulo de rotação do sistema motor durante a indexação é 2θ, e o ângulo de rotação dele durante o qual a mesa de trabalho experimenta tempo de pausa é $(360 - 2\theta)$. As rodas de Genebra normalmente têm quatro, cinco, seis ou oito aberturas, que estabelecem o número máximo de estações de trabalho a ser colocado em torno da periferia da mesa. Dada a velocidade rotacional do motor, podemos determinar o tempo total de ciclo:

$$T_c = \frac{1}{N} \quad (16.2)$$

em que T_c é o tempo do ciclo (min); e N é a velocidade rotacional do propulsor (rpm). Do tempo total de ciclo, o tempo de pausa, ou tempo de serviço disponível por ciclo, é dado por:

$$T_s = \frac{(180 + \theta)}{360N} \quad (16.3)$$

em que T_s é o serviço disponível ou tempo de processamento ou tempo de pausa (min); e os outros termos são os mesmos definidos anteriormente. De modo similar, o tempo de indexação é dado por:

$$T_r = \frac{(180 - \theta)}{360N} \quad (16.4)$$

em que T_r é o tempo de indexação (min). Referimo-nos previamente a esse tempo de indexação como o tempo de reposicionamento, de maneira que, em prol da consistência, manteremos a mesma notação.

EXEMPLO 16.1
Mecanismo de Genebra para uma mesa rotativa indexada
Uma mesa rotativa é impulsionada por um mecanismo de Genebra com seis fendas, como na Figura 16.7. O sistema motor gira a 30 rpm. Determine o tempo de ciclo, o tempo de processamento disponível e o tempo perdido a cada ciclo para girar a mesa.

Solução: Com uma velocidade rotacional do motor de 30 rpm, o tempo total de ciclo é dado pela Equação (16.2):

$$T_c = (30)^{-1} = 0{,}0333 \text{ min} = 2 \text{ s}$$

O ângulo de rotação da mesa de trabalho durante a indexação para um mecanismo de Genebra de seis fendas é dado pela Equação (16.1):

$$\theta = \frac{360}{6} = 60°$$

As equações (16.3) e (16.4) dão o tempo de serviço disponível e o tempo de indexação, respectivamente, como:

$$T_s = \frac{(180 + 60)}{360(30)} = 0{,}0222 \text{ min} = 1{,}333 \text{ s}$$

$$T_r = \frac{(180 - 60)}{360(30)} = 0{,}0111 \text{ min} = 0{,}667 \text{ s}$$

Vários tipos de mecanismos de *came*, um dos quais é ilustrado na Figura 16.8, são utilizados para proporcionar um método preciso e confiável de indexar uma mesa rotativa. Apesar de ser um mecanismo propulsor relativamente caro, a vantagem é que o came pode ser projetado para proporcionar uma variedade de características de velocidade e pausa.

Figura 16.7 Mecanismo de Genebra com seis aberturas

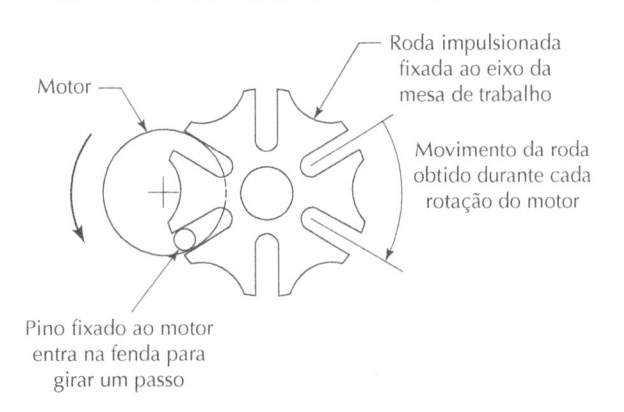

Figura 16.8 Mecanismo de came para impelir uma mesa rotativa indexada (reimpresso de Boothroyd, Poli e Murch [1])

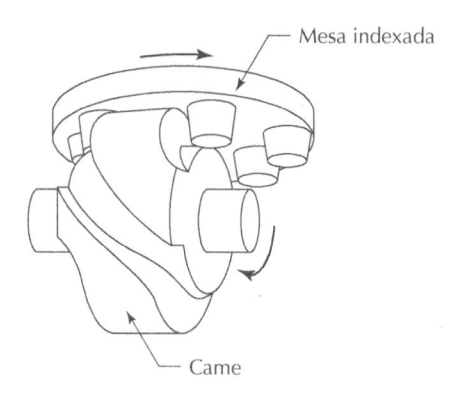

16.1.3 *Buffers* de armazenamento

Linhas de produção automatizadas podem ser projetadas com *buffers* de armazenamento. Um *buffer de armazenamento* é um local na linha de produção onde peças podem ser coletadas e temporariamente armazenadas antes de proceder para estações de trabalho subsequentes. *Buffers* de armazenamento podem ser operados manualmente ou ser automatizados. Quando automatizado, um *buffer* de armazenamento consiste de um mecanismo para aceitar peças da estação de trabalho anterior, um lugar para armazenar as peças e um mecanismo para fornecer peças para a estação seguinte. Um parâmetro-chave de um *buffer* de armazenamento é sua capacidade de armazenamento, isto é, o número de peças que é capaz de conter. *Buffers* de armazenamento podem estar localizados entre todos os pares de estações adjacentes ou entre estágios da linha contendo múltiplas estações. Ilustramos o caso de um *buffer* de armazenamento entre dois estágios na Figura 16.9.

Há várias razões para *buffers* de armazenamento serem utilizados em linhas de produção automatizadas:

- *Para reduzir o impacto de quebras nas estações.* *Buffers* de armazenamento entre estágios em uma linha de produção permitem que um estágio continue a operação enquanto outro estágio está parado para reparos. Analisamos essa situação na Seção 16.3.2.

- *Para fornecer um banco de peças para abastecer a linha.* Peças podem ser coletadas em uma unidade de armazenamento e automaticamente alimentar um sistema de manufatura. Isso permite a operação do sistema sem assistência entre reabastecimentos.

- *Proporcionar um local para colocar a produção da linha.*

- *Permitir tempo de cura ou outro atraso de processo.* Um tempo de cura é exigido para alguns processos como pintura ou aplicação de adesivo. O *buffer* de armazenamento é projetado para proporcionar tempo suficiente para que a cura ocorra antes de fornecer peças para a estação seguinte.

- *Suavizar as variações de tempo de ciclo.* Apesar de geralmente não ser considerada em uma linha automatizada, é relevante em linhas de produção manual, nas quais variações de tempo de ciclo são característica inerente do desempenho humano.

Buffers de armazenamento são melhor acomodados no projeto de uma máquina de transferência em linha do que em uma máquina de mesa rotativa. No segundo caso, *buffers* de armazenamento ficam às vezes localizados (1) antes de um sistema rotativo de indexação para proporcionar um banco de peças brutas de partida, (2) seguindo a máquina de mesa rotativa indexada para aceitar a produ-

Figura 16.9 *Buffers* de armazenamento entre dois estágios de uma linha de produção

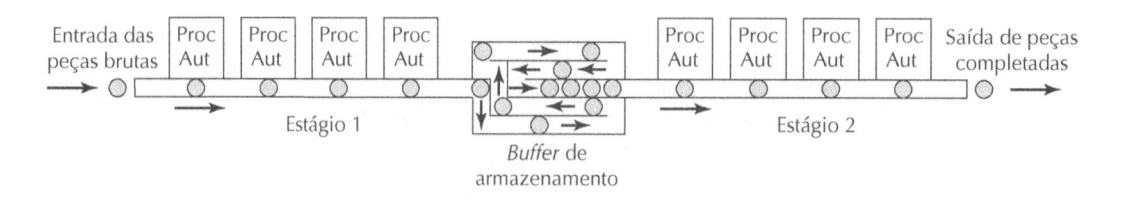

ção do sistema ou (3) entre pares de máquinas de mesa rotativa indexadas adjacentes.

16.1.4 Controle da linha de produção

Controlar uma linha de produção automatizada é algo complexo devido ao simples número de atividades sequenciais e simultâneas que ocorrem durante sua operação. Nesta seção, discutimos (1) as funções básicas de controle realizadas para operar a linha e (2) os controladores utilizados nas linhas automatizadas.

Funções de controle. Três funções básicas de controle podem ser distinguidas na operação de uma máquina de transferência automática: (1) controle de sequência, (2) monitoramento de segurança e (3) controle de qualidade.

A finalidade do controle de sequência é coordenar a sequência de ações do sistema de transferência e das estações de trabalho associadas. As várias atividades da linha de produção têm de ser cumpridas com sincronismo numa precisão de uma fração de segundo. Em uma linha de transferência, por exemplo, as peças têm de ser liberadas das suas estações de trabalho atuais, transportadas, posicionadas e presas em suas respectivas estações. Então os cabeçotes têm de ser acionados para começar seus ciclos de alimentação, e assim sucessivamente. A função de controle de sequência na operação de linha de produção automatizada inclui tanto o controle lógico como o controle sequencial, conforme discutido no Capítulo 9.

A função de monitoramento de segurança assegura que a linha de operação não opere de maneira insegura. A segurança aplica-se tanto aos trabalhadores na área como ao próprio equipamento. Sensores adicionais têm de ser incorporados à linha, além daqueles exigidos para o controle da sequência, a fim de completar a realimentação de segurança e evitar uma operação perigosa. Por exemplo, mecanismos de travamento têm de ser instalados para evitar que o equipamento opere quando os trabalhadores estão realizando manutenção ou outras tarefas na linha. No caso de linhas de transferência de usinagem, ferramentas de corte têm de ser monitoradas quanto a quebras e/ou desgaste excessivo para evitar seu uso na peça. Um tratamento completo do monitoramento de segurança em sistemas de manufatura é apresentado na Seção 4.2.1.

Na função de controle de qualidade, determinados atributos das peças são monitorados. A finalidade é detectar e possivelmente rejeitar itens defeituosos produzidos na linha. Os dispositivos de inspeção exigidos para realizar o controle de qualidade são às vezes incorporados às estações de processamento existentes. Em outros casos, estações de inspeção separadas são incluídas na linha com o único propósito de conferir a característica de qualidade desejada. Discutimos princípios e práticas de inspeção de qualidade, assim como tecnologias de inspeção associadas, nos capítulos 21 e 22, respectivamente.

Controladores de linha. Controladores lógicos programáveis (do inglês, *programmable logic controllers* — PLCs, Capítulo 9) são os controladores convencionais utilizados em linhas de produção automatizada hoje. Computadores pessoais (do inglês, *personal computers* — PCs) equipados com software de controle e projetados para o ambiente de fábrica são também amplamente utilizados. O controle de computador oferece os benefícios a seguir:

- Oportunidade para melhorar e incrementar o software de controle, como acrescentar funções de controle específicas não antecipadas no projeto do sistema original.

- Gravação de dados sobre o desempenho do processo, confiabilidade do equipamento e qualidade do produto para análise posterior. Em alguns casos, registros de qualidade do produto têm de ser mantidos por razões legais.

- Rotinas de diagnóstico para executar prontamente manutenção e reparos quando ocorrem problemas na linha e para reduzir a duração dos incidentes de paradas do equipamento.

- Geração automática de cronogramas de manutenção preventiva indicando quando determinadas atividades devem ser realizadas. Ajuda a reduzir a frequência de incidentes de paradas do equipamento.

- Uma interface homem-máquina mais conveniente entre o operador e a linha automatizada.

16.2 APLICAÇÕES DE LINHAS DE PRODUÇÃO AUTOMATIZADAS

Linhas de produção automatizadas são aplicadas em operações de processamento assim como de montagem. Discutimos sistemas de montagem automatizada no Capítulo 17. A usinagem é uma das aplicações de processamento mais comuns e é o foco da maior parte de nossa discussão nesta seção. Outros processos realizados em linhas de produção automatizada e sistemas similares incluem conformação e corte de metal laminado, operações de laminação, soldagem a ponto de carrocerias de automóveis, operações de pintura e galvanização.

16.2.1 Sistemas de usinagem

Muitas aplicações de máquinas de transferência de usinagem, tanto de configurações em linha como de rotativas, são encontradas na indústria automotiva para produzir motores e componentes propulsores de trens. Na realidade, as primeiras linhas de transferência podem ser ligadas historicamente à indústria automotiva (Nota histórica 16.1). Operações de usinagem comumente realizadas em linhas de transferência incluem fresamento, furação, alargamento, rosqueamento, retífica e operações com ferramentas de corte rotacionais similares. É possível realizar torneamento e broqueamento em linhas de transferência, mas essas aplicações são menos comuns. Nesta seção, discutimos os vários sistemas de usinagem de múltiplas estações.

Linhas de transferência. Em uma *linha de transferência*, as estações de trabalho contendo cabeçotes de usinagem são arranjadas em uma configuração em linha ou segmentada, e as peças são movidas entre estações por meio de mecanismos de transferência como o sistema de balancins (Seção 16.1.2). Trata-se do sistema mais altamente automatizado e produtivo em termos do número de operações que podem ser realizadas para acomodar geometrias de trabalho complexas e as taxas de produção que podem ser alcançadas. É também o mais caro dos sistemas discutidos nesta seção. Linhas de transferência do tipo usinagem são representadas na Figura 16.3. A linha de transferência pode incluir um grande número de estações de trabalho, mas a confiabilidade do sistema cai à medida que o número de estações é aumentado (discutimos essa questão na Seção 16.3). Entre as variações em características e opções encontradas em linhas de transferência, temos que:

- O transporte de peças pode ser síncrono ou assíncrono.
- As peças podem ser transportadas com ou sem dispositivos de fixação em paletes, dependendo da geometria da peça e da facilidade de manuseio.
- Uma série de características de monitoramento e controle podem ser incluídas para administrar a linha.

Nota histórica 16.1

Linhas de transferência [15]

O desenvolvimento de linhas de transferência automatizadas originou-se na indústria automotiva, que havia se tornado a maior indústria de produção em massa nos Estados Unidos no início dos anos 1920 e era também importante na Europa. A Ford Motor Company foi pioneira no desenvolvimento da linha de montagem em movimento, e suas operações eram manuais. O passo seguinte foi estender o princípio das linhas de montagem manuais, construindo linhas capazes de operações automáticas ou semiautomáticas. A primeira linha de produção completamente automática é creditada a L. R. Smith, de Milwaukee, Wisconsin, entre 1919 e 1920. Essa linha produziu chassis de chapas de metal, utilizando cabeçotes de rebitagem acionados pneumaticamente que giravam para sua posição em cada estação para trabalhar na peça. A linha realizava um total de 550 operações em cada chassi e era capaz de produzir mais de um milhão de chassis por ano.

A primeira linha de usinagem de metal de múltiplas estações foi desenvolvida em 1923, pela Archdale Company, na Inglaterra, para a Morris Engines, para usinar blocos de motores de automóveis. Tinha 53 estações, realizava 224 minutos de usinagem em cada peça e tinha taxa de produção de 15 blocos/hora. Não era uma verdadeira linha automática porque exigia a transferência manual da peça entre estações. No entanto, destacava-se como pioneira da linha de transferência automática.

A primeira linha de usinagem a utilizar a transferência automática de itens entre estações foi construída pela Archdale Company, para a Morris Engines, em 1924. As duas empresas haviam obviamente se beneficiado da colaboração anterior. Essa linha realizou 45 operações de usinagem em caixas de câmbio e produziu a uma taxa de 17 unidades/hora. Problemas de confiabilidade limitaram o sucesso dessa primeira linha de transferência.

Recentemente, linhas de transferência foram projetadas para a facilitar trocas para permitir que peças diferentes, mas similares, sejam produzidas na mesma linha [10], [11], [13]. As peças nessas linhas consistem de uma combinação de ferramental fixo e máquinas CNC (do inglês, *computer numerical control*), de maneira que as diferenças entre peças podem ser acomodadas pelas estações CNC enquanto as operações comuns são desempenhadas por estações com ferramental fixo. Desse modo, vemos uma tendência em linhas de transferência em direção de sistemas de manufatura flexíveis (Capítulo 19).

Máquinas de transferência rotativa e sistemas relacionados. Uma máquina de transferência rotativa consiste de uma mesa de trabalho circular horizontal, sobre a qual são fixadas as peças que serão processadas e em torno de sua periferia estão localizados cabeçotes estacionários. A mesa de trabalho é indexada para apresentar cada peça a cada cabeçote para realizar a sequência de operações de usinagem (Figura 16.10). Em comparação a uma linha de transferência, a máquina de mesa rotativa é limitada a peças menores, mais leves e menos estações de trabalho.

Duas variantes da máquina de transferência rotativa são a máquina de coluna central e a de munhão (do inglês, *trunnion machine*). Na *máquina de coluna central*, cabeçotes de usinagem vertical são montados em uma coluna central além dos cabeçotes de usinagem estacionários localizados do lado externo da mesa de trabalho horizontal, aumentando o número de operações de usinagem que podem ser realizadas. A máquina de coluna central, descrita na Figura 16.11, é considerada como sendo uma máquina de alta produção que faz uso eficiente do espaço de chão da fábrica. A *máquina de munhão* é assim chamada devido a uma mesa de trabalho verticalmente orientada, ou *munhão*, para a qual estão fixados prendedores de peças para fixar as peças para usinagem. Já que o munhão gira em torno de um eixo horizontal, proporciona a oportunidade de realizar operações de usinagem em lados opostos da peça. Cabeçotes adicionais podem ser posicionados em torno da periferia do munhão para aumentar o número

Figura 16.10 Visão plana de uma máquina de transferência rotativa

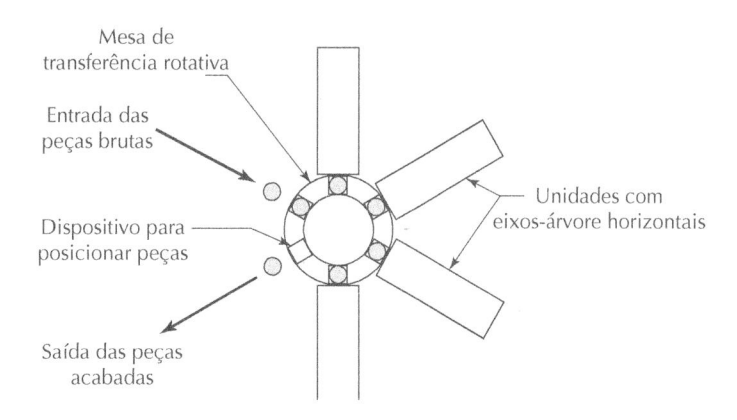

Figura 16.11 Visão plana da máquina de coluna central

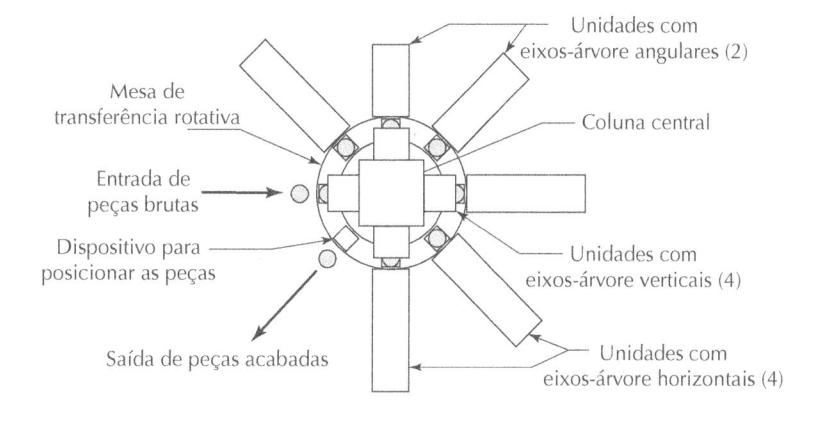

de direções de usinagem. Máquinas de munhão são mais adequadas para peças menores do que as outras máquinas rotativas discutidas aqui.

16.2.2 Considerações para o projeto de sistemas

A maioria das empresas que utilizam linhas de produção automatizadas e sistemas relacionados passam o projeto do sistema para um fabricante de máquinas ferramenta que se especializa nesse tipo de equipamento. O cliente (empresa comprando o equipamento) tem de desenvolver especificações que incluam desenhos de projeto da peça e a taxa de produção exigida. Normalmente, vários fabricantes de máquinas-ferramenta são convidados para submeter propostas. Cada proposta é baseada nos componentes de máquinas que fazem parte da linha de produtos do fabricante e depende do engenheiro que prepara a proposta. A linha proposta consiste de cabeçotes-padrão, eixos-árvore, unidades alimentadoras, motores, mecanismos de transferência, bases e outros módulos-padrão, todos montados em uma configuração especial para atender aos requisitos de usinagem da peça em particular. Exemplos desses módulos-padrão são ilustrados nas figuras 16.12 e 16.13. Os controles para o sistema são projetados pelo fabricante da máquina ou subcontratados em separado com um especialista em controles. Linhas de transferência e máquinas de mesa rotativa construídas utilizando essa abordagem de blocos modulares são às vezes

Figura 16.12 Unidades alimentadoras padronizadas utilizadas em máquinas de transferência em linha e rotativas: (a) unidade alimentadora horizontal, (b) unidade alimentadora angular e (c) unidade de coluna vertical

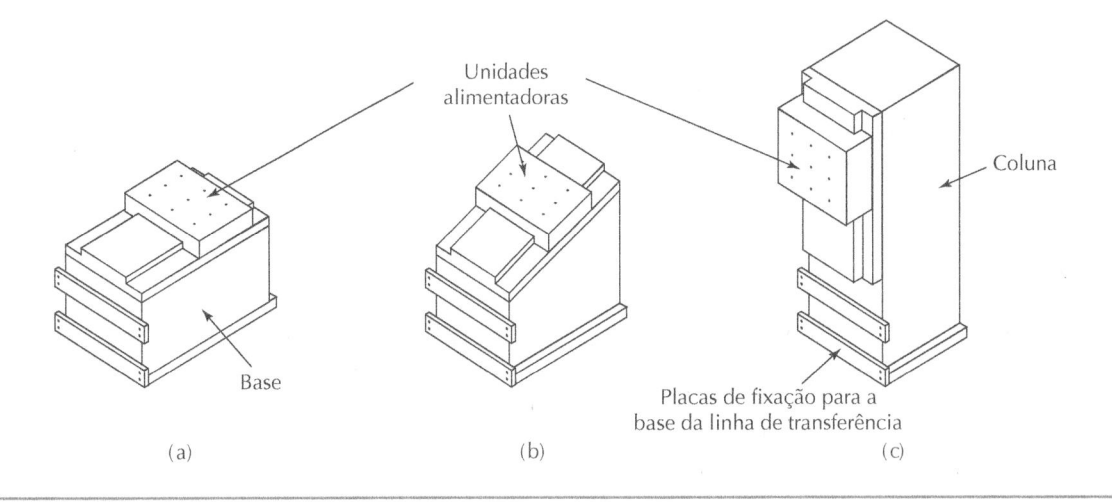

Figura 16.13 Unidade padronizada de cabeçote de fresamento. Esta unidade fixa-se às unidades alimentadoras da Figura 16.12

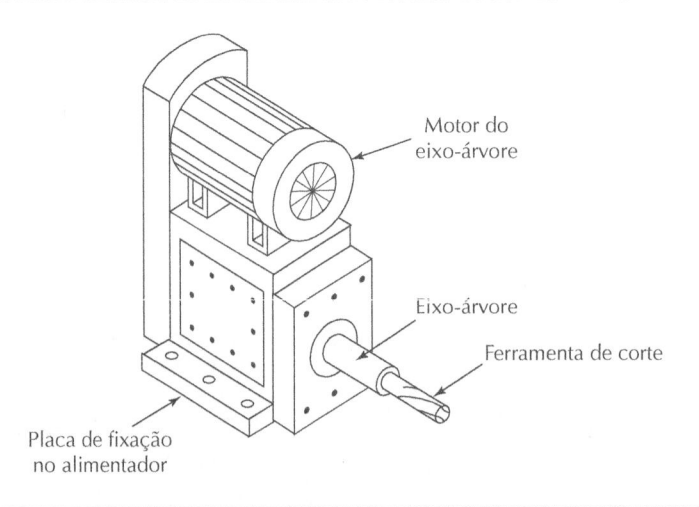

referidas como *linhas de produção em módulos* (do inglês, *unitized production lines*).

Uma abordagem alternativa no projeto de uma linha automatizada é utilizar máquinas-ferramenta padronizadas e conectá-las a dispositivos de manuseio padronizados ou especiais. O hardware de manuseio de materiais serve como um sistema de transferência que move as peças entre as máquinas-padrão. O termo *conexão de linha* (do inglês, *link line*) é às vezes utilizado em conexão com esse tipo de construção. Em alguns casos, as máquinas individuais são manualmente operadas, se houver problemas de localização e gabaritagem nas estações que sejam difíceis de solucionar sem assistência humana.

Frequentemente uma empresa prefere desenvolver uma linha com conecções em vez de uma linha de produção unificada porque ela pode utilizar equipamentos existentes na planta. Isso normalmente significa que a linha de produção pode ser instalada mais cedo e a um custo mais baixo. Já que as máquinas-ferramenta no sistema são padronizadas, elas podem ser reutilizadas quando a operação de produção tiver terminado. As linhas também podem ser projetadas pelo pessoal da empresa em vez de por empreiteiros de fora. A limitação da linha com conexões é tender a favorecer formatos de peças mais simples e, portanto, menos operações e estações de trabalho. Linhas unificadas são geralmente capazes de taxas de produção mais altas e exigem menos espaço de chão de fábrica. Entretanto, o alto custo as torna adequadas somente para operações de produção muito longas em produtos que não são submetidos a mudanças frequentes de projeto.

16.3 ANÁLISE DE LINHAS DE TRANSFERÊNCIA

Na análise e projeto de linhas de produção automatizada, três áreas-problema têm de ser consideradas: (1) balanceamento da linha, (2) tecnologia de processamento e (3) confiabilidade do sistema.

O problema do balanceamento da linha é mais associado a linhas de montagem manuais (Seção 15.2.2), mas também aparece em linhas de produção automatizadas. Assim, o trabalho de processamento total que deve ser realizado na linha automatizada tem de ser dividido da maneira mais uniforme possível entre as estações de trabalho. Em uma linha de montagem manual, o conteúdo de trabalho total pode ser dividido em elementos de trabalho muito menores, e os elementos podem ser alocados nas estações de trabalho para determinar a tarefa a ser desempenhada em cada estação, como detalhado no capítulo anterior. Cada tarefa tem um tempo de execução correspondente. Em uma linha de produção automatizada, as tarefas consistem de passos de processamento cuja sequência e cujos tempos de execução são limitados por considerações técnicas. Por exemplo, em uma linha de transferência de usinagem, determinadas operações têm de ser realizadas antes de outras. A furação tem de preceder o rosqueamento para criar um furo roscado. As superfícies de referência têm de ser usinadas antes que as operações que utilizarão aquelas superfícies de referência sejam usinadas. Essas 'restrições de precedência', como chamamos no Capítulo 15, impõem uma restrição significativa na ordem em que os passos de processamento podem ser dados. Uma vez que a sequência de operações tenha sido estabelecida, então o tempo de serviço em uma determinada estação depende de quanto tempo leva para realizar a operação nessa estação.

A tecnologia de processo refere-se ao corpo de conhecimento em torno da teoria e dos princípios dos processos de manufatura em particular utilizados na linha de produção. Por exemplo, no processo de usinagem, a tecnologia de processo inclui a metalurgia e a usinabilidade do material de trabalho, a aplicação das ferramentas de corte apropriadas, a escolha de velocidades de avanço e rotações, o controle de cavacos e uma série de outras áreas e questões-problema. Muitos dos problemas encontrados na usinagem podem ser solucionados por meio da aplicação direta de bons princípios de usinagem. O mesmo acontece com outros processos. Em cada processo, uma tecnologia foi desenvolvida com muitos anos de pesquisa e prática. Ao fazer uso dessa tecnologia, cada estação de trabalho individual na linha de produção pode ser designada para operar no ou próximo de seu desempenho máximo.

A terceira área-problema na análise e no projeto de linhas de produção automatizadas é a da confiabilidade. Em um sistema altamente complexo e integrado como uma linha de produção automatizada, a falha de um componente pode parar o sistema inteiro. Esse problema é o foco desta seção. Nossa abordagem é dividida em duas partes: (1) análise de linhas de transferência sem armazenamento interno de peças e (2) análise de linhas de transferência com *buffers* de armazenamento.

16.3.1 Linhas de transferência sem armazenamento interno de peças

A Figura 16.1 ilustra a configuração de uma linha de transferência sem armazenamento interno de peças. Os modelos matemáticos desenvolvidos nesta seção também são aplicáveis a máquinas de mesa rotativa (Figura 16.4). Formulamos os seguintes pressupostos sobre a operação desses sistemas: (1) as estações de trabalho realizam operações de processamento como usinagem, não montagem; (2) os tempos de processamento em cada estação são constantes, embora não sejam necessariamente iguais; (3) o transporte de peças é síncrono; e (4) não há mecanismos de *buffer* interno de armazenamento. Na Seção 16.3.2, consideramos as linhas de produção automatizada com *buffers* internos de armazenamento.

Análise do tempo do ciclo. Na operação de uma linha de produção automatizada, peças são introduzidas na primeira estação de trabalho e processadas e transportadas a intervalos regulares para as estações subsequentes. Esse intervalo define o ciclo do tempo ideal T_c da linha de produção. T_c é a soma do tempo de processamento para a estação mais lenta na linha com o tempo de transferência, isto é,

$$T_c = \text{Máx}\{T_{si}\} + T_r \qquad (16.5)$$

em que T_c é o tempo do ciclo ideal na linha (min); T_{si} é o o tempo de processamento na estação i (min), e T_r é o tempo de reposicionamento, chamado de tempo de transferência (min). Utilizamos o Máx$\{T_{si}\}$ na Equação (16.5) porque esse tempo de serviço mais longo estabelece o ritmo da linha de produção. As estações restantes com tempos de serviços menores têm de esperar pela estação mais lenta. Portanto, essas outras estações vão experimentar tempo ocioso. A situação é a mesma para a linha de montagem manual descrita na Figura 15.4.

Na operação de uma linha de transferência, quebras aleatórias e paradas planejadas causam interrupções. Razões comuns para a interrupção em uma linha de produção automatizada são listadas na Tabela 16.1. Apesar de quebras e paradas na linha ocorrerem aleatoriamente, sua frequência pode ser mensurada por meio de um longo período. Quando a linha para, ela está parada por um determinado tempo para cada ocorrência. Ocorrências de interrupções fazem com que o tempo do ciclo de produção médio real da linha seja mais longo do que o tempo ideal de ciclo dado pela Equação (16.5). Podemos formular a expressão a seguir para o tempo médio real de produção T_p:

$$T_p = T_c + FT_d \qquad (16.6)$$

em que F é a frequência de interrupções (interrupções/ciclo da linha) e T_d é o tempo médio parado por interrupção da linha (min). O tempo parado T_d inclui o tempo para a equipe de reparos entrar em ação, diagnosticar a causa da falha, consertá-la e recomeçar a linha. Desse modo, FT_d é a média do tempo parado em um ciclo-base.

A interrupção da linha é normalmente associada a falhas em estações de trabalho individuais. Muitas das razões para as interrupções listadas na Tabela 16.1 representam problemas de funcionamento que fazem com que uma única estação pare a produção. Já que todas as estações de trabalho em uma linha de produção automatizada sem armazenamento interno são interdependentes, a falha de uma estação faz com que toda a linha pare. Considere p_i como a probabilidade ou a frequência de uma falha na estação $i = 1, 2, ..., n$, em que n é o número de estações de trabalho na linha de produção. A frequência de paradas de linha por ciclo é obtida pela soma das frequências p_i sobre as estações n, isto é:

$$F = \sum_{i=1}^{n} p_i \qquad (16.7)$$

em que F é a frequência esperada de paradas por ciclo, primeiro encontradas na Equação (16.6); p_i é a frequência de quebras de estações por ciclo, causando uma parada na linha e n é o número de estações de trabalho na linha. Se considerarmos iguais todas as p_i, o que é improvável, mas útil para fins de aproximação e cálculo, então:

$$F = np \qquad (16.8)$$

em que todos p_i são iguais, $p_1 = p_2 = ... = p_n = p$.

Medidas de desempenho. Uma das medidas importantes de desempenho em uma linha de transferência automatizada é a taxa de produção, que é o inverso de T_p,

$$R_p = \frac{1}{T_p} \qquad (16.9)$$

Tabela 16.1 **Razões comuns para a interrupção em uma linha de produção automatizada**

Falha mecânica de uma estação de trabalho	Quedas de energia
Falha mecânica do sistema de transferência	Término do estoque de itens a ser trabalhados
Quebra de uma ferramenta em uma estação de trabalho	Espaço insuficiente para peças acabadas
Ajuste de uma ferramenta em uma estação de trabalho	Manutenção preventiva na linha
Mudança programada de ferramenta em uma estação	Pausas dos trabalhadores
Problemas elétricos	Qualidade ruim de peças brutas

em que R_p é a taxa de produção média real (peça/min) e T_p é o tempo de produção médio real da Equação (16.6) (min). É interessante comparar essa taxa com a de produção ideal dada por:

$$R_c = \frac{1}{T_c} \qquad (16.10)$$

em que R_c é a taxa de produção ideal (peça/min). É costumeiro expressar taxas de produção em linhas de produção automatizadas como taxas por hora, de maneira que temos de multiplicar as taxas nas equações (16.9) e (16.10) por 60.

O construtor das máquinas ferramenta utiliza a taxa de produção ideal R_c em sua proposta para a linha de transferência automatizada e se refere a ela como a taxa de produção a cem por cento de eficiência. Enquanto parece enganoso para o construtor de máquinas ferramenta ignorar o efeito das interrupções na taxa de produção, o montante de tempo parado experimentado na linha é em grande parte a responsabilidade da empresa utilizando a linha de produção. Na prática, a maioria das razões para ocorrências de interrupções na Tabela 16.1 representam fatores que têm de ser controlados e administrados pela empresa usuária.

No contexto de sistemas de produção automatizada, a eficiência da linha refere-se à proporção de tempo produtivo na linha e é realmente uma medida de confiabilidade, mais do que de eficiência. Contudo, essa é a terminologia nas linhas de produção. A eficiência da linha pode ser calculada como:

$$E = \frac{T_c}{T_p} = \frac{T_c}{T_c + FT_d} \qquad (16.11)$$

em que E é a proporção de tempo produtivo na linha de produção e os outros termos seguem as definições anteriores.

Uma medida alternativa do desempenho é a proporção do tempo parado na linha, dada por:

$$D = \frac{FT_d}{T_p} = \frac{FT_d}{T_c + FT_d} \qquad (16.12)$$

em que D é a proporção de tempo parado na linha. É óbvio que:

$$E + D = 1 \qquad (16.13)$$

Uma medida econômica importante do desempenho de uma linha de produção automatizada é o custo por unidade produzida. Esse custo por peça inclui o custo do material de partida que deve ser processado na linha, o custo do tempo na linha de produção e o custo de qualquer utilização de ferramentas que são consumidas (por exemplo, ferramentas de corte em uma linha de usinagem). O custo por peça pode ser expresso como a soma dos três fatores:

$$C_{pc} = C_m + C_o T_p + C_t \qquad (16.14)$$

em que C_{pc} é o custo por peça (\$/peça); C_m é o custo do material de partida (\$/peça); C_o é o custo por minuto para operar a linha (\$/min); T_p é o tempo de produção médio por peça (min/peça) e C_t é o custo de utilização de ferramentas por peça (\$/peça). C_o inclui a distribuição do custo de capital do equipamento por meio de sua vida útil esperada, sua mão de obra para operar a linha, suas despesas aplicáveis, sua manutenção e outros custos relevantes, todos reduzidos a um custo por minuto (Seção 3.23).

A Equação (16.14) não inclui fatores como taxas de refugo, custos de inspeção e custos de retrabalho associados ao conserto de itens defeituosos que foram produzidos. Esses fatores podem normalmente ser incorporados no custo unitário da peça de uma maneira relativamente direta.

EXEMPLO 16.2
Desempenho da linha de transferência

Um construtor de máquinas ferramenta submete uma proposta para uma linha de transferência de 20 estações para usinar um determinado componente atualmente produzido por métodos convencionais. A proposta afirma que a linha vai operar a uma taxa de produção de 50 peças por hora a cem por cento de eficiência. Em linhas de transferência similares, a probabilidade de quebras de estações por ciclo é igual para todas as estações e p é igual a 0,005 quebras/ciclo. Também é estimado que o tempo médio parado por interrupção da linha seja de 8 minutos. A peça fundida de partida que é usinada na linha custa \$3 por peça. A linha opera a um custo de \$75/h. As 20 ferramentas de corte (uma ferramenta por estação) duram 50 peças cada, e o custo médio por ferramenta é de \$2. Com base nesses dados, calcule (a) taxa de produção, (b) a eficiência da linha e (c) o custo por unidade de peça produzida na linha.

Solução: (a) A cem por cento de eficiência, a linha produz 50 peças por hora. O inverso dá o tempo por unidade ou tempo ideal de ciclo por peça:

$$T_c = \frac{1}{50} = 0{,}02 \text{ h/cp} = 1{,}2 \text{ min}$$

Com frequência de quebra de estação p e 0,005, a frequência de paradas na linha é:

$$F = 20(0{,}005) = 0{,}1 \text{ quebras por ciclo}$$

Levando-se em consideração um tempo de quebra médio de 8 minutos, o tempo de produção médio por peça é:

$$T_p = T_c + FT_d = 1{,}2 + 0{,}1(8) = 1{,}2 + 0{,}8 = 2 \text{ min/peça}$$

A taxa média de produção real é o inverso do tempo médio de produção por peça:

$$R_p = \frac{1}{2} = 0{,}5 \text{ peça/min} = 30 \text{ peças/h}$$

> A eficiência da linha é a razão entre o tempo ideal de ciclo em relação ao tempo médio de produção real:
>
> $$E = \frac{1,2}{2} = 0,60 = 60 \text{ por cento}$$
>
> Por fim, para o custo por peça produzida, precisamos do custo de ferramentas por peça, que é calculado como a seguir:
>
> $$C_t = (20 \text{ ferramentas}) (\$2/\text{ferramenta})/(50 \text{ peças}) = \$0,8/\text{peça}$$
>
> Agora o custo da unidade pode ser calculado pela Equação (16.14). A taxa por hora de \$75/h para operar a linha é equivalente a \$1,25/min
>
> $$C_{pc} = 3 + 1,25(2) + 0,8 = \$6,30/\text{peça}$$

O que a equação nos diz. Duas verdades gerais sobre a operação de linhas de transferência automatizadas sem armazenamento interno de peças são reveladas pelas equações nesta seção:

- À medida que o número de estações de trabalho em uma linha de produção automatizada aumenta, a eficiência da linha e a taxa de produção são adversamente afetadas.

- À medida que a confiabilidade das estações de trabalho individuais diminui, a eficiência da linha e a taxa de produção são adversamente afetadas.

Talvez a maior dificuldade no uso prático das equações seja determinar os valores de p_i para as várias estações de trabalho. Queremos utilizar as equações para prever o desempenho para uma linha de transferência proposta, no entanto, não sabemos os fatores de confiabilidade críticos para as estações individuais dessa linha. A abordagem mais razoável é basear os valores de p_i a partir de experiências prévias e dados históricos para estações de trabalho similares.

16.3.2 Linhas de transferência com *buffers* internos de armazenamento

Como descrito na seção anterior, em uma linha de produção automatizada sem armazenamento interno de peças, as estações de trabalho são interdependentes. Quando uma estação quebra, todas as estações na linha são afetadas, seja imediatamente ou ao fim de alguns ciclos de operação, devido à escassez de peças ou ao bloqueio. Esses termos têm os mesmos significados que da operação de linhas de montagem manuais (Seção 15.1.2). A *escassez de peças* em uma linha de produção automatizada significa que uma estação de trabalho não está conseguindo realizar seu ciclo porque não tem uma peça para trabalhar. Quando uma quebra ocorre em qualquer estação de trabalho na linha, as estações seguintes sentirão imediatamente ou eventualmente a escassez de peças. O *bloqueio* significa que uma estação não realiza seu ciclo de trabalho porque não consegue passar a peça recém-completada para a estação seguinte. Quando uma quebra ocorre em uma estação da linha, as estações anteriores tornam-se bloqueadas porque a estação quebrada não pode aceitar a próxima peça para processamento da anterior. Portanto, nenhuma das estações anteriores pode passar sua peça completada para frente.

A interrupção de uma linha automatizada devido à escassez de peças ou bloqueio pode ser reduzido acrescentando um ou mais *buffers* de armazenamento de peças entre as estações de trabalho. *Buffers* de armazenamento dividem a linha em estágios que podem operar independentemente por um certo número de ciclos, o número dependendo da capacidade de armazenamento do *buffer*. Se um *buffer* de armazenamento é utilizado, a linha é dividida em dois estágios. Se dois *buffers* são utilizados em duas localizações ao longo da linha, então uma linha de três estágios é formada, e assim por diante. O limite superior do número é ter *buffers* de armazenamento entre todos os pares de estações adjacentes. O número de estágios será então igual ao número de estações de trabalho. Para uma linha de n estágios, haverá $n - 1$ *buffers* de armazenamento, não incluindo o estoque de peças brutas no início da linha ou o estoque de itens acabados no fim da linha.

Considere uma linha de transferência de dois estágios, com um *buffer* de armazenamento separando os estágios. Vamos supor que, em média, o *buffer* de armazenamento esteja pela metade. Se o primeiro estágio quebra, o segundo estágio pode continuar a operar (evitando a escassez de peças), utilizando peças que foram acumuladas no *buffer*. E, se o segundo estágio quebra, o primeiro estágio pode continuar a operar (evitando bloqueio) porque tem o *buffer* para receber a sua produção. O raciocínio lógico para uma linha de dois estágios pode ser estendido para linhas de produção com mais de dois estágios. Para qualquer número de estágios em uma linha de produção automatizada, os *buffers* de armazenamento permitem que cada estágio opere independentemente, com o grau de independência dependendo da capacidade dos *buffers* anteriores e posteriores.

Limites da efetividade de buffers de armazenamento. Dois casos extremos de efetividade de *buffer* de armazenamento podem ser identificados: (1) nenhuma capacidade de armazenamento no *buffer* e (2) *buffers* de capacidade de armazenamento infinita. Na análise que segue, vamos presumir que o tempo ideal de ciclo T_c é o mesmo para todos os estágios considerados. Isso é geralmente desejável na prática porque ajuda a balancear as taxas de produção entre os estágios.

No caso de não haver capacidade de armazenamento, a linha de produção atua como um estágio. Quando uma estação quebra, a linha inteira para. É o caso de uma linha de produção sem armazenamento interno analisada na Seção 16.3.1. A eficiência da linha é dada pela Equação (16.11). Reescrevemos aqui a eficiência de linha com um *buffer* de armazenamento de capacidade zero,

$$E_0 = \frac{T_c}{T_c + FT_d} \quad (16.15)$$

em que o subscrito *0* identifica E_0 como a eficiência de uma linha com capacidade de armazenamento de *buffer* zero, e os outros termos seguem as definições anteriores.

O extremo oposto é o caso teórico em que zonas de *buffer* de capacidade infinita são instaladas entre todos os pares de estágios. Se presumimos que cada zona de *buffer* é meio cheia (em outras palavras, tem uma provisão infinita de peças assim como a capacidade de aceitar um número infinito de peças adicionais), então cada estágio é independente do resto. A presença de *buffers* de armazenamento infinitos significa que nenhum estágio jamais será bloqueado ou passará por uma escassez de peças por causa de uma quebra em algum outro estágio. É claro, um *buffer* de armazenamento de capacidade infinita não pode ser realizado na prática.

Para todas as linhas de transferência com *buffers* de armazenamento, a eficiência geral da linha é limitada pelo estágio gargalo. Isto é, a produção em todos os outros estágios é, em última análise, restrita pelo estágio mais lento. Os seguintes só podem processar peças na taxa de produção do estágio gargalo. E não faz sentido operar os estágios anteriores com taxas de produção mais altas porque isso só vai acumular estoque no *buffer* de armazenamento à anterior ao gargalo. Na prática, portanto, o limite superior da eficiência de toda a linha é determinado pela eficiência do estágio gargalo. Levando-se em consideração que o tempo do ciclo T_c é o mesmo para todos os estágios, a eficiência de qualquer estágio *k* é dada por:

$$E_k = \frac{T_c}{T_c + F_k T_{dk}} \quad (16.16)$$

em que o subscrito *k* é utilizado para identificar o estágio. De acordo com o nosso argumento acima, a eficiência da linha como um todo seria dada por

$$E_\infty = \text{Mín}\{E_k\} \text{ para } k = 1, 2, ..., K \quad (16.17)$$

em que o subscrito ∞ identifica E_∞ com a eficiência de uma linha cujos *buffers* de armazenamento têm capacidade infinita.

Ao incluir um ou mais *buffers* de armazenamento em uma linha de produção automatizada, esperamos melhorar a eficiência de linha acima de E_0, mas não podemos esperar conseguir E_∞, simplesmente porque zonas de *buffer* de capacidade infinita não são possíveis. Consequentemente, o valor real da eficiência de linha para determinada capacidade de *buffer b* vai cair em algum ponto entre estes extremos:

$$E_0 < E_b < E_\infty \quad (16.18)$$

Em seguida, vamos considerar o problema de avaliar E_b para níveis realistas de capacidade de *buffer* para uma linha de produção automatizada de dois estágios (*K* = 2).

Análise de uma linha de transferência de dois estágios. A maior parte da discussão nesta seção é baseada no trabalho de Buzacott, pioneiro na pesquisa analítica de linhas de produção com estoques de armazenamento. Várias de suas publicações são listadas em nossas referências [2], [3], [4], [5], [6] e [7]. Nossa apresentação nesta seção seguirá a análise de Buzacott em [2].

A linha de dois estágios é dividida por um *buffer* de armazenamento de capacidade *b*, expresso em termos do número de peças que ele pode armazenar. O *buffer* recebe a produção do estágio 1 e passa-a para o estágio 2, temporariamente armazenando quaisquer peças não imediatamente necessárias pelo estágio 2 até sua capacidade *b*. O tempo do ciclo ideal T_c é o mesmo para ambos os estágios. Presumimos que as distribuições de interrupções em cada estágio sejam as mesmas com tempo parado médio igual a T_d. Presuma que F_1 e F_2 são as taxas de quebra dos estágios 1 e 2, respectivamente; F_1 e F_2 não são necessariamente iguais.

Através de um longo período de operação, ambos os estágios devem ter eficiências iguais. Se a eficiência do estágio 1 fosse maior do que àquela do estágio 2, então o estoque se acumularia no *buffer* de armazenamento até a sua capacidade *b* ser alcançada. Daí em diante, o estágio 1 seria bloqueado quando ele superasse a produção do estágio 2. Similarmente, se a eficiência do estágio 2 fosse maior do que aquela do estágio 1, o estoque no *buffer* seria exaurido, provocando desse modo uma escassez de peças para o estágio 2. Portanto, as eficiências nos dois estágios tenderiam a se equiparar com o tempo. A eficiência da linha como um todo para a linha de dois estágios pode ser expressa como:

$$E_b = E_0 + D'_1 h(b) E_2 \quad (16.19)$$

em que E_b é a eficiência da linha como um todo para uma linha de dois estágios com capacidade de *buffer b*; E_0 é a eficiência da linha para a mesma linha sem armazenamento interno; e o segundo termo do lado direito $(D'_1 h(b) E_2)$ representa a melhoria na eficiência que resulta de ter um *buffer* de armazenamento com $b > 0$. Vamos examinar os termos RHS na Equação (16.19). O valor de E_0 foi dado pela Equação (16.15), mas a escrevemos em seguida para definir explicitamente a eficiência de dois estágios quando b é igual 0;

$$E_0 = \frac{T_c}{T_c + (F_1 + F_2)T_d} \quad (16.20)$$

O termo D'_1 pode ser visto como a proporção do tempo total que o estágio 1 está parado, definido a seguir:

$$D'_1 = \frac{F_1 T_d}{T_c + (F_1 + F_2)T_d} \quad (16.21)$$

O termo $h(b)$ é a proporção do tempo parado D'_1 (quando o estágio 1 está parado) que o estágio 2 poderia estar ativo e operando dentro dos limites da capacidade do *buffer* de armazenamento b. Buzacott apresenta equações para avaliar $h(b)$ utilizando a análise de cadeia de Markov. A equação cobre várias distribuições diferentes de tempo de interrupção baseadas no pressuposto de que ambos os estágios nunca estão parados ao mesmo tempo. Quatro destas equações são apresentadas na Tabela 16.2.

Tabela 16.2 **Fórmulas para calcular $h(b)$ na Equação (16.19) para uma linha de produção automatizada de dois estágios sob várias distribuições de tempo de interrupção**

Pressupostos e definições: Presuma que os dois estágios têm distribuições iguais de tempo de interrupção ($T_{d1} = T_{d2} = T_d$) e tempos de ciclo iguais ($T_{c1} = T_{c2} = T_c$). Presuma que F_1 seja a frequência de interrupções para o estágio 1 e F_2 seja a frequência de interrupções para o estágio 2. Defina r como o índice de frequências de quebra.

$$r = \frac{F_1}{F_2} \quad (16.22)$$

Equações para h(b): Com essas definições e pressupostos, podemos expressar as relações para $h(b)$ para duas distribuições de tempos teóricos de interrupção como derivadas por Buzacott [2]:

Tempo parado constante: Cada ocorrência de interrupção é presumida como de duração constante T_d. Esse é o caso de nenhuma variação de tempo parado. Levando-se em consideração uma capacidade de *buffer* b, defina B e L como:

$$b = B\frac{T_d}{T_c} + L \quad (16.23)$$

em que B é o número inteiro máximo $b\frac{T_c}{T_d}$ e L representa as unidades que sobraram, o montante pelo qual b excede $B\frac{T_d}{T_c}$. Há dois casos:

$$\text{Caso 1: } r = 1 \,.\, h(b) = \frac{B}{B+1} + L\frac{T_c}{T_d}\frac{1}{(B+1)(B+2)} \quad (16.24)$$

$$\text{Caso 2: } r \neq 1 \,.\, h(b) = r\frac{1-r^B}{1-r^{B+1}} + L\frac{T_c}{T_d}\frac{r^{B+1}(1-r)^2}{(1-r^{B+1})(1-r^{B+2})} \quad (16.25)$$

Distribuição geométrica de tempo parado: A probabilidade que reparos sejam completados durante qualquer duração de ciclo T_c é independente do tempo desde que os reparos tenham começado. Este é um caso de variação máxima de tempo parado. Há dois casos:

$$\text{Caso 1: } r = 1 \, h(b) = \frac{b\frac{T_c}{T_d}}{2 + (b-1)\frac{T_c}{T_d}} \quad (16.26)$$

$$\text{Caso 2: } r \neq 1. \text{ Defina } K = \frac{1 + r - \frac{T_c}{T_d}}{1 + r - r\frac{T_c}{T_d}}, \text{ então } h(b) = \frac{r(1-K^b)}{1-rK^b} \quad (16.27)$$

Finalmente, E_2 corrige o pressuposto irrealista no cálculo de $h(b)$ de que ambos os estágios nunca estão parados ao mesmo tempo. O que é mais realista é que quando o estágio 1 está parado e o estágio 2 está produzindo utilizando peças armazenadas no *buffer*, ocasionalmente o próprio estágio 2 vai parar. E_2 é calculado como:

$$E_2 = \frac{T_c}{T_c + F_2 T_d} \quad (16.28)$$

Deve ser mencionado que o desenvolvimento da Equação (16.19) por Buzacott em [2] omitiu o termo E_2, contando com o pressuposto de que os estágios 1 e 2 não fossem compartilhar tempos parados. Entretanto, sem E_2, o autor descobriu que a equação tende a superestimar a eficiência da linha. Com E_2 incluído, como na Equação (16.19), os valores calculados são muito mais realistas. Em pesquisa posteriores, Buzacott desenvolveu outras equações que em muito concordam os resultados dados pela Equação (16.19).

EXEMPLO 16.3
Linha de produção automatizada de dois estágios
Uma linha de transferência de 20 estações é dividida em dois estágios de dez estações cada. O tempo ideal de ciclo de cada estágio T_c é de 1,2 minuto. Todas as estações na linha têm a mesma probabilidade de parar p igual a 0,005. Presume-se que o tempo parado é constante quando ocorre uma quebra T_d de 8 minutos. Calcule a eficiência de linha para as seguintes capacidades de *buffer*: (a) $b = 0$, (b) $b = \infty$, (c) $b = 10$ e (d) $b = 100$.

Solução: (a) Uma linha de dois estágios com 20 estações e $b = 0$ vem a ser o mesmo caso do Exemplo 16.2. Revendo:

$$F = n_p = 20(0,005) = 0,1 \text{ e } T_p = T_c + FT_d = 1,2 + 0,1(8) = 2 \text{ min}$$

$$E_0 = \frac{1,2}{2} = 0,6$$

(b) Para uma linha de dois estágios com 20 estações (cada estágio com dez estações) e $b = \infty$,

$$F_1 = F_2 = 10(0,005) = 0,05 \text{ e } T_p = 1,2 + 0,05(8) = 1,6 \text{ min}$$

$$E_\infty = E_1 = E_2 = \frac{1,2}{1,6} = 0,75$$

(c) Para uma linha de dois estágios com $b = 10$, temos de determinar cada um dos termos na Equação (16.19). Temos E_0 da parte (a), $E_0 = 0,6$, e temos E_2 da parte (b), $E_2 = 0,75$. Consequentemente,

$$D'_1 = \frac{0,05(8)}{1,2 + (0,05 + 0,05)(8)} = \frac{0,4}{2} = 0,2$$

A avaliação de $h(b)$ vem da Equação (16.24) para uma distribuição de reparo constante. Na Equação (16.23), o índice

$$\frac{T_d}{T_c} = \frac{8}{1,2} = 6,667$$

Para $b = 10$, $B = 1$ e $L = 3,333$. Desse modo,

$$h(b) = h(10) = \frac{1}{1 + 1} + 3,333\left(\frac{1,2}{8}\right)$$

$$\frac{1}{(1 + 1)(1 + 2)} = 0,5 + 0,0833 = 0,5833$$

Podemos agora utilizar a Equação (16.19):

$$E_{10} = 0,6 + 0,2(0,5833)(0,75) = 0,6 + 0,0875 = 0,6875$$

(d) Para $b = 100$, o único parâmetro na Equação (16.19) que é diferente da parte (c) é $h(b)$. Para $b = 100$, $B = 15$ e $L = 0$ na Equação (16.23). Desse modo, temos:

$$h(b) = h(100) = \frac{15}{15 + 1} = 0,9375$$

Utilizando esse valor,

$$E_{100} = 0,6 + 0,2(0,9375)(0,75) = 0,6 + 0,1406 = 0,7406$$

O valor de $h(b)$ não apenas serve para a Equação (16.19) como fornece informações sobre qual a melhoria em eficiência que pode ser alcançada a partir de qualquer valor dado de b. Observe no Exemplo 16.3 a diferença entre E_∞ e $E_0 = 0,75 - 0,6 = 0,15$. Para $b = 10$, $h(b) = h(10) = 0,5833$, o que significa 58,33 por cento de melhoria possível máxima em eficiência de linha utilizando uma capacidade de *buffer* de 10 ($E_{10} = 0,6875 = 0,6 + 0,5833(0,75 - 0,6)) = 0,6875$. Para $b = 100$, $h(b) = h(100) = 0,9375$, o que equivale a 93,75 por cento da melhoria máxima com $b = 100(E_{100} = 0,7406 = 0,6 + 0,9375(0,75 - 0,6))$.

Não estamos somente interessados nas eficiências de uma linha de produção de dois estágios. Também queremos conhecer as taxas de produção correspondentes, as quais podem ser avaliadas com base no conhecimento do tempo do ciclo ideal T_c e na definição da eficiência de linha. De acordo com a Equação (16.11), $E = T_c/T_p$. Já que R_p é o inverso de T_p, então $E = T_c R_p$. Rearranjando a equação, temos:

$$R_p = \frac{E}{T_c} \quad (16.29)$$

EXEMPLO 16.4
Taxas de produção na linha de dois estágios do Exemplo 16.3
Calcule as taxas de produção para os quatro casos no Exemplo 16.3. O valor de T_c é de 1,2 minuto como antes.
Solução: (a) Para $b = 0$, $E_0 = 0,6$. Aplicando Equação (16.29), temos:

$R_p = 0{,}6/1{,}2 = 0{,}5$ peça/min = 30 peças/h

Esse é o mesmo valor calculado no Exemplo 16.2.
(b) Para $b = \infty$, $E_\infty = 0{,}75$ e $R_p = 0{,}75/1{,}2 = 0{,}625$ peça/min = 37,5 peças/hora.
(c) Para $b = 10$, $E_{10} = 0{,}6875$ e Rp = 0,6875/1,2 = 0,5729 peça/min = 34,375 peça/h
(d) Para $b = 100$, $E_{100} = 0{,}7406$ e $R_p = 0{,}7406/1{,}2 = 0{,}6172$ peça/min = 37,03 peça/h

No Exemplo 16.3, uma distribuição de reparos constante foi presumida. Toda quebra tinha o mesmo tempo de reparo constante de 8 minutos. É mais realista esperar que ocorra alguma variação na distribuição no tempo de reparo. A Tabela 16.2 fornece duas distribuições possíveis, representando extremos em variabilidade. Já utilizamos a distribuição de reparos constante nos exemplos 16.3 e 16.4, o que representa nenhuma variação no tempo parado. Isso é coberto na Tabela 16.2 pelas equações (16.24) e (16.25). Vamos considerar o extremo oposto, o caso de uma variação muito alta, o que é apresentado na Tabela 16.2 como a distribuição geométrica de reparos, em que $h(b)$ é calculada pelas equações (16.26) e (16.27).

EXEMPLO 16.5
Efeito de alta variabilidade no tempo parado
Avalie as eficiências e taxas de produção para a linha de dois estágios dos exemplos 16.3 e 16.4, utilizando a distribuição de reparos geométrica em vez da distribuição de tempo parado constante.
Solução: Para peças (a) e (b), os valores de E_0 e E_∞ serão os mesmos que no Exemplo 16.4 anterior.
(A) $E_0 = 0{,}6$ e $R_p = 30$ peças/hora
(B) $E_\infty = 0{,}75$ e $R_p = 37{,}5$ peças/hora
(c) Para $b = 10$, todos os parâmetros na Equação (16.19) permanecem os mesmos, exceto $h(b)$.
Utilizando a Equação (16.26) da Tabela 16.2, temos:

$$h(b) = h(10) = \frac{10(1{,}2/8)}{2 + (10-1)(1{,}2/8)} = 0{,}4478$$

Agora utilizando as equações (16.19) e (16.29), temos:

$E_{10} = 0{,}6 + 0{,}2(0{,}4478)(0{,}4478)(0{,}75) = 0{,}6672$ e
$R_p = 0{,}6672(60)/1{,}2 = 33{,}36$ peças/hora

(d) Para $b = 100$, novamente a única mudança é em $h(b)$.

$$h(b) = h(100) = \frac{100(1{,}2/8)}{2 + (100-1)(1{,}2/8)} = 0{,}8902$$

$E_{100} = 0{,}6 + 0{,}2(0{,}8902)(0{,}75) = 0{,}7333$
$R_p = 0{,}7333(60)/1{,}2 = 36{,}67$ peças/h

Observe que, quando comparamos os valores da eficiência de linha e das taxas de produção para $b = 10$ e $b = 100$ neste exemplo com os valores correspondentes nos exemplos 16.3 e 16.4, ambos os valores apresentam-se mais baixos. Concluímos, então, que uma maior variabilidade de tempo parado degrada o desempenho da linha.

Linhas de transferência com mais de dois estágios. Se a eficiência de uma linha de produção automatizada pode ser aumentada dividindo-a em dois estágios com um *buffer* de armazenamento entre eles, seria possível concluir que mais melhorias no desempenho podem ser alcançadas com o acréscimo de *buffers* de armazenamento adicionais. Apesar de não apresentarmos fórmulas exatas do cálculo de eficiências de linha para o caso geral de qualquer capacidade b para múltiplos *buffers* de armazenamento, melhorias de eficiência podem ser prontamente determinadas para o caso de uma capacidade de *buffer* infinita. Nos exemplos 16.4 e 16.5, vimos melhoria relativa na eficiência que resulta de tamanhos de *buffer* intermediários entre $b = 0$ e $b = \infty$.

EXEMPLO 16.6
Linhas de transferência com mais de um *buffer* de armazenamento
Para a mesma linha de transferência de 20 estações que consideramos nos exemplos anteriores, compare eficiências de linhas e taxas de produção para os casos a seguir, presumindo uma capacidade de *buffer* infinita: (a) sem *buffers* de armazenamento, (b) um *buffer*, (c) três *buffers* e (d) 19 *buffers*. Presuma nos casos (b) e (c) que os *buffers* estão localizados na linha de maneira a equiparar as frequências de tempo parado, isto é, todos F_i são iguais.
Solução: Já calculamos a resposta para (a) e (b) no Exemplo 16.4.
(a) Para o caso de não haver *buffer* de armazenamento, $E_\infty = 0{,}6$ e $R_p = 0{,}6(60)/1{,}2 = 30$ peças/h
(b) Para um *buffer* de armazenamento (uma linha de dois estágios), $E_\infty = 0{,}75$ e $R_p = 0{,}75(60)/1{,}2 = 37{,}5$ peças/h
(c) Para o caso de três *buffers* de armazenamento (uma linha de quatro estágios), temos:

$F_1 = F_2 = F_3 = F_4 = 5(0{,}005) = 0{,}025$ e
$T_p = 1{,}2 + 0{,}025(8) = 1{,}4$ min/peça
$E_\infty = 1{,}2/1{,}4 = 0{,}8571$ e $R_p = 0{,}8571(60)/1{,}2 = 42{,}86$ peças/h

(d) Para o caso de 19 *buffers* de armazenamento (cada estágio é uma estação), temos:

$F_1 = F_2 = \ldots = F_{20} = 1(0{,}005) = 0{,}005$ e
$T_p = 1{,}2 + 0{,}005(8) = 1{,}24$ min/peça
$E_\infty = 1{,}2/1{,}24 = 0{,}9677$ e $R_p = 0{,}9677(60)/1{,}2 = 48{,}39$ peças/h

O último valor é muito próximo da taxa de produção ideal de R_c igual a 50 peças/h.

O que as equações nos dizem. As equações e as análises nesta seção fornecem algumas diretrizes práticas para o projeto e a operação de linhas de produção automatizadas com *buffers* internos de armazenamento. As diretrizes podem ser expressas da seguinte maneira:

- Se E_0 e E_∞ são quase iguais em valor, tem-se pouca vantagem ao se acrescentar um *buffer* de armazenamento à linha. Se E_∞ é significativamente maior do que E_0, então os *buffers* de armazenamento oferecem a possibilidade de melhorar significativamente o desempenho da linha.

- Ao se considerar uma linha de produção automatizada de múltiplos estágios, as estações de trabalho devem ser divididas em estágios de maneira a tornar as eficiências de todos os estágios o mais iguais possível. Dessa maneira, a diferença máxima entre E_0 e E_∞ é alcançada, e nenhum estágio vai se destacar como um gargalo significativo.

- Na operação de uma linha de produção automatizada com *buffers* de armazenamento, se qualquer um dos *buffers* está quase sempre vazio ou quase sempre cheio, isso indica que as taxas de produção dos estágios em qualquer um dos lados do *buffer* estão desbalanceadas e que o *buffer* de armazenamento tem pouca utilidade.

- A máxima eficiência possível da linha é alcançada ao se (1) estabelecer o número de estágios igual ao número de estações — isto é, proporcionar um *buffer* de armazenamento entre cada par de estações — e (2) utilizar *buffers* de grande capacidade.

- A "lei de rendimentos decrescentes" opera em linhas automatizadas de múltiplos estágios. Ela se manifesta de duas maneiras: (1) à medida que o número de *buffers* de armazenamento é aumentado, a eficiência da linha melhora a uma taxa cada vez menor e (2) à medida que a capacidade do *buffer* de armazenamento é aumentada, a eficiência da linha melhora a uma taxa cada vez menor.

Referências

[1] BOOTHROYD, G.; POLI, C.; MURCH, L. E. *Automatic assembly*. Nova York: Marcel Dekker, 1982.

[2] BUZACOTT, J. A. "Automatic transfer lines with *buffer* stocks". *International Journal of Production Research*, v. 5, n. 3, p. 183-200, 1967.

[3] ——. "Prediction of the efficiency of production systems without internal storage". *International Journal of Production Research*, v. 6, n. 3, p. 173-88, 1968.

[4] ——. "The role of inventory banks in flow-line production systems". *International Journal of Production Research*, v. 9, n. 4, p. 425-36, 1971.

[5] BUZACOTT, J. A.; HANIFIN, L. E. "Models of automatic transfer lines with inventory banks: A review and comparison". *AIIE Transactions*, v. 10, n. 2, p. 197-207, 1978.

[6] ——. "Transfer line design and analysis: an overview". In: Fall Industrial Engineering Conference of AIIE, 1978. Atlanta, GA. *Proceedings*, Atlanta, GA: Fall Industrial Engineering Conference of AIIE, p. 277-86, dez. 1978.

[7] BUZACOTT, J. A.; SHANTHIKUMAR, J. G. *Stochastic models of manufacturing systems*. Englewood Cliffs, NJ: Prentice Hall, 1993. cap. 5-6.

[8] CHOW, W-M. *Assembly line design*. Nova York: Marcel Dekker, 1990.

[9] GROOVER, M. P. "Analyzing automatic transfer lines". *Industrial Engineering*, v. 7, n. 11, p. 26-31, 1975.

[10] KOELSCH, J. R. "A new look to transfer lines". *Manufacturing Engineering*, p. 73-8, abr. 1994.

[11] LAVALLEE, R. J. "Using a PC to control a transfer line". *Control Engineering*, p. 43-56, fev. 1991.

[12] MASON, F. "High volume learns to flex". *Manufacturing Engineering*, p. 53-9, abr. 1995.

[13] OWEN, J. V. "Transfer lines get flexible". *Manufacturing Engineering*, p. 42-50, jan. 1999.

[14] RILEY, F. J. *Assembly Automation*. Nova York: Industrial Press, 1983.

[15] WILEY, R. *Mass-production management*. Londres: John Wiley & Sons, 1972.

Questões de revisão

16.1 Cite três das quatro condições sob as quais linhas de produção automatizadas são apropriadas.

16.2 O que é uma linha de produção automatizada?

16.3 O que é um dispositivo de fixação em palete e como o termo é utilizado no contexto de uma linha de produção automatizada?

16.4 O que é uma máquina de mesa rotativa indexada?

16.5 Por que os sistemas de transporte de peças contínuos são incomuns em linhas de produção automatizadas?

16.6 Um mecanismo de Genebra é utilizado para proporcionar movimento linear ou movimento rotativo?

16.7 O que é um *buffer* de armazenamento da maneira como o termo é utilizado para uma linha de produção automatizada?

16.8 Cite três razões para incluir um *buffer* de armazenamento em uma linha de produção automatizada.

16.9 Quais são as três funções básicas de controle que devem ser executadas para se operar uma linha de produção automatizada?

16.10 Cite algumas das aplicações industriais de linhas de produção automatizadas.

16.11 Qual é a diferença entre uma linha de produção em unidades e uma linha de conexão?

16.12 Quais são as três áreas-problema que têm de ser levadas em consideração na análise e no projeto de uma linha de produção automatizada?

16.13 À medida que o número de estações de trabalho em uma linha de produção automatizada aumenta, a eficiência da linha diminui, aumenta ou permanece inalterada?

16.14 O que é a escassez de peças em uma linha de produção automatizada?

16.15 Na operação de uma linha de produção automatizada com *buffers* de armazenamento, o que significa um *buffer* estar quase sempre vazio ou quase sempre cheio?

Problemas

Mecanismos de transferência

16.1 Uma mesa de trabalho rotativa é impulsionada por um mecanismo de Genebra com cinco fendas. O sistema motor gira a 48 rpm. Determine (a) o tempo do ciclo, (b) o tempo de processo disponível e (c) o tempo de indexação em cada ciclo.

16.2 Um mecanismo de Genebra com seis fendas é utilizado para operar a mesa de trabalho de uma máquina de mesa rotativa indexada. A estação de trabalho mais lenta dela tem um tempo de operação de 2,5 segundos, de maneira que a mesa tem de estar em uma posição de pausa durante esse período de tempo. (a) A qual velocidade de rotação o sistema motor da roda de Genebra deve ser girado para proporcionar esse tempo de pausa? (b) Qual é o tempo de indexação de cada ciclo?

16.3 Solucione o problema anterior utilizando um mecanismo de Genebra com oito fendas.

Linhas de produção automatizadas sem armazenamento interno

16.4 Uma máquina de transferência de dez estações tem um tempo ideal do ciclo de 30 segundos. A frequência de paradas na linha é de 0,075 paradas por ciclo. Quando ocorre uma parada de linha, o tempo médio de parada é de 4 minutos. Determine (a) a taxa de produção média em peças/h, (b) a eficiência da linha e (c) a proporção de tempo parado.

16.5 Os elementos de custo associados à operação da linha de transferência de dez estações no Problema 16.4 são: custo da peça bruta de $0,55/peça, custo operacional da linha de $42/h e custo de ferramentas consumíveis de $0,27/peça. Calcule o custo médio de uma peça produzida.

16.6 No Problema 16.4, as ocorrências de parada de linha devem-se a falhas mecânicas e elétricas aleatórias na linha. Suponha que, além dessas razões para as interrupções, as ferramentas em cada estação de trabalho na linha tenham de ser trocadas e/ou reparadas a cada 150 ciclos. Esse procedimento leva 12 minutos para todas as dez estações. Inclua esse dado adicional para determinar (a) a taxa de produção média em peça/h, (b) a eficiência da linha e (c) a proporção de tempo parado.

16.7 A máquina de mesa rotativa indexada do Problema 16.2 experimenta uma frequência de interrupção de 0,06 paradas/ciclo. O tempo médio parado por quebra é 3,5 min. Determine (a) a taxa de produção média em peça/h e (b) a eficiência da linha.

16.8 Na operação de uma determinada linha de transferência de 15 estações, o tempo ideal do ciclo é de 0,58 min. Quebras ocorrem a uma taxa de uma vez a cada 20 ciclos, e o tempo médio parado por quebra é de 9,2 min. A linha de transferência está localizada em uma planta que trabalha 8 h/dia, cinco dias por semana. Determine (a) a eficiência da linha e (b) quantas peças a linha de transferência vai produzir em uma semana.

16.9 Uma máquina de transferência em linha de 22 estações tem tempo de ciclo ideal de 0,35 min. Quebras de estações ocorrem com probabilidade de 0,01. Presuma que as quebras de estações sejam a única razão para a linha parar. O tempo médio parado é de 8 min por parada da linha. Determine (a) a taxa de produção ideal, (b) a frequência das paradas da linha, (c) taxa média real de produção e (d) a eficiência da linha.

16.10 Uma máquina de mesa rotativa de dez estações realiza operações de usinagem em nove estações de trabalho, enquanto a décima estação é utilizada para carga e descarga de peças. O tempo de processo mais longo na linha é 1,3 minuto e a operação de carga/descarga pode ser executada em menos tempo. São necessários 9 segundos para indexar a máquina entre estações de trabalho, as quais quebram com uma frequência de 0,007, igual para as dez estações. Quando essas paradas ocorrem, leva-se uma média de 10 minutos para se diagnosticar o problema e fazer reparos. Determine (a) a eficiência da linha e (b) a taxa média real de produção.

16.11 Uma máquina de transferência tem seis estações que funcionam da seguinte forma:

Estação	Operação	Tempo de processo (min)	pi
1	Carregar peça	0,78	0
2	Executar três furos	1,25	0,02
3	Alargar dois furos	0,9	0,01
4	Roscar dois furos	0,85	0,04
5	Fresar superfícies	1,32	0,01
6	Descarregar peças	0,45	0

Além disso, o tempo de transferência é de 0,18 min, o tempo médio parado por ocorrência é de 8 min eu um total de 20 mil peças tem de ser processadas pela máquina de transferência. Determine (a) a proporção de tempo parado, (b) a taxa média real de produção e (c) quantas horas de operação são necessárias para produzir as 20 mil peças.

16.12 O custo para operar uma determinada linha de transferência com 20 estações é de $72/h. A linha opera com um tempo ideal de ciclo de 0,85 min. As ocorrências de interrupções acontecem na média uma vez a cada 14 ciclos. O tempo parado médio por ocorrência é de 9,5 min. A administração propõe instalar um novo sistema de computadores e sensores para monitorar a linha e diagnosticar as ocorrências de interrupções quando acontecem. Com o novo sistema, espera-se reduzir o valor atual do tempo de interrupção para 7,5 min. Se o custo de compra e instalação do novo sistema é $15 mil, quantas unidades o sistema tem de produzir a fim da economia realizada pagar pelo sistema de computadores?

16.13 Uma linha de transferência de 23 estações esteve ligada por cinco dias (tempo total de 2.400 minutos). Durante esse tempo, houve um total de 158 ocorrências de interrupções na linha. A tabela de acompanhamento identifica os tipos de ocorrências de interrupções, quantas de cada tipo e quanto tempo total foi perdido para cada tipo. A linha de transferência realiza uma sequência de operações de usinagem, a maior delas levando 0,42 min. O mecanismo de transferência leva 0,08 min para indexar as peças de uma estação para cada um dos ciclos seguintes. Supondo que não haja retirada de peça alguma quando a linha emperra, determine o seguinte com base no período de observação de cinco dias: (a) o número de peças produzidas, (b) a proporção de tempo parado, (c) a taxa de produção e (d) a taxa de frequência associada às falhas do mecanismo de transferência.

Tipo de interrupção	Número de ocorrências	Tempo perdido (min)
Causas relacionadas a ferramentas	104	520
Quebras mecânicas	21	189
Diversos	7	84
Subtotal	132	793
Mecanismo de transferência	26	78
Total	158	871

16.14 Uma máquina de mesa rotativa de oito estações realiza as operações de usinagem mostradas na tabela, juntamente com os tempos de processamento e as frequências de quebra para cada estação. O tempo de transferência para a máquina é de 0,15 min por ciclo. Um estudo do sistema foi realizado durante o qual 2 mil peças foram completadas. Nele, determinou-se que, quando quebras ocorrem, são necessários em média 7 min para a realização de reparos para que o sistema volte a operar novamente. Para o período do estudo, determine (a) a taxa média real de produção, (b) a eficiência de tempo produtivo da linha e (c) o número de horas necessário para produzir as 2 mil peças.

Estação	Processo	Tempo de processo (min)	Quebras
1	Carregar peça	0,5	0
2	Fresar topo	0,85	22
3	Fresar lados	1,1	31
4	Usinar dois furos	0,6	47
5	Alargar dois furos	0,43	8
6	Perfurar seis furos	0,92	58
7	Roscar seis furos	0,75	84
8	Descarregar peça	0,4	0

16.15 Uma linha de transferência de 14 estações passou 2.400 minutos em operação para identificar o tipo de ocorrência de interrupção, o número de ocorrências e o tempo perdido. Os resultados são apresentados na tabela a seguir. O tempo ideal do ciclo para a linha é de 0,5 min, incluindo o tempo de transferência entre estações. Determine (a) quantas peças foram produzidas durante os 2.400 min, (b) a eficiência da linha quando produtiva, (c) a taxa média real de produção de peças aceitáveis por hora e (d) a frequência associada a falhas do sistema de transferência.

Tipo de ocorrência	Número	Tempo perdido (min)
Mudanças e quebras de ferramentas	70	400
Falhas em estações (mecânicas e elétricas)	45	300
Falhas do sistema de transferência	25	150

16.16 Uma máquina de transferência tem tempo médio entre falhas (do inglês, *median time between failures* — MTBF) de 50 min e tempo médio para reparo (do inglês, *median time to repair* — MTTR) de 9 min. Se a taxa ideal de ciclo for de 1 min (quando a máquina está operando), qual será a taxa de produção média por hora?

16.17 Uma peça está prestes a ser produzida em uma linha de transferência automática. O tempo total de trabalho para fazer a peça é de 36 min, e esse trabalho será dividido igualmente entre as estações de trabalho, de maneira que o tempo de processamento em cada estação seja de 36/n, em que n é o número de estações. Além disso, o tempo exigido para transferir peças entre estações de trabalho é de 6 segundos. Desse modo, o tempo de ciclo é de 0,1 + 36/n min. Além disso, sabe-se que a frequência de quebra da estação será de 0,005 e que o tempo parado médio por quebra é de 8 min. (a) Levando-se em consideração esses dados, determine o número de estações de trabalho que devem ser incluídas na linha para maximizar a taxa de produção, (b) a taxa de produção e (c) a eficiência de linha para esse número de estações.

Linhas de produção automatizada com *buffers* de armazenamento

16.18 Uma linha de transferência de 30 estações tem tempo ideal de ciclo de 0,75 min, tempo parado médio de 6 min por ocorrência de parada de linha e frequência de falha de estação de 0,01 para todas as estações. Uma proposta foi apresentada para posicionar um *buffer* de armazenamento entre as estações 15 e 16 para melhorar a eficiência da linha. Determine (a) a eficiência e taxa de produção atuais da linha e (b) a eficiência e taxa de produção máximas possíveis que resultariam da instalação de um *buffer* de armazenamento.

16.19 Levando-se em consideração os dados no Problema 16.18, solucione-o, de acordo as duas propostas a seguir: (a) dividir a linha em três estágios, isto é, com dois *buffers* de armazenamento localizados entre as estações 10 e 11, e entre as estações 20 e 21, respectivamente; e (b) utilizar uma linha assíncrona com grandes *buffers* de armazenamento a cada par de estações na linha, isto é, um total de 29 *buffers* de armazenamento.

16.20 No Problema 16.18, se a capacidade do *buffer* de armazenamento proposto fosse de 20 peças, determine (a) a eficiência da linha e (b) a taxa de produção da linha. Suponha que o tempo parado (T_d igual a 6 min) seja constante.

16.21 Solucione o Problema 16.20, supondo que o tempo parado (T_d igual a 6 min) siga a distribuição geométrica de reparos.

16.22 Na linha de transferência dos problemas 16.18 e 16.20, suponha que seja tecnicamente mais viável posicionar o *buffer* de armazenamento entre as estações 11 e 12 em vez de entre as estações 15 e 16. Determine (a) a eficiência máxima de linha possível e a taxa de produção que resultaria da instalação do *buffer* de armazenamento e (b) a eficiência de linha e a taxa de produção para um *buffer* de armazenamento com uma capacidade de 20 peças. Suponha que o tempo parado (T_d igual a 6 min) seja constante.

16.23 Uma linha de transferência síncrona proposta terá 20 estações e operará com tempo ideal de ciclo de 0,5 min. Espera-se que todas as estações tenham uma probabilidade igual de quebra p de 0,01 e tempo parado médio por quebra de 5 min. Uma opção é dividir a linha em dois estágios, cada estágio com dez estações, com uma zona de *buffer* de armazenamento entre os estágios. Ficou decidido que a capacidade de armazenamento deve ser de 20 unidades. O custo para operar a linha é de $96/h e a instalação do *buffer* de armazenamento aumentaria o custo operacional da linha em $12/h. Ignorando custos de material e ferramentas, determine (a) a eficiência da linha, a taxa de produção e o custo por unidade para a configuração de um estágio e (b) a eficiência da linha, a taxa de produção e o custo por unidade para a configuração opcional de dois estágios.

16.24 Um estudo de duas semanas foi realizado em uma linha de transferência de 12 estações que é utilizada para usinar parcialmente cabeçotes de motores para uma grande empresa automotiva. Durante as 80 horas de observação, a linha esteve parada um total de 42 horas e um total de 1.689 peças foram completadas. A tabela de acompanhamento dessa observação lista as operações de usinagem realizadas em cada estação, os tempos de processo e as interrupções para cada estação. O tempo de transferência entre as estações é de 6 segundos. Para lidar com o problema de interrupção, foi proposto que se dividisse a linha em dois estágios, cada um consistindo de 6 estações. O *buffer* de armazenamento entre os estágios teria capacidade de armazenamento de 20 peças. Determine (a) a eficiência da linha e a taxa de produção da configuração de um estágio atual e (b) a eficiência da linha e a taxa de produção da configuração de dois estágios proposta. (c) Levando-se em consideração que a linha deve ser dividida em dois estágios, cada estágio deveria consistir de 6 estações como proposto ou há uma maneira melhor de se dividir as estações em estágios? Justifique sua resposta.

Estação	Operação	Tempo de processo (min)	Ocorrências de tempo parado
1	Carregar peça (manual)	0,5	0
2	Desbastar topo da peça	1,1	15
3	Dar acabamento no topo da peça	1,25	18
4	Desbastar lados da peça	0,75	23
5	Dar acabamento nos lados da peça	1,05	31
6	Fresar superfícies para furar	0,8	9
7	Usinar dois furos	0,75	22
8	Roscar dois furos	0,4	47
9	Usinar três furos	1,1	30
10	Alargar três furos	0,7	21
11	Roscar três furos	0,45	30
12	Descarregar e inspecionar peça (manual)	0,9	0
	Total	9,4	246

16.25 No Problema 16.24, a linha atual tem custo operacional de $66/h, a peça fundida bruta custa $4,5/peça, os custos das ferramentas consumíveis são de $1,25/peça e o *buffer* de armazenamento proposto vai acrescentar $6/h ao custo operacional da linha. A melhoria na taxa de produção justifica o aumento de $20?

16.26 Uma linha de transferência de 16 estações pode ser dividida em dois estágios instalando-se um *buffer* de armazenamento entre as estações 8 e 9. A probabilidade de falha em qualquer estação é de 0,01, o tempo ideal do ciclo é de 1 min e o tempo parado por interrupção de linha é de 10 min. Esses valores são aplicáveis tanto para configurações de um estágio como de dois estágios. O tempo parado deve ser considerado um valor constante. O custo de instalar o *buffer* de armazenamento é uma função da sua capacidade. Essa função de custo é $C_b = \$0,6b$/h = $\$0,01b$/min, em que b é a capacidade de armazenamento. Entretanto, o *buffer* só pode ser construído para armazenar incrementos de dez (em outras palavras, b pode assumir valores de 10, 20, 30 etc.). O custo para operar a linha em si é de $120/h. Ignore custos de materiais e ferramentas. Com base no custo por unidade de produto, determine a capacidade de *buffer* b, que vai minimizar o custo por unidade do produto.

16.27 A eficiência de tempo produtivo de uma linha de produção automatizada de 20 estações é de apenas 40 por cento. O tempo ideal do ciclo é 48 segundos e o tempo médio parado por ocorrência de interrupção da linha é de 3 min. Presuma que a frequência de quebras para todas as estações é igual ($p_i = p$ para todas as estações) e que tempo parado é constante. Para melhorar a eficiência do tempo produtivo, foi proposta a instalação de um *buffer* de armazenamento com uma capacidade de 15 peças por $14 mil. O custo de produção atual é $4 por unidade, ignorando custos de materiais e ferramentas. Quantas unidades teriam de ser produzidas para que o investimento de $14 mil pagasse a si mesmo?

16.28 Uma linha de transferência automatizada é dividida em dois estágios com um *buffer* de armazenamento entre eles. Cada estágio consiste de nove estações. O tempo do ciclo ideal de cada estágio é de 1 min, a frequência de falhas para cada estação é de 0,01, o tempo parado médio por interrupção é de 8 min e deve-se supor uma distribuição constante de tempo parado. Determine a capacidade exigida do *buffer* de armazenamento de tal maneira que a melhoria em eficiência de linha E comparada a uma capacidade de *buffer* zero seja 80 por cento da melhoria produzida por um *buffer* com capacidade infinita.

16.29 No Problema 16.7, suponha que uma linha de dois estágios seja projetada com um número igual de estações em cada estágio. O total de tempo das operações será dividido igualmente entre os dois estágios. O *buffer* de armazenamento entre os estágios terá capacidade igual a $3\,T_d/T_c$. Presuma uma distribuição de reparo constante. (a) Para essa linha de dois estágios, determine o número de estações de trabalho que devem ser incluídas em cada estágio da linha para maximizar a taxa de produção. (b) Qual é a taxa de produção e a eficiência da linha para essa configuração de linha? (c) Qual é a capacidade de armazenamento do *buffer*?

16.30 Uma linha de transferência de 20 estações atualmente opera com uma eficiência de $E = \dfrac{1}{3}$. O tempo ideal do ciclo é de 1 min. A distribuição de reparo é geométrica com um tempo parado médio por ocorrência de 8 min e em cada estação há probabilidade igual de ocorrer uma falha. É possível se dividir a linha em dois estágios com dez estações cada, separando os estágios por um *buffer* de armazenamento de capacidade b. Com a informação dada, determine o valor exigido de b que vai aumentar a eficiência de $E = \dfrac{1}{3}$ para $E = \dfrac{2}{5}$.

CAPÍTULO 17
Sistemas de montagem automatizados

CONTEÚDO DO CAPÍTULO

17.1 Fundamentos dos sistemas de montagem automatizados
    17.1.1 Configurações de sistema
    17.1.2 Distribuição de peças nas estações de trabalho
    17.1.3 Aplicações

17.2 Análise quantitativa dos sistemas de montagem
    17.2.1 Sistema de distribuição de peças nas estações de trabalho
    17.2.2 Máquinas de montagem multiestação
    17.2.3 Máquinas de montagem de estação única
    17.2.4 Automação parcial
    17.2.5 O que as equações nos dizem

O termo *montagem automatizada* se refere ao uso de dispositivos mecanizados e automatizados para realizar as diversas tarefas de montagem em uma linha ou célula de montagem. Houve muito progresso na tecnologia de automação de montagem nos últimos anos, parte motivada por avanços no campo da robótica — algumas vezes os robôs industriais são usados como componentes nos sistemas de montagem automatizados (Capítulo 8). Neste capítulo, abordamos a montagem automatizada como uma área distinta da automação. Embora os métodos de montagem manuais descritos no Capítulo 15 ainda sejam usados por muitos anos no futuro, existem grandes oportunidades para ganhos de produtividade no uso dos métodos automatizados.

Assim como as linhas de transferência discutidas no capítulo anterior, os sistemas de montagem automatizados normalmente estão incluídos na categoria da automação rígida. Em sua maioria, são projetados para realizar uma sequência fixa de etapas de montagem em um produto específico. Essa tecnologia de montagem automatizada deve ser considerada quando da existência das seguintes condições:

- *Alta demanda de produto*. Produtos fabricados em milhões de unidades (ou próximo dessa faixa).

- *Projeto de produto estável*. Em geral, qualquer mudança no projeto do produto significa uma mudança no ferramental da estação de trabalho e possivelmente na sequência das operações de montagem, o que pode ser extremamente caro.

- *Número limitado de componentes na montagem*. Riley [13] recomenda um máximo em torno de uma dúzia de peças.

- *Produto projetado para montagem automatizada*. Os fatores no projeto de produto que permitem a montagem automatizada devem ser examinados.

Os sistemas de montagem automatizados envolvem significativo custo de capital. Entretanto, os investimentos normalmente são menores em comparação às linhas de transferência automatizadas porque (1) as unidades de trabalho produzidas nos sistemas de montagem automatizados geralmente são menores e (2) as operações de montagem não possuem grande força mecânica e exigências de energia das operações de processamento, como usinagem. Portanto, comparando um sistema de montagem automatizado e uma linha de transferência, ambos tendo o mesmo número de estações, o sistema de montagem tenderia a ser fisicamente menor. Isso em geral reduz o custo do sistema.

17.1 FUNDAMENTOS DOS SISTEMAS DE MONTAGEM AUTOMATIZADOS

Um sistema de montagem automatizado realiza uma sequência de operações de montagem automatizadas para combinar múltiplos componentes em uma única entidade. Essa entidade única pode ser um produto final ou uma submontagem de um produto maior. Em muitos casos, a entidade montada consiste de uma peça-base à qual outros componentes são conectados. Os componentes em geral são conectados um de cada vez, de modo que a montagem é completada progressivamente.

Um sistema de montagem automatizado típico consiste dos seguintes subsistemas: (1) uma ou mais estações de trabalho em que as etapas de montagem são realizadas, (2) dispositivos de alimentação de peças que distribuem os componentes individuais para as estações de trabalho e (3) um sistema de manuseio para a entidade montada. Nos sistemas de montagem com uma estação de trabalho, o sistema de manuseio move a peça-base para dentro e para fora da estação. Nos sistemas com várias estações, o sistema de manuseio transfere a peça-base parcialmente montada entre as estações.

As funções de controle exigidas nas máquinas de montagem automatizadas são as mesmas das linhas de produção automatizadas do Capítulo 16: (1) controle de sequência, (2) monitoramento de segurança e (3) controle de qualidade. Essas funções estão descritas na Seção 16.1.4.

Figura 17.1 Tipos de sistemas de montagem automatizados: (a) em linha, (b) mesa rotativa, (c) carrossel e (d) estação única

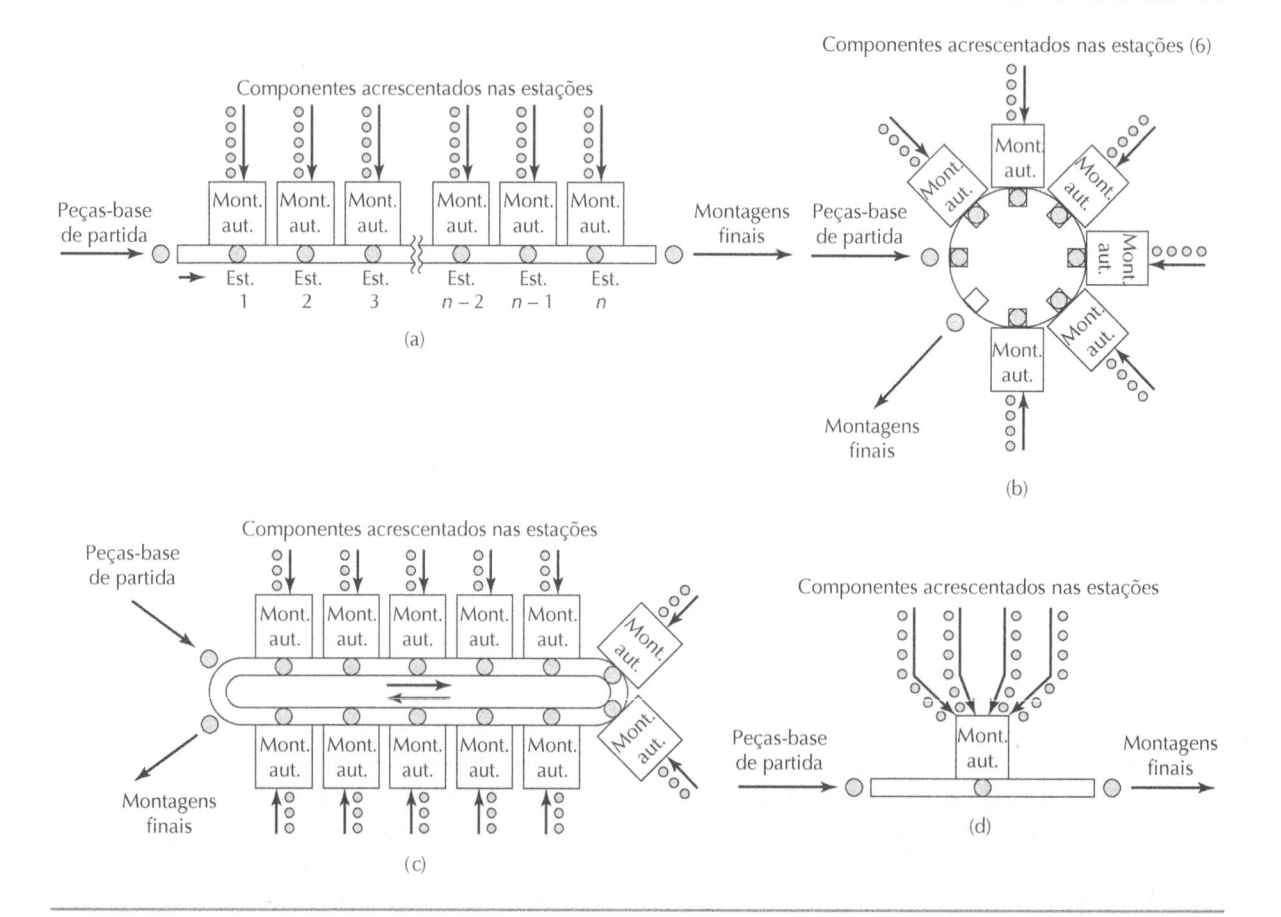

17.1.1 Configurações de sistema

Os sistemas de montagem automatizados podem ser classificados conforme a configuração física. Suas principais configurações, ilustradas na Figura 17.1, são (a) máquina de montagem em linha, (b) máquina de montagem com mesa rotativa (do inglês, *dial-type machine*), (c) sistema de montagem em carrossel e (d) máquina de montagem de estação única.

A *máquina de montagem em linha*, Figura 17.1(a), é composta de uma série de estações de trabalho automáticas localizadas ao longo de um sistema de transferência em linha. É a versão de montagem da linha de transferência de usinagem. Os sistemas de transferência síncronos e assíncronos são o meio comum de transportar peças-base de estação para estação com a configuração em linha.

Na aplicação típica da *máquina de mesa rotativa*, Figura 17.1(b), as peças-base são carregadas nas fixações ou ninhos anexados no disco circular. Os componentes são acrescentados e/ou unidos à peça-base nas várias estações de trabalho localizadas em torno da periferia do disco. A máquina de indexação em disco opera com um movimento síncrono ou intermitente, em que o ciclo consiste do tempo de serviço mais o tempo de indexação. Algumas vezes as máquinas de montagem em disco são projetadas para o uso de um movimento contínuo em vez de intermitente. Isso é comum em fábricas de engarrafamento de bebidas e enlatados, mas não em fábricas de montagem de aparelhos eletrônicos ou mecânicos.

O funcionamento dos sistemas de montagem de mesa rotativa e em linha é semelhante ao de seus correspondentes para as operações de processamento descritas na Seção 16.1.2, exceto em casos em que operações de montagem sejam realizadas. Para a transferência síncrona do trabalho entre estações, o tempo de ciclo ideal é igual ao tempo de operação na estação mais lenta mais o tempo de transferência entre as estações. A taxa de produção, com cem por cento de atividade, é o inverso do tempo de ciclo ideal. Devido a obstruções de peças nas estações de trabalho e outras falhas, o sistema sempre operará com atividade menor que cem por cento. Analisamos o desempenho desses sistemas na Seção 17.2.2.

Como na Figura 17.1(c), o *sistema de montagem em carrossel* representa uma mistura entre o fluxo de trabalho circular da máquina de montagem em mesa rotativa e o fluxo de trabalho em linha reta do sistema em linha. A configuração em carrossel pode ser operada com mecanismos de transferência contínuos, síncronos ou assíncronos para mover os itens trabalhados em torno do carrossel. Os carrosséis com transferência assíncrona dos itens em geral são usados em sistemas de montagem parcialmente automatizados (Seção 17.2.4).

Na *máquina de montagem de estação única*, Figura 17.1(d), as operações de montagem são realizadas em uma peça-base em um único local. O ciclo operacional típico envolve a colocação da peça-base em uma posição estacionária na estação de trabalho, a adição de componentes à base e, finalmente, a remoção da montagem final da estação. Uma importante aplicação da montagem de estação única é a máquina de inserção de componentes, amplamente usada na indústria eletrônica para inserir componentes em placas de circuito impresso. Para montagens mecânicas, a célula de estação única às vezes é escolhida para aplicações de montagem robótica. As peças são alimentadas na estação única, e o robô as insere na peça-base e realiza operações de fixação. Em comparação aos outros três tipos de sistema, o de estação única é inerentemente mais lento, uma vez que, em cada ciclo, todas as tarefas de montagem são realizadas e apenas uma unidade montada é concluída. Os sistemas de montagem de estação única são analisados na Seção 17.2.3.

17.1.2 Distribuição de peças nas estações de trabalho

Em cada uma das configurações descritas acima, uma estação de trabalho realiza uma ou ambas as seguintes tarefas: (1) uma peça é distribuída para o dispositivo de montagem e acrescentada à peça-base existente em frente a esse dispositivo (no caso da primeira estação do sistema, a peça-base normalmente é depositada no carregador do transportador) e (2) uma operação de fixação ou união é realizada na estação para conectar permanentemente as peças na peça-base. No caso de um sistema de montagem de estação única, essas tarefas são realizadas múltiplas vezes na estação única. A tarefa (1) requer que as peças sejam distribuídas ao dispositivo de montagem. O sistema de distribuição de peças geralmente consiste nas seguintes ferramentas:

1. *Bandeja* ou *panela* (do inglês, *hopper*). É o recipiente no qual os componentes são carregados na estação de trabalho. Uma bandeja separada é usada para cada tipo de componente. Os componentes em geral são carregados na bandeja em quantidade. Isso significa que nela as peças são orientadas aleatoriamente.

2. *Alimentador de peças*. Mecanismo que remove os componentes da bandeja, um de cada vez, para distribuição ao dispositivo de montagem. A bandeja e o alimentador de peças normalmente são combinados em um único mecanismo operacional. Um alimentador de bandeja vibratória, ilustrado na Figura 17.2, é um exemplo bastante comum da combinação bandeja-alimentador.

Figura 17.2 Alimentador de bandeja vibratório

(Figura: alimentador de bandeja vibratório com indicações: Trilho de alimentação, Saída, Bandeja, Estrutura de suporte da bandeja, Molas de suspensão, Eletroímã, Base, Pés de apoio)

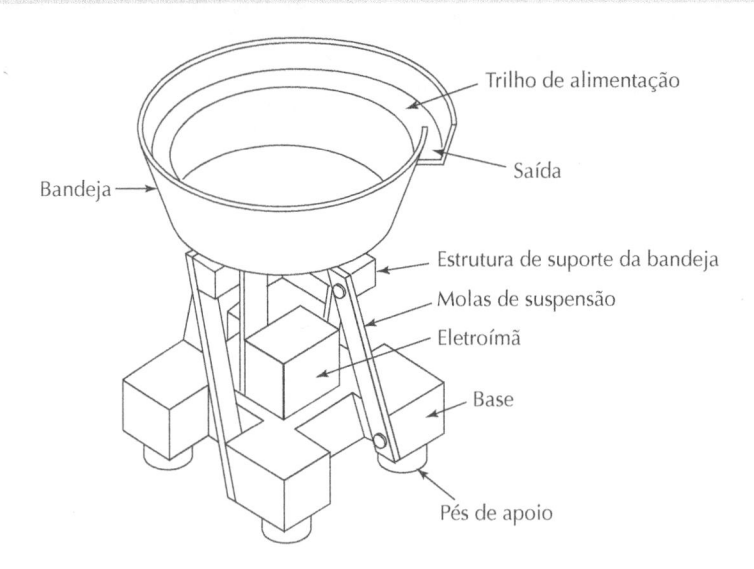

3. *Seletor* e/ou *orientador*. Elementos do sistema de distribuição que estabelecem a orientação correta dos componentes para o dispositivo de montagem. O *seletor* é um dispositivo que age como filtro, permitindo que apenas as peças na orientação correta passem. As peças incorretamente orientadas são rejeitadas e enviadas de volta para a bandeja. O *orientador* é um dispositivo que permite que as peças corretamente orientadas passem e reorienta as que não estão orientadas corretamente. Esquemas de seletor e orientador são ilustrados na Figura 17.3. Os dispositivos seletores e orientadores normalmente são combinados e incorporados em um único sistema bandeja-alimentador.

4. *Trilho de alimentação*. Os elementos anteriores do sistema de distribuição normalmente são separados do dispositivo de montagem por uma certa distância. Um trilho de alimentação move os componentes da bandeja e do alimentador de peças para o local do dispositivo de montagem, mantendo a orientação correta das peças durante a transferência. Existem duas categorias gerais de trilhos de alimentação: por gravidade e motorizados. Os trilhos por gravidade são os mais

Figura 17.3 (a) Seletor e (b) orientador, usados com alimentadores de peças nos sistemas de montagem automatizados

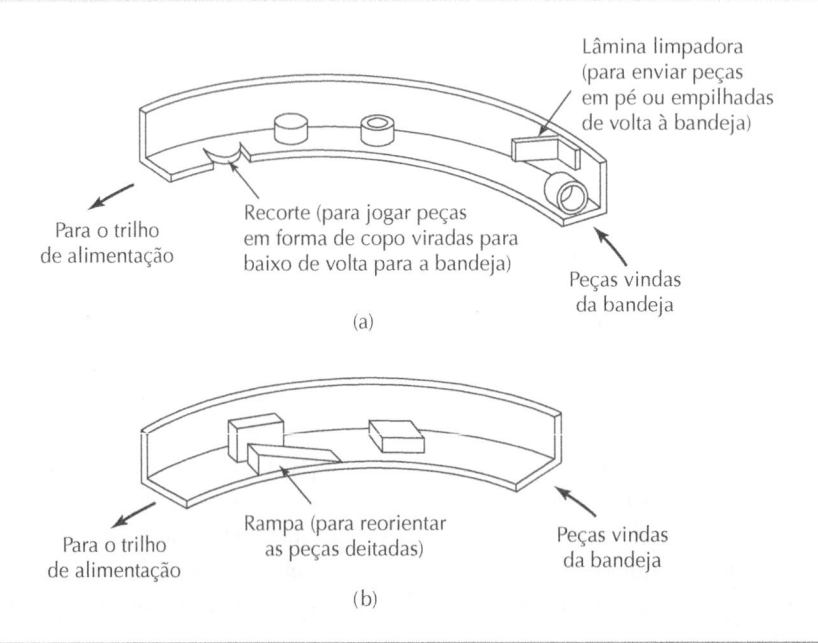

(Figura (a): Lâmina limpadora (para enviar peças em pé ou empilhadas de volta à bandeja); Recorte (para jogar peças em forma de copo viradas para baixo de volta para a bandeja); Para o trilho de alimentação; Peças vindas da bandeja)

(Figura (b): Rampa (para reorientar as peças deitadas); Para o trilho de alimentação; Peças vindas da bandeja)

comuns. Nesse tipo, a panela e o alimentador de peças estão localizados em um nível acima do dispositivo de montagem. A força da gravidade é usada para distribuir os componentes para o dispositivo. O trilho de alimentação motorizado usa ação vibratória, pressão do ar e outros meios para forçar a movimentação das peças em direção ao dispositivo de montagem.

5. *Dispositivos de escape e posicionamento.* Remove os componentes do trilho de alimentação em intervalos de tempo consistentes com o tempo de ciclo do dispositivo de montagem. O *dispositivo de posicionamento* coloca o componente no local correto na estação de trabalho para a operação de montagem. Esses elementos algumas vezes são combinados em um único mecanismo operacional. Em outros casos, são dois dispositivos separados. Vários tipos de dispositivos de escape e posicionamento são ilustrados na Figura 17.4.

Figura 17.4 Vários dispositivos de escape e posicionamento usados nos sistemas de montagem automatizados: (a) dispositivo horizontal; (b) dispositivo vertical para posicionamento de peças na mesa de indexação giratória; (c) escape das peças em forma de rebite controladas pelos transportadores; (d) e (e) dois tipos de mecanismos de pegar e posicionar (do inglês, *pick-and-place*) (reimpressos de Gay [6])

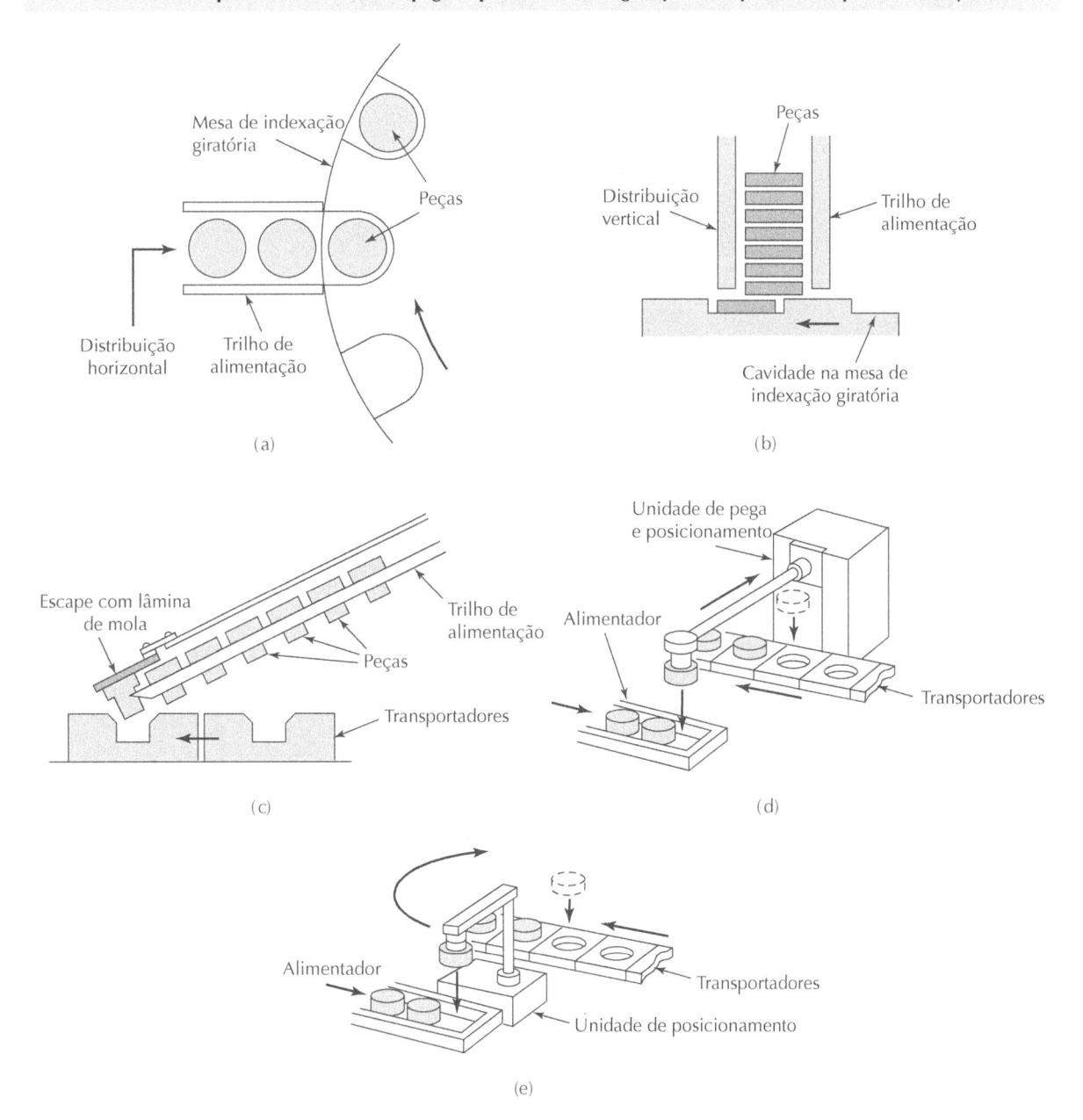

Os elementos de hardware do sistema de distribuição de peças são ilustrados esquematicamente na Figura 17.5. Um seletor de peças é ilustrado no diagrama. As peças incorretamente orientadas são devolvidas para a bandeja. No caso de um orientador de peças, estas são reorientadas e passam para o trilho de alimentação. Uma descrição mais detalhada dos vários elementos do sistema de distribuição é fornecida por Boothroyd, Poli e Murch [3].

Um dos desenvolvimentos na tecnologia dos sistemas de alimentação e distribuição de peças é o *alimentador de peças programável* [7], [10], capaz de alimentar componentes de várias geometrias e que precisa de apenas alguns minutos para fazer os ajustes (mudar o programa) para lidar com as diferenças. A flexibilidade desse tipo de alimentador lhe permite ser usado na produção em lote ou quando houver mudanças de projeto no produto. A maioria dos alimentadores de peças é projetada como sistemas automatizados rígidos para montagem de alta produção de produto com projetos estáveis.

Figura 17.5 **Elementos de hardware do sistema de distribuição de peças em uma estação de trabalho de montagem**

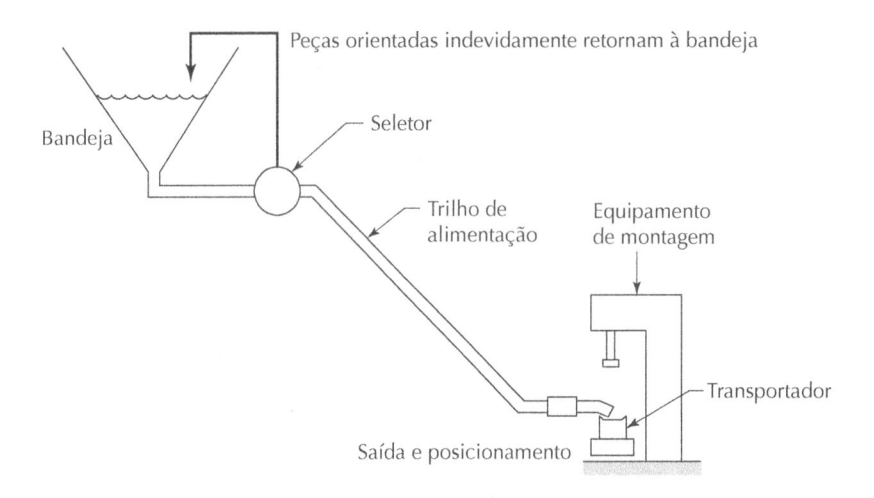

17.1.3 Aplicações

Os sistemas de montagem automatizados são usados para produzir uma ampla variedade de produtos e submontagens. A Tabela 17.1 apresenta uma lista dos produtos típicos feitos por montagem automatizada.

Os tipos de operações realizadas nas máquinas de montagem automatizadas abrangem uma ampla faixa. Fornecemos uma lista representativa dos processos na Tabela 17.2, os quais são descritos em Groover [9]. É importante observar que certos processos de montagem são mais apropriados para automação do que outros. Por exemplo, fixadores roscáveis (como parafusos e porcas), embora comuns na montagem manual, são um método desafiador de montagem para automatizar.

Tabela 17.1 **Produtos típicos feitos por montagem automatizada**

Relógios despertadores	Tomadas e plugues elétricos	Montagens de placa de circuito impresso
Fitas cassete de áudio	Injetores de combustível	Bombas hidráulicas para uso doméstico
Rolamentos de esferas	Caixas de marcha	Pequenos motores elétricos
Canetas esferográficas	Lâmpadas elétricas	Plugues de vela
Isqueiros	Cadeados	Relógios de pulso
Disquetes de computador	Canetas e lápis	

Tabela 17.2 **Processos usados nos sistemas de montagem automatizados**

Aplicação automática de adesivo	União por aderência
Inserção de componentes (montagem eletrônica)	Soldagem
Posicionamento de componentes (montagem eletrônica)	Soldagem de ponto
Rebitamento	Grampeamento
Aperto de parafusos (parafusadeira automática)	Costura

17.2 ANÁLISE QUANTITATIVA DOS SISTEMAS DE MONTAGEM

Certos aspectos de desempenho dos sistemas de montagem automatizados podem ser estudados usando modelos matemáticos. Nesta seção, desenvolvemos alguns: (1) o sistema de distribuição de peças nas estações de trabalho, (2) sistemas de montagem automatizados multiestação, (3) sistemas de montagem automatizados de estação única e (4) automação parcial.

17.2.1 Sistema de distribuição de peças nas estações de trabalho

No sistema de distribuição de peças, Figura 17.5, o mecanismo de alimentação de peças é capaz de remover as peças da bandeja em uma determinada taxa f. Essas peças são supostamente orientadas de modo aleatório e devem ser apresentadas ao seletor ou orientador para estabelecer a orientação correta. No caso de um seletor, uma determinada proporção das peças estará corretamente orientada e elas estarão autorizadas a passar. O restante das peças que estão orientadas incorretamente serão rejeitadas e enviadas de volta para a bandeja. No caso de um orientador, as peças orientadas incorretamente serão reorientadas, resultando numa taxa de cem por cento de peças passando pelo dispositivo. Em muitos projetos de sistema de distribuição, as funções do seletor e do orientador são combinadas. Vamos definir θ para ser a proporção de componentes que passam pelo processo do seletor-orientador e estão corretamente orientados para distribuição no trilho de alimentação. Portanto, a taxa efetiva de distribuição de componentes da bandeja para o trilho de alimentação é $f\theta$. A parcela restante $(1 - \theta)$ retorna à bandeja. Obviamente, a taxa de distribuição $f\theta$ dos componentes para o dispositivo de montagem precisa ser suficiente para manter a taxa de ciclo da máquina de montagem.

Considerando que a taxa de distribuição de componentes $f\theta$ é maior que a taxa de ciclo R_c da máquina de montagem, o sistema precisa ter um meio de limitar o tamanho da fila no trilho de alimentação. A solução comum é colocar um sensor (por exemplo, uma chave fim de curso ou um sensor ótico) próximo ao topo do trilho de alimentação para desativar o mecanismo de alimentação quando o trilho estiver cheio. Esse sensor é chamado de sensor de nível alto e sua localização define o comprimento ativo L_{f2} do trilho de alimentação. Se o comprimento de um componente no trilho de alimentação é L_c, então o número de peças que podem ser mantidas no trilho de alimentação é $n_{f2} = L_{f2}/L_c$. O comprimento dos componentes precisa ser medido de um ponto em determinado componente ao ponto correspondente no próximo componente na fila para considerar possíveis sobreposições de peças. O valor de n_{f2} é a capacidade do trilho de alimentação.

Outro sensor posicionado ao longo do trilho de alimentação, a certa distância do primeiro, é usado para reiniciar o mecanismo de alimentação. Se definirmos o local desse sensor de nível baixo como L_{f1}, então o número de componentes no trilho de alimentação nesse ponto é $n_{f1} = L_{f1}/L_c$.

A taxa em que as peças no trilho de alimentação são reduzidas quando o sensor de nível alto é acionado (desativando o alimentador) é igual a R_c, que é a taxa de ciclo do dispositivo de montagem automatizado. Em média, a taxa em que a quantidade de peças aumentará sob o acionamento do sensor de nível baixo (que ativa o alimentador) é $f\theta - R_c$. Entretanto, a taxa do aumento não é uniforme devido à natureza aleatória da operação do alimentador-seletor. Portanto, o valor de nf_1 precisa ser alto o bastante para eliminar a probabilidade da falta de peças após o sensor de nível baixo ativar o alimentador.

> **EXEMPLO 17.1**
> **Sistema de distribuição de peças na montagem automática**
> O tempo de ciclo para determinado dispositivo de montagem é de seis segundos. O alimentador de peças possui taxa de alimentação de 50 componentes por minuto. A probabilidade de determinado componente alimentado pelo alimentador passar através do seletor é θ igual a 0,25. O número de peças no trilho de alimentação correspondente ao sensor de nível baixo é n_{f1} igual a seis; e a capacidade do trilho de alimentação é n_{f2} igual a 18 peças. Determine (a) quanto tempo levará para o fornecimento das peças no trilho de alimentação ir de n_{f2} a n_{f1} e (b) quanto tempo levará em média para o fornecimento das peças ir de n_{f1} a n_{f2}.
>
> **Solução**: (a) $T_c = 6$ s $= 0,1$ min. A taxa de consumo das peças no trilho de alimentação iniciando de n_{f2} será $R_c = 1/0,1 = 10$ peças/min.
>
> Tempo para consumir o trilho de alimentação (para ir de n_{f2} a n_{f1}) $= \dfrac{18 - 6}{10} = 1,2$ min.
>
> (b) A taxa de aumento de peças no trilho de alimentação quando o sensor de nível baixo é alcançado é $f\theta - R_c = (50)(0,25) - 10 = 12,5 - 10 = 2,5$ peças/min.
>
> Tempo para reabastecer o trilho de alimentação (para ir de n_{f1} a n_{f2}) $= \dfrac{18 - 6}{2.5} = 4,8$ min.

17.2.2 Máquinas de montagem multiestação

Nesta seção, analisamos o funcionamento e o desempenho das máquinas de montagem automatizadas que possuem várias estações de trabalho e usam um sistema de transferência síncrono. Os tipos incluem a máquina de indexação com mesa rotativa, muitos sistemas de montagem em linha e certos sistemas de carrossel. As considerações envolvendo a análise são semelhantes àquelas em nossa análise das linhas de transferência: (1) as operações de montagem nas estações possuem tempos de elemento constantes, embora os tempos não sejam necessariamente iguais em todas as estações; (2) é usada a transferência de peças síncrona e (3) não há qualquer armazenamento interno.

A análise de uma máquina de montagem automatizada com múltiplas estações compartilha muito com o método usado para as linhas de transferência na Seção 16.3.1. Algumas modificações na análise precisam ser feitas para considerar o fato de que os componentes são acrescentados nas várias estações de trabalho no sistema de montagem. As operações gerais dos sistemas de montagem são representadas na Figura 17.1(a), (b) e (c). Ao apresentar as equações que descrevem essas operações, seguimos a abordagem desenvolvida por Boothroyd e Redford [2].

Consideramos que a operação típica em uma estação de trabalho de uma máquina de montagem consiste de um componente acrescentado e/ou unido de alguma maneira a uma montagem existente, que consiste de uma peça-base com os componentes nela montados em estações anteriores. A peça-base é lançada na linha antes da primeira ou na própria estação de trabalho. Os componentes adicionados precisam estar limpos, ser uniformes em tamanho e forma, ser de alta qualidade e estar consistentemente orientados. Quando o mecanismo de alimentação e o dispositivo de montagem tentam adicionar um componente que não satisfaz essa descrição técnica, a estação pode travar. Quando ocorre travamento, há desligamento de todo o sistema até que a falha seja corrigida. Assim, além de outras falhas mecânicas e elétricas que interrompem o funcionamento de uma linha de produção, o problema de componentes defeituosos atrapalha a operação de um sistema de montagem automatizado.

A máquina de montagem como jogo de azar.
Na indústria de produção, peças defeituosas ocorrem com certa taxa de defeito q ($0 \leq q \leq 1$). Na operação de uma estação de trabalho de montagem, q é a probabilidade de que o componente a ser acrescentado durante o ciclo atual é defeituoso. Quando é feita uma tentativa de alimentar e montar um componente defeituoso, o defeito pode ou não causar travamento da estação. Considere m como a probabilidade de um defeito resultar em travamento na estação e consequente paralisação da linha. Como os valores de q e m podem ser diferentes para cada estação, subscrevemos esses termos como q_i e m_i, em que $i = 1, 2, ..., n$, em que n é o número de estações de trabalho na máquina de montagem.

Em determinada estação de trabalho, por exemplo, a estação i, existem três eventos que podem ocorrer quando o mecanismo tenta alimentar o próximo componente e o dispositivo de montagem tenta uni-lo à montagem existente na estação.

1. *O componente é defeituoso e causa travamento da estação.* A probabilidade desse evento é a taxa de defeito das peças na estação (q_i) multiplicada pela probabilidade de que um defeito causará o travamento da estação (m_i). Esse produto é o mesmo termo p_i em nossa análise anterior das máquinas de transferência na Seção 16.3.1. Para uma máquina de montagem, $p_i = m_i q_i$. Quando a estação trava, o componente precisa ser retirado, e o próximo componente, ser alimentado e montado. Consideramos que, se o próximo componente no trilho de alimentação for defeituoso, o operador que retirou o travamento anterior notaria e removeria esse

defeito também. De qualquer modo, a probabilidade de haver dois defeitos consecutivos é muito pequena, igual a q_i^2.

2. *O componente é defeituoso, mas não causa travamento da estação.* Isso tem probabilidade de $(1 - m_i)q_i$. Nessa situação, uma peça ruim é unida à montagem existente, talvez resultando no defeito da montagem inteira.

3. *O componente não é defeituoso.* Essa é a condição mais desejável e, definitivamente, a mais provável (esperamos). A probabilidade de que uma peça adicionada à estação não seja defeituosa é igual à proporção de peças boas $(1 - q_i)$.

As probabilidades dos três eventos possíveis precisam totalizar 1 para qualquer estação de trabalho, ou seja,

$$m_i q_i + (1 - m_i)q_i + (1 - q_i) = 1 \quad (17.1)$$

Para o caso especial em que $m_i = m$ e $q_i = q$ para todo i, a equação se reduz a:

$$mq + (1 - m)q + (1 - q) = 1 \quad (17.2)$$

Embora sendo improvável que todo m_i seja igual e todo q_i seja igual, a equação é útil para fins de cálculo e aproximação.

Para determinar a distribuição completa dos possíveis resultados em uma máquina de montagem de n estações, os termos da Equação (17.1) são multiplicados para todas as n estações:

$$\prod_{i=1}^{n} [m_i q_i + (1 - m_i)q_i + (1 - q_i)] = 1 \quad (17.3)$$

No caso especial em que $m_i = m$ e $q_i = q$ para todo i, isso se reduz a:

$$[mq + (1 - m)q + (1 - q)]^n = 1 \quad (17.4)$$

A expansão da Equação (17.3) revela as possibilidades para todas as sequências de eventos que podem ocorrer na máquina de montagem de n estações. Infelizmente, o número de termos na expansão se torna muito grande para uma máquina com mais de duas ou três estações. O número exato de termos é igual a 3^n, em que n é o número de estações. Por exemplo, para uma linha com oito estações, o número de termos é $3^8 = 6561$, cada termo representando o resultado da probabilidade de uma das 6561 possíveis sequências da máquina de montagem.

Medidas de desempenho. Não é necessário calcular cada termo para usar a descrição da operação de máquina de montagem fornecida pela Equação (17.3). Uma das características do desempenho que queremos saber é a proporção de montagens que contêm um ou mais componentes defeituosos. Dois dos três termos da Equação (17.3) representam eventos em que um componente defeituoso não é acrescentado à estação dada. O primeiro termo é $m_i q_i$, que indica que um travamento de estação ocorreu, evitando que um componente defeituoso fosse acrescentado à montagem existente. O outro termo é $(1 - q_i)$, que significa que um bom componente foi acrescentado na estação. A soma desses dois termos representa a probabilidade de um componente defeituoso não ser acrescentado à estação i. Multiplicando essas probabilidades por todas as estações, temos a proporção de produtos aceitáveis saindo da linha:

$$P_{ap} = \prod_{i=1}^{n} (1 - q_i + m_i q_i) \quad (17.5)$$

em que P_{ap} pode ser imaginada como a *quantidade* de boas montagens realizadas pela máquina de montagem.[1] Se P_{ap} é a proporção de boas montagens, então a proporção de montagens contendo pelo menos um componente defeituoso P_{qp} é dada por:

$$P_{qp} = 1 - P_{ap} = 1 - \prod_{i=1}^{n} (1 - q_i + m_i q_i) \quad (17.6)$$

No caso de m_i igual e q_i igual, essas duas equações se tornam, respectivamente,

$$P_{ap} = (1 - q + mq)^n \quad (17.7)$$

$$P_{qp} = 1 - (1 - q + mq)^n \quad (17.8)$$

O fornecimento P_{ap} é, certamente, uma das medidas de desempenho mais importantes de uma máquina de montagem. Ter uma proporção de montagens com um ou mais componentes defeituosos na produção final é desvantagem significativa. Essas montagens precisam ser identificadas por meio de um processo de inspeção e reparadas, ou se misturarão às montagens boas, o que levaria a consequências indesejáveis quando fossem colocadas em operação.

Outras medidas de desempenho de interesse são a taxa de produção da máquina, a proporção de atividade e inatividade e o custo médio por unidade produzida. Para calcular a taxa de produção, precisamos primeiro determinar a frequência de ocorrências de inatividade por ciclo F. Se cada travamento de estação resultar em inatividade de máquina, F pode ser determinado tomando-se o número esperado de travamentos por ciclo; ou seja,

---

[1] Essa quantidade será denominada a partir daqui como *fornecimento*, em substituição da palavra *yield*, do inglês. (N. do RT.)

$$F = \sum_{i=1}^{n} p_i = \sum_{i=1}^{n} m_i q_i \qquad (17.9)$$

No caso de uma estação realizando apenas uma operação de união ou fixação e não acrescentando uma peça à estação, então a contribuição à F feita por essa estação é p_i, a probabilidade de um colapso de estação, em que p_i não depende de m_i e q_i.

Se $m_i = m$ e $q_i = q$ para todas as estações, $i = 1, 2, ..., n$, então a equação acima para F é reduzida para:

$$F = nmq \qquad (17.10)$$

O tempo de produção real médio por montagem é dado por:

$$T_p = T_c + \sum_{i=1}^{n} m_i q_i T_d \qquad (17.11)$$

em que T_c é o tempo de ciclo ideal da máquina de montagem, que é o maior tempo das tarefas de montagem na máquina mais o tempo de indexação ou transferência (minutos) e T_d é a inatividade média por ocorrência (minutos). Para o caso de m_i e q_i iguais,

$$T_p = T_c + nmqT_d \qquad (17.12)$$

Do tempo médio de produção real, obtemos a taxa de produção, que é o inverso do tempo de produção:

$$R_p = \frac{1}{T_p} \qquad (17.13)$$

É a mesma relação da Equação (16.9) do capítulo anterior, sobre linhas de transferência. Entretanto, a operação das máquinas de montagem é diferente das máquinas de processamento. Em uma máquina de montagem, a menos que m_i seja igual a 1 para todas as estações, o resultado da produção incluirá algumas montagens com um ou mais componentes defeituosos. Portanto, a taxa de produção deve ser corrigida para fornecer a taxa de produtos aceitáveis, ou seja, aqueles que não contêm defeitos. Isso é simplesmente o retorno P_{ap} multiplicado pela taxa de produção:

$$R_{ap} = P_{ap} R_p = \frac{P_{ap}}{T_p} = \frac{\prod_{i=1}^{n}(1 - q_i + m_i q_i)}{T_p} \qquad (17.14)$$

em que R_{ap} é a taxa de produção de produtos aceitáveis (unidades/minuto). Quando todo m_i é igual e todo q_i é igual, a equação correspondente é:

$$R_{ap} = P_{ap} R_p = \frac{P_{ap}}{T_p} = \frac{(1 - q + mq)^n}{T_p} \qquad (17.15)$$

A Equação (17.13) fornece a taxa de produção de todas as montagens feitas no sistema, incluindo aquelas que contêm uma ou mais peças defeituosas. As equações (17.14) e (17.15) fornecem taxas de produção apenas para bons produtos. Ainda permanece o problema de que os produtos defeituosos são misturados aos bons. Abordaremos esse problema de inspeção e classificação no Capítulo 21 (Seção 21.5).

A eficiência de linha é calculada como a razão entre o tempo de ciclo ideal e o tempo de produção real médio — é mesma relação definida na Equação (16.11) do Capítulo 16,

$$E = \frac{R_p}{R_c} = \frac{T_c}{T_p} \qquad (17.16)$$

em que T_p é calculado da Equação (17.11) ou Equação (17.12). A proporção de inatividade D é igual a $1 - E$, como antes. Nenhuma tentativa foi feita para corrigir a eficiência de linha E para o fornecimento de boas montagens. Estamos tratando a eficiência da máquina de montagem e a qualidade das unidades produzidas como aspectos separados.

De outro lado, o custo por produto montado precisa levar em conta a qualidade da produção. Portanto, a fórmula do custo geral dada na Equação (16.14) no capítulo anterior precisa ser corrigida para o fornecimento, como:

$$C_{pc} = \frac{C_m + C_o T_p + C_t}{P_{ap}} \qquad (17.17)$$

em que C_{pc} é o custo por montagem boa ($/item); C_m é o custo dos materiais, que inclui o custo da peça-base mais os componentes acrescentados a ela ($/item); C_o é o custo operacional do sistema de montagem ($/min); T_p é o tempo médio de produção real (min/item); C_t é o custo do ferramental descartável ($/item) e P_{ap} é o fornecimento da Equação (17.5). O efeito do denominador é aumentar o custo por montagem; conforme a qualidade dos componentes individuais diminui, o custo médio por montagem de boa qualidade aumenta.

Além das maneiras tradicionais de indicar o desempenho de linha (taxa de produção, eficiência de linha, custo por unidade), veremos outra importante dimensão na forma de fornecimento. Embora o fornecimento de produtos bons seja um importante aspecto em qualquer linha de produção automatizada, veremos que ele pode ser explicitamente incluído nas fórmulas para desempenho de máquina de montagem por meio de q e m.

EXEMPLO 17.2
Sistema de montagem automatizado multiestação
Uma máquina de montagem em linha com dez estações possui tempo de ciclo ideal de seis segundos. A peça-base é automaticamente carregada antes da primeira estação, e os componentes são acrescentados em cada

uma das estações. A taxa de defeito em cada uma das dez estações é q igual a 0,01 e a probabilidade de que um defeito trave a estação é m igual a 0,5. Quando um travamento ocorre, a inatividade média é de dois minutos. O custo para operar a máquina de montagem é de $42/h. Outros custos são ignorados. Determine (a) a taxa de produção média de todas as montagens, (b) o fornecimento das montagens boas, (c) a taxa de produção média de produtos bons, (d) a eficiência de atividade da máquina de montagem e (e) o custo por unidade.

Solução: (a) $T_c = 6$ s $= 0,1$ min. O tempo de ciclo de produção médio é:

$$T_p = 0,1 + (10)(0,5)(0,01)(2) = 0,2 \text{ min}$$

A taxa de produção, portanto, é:

$$R_p = \frac{60}{0,2} = 300 \text{ montagens totais/h}$$

(b) O fornecimento é dado pela Equação (17.7):

$$P_{ap} = \{1 - 0,01 + 0,5(0,01)\}^{10} = 0,9511$$

(c) A taxa média de produção real de montagens boas é determinada pela Equação (17.15):

$$R_{ap} = 300(0,9511) = 285,3 \text{ montagens boas/h}$$

(d) A eficiência da máquina de montagem é:

$$E = 0,1/0,2 = 0,5 = 50\%$$

(e) O custo para operar a máquina de montagem $C_o = \$42/\text{h} = \$0,7/\text{min}$

$$C_{pc} = (\$0,7/\text{min})(0,2 \text{ min/item})/0,9511 = \$0,147/\text{item}$$

EXEMPLO 17.3
Efeito das variações em q e m no desempenho do sistema de montagem

Vamos examinar como as medidas de desempenho no Exemplo 17.2 são afetadas por variações em q e m. Primeiro, para m igual a 0,5, determine a taxa de produção, o fornecimento e a eficiência para q igual a zero, q igual a 0,01 e q igual a 0,02. Segundo, para q igual a 0,01, determine a taxa de produção, o fornecimento e a eficiência para m igual a zero, m igual a 0,5 e m igual a 1.

Solução: Cálculos semelhantes aos do Exemplo 17.2 fornecem os seguintes resultados:

Q	m	R_p (item/h)	Forneci-mento	R_{ap} (item/h)	E	C_{pc}
0	0,5	600	1	600	100%	$0,07
0,01	0,5	300	0,951	285	50%	$0,15
0,02	0,5	200	0,904	181	33,3%	$0,23
0,01	0	600	0,904	543	100%	$0,08
0,01	0,5	300	0,951	285	50%	$0,15
0,01	1	200	1	200	33,3%	$0,21

Vamos discutir os resultados do Exemplo 17.3. O efeito da qualidade de componente, como indicado no valor de q, é previsível. Conforme a taxa de defeito aumenta, significando que a qualidade de componente diminui, as cinco medidas de desempenho sofrem. A taxa de produção cai, o fornecimento de produtos bons é reduzido, a proporção de atividade diminui e o custo por unidade aumenta.

O efeito de m (probabilidade de que um defeito trave o dispositivo de montagem e cause uma paralisação da máquina de montagem) é menos óbvio. Em baixos valores de m ($m = 0$) para o mesmo nível de qualidade de componente ($q = 0,01$), a taxa de produção e a eficiência de máquina são altas, mas o fornecimento de produtos bons é baixo. Em vez de interromper a operação da máquina de montagem e causar paralisação, todos os componentes defeituosos passam pelo processo de montagem para se tornar parte do produto final. No $m = 1$, todos os componentes defeituosos são removidos antes que se tornem parte do produto. Portanto, o fornecimento é de cem por cento, mas a remoção de defeitos leva tempo, afetando negativamente a taxa de produção, a eficiência e o custo por unidade.

17.2.3 Máquinas de montagem de estação única

O sistema de montagem de estação única é ilustrado na Figura 17.1(d). Consideramos um único dispositivo de montagem, com vários componentes entrando na estação que serão acrescentados à peça-base. Considere n_e como o número de atividades de montagem distintas realizadas na máquina. Cada atividade possui um tempo T_{ej}, em que $j = 1, 2, ..., n_e$. O tempo de ciclo ideal para a máquina de montagem de estação única é a soma dos tempos das tarefas de montagem dos elementos individuais realizadas na máquina mais o tempo de manuseio para carregar a peça-base na posição e descarregar a montagem final. Podemos expressar esse tempo de ciclo ideal como:

$$T_c = T_h + \sum_{j=1}^{n_e} T_{ej} \quad (17.18)$$

em que T_h é o tempo de manuseio (minutos).

Muitas das tarefas de montagem envolvem a adição de um componente à submontagem existente. Como em nossa análise da montagem multiestação, cada tipo de componente possui uma determinada taxa de defeito, q_j, e existe certa probabilidade de um componente defeituoso travar a estação de trabalho, m_j. Quando ocorre travamento, a máquina de montagem para e leva um tempo médio T_d para desfazer o travamento e reiniciar o sistema. A inclusão da inatividade resultante de travamentos no tempo de ciclo de máquina fornece:

$$T_p = T_c + \sum_{j=1}^{n_e} q_j m_j T_d \qquad (17.19)$$

Para as tarefas que não incluem a adição de um componente, o valor de q_j é igual a zero e m_j é irrelevante. Isso pode ocorrer, por exemplo, quando uma operação de fixação é realizada sem qualquer peça acrescentada durante a tarefa j. Nesse tipo de operação, um termo $p_j T_d$ seria incluído na expressão para permitir uma inatividade durante essa tarefa, em que p_j é a probabilidade de falha da estação durante a tarefa j. Para o caso especial de valores de q e m iguais para todos os componentes acrescentados, a Equação (17.19) torna-se:

$$T_p = T_c + nmqT_d \qquad (17.20)$$

A determinação do fornecimento (proporção de montagens que não contêm quaisquer componentes defeituosos) para a máquina de montagem de estação única faz uso das mesmas equações dos sistemas multiestação, Equação (17.5) ou (17.7). A eficiência de atividade é calculada como $E = T_c/T_p$ usando os valores de T_c e T_p das equações (17.18) e (17.10) ou (17.20).

EXEMPLO 17.4
Sistema de montagem automatizado de estação única
Uma máquina de montagem de estação única realiza cinco tarefas para montar quatro componentes a uma peça-base. As tarefas são listadas na tabela a seguir, juntamente com a taxa de defeito (q) e a probabilidade de um travamento de estação (m) para cada um dos componentes acrescentados (NA significa não aplicável).

Tarefa	Operação	Tempo	q	m	p
1	Acrescentar motor	4	0,02	1	
2	Acrescentar espaçador	3	0,01	0,6	
3	Acrescentar motor	4	0,015	0,8	
4	Acrescentar motor e malha	7	0,02	1	
5	Fixar	5	0	NA	0,012

O tempo para carregar a peça-base é de três segundos e o tempo para descarregar a montagem final é de quatro segundos, resultando um tempo de carga/descarga total T_h de sete segundos. Quando um travamento ocorre, é necessária uma média de 1,5 minuto para desfazer o travamento e reiniciar a máquina. Determine (a) a taxa de produção de todos os produtos, (b) o fornecimento de produtos bons, (c) a taxa de produção de produtos bons e (d) a eficiência de atividade da máquina de montagem.

Solução: (a) O tempo de ciclo ideal da máquina de montagem é:

$$T_c = 7 + (4 + 3 + 4 + 7 + 5) = 30 \text{ s} = 0,5 \text{ min}$$

A frequência de ocorrências de inatividade é:

$$F = 0,02(1) + 0,01(0,6) + 0,015(0,8) + 0,02(1) + 0,012 = 0,07$$

Adicionando a inatividade média devido a travamentos,

$$T_p = 0,5 + 0,07(1,5) = 0,5 + 0,105 = 0,605 \text{ min}$$

A taxa de produção, portanto, é:

$$R_p = 60/0,605 = 99,2 \text{ montagens totais/h}$$

(b) O fornecimento de produtos bons é o seguinte, da Equação (17.5):

$$P_{ap} = \{1 - 0,02 + 1(0,02)\}\{1 - 0,01 + 0,6(0,01)\}$$
$$\{1 - 0,015 + 0,8(0,015)\}\{1 - 0,02 + 1(0,02)\}$$
$$= (1)(0,996)(0,997)(1) = 0,993$$

(c) A taxa de produção apenas de montagens boas é:

$$R_{ap} = 99,2(0,993) = 98,5 \text{ montagens boas/h}$$

(d) A eficiência de atividade é:

$$E = 0,5/0,605 = 0,8264 = 82,64\%$$

Como a análise sugere, o aumento do número de elementos no ciclo da máquina de montagem resulta em um tempo de ciclo maior, diminuindo a taxa de produção da máquina. Portanto, as aplicações de uma máquina de montagem de estação única são limitadas a situações de baixa taxa de produção e baixo volume. Para taxas de produção mais altas, normalmente é preferível um dos sistemas de montagem multiestação.

17.2.4 Automação parcial

Muitas linhas de montagem na indústria contêm uma combinação de estações de trabalho manuais e automatizadas. Esses casos de linhas de produção parcialmente automatizadas ocorrem por duas razões principais:

1. *A automação é introduzida gradualmente em uma linha manual existente.* Suponha que a demanda pelo produto fabricado em uma linha manual aumente e a empresa decida aumentar a produção e reduzir os custos trabalhistas automatizando algumas ou todas as estações. As operações mais simples são automatizadas primeiro e a transição para uma linha totalmente automatizada é realizada através de um longo período de tempo. Até lá, a linha opera como um sistema parcialmente automatizado. (Veja estratégia de migração para a automação, Seção 1.4.3.)

2. *Certas operações manuais são muito difíceis ou caras de se automatizar.* Assim, quando a sequência de estações

de trabalho é planejada para a linha, certas estações são projetadas para ser automatizadas enquanto outras são projetadas como estações manuais.

Exemplos de operações que poderiam ser difíceis de automatizar são procedimentos de montagem ou etapas de processamento envolvendo alinhamento ou ajuste no item trabalhado. Essas operações normalmente requerem habilidades ou sentidos humanos especiais para que sejam realizadas. Muitos procedimentos de inspeção também entram nessa categoria. Os defeitos em um produto ou em uma peça que podem ser facilmente percebidos por um inspetor humano são, algumas vezes, de difícil identificação por parte de um dispositivo de inspeção automatizado. Outro problema é que esse dispositivo só pode verificar os defeitos para os quais ele foi projetado, enquanto um inspetor humano é capaz de detectar uma variedade de imperfeições e de problemas imprevistos.

Para analisar o desempenho de uma linha de produção parcialmente automatizada, vamos desenvolver a análise anterior e fazer as seguintes suposições: (1) as estações de trabalho realizam operações de processamento ou montagem, (2) os tempos de processamento e de montagem nas estações automatizadas são constantes, embora não necessariamente iguais em todas as estações, (3) o sistema utiliza transferência síncrona de peças, (4) o sistema não possui armazenamento de *buffer* interno e (5) paralisações de estação ocorrem apenas nas estações automatizadas. Por exemplo, se um operador humano fosse recuperar uma peça defeituosa do depósito de peças na estação, o trabalhador imediatamente descartaria a peça e escolheria outra, sem muita perda de tempo. É claro, essa suposição de adaptabilidade humana nem sempre é correta, mas nossa análise é baseada nela.

O tempo de ciclo ideal T_c é determinado pela estação mais lenta da linha, que geralmente é uma das manuais. Se o tempo de ciclo for realmente determinado por uma estação manual, então T_c exibirá certo grau de variabilidade, simplesmente porque existe uma variação aleatória em qualquer atividade humana repetitiva. Entretanto, consideramos que o T_c médio permanece constante ao longo do tempo. Supondo que as paralisações ocorrem apenas nas estações automatizadas, considere n_a como sendo o número de estações automatizadas e T_d como sendo a inatividade média por ocorrência. Para as estações automatizadas que realizam operações de processamento, considere p_i como a probabilidade (frequência) de paralisações por ciclo e, para as estações automatizadas que realizam operações de montagem, considere q_i e m_i iguais, respectivamente, à taxa de defeito e à probabilidade de o defeito causar a paralisação da estação i. Estamos prontos para definir o tempo de produção real médio:

$$T_p = T_c + \sum_{i \in n_a} p_i T_d \qquad (17.21)$$

em que o somatório se aplica apenas às estações automatizadas n_a. Para aquelas estações automatizadas que realizam operações de montagem nas quais uma peça é acrescentada,

$$p_i = m_i q_i$$

Se todo p_i, m_i e q_i forem iguais, respectivamente, a p, m e q, então as equações anteriores se reduzem a:

$$T_p = T_c + n_a p T_d \qquad (17.22)$$

e p é igual a mq para aquelas estações que realizam montagem consistindo da adição de uma peça.

Dado que n_a é o número de estações automatizadas, então n_w é o número de estações operadas por trabalhadores, e $n_a + n_w = n$, em que n é o número total de estações. Considere C_{asi} o custo para operar a estação de trabalho automatizada i (\$/min); C_{wi} o custo para operar a estação de trabalho manual i (\$/min) e C_{at} o custo para operar o mecanismo de transferência automático. Então, o custo total para operar a linha é dado por:

$$C_o = C_{at} + \sum_{i \in n_a} C_{asi} + \sum_{i \in n_w} C_{wi} \qquad (17.23)$$

em que C_o é o custo de operação do sistema de produção parcialmente automatizado (\$/min). Para todo $C_{asi} = C_{as}$ e todo $C_{wi} = C_w$, então:

$$C_o = C_{at} + n_a C_s + n_w C_w \qquad (17.24)$$

Assim, o custo total por unidade produzida na linha pode ser calculado como:

$$C_{pc} = \frac{C_m + C_o T_p + C_t}{P_{ap}} \qquad (17.25)$$

em que C_{pc} é o custo por montagem boa (\$/item); C_m é o custo dos materiais e componentes processados e montados na linha (\$/item); C_o é o custo de operação do sistema de produção parcialmente automatizado, pela Equação (17.23) ou (17.24) (\$/min); T_p é o tempo de produção real médio (min/item); C_t é qualquer custo de ferramental descartável (\$/item) e P_{ap} é a produção de montagens boas, pela Equação (17.5) ou (17.7).

EXEMPLO 17.5
Automação parcial
Uma empresa está considerando substituir uma das estações de trabalho manuais atuais por um dispositivo de montagem automático em uma linha de produção de dez estações. A linha atual possui seis estações automáticas e quatro manuais. O tempo de ciclo atual é de 30 segundos. O tempo de processo limitador está na esta-

ção manual cuja substituição está sendo proposta. A implementação da proposta permitiria que o tempo de ciclo fosse reduzido para 24 segundos. A nova estação custaria $0,2/min. Outros dados de custo: C_w = $0,15/min, C_{as} = $0,1/min e C_{at} = $0,12/min. Paralisações ocorrem em cada estação automatizada com uma probabilidade p de 0,01. Espera-se que a nova estação automatizada tenha a mesma frequência de paralisações. A inatividade média por ocorrência T_d é de três minutos e não será afetada pela nova estação. Os custos de material e de ferramental serão ignorados nessa análise. É desejável comparar a linha atual com a mudança proposta com base na taxa de produção e no custo por item. Considere um fornecimento de cem por cento de produtos bons.

Solução: Para a linha atual, T_c = 30 s = 0,5 min

$$T_p = 0,5 + 6(0,01)(3) = 0,68 \text{ min}$$
$$R_p = 1/0,68 = 1,47 \text{ item/min} = 88,2 \text{ itens/h}$$
$$C_o = 0,12 + 4(0,15) + 6(0,1) = \$1,32/\text{min}$$
$$C_{pc} = 1,32(0,68) = \$0,898/\text{item}$$

Para a linha proposta, T_c = 24 s = 0,4 min

$$T_p = 0,4 + 7(0,01)(3) = 0,61 \text{ min}$$
$$R_p = 1/0,61 = 1,64 \text{ itens/min} = 98,4 \text{ itens/h}$$
$$C_o = 0,12 + 3(0,15) + 6(0,1) + 1(0,2) = \$1,37/\text{min}$$
$$C_{pc} = 1,37(0,61) = \$0,836/\text{item}$$

Ainda que a linha fosse mais cara de operar por tempo de unidade, a mudança proposta aumentaria a taxa de produção e reduziria o custo por item.

A análise anterior não considera qualquer armazenamento de *buffer* entre as estações. Quando a parte automatizada da linha é paralisada, as estações manuais também precisam parar devido à ociosidade ou à obstrução, dependendo de onde as estações manuais estejam localizadas em relação às estações automatizadas. O desempenho melhoraria se as estações manuais pudessem continuar a operar mesmo quando as estações automatizadas parassem por incidente temporário de inatividade. A instalação de *buffers* de armazenamento antes e depois das estações manuais reduziria a inatividade forçada nessas estações.

EXEMPLO 17.6
Buffers de armazenamento em uma linha parcialmente automatizada
Considerando a linha atual no Exemplo 17.5 anterior, suponha que o tempo de ciclo ideal para as estações automatizadas na linha atual T_c seja de 18 segundos. O maior tempo manual é de 30 segundos. No método de operação considerado no Exemplo 17.5, as estações manuais e automatizadas estão fora de ação quando uma paralisação ocorre em uma estação automatizada. Suponha que *buffers* de armazenamento poderiam ser instalados para cada operador a fim de isolá-los de paralisações nas estações automatizadas. Que efeito isso teria sobre a taxa de produção e sobre o custo por item?

Solução: Dado T_c = 18 s = 0,3 min, o tempo médio de produção real nas estações automatizadas é calculado como:

$$T_p = 0,3 + 6(0,01)(3) = 0,48 \text{ min}$$

Como isso é menos do que o maior tempo manual de 0,5, as operações manuais poderiam funcionar independentemente das estações automatizadas se *buffers* de armazenamento de capacidade suficiente fossem colocados antes e depois de cada estação manual. Portanto, o tempo de ciclo limitador na linha seria T_c = 30 s = 0,5 min, e a taxa de produção correspondente seria:

$$R_p = R_c = 1/0,5 = 2 \text{ itens/min} = 120 \text{ itens/h}$$

Usando o custo de operação da linha do Exemplo 17.5, C_o = $1,32/min, temos um custo por item de:

$$C_{pc} = 1,32(0,5) = \$0,66/\text{item}$$

Quando comparamos esse resultado com o do Exemplo 17.5, podemos ver que os *buffers* de armazenamento fornecem melhora significativa na taxa de produção e no custo unitário.

17.2.5 O que as equações nos dizem

As equações obtidas nesta seção e sua aplicação em nossos exemplos revelam várias diretrizes práticas para o projeto e a operação dos sistemas de montagem automatizados e os produtos fabricados nesses sistemas.

- O sistema de distribuição de peças em cada estação precisa ser projetado para distribuir componentes à operação de montagem em uma taxa líquida (alimentador de peças multiplicado pela proporção de passagem do seletor/orientador) maior ou igual à taxa de ciclo do dispositivo de montagem. Caso contrário, o desempenho do sistema de montagem é limitado pelo sistema de distribuição de peças e não pela tecnologia do processo de montagem.

- A qualidade dos componentes acrescentados em um sistema de montagem automatizado possui efeito significativo sobre o desempenho do sistema. A baixa qualidade, como representada pela taxa de defeito, pode resultar em:

1. Travamentos nas estações que param o sistema de montagem inteiro, o que tem efeito negativo sobre a taxa de produção, a proporção de atividade e o custo por unidade produzida.

2. Montagem de peças defeituosas no produto, o que tem efeito negativo sobre o fornecimento de montagens boas e o custo do produto.

- Como o número de estações de trabalho aumenta em um sistema de montagem automatizado, a eficiência de atividade e a taxa de produção tendem a diminuir devido à qualidade das peças e aos efeitos de estabilidade das estações. Isso reforça a necessidade de usar apenas componentes de alta qualidade nos sistemas de montagem automatizados.

- O tempo de ciclo de um sistema de montagem multiestação é determinado pela estação mais lenta (a tarefa de montagem mais demorada) no sistema. O número de tarefas de montagem realizado é importante apenas enquanto ela afetar a estabilidade do sistema de montagem. Por comparação, o tempo de ciclo de um sistema de montagem de estação única é determinado pela soma dos tempos de elemento de montagem e não pelo elemento de montagem mais demorado.

- Comparado a uma máquina de montagem multiestação, um sistema de montagem de estação única com o mesmo número de tarefas de montagem possui taxa de produção mais baixa e eficiência de atividade mais alta.

- Os sistemas de montagem multiestação são apropriados para aplicações de alta produção e períodos de longa produção. Em comparação, os sistemas de montagem de estação única possuem tempo de ciclo mais longo e são mais apropriados para médias quantidades de produto.

- *Buffers* de armazenamento devem ser usados nas linhas de produção parcialmente automatizadas a fim de isolar as estações manuais de paralisações das estações automatizadas. O uso de *buffers* de armazenamento aumentará as taxas de produção e reduzirá o custo do produto por unidade.

- Uma estação automatizada deve ser substituída por uma estação manual apenas se esta reduzir suficientemente o tempo de ciclo para compensar quaisquer efeitos negativos da menor estabilidade.

Referências

[1] ANDREASEN, M. M.; KAHLER, S.; LUND, T. *Design for assembly*. Reino Unido: IFS Publications; Berlim, FRG: Springer-Verlag, 1983.

[2] BOOTHROYD, G.; REDFORD, A. H. *Mechanized assembly*. Londres: McGraw-Hill, 1968.

[3] BOOTHROYD, G.; POLI, C.; MURCH, L. E. *Automatic assembly*. Nova York: Marcel Dekker, 1982.

[4] BOOTHROYD, G.; Dewhurst, P.; Knight, W. *Product design for manufacture and assembly*. Nova York: Marcel Dekker, 1994.

[5] DELCHAMBRE, A. *Computer-aided assembly planning*. Londres: Chapman & Hall, 1992.

[6] GAY, D. S. "Ways to place and transport parts". *Automation*, jun. 1973.

[7] GOODRICH, J. L.; Maul, G. P. "Programmable parts feeders". *Industrial Engineering*, p. 28-33, maio 1983.

[8] GROOVER, M. P.; WEISS, M.; NAGEL, R. N.; ODREY, N. C. *Industrial Robotics:* Technology, programming, and applications. Nova York: McGraw-Hill, 1986. cap. 15.

[9] GROOVER, M. P. *Fundamentals of modern manufacturing:* Materials, processes, and systems. 3. ed. Hoboken, NJ: John Wiley & Sons, 2007.

[10] MACKZKA, W. J. "Feeding the assembly system". *Assembly Engineering*, p. 32-4, abr. 1985.

[11] MURCH, L. E.; BOOTHROYD, G. "On-off control of parts feeding". *Automation*, p. 32-4, ago. 1970.

[12] NOF, S.Y.; WILHELM, W. E.; WARNECKE, H.-J. *Industrial assembly*. Londres: Chapman & Hall, 1997.

[13] RILEY, F. J. *Assembly automation*. Nova York: Industrial Press Inc., 1983.

[14] SCHWARTZ, W. H. "Robots called to assembly". *Assembly Engineering*, p. 20-3, ago. 1985.

[15] SYNTRON (FMC Corporation). *Vibratory Parts Feeders*, FMC Corporation (Materials Handling Equipment Division), Homer City, PA.

[16] *Syntron Parts Handling Equipment*, Catalog No. PHE-10, FMC Corporation (Materials Handling Equipment Division), Homer City, PA.

[17] WARNECKE, H. J.; SCHWEIZER, M.; TAMAKI, K.; NOF, S. "Assembly". *Handbook of industrial engineering*, Nova York: Institute of Industrial Engineers; John Wiley & Sons, 1992. p. 505-62.

Questões para revisão

17.1 Cite três das quatro condições sob as quais a tecnologia de montagem automatizada deve ser considerada.

17.2 Quais são as quatro configurações de sistemas de montagem automatizados listadas no texto?

17.3 Quais são os componentes de hardware típicos de um sistema de distribuição de peças para estações de trabalho?

17.4 O que é um alimentador de peças programável?

17.5 Cite seis produtos típicos fabricados por montagem automatizada.

17.6 Considerando a máquina de montagem como jogo de azar, quais são os três eventos que podem ocorrer quando o mecanismo de alimentação tenta distribuir o próximo componente para o dispositivo de montagem em determinada estação de trabalho em um sistema multiestação?

17.7 Cite algumas medidas de desempenho importantes para um sistema de montagem automatizado.

17.8 Em um sistema de montagem de estação única, por que a taxa de produção é inerentemente mais baixa do que em um sistema de montagem multiestação?

17.9 Cite duas razões para a existência das linhas de produção parcialmente automatizadas.

17.10 Quais são os efeitos da má qualidade de peças, como representado pela taxa de defeito, no desempenho de um sistema de montagem automatizado?

17.11 Por que são usados *buffers* de armazenamento nas linhas de produção parcialmente automatizadas?

Problemas

Alimentação de peças

17.1 Um dispositivo alimentador-seletor em uma das estações de uma máquina de montagem automatizada possui taxa de alimentação de 25 peças por minuto e fornece taxa de transferência de uma peça a cada quatro. O tempo de ciclo ideal da máquina de montagem é dez segundos. O sensor de nível baixo no trilho de alimentação é ajustado para dez peças e o sensor de nível alto, para 20 peças. (a) Quanto tempo levará para o suprimento de peças ser consumido do sensor de nível alto até o sensor de nível baixo após o dispositivo alimentador-seletor ser desativado? (b) Quanto tempo levará, em média, para que as peças sejam reabastecidas do sensor de nível baixo até o sensor de nível alto após o dispositivo alimentador-seletor ser ativado? (c) Em que proporção do tempo de funcionamento da máquina de montagem o dispositivo alimentador-seletor será ativado? E desativado?

17.2 Resolva o Problema 17.1 usando a taxa de alimentação de 32 peças por minuto. Observe a importância de sintonizar a taxa do alimentador-seletor com a taxa de ciclo da máquina de montagem.

17.3 Uma máquina de montagem síncrona possui oito estações e precisa produzir uma média de 400 montagens finais por hora. A inatividade média por travamento é de 2,5 minutos. Quando uma paralisação ocorre, todos os subsistemas (incluindo o alimentador) param. A frequência de paralisações da máquina é uma vez a cada 50 peças. Uma das oito estações é uma operação de montagem automática que usa um alimentador-seletor. Os componentes alimentados para o seletor podem ter cinco orientações possíveis, cada uma com igual probabilidade, mas apenas uma dessas orientações é a correta para passar para o trilho de alimentação e para o dispositivo de montagem. As peças rejeitadas pelo seletor são devolvidas para a bandeja. Qual é a taxa mínima em que o alimentador precisa distribuir componentes ao seletor durante a atividade do sistema para que consiga acompanhar o ritmo da máquina de montagem?

Sistemas de montagem multiestação

17.4 Uma máquina de indexação com mesa rotativa possui seis estações que realizam operações de montagem em uma peça-base. As operações, os tempos das tarefas e os valores q e m para os componentes acrescentados são dados na tabela a seguir (NA significa que q e m não se aplicam à operação). O tempo de indexação para a mesa giratória é de 2 segundos. Quando um travamento ocorre, é necessário 1,5 minuto para liberá-lo e colocar a máquina novamente em operação. Determine (a) a taxa de produção para a máquina de montagem, (b) o fornecimento de produtos bons (montagens finais não contendo qualquer componente defeituoso) e (c) a proporção de atividade do sistema.

Estação	Operação	Tempo da atividade (s)	q	m
1	Acrescentar peça A	4	0,015	0,6
2	Apertar peça A	3	NA	NA
3	Montar peça B	5	0,01	0,8
4	Acrescentar peça C	4	0,02	1
5	Apertar peça C	3	NA	NA
6	Montar peça D	6	0,01	0,5

17.5 Uma máquina de montagem de oito estações possui tempo de ciclo ideal de seis segundos. A taxa de defeito em cada uma das oito estações q é igual a 0,015 e um defeito sempre trava a estação afetada. Quando uma paralisação ocorre, leva-se um minuto, em média, para o sistema voltar à operação. Determine a taxa de produção para a máquina de montagem, o fornecimento de produtos bons (montagens finais não contendo qualquer componente defeituoso) e a proporção de atividade do sistema.

17.6 Resolva o Problema 17.5 considerando que os defeitos nunca travam as estações de trabalho. Os outros dados permanecem iguais.

17.7 Resolve o Problema 17.5 considerando que m é igual a 0,6 para todas as estações. Os outros dados permanecem iguais.

17.8 Uma linha de montagem automatizada de seis estações possui tempo de ciclo ideal de 12 segundos. A inatividade ocorre por duas razões. Primeiro, a linha é paralisada por falhas mecânicas e elétricas que ocorrem uma vez a cada 50 ciclos. A inatividade média por esses motivos é de três minutos. Segundo, os componentes defeituosos também resultam em inatividade. A taxa de defeito de cada um dos seis componentes acrescentados à peça-base nas seis estações é de dois por cento. A probabilidade de que um componente defeituoso cause um travamento de estação é de 0,5 para todas as estações. A inatividade por ocorrência de peças defeituosas é de dois minutos. Determine (a) o fornecimento de montagens que estão livres de componentes defeituosos, (b) a proporção de montagens que contêm pelo menos um componente defeituoso, (c) a taxa de produção média de produtos bons e (d) a eficiência de atividade.

17.9 Uma máquina de montagem com oito estações automáticas possui tempo de ciclo ideal de dez segundos. A inatividade é causada pelo travamento de peças defeituosas nas estações de montagem individuais. A inatividade média por ocorrência é de três minutos. A taxa de defeito é de um por cento e a probabilidade de que uma peça defeituosa trave em uma determinada estação é de 0,6 para todas as estações. O custo para operar a máquina de montagem é de $90 por hora e o custo dos componentes que estão sendo montados é de $0,6 por montagem em cada unidade. Ignore os outros custos. Determine (a) o fornecimento das montagens boas, (b) a taxa de produção média de montagens boas, (c) a proporção de montagens com pelo menos um componente defeituoso e (d) o custo unitário do produto montado.

17.10 Uma máquina de montagem automatizada possui quatro estações de trabalho. A primeira estação apresenta a peça-base e as outras três estações acrescentam peças a ela. O tempo de ciclo ideal para a máquina é de três segundos e a inatividade média quando um travamento resulta de uma peça defeituosa é de 1,5 minuto. As taxas de defeito (q) e as probabilidades de que uma peça defeituosa trave a estação (m) são dadas na tabela s seguir. Quantidades de cem mil para cada uma das bases, cada um dos suportes, dos pinos e dos retentores são usadas para suprir a linha de montagem para a operação. Determine (a) a proporção de produtos bons em relação ao total de produtos que saem da linha, (b) a taxa de produção de produtos bons que saem da linha e (c) o número total de montagens finais produzidas, tendo em conta as quantidades de componentes iniciais. Do total, quantos são produtos bons e quantos são os que contêm pelo menos um componente com defeito? (d) Do número de montagens defeituosas determinado na questão (c) do problema, quantas terão peças-base com defeito? Quantas terão suportes com defeito? Quantas terão pinos com defeito? Quantas terão retentores com defeito?

Estação	Identificação da peça	q	M
1	Base	0,01	1
2	Suporte	0,02	1
3	Pino	0,03	1
4	Retentor	0,04	0,5

17.11 Uma máquina de montagem com seis estações automáticas tem tempo de ciclo ideal de seis segundos. Nas estações de 2 a 6, que são idênticas, alimentadores de peças distribuem componentes idênticos para que sejam montados em uma peça-base adicionada na primeira estação. Ou seja, o produto final consiste da peça-base com os cinco componentes. As peças-base possuem zero defeito, mas os outros componentes são defeituosos a uma taxa q. Quando é feita uma tentativa de montar um componente com defeito na peça-base, a máquina para ($m = 1$). É necessária uma média de dois minutos para fazer reparos e iniciar a máquina após cada parada. Como todos os componentes são idênticos, são comprados de um fornecedor que pode controlar a taxa de defeitos precisamente. No entanto, é cobrado um valor-prêmio para fornecer com melhor qualidade. O custo por componente é determinado pela equação:

$$\text{Custo por componente} = 0{,}1 + \frac{0{,}0012}{q}$$

em que q é a taxa de defeito. O custo da peça-base é de $0,2. Portanto, o custo total da peça-base e dos cinco componentes é:

$$\text{Custo de material do produto} = 0{,}7 + \frac{0{,}006}{q}$$

O custo para operar a máquina de montagem automática é de $150 por hora. O problema que a gerência de produção enfrenta é à medida que a qualidade de componente diminui (e q aumenta), a inatividade aumenta, o que faz com que os custos de produção subam. Conforme a qualidade melhora (e q diminui), o custo de material aumenta devido à política de preço usada pelo fornecedor. Para reduzir o custo total, o valor ótimo de q precisa ser determinado. Determine por métodos analíticos (e não por tentativa e erro) o valor de q que reduz o custo total por montagem. Além disso, determine o custo associado por montagem e a taxa de produção. Ignore os outros custos.

17.12 Uma máquina de indexação de mesa rotativa com seis estações é projetada para realizar quatro operações de montagem nas estações de 2 a 5, após uma peça-base ser carregada manualmente na estação 1. A estação 6 é a de descarga. Cada operação de montagem envolve a fixação de um componente à base existente. Em cada uma das quatro estações de montagem, uma bandeja-alimentador é usada para fornecer componentes para um dispositivo seletor que separa os componentes que estão incorretamente orientados e os devolve para a bandeja. O sistema foi projetado com os parâmetros operacionais para as estações de 2 a 5 conforme indicado na tabela a seguir. São necessários dois segundos para indexar o disco de uma posição de estação para a seguinte. Quando ocorre travamento de componente, são necessários em média dois minutos para liberá-lo e reiniciar o sistema. As paralisações da linha devido a falhas mecânicas e elétricas da máquina de montagem não são significativas e podem ser desprezadas. A empresa diz que o sistema foi projetado para produzir a determinada taxa por hora, que leva em conta os travamentos resultantes de componentes defeituosos. Entretanto, a efetiva entrega de montagens finais está muito abaixo da taxa de produção projetada. Analise o problema e determine (a) a taxa média de produção projetada a que a empresa se referiu, (b) a proporção de montagens saindo do sistema que contêm um ou mais componentes defeituosos, (c) o problema que limita o sistema de montagem de alcançar a taxa de produção esperada e (d) a taxa de produção que o sistema está efetivamente atingindo. Deixe claras as suposições feitas para chegar à resposta.

Estação	Tempo de montagem (s)	Taxa de alimentação (itens/min)	Seletor θ	q	m
2	4	32	0,25	0,01	1
3	7	20	0,5	0,005	0,6
4	5	20	0,2	0,02	1
5	3	15	1	0,01	0,7

17.13 Para o Exemplo 17.4 no texto, lidando com um sistema de montagem de estação única, suponha que a sequência de tarefas de montagem precisasse ser realizada em um sistema de montagem de sete estações com transferência de peças síncrona. Cada tarefa é executada em uma estação separada (estações de 2 a 6) e o tempo de montagem em cada estação respectiva é igual ao tempo de tarefa dado no Exemplo 17.4. Considere que o tempo de manuseio é dividido igualmente (3,5 segundos cada uma) entre uma estação de carga (estação 1) e uma estação de descarga (estação 7). O tempo de transferência é de dois segundos e a inatividade média por ocorrência é de dois minutos. Determine (a) a taxa de produção de todas as unidades completadas, (b) o fornecimento, (c) a taxa de produção das unidades completadas de boa qualidade e (d) a eficiência de atividade.

Sistemas de montagem de estação única

17.14 Uma máquina de montagem de estação única é considerada uma alternativa para a máquina de indexação com mesa rotativa do Problema 17.4. Use os dados fornecidos na tabela para esse problema para determinar (a) a taxa de produção, (b) o fornecimento de produtos bons (montagens finais não contendo qualquer componente defeituoso) e (c) a proporção de atividade do sistema. O tempo de manuseio para carregar a peça-base e descarregar a montagem final é de sete segundos, e a inatividade é, em média, de 1,5 minuto toda vez que um componente trava. Por que a proporção de atividade é tão maior em relação ao caso da máquina de indexação com mesa rotativa do Problema 17.4?

17.15 Um sistema de montagem robótico de estação única realiza uma série de cinco atividades de montagem, cada uma acrescentando um componente diferente a uma peça-base. Cada atividade leva 4,5 segundos.

Além disso, o tempo de manuseio necessário para mover a peça-base para a posição e retirá-la é de quatro segundos. Para identificação, os componentes e os elementos que os montam são numerados como 1, 2, 3, 4 e 5. A taxa de defeito é de 0,005 para todos os componentes e a probabilidade de travamento por um componente defeituoso é de 0,7. A inatividade média por ocorrência é de 2,5 minutos. Determine (a) a taxa de produção, (b) o fornecimento de produtos bons na produção, (c) a eficiência de atividade e (d) a proporção da produção que contém um componente tipo 3 com defeito.

17.16 Uma célula de montagem robótica usa um robô industrial para realizar uma série de operações de montagem. A peça-base e as peças 2 e 3 são distribuídas por alimentadores vibratórios de bandeja que usam seletores para garantir que apenas peças corretamente orientadas sejam distribuídas ao robô para montagem. A célula robótica realiza as tarefas da tabela a seguir (também são fornecidas as taxas de alimentação, a proporção do seletor θ, os tempos de elemento, a taxa de defeito q e a probabilidade de travamento m; e, para a última tarefa, a frequência de incidentes de inatividade p). Além dos tempos dados na tabela, o tempo necessário para descarregar a submontagem final é de quatro segundos. Quando ocorre paralisação da linha, é necessário 1,8 minuto, em média, para fazer os reparos e reiniciar a célula. Determine (a) o fornecimento de produtos bons, (b) a taxa média de produção de produtos bons e (c) a eficiência de atividade para a célula. Faça as suposições necessárias sobre a operação da célula para resolver o problema.

Atividade	Taxa de alimentação f (item/min)	Seletor θ	Tarefa	Tempo T_e (s)	q	m	p
1	15	0,3	Carrega a peça-base	4	0,01	0,6	
2	12	0,25	Adiciona a peça 2	3	0,02	0,3	
3	25	0,1	Adiciona a peça 3	4	0,03	0,8	
4			Fixa	3			0,02

Automação parcial

17.17 Uma linha de produção parcialmente automatizada possui três estações de trabalho mecanizadas e três manuais. O tempo de ciclo ideal é de um minuto, que inclui um tempo de transferência de seis segundos. Os dados nas seis estações são listados na tabela a seguir. O custo do mecanismo de transferência C_{at} é de \$0,10/min; o custo para operar cada estação automatizada C_{as} é igual \$0,12/min e o custo de trabalho para operar cada estação manual C_w é \$0,17/min. A empresa está considerando substituir a estação 5 por uma estação automatizada. O custo da estação 5 C_{as5} é estimado em \$0,25/min e sua taxa de paralisação p_5 é 0,02, mas seu tempo de processo seria de apenas 30 segundos, reduzindo assim o tempo de ciclo geral da linha de um minuto para 36 segundos. A inatividade média por paralisação da linha atual, bem como para a configuração proposta, é de 3,5 minutos. Determine para a linha atual e para a linha proposta: (a) a taxa de produção, (b) a proporção de atividade e (c) o custo por unidade. Considere que a linha opera sem *buffers* de armazenamento, de modo que, quando uma estação automatizada para, a linha inteira é interrompida, inclusive as estações manuais. Ao calcular, ignore os custos de material e de ferramentas.

Estação	Tipo	Tempo de processo (s)	p_i
1	Manual	36	0
2	Automática	15	0,01
3	Automática	20	0,02
4	Automática	25	0,01
5	Manual	54	0
6	Manual	33	0

17.18 Analise novamente o Problema 17.17, considerando que tanto a linha atual como a linha proposta terão *buffers* de armazenamento antes e depois das estações manuais. Os *buffers* serão de capacidade suficiente para permitir que essas estações manuais operem de modo independente das partes automatizadas da linha. Determine (a) a taxa de produção, (b) a proporção de atividade e (c) o custo por unidade para a linha atual e para a linha proposta.

17.19 Uma linha de montagem manual possui seis estações. O tempo de montagem em cada estação manual é de 60 segundos. As peças são transferidas manualmente de uma estação para a outra, e a falta de disciplina nesse método acrescenta 12 segundos ($T_r = 12$ s) ao tempo de ciclo. Portanto, o tempo de ciclo atual é de 72 segundos. São feitas as duas propostas seguintes: (1) instalar um sistema de transferência mecanizado para disciplinar a linha e (2) automatizar uma ou mais das estações manuais usando robôs que realizariam as tarefas mais rápido do que humanos. A segunda proposta exige que o sistema de transferência mecanizado da primeira proposta seja instalado, o que resultaria em uma linha de montagem parcialmente ou totalmente automatizada. O sistema de transferência teria um tempo de transferência de seis segundos, reduzindo o tempo de ciclo na linha manual para 66 segundos. De acordo com a segunda proposta, as seis estações são candidatas à automação. Cada estação automatizada teria um tempo de montagem de 30 segundos. Portanto, se todas estações fossem automatizadas, o tempo de ciclo para a linha seria de 36 segundos. Existem diferenças na qualidade das peças acrescentadas nas estações; esses dados são fornecidos na tabela a seguir para cada estação (q é a taxa de defeito, m é a probabilidade de um defeito travar a estação). A inatividade média por travamento de estação nas estações automatizadas é de três minutos. Considere que as estações manuais não experimentam paralisações de linha devido a componentes defeituosos. Dados de custo: C_{at} = \$0,10/min, C_w = \$0,20/min e C_{as} = \$0,15/min. Determine se uma das propostas, ou ambas, deveriam ser aceitas. Se a segunda proposta for aceita, quantas e quais estações devem ser automatizadas? Use o custo por unidade como critério para sua decisão. Suponha para todos os casos considerados que a linha opera sem *buffers* de armazenamento, de modo que, quando uma estação automatizada para, toda a linha é paralisada, inclusive as estações manuais.

Estação	q_i	m_i	Estação	q_i	m_i
1	0,005	1	4	0,02	1
2	0,01	1	5	0,025	1
3	0,015	1	6	0,03	1

17.20 Resolva o Problema 17.19 considerando que a probabilidade de uma peça defeituosa causar o travamento da estação automatizada é de m igual a 0,5 para todas as estações.

CAPÍTULO

18

Manufatura celular

CONTEÚDO DO CAPÍTULO

18.1 Famílias de peças

18.2 Classificação e codificação de peças
- 18.2.1 Características dos sistemas de classificação e codificação de peças
- 18.2.2 O sistema Opitz de classificação e codificação de peças

18.3 Análise do fluxo de produção

18.4 Manufatura celular
- 18.4.1 Conceito de peça composta
- 18.4.2 Projeto de célula de manufatura

18.5 Aplicações da tecnologia de grupo

18.6 Análise quantitativa na manufatura celular
- 18.6.1 Agrupando peças e máquinas por ordem de classificação
- 18.6.2 Dispondo máquinas em uma célula de tecnologia de grupo (TG)

Nos Estados Unidos, estima-se que, constituindo mais de 50 por cento da atividade de manufatura total, a forma mais comum de produção seja a manufatura em lote. Daí a importância de torná-la o mais eficiente e produtiva possível. Além disso, há uma tendência de integrar as funções de projeto e manufatura em uma empresa. Uma abordagem direcionada a ambos os objetivos é a tecnologia de grupo (TG; do inglês, *technology group* — GT).

A *tecnologia de grupo* é uma filosofia de manufatura na qual as peças semelhantes são identificadas e agrupadas para tirar vantagem de suas similaridades em projeto e produção. Elas são dispostas em famílias, e cada *família de peças* possui características de manufatura e/ou projeto parecidos. Por exemplo, uma planta produzindo 10 mil diferentes tipos de peças pode ser capaz de agrupar a maioria dessas peças em 30 ou 40 famílias distintas. É razoável acreditar que o processamento de cada membro de uma determinada família é similar, o que deve resultar em eficiências de manufatura, as quais são geralmente alcançadas dispondo os equipamentos de produção em grupos de máquinas, ou células, para facilitar o fluxo de trabalho. A organização do equipamento de produção em células, nas quais cada célula se especializa na produção de uma família de peças, é chamada de *manufatura celular*, exemplo de modelo de produção misto (Seção 13.2.5). As origens da tecnologia de grupo e da manufatura celular remontam ao ano de 1925, aproximadamente (Nota histórica 18.1).

A tecnologia de grupo e a manufatura celular são aplicáveis a uma gama de situações de manufatura. A TG é mais adequada sob as condições a seguir:

- *A planta atualmente utiliza um modelo de produção tradicional em lotes e um layout por processos*, o que resulta em considerável esforço de manuseio de material, alto estoque de itens em andamento e longos tempos de processamento de manufatura.

- *As peças podem ser agrupadas em famílias de peças.* Condição necessária em que cada célula é projetada para produzir uma determinada família de peças ou uma coleção limitada de famílias, de maneira que tem de ser possível agrupar as peças feitas na planta em famílias. Felizmente, na típica planta de produção de médio volume, a maioria das peças pode ser agrupada em famílias.

Há duas iniciativas importantes para uma empresa ao implementar a tecnologia de grupo, que representam obstáculos significativos para a aplicação da TG.

1. *Identificar as famílias de peças.* Se a planta produz 10 mil peças diferentes, fazer uma revisão de todos os desenhos de peças e agrupá-las em famílias é uma tarefa substancial e que consome tempo.

2. *Rearranjar máquinas de produção em células.* Planejar e realizar o rearranjo é uma iniciativa cara, que consome tempo e interrompe a produção das máquinas durante a troca.

Nota histórica 18.1

Tecnologia de grupo

Em 1925, R. Flanders, dos Estados Unidos, apresentou um estudo para a American Society of Mechanical Engineers que descreveu uma maneira de organizar a manufatura na Jones and Lamson Machine Company que atualmente seria chamada de tecnologia de grupo. Em 1937, A. Sokolovskiy da então União Soviética descreveu as características essenciais da tecnologia de grupo propondo que peças de configuração similar fossem produzidas por uma sequência de processo padronizada, permitindo desse modo que técnicas de fluxo de linha fossem utilizadas para trabalhos normalmente realizados por produção em lotes. Em 1949, A. Korling, da Suécia, apresentou um estudo em Paris sobre 'produção em grupo', cujos princípios são uma adaptação das técnicas de linha de produção para a manufatura em lotes. No estudo, descreveu como descentralizar o trabalho em grupos independentes, cada um contendo máquinas e ferramentas para produzir 'uma categoria especial de peças'.

Em 1959, o pesquisador S. Mitrofanov, da União Soviética, publicou um livro intitulado *Scientific principles of group technology*, que foi amplamente lido e é considerado responsável por mais de 800 plantas na União Soviética utilizando tecnologia de grupo já em 1965. Na Alemanha, o pesquisador H. Opitz estudou peças manufaturadas pela indústria de ferramentas de máquinas alemã e desenvolveu o sistema de classificação e codificação de peças que leva seu nome e é bastante utilizado no caso de peças usinadas (Seção 18.2.2).

Nos Estados Unidos, a primeira aplicação da tecnologia de grupo foi feita por volta de 1969 na empresa Harris-Intertype (Langston Division) em Nova Jersey. Tradicionalmente uma fábrica arranjada com um *layout* por processo, a empresa reorganizou-se em linhas de 'famílias de peças', cada uma especializada em produzir determinada configuração de peça. Famílias de peças foram identificadas com fotos de cerca de 15 por cento das peças feitas na planta e seu agrupamento em famílias. Quando as mudanças foram implementadas, melhoraram a produtividade em 50 por cento e reduziram os tempos de processamento de semanas para dias.

A tecnologia de grupo oferece benefícios substanciais para empresas que têm o objetivo de implementá-la.

- A TG promove a padronização das ferramentas, dos sistemas de fixação e das preparações dos equipamentos.

- O manuseio de materiais é reduzido porque as distâncias dentro de uma célula são muito mais curtas do que na fábrica inteira.

- O planejamento de processos e cronograma de produção são simplificados.

- Os tempos de preparação são reduzidos, resultando em tempos de processamento mais baixos.
- O trabalho em andamento (do inglês, *work-in-process* — WIP) é reduzido.
- A satisfação dos trabalhadores geralmente melhora quando eles colaboram em uma célula TG.
- Um trabalho de maior qualidade é conquistado com a utilização da tecnologia de grupo.

Neste capítulo, discutimos tecnologia de grupo, manufatura celular e tópicos relacionados. Vamos começar com a definição de um conceito fundamental em tecnologia de grupo: famílias de peças.

18.1 FAMÍLIAS DE PEÇAS

A família de peças é uma coleção de peças similares seja em formato geométrico e tamanho ou nos passos de processamento exigidos em sua manufatura. As peças dentro de uma família são diferentes, mas suas similaridades são próximas o suficiente para merecer sua inclusão como membros da família de peças. As figuras 18.1 e 18.2 mostram duas famílias de peças diferentes. As duas peças na Figura 18.1 são bastante similares em termos de projeto geométrico, mas diferentes em termos de manufatura, devido a diferenças em tolerâncias, quantidades de produção e materiais. As peças mostradas na Figura 18.2 constituem uma família de peças na manufatura, mas suas geometrias diferentes as fazem parecer bastante diferentes a partir de um ponto de vista do projeto.

Em termos de manufatura, uma das vantagens importantes do agrupamento de peças em famílias pode ser explicada com relação às figuras 18.3 e 18.4. A Figura 18.3 mostra uma planta com *layout* por processos para produção em lotes em um setor de usinagem. As várias máquinas-ferramenta são arranjadas por função. Há um departamento de tornos, um de fresadoras, um de furadeiras e assim por diante. Para a usinagem de uma determinada peça, ela tem de ser transportada entre os departamentos, e talvez visitar o mesmo departamento diversas vezes. Isso resulta em considerável manuseio de materiais, grandes estoques de itens em andamento, muitas preparações de máquinas, longo tempo de processamento e alto custo. A Figura 18.4 mostra uma fábrica de capacidade equivalen-

Figura 18.1 Duas peças de formato e tamanho idênticos, mas com diferentes requisitos de manufatura: (a) 1 milhão itens/ano, tolerância de ± 0,01 polegadas, material de aço-cromo 1015 niquelado e (b) cem itens/ano, tolerância de ± 0,001 polegadas, material de aço inoxidável de liga 18/8

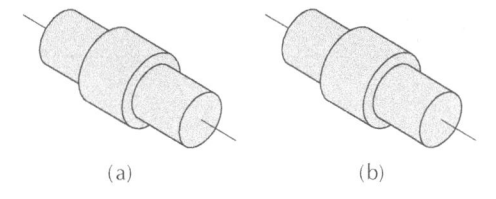

(a)   (b)

Figura 18.2 Uma família de peças com requisitos de manufatura similares, mas diferentes atributos de projeto. Todas as peças são usinadas a partir de materiais cilíndricos por torneamento; algumas exigem furação e/ou fresamento

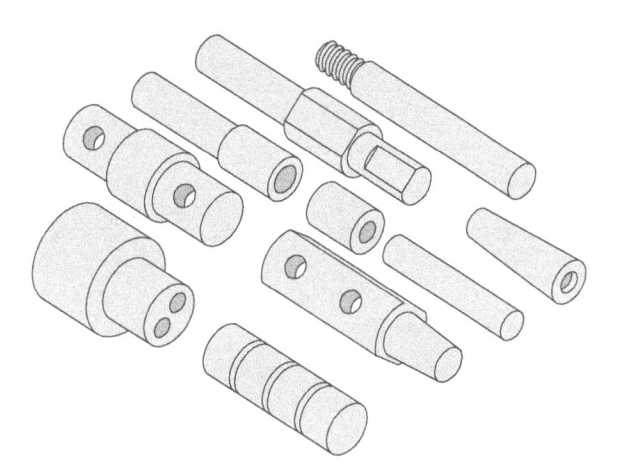

Figura 18.3 *Layout* de planta por processo

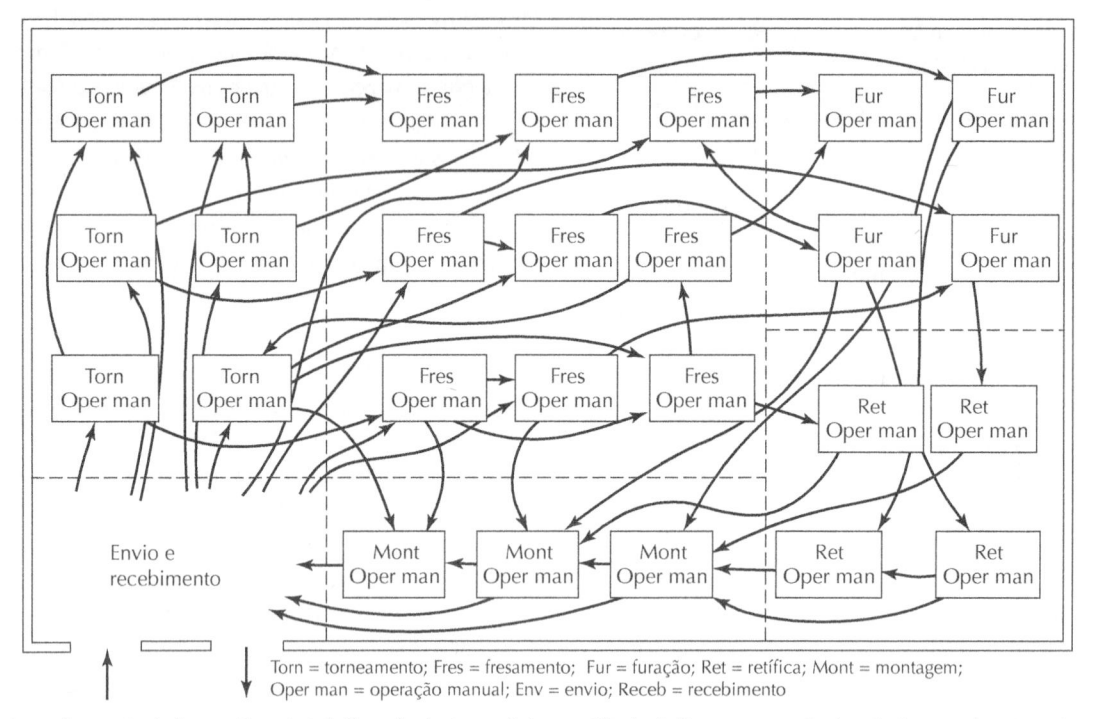

Torn = torneamento; Fres = fresamento; Fur = furação; Ret = retífica; Mont = montagem;
Oper man = operação manual; Env = envio; Receb = recebimento

Legenda: as setas indicam o fluxo de trabalho pela planta e as linhas pontilhadas indicam a separação de máquinas em departamentos

Figura 18.4 *Layout* de tecnologia de grupo

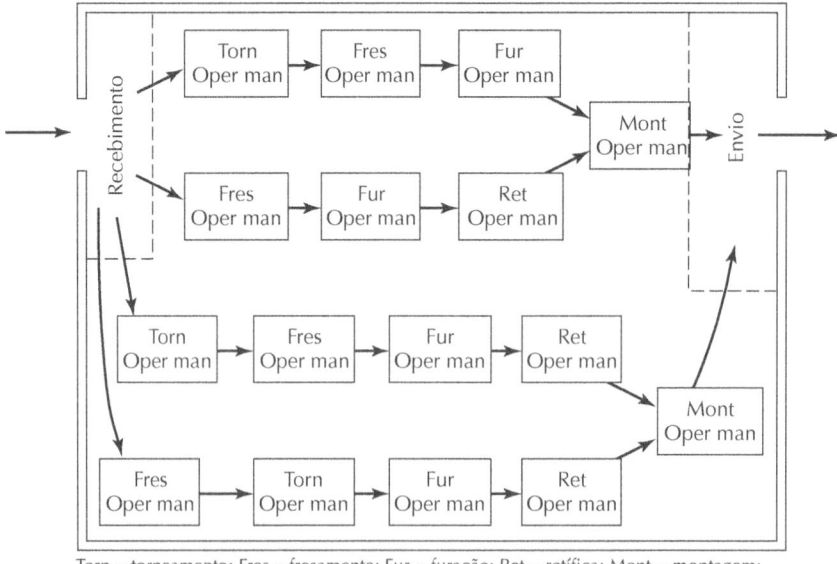

Torn = torneamento; Fres = fresamento; Fur = furação; Ret = retífica; Mont = montagem;
Oper man = operação manual

Legenda: as setas indicam o fluxo de trabalho nas células

te, que tem as máquinas arranjadas em células. Cada célula é organizada para se especializar na produção de uma família de peças em particular. As vantagens estão na forma de manuseio de peças reduzido, nos tempos de preparação menores, em menos preparações (em alguns casos, nenhuma mudança de configuração é necessária), em menos estoque de itens em andamento e em tempos de processamento mais curtos.

O maior obstáculo individual na mudança para a tecnologia de grupo de uma fábrica de produção convencional é o problema de agrupar as peças em famílias. Há três métodos gerais para a solução do problema. Todos consomem tempo e envolvem a análise de grande quantidade de dados por pessoal adequadamente treinado. São eles: (1) inspeção visual, (2) classificação e codificação de peças e (3) análise do fluxo de produção. Vamos fornecer uma breve descrição do método de inspeção visual e então examinar detalhadamente o segundo e terceiro métodos.

O *método de inspeção visual* é o método menos sofisticado e menos caro. Ele envolve a classificação de peças em famílias olhando as peças físicas ou fotos e as dispondo em grupos com características similares. Apesar de ser geralmente considerado o menos preciso, foi o método utilizado em um dos primeiros casos de sucesso de TG nos Estados Unidos na empresa Harris Intertype (Langston Division), em Cherry Hill, Nova Jersey [20] (Nota histórica 18.1).

18.2 CLASSIFICAÇÃO E CODIFICAÇÃO DE PEÇAS

Método que mais consome tempo, na *classificação e codificação de peças*, similaridades entre as peças são identificadas e relacionadas em um sistema de codificação. Duas categorias de similaridades de peças podem ser distinguidas: (1) atributos de projeto, que dizem respeito a características de peças como geometria, tamanho e material, e (2) atributos de manufatura, que consideram os passos de processamento exigidos para fazer uma peça. Embora os atributos de projeto e manufatura de uma peça sejam normalmente correlacionados, a correlação não é perfeita. Geralmente, sistemas de classificação e codificação são projetados para a inclusão tanto de atributos de projeto como de atributos de manufatura de uma peça. Estão entre as razões para incluir um esquema de codificação:

- *Recuperação de projetos.* Um projetista diante da tarefa de desenvolver uma peça nova pode utilizar um sistema de recuperação de projetos para determinar se já existe alguma similar. A simples mudança de uma peça existente exige muito menos tempo do que o projeto de uma peça a partir do zero.

- *Planejamento de processo automatizado.* O código para uma nova peça pode ser utilizado na procura por planos de processo para peças existentes com códigos idênticos ou similares.

- *Projeto de célula.* Os códigos das peças podem ser utilizados para projetar células capazes de produzir todos os membros de uma família de peças em particular, utilizando o conceito de peças compostas (Seção 18.4.1).

Para realizar a classificação e a codificação de peças, um analista tem de examinar os atributos de projeto e/ou manufatura de cada peça. Às vezes o exame é feito pela procura, em tabelas, para casar as características da peça em questão com as características nelas descritas e diagramadas. Uma abordagem alternativa e mais produtiva envolve um sistema de classificação e codificação computadorizado, no qual o usuário responde a questões feitas pelo computador. Com base nas respostas, o computador designa o número de código para a peça. Qualquer que seja o método utilizado, a classificação identifica de maneira única os atributos das peças.

O procedimento de classificação e codificação pode ser realizado na lista inteira de peças ativas produzidas pela empresa ou algum tipo de procedimento de amostragem pode ser utilizado para estabelecer famílias de peças. Por exemplo, peças produzidas na fábrica durante um período de tempo poderiam ser examinadas para identificar categorias de famílias de peças. O problema com qualquer procedimento de amostragem é arriscar que possa não ser representativa da população.

Uma série de sistemas de classificação e codificação são descritos na literatura [15], [18] e [30] e um número de pacotes (programas) de codificação comerciais foram desenvolvidos; entretanto, nenhum dos sistemas foi universalmente adotado. Uma das razões é que o sistema de classificação e codificação tem de ser personalizado porque os produtos de cada empresa são únicos. Um sistema bom para uma empresa pode não ser tão bom para outra.

18.2.1 Características de sistemas de classificação e codificação de peças

As principais áreas funcionais que utilizam um sistema de classificação e codificação de peças são as de projeto e manufatura. Normalmente, sistemas de classificação de peças caem em uma de três categorias:

1. Sistemas baseados em atributos do projeto de peças.
2. Sistemas baseados em atributos de manufatura de peças.
3. Sistemas baseados tanto em atributos do projeto como de manufatura.

A Tabela 18.1 apresenta uma lista dos atributos de projeto e manufatura geralmente incluídos em esquemas de classificação. Existe certa sobreposição entre os atributos de projeto e manufatura, já que a geometria de peça é, em grande parte, determinada pela sequência de processos de manufatura nela realizadas.

Em termos de significado dos símbolos no código, há três estruturas utilizadas nos esquemas de classificação e codificação:

1. *Estrutura hierárquica*, também conhecida como *monocódigo*, na qual a interpretação de cada símbolo sucessivo depende do valor dos anteriores.

2. *Estrutura do tipo cadeia*, também conhecido como *policódigo*, na qual a interpretação de cada símbolo na sequência é sempre o mesmo, isto é, não depende do valor dos anteriores.

3. *Estrutura de modo misto*, um híbrido dos dois esquemas de codificação anteriores.

Para distinguir as estruturas hierárquicas e o tipo cadeia, considere um número de código de dois dígitos para uma peça, como 15 ou 25. Suponha que o primeiro dígito represente o formato geral da peça: 1 significa que a peça é cilíndrica (rotacional) e 2 significa que a geometria é prismática. Em uma estrutura hierárquica, a interpretação do segundo dígito depende do valor do primeiro. Se precedido por 1, o 5 pode indicar uma razão entre comprimento e diâmetro; se precedido por 2, o 5 pode indicar a razão entre as dimensões de comprimento e largura da peça. Na estrutura do tipo cadeia, o símbolo 5 teria o mesmo significado se fosse precedido por 1 ou 2. Por exemplo, ele poderia indicar o comprimento total da peça. A vantagem da estrutura hierárquica é que, em geral, mais informações podem ser incluídas em um código com determinado número de dígitos. A estrutura de modo misto utiliza uma combinação de estruturas do tipo cadeia e hierárquica. É a mais comum em sistemas TG de classificação e codificação de peças.

O número de dígitos no código pode variar entre 6 e 30. Esquemas de codificação que contêm apenas dados do projeto exigem menos dígitos, talvez 12 ou menos. A maioria dos sistemas de codificação e classificação modernos incluem dados do projeto e da manufatura, o que normalmente exige de 20 a 30 dígitos. Pode parecer demais para um leitor humano, mas a maior parte do processamento de dados dos códigos é realizada por computadores, para os quais um grande número de dígitos é uma questão de menor importância.

Tabela 18.1 **Atributos do projeto e da manufatura normalmente incluídos em um sistema de classificação e codificação em tecnologia de grupo**

Atributos do projeto da peça	Atributos da manufatura da peça
Formato externo básico	Principais processos
Formato interno básico	Operações de menor importância
Formato rotacional ou prismático	Sequência da operação
Razão entre comprimento e diâmetro (peças rotacionais)	Dimensão maior
Razão de relação (peças prismáticas)	Acabamento superficial
Tipos de materiais	Máquina-ferramenta
Função da peça	Tempo do ciclo de produção
Dimensões maiores	Tamanho do lote
Dimensões menores	Produção anual
Tolerâncias	Dispositivos necessários
Acabamento superficial	Ferramentas de corte utilizadas na manufatura

18.2.2 O sistema Opitz de classificação e codificação de peças

O sistema Opitz é interessante porque foi um dos primeiros esquemas de classificação e codificação publicados para peças mecânicas [29] (Nota histórica 18.1) e ainda é amplamente utilizado. Foi desenvolvido por H. Opitz, da Universidade de Aachen, na Alemanha, e representa um dos esforços pioneiros na tecnologia de grupo. Dirigido por peças usinadas, é o mais conhecido, se não o mais utilizado, dos sistemas de codificação e classificação de peças. O esquema de codificação Opitz utiliza a seguinte sequência de dígitos:

$$12345\ 6789\ ABCD$$

O código básico consiste de nove dígitos, os quais podem ser ampliados acrescentando quatro dígitos. Os primeiros nove têm a intenção de transmitir dados do projeto e da manufatura. A interpretação deles é definida na Figura 18.5. Os primeiros cinco dígitos, 12345, são chamados de *código de forma*. Isso descreve os atributos de projeto fundamentais da peça, como formato externo (por exemplo, rotacional *versus* prismático) e características usinadas (por exemplo, furos, roscas, dentes de engrenagem, e assim por diante). Os quatro dígitos seguintes, 6789, constituem o *código suplementar*, que inclui alguns dos atributos úteis na manufatura (por exemplo, dimensões, material de trabalho, formato de partida e precisão). Os quatro dígitos extras, ABCD, são referidos como o *código secundário* e são usados para identificar o tipo de operação e sequência de produção. O código secundário pode ser projetado pela empresa usuária para servir às próprias necessidades.

O sistema de codificação completo é complexo demais para proporcionar uma descrição compreensiva aqui — Opitz escreveu um livro inteiro sobre o sistema [29]. Entretanto, para dar uma ideia de como funciona, examinaremos o modelo do código consistindo dos primeiros cinco dígitos, definidos de maneira geral na Figura 18.5. O primeiro dígito identifica se a peça é rotacional ou prismática (não rotacional). Ele também descreve o formato geral e as proporções da peça. Limitamos a pesquisa aqui a peças rotacionais que não possuem quaisquer características fora do comum, aquelas com valores de primeiro dígito de 0, 1 ou 2. Para essa classe de peças, a codificação dos primeiros cinco dígitos é definida na Figura 18.6. Considere o exemplo a seguir para demonstrar a codificação de determinada peça.

EXEMPLO 18.1
Sistema Opitz de codificação de peças

Levando-se em consideração o projeto de peças rotacional na Figura 18.7, determine o modelo de código no sistema Opitz de classificação e codificação de peças.

Solução: Com referência à Figura 18.6, o código de cinco dígitos é desenvolvido da seguinte maneira:

Razão entre comprimento e diâmetro,
C/D = 1,5 .... Dígito 1 = 1
Formato externo: escalonada em ambas
as extremidades com rosca em uma
extremidade .... Dígito 2 = 5
Formato interno: peça contém um furo
passante .... Dígito 3 = 1
Usinagem de superfície plana: nenhuma .... Dígito 4 = 0
Furos auxiliares, engrenagem de dentes
etc.: nenhum .... Dígito 5 = 0
O modelo do código no sistema Opitz é 15100.

Figura 18.5 Estrutura básica do sistema Opitz de classificação e codificação de peças

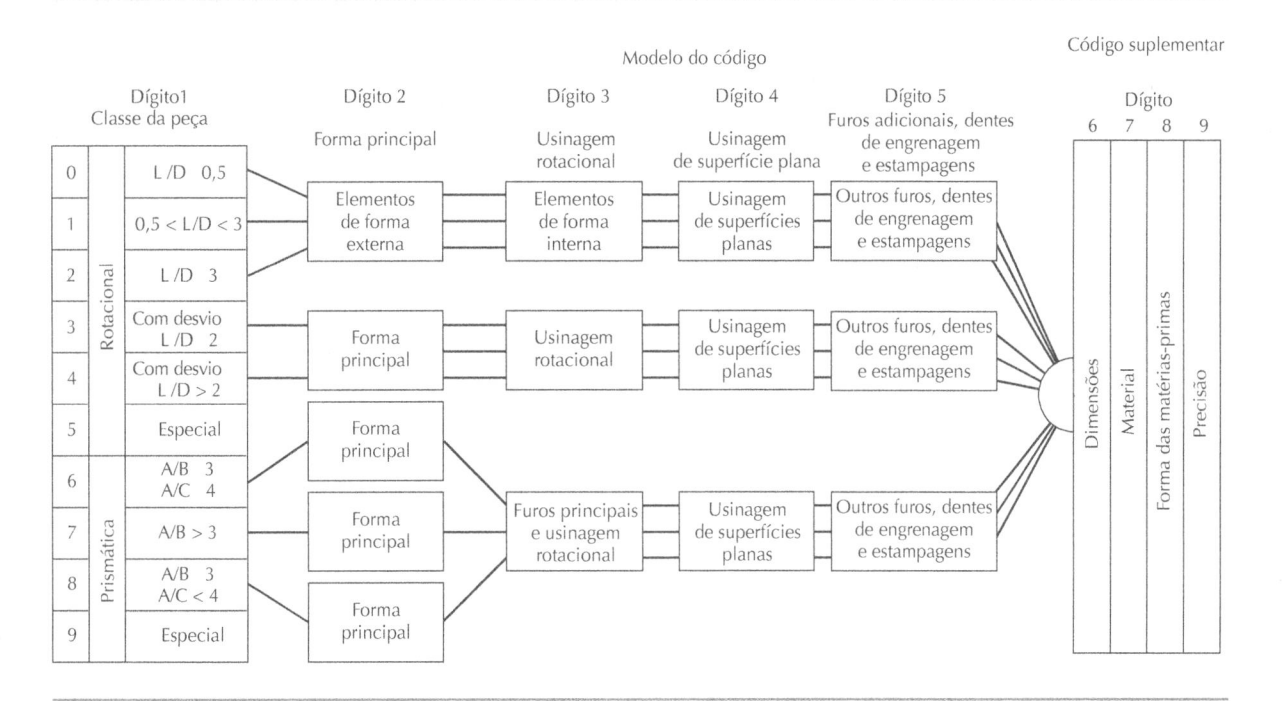

Figura 18.6 Modelo do código (dígito 1 ao 5) para peças rotacionais no sistema Opitz de codificação. O primeiro dígito do código é limitado a valores de 0, 1 ou 2

Dígito 1		Dígito 2		Dígito 3		Dígito 4		Dígito 5	
Classe da peça		Formato externo, elementos de forma externa		Formato interno, elementos de forma interna		Usinagem de superfície plana		Furos auxiliares e dentes da engrenagem	
0	L/D ≤ 0,5 (Peças rotacionais)	0	Lisa, sem elementos de forma	0	Nenhum furo, nenhuma penetração	0	Sem usinagem de superfície	0	Sem furos auxiliares
1	0,5 < L/D < 3	1	Nenhum elemento de forma (Escalonada em uma extremidade ou lisa)	1	Nenhum elemento de forma (Lisa ou escalonada em uma extremidade)	1	Superfície plana e/ou curva em uma direção, externa	1	Furos axiais sem padrão (Nenhum dente de engrenagem)
2	L/D ≥ 3	2	Rosca	2	Rosca	2	Superfície plana externa relacionada pela graduação em torno do círculo	2	Furos axiais com padrão
3		3	Entalhe funcional	3	Entalhe funcional	3	Entalhe externo e/ou ranhura	3	Furos radiais sem padrão
4		4	Nenhum elemento de forma (Escalonada em ambas as extremidades)	4	Nenhum elemento de forma (Escalonada em ambas as extremidades)	4	Chaveta externa (poligonal)	4	Furos axiais e/ou radiais em qualquer direção
5		5	Rosca	5	Rosca	5	Superfície plana externa e/ou fenda, chaveta externa	5	Furos axiais e/ou radiais com padrões em qualquer direção
6		6	Entalhe funcional	6	Entalhe funcional	6	Superfície plana interna e/ou ranhura	6	Engrenagem de dentes retos (Com dentes de engrenagem)
7	(Peças prismáticas)	7	Cone funcional	7	Cone funcional	7	Chaveta interna (poligonal)	7	Engrenagem cônica
8		8	Rosca operacional	8	Rosca operacional	8	Polígono interno e externo, entalhe e/ou ranhura	8	Outros tipos de engrenagens
9		9	Todos outros	9	Todos outros	9	Todos outros	9	Todos outros

Figura 18.7 Projeto da peça para o Exemplo 18.1

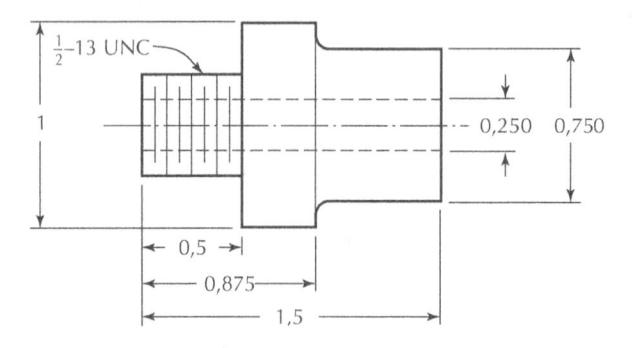

18.3 ANÁLISE DO FLUXO DE PRODUÇÃO

A análise do fluxo de produção (AFP; do inglês, *production flow analysis* — PFA) é uma abordagem para a identificação de famílias de peças e a formação de células desenvolvida pioneiramente por J. Burbidge [7], [8], [9]. Trata-se de um método que utiliza as informações contidas em planilhas de rotas de produção em vez de desenhos de peças. As peças com roteamentos idênticos ou similares são classificadas em famílias de peças, as quais podem então ser utilizadas para formar células de máquinas lógicas em um *layout* de tecnologia de grupo. Já que a AFP utiliza dados de manufatura em vez de

Tabela 18.2 Números de códigos possíveis indicando operações e/ou máquinas para ordenação na análise do fluxo de produção (altamente simplificado)

Operação ou máquina	Código
Corte	01
Torno mecânico	02
Torno semiautomático	03
Fresamento	04
Furação manual	05
Furadeira NC	06
Retífica	07

dados de projeto para identificar famílias de peças, ela pode superar duas anomalias possíveis de ocorrer na classificação e codificação de peças. Primeiro, peças cuja geometria básica é bastante diferente podem, apesar disso, exigir roteamentos de processo similares ou mesmo idênticos. Segundo, peças cujas geometrias são bastante similares podem exigir roteamentos de processo diferentes.

O procedimento na análise do fluxo de produção tem de começar com a definição do alcance do estudo, o que significa decidir sobre a população de peças a ser analisada. Devemos incluir todas as peças na fábrica no estudo ou uma amostra representativa deve ser escolhida para a análise? Uma vez que a decisão tenha sido tomada, então o procedimento na AFP consiste dos passos a seguir:

1. *Coleta de dados.* Os dados mínimos necessários na análise são o número da peça e a sequência de operação, que estão contidos em documentos de fábrica chamados de folhas de rota, folhas de processo, planilhas de operação ou algum nome similar. Cada operação é normalmente associada a uma máquina em particular e, dessa maneira, determinar a sequência das operações define a sequência das máquinas.

2. *Ordenação dos roteamentos do processo.* Nesse passo, as peças são arranjadas em grupos de acordo com a similaridade de seus roteamentos do processo. Para facilitar esse passo, todas as operações ou máquinas incluídas na fábrica são reduzidas a números de código, como aqueles mostrados na Tabela 18.2. Para cada peça, os códigos de operação são listados na ordem em que são realizados. Um procedimento de ordenação é então utilizado para arranjar as peças em 'pacotes', que são grupos de peças com roteamentos idênticos. Alguns pacotes podem ter apenas um número de peça, indicando a singularidade do processamento daquela peça. Outros vão conter muitas peças, as quais constituirão uma família de peças.

3. *Diagrama AFP.* Os processos utilizados para cada pacote são então exibidos em um diagrama AFP, um exemplo do qual é ilustrado na Tabela 18.3.[1] O diagrama é uma tabulação do processo ou números de códigos de máquinas para todos os pacotes de peças. Em literatura de TG recente [28], o diagrama AFP foi referido pelo termo *matriz de incidência de peça-máquina* ou simplesmente *matriz peça-máquina*. Nessa matriz, as entradas têm um valor x_{ij} igual a 1 ou 0; x_{ij} igual a 1 indica que a peça correspondente i exige processamento na máquina j, e x_{ij} igual a 0 indica que nenhum processamento do componente i é realizado na máquina j. Muitas vezes, para deixar a questão mais clara ao apresentar a matriz, os zeros são indicados como entradas em branco (vazias), como na tabela.

4. *Análise de agrupamento.* Do padrão de dados no diagrama AFP, agrupamentos relacionados são identificados e rearranjados em um novo padrão que reúne pacotes com sequências de máquina similares. Um rearranjo possível do diagrama de AFP original é mostrado na Tabela 18.4, em que diferentes agrupamentos de máquinas são indicados dentro de blocos, os quais podem ser considerados possíveis células. É comum o caso (mas não na Tabela 18.4) de alguns pacotes não

---

[1] Para esclarecer a questão, em matrizes de incidência de peça-máquina e discussão relacionada, identificamos as peças por caracteres alfabéticos e as máquinas por números. Na prática, números seriam utilizados por ambos.

Tabela 18.3 Diagrama AFP, também conhecido como matriz peça-máquina

Máquinas (j) \ Peças (i)	A	B	C	D	E	F	G	H	I
1	1			1				1	
2					1				1
3			1	1					1
4		1			1				
5	1							1	
6			1						1
7		1				1	1		

Tabela 18.4 Diagrama de AFP rearranjado, indicando possíveis agrupamentos de máquinas

Máquinas (j) \ Peças (i)	C	E	I	A	D	H	F	G	B
3	1	1	1						
2		1	1						
6	1		1						
1				1	1	1			
5				1		1			
7							1	1	1
4					1				1

se encaixarem em agrupamentos lógicos. Essas peças são analisadas para ver se uma sequência de processo revisada pode ser desenvolvida para que se encaixe em um dos grupos. Se não, essas peças têm de continuar a ser fabricadas por meio de um *layout* de processo convencional. Na Seção 18.6.1, examinamos uma técnica sistemática chamada de *ordem de classificação de agrupamento*, que pode ser utilizada para realizar uma análise de agrupamento.

O ponto fraco da análise do fluxo de produção é que os dados utilizados na técnica são derivados de planilhas de rotas de produção existentes. Muito provavelmente, essas planilhas foram preparadas por diferentes planejadores de processos e os roteamentos podem conter operações que não são otimizadas, são ilógicas ou desnecessárias. Consequentemente, os agrupamentos de máquinas finais obtidos na análise podem ser subotimizados. Apesar desse ponto fraco, a AFP tem a virtude de exigir menos tempo do que um procedimento completo de classificação e codificação de peças. Isso é atrativo para muitas empresas que querem introduzir a tecnologia de grupo em suas operações industriais.

18.4 MANUFATURA CELULAR

Desconsiderando se as famílias de peças foram determinadas por inspeção visual, classificação e codificação de peças ou análise do fluxo de produção, há uma vantagem em produzi-las utilizando células de manufatura TG em vez de um *layout* tradicional por processos. Quando as máquinas são agrupadas, é utilizado para descrever essa organização de trabalho o termo *manufatura celular*, uma aplicação da tecnologia de grupo na qual máquinas ou processos dissimilares foram agregados em células, cada uma dedicada à produção de uma peça, família de produtos ou grupo limitado de famílias. Os objetivos típicos na manufatura celular são similares àqueles da tecnologia de grupo:

- *Encurtar os tempos de processamento* reduzindo os tempos de preparação, de manuseio de peças, de espera e os tamanhos dos lotes.

- *Reduzir o estoque de itens em andamento*. Tamanhos de lotes menores e tempos de processamento mais curtos reduzem o trabalho em andamento.

- *Para melhorar a qualidade* permite-se que cada célula se especialize na produção de um número menor de peças diferentes, o que reduz a variabilidade de processos.

- *Para simplificar a programação de produção.* A similaridade entre as peças na família reduz a complexidade da programação de produção. Em vez de programar peças por uma sequência de máquinas em um *layout* por processos, o sistema simplesmente programa as peças por meio da célula.

- *Para reduzir tempos de preparação* utilizam-se *ferramentas de grupo* (ferramentas de corte, dispositivos e ferragens) projetadas para processar a família de peças, em vez de ferramental projetado para uma peça individual. Isso reduz o número de ferramentas individuais exigidas assim como o tempo para mudar as ferramentas entre peças.

Nesta seção, consideramos vários aspectos da manufatura celular: (1) o conceito de peças compostas e (2) projeto de células.

18.4.1 Conceito de peça composta

Famílias de peças são definidas pelo fato de que seus membros têm características similares de projeto e/ou manufatura. O conceito de peça composta leva essa definição de família de peças para sua conclusão lógica. A *peça composta* para uma determinada família é uma peça hipotética que inclui todos os atributos de projeto e manufatura da família. Em geral, uma peça individual na família terá algumas das características da família, não todas.

Há correlação entre características de projeto de uma peça e as operações de produção necessárias para gerar aquelas características. Furos redondos são feitos com furação, formatos cilíndricos são feitos geralmente com torneamento, superfícies planas, com fresamento e assim por diante. Uma célula de produção projetada para a família de peças deve incluir essas máquinas, necessárias para fazer a peça composta. Uma célula dessa natureza seria capaz de produzir qualquer membro da família, simplesmente omitindo aquelas operações que correspondem a características não possuídas pela peça em particular. A célula seria projetada para permitir variações em tamanho dentro da família assim como variações de características.

Para ilustrar, considere a peça composta na Figura 18.8(a). Ela representa uma família de peças rotacionais com características definidas na parte (b) da figura. Associada com cada característica está uma determinada operação de usinagem, como resumido pela Tabela 18.5. Para produzir essa família de peças, uma célula seria projetada com a capacidade de realizar as sete operações necessárias para a produção da peça composta (a última coluna na Tabela 18.5). Para produzir um membro específico da família, operações seriam incluídas para fabricar as características necessárias da peça. Para peças sem todas as características, operações desnecessárias simplesmente seriam omitidas. Máquinas, dispositivos e ferramentas seriam organizados em prol de um fluxo eficiente de peças pela célula.

Figura 18.8 Conceito de peça composta: (a) a peça composta para uma família de peças rotacionais usinadas e (b) as características individuais da peça composta. Ver Tabela 18.5 com as características individuais e operações de manufatura correspondentes

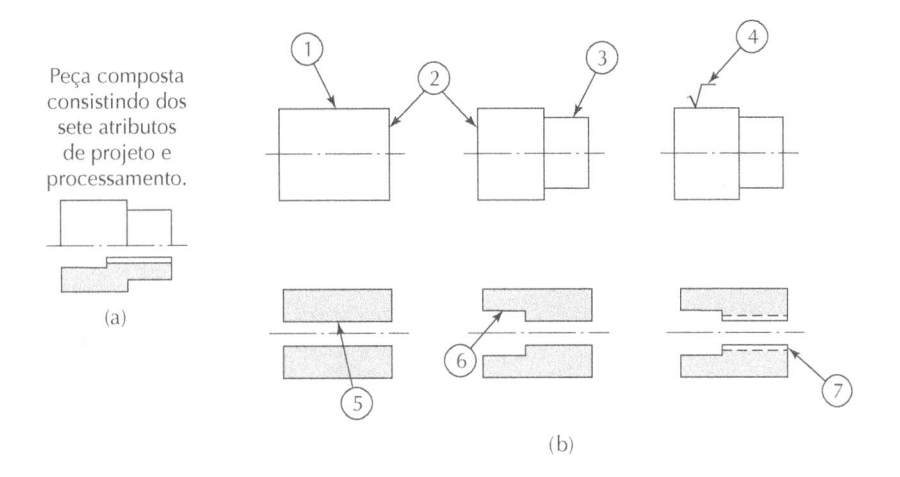

Tabela 18.5 Características de projeto da peça composta na Figura 18.8 e as operações de manufatura necessárias para obtê-las

Rótulo	Característica de projeto	Operação de manufatura correspondente
1	Cilindro externo	Torneamento
2	Face de cilindro	Faceamento
3	Degrau cilíndrico	Torneamento
4	Superfície lisa	Retífica cilíndrica externa
5	Furo axial	Furação
6	Escareado	Escareamento
7	Roscas internas	Rosqueamento

Na prática, o número de atributos de projeto e manufatura é maior do que sete, e concessões têm de ser feitas para variações no tamanho e no formato das peças na família. Além disso, o conceito de peça composta é útil para visualizar o problema de projeto de células.

18.4.2 Projeto de célula de manufatura

O projeto da célula é crítico na manufatura celular. O projeto da célula determina até um grau muito alto o desempenho da célula. Nesta seção, discutimos tipos de células, *layouts* de células e o conceito de máquina-chave.

Tipos de células e layouts. Células de manufatura de TG podem ser classificadas de acordo com o número de máquinas e o grau de mecanização para o fluxo de material entre as máquinas. Identificamos a seguir quatro configurações de célula de TG:

1. Célula de máquina individual.
2. Célula de máquinas em grupo com manuseio manual.
3. Célula de máquinas em grupo com manuseio semi-integrado
4. Célula de manufatura flexível ou sistema de manufatura flexível.

Como o nome indica, a *célula de máquina individual* consiste de uma máquina mais os dispositivos e as ferramentas. Pode ser aplicada a peças cujos atributos permitem que sejam feitas em um tipo básico de processo, como torneamento ou fresamento. Por exemplo, a peça composta da Figura 18.8 poderia ser feita em um torno semiautomático com a possível exceção da operação de retífica cilíndrica (passo 4).

A *célula de máquinas em grupo com manuseio manual* é um arranjo de mais de uma máquina utilizada coletivamente para produzir uma ou mais famílias de peças. Não há uma provisão para o movimento mecanizado de peças entre as máquinas na célula. Em vez disso, os operadores humanos da célula realizam a função de manuseio de materiais. Normalmente a célula é organizada em um *layout* em formato de U, como mostrado na Figura

Figura 18.9 Célula de máquina com manuseio manual entre máquinas. Um *layout* de máquina em formato de U é mostrado

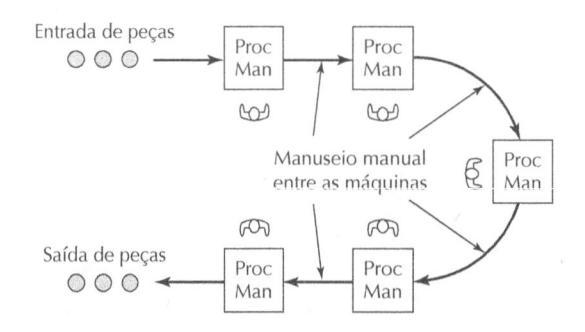

Legenda: Proc = operação de processamento como fresar, tornear etc., Man = operação manual; setas indicam o fluxo de trabalho

18.9, que é considerado apropriado quando há uma variação no fluxo de trabalho entre as peças produzidas na célula. Ele também permite que os trabalhadores multifuncionais na célula se desloquem com facilidade entre as máquinas [27]. Outras vantagens das células em formato de U nas aplicações de montagem de modelo em lotes, comparadas a uma linha de montagem de ritmo convencional, incluem: (1) troca mais fácil de um modelo para o próximo, (2) qualidade melhorada, (3) controle visual de trabalho em andamento, (4) investimento inicial mais baixo porque as células são mais simples e nenhum transportador motorizado é exigido, (5) maior satisfação dos trabalhadores devido à ampliação do trabalho e ausência de imposição de um ritmo e (6) mais flexibilidade para se ajustar a uma demanda maior ao acrescentar mais células [14].

A célula de máquinas em grupo com manuseio manual é algumas vezes realizada em um *layout* convencional por processos sem rearranjar o equipamento, o que é feito designando determinadas máquinas para o grupo de máquinas e restringindo seu trabalho a famílias de peças específicas. Isso permite que muitos dos benefícios da manufatura celular sejam conseguidos sem o gasto de rearranjar o equipamento na fábrica. Obviamente, os benefícios de manuseio de materiais do TG são minimizados com essa organização.

A *célula de máquinas em grupo com manuseio semi-integrado* utiliza um sistema de manuseio mecanizado, como um transportador, para deslocar peças entre as máquinas na célula. O *sistema de manufatura flexível* (do inglês, *flexible manufacturing system* — FMS) combina um sistema de manuseio de materiais completamente integrado a estações de processamento automatizadas. O FMS é o sistema mais automatizado de células em tecnologia de grupo (Capítulo 19).

Vários *layouts* são utilizados em células TG. O formato em U na Figura 18.9 é uma configuração popular na manufatura celular. Outros *layouts* de TG incluem em linha, circular (*loop*) e retangular, mostrados na Figura 18.10 para o caso do manuseio semi-integrado.

Determinar o *layout* mais apropriado depende dos roteamentos das peças produzidas na célula. Quatro tipos de movimento de peças podem ser distinguidos em um sistema de produção de peças de modelo misto. Eles são ilustrados na Figura 18.11 e definidos a seguir, com a direção de avanço do fluxo de trabalho da esquerda para a direita na figura: (1) *repetir operação*, em uma operação consecutiva é realizada na mesma máquina, de maneira que, na verdade, a peça não se desloca; (2) *movimento em sequência*, no qual a peça se desloca da máquina atual para uma vizinha imediata à frente; (3) *movimento de desvio*, no qual a peça se desloca da máquina atual para outra máquina que está duas ou mais máquinas à frente e (4) *movimento de retrocesso*, no qual a peça se desloca da máquina atual para uma máquina anterior.

Quando a aplicação consiste exclusivamente de movimentos em sequência, então um *layout* em linha é apropriado. Um *layout* em formato de U também funciona bem e tem a vantagem de uma maior interação entre os trabalhadores na célula. Quando a aplicação inclui operações repetidas, então múltiplas estações (máquinas) são muitas vezes necessárias. Para células exigindo movimentos de desvio, o *layout* em formato de U é apropriado. Quando movimentos de retrocesso são necessários, um *layout* circular ou retangular permite a recirculação de peças dentro da célula. Fatores adicionais que têm de ser acomodados pelo projeto da célula incluem:

- *Quantidade de trabalho a ser realizado pela célula.* Inclui o número de peças por ano e o tempo de processamento (ou montagem) por peça em cada estação. Esses fatores determinam a carga de trabalho que tem de ser realizada pela célula e, portanto, o número de máquinas que têm de ser incluídas, assim como o custo total de operação da célula e o investimento que tem de ser justificado.

- *Tamanho da peça, formato, peso e outros atributos físicos.* Determinam o tamanho e o tipo de equipamento de manuseio de material e de processamento que tem de ser usado.

Conceito de máquina-chave. De certa maneira, uma célula TG opera como uma linha de montagem manual e é desejável dividir a carga de trabalho igualmente entre as máquinas na célula. De outro lado, geralmente há determinada máquina em uma célula (ou talvez mais de uma máquina em uma célula grande) cuja operação é mais cara em relação a outras máquinas ou que realiza operações críticas na planta. Essa máquina recebe o nome de *máquina-chave*. É importante que sua utilização seja alta, mesmo que isso signifique que as outras máquinas na célula tenham, relativamente, baixas utilizações. As outras são referidas como *máquinas de apoio* e devem ser organizadas na célula para manter a máquina-chave ocupada. De certa maneira, a célula é projetada para que a máquina-chave torne-se o gargalo no sistema.

O conceito de máquina-chave é às vezes utilizado para planejar a célula TG. A abordagem é decidir quais peças devem ser processadas pela máquina-chave e então determinar quais máquinas de apoio são necessárias para completar o processamento dessas peças.

Figura 18.10 Células de máquinas com manuseio semi-integrado: (a) *layout* em linha, (b) *layout* circular e (c) *layout* retangular

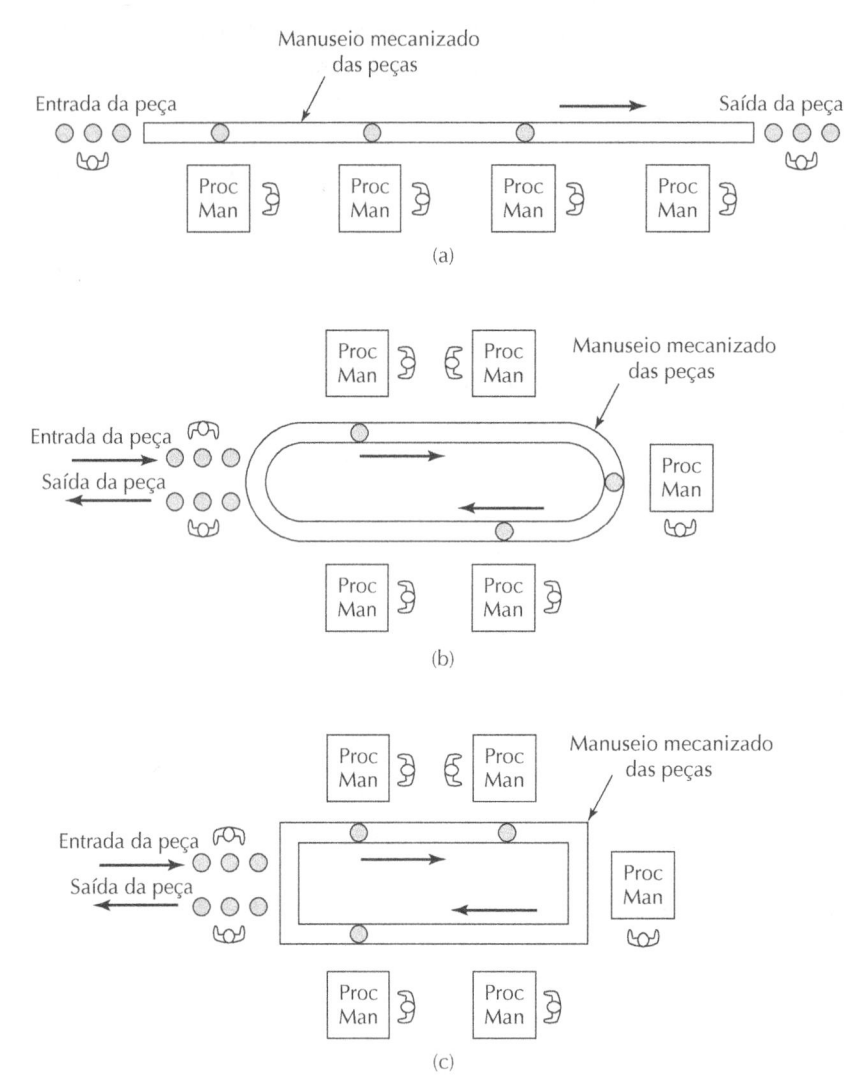

Legenda: Proc = operação de processamento, como fresar, tornear etc., Man = operação manual; setas indicam fluxo de trabalho

Figura 18.11 Quatro tipos de movimentos de peças em um sistema de produção de modelo misto. O avanço do fluxo de trabalho é da esquerda para a direita

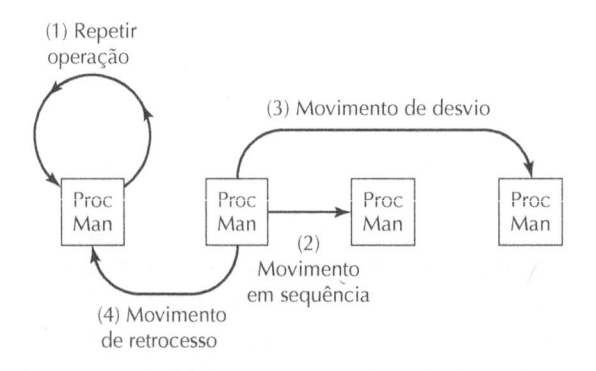

Há geralmente duas medidas de utilização de interesse em uma célula TG: a utilização da máquina-chave e a utilização da célula como um todo. A utilização da máquina-chave pode ser medida usando a definição usual (Seção 3.1.3); já a de cada uma das outras máquinas pode ser avaliada similarmente. A utilização da célula é obtida por meio de uma simples média aritmética de todas as máquinas da célula. (Um dos problemas de exercício no fim do capítulo ilustra o conceito de máquina-chave e a determinação de utilização.)

18.5 Aplicações da tecnologia de grupo

Na introdução do capítulo, definimos a tecnologia de grupo como uma 'filosofia de manufatura'. A TG não é uma técnica particular, embora várias ferramentas e técnicas, como classificação e codificação de peças e análise do fluxo de produção, tenham sido desenvolvidas para implementá-la. A filosofia da tecnologia de grupo pode ser aplicada em um número de áreas. Nossa discussão concentra-se nas duas principais áreas de manufatura e projeto do produto.

Aplicações de manufatura. A aplicação mais comum de TG é na manufatura, e a aplicação mais comum na manufatura envolve a formação de células de um tipo ou de outro. Nem todas as empresas rearranjam máquinas para formar células. Há três maneiras nas quais os princípios de tecnologia de grupo podem ser aplicadas em manufatura [21]:

1. *Programação e roteamento informal de peças similares por máquinas selecionadas.* Essa abordagem obtém vantagens na preparação de máquinas, mas não há uma definição formal de famílias de peças e não ocorre um rearranjo físico de equipamento.
2. *Células virtuais de máquinas.* Essa abordagem envolve a criação de famílias de peças e dedicação do equipamento à sua manufatura, mas sem o rearranjo físico das máquinas em células. As máquinas na célula virtual permanecem em suas posições originais na fábrica. O uso de células virtuais parece facilitar o compartilhamento das máquinas com outras células virtuais produzindo outras famílias de peças [23].
3. *Células formais de máquinas.* Essa é a abordagem convencional de TG na qual um grupo de máquinas dissimilares são fisicamente reposicionadas em uma célula dedicada à produção de uma ou um conjunto limitado de famílias de peças (Seção 18.4.2). As máquinas em uma célula formal são posicionadas proximamente umas das outras a fim de minimizar o manuseio de peças, o tempo de transferência e o trabalho em andamento.

Outras aplicações de TG na manufatura incluem planejamento de processo, famílias de peças e programas de peças de controle numérico. O planejamento de processo de peças novas pode ser facilitado identificando famílias de peças. A nova peça é associada a uma família existente e a geração do plano de processo para a nova peça segue o roteamento dos outros membros da família de peças. Isso é feito de maneira formalizada por meio do uso da classificação e codificação de peças. Essa abordagem é discutida no contexto do planejamento de processo automatizado.

Idealmente, todos os membros da mesma família de peças exigem preparações, ferramentas e dispositivos similares, o que em geral resulta em redução no montante de ferramentas e dispositivos necessários. Em vez de utilizar um *kit* de ferramentas especial para cada peça, um sistema de TG utiliza um *kit* de ferramentas desenvolvido para cada família de peças. Pode-se explorar seguidamente o conceito de *dispositivo de fixação modular*, no qual um dispositivo de base comum pode acomodar adaptações para rapidamente trocar entre diferentes peças na família.

Uma abordagem similar pode ser aplicada à programação de peças NC (do inglês, *numerical control*). A *programação paramétrica* [26] envolve a preparação de um programa NC comum que cubra toda a família de peças. O programa é então adaptado para membros individuais da família, inserindo dimensões e outros parâmetros aplicáveis à peça em particular. A programação paramétrica reduz tanto o tempo de programação como o de configuração.

Aplicações do projeto de produto. A aplicação da tecnologia de grupo ao projeto de produto ocorre principalmente em sistemas de recuperação de projetos que reduzem a proliferação de peças. Estima-se que o custo de lançar o novo projeto de uma peça varia entre $ 2 mil e $ 12 mil [33]. Em uma pesquisa da indústria divulgada em Wemmerlov e Myer [32], concluiu-se que em torno de 20 por cento de situações de peças novas, um projeto de peça existente poderia ter sido usado. Em aproximadamente 40 por cento dos casos, um projeto de peça existente poderia ter sido usado com modificações. Os casos restantes exigiram novos projetos de peças. Se a economia de custo para uma empresa gerando mil novos projetos de peças por ano fosse de 75 por cento quando um projeto de peça existente poderia ser usado (presumindo que ainda haveria algum custo de tempo associado à peça nova para análise de engenharia e recuperação de projeto) e 50 por cento quando um projeto existente poderia ser modificado, então a economia anual total para a empresa seria de $ 700 mil a $ 4,2 milhões, ou 35 por cento do gasto de projeto total da empresa devido a lançamentos de peças. O nível de economias de projeto descrito aqui exige um procedimento de recuperação de projetos eficiente. A maioria dos procedimentos de recuperação de projetos é baseada em sistemas de classificação e codificação de peças (Seção 18.2).

Outras aplicações de projeto da tecnologia de grupo envolvem simplificação e padronização de parâmetros de projeto como tolerâncias, raios nos cantos internos, tamanhos de chanfros em cantos externos, tamanhos de furos, tamanhos de roscas etc. Essas medidas simplificam os procedimentos de projeto e reduzem a proliferação de peças. A padronização de projetos também rende dividendos na manufatura reduzindo o número exigido de raios distintos em pontas de ferramentas de tornos, tamanhos de brocas e de mandris porta-ferramentas. Há também o benefício da redução do montante de dados e informações que a empresa tem de lidar. Menos projetos de peças, atributos de projetos, ferramentas, mandris, e assim por diante, significa menos e mais simples documentos de projetos, planos de processo e outros registros de dados.

18.6 Análise quantitativa na manufatura celular

Muitas técnicas quantitativas foram desenvolvidas para lidar com problemas em tecnologia de grupo e manufatura celular. Nesta seção, consideramos duas áreas-problema: (1) agrupar peças e máquinas em famílias e (2) dispor as máquinas em uma célula TG. A primeira foi e segue sendo uma área de pesquisa ativa, e várias das publicações de pesquisa mais significativas estão listadas nas referências [2], [3], [12], [13], [24], [25]. A técnica que descrevemos para solucionar o problema de agrupar peças e máquinas na seção atual é a de agrupamento por ordem de classificação (do inglês, *rank order clustering* — ROC) [24]. A segunda área-problema também foi assunto de pesquisa, e vários estudos também estão listados nas referências [1], [7], [9], [19]. Na Seção 18.6.2, descrevemos a abordagem heurística introduzida por Hollier [19].

18.6.1 Agrupando peças e máquinas por ordem de classificação

O problema abordado aqui é determinar como máquinas em uma planta existente deveriam ser agrupadas em células. O problema é o mesmo se as células são virtuais ou formais (Seção 18.5). Trata-se basicamente do problema de identificar famílias de peças. Após a identificação das famílias de peças, as máquinas para produção podem ser escolhidas e agrupadas. Como já vimos, os três métodos básicos para identificar famílias de peças são: (1) inspeção visual, (2) classificação e codificação de peças e (3) análise do fluxo de produção.

A técnica de agrupamento por ordem de classificação (ROC), primeiro proposta por King [24], é especificamente aplicável à análise do fluxo de produção. Trata-se de um algoritmo eficiente e fácil de usar para agrupar máquinas em células. Em uma matriz peça-máquina de partida que pode ser compilada para documentar os roteamentos da peça em uma oficina de máquinas (ou outra oficina de trabalho), as posições ocupadas são organizadas de maneira aparentemente aleatória. O agrupamento por ordem de classificação funciona por reduzir a matriz peça-máquina a um conjunto de blocos em diagonal que representam famílias de peças e grupos de máquinas associadas. Começando com a matriz peça-máquina inicial, o algoritmo consiste dos passos a seguir:

1. Em cada linha da matriz, ler as séries de 1s e 0s (entradas em branco = 0s) da esquerda para direita como número binário. Classificar as linhas em ordem de valor decrescente. No caso de um empate, classificar as linhas na mesma ordem em que aparecem na matriz atual.

2. Numerando de cima para baixo, a ordem atual das linhas é a mesma determinada no passo anterior? Se sim, vá para o passo 7. Se não, siga para o passo seguinte.

3. Reordene as linhas na matriz peça-máquina listando-as em ordem de classificação decrescente, partindo do topo.

4. Em cada coluna da matriz, ler a série de 1s e 0s (entradas em branco = 0s) de cima para baixo com um número binário. Classifique as colunas em ordem de valor decrescente. No caso de empate, classifique as colunas na mesma ordem em que aparecem na matriz corrente.

5. Numerando da esquerda para direita, a ordem atual das colunas é a mesma determinada no passo anterior? Se sim, vá para o passo 7. Se não, vá para o passo seguinte.

6. Reordene as colunas na matriz peça-máquina listando-as na ordem de classificação decrescente, começando com a coluna da esquerda. Vá para o passo 1.

7. Pare.

Para leitores desacostumados a avaliar números binários nos passos 1 e 4, pode ser interessante converter cada valor binário ao equivalente decimal. Por exemplo, as entradas na primeira linha da matriz na Tabela 18.3 são lidas como 100100010. A conversão para o seu equivalente decimal seria: $(1 \times 2^8) + (0 \times 2^7) + (0 \times 2^6) + (1 \times 2^5) + (0 \times 2^4) + (0 \times 2^3) + (0 \times 2^2) + (1 \times 2^1) + (0 \times 2^0) = 256 + 32 + 2 = 290$. A conversão decimal torna-se pouco prática para o grande número de peças encontrados na realidade, de maneira que é preferível comparar os números binários.

EXEMPLO 18.2
Técnica de agrupamento por ordem de classificação (ROC)
Aplique a técnica de agrupamento por ordem de classificação para a matriz peça-máquina na Tabela 18.3.
Solução: O passo 1 consiste da leitura das séries de 1s e 0s em cada linha como números binários. Na Tabela 18.6(a), convertemos o valor binário de cada linha ao decimal equivalente. Os valores são então colocados em suas ordens de classificação na coluna mais à direita. No passo 2, vemos que a ordem das linhas é diferente da matriz de partida. Portanto, reordenamos as linhas no passo 3. No passo 4, lemos a série de 1s e 0s em cada coluna de cima para baixo como números binários (mais uma vez convertemos ao equivalente decimal) e classificamos as colunas em ordem de valor decrescente, como mostrado na Tabela 18.6(b). No passo 5, vemos que a ordem das colunas é diferente da matriz anterior. Procedendo do passo 6 de volta aos passos 1 e 2, vemos que um reordenamento de colunas faz com que a ordem das linhas fique com os valores descendentes e o algoritmo é concluído (passo 7). A solução final é mostrada na Tabela 18.6(c). Uma comparação próxima dessa solução com a Tabela 18.4 revela que elas são os mesmos agrupamentos de peça-máquina.

No problema do exemplo, foi possível dividir as peças e máquinas em três grupos de peça-máquina mutuamente exclusivos. Seria o caso ideal porque as famílias de peças e células de máquinas associadas são completamente separadas. Entretanto, não é incomum que exista uma sobreposição de requisitos de processamento entre grupos de máquinas, isto é, um determinado tipo de peça precisa ser processado por mais de um grupo de máquinas. Uma maneira de lidar com a sobreposição é simplesmente duplicar a máquina que é usada por mais do que uma família de peças, colocando o mesmo tipo de máquina em ambas

Tabela 18.6(a)   Primeira iteração (passo 1) na técnica ROC aplicada ao Exemplo 18.2

Valores binários	2^8	2^7	2^6	2^5	2^4	2^3	2^2	2^1	2^0		
				Peças						Equivalente decimal	
Máquinas	A	B	C	D	E	F	G	H	I		Classificação
1	1			1				1		290	1
2					1				1	17	7
3			1		1				1	81	5
4		1				1				136	4
5	1							1		258	2
6			1						1	65	6
7		1				1	1			140	3

Tabela 18.6(b)   Segunda iteração (passos 3 e 4) na técnica ROC aplicada ao Exemplo 18.2

				Peças						Valores binários
Máquinas	A	B	C	D	E	F	G	H	I	
1	1			1				1		2^6
5	1							1		2^5
7		1				1	1			2^4
4		1				1				2^3
3			1		1				1	2^2
6			1						1	2^1
2					1				1	2^0
Equivalente decimal	96	24	6	64	5	24	16	96	7	
Classificação	1	4	8	3	9	5	6	2	7	

Tabela 18.6(c) Solução do Exemplo 18.2

Máquinas	A	H	D	B	F	G	I	C	E
1	1	1	1						
5	1	1							
7				1	1	1			
4				1	1				
3							1	1	1
6							1	1	
2							1		1

as células. Outras abordagens, atribuídas a Burbidge [24], incluem (1) modificar o roteamento de maneira que todo o processamento possa ser realizado no primeiro grupo de máquinas, (2) redesenhar a peça para eliminar a exigência de processamento fora do primeiro grupo de máquinas e (3) comprar as peças de um fornecedor externo.

18.6.2 Dispondo máquinas em uma célula de tecnologia de grupo (TG)

Após a identificação dos agrupamentos de peça-máquina, o problema seguinte é organizar as máquinas na sequência mais lógica. Vamos descrever um método simples, mas eficiente, sugerido por Hollier [19][2] que utiliza dados contidos em diagramas De/Para (Seção 10.3.1) e tem intenção de colocar as máquinas em uma ordem que maximiza a proporção de movimentos em sequência dentro da célula. O método é baseado no uso de razões De/Para determinadas pela soma do fluxo total *de* e *para* cada máquina na célula. O algoritmo pode ser reduzido a três passos:

1. *Desenvolver o diagrama De/Para.* Os dados contidos no diagrama indicam o número de movimentos de peças entre as máquinas (ou estações de trabalho) na célula. Movimentos para dentro e para fora da célula não são incluídos no diagrama.

2. *Determinar a 'razão De/Para' para cada máquina.* Para tanto, somam-se todos os movimentos 'De' e movimentos 'Para' de cada máquina (ou operação). A soma 'De' para uma máquina é determinada com o acréscimo das entradas na linha correspondente e a soma 'Para' é determinada com o acréscimo das entradas na coluna correspondente. Para cada máquina, a 'razão De/Para' é calculada tomando a soma 'De' para cada máquina e dividindo pela soma 'Para' respectiva.

3. *Dispor as máquinas em ordem de razão De/Para decrescente.* Máquinas com uma alta razão De/Para distribuem mais trabalho para outras máquinas na célula, mas recebem menos trabalho. De maneira contrária, máquinas com um baixo índice De/Para recebem mais trabalho do que distribuem. Portanto, máquinas são dispostas em ordem da razão De/Para decrescente; isto é, máquinas com altas razões são colocadas no início do fluxo de trabalho e máquinas com baixas razões são colocadas no fim do fluxo de trabalho. No caso de um empate, a máquina com o valor 'De' mais alto é colocada à frente da máquina com um valor mais baixo.

EXEMPLO 18.3
Sequência de máquinas de tecnologia de grupo usando o método Hollier 2

Suponha que quatro máquinas, 1, 2, 3 e 4, pertençam a uma célula de máquinas TG. Uma análise de 50 peças processadas foi resumida no diagrama De/Para mostrado na Tabela 18.7. Informações adicionais são: 50 peças entram no agrupamento de máquinas pela máquina 3, 20 peças deixam o agrupamento após o processamento na máquina 1 e 30 peças deixam o agrupamento após a máquina 4. Determine a sequência de máquinas mais lógica utilizando o método Hollier.

Solução: A soma das movimentações 'De' e das movimentações 'Para' para cada máquina resulta nas somas 'De' e 'Para' da Tabela 18.8. As razões De/Para são listadas na última coluna da direita. Dispondo as máquinas na ordem da razão De/Para decrescente, as máquinas na célula devem ser colocadas em uma sequência como a seguinte:

$$3 - 2 - 1 - 4$$

É interessante utilizar uma técnica gráfica, como um diagrama em rede (Seção 10.3.1), para conceitualizar o fluxo de trabalho na célula. O diagrama em rede para a

---

[2] Para solucionar o problema da disposição de máquinas, Hollier [19] introduz seis abordagens heurísticas, das quais descrevemos apenas uma. Ele apresenta uma comparação dos seis métodos nesse estudo.

Manufatura celular ▼ **431**

Tabela 18.7 Diagrama De/Para para o Exemplo 18.3

	Para			
De	1	2	3	4
1	0	5	0	25
2	30	0	0	15
3	10	40	0	0
4	10	0	0	0

Tabela 18.8 Somas e razões De/Para para o Exemplo 18.3

	Para					
De	1	2	3	4	Somas 'De'	Razão De/Para
1	0	5	0	25	30	0,6
2	30	0	0	15	45	1
3	10	40	0	0	50	∞
4	10	0	0	0	10	0,25
Somas 'Para'	50	45	0	40	135	

disposição de máquinas no Exemplo 18.3 é apresentado na Figura 18.12. O fluxo é em grande parte em linha; entretanto, há alguns movimentos de desvio e retrocesso de peças que têm de ser considerados no projeto de qualquer sistema de manuseio de materiais que pode ser utilizado na célula. Um transportador acionado seria apropriado para o fluxo para frente entre as máquinas, com manuseio manual para o fluxo para trás.

Três medidas de desempenho podem ser definidas para classificar as soluções do problema de se colocar as máquinas em sequência: (1) porcentagem de movimentos em sequência, (2) porcentagem de movimentos de desvio e (3) porcentagem de movimentos de retrocesso. Cada medida é calculada somando todos os valores que representam aquele tipo de movimento e dividindo pelo número total de movimentos. É desejável que a porcentagem de movimentos em sequência seja alta e que a porcentagem de movimentos de retrocesso seja baixa. O método Hollier é projetado para alcançar essas metas. Movimentos de desvio são menos desejáveis do que movimentos em sequência, mas são certamente melhores do que movimentos de retrocesso.

EXEMPLO 18.4
Medidas de desempenho para sequências de máquinas em uma célula de TG

Calcule (a) a porcentagem de movimentos em sequência, (b) a porcentagem de movimentos de desvio e (c) a porcentagem de movimentos de retrocesso para a solução no Exemplo 18.3.

Solução: da Figura 18.12, o número de movimentos em sequência = 40 + 30 + 25 = 95, o número de movimentos de desvio = 10 + 15 = 25, e o número de movimentos de retrocesso = 5 + 10 = 15. O número total de movi-

Figura 18.12 Diagrama de rede para células de manufatura no Exemplo 18.3. O fluxo de peças entrando e saindo da célula está incluído

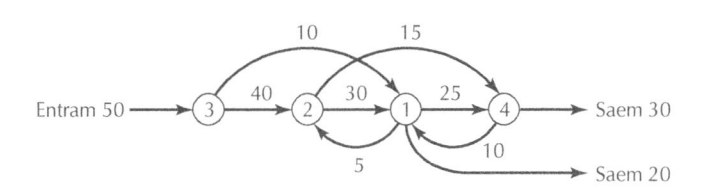

> mentos = 135 (totalizando as somas 'De' ou as somas 'Para'). Desse modo,
> (a) Porcentagem de movimentos em sequência = 95/135 = 0,704 = 70,4%
> (b) Porcentagem de movimentos de desvio = 25/135 = 0,185 = 18,5%
> (c) Porcentagem de movimentos de retrocesso = 15/135 = 0,111 = 11,1%

Referências

[1] ANEKE, N. A. G.; CARRIE, A. S. "A design technique for the layout of multi-product flowlines". *International Journal of Production Research*, v. 24, p. 471-81, 1986.

[2] ASKIN, R. G.; SELM, H. M.; VAKHARIA, A. J. "A methodology for designing flexible manufacturing systems". *IIE Transactions*, v. 29, p. 599-610, 1997.

[3] BEAULIEU, A.; GHARBI, A; AIT-KADI, A. "An algorithm for the cell formation and the machine selection problems in the design of a cellular manufacturing system". *International Journal of Production Research*, v. 35, p. 1857-74, 1997.

[4] BLACK, J. T. "An overview of cellular manufacturing systems and comparison to conventional systems". *Industrial Engineering*, p. 36-48, nov. 1983.

[5] ____. *The design of the factory with a future*, Nova York: McGraw-Hill Book Company, 1990.

[6] BLACK, J. T.; HUNTER, S. L. *Lean manufacturing systems and cell design*. Dearborn, MI: Society of Manufacturing Engineers, 2003.

[7] BURBIDGE, J. L. "Production flow analysis". *Production Engineer*, v. 41, p. 742, 1963.

[8] ____. *The introduction of group technology*. Nova York: John Wiley & Sons, 1975.

[9] ____. "A manual method of production flow analysis". *Production Engineer*, Cidade, v. 56, p. 34, 1977.

[10] ____. *Group technology in the engineering industry*. Londres: Mechanical Engineering Publications, 1979.

[11] ____. "Change to group technology: Process organization is obsolete". *International Journal of Production Research*, v. 30, p. 1209-19, 1992.

[12] CANTAMESSA, M.; TURRONI, A. "A pragmatic approach to machine and part grouping in cellular manufacturing systems design". *International Journal of Production Research*, v. 25, p. 835-50, 1987.

[13] CHANDRASEKHARAN, M. P.; RAJAGOPALAN, R. "ZODIAC: An algorithm for concurrent formation of part families and machine cells". *International Journal of Production Research*, v. 25, p. 835-50, 1987.

[14] ESPINOSA, A. "The new shape of manufacturing". *Assembly*, p. 52-4, out. 2003.

[15] GALLAGHER, C. C.; KNIGHT, W. A. *Group technology*, Londres: Butterworth, 1973.

[16] GROOVER, M. P. *Fundamentals of modern manufacturing:* Materials, processes, and systems. 3.ed. Hoboken, NJ: John Wiley & Sons, 2007.

[17] HAM, I. "Introduction to group technology". *Technical Report MMR76-93*. Dearborn, MI: Society of Manufacturing Engineers, 1976.

[18] HAM, I.; HITOMI, K.; YOSHIDA, T. *Group technology:* Applications to production management. Boston, MA: Kluwer-Nijhoff Publishing, 1985.

[19] HOLLIER, R. H. "The layout of multi-product lines". *International Journal of Production Research*,. 2, p. 47-57, 1963.

[20] HOLTZ, R. D. "GT and CAPP cut work-in-process time 80%". *Assembly Engineering*, parte 1, p. 24-7, jun, 1978; parte 2, p. 16-9, jul. 1978.

[21] HYER, N. L.; WEMMERLOV, U. "Group technology in the U.S. manufacturing industry: A survey of current practices". *International Journal of Production Research*, v. 27, p. 1287-304, 1989.

[22] ____. *Reorganizing the Factory: Competing though cellular manufacturing*, Portland, OR: Productivity Press, 2002.

[23] IRANI, S. A.; CAVALIER, T. M.; COHEN, P. H. "Virtual manufacturing cells: Exploiting layout design and intercell flows for the machine sharing problem". *International Journal of Production Research*, v. 31, p. 791-810, 1993.

[24] KING, J. R. "Machine-component grouping in production flow analysis: An approach using a rank order clustering algorithm". *International Journal of Production Research*, 18, p. 213-22, 1980.

[25] KUSIAK, A. "EXGT-S: A knowledge based system for group technology". *International Journal of Production Research*, v. 26, p. 1353-67, 1988.

[26] LYNCH, M. *Computer numerical control for nachining*. Nova York: McGraw-Hill, 1992.

[27] MONDEN, Y. *Toyota production system*. Norcross, GA: Industrial Engineering and Management Press, Institute of Industrial Engineers, 1983.

[28] MOODIE, C.; UZSOY, R.; YIH, Y. *Manufacturing cells:* A system engineering view. Londres: Taylor & Francis, 1995.

[29] OPITZ, H. *A classification system to describe workpieces.* Oxford, UK: Pergamon Press, 1970.

[30] OPITZ, H.; WIEDAHL, H. P. "Group technology and manufacturing systems for medium quantity production". *International Journal of Production Research*, v. 9, n. 1, p. 181-203, 1971.

[31] SINGH, N.; RAJAMI, D. *Cellular manufacturing systems:* Design, planning, and control. Londres: Chapman & Hall, 1996.

[32] WEMMERLOV, U.; HYER, N. L. "Cellular manufacturing in U.S. industry: A survey of users". *International Journal of Production Research*,Cidade, v. 27, p. 1511-30, 1989.

[33] ____. "Group Technoloy". In: Salvendy, G. (ed.) *Handbook of industrial engineering*, Nova York: John Wiley & Sons, 1992. p. 464-88.

[34] WILD, R. *Mass production management*, Londres: John Wiley & Sons, 1972.

Questões de revisão

18.1 O que é tecnologia de grupo?

18.2 O que é manufatura celular?

18.3 Quais são as condições de produção sob as quais a tecnologia de grupo e a manufatura celular são mais aplicáveis?

18.4 Quais são as duas maiores iniciativas que uma empresa deve tomar ao implementar a tecnologia de grupo?

18.5 O que é uma família de peças?

18.6 Quais são os três métodos para solucionar o problema de agrupar peças em famílias?

18.7 Qual é a diferença entre uma estrutura hierárquica e uma estrutura do tipo cadeia em um esquema de classificação e codificação?

18.8 O que é uma análise do fluxo de produção?

18.9 Quais são os objetivos típicos da implementação da manufatura celular?

18.10 Qual é o conceito de peça composta, como o termo é aplicado na tecnologia de grupo?

18.11 Quais são as quatro configurações de células de TG comuns, como identificadas no texto?

18.12 Qual é o conceito de máquina-chave na manufatura celular?

18.13 Qual é a diferença entre uma célula virtual e uma célula formal?

18.14 Qual é a principal aplicação da tecnologia de grupo no projeto de produto?

18.15 Qual é a aplicação do agrupamento por ordem de classificação (ROC)?

Problemas

Classificação e codificação de peças

18.1 Desenvolva o código (primeiros cinco dígitos) no Sistema Opitz para a peça ilustrada na Figura P18.1.

18.2 Desenvolva o código (primeiros cinco dígitos) no Sistema Opitz para a peça ilustrada na Figura P18.2.

18.3 Desenvolva o código (primeiros cinco dígitos) no Sistema Opitz para a peça ilustrada na Figura P18.3

Agrupamento por ordem de classificação (ROC)

18.4 Aplique a técnica ROC à matriz peça-máquina da tabela seguinte para identificar famílias de peças e grupos de máquinas lógicos. Peças são identificadas por letras e máquinas são identificadas numericamente.

Máquinas	A	B	C	D	E
1	1				
2		1			1
3	1			1	
4		1	1		
5				1	

18.5 Aplique a técnica ROC à matriz peça-máquina da tabela seguinte para identificar famílias de peças e grupos de máquinas lógicos. Peças são identificadas por letras e máquinas são identificadas numericamente.

Figura P18.1 **Peça para o Problema 18.1. Dimensões em milímetros**

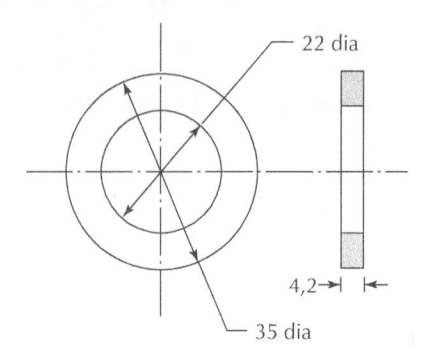

Figura P18.2 **Peça para o Problema 18.2. Dimensões em milímetros**

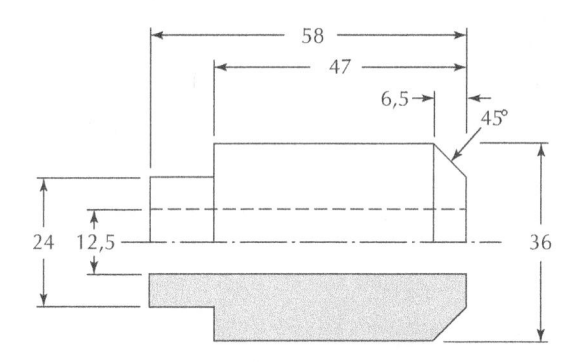

Figura P18.3 **Peça para o Problema 18.3. Dimensões em milímetros**

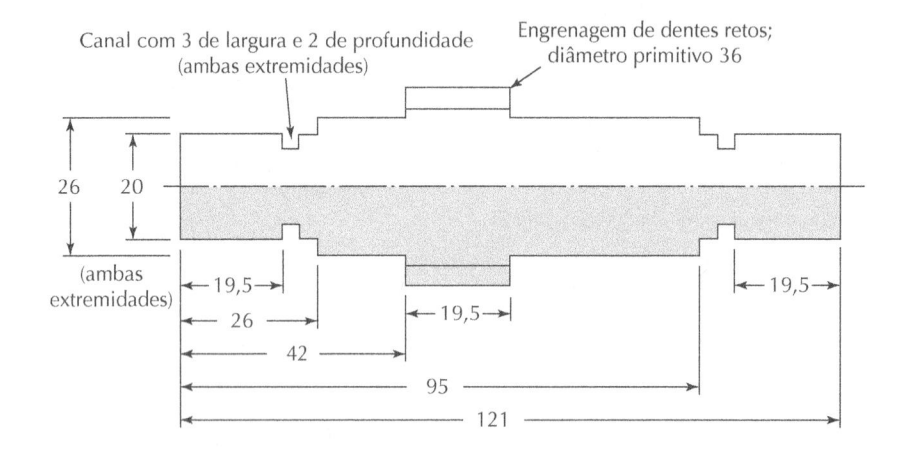

Peça

Máquinas	A	B	C	D	E	F
1	1				1	
2				1		1
3	1	1				
4			1	1		
5		1			1	1
6			1	1		1

18.6 Aplique a técnica ROC à matriz peça-máquina na tabela seguinte para identificar famílias de peças e grupos de máquinas lógicos. Peças são identificadas por letras e máquinas são identificadas por números.

Peças

Máquinas	A	B	C	D	E	F	G	H	I
1	1								1
2		1					1		
3			1		1			1	
4		1				1	1		
5		1							1
6						1	1		
7	1			1					
8		1		1					

18.7 Aplique a técnica de agrupamento por ordem de classificação à matriz de incidência na tabela seguinte para identificar famílias de peças e grupos de máquinas lógicos. Peças são identificadas por letras e máquinas por números.

Peças

Máquinas	A	B	C	D	E	F	G	H	I
1			1	1	1				
2	1	1					1	1	1
3					1	1	1		
4	1	1		1					
5			1	1					
6		1						1	1
7	1		1	1					
8		1				1		1	1

18.8 A tabela a seguir lista as quantidades semanais e os roteamentos de dez peças que estão sendo consideradas para manufatura celular em uma fábrica. Peças são identificadas por letras e máquinas, por números. Para os dados fornecidos, (a) desenvolva a matriz peça-máquina e (b) aplique a técnica ROC a essa matriz para identificar famílias de peças e grupos de máquinas lógicos.

Peça	Quantidade semanal	Rota pelas máquinas
A	50	3 → 2 → 7
B	20	6 → 1
C	75	6 → 5
D	10	6 → 5 → 1
E	12	3 → 2 → 7 → 4
F	60	5 → 1
G	5	3 → 2 → 4
H	100	3 → 2 → 4 → 7
I	40	2 → 4 → 7
J	15	5 → 6 → 1

Organização e projeto de célula de manufatura

18.9 Quatro máquinas utilizadas para produzir uma família de peças devem ser dispostas em uma célula de TG. Os dados De/Para das peças processadas pelas máquinas são mostrados na tabela a seguir. (a) Determine a sequência mais lógica de máquinas para esses dados. (b) Construa o diagrama em rede para os dados, mostrando onde e quantas peças entram e saem do sistema. (c) Calcule as porcentagens de movimentos em sequência, movimentos de desvio e movimentos de retrocesso na solução. (d) Desenvolva um plano de *layout* viável para a célula.

	Para			
De	1	2	3	4
1	0	10	0	40
2	0	0	0	0
3	50	0	0	20
4	0	50	0	40

18.10 No Problema 18.8, dois grupos de máquinas lógicos são identificados pelo agrupamento por ordem de classificação. Para cada grupo de máquina, (a) determine a sequência mais lógica de máquinas para os dados, (b) construa o diagrama em rede e (c) calcule a porcentagem de movimentos em sequência, movimentos de desvio e movimentos de retrocesso na solução.

18.11 Cinco máquinas constituem uma célula de TG. Os dados De/Para das máquinas são mostrados na tabela a seguir. (a) Determine a sequência mais lógica de máquinas para esses dados e construa o diagrama em rede, mostrando onde e quantas peças entram e saem do sistema. (b) Calcule as porcentagens de movimentos em sequência, movimentos de desvio e movimentos de retrocesso na solução. (c) Desenvolva um plano de *layout* viável para a célula baseado na solução.

	Para				
De	1	2	3	4	5
1	0	10	80	0	0
2	0	0	0	85	0
3	0	0	0	0	0
4	70	0	20	0	0
5	0	75	0	20	0

18.12 Uma célula de máquinas TG contém três máquinas. A máquina 1 alimenta a máquina 2, máquina-chave da célula. A máquina 2 alimenta a máquina 3. A célula é configurada para produzir uma família de cinco peças (A, B, C, D e E). Os tempos de operação para cada peça em cada máquina são dados na tabela a seguir. Os produtos devem ser produzidos nas razões 4:3:2:2:1, respectivamente. Se a célula opera por 35 horas por semana, (a) quanto de cada produto será produzido na célula e (b) qual é a utilização de cada máquina na célula?

	Tempo de operação (min)		
Peças	Máquina 1	Máquina 2	Máquina 3
A	4	15	10
B	15	18	7
C	26	20	15
D	15	20	10
E	8	16	10

18.13 Uma célula TG vai usinar os componentes para uma família de peças. As peças vêm em vários tamanhos diferentes e a célula será projetada para mudar rapidamente de um tamanho para o próximo. Isso será realizado com a utilização de dispositivos de mudança rápida e a instalação dos programas de peças do computador da planta nas máquinas CNC na célula. As peças são do tipo rotacional, de maneira que a célula será capaz de realizar operações de torneamento, broqueamento, faceamento, furação e retífica cilíndrica. Normalmente haverá diversas máquinas-ferramenta na célula, nos tipos e quantidades especificados pelo projetista. Para transferir peças entre as máquinas na célula, o projetista pode utilizar uma esteira ou um sistema transportador similar. Qualquer equipamento transportador deste tipo terá 0,4 metro de largura. A disposição dos vários equipamentos na célula é o principal problema. As peças brutas serão entregues na célula por uma esteira transportadora. As peças acabadas têm de ser depositadas em um transportador que as entrega ao departamento de montagem. Os transportadores de entrada e saída têm 0,4 metro de largura e o projetista tem de especificar onde eles entram e saem da célula. As peças são atualmente usinadas por métodos convencionais em um *layout* por processos. No método de produção atual, há sete máquinas envolvidas, mas duas são duplicatas. Dados De/Para foram reunidos para as atividades que são relevantes para o problema.

	Para							Saída de peças
De	1	2	3	4	5	6	7	
1	0	112	0	61	59	53	0	0
2	12	0	0	0	0	226	0	45
3	74	0	0	35	31	0	180	0
4	0	82	0	0	0	23	5	16
5	0	73	0	0	0	23	0	14
6	0	0	0	0	0	0	0	325
7	174	16	20	30	20	0	0	0
Ent. de peças	25	0	300	0	0	0	75	

Os dados De/Para indicam o número de peças que foram movimentadas entre as máquinas durante uma semana típica de 40 horas. Os dados referem-se às peças consideradas no caso. As duas categorias 'entrada de peças' e 'saída de peças' indicam peças entrando e saindo do grupo de máquinas. A cada semana uma média de 400 peças são processadas através das sete máquinas. Entretanto, como indicado pelos dados, nem todas são processadas por todas as máquinas. As máquinas 4 e 5 são idênticas e a designação de peças para elas é arbitrária. A taxa média de produção de cada uma das máquinas para a distribuição particular dessa família de peças é dada na tabela a seguir. Também são dadas as dimensões de espaço de chão de fábrica de cada máquina em metros. Presuma que todas as operações de carga e descarga ocorrem no centro da máquina.

Máquina	Operação	Taxa de produção (item/hora)	Dimensões das máquinas (m)
1	Tornear diâmetro externo	9	3,5 x 1,5
2	Broquear diâmetro interno	15	3 x 1,6
3	Facear extremidades	10	2,5 x 1,5
4	Retificar diâmetro externo	12	2,5 x 1,5
5	Retificar diâmetro externo	12	3 x 1,5
6	Inspeção	5	1,5 x 1,5 (bancada)
7	Furação	9	1,5 x 2,5

A operação 6 atualmente é uma operação de inspeção manual e antecipa-se que será substituída por uma máquina de medição por coordenadas (MMC; do inglês, *coordinate measuring machine* — CMM). Essa máquina de inspeção automatizada vai triplicar a produtividade para 15 peças por hora. As dimensões da CMM são de 2 metros por 1,6 metro. Todas as outras máquinas são candidatas à inclusão na nova célula. (a) Analise o problema e determine a sequência mais apropriada de máquinas na célula utilizando os dados contidos no diagrama De/Para. (b) Construa o diagrama em rede para a célula, mostrando onde e quantas peças entram e saem da célula. (c) Determine a utilização e a capacidade de produção das máquinas na célula como você a projetou. (d) Prepare um *layout* (vista de topo) da célula TG mostrando as máquinas, o(s) robô(s) e quaisquer outros equipamentos da célula. (e) Escreva uma descrição de aproximadamente uma página da célula, explicando a base do projeto e por que a célula foi disposta dessa maneira.

CAPÍTULO 19
Sistemas flexíveis de manufatura

CONTEÚDO DO CAPÍTULO

19.1 O que é um sistema flexível de manufatura?
  - 19.1.1 Flexibilidade
  - 19.1.2 Tipos de FMSs

19.2 Componentes do FMS
  - 19.2.1 Estações de trabalho
  - 19.2.2 Sistema de manuseio e armazenamento de material
  - 19.2.3 Sistema de controle computadorizado
  - 19.2.4 Recursos humanos

19.3 Aplicações e vantagens do FMS
  - 19.3.1 Aplicações do FMS
  - 19.3.2 Vantagens do FMS

19.4 Aspectos de planejamento e implementação do FMS
  - 19.4.1 Aspectos de planejamento e projeto do FMS
  - 19.4.2 Aspectos operacionais do FMS

19.5 Análise quantitativa dos sistemas flexíveis de manufatura
  - 19.5.1 Modelo de gargalo
  - 19.5.2 Modelo de gargalo estendido
  - 19.5.3 Dimensionando o FMS
  - 19.5.4 O que os números nos dizem

O sistema flexível de manufatura (do inglês, *flexible manufacturing systems* — FMS) foi identificado no capítulo anterior como um dos tipos de célula de manufatura usados para implementar a manufatura celular. Ela é a mais automatizada e tecnologicamente sofisticada das células de tecnologia de grupo. Um FMS normalmente possui várias estações automatizadas e é capaz de roteamentos variáveis entre as estações. Sua flexibilidade lhe permite operar como um sistema de modelo misto. Um FMS integra em um único sistema de manufatura altamente automatizado muitos dos conceitos e das tecnologias discutidos nos capítulos anteriores, incluindo a automação flexível (Seção 1.2.1), as máquinas CNC (Capítulo 7), o controle computadorizado distribuído (Seção 5.5.3), o manuseio e o armazenamento de material (capítulos 10 e 11) e a tecnologia de grupo (Capítulo 18). O conceito de sistema flexível de manufatura teve origem na Grã-Bretanha, no início da década de 1960 (Nota histórica 19.1), e as primeiras instalações de FMS nos Estados Unidos ocorreram por volta de 1967. Esses primeiros sistemas realizavam operações de usinagem em famílias de peças usando máquinas-ferramenta NC (do inglês, *numerical control*).

A tecnologia FMS pode ser aplicada em situações de produção semelhantes àquelas identificadas na manufatura celular:

- A fábrica atualmente produz peças em lotes ou usa células de tecnologia de grupo (TG; do inglês, *technology group* — GT) com operadores, mas a gerência deseja automatizar.

- É possível agrupar em famílias uma parte das peças produzidas na fábrica, cujas semelhanças permitem que sejam processadas nas máquinas do sistema flexível de manufatura. Tais semelhanças entre peças podem significar que (1) as peças pertençam a um produto comum e/ou (2) as peças possuam geometrias semelhantes. Em qualquer caso, os requisitos de processamento das peças precisam ser suficientemente parecidos para permitir que sejam fabricadas no FMS.

- As peças ou produtos produzidos pela fábrica estão na faixa de produção de médio volume e média variedade. A faixa de volume de produção apropriada é de 5 mil a 75 mil peças por ano [14]. Se a produção anual estiver abaixo disso, o FMS provavelmente será uma alternativa mais cara. Se o volume de produção estiver acima, então um sistema especializado provavelmente deve ser considerado.

Nota histórica 19.1

Sistemas flexíveis de manufatura [19], [20], [21]

O sistema flexível de manufatura foi idealizado originalmente para usinagem e exigiu o desenvolvimento prévio do controle numérico. O conceito é creditado a David Williamson, engenheiro britânico empregado por Molins durante meados da década de 1960. Molins solicitou uma patente para a invenção, que foi concedida em 1965. O conceito foi chamado de *System 24*, pois se acreditava que o grupo de máquinas-ferramenta que compunham o sistema poderia funcionar 24 horas por dia, das quais 16 horas seriam sem assistência de trabalhadores humanos. O conceito original incluía o controle computadorizado das máquinas NC, a produção de uma variedade de peças e a utilização de depósitos que poderia armazenar várias ferramentas para diferentes operações de usinagem.

Um dos primeiros sistemas flexíveis de manufatura instalados nos Estados Unidos foi o sistema de usinagem da Ingersoll-Rand Company, em Roanoke, Virgínia, na década de 1960, pela Sundstrand, fabricante de máquinas-ferramenta. Em seguida, outros sistemas foram introduzidos, como o FMS Kearney & Trecker na Caterpillar Tractor e o 'Sistema de missão variável' na Cincinnati Milacron. A maioria das primeiras instalações de FMSs nos Estados Unidos estava em grandes empresas, como a Ingersoll-Rand, a Caterpillar, a John Deere e a General Electric Company, que, além dos recursos financeiros necessários para os grandes investimentos, também possuíam a experiência prévia em máquinas NC, em sistemas de computadores e em sistemas de manufatura, possibilitando que se tornassem pioneiras na nova tecnologia FMS. Os sistemas flexíveis de manufatura também foram instalados em outros países ao redor do mundo. Na República Federal da Alemanha (Alemanha Oriental, atual Alemanha), um sistema foi desenvolvido em 1969 por Heidleberger Druckmaschinen em cooperação com a Universidade de Stuttgart. Na URSS (atual Rússia), um sistema flexível foi demonstrado na Exposição de Stanki de 1972, em Moscou. O primeiro FMS japonês foi instalado na mesma época pela Fuji Xerox. Por volta de 1985, o número de instalações FMS em todo o mundo havia aumentado para aproximadamente 300. Cerca de 20 a 25 por cento estavam localizadas nos Estados Unidos. Nos últimos anos, aumentou a procura por células de manufatura flexível menores e menos caras.

As diferenças entre a instalação de um sistema flexível de manufatura e a implementação de uma célula de manufatura manual são: (1) o FMS requer investimento muito maior porque novos equipamentos estão sendo instalados, enquanto a célula de manufatura manual pode exigir apenas que equipamentos existentes sejam reorganizados e (2) o FMS é tecnologicamente mais sofisticado para os recursos humanos que devem fazê-lo funcionar. No entanto, as vantagens potenciais são enormes. Entre elas, o aumento da utilização da máquina, a redução do espaço de chão de fábrica, maior capacidade de resposta à mudança, menores prazos de estoque e de fabricação e maior produtividade. Detalhamos essas vantagens na Seção 19.3.2.

Neste capítulo, vamos definir e discutir o sistema flexível de manufatura: o que o torna flexível, quais são seus componentes e suas aplicações e como implementar a tecnologia. Na última seção, apresentamos um modelo matemático para avaliar o desempenho do sistema flexível de manufatura.

19.1 O QUE É UM SISTEMA FLEXÍVEL DE MANUFATURA?

Um sistema flexível de manufatura (FMS) é uma célula de manufatura TG altamente automatizada, composta por um grupo de estações de processamento (geralmente máquinas-ferramenta de controle numérico computadorizado — CNC), interligadas por um sistema automatizado de manuseio e armazenamento de material e controladas por um sistema distribuído de computação. O motivo de o FMS ser chamado de flexível é que ele é capaz de processar uma variedade de tipos de peças diferentes simultaneamente nas diversas estações de trabalho, e a mistura de tipos de peças e as quantidades de produção podem ser ajustadas em resposta às mudanças de demanda. O FMS é mais adequado para a faixa de produção de variedade média e volume médio (Figura 1.5).

À vezes, as iniciais FMS são também usadas para designar o termo *sistema de usinagem flexível* (do inglês, *flexible machining system*). O processo de usinagem é a maior área de aplicação para a tecnologia FMS. No entanto, parece adequado interpretar FMS no sentido mais amplo, permitindo uma gama de aplicações possíveis além da usinagem.

Um FMS se baseia nos princípios da tecnologia de grupo. Nenhum sistema de manufatura pode ser completamente flexível. Existem limites para a gama de peças ou produtos que podem ser feitos em um FMS. Assim, um sistema flexível de manufatura é projetado para produzir dentro de uma faixa definida de tipos, tamanhos e processos. Em outras palavras, um FMS é capaz de produzir uma única família de peças ou um número limitado de famílias de peças.

Um termo mais apropriado para o FMS seria *sistema flexível de manufatura automatizado*. O uso da palavra 'automatizado' distinguiria esse tipo de tecnologia de produção de outros sistemas de manufatura flexíveis, mas não automatizados, como uma célula de manufatura TG com operadores. A palavra 'flexível' o distinguiria de outros sistemas de manufatura altamente automatizados, mas não flexíveis, como uma linha de transferência convencional. No entanto, a terminologia existente está bem estabelecida.

19.1.1 Flexibilidade

A questão da flexibilidade do sistema de manufatura foi discutida anteriormente na Seção 13.2.5, na qual identificamos três recursos que um sistema de manufatura deve possuir para ser flexível: (1) a capacidade de identificar e distinguir os diferentes tipos de peças ou produtos processados pelo sistema, (2) a rápida troca das instruções operacionais e (3) da configuração física. A flexibilidade é um atributo que se aplica tanto aos sistemas manuais como aos automatizados. Nos manuais, os trabalhadores humanos são, muitas vezes, os facilitadores da flexibilidade do sistema.

Para desenvolver o conceito de flexibilidade em um sistema de manufatura automatizado, considere uma célula constituída de duas máquinas-ferramenta CNC que são carregadas e descarregadas por um robô industrial a partir de um carrossel de peças, como no arranjo ilustrado na Figura 19.1. A célula opera sem assistência por longos períodos de tempo. Periodicamente, um trabalhador precisa descarregar peças prontas do carrossel e substituí-las por novas. Por qualquer definição, essa é uma célula de manufatura automatizada, mas seria uma célula de manufatura flexível? Pode-se dizer que sim, é flexível, pois a célula é composta de máquinas-ferramenta CNC, e as máquinas CNC são flexíveis porque podem ser programadas para usinar diferentes configurações de peças. Contudo, se a célula funcionar apenas no modo em lote, no qual o mesmo tipo de peça é produzido por ambas as máquinas em lotes de várias centenas de unidades, então ela não se qualifica como manufatura flexível.

Para ser considerado flexível, um sistema de manufatura precisa satisfazer a vários critérios. A seguir, apresentamos quatro testes razoáveis de flexibilidade em um sistema de manufatura automatizado:

1. *Teste da variedade de peças*. O sistema pode processar diferentes tipos de peças em um modo não lote?

Figura 19.1 Célula de manufatura automatizada com duas máquinas-ferramenta e robô. É uma célula flexível?

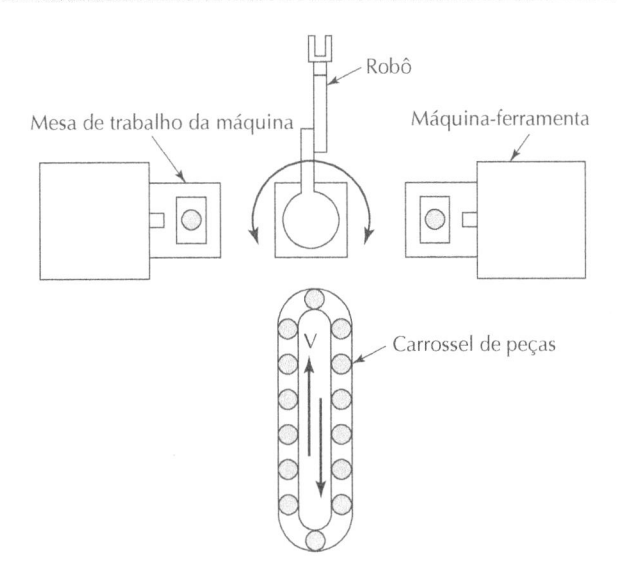

[Diagrama: Mesa de trabalho da máquina, Robô, Máquina-ferramenta, Carrossel de peças]

2. *Teste da mudança de programa.* O sistema pode aceitar imediatamente mudanças no programa de produção, ou seja, alterações no *mix* de peças e/ou nas quantidades?

3. *Teste da recuperação de erros.* O sistema pode se recuperar tranquilamente de falhas de equipamento e paralisações, de modo que a produção não seja completamente interrompida?

4. *Teste das novas peças.* Novos projetos de peça podem ser introduzidos no *mix* de produtos existentes com relativa facilidade?

Se a resposta a todas essas perguntas for 'sim' para determinado sistema de manufatura, então ele pode ser considerado flexível. Os critérios mais importantes são o (1) e o (2). Os critérios (3) e (4) são menos rigorosos e podem ser implementados em vários níveis. Na verdade, a introdução de novos projetos de peça não é considerada em alguns sistemas flexíveis de manufatura; esses sistemas são projetados para produzir uma família de peças cujos membros são conhecidos antecipadamente.

Voltando à ilustração, a célula de trabalho robótica satisfaz os critérios se ela (1) puder produzir diferentes configurações de peças em um *mix*, em vez de em lotes; (2) permitir alterações no programa de produção; (3) for capaz de operar mesmo se uma máquina sofrer uma paralisação (por exemplo, enquanto reparos estão sendo feitos na máquina quebrada, seu trabalho é temporariamente transferido para a outra máquina); e (4) puder acomodar novos projetos de peça se os programas de peça NC forem escritos off-line e, depois, transferidos ao sistema para execução. A quarta capacidade requer que a nova peça esteja dentro da família de peças destinada ao FMS, de modo que as ferramentas usadas pelas máquinas CNC e o efetuador final do robô estejam adaptados ao novo projeto de peça.

19.1.2 Tipos de FMSs

Tendo considerado a questão da flexibilidade, vejamos os tipos de sistemas flexíveis de manufatura. Cada FMS é projetado para uma aplicação específica, ou seja, uma família de peças e processos específicos. Portanto, cada FMS possui seu projeto personalizado e é único. Dadas essas circunstâncias, esperaríamos encontrar uma grande variedade de projetos de sistema para satisfazer um amplo leque de exigências de aplicações.

Os sistemas flexíveis de manufatura podem ser distinguidos de acordo com os tipos de operações que realizam: operações de processamento ou operações de montagem (Seção 2.2.1). Um FMS normalmente é projetado para executar uma ou outra, mas raramente ambas. Uma diferença aplicável aos sistemas de usinagem é se o sistema processará peças rotativas ou prismáticas (Seção 13.2.1). Os sistemas de usinagem flexíveis com múltiplas estações que processam peças rotativas são muito menos comuns do que os sistemas que processam peças prismáticas (não rotativas). Duas outras maneiras de classificar os sistemas flexíveis de manufatura são: pelo número de máquinas e pelo nível de flexibilidade.

Número de máquinas. Os sistemas flexíveis de manufatura podem ser distinguidos de acordo com o número de máquinas no sistema. Algumas categorias típicas são: (1) célula de máquina única, (2) célula flexível de manufatura e (3) sistema flexível de manufatura.

Uma *célula de máquina* única consiste de um centro de usinagem CNC combinado com um sistema de armazenamento de peças para operação autônoma (Seção 14.2.2), como na Figura 19.2. As peças concluídas são periodicamente descarregadas da unidade de armazenamento de peças e as peças brutas são nela carregadas. A célula pode ser projetada para operar no modo lote, no modo flexível ou em uma combinação dos dois. Quando operada no modo lote, a máquina processa peças de um único tipo em tamanhos de lote especificados e, depois, é modificada para processar um lote do próximo tipo de peça. Quando operado em um modo flexível, o sistema satisfaz três dos quatro testes de flexibilidade. Ele é capaz de (1) processar tipos diferentes de peças, (2) responder a mudanças no programa de produção e (4) aceitar introduções de novas peças. O critério (3), recuperação de erros, não pode ser satisfeito porque, se a única máquina quebrar, a produção para.

Uma *célula flexível de manufatura* (do inglês, *flexible manufacturing cell* — FMC) consiste de duas ou três estações de trabalho de processamento (normalmente centros de usinagem CNC ou centros de torneamento) com um sistema de manuseio de peças, que é conectado a uma estação de carga/descarga e geralmente inclui uma capacidade limitada de armazenamento de peças. Uma possível FMC é ilustrada na Figura 19.3. Uma célula de manufatura flexível satisfaz os quatro testes de flexibilidade discutidos anteriormente.

Um *sistema flexível de manufatura* (FMS) possui quatro ou mais estações de processamento conectadas mecanicamente por um sistema de manuseio de peças comum e eletronicamente por um sistema de computação distribuído. Assim, uma importante distinção entre o FMS e a FMC está no número de máquinas: um FMC possui duas ou três máquinas, enquanto um FMS possui quatro ou mais.[1] Normalmente existem outras diferenças também. Uma delas é que o FMS em geral inclui estações de trabalho não processadoras que apoiam a produção, mas não participam diretamente dela. Essas outras incluem estações de lavagem de peça/palete, máquinas de medição por coordenadas e assim por diante. Outra diferença é que o sistema de controle computadorizado de um FMS é geralmente maior e mais sofisticado e, muitas vezes, inclui funções nem sempre encontradas em uma célula, como diagnóstico e monitoramento de ferramentas. Essas funções adicionais são mais necessárias em um FMS do que em uma FMC, já que o FMS é mais complexo.

Algumas das características distintivas das três categorias de células e sistemas flexíveis de manufatura são resumidas na Figura 19.4. A Tabela 19.1 compara os três sistemas em função dos quatro testes de flexibilidade.

Nível de flexibilidade. Outra maneira de classificar os sistemas flexíveis de manufatura é conforme o nível de flexibilidade designado para o sistema. Esse método de classificação pode ser aplicado a sistemas com qualquer número de estações de trabalho, mas sua aplicação parece mais comum com FMCs e FMSs. As duas categorias de flexibilidade são (1) dedicada e (2) de ordem aleatória.

O *FMS dedicado* é projetado para produzir uma variedade limitada de tipos de peças, e o universo completo de peças que serão fabricadas no sistema é previamente conhecido. A família de peças provavelmente deve ser baseada na uniformização do produto em vez de na semelhança geométrica. Como o projeto do produto é considerado estável, o sistema pode ser elaborado com certo grau de especialização de processo para tornar as operações mais eficientes. Em vez de aplicadas ao uso geral, as máquinas podem ser projetadas para os processos específicos necessários para produzir a limitada família de peças, aumentando assim a taxa de produção do sistema. Em alguns casos, a sequência de máquinas é idêntica ou quase idêntica para todas as peças processadas, de modo que pode ser apropriada uma linha de transferência, em que as estações de trabalho possuem a flexibilidade necessária para processar as diferentes peças do *mix*. Na verdade, o termo *linha de transferência flexível* é muitas vezes utilizado para esse caso [15].

Um *FMS de ordem aleatória* é mais apropriado quando: a família de peças for grande; houver variações substanciais na configuração das peças; novos projetos de peça forem introduzidos no sistema e alterações de engenharia ocorrerem nas peças atualmente produzidas; e o programa de produção estiver sujeito a alterações de um dia para o outro. Para acomodar essas variações, o FMS de ordem aleatória precisa ser mais flexível do que o FMS dedicado. Ele é equipado com máquinas de uso geral para lidar com as variações do produto e é capaz de processar peças em várias sequências (ordem aleatória). Um sistema

---

[1] Definimos a quantidade de quatro máquinas como a que separa um FMS de uma FMC. Entretanto, nem todos os profissionais concordam com essa definição; alguns podem preferir um valor mais alto, enquanto outros preferem um número menor. Além disso, a distinção entre a célula e o sistema parece aplicar-se apenas a sistemas flexíveis de manufatura que são automatizados. Os correspondentes com operadores desses sistemas, discutidos no capítulo anterior, são sempre referidos como células, independentemente de quantas estações de trabalho estão envolvidas.

Sistemas flexíveis de manufatura ▼ **443**

Figura 19.2 Célula de máquina única que consiste de um centro de usinagem CNC e uma unidade de armazenamento de peças

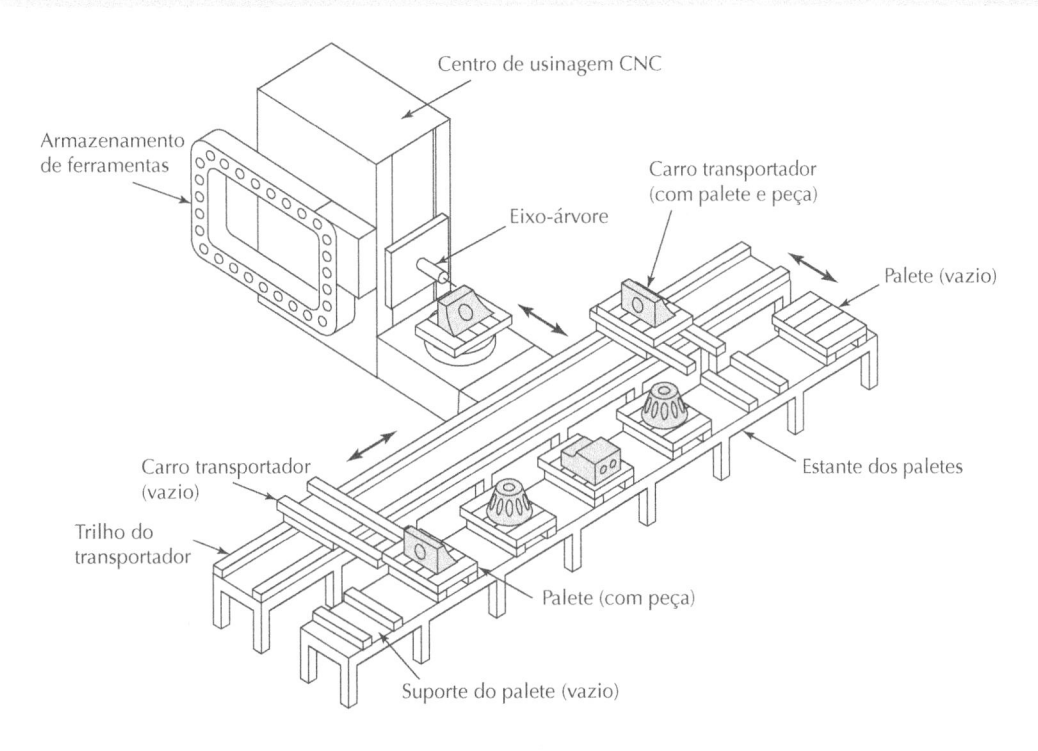

Figura 19.3 Célula flexível de manufatura que consiste de três estações de processamento idênticas (centros de usinagem CNC), uma estação de carga/descarga e um sistema de manuseio de peças

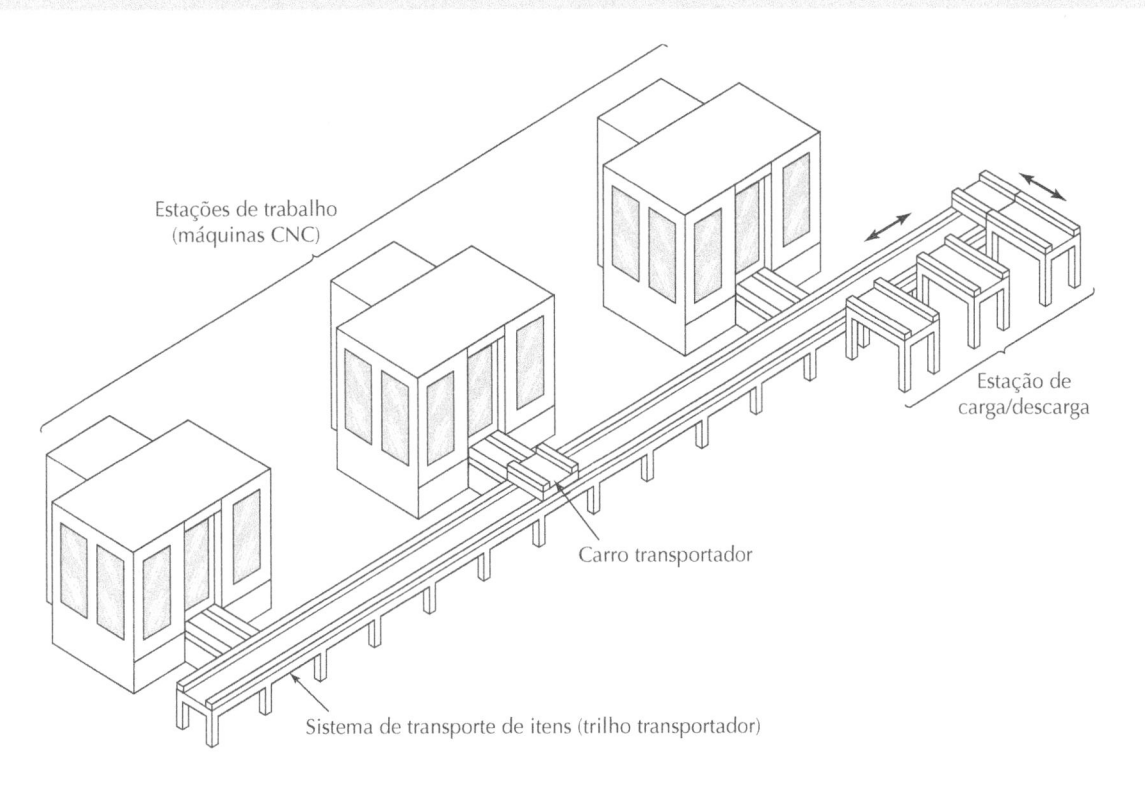

Figura 19.4 Características das três categorias de células e sistemas flexíveis

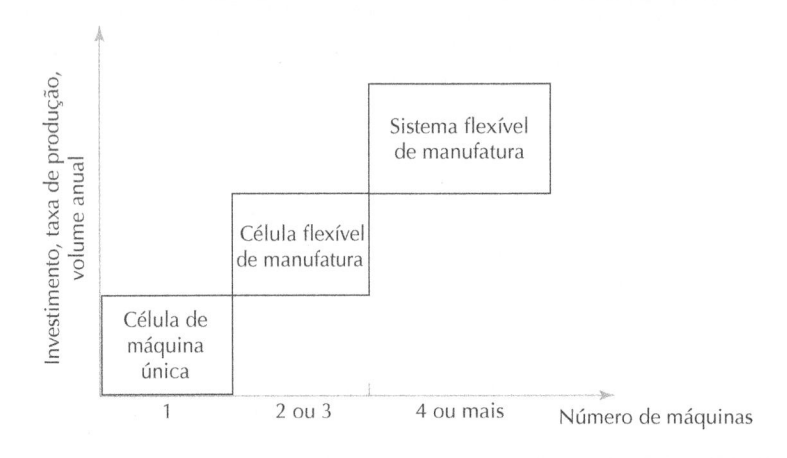

Tabela 19.1 Critérios de flexibilidade aplicados aos três tipos de sistemas e células de manufatura

Tipo de sistema	Critérios de flexibilidade (Testes de flexibilidade)			
	1. Variedade de peças	2. Mudança de programa	3. Recuperação de erros	4. Novas peças
Célula de máquina única	Sim, mas o processamento é sequencial, não simultâneo.	Sim	Recuperação limitada por ter apenas uma máquina.	Sim
Célula flexível de manufatura (FMC)	Sim, produção simultânea de peças diferentes.	Sim	Recuperação de erros limitada por ter menos máquinas do que o FMS.	Sim
Sistema flexível de manufatura (FMS)	Sim, produção simultânea de peças diferentes.	Sim	Redundância de máquina minimiza o efeito das paralisações de máquina.	Sim

de controle computadorizado mais sofisticado é necessário para esse tipo de FMS.

Vemos nesses dois tipos de sistema a troca entre a flexibilidade e a produtividade. O FMS dedicado é menos flexível, mas capaz de taxas de produção mais elevadas. O FMS de ordem aleatória é mais flexível, mas à custa de taxas de produção menores. A comparação desses dois tipos de FMS é apresentada na Figura 19.5. A Tabela 19.2

Figura 19.5 Comparação entre os tipos de FMS dedicado e de ordem aleatória

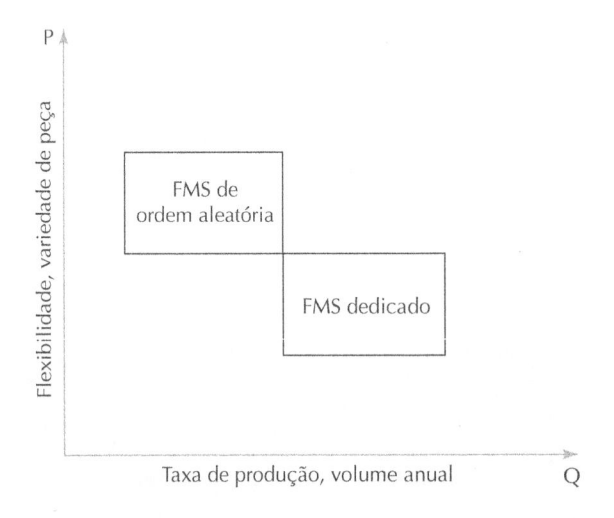

Tabela 19.2 Critérios de flexibilidade aplicados ao FMS dedicado e ao FMS de ordem aleatória

Tipo de sistema	Critérios de flexibilidade (Testes de flexibilidade)			
	1. Variedade de peças	2. Mudança de programa	3. Recuperação de erros	4. Novas peças
FMS dedicado	Limitada. Todas as peças conhecidas previamente.	Mudanças limitadas podem ser toleradas.	Limitada por processos sequenciais.	Não. Novas introduções de peça são difíceis.
FMS de ordem aleatória	Sim. Variações substanciais de peça são possíveis.	Mudanças frequentes e significantes são possíveis.	A redundância de máquinas minimiza o efeito das paralisações de máquina.	Sim. Sistema projetado para novas introduções de peça.

apresenta uma comparação entre o FMS dedicado e o FMS de ordem aleatória, em função dos quatro testes de flexibilidade.

19.2 COMPONENTES DO FMS

Como indicado em nossa definição, existem vários componentes básicos de um sistema flexível de manufatura: (1) estações de trabalho, (2) sistema de manuseio e armazenamento de material e (3) sistema de controle computadorizado. Além disso, embora um FMS seja altamente automatizado, (4) pessoas são necessárias para gerenciar e operar o sistema.

19.2.1 Estações de trabalho

O equipamento de processamento ou montagem usado em um sistema flexível de manufatura depende do tipo de trabalho realizado. Em um sistema projetado para operações de usinagem, os principais tipos de estações de processamento são as máquinas-ferramenta CNC. Entretanto, o conceito de FMS é aplicável também a outros processos. A seguir, apresentamos os tipos de estações de trabalho normalmente encontrados em um FMS.

Estações de carga/descarga. A estação de carga/descarga é a interface física entre o FMS e o resto da fábrica. É onde as peças de trabalho brutas entram e por onde as acabadas saem do sistema. A carga e a descarga podem ser realizadas manualmente (mais comum) ou por meio de sistemas de manuseio automatizados. A estação de carga/descarga deve ser ergonomicamente projetada para permitir a circulação cômoda e segura das peças de trabalho. Gruas mecanizadas e outros dispositivos de manuseio são instalados para ajudar o trabalhador com as peças que são pesadas demais para que ele suspenda manualmente. Certo nível de limpeza deve ser mantido no local de trabalho, e mangueiras de ar ou outras instalações de limpeza são frequentemente utilizadas para remover cavacos e garantir pontos de montagem e fixação limpos. A estação, muitas vezes, é levantada ligeiramente acima do nível do chão usando uma plataforma do tipo estrado para permitir que cavacos e fluidos de corte caiam através das aberturas para posterior reciclagem ou eliminação.

A carga/descarga da estação inclui uma unidade de entrada de dados e um monitor para comunicação entre o operador e o sistema de computador. Por meio desse sistema, o operador recebe instruções sobre qual peça carregar no próximo palete a fim de cumprir o programa de produção. Quando diferentes paletes são necessários para diferentes peças, o palete correto deve ser fornecido para a estação. Quando uma fixação modular for empregada, a fixação correta deve ser especificada e as ferramentas e os componentes necessários devem estar disponíveis na estação de trabalho para construí-la. Quando o procedimento de carga de peça for concluído, o sistema de manuseio deve lançar o palete no sistema, mas não antes disso; o sistema de manuseio precisa ser impedido de mover o palete enquanto o operador ainda estiver trabalhando. Essas condições exigem a comunicação entre o computador e o operador na estação de carga/descarga.

Estações de usinagem. As aplicações mais comuns dos sistemas flexíveis de manufatura são as operações de usinagem. Portanto, as estações de trabalho utilizadas nesses sistemas são predominantemente máquinas-ferramenta CNC. O mais comum é o centro de usinagem CNC (Seção 14.3.3), em particular, o centro de usinagem horizontal. Os centros de usinagem CNC possuem características que os tornam compatíveis com o FMS, incluindo a troca e o armazenamento automáticos de ferramentas, o uso de peças de trabalho em paletes, CNC e capacidade para o controle numérico direto (do inglês, *direct numerical control* — DNC) (Seção 7.3). Os centros de usinagem podem ser encomendados com trocadores de palete automáticos, facilmente conectados com o sistema de manuseio de peças do FMS. Os centros de usinagem geralmente são usados para peças não rotativas. Para as peças rotativas, os centros de torneamento são utilizados; e para as peças que são basicamente rotativas, mas exigem ferramentas rotativas com múltiplos gumes de corte (fresamento e furação), os centros de fresamento-torneamento (do inglês, *mill-turn*) podem ser usados. Esses tipos de equipamentos são descritos na Seção 14.3.3.

Em alguns sistemas de usinagem, os tipos de operações realizadas são concentrados em determinada categoria, como fresamento ou torneamento. Para fresamento, podem ser usados *módulos de fresamento* especiais obtendo níveis de produção mais altos do que um centro de usinagem pode atingir. O módulo de fresamento pode ser de eixo-árvore vertical, horizontal ou com múltiplos eixos-árvores. Para operações de torneamento, *módulos de torneamento* especiais podem ser projetados para o FMS. No torneamento convencional, a peça de trabalho é girada contra uma ferramenta fixada na máquina e movimentada em direção paralela ao eixo de rotação de trabalho. As peças fabricadas na maioria dos FMSs são prismáticas, mas podem exigir algum torneamento em sua sequência de processos. Para esses casos, as peças são mantidas em uma fixação de paletes por todo o processamento no FMS, e um módulo de torneamento é projetado para girar a ferramenta com um gume de corte em torno da peça.

Outras estações de processamento. O conceito do sistema flexível de manufatura tem sido aplicado a outras operações de processamento além da usinagem. Uma dessas aplicações é a fabricação que usa chapas metálicas, descrita em Winship [34]. As estações de processamento consistem de operações de prensagem, como furação, corte e certos processos de dobra e conformação. Além disso, sistemas flexíveis têm sido desenvolvidos para automatizar o processo de forjamento [32], tradicionalmente uma operação que exige muito trabalho. As estações de trabalho no sistema consistem principalmente de um forno de aquecimento, uma prensa de forjamento e uma estação de corte.

Montagem. Alguns sistemas flexíveis de manufatura são projetados para executar operações de montagem. Os sistemas flexíveis de montagem automatizados estão gradualmente substituindo o trabalho manual na montagem de produtos feita em lotes. Robôs industriais muitas vezes são usados como estações de trabalho automatizadas nesses sistemas flexíveis de montagem. Eles podem ser programados para executar tarefas com variações no padrão de sequência e no movimento para acomodar os diferentes tipos de produtos montados no sistema. Outros exemplos de estações de trabalho de montagem flexíveis são as máquinas de posicionamento de componente programáveis amplamente utilizadas na montagem eletrônica.

Outras estações e equipamentos. A inspeção pode ser incorporada em um sistema flexível de manufatura, quer pela inclusão de uma operação de inspeção em uma estação de processamento, quer pela inclusão de uma estação projetada especificamente para inspeção. As máquinas de medição de coordenadas (Seção 22.4), as sondas de inspeção especial que podem ser usadas em um eixo de um máquina-ferramenta (Seção 22.4.5) e a visão de máquina (Seção 22.6) são três possíveis tecnologias para realizar inspeção em um FMS. A inspeção é especialmente importante nos sistemas flexíveis de montagem para garantir que os componentes sejam corretamente adicionados às estações de trabalho. Examinamos o assunto inspeção automatizada com mais detalhes no Capítulo 21.

Além das citadas acima, outras operações e funções são frequentemente realizadas em um sistema flexível de manufatura. Elas incluem a limpeza de peças e/ou fixações em paletes, os sistemas centrais de fornecimento de refrigeração para o FMS inteiro e os sistemas centralizados de remoção de cavacos normalmente instalados abaixo do nível do solo.

19.2.2 Sistema de manuseio e armazenamento de material

O segundo componente importante de um FMS é o sistema de manuseio e armazenamento de material. Nesta seção, discutiremos as funções do sistema de manuseio, os equipamentos de manuseio de material normalmente utilizados em um FMS e os tipos de *layout* de FMS.

Funções do sistema de manuseio. O manuseio e armazenamento de material em um sistema flexível de manufatura desempenha as seguintes funções:

- *Possibilitar o deslocamento aleatório e independente de peças de trabalho entre as estações.* As peças precisam ser capazes de se mover de qualquer máquina no sistema para qualquer outra máquina, a fim de fornecer alternativas de encaminhamento para diferentes peças e fazer substituições de máquinas quando estações estiverem ocupadas.

- *Permitir o manuseio de várias configurações de peça de trabalho.* Para peças *prismáticas* (não rotativas), isso normalmente é feito usando dispositivos modulares de fixação em palete no sistema de manuseio. O dispositivo de fixação é localizado na face superior do palete e é projetado para acomodar diferentes configurações da peça por meio de componentes comuns, recursos de troca rápida e outros dispositivos que permitam um rápido ajuste da fixação para uma determinada peça. A base do palete é projetada para o sistema de manuseio de material. Para peças rotativas, robôs industriais normalmente são utilizados para carregar e descarregar as máquinas de torneamento e para mover as peças entre as estações.

- *Fornecer armazenamento temporário.* O número de peças no FMS normalmente excede o de peças efetivamente sendo processadas em qualquer dado momento. Assim, cada estação possui uma pequena fila de peças, ou talvez uma única peça, esperando para ser processada, o que ajuda a manter a alta utilização das máquinas.

- *Fornecer acesso conveniente para carregar e descarregar peças de trabalho.* O sistema de manuseio precisa incluir locais para estações de carga/descarga.

- *Criar compatibilidade com o controle computadorizado.* O sistema de manuseio deve estar sob controle direto do sistema de computador, que o direciona para as diversas estações de trabalho, estações de carga/descarga e áreas de armazenamento.

Equipamento de manuseio de material. Os tipos de sistemas de manuseio de material usados para transferir peças entre as estações em um FMS incluem uma variedade de equipamentos convencionais de transporte de material (Capítulo 10), mecanismos de transferência em linha (Seção 16.1.2) e robôs industriais (Capítulo 8). A função de manuseio de material em um FMS normalmente é compartilhada entre dois sistemas: (1) um sistema primário de manuseio e (2) um sistema secundário de manuseio. O *sistema primário de manuseio* estabelece o *layout* básico do FMS e é responsável pela movimentação das peças entre as estações do sistema. Os *layouts* de FMSs são discutidos adiante.

O *sistema secundário de manuseio* é constituído de dispositivos de transferência, trocadores automáticos de paletes e mecanismos semelhantes localizados nas estações de trabalho do FMS. A função do sistema secundário de manuseio é transferir trabalho do sistema primário para a máquina-ferramenta ou outra estação de manuseio e posicionar as peças com precisão e repetitividade suficientes para executar a operação de processamento ou montagem. Outras finalidades atendidas pelo sistema secundário de manuseio incluem (1) a reorientação da peça, se necessário, para apresentar a superfície que deverá ser processada e (2) o armazenamento de peças em *buffer* para minimizar o tempo de mudança e maximizar a utilização da estação. Em algumas instalações de FMS, as necessidades de posicionamento e registro nas estações de trabalho individuais são satisfeitas pelo sistema primário de manuseio. Nesses casos, não há sistema secundário de manuseio.

Configurações de layout de FMS. O sistema de manuseio de material define o *layout* da FMS. A maioria das configurações de *layout* encontradas nos sistemas flexíveis de manufatura pode ser classificada em cinco categorias: (1) *layout* em linha, (2) *layout* circular (ou em *loop*), (3) *layout* em escada, (4) *layout* em campo aberto e (5) célula centralizada em robô. Os tipos de equipamentos de manuseio de material utilizados nesses cinco *layouts* estão resumidos na Tabela 19.3.

No *layout em linha* (do inglês, *in-line layout*), as máquinas e o sistema de manuseio são dispostos em linha reta. Em sua forma mais simples, as peças seguem de uma estação de trabalho para a próxima em uma sequência bem definida, com o item trabalhado sempre se movendo na

Tabela 19.3 **Equipamento normalmente usado como sistema primário de manuseio para os cinco *layouts* de FMS**

Configuração de *layout*	Sistema de manuseio de material típico
Layout em linha	Sistema de transferência linear (Seção 16.1.2) Sistema transportador (Seção 10.2.4) Sistema de veículo guiado por trilho (Seção 10.2.3)
Layout circular	Sistema transportador (Seção 10.2.4) Carros reboque terrestres (Seção 10.2.4)
Layout em escada	Sistema transportador (Seção 10.2.4) Sistema de veículo guiado automaticamente (Seção 10.2.2) Sistema de veículo guiado por trilho (Seção 10.2.3)
Layout em campo aberto	Sistema de veículo guiado automaticamente (Seção 10.2.2) Carros reboque terrestres (Seção 10.2.4)
Layout centralizado em robô	Robô industrial (Capítulo 8)

mesma direção e sem fluxo de retorno, como na Figura 19.6(a). O funcionamento desse tipo de sistema é semelhante a uma linha de transferência (Capítulo 16), exceto no caso em que diversas peças são processadas no sistema. Para os sistemas em linha que exigem maior flexibilidade de roteamento, pode ser instalado um sistema de transferência linear que permita o deslocamento nas duas direções. Um possível arranjo para isso é mostrado na Figura 19.6(b), na qual um sistema secundário de manuseio é fornecido em cada estação de trabalho para separar a maioria das peças da linha principal.

No *layout circular* (do inglês, *loop layout*), as estações de trabalho são organizadas em um *loop* servido por um sistema de manuseio de peças na mesma forma, como mostra a Figura 19.7(a). As peças geralmente fluem em uma única direção, com a capacidade de parar e ser transferidas para qualquer estação. Um sistema secundário de manuseio é mostrado em cada estação de trabalho para permitir que as peças se desloquem sem obstrução em torno do *loop*. A estação ou as estações de carga/descarga normalmente são localizadas em uma extremidade do ciclo. Uma forma alternativa ao *layout* circular é o *layout retangular*. Como mostra a Figura 19.7(b), esse arranjo pode ser usado para retornar paletes à posição inicial em um arranjo de máquina em linha reta.

O *layout em escada* (do inglês, *ladder layout*) consiste de um ciclo retangular com degraus entre as seções retas do ciclo, no qual estações de trabalho são localizadas, como mostra a Figura 19.8. Os degraus aumentam o número de maneiras possíveis para se passar de uma máquina para outra e evitam a necessidade de um sistema secundário de manuseio. Isso reduz a distância média de movimentação e minimiza o congestionamento no sistema de manuseio, reduzindo o tempo de transporte entre as estações.

O *layout em campo aberto* (do inglês, *open field layout*) consiste de múltiplos *loops* e escadas e pode incluir ramais, conforme ilustrado na Figura 19.9. Esse tipo de *layout* em geral é apropriado para o processamento de uma grande família de peças. O número de tipos diferentes de máquina pode ser limitado e as peças são roteadas para estações de trabalho diferentes, dependendo de qual estiver disponível primeiro.

O *layout centralizado em robô* (do inglês, *robot-centered layout*) (Figura 19.1) usa um ou mais robôs como o sistema de manuseio de material. Os robôs industriais podem ser equipados com garras que os tornam bem adaptados para o manuseio de peças rotativas, e os *layouts* de FMS centralizados em robô normalmente são usados para processar peças cilíndricas ou discoidais.

Figura 19.6 *Layouts* em linha do FMS: (a) fluxo unidirecional semelhante a uma linha de transferência, (b) sistema de transferência linear com sistema secundário de manuseio de peças em cada estação para facilitar o fluxo nas duas direções

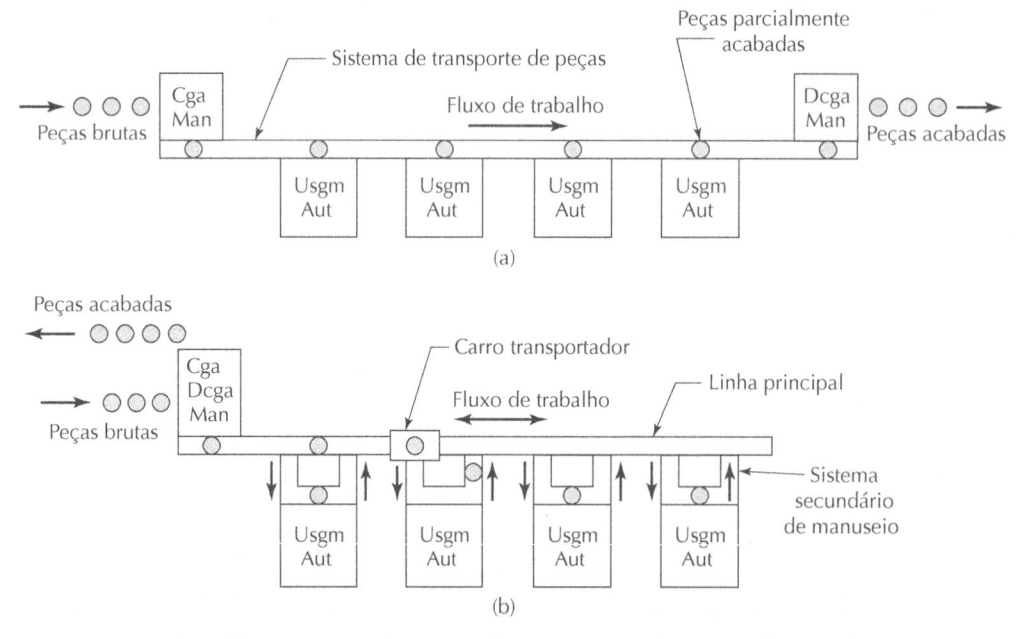

Legenda: Cga = estação de carga de peças; Dcga = estação de descarga de peças; Usgm = estação de usinagem; Man = estação manual; Aut = estação automatizada

Sistemas flexíveis de manufatura ▼ 449

Figura 19.7 (a) *Layout* circular do FMS, com sistema secundário de manuseio de peças em cada estação para permitir fluxo desobstruído no transportador principal e (b) *layout* retangular para recirculação dos paletes para a primeira estação de trabalho da sequência

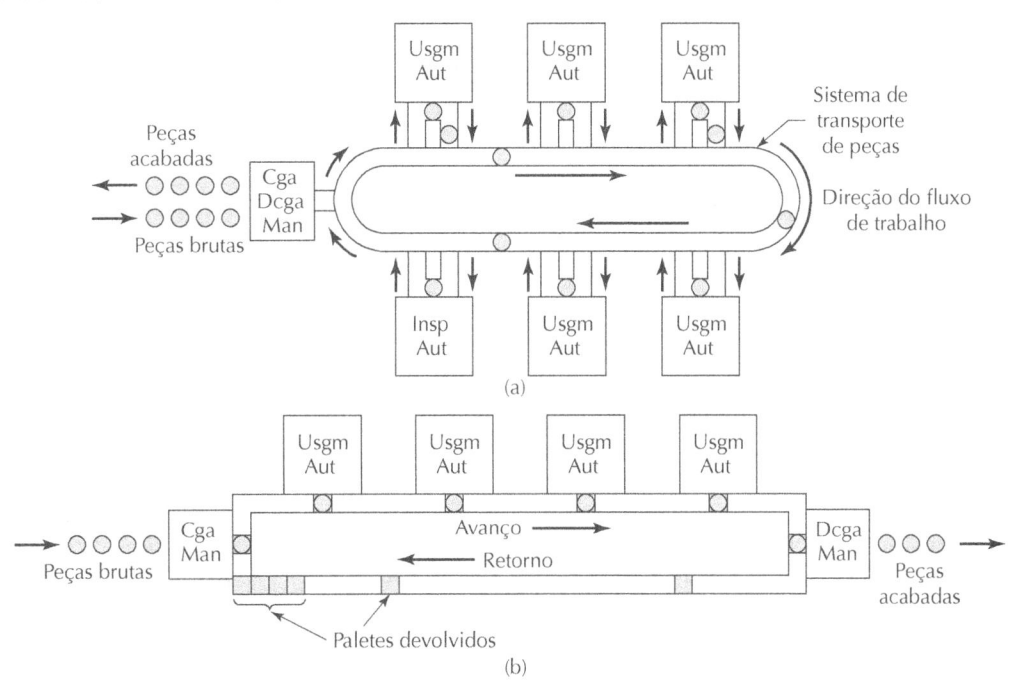

Legenda: Cga = estação de carga de peças; Dcga = estação de descarga de peças; Usgm = estação de usinagem; Man = estação manual; Aut = estação automatizada; Insp = estação de inspeção

Figura 19.8 *Layout* em escada do FMS

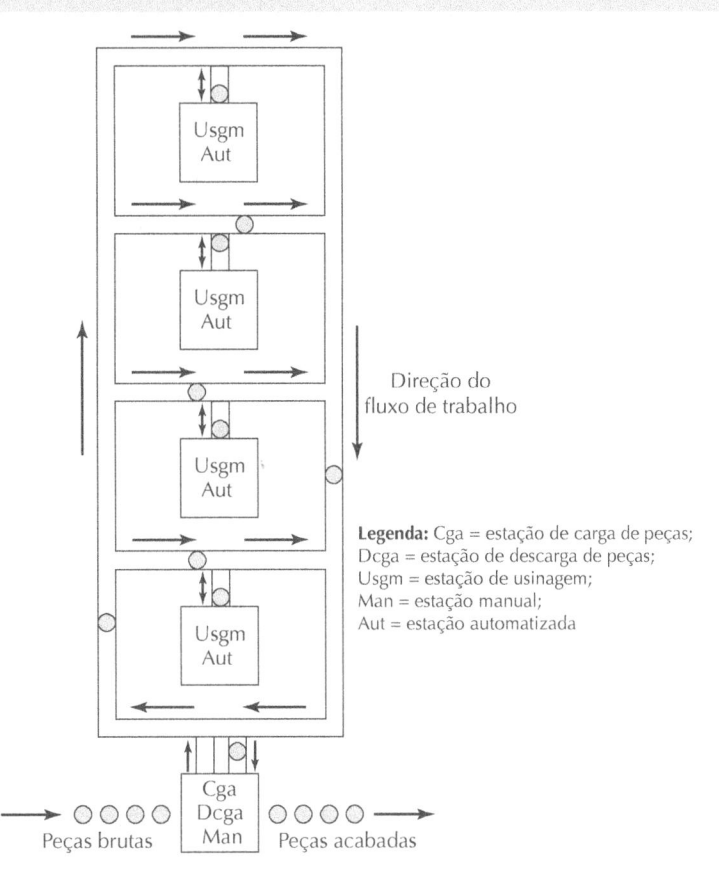

Legenda: Cga = estação de carga de peças; Dcga = estação de descarga de peças; Usgm = estação de usinagem; Man = estação manual; Aut = estação automatizada

> **Figura 19.9** *Layout* em campo aberto do FMS

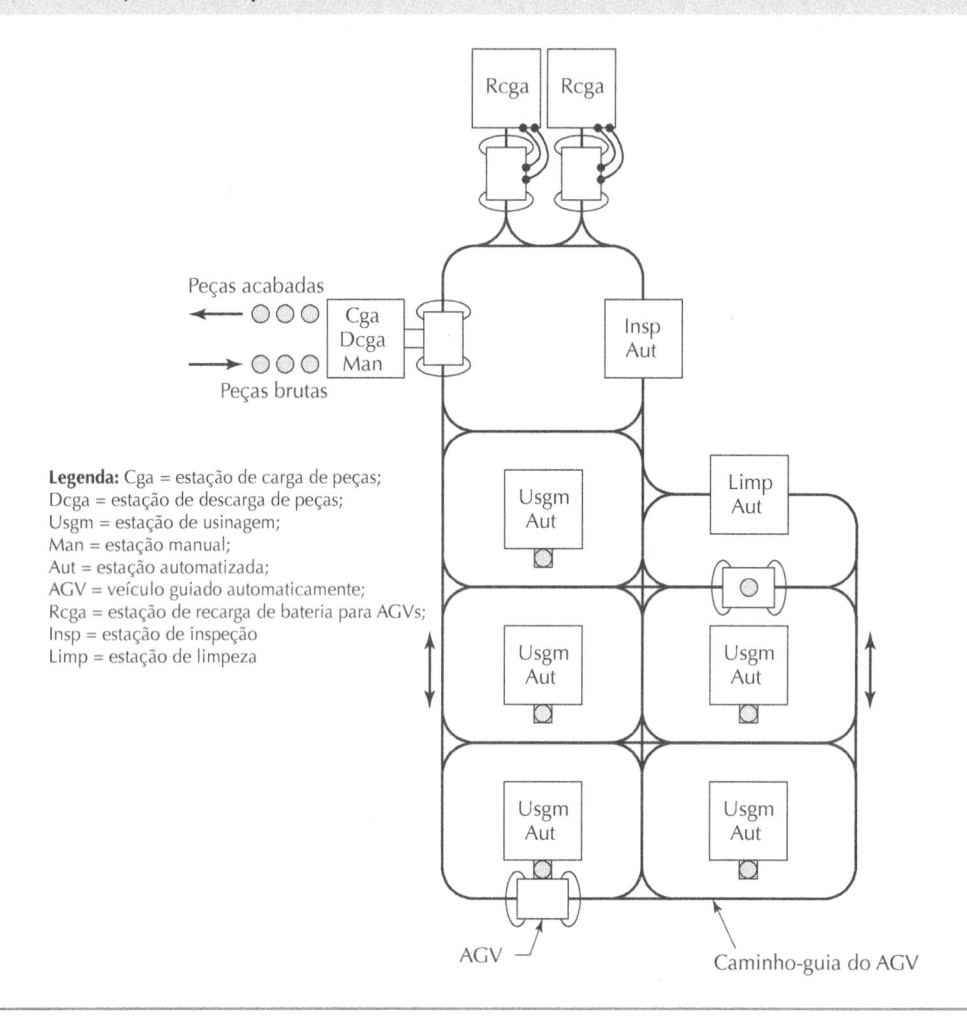

19.2.3 Sistema de controle computadorizado

O FMS inclui um sistema de computação distribuído que é ligado às estações de trabalho, ao sistema de manuseio de material e a outros componentes de hardware. Um sistema de computador de FMS típico consiste de um computador central e de microcomputadores controlando diversas máquinas e outros componentes. O computador central coordena as atividades dos componentes para obter um bom funcionamento geral do sistema. As funções desempenhadas pelo sistema de controle computadorizado do FMS podem ser agrupadas nas seguintes categorias:

1. *Controle de estação de trabalho*. Em um FMS totalmente automatizado, cada uma das estações de processamento ou montagem normalmente opera sob algum modo de controle computadorizado. O CNC controla as máquinas-ferramenta individuais em um sistema de usinagem.

2. *Distribuição de instruções de controle para as estações de trabalho*. Algum modo de inteligência central é necessário para coordenar o processamento nas estações individuais. Em um FMS de usinagem, programas de peças precisam ser transferidos para as máquinas, e o DNC é usado para essa finalidade. O sistema DNC armazena os programas, permite o envio de novos programas e a edição de programas existentes conforme o necessário, além de realizar outras funções de DNC (Seção 7.3).

3. *Controle de produção*. A composição e a velocidade em que as várias peças são lançadas no sistema precisam ser controladas. Os dados de entrada necessários para o controle de produção incluem as taxas de produção diárias desejadas por peça, o número de peças brutas disponíveis e o número de paletes aplicáveis.[2] A função de controle de produção é realizada pelo roteamento de um palete aplicável para a área de carga/descarga e pelo fornecimento de instruções ao operador para carregar a peça de trabalho desejada.

---

2 O termo 'palete aplicável' se refere a uma palete que é adaptada para aceitar uma peça de trabalho de determinado tipo.

4. *Controle de tráfego.* Isso se refere ao gerenciamento do sistema primário de manuseio de material que movimenta as peças entre as estações. O controle de tráfego é realizado acionando chaves em ramais e pontos de convergência, parando peças nos locais de transferência da máquina-ferramenta e movendo paletes para estações de carga/descarga.

5. *Controle do carro transportador.* Essa função de controle é responsável pela operação e pelo controle do sistema secundário de manuseio em cada estação de trabalho. Cada carro transportador precisa estar coordenado com o sistema primário de manuseio e sincronizado com a operação da máquina-ferramenta que ele serve.

6. *Monitoramento de peças.* O computador precisa monitorar o estado de cada carro e/ou palete nos sistemas secundários de manuseio, bem como o estado de cada um dos vários tipos de peças.

7. *Controle de ferramentas.* O controle das ferramentas se incumbe do gerenciamento de dois aspectos das ferramentas de corte:

    - *Local da ferramenta.* Isso envolve o controle das ferramentas de corte em cada estação de trabalho. Se alguma ferramenta necessária para processar determinada peça não estiver presente na estação que está especificada no roteamento da peça, o subsistema de controle de ferramenta toma uma ou ambas das seguintes ações: (a) determina se uma estação de trabalho alternativa que possui a ferramenta necessária está disponível e/ou (b) notifica o operador responsável pelo ferramental no sistema que a unidade de armazenamento de ferramenta na estação precisa ser carregada com a ferramenta ou as ferramentas necessárias.

    - *Monitoramento da vida da ferramenta de corte.* Nesse aspecto do controle de ferramenta, para cada uma delas no FMS, um tempo de vida é especificado para o computador. Um registro do uso do tempo de usinagem é mantido para as ferramentas e, quando o tempo de usinagem cumulativo atinge a duração especificada, o computador notifica o operador que uma substituição é necessária.

8. *Monitoramento e relatório de desempenho.* O sistema de controle computadorizado é programado para coletar dados sobre a operação e o desempenho do sistema flexível de manufatura. Os dados são periodicamente resumidos e relatórios sobre o desempenho do sistema são preparados para a gerência, alguns indicando o desempenho do FMS são listados na Tabela 19.4.

9. *Diagnóstico.* Função disponível, em maior ou menor grau, em muitos sistemas de manufatura para indicar a provável origem do problema quando ocorre um funcionamento anormal. Também pode ser usado para planejar manutenção preventiva no sistema e para identificar falhas iminentes. A finalidade da função de diagnóstico é reduzir paralisações e inatividades e aumentar a disponibilidade do sistema.

Um FMS possui características arquiteturais de um sistema de controle numérico distribuído (DNC). Como em outros sistemas DNC, a comunicação bidirecional é utilizada. Os dados e comandos são enviados do computador central para as máquinas e outros componentes de hardware, e dos dados sobre a execução e o desempenho são transmitidos dos componentes de volta para o computador central. Além disso, é fornecido um *link* do FMS para o computador *host* corporativo.

Tabela 19.4 **Relatórios de desempenho típicos do FMS**

Tipo de relatório	Descrição
Disponibilidade	Resumo da proporção de atividade (estabilidade) das estações de trabalho. Detalhes como as razões para a inatividade são incluídos para identificar áreas de problema recorrente.
Utilização	Resumo da utilização de cada estação de trabalho, bem como a utilização média do FMS para períodos especificados (dias, semanas, meses).
Produção	Quantidades diárias e semanais de diferentes peças produzidas pelo FMS. Comparação das quantidades reais com o programa de produção.
Ferramentaria	Informações sobre vários aspectos do controle de ferramenta, como uma listagem das ferramentas em cada estação de trabalho e o estado das ferramentas.
Status	Uma "fotografia" da condição atual do FMS. A supervisão da linha pode requisitar esse relatório a qualquer hora para conhecer o estado atual dos parâmetros operacionais do sistema (por exemplo, áreas problemáticas, utilização, disponibilidade, contagem cumulativa de peças e ferramentaria).

19.2.4 Recursos humanos

Outro componente no FMS é o trabalho humano, necessário para gerenciar as operações do sistema. As funções normalmente realizadas por humanos incluem (1) carregar peças de trabalho brutas, (2) descarregar peças acabadas (ou montagens), (3) trocar e preparar ferramentas, (4) realizar manutenção e reparo de equipamentos, (5) realizar programação de peças NC, (6) programar e operar o sistema de computador e (7) gerenciá-lo.

19.3 APLICAÇÕES E VANTAGENS DO FMS

Nesta seção, trataremos das aplicações dos sistemas flexíveis de manufatura e de suas vantagens.

19.3.1 Aplicações do FMS

A automação flexível é aplicável a uma variedade de operações de manufatura. Embora a tecnologia FMS seja mais aplicada em operações de usinagem, é utilizada em outras aplicações, como prensagem de chapas de metal, forjamento e montagem. Nesta seção, examinaremos algumas aplicações utilizando estudos de caso como exemplos.

Sistemas de usinagem flexíveis. Historicamente, a maioria das aplicações de sistemas flexíveis de usinagem tem sido feita em operações de fresamento e furação (peças prismáticas), usando centros de usinagem CNC. As aplicações de FMS para torneamento (peças rotacionais) eram muito menos comuns até recentemente, e os sistemas que estão instalados costumam consistir de menos máquinas. Por exemplo, as células de máquina única constituídas por unidades de armazenamento de peças, os robôs de carga de peças e os centros de torneamento CNC são hoje amplamente utilizados, embora nem sempre de modo flexível. Abordaremos algumas questões por trás dessa anomalia no desenvolvimento dos sistemas de usinagem flexíveis.

Ao contrário das peças rotacionais, as peças prismáticas normalmente são pesadas para um operador humano carregar com facilidade e rapidez na máquina-ferramenta. Assim, foram desenvolvidas fixações em paletes para que essas peças pudessem ser carregadas no palete off-line (que não está posicionado para trabalho) por meio de guindastes e então a peça sobre o palete pudesse ser movida para a posição em frente ao eixo-árvore da máquina-ferramenta. As peças prismáticas também costumam ser mais caras do que as peças rotacionais, e os prazos de fabricação tendem a ser mais longos. Esses fatores oferecem um forte incentivo para produzi-las da maneira mais eficiente possível, utilizando tecnologias avançadas como os FMSs. Por essas razões, a tecnologia atual para aplicações de fresamento e perfuração de FMS é mais madura do que para aplicações de torneamento de FMS.

Figura 19.10 O FMS na Vought Aircraft (o desenho é cortesia da Cincinnati Milacron)

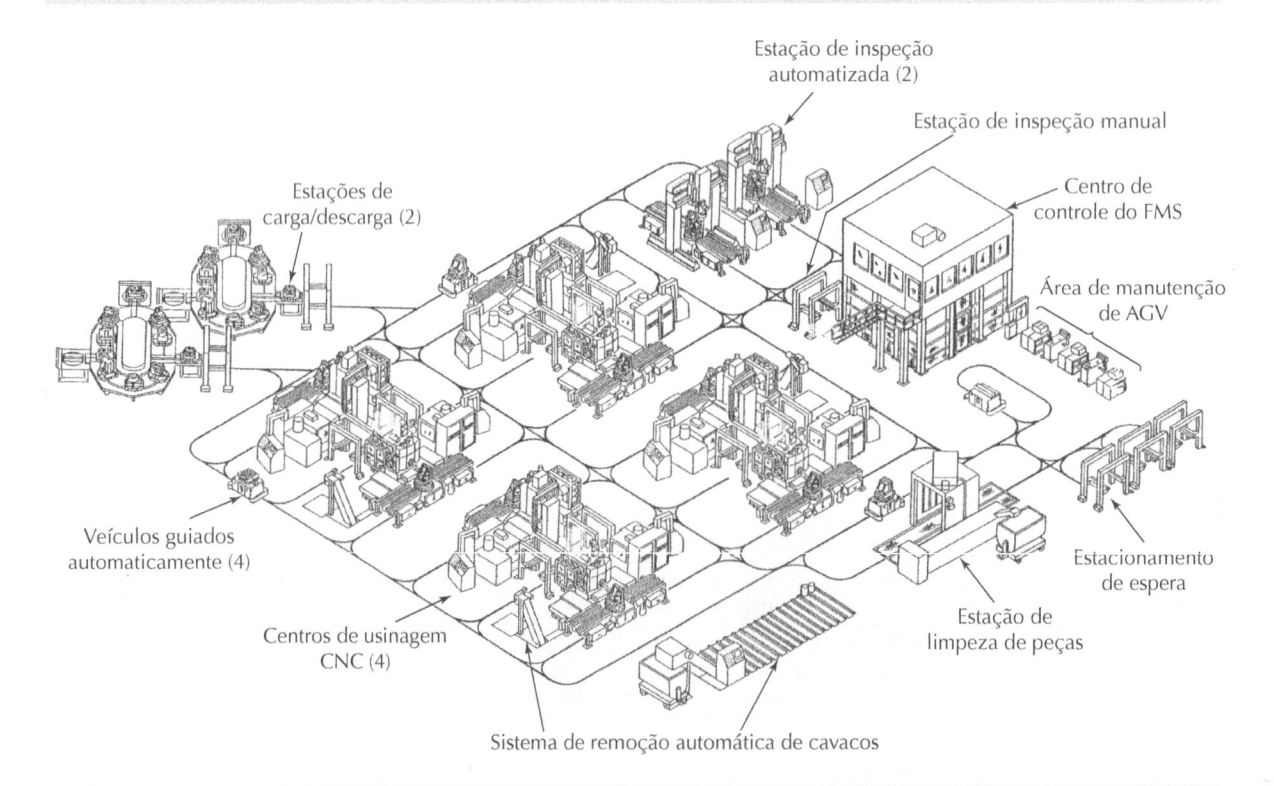

EXEMPLO 19.1
FMS da Vought Aerospace

Um sistema flexível de manufatura instalado na Vought Aerospace, em Dallas, Texas, pela Cincinnati Milacron, é mostrado na Figura 19.10. O sistema é usado para usinar cerca de 600 componentes diferentes para aviões. O FMS é composto por oito centros de usinagem CNC horizontais, além de módulos de inspeção. O manuseio de peças é realizado por um sistema de quatro veículos guiados automaticamente. A carga e descarga do sistema são feitas em duas estações, que consistem de carrosséis de armazenamento que permitem que as peças sejam armazenadas em paletes para posterior transferência às estações de usinagem pelo AGVs. O sistema é capaz de processar uma sequência de peças individuais, uma de cada tipo, de modo contínuo, assim um conjunto completo de componentes para uma aeronave pode ser fabricado de maneira eficiente, sem lotes.

Outras aplicações de FMS. Prensagem e forjamento são outros dois processos de manufatura para os quais estão sendo feitos esforços para se desenvolver sistemas flexíveis de manufatura. As tecnologias de FMS envolvidas são descritas em Vaccari [32] e Winship [34]. O exemplo a seguir ilustra os esforços de desenvolvimento na área de prensagem.

EXEMPLO 19.2
Sistema flexível de fabricação

O termo *sistema flexível de fabricação* (do inglês, *flexible fabricating system* — FFS) normalmente é usado em associação aos sistemas que realizam operações de prensagem em chapas de metal. O conceito de FFS de Wiedemann é ilustrado na Figura 19.11. O sistema é projetado para descarregar chapas de metal armazenadas no sistema de armazenamento/recuperação automatizado (AS/RS), mover o material com carro guiado por trilho até as operações de puncionamento CNC e, depois, mover as peças acabadas de volta para o AS/RS, tudo sob controle computadorizado.

Os conceitos da automação flexível podem ser aplicados às operações de montagem. Embora alguns exemplos tenham incluído robôs industriais para realizar as tarefas de montagem, o próximo exemplo ilustra um sistema de montagem flexível que faz uso mínimo de robôs industriais.

Figura 19.11 **Sistema flexível de fabricação para o processamento de chapas metálicas (baseado no esboço providenciado como cortesia pela Wiedemann Division, Cross & Trecker Company)**

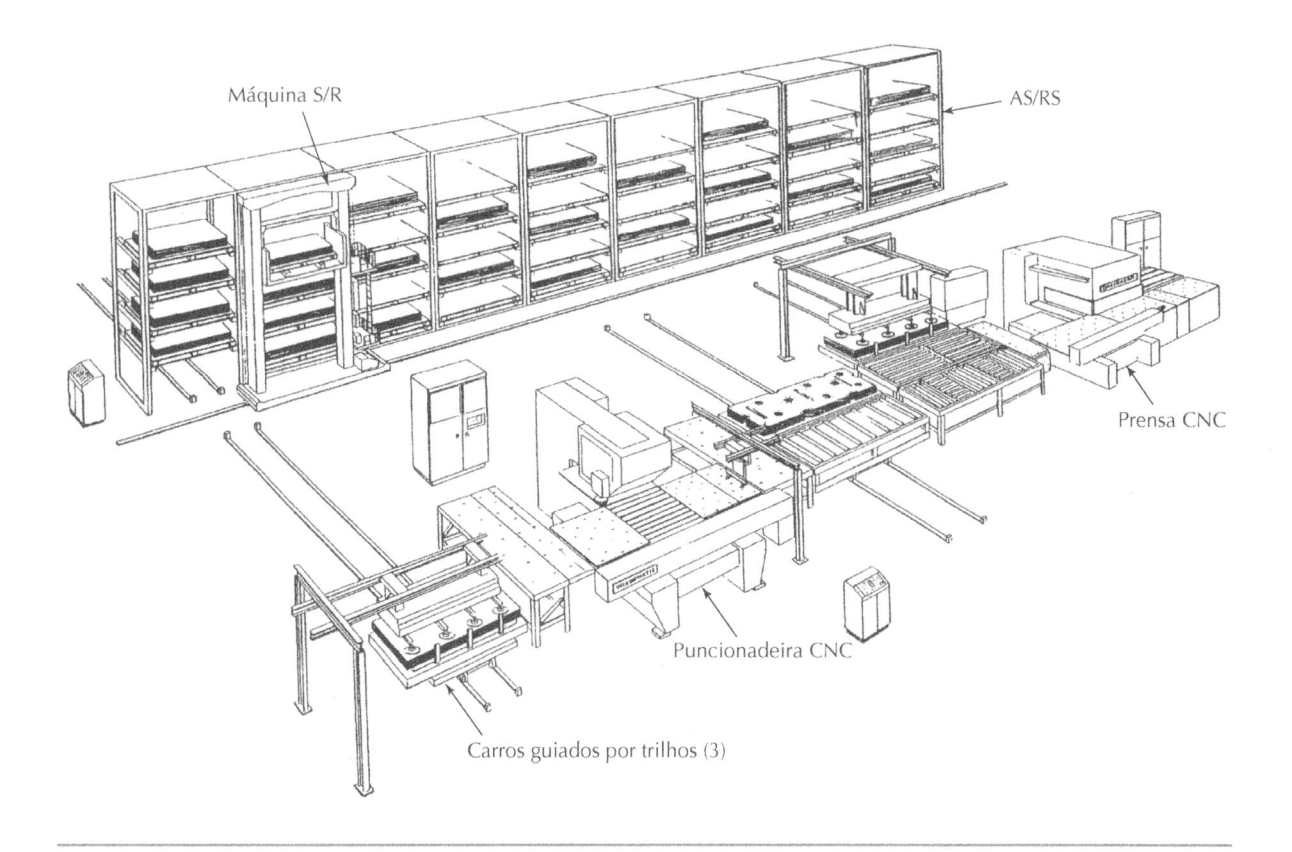

> **EXEMPLO 19.3**
> **FMS de montagem na Allen-Bradley**
> Um FMS para montagem instalado pela Alle-Bradley Company é relatado por Waterbury [33]. A 'linha de montagem automatizada flexível' produz 125 modelos de motores de arranque. A linha ostenta um prazo de manufatura de um dia em lotes de tamanho tão pequeno quanto um lote unitário e taxas de produção de 600 unidades por hora. O sistema consiste de 26 estações de trabalho que realizam toda a montagem, a submontagem, o teste e o empacotamento. As estações são máquinas de indexação linear e giratória, com robôs *pick-and-place* realizando certas funções de manuseio entre as máquinas. Cada etapa no processo utiliza teste cem por cento automatizado para garantir níveis de qualidade extremamente altos. A linha flexível de montagem é controlada por um sistema de controladores lógicos programáveis da Allen-Bradley.

19.3.2 Vantagens do FMS

Vários benefícios podem ser esperados com as aplicações de FMS bem-sucedidas. As principais vantagens são as seguintes:

- *Maior utilização das máquinas.* Os sistemas flexíveis de manufatura atingem uma maior média de utilização do que as máquinas em uma instalação de produção em lote convencional. As razões para isso incluem (1) funcionamento 24 horas por dia, (2) troca automática das ferramentas das máquinas-ferramenta, (3) troca automática de palete nas estações de trabalho, (4) filas de peças nas estações e (5) programa de produção dinâmico que compensa irregularidades. É possível atingir de 80 por cento a 90 por cento de utilização de recursos por meio da implementação da tecnologia FMS [19].

- *Menos máquinas necessárias.* Devido à maior utilização de máquina, menos máquinas são necessárias.

- *Redução do espaço necessário no chão de fábrica.* Comparado a uma instalação de capacidade equivalente, um FMS normalmente exige menos área de chão. As reduções das necessidades de espaço de chão são estimadas entre 40 por cento e 50 por cento [19].

- *Maior capacidade de resposta a mudanças.* Um sistema flexível de manufatura melhora a capacidade de resposta a alterações de projeto das peças, introdução de novas peças, mudanças no programa de produção e *mix* de produtos, paralisações de máquinas e falhas de ferramentas de corte. Podem ser feitos ajustes no programa de produção de um dia para o outro em resposta a pedidos urgentes e solicitações especiais de clientes.

- *Necessidades reduzidas de estoque.* Como peças diferentes são processadas juntas, em vez de separadas em lotes, o trabalho em processo é menor do que em um modelo de produção em lote. O estoque de peças iniciais e acabadas também pode ser reduzido, em geral, entre 60 por cento e 80 por cento [19].

- *Prazos de manufatura menores.* Intimamente relacionado ao trabalho em processo reduzido está o tempo gasto em processo pelas peças. Isso significa entregas mais rápidas ao cliente.

- *Menor necessidade de trabalho direto* e *maior produtividade de trabalho.* As taxas de produção mais altas e a menor dependência do trabalho direto significam maior produtividade por hora de trabalho com um FMS do que com métodos de produção convencionais. Um FMS pode resultar em economias de trabalho da ordem de 30 por cento a 50 por cento [19].

- *Oportunidade para produção autônoma.* O alto nível de automação em um sistema flexível de manufatura permite que opere por períodos extensos de tempo sem assistência humana. No cenário mais otimista, peças e ferramentas são carregadas no sistema no fim do dia, o FMS continua funcionando durante toda a noite e as peças acabadas são descarregadas na manhã seguinte.

19.4 ASPECTOS DE PLANEJAMENTO E IMPLEMENTAÇÃO DO FMS

A implementação de um sistema flexível de manufatura representa grande investimento e empenho por parte da empresa usuária. É importante que a instalação do sistema seja precedida de cuidadoso planejamento e projeto e que sua operação seja caracterizada por uma boa gestão de todos os recursos: máquinas, ferramentas, paletes, peças e pessoas. Nossa discussão sobre essas questões é organizada da seguinte maneira: (1) Aspectos de planejamento e projeto do FMS e (2) aspectos operacionais do FMS.

19.4.1 Aspectos de planejamento e projeto do FMS

A fase inicial do planejamento do FMS precisa considerar as peças que serão produzidas pelo sistema. Os aspectos são semelhantes aos da manufatura celular. Eles incluem:

- *Considerações sobre famílias de peças.* Qualquer sistema flexível de manufatura precisa ser projetado para processar uma faixa limitada de tipos de peças ou produtos. Os limites da faixa precisam ser decididos. Na verdade, a família de peças que será processada no FMS é que precisa ser definida. Essa definição pode ser baseada na comunalidade do produto ou na similaridade das peças. O termo *comunalidade de produto* se refere a diferentes componentes usados no mesmo produto. Muitas instalações de FMS bem-sucedidas são projetadas para acomodar famílias de peças definidas por esse critério, o que permite que todos os componentes necessários para montar determinada unidade de um produto sejam concluídos imediatamente antes do início da montagem.

- *Necessidades de processamento*. Os tipos de peças e suas necessidades de processamento determinam os tipos de equipamento de processamento usados no sistema. Nas aplicações de usinagem, as peças prismáticas são produzidas por centros de usinagem, fresadoras e máquinas-ferramenta semelhantes; as peças rotacionais são usinadas por centros de torneamento e equipamentos semelhantes.

- *Características físicas das peças*. O tamanho e o peso das peças determinam o tamanho das máquinas nas estações de trabalho e o tamanho do sistema de manuseio de material que precisa ser usado.

- *Volume de produção*. As quantidades produzidas pelo sistema determinam quantas máquinas de cada tipo serão necessárias. O volume de produção também é um importante fator na escolha do tipo mais apropriado de equipamento de manuseio de material para o sistema.

Depois que a família de peças, os volumes de produção e as características de peça semelhantes forem decididas, o projeto do sistema pode ter prosseguimento. Importantes fatores que precisam ser especificados no projeto de um FMS incluem:

- *Tipos de estações de trabalho*. Os tipos das máquinas são determinados pelas necessidades de processamento das peças. As considerações sobre as estações de trabalho também precisam incluir a estação ou as estações de carga/descarga.

- *Variações nos roteamentos de processo* e *layout do FMS*. Se as variações na sequência de processo forem mínimas, o fluxo em linha será mais apropriado. Para um sistema com alta variedade de produto, o circular é mais adequado. Se houver significante variação no processamento, o *layout* em escada ou de campo aberto será mais apropriado.

- *Sistema de manuseio de material*. As escolhas do equipamento e do *layout* do manuseio de material estão intimamente relacionadas, já que o tipo de sistema de manuseio limita a escolha do *layout*. O sistema de manuseio de material inclui os sistemas primário e secundário de manuseio (Seção 19.2.2).

- *Trabalho em processo* e *capacidade de armazenamento*. O nível de trabalho em processo (do inglês, *work-in-process* — WIP) permitido no FMS é uma importante variável na determinação da utilização e eficiência do FMS. Se o nível de WIP for muito baixo, as estações podem se tornar ociosas, causando utilização reduzida. Se for muito alto, pode ocorrer congestionamento. O nível de WIP deve ser planejado, não apenas permitido. A capacidade de armazenamento no FMS precisa ser compatível ao nível de WIP.

- *Ferramental*. As decisões de ferramental incluem os tipos e as quantidades de ferramentas nas estações de trabalho e o grau de duplicação do ferramental nas diferentes estações. A duplicação de ferramentas nas estações tende a aumentar a flexibilidade com que as peças podem ser roteadas através do sistema.

- *Dispositivos de fixação em palete*. Nos sistemas de usinagem para peças prismáticas, é necessário selecionar o número de dispositivos de fixação em palete usados no sistema. Os fatores que influenciam na decisão incluem os níveis de WIP permitidos no sistema e as diferenças no tipo e tamanho das peças. As peças que diferem muito na configuração e no tamanho exigem dispositivos de fixação diferentes.

19.4.2 Aspectos operacionais do FMS

Uma vez que o FMS esteja instalado, seus recursos precisam ser otimizados para atender às necessidades de produção e atingir os objetivos operacionais relacionados ao lucro, à qualidade e à satisfação do consumidor. Os problemas operacionais que precisam ser resolvidos são [20], [22], [29], [30]:

- *Programação e expedição*. O programa de produção no FMS é determinado pelo programa de produção principal (Seção 25.1). A expedição se incumbe de lançar peças no sistema nos tempos corretos. Vários dos problemas a seguir estão relacionados à programação.

- *Carga de máquina*. Refere-se à alocação das operações e dos recursos de ferramental entre as máquinas no sistema para cumprir o programa de produção exigido.

- *Roteamento de peças*. As decisões de roteamento envolvem selecionar as rotas a ser seguidas por cada peça no *mix* de produção a fim de maximizar o uso dos recursos das estações de trabalho.

- *Agrupamento de peças.* Os tipos de peças precisam ser agrupados para produção simultânea, dadas as limitações sobre ferramentas e outros recursos disponíveis nas estações de trabalho.

- *Gerenciamento de ferramentas.* Gerenciar as ferramentas disponíveis envolve tomar decisões sobre quando mudar de ferramenta e como alocar o ferramental para as estações de trabalho.

- *Alocação de paletes e dispositivos de fixação.* Ocupa-se da alocação dos paletes e dos dispositivos de fixação para as peças sendo produzidas no sistema. Peças diferentes exigem distintos dispositivos de fixação e, antes que determinado tipo de peça seja lançado no sistema, um dispositivo para essa peça precisa estar disponível.

19.5 ANÁLISE QUANTITATIVA DOS SISTEMAS FLEXÍVEIS DE MANUFATURA

A maior parte dos problemas operacionais e de projeto identificados na Seção 19.4 pode ser resolvida com a utilização técnicas de análise quantitativa. Os sistemas flexíveis de manufatura constituíram uma área ativa de interesse em pesquisa de operações, e muitas das importantes contribuições estão incluídas em nossa lista de referências. As técnicas de análise de um FMS podem ser classificadas em (1) modelos determinísticos, (2) modelos de filas, (3) simulação de eventos discretos e (4) outras abordagens, incluindo análise heurística.

Os modelos determinísticos são úteis na obtenção de estimativas iniciais do desempenho do sistema. Mais adiante, nesta seção, apresentamos um modelo determinístico útil nos estágios iniciais do projeto de um FMS para fornecer estimativas aproximadas dos parâmetros do sistema, como taxa de produção, capacidade e utilização. Os modelos determinísticos não permitem a avaliação de características operacionais, como o acúmulo de filas e outras dinâmicas que podem prejudicar o desempenho do sistema. Consequentemente, os modelos determinísticos costumam superestimar o desempenho do FMS. De outro lado, se o desempenho real do sistema for muito inferior às estimativas apresentadas por esses modelos, pode ser sinal de má concepção do sistema ou de má gestão das operações do FMS.

Os modelos de filas podem ser usados para descrever algumas das dinâmicas não consideradas nos métodos determinísticos. Esses modelos são baseados na teoria matemática das filas; permitem a inclusão de filas, mas apenas de maneira geral e para configurações de sistema relativamente simples. As medidas de desempenho calculadas normalmente são valores médios para uma operação estável do sistema. Exemplos de modelos de filas para o estudo de sistemas flexíveis de manufatura são descritos em várias de nossas referências [4], [27], [30]. Provavelmente o mais conhecido dos modelos de filas para FMS é o CAN-Q [25], [26].

Nas fases posteriores do projeto, a simulação de eventos discretos provavelmente oferece o método mais preciso para modelar aspectos específicos de determinado sistema flexível de manufatura [24], [35]. O modelo de computador pode ser construído para imitar de modo bem aproximado os detalhes de uma operação FMS complexa. Características como a configuração do *layout*, o número de paletes no sistema e as regras de programação da produção podem ser incorporadas no modelo de simulação FMS. Na verdade, a simulação pode ser útil para determinar os valores ótimos para esses parâmetros.

Outras técnicas que têm sido aplicadas para analisar problemas operacionais e de projeto de FMS incluem a programação matemática [28] e vários métodos heurísticos [1], [13]. Vários estudos sobre as técnicas de pesquisa de operações direcionadas para os problemas de FMSs estão incluídos entre as referências [2], [6], [16] e [31].

19.5.1 Modelo de gargalo

Importantes aspectos do desempenho de um FMS podem ser descritos matematicamente por um modelo determinista chamado 'modelo de gargalo', desenvolvido por Solberg [27].[3] Embora tendo as limitações de uma abordagem determinista, o modelo de gargalo é simples e intuitivo e pode ser usado para fornecer estimativas iniciais dos parâmetros de projeto do FMS, como taxa de produção, número de estações de trabalho e medidas semelhantes. O termo *gargalo* se refere ao fato de que a saída do sistema de produção tem um limite superior, uma vez que o *mix* de produtos que flui através do sistema é fixo. O modelo pode ser aplicado a qualquer sistema de produção que possui essa característica; por exemplo, uma célula operada manualmente ou um *layout* de produção por processo (do inglês, *job shop*). Ele não está limitado a sistemas flexíveis de manufatura.

Terminologia e símbolos. Vamos definir as características, os termos e os símbolos para o modelo de gargalo, uma vez que podem ser aplicados a um sistema flexível de manufatura:

---

3 Simplificamos um pouco o modelo de Solberg e adaptamos a notação e as medidas de desempenho para manter a relação com a discussão do capítulo.

- *Mix de peças.* O *mix* dos vários tipos de peças ou produtos produzidos pelo sistema é definido por p_j, em que p_j é a fração da saída total de sistema que seja do tipo j. O j subscrito = 1, 2, ... P, em que P é o número total de tipos de peça diferentes fabricados no FMS durante o período de interesse. O somatório dos valores de p_j precisa ser um, ou seja,

$$\sum_{j=1}^{P} p_j = 1 \quad (19.1)$$

- *Estações de trabalho e servidores.* O sistema flexível de produção possui um número de estações de trabalho diferentes n. Na terminologia do modelo de gargalo, cada estação de trabalho pode ter mais de um servidor, o que significa simplesmente que é possível ter duas ou mais máquinas capazes de realizar a mesma operação. O uso dos termos *estações* e *servidores* no modelo de gargalo é um modo preciso de distinguir máquinas que realizam operações idênticas das que realizam operações diferentes. Considere s_i o número de servidores da estação de trabalho i, em que i = 1, 2, ..., n. Incluímos a estação de carga/descarga como uma das estações do FMS.

- *Roteamento de processo.* Para cada peça ou produto, o roteamento de processo define a sequência de operações, as estações de trabalho onde as operações são realizadas e os tempos de processamento associados. A sequência inclui a operação de carga no início do processamento no FMS e a operação de descarga no fim do processamento. Seja t_{ijk} o tempo de processamento, que é o tempo total que uma unidade de produção ocupa determinada estação de trabalho ou servidor, sem contar qualquer espera na estação. Na notação para t_{ijk}, o i subscrito se refere à estação, j se refere à peça ou ao produto e k se refere à sequência de operações no roteamento de processo. Por exemplo, a quarta operação no plano de processo para a peça A é realizada na máquina 2 e leva 8,5 minutos; portanto, t_{2A4} é igual a 8,5 minutos. Observe que o plano de processo j é exclusivo para a peça j. O modelo de gargalo não prevê convenientemente planos de processo alternativos para a mesma peça.

- *Sistema de manuseio de itens trabalhados.* O sistema de manuseio de material usado para transportar peças ou produtos dentro do FMS pode ser considerado um caso especial de uma estação de trabalho. Vamos designá-lo como a estação $n + 1$. O número de carregadores no sistema (por exemplo, carros transportadores, AGVs, veículos monovia etc.) é análogo ao número de servidores em uma estação de trabalho regular. Seja s_{n+1} o número de carregadores no sistema de manuseio do FMS.

- *Tempo de transporte.* Seja t_{n+1} o tempo médio de transporte necessário para mover uma peça de uma estação de trabalho para outra no roteamento do processo. Esse valor poderia ser calculado para cada transporte individual com base na velocidade de transporte e nas distâncias entre as estações no FMS, mas é mais conveniente usar um tempo médio de transporte para todos os deslocamentos no FMS.

- *Frequência de operação.* É o número esperado de vezes que determinada operação no roteamento de processo é realizada para cada unidade trabalhada. Por exemplo, uma inspeção poderia ser realizada, na base de amostras, uma vez a cada quatro unidades; logo, a frequência para essa operação seria 0,25. Em outros casos, a peça pode ter uma frequência de operação maior que um, por exemplo, para um procedimento de calibragem que pode ser necessário, em média, mais de uma vez para ser totalmente eficaz. Seja f_{ijk} a frequência de operação para a operação k no plano de processo j na estação i.

Parâmetros operacionais do FMS. Usando os termos descritos acima, podemos definir certos parâmetros operacionais médios do sistema de produção. A *carga média de trabalho* para determinada estação é definida como o tempo médio total gasto na estação por peça e é calculada como:

$$WL_i = \sum_j \sum_k t_{ijk} f_{ijk} p_j \quad (19.2)$$

em que WL_i é a carga média de trabalho para a estação i (minutos); t_{ijk} é o tempo de processamento para a operação k no plano de processo j na estação i (minutos); f_{ijk} é a frequência de operação para a operação k na peça j na estação i e p_j é a fração do *mix* de peças para a peça j.

O sistema de manuseio de itens trabalhados (estação $n + 1$) é um caso especial, como observado acima. A carga de trabalho do sistema de manuseio é o tempo médio de transporte multiplicado pelo número médio de deslocamentos necessários para completar o processamento de uma peça. O número médio de deslocamentos é igual ao número médio das operações no roteamento de processo menos um. Ou seja,

$$n_t = \sum_i \sum_j \sum_k f_{ijk} p_j - 1 \quad (19.3)$$

em que n_t é o número médio de deslocamentos e os outros termos seguem as definições acima. Ilustraremos isso com um exemplo simples.

> **EXEMPLO 19.4**
> **Determinando n_t**
> Considere um sistema de manufatura com duas estações: (1) uma estação de carga/descarga e (2) uma estação de usinagem. O sistema processa apenas uma peça, a peça A, de modo que a fração do *mix* de peças p_A é igual a um. A frequência de todas as operações é f_{iAk} igual a um. As peças são carregadas na estação 1, roteadas para a estação 2 para usinagem e, depois, enviadas novamente à estação 1 para descarga (três operações no roteamento). Usando a Equação (19.3), temos:
>
> $$n_t = 1(1) + 1(1) + 1(1) - 1 = 3 - 1 = 2$$
>
> Olhando de outra maneira, o roteamento de processo é (1) → (2) → (1). A contagem do número de setas nos fornece o número de deslocamentos: n_t é igual a dois.

Agora estamos prontos para calcular a carga de trabalho do sistema de manuseio,

$$WL_{n+1} = n_t t_{n+1} \qquad (19.4)$$

em que WL_{n+1} é a carga de trabalho do sistema de manuseio (minutos); n_t é o número médio de deslocamentos pela Equação (19.3) e t_{n+1} é o tempo de transporte médio por deslocamento (minutos).

Medidas de desempenho do sistema. Medidas importantes para avaliar o desempenho de um sistema flexível de manufatura incluem a taxa de produção de todas as peças, a taxa de produção de cada tipo de peça, a utilização de diferentes estações de trabalho e o número de servidores ocupados em cada estação de trabalho. Essas medidas podem ser calculadas pela suposição de que o FMS está produzindo em sua máxima taxa possível, limitada pela estação gargalo no sistema, que é a estação com a maior carga de trabalho por servidor. A carga de trabalho por servidor é simplesmente a fração WL_i/s_i para cada estação. Assim, o gargalo é identificado encontrando-se o valor máximo da relação entre todas as estações. A comparação precisa incluir o sistema de manuseio, já que ele pode ser o gargalo do sistema.

Sejam WL^* e s^* iguais, respectivamente, à carga de trabalho e ao número de servidores para a estação gargalo. A máxima taxa de produção de todas as peças do FMS pode ser determinada como a relação de s^* para WL^*. Vamos nos referir a ela como a taxa máxima de produção porque ela é limitada pela capacidade da estação gargalo,

$$R_p^* = \frac{s^*}{WL^*} \qquad (19.5)$$

em que R_p^* é a taxa máxima de produção de todos os tipos de peças produzidas pelo sistema, determinada pela capacidade da estação gargalo (item/min); s^* é o número de servidores na estação gargalo e WL^* é a carga de trabalho na estação gargalo (minuto/item). Não é difícil compreender a validade dessa fórmula desde que todas as peças sejam processadas através da seção gargalo. Um pouco mais de esforço é necessário para perceber que a Equação (19.5) é válida mesmo quando nem todas as peças atravessam a estação gargalo, desde que o *mix* de produtos (valores de p_j) permaneça constante. Em outras palavras, se proibirmos que essas peças que não passam pelo gargalo aumentem as taxas de produção para atingir seus respectivos limites de gargalo, essas peças serão limitadas pelas frações do *mix* de peças.

O valor de R_p^* inclui peças de todos os tipos produzidas no sistema. As taxas de produção de peças individuais podem ser obtidas multiplicando-se R_p^* pelas respectivas frações do *mix* de peças. Ou seja,

$$R_{pj}^* = p_j(R_p^*) = p_j \frac{s^*}{WL^*} \qquad (19.6)$$

em que R_{pj}^* é a máxima taxa de produção do tipo de peça *j* (item/min) e p_j é a fração do *mix* de peças para o tipo de peça *j*.

A *utilização* média de cada estação de trabalho é a proporção de tempo em que os servidores na estação estão trabalhando, não estão ociosos. Isso pode ser calculado como:

$$U_i = \frac{WL_i}{s_i}(R_p^*) = \frac{WL_i}{s_i}\frac{s^*}{WL^*} \qquad (19.7)$$

em que U_i é a utilização da estação *i*; WL_i é a carga de trabalho da estação *i* (minuto/item); s_j é o número de servidores na estação *i* e R_p^* é a taxa de produção geral (item/min). A utilização da estação gargalo é de cem por cento na R_p^*.

Para obter a utilização média da estação, simplesmente calculamos o valor médio para todas as estações, incluindo o sistema de transporte. Isso pode ser obtido como:

$$\overline{U} = \frac{\sum_{i=1}^{n+1} U_i}{n+1} \qquad (19.8)$$

em que $\overline{U}$ é a média não ponderada das utilizações das estações de trabalho.

Uma medida mais útil da utilização geral do FMS pode ser conseguida por média ponderada, em que o peso é baseado no número de servidores em cada estação para as *n* estações regulares no sistema e o sistema de transporte é omitido da média. O argumento para omitir o sistema de transporte é que a utilização das estações de processamento é a medida importante da utilização do FMS. A finalidade do sistema de transporte é servir as estações de processamento e, portanto, sua utilização não deve ser incluída na média. A utilização geral do FMS é calculada como:

$$\overline{U}_s = \frac{\sum_{i=1}^{n} s_i U_i}{\sum_{i=1}^{n} s_i} \quad (19.9)$$

em que $\overline{U}_s$ é a utilização geral do FMS, s_i é o número de servidores na estação i e U_i é a utilização da estação i.

Finalmente, estamos interessados no número de servidores ocupados em cada estação. Todos os servidores na estação gargalo estão ocupados na máxima taxa de produção, mas os das outras estações estão ociosos parte do tempo. Os valores podem ser calculados como:

$$BS_i = WL_i(R_p^*) = WL_i \frac{s^*}{WL^*} \quad (19.10)$$

em que BS_i é o número médio de servidores ocupados na estação i e WL_i é a carga de trabalho na estação i.

Vamos apresentar dois problemas para ilustrar o modelo de gargalo, sendo o primeiro um exemplo simples cujas respostas podem ser verificadas intuitivamente e o segundo um problema mais complexo.

EXEMPLO 19.5
Modelo de gargalo em um problema simples

Um sistema flexível de usinagem consiste de uma estação de carga/descarga e duas estações de usinagem. A estação 1 é a estação de carga/descarga. A estação 2 realiza operações de fresamento e consiste de dois servidores (duas fresadoras CNC idênticas). A estação 3 possui um servidor que executa furação (uma furadeira CNC). As estações estão conectadas por um sistema de manuseio de peça que tem quatro carregadores. O tempo médio de transporte é de três minutos. O FMS produz duas peças, A e B. As frações do *mix* de peças e os roteamentos de processo para as duas peças são apresentados na tabela a seguir. A frequência de operação f_{ijk} é um para todas as operações. Determine (a) a taxa máxima de produção do FMS, (b) as taxas de produção correspondentes de cada produto, (c) a utilização de cada estação e (d) o número de servidores ocupados em cada estação.

Peça j	Mix de peças p_j	Operação k	Descrição	Estação i	Tempo de processo t_{ijk} (min)
A	0,4	1	Carga	1	4
		2	Fresamento	2	30
		3	Furação	3	10
		4	Descarga	1	2
B	0,6	1	Carga	1	4
		2	Fresamento	2	40
		3	Furação	3	15
		4	Descarga	1	2

Solução: (a) Para calcular a taxa de produção do FMS, precisamos primeiramente calcular as cargas de trabalho em cada estação, de modo que identifiquemos a estação gargalo.

$WL_1 = (4 + 2)(0,4)(1) + (4 + 2)(0,6)(1) = 6$ min
$WL_2 = 30(0,4)(1) + 40(0,6)(1) = 36$ min
$WL_3 = 10(0,4)(1) + 15(0,6)(1) = 13$ min

O roteamento pelas estações para as duas peças é o mesmo: $1 \to 2 \to 3 \to 1$. Existem três deslocamentos, portanto n_t é igual a 3.

$WL_4 = 3(3)(0,4)(1) + 3(3)(0,6)(1) = 9$ min

A estação gargalo é identificada encontrando-se a maior relação WL_i/s_i.

Para a estação 1, $WL_1/s_1 = 6/1 = 6$ min
Para a estação 2, $WL_2/s_2 = 36/2 = 18$ min
Para a estação 3, $WL_3/s_3 = 13/1 = 13$ min
Para a estação 4 (o sistema de manuseio de peças), $WL_4/s_4 = 9/4 = 2,25$ min

Como a taxa máxima ocorre na estação 2, ela é a estação gargalo que determina a máxima taxa de produção de todas as peças fabricadas no sistema.

$R_p^* = 2/36 = 0,05555$ item/min $= 3,333$ itens/h

(b) Para determinar a taxa de produção de cada produto, multiplique R_p^* pela sua fração do *mix* de peças respectiva.

$R_{pA}^* = 3,333(0,4) = 1,333$ item/h
$R_{pB}^* = 3,333(0,6) = 2$ itens/h

(c) A utilização de cada estação pode ser calculada pela Equação (19.7):

$U_1 = (6/1)(0,05555) = 0,333$ (33,3%)
$U_2 = (36/2)(0,05555) = 1$ (100%)
$U_3 = (13/1)(0,05555) = 0,722$ (72,2%)
$U_4 = (9/4)(0,05555) = 0,125$ (12,5%)

(d) O número médio de servidores ocupados em cada estação é determinado pela Equação (19.10):

$BS_1 = 6(0,05555) = 0,333$
$BS_2 = 36(0,05555) = 2$
$BS_3 = 13(0,05555) = 0,722$
$BS_4 = 9(0,05555) = 0,5$

O exemplo anterior foi elaborado de modo que a maioria dos resultados pudesse ser verificada sem o modelo de gargalo. Por exemplo, é bastante evidente que a estação 2 é a estação limitadora, mesmo com dois servidores. Os tempos de processamento nessa estação são mais do que o dobro dos tempos da estação 3. Como a estação 2 é o gargalo, vamos tentar verificar a máxima taxa de produção do FMS. Para fazer isso, o leitor deve notar que os tempos de processamento na estação 2 são t_{2A2} igual a 30 minutos e t_{2B2} igual a 40 minutos. Observe também que as frações do *mix* de peças são p_A igual a 0,4 e p_B igual a 0,6. Isso significa que, para cada unidade de B produzida, existem 0,4/0,6 = 2/3 unidades da peça A. O tempo correspondente para processar uma unidade de B e dois terços de unidades de A na estação 1 é:

$$\frac{2}{3}(30) + 1(40) = 20 + 40 = 60 \text{ min}$$

É exatamente a quantidade de tempo de processamento que cada máquina tem disponível em uma hora (o que não é coincidência; nós elaboramos o problema de modo que isso ocorresse). Com dois servidores (duas fresadoras CNC), o FMS pode produzir peças na seguinte taxa máxima:

$$R_p^* = 2\left[\frac{2}{3} + 1\right] = 2(1,6666) = 3,333 \text{ itens/h}$$

É o mesmo resultado obtido pelo modelo de gargalo. Uma vez que a estação gargalo está operando em cem por cento de utilização ($U_2 = 1$), é fácil determinar as utilizações das outras estações. Na estação 1, o tempo necessário para carregar e descarregar a produção dos dois servidores na estação 2 é:

$$3,333(4 + 2) = 20 \text{ min}$$

Como uma fração dos 60 minutos em uma hora, isso corresponde a uma utilização de U_1 igual a 0,333. Na estação 3, o tempo de processamento necessário para a produção dos dois servidores na estação 2 é:

$$\frac{4}{3}(10) + 2(15) = 43,333 \text{ min}$$

Como uma fração dos 60 minutos, temos $U_3 = 43,333/60 = 0,722$. Usando o mesmo método no sistema de manuseio de peças, temos:

$$\frac{4}{3}(9) + 2(9) = 30 \text{ min}$$

Como uma fração dos 60 minutos, isso corresponde a 0,5. Entretanto, como existem quatro servidores (quatro carregadores de trabalho), essa fração é dividida por quatro para obtermos U_4 igual a 0,125. Esses são os mesmos valores de utilização do exemplo usando o modelo de gargalo.

EXEMPLO 19.6
Modelo de gargalo em um problema mais complexo
Um FMS é composto de quatro estações. A estação 1 é uma estação de carga/descarga com um servidor. A estação 2 realiza operações de fresamento com três servidores (três fresadoras CNC idênticas). A estação 3 realiza operações de furação com dois servidores (duas furadeiras CNC idênticas). A estação 4 é uma estação de inspeção com um servidor que realiza inspeções em uma amostra das peças. As estações são conectadas por um sistema de manuseio de peças que possui dois carregadores de peças e tempo médio de transporte de 3,5 minutos. O FMS produz quatro peças, A, B, C e D. As frações do *mix* de peças e os roteamentos de processo para as quatro peças são apresentados na tabela a seguir. Observe que a frequência de operação na estação de inspeção (f_{4jk}) é menor que um para considerar o fato de que apenas uma fração das peças é inspecionada. Determine: (a) a máxima taxa de produção do FMS, (b) a taxa de produção correspondente de cada peça, (c) a utilização de cada estação no sistema e (d) a utilização geral do FMS.

Peça j	Mix de peças P_j	Operação k	Descrição	Estação i	Tempo de processo t_{ijk} (min)	Frequência f_{ijk}
A	0,1	1	Carga	1	4	1
		2	Fresamento	2	20	1
		3	Furação	3	15	1
		4	Inspeção	4	12	0,5
		5	Descarga	1	2	1
B	0,2	1	Carga	1	4	1
		2	Furação	3	16	1
		3	Fresamento	2	25	1
		4	Furação	3	14	1
		5	Inspeção	4	15	0,2
		6	Descarga	1	2	1
C	0,3	1	Carga	1	4	1
		2	Furação	3	23	1
		3	Inspeção	4	8	0,5
		4	Descarga	1	2	1
D	0,4	1	Carga	1	4	1
		2	Fresamento	2	30	1
		3	Inspeção	4	12	0,333
		4	Descarga	1	2	1

Solução: (a) Calculemos as cargas de trabalho nas estações a fim de identificar a estação gargalo.

$WL_1 = (4 + 2)(1)(0,1 + 0,2 + 0,3 + 0,4) = 6$ min
$WL_2 = 20(1)(0,1) + 25(1)(0,2) + 30(1)(0,4) = 19$ min
$WL_3 = 15(1)(0,1) + 16(1)(0,2) + 14(1)(0,2) + 23(1)(0,3) = 14,4$ min
$WL_4 = 12(0,5)(0,1) + 15(0,2)(0,2) + 8(0,5)(0,3) + 12(0,333)(0,4) = 4$ min
$n_t = (3,5)(0,1) + (4,2)(0,2) + (2,5)(0,3) + (2,333)(0,4) = 2,873$
$WL_5 = 2,873(3,5) = 10,06$ min

A estação gargalo é identificada pela maior relação *WL/s*:

Para a estação 1, $WL_1/s_1 = 6/1 = 6$
Para a estação 2, $WL_2/s_2 = 19/3 = 6,333$
Para a estação 3, $WL_3/s_3 = 14,4/2 = 7,2$
Para a estação 4, $WL_4/s_4 = 4/1 = 4$
Para o sistema de manuseio de peças, $WL_5/s_5 = 10,06/2 = 5,03$

Como a taxa máxima ocorre na estação 3, ela é a estação gargalo que determina a máxima taxa de produção do sistema.

$R_p^* = 2/14,4 = 0,1389$ item/min $= 8,333$ itens/h

(b) Para determinar a taxa de produção de cada produto, multiplique R_p^* pela sua respectiva fração do *mix* de peças.

$R_{pA}^* = 8,333(0,1) = 0,8333$ item/h
$R_{pB}^* = 8,333(0,2) = 1,667$ item/h
$R_{pC}^* = 8,333(0,3) = 2,5$ itens/h
$R_{pD}^* = 8,333(0,4) = 3,333$ itens/h

(c) A utilização de cada estação pode ser calculada usando-se a Equação (19.7):

$U_1 = (6/1)(0,1389) = 0,833$ (83,3%)
$U_2 = (19/3)(0,1389) = 0,879$ (87,9%)
$U_3 = (14,4/2)(0,1389) = 1$ (100%)
$U_4 = (4/1)(0,1389) = 0,555$ (55,5%)
$U_5 = (10,06/2)(0,1389) = 0,699$ (69,9%)

(d) A utilização geral do FMS pode ser determinada usando uma média ponderada dos valores acima, em que o peso é baseado no número de servidores por estação e o sistema de manuseio de peças é excluído da média, como na Equação (19.9):

$$\overline{U_s} = \frac{1(0,833) + 3(0,879) + 2(1) + 1(0,555)}{7} =$$

$= 0,861(86,1\%)$

No exemplo anterior, deve ser notado que a taxa de produção da peça D é limitada pelas frações do *mix* de peças e não pela estação gargalo (estação 3). A peça D não é sequer processada na estação gargalo. Em vez disso, é processada na estação 2, que tem capacidade não utilizada. Portanto, deve ser possível aumentar a taxa de produção da peça D aumentando sua fração do *mix* de peças e, ao mesmo tempo, aumentando a utilização da estação 2 para cem por cento. O exemplo a seguir ilustra o método para fazer isso.

EXEMPLO 19.7
Aumentando a capacidade da estação não utilizada

Do Exemplo 19.6, U_2 é igual a 87,9 por cento. Determine a taxa de produção da peça D que aumentará a utilização da estação 2 para cem por cento.

Solução: A utilização de uma estação de trabalho é calculada usando a Equação (19.7). Para a estação 2,

$$U_2 = \frac{WL_2}{3}(0,1389)$$

Definindo a utilização da estação 2 para um (cem por cento), podemos resolver para o correspondente:

$$WL_2 = \frac{1(3)}{0,1389} = 21,6 \text{ min}$$

Isso se compara ao valor da carga de trabalho anterior de 19 minutos calculado no Exemplo 19,6. Uma parte da carga de trabalho para os dois valores é considerada pelas peças A e B. Essa parte é:

$WL_2(A + B) = 20(0,1)(1) + 25(0,2)(1) = 7$ min

As partes restantes das cargas de trabalho são devido à peça D.

Para a carga de trabalho em cem por cento de utilização, $WL_2(D) = 21,6 - 7 = 14,6$ min
Para a carga de trabalho em 87,9 por cento de utilização, $WL_2(D) = 19 - 7 = 12$ min

Podemos usar a taxa desses valores para calcular a nova taxa de produção (aumentada) para a peça D:

$$R_{pD} = \frac{14,6}{12}(3,333) = 1,2167(3,333) = 4,055 \text{ itens/h}$$

As taxas de produção dos outros três produtos permanecem as mesmas. Portanto, a taxa de produção de todas as peças aumenta para o seguinte:

$R_p^* = 0,833 + 1,667 + 2,5 + 4,055 = 9,055$ itens/h

Embora as taxas de produção dos outros três produtos não tenham sido alteradas, o aumento na taxa de produção para a peça D altera as frações relativas do *mix* de peças. Os novos valores são:

$$p_A = \frac{0,833}{9,055} = 0,092$$

$$p_B = \frac{1,667}{9,055} = 0,184$$

$$p_C = \frac{2,5}{9,055} = 0,276$$

$$p_D = \frac{4,055}{9,055} = 0,448$$

19.5.2 Modelo de gargalo estendido

O modelo de gargalo considera que a estação gargalo é utilizada cem por cento e que não há atrasos devido a filas no sistema. Isso implica, de um lado, que exista um número suficiente de peças no sistema para evitar ociosidade das estações de trabalho e, de outro lado, que não haverá atraso algum devido a filas. Solberg [27] argumentou que a suposição de cem por cento de utilização torna o modelo de gargalo extremamente otimista e que um modelo de filas que considera variações e atrasos de tempo de processo descreveria de modo mais realista e completo o desempenho de um sistema flexível de manufatura.

Um método alternativo, desenvolvido por Mejabi [21], resolve algumas deficiências do modelo de gargalo sem recorrer a cálculos de filas (que podem ser complexos). Ele chamou esse método de *modelo de gargalo estendido*. Esse modelo estendido considera uma rede de filas fechada na qual sempre existe certo número de peças de trabalho no FMS. Seja N esse número de peças no sistema, quando uma peça é finalizada e sai do FMS, uma nova peça de trabalho bruta imediatamente entra no sistema, e N permanece constante. A nova peça pode ou não ter o mesmo roteamento de processo da que acabou de ser finalizado. O roteamento de processo da peça que está entrando é determinado conforme a probabilidade p_j.

N desempenha papel vital no funcionamento do sistema de produção. Se N for baixo (por exemplo, muito menor do que o número de estações de trabalho), algumas estações ficarão ociosas, algumas vezes até mesmo a estação gargalo. Nesse caso, a taxa de produção do FMS será menor que R_p^* calculado na Equação (19.5). Se N for alto (por exemplo, muito maior do que o número de estações de trabalho), então o sistema estará totalmente carregado, com filas de peças esperando na frente das estações. Nesse caso, R_p^* fornecerá uma boa estimativa da capacidade de produção do sistema. Entretanto, o valor dos itens em processo (WIP) será alto, e o prazo de manufatura (do inglês, *manufacturing lead time* — MLT) será longo.

Na verdade, o WIP corresponde a N e o MLT é a soma dos tempos de processamento nas estações de trabalho, os tempos de transporte entre as estações e qualquer tempo de espera experimentado pelas peças no sistema. Podemos expressar MLT como:

$$MLT = \sum_{i=1}^{n} WL_i + WL_{n+1} + T_w \qquad (19.11)$$

em que $\sum_{i=1}^{n} WL_i$ é a soma das cargas de trabalho médias sobre todas as estações no FMS (minutos); WL_{n+1} é a carga de trabalho do sistema de manuseio de peças (minutos) e T_w é o tempo de espera médio experimentado por uma peça devido a filas nas estações (minutos).

O WIP (ou seja, N) e o MLT são correlacionados. Se N for baixo, o MLT assumirá seu menor valor possível porque o tempo de espera será curto ou até nulo. Se N for alto, então MLT será longo e haverá tempo de espera no sistema. Portanto, temos dois casos alternativos, e ajustes precisam ser feitos no modelo de gargalo para considerá-los. Para fazer isso, Mejabi achou que a conhecida fórmula de Little[4] da teoria das filas seria útil. A fórmula de Little estabelece a relação entre o tempo médio esperado que uma unidade gasta no sistema, a taxa média de processamento dos itens no sistema e o número médio de unidades no sistema. Essa fórmula pode ser matematicamente provada para um sistema de filas de estação única e sua validade geral é aceita para sistemas de filas multiestação. Usando nossos próprios símbolos, a fórmula de Little pode ser expressa como:

$$N = R_p (MLT) \qquad (19.12)$$

em que N é o número de peças no sistema (item); R_p é a taxa de produção do sistema (item/min) e MLT é o prazo de manufatura (tempo gasto no sistema por uma peça, min). Agora, vamos examinar os dois casos:

Caso 1: Quando N é baixo, a taxa de produção é menor do que no caso do gargalo porque a estação gargalo não é totalmente utilizada. Nesse caso, o tempo de espera T_w de uma unidade é teoricamente zero, e a Equação (19.11) se reduz a:

$$MLT_1 = \sum_{i=1}^{n} WL_i + WL_{n+1} \qquad (19.13)$$

em que o subscrito em MLT_1 é usado para identificar o caso 1. A taxa de produção pode ser estimada usando a fórmula de Little:

$$R_p = \frac{N}{MLT_1} \qquad (19.14)$$

e as taxas de produção das peças individuais são dadas por:

$$R_{pj} = p_j R_p \qquad (19.15)$$

---

[4] A fórmula de Little normalmente é dada como $L = \lambda W$, em que L é o número esperado de unidades, λ é a taxa de processamento das unidades e W é o tempo esperado gasto por uma unidade. Estamos substituindo por nossos próprios símbolos: L se torna N, o número de peças no FMS; λ se torna R_p, a taxa de produção do FMS e W se torna MLT, tempo total no FMS, que é a soma dos tempos de processamento e transporte mais qualquer tempo de espera.

Como indicado, o tempo de espera é considerado como sendo zero:

$$T_w = 0 \quad (19.16)$$

Caso 2: Quando N é alto, a estimativa da máxima taxa de produção fornecida pela Equação (19.5) deve ser válida: $R_p^* = s^*/WL^*$, em que o asterisco (*) denota que a taxa de produção é limitada pela estação gargalo no sistema. As taxas de produção dos produtos individuais são dadas por:

$$R_{pj}^* = p_j R_p^* \quad (19.17)$$

Nesse caso, o prazo médio de manufatura é avaliado usando a fórmula de Little:

$$MLT_2 = \frac{N}{R_p^*} \quad (19.18)$$

O tempo de espera médio que uma peça gasta no sistema pode ser determinado reorganizando a Equação (19.11) para resolver para T_w:

$$T_w = MLT_2 - \left[\sum_{i=1}^{n} WL_i + WL_{n+1}\right] \quad (19.19)$$

A decisão de usar o caso 1 ou o caso 2 depende do valor de N. A linha divisória entre eles é determinada pelo fato de N ser maior ou menor do que um valor crítico dado por:

$$N^* = R_p^* \left[\sum_{i=1}^{n} WL_i + WL_{n+1}\right] = R_p^*(MLT_1) \quad (19.20)$$

em que N^* é o valor crítico de N, a linha divisória entre os casos de gargalo e não gargalo. Se $N < N^*$, o caso 1 se aplica. Se $N \geq N^*$, então o caso 2 se aplica. As equações apropriadas para os dois casos são resumidas na Tabela 19.5.

EXEMPLO 19.8
Modelo de gargalo estendido
Usaremos o modelo de gargalo estendido nos dados fornecidos no Exemplo 19.5 para calcular a taxa de produção, o prazo de manufatura e o tempo de espera para três valores de N: (a) $N = 2$, (b) $N = 3$ e (c) $N = 4$.
Solução: Primeiro calcularemos o valor crítico de N. Temos R_p^* do Exemplo 19.5: $R_p^* = 0{,}05555$ item/min. Também precisamos do valor de MLT_1. Outra vez, usando os valores anteriormente calculados do Exemplo 19.5,

$$MLT_1 = 6 + 36 + 13 + 9 = 64 \text{ min}$$

O valor crítico de N é dado pela Equação (19.20):

$$N^* = 0{,}05555(64) = 3{,}555$$

(a) Como $N = 2$ é menor do que o valor crítico, aplicamos as equações para o caso 1.

$MLT_1 = 64$ min (calculado algumas linhas acima)
$$R_p = \frac{N}{MLT_1} = \frac{2}{64} = 0{,}03125 \text{ itens/min} = 1{,}875 \text{ itens/h}$$
$T_w = 0$ min

(b) O $N = 3$ é novamente menor do que o valor crítico e, portanto, o caso 1 se aplica.

$MLT_1 = 64$ min
$$R_p = \frac{3}{64} = 0{,}0469 \text{ itens/min} = 2{,}813 \text{ itens/h}$$
$T_w = 0$ min

(c) Para $N = 4$, o caso 2 se aplica, já que $N > N^*$.

$$R_p^* = \frac{s^*}{WL^*} = 0{,}05555 \text{ itens/min} = 3{,}333 \text{ itens/h}$$

$$MLT_2 = \frac{4}{0{,}05555} = 72 \text{ min}$$

$$T_w = 72 - 64 = 8 \text{ min}$$

Tabela 19.5 Equações e diretrizes para o modelo de gargalo estendido

Caso 1: $N < N^* = R_p^*\left[\sum_{i=1}^{n} WL_i + WL_{n+1}\right]$	Caso 2: $N \geq N^* = R_p^*\left[\sum_{i=1}^{n} WL_i + WL_{n+1}\right]$
$MLT_1 = \sum_{i=1}^{n} WL_i + WL_{n+1}$ $R_p = \frac{N}{MLT_1}$ $R_{pj} = p_j R_p$ $T_w = 0$	$R_p^* = \frac{s^*}{WL^*}$ $R_{pj}^* = p_j R_p^*$ $MLT_2 = \frac{N}{R_p^*}$ $T_w = MLT_2 - \left[\sum_{i=1}^{n} WL_i + WL_{n+1}\right]$

Os resultados do exemplo tipificam o comportamento do modelo de gargalo estendido, mostrado na Figura 19.12. Abaixo de N^* (caso 1), o MLT possui um valor constante e R_p diminui proporcionalmente conforme N diminui. O prazo de manufatura não pode ser menor do que a soma dos tempos de processamento e de transporte, e a taxa de produção é adversamente afetada pelos baixos valores de N, já que as estações se tornam ociosas. Acima de N^* (caso 2), R_p possui um valor constante igual a R_p^* e MLT aumenta. Seja qual for o tamanho de N, a taxa de produção não pode ser maior que a capacidade de saída da estação gargalo. O prazo de manufatura aumenta porque trabalhos inacabados se acumulam nas estações.

Essas observações poderiam nos levar a concluir que o valor ótimo de N ocorre em N^*, já que MLT está em seu valor mínimo possível e R_p está em seu valor máximo possível. No entanto, é preciso ter cuidado no uso do modelo de gargalo estendido (o mesmo cuidado se aplica ainda mais no modelo de gargalo convencional, que desconsidera o efeito de N). Ele é concebido como um método rústico para estimar o desempenho do FMS nas primeiras fases do projeto do sistema. Estimativas de desempenho mais confiáveis podem ser obtidas usando simulações computacionais de modelos detalhados do FMS — modelos que incluem considerações de *layout*, sistema de manuseio e armazenamento de material e outros fatores de projeto do sistema.

Figura 19.12 Comportamento geral do modelo de gargalo estendido: (a) prazo de manufatura *MLT* como uma função de N e (b) taxa de produção R_p como uma função de N

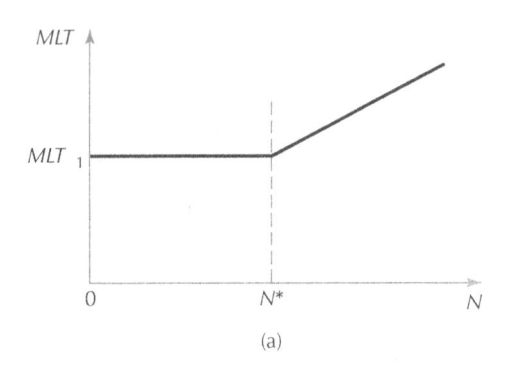

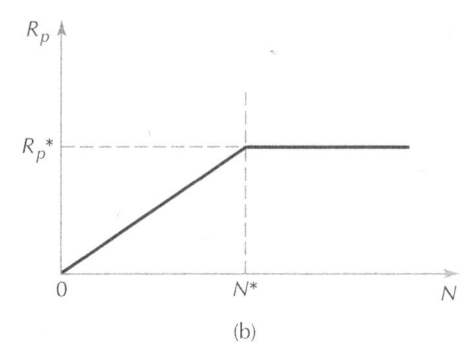

19.5.3 Dimensionando o FMS

O modelo de gargalo pode ser usado para calcular o número de servidores necessários em cada estação de trabalho para atingir uma taxa de produção especificada. Esses cálculos seriam úteis durante as etapas iniciais do projeto do FMS para determinar o "tamanho" (número de estações de trabalho e servidores) do sistema. Para realizar os cálculos, precisamos conhecer o *mix* de peças, os roteamentos de processo e os tempos de processamento, de modo que as cargas de trabalho possam ser calculadas para cada uma das estações incluídas no FMS. Conhecendo-se as cargas de trabalho, o número de servidores em cada estação i é determinado como:

$$s_i = \text{inteiro mínimo} \geq R_p(WL_i) \qquad (19.22)$$

em que s_i é o número de servidores na estação i; R_p é a taxa de produção especificada de todas as peças produzidas pelo sistema (item/min) e WL_i é a carga de trabalho na estação i (minutos). O exemplo a seguir ilustra o procedimento.

EXEMPLO 19.9
Dimensionando o FMS
Suponha que o *mix* de peças, os roteamentos de processo e os tempos de processamento para a família de peças usinadas em um FMS proposto são os dados no Exemplo 19.6. O FMS operará 24 horas por dia, cinco dias por semana e 50 semanas por ano. Determine (a) o número de servidores necessários em cada estação i para atingir uma taxa de produção anual de 60 mil peças e (b) a utilização de cada estação de trabalho.
Solução: (a) O número de horas de operação do FMS por ano será $24 \times 5 \times 50 = 6.000$ horas/ano. A taxa de produção horária é dada por:

$$R_p = \frac{60.000}{6000} = 10 \text{ item/h} = 0{,}1667 \text{ item/min}$$

As cargas de trabalho em cada estação foram previamente calculadas no Exemplo 19.6: $WL_1 = 6$ min, $WL_2 = 19$ min, $WL_3 = 14{,}4$ min, $WL_4 = 4$ min e $WL_5 = 10{,}06$ min. Usando a Equação (19.22), temos o seguinte número de servidores necessários em cada estação:

s_1 = inteiro mínimo ≥ 0,1667(6) = 1 = 1 servidor
s_2 = inteiro mínimo ≥ 0,1667(19) = 3,167 arredondado para 4 servidores
s_3 = inteiro mínimo ≥ 0,1667(14,4) = 2,4 arredondado para 3 servidores
s_4 = inteiro mínimo ≥ 0,1667(4) = 0,667 arredondado para 1 servidor
s_5 = inteiro mínimo ≥ 0,1754(10,06) = 1,677 arredondado para 2 servidores

(b) A utilização em cada estação de trabalho é determinada como o valor calculado de s_i dividido pelo valor inteiro mínimo resultante ≥ s_i.

U_1 = 1/1 = 1 (100%)
U_2 = 3,167/4 = 0,79233 (79,2%)
U_3 = 2,4/3 = 0,8 (80%)
U_4 = 0,667/1 = 0,667 (66,7%)
U_5 = 1,677/2 = 0,839 (83,9%)

O valor máximo está na estação 1, a estação de carga/descarga. Essa é a estação gargalo.

Como o número de servidores em cada estação de trabalho precisa ser inteiro, a utilização de estação pode ser menor que cem por cento para a maioria, se não para todas as estações. No Exemplo 19.9, a estação de carga/descarga possui utilização de cem por cento, mas todas as outras estações possuem utilizações menores. A próxima utilização mais alta está na estação 5, o sistema de transporte de peças. É uma pena que a estação de carga/descarga ou o sistema de transporte de peças sejam os fatores limitadores da taxa de produção geral do FMS. Seria melhor se uma das estações de produção ou a estação de inspeção fosse o gargalo. Lidaremos com esse problema no exemplo a seguir.

EXEMPLO 19.10
O problema do dimensionamento do FMS revisado
Para o Exemplo 19.9 anterior, (a) faça as mudanças de projeto necessárias no FMS de modo que a taxa de produção do sistema seja limitada por uma das estações de produção ou inspeção em vez da estação de carga/descarga ou de transporte. (b) Depois, determine a máxima taxa de produção anual possível do FMS para as 6 mil horas de operação por ano.
Solução: (a) Uma vez que as duas utilizações mais altas no Exemplo 19.9 são U_1 igual a cem por cento e U_5 igual a 83,9 por cento, faz sentido aumentar o número de servidores nessas estações. Isso reduzirá a utilização para cada uma dessas estações, tornando assim uma das outras estações no gargalo. Para a estação 1, atualmente com um servidor, mude s_1 para s_1 igual a dois servidores.

U_1 = 1/2 = 0,5 (50%)

E, para a estação 5, atualmente com dois servidores, mude s_5 para s_5 igual a três servidores.

U_5 = 1,677/3 = 0,559 (55,9%)

Com essas mudanças, a estação 3 (U_3 = 80%) se torna o novo gargalo.
(b) A máxima taxa de produção possível do FMS pode ser aumentada de modo que a estação gargalo opere em cem por cento de utilização. Isso é feito dividindo-se a taxa de produção atual em 80 por cento de utilização (R_p = 10 itens/h) pelo fator de utilização atual (U_3 = 80%).

$$R_p^* = \frac{10}{0,8} = 12,5 \text{ itens/min} = 0,20833 \text{ item/min}$$

A 6 mil horas de operação por ano, R_p^* = 12,5(6.000) = 75.000 itens/ano.
As utilizações em todas as outras estações são afetadas por essa taxa de produção mais alta. A utilização em cada estação é calculada usando a Equação (19.7), que expressa $U_i = R_p^*(WL/s_i)$:

U_1 = 0,20833(6/2) = 0,625 (62,5%)
U_2 = 0,20833(19/4) = 0,98 (98,9%)
U_3 = 0,20833(14,4/3) = 1 (100%)
U_4 = 0,20833(4/1) = 0,833 (83,3%)
U_5 = 0,20833(10,06/3) = 0,699 (69,9%)

19.5.4 O que os números nos dizem

Apesar de suas limitações, o modelo de gargalo e o modelo de gargalo estendido fornecem as seguintes diretrizes práticas sobre o projeto e o funcionamento dos sistemas flexíveis de manufatura:

- Para determinado *mix* de produtos ou peças, a taxa de produção total do FMS é, em última análise, limitada pela capacidade produtiva da estação gargalo, estação com a carga de trabalho máxima por servidor.

- Se as frações do *mix* de produtos ou peças puderem ser relaxadas, talvez seja possível aumentar a taxa de produção total do FMS aumentando a utilização das estações que não são gargalo.

- O número de peças no FMS em qualquer momento deve ser maior que o número de servidores (máquinas de processamento) no sistema. Uma relação em torno de duas peças por servidor provavelmente é o ideal, considerando que as peças sejam distribuídas por todo o FMS para garantir que uma peça esteja esperando em cada estação. Isso é especialmente importante na estação gargalo.

- Se o número de itens em processo (número de peças no sistema) for mantido muito baixo, a taxa de produção do sistema é prejudicada.

- Se o número de itens em processo for deixado muito alto, então o tempo de manufatura será longo, sem melhoria na taxa de produção.

- Como uma primeira aproximação, o modelo de gargalo pode ser usado para estimar o número de servidores em cada estação (número de máquinas de cada tipo) para atingir uma taxa de produção geral especificada do sistema.

Referências

[1] ASKIN, R. G.; SELIM, H. M.; VAKHARIA, A. J. "A methodology for designing flexible cellular manufacturing systems". *IIE Transactions*, v. 29, p. 599-610, 1997.

[2] BASNET, C.; MIZE, J. H. "Scheduling and control of flexible manufacturing systems: A critical review". *International Journal of Computer Integrated Manufacturing*, v. 7, p. 340-355, 1994.

[3] BROWNE, J.; DUBOIS, D; RATHMILL, K.; SETHI, S. P.; STECKE, K. E. "Classification of flexible Manufacturing systems". *FMS Magazine*, v. 2, p. 114-7, abr. 1984.

[4] BUZACOTT, J. A. "Modeling automated manufacturing systems". In: Annual Industrial Engineering Conference, 1983, Louisville, KY. *Proceedings*. Louisville, KY: mai. 1983. p. 341-7.

[5] BUZACOTT, J. A.; SHANTHIKUMAR, J. G. "Models for understanding flexible manufacturing systems". *AIIE Transactions*, p. 339-349, dez. 1980.

[6] BUZACOTT, J. A.; YAO, D. D. "Flexible manufacturing systems: A review of analytical models". *Management Science*, v. 32, p. 890-5, 1986.

[7] FALKNER, C. H. "Flexibility in manufacturing systems". In: ORSA/TIMS Conference on Flexible Manufacturing Systems: Operations Research Models and Applications, 2. ed. *Proceedings*. Nova York: K. E. Stecke e R. Suri, Elsevier Science Publishers, p. 95-106, 1986.

[8] *Flexible manufacturing systems handbook*. Cambridge, MA: The Charles Stark Draper Laboratory, Park Ridge, NJ: Noyes Publications, 1984.

[9] GROOVER, M. P.; MEJABI, O. "Trends in manufacturing system design". In: IIE Fall Conference, 1987, Nashville, TN. *Proceedings*. Nashville, TN: nov. 1987.

[10] HARTLEY, J. *FMS at work*. Bedford, UK: IFS (Publicações); Amsterdam, NL: North-Holland, 1984.

[11] JABLONSKI, J. "Reexamining FMSs". *American Machinist*, n. 774, p. 125-40, mar.1985. Special report.

[12] JOSHI, S. B.; SMITH, J. S. (editores). *Computer control of flexible manufacturing systems*. Londres: Chapman & Hall, 1994.

[13] KATTAN, I. A."Design and scheduling of hybrid multi-cell flexible manufacturing systems". *International Journal of Production Research*, v. 35, p. 1239-57, 1997.

[14] KLAHORST, H. T. "How to plan your FMS". *Manufacturing Engineering*, p. 52-4, set. 1983.

[15] KOELSCH, J. R.; "A new look to transfer lines". *Manufacturing Engineering*, p. 73-8, abr. 1984.

[16] KOUVELIS, P. "Design and planning problems in flexible manufacturing systems: A critical review". *Journal of Intelligent Manufacturing*, v. 3, p. 75-99, 1992.

[17] KUSIAK, A.; FENG, C.-X. "Flexible manufacturing". In: DORF, Richard C. (editor). *The Engineering Handbook*,. CRC Press, p. 1718-23, 1996.

[18] LENZ, J. E. *Flexible manufacturing*. Nova York: Marcel Dekker, 1989.

[19] LUGGEN, W. W. *Flexible manufacturing cells and systems*. Englewood Cliffs, NJ: Prentice Hall, 1991.

[20] MALEKI, R.A. *Flexible manufacturing systems:* The technology and management. Englewood Cliffs, NJ: Prentice Hall, 1991.

[21] MEJABI, O. Modeling in flexible manufacturing systems design. 1988. Dissertation (Lehigh University, Bethlehem, PA, 1988.

[22] MOHAMED, Z. M. *Flexible manufacturing systems:* Planning issues and solutions. Nova York: Garland Publishing, 1994.

[23] MOODIE, C.; UZSOY, R.; YIH, Y. (editors). *Manufacturing cells:* A Systems Engineering View. Londres: Taylor & Francis, 1996.

[24] RAHIMIFARD, S.; NEWMAN, S. T. "Simultaneous scheduling of workpieces, fixtures and cutting tools within flexible machining cells". *International Journal of Production Systems*, v. 15, p. 2379-96, 1997.

[25] SOLBERG, J. J. "A mathematical model of computerized manufacturing systems". In: International Conference on Production Research, 4. ed., 1977, Tokyo, JP. *Proceedings*. Tokyo, JP, 1977.

[26] ____. "CAN-Q user's guide". In: Report No. 9 (Revisado), NSF Grant No. APR74- 15256, West Lafayette, IN: Purdue University, School of Industrial Engineering, 1980.

[27] SOLBERG, J. J. "Capacity planning with a stochastic workflow model". *AIIE Transactions*, v. 13, n. 2, p. 116-22, 1981.

[28] STECKE, K. E. "Formulation and solution of nonlinear integer production planning problems for flexible manufacturing systems". *Management Science*, v. 29, p. 273-88, 1983.

[29] ____. "Design, planning, scheduling and control problems of FMS". In: ORSA/TIMS Special Interest Conference on Flexible Manufacturing Systems, 1984, Ann Arbor, MI. *Proceedings*, Ann Arbor, MI: University of Michigan, 1984.

[30] STECKE, K. E.; Solberg, J. J. "The optimality of unbalancing both workloads and machine group sizes in closed queueing networks of multiserver queues". *Operational Research*, Cidade, v. 33, p. 822-910, 1985.

[31] SURI, R. "An overview of evaluative models for flexible manufacturing systems". In: ORSA/TIMS Special Interest Conference on Flexible Manufacturing Systems, 1984, Ann Arbor, MI. *Proceedings*, Ann Arbor, MI: University of Michigan, p. 8-15, ago. 1984.

[32] VACCARI, J. A. "Forging in the age of the FMS". *American Machinist*, n. 782, p. 101-8, jan. 1986. Relatório especial.

[33] WATERBURY, R. "FMS expands into assembly". *Assembly Engineering*, p. 34-7, out. 1985.

[34] WINSHIP, J. T. "Flexible sheetmetal fabrication". *American Machinist*, n. 779, p. 95-106, ago. 1985. Relatório especial.

[35] WU, S. D.; WYSK, R. A. "An application of discrete-event simulation to on-line control and scheduling in flexible manufacturing". *International Journal of Production Research*, v. 27, p. 247-62, 1989.

Questões para revisão

19.1 Cite três situações de produção em que a tecnologia FMS pode ser aplicada.

19.2 O que é um sistema flexível de manufatura?

19.3 Quais são as três capacidades que um sistema de manufatura precisa possuir para ser flexível?

19.4 Cite os quatro testes de flexibilidade que um sistema de manufatura precisa satisfazer para ser classificado como flexível.

19.5 Qual é a linha divisória entre uma célula flexível de manufatura e um sistema flexível de manufatura no que se refere ao número de estações de trabalho no sistema?

19.6 Qual é a diferença entre um FMS dedicado e um FMS de ordem aleatória?

19.7 Quais são os quatro componentes básicos de um sistema flexível de manufatura?

19.8 Cite três das cinco funções do sistema de manuseio e armazenamento de material em um sistema flexível de manufatura.

19.9 Nos sistemas flexíveis de manufatura, qual é a diferença entre os sistemas de manuseio primário e secundário?

19.10 Cite quatro das cinco categorias de configurações de *layout* encontradas em um sistema flexível de manufatura.

19.11 Cite quatro das sete funções desempenhadas por recursos humanos em um FMS.

19.12 Cite quatro vantagens que podem ser esperadas de uma instalação de FMS bem-sucedida.

Problemas

Modelo de gargalo

19.1 Uma célula de manufatura flexível consiste de uma estação de carga/descarga e duas estações de usinagem. A estação de carga/descarga é a estação 1. A estação 2 realiza operações de fresamento e consiste de um servidor (fresadora CNC). A estação 3 possui um servidor que realiza furação (uma furadeira CNC). As três estações são conectadas por um sistema de manuseio que possui carregador de peças. O tempo médio de transporte é de 2,5 minutos. A FMC produz três peças, A, B e C. As frações do *mix* de peças e os roteamentos de processo para as três peças são apresentadas na tabela a seguir. A frequência de operação f_{ijk} é igual a um para todas as operações. Determine (a) a taxa máxima de produção da FMC, (b) as taxas de produção correspondentes de cada produto, (c) a utilização de cada máquina no sistema e (d) o número de servidores ocupados em cada estação.

Peça j	Mix de peças p_j	Operação k	Descrição	Estação i	Tempo de processo t_{ijk} (min)
A	0,2	1	Carga	1	3
		2	Fresamento	2	20
		3	Furação	3	12
		4	Descarga	1	2
B	0,3	1	Carga	1	3
		2	Fresamento	2	15
		3	Furação	3	30
		4	Descarga	1	2
C	0,5	1	Carga	1	3
		2	Furação	3	14
		3	Fresamento	2	22
		4	Descarga	1	2

Peça j	Mix de peças p_j	Operação k	Descrição	Estação i	Tempo de processo t_{ijk} (min)
A	0,2	1	Carga	1	4
		2	Fresamento horizontal	2	15
		3	Fresamento vertical	3	14
		4	Furação	4	13
		5	Descarga	1	3
B	0,2	1	Carga	1	4
		2	Furação	4	12
		3	Fresamento horizontal	2	16
		4	Fresamento vertical	3	11
		5	Furação	4	17
		6	Descarga	1	3
C	0,25	1	Carga	1	4
		2	Fresamento horizontal	2	10
		3	Furação	4	9
		4	Descarga	1	3
D	0,35	1	Carga	1	4
		2	Fresamento vertical	3	18
		3	Furação	4	8
		4	Descarga	1	3

19.2 Resolva o Problema 19.1 considerando que o número de servidores na estação 2 (fresadoras CNC) seja igual a três e o número de servidores na estação 3 (furadeiras CNC) seja igual a dois. Observe que, com o aumento no número de máquinas de duas para cinco, a FMC passa a ser um FMS de acordo com as definições da Seção 19.1.2.

19.3 Um FMS é composto de uma estação de carga/descarga e três estações de trabalho. A estação 1 carrega e descarrega peças usando dois servidores (trabalhadores para o manuseio de material). A estação 2 realiza operações de fresamento horizontal com dois servidores (fresadoras CNC horizontais idênticas). A estação 3 realiza operações de fresamento vertical com três servidores (fresadoras CNC verticais idênticas). A estação 4 realiza operações de furação com dois servidores (furadeiras idênticas). As máquinas são conectadas por um sistema de manuseio de peças que possui dois carregadores de peças e um tempo médio de transporte de 3,5 minutos. O FMS produz quatro peças, A, B, C e D, cujas frações do mix de peças e os roteamentos de processo são apresentados na tabela a seguir. A frequência de operação f_{ijk} é igual a um para todas as operações. Determine (a) a máxima taxa de produção do FMS, (b) a utilização de cada máquina no sistema e (c) a utilização média do sistema $\overline{U}_s$.

19.4 Resolva o Problema 19.3 usando o número de carregadores no sistema de manuseio de peças igual a três.

19.5 Suponha que se decida aumentar a utilização das duas estações de usinagem não gargalo no FMS do Problema 19.4 introduzindo uma nova peça, E, no mix. Se o novo produto for produzido a uma taxa de duas unidades por hora, qual seria o roteamento de processo ideal (tempos de sequência e processamento) para a peça E que aumentaria a utilização das duas estações de usinagem não gargalo para cem por cento cada uma? As respectivas taxas de produção das peças A, B, C e D permaneceriam as mesmas do Problema 19.4. Desconsidere as utilizações da estação de carga/descarga e o sistema de manuseio de peças.

19.6 Uma célula flexível de manufatura semiautomatizada é usada para produzir três produtos. Os produtos são fabricados por duas estações de processamento automatizadas seguidas de uma estação de montagem. Também existe uma estação de carga/descarga. O manuseio de material entre as estações na FMC é realizado por carros mecanizados que movem contêineres contendo os componentes específicos que serão processados e depois montados em determinado produto. Os carros transferem os contêineres entre as estações. Desse modo, são mantidos ocupados enquanto os contêineres são enfileirados em frente às estações de trabalho. Cada contêiner permanece com o produto durante todo o processamento e toda a montagem. Os detalhes da FMC podem ser resumidos do seguinte modo:

Estação	Descrição	Número de servidores
1	Carga e descarga	2 trabalhadores humanos
2	Processo X	1 servidor automatizado
3	Processo Y	1 servidor automatizado
4	Montagem	2 trabalhadores humanos
5	Transporte	Número de carros a ser determinado

As frações do *mix* de produtos e os tempos de processamento de estação para as peças são apresentados na tabela a seguir. A mesma sequência de estações é seguida por todos os produtos: $1 \to 2 \to 3 \to 4 \to 1$.

Produto j	Mix de produtos p_j	Estação 1 (min)	Estação 2 (min)	Estação 3 (min)	Estação 4 (min)	Estação 5 (min)
A	0,35	3	9	7	5	2
B	0,25	3	5	8	5	2
C	0,4	3	4	6	8	2

O tempo médio que o carro de transferência leva entre estações é de quatro minutos. (a) Qual é a estação gargalo na FMC, considerando que o sistema de manuseio de material não é o gargalo? (b) Na capacidade total, qual é a taxa de produção geral do sistema e a taxa para cada produto? (c) Qual é o número mínimo de carros no sistema de manuseio de material necessário para fazer face às estações de trabalho de produção? (d) Calcule a utilização geral da FMC. (e) Que recomendações você faria para melhorar a eficiência e/ou reduzir o custo para operar a FMC?

Modelo de gargalo estendido

19.7 Use o modelo de gargalo estendido para resolver o Problema 19.1 com o seguinte número de peças: (a) $N = 2$ peças e (b) $N = 4$ peças. Além disso, determine o tempo de manufatura (do inglês, *lead time*) para os dois casos de N em (a) e (b).

19.8 Use o modelo de gargalo estendido para resolver o Problema 19.2 com o seguinte número de peças: (a) $N = 3$ peças e (b) $N = 6$ peças. Além disso, determine o tempo de manufatura para os dois casos de N em (a) e (b).

19.9 Use o modelo de gargalo estendido para resolver o Problema 19.3 com o seguinte número de peças: (a) $N = 5$ peças, (b) $N = 8$ peças e (c) $N = 12$ peças. Além disso, determine o tempo de manufatura para os três casos de N em (a), (b) e (c).

19.10 Use o modelo de gargalo estendido para resolver o Problema 19.4 com o seguinte número de peças: (a) $N = 5$ peças, (b) $N = 8$ peças e (c) $N = 12$ peças. Além disso, determine o tempo de manufatura para os três casos de N em (a), (b) e (c).

19.11 Com os dados fornecidos no Problema 19.6, use o modelo de gargalo estendido para desenvolver as relações para a taxa de produção R_p e o prazo de manufatura MLT, cada um como uma função do número de peças no sistema N. Represente as relações no formato da Figura 19.12.

19.12 Um sistema flexível de manufatura é usado para produzir três produtos. O FMS consiste de uma estação de carga/descarga, duas estações de processamento automatizadas, uma estação de inspeção e um sistema de transporte automatizado com um carro individual para cada produto. Os carros transportadores permanecem com as peças durante seu tempo no sistema, de modo que o tempo médio de transporte inclui não só o tempo de deslocamento, mas também o tempo médio de processamento total por peça. O número de servidores em cada estação é dado na seguinte tabela:

Estação 1	Carga e descarga	2 trabalhadores
Estação 2	Processo X	3 servidores
Estação 3	Processo Y	4 servidores
Estação 4	Inspeção	1 servidor
Sistema de transporte	Transportador	8 carregadores

Todas as peças seguem um desses dois roteamentos: 1 → 2 → 3 → 4 → 1 ou 1 → 2 → 3 → 1, sendo que a diferença é que as inspeções na estação 4 são realizadas em apenas uma peça em cada quatro para cada produto ($f_{4jk} = 0,25$). O *mix* de produtos e os tempos de processo para as peças são apresentados na tabela abaixo:

Produto j	Mix de produtos p_j	Estação 1 (min)	Estação 2 (min)	Estação 3 (min)	Estação 4 (min)	Estação 1 (min)
A	0,2	5	15	25	20	4
B	0,3	5	10	30	20	4
C	0,5	5	20	10	20	4

O tempo de deslocamento entre as estações é de quatro minutos. (a) Usando o modelo de gargalo, mostre que o sistema de transporte é o gargalo na atual configuração do FMS e determine a taxa de produção geral do sistema. (b) Determine quantos carros são necessários para eliminar o sistema de transporte como o gargalo. (c) Com o número de carros determinados em (b), use o modelo de gargalo estendido para determinar a taxa de produção para o caso em que *N* é igual a 8, ou seja, quando apenas oito peças são permitidas no sistema, embora o sistema de transporte tenha carros suficientes para manusear mais de oito. (d) Quão próximas estão suas respostas em (a) e (c)? Por quê?

19.13 Uma célula de tecnologia de grupo está organizada para produzir uma família de produtos específica. A célula consiste de três estações de processamento, cada uma com um servidor, uma estação de montagem com três servidores e uma estação de carga/descarga com dois servidores. Um sistema de transferência mecanizada, que possui um total de seis carros, desloca os produtos entre as estações. Cada carro de transferência inclui um dispositivo de fixação que detém os produtos durante o processamento e a montagem; portanto, cada carro precisa permanecer com o produto durante todo o processamento e a montagem. Os recursos da célula podem ser resumidos do seguinte modo:

Estação	Descrição	Número de servidor
1	Carga e descarga	2 trabalhadores
2	Processo X	1 servidor
3	Processo Y	1 servidor
4	Processo Z	1 servidor
5	Montagem	3 trabalhadores
6	Sistema de transporte	6 carregadores

A célula de tecnologia de grupo é usada para produzir quatro produtos. Todos os produtos seguem o mesmo roteamento, que é 1 → 2 → 3 → 4 → 5 → 1. O *mix* de produtos e os tempos de estação para as peças são apresentados na tabela abaixo:

Produto j	Mix de produtos p_j	Estação 1 (min)	Estação 2 (min)	Estação 3 (min)	Estação 4 (min)	Estação 5 (min)	Estação 1 (min)
A	0,35	4	8	5	7	18	2,5
B	0,25	4	4	8	6	14	2,5
C	0,1	4	2	6	5	11	2,5
D	0,30	4	6	7	10	12	2,5

O tempo médio de transferência entre as estações é de dois minutos além do tempo gasto na estação. (a) Determine a estação gargalo na célula de tecnologia de grupo e o valor crítico de *N*. Calcule a taxa de produção geral e o prazo de manufatura da célula, sabendo que o número de peças no sistema é igual a N^*. Se N^* não for um inteiro, use o inteiro mais próximo de N^*. (b) Calcule a taxa de produção geral e o tempo de manufatura da célula, dado que o número de peças no sistema é igual a $N^* + 10$. Se N^* não for inteiro, use o inteiro que seja mais próximo de $N^* + 10$. (c) Calcule as utilizações das seis estações.

19.14 No Problema 19.13, calcule os tempos de manufatura para cada produto para dois casos: (a) $N = N^*$ e (b) $N = N^* + 10$. Se N^* não for inteiro, use o inteiro mais próximo de N^* e $N^* + 10$, respectivamente.

19.15 No Problema 19.13, o que poderia ser feito para (a) aumentar a taxa de produção e/ou (b) reduzir os custos operacionais da célula em sua opinião? Comprove suas respostas com cálculos.

19.16 Uma célula flexível de manufatura consiste de uma estação de carga/descarga, três máquinas CNC e um sistema de veículo guiado automaticamente (AGVS) com dois veículos. Os veículos distribuem peças para as máquinas individuais e, depois, realizam outro trabalho. As estações de trabalho estão listadas na tabela a seguir, em que o AGVS aparece como a estação 5.

Estação	Descrição	Servidores
1	Carga e descarga	1 trabalhador
2	Fresamento	1 fresadora CNC
3	Furação	1 furadeira CNC
4	Retífica	1 retificadoras CNC
5	AGVS	2 veículos

A FMC é usada para usinar quatro peças. O *mix* de produtos, os roteamentos e os prazos de manufatura para as peças são apresentados na tabela abaixo:

Peça j	Mix de peças p_j	Roteamento de estação	Estação 1 (min)	Estação 2 (min)	Estação 3 (min)	Estação 4 (min)	Estação 1 (min)
A	0,25	1→2→3→4→1	4	8	7	18	2
B	0,33	1→3→2→1	4	9	10	0	2
C	0,12	1→2→4→1	4	10	0	14	2
D	0,3	1→2→4→3→1	4	6	12	16	2

O tempo médio de deslocamento do AGVS entre quaisquer estações na FMC é de três minutos, o que inclui o tempo necessário para transferir cargas de e para as estações. Sabendo-se que a carga no sistema é mantida em dez peças (o tempo todo), use o modelo de gargalo estendido para determinar (a) a estação gargalo, (b) a taxa de produção do sistema e o tempo médio para completar uma unidade de produção e (c) a utilização geral do sistema, sem incluir o AGVS.

Dimensionando o FMS

19.17 Um sistema flexível de manufatura é usado para produzir quatro peças. O FMS consiste de uma estação de carga/descarga e duas estações de processamento automatizadas (processos X e Y). O número de servidores para cada tipo de estação precisa ser determinado. O FMS também inclui um sistema de transporte automatizado com carros individuais para transportar peças entre os servidores. Os carros deslocam as peças de um servidor para outro, as despejam e procedem para a próxima tarefa de entrega. O tempo médio necessário por transferência é de 3,5 minutos. A tabela a seguir resume o FMS:

Estação 1	Carga e descarga	Número de servidores humanos (trabalhadores) a ser determinado
Estação 2	Processo X	Número de servidores automatizados a ser determinado
Estação 3	Processo Y	Número de servidores automatizados a ser determinado
Estação 4	Sistema de transporte	Número de carros a ser determinado

Todas as peças seguem o mesmo roteamento, que é 1 → 2 → 3 → 1. O *mix* de produtos e os tempos de processamento são apresentados na tabela abaixo:

Produto j	Mix de produtos p_j	Estação 1 (min)	Estação 2 (min)	Estação 3 (min)	Estação 1 (min)
A	0,1	3	15	25	2
B	0,3	3	40	20	2
C	0,4	3	20	10	2
D	0,2	3	30	5	2

A produção exigida é de dez peças por hora, distribuídas de acordo com o *mix* de produtos indicado. Use o modelo de gargalo para determinar (a) o número mínimo de servidores em cada estação e o número mínimo de carros no sistema de transporte necessários para satisfazer à demanda de produção e (b) a utilização de cada estação para as respostas acima.

19.18 Está sendo planejado um sistema de usinagem flexível que consiste de quatro estações de trabalho mais um sistema de manuseio de peças. A estação 1 será uma estação de carga/descarga, a estação 2 consistirá de centros de usinagem horizontal, a estação 3 consistirá de centros de usinagem vertical e a estação 4 será composta de uma estação de inspeção. Para o *mix* de peças que serão processadas pelo FMS, as cargas de trabalho nas quatro estações são: $WL_1 = 7,5$ min, $WL_2 = 22$ min, $WL_3 = 18$ min e $WL_4 = 10,2$ min. A carga de trabalho do sistema de manuseio de peças, $WL_5 = 8$ min. O FMS será operado 16 horas por dia, 250 dias por ano. A manutenção será feita durante as horas de inatividade e, portanto, a proporção de atividade (disponibilidade) esperada é de 97 por cento. A produção anual do sistema será de 50 mil peças. Determine o número de máquinas (servidores) de cada tipo (estação) necessário para satisfazer as necessidades de produção.

19.19 No Problema 19.18, determine (a) as utilizações de cada estação no sistema para as necessidades de produção especificadas e (b) a máxima taxa de produção possível do sistema se a estação gargalo operasse em cem por cento de utilização.

19.20 Considere o *mix* de peças, os roteamentos de processo e os tempos de processamento para as três peças do Problema 19.1. O FMS planejado para essa família de peças operará 250 dias por ano e a disponibilidade prevista do sistema é de 90 por cento. Determine quantos servidores em cada estação são necessários para atingir uma taxa de produção anual de 40 mil peças, se o FMS operar (a) oito horas por dia, (b) 16 horas por dia e (c) 24 horas por dia. (d) Qual configuração de sistema é preferível e por quê?

19.21 Considere o *mix* de peças, os roteamentos de processo e os tempos de processamento para as quatro peças do Problema 19.3. O FMS proposto para usinar essas peças operará 20 horas por dia, 250 dias por ano. Considere que a disponibilidade do sistema é de 95 por cento. Determine (a) o número de servidores necessários em cada estação para atingir uma taxa de produção anual de 75 mil peças e (b) a utilização de cada estação de trabalho. (c) Qual é a taxa de produção anual máxima possível no sistema, se a estação gargalo operasse em cem por cento de utilização?

PARTE V

CONTROLE DE QUALIDADE EM SISTEMAS DE MANUFATURA

CAPÍTULO 20
Programas de qualidade para manufatura

CONTEÚDO DO CAPÍTULO

- 20.1 Qualidade em projeto e manufatura
- 20.2 Controle de qualidade moderno e tradicional
  - 20.2.1 Controle de qualidade tradicional
  - 20.2.2 A visão moderna do controle de qualidade
- 20.3 Variabilidade e capabilidade do processo
  - 20.3.1 Variações do processo
  - 20.3.2 Capabilidade e tolerâncias do processo
- 20.4 Controle estatístico de processo (CEP)
  - 20.4.1 Gráficos de controle
  - 20.4.2 Outras ferramentas de CEP
  - 20.4.3 Implementando CEP
- 20.5 Seis Sigma
- 20.6 O procedimento DMAIC Seis Sigma
  - 20.6.1 Definir
  - 20.6.2 Medir
  - 20.6.3 Analisar
  - 20.6.4 Melhorar
  - 20.6.5 Controlar
- 20.7 Métodos Taguchi na engenharia de qualidade
  - 20.7.1 Projeto robusto
  - 20.7.2 Função perda de Taguchi
- 20.8 ISO 9000

Nos Estados Unidos, o controle de qualidade (CQ; do inglês, *quality control* — QC) tradicionalmente se preocupou em detectar a baixa qualidade em produtos manufaturados e tomar medidas corretivas para eliminá-la. Operacionalmente, o CQ limitou-se a inspecionar o produto, seus componentes e decidir se as características, como dimensão, estavam de acordo com as especificações do projeto. Se estivessem em conformidade, o produto era despachado. A visão moderna do controle de qualidade compreende um escopo mais amplo de atividades que são realizadas por meio do empreendimento, não apenas pelo departamento de inspeção. Os programas de qualidade descritos neste capítulo refletem essa visão moderna. O objetivo comum desses programas é assegurar que um produto satisfaça ou mesmo supere as necessidades e exigências do cliente.

Esta parte do livro contém três capítulos que lidam com sistemas de controle de qualidade. A posição dos sistemas de controle de qualidade no sistema de produção é mostrada na Figura 20.1. O diagrama de bloco mostra o CQ como um sistema de apoio à manufatura e também inclui procedimentos de inspeção e equipamentos utilizados na fábrica. A inspeção é assunto dos capítulos 21 e 22. O Capítulo 21 examina os princípios e as práticas de inspeção usados em sistemas de manufatura, enquanto o Capítulo 22 descreve as várias tecnologias utilizadas para realizar inspeção e tomada de medidas. Este capítulo discute vários programas relacionados à qualidade que são amplamente utilizados na indústria. A lista desses programas é indicada no conteúdo do capítulo. Começamos a cobertura com questões gerais sobre qualidade e CQ.

Figura 20.1 Sistemas de controle de qualidade no sistema de produção

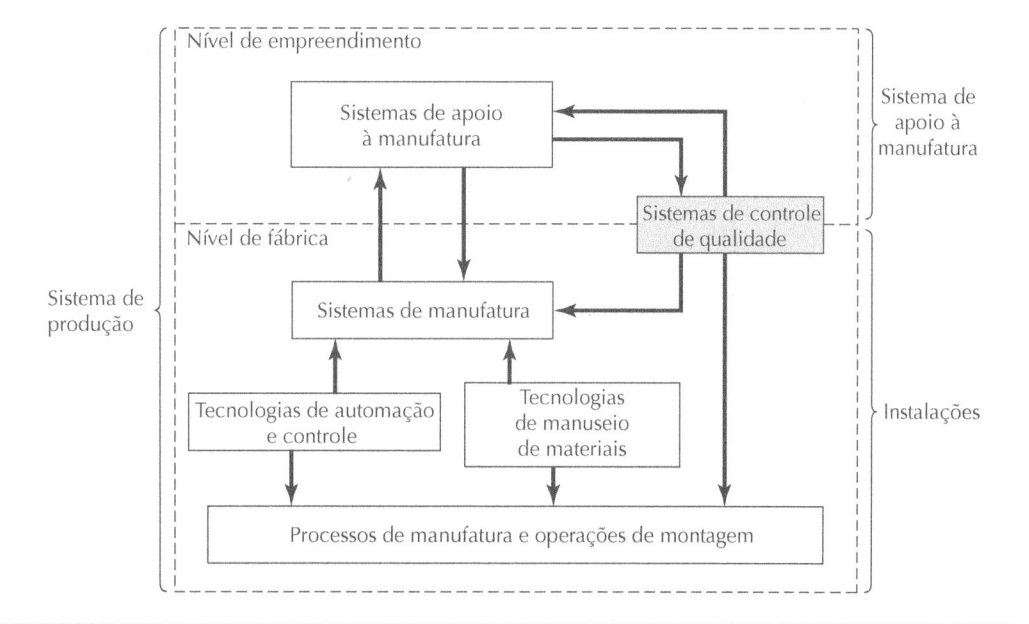

20.1 QUALIDADE EM PROJETO E MANUFATURA

Dois aspectos da qualidade em um produto manufaturado têm de ser distinguidos [12]: (1) características do produto e (2) livre de deficiências. *Características do produto* são as características de um produto que resultam do projeto; elas são as características funcionais e estéticas tencionadas para interessar e satisfazer ao cliente. Em um automóvel, incluem o tamanho, a disposição do painel de instrumentos, o ajuste e acabamento da carroceria e aspectos similares. A Tabela 20.1 lista algumas das características de produtos gerais importantes.

A soma das características de um produto normalmente define sua *categoria*, que diz respeito ao mercado ao qual o produto é direcionado. Carros e a maioria dos outros produtos vêm em diferentes categorias. Determinados carros proporcionam o básico porque é isso o que alguns clientes querem, enquanto outros são mais sofisticados para clientes dispostos a gastar mais, tornando-se proprietários de um 'produto melhor'. As características são decididas no projeto e geralmente determinam o custo inerente ao produto. Características superiores e sua quantidade traduzem-se em um custo mais alto.

Ser *livre de deficiências* significa que o produto faz o que se espera que ele faça (dentro das limitações de suas características de projeto) e que ele não conta com defeitos e condições fora de tolerância (ver Tabela 20.1). Esse aspecto da qualidade aplica-se tanto aos componentes individuais do produto como ao produto em si. Alcançar o nível livre de deficiências significa produzir o produto em conformidade com as especificações de projeto, o que é responsabilidade dos departamentos de manufatura. Apesar do custo inerente de se fazer um produto ser em função de seu projeto, minimizar o custo do produto para o nível mais baixo possível dentro dos limites estabelecidos por seu projeto é em grande parte uma questão de evitar defeitos, desvios de tolerância e outros erros durante a produção. Os custos dessas deficiências incluem peças sucateadas, tamanhos de lotes maiores para considerar a produção de refugos, retrabalho, reinspeção, separação, devoluções e reclamações de

Tabela 20.1 **Dois aspectos da qualidade (compilados de Juran e Gryna [12] e outras fontes)**

Características do produto	Livre de deficiências
Configuração de projeto, tamanho, peso	Ausência de defeitos
Função e desempenho	Conformidade com as especificações
Características distintas do modelo	Componentes dentro da tolerância
Apelo estético	Não há peças faltando
Facilidade de uso	Não há falhas precoces
Disponibilidade de funções	
Confiabilidade e segurança	
Durabilidade e longa vida útil	
Facilidade de manutenção	
Reputação do produto e produtor	

clientes, custos de garantia e descontos a clientes, menos vendas e perda de clientela no mercado.

Resumindo, as características do produto são o aspecto de qualidade pelo qual o departamento de projeto é responsável. As características do produto determinam de maneira importante o preço que uma empresa pode cobrar por ele. Estar livre de deficiências é o aspecto da qualidade pelo qual os departamentos de manufatura são responsáveis. A capacidade de minimizar essas deficiências influencia fortemente o custo do produto. Essas são generalidades que simplificam demasiadamente a maneira que as coisas funcionam, porque a responsabilidade pela alta qualidade se estende bem além das funções de projeto e manufatura em uma organização.

20.2 CONTROLE DE QUALIDADE MODERNO E TRADICIONAL

Os princípios e as abordagens para o controle de qualidade evoluíram durante o século XX. As aplicações iniciais do CQ foram associadas ao desenvolvimento do campo da estatística. Desde os anos de 1980, a competição global e a demanda do público consumidor por produtos de alta qualidade resultaram em uma visão moderna do controle de qualidade, que inclui programas como o controle estatístico de processo, o Seis Sigma e o ISO 9000.

20.2.1 Controle de qualidade tradicional

O CQ tradicional concentrou-se na inspeção. Em muitas fábricas, o único departamento responsável pelo controle de qualidade era o de inspeção. Grande atenção foi dada aos métodos estatísticos e de amostragem, denominados de controle estatístico de qualidade. No *controle estatístico de qualidade* (CEQ; do inglês, *statistical quality control* — SQC), inferências são feitas sobre a qualidade de uma população de itens manufaturados (por exemplo, componentes, submontagens, produtos) baseadas em uma amostra tomada da população. A amostra consiste de um ou mais itens selecionados ao acaso. Cada item na amostra é inspecionado para determinadas características de qualidade de interesse. No caso de uma peça manufaturada, essas características dizem respeito ao processo ou aos processos recém-completados. Por exemplo, uma peça cilíndrica pode ser inspecionada em seu diâmetro logo após a operação de torneamento que a gerou.

Dois métodos de amostragem estatística dominam o campo do controle estatístico de qualidade: (1) gráficos de controle e (2) amostragem de aceitação. Um *gráfico de controle* (do inglês, *control chart*) é uma técnica gráfica na qual estatísticas sobre um ou mais parâmetros de processo de interesse são representadas graficamente por meio do tempo para determinar se o processo está se comportando normalmente ou não. O gráfico tem uma linha central que indica o valor médio do processo sob uma operação normal. O comportamento de processo anormal é identificado quando o parâmetro do processo se desvia significativamente da média do processo. Gráficos de controle são amplamente utilizados no controle estatístico de processo, tópico da Seção 20.4.

A *amostragem de aceitação* (do inglês, *acceptance sampling*) é uma técnica estatística na qual uma amostra tirada de um lote de peças é inspecionada e uma decisão é tomada sobre aceitar ou rejeitar o lote com base na qualidade da amostra. A amostragem de aceitação é tradicionalmente usada para várias finalidades: (1) verificar a qualidade das matérias-primas recebidas de um vendedor, (2) decidir sobre despachar ou não um lote de peças ou produtos para um cliente e (3) inspecionar peças entre passos em uma sequência de manufatura.

Na amostragem estatística, que inclui tanto gráficos de controle como de amostragem de aceitação, há riscos de que defeitos passem despercebidos pelo processo de inspeção e, em consequência, de que produtos defeituosos sejam entregues ao cliente. Com a crescente demanda por cem por cento de nível de boa qualidade em vez de até mesmo uma pequena fração de produtos defeituosos, o uso de procedimentos de amostragem entrou em declínio nas últimas décadas em favor de uma inspeção cem por cento automatizada. Discutimos os princípios de inspeção no Capítulo 21 e as tecnologias associadas no Capítulo 22.

Os princípios e as práticas de administração que caracterizaram o controle de qualidade tradicional incluíram os seguintes [7]:

- Clientes são externos à organização. O departamento de vendas e marketing é responsável pelas relações com os clientes.

- A empresa é organizada por departamentos funcionais. Há pouca valorização da interdependência dos departamentos no empreendimento como um todo. A lealdade e o ponto de vista de cada departamento tendem a ser centrados em si mesmo em vez de na corporação.

- A qualidade é responsabilidade do departamento de inspeção. A função de qualidade na organização enfatiza a inspeção e a conformidade com especificações. Seu objetivo é simples: eliminar defeitos.

- A inspeção segue a produção. Os objetivos de produção (despachar o produto) seguidamente entram em conflito com os objetivos do controle de qualidade (despachar apenas bons produtos).

- O conhecimento de técnicas de controle estatístico de qualidade reside somente nas mentes dos especialistas em CQ na organização. As responsabilidades dos trabalhadores são limitadas a seguir instruções. Os administradores e a equipe técnica fazem todo o planejamento.

20.2.2 A visão moderna do controle de qualidade

A alta qualidade é alcançada por uma combinação de bom gerenciamento e boa tecnologia. Os dois fatores têm de ser integrados para se conseguir um sistema de qualidade efetivo em uma organização. O fator de gerenciamento é capturado no termo frequentemente utilizado 'gerenciamento da qualidade total'. O fator de tecnologia inclui ferramentas estatísticas tradicionais combinadas a tecnologias modernas de inspeção e medição.

Gerenciamento da qualidade total. O *gerenciamento da qualidade total* (GQT; do inglês, *total quality management* — TQM) é uma abordagem que busca três objetivos principais: (1) a satisfação do cliente, (2) melhorar continuamente e (3) envolver toda a força de trabalho. Esses objetivos contrastam bruscamente com as práticas de gerenciamento tradicional em relação à função do controle de qualidade. Compare os fatores a seguir, que refletem a visão moderna de gerenciamento da qualidade, com a lista precedente, que caracteriza a abordagem tradicional de gerenciamento da qualidade:

- O foco da qualidade é a satisfação do cliente, para quem os produtos são projetados e manufaturados. 'Qualidade é a satisfação do cliente' define o requisito para qualquer produto.[1] As características do produto têm de ser estabelecidas para se alcançar a satisfação do cliente, e o produto tem de ser manufaturado livre de deficiências.

- Incluída no foco nos clientes está a noção de que existem clientes internos e externos. Clientes externos são aqueles que compram os produtos da empresa, enquanto clientes internos são departamentos ou indivíduos dentro da empresa que são servidos pelos outros departamentos e indivíduos na organização. O departamento de montagem final é o cliente dos departamentos de produção de peças, o engenheiro é o cliente do grupo de apoio da equipe técnica, e assim por diante.

- As metas de qualidade da organização são orientadas pela alta administração, que determina a atitude como um todo em relação à qualidade em uma empresa. As metas de qualidade de uma empresa não são estabelecidas na manufatura; elas são definidas nos níveis mais altos da organização. A empresa quer simplesmente atender às especificações estabelecidas pelo cliente ou quer fazer produtos que vão além das especificações técnicas? Ela quer ser conhecida como a fornecedora de preços mais baixos ou como a produtora de qualidade mais alta? Respostas a essas questões definem as metas de qualidade da empresa, as quais devem ser estabelecidas pela alta administração. Por meio das metas definidas, das medidas tomadas e dos exemplos estabelecidos, a alta administração determina a atitude como um todo em relação à qualidade na empresa.

- O controle de qualidade não é trabalho apenas do departamento de inspeção, ele é difuso na organização, estendendo-se do topo para todos os níveis. Compreende-se, assim, que o projeto do produto tem influência sobre a qualidade do produto. As decisões tomadas no projeto de produtos impactam diretamente na qualidade que pode ser alcançada na manufatura.

---

1 A declaração é atribuída a J. M. Juran [Juran 1993].

- Na manufatura, inspecionar o produto após ele ter sido feito não é o suficiente, pois a qualidade tem de ser a ele incorporada. Os trabalhadores de produção têm de inspecionar o próprio trabalho e não contar com o departamento de inspeção para descobrir seus erros.
- A busca da alta qualidade estende-se para fora da organização diretamente para os fornecedores. Um dos dogmas de um sistema de CQ moderno é desenvolver relações próximas com os fornecedores.
- A alta qualidade de produto é um processo de melhoria contínua, uma busca sem fim para projetar melhores produtos e então manufaturá-los de um modo melhor.

Tecnologias de controle de qualidade. Boas tecnologias também têm um papel importante para se alcançar a alta qualidade. Tecnologias modernas no controle de qualidade incluem (1) a engenharia de qualidade e (2) o desdobramento da função de qualidade. A engenharia de qualidade é discutida na Seção 20.7. O tópico do desdobramento da função de qualidade é relacionado ao projeto do produto. Outras tecnologias no moderno controle de qualidade incluem (3) inspeção cem por cento automatizada, (4) inspeção on-line, (5) máquinas de medir por coordenadas para medições dimensionais e (6) sensores sem contato como visão de máquina para inspeção. Esses tópicos são discutidos nos dois capítulos seguintes.

20.3 VARIABILIDADE E CAPABILIDADE DO PROCESSO

Antes de descrever os vários programas de qualidade, é apropriado discutir a variabilidade de processos, razão pela qual esses programas tornam-se necessários. Em qualquer operação de manufatura, a variabilidade existe na saída do processo. Em uma operação de usinagem, um dos processos de manufatura mais precisos, as peças usinadas podem parecer idênticas, mas uma inspeção detalhada revela diferenças dimensionais entre elas.

20.3.1 Variações de processo

Variações nos processos de manufatura podem ser divididas em dois tipos: (1) aleatórias e (2) causais. As *variações aleatórias* (do inglês, *random variations*), também chamadas de variações comuns, resultam da variabilidade intrínseca no processo, não importa quão bem projetado ou bem controlado ele seja. Analisando bem, todos os processos são caracterizados por esses tipos de variações. As variações aleatórias não podem ser evitadas e são causadas por fatores como a variabilidade humana inerente de um ciclo de operação ao outro, pequenas variações nas matérias-primas e vibrações das máquinas. Individualmente, esses fatores podem não representar grande coisa, mas coletivamente os erros podem ser significativos o suficiente para causar problemas, a não ser que estejam dentro das tolerâncias especificadas para a peça. Geralmente, as variações aleatórias formam uma distribuição estatística normal. A saída do processo tende a se agrupar em torno do valor médio, em termos da característica de interesse da qualidade do produto, como o comprimento ou o diâmetro da peça. Uma grande proporção da população é centrada em torno da média, com menos peças distantes da média. Quando as únicas variações no processo são desse tipo, diz-se do processo que ele está *em controle estatístico*. Esse tipo de variabilidade vai continuar enquanto o processo estiver operando normalmente. É quando o processo se desvia da sua condição operacional normal que as variações do segundo tipo aparecem.

As *variações causais* (do inglês, *assignable variations*), também chamadas de especiais, indicam uma exceção das condições operacionais normais. Algo que não é levado em consideração pelas variações aleatórias ocorreu no processo. As razões para as variações causais incluem erros do operador, matérias-primas defeituosas, falhas de ferramentas e problemas de funcionamento de equipamentos. As variações causais na manufatura normalmente fazem com que a produção se desvie da distribuição normal. Nesse caso, o processo está subitamente *fora do controle estatístico*.

Vamos expandir as descrições de variações aleatórias e causais, relacionando-as à Figura 20.2. A variação de alguma característica de interesse de uma peça é mostrada em quatro instantes de tempo, t_0, t_1, t_2, e t_3, momentos durante a operação do processo nos quais amostras são colhidas para avaliar a distribuição de valores da característica da peça. No instante de amostragem t_0, o processo operanda em controle estatístico e a variação na característica da peça segue uma distribuição normal cuja média é igual a μ_0 e o desvio padrão é igual a σ_0. Isso representa a variabilidade inerente do processo durante uma operação normal, o qual está sob controle estatístico. Em um instante de amostragem t_1, uma variação atribuível é introduzida, a qual se manifesta por um aumento na média do processo ($\mu_1 > \mu_0$). O desvio padrão do processo parece inalterado ($\sigma_1 = \sigma_0$). No instante t_2 a média do processo parece assumir o seu valor normal ($\mu_2 = \mu_0$), mas a variação em torno da média do processo aumenta ($\sigma_2 > \sigma_0$). Por fim, no instante de amostragem t_3, observa-se que tanto a média como o desvio padrão do processo aumentam ($\mu_3 > \mu_0$ e $\sigma_3 > \sigma_0$).

Utilizando métodos estatísticos baseados na discussão entre variações aleatórias e causais, torna-se possível observar periodicamente o processo coletando medidas da característica de interesse da peça e, desse modo, detectar quando o

Figura 20.2 Distribuição de valores de uma característica de interesse de uma peça em quatro instantes durante a operação do processo: em t_0 o processo está em controle estatístico; em t_1 a média do processo aumenta; em t_2 o desvio padrão do processo aumenta e em t_3 tanto a média do processo como o desvio padrão aumentam

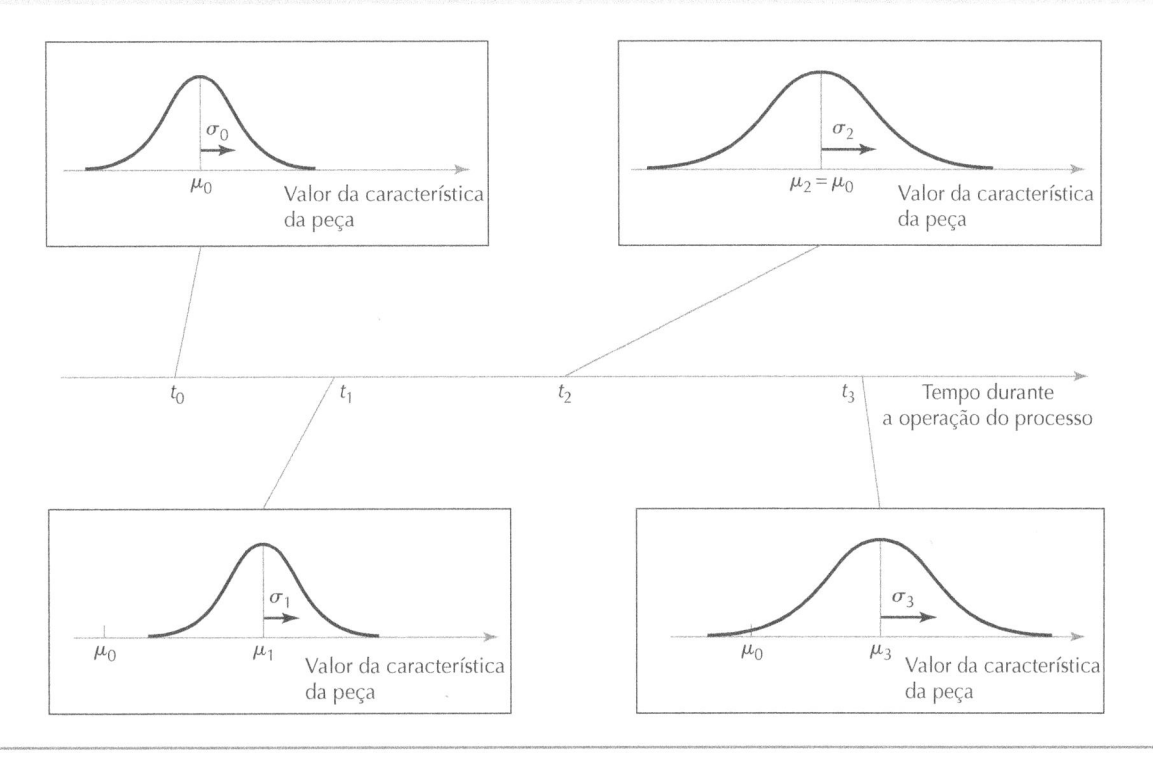

processo sai do controle estatístico. Nesse caso, o método estatístico mais adequado é o gráfico de controle (Seção 20.4.1).

20.3.2 Capabilidades e tolerâncias do processo

A capabilidade do processo diz respeito às variações normais inerentes na saída, quando o processo está sob controle estatístico. Por definição, a *capabilidade de processo* é igual a ± 3 desvios padrão em torno do valor médio de produção (uma gama total de seis desvios padrão):

$$PC = \mu \pm 3\sigma \quad (20.1)$$

em que *PC* é a capabilidade do processo; μ é a média do processo, estabelecida ao valor nominal da característica do produto e σ é o desvio padrão do processo. As suposições que dão base a essa definição são que (1) a produção está normalmente distribuída e (2) a operação estável foi alcançada e o processo está sob controle estatístico. Sob essas suposições, 99,73 por cento das peças produzidas terão valores de produção que caem dentro de ± 3σ da média.

A capabilidade do processo de uma dada operação de manufatura não é sempre conhecida (na realidade, é raramente conhecida) e a característica de interesse tem de ser medida para avaliá-la. Essas medidas formam uma amostra e, assim, os parâmetros μ e σ na Equação (20.1) tem de ser estimados a partir da média da amostra e de seu desvio padrão, respectivamente. A média da amostra $\bar{x}$ é dada por:

$$\bar{x} = \frac{\sum_{i=1}^{n} x_i}{n} \quad (20.2)$$

e a amostra de desvio padrão *s* pode ser calculada de:

$$s = \sqrt{\frac{\sum_{i=1}^{n}(x_i - \bar{x})^2}{n-1}} \quad (20.3)$$

em que x_i é a medida *i* da característica de interesse da peça e *n* é o número de medidas na amostra, $i = 1, 2, ..., n$. Os valores de $\bar{x}$ e *s* são então substituídos por μ e σ na Equação (20.1) para produzir a melhor estimativa da capabilidade do processo:

$$PC = \bar{x} \pm 3s \quad (20.4)$$

A questão das tolerâncias é pertinente à discussão sobre capabilidade de processo. Engenheiros de projeto tendem a definir tolerâncias dimensionais como os componentes e as montagens baseadas em seu julgamento de como as variações de tamanho vão afetar a função e o desempenho. Os fatores em favor de tolerâncias largas e estreitas estão resumidos na Tabela 20.2.

O engenheiro projetista deve considerar a relação entre a tolerância de uma determinada dimensão (ou outra característica de peça) e a capabilidade de processo da operação em produzir a dimensão. Idealmente, a tolerância especificada deve ser maior do que a capabilidade do processo. Se a função e os processos disponíveis evitam isso, então uma operação de separação (triagem) talvez tenha de ser incluída na sequência de manufatura para separar as peças que estão dentro da tolerância daquelas que estão além. Esse passo de triagem aumenta o custo da peça.

Quando as tolerâncias de projeto são especificadas como iguais à capabilidade do processo, então os limites superiores e inferiores dessa variação definem os *limites naturais de tolerância*. É interessante saber a razão da variação de tolerância especificada em relação à capabilidade do processo. Essa razão, chamada de *índice de capabilidade do processo* (*ICP*; do inglês, *process capability index — PCI*), é definida como:

$$PCI = \frac{UTL - LTL}{6\sigma} \quad (20.5)$$

em que *Cp* é o índice de capabilidade do processo, *LST* é o limite superior de tolerância (do inglês, *lower tolerance limit* — LTL), *LIT* é o limite inferior de tolerância (do inglês, *upper tolerance limit* — UTL) e 6σ é a variação dos limites naturais de tolerância. As suposições relacionadas a essa definição são de que (1) as tolerâncias bilaterais são usadas e (2) a média do processo é estabelecida igualitariamente à especificação nominal do projeto, de maneira que o numerador e o denominador da Equação (20.5) são centrados em torno do mesmo valor.

A Tabela 20.3 mostra como a taxa de defeito (fração de peças que estão fora da faixa de tolerância) varia com o índice de capabilidade de processo. Está claro que qualquer aumento na variação de tolerância reduzirá a porcentagem de peças em não conformidade. O desejo de alcançar uma fração muito baixa de taxas de defeito levou à noção popular dos limites 'seis sigma' em controle de

Tabela 20.2 **Fatores em favor de tolerâncias largas e estreitas**

Fatores em favor de tolerâncias largas (flexíveis)	Fatores em favor de tolerâncias estreitas (severas)
A produção na manufatura é aumentada. Menos defeitos são produzidos.	A intercambialidade de peças na montagem é aumentada. O ajuste e o acabamento do produto montado são melhores, para maior apelo estético.
A fabricação de ferramentas especiais (moldes, gabaritos, matrizes etc.) é mais fácil. Portanto, o custo das ferramentas é menor.	A funcionalidade e o desempenho do produto provavelmente serão melhorados.
A configuração e o ajuste das ferramentas é mais fácil.	A durabilidade e a confiabilidade do produto podem ser aumentadas.
Menos operações de produção podem ser necessárias.	A manutenção do produto em uso provavelmente será melhorada devido à maior intercambialidade das peças.
Mão de obra menos capacitada e mais barata pode ser utilizada.	O produto pode ser mais seguro no uso.
A manutenção das máquinas pode ser reduzida.	
A necessidade de inspeção pode ser reduzida.	
O custo de manutenção como um todo é reduzido.	

Tabela 20.3 **Taxa de defeito como função do índice de capabilidade de um processo que opera sob controle estatístico**

Índice de *capabilidade de processo (ICP)*	Tolerância = Número de desvios padrão	Taxa de defeito (%)	Partes defeituosas por milhão	*Comentários*
0,333	± 1	31,74	317.400	Separação necessária
0,667	± 2	4,56	45.600	Separação necessária
1	± 3	0,27	2.700	Tolerância = capabilidade do processo
1,333	± 4	0,0063	63	Baixa ocorrência de defeitos
1,667	± 5	0,000057	0,57	Rara ocorrência de defeitos
2	± 6	0,0000002	0,002	Defeitos quase nunca ocorrem

qualidade (linha inferior na Tabela 20.1). Conseguir os limites seis sigma virtualmente elimina os defeitos em um produto manufaturado. Discutimos o programa de qualidade Seis Sigma nas seções 20.5 e 20.6.

20.4 CONTROLE ESTATÍSTICO DE PROCESSO

O *controle estatístico de processo* (CEP; do inglês, *statistical process control* — SPC) envolve o uso de vários métodos para medir e analisar um processo. Métodos de CEP são aplicáveis tanto em situações de manufatura como de não manufatura, mas a maioria das aplicações são na manufatura. Os objetivos globais do CEP são (1) melhorar a qualidade de saída do processo, (2) reduzir a variabilidade e conseguir uma estabilidade de processo e (3) solucionar problemas de processamento. Há sete métodos ou ferramentas principais utilizadas no controle estatístico de processo, às vezes referido como 'sete magníficos' [15]: (1) gráficos de controle, (2) histogramas, (3) diagramas de Pareto, (4) folhas de verificação, (5) diagramas de concentração de defeitos, (6) diagramas de dispersão e (7) diagramas de causa e efeito. A maioria dessas ferramentas são estatísticas e/ou técnicas em natureza. Entretanto, deve ser mencionado que o controle estatístico de processo inclui não somente as sete ferramentas magníficas. Há também aspectos não técnicos na implementação do CEP. Para ser bem-sucedido, o controle estatístico de processo tem de incluir um comprometimento com a qualidade que permeie a organização desde a alta administração até o trabalhador iniciante na linha de produção.

Nesta seção, enfatizaremos as sete ferramentas de CEP. Um tratamento detalhado do controle estatístico de processo é apresentado por muitos atutores indicados nas referências deste capítulo. Para compreensão dos gráficos de controle recomendamos [12], [15], [18] e [21]; para as demais ferramentas CEP, [7] e [8].

20.4.1 Gráficos de controle

O gráfico de controle (do inglês, *control chart*) é o método mais utilizado em controle estatístico de processo. O princípio básico dos gráficos de controle é o de que as variações em qualquer processo se dividem em dois tipos, como descrito na Seção 20.3.1: (1) variações aleatórias, que são as únicas variações presentes se o processo está sob controle estatístico, e (2) variações causais, que indicam um afastamento do controle estatístico. O propósito de um gráfico de controle é identificar quando o processo saiu do controle estatístico, sinalizando de necessidade ação corretiva.

Um *gráfico de controle* é uma técnica gráfica na qual estatísticas calculadas a partir de valores medidos de uma determinada característica de processo são representadas pelo tempo para determinar se o processo permanece sob controle estatístico. O modelo geral do gráfico de controle é ilustrado na Figura 20.3.

O gráfico consiste de três linhas horizontais que permanecem constantes com o tempo: um centro, um limite de controle inferior (LCI; do inglês, *lower control limit* — LCL) e um limite de controle superior (LCS; do inglês, *upper control limit* — UCL). O centro é normalmente estabelecido no valor nominal de projeto, e os limites de controle inferior e superior são geralmente estabelecidos em ± 3 desvios padrão da média da amostra.

É altamente improvável que uma amostra tirada do processo se encontre fora dos limites de controle superior e inferior enquanto o processo está sob controle estatístico.

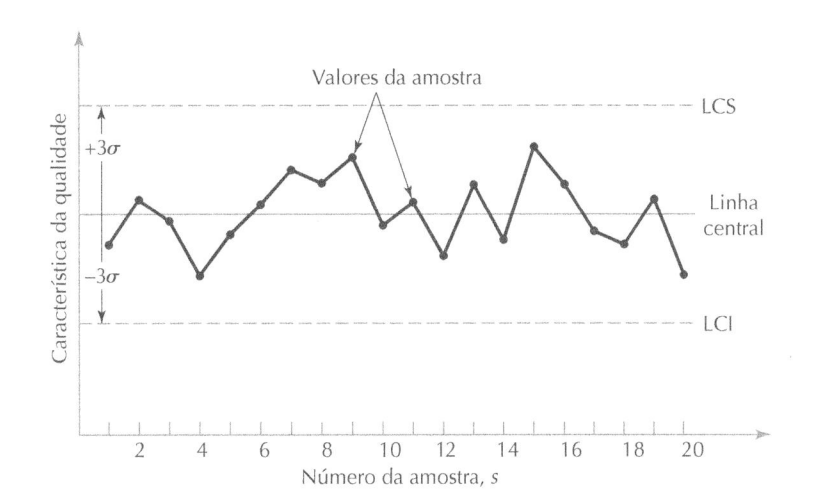

Figura 20.3 Gráfico de controle

Portanto, se acontece de um valor de amostra cair fora desses limites, isso é interpretado como se o processo estivesse fora de controle. Após uma investigação para determinar a razão para a condição fora de controle, medidas corretivas apropriadas são tomadas para eliminar a condição. Alternativamente, se o processo está operando sob controle estatístico e não há evidência de tendências indesejáveis nos dados, então nenhum ajuste deve ser feito, uma vez que eles introduziriam uma variação atribuível ao processo. A filosofia "se não está quebrado, não arrume" é aplicável aos gráficos de controle.

Há dois tipos básicos de gráficos de controle: (1) para variáveis e (2) para atributos. Gráficos de controle para variáveis exigem a medição da característica de interesse da qualidade. Gráficos de controle para atributos simplesmente exigem a determinação da fração de defeitos ou do número de defeitos na amostra.

Gráficos de controle para variáveis. Um processo que esteja fora de controle estatístico manifesta essa condição por mudanças significativas em (1) média do processo e/ou (2) variabilidade do processo. Correspondendo a essas possibilidades, há dois tipos principais de gráficos de controle para variáveis: (1) gráfico $\bar{x}$ e (2) gráfico R. O *gráfico $\bar{x}$* (chame-o "gráfico x-barra") é utilizado para representar o valor médio medido de uma determinada característica de qualidade para cada uma de uma série de amostras tiradas do processo de produção. Isso indica como a média do processo muda com o tempo. O *gráfico R* representa a variação de cada amostra, monitorando desse modo a variabilidade do processo e indicando se ela muda com o tempo.

Uma característica adequada de qualidade do processo tem de ser escolhida como a variável a ser monitorada nos gráficos $\bar{x}$ e R. Em um processo mecânico, pode ser o diâmetro de um eixo ou outra dimensão crítica. Medidas do processo em si têm de ser utilizadas para construir os dois gráficos de controle.

Com o processo operando tranquilamente e sem variações causais, uma série de amostras ($m = 20$ ou mais é geralmente recomendado) de tamanho pequeno (por exemplo, $n = 5$ peças por amostra) é coletada e a característica de interesse é medida para cada peça. O procedimento a seguir é usado para construir o centro *LCS* e *LCI* para cada peça:

1. Calcule a média $\bar{x}$ e a variação R para cada uma das amostras m.
2. Calcule a média principal $\bar{\bar{x}}$, que é a média dos valores $\bar{x}$ para as amostras m; ela será o centro do gráfico $\bar{x}$.
3. Calcule $\bar{R}$, que é a média dos valores R para as amostras m; ela será o centro do gráfico R.
4. Determine os limites de controle superior e inferior, *LCS* e *LCI*, para os gráficos $\bar{x}$ e R. Os valores de desvio padrão podem ser estimados dos dados da amostra utilizando a Equação (20.3) para calcular os limites de controle. Entretanto, uma abordagem mais fácil é baseada em fatores estatísticos tabulados na Tabela 20.4, elaborados especificamente para esses gráficos de controle. Os valores dos fatores dependem do tamanho da amostra n. Para o gráfico $\bar{x}$,

$$LCI = \bar{\bar{x}} - A_2 \bar{R} \quad (20.6a)$$
$$LCS = \bar{\bar{x}} + A_2 \bar{R} \quad (20.6b)$$

e para o gráfico R,

$$LCI = D_3 \bar{R} \quad (20.7a)$$
$$LCS = D_4 \bar{R} \quad (20.7b)$$

Tabela 20.4 **Constantes para os gráficos $\bar{x}$ e R**

Tamanho da amostra	Gráfico $\bar{x}$	Gráfico R	
N	A_2	D_3	D_4
3	1,023	0	2,574
4	0,729	0	2,282
5	0,577	0	2,114
6	0,483	0	2,004
7	0,419	0,076	1,924
8	0,373	0,136	1,864
9	0,337	0,184	1,816
10	0,308	0,223	1,777

EXEMPLO 20.1
Gráficos $\bar{x}$ e R

Embora 20 ou mais amostras tenham sido recomendadas, utilizaremos um número menor para ilustrar os cálculos. Suponha que oito amostras ($m = 8$) de tamanho 5 ($n = 5$) tenham sido coletadas de um processo de manufatura que está sob controle estatístico e que a dimensão de interesse para cada peça tenha sido medida. Almeja-se determinar os valores do centro, LCS e LCI para construir os gráficos $\bar{x}$ e R. Os valores calculados de $\bar{x}$ e R para cada amostra são apresentados a seguir (em centímetros), o que equivale ao passo (1) de nosso procedimento:

s	1	2	3	4	5	6	7	8
x	2,008	1,998	1,993	2,002	2,001	1,995	2,004	1,999
R	0,027	0,011	0,017	0,009	0,014	0,020	0,024	0,018

Solução: No passo (2), calculamos a média principal das médias da amostra.

$$\bar{\bar{x}} = \frac{2{,}008 + 1{,}998 + 1{,}993 + 2{,}002 + 2{,}001 + 1{,}995 + 2{,}004 + 1{,}999}{8}$$
$$= 2 \text{ centímetros}$$

No passo (3), o valor médio de R é calculado.

$$R = \frac{0{,}027 + 0{,}011 + 0{,}017 + 0{,}009 + 0{,}014 + 0{,}02 + 0{,}024 + 0{,}018}{8}$$
$$= 0{,}0175 \text{ centímetros}$$

No passo (4), os valores de LCI e LCS são determinados com base nos fatores na Tabela 20.4. Primeiro, utiliza-se a Equação (20.6) para o gráfico $\bar{x}$,

$LCI = 2 - 0{,}577(0{,}0175) = 1{,}9899$
$LCS = 2 + 0{,}577(0{,}0175) = 2{,}0101$

Para o gráfico R, utiliza-se a Equação (20.7), $LCS = 0(0{,}0175) = 0$
$\qquad LCI = 2{,}114(0{,}0175) = 0{,}0370$

Os dois gráficos de controle são construídos na Figura 20.4 com os dados da amostra representados nos gráficos.

Gráficos de controle para atributos. Monitoram a taxa de defeitos ou o número de defeitos na amostra como a estatística representada graficamente. Exemplos desses tipos de atributos incluem a fração de peças não conformes em uma amostra, a proporção de peças que têm rebarbas moldadas em plástico, o número de defeitos por automóvel e o número de falhas em um rolo de aço laminado. Os procedimentos de inspeção que envolvem a aferição "Passa/não passa" (do inglês, *GO/NO-GO*) são incluídos nesse grupo, afinal determinam se um peça é boa ou ruim.

Os dois principais tipos de gráficos de controle para atributos são (1) o *gráfico p*, que representa graficamente a taxa de defeitos em amostras sucessivas, e (2) o *gráfico c*, que representa graficamente o número de defeitos, falhas ou outras não conformidades por amostra.

No gráfico *p* (do inglês, *p chart*), a característica de qualidade de interesse é a proporção (*p* para proporção) de unidades não conformes ou defeituosas. Para cada amostra, essa proporção p_i é a razão do número de itens não conformes ou defeituosos d_i sobre o número de unidades na amostra n (presumimos que as amostras são de tamanho igual na construção e utilização do gráfico de controle),

$$p_i = \frac{d_i}{n} \qquad (20.8)$$

em que i é utilizado para identificar a amostra. Se for feita uma média dos valores p_i para um número suficiente de amostras, o valor da média $\bar{p}$ é uma estimativa razoável do valor verdadeiro de p para o processo. O gráfico *p* é baseado na distribuição binomial, em que p é a probabilidade de uma unidade não conforme. O centro no gráfico *p* é o valor calculado de $\bar{p}$ para amostras m de tamanho igual n coletadas enquanto o processo opera sob controle estatístico:

$$\bar{p} = \frac{\sum_{i=1}^{m} p_i}{m} \qquad (20.9)$$

Os limites de controle são calculados como três desvios padrão em qualquer um dos lados do centro. Desse modo,

$$LCI = \bar{p} - 3\sqrt{\frac{\bar{p}(1-\bar{p})^n}{}} \qquad (20.10\text{a})$$

$$LCS = \bar{p} + 3\sqrt{\frac{\bar{p}(1-\bar{p})}{n}} \qquad (20.10\text{b})$$

em que o desvio padrão de $\bar{p}$ na distribuição binomial é dado por:

$$\sigma_p = \sqrt{\frac{\bar{p}(1-\bar{p})}{n}} \qquad (20.11)$$

Se o valor de $\bar{p}$ é relativamente baixo e o tamanho da amostra n é pequeno, então o limite de controle inferior calculado pela primeira dessas equações provavelmente é negativo. Nesse caso, considere *LCI* zero (a taxa de defeito não pode ser menor do que zero).

Figura 20.4 Gráficos de controle para o Exemplo 20.1: (a) gráfico $\bar{p}$ e (b) gráfico R

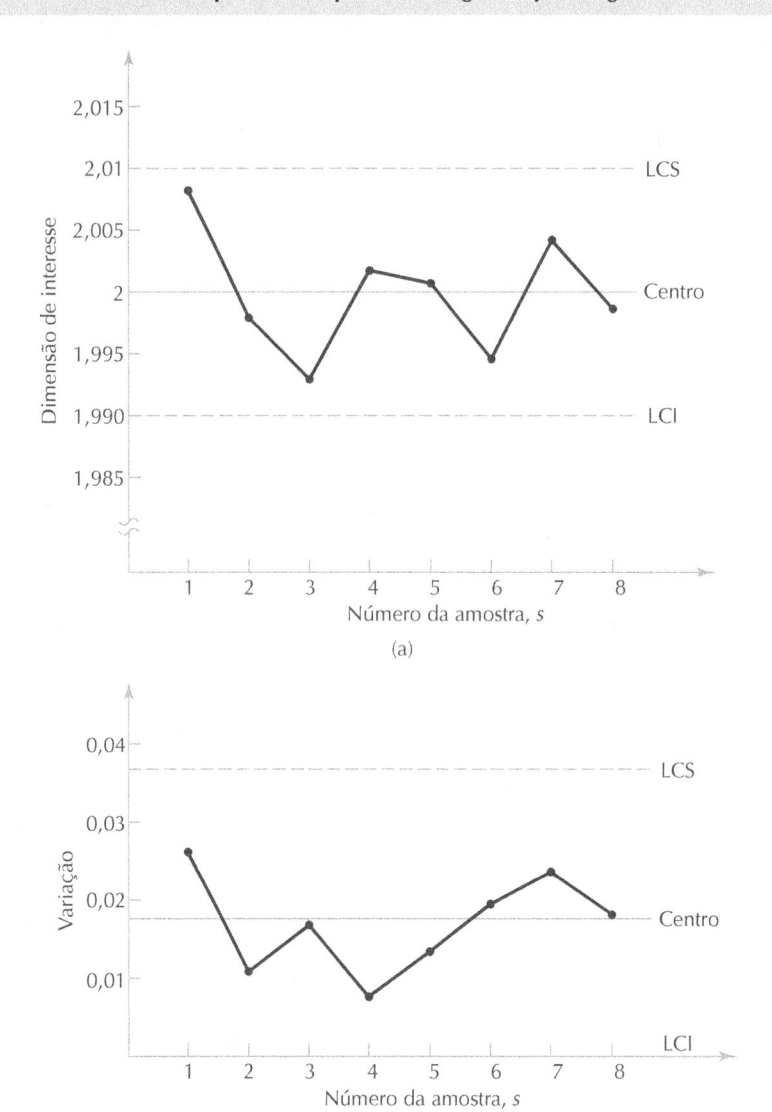

EXEMPLO 20.2
Gráfico p

Dez amostras ($m = 10$) de 20 peças cada ($n = 20$) foram coletadas. Em uma não havia defeitos; em três havia um defeito; em cinco havia dois defeitos e em uma havia três defeitos. Determine o centro, o limite de controle inferior e o limite de controle superior para o gráfico p.

Solução: O valor do centro do gráfico de controle pode ser calculado somando o número total de defeitos encontrados em todas as amostras e dividindo-o pelo número total de peças da amostra:

$$\bar{p} = \frac{1(0) + 3(1) + 5(2) + 1(3)}{10(20)} = \frac{16}{200} = 0{,}08 = 8\%$$

O limite de controle inferior é dado pela Equação (20.10a):

$$LCL = 0{,}08 - 3\sqrt{\frac{0{,}08(1 - 0{,}08)}{20}} =$$
$$= 0{,}08 - 3(0{,}06066) = 0{,}08 - 0{,}182 \to 0$$

O limite de controle superior, pela Equação (20.10b):

$$UCL = 0{,}08 + 3\sqrt{\frac{0{,}08(1 - 0{,}08)}{20}} = 0{,}08 + 3(0{,}06066)$$
$$= 0{,}08 + 0{,}182 = 0{,}262$$

No gráfico c (do inglês, c chart), em que c indica contagem, o número de defeitos na amostra é representado no tempo. A amostra pode ser um único produto como um automóvel e c indicar o número de defeitos e de qualidade encontrados durante a inspeção final, ou a amostra pode ser um comprimento de tapete na fábrica antes de ser cortado e c indicar o número de imperfeições descobertas por cada cem metros. O gráfico c é baseado na distribuição Poisson, em que c é o parâmetro que representa o número de eventos ocorrendo dentro de um espaço de amostra definido (por exemplo, defeitos por carro, imperfeições por unidade de comprimento de tapete). A melhor estimativa do verdadeiro valor de c é o valor médio sobre um grande número de amostras tiradas enquanto o processo está sob controle estatístico:

$$\bar{c} = \frac{\sum_{i=1}^{m} c_i}{m} \quad (20.12)$$

Esse valor de $\bar{c}$ é usado como centro do gráfico de controle. Na distribuição de Poisson, o desvio padrão é a raiz quadrada do parâmetro c. Desse modo, os limites de controle são:

$$LCI = \bar{c} - 3\sqrt{\bar{c}} \quad (20.13a)$$

$$LCS = \bar{c} + 3\sqrt{\bar{c}} \quad (20.13b)$$

EXEMPLO 20.3
Gráfico c
Um processo contínuo de extrusão plástica opera sob controle estatístico. Oitocentos metros do extrudado foram examinados e um total de 14 defeitos de superfície foram detectados naquele comprimento. Desenvolva um gráfico c para o processo, utilizando defeitos por centena de metros como a característica de qualidade de interesse.

Solução: O valor médio do parâmetro c pode ser determinado utilizando a Equação (20.12):

$$\bar{c} = \frac{14}{8} = 1,75$$

Isso será utilizado como o centro do gráfico de controle. Os limites de controle inferior e superior são dados pelas equações (13a) e (13b):

$$LCI = 1,75 - 3\sqrt{1,75} = 1,75 - 3(1,323) =$$
$$= 1,75 - 3,969 \rightarrow 0$$
$$LCS = 1,75 + 3\sqrt{1,75} = 1,75 + 3(1,323) =$$
$$= 1,75 + 3,969 = 5,719$$

Interpretando os gráficos de controle. Quando os gráficos de controle são utilizados para monitorar a qualidade de produção, amostras do mesmo tamanho n são retiradas do processo ao acaso e usadas para construir os gráficos. Para os gráficos $\bar{x}$ e R, os valores de $\bar{x}$ e R da característica medida são representados no gráfico de controle. Por convenção, os pontos são normalmente conectados como nas figuras. Para interpretar os dados, é preciso procurar sinais que indiquem que o processo não está sob controle estatístico. O sinal mais óbvio é quando $\bar{x}$ ou R (ou ambos) encontram-se fora dos limites LCI ou LCS. Isso indica uma causa como matérias-primas ruins, operador inexperiente, instalação errada dos equipamentos, ferramentas quebradas ou similares. Um $\bar{x}$ fora do limite indica uma mudança na média do processo. Um R fora do limite mostra que a variabilidade do processo provavelmente mudou. O efeito usual é R aumentar, indicando que a variabilidade subiu.

Condições menos óbvias podem ser reveladas apesar de os pontos da amostra se encontrarem dentro de limites $\pm 3\sigma$. Essas condições incluem (1) tendências ou padrões cíclicos nos dados, o que pode significar fadiga ou outros fatores que ocorram como uma função do tempo; (2) mudanças súbitas nos valores médios dos dados e (3) pontos seguidamente próximos dos limites superior ou inferior. Os mesmos tipos de interpretações que se aplicam aos gráficos $\bar{x}$ e R também se aplicam aos gráficos p e c.

Montgomery [15] fornece uma lista de indicadores que mostram que, provavelmente, um processo está fora de controle estatístico e que medidas corretivas têm de ser tomadas. Os indicadores são os seguintes: (1) um ponto que se encontra fora do LCS ou LCI; (2) dois de três pontos consecutivos que se encontram além de $\pm$ 2 sigma de um lado da linha central do gráfico de controle; (3) quatro de cinco pontos consecutivos que se encontram além de $\pm$ 1 sigma de um lado da linha central do gráfico de controle, (4) oito pontos consecutivos que ficam de um lado da linha central e (5) seis pontos consecutivos nos quais cada ponto é sempre mais alto ou sempre mais baixo do que seu predecessor.

Diagramas de controle servem como o realimentação (*loop* de *feedback*) no controle de processo estatístico, como sugerido pela Figura 20.5. Eles representam a atividade de medição no controle de processo. Se o gráfico de controle indica que o processo está sob controle estatístico, então nenhuma medida é tomada. Entretanto, se o processo é identificado como estando fora de controle estatístico, então a causa do problema tem de ser identificada e medidas corretivas têm de ser tomadas.

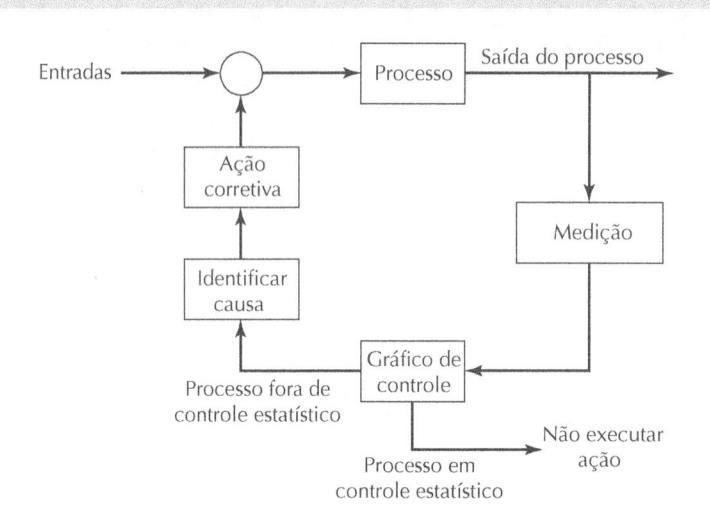

Figura 20.5 Gráficos de controle usados como realimentação no controle estatístico de processo

20.4.2 Outras ferramentas de CEP

Embora os gráficos de controle sejam a ferramenta mais utilizada no controle estatístico de processo, outras ferramentas também são importantes. Cada uma tem sua área de aplicação. Nesta seção, discutimos as seis ferramentas restantes das sete magníficas.

Histogramas. Ferramenta gráfica básica na estatística. Após o gráfico de controle, é provavelmente o membro mais importante do *kit* de ferramentas CEP. Um *histograma* é um gráfico estatístico que consiste de barras que representam diferentes valores ou variações de valores, no qual o comprimento de cada barra é proporcional à frequência ou frequência relativa do valor ou variação, como mostrado na Figura 20.6. Trata-se de uma demonstração gráfica da distribuição de frequência dos dados numéricos. O que torna o histograma uma ferramenta estatística tão útil é que ele dá condições para um analista visualizar rapidamente as características de um conjunto completo de dados. Essas características incluem (1) o formato da distribuição, (2) qualquer tendência central demonstrada pela distribuição, (3) aproximações da média e modo de distribuição e (4) o montante de dispersão ou amplitude nos dados. Em relação à Figura 20.6, pode-se ver que a

Figura 20.6 Histograma dos dados coletados do processo no Exemplo 20.1

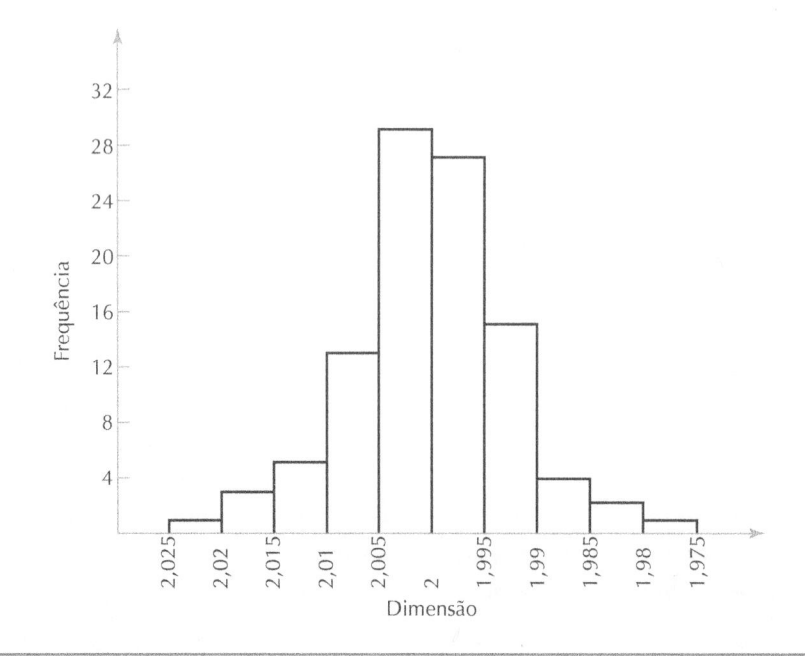

Figura 20.7 Típica (hipotética) distribuição de Pareto da saída de produção de uma fábrica. Apesar de existirem dez modelos produzidos, dois são responsáveis por 80 por cento do total de unidades. Esse gráfico é às vezes referido como gráfico *P-Q*, em que *P* são os produtos e *Q* é a quantidade de produção

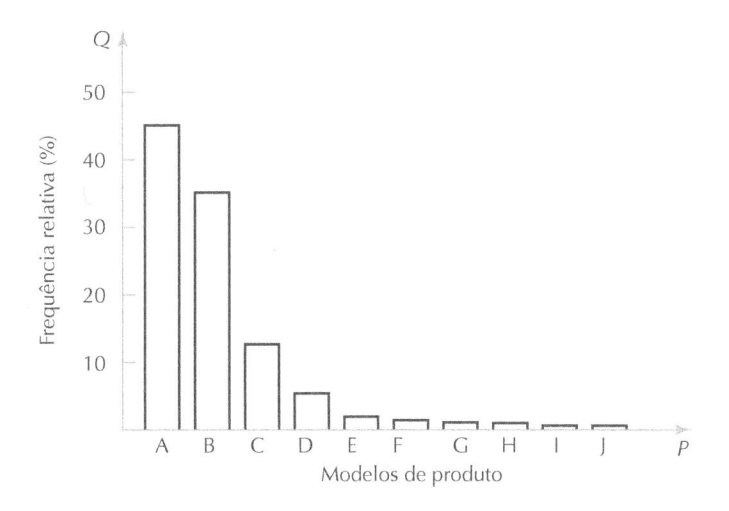

distribuição é normal (com toda probabilidade) e que a média está em torno de dois. Podemos aproximar o desvio padrão tomando a variação dos valores mostrados no histograma (2,025 – 1,975) e dividindo-a por seis, baseados no fato de que quase toda a distribuição (99,73 por cento) está contida dentro da faixa de ± 3σ em torno do valor médio. Isso dá um valor σ em torno de 0,008.

Diagramas de Pareto. Um *diagrama de Pareto* é uma forma especial de histograma, ilustrado na Figura 20.7, na qual dados de um atributo são arranjados de acordo com alguns critérios como custo ou valor. Quando utilizado de maneira apropriada, proporciona uma demonstração gráfica da tendência que uma pequena parte de uma dada população tem em ser mais valiosa do que a maioria. Essa tendência é às vezes referida como *Lei de Pareto*, que pode ser sucintamente colocada como "os poucos vitais e os muitos triviais".[2] A "lei" foi identificada por Vilfredo Pareto (1848-1923), economista e sociólogo italiano que estudou a distribuição da riqueza na Itália e descobriu que a maior parte pertencia a uma porcentagem pequena da população.

A Lei de Pareto aplica-se não somente à distribuição de riqueza, mas a muitas outras distribuições. A lei é seguidamente identificada como a regra 80 por cento-20 por cento (apesar de que porcentagens exatas podem diferir de 80 e 20): 80 por cento da riqueza de uma nação está nas mãos de 20 por cento de sua população; 80 por cento do valor do estoque está em 20 por cento de seus itens; 80 por cento das receitas de vendas são geradas por 20 por cento dos clientes; e 80 por cento da saída de produção de uma fábrica é concentrada em somente 20 por cento dos seus modelos de produtos (como na Figura 20.7). O que é sugerido pela Lei de Pareto é que a maior atenção e o maior esforço em qualquer estudo ou projeto deve se concentrar na proporção menor da população, que é vista como mais importante.

Folhas de verificação. (Não confundir com a 'lista de verificação'). É uma ferramenta de coleta de dados geralmente utilizada em estágios preliminares do estudo de um programa de qualidade. O operador que realiza um processo (o operador da máquina, por exemplo) seguidamente recebe a incumbência de registrar os dados na folha de verificação, depois os dados são registrados simples marcas de verificação (daí o nome de folha de verificação).

As folhas de verificação podem assumir formas diferentes, dependendo da situação do problema e da engenhosidade do analista. O modelo deve ser projetado para permitir alguma interpretação dos resultados diretamente dos dados brutos, apesar de que uma análise posterior dos dados pode ser necessária para reconhecer tendências, diagnosticar o problema ou identificar áreas que serão estudadas com mais profundidade.

Diagramas de concentração de defeitos. É um desenho do produto (ou peça), com todas as vistas relevantes exibidas, sobre as quais os vários tipos de defeitos fo-

---

2   A declaração é atribuída a J. Juran [5].

ram retratados nas localizações em que ocorreram. Uma análise dos tipos de defeitos e posições correspondentes pode identificar as causas subjacentes dos defeitos.

Montgomery [15] descreve em um estudo de caso a montagem final de refrigeradores que estavam sendo atingidos por defeitos de superfície. Um diagrama de concentração de defeitos (Figura 20.8) foi utilizado para analisar o problema. Ficou claro que os defeitos estavam concentrados em torno das partes centrais dos refrigeradores. Ao ser feita uma investigação, descobriu-se que uma correia era enrolada em torno de cada unidade para fins de manuseio do material. Ficou evidente que os defeitos foram causados pela correia, e medidas corretivas foram tomadas para melhorar o método de manuseio.

Diagramas de dispersão. Em muitas operações de manufatura industrial, deseja-se identificar uma relação possível entre duas variáveis de processo. O diagrama de dispersão é útil nesse sentido. Um *diagrama de dispersão* é uma representação gráfica x-y dos dados retirados das duas variáveis em questão, como ilustrado na Figura 20.9. Os dados são colocados em pares: para cada valor x_i, há um valor correspondente y_i. O formato dos pontos dos dados considerados como um todo seguidamente revela um padrão ou uma relação entre as duas variáveis. Por exemplo, o diagrama de dispersão na Figura 20.9 indica que existe correlação negativa entre a proporção de cobalto e a resistência ao desgaste de uma ferramenta de corte de carboneto cementado. À medida que a proporção de cobalto aumenta, a resistência ao desgaste diminui. É preciso ter cautela ao se utilizar diagramas de dispersão e em extrapolar as tendências que podem ser indicadas pelos dados. Por exemplo, pode ser deduzido do nosso diagrama que uma ferramenta de carboneto cementado com proporção de cobalto zero possuiria a maior resistência ao desgaste. Entretanto, o cobalto serve como aglutinante essencial no processo de prensagem e aglutinação utilizado para fabricar ferramentas de carboneto cementado, e um nível mínimo de cobalto é necessário para manter juntas as partículas de carboneto de tungstênio no produto final. Outra razão para recomendar cuidado no uso do diagrama de dispersão é de que apenas duas variáveis são

Figura 20.8 **Diagrama de concentração de defeitos mostrando quatro vistas do refrigerador com localizações dos defeitos de superfície indicados nas áreas sombreadas**

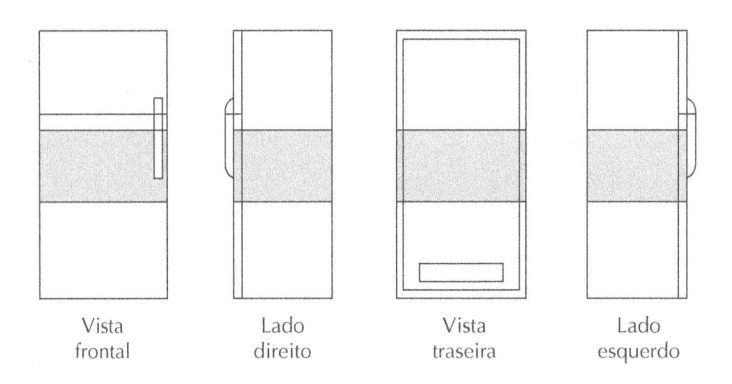

Figura 20.9 **Diagrama de dispersão mostrando o efeito da proporção de aglutinante de cobalto sobre a resistência ao desgaste de uma ferramenta de corte de carboneto cementado**

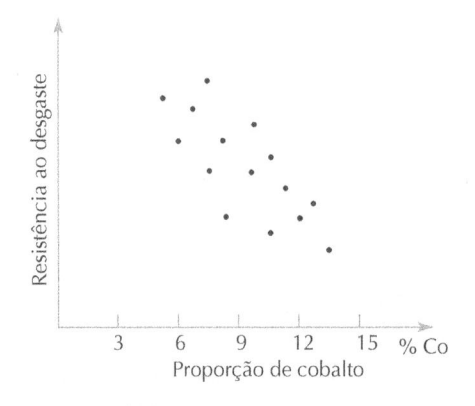

representadas graficamente. Podem existir outras no processo cuja importância em determinar a saída seja muito maior do que as duas exibidas.

Diagramas de causa e efeito. É um diagrama gráfico-tabular utilizado para listar e analisar as causas em potencial de determinado problema. Não é realmente uma ferramenta estatística como as anteriores. Como mostrado na Figura 20.10, o diagrama consiste de um tronco central levando ao efeito (o problema), com múltiplas ramificações saindo do tronco que listam os vários grupos de causas possíveis do problema. Devido à aparência característica, o diagrama de causa e efeito também é conhecido como *diagrama espinha de peixe* ou *diagrama de Ishikawa*. Na aplicação, o diagrama de causa e efeito é desenvolvido por uma equipe de qualidade, que tenta determinar quais causas geram mais consequências e como tomar medidas corretivas.

Figura 20.10 Diagrama de causa e efeito para uma operação de soldagem manual. O diagrama indica o efeito (o problema são as juntas soldadas malfeitas) no fim da seta e as causas possíveis são listadas nas ramificações levando ao efeito

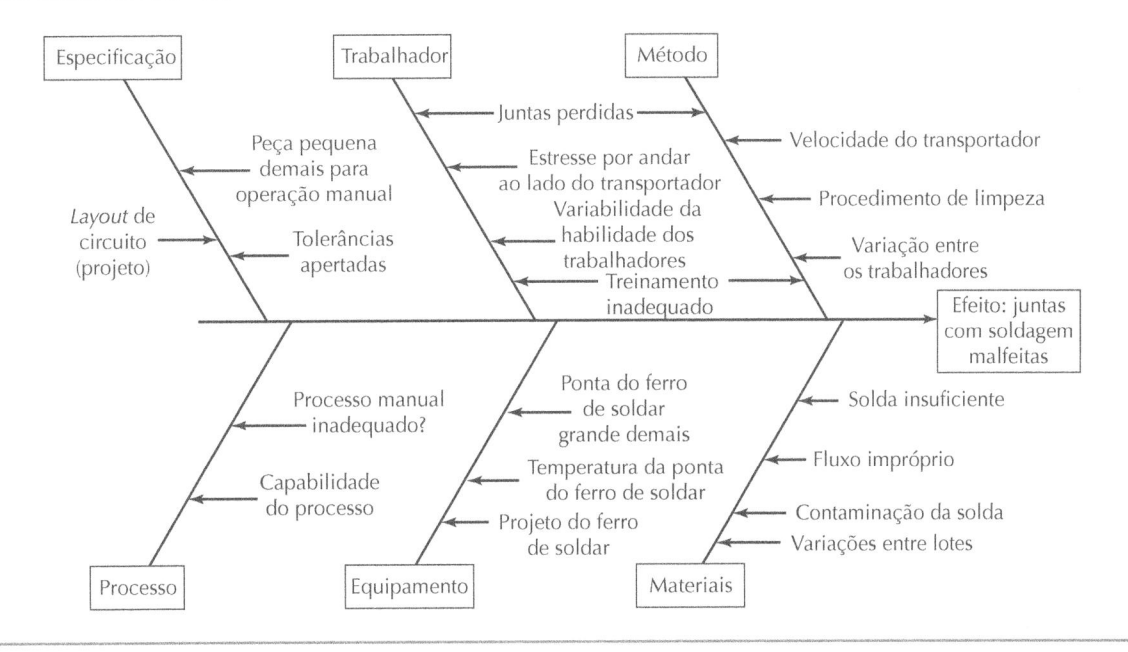

20.4.3 Implementando CEP

É preciso mais para a implementação bem-sucedida do controle estatístico de processo do que as sete ferramentas de CEP. As ferramentas proporcionam o mecanismo pelo qual o CEP pode ser implementado, mas o mecanismo exige uma força motriz, que é o compromisso da administração com a qualidade e com o processo de melhoria contínua. Por meio de seu envolvimento e exemplo, a administração impulsiona a implementação bem-sucedida do CEP. Apesar de a administração ser o ingrediente mais importante, há outros fatores que têm seu papel. Cinco elementos normalmente presentes em um programa CEP bem-sucedido podem ser identificados a seguir conforme sua ordem de importância, de acordo com Montgomery [15]:

1. *Comprometimento e liderança da administração*. Elemento mais importante, a administração estabelece o exemplo para que os outros na organização sigam. A melhoria de qualidade contínua é um processo motivado pela administração.

2. *Abordagem de equipe para solução de problemas*. A solução de problemas de qualidade na produção normalmente exige a atenção e o conhecimento técnico de mais de uma pessoa. É difícil para um indivíduo, atuando sozinho, fazer as mudanças necessárias para solucionar um problema de qualidade. Equipes cujos membros contribuem com uma fonte ampla de conhecimentos e habilidades são a abordagem mais eficaz para a solução de problemas.

3. *Treinamento de CEP para todos os empregados*. Os empregados em todos os níveis na organização, do presidente executivo ao trabalhador na produção iniciante, têm de ser instruídos a respeito das ferramentas de CEP de maneira que possam aplicá-las em todas as funções do empreendimento.

4. Ênfase na melhoria contínua. Devido ao comprometimento e exemplo da administração, o processo de melhoria contínua é difuso através da organização.

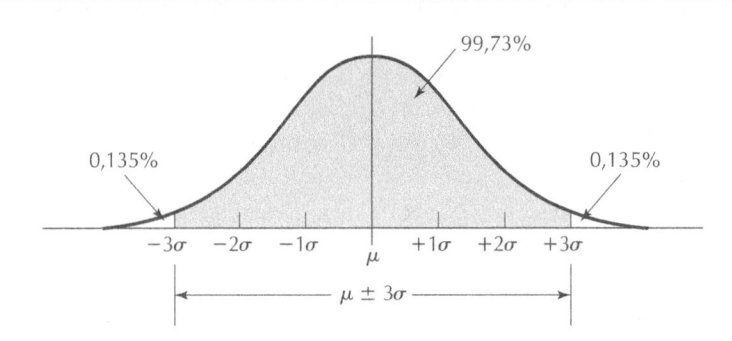

Figura 20.11 **Distribuição normal da variável de saída do processo, mostrando os limites ± 3σ**

5. *Um sistema de reconhecimento e comunicação.* Por fim, deve haver um mecanismo para o reconhecimento de esforços de CEP bem-sucedidos e comunicá-los através da organização.

20.5 SEIS SIGMA[3]

Seis Sigma (do inglês, *Six Sigma*) é o nome de um programa focado na qualidade, que utiliza equipes de trabalhadores para realizar projetos que buscam a melhoria do desempenho operacional da organização. O primeiro programa Seis Sigma foi desenvolvido e implementado pela Motorola Corporation por volta de 1980. Depois, foi amplamente adotado por muitas empresas nos Estados Unidos. Na distribuição Normal, seis sigma implica a quase perfeição em um processo, o que é a meta de um programa Seis Sigma. Para operar em um nível seis sigma através de um longo prazo, um processo tem de ser capaz de produzir não mais do que 3,4 defeitos por milhão, em que um defeito refere-se a qualquer coisa que esteja fora das especificações dos clientes. Projetos Seis Sigma podem ser aplicados a quaisquer processos de manufatura, serviços ou negócios que afetam a satisfação dos clientes, tanto internos como externos. Há uma forte ênfase na satisfação dos clientes no Seis Sigma.

As metas gerais do Seis Sigma e os projetos que são realizados sob sua bandeira são (1) satisfação dos clientes, (2) alta qualidade de produtos e serviços, (3) defeitos reduzidos, (4) melhoria da capabilidade de processo por meio da redução nas variações de processo, (5) melhoria contínua e (6) redução de custo por meio de processos mais efetivos e eficientes.

As equipes de trabalhadores que participam de um projeto Seis Sigma são treinadas para o uso de ferramentas estatísticas e de solução de problemas assim como técnicas de gerenciamento de projetos para definir, medir, analisar e fazer melhorias nas operações da organização eliminando defeitos e variabilidades em seus processos. A administração delega o poder para suas equipes, que têm a responsabilidade de identificar os problemas importantes nos processos da organização e patrocinar as equipes que abordarão esses problemas.

Um conceito central de Seis Sigma é o de que defeitos em um determinado processo podem ser medidos e quantificados. Uma vez que tenham sido quantificados, as causas subjacentes dos defeitos podem ser identificadas e ações corretivas podem ser tomadas para consertar as causas e eliminar os defeitos. Os resultados do esforço de melhoria podem ser vistos utilizando os mesmos procedimentos de medidas para fazer uma comparação entre o antes e o depois. A comparação é seguidamente expressa em termos do nível sigma. Por exemplo, o processo estava originalmente operando no nível 3 sigma e passou a operar no nível 5 sigma. Em níveis de defeitos, isso significa que o processo produzia previamente 66.807 defeitos por milhão e agora produz apenas 233 defeitos por milhão. Vários outros níveis sigma e defeitos correspondentes por milhão (do inglês, *defects per million* — DPM) e outras medidas são listados na Tabela 20.5.

A métrica tradicional para boa qualidade de processo é ± 3σ (nível 3 sigma). Como discutido na Seção 20.3, se um processo estiver estável e sob controle estatístico para uma determinada variável de produção de interesse e a variável for distribuída normalmente, então 99,73 por cento da saída do processo estará dentro da variação definida por ± 3σ. Essa situação é ilustrada na Figura 20.11. Isso significa que haverá 0,27 por cento (0,135 por cento em cada extremidade) da produção que se encontra além desses limites ou 2.700 peças por milhão produzidas.

Vamos comparar isso com um processo que opera no nível seis sigma. Sob os mesmos pressupostos anteriores (processo estável normalmente distribuído em controle estatístico), a proporção da produção que se encontra dentro da variação ± 6σ é 99,9999998 por cento, o que corresponde a uma taxa de defeito de apenas 0,002 defeitos por milhão. Essa situação é ilustrada na Figura 20.12.

O leitor provavelmente observou que essa taxa de defeito não casa com a taxa associada com o seis sigma na Tabela 20.5. A taxa mostrada na tabela é de 3,4 defeitos

---

[3] Esta seção e a Seção 20.6 são baseadas em grande parte no Capítulo 21 de Groover [9].

Figura 20.12 Distribuição normal da variável de saída do processo, mostrando os limites ± 6σ

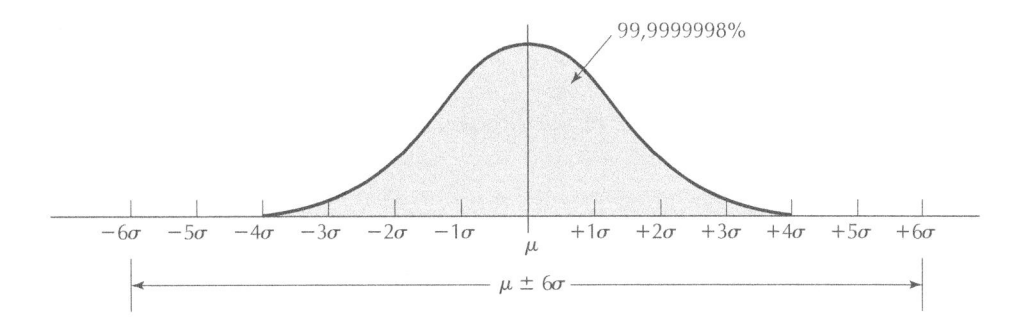

99,9999998%

-6σ -5σ -4σ -3σ -2σ -1σ μ $+1\sigma$ $+2\sigma$ $+3\sigma$ $+4\sigma$ $+5\sigma$ $+6\sigma$

$\mu \pm 6\sigma$

Tabela 20.5 Níveis Sigma e seus correspondentes defeitos por milhão, taxa de defeito e rendimento em um programa Seis Sigma

Nível Sigma	Defeitos por milhão (a)	Taxa de defeito (q)	Produção (Y)
6,0 σ	3,4	0,0000034	99,99966%
5,8 σ	8,5	0,0000085	99,99915%
5,6 σ	21	0,000021	99,9979%
5,4 σ	48	0,000048	99,9952%
5,2 σ	108	0,000108	99,9892%
5,0 σ	233	0,000233	99,9770%
4,8 σ	483	0,000483	99,9517%
4,6 σ	968	0,000968	99,9032%
4,4 σ	1.866	0,001866	99,813%
4,2 σ	3.467	0,003467	99,653%
4,0 σ	6.210	0,006210	99,379%
3,8 σ	10.724	0,01072	98,93%
3,6 σ	17.864	0,01768	98,23%
3,4 σ	28.716	0,02872	97,13%
3,2 σ	44.565	0,04457	95,54%
3,0 σ	66.807	0,06681	93,32%
2,8 σ	96.801	0,09680	90,32%
2,6 σ	135.666	0,13567	86,43%
2,4 σ	184.060	0,18406	81,59%
2,2 σ	241.964	0,2420	75,80%
2,0 σ	308.538	0,3085	69,15%
1,8 σ	382.089	0,3821	61,79%
1,6 σ	460.172	0,4602	53,98%
1,4 σ	539.828	0,5398	46,02%
1,2 σ	617.911	0,6179	38,21%
1,0 σ	691.462	0,6915	30,85%

Fonte: Compilado de Eckes [6], Apêndice
Pode ser usado para unidades defeituosas por milhão (do inglês, *defective units per million* — DUPM) ou defeitos por milhão de oportunidades (do inglês, *defects per million opportunities* — DPMO)

por milhão, o que corresponde a um rendimento de 99,99966 por cento. Por que há diferença? Qual está correta? Olhando a proporção da população que se encontra dentro de ± 6σ em uma tabela de probabilidade normal padrão (se fosse possível encontrar uma tabela que chegasse a tão alto), você descobriria que 99,9999998 por cento é o valor correto, não 99,99966 por cento. Reconhecidamente, a diferença entre os dois rendimentos não parece grande coisa. Mas a diferença entre 0,002 defeitos por milhão e 3,4 defeitos por milhão é significativa.

A explicação para essa anomalia é que, quando os engenheiros na Motorola projetaram o padrão Seis Sigma, eles consideraram processos que operam em longo prazo, e processos através de um longo prazo tendem a desviar-se da média de processo original. Embora dados sejam coletados de um processo através de um período de tempo relativamente curto (por exemplo, algumas semanas ou meses) para determinar a média e o desvio padrão, o mesmo processo pode durar anos. Durante a operação de longo prazo desse processo, a média provavelmente mudará para a direita ou a esquerda. Para compensar essas mudanças prováveis, a Motorola escolheu utilizar 1,5σ como a magnitude da mudança, enquanto deixou no lugar os limites originais de ± 6σ no para o processo. O efeito dessa mudança é mostrado na Figura 20.13. Normalmente, quando 6σ é utilizado no Seis Sigma, ele se refere a 4,5σ nas tabelas de probabilidade normais.

Figura 20.13 **Mudança da distribuição normal por uma distância de 1,5σ da média original**

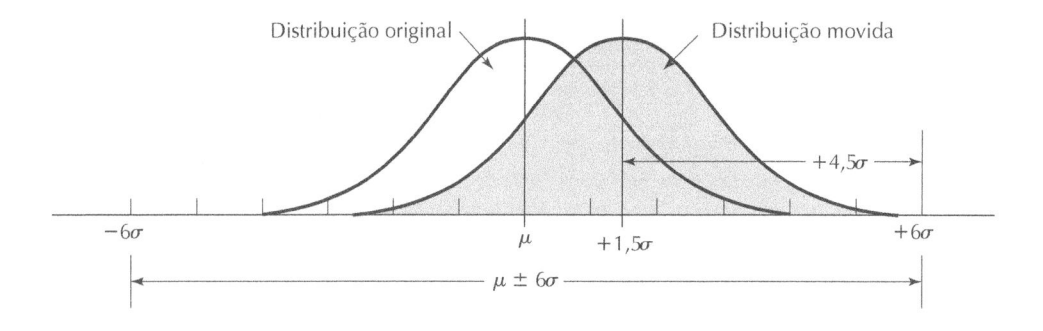

20.6 O PROCEDIMENTO DMAIC SEIS SIGMA

Equipes Seis Sigma utilizam uma abordagem de solução de problemas chamada DMAIC, às vezes pronunciados "*duh-may-ick*". Ela consiste de cinco passos:

1. *Definir* as metas do projeto e as exigências do cliente.
2. *Medir* o processo para seu desempenho atual.
3. *Analisar* o processo e determinar as causas essenciais de variações e defeitos.
4. *Melhorar* o processo reduzindo variações e defeitos.
5. *Controlar* o desempenho de processo futuro institucionalizando as melhorias.

Esses são os passos básicos em um procedimento de melhoria direcionado a processos existentes que estejam operando atualmente com níveis sigma baixos e precisem ser melhorados. DMAIC proporciona à equipe de trabalhadores uma abordagem sistemática e amparada em dados para solucionar um problema identificado. É um mapa que orienta a equipe na busca pela melhoria no processo de interesse. Apesar de a abordagem parecer muito sequencial (passo 1, passo 2 e assim por diante), às vezes é exigida uma implementação iterativa do DMAIC. Por exemplo, no passo de análise (passo 3), a equipe pode descobrir que ela não coletou os dados certos no passo de medida (passo 2). Portanto, ela tem de repetir o passo anterior para corrigir a deficiência.

A seguir descrevemos os cinco passos da abordagem DMAIC e algumas das ferramentas típicas que podem ser aplicadas em cada um deles.

20.6.1 Definir

O primeiro passo no DMAIC consiste de (1) organizar a equipe do projeto, (2) fornecer a ela uma carta de missão (com o problema a ser solucionado), (3) identificar os clientes servidos pelo processo e (4) desenvolver um mapa de processo de alto nível.

Organizar a equipe do projeto. Membros da equipe do projeto são escolhidos com base em seu conhecimento da área-problema e em outras habilidades. Pelo menos alguns deles tiveram treinamento Seis Sigma. Alguns são trabalhadores que operam o processo de interesse. Líderes de equipe em um projeto Seis Sigma são chamados de *faixas pretas* (do inglês, *black belts*); eles são os gerentes do projeto e tiveram treinamento detalhado em todo o alcance das técnicas de solução de problemas Seis Sigma. Auxiliando-os estão os *faixas verdes* (do inglês, *green belts*), outros membros da equipe que foram treinados em algumas técnicas Seis Sigma. Fornecendo recursos técnicos e servindo como consultores e mentores para os faixas pretas, estão os *mestres faixas pretas* (do inglês, *master black belts*). Os mestres faixas pretas ocupam geralmente posições de turno integral e são escolhidos por suas aptidões de ensino, habilidades quantitativas e experiência em Seis Sigma.

O participante na formação de uma equipe de projeto Seis Sigma é um indivíduo conhecido na terminologia Seis Sigma como o *campeão* (do inglês, *champion*), que é normalmente um membro da administração. Frequentemente o campeão é o proprietário do processo, e o processo precisa de melhorias.

O Contrato. (do inglês, *the charter*). É a documentação que justifica o projeto. Grande parte do material é fornecido pelo campeão, que está com o problema. A documentação do contrato normalmente inclui o seguinte:

- Declaração do problema e histórico. O que está errado com o processo? Há quanto tempo existe o problema? Como o processo opera atualmente e como deveria operar? Essa seção faz uma tentativa de definir o problema em termos quantitativos.
- Objetivos do projeto. O que a equipe do projeto deveria ser capaz de realizar dentro de um determinado período de tempo? Quais serão os benefícios do projeto?
- Escopo do projeto. Sobre quais áreas a equipe do projeto deve se concentrar e quais áreas ela deve evitar?
- Questão de negócios para solucionar o problema. Como o projeto é justificado em termos econômicos? Qual é o retorno potencial ao se realizar o projeto? Por que esse problema é mais importante do que outros?
- Cronograma do projeto. Quais são os marcos lógicos no projeto? Eles são seguidamente definidos em termos dos cinco passos no procedimento DMAIC.

Quando o passo *definir* deve ser completado? Quantas semanas deve levar o passo *medida*?

Identificando o(s) cliente(s). Todo processo serve os clientes. A saída do processo (por exemplo, o produto ou a peça produzida ou o serviço prestado) tem um ou mais clientes. De outra maneira, não haveria necessidade para o processo. Clientes são os receptores da saída do processo e são diretamente afetados por sua qualidade, seja positiva ou negativamente. Clientes têm necessidades e requisitos que precisam ser satisfeitos ou excedidos. Uma função importante no passo de definição é identificar exatamente quem são os clientes do processo e quais são suas exigências.

Quando a equipe está identificando os clientes, é particularmente útil para ela determinar aquelas características da saída do processo que são críticas para a qualidade (do inglês, *critical to quality* — CTQ) do ponto de vista de um cliente. As características CTQ são aspectos ou elementos do processo e sua produção que impactam diretamente a percepção de qualidade do cliente. Características de CTQ típicas incluem a confiabilidade de um produto (por exemplo, automóvel, utensílio, cortador de grama) ou a presteza de um serviço (por exemplo, servir um lanche rápido, reparos de encanamento). A identificação das características CTQ permite que a equipe se concentre no que é importante e não dissipe energia no que não é.

Mapa de processo de alto nível. A tarefa final no passo de definição é desenvolver um mapa de processo de alto nível. O *mapeamento de processo* é uma técnica gráfica que pode ser utilizada para descrever a sequência de passos que operam as entradas do processo e realizam as saídas. (Um exemplo é ilustrado na Figura 20.14.) Os mapas de processo proporcionam um quadro detalhado do processo ou sistema de interesse e ajudam os membros da equipe a compreender a questão e a se comunicar uns com os outros.

Figura 20.14 **Exemplo de um mapa de processo mostrando a sequência de passos e suas inter-relações**

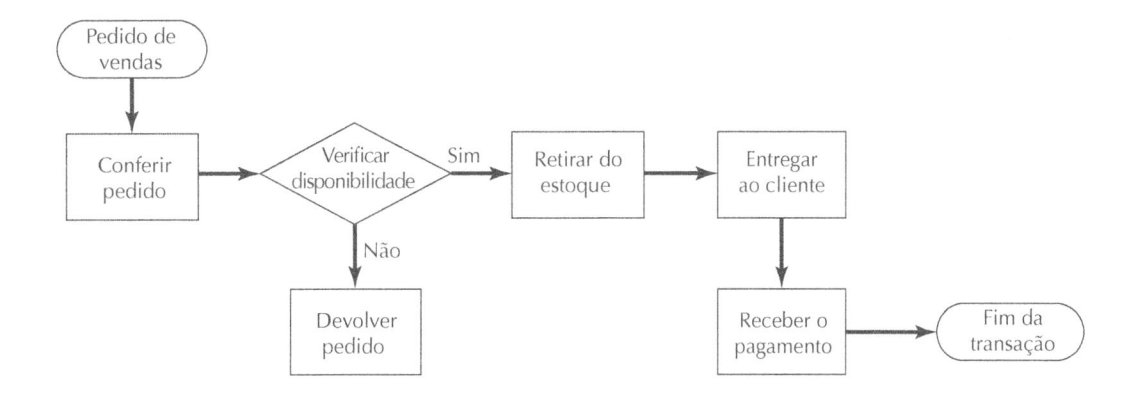

O mapeamento de processo é a técnica preferida em um projeto Seis Sigma porque pode ser utilizado para retratar um processo em vários níveis de detalhe. No passo de definição, quando o projeto de melhoria está começando a ser colocado em prática, é oportuno visualizar o processo em um nível alto, distante dos detalhes que serão examinados em passos subsequentes. O mapa de processo desenvolvido aqui deve incluir os fornecedores, as entradas, o processo, as saídas e os clientes.

Além do ponto de vista de alto nível, o mapa de processo também deve ser uma visão 'como é' do processo atual, sem melhorias. A análise do mapa de *status quo* do processo pode muito bem fornecer pistas que resultarão em melhorias. O mapa de processo 'como é' fornece um *benchmark* contra o qual comparar melhorias posteriores.

20.6.2 Medir

O segundo passo no DMAIC consiste de (1) coletar dados e (2) medir o atual nível sigma do processo. Avaliar o atual nível sigma do processo permite que a equipe faça comparações mais tarde, após o acréscimo das melhorias.

Coleta de dados. O primeiro passo na coleta de dados é decidir o que deve ser medido. Essa decisão deve ser tomada com referência ao mapa do processo e às características críticas para qualidade (CTQ) desenvolvidas no passo de definição. As medidas podem ser classificadas em três categorias:

- *Medidas de entrada*. Variáveis relacionadas à entrada do processo, são relacionadas aos fornecedores. Quais são as medidas de qualidade importantes para avaliar o desempenho dos fornecedores?

- *Medidas do processo*. Variáveis internas do processo em si; em geral, elas lidam com medidas de eficiência, como tempo de ciclo e tempo de espera, e medidas de qualidade, como variáveis dimensionais e taxas de defeitos.

- *Medidas de saída*. Medidas vistas pelo cliente, indicam quão bem as exigências e expectativas do cliente estão sendo satisfeitas. Elas são funcionalmente relacionadas às medidas de entrada e às medidas do processo.

Todo projeto Seis Sigma é diferente, e diferentes dados têm de ser coletados para cada um. Normalmente é necessário projetar formulários de coleta de dados para o projeto, talvez utilizando as folhas de verificação do controle estatístico de processo (Seção 20.4.2).

Uma vez que decisões tenham sido tomadas com relação a quais variáveis medir e formulários de coleta de dados tenham sido projetados, então a coleta de dados real começa. Às vezes ajustes são necessários à medida que problemas são encontrados no procedimento de coleta. Os problemas podem ser relacionados a ocorrências ou variáveis no processo que não foram antecipadas (por exemplo, identificação de uma variável importante que não recebeu a devida atenção previamente) ou ao projeto dos formulários de coleta de dados (por exemplo, nenhum espaço no formulário para anotar eventos incomuns). Uma importante regra de coleta de dados em um projeto Seis Sigma é que a própria equipe deve estar envolvida na coleta, de maneira que possa reconhecer os problemas e tomar as medidas corretivas apropriadas [20].

Medindo o atual nível sigma. Após a conclusão da coleta de dados, a equipe está em posição de analisar o atual nível sigma do processo 'como é'. Isso proporciona um ponto de partida para se fazer melhorias e medir seus efeitos sobre o processo, o que permite uma comparação antes e depois. O primeiro passo em avaliar o atual nível sigma do processo é determinar o número de defeitos por milhão. Esse valor é então convertido para o nível sigma correspondente utilizando a Tabela 20.5.

Há várias medidas alternativas de defeitos por milhão que podem ser usadas em um programa Seis Sigma. A mais apropriada é provavelmente a de *defeitos por milhão de oportunidades* (do inglês, *defects per million opportunities* — DPMO), que se refere ao fato de que pode haver mais de uma oportunidade para defeitos ocorrerem em cada unidade. Desse modo, o número de oportunidades leva em consideração a complexidade do produto ou serviço, de maneira que tipos inteiramente diferentes de produtos possam ser comparados na mesma escala sigma. Os defeitos por milhão de oportunidades são calculados como:

$$DPMO = 1.000.000 \frac{N_d}{N_u N_o} \qquad (20.14)$$

em que $DPMO$ são os defeitos por milhão de oportunidades, N_d é o número de defeitos, N_u é o número de unidades na população de interesse e N_o é o número de oportunidades para um defeito por unidade. O fator milhão converte a proporção em defeitos por milhão.

Outras medidas comuns incluem defeitos por milhão (*DPM*) e unidades defeituosas por milhão (*UDPM*; do inglês, *defective units per million* — DUPM). *Defeitos por milhão* mede todos os defeitos encontrados na população, considerando que há mais de uma oportunidade para um defeito por unidade defeituosa:

$$DPM = 1.000.000 \frac{N_d}{N_u} \qquad (20.15)$$

Unidades defeituosas por milhão é a contagem de unidades defeituosas na população de interesse, considerando que uma unidade defeituosa pode conter mais de um defeito:

$$UDPM = 1.000.000 \frac{N_{du}}{N_u} \quad (20.16)$$

em que N_{du} é o número de unidades defeituosas. O exemplo a seguir ilustra o procedimento para se determinar *DPMO*, *DPM* e *UDPM*, assim como os níveis sigma correspondentes.

> **EXEMPLO 20.4**
> **Determinando o nível Sigma de um processo**
> Uma planta de montagem final de refrigeradores inspeciona seus produtos acabados para 37 características consideradas críticas para qualidade (CTQ). Durante o período de três meses anterior, 31.487 refrigeradores foram produzidos, entre os quais 1.690 tinham defeitos das 37 características de CTQ e 902 tinham um ou mais defeitos. Determine (a) os defeitos por milhão de oportunidades e o nível sigma correspondente, (b) os defeitos por milhão e o nível sigma correspondente e (c) as unidades defeituosas por milhão e o nível sigma correspondente.
> ***Solução:*** resumindo os dados: N_o = 37 defeitos por oportunidades de produto, N_u = 31.487 unidades de produtos, N_d = 1.690 defeitos e N_{du} = 902 unidades defeituosas.
> (a) $DPMO = 1.000.000 \frac{1.690}{31.487(37)} = 1.451$ defeitos por milhão de oportunidades
> Isso corresponde a um nível sigma 4.5 (interpolando entre os níveis sigma 4.4 e 4.6 na Tabela 20.5).
> (b) $DPM = 1.000.000 \frac{1.690}{31.487} = 53.673$ defeitos por milhão
> Isso corresponde ao nível sigma 3.1.
> (c) $UDPM = 1.000.000 \frac{902}{31.487} = 28.647$ unidades defeituosas por milhão
> Isso corresponde ao nível sigma 3.4.

20.6.3 Analisar

O passo de análise no DMAIC pode ser dividido nas fases a seguir: (1) análise básica de dados, (2) análise de processo e (3) análise da causa raiz. O passo de análise é uma ponte entre a medida (passo 2) e a melhoria (passo 4). A análise toma os dados coletados no passo 2 e proporciona uma base quantitativa para desenvolver as melhorias no passo 4. A fase de análise busca identificar as oportunidades de melhoria.

Análise básica de dados. A finalidade da análise básica de dados é apresentar os dados coletados de maneira que seja possível tirar conclusões. Isso normalmente significa demonstrações gráficas dos dados, tomando ferramentas emprestadas do CEP como histogramas, diagramas de Pareto e diagramas de dispersão. Ferramentas de análise estatística adicionais, normalmente utilizadas para análise de dados, incluem a análise de regressão (análise de mínimos quadrados), análise de variância e testes de hipóteses.

Análise de processo. A análise de processo se preocupa em interpretar os resultados da análise básica de dados e em desenvolver um quadro detalhado da maneira que o processo opera e o que está errado com ele. Esse quadro normalmente inclui uma série de mapas de processo que se concentram nos passos individuais do mapa de processo de alto nível criado anteriormente no passo de definição (passo 1 no DMAIC). Os mapas de processo de baixo nível são úteis para uma melhor compreensão do funcionamento interno do processo. A equipe Seis Sigma progride por meio de uma análise de processo fazendo perguntas como:

* Quais são os passos que acrescem valor ao processo?
* Quais são os passos que não acrescem valor, mas são necessários?
* Quais são os passos que não acrescem valor e poderiam ser eliminados?
* Quais são os passos que geram variações, desvios e erros no processo?
* Quais passos são eficientes e quais passos não são (em termos de tempo, mão de obra, equipamento, materiais e outros recursos)? Os passos ineficientes merecem mais exame.
* Por que é exigida tanta espera no processo?
* Por que é exigido tanto manuseio de material?

Análise da causa raiz. Tenta identificar os fatores significativos que afetam o desempenho do processo. A situação pode ser descrita utilizando a seguinte equação geral:

$$y = f(x_1, x_2, ..., x_i, ..., x_n) \quad (20.17)$$

em que *y* é alguma variável de saída de interesse no projeto (por exemplo, alguma característica de qualidade importante para o cliente) e $x_1, x_2, ..., x_i, ..., x_n$ são as variáveis independentes no processo que podem afetar a variável de saída. O valor de *y* é uma função dos valores de x_i. Na análise da causa raiz, a equipe tenta determinar quais das variáveis x_i são mais importantes e como elas influenciam *y*. Com toda probabilidade, há mais do que uma variável *y* de interesse. Para cada *y*, há provavelmente um conjunto diferente de variáveis x_i.

A análise da causa raiz consiste das seguintes fases: (1) *brainstorming* das hipóteses, (2) eliminação das hipóteses improváveis e (3) validação das hipóteses restantes.

Em geral, *brainstorming* é uma atividade de solução de problemas realizada em grupo que consiste de membros do grupo contribuindo espontaneamente com ideias sobre um assunto de interesse mútuo. O diagrama de causa e efeito (Seção 20.4.2) é uma ferramenta às vezes utilizada para focar os pensamentos no *brainstorming*.

No fim da fase de *brainstorming*, há uma grande lista de hipóteses, algumas das quais têm menos chance de ser válidas do que outras. Começa a fase de eliminação. A equipe tem de usar sua sabedoria e seu conhecimento coletivo do processo para identificar quais hipóteses são prioritárias e quais devem ser eliminadas das demais considerações. A lista de hipóteses é reduzida de um número grande para um número muito menor, as variáveis importantes x_i são identificadas e as relações de $y = f(x)$ são conjeturadas.

A fase final da análise da causa raiz diz respeito a validar a lista reduzida de hipóteses. Ela envolve as ações de testar essas hipóteses e determinar as relações matemáticas para $y = f(x_1, x_2, ..., x_i, ..., x_n)$. Diagramas de dispersão (Seção 20.4.2) podem ser especialmente úteis em determinar o formato da relação e a forma do modelo matemático para o processo. Em alguns casos, a equipe tem de coletar dados adicionais sobre variáveis em particular identificadas como significativas. Ela pode conduzir experimentos para assegurar que a informação desejada seja extraída do procedimento de coleta de dados da maneira mais eficiente possível.

20.6.4 Melhorar

O quarto passo do DMAIC consiste das fases a seguir: (1) geração de alternativas para melhorias, (2) análise e estabelecimento de prioridades das alternativas de melhorias e (3) implementação das melhorias.

Geração de alternativas para melhorias. A análise da causa raiz anterior deve indicar as áreas para as quais melhorias em potencial e soluções de problemas têm mais chance de ser encontradas. A equipe Seis Sigma utiliza sessões de *brainstorming* para gerar e refinar as alternativas. A equipe busca melhorias e soluções que vão reduzir defeitos, aumentar a satisfação dos clientes, melhorar a qualidade do produto ou serviço, reduzir a variação e aumentar a eficiência do processo.

Análise e estabelecimento de prioridades. Com toda probabilidade, a equipe gerou mais alternativas para melhorias do que se pode implementar na prática. Nesse ponto, as alternativas têm de ser analisadas e priorizadas, e aquelas alternativas que são consideradas inviáveis têm de ser descartadas. O mapeamento de processo é uma técnica útil que pode ser utilizada para analisar as alternativas.

O mapa de processo desenvolvido nessa fase é uma descrição "deve ser" do processo. Ele incorpora as melhorias e soluções potenciais no processo atual para permitir a visualização e proporcionar uma documentação gráfica de como ele funcionaria após as mudanças terem sido feitas. Isso permite que as melhorias propostas sejam analisadas e refinadas antes de implementá-las.

Implementando as melhorias. Tendo priorizado as melhorias propostas, a equipe segue para a próxima fase no passo de melhoria DMAIC, a implementação. A lista de prioridades das propostas de melhorias determina por onde começar. A implementação pode proceder com uma proposta por vez ou em grupos de propostas, dependendo de como as mudanças sugeridas relacionam-se umas com as outras. Por exemplo, se as mudanças exigidas no processo por duas propostas diferentes são muito similares, pode fazer sentido implementar ambas ao mesmo tempo, mesmo que uma proposta seja de prioridade muito mais alta do que a outra. Também, se os objetivos do projeto são alcançar um determinado nível de melhoria global no processo que é considerado suficiente, então pode não ser necessário implementar todas as propostas na lista.

Para se determinar a melhoria global do processo, as mesmas medidas de desempenho de qualidade devem ser tomadas, como na avaliação de nível sigma original (Exemplo 20.4). Isso vai proporcionar à equipe do projeto uma comparação antes e depois para aferir o efeito das várias mudanças.

20.6.5 Controlar

Às vezes, após as melhorias no processo terem sido feitas, elas são gradualmente descartadas e os benefícios das melhorias se desgastam com o tempo. Razões para esse fenômeno incluem a resistência humana à mudança, a familiaridade e o conforto associados com o método antigo, a ausência de procedimentos padrão detalhando o método novo e a falta de atenção do pessoal de supervisão. O propósito do passo de controle no DMAIC é evitar esse desgaste potencial e manter o desempenho aperfeiçoado que foi alcançado por meio da implementação das mudanças propostas. O passo de controle consiste das medidas a seguir: (1) desenvolver um plano de controle, (2) transferir a responsabilidade de volta para o proprietário original e (3) dispersar a equipe Seis Sigma.

Desenvolvimento de um plano de controle. A tarefa final da equipe Seis Sigma é documentar os resultados do projeto e desenvolver um plano de controle que vai sustentar as melhorias realizadas no processo. A documentação do plano de controle estabelece o *procedimento operacional padrão* (POP; do inglês, *standard operating* *procedure* — SOP) para o processo aperfeiçoado. Ele deve abordar aspectos e questões como as seguintes:

- Detalhes das relações de controle do processo. Referem-se às várias relações $y = f(x_i)$ desenvolvidas pela equipe Seis Sigma. Elas indicam como o controle do processo é alcançado e quais variáveis (x_i) são importantes para alcançá-lo.
- Quais variáveis de entrada devem ser medidas e monitoradas?
- Quais variáveis do processo devem ser medidas e monitoradas?
- Quais variáveis de saída devem ser medidas e monitoradas?
- Quem é responsável por essas medidas?
- Quais são os procedimentos corretivos que devem ser seguidos em um evento em que algo dê errado no processo?
- Quais procedimentos institucionais têm de ser estabelecidos para manter as melhorias?
- Quais são as exigências de treinamento dos trabalhadores para manter as melhorias?

Transferindo responsabilidade e dispersando a equipe. A essa altura, a equipe Seis Sigma esteve ativamente envolvida na operação do processo por um período prolongado de tempo. Seu trabalho está quase completo. Uma de suas ações finais é passar qualquer responsabilidade que a equipe tinha na operação do processo de volta para o proprietário original (por exemplo, o campeão). A equipe tem de se certificar que o proprietário compreende o plano de controle e que ele será continuamente implementado.

Uma vez que a responsabilidade se reverta de volta para proprietário original, a equipe não é mais necessária. Ela está, portanto, dispersada, e o mestre faixa preta é designado para uma nova equipe em um próximo projeto.

20.7 MÉTODOS TAGUCHI NA ENGENHARIA DE QUALIDADE

O termo *engenharia de qualidade* abrange uma ampla gama de atividades operacionais e de engenharia cujo objetivo é assegurar que as características de qualidade de um produto se encontrem em seus valores meta ou nominais. O campo da engenharia de qualidade deve muito a Genichi Taguchi, que teve importante influência em seu desenvolvimento, especialmente na área de projeto — tanto projeto de produto como de processo. Nesta seção revemos dois dos métodos Taguchi: (1) projeto robusto e (2) função perda de Taguchi. Tratamentos mais completos dos métodos Taguchi podem ser encontrados nos trabalhos citados nas referências deste capítulo [7], [14], [17] e [22].

20.7.1 Projeto robusto

Um princípio Taguchi importante é estabelecer especificações sobre os parâmetros de produto e processo para criar um projeto que resista à falhas ou ao desempenho reduzido diante de variações, as quais Taguchi chama de fatores de ruído. Um *fator de ruído* é uma fonte de variação impossível ou difícil de controlar e que afeta as características funcionais do produto. Três tipos de fatores de ruído podem ser distinguidos:

1. *Fatores de ruído entre unidades.* São variações aleatórias inerentes ao processo e ao produto causadas pela variabilidade das matérias-primas, das máquinas e da participação humana. Elas são associadas ao processo de produção que está sob controle estatístico.

2. *Fatores de ruído interno.* Fontes de variação internas ao produto ou processo que incluem (1) fatores dependentes do tempo, como o desgaste de componentes mecânicos, a deterioração de matérias-primas e o desgaste de peças de metal e (2) erros operacionais, como ajustes impróprios no produto ou na máquina-ferramenta.

3. *Fatores de ruído externo.* É uma fonte de variação que é externa ao produto ou processo, como temperatura ambiente, umidade, fornecimento de matérias-primas e tensão elétrica de entrada. Fatores de ruído interno e externo constituem o que havíamos chamado previamente de variações causais. Taguchi distingue fatores de ruído interno e externo porque fatores de ruído externo são geralmente mais difíceis de controlar.

Um *projeto robusto* é aquele no qual a função e o desempenho do produto ou processo são relativamente insensíveis às variações em qualquer um dos fatores de ruído acima. No projeto do produto, a robustez significa que o produto pode manter um desempenho consistente com mínima perturbação devido a variações em fatores incontroláveis em seu ambiente operacional. No projeto do processo, a robustez significa que o processo continua a produzir bons produtos com efeito mínimo de variações incontroláveis em seu ambiente operacional. Exemplos de projetos robustos são apresentados na Tabela 20.6.

20.7.2 A função perda de Taguchi

A função perda de Taguchi é um conceito útil no projeto de tolerâncias. Taguchi define a qualidade ruim como "a perda que um produto custa à sociedade a partir do momento em que é liberado para ser despachado" [22]. A perda inclui

Tabela 20.6 Projetos robustos em produtos e processos

Projeto do produto
Um avião que voa tão bem em tempestades quanto em tempo bom.
Um carro que dá partida tão bem no inverno em Fairbanks, Alaska, quanto no verão em Phoenix, Arizona.
Uma raquete de tênis cuja rebatida não difere se usa a parte junto ao aro ou a parte central.
Uma sala de operação de um hospital que mantém a luz e os sistemas de apoio à vida quando a luz elétrica para o hospital é interrompida.

Projeto do processo
Uma operação de torneamento que produz um bom acabamento superficial através de uma ampla gama de velocidades de corte.
Uma operação de moldagem por injeção plástica que molda uma peça de qualidade apesar das variações na temperatura e umidade ambientes na fábrica.
Uma operação de forjamento que prensa peças de qualidade apesar das variações na temperatura inicial do lingote bruto.

Outros
Uma espécie biológica que sobrevive sem mudanças por milhões de anos apesar de mudanças climáticas significativas no mundo no qual ela vive.

---

custos para operar, falha ao funcionar, custos de manutenção e reparo, insatisfação dos clientes, lesões causadas por um projeto ruim e custos similares. Algumas dessas perdas são difíceis de quantificar em termos monetários, mas são reais mesmo assim. Produtos defeituosos (ou seus componentes) que são detectados, reparados, retrabalhados ou refugados antes de ser despachados não são considerados parte dessa perda. Em vez disso, qualquer gasto para a empresa resultante do descarte ou retrabalho de um produto defeituoso é um custo de manufatura em vez de uma perda de qualidade.

Perdas ocorrem quando a característica funcional de um produto difere de seu valor meta ou nominal. Apesar de características funcionais não se traduzirem diretamente em aspectos dimensionais, a relação de perda é mais prontamente compreendida em termos de dimensões. Quando a dimensão de um componente afasta-se de seu valor nominal, a função do componente é adversamente afetada. Não importa quão pequeno seja o desvio, há perda na função. A perda aumenta a uma taxa acelerada à medida que o desvio cresce, de acordo com Taguchi. Se considerarmos x como a característica de qualidade de interesse e N o seu valor nominal, então a função de perda será uma curva em forma de U, como na Figura 20.15. Taguchi usa uma equação quadrática para descrever a curva:

$$L(x) = k(x - N)^2 \qquad (20.18)$$

em que $L(x)$ é a função de perda, k é a constante de proporcionalidade e x e N seguem as definições acima. Em algum nível de desvio $(x_2 - N) = -(x_1 - N)$, a perda será proibitiva e será necessário descartar ou retrabalhar o produto. Esse nível identifica um modo possível de especificar o nível de tolerância para a dimensão. Mas mesmo dentro desses limites, há também uma perda, como sugerido pela área sombreada.

Na abordagem tradicional para o controle de qualidade, limites de tolerância são definidos e qualquer produto dentro desses limites é aceitável. Se a característica de interesse (por exemplo, a dimensão) é próxima do valor nominal ou próxima de um dos limites de tolerância, ela é aceitável.

Figura 20.15 A função quadrática de perda de qualidade

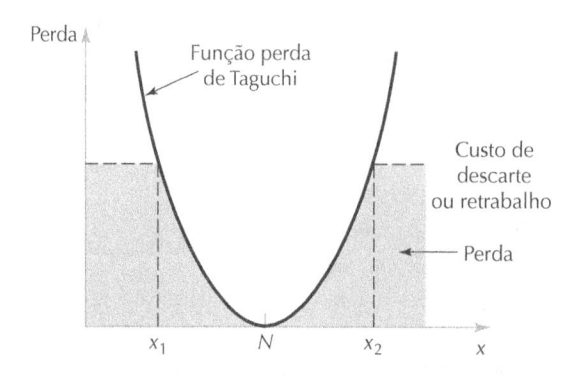

Figura 20.16 Função perda implícita na especificação de tolerância tradicional

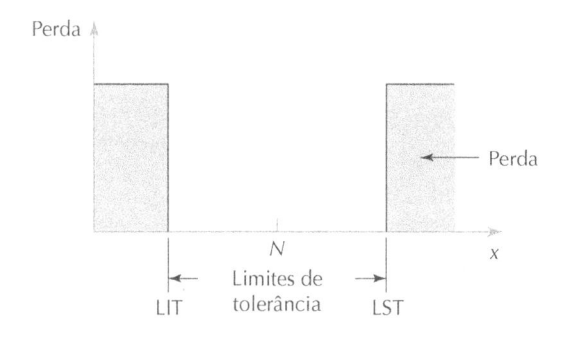

Tentando visualizar essa abordagem em termos análogos à relação anterior, obtemos a função de perda descontínua na Figura 20.16. Nessa abordagem, qualquer valor dentro do limite superior de tolerância (*LST*; do inglês, *upper tolerance limit — UTL*) e do limite inferior de tolerância (*LIT*; do inglês, *lower tolerance limit — LTL*) é aceitável. A realidade é que produtos mais próximos da especificação nominal são de melhor qualidade e vão funcionar melhor, ter uma aparência melhor, durar mais e ter componentes que se encaixam melhor. Resumindo, produtos feitos mais próximos das especificações nominais vão proporcionar satisfação aos clientes. A fim de melhorar a qualidade e a satisfação dos clientes, é preciso tentar reduzir a perda projetando o produto e o processo para ficar o mais próximo possível do valor meta.

É possível fazer cálculos baseados na função perda de Taguchi, se o pressuposto da equação de perda quadrática for aceito, Equação (20.18). Nos exemplos a seguir, ilustramos vários aspectos de sua aplicação: (1) estimando a constante k na função perda, Equação (20.18), baseada em dados de custo conhecidos, (2) utilizando a função perda de Taguchi para estimar o custo de tolerâncias alternativas e (3) comparar a perda esperada para processos de manufatura alternativos que tenham distribuições de tolerância diferentes.

EXEMPLO 20.5
Estimando a constante k na função perda de Taguchi
Suponha que uma determinada dimensão de peça seja especificada como cem milímetros ± 0,2 milímetro. Para investigar o impacto dessa tolerância sobre o desempenho do produto, a empresa estudou seus registros de reparos para descobrir que, se a tolerância ± 0,2 milímetro for excedida, há uma chance de 60 por cento de o produto ser devolvido para reparos a um custo de $100 para a empresa (durante o período de garantia) ou para o cliente (além do período de garantia). Estime a constante k da função perda de Taguchi para esses dados.
Solução: na Equação (20.17) para a função perda, o valor de $(x - N)$ é o valor de tolerância 0,2. A perda é o custo esperado do reparo e pode ser calculada como a seguir:

$$E\{L(x)\} = 0{,}6(\$100) + 0{,}4(0) = \$\,60$$

Utilizando esse custo na Equação (20.18), temos:

$$60 = k(0{,}2)^2 = k(0{,}04)$$
$$k = \frac{60}{0{,}04} = \$\,1.500$$

Portanto, a função perda de Taguchi para esse caso é a seguinte:

$$L(x) = 1.500(x - N)^2 \qquad (20.19)$$

A função perda de Taguchi é também usada para avaliar os custos relativos de tolerâncias alternativas que podem ser aplicadas ao componente em questão, como ilustrado no exemplo a seguir.

EXEMPLO 20.6
Utilizando a função perda de Taguchi para estimar o custo de tolerâncias alternativas
Vamos usar a função quadrática de perda de Taguchi, Equação (20.19), para avaliar o custo de tolerâncias alternativas para os mesmos dados apresentados no Exemplo 20.5.
Especificamente, dada a dimensão nominal de cem, como antes, determine o custo (valor da função perda) para tolerâncias de (a) ± 0,1 milímetro e (b) ± 0,05 milímetro.
Solução: (a) Para uma tolerância de ± 0,1 milímetro, o valor da função perda é:

$$L(x) = 1.500(0{,}1)^2 = 1.500(0{,}01) = \$15$$

(b) Para uma tolerância de ± 0,05 milímetro, o valor da função perda é:

$$L(x) = 1.500(0{,}05)^2 = 1.500(0{,}0025) = \$3{,}75$$

A função perda pode ser colocada em números nos cálculos de custo de produção por peça, se determinadas características do processo forem conhecidas, a saber: (1) a função perda de Taguchi aplicável, (2) o custo de produção por peça, (3) a distribuição de probabilidade do processo para o parâmetro de interesse do produto e (4) o custo de separação, retrabalho e/ou descarte para uma item fora de tolerância. Combinando esses termos, temos o custo de item total como:

$$C_{pc} = C_p + C_s + qC_r + L(x) \quad (20.20)$$

em que C_{pc} é o custo total por item, C_p é o custo de produção por item, C_s é o custo de inspeção e separação por item, q é a proporção de peças caindo para fora dos limites de tolerância e precisando de retrabalho, C_r é o custo de retrabalho por item para aquelas peças exigindo retrabalho e $L(x)$ é o custo por item da função perda de Taguchi. Devido à distribuição de probabilidade associada ao processo de produção, a análise exige o uso de custos esperados. No caso da distribuição normal, é possível ser demonstrado que o valor esperado de $(x - N)^2$ é a variância da distribuição σ^2. Desse modo, o valor esperado da função perda de Taguchi para esse caso é dado por:

$$E\{L(x)\} = k\sigma^2 \quad (20.21)$$

em que σ^2 é a variância do processo de produção, e sua raiz quadrada é o desvio padrão σ do processo.

EXEMPLO 20.7
Comparando o custo esperado para processos de manufatura alternativos

Suponha que a peça nos exemplos 20.5 e 20.6 pode ser produzida por dois processos de manufatura alternativos. Ambos produzem peças com uma dimensão média no valor nominal desejado de cem milímetros. A distribuição de saída é normal para cada processo, mas seus desvios padrão são diferentes. Os dados relevantes para os dois processos são dados na tabela a seguir:

	Processo A	Processo B
Custo de produção por item	$5	$10
Custo de separação por item	$1	$1
Custo de retrabalho por item se a tolerância é excedida	$20	$20
Função perda de Taguchi	Equação (20.19)	Equação (20.19)
Desvio padrão do processo (mm)	0,08	0,04

Determine o custo esperado por item para os dois processos.

Solução: o custo total por item inclui os outros custos, a saber o custo de produção por item, o custo de inspeção e separação e o custo de retrabalho, se há qualquer retrabalho, além do custo de função perda. Para o processo A, o custo de produção por item é $5, o custo de separação é $1 por item e o custo de retrabalho é $20. Entretanto, o custo de retrabalho é apenas aplicável àquelas peças que caem fora da tolerância especificada de ± 0,2 milímetro. A proporção de peças que se encontram além desse intervalo pode ser descoberta calculando a estatística z normal padrão e determinando a probabilidade associada. O valor z é 0,2/0,08 = 2,5, e a probabilidade (das tabelas normais padrão) é 0,0124. A função perda de Taguchi é dada pela Equação (20.19), então substituímos o desvio padrão na equação de perda: $E\{L(x)\}$ = 1.500(0,08)² = $9,60. O custo total por item é calculado como a seguir:

$$C_{pc} = 5 + 1 + 0{,}0124(20) + 9{,}60 = \$15{,}85 \text{ por item}$$

Para o processo B, apesar de seu custo de produção por item ser muito mais alto do que para o processo A, teoricamente não há unidade fora de tolerância produzida (desde que o processo esteja sob controle estatístico, o que pode ser verificado por amostragem estatística). Devemos tirar vantagem desse fato omitindo o passo de separação. Também não há retrabalho. A função perda de Taguchi $E\{L(x)\} = 1.500(0{,}04)^2 = \$2{,}40$. O custo total por item para o processo B é calculado a seguir:

$$C_{pc} = 10 + 0 + 0 + 2{,}40 = \$12{,}40 \text{ por item}$$

Devido a um custo de função perda de Taguchi muito menor, o processo B é o método de produção de custo mais baixo.

A Equação (20.21) representa um caso especial da situação geral. Um caso especial é quando a média do processo μ, que é a média de todo x_i, está centrada em torno do valor nominal N. O caso mais geral é quando a média do processo μ pode ou não estar centrada em torno do valor nominal. Nesse caso geral, o cálculo do valor da função perda de Taguchi torna-se:

$$E\{L(x)\} = k[(\mu - N)^2 + \sigma^2] \quad (20.22)$$

Se a média do processo está centrada no valor nominal, de maneira que $\mu = N$, então a Equação (20.22) reduz-se à Equação (20.21).

20.8 ISO 9000

Este capítulo sobre o controle de qualidade não estaria completo sem mencionar o principal padrão do assunto. ISO 9000 é um conjunto de padrões internacionais de qualidade desenvolvidos pela Organização Internacional para Padronização (do inglês, *International Organization for Standardization* — ISO), com sede em Genebra, Suíça, que representa virtualmente todos os países industrializados. A representante norte-americana para a ISO é o American National Standards Institute (ANSI). A American Society for Quality (ASQ) é a organização membro da ANSI responsável pelos padrões de qualidade. A ASQ publica e distribui o ANSI/ASQ Q9000, versão norte-americana do ISO 9000.

O ISO 9000 estabelece os padrões para os sistemas e procedimentos utilizados por uma empresa que afeta a qualidade dos produtos e serviços produzidos por ela. Não é um padrão para os produtos ou serviços em si. ISO 9000 não é apenas um padrão; é uma família de padrões. A família inclui um glossário de termos de qualidade, diretrizes para escolher e utilizar os vários padrões, modelos para sistemas de qualidade e diretrizes para efetuar auditorias em sistemas de qualidade.

Os padrões ISO são genéricos em vez de específicos para uma indústria. Eles são aplicáveis para qualquer empresa produzindo qualquer produto e/ou fornecendo qualquer serviço, não importa qual o mercado. Como mencionado, o foco dos padrões está no sistema de qualidade da empresa em vez de nos produtos ou serviços. Nos padrões ISO, um *sistema de qualidade* é definido como a "estrutura organizacional, responsabilidades, procedimentos, processos e recursos necessários para implementar o gerenciamento de qualidade". ISO 9000 preocupa-se com um conjunto de atividades realizadas por uma empresa para assegurar que a produção proporciona satisfação aos clientes. Ele não especifica métodos ou procedimentos para alcançar a satisfação dos clientes; em vez disso, descreve conceitos e objetivos para alcançá-lo.

ISO 9000 pode ser aplicada em uma empresa de duas maneiras. A primeira é implementar os padrões ou porções escolhidas dos padrões simplesmente em prol da melhoria dos sistemas de qualidade da empresa. Melhorar os procedimentos e sistemas para fornecer produtos e/ou serviços de alta qualidade é uma realização que vale a pena, não importa se um reconhecimento formal é ou não concedido. A implementação da IS0 9000 exige que todas as atividades de uma empresa afetando a qualidade sejam realizadas em um ciclo de três fases que continua indefinidamente. As três fases são (1) planejar as atividades e procedimentos que afetam a qualidade, (2) controlar as atividades que afetam a qualidade para assegurar que as especificações do cliente sejam satisfeitas e que a medida corretiva seja tomada sobre quaisquer desvios das especificações e (3) documentar as atividades e os procedimentos que afetem a qualidade para assegurar que os objetivos de qualidade sejam compreendidos pelos empregados, *feedback* seja fornecido para o planejamento e prova do desempenho do sistema de qualidade esteja disponível para os administradores, clientes para fins de certificação.

A segunda maneira de aplicar a ISO 9000 é tornar-se registrado. O registro ISO 9000 não apenas melhora os sistemas de qualidade da empresa como também fornece uma certificação formal de que ela atende às exigências do padrão. Isso beneficia a empresa de várias maneiras. Dois benefícios significativos são (1) reduzir a frequência de auditorias de qualidade realizadas pelos clientes da empresa e (2) qualificá-la para negócios com companhias que exigem registro ISO 9000. Esse último benefício é especialmente importante para empresas fazendo negócios na Comunidade Europeia, onde determinados produtos são classificados como regulamentados e o registro ISO 9000 é exigido para empresas produzindo esses produtos, assim como seus fornecedores.

O registro é obtido por meio de um certificado concedido para a empresa por uma agência independente. O processo de certificação consiste de inspeções na própria empresa e análise da sua documentação e procedimentos até que a agência esteja satisfeita, mostrando que a empresa está em conformidade com o padrão ISO 9000. Se a agência externa descobrir que a empresa está em não conformidade em determinadas áreas, então vai notificá-la a respeito de quais áreas precisam de melhorias e programar uma nova visita. Uma vez que a empresa tenha sido registrada, a agência externa vai realizar auditorias periodicamente para verificar a continuidade da conformidade. A empresa tem de ser aprovada nessas auditorias a fim de manter seu registro IS0 9000.

Referências

[1] ARNOLD, K. L. *The manager's guide to ISO 9000*. Nova York: The Free Press, 1994.

[2] BASU, R. "Six Sigma to fit Sigma". *IIE Solutions*, p. 28--33, jul. 2001.

[3] BESTERFIELD, D. H.; BESTERFIELD-MICHNA, C.; BESTERFIELD, G. H.; BESTERFIELD-SACRE, M. *Total quality management*, 3. ed. Upper Saddle River, NJ: Prentice Hall, 2003.

[4] BOX, G. E. P.; DRAPER, N. R. *Evolutionary operation*. Nova York: John Wiley & Sons, 1969.

[5] CROSBY, P. B. *Quality is free*. Nova York: McGraw-Hill Book Company, 1979.

[6] ECKES, G. *Six Sigma for everyone*. Hoboken, NJ: John Wiley & Sons, 2003.

[7] EVANS, J. R.; LINDSAY, W. M. *The management and control of quality*. 3. ed. Saint Paul, MN: West Publishing Company, 1996.

[8] GOETSCH, D. L.; DAVIS, S. B. *Quality management*. 5. ed. Upper Saddle River, NJ: Prentice Hall, 2006.

[9] GROOVER, M. P. *Work systems and the methods, measurement, and management of work.* Upper Saddle River, NJ: Pearson Prentice Hall, 2007.

[10] JING, G. G.; NING, L. "Claiming Six Sigma". *Industrial Engineer*, p. 37-9, fev. 2004.

[11] JOHNSON, P. L. *ISO 9000:* Meeting the new international standards. Nova York: McGraw-Hill, 1993.

[12] JURAN, J. M.; GYRNA, F. M. *Quality planning and analysis.* 3. ed. Nova York: McGraw-Hill, 1993.

[13] KANTNER, R. *The ISO 9000 answer book.* Essex Junction, VT: Oliver Wight Publications, 1994.

[14] LOCHNER, R. H.; MATAR, J. E. *Designing for quality.* Milwaukee, WI: ASQC Quality Press, 1990.

[15] MONTGOMERY, D. *Introduction to statistical quality control.* 5. ed. Nova York: John Wiley & Sons, 2005.

[16] OKES, D. "Improve your root cause analysis". *Manufacturing Engineering*, p. 171-8, mar. 2005.

[17] PEACE, G. S. *Taguchi methods.* Reading, MA: Addison-Wesley Publishing Company, 1993.

[18] PYZDEK, T.; BERGER, R. W. *Quality engineering handbook.* Nova York: Marcel Dekker; Milwaukee, WI: ASQC Quality Press, 1992.

[19] ROBISON, J. "Integrate quality cost concepts into team's problem-solving efforts". *Quality Progress*, p. 25-30, mar. 1997.

[20] STAMATIS, D. H. *Six Sigma fundamentals:* A complete guide to the system, methods, and tools. Nova York: Productivity Press, 2004.

[21] SUMMERS, D. C. S. *Quality*, Upper Saddle River, NJ: Prentice Hall, 1997.

[22] TAGUCHI, G.; ELSAYED, E. A.; HSIANG, T. C. *Quality engineering in production systems.* Nova York: McGraw-Hill Book Company, 1989.

[23] TITUS, R. "Total quality Six Sigma overview". *Apresentação de slide.* Bethlehem, PA: Lehigh University, maio 2003.

[24] VEACH, C. "Real-time SPC: The rubber meets the road". *Manufacturing Engineering*, p. 58-64, jul. 1999.

[25] I SIX SIGMA: Quality resources for achieving Six Sigma results. Disponível em: <www.isixsigma.com>. Acesso em: 05 nov. 2010.

[26] "WHAT IS SIX SIGMA". In: General Electric (GE). Disponível em: <www.ge.com/sixsigma>. Acesso em: 30/10/2010.

[27] "SIX SIGMA". In: Motorola. Disponível em: <www.motorola.com/sixsigma>. Acesso em: 30/10/2010.

Questões de revisão

20.1 Quais são os dois aspectos de qualidade em um produto manufaturado? Liste algumas das características do produto em cada categoria.

20.2 Discuta as diferenças entre a visão tradicional de controle de qualidade e a visão moderna.

20.3 Quais são os três principais objetivos do Gerenciamento da Qualidade Total?

20.4 O que significam os termos cliente externo e cliente interno?

20.5 As variações no processo de manufatura podem ser divididas em dois tipos: (1) aleatórias e (2) causais. Cite as diferenças.

20.6 O que se quer dizer com o termo *capabilidade do processo*?

20.7 O que é um gráfico de controle?

20.8 Quais são os dois tipos básicos de gráficos de controle?

20.9 O que é um histograma?

20.10 O que é um diagrama de Pareto?

20.11 O que é um diagrama de concentração de defeitos?

20.12 O que é um diagrama de dispersão?

20.13 O que é um diagrama de causa e efeito?

20.14 O que é Seis Sigma?

20.15 Quais são as metas gerais do Seis Sigma?

20.16 Por que 6σ em Seis Sigma na realidade significa $4,5\sigma$?

20.17 Qual o significado de DMAIC?

20.18 Qual é o passo definir em DMAIC? O que é realizado durante o passo?

20.19 O que são mestres faixas pretas na hierarquia Seis Sigma?

20.20 O que é uma característica CTQ?

20.21 O que é o passo medir em DMAIC?

20.22 Por que defeitos por milhão (*DPM*) não é necessariamente o mesmo que defeitos por milhão de oportunidades (*DPMO*)?

20.23 O que é o passo analisar em DMAIC?

20.24 O que é a análise da causa raiz?

20.25 O que é o passo melhorar em DMAIC?

20.26 O que é o passo controlar em DMAIC?

20.27 O que é o projeto robusto na engenharia de qualidade de Taguchi?

20.28 O que é ISO 9000?

Problemas

Capabilidade de processo

(**Nota:** os Problemas 20.2 e 20.5 exigem o uso de tabelas de distribuição normal padrão não incluídas neste livro.)

20.1 Um processo de torneamento está sob controle estatístico e a saída é normalmente distribuída, produzindo peças com um diâmetro médio de 30,020 milímetros e um desvio padrão de 0,04 milímetro. Determine a capabilidade do processo.

20.2 No Problema 20.1, a especificação de projeto da peça é que o diâmetro seja igual a 30 milímetros ± 0,15 milímmetro. (a) Qual proporção de peças cai fora dos limites de tolerância? (b) Se o processo é ajustado de maneira que seu diâmetro médio seja igual a 30 milímetros e o desvio padrão permaneça o mesmo, qual proporção de peças cai fora dos limites de tolerância?

20.3 Uma operação automatizada de dobra de tubos produz peças com um ângulo interno de 91,2 graus. O processo está sob controle estatístico e os valores do ângulo interno são normalmente distribuídos com um desvio padrão de 0,55 grau. A especificação do projeto para o ângulo é igual a 90 graus ± 2 graus. (a) Determine a capabilidade do processo. (b) Se o processo puder ser ajustado de maneira que sua média seja de 90 graus, qual seria o valor do índice de capabilidade do processo?

20.4 Um processo de extrusão plástica está sob controle estatístico e a saída é normalmente distribuída. O produto extrudado é produzido com uma dimensão da seção transversal crítica de 28,6 milímetros e um desvio padrão de 0,53 milímetro. Determine a capabilidade do processo.

20.5 No Problema 20.4, a especificação do projeto sobre a peça é a de que a dimensão da seção transversal crítica seja 28,9 milímetros ± 2 milímetros. (a) Qual proporção de peças cai fora dos limites de tolerância? (b) Se o processo fosse ajustado de maneira que seu diâmetro médio fosse de 28 milímetros e o desvio padrão permanecesse o mesmo, qual proporção de peças cairia fora dos limites de tolerância? (c) Com a média ajustada em 28 milímetros, determine o valor do índice de capabilidade do processo.

Gráficos de controle

20.6 Sete amostras de cinco peças cada foram coletadas de um processo de extrusão que está sob controle estatístico e o diâmetro do produto extrudado foi medido para cada peça. (a) Determine os valores de centro, LCI e LCS para os gráficos $\bar{x}$ e R. Os valores calculados de $\bar{x}$ e R para cada amostra são fornecidos a seguir (polegadas). (b) Construa os gráficos de controle e insira os dados da amostra nos gráficos.

s	1	2	3	4	5	6	7
x	1,002	0,999	0,995	1,004	0,996	0,998	1,006
R	0,01	0,011	0,014	0,02	0,008	0,013	0,017

20.7 Dez amostras de tamanho n igual a oito foram coletadas de um processo sob controle estatístico e a dimensão de interesse foi medida para cada peça. (a) Determine os valores de centro, LCI e LCS para os gráficos $\bar{x}$ e R. Os valores calculados de $\bar{x}$ e R para cada amostra são fornecidos a seguir (milímetros). (b) Construa os gráficos de controle e insira os dados da amostra nos gráficos.

s	1	2	3	4	5	6	7	8	9	10
x	9,22	9,15	9,2	9,28	9,19	9,12	9,2	9,24	9,17	9,23
R	0,24	0,17	0,3	0,26	0,27	0,19	0,21	0,32	0,21	0,23

20.8 Em 12 amostras de tamanho n igual a sete, o valor médio das médias das amostras é $\bar{x}$ igual a 6,860 polegadas para a dimensão de interesse e a média das variações das amostras $\bar{R}$ é igual a 0,027 polegada. Determine: (a) limites de controle superior e inferior para o gráfico $\bar{x}$ e (b) limites de controle superior e inferior para o gráfico R.

20.9 Em nove amostras cada uma de tamanho n igual a dez, a média principal das amostras $\bar{x}$ é igual a cem para a característica de interesse e a média das variações das amostras $\bar{R}$ é igual a 8,5. Determine: (a) limites de controle superior e inferior para o gráfico $\bar{x}$ e (b) limites de controle superior e inferior para o gráfico R.

20.10 Um gráfico p vai ser construído. Seis amostras de 25 peças cada foram reunidas e o número médio de defeitos por *amostra* é de 2,75. Determine centro, LCI e LCS para o gráfico p.

20.11 Dez amostras de tamanho igual são tomadas para preparar um gráfico p. O número total de peças nessas dez amostras foi de 900 e o número total de defeitos contados foi de 117. Determine centro, *LCI* e *LCS* para o gráfico *p*.

20.12 O rendimento de bons *chips* durante um determinado passo no processamento do silício para circuitos integrados tem uma média de 91 por cento. O número de *chips* por *wafer* é 200. Determine centro, *LCI* e *LCS* para o gráfico *p* que pode ser usado nesse processo.

20.13 Os limites de controle superior e inferior para um gráfico *p* são: *LCI* = 0,1 e *LCS* = 0,24. Determine o tamanho da amostra *n* usada com esse gráfico de controle.

20.14 Os limites de controle superior e inferior para um gráfico *p* são: *LCI* = 0 e *LCS* = 0,2. A linha central do gráfico *p* está em 0,1. Determine o tamanho da amostra *n* que é compatível com esse gráfico de controle.

20.15 Doze carros foram inspecionados após a montagem final. O número de defeitos encontrados variou entre 87 e 139 defeitos por carro com uma média de 116. Determine o centro e os limites de controle superior e inferior para o gráfico *c* que podem ser usados nessa situação.

20.16 Para cada um dos três gráficos de controle na Figura P20.16, identifique se há ou não provas de que o processo descrito esteja fora de controle.

Determinando o nível sigma no Seis Sigma

20.17 Um fabricante de roupas produz 22 estilos de casacos diferentes, e todo ano novos estilos de casacos são introduzidos e estilos velhos descartados. O departamento de inspeção final confere cada casaco, não importa seu estilo, antes que ele deixe a fábrica, para nove características que são consideradas críticas para qualidade (CTQ) e para a satisfação do cliente. O relatório de inspeção do último mês indicou que um total de 366 deficiências das nove características foram encontradas entre os 8.240 casacos produzidos. Determine (a) defeitos por milhão de oportunidades e (b) nível sigma para o desempenho de produção do fabricante.

20.18 Um produtor de telefones celulares confere cada telefone antes de empacotá-lo, utilizando sete características críticas para qualidade (CTQ) consideradas importantes para os clientes. Ano passado, de 205.438 telefones produzidos pela empresa, um total de 578 tinha pelo menos um defeito, e o número total de defeitos entre os 578 telefones era 1.692. Determine (a) o número de defeitos por milhão de oportunidades e o nível sigma correspondente, (b) o número de defeitos por milhão e o nível sigma correspondente e (c) o número de unidades defeituosas por milhão e o nível sigma correspondente.

20.19 O departamento de inspeção em uma planta de montagem final de automóveis confere os carros saindo da linha contra 85 aspectos para a satisfação dos clientes que são consideradas características críticas para qualidade. Durante o período de um mês, um total de 16.578 carros foi produzido. Para esses carros, um total de 1.989 defeitos de vários tipos foram encontrados, e o número total de carros que tinha um ou mais defeitos era 512. Determine (a) o número de defeitos por milhão de oportunidades e o nível sigma correspondente, (b) o número de defeitos por milhão e o nível sigma correspondente e (c) o número de unidades defeituosas por milhão e o nível sigma correspondente.

20.20 Um produtor de câmeras digitais produz três modelos diferentes: (1) modelo-base, (2) modelo com *zoom* e (3) modelo com *zoom* e com memória extra. Dados para os três modelos são mostrados na tabela a seguir. Os três modelos já estão no mercado por um ano e as vendas do primeiro ano são dadas na tabela. As características críticas para qualidade (CTQ) e o total de defeitos que foram tabulados para o produto vendido também são dados. Modelos de números mais altos têm mais características CTQ (oportunidades para defeitos) porque são mais complexos. A categoria de número total de defeitos refere-se ao número total de defeitos de todas as características CTQ para cada modelo. Para cada um dos três modelos, determine (a) o número de defeitos por milhão de oportunidades e o nível sigma correspondente, (b) o número de defeitos por milhão e o nível sigma correspondente e (c) o número de unidades defeituosas por milhão e o nível sigma correspondente. (d) Há algum modelo sendo produzido com um nível de qualidade mais alto do que os outros? (e) Determine valores agregados para *DPMO*, *DPM* e *UDPM* e seus níveis sigma correspondentes para todos os modelos produzidos pelo fabricante de câmeras.

Modelo	Vendas anuais	Características CTQ	Número de câmeras defeituosas	Número total de defeitos
1	62.347	16	127	282
2	31.593	23	109	429
3	18.662	29	84	551

Figura P20.16 Gráficos de controle para análise

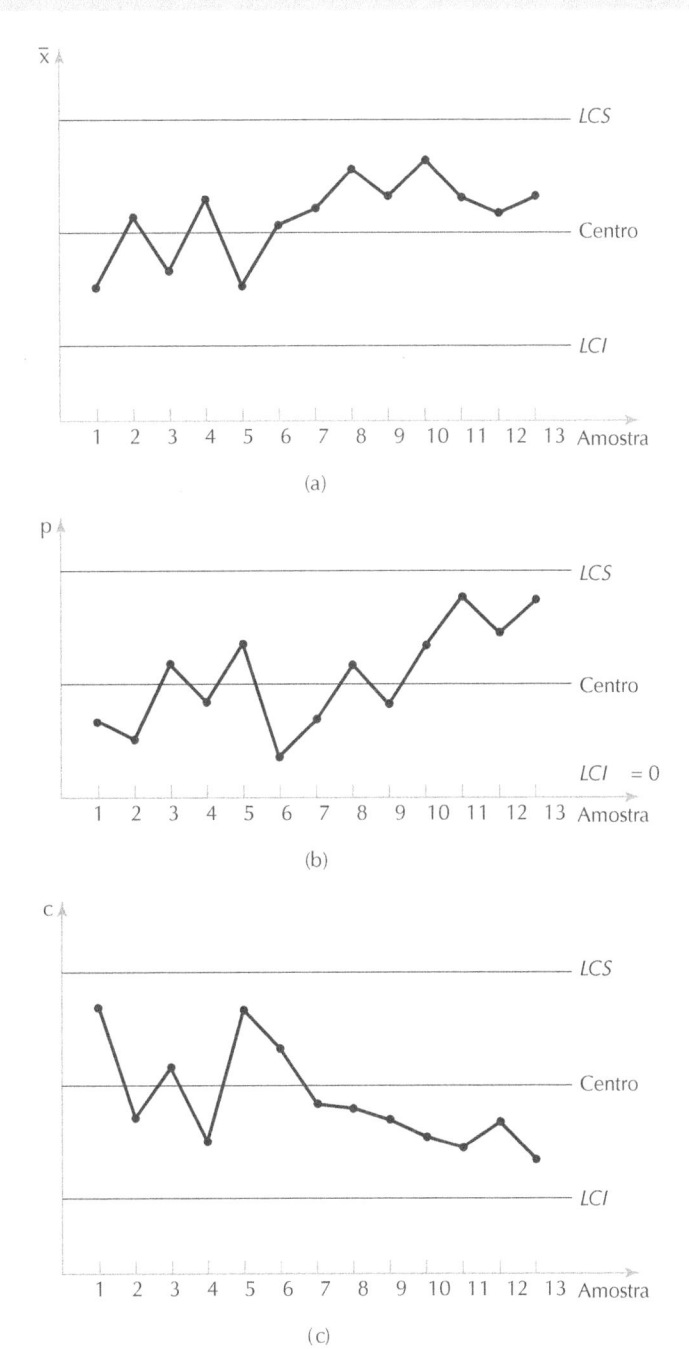

(a) Gráfico $\bar{x}$ com amostras de 1 a 13, mostrando LCS, Centro e LCI.

(b) Gráfico p com amostras de 1 a 13, mostrando LCS, Centro e LCI = 0.

(c) Gráfico c com amostras de 1 a 13, mostrando LCS, Centro e LCI.

Função perda de Taguchi

20.21 Uma determinada dimensão em uma ferramenta mecânica de jardinagem é especificada como 25,5 milímetros ± 0,3 milímetro. Registros de reparos da empresa indicam que se a tolerância de ± 0,3 milímetro for excedida, há uma chance de 75 por cento de que o produto seja devolvido para substituição. O custo associado à substituição do produto, que inclui não somente o custo do próprio produto, mas também a documentação e o manuseio adicionais associados à substituição são estimados em $300. Determine a constante k na função perda de Taguchi para esses dados.

20.22 A especificação de projeto de um ajuste de resistência para um componente eletrônico é 0,5 ohm ± 0,02 ohm. Se o componente é descartado, a empresa sofre um custo de $200. (a) Qual é o valor implícito da constante k na função quadrática da perda de Taguchi? (b) Se a saída do processo que estabelece a resistência é centrada em 0,5 ohm, com um desvio padrão de 0,01 ohm, qual é a perda esperada por unidade?

20.23 A função perda quadrática de Taguchi para um componente particular em uma item de um equipamento de terraplanagem é $L(x) = 3500(x - N)^2$, em que x é o valor real de uma dimensão crítica e N é o valor nominal. Se N é igual a 150 milímetros, determine o valor da função perda para tolerâncias de: (a) ± 0,2 mm e (b) ± 0,1 mm.

20.24 A função perda de Taguchi para um determinado componente é dada por $L(x) = 8.000(x - N)^2$, em que x é o o valor real de uma dimensão de importância crítica e N é o seu valor nominal. A administração da empresa decidiu que a perda máxima que pode ser aceita é $10. (a) Se a dimensão nominal for de 30 milímetros, qual valor de tolerância deve ser estabelecido para essa dimensão? (b) O valor da dimensão nominal tem algum efeito sobre a tolerância que deve ser especificada?

20.25 Dois processos de manufatura alternativos, A e B, podem ser usados para produzir uma determinada dimensão em uma das peças em um produto montado. Ambos os processos podem produzir peças com uma dimensão média no valor nominal desejado. A tolerância na dimensão é de ± 0,15 milímetro. A saída de cada processo segue uma distribuição normal. Entretanto, os desvios padrão são diferentes. Para o processo A, σ é 0,12 milímetro e, para o processo B, σ é 0,07 milímetro. Os custos de produção por item para A e B são $7 e $12, respectivamente. Se inspeção e separação são exigidas, o custo é de $0,5 por item. Se for descoberto que a peça é defeituosa, ela deve ser descartada a um custo igual ao de produção. A função perda de Taguchi para esse componente é dada por $L(x) = 2.500(x - N)^2$, em x é o valor da dimensão e N é o valor nominal. Determine o custo médio por item para os dois processos.

20.26 Solucione o Problema 20.25, utilizando uma tolerância na dimensão de ± 0,3 milímetro em vez de ± 0,15 milímetro.

20.27 Solucione o Problema 20.25, supondo que o valor médio da dimensão produzida pelo processo B seja 0,1 milímetro maior do que o valor nominal especificado. O valor médio da dimensão produzida pelo processo A permanece no valor nominal N.

20.28 Dois processos de manufatura diferentes, A e B, podem ser utilizados para produzir um determinado componente. A especificação da dimensão de interesse é cem milímetros ± 0,2 milímetro. A saída do processo A segue a distribuição normal, com μ igual a cem milímetros e σ igual a 0,1 milímetro. A saída do processo B é uma distribuição uniforme definida por $f(x) = 2$ para $99,75 \leq x \leq 100,25$ mm. Custos de produção por item para os processos A e B são, cada, $5. Custo de inspeção e separação é $0,5 por item. Se for descoberto que uma peça é defeituosa, ela deve ser descartada a um custo igual a duas vezes seu custo de produção. A função perda de Taguchi para esse componente é dada por $L(x) = 2.500(x - N)^2$, em que x é o valor da dimensão e N é seu valor nominal. Determine o custo médio por peça para os dois processos.

CAPÍTULO 21
Princípios e práticas de inspeção

CONTEÚDO DO CAPÍTULO

21.1 Fundamentos da inspeção
- 21.1.1 Tipos de inspeção
- 21.1.2 Procedimento de inspeção
- 21.1.3 Exatidão da inspeção
- 21.1.4 Inspeção *versus* teste

21.2 Inspeção por amostragem *versus* inspeção cem por cento
- 21.2.1 Inspeção por amostragem
- 21.2.2 Inspeção manual cem por cento

21.3 Inspeção automatizada

21.4 Quando e onde inspecionar
- 21.4.1 Inspeção off-line e on-line
- 21.4.2 Inspeção de produto *versus* monitoramento de processo
- 21.4.3 Inspeção distribuída *versus* inspeção final

21.5 Análise quantitativa da inspeção
- 21.5.1 Efeito da taxa de defeitos na produção seriada
- 21.5.2 Inspeção final *versus* inspeção distribuída
- 21.5.3 Inspecionar ou não inspecionar
- 21.5.4 O que as equações nos dizem

No controle de qualidade, a inspeção é o meio pelo qual a má qualidade é detectada e a boa qualidade é garantida. Tradicionalmente, a inspeção é realizada por métodos demorados e caros. Consequentemente, o prazo de manufatura e o custo do produto são aumentados sem a inclusão de qualquer valor real aos produtos. Além disso, a inspeção manual é realizada após a conclusão do processo, normalmente depois de um período de tempo significativo. Portanto, se um produto ruim tiver sido fabricado, será muito tarde para corrigir o defeito durante o processamento regular. As peças já fabricadas que não atenderem aos padrões de qualidade especificados precisam ser descartadas ou retrabalhadas com custo adicional.

Os novos métodos de controle de qualidade estão resolvendo esses problemas e alterando drasticamente a maneira como a inspeção é realizada. Eles incluem:

- Inspeção automatizada cem por cento em vez de inspeção por amostragem usando métodos manuais.
- Uso de sistemas on-line com sensores para realizar inspeção durante ou imediatamente após o processo de fabricação, em vez da inspeção off-line realizada depois.

- Controle de realimentação da operação de manufatura, por meio do monitoramento das variáveis de processo que determinam a qualidade do produto, e não pelo monitoramento do produto em si.
- Uso de ferramentas de software para controlar e analisar as medidas dos sensores ao longo do tempo para controle estatístico do processo.
- Inspeção avançada e tecnologias de sensores, combinadas com sistemas computacionais para automatizar a operação dos sistemas de sensores.

Neste capítulo, examinaremos alguns desses métodos modernos de inspeção com ênfase na automação da função de inspeção. No capítulo seguinte, abordaremos as importantes tecnologias de inspeção, como as máquinas de medição coordenada e a visão de máquina.

21.1 FUNDAMENTOS DA INSPEÇÃO

O termo *inspeção* se refere à atividade de examinar o produto, seus componentes, suas submontagens ou sua matéria-prima para determinar se estão em conformidade com as especificações do projeto, definidas pelo projetista do produto.

21.1.1 Tipos de inspeção

As inspeções podem ser classificadas em dois tipos, de acordo com a quantidade de informação originada do procedimento de inspeção sobre a conformidade do item com relação à especificação:

1. *Inspeção por variáveis*, em que uma ou mais características de qualidade de interesse são medidas usando um instrumento ou um sensor de medição apropriado. Abordaremos os princípios de medição na Seção 22.1 do próximo capítulo.

2. *Inspeção por atributos*, em que a peça ou o produto é inspecionado para determinar se ela está em conformidade com o padrão aceitável de qualidade. A determinação, algumas vezes, é baseada no julgamento do inspetor. Em outros casos, ele usa um medidor para auxiliar na decisão. A inspeção por atributos também pode envolver a contagem do número de defeitos em um produto.

Exemplos dos dois tipos de inspeção são listados na Tabela 21.1. Para relacionar essas diferenças à discussão dos gráficos de controle do capítulo anterior, a inspeção por variáveis usa o gráfico $\bar{x}$ e o gráfico R, enquanto a inspeção por atributos usa o gráfico p ou o gráfico c.

A vantagem da inspeção por variáveis é que mais informações são obtidas do procedimento de inspeção sobre a conformidade do item em relação às especificações de projeto. A inspeção produz um valor quantitativo. Os dados podem ser coletados e registrados ao longo do tempo para a observação de tendências no processo que produz a peça e podem ser usados para ajustar o processo de modo que as peças futuras sejam produzidas com dimensões mais próximas ao valor nominal de projeto. Na inspeção por atributos (por exemplo, quando uma dimensão é simplesmente verificada com um medidor), a única coisa conhecida é se a peça é aceitável e, talvez, se é grande ou pequena demais. A inspeção por atributos, de outro lado, tem a vantagem de poder ser feita rapidamente e, portanto, a um custo mais baixo. A medição das características de qualidade é um procedimento mais complexo, que leva mais tempo.

Tabela 21.1 **Exemplos de inspeção por variáveis e inspeção por atributos**

Exemplos de inspeção por variáveis	Exemplos de inspeção por atributos
Medir o diâmetro de uma peça cilíndrica	Medir uma peça cilíndrica com um calibrador Passa/Não Passa para determinar se está dentro da tolerância
Medir a temperatura de uma torradeira elétrica para ver se está dentro da faixa especificada pela engenharia de projeto	Determinar a taxa de defeitos de uma amostra de peças de produção
Medir a resistência elétrica de um componente eletrônico	Contar o número de defeitos em um automóvel quando ele sai da montadora
Medir a densidade de um produto químico fluido	Contar o número de imperfeições em uma seção de produção de tapeçaria

21.1.2 Procedimento de inspeção

Um procedimento de inspeção típico realizado em um item individual, como uma peça, uma submontagem ou um produto final, consiste das seguintes etapas [2]:

1. *Apresentação*. O item é apresentado para exame.

2. *Exame*. O item é examinado em busca de características que estejam fora do padrão. Na inspeção por variáveis, o exame consiste em medir uma dimensão ou

outra propriedade da peça ou do produto. Na inspeção por atributos, envolve medir uma ou mais dimensões ou examinar o item à procura de falhas.

3. *Decisão*. Com base no exame, decide-se se o item satisfaz os padrões de qualidade definidos. O caso mais simples envolve uma decisão binária, em que o item é julgado aceitável ou inaceitável. Em casos mais complicados, a decisão pode envolver classificar o item em uma categoria possível, como nota A, nota B e inaceitável.

4. *Ação*. A decisão deve resultar em alguma ação, como aceitar ou rejeitar o item ou classificá-lo com uma nota de qualidade mais apropriada. Também pode ser desejável tomar uma ação para corrigir o processo de manufatura a fim de minimizar a ocorrência de futuros defeitos.

O procedimento de inspeção é tradicionalmente realizado por um trabalhador humano (o que se chama *inspeção manual*). Entretanto, sistemas de inspeção automatizados estão sendo cada vez mais usados à medida que as tecnologias dos sensores e dos computadores são desenvolvidas e aprimoradas para essa finalidade. Em algumas situações de produção, apenas um item é produzido (por exemplo, uma máquina personalizada ou um protótipo), e o procedimento de inspeção é aplicado apenas a ele. Em outras situações, como a produção em lote ou em massa, o procedimento de inspeção é repetido em todos os itens na seção de produção (*inspeção cem por cento*, às vezes chamada *triagem*) ou em apenas uma amostra tirada da população de itens (*inspeção por amostragem*). A inspeção manual é mais comumente usada quando é inspecionado apenas um item ou uma amostra das peças de um lote maior, enquanto os sistemas automatizados são mais comuns para inspeção cem por cento na produção em massa.

Em um procedimento de inspeção ideal, todas as dimensões e todos os atributos especificados para a peça ou o produto seriam inspecionados. Entretanto, inspecionar cada dimensão é demorado e custa caro. E, em geral, é desnecessário. Como uma questão prática, certas dimensões e especificações são mais importantes do que outras no que se refere à montagem ou função do produto. Essas especificações importantes são chamadas de *características-chave* (do inglês, *key characteristics* — KCs) e devem ser reconhecidas como importantes no projeto; elas são identificadas como KCs nos desenhos da peça e nas especificações de engenharia, recebem maior atenção na fabricação e são inspecionadas no controle de qualidade. Exemplos de KCs incluem correspondência de dimensões dos componentes montados, rugosidade em superfícies de rolamento, retilineidade e concentricidade de eixos rotativos de alta velocidade e acabamentos de superfícies externas em produtos de consumo. O procedimento de inspeção deve ser elaborado de modo a focalizar essas KCs. Normalmente, se os processos responsáveis pelas KCs forem mantidos no controle estatístico (Seção 20.3.1), então, as outras dimensões da peça também estarão no controle estatístico. Se as características menos importantes da peça forem desviadas de seus valores nominais, as eventuais consequências serão menos graves do que se uma KC se desviar.

21.1.3 Exatidão da inspeção

Algumas vezes ocorrem erros no procedimento de inspeção durante as etapas de exame e decisão. Itens de boa qualidade são incorretamente classificados como discordantes das especificações e itens discordantes são erroneamente classificados como concordantes. Esses dois tipos de erro são chamados de erros Tipo I e Tipo II. Um *erro Tipo I* ocorre quando um item de boa qualidade é incorretamente classificado como defeituoso. É um 'alarme falso'. Um *erro Tipo II* é quando um item de má qualidade é incorretamente classificado como bom. É uma 'omissão'. Esses tipos de erros são representados graficamente na Tabela 21.2.

Os erros de inspeção nem sempre seguem à risca a classificação acima. Por exemplo, na inspeção por variáveis, um erro de inspeção comum consiste em medir incorretamente uma dimensão de peça. Em outro exemplo, um modo de inspeção por atributos envolve a contagem do número de características discordantes em um determinado produto, como os defeitos em um novo automóvel saindo da linha de montagem final. É considerado erro se o inspetor não perceber um dos defeitos. Nos dois exemplos,

Tabela 21.2 **Erros de inspeção Tipo I e Tipo II**

Decisão	Item concordante	Item discordante
Item aceito	Boa decisão	Erro Tipo II 'omissão'
Item rejeitado	Erro Tipo I 'alarme falso'	Boa decisão

pode resultar em uma característica concordante sendo classificada como discordante (erro Tipo I) ou uma característica discordante sendo classificada como concordante (erro Tipo II).

Na inspeção manual, esses erros resultam de fatores como (1) complexidade e dificuldade da tarefa de inspeção, (2) variações inerentes no procedimento de inspeção, (3) julgamento necessário pelo inspetor humano, (4) cansaço mental no inspetor humano e (5) imprecisões ou problemas com os instrumentos de medição usados no procedimento de inspeção. Quando o procedimento é realizado por um sistema automatizado, os erros de inspeção ocorrem por fatores como (1) complexidade e dificuldade da tarefa de inspeção, (2) resolução do sensor de inspeção, que é afetada por definições de 'ganho' e parâmetros de controle semelhantes, (3) falhas de equipamento e (4) falhas ou 'bugs' no programa de computador que controla o procedimento de inspeção.

O termo *exatidão de inspeção* se refere à capacidade do processo de inspeção em evitar esses tipos de erros. A exatidão de inspeção é alta quando pouco ou nenhum erro é cometido. As medidas de exatidão de inspeção são sugeridas por Drury [2] para o caso em que as peças sejam classificadas por um inspetor (ou sistema de inspeção automática) em uma de duas categorias, concordante ou discordante. Considerando esse caso binário, seja p_1 a proporção das vezes (ou probabilidade) em que um item concordante é classificado concordante e seja p_2 a proporção das vezes (ou probabilidade) em que um item discordante é classificado como discordante. Em outras palavras, essas duas proporções (ou probabilidades) correspondem a decisões corretas. Assim, $(1 - p_1)$ é a probabilidade de um item concordante ser classificado como discordante (erro Tipo I) e $(1 - p_2)$ é a probabilidade de um item discordante ser classificado como concordante (erro Tipo II).

Se for q igual à taxa de defeitos real no lote dos itens, uma tabela com os resultados possíveis pode ser construída, como a Tabela 21.3, para mostrar a fração das peças corretamente e incorretamente classificadas e, para as incorretamente classificadas, avaliar se o erro é Tipo I ou Tipo II.

Essas proporções (probabilidades) precisariam ser avaliadas empiricamente para inspetores individuais determinando a proporção de decisões corretas tomadas em cada um dos casos de itens concordantes e discordantes em um lote de peças de interesse. Infelizmente, as proporções variam para diferentes tarefas de inspeção. As taxas de erro geralmente são mais altas (valores menores de p_1 e p_2) para tarefas de inspeção mais difíceis. Além disso, diferentes inspetores tendem a ter diferentes taxas p_1 e p_2. Os valores comuns de p_1 variam entre 0,9 e 0,99, e os valores comuns de p_2 variam entre 0,8 e 0,9, mas valores de 0,50 para p_1 e p_2 têm sido relatados [2]. Para inspetores humanos, p_1 tende a ser mais alto do que p_2, já que os inspetores normalmente estão examinando itens que são, em sua maioria, de boa qualidade e eles tendem a estar atentos a defeitos.

Os valores de p_1 e p_2 são medidas de exatidão de inspeção viáveis para um inspetor humano ou um sistema de inspeção automatizado. Cada medida tomada separadamente fornece informações úteis porque seria esperado que os valores p_1 e p_2 variassem independentemente em um nível, conforme a tarefa de inspeção e a pessoa ou o sistema realizando a inspeção. Uma dificuldade prática na aplicação das medidas é determinar os valores reais de p_1 e p_2, que teriam de ser determinados por um processo de inspeção alternativo, que estaria, ele mesmo, sujeito aos mesmos erros do primeiro processo cuja exatidão esteja sendo avaliada.

Tabela 21.3 **Tabela dos resultados possíveis no procedimento de inspeção, dados q, p_1 e p_2**

	Estado real do item		
Decisão	Concordante	Discordante	Total
Item aceito	$p_1(1 - q)$	$(1 - p_2)q$ Erro Tipo II	$p_1 + q(1 - p_1 - p_2)$
Item rejeitado	$(1 - p_1)(1 - q)$ Erro Tipo I	$p_2 q$	$1 - p_1 - q(1 - p_1 - p_2)$
Total	$(1 - q)$	q	1

EXEMPLO 21.1
Exatidão de inspeção

Um trabalhador humano inspecionou um lote de cem peças e relatou um total de 12 defeitos no lote. Em uma reavaliação cuidadosa, verificou-se que quatro desses defeitos relatados eram, na verdade, peças boas (quatro alarmes falsos), enquanto seis unidades defeituosas no lote não foram detectadas pelo inspetor (seis omissões). Qual é a exatidão do inspetor nesse caso? Especificamente, quais são os valores de p_1 e p_2?

Solução: Dos 12 defeitos relatados, quatro eram bons, deixando oito defeitos entre aqueles relatados. Além disso, seis outros defeitos foram achados entre as unidades supostamente boas. Portanto, o número total de defeitos no lote de cem é 8 + 6 = 14. Isso significa que havia 100 − 14 = 86 unidades boas no lote. Podemos avaliar os valores de p_1 e p_2 baseados nesses números.

Para avaliar p_1, notamos que o inspetor relatou 12 defeitos, deixando 88 relatados como aceitáveis. Desses 88, seis eram realmente defeituosos, deixando, portanto, 88 − 6 = 82 unidades boas relatadas pelo inspetor. Assim, a proporção de peças boas relatadas como concordantes é:

$$p_1 = \frac{82}{86} = 0{,}9535$$

Existem 14 defeitos no lote, dos quais o inspetor identificou corretamente oito. Portanto, a proporção de defeitos relatados como discordantes é:

$$p_2 = \frac{8}{14} = 0{,}5714$$

21.1.4 Inspeção *versus* teste

O controle de qualidade utiliza procedimentos de inspeção e teste para detectar se uma peça ou um produto está dentro das especificações de projeto. As duas atividades são importantes no programa de controle de qualidade de uma empresa. Enquanto a inspeção é usada para avaliar a qualidade do produto em relação às especificações de projeto, o teste, na esfera do controle de qualidade, refere-se à avaliação dos aspectos funcionais do produto: o produto funciona do modo como deveria? Ele continuará funcionando por um período razoável de tempo? Ele funcionará em ambientes de temperatura e umidade extremas? Portanto, o *teste de CQ* (do inglês, *quality control* — QC) é um procedimento no qual o item sendo testado (produto, submontagem, peça ou material) é observado durante o funcionamento real ou sob condições que poderiam ocorrer durante o funcionamento. Por exemplo, um produto poderia ser testado colocando-o em operação por determinado período de tempo para se verificar se ele funciona corretamente. Se o produto passar no teste está aprovado para envio ao cliente. Outro exemplo: uma peça (ou o material do qual a peça será feita) poderia ser testada sujeitando-a a uma carga de esforço equivalente ou maior do que a prevista durante o serviço normal.

Algumas vezes, o procedimento de teste é prejudicial ou destrutivo para o item. Para garantir que a maioria dos itens (por exemplo, matérias-primas ou produtos acabados) seja de qualidade satisfatória, um número limitado de itens é sacrificado. No entanto, o custo do teste destrutivo é significativo o suficiente para que grandes esforços sejam feitos no sentido de criar métodos que não resultem na destruição do item. Esses métodos são chamados de *ensaios não destrutivos* (END), *testes não destrutivos* (TND; do inglês, *nondestructive testing* — NDT) e *avaliação não destrutiva* (do inglês, *nondestructive evaluation* — NDE).

Outro tipo de procedimento de teste envolve não apenas o teste do produto para ver se ele funciona corretamente, mas também requer um ajuste ou uma *calibração* do produto que depende do resultado do teste. Durante o procedimento, uma ou mais variáveis operacionais do produto são medidas, e são realizados ajustes em alguns insumos que influenciam o desempenho das variáveis operacionais. Por exemplo, no teste de certos aparelhos com elementos de aquecimento, se a temperatura medida for muito alta ou muito baixa após determinado tempo, podem ser feitos ajustes no circuito de controle (por exemplo, mudança no ajuste do potenciômetro) para trazer a temperatura para dentro da faixa de operação aceitável.

21.2 INSPEÇÃO POR AMOSTRAGEM *VERSUS* INSPEÇÃO CEM POR CENTO

O foco principal deste capítulo é a inspeção e não o teste. Como sugerimos nas descrições anteriores das duas funções, a inspeção é mais associada às operações de fabricação. A inspeção pode ser realizada por meio de amostragem estatística ou cem por cento.

21.2.1 Inspeção por amostragem

A inspeção é tradicionalmente realizada por meio do trabalho manual, que é muitas vezes enfadonho e monótono, mas a necessidade de precisão e exatidão é grande. Às vezes, muitas horas são gastas para medir as dimensões importantes de uma única peça. Devido ao tempo e aos custos envolvidos no trabalho de inspeção, procedimentos de amostragem são frequentemente utilizados para reduzir a necessidade de inspecionar todas as peças. Os procedimentos de amostragem estatística são conhecidos pelos termos *amostragem de aceitação* ou *amostragem de lote*.

Tipos de planos de amostragem. Existem dois tipos básicos de amostragem de aceitação: (1) amostragem por variáveis e (2) amostragem por atributos, correspondentes à inspeção por variáveis e à inspeção por atributos, descritas anteriormente (Seção 21.1.1). Em um *plano de amostragem por variáveis*, uma amostra aleatória é tomada da população e as características de qualidade de interesse (por exemplo, dimensão da peça) são medidas para cada unidade da amostra. O valor médio dessas medidas é então comparado a um valor permitido para o plano. O lote é então aceito ou rejeitado, dependendo dos resultados dessa comparação. O valor permitido usado na comparação é escolhido, de modo que a probabilidade de que o lote seja rejeitado é pequena, a menos que o nível de qualidade real da população seja realmente baixo.

Em um *plano de amostragem por atributos*, uma amostra aleatória é tirada do lote e as unidades da amostra são classificadas como aceitáveis ou defeituosas, dependendo do critério de qualidade utilizado. O lote é aceito se o número de defeitos não ultrapassar determinado valor, chamado de *número de aceitação*. Se o número de defeitos encontrados na amostra for maior do que o número de aceitação, o lote é rejeitado. Como na amostragem por variáveis, o valor do número de aceitação é selecionado, de modo que a probabilidade de o lote ser rejeitado é pequena, a menos que a qualidade geral das peças do lote seja baixa.

Na amostragem, existe sempre a probabilidade de que o lote seja rejeitado mesmo que a qualidade geral seja aceitável. Da mesma maneira, existe a probabilidade de que o lote seja aceito ainda que o nível de qualidade geral do lote seja inaceitável. Erros estatísticos ocorrem na amostragem. Vamos explorar o que significa a palavra "aceitável" no contexto da amostragem e, ao mesmo tempo, examinar os riscos associados com o cometimento de um erro estatístico. A ênfase será na amostragem por atributos, mas as mesmas noções básicas se aplicam à amostragem por variáveis. Idealmente, um lote de peças seria livre de defeitos. Entretanto, essa perfeição é difícil, se não impossível, de ser atingida na prática. Portanto, o cliente e o fornecedor concordam que certo destoamento de nível de qualidade é aceitável, ainda que não seja a perfeita. Esse *nível de qualidade aceitável* (NQA; do inglês, *acceptable quality level* — AQL) é definido em função da proporção de defeitos, ou taxa de defeitos, q_o. Alternativamente, existe outro nível de qualidade, novamente definido em termos da taxa de defeitos, q_1, em que $q_1 > q_o$, que o cliente e o fornecedor concordam ser inaceitável. Esse nível q_1 é chamado de *proporção de defeitos no lote* ou *tolerância em percentagem de defeituosos no lote* (do inglês, *lot tolerance percent defective* — LTPD).

Erros estatísticos na amostragem. Dois erros estatísticos podem ocorrer na amostragem de aceitação. O primeiro é rejeitar um lote de produtos igual ou melhor do que o NQA (significando que o $q \leq q_o$). Esse é um *erro Tipo I*, e a probabilidade de cometer esse tipo de erro é chamada de *risco do produtor* α. O segundo erro é aceitar um lote de produtos cuja qualidade seja pior do que o *LTPD* ($q \geq q_1$). Esse é um *erro Tipo II*, e a probabilidade desse erro é chamada de *risco do consumidor* β. Esses erros são descritos na Tabela 21.4. Os erros de amostragem não devem ser confundidos com os erros de inspeção descritos anteriormente no estudo da exatidão de inspeção (Seção 21.1.3). Os erros de amostragem ocorrem porque apenas uma fração foi inspecionada. Estamos sujeitos às leis da probabilidade, se a amostra é um reflexo exato da população. Os erros de inspeção, de outro lado, ocorrem quando um item individual é erroneamente classificado como defeituoso quando é bom (erro Tipo I) ou como bom quando é defeituoso (erro Tipo II).

O projeto de um plano de amostragem de aceitação envolve determinar valores do tamanho da amostra Q_s e o número de aceitação N_a que fornece os concordados *NQA* e *LTPD*, juntamente com as probabilidades associadas α e β (riscos do produtor e do consumidor). Os procedimentos para determinar Q_s e N_a baseados em *NQA*, *LTPD*, α e β são descritos em textos sobre controle de qualidade, como em [3] e [4]. Além disso, têm sido desenvolvidos planos de amostragem padrão, como MIL-STD-105D (também conhecido como ANSI/ASQC Z1.4, padrão norte-americano, e ISO/DIS-2859, padrão internacional).

Tabela 21.4 **Erros de amostragem Tipo I e Tipo II**

Decisão	Lote aceitável	Lote inaceitável
Lote aceito	Boa decisão	Erro Tipo II (β) Risco do consumidor
Lote rejeitado	Erro Tipo I Risco do produtor (α)	Boa decisão

Curva característica operacional. Muita informação sobre um plano de amostragem pode ser obtida a partir da curva característica operacional (curva CO). A curva de característica operacional para determinado plano de amostragem fornece a probabilidade de um lote ser aceito como uma função das possíveis taxas de defeitos

Figura 21.1 A curva característica operacional (CO; do inglês, *operating characteristic* — OC) para determinado plano de amostragem mostra a probabilidade de aceitação do lote para diferentes taxas de defeitos dos lotes de entrada

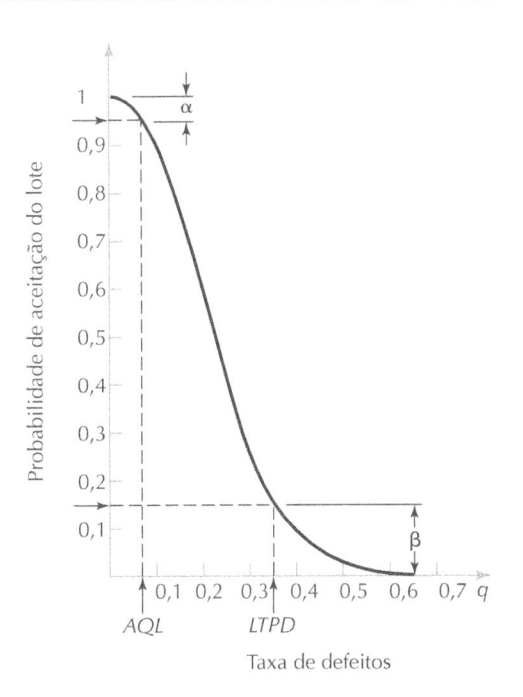

que possam existir. A forma geral da curva CO é mostrada na Figura 21.1. Na verdade, ela indica o grau de proteção fornecido pelo plano de amostragem para vários níveis de qualidade dos lotes de entrada. Se o lote de entrada possui alto nível de qualidade (*q* baixo), então a probabilidade da aceitação é alta. Se o nível de qualidade do lote de entrada é baixo (*q* elevado), então a probabilidade de aceitação é baixa.

Quando um lote é rejeitado como resultado de um procedimento de amostragem, várias ações podem ser tomadas. Uma possibilidade é devolver as peças para o fornecedor. Se houver necessidade imediata das peças na produção, essa ação pode ser inviável. Uma ação mais apropriada pode ser inspecionar o lote cem por cento e retirar as peças defeituosas, que são enviadas de volta ao fornecedor para substituição ou crédito. Uma terceira ação possível é retirar as peças defeituosas e corrigi-las ou substituí-las à custa do fornecedor. Qualquer que seja a ação, a rejeição de um lote leva a uma ação corretiva que tem o efeito de melhorar a qualidade geral do lote saindo da operação de inspeção. Um determinado plano de amostragem pode ser descrito por sua curva de *qualidade média resultante* (curva QMR; do inglês, *average outgoing quality* — AOQ), cuja forma comum é ilustrada na Figura 21.2. A curva QMR mostra a qualidade média dos lotes atravessando o plano de inspeção de amostragem como uma função da qualidade do lote de entrada (antes da inspeção). Como se poderia esperar, quando a qualidade de entrada é boa (*q* baixo), a qualidade média de saída é boa (QMR baixo). Quando a qualidade de entrada é ruim (*q* alto), o QMR também é baixo porque existe forte probabilidade de rejeição do lote, resultando em as peças defeituosas no lote serem retiradas e substituídas por peças boas. É na faixa intermediária, entre o NQA e o LTPD, que a qualidade de saída de lote do plano de amostragem é pior. Como mostra a representação, o nível mais alto de QMR será encontrado em algum valor intermediário de *q*, e esse QMR é chamado de *limite da qualidade média resultante* (LQMR[1]; do inglês, *average outgoing quality limit* — AOQL) do plano.

---

1   Alguns autores brasileiros utilizam Qualidade Média Resultante Limite — QMRL. (N. do RT.)

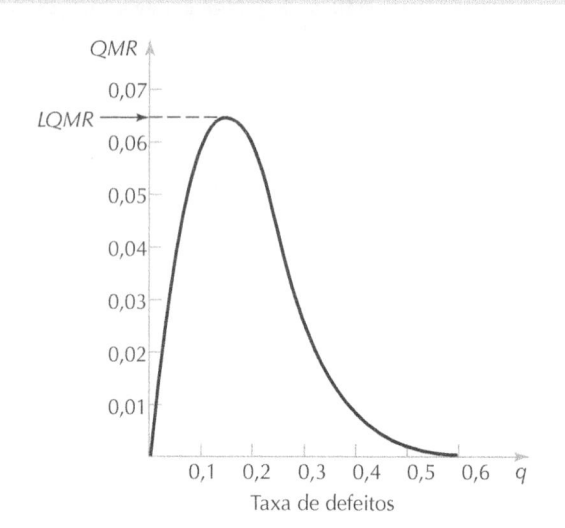

Figura 21.2 **Curva da qualidade média de saída (QMR) para um plano de amostragem**

[Gráfico: QMR vs Taxa de defeitos q, com LQMR indicado próximo a 0,065; eixo x de 0,1 a 0,6]

21.2.2 Inspeção manual cem por cento

Quando a inspeção por amostragem é realizada, o tamanho da amostra normalmente é pequeno se comparado ao da população. O tamanho da amostra pode representar um por cento ou menos do número de peças no lote. Como apenas uma parte dos itens na população é inspecionada em um procedimento de amostragem estatística, existe o risco de algumas peças defeituosas passarem pela triagem da inspeção. Como vimos em nossa análise anterior da qualidade média resultante, um dos objetivos da amostragem estatística é definir o risco esperado, ou seja, determinar a taxa média de defeitos que passará pelo procedimento de inspeção em longo prazo, sob a suposição de que o processo de manufatura permanece no controle estatístico. A frequência com a qual as amostras são tiradas, o tamanho da amostra e o nível de qualidade aceitável (NQA; do inglês, *permissible quality level* — AQL) são três importantes fatores que afetam o nível de risco envolvido. Mas permanece o fato de que algo menor do que cem por cento de boa qualidade precisa ser tolerado como o preço a ser pago por usar procedimentos de amostragem estatística.

Em princípio, a única maneira de atingir cem por cento de qualidade aceitável é usar a inspeção cem por cento. É interessante comparar a curva CO de um plano de inspeção cem por cento, mostrada na Figura 21.3, com a curva CO de um plano de amostragem como na Figura 21.1. A vantagem da inspeção cem por cento é que a probabilidade de que o lote seja aceito é de um se sua qualidade for ≥NQA é de zero se a qualidade < NQA. Poder-se-ia argumentar logicamente que o termo 'nível de qualidade aceitável' não faz muito sentido na inspeção cem por cento, já que uma meta de zero defeito deve ser atingida se cada peça no lote for inspecionada; em outras palavras, o NQA deve ser definido em q igual a zero. Entretanto, deve-se distinguir entre a saída do processo de manufatura, que fabrica as peças, e a saída do procedimento de inspeção, que as classifica. Talvez seja possível separar todos os defeitos no lote de modo que apenas as peças boas permaneçam após a inspeção (QMR = zero defeito), enquanto o processo de manufatura ainda produz peças defeituosas com certa taxa de defeitos q ($q > 0$).

Teoricamente, a inspeção cem por cento permite que apenas peças de boa qualidade passem pela de inspeção. No entanto, quando a inspeção cem por cento é feita manualmente, surgem dois problemas: o primeiro é o custo envolvido. Em vez de dividir o tempo de inspecionar a amostra pelo número de peças na fase de produção, o tempo de inspeção é aplicado a cada peça. O custo de inspeção algumas vezes supera o custo de fabricação da peça. O segundo, com a inspeção manual cem por cento, existe o problema da exatidão da inspeção (Seção 21.1.3). Quase sempre há erros associados à inspeção cem por cento (erros Tipo I e II), especialmente quando o procedimento é realizado por humanos. Devido a esses erros, a inspeção cem por cento usando métodos manuais não é garantia de cem por cento de produto de boa qualidade.

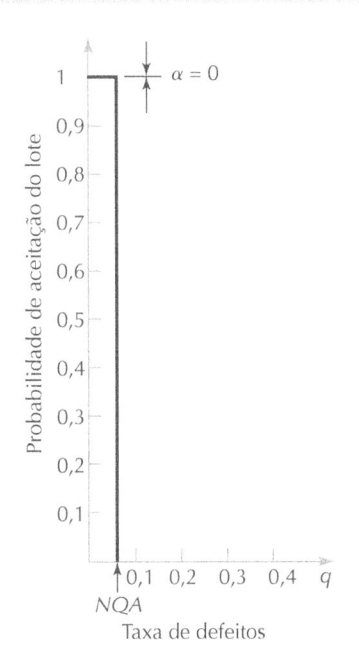

Figura 21.3 Curva característica operacional de um plano de inspeção cem por cento

21.3 INSPEÇÃO AUTOMATIZADA

Uma alternativa à inspeção manual é a inspeção automatizada. A automação do processo de inspeção quase sempre reduz o tempo de inspeção por peça. Além disso, máquinas automatizadas não enfrentam a fadiga mental e os erros experimentados por inspetores humanos. A justificativa econômica de um sistema de inspeção automatizada depende de se a economia de custo de trabalho e a melhoria na exatidão mais do que compensarão o investimento e/ou os custos do desenvolvimento do sistema.

A *inspeção automatizada* pode ser definida como a automação de uma ou mais das etapas envolvidas no procedimento. Há uma série alternativas em que a inspeção automatizada ou semiautomatizada pode ser implementada:

1. *Apresentação* automatizada das peças por um sistema de manuseio automático, com um operador humano realizando as etapas de *exame* e *decisão*.

2. *Exame* e *decisão* por uma máquina de inspeção automática, com carregamento (*apresentação*) manual das peças na máquina.

3. Sistema de inspeção totalmente automatizado, em que a *apresentação*, o *exame* e a *decisão* são, todos, realizados automaticamente.

No primeiro caso, o procedimento de inspeção é realizado por um trabalhador humano, com todos os erros associados a esse modo de inspeção. Nos casos (2) e (3), a operação de inspeção propriamente dita é realizada por um sistema automatizado. Esses dois últimos casos são o principal interesse aqui.

Como na inspeção manual, a inspeção automatizada pode ser realizada usando amostragem estatística ou cem por cento. Quando a amostragem estatística é utilizada, existe a possibilidade de erros de amostragem.

Seja com a inspeção por amostragem ou a inspeção cem por cento, os sistemas automatizados podem cometer erros de inspeção, assim como os inspetores humanos. Para tarefas simples de inspeção, como medição automática de uma única dimensão de uma peça, os sistemas automatizados operam com alta exatidão (baixa taxa de erro). À medida que a operação de inspeção se torna mais complexa e difícil, a taxa de erro tende a aumentar. Algumas aplicações de visão de máquina (Seção 22.6) se enquadram nessa categoria; por exemplo, a detecção de defeitos em *chips* de circuito integrado ou em placas de circuito impresso. É importante notar que essas tarefas de inspeção também são complexas e difíceis para os humanos, e essa é uma das razões para o desenvolvimento de sistemas de inspeção automatizados que possam realizar o trabalho.

Alguns sistemas automatizados de inspeção podem ser ajustados para aumentar sua sensibilidade aos defeitos para o quais eles são projetados para detectar. Isso é conseguido por meio de um ajuste de 'ganho' ou um tipo de controle semelhante. Quando o ajuste da sensibilidade é baixo, a probabilidade de um erro Tipo I é baixa, mas a probabilidade de um erro Tipo II é alta. Quando o ajuste da sensibilidade é aumentado, a probabilidade de um erro

Tipo I aumenta, enquanto a probabilidade de um erro Tipo II diminui. Essa relação é representada na Figura 21.4. Devido a esses erros, a inspeção automatizada cem por cento não pode garantir cem por cento de produto de boa qualidade.

O pleno potencial da inspeção automatizada é alcançado quando ele está integrado ao processo de fabricação, quando a inspeção cem por cento é usada e quando os resultados do procedimento conduzem a alguma ação positiva. As ações positivas podem assumir uma ou ambas as formas possíveis, conforme ilustrado na Figura 21.5:

(a) *Controle de processo por realimentação*. Nesse caso, os dados são realimentados no processo de fabricação anterior, responsável pelas características de qualidade que estão sendo avaliadas ou medidas na operação de inspeção. A finalidade da realimentação é permitir que ajustes de compensação sejam feitos no processo para reduzir a variabilidade e melhorar a qualidade. Se as medições da inspeção automatizada indicarem que a saída do processo está começando a pender para o lado alto da tolerância (por exemplo, o desgaste de ferramenta poderia fazer uma dimensão de peça aumentar com o tempo), correções poderão ser feitas nos parâmetros de entrada para trazer a saída novamente para o valor nominal. Assim, a qualidade média é mantida dentro de uma faixa de variabilidade menor do que com os métodos de inspeção por amostragem. Na prática, a capacidade do processo é melhorada.

(b) *Triagem de peças*. Nesse caso, as peças são classificadas de acordo com o nível de qualidade: aceitável *versus* inaceitável. Pode haver mais de dois níveis de qualidade apropriados para o processo (por exemplo, aceitável, retrabalhável e descartável). A triagem e a inspeção podem ser realizadas de várias maneiras. Uma alternativa é inspecionar e classificar na mesma estação. Outras instalações realizam uma ou mais inspeções ao longo da linha de processamento, com uma única estação de triagem próxima ao final da linha. Os dados de inspeção são analisados e as instruções são encaminhadas para a estação de triagem indicando que ação é necessária para cada peça.

Figura 21.4 **Relação entre a sensibilidade de um sistema automatizado de inspeção e a probabilidade de erros Tipo I e Tipo II: p_1 é a probabilidade de um item concordante ser corretamente classificado, e p_2 é a probabilidade de um item discordante ser corretamente classificado**

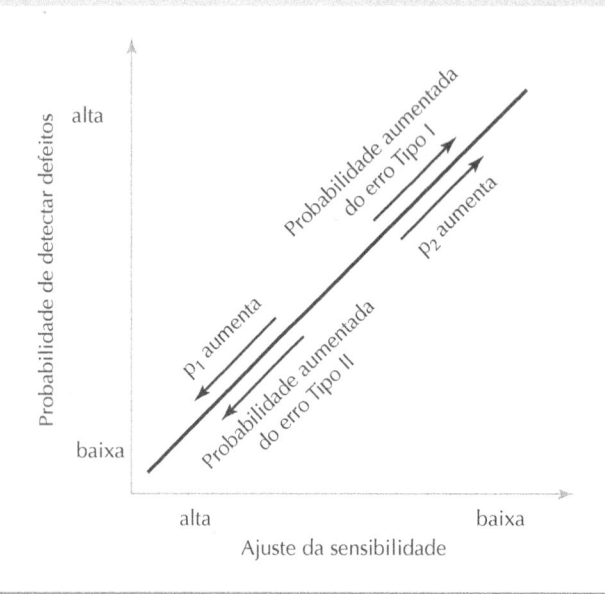

Figura 21.5 Etapas de ação resultantes da inspeção automatizada: (a) controle de processo por realimentação e (b) triagem das peças em dois ou mais níveis de qualidade

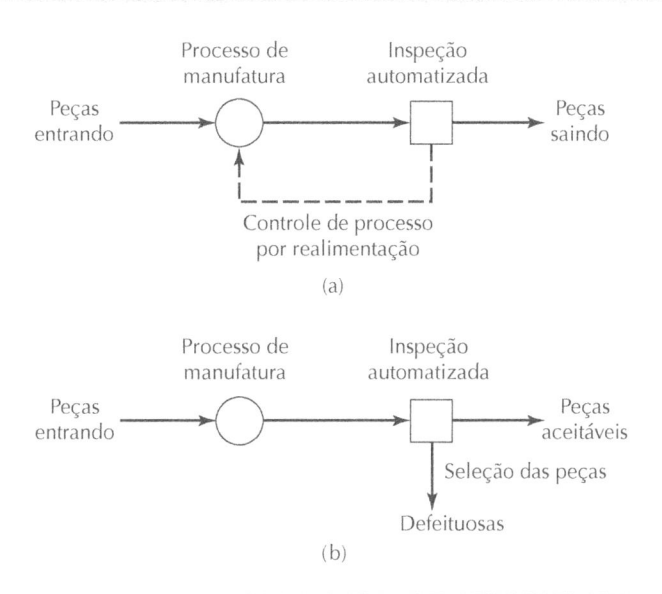

21.4 QUANDO E ONDE INSPECIONAR

A inspeção pode ser realizada em qualquer um dos vários locais na produção: (1) na recepção, quando matérias-primas e peças são recebidas dos fornecedores, (2) nos vários estágios da fabricação e (3) antes do envio para o cliente. Nesta seção, nosso foco está no caso (2), ou seja, quando e onde inspecionar durante a produção.

21.4.1 Inspeção off-line e on-line

O momento do procedimento de inspeção em relação ao processo de manufatura é uma importante consideração no controle de qualidade. Três situações alternativas, mostradas na Figura 21.6, podem ser observadas: (a) inspeção off-line, (b) inspeção on-line/em processo e (c) inspeção on-line/pós-processo.

Inspeção off-line. É realizada longe do processo de manufatura; normalmente existe um intervalo de tempo entre o processamento e a inspeção. A inspeção off-line em geral é realizada usando métodos de amostragem estatística. A inspeção manual é comum. Os fatores que tendem a promover o uso da inspeção off-line são: (1) a variabilidade do processo está dentro da tolerância do projeto, (2) as condições de processamento são estáveis e o risco de desvios significativos no processo é pequeno e (3) o custo da inspeção é alto em relação ao custo de algumas peças defeituosas. A desvantagem da inspeção off-line é que peças já foram fabricadas no momento em que a má qualidade é detectada. Quando se usa a amostragem, uma desvantagem adicional é que as peças defeituosas possam passar pelo procedimento de amostragem.

Inspeção on-line. A alternativa à inspeção off-line é a inspeção on-line, realizada quando as peças são fabricadas, seja como uma etapa integral no processamento ou na montagem, seja como uma etapa imediatamente posterior. Dois procedimentos de inspeção on-line podem ser distinguidos: on-line/em processo e on-line/pós-processo, ilustrados na Figura 21.6(b) e (c).

A *inspeção on-line/em processo* é obtida realizando-se o procedimento de inspeção durante a operação de manufatura. Simultaneamente, enquanto as peças estão sendo fabricadas, o procedimento de inspeção mede suas dimensões. A vantagem da inspeção em processo é que

Figura 21.6 As alternativas de inspeção são (a) inspeção off-line, (b) inspeção on-line/em processo e (c) inspeção on-line/pós-processo

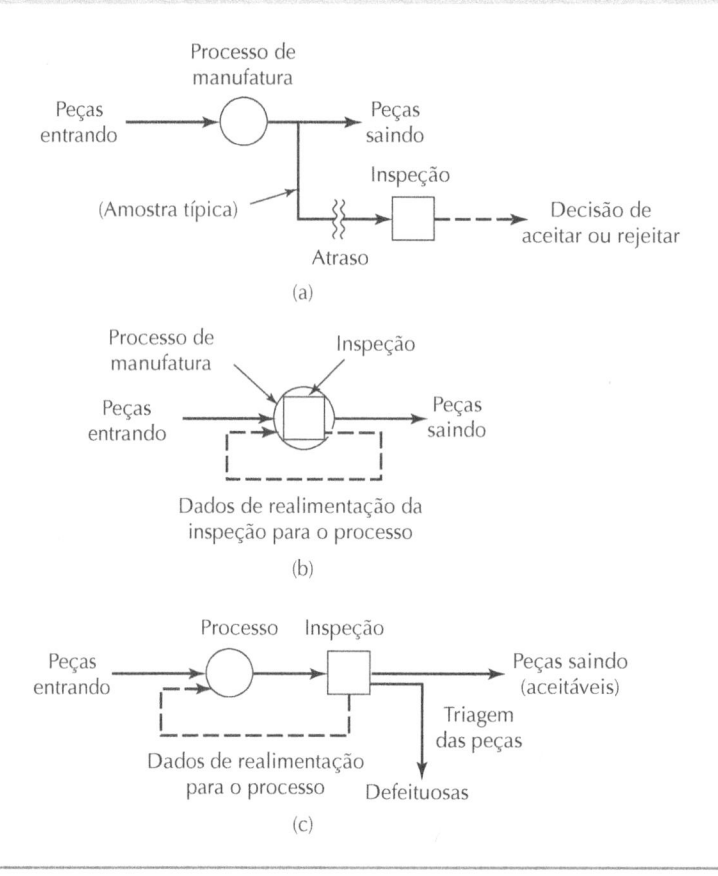

talvez seja possível influenciar a operação que fabrica a peça em questão, corrigindo assim um potencial problema de qualidade antes que a peça seja concluída. Quando a inspeção on-line/em processo é realizada manualmente, o trabalhador que realiza o processo de manufatura também inspeciona. Para sistemas de manufatura automatizados, esse método de inspeção on-line normalmente é cem por cento baseado em sensores automatizados. Tecnologicamente, a implementação da inspeção on-line/em processo automatizada de produtos costuma ser difícil e cara.

Com a *inspeção on-line/pós-processo*, o procedimento de medição ou aferição é realizado imediatamente após o processo de produção. Mesmo sendo posterior ao processo, ele ainda é considerado um método on-line por ser integrado à estação de trabalho de manufatura e os resultados da inspeção podem influenciar imediatamente a operação de produção. A limitação da inspeção on-line/pós-processo é que a peça já foi fabricada e, portanto, é impossível fazer correções que influenciarão seu processamento. O melhor que pode ser feito é influenciar a produção da próxima peça.

A inspeção on-line/pós-processo pode ser realizada como procedimento manual ou automático. Quando feita manualmente, pode ser realizada usando amostragem ou inspeção cem por cento (com todos os riscos associados a cada método). A medição das dimensões da peça na máquina de produção, com medidores Passa/Não Passa é um exemplo comum de inspeção on-line/pós-processo. Quando a inspeção on-line/pós-processo é automatizada, geralmente é realizada em uma base de cem por cento. Seja manual ou automatizado, o processo de inspeção gera dados que podem ser analisados por meio de técnicas de controle estatístico de processo (Seção 20.4).

Qualquer modo de inspeção on-line deve levar a alguma ação na operação de manufatura, seja ela o controle de processo por realimentação ou a triagem das peças. Se a inspeção on-line não resultar em ação alguma, então a inspeção off-line poderia também ser utilizada em vez das tecnologias on-line.

21.4.2 Inspeção de produto *versus* monitoramento de processo

Na discussão anterior sobre os aspectos de inspeção, consideramos implicitamente que era o próprio produto que estava sendo medido ou aferido durante ou após o processo de fabricação. Um método alternativo é medir o processo em vez do produto, ou seja, monitorar os parâmetros-chave do processo de produção que determinam a qualidade do produto. A vantagem desse método é que um sistema de medição on-line/em processo tem muito mais probabilidade de ser viável para as variáveis do processo do que para as variáveis do produto. Tal procedimento de medição pode ser facilmente incorporado em um sistema de controle por realimentação on-line, permitindo que qualquer ação corretiva necessária seja tomada quando o produto ainda está sendo processado e, teoricamente, evitando que unidades defeituosas sejam fabricadas. Se esse arranjo fosse totalmente confiável, ele evitaria ou, pelo menos, reduziria a necessidade de uma posterior inspeção off-line do produto em si.

O uso do monitoramento de processo como alternativa à inspeção do produto se baseia no pressuposto de uma relação de causa e efeito determinística entre os parâmetros de processo que podem ser medidos e as características de qualidade que precisam ser mantidas dentro da tolerância. Portanto, controlando os parâmetros de processo, pode-se obter o controle indireto da qualidade do produto. Essa hipótese é mais aplicável nas seguintes circunstâncias: (1) o processo é bem conduzido, o que significa que normalmente esteja sob controle estatístico e que os desvios dessa condição normal sejam raros; (2) a capabilidade do processo é boa, o que significa que o desvio padrão de cada variável de processo de interesse, em condições normais de operação, seja pequeno; e (3) o processo foi estudado para estabelecer as relações de causa e efeito entre as variáveis de processo e as características de qualidade de produto e foram criados modelos matemáticos dessas relações.

Embora o método de controlar a qualidade do produto indiretamente pelo monitoramento de processo seja incomum na produção de peças, é predominante nas indústrias de processo contínuo, como a química e a petrolífera. Nesses processos contínuos, geralmente é difícil medir diretamente as características de qualidade de produto de interesse, exceto no caso de amostragem periódica. Para manter o controle contínuo sobre a qualidade do produto, os parâmetros relacionados ao processo são monitorados e regulados de modo contínuo. Entre as variáveis de produção típicas nas indústrias de processo incluem-se pressão, temperatura, vazão e variáveis semelhantes que podem ser facilmente medidas (engenheiros químicos questionariam essa facilidade) e facilmente combinadas em equações matemáticas para prever os parâmetros de interesse do produto. As variáveis na fabricação de produtos discretos geralmente são mais difíceis de medir e modelos matemáticos que as relacionam com a qualidade de produto não são tão fáceis de se obter. Exemplos de variáveis de processo nas indústrias de produção de peças incluem [1] desgaste de ferramenta, deformações de componentes das máquinas de produção, deformações das peças durante o processamento, vibrações de usinagem e dilatação térmica das máquinas de produção e das peças durante o processamento.

21.4.3 Inspeção distribuída *versus* inspeção final

Quando as estações de inspeção são localizadas ao longo do fluxo de trabalho em uma fábrica, isso é chamado de *inspeção* distribuída. Em caso extremo, as operações de inspeção e triagem são localizadas após cada etapa de processamento. No entanto, uma abordagem mais comum e econômica é quando as inspeções são colocadas estrategicamente em pontos críticos na sequência de fabricação, com várias operações de manufatura entre cada inspeção. A função de um sistema distribuído de inspeção é identificar as peças ou os produtos defeituosos logo depois de terem sido fabricados, de modo que possam ser excluídos do processamento posterior. O objetivo dessa estratégia de inspeção é evitar custos desnecessários com unidades defeituosas. Isso é especialmente relevante em produtos montados, nos quais muitos componentes são combinados em uma única entidade que não pode ser facilmente desmembrada. Se um componente defeituoso torna a montagem defeituosa, então, obviamente é melhor detectar o defeito antes que ele seja montado. Essas situações são encontradas nas operações de manufatura de eletrônicos. A montagem de placas de circuito impresso (PCIs; do inglês, *printed circuit board* — PCBs) é um bom exemplo. Uma PCI montada pode consistir de cem ou mais componentes eletrônicos soldados à placa-base. Se apenas um desses componentes estiver com defeito, a placa inteira pode ser inutilizada a menos que seja reparada a um custo adicional substancial. Nesse tipo de caso, é importante descobrir e eliminar os defeitos da linha de produção antes que seja realizado mais processamento ou montagem. A inspeção automatizada on-line cem por cento é a mais adequada nessas situações.

Outra abordagem, por vezes considerada uma alternativa à inspeção distribuída, é a *inspeção final*, que envolve um procedimento de inspeção minuciosa no produto imediatamente antes do envio para o cliente. A motivação por trás desse método é que, do ponto de vista da inspeção, é mais eficiente executar todas as tarefas de inspeção em uma única etapa em vez de distribuí-las por toda a fábrica. A inspeção final é mais vantajosa para o cliente porque, em princípio, se feita de modo eficaz, oferece maior proteção contra a má qualidade.

Contudo, a aplicação exclusiva do método da inspeção final (sem inspeção intermediária do produto quando está sendo fabricado) é potencialmente muito cara para o produtor por duas razões: (1) o custo desperdiçado das unidades defeituosas produzidas nas etapas iniciais de processamento sendo processadas em operações subsequentes e (2) o custo da inspeção final em si. O primeiro fator, o custo de processamento de unidades defeituosas, tem sido discutido. O segundo, o custo da inspeção, se beneficiará da elaboração. A inspeção final, quando realizada em uma base de cem por cento, pode ser muito cara, uma vez que cada unidade do produto é submetida a um procedimento de inspeção projetado para detectar todos os possíveis defeitos. O procedimento geralmente requer testes funcionais além de inspeção. Se a inspeção for realizada manualmente em uma base de cem por cento, como pelo menos parte dela provavelmente será, estará sujeita aos riscos da inspeção manual cem por cento (Seção 21.2.2). Devido a esses custos e riscos, o produtor frequentemente recorre à inspeção por amostragem, com os riscos estatísticos associados de um produto defeituoso escapar da amostra e ir para o cliente (Seção 21.2.1). Portanto, a inspeção final do produto é potencialmente cara, potencialmente ineficaz, ou ambas.

Os fabricantes preocupados com a qualidade combinam as duas estratégias. A inspeção distribuída é usada para operações na fábrica com altas taxas de defeitos para evitar o processamento de peças defeituosas em operações posteriores e para garantir que apenas os componentes bons sejam montados no produto, e alguma forma de inspeção final é usada nas unidades prontas para garantir que apenas o produto da mais alta qualidade seja entregue ao cliente.

21.5 ANÁLISE QUANTITATIVA DA INSPEÇÃO

Modelos matemáticos podem ser desenvolvidos para analisar certos aspectos de desempenho da produção e da inspeção. Nesta seção, examinaremoms três áreas: (1) efeito da taxa de defeitos sobre as quantidades da produção em uma sequência de operações de produção, (2) inspeção final comparada a inspeção distribuída e (3) quando inspecionar ou não.

21.5.1 Efeito da taxa de defeitos na produção seriada

Vamos definir o elemento básico da análise como a unidade operacional para um processo de manufatura, ilustrado na Figura 21.7. Na figura, o processo é representado por um nó, a entrada para a qual está uma quantidade inicial de matéria-prima. Considere Q_o como a quantidade ou o tamanho de lote inicial a ser processado. O processo possui certa taxa de defeitos q (escrito de outra maneira, q é a probabilidade da produção de uma peça defeituosa em cada ciclo da operação), de modo que a quantidade de peças boas produzidas é diminuída em tamanho como:

$$Q = Q_o(1 - q) \quad (21.1)$$

em que Q é a quantidade de produtos bons fabricados no processo; Q_o é a quantidade inicial ou original; e q é a taxa de defeitos. O número de defeitos é dado por:

$$D = Q_o q \quad (21.2)$$

em que D é o número de defeitos produzidos no processo.

A maioria das peças fabricadas requer mais de uma operação de processamento. As operações são realizadas em sequência sobre as peças, como ilustrado na Figura 21.8. Cada processo possui uma taxa de defeitos q_i, de modo que a quantidade final de peças sem defeito fabricadas por uma sequência de n unidades operacionais é dada por:

$$Q_f = Q_o \prod_{i=1}^{n} (1 - q_i) \quad (21.3)$$

Figura 21.7 **A unidade operacional para um processo de manufatura, representada como um modelo de entrada e saída em que o processo possui uma determinada taxa de defeitos**

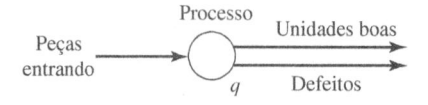

Figura 21.8 Uma sequência de *n* unidades operacionais usadas para produzir uma peça. Cada processo possui uma determinada taxa de defeitos

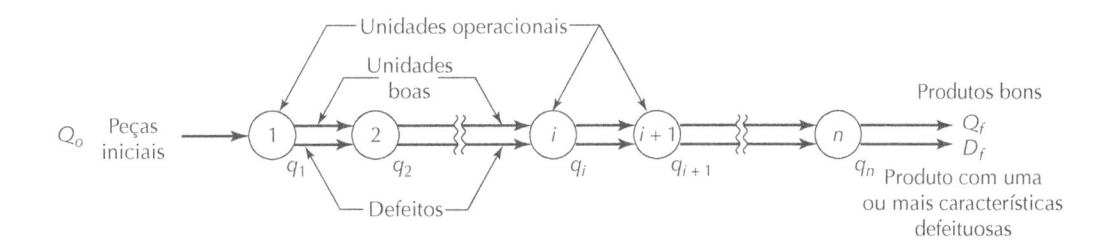

em que Q_f é a quantidade final de unidades sem defeito produzidas pela sequência de *n* operações de processamento e Q_o é a quantidade inicial. Se todo q_i for igual, o que é improvável, mas conveniente para efeito de conceituação e cálculo, então a equação anterior torna-se:

$$Q_f = Q_o(1 - q)^n \quad (21.4)$$

em que q é a taxa de defeitos para todas as operações de processamento *n*. O número total de defeitos produzidos pela sequência é mais facilmente calculado como:

$$D_f = Q_o - Q_f \quad (21.5)$$

em que D_f é o número total de defeitos produzidos.

EXEMPLO 21.2
Compondo o efeito da taxa de defeitos em uma sequência de operações
Um lote de mil unidades brutas é processado em dez operações, cada uma tendo uma taxa de defeito de 0,05. Quantas unidades sem defeito e quantas unidades defeituosas existem no lote final?
Solução: A Equação (21.4) pode ser usada para determinar a quantidade de unidades sem defeito no lote final:

Qf = 1.000 (1 − 0,05)^{10} = 1.000 (0,95)^{10} = 1.000 (0,59874) = 599 unidades boas

O número de unidades defeituosas é dado pela Equação (21.5):

D_f = 1.000 − 599 = 401 unidades defeituosas.

A expansão binomial pode ser usada para determinar a alocação dos defeitos associados a cada operação de processamento *i*. Considere que q_i é a probabilidade de um defeito ser produzido na operação *i* e que p_i é a probabilidade de uma unidade boa ser produzida na sequência; logo, $p_i + q_i = 1$. Expandindo isso, para *n* operações, temos:

$$\prod_{i=1}^{n} (p_i + q_i) = 1 \quad (21.6)$$

Para ilustrar, considere o caso de duas operações em sequência ($n = 2$). A expansão binomial produz a expressão:

$$(p_1 + q_1)(p_2 + q_2) = p_1 p_2 + p_1 q_2 + p_2 q_1 + q_1 q_2$$

em que $p_1 p_2$ é a proporção de peças sem defeito, $p_1 q_2$ é proporção de peças que não possuem defeito da operação 1, mas um defeito da operação 2, $p_2 q_1$ é a proporção de peças que não possuem defeito da operação 2, mas um defeito da operação 1, e $q_1 q_2$ é a proporção de peças que possuem os dois tipos de defeitos.

21.5.2 Inspeção final *versus* inspeção distribuída

O modelo anterior descreve uma sequência de operações, cada uma com sua própria taxa de defeitos, cuja saída forma uma distribuição de peças possuindo (1) nenhum defeito ou (2) um ou mais defeitos, dependendo de como as taxas de defeitos das diferentes operações de unidade se combinam. Como o modelo não prevê qualquer separação das unidades boas das defeituosas, a saída final é uma mistura de duas categorias. Para lidar com esse problema, expandiremos o modelo para incluir operações de inspeção, seja uma inspeção final no fim da sequência ou uma inspeção distribuída, em que cada etapa da produção é seguida de uma inspeção.

Inspeção final. No primeiro caso, uma operação de inspeção final e triagem é localizada no fim da sequência de produção, como representado pelo quadrado na Figura 21.9. Nesse caso, a saída do processo é cem por cento precisa, o que significa que não existem quaisquer erros de inspeção Tipo I ou Tipo II.

As probabilidades nesse novo arranjo são muito semelhantes às de antes, e defeitos ainda são produzidos. A diferença é que as unidades defeituosas D_f foram completa e precisamente isoladas das unidades boas Q_f no fim do procedimento de inspeção. É claro, existe um custo associado à operação de inspeção e triagem que é acrescentado ao custo normal do processamento. Os custos de processar e depois classificar um lote de peças Q_o como indicado na Figura 21.9 podem ser expressos como:

$$C_b = Q_o \sum_{i=1}^{n} C_{pri} + Q_o C_{sf} = Q_o \left[\sum_{i=1}^{n} C_{pri} + C_{sf} \right] \quad (21.7)$$

Figura 21.9 Uma sequência de *n* unidades operacionais com uma operação de inspeção final e triagem para separar os itens defeituosos

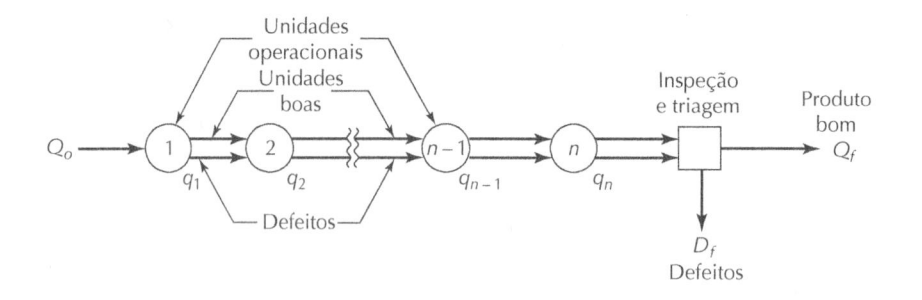

em que C_b é o custo de processamento e triagem do lote, Q_o é o número de peças no lote inicial, C_{pri} é o custo de processar uma peça na operação i e C_{sf} é o custo de inspeção final e triagem por peça. O custo de processamento C_{pr} é aplicável a cada unidade para cada uma das operações n; daí a soma de 1 a n. A inspeção final é feita uma vez para cada unidade. Ignoramos a consideração do custo de material. Para o caso especial em que custos de processamento sejam iguais ($C_{pri} = C_{pr}$ para todo i), temos:

$$C_b = Q_o(nC_{pr} + C_{sf}) \quad (21.8)$$

Observe que a taxa de defeitos não aparece no custo total de nenhuma dessas equações, já que nenhuma unidade defeituosa é classificada no lote até depois da operação de processamento final. Portanto, cada unidade em Q_o é processada por meio de todas as operações, seja boa ou defeituosa, e toda unidade é inspecionada e classificada.

Inspeção distribuída. A seguir, vamos considerar uma estratégia de inspeção distribuída, em que cada operação na sequência é seguida de uma etapa de inspeção e triagem, como visto na Figura 21.10. Nesse arranjo, os defeitos produzidos em cada etapa de processamento são classificados no lote imediatamente após a fabricação, de modo que apenas as peças boas tenham permissão de avançar para a próxima operação. Assim, nenhuma unidade defeituosa é processada nas operações subsequentes, economizando o custo de processamento dessas unidades. Nosso modelo de inspeção distribuída precisa considerar a taxa de defeitos em cada operação como:

$$C_b = Q_o(C_{pr1} + C_{s1}) + Q_o(1 - q_1)(C_{pr2} + C_{s2}) +$$
$$Q_o(1 - q_1)(1 - q_2)(C_{pr3} + C_{s3}) + \cdots +$$
$$Q_o \prod_{i=1}^{n-1}(1 - q_i)(C_{prn} + C_{sn}) \quad (21.9)$$

em que $C_{s1}, C_{s2},..., C_{si},..., C_{sn}$ são o custos de inspeção e triagem em cada estação, respectivamente. No caso especial em que $q_i = q$, $C_{pri} = C_{pr}$ e $C_{si} = C_s$ para todo i, a equação acima é simplificada para:

$$C_b = Q_o(1 + (1 - q) + (1 - q)^2 + ... + (1 - q)^{n-1})(C_{pr} + C_s) \quad (21.10)$$

EXEMPLO 21.3
Inspeção final *versus* inspeção distribuída

Duas alternativas de inspeção devem ser comparadas em uma sequência de processamento consistindo de dez operações: (1) operação de inspeção final e triagem seguindo a décima operação de processamento e (2) inspeção distribuída com uma operação de inspeção e triagem após cada uma das dez operações de processamento. O tamanho de lote Q_o é de mil peças. O custo de cada operação de processamento C_{pr} é de \$1. A taxa de defeitos em cada operação q é igual a 0,05. O custo da operação única de inspeção final e triagem na alternativa (1) é C_{sf} igual a \$2,5. O custo de cada operação de inspeção e triagem na alternativa (2) é C_s igual a \$0,25. Compare os custos totais de processamento e inspeção para os dois casos.

Solução: Para a alternativa de inspeção final, podemos usar a Equação (21.8) para determinar o custo do lote:

$$C_b = 1.000(10 \times 1 + 2,50) = 1.000(12,50) = \$12.500$$

Para a alternativa da inspeção distribuída, podemos usar a Equação (21.10) para descobrir o custo do lote:

$$C_b = 1.000(1 + (0,95) + (0,95)^2 + ... + (0,95)^9)(1 + 0,25)$$
$$= 1.000(8,0252)(1,25) = \$10.032$$

Podemos observar que o custo da inspeção distribuída é menor para os dados de custo fornecidos no Exemplo 21.3. Uma economia de \$2.468 ou de aproximadamente 20 por cento é alcançada usando a inspeção distribuída. O leitor poderia perguntar por que o custo de uma inspeção final (\$2,5) é tão maior do que o custo de inspeção distribuída (\$0,25). Temos uma resposta lógica e uma resposta

Figura 21.10 Inspeção distribuída, consistindo em uma sequência de unidades operacionais com uma inspeção e triagem após cada operação

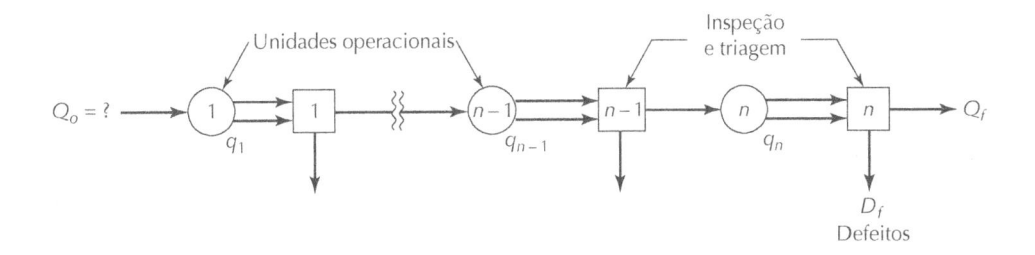

prática para essa pergunta. A resposta lógica é que cada etapa de processamento produz sua própria característica defeituosa única (na taxa de defeitos q_i) e o procedimento de inspeção deve ser designado para inspecionar essa característica. Para dez operações de processamento com dez características defeituosas diferentes, o custo para inspecionar essas características é o mesmo, quer a inspeção seja realizada após cada etapa de processamento, quer seja realizada todas ao mesmo tempo após a etapa de processamento final. Se o custo para inspecionar cada característica defeituosa é $0,25, conclui-se que o custo para inspecionar as dez características defeituosas é simplesmente 10($0,25) = $2,5. Em geral, essa relação pode ser expressa como:

$$C_{sf} = \sum_{i=1}^{n} C_{si} \quad (21.11)$$

Para o caso especial em que todo C_{si} é igual ($C_{si} = C_s$ para todo i), como no Exemplo 21.3,

$$C_{sf} = nC_s \quad (21.12)$$

Dada essa relação multiplicativa entre o custo único de inspeção final e o custo de inspeção por unidade na inspeção distribuída, percebemos imediatamente que a vantagem do custo total da inspeção distribuída no Exemplo 21.3 deriva inteiramente do fato de que o número de peças que são processadas e inspecionadas é reduzido após cada etapa de processamento devido à triagem das peças defeituosas do lote durante a produção, não após ela.

Apesar da lógica das equações (21.11) e (21.12), temos certeza de que, na prática, existe alguma economia em realizar um procedimento de inspeção em um único local, mesmo se o procedimento incluir o exame de dez características defeituosas diferentes. Assim, o custo de inspeção final real por unidade C_{sf} provavelmente é menor do que a soma dos custos de unidade na inspeção distribuída. Entretanto, permanece o fato de que a inspeção distribuída e a triagem reduzem o número de unidades processadas, evitando, dessa maneira, o desperdício de recursos de produção valiosos no processamento das unidades defeituosas.

Inspeção parcialmente distribuída. É possível adotar uma estratégia de inspeção distribuída em que as inspeções são localizadas entre os grupos de processos e não após cada etapa de processamento como no Exemplo 21.3. Se houver qualquer economia na realização de múltiplas inspeções em um único local, como discutido no parágrafo anterior, então essa pode ser uma maneira vantajosa de explorar essa economia e, ao mesmo tempo, preservar pelo menos algumas das vantagens da inspeção distribuída. Vamos usar o Exemplo 21.4 para ilustrar o agrupamento das operações de unidade para fins de inspeção. Como esperado, o custo de lote total reside entre os dois casos de inspeção totalmente distribuída e de inspeção final para os dados em nosso exemplo.

EXEMPLO 21.4
Inspeção parcialmente distribuída
Para comparação, vamos usar a mesma sequência de dez operações de processamento de antes, em que a taxa de defeitos de cada operação q é igual a 0,05. Em vez de inspecionar e classificar após cada operação, as dez operações serão divididas em grupos de cinco, com inspeções após as operações 5 e 10. Seguindo a lógica da Equação (21.12), o custo de cada inspeção será cinco vezes o custo de inspecionar uma característica defeituosa; ou seja, $Cs_5 = Cs_{10} = 5($0,25) = $1,25$ por unidade inspecionada. O custo de processamento por unidade para cada processo permanece o mesmo de antes em C_{pr} igual a $1 e Q_o igual a mil unidades.
Solução: O custo de lote é o custo de processamento para as mil peças nas cinco primeiras operações, após as quais o procedimento de inspeção e triagem separa os defeitos produzidos nessas cinco primeiras operações do restante do lote. Essa quantidade de lote reduzida, então, continua nas operações 6 a 10, seguida do segundo procedimento de inspeção e triagem. A equação para isso é a seguinte:

$$C_b = Q_o \left[\sum_{i=1}^{5} C_{pri} + C_{s5} \right] +$$
$$Q_o \prod_{i=1}^{5}(1-q_i) \left[\sum_{i=6}^{10} C_{pri} + C_{s10} \right] \quad (21.13)$$

Já que todo C_{pri} é igual ($C_{pri} = C_{pr}$ para todo i) e todo q é igual ($q_i = q$ para todo i), essa equação pode ser simplificada para:

$$C_b = Q_o(5C_{pr} + C_{s5}) + Q_o(1-q)^5(5C_{pr} + C_{s10}) \quad (21.14)$$

Usando nossos valores para este exemplo, temos:

$C_b = 1.000(5 \times 1 + 1,25) + 1.000(0,95)^5(5 \times 1 + 1,25) = 1.000(6,25) + 1.000(0,7738)(6,25) = \$11.086$

Uma economia de \$1.414 ou 11,3 por cento se comparada ao custo de \$12.500 de uma inspeção final. Note que fomos capazes de obter uma parte significante da economia total da inspeção totalmente distribuída usando apenas duas estações de inspeção em vez de dez. A economia de \$1.414 é cerca de 57 por cento da economia de \$2.468 do exemplo anterior, com apenas 20 por cento das estações de inspeção. Isso sugere que pode não ser vantajoso colocar uma operação de inspeção após cada etapa da produção, mas, sim, colocá-las após grupos de operações. A 'lei dos retornos decrescentes' (do inglês, *law of diminishing returns*) é aplicável na inspeção distribuída.

21.5.3 Inspecionar ou não inspecionar

Um modelo relativamente simples para decidir se uma inspeção deve ser feita em determinado ponto da sequência de produção é proposto em Juran e Gryna [3]. O modelo usa a taxa de defeitos no lote de produção, o custo de inspeção por unidade inspecionada e o custo do dano que uma unidade defeituosa poderia causar se não fosse inspecionada. O custo total por lote de inspeção cem por cento pode ser formulado como:

$$C_b(\text{inspeção cem por cento}) = QC_s \quad (21.15)$$

em que C_b é o custo total para o lote sob consideração, Q é a quantidade de peças no lote e C_s é o custo de inspeção e triagem por peça. O custo total da não inspeção, que leva a um custo de dano para a unidade defeituosa no lote, seria:

$$C_b(\text{não inspeção}) = Q_q C_d \quad (21.16)$$

em que C_b é o custo do lote, como antes; Q é o número de peças no lote; q é a taxa de defeitos e C_d é o custo de dano para cada peça defeituosa que prossegue para processamento ou montagem subsequente. Esse custo de dano pode ser alto, por exemplo, no caso de uma montagem de aparelhos eletrônicos, em que um único componente defeituoso pode danificar toda a montagem e o reprocessamento seria caro.

Finalmente, se a inspeção por amostragem for usada no lote, precisamos incluir o tamanho da amostra e a probabilidade de o lote ser aceito pelo plano de amostragem de inspeção usado. Essa probabilidade pode ser obtida da curva CO (Figura 21.1) para uma determinada taxa de defeitos q. O custo resultante esperado do lote é a soma de três termos: (1) custo de inspecionar a amostra de tamanho Q_s, (2) custo de dano esperado das peças defeituosas se a amostra passar pela inspeção e (3) custo esperado para inspecionar as outras peças no lote se a amostra não passar na inspeção. Em forma de equação,

$$C_b(\text{amostragem}) = C_s Q_s + (Q - Q_s)$$
$$qC_d P_a + (Q - Q_s)C_s(1 - P_a) \quad (21.17)$$

em que C_b é o custo de lote, C_s é o custo de inspecionar e classificar uma peça, Q_s é o número de peças na amostra, Q é a quantidade de lote, q é a taxa de defeitos, C_d é o custo de dano por peça defeituosa e P_a é a probabilidade de aceitação do lote com base na amostra.

Uma regra simples pode ser estabelecida para decidir se o lote deve ser inspecionado. A decisão é baseada em se a taxa de defeitos esperada no lote é maior ou menor do que um nível crítico de defeitos q_c, que é a relação entre o custo de inspeção e o custo de dano. Esse valor crítico representa o ponto de equilíbrio entre a inspeção e a não inspeção. Em forma de equação, q_c é definido como:

$$q_c = \frac{C_s}{C_d} \quad (21.18)$$

em que C_s é o custo de inspecionar e classificar uma peça, e C_d é o custo de dano por peça defeituosa. Se, com base no histórico do componente, a taxa de defeitos do lote q for menor que esse nível crítico, nenhuma inspeção é indicada. De outro lado, se for esperado que a taxa de defeitos seja maior que q_c, então o custo total de produção e inspeção será menor se a inspeção cem por cento e a triagem forem realizadas antes do processamento subsequente.

EXEMPLO 21.5
Inspecionar ou não inspecionar
Uma fábrica completou uma tiragem de produção de dez mil peças e a gerência precisa decidir se deve inspecionar cem por cento do lote. O histórico dessa peça sugere que a taxa de defeitos é cerca de 0,03. O custo de inspeção por peça é \$0,25. Se o lote prosseguir para processamento subsequente, o custo de dano para cada unidade defeituosa no lote será de \$10. Determine (a) o custo de lote para a inspeção cem por cento e (b) o custo de lote se nenhuma inspeção for realizada. (c) Qual é o

valor do nível crítico de defeitos para decidir se a inspeção deve ser feita?

Solução: (a) O custo de lote para a inspeção cem por cento é dado pela Equação (21.15):

$$C_b(\text{inspeção cem por cento}) = QC_s = 10.000(\$0,25) = \$2.500$$

(b) O custo de lote para a não inspeção pode ser calculado pela Equação (21.16):

$$C_b(\text{não inspeção}) = QqC_d = 10.000(0,03)(\$10) = \$3.000$$

(c) O valor crítico de defeitos para decidir sobre a inspeção é determinado por meio da Equação (21.18):

$$q_c = \frac{C_s}{C_d} = \frac{0,25}{10} = 0,025$$

Como a taxa de defeitos prevista no lote é q é igual a 0,03, a decisão deve ser pela inspeção. Note que essa decisão é coerente com os dois custos de lote calculados pela não inspeção e pela inspeção cem por cento. O custo mais baixo é obtido quando a inspeção cem por cento é utilizada.

EXEMPLO 21.6
Custo da inspeção por amostragem
Com base nos dados do exemplo anterior, suponha que uma inspeção por amostragem está sendo considerada como alternativa para a inspeção cem por cento. O plano de amostragem exige que cem peças sejam retiradas aleatoriamente do lote. Com base na curva CO para esse plano de amostragem, a probabilidade de aceitação do lote é de 92 por cento na taxa de defeitos dada de q igual a 0,03. Determine o custo de lote para a inspeção por amostragem.

Solução: O custo de lote para a inspeção por amostragem é dado pela Equação (21.17):

$$C_b(\text{amostragem}) = C_s Q_s + (Q - Q_s) q C_d P_a + (Q - Q_s) C_s (1 - P_a)$$
$$= \$0,25(100) + (10.000 - 100)(0,03)(\$10)(0,92) + (10.000 - 100)(\$0,25)(1 - 0,92)$$
$$= \$25 + 2.732,40 + 198,00 = \$2.955,40$$

A importância do Exemplo 21.6 não deve ser ignorada. O custo total da inspeção por amostragem para nossos dados é maior que o custo da inspeção cem por cento e triagem. Se apenas o custo do procedimento de inspeção for considerado, então a inspeção por amostragem será muito mais barata ($25 contra $2500). Mas, se os custos totais, que incluem o dano resultante dos defeitos passando pela inspeção por amostragem, forem considerados, então a inspeção por amostragem não será a alternativa mais barata. Poderíamos considerar a seguinte questão: e se a relação C_s/C_d na Equação (21.18) tiver sido maior que a taxa de defeitos do lote, ou seja, o oposto do caso nos exemplos 21.5 e 21.6? A resposta é que, se q_c fosse maior que a taxa de defeitos do lote q, então o custo da não inspeção seria menor que o custo da inspeção cem por cento, e o custo da inspeção por amostragem novamente residiria entre os dois valores de custo. O custo da inspeção por amostragem sempre estará entre o custo da inspeção cem por cento e o custo da não inspeção, qualquer que seja a maior dessas duas alternativas. Se este argumento for seguido até o final lógico, a conclusão é que tanto a não inspeção como a inspeção cem por cento serão preferíveis à inspeção por amostragem, e será simplesmente questão de decidir se a melhor alternativa é tudo ou nada.

21.5.4 O que as equações nos dizem

Várias lições podem ser inferidas dos modelos matemáticos e exemplos acima e devem ser úteis no projeto de sistemas de inspeção para produção.

- A inspeção/triagem distribuída reduz o número total de peças processadas em uma sequência de operações de produção, se comparada a uma inspeção final no fim da sequência. Isso reduz o desperdício de recursos de processamento.

- A inspeção parcialmente distribuída é menos eficaz do que a inspeção totalmente distribuída para reduzir o desperdício de recursos de processamento. No entanto, se houver vantagem econômica em combinar várias etapas de inspeção em um único local, a inspeção parcialmente distribuída pode reduzir os custos totais do lote em comparação com a inspeção totalmente distribuída.

- A 'lei dos retornos decrescentes' se aplica aos sistemas de inspeção distribuída, o que significa que cada estação de inspeção adicional acrescentada produz menos economia do que a estação anterior acrescentada, sendo todos os outros fatores iguais.

- Conforme aumenta a relação do custo de processamento pelo custo de inspeção para cada unidade, aumenta também a vantagem da inspeção distribuída sobre a inspeção final.

- As inspeções devem ser realizadas imediatamente após os processos que possuem uma alta taxa de defeitos.

- As inspeções devem ser realizadas antes dos processos de alto custo.

- Quando um custo esperado por defeito (daqueles defeitos que fogem ao plano de inspeção quando o lote é aceito) e o custo esperado pela inspeção do lote inteiro (quando o lote é rejeitado) são considerados, a inspeção por amostragem não é a alternativa de inspeção mais barata. Tanto nenhuma inspeção como a inspeção cem por cento podem ser mais vantajosas, dependendo dos valores relativos do custo de inspeção/triagem e do custo de dano para uma unidade defeituosa que avança para a próxima etapa do processamento.

Referências

[1] BARKMAN, W. E. *In-process quality control for manufacturing*. Nova York: Marcel Dekker, 1989.

[2] DRURY, C. G. "Inspection performance". In: SALVENDY, G. (ed.). *Handbook of industrial engineering*. 2. ed. Nova York: John Wiley & Sons, p. 2282–314, 1992.

[3] JURAN, J. M.; GRYNA, F. M. *Quality planning and analysis*. 3. ed. Nova York: McGraw-Hill, 1993.

[4] MONTGOMERY, D. C. *Introduction to statistical quality control*. 5. ed. Nova York: John Wiley & Sons, 2005.

[5] MURPHY, S. D. *In-process measurement and control*, Nova York: Marcel Dekker, 1990.

[6] STOUT, *Quality control in automation*. Englewood Cliffs, NJ: Prentice Hall, 1985.

[7] TANNOCK, J. D. T. *Automating quality systems*. Londres: Chapman & Hall, 1992.

[8] WICK, C.; VEILLEUX, R. F. *Tool and manufacturing engineers handbook*. 4. ed. *Quality control and assembly*. Dearborn, MI: Society of Manufacturing Engineers, v. IV, sec 1, 1987.

[9] WINCHELL, W. *Inspection and measurement*. Dearborn, MI: Society of Manufacturing Engineers, 1996

[10] YURKO, J. "The optimal placement of inspections along production Lines". *Masters Thesis*. Industrial Engineering Department, Lehigh University, 1986.

Questões para revisão

21.1 O que é inspeção?

21.2 Defina brevemente os dois tipos básicos de inspeção.

21.3 Quais são as quatro etapas em um procedimento de inspeção típico?

21.4 Quais são os erros Tipo I e Tipo II que podem ocorrer na inspeção?

21.5 O que é teste de controle de qualidade como diferenciado de inspeção?

21.6 Quais erros estatísticos Tipo I e Tipo II podem ocorrer na amostragem de aceitação?

21.7 Descreva o que é uma curva de característica operacional na amostragem de aceitação.

21.8 Quais são os dois problemas associados à inspeção manual cem por cento?

21.9 Quais são as três maneiras pelas quais um procedimento de inspeção pode ser automatizado?

21.10 Qual é a diferença entre inspeção off-line e inspeção on-line?

21.11 Sob quais circunstâncias o monitoramento de processo é uma alternativa adequada à inspeção real da característica de qualidade da peça ou produto?

21.12 Qual é a diferença entre a inspeção distribuída e a inspeção final no controle de qualidade?

Problemas

Exatidão da inspeção

21.1 Um inspetor relatou um total de 18 defeitos em um lote com 250 peças. Examinando mais cuidadosamente, foi determinado que cinco desses defeitos relatados eram, de fato, peças boas, enquanto um total de nove unidades defeituosas não foram detectadas pelo inspetor. Qual é a exatidão do inspetor nesse caso? Especificamente, quais são os valores de p_1 e p_2? Qual é a real taxa de defeitos q?

21.2 Para o problema anterior, desenvolva uma tabela de resultados de formato semelhante ao da Tabela 21.3 no texto. As entradas devem representar as probabilidades dos vários resultados possíveis na operação de inspeção.

21.3 Para o Exemplo 21.1 no texto, desenvolva uma tabela de resultados de formato semelhante ao da Tabela 21.3. As entradas serão as probabilidades dos vários resultados possíveis na operação de inspeção.

21.4 A exatidão de um inspetor é a seguinte: $p_1 = 0,94$ e $p_2 = 0,8$. O inspetor recebeu a tarefa de inspecionar um lote de 200 peças e separar as unidades defeituosas das boas. Se a taxa de defeitos real no lote q é igual a 0,04, determine (a) o número esperado de erros Tipo I e (b) o número esperado de erros Tipo II. (c) Além disso, qual é a taxa de defeitos esperada que o inspetor relatará no fim da tarefa de inspeção?

21.5 Um inspetor precisa realizar uma inspeção cem por cento em um lote de 500 peças usando um método de aferição. Se a taxa de defeitos real no lote é q igual a 0,02 e a exatidão do inspetor é dada por p_1 igual a 0,96 e p_2 igual a 0,84, determine (a) o número de defeitos que o inspetor pode esperar relatar e (b) o número esperado de erros Tipo I e Tipo II que o inspetor cometerá.

Efeito da taxa de defeitos

21.6 Um lote de 10 mil unidades brutas é processado através de 15 operações, cada uma tendo uma taxa de defeitos de 0,03. Quantas unidades sem defeito e quantas defeituosas estão no lote final?

21.7 Um *wafer* de silício possui um total de 400 circuitos integrados no início de sua sequência de fabricação. Um total de 80 operações são usadas para completar os circuitos integrados, cada uma das quais impondo danos em 1,5 por cento dos circuitos integrados. Os danos se combinam, significando que um circuito integrado que já tiver sido danificado tem a mesma probabilidade de ser danificado por um processo subsequente que um circuito ainda não danificado. Quantos circuitos sem defeito permanecem no fim da sequência de fabricação?

21.8 Um lote de peças é processado em uma sequência de nove operações de processamento, que possuem taxas de defeitos de 0,03, 0,05, 0,02, 0,04, 0,06, 0,01, 0,03, 0,04 e 0,07, respectivamente. Um total de 5 mil peças completas foram produzidas pela sequência. Qual foi a quantidade inicial do lote?

21.9 Uma linha de produção consiste de seis estações de trabalho, como mostra a figura a seguir. As seis estações são as seguintes: (1) primeiro processo de manufatura, taxa de descarte q_1 igual a 0,1; (2) inspeção para o primeiro processo, separa todos os defeitos do primeiro processo; (3) segundo processo de manufatura, taxa de descarte q_3 igual a 0,2; (4) inspeção para o segundo processo, separa todos os defeitos do segundo processo; (5) revisão, repara defeitos do segundo processo, abrangendo 70 por cento dos defeitos da operação anterior e deixando 30 por cento dos defeitos ainda sem reparo; (6) terceiro processo de manufatura, taxa de descarte q_6 igual a zero. Se a saída da linha de produção precisa ser de 100 mil unidades sem defeito, qual quantidade de unidades brutas precisa ser lançada na entrada da linha?

Figura P21.9 Linha de produção para o Problema 21.9

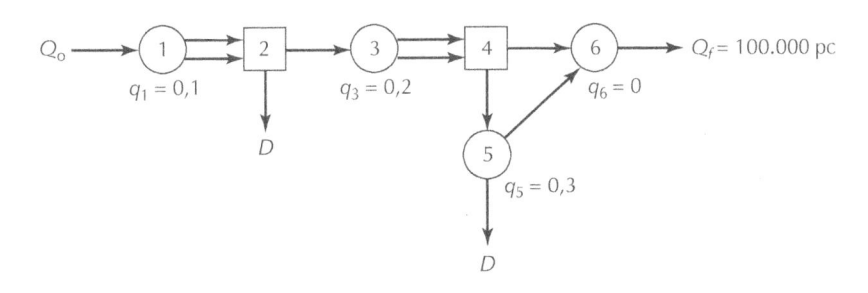

$Q_o \rightarrow$ (1) $\rightarrow$ (2) $\rightarrow$ (3) $\rightarrow$ (4) $\rightarrow$ (6) $\rightarrow Q_f = 100.000$ pc
$q_1 = 0,1$; $q_3 = 0,2$; $q_6 = 0$
(2) $\rightarrow D$
(4) $\rightarrow$ (5) $\rightarrow D$; $q_5 = 0,3$

21.10 Um determinado processo industrial pode ser descrito pelo diagrama abaixo. A operação 1 é um processo de desmontagem em que cada unidade de matéria-prima é separada em uma unidade de peças A e B. Essas peças são processadas separadamente nas operações 2 e 3, respectivamente, que possuem taxas de descarte de q_2 igual a 0,05 e q_3 igual a 0,1. As estações de inspeção 4 e 5 separam as boas unidades das ruins para as duas peças. Em seguida, as peças são montadas novamente na operação 6, que possui taxa de defeitos q_6 igual a 0,15. A estação de inspeção final 7 separa unidades boas das ruins. A quantidade de saída final desejada é 100 mil unidades. (a) Qual é a quantidade inicial necessária (na operação 1) para atingir essa saída? (b) Haverá quaisquer unidades restantes das peças A ou B? Se sim, quantas?

21.11 Certo componente é produzido em três operações sequenciais. A operação 1 produz defeitos a uma taxa q_1 igual a cinco por cento. A operação 2 produz defeitos a uma taxa q_2 igual a oito por cento. A operação 3 produz defeitos a uma taxa q_3 igual a dez por cento. As operações 2 e 3 podem ser realizadas em unidades que já defeituosas. Se 10 mil peças iniciais são processadas na sequência, (a) quantas unidades se espera que sejam livres de defeitos, (b) quantas unidades se espera que tenham exatamente um defeito e (c) quantas unidades se espera que tenham os três defeitos?

Figura P21.10 Linha de produção para o Problema 21.10

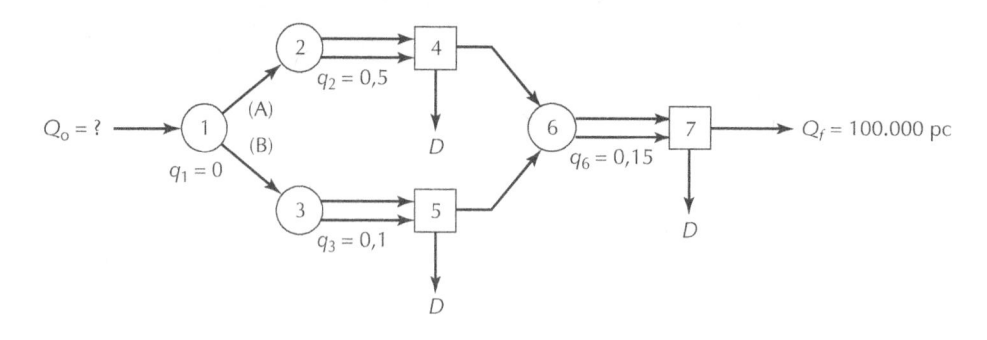

$Q_o = ?$ → 1 (A)(B), $q_1 = 0$
→ 2, $q_2 = 0,5$ → 4 → D
→ 3, $q_3 = 0,1$ → 5 → D
4 e 5 → 6, $q_6 = 0,15$ → 7 → $Q_f = 100.000$ pc
7 → D

21.12 Um processo industrial pode ser representado como no diagrama abaixo. Dois componentes são fabricados, respectivamente, pelas operações 1 e 2 e, depois, montados na operação 3. As taxas de descarte são as seguintes: $q_1 = 0,2$, $q_2 = 0,1$ e $q_3 = 0$. As quantidades de entrada de componentes brutos nas operações 1 e 2 são 25 mil e 20 mil, respectivamente. Um de cada componente é necessário na operação de montagem. O problema é que os componentes defeituosos podem ser montados com a mesma facilidade que os componentes bons, de modo que a inspeção e a triagem são necessárias na operação 4. Determine (a) quantas montagens sem defeito serão produzidas e (b) quantas montagens serão produzidas com um ou mais componentes defeituosos. (c) Haverá quaisquer unidades restantes de cada componente? Se sim, quantas?

Figura P21.12 Linha de produção para o Problema 21.12

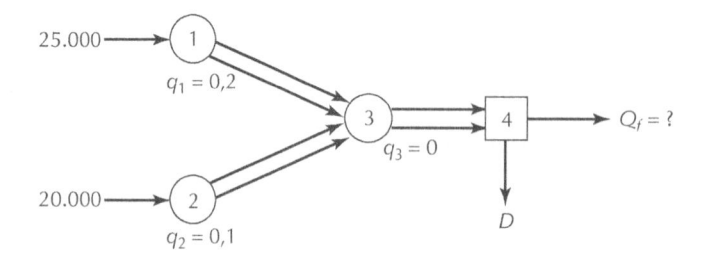

25.000 → 1, $q_1 = 0,2$ → 3, $q_3 = 0$ → 4 → $Q_f = ?$
20.000 → 2, $q_2 = 0,1$ → 3
4 → D

Custos de inspeção

21.13 Duas alternativas de inspeção precisam ser comparadas para uma sequência de processamento que consiste de 20 operações realizadas em um lote de cem peças iniciais: (1) uma operação de inspeção final e triagem seguindo a última operação de processamento e (2) a inspeção distribuída com uma operação de inspeção e triagem após cada operação de processamento. O custo de cada operação de processamento C_{pr} é de $1 por unidade processada. A taxa de defeitos em cada operação q é igual a 0,03. O custo de operação de uma única inspeção final e triagem na alternativa (1) é C_{sf} igual a $2 por unidade. O custo de cada operação de inspeção e triagem na alternativa (2) é C_s igual a $0,1 por unidade. Compare os custos totais de processamento e inspeção por lote para os dois casos.

21.14 No problema anterior, em vez de inspecionar e classificar após cada operação, as 20 operações serão divididas em grupos de cinco, com inspeções após as operações 5, 10, 15 e 20. Seguindo a lógica da Equação (21.11), o custo de cada inspeção será de cinco vezes o custo da inspeção para uma característica defeituosa; ou seja, $C_{s5} = C_{s10} = C_{s15} = C_{s20} = 5(\$0,1) = \$0,5$ por unidade inspecionada. O custo de processamento por unidade para cada operação permanece o mesmo de antes em C_{pr} igual a $1, e Q_o igual a cem peças. Qual é o custo total de processamento e inspeção por lote para o sistema de inspeção parcialmente distribuído?

21.15 Uma sequência de processamento consiste de dez operações, cada uma das quais seguida de uma operação de inspeção e triagem para detectar e remover defeitos gerados na operação de processamento. Os defeitos em cada processo ocorrem a uma taxa de q igual a 0,04. Cada operação de processamento custa $1 por unidade processada e a operação de inspeção/triagem custa $0,3 por unidade. (a) Determine os custos totais de processamento e inspeção para esse sistema de inspeção distribuída. (b) Está sendo considerada uma proposta para combinar todas as inspeções em uma única estação de inspeção final e triagem após a última operação de processamento. Determine o custo por unidade dessa estação de inspeção final e triagem que tornaria o custo total desse sistema igual ao do sistema de inspeção distribuída.

21.16 Este problema pretende mostrar os méritos de um sistema de inspeção parcialmente distribuída em que as inspeções são colocadas após as etapas de processamento que geram uma alta taxa de defeitos. A sequência de processamento consiste de oito operações com taxas de defeitos para cada operação conforme a tabela abaixo:

Operação	1	2	3	4	5	6	7	8
Taxa de defeitos q	0,01	0,01	0,01	0,11	0,01	0,01	0,01	0,11

A empresa está considerando três alternativas: (1) inspeção totalmente distribuída, com uma inspeção após cada operação; (2) inspeção parcialmente distribuída, com inspeções após as operações 4 e 8 apenas; e (3) uma estação de inspeção final após a operação 8. Todas as inspeções incluem classificações. Na alternativa (2), cada procedimento de inspeção é projetado para detectar todos os defeitos para as quatro operações anteriores. O custo do processamento é C_{pr} igual a $1 para cada uma das operações de 1 a 8. Os custos de inspeção/triagem para cada alternativa são dados na tabela a seguir. Compare os custos totais de processamento e inspeção para os três casos.

Alternativa	Custo de inspeção e triagem
(1)	C_s = $0,10 por unidade para cada uma das oito estações de inspeção
(2)	C_s = $0,40 por unidade para cada uma das duas estações de inspeção
(3)	C_s = $0,80 por unidade para a única estação de inspeção final

Inspecionar ou não inspecionar

21.17 Um lote de mil peças foi produzido e a gerência precisa decidir se deve inspecionar cem por cento do lote ou não. O histórico dessa peça sugere que a taxa de defeitos é aproximadamente 0,02. O custo de inspeção por peça é $0,2. Se o lote passar para processamento subsequente, o custo de dano para cada unidade defeituosa no lote será de $8. Determine (a) o custo de lote para inspeção cem por cento e (b) o custo de lote se nenhuma inspeção for realizada. (c) Qual é o valor crítico de defeitos para decidir sobre a inspeção ou a não inspeção?

21.18 Diante dos dados do problema anterior, está sendo considerada uma inspeção por amostragem como alternativa à inspeção cem por cento. O plano de amostragem exige que uma amostra de 50 peças selecionadas aleatoriamente no lote. Com base na curva característica operacional para esse plano de amostragem, a probabilidade de aceitação do lote é de 95 por cento na taxa de defeitos dada de q igual a 0,02. Determine o custo para a inspeção do lote por amostragem.

CAPÍTULO 22
Tecnologias de inspeção

CONTEÚDO DO CAPÍTULO

- **22.1** Inspeção metrológica
  - 22.1.1 Características dos instrumentos de medição
  - 22.1.2 Padrões e sistemas de medição
- **22.2** Técnicas de inspeção com contato *versus* sem contato
  - 22.2.1 Técnicas de inspeção com contato
  - 22.2.2 Técnicas de inspeção sem contato
- **22.3** Medição convencional e técnicas de calibragem
- **22.4** Máquinas de medição por coordenadas (MMCs)
  - 22.4.1 Construção de MMCs
  - 22.4.2 Operação e programação de MMCs
  - 22.4.3 Outros softwares de MMCs
  - 22.4.4 Aplicações e benefícios de MMCs
  - 22.4.5 Sondas de inspeção em máquinas-ferramenta
  - 22.4.6 MMCs portáteis
- **22.5** Medição de superfície
  - 22.5.1 Instrumentos com agulha
  - 22.5.2 Outras técnicas de medição de superfície
- **22.6** Visão de máquina
  - 22.6.1 Aquisição e digitalização de imagens
  - 22.6.2 Análise e processamento de imagens
  - 22.6.3 Interpretação
  - 22.6.4 Aplicações de visão de máquina
- **22.7** Outros métodos de inspeção ótica
- **22.8** Técnicas de inspeção não óticas sem contato

Os procedimentos de inspeção descritos no capítulo anterior são capacitados por vários sensores, instrumentos e calibradores. Algumas dessas técnicas de inspeção envolvem equipamentos operados manualmente que já são utilizados há mais de um século, como, por exemplo, micrômetros, paquímetros e calibradores passa/não passa. Outras são baseadas em tecnologias modernas, como máquinas de medição por coordenadas e visão de máquina.

As técnicas mais novas exigem sistemas computacionais para controlar sua operação e analisar os dados coletados. Baseadas em computadores, essas tecnologias permitem que os procedimentos de inspeção sejam automatizados. Em alguns casos, permitem que cem por cento da inspeção seja alcançada de maneira econômica. Neste capítulo, enfatizaremos as tecnologias modernas, começando com a discussão de um tópico que é pré-requisito na tecnologia de inspeção: a metrologia.

22.1 INSPEÇÃO METROLÓGICA[1]

A *medição* é um procedimento no qual uma quantidade desconhecida é comparada a um padrão conhecido, utilizando um sistema de unidades aceito e consistente. A medição pode envolver uma simples regra linear para graduar o comprimento de uma peça ou pode exigir a medição da força por uma deflexão durante um teste de tensão. A medição fornece um valor numérico da quantidade de interesse, dentro de determinados limites de exatidão e precisão. É o meio pelo qual a *inspeção por variáveis* é realizada (Seção 21.1.1).

A *metrologia* é a ciência da medição. Ela se preocupa com sete quantidades básicas: comprimento, massa, tempo, corrente elétrica, temperatura, intensidade luminosa e quantidade de matéria. A partir delas, outras quantidades físicas são derivadas, como área, volume, velocidade, aceleração, força, tensão elétrica, energia etc. Na metrologia de manufatura, a principal preocupação normalmente é medir a quantidade de comprimento nas muitas maneiras em que ela se manifesta em uma peça ou em um produto, as quais incluem comprimento, largura, profundidade, diâmetro, retilineidade, planicidade e circularidade. Mesmo a rugosidade superficial (Seção 22.5) é definida em termos de quantidades de comprimento.

22.1.1 Características dos instrumentos de medição

Todos os instrumentos de medição possuem determinadas características que os tornam úteis nas aplicações particulares a que servem. As principais são exatidão e precisão, mas outros aspectos incluem velocidade de resposta, intervalo operacional e custo. Esses atributos podem ser usados como critérios na escolha de um dispositivo de medição para determinada aplicação, a qual deve enfatizar os critérios mais importantes.

Exatidão e precisão. A *exatidão* da medição é o grau para o qual o valor medido concorda com o verdadeiro valor da quantidade de interesse. Um procedimento de medição é preciso quando *erros sistemáticos* não constam dele, que são desvios positivos ou negativos do valor verdadeiro e que são consistentes de uma medida para a próxima.

A *precisão* é uma medida da repetibilidade em um processo de medição. Uma boa precisão significa que erros aleatórios no procedimento de medição são minimizados. Erros aleatórios ocorrem seguidamente devido à participação humana no processo de medição. Exemplos incluem variações no ajuste, leitura imprecisa da escala, aproximações de arredondamento e assim por diante. Contribuintes não humanos para erros aleatórios incluem mudanças na temperatura, desgaste gradual e/ou desalinhamento nos elementos funcionais do dispositivo e outras variações. Geralmente, presume-se que erros aleatórios obedeçam a uma distribuição estatística normal com uma média zero e um desvio padrão (σ) que indique o montante de dispersão que exista na medição. A distribuição normal tem determinadas propriedades bem definidas, como o fato de que 99,73 por cento da população está incluída dentro de $\pm 3\sigma$ em torno da média da população. Normalmente a precisão de um instrumento de medição é definida como $\pm 3\sigma$.

A distinção entre exatidão e precisão é descrita na Figura 22.1. Em (a), o erro aleatório na medição é grande, indicando uma baixa precisão, mas o valor médio da medição coincide com o valor verdadeiro, indicando alta exatidão. Em (b), o erro de medição é pequeno (boa precisão), mas o valor medido difere substancialmente do valor verdadeiro (baixa exatidão). Em (c), tanto a exatidão como a precisão são boas.

Nenhum instrumento de medição tem exatidão perfeita (sem erros sistemáticos) e precisão perfeita (sem erros aleatórios). A perfeição na medição, como em qualquer outra coisa, é impossível. A exatidão do instrumento é mantida por meio de uma calibragem regular e apropriada (explicada a seguir). A precisão é alcançada selecionando a tecnologia de instrumento apropriada para a aplicação. Uma diretriz normalmente aplicada para se determinar o nível certo de precisão é a *regra de dez*, o que significa que o dispositivo de medição tem de ser dez vezes mais preciso do que a tolerância especificada. Desse modo, se a tolerância a ser medida é $\pm$ 0,25 milímetro ($\pm$ 0,01 polegada), então o dispositivo de medição deve ter uma precisão de $\pm$ 0,025 milímetro ($\pm$ 0,001 polegada).

Outras características de instrumentos de medição. Outro aspecto de um instrumento de medição é a capacidade de distinguir diferenças muito pequenas na

---
[1] Esta seção é baseada em Groover [10], Seção 45.1.

Figura 22.1 Exatidão *versus* precisão na medição: (a) alta exatidão, mas baixa precisão, (b) baixa exatidão, mas alta precisão e (c) alta exatidão e alta precisão

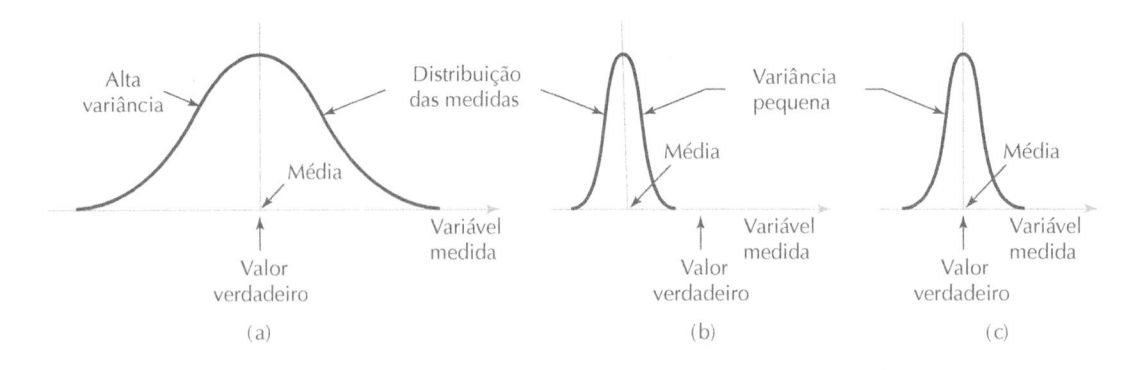

quantidade de interesse. A indicação dessa característica é a menor variação da quantidade que pode ser detectada pelo instrumento e os termos *resolução* e *sensibilidade* descrevem esse atributo de um dispositivo de medição. Outras características desejáveis incluem estabilidade, velocidade de resposta, ampla faixa operacional, alta confiabilidade e baixo custo.

Algumas medições, especialmente em um ambiente de manufatura, têm de ser feitas rapidamente. A capacidade que um instrumento de medição tem para indicar a quantidade com um mínimo de atraso de tempo é chamada de *velocidade de resposta*. Teoricamente, o atraso de tempo deve ser zero, mas isso é um ideal impossível. Para um dispositivo de medição automático, a velocidade de resposta é normalmente tomada como sendo um lapso de tempo entre o momento quando a quantidade de interesse muda e o momento quando o dispositivo é capaz de indicar a mudança dentro de determinada porcentagem do valor verdadeiro.

O instrumento de medição deve possuir uma *ampla faixa operacional* ou capacidade para medir a variável física através de todo o intervalo de interesse prático para o usuário. *Alta confiabilidade*, que pode ser definida como ausência de falhas e enguiços frequentes do dispositivo, e baixo custo são atributos desejáveis de qualquer equipamento de engenharia.

Instrumentos analógicos versus digitais. Um instrumento de medição analógico proporciona uma saída analógica; isto é, o sinal de saída do instrumento varia com a variável sendo medida. Como a saída varia continuamente, ela pode assumir um número infinito de valores possíveis no intervalo em que ela foi projetada para operar. É claro, quando a saída é lida pelo olho humano, há limites sobre a resolução, que pode ser discriminada. Quando dispositivos de medição analógicos são utilizados para o controle de processo, o sinal de saída comum é a tensão elétrica. Já que a maioria dos controladores de processo modernos é baseada em computadores digitais, o sinal de tensão elétrica tem de ser convertido para a forma digital por meio de um conversor analógico-digital (do inglês, *analog-to-digital converter* — ADC, Seção 6.3).

Um instrumento de medição digital fornece uma saída digital; isto é, ela pode assumir qualquer número distinto de valores incrementais correspondendo ao valor da quantidade sendo medida. O número de valores de saída possíveis é finito. O sinal digital pode consistir de um conjunto de *bits* paralelos em um registrador de armazenamento ou uma série de pulsos que podem ser contados. Quando *bits* paralelos são usados, o número de valores de saída possíveis é determinado pelo número de *bits* como:

$$n_o = 2^B \qquad (22.1)$$

em que n_o é o número de valores de saída possíveis do dispositivo de medição digital e B é o número de *bits* no registrador de armazenamento. A resolução do instrumento de medição é dada por:

$$MR = \frac{L}{n_o - 1} = \frac{L}{2^B - 1} \qquad (22.2)$$

em que MR é a resolução de medição, o menor incremento que pode ser distinguido pelo dispositivo; L é sua faixa de medição e B é o número de *bits* usados pelo dispositivo para armazenar a leitura, como antes. Apesar de um instrumento de medição digital proporcionar um número finito de valores de saída possíveis, isso dificilmente é uma limitação na prática, já que o contador de memória pode ser projetado com um número suficiente de *bits* para alcançar a resolução necessária para quase qualquer aplicação.

Dispositivos de medição digitais estão encontrando utilização cada vez maior na prática industrial por duas boas razões: (1) eles podem ser lidos com facilidade como instrumentos independentes e (2) a maioria dos dispositivos digitais pode ser conectada diretamente a um computador, evitando a necessidade de conversão analógico-digital.

Calibração. Dispositivos de medição têm de ser calibrados periodicamente. A calibragem é um procedimento no qual o instrumento de medição é checado em relação a um padrão conhecido. Por exemplo, calibrar um termômetro pode envolver checar sua leitura na água (pura) fervendo na pressão atmosférica padrão, condições em que se sabe que a temperatura é 100 °C (212 °F). O procedimento de calibragem deve incluir checar o instrumento através de toda sua faixa operacional. Se o padrão conhecido for um instrumento físico, ele deve ser usado somente para fins de calibração e não deve servir como instrumento de fábrica sobressalente quando um extra é necessário.

Por conveniência, o procedimento de calibragem deve ser o mais rápido e simples possível. Uma vez calibrado, o instrumento deve ser capaz de reter sua calibragem — continuando a medir a quantidade sem afastar-se do padrão por um período de tempo prolongado. Essa capacidade de reter a calibragem é chamada de *estabilidade*, e a tendência do dispositivo de gradualmente perder sua exatidão em relação ao padrão é chamado de *derivação*. Razões para a derivação incluem fatores como (1) desgaste mecânico, (2) sujeira e poeira, (3) vapores e produtos químicos no ambiente e (4) envelhecimento dos materiais dos quais o instrumento é feito. Uma boa cobertura da questão de calibragem de medição é fornecida em Morris [14].

22.1.2 Padrões e sistemas de medição

Uma característica comum a qualquer procedimento de medição é a comparação do valor desconhecido com um padrão conhecido. Dois aspectos de um padrão são críticos: (1) deve ser constante, não mudar com o tempo e (2) deve ser baseado em um sistema de unidades que seja consistente e aceito pelos usuários. Em tempos modernos, padrões para comprimento, massa, tempo, corrente elétrica, temperatura, luz e quantidade de matéria são definidos em termos de fenômenos físicos nos quais confia-se que permaneçam inalterados. Esses padrões, definidos por acordo internacional, são apresentados na Tabela 22.1.

Dois sistemas de unidades se desenvolveram a ponto de predominar no mundo: (1) o sistema usual norte-americano (do inglês, *U.S. customary system* — USCS) e (2) o Sistema Internacional de Unidades (do francês, *Le Système International d'Unités* — SI), popularmente conhecido como sistema métrico. Em todo este livro, usamos paralelamente ambos os sistemas, que são bem conhecidos. O sistema métrico (Tabela 22.1) é amplamen-

Tabela 22.1 Unidades padrão para quantidades físicas básicas (Sistema Internacional)

Quantidade	Unidade padrão	Símbolo	Unidade padrão definida
Comprimento	Metro	m	A distância percorrida pela luz em um vácuo em 1/299.792.458 de um segundo.
Massa	Quilograma	kg	Um cilindro de uma liga de platina-irídio que é mantida pelo Bureau Internacional de Pesos e Medidas em Paris. Uma 'duplicata' é mantida pelo Instituto Nacional de Padrões e Tecnologia (do inglês, National Institute of Standards and Technology — NIST) próximo de Washington, DC.
Tempo	Segundo	s	Duração de 9.192.631.770 ciclos da radiação associada a uma mudança no nível de energia do átomo de césio.
Corrente elétrica	Ampère	A	Magnitude da corrente que, quando fluindo através de dois cabos paralelos longos a uma distância de um metro um do outro em espaço livre, resulta em uma força magnética entre os cabos de 2×10^{-7} N para cada metro de comprimento.
Temperatura termodinâmica	Kelvin	K	A escala de temperatura Kelvin tem seu ponto zero no zero absoluto e tem um ponto fixo de 273,15 K no ponto triplo de água, que é a temperatura e pressão na qual o gelo, água líquida e vapor de água estão em equilíbrio. A escala da temperatura Celsius é derivada do Kelvin como $C = K - 273,15$.
Intensidade da luz	Candela	cd	Definida como a intensidade luminosa de 1/600.000 de um metro quadrado de um corpo negro irradiante na temperatura de fusão da platina (1.769 °C)*.
Quantidade de matéria	Mol	mol	Definida como o número de átomos em 0,012 quilograma de massa de carbono 12.

* Devido à dificuldade de realização desse experimento, em 1979 a intensidade luminosa foi redefinida como: a intensidade luminosa, em uma direção dada, de uma fonte que emite uma radiação monocromática de frequência 540 1012 Hertz e cuja intensidade energética naquela direção é 1/683 Watts por esterradiano (Nota do Consultor Técnico).

te aceito em quase todas as partes do mundo industrializado, com exceção dos Estados Unidos, que teimosamente ainda não deixam o USCS. Gradualmente, os Estados Unidos estão utilizando o sistema métrico e adotando o SI.

22.2 TÉCNICAS DE INSPEÇÃO COM CONTATO *VERSUS* SEM CONTATO

Técnicas de inspeção podem ser divididas em duas categorias amplas: (1) com contato e (2) sem contato. Na inspeção com contato, o contato físico é feito entre o objeto e o instrumento de medição ou calibração, enquanto na inspeção sem contato nenhum contato físico é feito.

22.2.1 Técnicas de inspeção com contato

A inspeção com contato envolve o uso de uma sonda mecânica ou outro dispositivo que faz contato com o objeto sendo inspecionado. A finalidade da sonda é medir ou calibrar o objeto de alguma maneira. Devido à sua natureza, a inspeção com contato normalmente se preocupa com alguma dimensão física da peça. Como consequência, essas técnicas são amplamente utilizadas nas indústrias de manufatura, em particular na produção de peças de metal (usinagem, estampagem e outros processos de beneficiamento de metal). A inspeção com contato também é utilizada em testes de circuitos elétricos. As principais tecnologias de inspeção com contato são:

- Instrumentos de medição e calibragem convencionais.

- Máquinas de medição por coordenadas (MMCs) e técnicas relacionadas para medir dimensões mecânicas.

- Máquinas de medição de textura de superfícies do tipo agulha para medir características de superfícies como rugosidade e ondulação.

- Sondas elétricas de contato para testar circuitos integrados e placas de circuitos impressos.

Técnicas convencionais e MMCs competem umas com as outras na medição e na inspeção de dimensões de peças. A gama de aplicações gerais para os diferentes tipos de equipamentos de inspeção e medição são apresentados no diagrama de *PQ* da Figura 22.2, em que *P* e *Q* referem-se à variedade e quantidade de peças inspecionadas.

As razões pelas quais esses métodos de inspeção com contato são tecnológica e comercialmente importantes incluem as seguintes:

- São as tecnologias de inspeção mais utilizadas atualmente.

- São precisos e confiáveis.

- Em muitos casos, representam os únicos métodos disponíveis para realizar a inspeção.

22.2.2 Tecnologias de inspeção sem contato

Métodos de inspeção sem contato utilizam um sensor localizado a uma determinada distância do objeto para medir ou calibrar as características desejadas. As tecnologias de inspeção sem contato podem ser classificadas em duas categorias: (1) óticas e (2) não óticas. As *tecnologias de inspeção óticas* utilizam a luz para realizar o ciclo de medição ou calibração. A tecnologia ótica mais importante é a visão de máquina; entretanto, outras são importantes em determinadas indústrias. As *tecnolo-*

Figura 22.2 Diagrama *PQ* indicando o equipamento de medição mais apropriado como função da variedade e quantidade de peças (adaptado de Bosch [3])

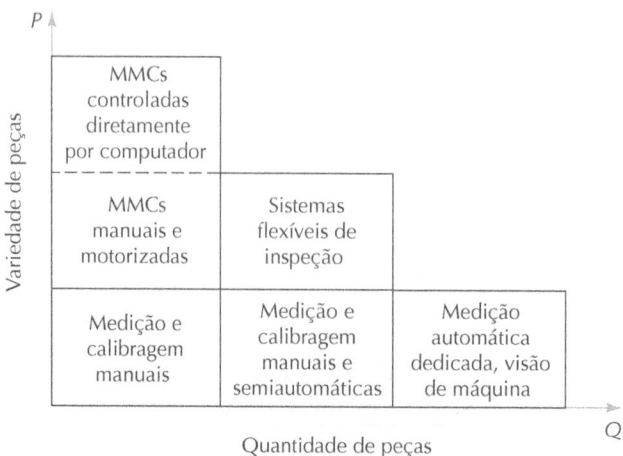

Variedade de peças			
MMCs controladas diretamente por computador			
MMCs manuais e motorizadas	Sistemas flexíveis de inspeção		
Medição e calibragem manuais	Medição e calibragem manuais e semiautomáticas	Medição automática dedicada, visão de máquina	

Quantidade de peças → *Q*

gias de inspeção não óticas utilizam outras formas de energia diferentes da luz para realizar a inspeção, as quais incluem campos elétricos, radiação (diferente da luz) e ultrassom.

A inspeção sem contato oferece determinadas vantagens sobre as técnicas de inspeção com contato. Essas incluem as seguintes:

- Evitam dano à superfície que podem resultar da inspeção com contato.
- Os tempos de ciclo da inspeção são inerentemente mais rápidos. Procedimentos de inspeção com contato exigem que a sonda de contato esteja posicionada contra a peça, o que leva tempo. A maioria dos métodos sem contato utilizam uma sonda estacionária que não precisa de reposicionamento para cada peça.
- Muitas vezes os métodos sem contato podem ser realizados na linha de produção sem a necessidade de manuseio adicional das peças, enquanto a inspeção com contato normalmente exige manuseio e posicionamento especial das peças.
- É mais exequível conduzir uma inspeção cem por cento automatizada, já que os métodos sem contato têm tempos de ciclo de inspeção mais rápidos e necessidade reduzida para manuseio especial.

Uma comparação de algumas das características das várias tecnologias de inspeção com contato e sem contato é apresentada na Tabela 22.2.

Tabela 22.2 Comparação da resolução e velocidade relativa de várias tecnologias de inspeção

Tecnologia de inspeção	Resolução típica	Velocidade relativa de aplicação
Instrumentos convencionais:		
Régua de aço	0,25 mm (0,01 pol)	Velocidade média (tempo de ciclo médio)
Paquímetro	0,025 mm (0,001 pol)	Velocidade lenta (tempo de ciclo alto)
Micrômetro	0,00025 mm (0,0001 pol)	Velocidade lenta (tempo de ciclo alto)
Máquina de medir por coordenadas	0,0005 mm (0,00002 pol)*	Tempo de ciclo lento para medição única. Velocidade alta para múltiplas medições sobre o mesmo objeto.
Visão de máquina	0,25 mm (0,01 pol)**	Velocidade alta (tempo de ciclo muito baixo por peça)

* Veja Tabela 22.5 para outros parâmetros em máquinas de medição por coordenadas.
** Precisão na visão de máquina é altamente dependente do sistema de lentes da câmera e a ampliação usada nas aplicações.

22.3 MEDIÇÃO CONVENCIONAL E TÉCNICAS DE CALIBRAGEM[2]

As técnicas convencionais de medição e calibragem utilizam dispositivos manualmente operados para dimensões lineares como comprimento, profundidade e diâmetro, assim como características como ângulos, planicidade e circularidade. Os *dispositivos de medição* fornecem um valor quantitativo da característica de interesse da peça, enquanto *calibradores* determinam se a característica da peça (normalmente uma dimensão) cai dentro de uma determinada gama aceitável de valores. A medição leva mais tempo, mas proporciona mais informações a respeito da característica da peça. A calibragem pode ser realizada mais rapidamente, mas não proporciona tanta informação. Ambas as técnicas são amplamente utilizadas para a inspeção pós-processo de peças na manufatura.

Dispositivos de medição tendem a ser utilizados na base de inspeção de amostragem. Alguns dispositivos são portáteis e podem ser utilizados no processo de produção. Outros exigem bancadas posicionadas distantes do processo, nas quais os instrumentos de medição possam ser configurados de maneira precisa sobre uma superfície de referência plana chamada de *desempeno*. Calibradores são utilizados para amostragem ou inspeção cem por cento, tendem a ser mais portáteis e se prestam à aplicação no processo de produção. Determinadas técnicas de medição e calibração podem ser incorporadas em sistemas de inspeção automatizada para permitir um controle de realimentação do processo ou para fins de controle estatístico de processo.

A facilidade de uso e a exatidão dos instrumentos e calibradores de medição foram incrementadas nos últimos anos pela eletrônica. Os *calibradores eletrônicos* são uma família de instrumentos de medição e calibração baseados

---
2 Esta seção é baseada em Groover [10], Seção 45.3.

em transdutores capazes de converter um deslocamento linear em um sinal elétrico proporcional, o qual, por sua vez, é então amplificado e transformado em um formato de dados adequado como um dispositivo de leitura digital. Por exemplo, micrômetros modernos e paquímetros graduados estão disponíveis com um mostrador digital para a medição de interesse. Esses instrumentos são mais fáceis de ler e eliminam grande parte do erro humano associado à leitura de dispositivos graduados convencionais.

Aplicações dos calibradores eletrônicos cresceram rapidamente em anos recentes, impulsionadas pelos avanços em tecnologia de microprocessadores. Os avanços de calibradores eletrônicos, que estão substituindo firmemente muitos dos dispositivos de calibração e medição convencionais, incluem: (1) boa sensibilidade, exatidão, precisão, repetibilidade e velocidade de resposta; (2) capacidade de sentir dimensões muito pequenas — até uma micropolegada (0,025 mícron); (3) facilidade de operação; (4) redução do erro humano; (5) capacidade de exibir sinais elétricos em vários formatos e (6) capacidade de se conectar com sistemas de computadores para processamento de dados.

Para referência, listamos os instrumentos e calibradores de medição convencionais comuns com breves descrições na Tabela 22.3. Não é a finalidade deste livro proporcionar uma discussão exaustiva desses dispositivos. Uma pesquisa abrangente pode ser encontrada em livros sobre metrologia, como [4] e [7], ou para um tratamento mais conciso [10]. A finalidade aqui é a concentração em tecnologias modernas, como máquinas de medição por coordenadas.

Tabela 22.3 Instrumentos e calibradores de medição convencionais comuns (adaptado de Groover [10])
(Alguns dispositivos podem ser incorporados a sistemas de inspeção automatizados)

Instrumento	Descrição
Régua de aço	Escala de medição graduada linear utilizada para medir dimensões lineares. Disponível em vários comprimentos, normalmente varia de 150 milímetros a mil milímetros, com graduações de um milímetro ou 0,5 milímetro. (Réguas USCS disponíveis de seis polegadas a 36 polegadas, com graduações de 1/32 polegada ou 0,01 polegada.)
Calibre (compasso)	Família de dispositivos de medição graduados e não graduados que consistem de duas pernas unidas por um mecanismo de articulação. As extremidades das pernas contatam as superfícies do objeto para fornecer uma medida comparativa. Podem ser usados para medições internas (por exemplo, diâmetro interno) ou externas (por exemplo, diâmetro externo).
Calibre deslizante	Régua de aço para a qual dois mordentes são adicionados, um fixo e o outro móvel. Mordentes são forçados a contatar as superfícies das peças medidas e a posição do mordente móvel indica a dimensão de interesse. Podem ser utilizados para medições internas ou externas.
Paquímetro	Refinamento dos calibres deslizantes, no qual uma escala com nônio é utilizada para obter medidas mais precisas (tão próximas quanto 0,001 polegada).
Micrômetro	Dispositivo comum que consiste de uma haste rosqueada e um corpo em formato de C (similar a uma braçadeira em C). A haste é aproximada em relação ao corpo fixo por meio de de uma rosca para contatar as superfícies do objeto sendo medido. Uma escala a nônio é utilizada para obter precisões de 0,1 milímetro em SI (0,0001 em USCS). Disponível como *micrômetro externo*, *micrômetro interno* ou *micrômetro de profundidade*. Também disponível como calibradores eletrônicos para obter leitura digital da dimensão de interesse.
Relógio comparador	Calibrador mecânico que converte e amplifica o movimento linear de um indicador de contato para a rotação de uma agulha de mostrador. O mostrador é graduado em unidades de 0,01 milímetro em SI (0,001 em USCS). Pode ser usado para medir a retilineidade, a planicidade, o paralelismo e a cilindricidade.
Calibrador	Família de calibradores, normalmente do tipo passa/não passa, que conferem se uma dimensão de uma peça se encontra dentro dos limites aceitáveis definidos pela tolerância especificada no desenho da peça. Inclui: (1) *calibrador de boca* para dimensões externas como espessura, (2) *calibrador anelar* para diâmetros cilíndricos, (3) *calibrador de encaixe* para diâmetros de furos e (4) *calibrador de rosca*.
Goniômetro	Dispositivo para medir ângulos. Transferidor simples que consiste em uma lâmina reta e uma cabeça semicircular formada em unidades angulares (por exemplo, graus). O transferidor Bevel é composto por duas lâminas retas que giram uma para a outra, o mecanismo de articulação tem uma escala de transferidor para medir o ângulo das duas lâminas.

22.4 MÁQUINAS DE MEDIÇÃO POR COORDENADAS (MMCS)

A *metrologia por coordenadas* diz respeito à medição do formato e das dimensões reais de um objeto e à comparação desses resultados com a forma e as dimensões desejadas, como especificadas no desenho da peça. Nesse sentido, a metrologia por coordenadas consiste da avaliação da posição, da orientação, das dimensões e da geometria da peça ou do objeto. Uma *máquina de medição por coordenadas* (MMC; do inglês, *coordinate measuring machines* — CMM) é um sistema eletromecânico projetado para realizar metrologia por coordenadas. Uma MMC tem uma sonda de contato (apalpador) que pode ser posicionada em três dimensões relativas às superfícies de uma peça. As coordenadas x, y, e z do apalpador podem ser registradas de maneira exata e precisa para obter os dados dimensionais a respeito da geometria da peça. Ver Figura 22.3. A tecnologia das MMCs data de meados dos anos de 1950.

Para realizar as medições no espaço tridimensional, a MMC básica consiste dos componentes a seguir:

- Cabeçote do apalpador e apalpador para tocar as superfícies da peça.
- Estrutura mecânica que proporciona movimento do apalpador em três eixos cartesianos e transdutores de deslocamento para medir os valores das coordenadas de cada eixo.

Além disso, muitas MMCs têm os seguintes componentes:

- Sistema motriz e unidade de controle para mover cada um dos três eixos.
- Sistema computacional com software de aplicação.

Nesta seção, discutimos (1) as características de construção de uma MMC, (2) a operação e programação da máquina, (3) os tipos de software de aplicação que a capacitam a medir mais do que apenas as coordenadas x-y-z, (4) as aplicações e os benefícios da MMC sobre a inspeção manual, (5) o uso de apalpadores de inspeção de contato em máquinas ferramentas e (6) as MMCs portáteis.

Figura 22.3 Máquina de medição por coordenadas

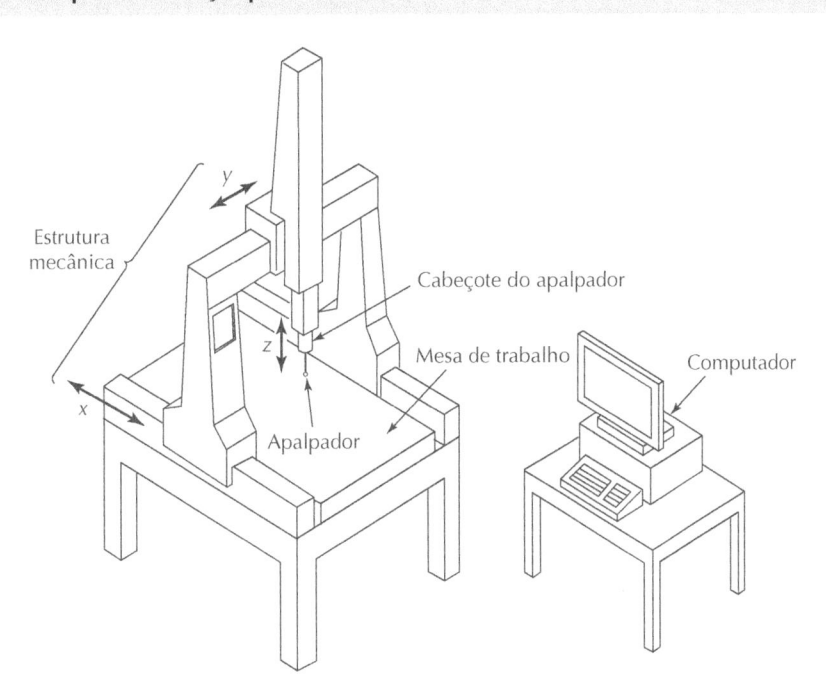

22.4.1 Construção de MMCs

Na construção de uma MMC, o apalpador é preso a uma estrutura mecânica que permite seu movimento em relação à peça. A peça está normalmente localizada e uma mesa conectada à estrutura. Vamos examinar os dois componentes básicos da MMC: (1) seu apalpador e (2) sua estrutura mecânica.

Apalpador. O apalpador de contato é um componente-chave de uma MMC. Ele indica quando o contato foi feito com a superfície da peça durante a medição. A ponta do apalpador geralmente é uma espera de rubi. O rubi é uma forma de corindon (óxido de alumínio), cujas propriedades desejáveis nessa aplicação incluem alta dureza para resistência ao desgaste e baixa densidade para inércia mínima. Apalpadores podem ter uma única ponta, como na Figura 22.4(a), ou múltiplas pontas, como na Figura 22.4(b).

A maioria dos apalpadores hoje em dia tem *acionamento ao toque*, pois atuam quando o apalpador faz contato com a superfície da peça. Apalpadores com acionamento ao toque comercialmente disponíveis utilizam qualquer um de vários mecanismos de acionamento, incluindo os seguintes: (1) uma chave de contato elétrica altamente sensível que emite sinal quando a ponta do apalpador é defletida da posição neutra, (2) uma chave de contato que permite acionamento somente quando o contato elétrico é estabelecido entre o apalpador e a superfície da peça (metálica) ou (3) um sensor piezelétrico que gera sinal baseado na tensão ou carga de compressão do apalpador.

Imediatamente após o contato ter sido feito entre o apalpador e a superfície do objeto, as coordenadas da posição do apalpador são precisamente medidas por transdutores de deslocamento associados a cada um dos três eixos lineares e registrados pelo controlador da MMC. Uma compensação é feita para o raio da ponta do apalpador, como indicado no Exemplo 22.1, e qualquer movimento dos eixos devido à inércia é desprezado. Após o apalpador ter sido separado da superfície de contato, ela retorna para a posição neutra.

EXEMPLO 22.1
Medição dimensional com compensação da ponta do apalpador

A dimensão da peça L na Figura 22.5 deve ser medida. A dimensão é alinhada com o eixo x, de maneira que ela pode ser medida utilizando somente as posições de coordenadas x. Quando o apalpador é movido na direção da peça a partir da esquerda, é registrado o contato feito em x, que é igual a 68,93 milímetros. Quando o apalpador é movido na direção do lado oposto da peça a partir da direita, é registrado o contato feito em x que é igual a 137,44 milímetros. O diâmetro da ponta do apalpador é de três milímetros. Qual é a dimensão L?

Solução: Levando-se em consideração que o diâmetro da ponta da sonda D_t é igual a três milímetros e o raio R_t é igual a 1,5 milímetro. Cada um dos valores x registrados deve ser corrigido para esse raio:

Figura 22.4 **Configurações de um apalpador de contato: (a) ponta única e (b) pontas múltiplas**

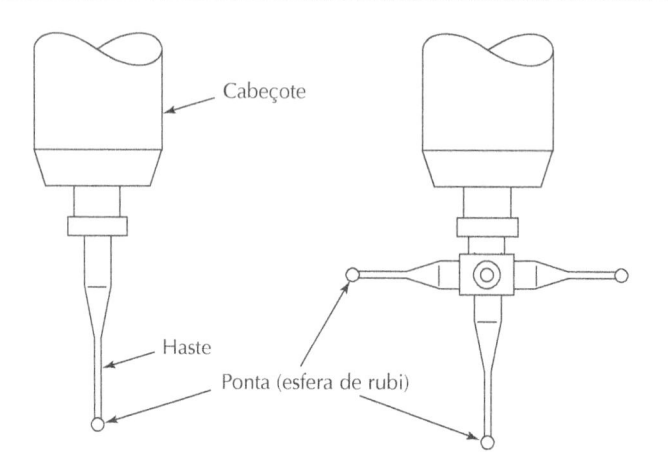

Figura 22.5 **Configuração para medição de MMC no Exemplo 22.1**

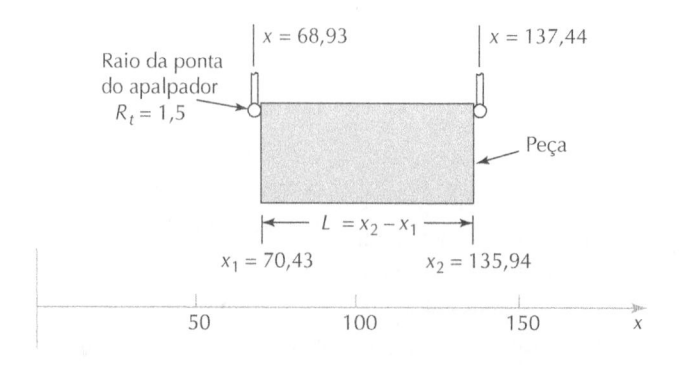

$$x_1 = 68{,}93 + 1{,}5 = 70{,}43 \text{ mm}$$
$$x_2 = 137{,}44 - 1{,}5 = 135{,}94 \text{ mm}$$
$$L = x_1 - x_2 = 135{,}94 - 70{,}43 = 65{,}51 \text{ mm}$$

Estrutura mecânica. Há várias configurações físicas para se realizar o movimento do apalpador, cada uma com vantagens e desvantagens. Quase todas as MMCs têm uma configuração mecânica que se encaixa em um dos seis tipos seguintes, ilustrados na Figura 22.6:

a. *Cantiléver.* Na configuração em balanço, ilustrada na Figura 22.6(a), o apalpador é fixado a um eixo oco vertical que se desloca na direção do eixo z em relação a um braço horizontal que se projeta sobre uma mesa fixa. A barra também pode ser deslocada ao longo do comprimento do braço para realizar o movimento do eixo y, e o braço pode ser deslocado em relação à mesa para realizar o movimento do eixo x. As vantagens dessa construção são (1) acesso conveniente para a mesa, (2) alta produtividade — a taxa na qual peças podem ser montadas e medidas na MMC, (3) capacidade para medir grandes peças (em MMCs grandes) e (4) necessidade de espaço de chão de fábrica relativamente pequeno. A desvantagem é uma rigidez mais baixa do que a maioria das outras construções MMC.

b. *Ponte móvel.* No projeto da ponte móvel, Figura 22.6(b), o apalpador é montado em uma estrutura em ponte movida em relação a uma mesa estacionária sobre a qual é posicionada a peça a ser medida. Isso proporciona uma estrutura mais rígida do que o projeto do cantiléver, e seus defensores reivindicam que isso torna a MMC de ponte móvel mais exata. Entretanto, um dos problemas encontrados com o projeto da ponte móvel é a *guinada* (também conhecida como *caminhada*), na qual as duas pernas da ponte se deslocam em velocidades ligeiramente diferentes, resultando na torção da ponte. Esse fenômeno degrada a exatidão das medições. A guinada é reduzida nesse modelo quando transmissões duplas e controles de realimentação de posição são instalados para ambas as pernas. O projeto da ponte móvel é o mais amplamente utilizado

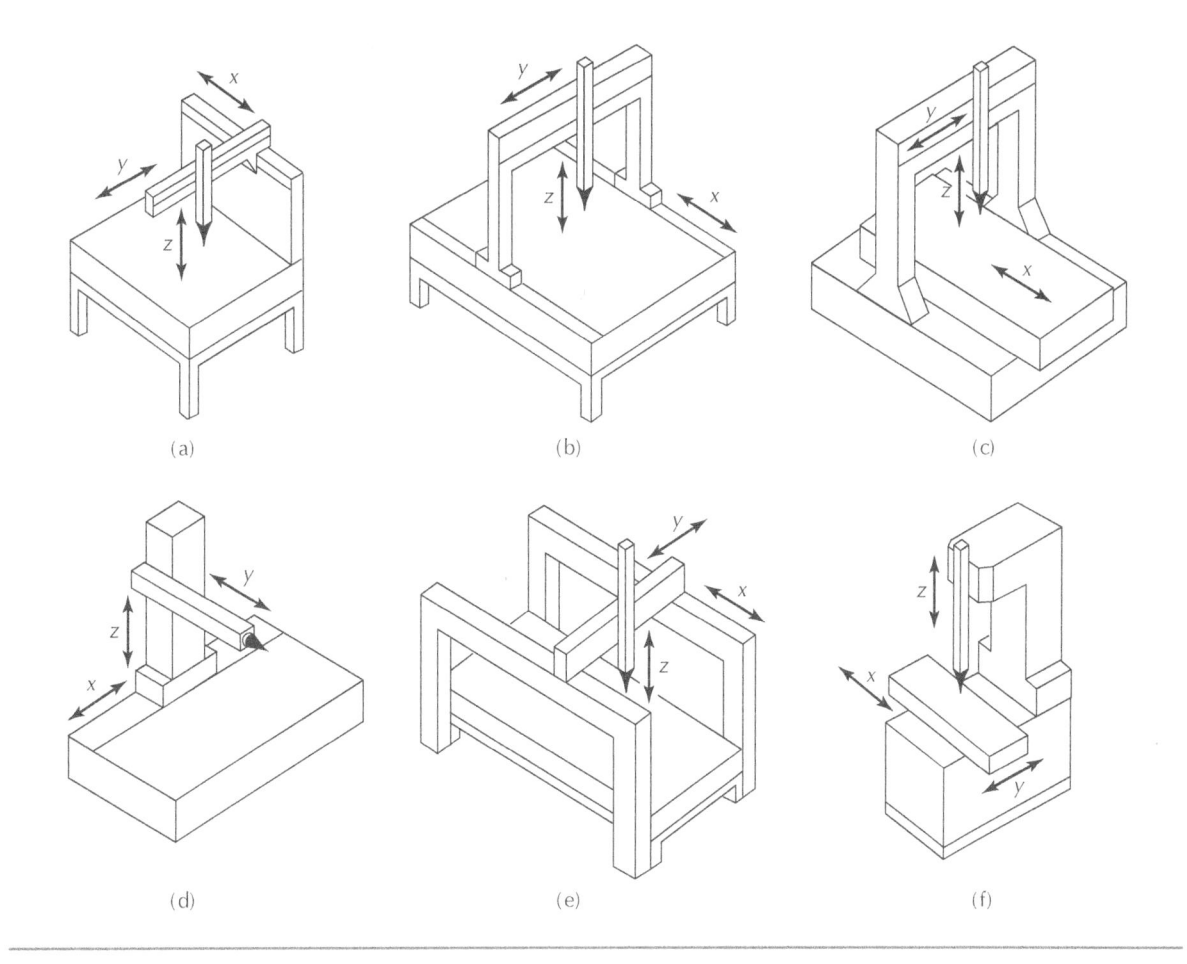

Figura 22.6 Seis tipos de construção de MMCs: (a) cantiléver, (b) ponte móvel, (c) ponte fixa, (d) braço horizontal (tipo aríete móvel), (e) ponte rolante e (f) coluna

na indústria. Ele é bastante apropriado para a gama de tamanhos de peças comumente encontradas nas fábricas de produção de máquinas.

c. *Ponte fixa*. Nessa configuração, Figura 22.6(c), a ponte é fixada ao suporte da MMC e a mesa é movida na direção *x* embaixo da ponte. Essa construção elimina a possibilidade de guinada, aumentando assim a rigidez e a exatidão. Entretanto, a produtividade é afetada devido à energia adicional necessária para mover a mesa pesada com a peça montada sobre ela.

d. *Braço horizontal*. A configuração do braço horizontal consiste de um braço horizontal em balanço montado em uma coluna vertical. O braço se desloca verticalmente para dentro e para fora para realizar os movimentos dos eixos *y* e *z*. Para realizar o movimento do eixo *x*, a coluna é deslocada horizontalmente passando pela mesa (chamado de projeto do *aríete móvel*) ou a mesa é deslocada passando pela coluna (chamado de projeto de *mesa móvel*). O projeto do aríete móvel é ilustrado na Figura 22.6(d). O projeto de cantiléver da configuração do braço horizontal o torna menos rígido e, portanto, menos preciso do que outras estruturas MMC. Do lado positivo, ele permite boa acessibilidade para a área de trabalho. Máquinas de braço horizontal grandes são adequadas para a medição de chassis de automóveis, e algumas MMCs são equipadas com braços duplos de maneira que medições independentes possam ser tomadas de ambos os lados do chassi do carro ao mesmo tempo.

e. *Ponte rolante*. Essa construção, ilustrada na Figura 22.6(e), geralmente é utilizada para inspecionar grandes objetos. O eixo do apalpador (eixo *z*) se desloca em relação ao braço horizontal estendendo-se entre os dois trilhos da ponte rolante. O espaço de trabalho de uma MMC tipo ponte rolante grande pode ser tão grande quanto 25 metros (82 pés) na direção *x* por oito metros (26 pés) na direção *y* por seis metros (20 pés) na direção *z*.

f. *Coluna*. Essa configuração, na Figura 22.6(f), é similar à construção de uma máquina-ferramenta. Os movimentos dos eixos *x* e *y* são realizados deslocando a mesa, enquanto o eixo do apalpador é deslocado verticalmente ao longo de uma coluna rígida para realizar o movimento do eixo *z*.

Em todas essas construções, características de projeto especiais são utilizadas para que tenham alta exatidão e precisão em suas estruturas. Essas características incluem rolamentos de esferas de precisão e rolamentos hidrostáticos, suportes para isolar a MMC e reduzir a transmissão de vibrações da fábrica pelo piso e vários esquemas para contrabalançar o braço projetado da estrutura do cantiléver [6], [17].

22.4.2 Operação e programação de MMCs

O posicionamento do apalpador em relação à peça pode ser realizado de várias maneiras, desde a operação manual ao controle direto por computador (do inglês, *direct computer control* — DCC). MMCs controladas por computador operam de maneira muito semelhante a máquinas-ferramenta CNC (do inglês, *computer numerical control*), e essas máquinas têm de ser programadas. Nesta seção, consideramos (1) tipos de controles MMC e (2) programação de MMCs controladas por computador.

Controles MMC. Os métodos de operar e controlar uma MMC podem ser classificados em quatro categorias principais: (1) transmissão manual, (2) transmissão manual com processamento de dados assistido por computador, (3) transmissão motorizada com processamento de dados assistido por computador e (4) DCC com processamento de dados assistido por computador.

Em uma MMC com transmissão manual, o operador humano fisicamente move o apalpador ao longo dos eixos da máquina para fazer contato com a peça e registrar as medidas. Os três eixos ortogonais são projetados para praticamente não ter atrito a fim de permitir que o apalpador flutue livremente nas direções *x*, *y* e *z*. As medições são fornecidas por um dispositivo de leitura digital, pelo qual o operador pode registrar manualmente ou com saída impressa em papel. Quaisquer cálculos sobre os dados (por exemplo, calcular o centro e o diâmetro de um furo) têm de ser feitos pelo operador.

Uma MMC com transmissão manual e processamento de dados assistido por computador proporciona algum processamento de dados e alguma capacidade computacional para desempenhar os cálculos exigidos para avaliar uma característica da peça. Os tipos de processamento de dados e cálculos variam de simples conversões entre unidades americanas e o sistema métrico a cálculos de geometria mais complicados, como determinar o ângulo entre dois planos. O apalpador ainda está flutuando livre para permitir que o operador o coloque em contato com as superfícies desejadas das peças.

Uma MMC com transmissão motorizada e com processamento de dados assistido por computador utiliza motores elétricos para mover o apalpador ao longo dos eixos da máquina sob controle do operador. Um operador controla o movimento usando um *joystick* ou dispositivo similar. Características como motores de passo de baixa potência e embreagens de fricção são utilizadas para reduzir os efeitos das colisões entre o apalpador e a peça. A transmissão do motor pode ser desligada para permitir que o operador mova fisicamente o apalpador como no método de controle manual. As MMCs com transmissão motorizada são geralmente equipadas com processamento de dados para realizar os cálculos geométricos exigidos na avaliação de características.

Uma MMC com controle direto por computador (DCC) opera como uma máquina-ferramenta CNC. Ela é motorizada e os movimentos dos eixos coordenados são controlados por um computador dedicado sob controle de um programa. O computador também desempenha as várias funções de cálculo e processamento de dados e compila um registro das medidas tomadas durante a inspeção. Assim como em uma máquina ferramenta CNC, a MMC DCC exige a programação das peças.

Programação DCC. Há dois métodos principais de se programar uma máquina de medição DCC: (1) ensinamento manual e (2) programação off-line. No método por *ensinamento manual* (do inglês, *manual leadthrough*), o operador leva o apalpador da MMC através dos vários movimentos exigidos na sequência de inspeção, indicando os pontos e as superfícies que devem ser medidos e registrando-os na memória de controle. Isso é similar à técnica de programação de robôs de mesmo nome (Seção 8.6.1). Durante a operação regular, o controlador MMC executa de novo o programa para realizar o procedimento de inspeção.

A *programação off-line* é realizada como uma programação de peças de controle numérico (do inglês, *numerical control* — NC) assistida por computador. O programa é preparado off-line com base no desenho da peça e então transferido ao controlador MMC para execução. Isso permite que a programação seja realizada em novos trabalhos enquanto a própria MMC está trabalhando em peças previamente programadas. Comandos de programação para uma MMC controlada por computador incluem comandos de movimento, comandos de medição e comandos de formatação de relatório. Os comandos de movimento são utilizados para direcionar a sonda para uma posição de inspeção desejada, da mesma maneira que uma ferramenta de corte é direcionada em uma operação de usinagem. Os comandos de medição são utilizados para controlar as funções de medição e inspeção da máquina, comandando as várias rotinas de cálculo e processamento de dados. Por fim, as rotinas de formatação permitem que a especificação dos relatórios de saída documentem a inspeção.

A maior parte da programação off-line de MMCs hoje em dia é baseada em sistemas de projeto assistido por computador (do inglês, *computer-aided design* — CAD) [24], nos quais o ciclo de medição é gerado a partir de dados geométricos CAD representando a peça em vez da cópia de um desenho da peça. A programação off-line em um sistema CAD é facilitada pela *especificação de interface de medição dimensional* (do inglês, *dimensional measuring interface specification* — DMIS), um padrão ANSI. A DMIS é um protocolo que permite a comunicação em duas vias entre sistemas CAD e MMCs. O uso de DMIS tem as seguintes vantagens [3]: (1) Permite que qualquer sistema CAD se comunique com qualquer MMC, (2) reduz os custos de desenvolvimento de software para empresas de MMC e CAD porque apenas um tradutor é exigido para comunicar-se com o DMIS, (3) usuários têm uma chance maior de escolha entre os fornecedores MMC e (4) as exigências de treinamento dos usuários são reduzidas.

22.4.3 Outros softwares de MMCs

Um software de MMC é o conjunto de programas e procedimentos (com documentação de apoio) utilizados para operar a MMC e seus equipamentos associados. Além do software de programação de peças utilizado para programar máquinas DCC, discutidas acima, outros softwares também são necessários para alcançar a funcionalidade completa de uma MMC. Além disso, é o software que capacitou a MMC a tornar-se uma máquina de inspeção altamente produtiva. Softwares adicionais podem ser divididos nas categorias a seguir [3]: (1) software principal além da programação DCC, (2) software pós-inspeção e (3) software de engenharia reversa e aplicação específica.

Softwares principais além da programação DCC. O software principal consiste dos programas básicos mínimos exigidos para que a MMC funcione, além dos softwares de programação de peças, que se aplicam somente a máquinas DCC. Esse software é geralmente aplicado antes ou durante o procedimento de inspeção. Programas principais normalmente incluem os seguintes:

- *Calibração dos apalpadores*. É a função necessária para definir os parâmetros do apalpador (como o raio da ponta, as posições da ponta para um apalpador de pontas múltiplas e os coeficientes de flexão elástica). A calibração dos apalpadores permite que medições por coordenadas compensem automaticamente as dimensões do apalpador quando a ponta toca a superfície da peça, evitando os cálculos de ponta do apalpador do Exemplo 22.1. A calibração é normalmente realizada fazendo com que o apalpador toque um cubo ou uma esfera de dimensões conhecidas.

- *Definição do sistema de coordenadas das peças.* Permite que medições da peça sejam feitas sem exigir um procedimento de alinhamento que consuma tempo na mesa da MMC. Em vez de alinhar fisicamente a peça aos eixos MMC, os eixos de medição são matematicamente alinhados a ela.

- *Construção da característica geométrica.* Aborda os problemas associados às características geométricas cuja avaliação exige mais do que a medição de um ponto, as quais incluem planicidade, circularidade, determinação do centro de um furo ou o eixo de um cilindro e por aí afora. O software integra as múltiplas medições de maneira que uma determinada característica geométrica seja avaliada. A Tabela 22.4 lista algumas das características geométricas comuns, indicando como as características podem ser avaliadas pelo software MMC. Os exemplos 22.2 e 22.3 ilustram a aplicação de duas das técnicas de avaliação de características. Para uma maior confiabilidade estatística, é comum medir mais do que o número teoricamente mínimo de pontos necessários para avaliar a característica e então aplicar algoritmos adequados a curvas (como a análise de mínimos quadrados) no cálculo da melhor estimativa dos parâmetros das características geométricas. Uma revisão dos algoritmos adequados às curvas é apresentada em Lin *et al.* [13].

- *Análise de tolerância.* Compara medições tomadas da peça com as dimensões e tolerâncias especificadas no desenho de engenharia.

EXEMPLO 22.2
Calculando uma dimensão linear

As coordenadas nas duas extremidades de uma determinada dimensão de comprimento de um componente usinado foram medidas por uma MMC. As coordenadas da primeira extremidade são (23,47; 48,11; 0,25), e as coordenadas da extremidade oposta são (73,52; 21,70; 60,38), em que as unidades estão em milímetros. As coordenadas dadas foram corrigidas para o raio do apalpador. Determine a dimensão de comprimento que seria calculada pelo software MMC.

Solução: Utilizando a Equação (22.4) na Tabela 22.4, temos:

$$L = \sqrt{(23,47 - 73,52)^2 + (48,11 - 21,7)^2 + (0,25 - 60,38)^2}$$

$$= \sqrt{(-50,05)^2 + (26,41)^2 + (-60,13)^2}$$

$$= \sqrt{2505,0025 + 697,4881 + 3615,6169}$$

$$= \sqrt{6818,1075} = 82,57 \text{ mm}$$

EXEMPLO 22.3
Determinando o centro e o diâmetro de um furo

Três pontos na superfície de uma furação foram medidos por uma MMC nos eixos x-y. As três coordenadas (em milímetros) são (34,41; 21,07), (55,19; 30,50) e (50,10; 13,18), as quais foram corrigidas para o raio do apalpador. Determine: (a) as coordenadas do centro do furo e (b) o diâmetro do furo, do modo como seriam calculados pelo software MMC.

Solução: Para determinar as coordenadas do centro do furo, temos de estabelecer três equações configuradas de acordo com a Equação (22.5) na Tabela 22.4:

$$(34,41 - a)^2 + (21,07 - b)^2 = R^2 \quad \text{(i)}$$
$$(55,19 - a)^2 + (30,5 - b)^2 = R^2 \quad \text{(ii)}$$
$$(50,1 - a)^2 + (13,18 - b)^2 = R^2 \quad \text{(iii)}$$

Expandindo cada uma das equações, temos:

$$1184,0481 - 68,82a + a^2 + 443,9449 - 42,14b + b^2 = R^2 \quad \text{(i)}$$

$$3045,9361 - 110,38a + a^2 + 930,25 - 61b + b^2 = R^2 \quad \text{(ii)}$$

$$2510,01 - 100,2a + a^2 + 173,7124 - 26,36b + b^2 = R^2 \quad \text{(iii)}$$

A solução simultânea das três equações resulta nos valores a seguir: $a = 45,66$ mm, $b = 23,89$ mm e $R = 11,6$ mm. Desse modo, o centro do furo está localizado em $x = 45,66$ e $y = 23,89$, e o diâmetro do furo é $D = 23,2$ mm.

Software pós-inspeção. É um conjunto de programas aplicados após o procedimento de inspeção. Normalmente acrescenta utilidades e valores significativos para a função de inspeção. Entre os softwares incluídos, temos:

- *Análise estatística.* É utilizado para levar adiante qualquer uma das várias análises estatísticas sobre os dados coletados pela MMC. Por exemplo, dados de dimensões de peças podem ser usados para avaliar a capabilidade do processo de manufatura associado (Seção 20.3.2) ou realizar um controle estatístico de processo (Seção 20.4). Duas abordagens alternativas foram adotadas pelos fabricantes de MMCs nessa área. A primeira é fornecer um software que cria um banco de dados das medições tomadas e facilita a exportação desse banco para outros pacotes de softwares. O que torna isso exequível é o fato de que os dados coletados por uma MMC já estão codificados em forma digital. Essa abordagem permite que o usuário escolha entre muitos pacotes de análise estatística comercialmente disponíveis. A segunda abordagem é incluir um programa de análi-

Tabela 22.4 Características geométricas que exigem a medições de pontos múltiplos para sua avaliação: sub-rotinas para avaliar essas características são comumente disponíveis por meio dos softwares de MMC

Dimensões. Uma dimensão de uma peça pode ser determinada tomando a diferença entre as duas superfícies que definem a dimensão. As duas superfícies podem ser definidas por um ponto localizado em cada superfície. Em dois eixos (x-y), a distância L entre dois pontos (x_1, y_1) e (x_2, y_2) é dada por:

$$L = \pm \sqrt{(x_2 - x_1)^2 + (y_2 - y_1)^2} \quad (22.3)$$

Em três eixos (x-y-z), a distância L entre os dois pontos (x_1, y_1, z_1) e (x_2, y_2, z_2) é dada por:

$$L = \pm \sqrt{(x_2 - x_1)^2 + (y_2 - y_1)^2 + (z_2 - z_1)^2} \quad (22.4)$$

Ver Exemplo 22.1.

Localização e diâmetro do furo. Medindo três pontos em torno da superfície de um furo circular, as coordenadas do centro (a, b) do furo e seu raio R que melhor se ajustam aos dados podem ser calculados. O diâmetro é duas vezes o raio. No plano x-y, os valores das coordenadas dos três pontos são usados na equação de uma circunferência para estabelecer três equações com três incógnitas:

$$(x - a)^2 + (y - b)^2 = R^2 \quad (22.5)$$

em que a é a coordenada x do centro do furo, b é a coordenada y do centro do furo e R é o raio da circunferência do furo. Solucionando as três equações, temos os valores de a, b e R. $D = 2R$. Ver Exemplo 22.2.

Eixo e diâmetro do cilindro. Similar ao problema anterior, exceto pelo fato de que o cálculo lida com uma superfície externa em vez de uma superfície interna (furo).

Centro e diâmetro de esfera. Ao medir quatro pontos na superfície de uma esfera, as coordenadas do centro (a, b, c) e o raio R (diâmetro $D = 2R$) que melhor se ajustam aos dados podem ser calculados. Os valores das coordenadas dos quatro pontos são utilizados na equação da esfera para estabelecer quatro equações com quatro incógnitas:

$$(x - a)^2 + (y - b)^2 + (z - c)^2 = R^2 \quad (22.6)$$

em que a é a coordenada x da esfera, b é a coordenada y da esfera, c é a coordenada z da esfera e R é o raio da esfera. Solucionando as quatro equações, temos os valores de a, b, c e R.

Definição de uma linha no plano x-y. Com base em um mínimo de dois pontos de contato na linha, o melhor ajuste para a linha é determinado. Por exemplo, a linha pode ser a borda de uma superfície reta. Os valores de coordenadas dos dois pontos são usados na equação da linha para estabelecer duas equações com duas incógnitas:

$$x + Ay + B = 0 \quad (22.7)$$

em que A é um parâmetro indicando a inclinação da linha na direção do eixo y e B é uma constante indicando a interseção do eixo x. A solução das duas equações resulta nos valores de A e B, que definem a linha. Essa forma de equação pode ser convertida na equação convencional mais familiar de uma linha reta, que é:

$$y = mx + b \quad (22.8)$$

em que inclinação $m = -1/A$ e interseção $yb = -B/A$.

Ângulo entre as duas linhas. Baseado nas equações convencionais das duas linhas, isto é, Equação (22.8), o ângulo entre elas em relação ao eixo x positivo é dado por:

$$\text{Ângulo entre linha 1 e linha 2} = \alpha - \beta \quad (22.9)$$

em que $\alpha = \tan^{-1}(m_1)$, em que m_1 é a inclinação da linha 1; e $\beta = \tan^{-1}(m_2)$, em que m_2 é a inclinação da linha 2.

Definição de um plano. Com base em um mínimo de três pontos de contato em uma superfície plana, o plano que melhor se ajusta é determinado. Os valores das coordenadas dos três pontos são usados na equação do plano para estabelecer três equações com três incógnitas:

$$x + Ay + Bz + C = 0 \quad (22.10)$$

em que A e B são parâmetros indicando as inclinações do plano nas direções dos eixos y e z, e C é uma constante indicando a interseção do eixo x. A solução das três equações resulta nos valores de A, B e C, que definem o plano.

Planicidade. Ao medir mais de três pontos de contato em uma superfície supostamente plana, o desvio de um plano perfeito pode ser determinado.

Ângulo entre dois planos. O ângulo entre dois planos pode ser descoberto definindo cada um dos dois planos com a utilização do método de definição de plano acima e o cálculo do ângulo entre eles.

Paralelismo entre dois planos. É uma extensão da função anterior. Se o ângulo entre dois planos é zero, então os planos são paralelos. O grau para o qual os planos se desviam do paralelismo pode ser determinado.

Ângulo e ponto de interseção entre duas linhas. Dadas duas linhas que se intersectam (por exemplo, duas arestas de uma peça que se encontram em um canto), o ponto de interseção e o ângulo entre as linhas pode ser determinado com base em dois pontos medidos para cada linha (um total de quatro pontos).

se estatística entre o software fornecido pelo construtor da MMC. Geralmente essa abordagem é mais rápida e mais fácil, mas a gama de análises disponíveis é mais limitada.

- *Representação gráfica de dados.* Sua finalidade é exibir os dados coletados durante o procedimento MMC de maneira gráfica ou pictórica, para permitir uma visualização mais fácil de erros de forma e outros dados pelo usuário.

Softwares de engenharia reversa e de aplicação específica. O software de engenharia reversa é projetado para tomar uma peça física existente e construir um modelo de computador da geometria da peça com base em um grande número de medições de sua superfície por uma MMC. A abordagem mais simples é utilizar a MMC no modo manual de operação, no qual o operador move o apalpador com a mão e examina a peça física para criar um modelo digitalizado com superfícies tridimensionais (3D). A digitalização manual pode consumir bastante tempo para geometrias de peças complexas. Métodos mais automatizados estão sendo desenvolvidos, nos quais a MMC explora as superfícies da peça com pouca ou nenhuma intervenção humana para construir o modelo 3D. O desafio aqui é minimizar o tempo de exploração da MMC e também capturar os detalhes de um contorno de superfície complexo e evitar colisões que danificariam o apalpador. Um potencial significativo existe para se utilizar apalpadores sem contato (como *lasers*) em aplicações de engenharia reversa.

Os softwares de aplicação específica referem-se a programas escritos para determinados tipos de peças e/ou produtos, cujas aplicações são geralmente limitadas a indústrias específicas. Encontramos vários exemplos importantes em [3], [4], como:

- *Checagem de engrenagens.* Utilizados em uma MMC para medir as características geométricas de uma engrenagem, como perfil, espessura, passo dos dentes e o ângulo da hélice em engrenagens helicoidais.
- *Checagem de roscas.* Usados para inspeção de roscas cilíndricas e cônicas.
- *Checagem de cames.* Software especializado usado para avaliar a exatidão de cames físicos em relação às especificações do projeto.
- *Checagem de chassis de automóveis.* Projetado para MMCs usadas para medir chapas metálicas, submontagens e chassis de carros completos na indústria automotiva. Nessa aplicação, surgem questões de medição excepcionais que a distinguem da medição de peças usinadas: (1) a falta de rigidez nos grandes painéis de chapas, (2) as superfícies curvas mistas são comuns e (3) a definição da superfície não pode ser determinada sem medir um grande número de pontos.

Também incluídos na categoria de softwares de aplicação específica estão os programas para operar equipamentos acessórios associados à MMC. Alguns tipos de equipamentos acessórios que exigem o próprio software de aplicação incluem trocadores de apalpadores, mesas rotativas usadas na MMC e dispositivos automáticos de carga e descarga de peças.

22.4.4 Aplicações e benefícios de MMCs

Muitas aplicações de MMCs foram indicadas na discussão anterior sobre softwares de MMCs. As aplicações mais comuns são inspeção off-line e inspeção on-line/pós-processo (Seção 21.4.1). Componentes usinados são frequentemente inspecionados utilizando MMCs. Uma aplicação comum é checar a primeira peça usinada em uma máquina-ferramenta numericamente controlada. Se a primeira peça passa pela inspeção, então presume-se que as peças restantes produzidas no lote sejam idênticas à primeira. Engrenagens e chassis de automóveis são dois exemplos previamente mencionados no contexto de softwares de aplicação específica (Seção 22.4.3).

A inspeção de peças e montagens em uma MMC é geralmente realizada utilizando técnicas de amostragem. Uma razão para isso é o tempo exigido para realizar as medições. Normalmente é preciso mais tempo para inspecionar uma peça do que se leva para produzi-la. De outro lado, MMCs são às vezes utilizadas para cem por cento de inspeção se o ciclo de inspeção é compatível com o ciclo de produção e a MMC pode ser dedicada ao processo. Seja a MMC utilizada para inspeção de amostragem ou para cem por cento de inspeção, as medições de MMC são frequentemente usadas para controle estatístico de processo.

Outras aplicações de MMC incluem a inspeção de auditoria e a calibração de calibres e gabaritos. A *inspeção de auditoria* refere-se à inspeção de peças que estão chegando de um fornecedor para assegurar que o sistema de controle de qualidade do fornecedor é confiável. Isso é feito normalmente em uma base de amostragem. Na realidade, essa aplicação é a mesma que a inspeção pós-processo. A *calibração de calibres e gabaritos* envolve a medição de vários calibres, gabaritos e outras ferramentas de inspeção e a produção para validar seu uso continuado.

Um dos fatores que tornam uma MMC tão útil é sua exatidão e repetibilidade. Os valores típicos dessas medidas são dados na Tabela 22.5 para uma MMC de ponte móvel. É possível perceber que essas medidas de desempenho decaem à medida que o tamanho da máquina aumenta.

Máquinas de medição por coordenadas são mais apropriadas para aplicações possuindo as seguintes características:

Tabela 22.5 **Medidas de exatidão e repetibilidade típicas para dois tamanhos diferentes de MMCs; os dados aplicam-se a uma MMC de ponte móvel**

Característica da MMC		MMC pequena	MMC grande
Faixa de medição:	x	650 mm (25,6 in)	900 mm (35,4 in)
	y	600 mm (23,6 in)	1200 mm (47,2 in)
	z	500 mm (19,7 in)	850 mm (33,5 in)
Exatidão:	x	0,004 mm (0,00016 in)	0,006 mm (0,00024 in)
	y	0,004 mm (0,00016 in)	0,007 mm (0,00027 in)
	z	0,0035 mm (0,00014 in)	0,0065 mm (0,00026 in)
Repetibilidade		0,0035 mm (0,00014 in)	0,004 mm (0,00016 in)
Resolução		0,0005 mm (0,00002 in)	0,0005 mm (0,00002 in)

Fonte: Bosch [3].

1. *Muitos inspetores estão atualmente realizando operações de inspeção manual repetitivas.* Se a função de inspeção representa um custo de mão de obra significativo para a planta, então automatizar os procedimentos de inspeção vai reduzir esse custo e aumentar o rendimento.
2. *A aplicação envolve inspeção pós-processo.* MMCs são úteis somente em operações de inspeção realizadas após o processo de manufatura.
3. *A medição das características geométricas exige múltiplos pontos de contato.* Esse tipo de característica é identificado na Tabela 22.4, e o software MMC disponível facilita sua avaliação.
4. *Múltiplas preparações de inspeção seriam necessárias se as peças fossem manualmente inspecionadas.* Inspeções manuais são geralmente realizadas em desempenos utilizando blocos padrão, calibradores de altura e dispositivos similares, e uma configuração diferente é normalmente exigida para cada medição. O mesmo grupo de medidas na peça pode normalmente ser realizado em uma só montagem em uma MMC.
5. *A geometria da peça é complexa.* Se muitas medições devem ser feitas em uma peça complexa e muitas posições de contato são necessárias, então o tempo de ciclo de uma MMC DCC será significativamente menor do que o tempo correspondente para um procedimento manual.
6. *Uma ampla variedade de peças tem de ser inspecionada.* Uma MMC DCC é uma máquina programável, capaz de lidar com uma alta variedade de peças.
7. *Ordens repetidas são comuns.* Uma vez que o programa de peças tenha sido preparado para a primeira peça, peças de pedidos repetidos podem ser inspecionadas posteriormente utilizando o mesmo programa.

Quando aplicada à gama de variedade e quantidade apropriadas de peças, as vantagens de se usar MMCs sobre métodos de inspeção manual são as seguintes [17]:

- *Tempo de ciclo de inspeção reduzido.* Devido às técnicas automatizadas incluídas na operação de uma MMC, procedimentos de inspeção são mais rápidos e a produtividade da mão de obra é melhorada. Em comparação com técnicas manuais, uma MMC DCC é capaz de realizar muitas das tarefas de medição listadas na Tabela 22.4 em um décimo do tempo ou menos. O tempo de ciclo de inspeção reduzido traduz-se em rendimento mais alto.
- *Flexibilidade.* Uma MMC é uma máquina para múltiplos fins que pode ser usada para inspecionar uma variedade de diferentes configurações de peças com tempo de troca mínimo. No caso da máquina DCC, em que a programação é realizada off-line, o tempo de troca na MMC envolve apenas a preparação física.
- *Erros reduzidos de operadores.* Automatizar o procedimento de inspeção obviamente reduz os erros humanos nas medições e nas configurações.
- *Maior exatidão e precisão inerentes.* Uma MMC é inerentemente mais exata e precisa que os métodos manuais sobre desempenos que são tradicionalmente usados para inspeção.
- *Múltiplas configurações são evitadas.* Normalmente técnicas de inspeção tradicionais exigem múltiplas preparações para medir múltiplas características e dimensões das peças. Em geral, todas as medições podem ser feitas em uma única preparação em uma MMC, aumentando, desse modo, o rendimento e a exatidão da medição.

22.4.5 Sondas de inspeção em máquinas-ferramenta

Em anos recentes houve um crescimento significativo no uso de apalpadores táteis como sistemas de inspeção on-line em aplicações de centros de usinagem CNC. Chamado de 'inspeção na máquina', os apalpadores nesses sistemas são montados em porta-ferramentas, inseridos no fuso da máquina ferramenta, armazenados no tambor de ferramentas e manuseados pelo trocador automático de ferramentas da mesma maneira que as ferramentas de corte são manuseadas. Quando o apalpador é montado no fuso, a máquina-ferramenta é controlada de maneira muito semelhante a uma MMC. Sensores no apalpador determinam quando o contato foi feito com a superfície da peça. Sinais do sensor são transmitidos para o controlador, que realiza o processamento de dados exigido para interpretá-los e utilizá-los.

Às vezes os apalpadores sensíveis ao toque são referidos como dispositivos de inspeção em processo, mas por nossas definições são dispositivos on-line/pós-processo (Seção 21.4.1) porque são empregados imediatamente após a operação de usinagem em vez de durante o corte. Entretanto, às vezes esses apalpadores são utilizados entre passos da usinagem na mesma preparação/fixação, por exemplo, para estabelecer um ponto de referência antes ou depois da usinagem inicial de maneira que cortes posteriores possam ser realizados com mais exatidão. Algumas das outras características de cálculos de apalpadores de inspeção montados em máquinas são similares às capacidades de MMCs com processamento de dados assistidos por computador. Essas características incluem determinar a linha central de uma peça cilíndrica ou um furo e determinar as coordenadas de um canto interno ou externo. Dadas as aplicações apropriadas, o uso de apalpadores permite que a usinagem e a inspeção sejam realizadas em uma preparação em vez de em duas.

Um dos aspectos controversos dos apalpadores de inspeção montados em máquinas é que a mesma máquina-ferramenta fazendo a peça também está realizando a inspeção. O argumento é que determinados erros inerentes à operação de corte também serão manifestados na operação de medição. Por exemplo, se há um mau alinhamento entre os eixos da máquina-ferramenta produzindo peças fora de esquadro, essa condição não será identificada pelo apalpador montado na máquina porque o movimento dele é afetado pelo mesmo mau alinhamento de eixo. Generalizando, erros que são comuns a ambos (processo de produção e procedimento de medição) passarão despercebidos pelo apalpador de inspeção montado na máquina. Eles incluem erros de geometria da máquina-ferramenta (como o problema de mau alinhamento do eixo identificado acima), distorções térmicas nos eixos da máquina-ferramenta e erros em quaisquer procedimentos de correção térmica aplicados à máquina-ferramenta [3]. Erros que não são comuns a ambos os sistemas devem ser detectáveis pelo apalpador de medição. Esses erros mensuráveis incluem deformação da ferramenta e/ou porta-ferramentas, deflexão da peça, erros de *offset* de ferramenta e efeitos de desgaste da ferramenta sobre a peça. Na prática, o uso de apalpadores de inspeção montados em máquinas provou-se efetivo na melhoria de qualidade e economia de tempo como alternativa para operações de inspeção off-line caras.

Outra objeção para o uso de apalpadores de inspeção montados em máquinas é o de que elas levam um tempo acima e além do ciclo de usinagem regular [5], [19]. Tempo é necessário para programar as rotinas de inspeção e tempo é perdido durante a sequência de medição para o apalpador desempenhar sua função. Fornecedores de software desenvolveram pacotes avançados para agilizar a tarefa de programação, mas as interrupções durante o ciclo de usinagem seguem sendo um impedimento para usuários em potencial. Essas perdas de tempo devem ser ponderadas contra o tempo adicional que seria necessário para realizar uma inspeção da peça em separado ao fim do ciclo de usinagem e o custo de retrabalho ou descarte se a peça for usinada incorretamente.

22.4.6 MMCs portáteis

Na aplicação convencional de uma máquina de medição por coordenadas, as peças têm de ser removidas da máquina de produção em que foram feitas e levadas para uma sala de inspeção especial na qual a MMC está localizada. Novos dispositivos de medição por coordenadas permitem que os procedimentos de inspeção sejam realizados no local onde as peças são feitas, eliminando a necessidade de movê-las. Os principais produtos nessa área no momento que escrevo são o Faro gage e o Faro arm, ambos da empresa europeia Faro. O Faro gage, apelidado de MMC pessoal, é um braço de seis articulações, cuja configuração é similar, na parte superior, ao antebraço e ao punho humanos. Completamente estendido, tem alcance de em torno de 1,2 metro (47 polegadas). Na extremidade do braço há um apalpador de toque para realizar as medições de coordenadas, similares a um MMC. A diferença é que o Fargo gage é assentado na máquina-ferramenta que faz as peças. Desse modo, o procedimento de inspeção pode ser realizado direto na máquina. A inspeção *in situ* tem as seguintes vantagens:

- Não é necessário mover as peças da máquina-ferramenta para a MMC e de volta. O manuseio de materiais é reduzido.

- Os resultados do procedimento de inspeção são conhecidos imediatamente.

Figura 22.7 Desenho ilustrando a operação de um instrumento com agulha. A cabeça do agulha se desloca horizontalmente através da superfície, enquanto se desloca verticalmente para seguir o perfil da superfície. O movimento vertical é convertido em (1) um perfil da superfície ou (2) no valor de rugosidade médio

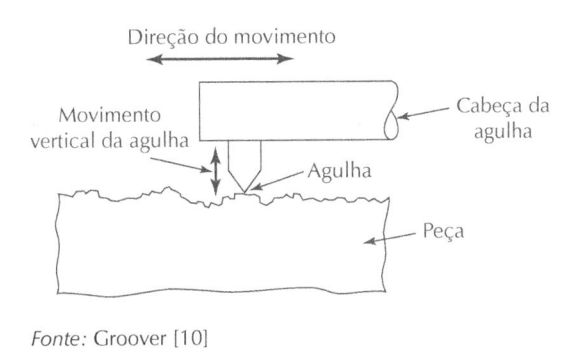

Fonte: Groover [10]

- O operador da máquina que faz a peça realiza o procedimento de inspeção (um mínimo de treinamento é exigido para usar o Faro gage).

- Como a peça ainda está fixada à máquina enquanto está sendo inspecionada, as posições dos pontos de referência estabelecidos durante a operação de usinagem não são perdidas. Quaisquer operações de usinagem posteriores usam as mesmas referências sem necessidade de refixar a peça.

Diz-se que a capacidade de precisão do Fargo gage é de cinco micrômetros (0,0002 polegadas). Essa exatidão é alcançada por meio do uso de codificadores de eixo altamente precisos nas articulações do braço. Um computador usa os valores do codificador para calcular a posição do apalpador no espaço *x-y-z*. Os apalpadores podem ser trocados prontamente para várias tarefas de medição, do mesmo modo que podem ser trocadas quando usam uma MMC convencional. Vários tipos de montagens estão disponíveis, incluindo ligação fixa com a máquina e montagens magnéticas ou a vácuo.

Proximamente relacionado ao Faro gage é o Faro arm, que tem alcance mais longo do que a unidade menor, mas tem configuração de braço de seis articulações. Vários tamanhos diferentes são disponíveis, com o alcance mais longo sendo de 3,7 metros (145 polegadas). A precisão e a repetibilidade são reduzidas à medida que o alcance aumenta. O tamanho maior do Faro arm o capacita a ser usado em produtos muito maiores, como chassis de automóveis e de caminhões.

22.5 MEDIÇÃO DE SUPERFÍCIE[3]

As tecnologias de medição e inspeção discutidas nas seções 22.3 e 22.4 dizem respeito à avaliação de dimensões e características relacionadas de uma peça ou um produto. Outro atributo mensurável é a superfície. A medição de superfícies normalmente é realizada por instrumentos que usam uma agulha de contato. Consequentemente, a metrologia de superfície é mais apropriadamente incluída dentro do escopo das tecnologias de inspeção com contato.

22.5.1 Instrumentos com agulha

Instrumentos do tipo agulha (do inglês, *stylus-type instruments*) são comercialmente disponíveis para medir a rugosidade de superfícies. Esses dispositivos eletrônicos têm diamante no formato de um cone com raio de ponta de em torno de 0,005 milímetro (0,0002 polegada) e um ângulo de ponta de 90 graus, que é passado transversalmente através da superfície de teste a uma velocidade lenta constante. A operação é descrita na Figura 22.7. À medida que a cabeça da agulha se desloca horizontalmente, ela também se desloca verticalmente para seguir os desvios da superfície. Os movimentos verticais são convertidos em um sinal eletrônico que representa a topografia da superfície ao longo da trajetória tomada pela agulha. Isso pode ser exibido como (1) um perfil da superfície ou (2) como um valor médio de rugosidade.

Os dispositivos para a realização de perfis utilizam um plano liso em separado como a referência nominal contra a qual desvios são medidos. A saída é uma representação gráfica do contorno da superfície ao longo da linha atravessada pela agulha. Esse tipo de sistema pode identificar a aspereza, a ondulação e outras medidas da superfície de teste. Ao atravessar sucessivas linhas paralelas e proximamente espaçadas umas em relação às outras, os dispositivos podem criar um 'mapa topográfico' da superfície.

Os dispositivos de determinação de médias reduzem os desvios verticais a um valor único de rugosidade da su-

---
[3] Partes dessa seção são baseadas em Groover [10], seções 5.2 e 45.4.

Figura 22.8 Desvios da superfície nominal utilizados na definição da rugosidade da superfície

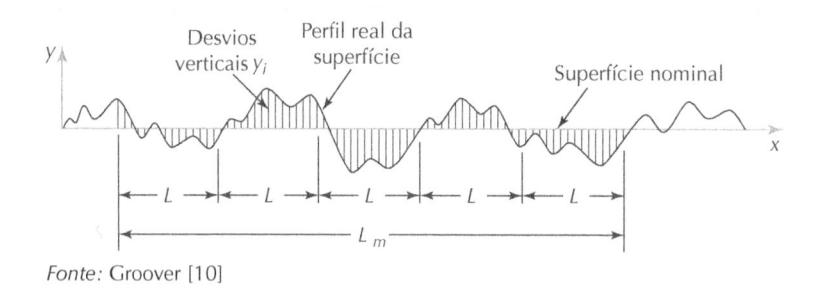

Fonte: Groover [10]

perfície. Como ilustrado na Figura 22.8, a *rugosidade superficial* é definida como a média dos desvios verticais da superfície nominal sobre um comprimento de superfície especificado. Uma média aritmética (do inglês, *arithmetic average* — AA) é geralmente usada, com base nos valores absolutos dos desvios. Em forma de equação,

$$R_a = \int_0^L \frac{|y|}{L} dx \quad (22.11)$$

em que R_a é o valor médio aritmético de rugosidade (metros, polegadas); y é o desvio vertical da superfície nominal convertido para um valor absoluto (metros, polegadas) e L é a distância de amostragem, chamada de *comprimento de amostragem* (do inglês, *cutoff length*), sobre o qual é realizada uma média dos desvios de superfície. A distância L_m na Figura 22.8 é a distância de medição total que é traçada pela agulha. Um dispositivo de determinação de médias do tipo agulha realiza a Equação (22.11) eletronicamente. Para estabelecer o plano de referência nominal, o dispositivo usa patins (do inglês, *skids*) rodando sobre a própria superfície. Os patins atuam como um filtro mecânico para reduzir o efeito da ondulação na superfície.

Uma das dificuldades na medição de rugosidade de superfície é a possibilidade de a ondulação ser incluída na medição de R_a. Para lidar com esse problema, o comprimento de amostragem é utilizado como um filtro que separa a ondulação dos desvios de rugosidade. Como definido acima, o comprimento de amostragem é uma distância de amostra ao longo da superfície. Ele pode ser estabelecido em qualquer um de vários valores no dispositivo de medição, normalmente variando entre 0,08 milímetro (0,003 polegada) e 2,5 milímetros (0,1 polegada). Um comprimento de amostragem mais curto do que a largura da ondulação elimina os desvios verticais associados à ondulação e inclui apenas aqueles associados à rugosidade. O comprimento de amostragem mais comum utilizado na prática é 0,8 milímetro (0,03 polegada). O comprimento de amostragem deve ser estabelecido em um valor que é ao menos 2,5 vezes a distância entre sucessivos picos de rugosidade. O comprimento de medida L_m é normalmente estabelecido em cinco vezes o comprimento de amostragem.

Uma aproximação da Equação (22.11), talvez mais fácil de se visualizar, é dada por:

$$R_a = \frac{\sum_{i=1}^{n} |y_i|}{n} \quad (22.12)$$

em que R_a tem o mesmo significado indicado anteriormente; y_i são os desvios verticais identificados pelo subscrito i, convertidos para o valor absoluto (metros, polegadas) e n é o o número de desvios incluídos em L. Indicamos as unidades nessas equações em metros (polegadas). Entretanto, a escala de desvios é muito pequena, de maneira que as unidades mais apropriadas são os mícrons, iguais a 10^{-6} metros ou 10^{-3} milímetros, ou microprolegadas, iguais a 10^{-6} polegadas, ambas unidades comumente usadas para expressar a rugosidade superficial.

A rugosidade superficial sofre os mesmos tipos de deficiências de qualquer medida única utilizada para avaliar um atributo físico complexo. Uma deficiência dela é não levar em consideração a posição relativa das marcas deixadas na superfície; desse modo, a rugosidade superficial pode variar significativamente dependendo da direção na qual é medida. Esses tipos de questões são abordados em livros que lidam especificamente com textura de superfícies, suas caracterizações e medições, como em Mummery [15].

22.5.2 Outras técnicas de medição de superfície

Dois métodos adicionais para medir a rugosidade superficial e as características relacionadas são disponíveis. Um é uma espécie de procedimento de contato, enquanto o outro é um método sem contato. Para completar a abordagem, mencionamo-los nesta seção.

A primeira técnica envolve uma comparação subjetiva da superfície da peça com blocos com acabamento superficial padrão produzidos para valores de rugosidade especificados. Nos Estados Unidos, eles têm superfícies com valores de rugosidade de duas, quatro, oito, 16, 32, 64 e 128 micropolegadas. Para estimar a rugosidade de um dado espécime em teste, a superfície é comparada ao padrão tanto visualmente como utilizando um 'teste de unha'. Nesse teste, o usuário delicadamente arranha as superfícies do espécime e do padrão, julgando qual padrão é o mais próximo do espécime. Testes de superfície padrão são uma maneira conveniente para um operador de máquina obter uma estimativa da rugosidade superficial. Também são úteis para engenheiros de projeto de produtos julgar qual valor de rugosidade superficial especificar no desenho da peça. A desvantagem desse método é a subjetividade.

A maioria dos outros instrumentos de medição de superfície emprega técnicas óticas para avaliar a rugosidade. Essas técnicas são baseadas no reflexo da luz pela superfície, dispersão ou difusão da luz e tecnologia a *laser*. Elas são úteis em aplicações nas quais o contato da agulha com a superfície é indesejável. Algumas das técnicas permitem uma operação em velocidade muito alta, tornando a inspeção de cem por cento das peças exequível. Um sistema descrito em Aronson [2] utiliza um *laser* para escanear uma área de superfície de 300 por 300 milímetros em um minuto e fornecer um holograma colorido tridimensional da superfície. A imagem consiste de mais de quatro milhões de pontos de dados, prontamente mostra variações de superfície e permite que sejam feitas medições dos desvios. Uma desvantagem das técnicas óticas é que seus valores medidos nem sempre se correlacionam bem com a métrica de rugosidade obtida por instrumentos do tipo agulha.

22.6 VISÃO DE MÁQUINA

A visão de máquina é a aquisição de dados de imagem, seguidos pelo processamento e pela interpretação desses dados pelo computador para alguma aplicação útil. A visão de máquina (também chamada de *visão de computador*, já que um computador digital é necessário para processar os dados das imagens) é uma tecnologia em crescimento, com a principal aplicação na inspeção industrial. Nesta seção, examinamos como a visão de máquina funciona e discutimos suas aplicações em inspeção de controle de qualidade (CQ; do inglês, *quality control* — QC) e outras áreas.

Os sistemas de visão são classificados como 2D ou 3D. Os sistemas bidimensionais veem a cena como uma imagem 2D. Isso é bastante adequado para a maioria das aplicações industriais, já que muitas situações envolvem cenas 2D. Exemplos incluem a medição e calibragem dimensional, a verificação da presença de componentes e a verificação das características em uma superfície plana (ou semiplana). Outras aplicações exigem análise 3D da cena, e sistemas de visão 3D são necessários para essa finalidade. Nossa discussão enfatizará os sistemas 2D mais simples, embora muitas das técnicas também sejam aplicáveis em trabalhos de visão 3D.

A operação de um sistema de visão de máquina pode ser dividida nas três funções a seguir: (1) aquisição e digitalização de imagem, (2) processamento e análise de imagens e (3) interpretação. Essas funções e sua relação são ilustradas esquematicamente na Figura 22.9.

Figura 22.9 **Funções básicas de um sistema de visão de máquina**

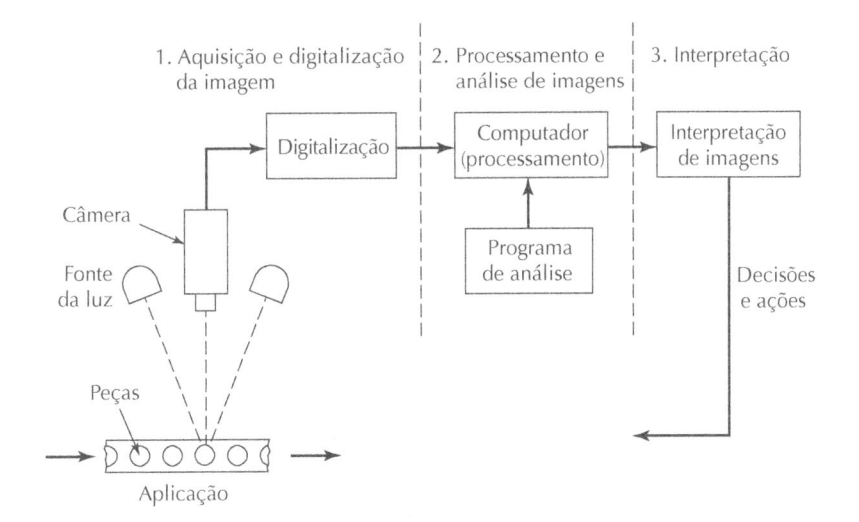

22.6.1 Aquisição e digitalização de imagens

A aquisição e a digitalização de imagens são alcançadas com uma câmera de vídeo e um sistema de digitalização para armazenar os dados de imagens para análise posterior. A câmera concentra-se no assunto de interesse e uma imagem é obtida dividindo a área de visão em uma matriz de elementos de imagem (chamados *pixels*), nos quais cada elemento tem um valor proporcional à intensidade de luz daquela porção da cena. O valor de intensidade para cada pixel é convertido em seu valor digital equivalente por um conversor analógico-digital (do inglês, *analogal-to-digital converter* — ADC, Seção 6.3). A operação de ver uma cena consistindo de um objeto simples que contrasta substancialmente com seu fundo e dividindo a cena em uma matriz correspondente de elementos de imagem é descrita na Figura 22.10.

A figura ilustra a imagem provável obtida do tipo de sistema mais simples, chamado de sistema binário de visão. Na *visão binária*, a intensidade da luz de cada pixel é, em última análise, reduzida a um de dois valores, preto ou branco, dependendo se a intensidade da luz excede um determinado nível de limiar. Um sistema de visão mais sofisticado é capaz de distinguir e armazenar diferentes tonalidades de cinza na imagem. Isso é chamado de *sistema em escala cinza*, o qual pode determinar não apenas o contorno de um objeto e as características de área, mas também suas características de superfície, como textura e cor. Os sistemas de visão em escala cinza normalmente usam quatro, seis ou oito *bits* de memória. Oito *bits* correspondem a $2^8 = 256$ níveis de intensidade, o que geralmente são mais níveis que uma câmera de vídeo pode distinguir e certamente mais do que o olho humano pode discernir.

Cada conjunto de valores dos *pixels* digitalizados é referido como um quadro. Cada quadro é armazenado em um dispositivo de memória do computador chamado de *memória de quadros* (do inglês, *frame buffer*). O processo de leitura de todos os valores dos *pixels* em um quadro é realizado com uma frequência de trinta vezes por segundo. As câmeras de alta resolução normalmente operam em frequências mais baixas (por exemplo, quinze quadros por segundo).

Figura 22.10 Dividindo a imagem em uma matriz de elementos de imagem, em que cada elemento tem um valor de intensidade de luz correspondendo àquela porção da imagem: (a) a cena; (b) 12 x 12 matriz sobreposta sobre a cena e (c) valores de intensidade de *pixels*, sejam pretos ou brancos, para a cena

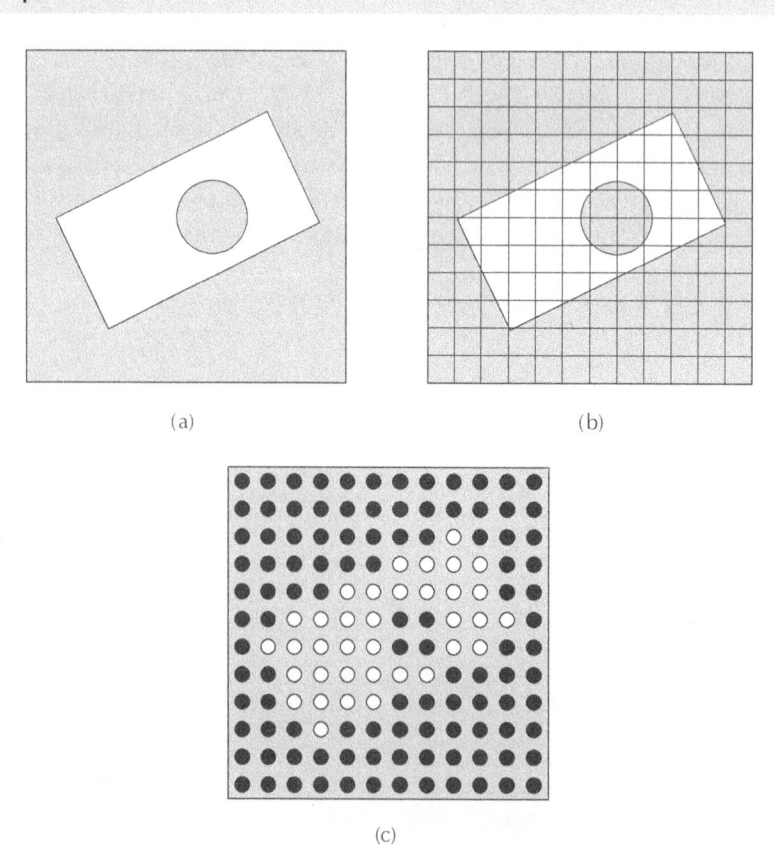

Câmeras. As câmeras de estado sólido são os principais tipos usados em aplicações de visão de máquina. Elas substituíram em grande parte as câmeras de tecnologia vidicon, tradicionalmente usadas como câmeras de televisão. Câmeras de estado sólido operam concentrando a imagem em uma disposição 2D de elementos fotossensíveis finamente espaçados, muito pequenos. Os elementos fotossensíveis formam a matriz de *pixels* mostrada na Figura 22.10. Uma carga elétrica é gerada por cada elemento de acordo com a intensidade da luz que atinge o elemento. A carga é acumulada em um dispositivo de armazenamento que consiste de uma matriz de elementos de armazenamento que correspondem um a um aos elementos fotossensíveis do quadro. Esses valores de cargas são lidos sequencialmente no processamento de dados e função de análise da visão de máquina.

Comparando a câmera vidicon e a câmera de estado sólido, a segunda é fisicamente menor e mais robusta, e a imagem produzida é mais estável. Essas vantagens resultaram na crescente dominância de seu uso em sistemas de visão de máquina. Os tipos de câmeras de estado sólido incluem (1) o dispositivo de carga acoplada (do inglês, *charge-coupled device* — CCD), (2) o dispositivo de injeção de carga (do inglês, *charge-injected device* — CID) e (3) o *charge-priming device* (CPD). Eles são comparados em Galbiati [8].

As disposições das típicas matrizes de *pixels* são 640 (horizontal) × 480 (vertical), 1024 × 768, e 1040 × 1392 elementos da imagem. A *resolução* do sistema de visão é a sua capacidade de perceber detalhes e características precisas na imagem. A resolução depende do número de elementos da imagem utilizados; quanto maior o número de *pixels* projetados no sistema de visão, maior a sua resolução. Entretanto, o custo da câmera aumenta à medida que o número de *pixels* é aumentado. Ainda mais importante, o tempo exigido para ler sequencialmente os elementos da imagem e processar os dados aumenta à medida que o número de *pixels* cresce. O exemplo a seguir ilustra o problema.

EXEMPLO 22.4
Visão de máquina

Uma câmera de vídeo tem uma matriz de *pixels* de 640 × 480. Cada pixel tem de ser convertido de um sinal analógico para o sinal digital correspondente por um ADC. A conversão analógico-digital leva 0,1 microssegundo ($0,1 \times 10^{-6}$ s) para completar, incluindo o tempo para mover entre *pixels*. Quanto tempo é gasto para reunir os dados de imagem para um quadro? Esse tempo é compatível com o processamento na taxa de 30 quadros por segundo?

Solução: Há 640 × 480 = 307.200 *pixels* que serão digitalizados e convertidos. O tempo total para completar o processo de conversão analógico-para-digital é:

$$(307.200 \text{ pixels}) (0,1 \times 10^{-6} \text{ s}) = 0,0307 \text{ s}$$

A uma taxa de processamento de 30 quadros por segundo, o tempo de processamento para cada quadro é de 0,0333 s, o que é mais longo do que o 0,0307 necessário para realizar as 307.200 conversões analógico-para-digital.

Iluminação. Outro aspecto importante da visão de máquina é a iluminação. A cena vista pela câmera de visão tem de ser bem iluminada, e a iluminação tem de ser constante. Isso quase sempre exige que uma iluminação especial seja instalada para uma aplicação de visão de máquina em vez de contar com a iluminação ambiente na instalação.

Cinco categorias de iluminação podem ser distinguidas para aplicações de visão de máquina, como descrito na Figura 22.11: (a) iluminação de frente, (b) iluminação de fundo, (c) iluminação de lado, (d) iluminação estruturada e (e) iluminação estroboscópica. Essas categorias representam tanto as diferenças nas posições da fonte da luz em relação à câmera como as diferenças em tecnologias de iluminação. As tecnologias de iluminação incluem lâmpadas incandescentes, fluorescentes, de vapor de sódio e *lasers*.

Na iluminação de frente, a fonte de luz é localizada do mesmo lado do objeto, junto com a câmera. Isso produz uma luz refletida do objeto que permite a inspeção das características da superfície, como a impressão em um rótulo, e padrões de superfície, como linhas de solda em uma placa de circuito impresso. Na iluminação de fundo, a fonte de luz é colocada atrás do objeto sendo visto pela câmera. Isso cria uma silhueta escura do objeto que contrasta fortemente com o fundo iluminado. Esse tipo de iluminação pode ser usado para sistemas de visão binária para inspecionar dimensões de peças e para distinguir entre diferentes perfis de peças. A iluminação de lado causa irregularidades em uma superfície plana lisa, pois lança sombras que podem ser identificadas pelo sistema de visão, que podem ser usadas para inspecionar defeitos e falhas na superfície de um objeto.

A iluminação estruturada envolve a projeção de um padrão de luz especial sobre o objeto para incrementar determinadas características geométricas. Provavelmente, o padrão de luz estruturada mais comum é uma lâmina planar de luz altamente concentrada direcionada contra a superfície do objeto a um determinado ângulo conhecido, como na Figura 22.11(d). A lâmina de luz forma uma linha luminosa na qual o feixe cruza com a superfície. No desenho, a câmera de visão é posicionada com sua linha de visão perpendicular à superfície do objeto, de maneira que quaisquer variações do plano geral da peça pareçam

Figura 22.11 Tipos de iluminação na visão de máquina: (a) de frente, (b) de fundo, (c) de lado, (d) estruturada utilizando uma lâmina planar de luz e (e) estroboscópica

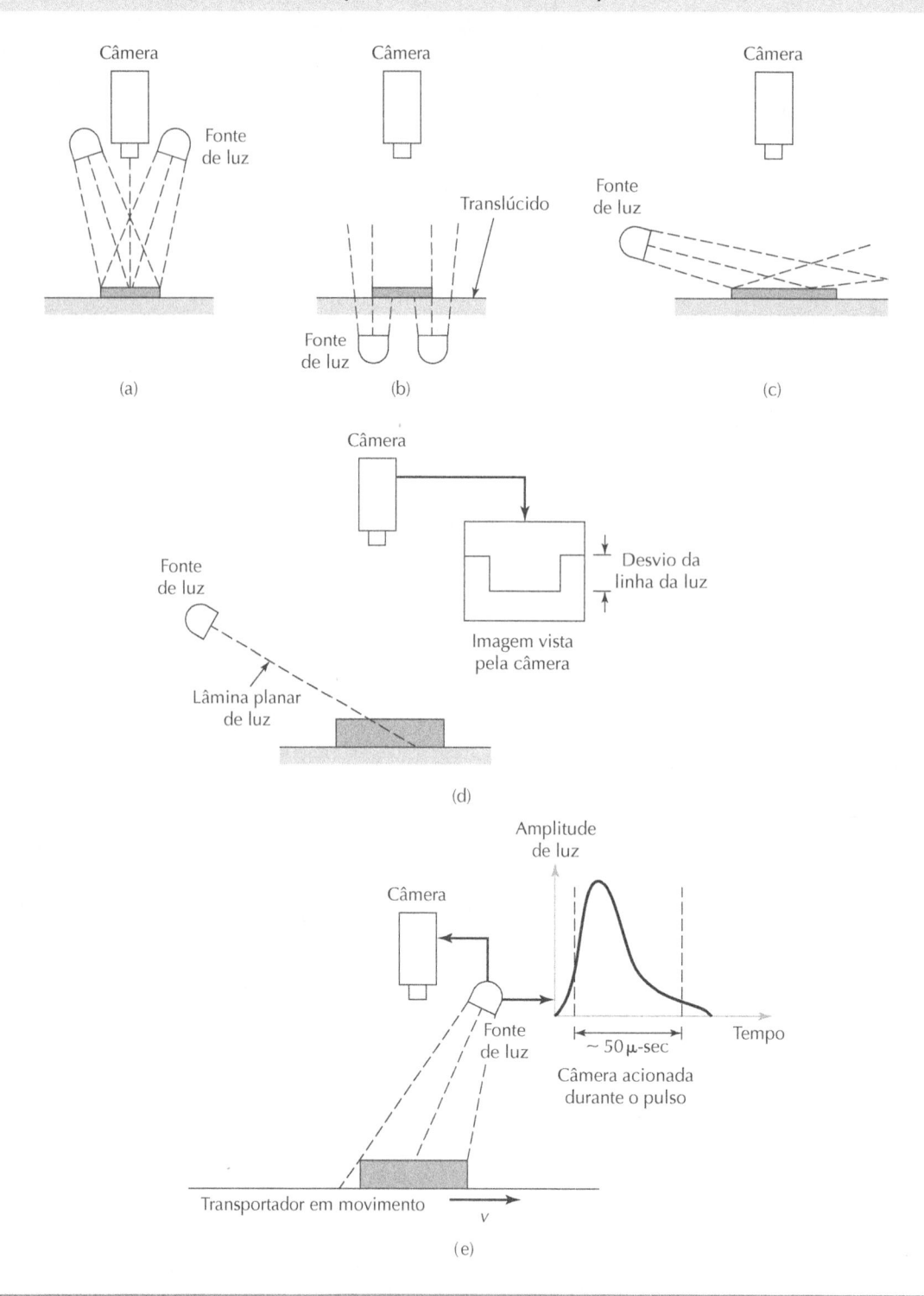

desvios de uma linha reta. A distância do desvio pode ser determinada por medição ótica, e as diferenças de elevação correspondentes podem ser calculadas utilizando a trigonometria.

Na iluminação estroboscópica, a cena é iluminada por um pulso curto de luz de alta intensidade, que faz com que um objeto em movimento pareça estacionário. O objeto em movimento pode ser uma peça passando pela câmera de visão em um transportador. O pulso de luz pode durar de 5 a 500 microssegundos [8]. Esse tempo é suficiente para a câmera capturar a cena, apesar do acionamento ter de ser sincronizado com aquele da luz estroboscópica.

22.6.2 Análise e processamento de imagens

A segunda função na operação de um sistema de visão de máquina é o processamento e a análise de imagens. Como indicado pelo Exemplo 22.4, o montante de dados que tem de ser processado é significativo. Os dados para cada quadro têm de ser analisados dentro do tempo exigido para completar uma digitalização (tipicamente 1/30 s). Várias técnicas foram desenvolvidas para analisar os dados das imagens em um sistema de visão de máquina. Uma categoria de técnicas no processamento e na análise de imagens é chamada de segmentação. As técnicas de *segmentação* (do inglês, *segmentation*) têm a intenção de definir e separar regiões de interesse dentro da imagem. Duas das técnicas mais comuns são a de limiar (do inglês, *thresholding*) e a de detecção de borda (do inglês, *edge detection*). A *técnica de limiar* envolve a conversão de cada nível de intensidade de pixel em um valor binário, representando branco ou preto. Isso é feito comparando o valor de intensidade de cada pixel a um valor de limiar definido. Se o valor de pixel é maior do que o limiar, ele recebe o valor de *bit* binário para branco, digamos 1; se menos do que o limiar for definido, então ele recebe o valor de *bit* para preto, digamos 0. Reduzir a imagem para forma binária por meio da técnica de limiar normalmente simplifica o problema posterior de definição e identificação de objetos na imagem. A *detecção de borda* diz respeito à determinação da localização dos limites entre um objeto e o ambiente que o cerca em uma imagem. Isso é alcançado com a identificação do contraste na intensidade de luz que existe entre *pixels* adjacentes nas bordas do objeto. Vários algoritmos foram desenvolvidos para seguir a borda em torno do objeto.

Outro conjunto de técnicas no processamento e na análise de imagens que normalmente segue a segmentação é a *extração de características*. A maioria dos sistemas de visão de máquina caracteriza um objeto na imagem por meio das características do objeto: sua área, seu comprimento, sua largura, seu diâmetro, seu perímetro, seu centro de gravidade e sua relação entre altura e largura. Os métodos de extração de características são projetados para determinar essas características baseadas na área e limites do objeto (utilizando técnicas de limiar, de detecção de borda e outras técnicas de segmentação). Por exemplo, a área do objeto pode ser determinada contando o número de *pixels* que formam o objeto e multiplicando por um fator representando a área de um pixel. Seu comprimento pode ser encontrado medindo a distância (em termos de *pixels*) entre as duas bordas opostas extremas da peça.

22.6.3 Interpretação

Para qualquer aplicação, a imagem tem de ser interpretada baseada nas características extraídas. A função de interpretação normalmente diz respeito ao reconhecimento do objeto, tarefa denominada *reconhecimento de objeto* ou *reconhecimento de padrão*. O objetivo nessas tarefas é identificar o objeto na imagem comparando com modelos predefinidos ou valores padrão. Duas técnicas de interpretação comumente utilizadas são a correspondência de padrão e a ponderação de características. A *correspondência de padrão* é o nome dado a vários métodos que tentam comparar uma ou mais características de uma imagem às características correspondentes de um modelo ou padrão armazenado na memória do computador. A técnica de correspondência de padrão mais básica é aquela na qual a imagem é comparada, pixel a pixel, a um modelo de computador correspondente. Dentro de determinadas tolerâncias estatísticas, o computador determina se a imagem corresponde ao padrão. Uma das dificuldades técnicas com esse método alinhar a peça na mesma posição e orientação na frente da câmera, para permitir que a comparação seja feita sem complicações no processamento de imagens.

A *ponderação de características* é uma técnica na qual várias características (por exemplo, área, comprimento e perímetro) são combinadas em uma única medida, designando um peso para cada característica de acordo com sua importância relativa na identificação do objeto. A pontuação do objeto na imagem é comparada à pontuação de um objeto ideal residindo na memória do computador para conseguir a identificação apropriada.

22.6.4 Aplicações de visão de máquina

A razão para interpretar a imagem é alcançar algum objetivo prático em uma aplicação. Aplicações de visão de máquina na manufatura se dividem em três categorias: (1) inspeção, (2) identificação e (3) orientação e controle visual.

Inspeção. Decididamente, a inspeção de controle de qualidade é a maior categoria. As instalações de visão de máquina na indústria realizam uma variedade de tarefas de inspeção automatizada, a maioria das quais são on-line/em processo ou on-line/pós-processo. As aplicações são quase sempre em produção em massa, na qual o tempo exigido para programar e estabelecer o sistema de visão pode ser disseminado nos muitos milhares de unidades. As tarefas de inspeção industrial típicas incluem:

- *Medição dimensional.* Aplicações que envolvem a delimitação de determinadas características dimensionais das peças ou dos produtos que normalmente se deslocam a velocidades relativamente altas em um transportador em movimento. O sistema de visão de máquina tem de comparar as características (dimensões) às correspondentes de um modelo armazenado no computador e determinar o valor da dimensão.
- *Calibragem dimensional.* Essa tarefa é similar ao caso anterior, exceto pelo fato de que uma função de calibragem em vez de medição é realizada.
- *Verificação da presença de componentes.* É realizada em um produto montado.
- *Verificação da localização e do número de furos.* Operacionalmente, é similar à medição dimensional e à verificação de componentes.
- *Detecção de falhas e defeitos de superfície.* Falhas e defeitos na superfície de uma peça ou material normalmente revelam-se como uma mudança na luz refletida. O sistema de visão pode identificar o desvio de um modelo ideal da superfície.
- *Detecção de falhas em um rótulo impresso.* O defeito pode ser um rótulo mal colocado ou um texto mal impresso, mal numerado ou mal escrito.

Todas as aplicações de inspeção anteriores podem ser realizadas utilizando sistemas 2D. Determinadas aplicações exigem visão 3D, como a digitalização do contorno de uma superfície, a inspeção de ferramentas de corte para checar quebras e desgaste e checar depósitos de pasta de solda na superfície de placas de circuito montado. Os sistemas tridimensionais estão sendo usados cada vez mais na indústria automotiva para inspecionar contornos de superfície de peças como chassis e painéis de instrumentos.

Outras aplicações de visão de máquina. Aplicações de identificação de peças utilizam um sistema de visão para reconhecer e talvez distinguir peças ou outros objetos de maneira que alguma ação possa ser tomada. As aplicações incluem separação de peças, contagem de diferentes tipos de peças fluindo ao longo de um transportador e monitoramento de estoque. A identificação de peças normalmente pode ser realizada por sistemas de visão 2D. A leitura de códigos de barras bidimensionais e o reconhecimento de caracteres (Capítulo 12) representam aplicações de identificação adicionais realizadas por sistemas de visão 2D.

A orientação e o controle visual envolvem aplicações nas quais um sistema de visão trabalha em equipe com um robô ou uma máquina similar para controlar o movimento da máquina. O termo sistema robótico guiado por visão (do inglês, *vision-guided robotic system* — VGR) é utilizado em conexão com essa tecnologia [28]. Exemplos de aplicações VGR incluem o rastreamento de solda na soldagem a arco contínuo, o posicionamento de peça e/ou reorientação, a busca de peças em transportadores em movimento ou em caixas estacionárias, a evitação de colisões, operações de usinagem e tarefas de montagem. Essas aplicações foram encorajadas por recentes melhorias no software que coordena as operações do sistema de visão e do robô.

22.7 OUTROS MÉTODOS DE INSPEÇÃO ÓTICA

A visão de máquina é uma tecnologia bastante conhecida, talvez por ser similar a um dos importantes sentidos humanos e ter potencial para muitas aplicações na indústria. Entretanto, há também outras tecnologias sensoriais óticas utilizadas para inspeção, as quais esta seção se dedica. A linha divisória entre a visão de máquina e essas técnicas se embaralha às vezes (com o perdão do trocadilho). A distinção é a de que a visão de máquina tende a imitar as capacidades do sistema sensorial ótico humano, que inclui não apenas os olhos, mas também os complexos poderes interpretativos do cérebro. As técnicas descritas abaixo têm um modo de operação muito mais simples.

Instrumentos óticos convencionais. Esses instrumentos incluem projetores de perfil e microscópios [24]. Um *projetor de perfil* projeta a sombra de um objeto (por exemplo, uma peça) contra uma grande tela na frente de um operador. O objeto pode ser movido nas direções *x-y*, permitindo que o operador obtenha dados dimensionais utilizando linhas reticuladas na tela. Os projetores modernos trazem capacidades de detecção de borda e software avançados que permitem que medições sejam feitas com exatidão e rapidez. Também conhecidos como projetor de contornos, comparador ótico e esquiagramas, são mais fáceis de se usar do que máquinas de medição por coordenadas e podem ser alternativas atraentes para a tecnologia mais sofisticada em muitas aplicações exigindo medições em apenas duas dimensões. O preço de um projetor de perfil está em torno da metade do preço da MMC menos cara.

Uma alternativa para o projetor de perfil é o microscópio convencional. Enquanto o comparador é em geral uma unidade que fica parada no chão, um microscópio é normalmente uma unidade sobre uma bancada, exigindo desse modo menos espaço no piso da fábrica. Microscópios podem ser equipados com um sistema de projeção ótico em vez de um ocular, proporcionando benefícios ergonômicos para o operador. Uma vantagem significativa sobre o projetor de perfil é que o sistema de projeção mostra a superfície real do objeto, em vez de sua sombra. O usuário pode ver sua cor, sua textura e outras características em vez de apenas um perfil.

Sistemas a laser. A característica excepcional de amplificação de luz por emissão de radiação (do inglês, *light amplification by stimulated emission of radiation — laser*) é usar um feixe de luz coeso que pode ser projetado com um mínimo de difusão. Devido a isso, *lasers* têm sido usados em um grande número de aplicações de processamento e medição industrial. Feixes de *laser* de alta energia são usados para soldagem e corte de materiais, e *lasers* de baixa energia são utilizados em várias situações de medição e calibragem.

O dispositivo de varredura a *laser* cai na segunda categoria. Como mostrado na Figura 22.12, a varredura por *laser* usa um feixe que é defletido por um espelho rotativo para produzir um feixe de luz que pode ser focado para passar por um objeto (fazendo uma varredura). Um fotodetector do lado mais distante do objeto sente o feixe de luz exceto pelo período de tempo durante a varredura quando é interrompido pelo objeto. Esse período de tempo pode ser medido com grande precisão e relacionado ao tamanho do objeto na trajetória do feixe de *laser*. O dispositivo de varredura por feixe de laser pode completar sua medição em um tempo muito curto. Consequentemente, o esquema pode ser aplicado em inspeção ou calibragem on-line/pós-processo de alta produção. Um microprocessador conta o tempo de interrupção do feixe de *laser* à medida que realiza a varredura no objeto, faz a conversão de tempo para dimensão linear e sinaliza outros equipamentos para fazer ajustes no processo de manufatura e/ou ativar um dispositivo de separação na linha de produção. Aplicações da técnica de varredura a *laser* incluem operações de laminação, extrusão de arame e processos de usinagem e retífica.

Aplicações mais sofisticadas de sistemas de inspeção a *laser* são encontradas na indústria automotiva para medição do contorno e encaixe de chassis de carros e seus componentes de chapas de metal. Essas aplicações exigem números muito grandes de medições que serão feitas a fim de capturar os formatos de contornos geométricos complexos. Tolinski [21] descreve três componentes nos sistemas de inspeção que realizam essas medições. O primeiro é um escâner a *laser* capaz de coletar mais de 15 mil pontos de dados geométricos por segundo. O segundo componente é uma máquina de medição por coordenadas móvel à qual o dispositivo a *laser* é fixado. A função da MMC é localizar com precisão os pontos escaneados no espaço tridimensional. O terceiro componente é um sistema de computador programado para comparar os pontos dos dados com um modelo geométrico da forma desejada.

Figura 22.12 **Diagrama de um dispositivo de escaneamento a *laser***

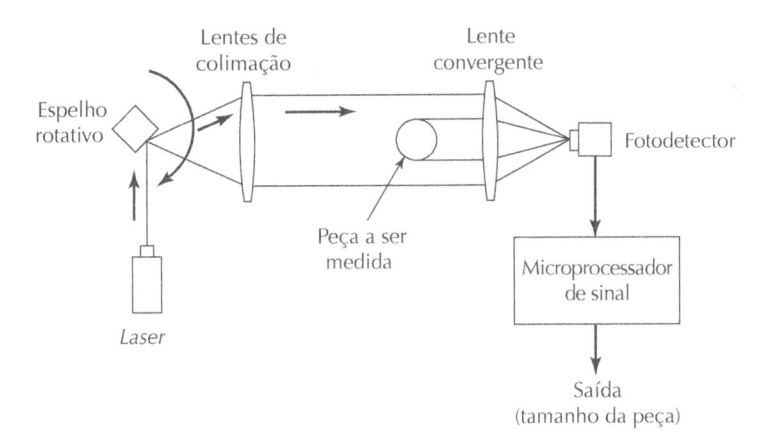

Dispositivos de matriz linear. A operação de uma matriz linear para inspeção automotiva é similar em muitos aspectos à visão de máquina, exceto pelo fato de que os *pixels* são arranjados em apenas uma dimensão em vez de duas. Um diagrama esquemático mostrando um arranjo possível de um dispositivo de matriz linear é apresentado na Figura 22.13. O dispositivo consiste de uma fonte de luz que emite uma lâmina planar de luz direcionada a um objeto. Do lado oposto do objeto há uma matriz linear de fotodiodos proximamente espaçados. Números comuns de fotodiodos na disposição são 256, 1024 e 2048 [23]. A lâmina de luz é bloqueada pelo objeto, e essa luz bloqueada é medida pela disposição de fotodiodos para indicar a dimensão de interesse do objeto.

Figura 22.13 Dispositivo de medição por matriz linear

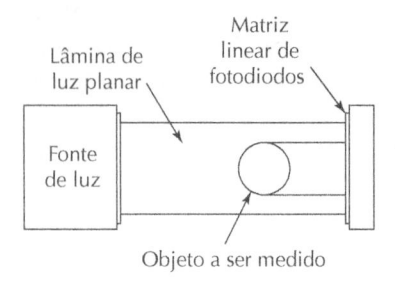

O esquema de medição de matriz linear tem como vantagens: simplicidade, exatidão e velocidade. Ele não tem peças móveis e acredita-se possuir uma resolução tão pequena quanto 50 milionésimos de uma polegada [20]. Ele pode completar uma medição em um tempo de ciclo muito menor do que a máquina de visão ou a técnica de varredura por feixe de *laser*.

Técnicas de triangulação ótica. As técnicas de triangulação são baseadas nas relações trigonométricas de um triângulo reto. A triangulação é utilizada para descobrir o alcance, isto é, determinar a distância ou o alcance de um objeto a partir de dois pontos conhecidos. O uso do princípio em um sistema de medição ótico é explicado com referência à Figura 22.14. Uma fonte de luz (normalmente um *laser*) é usada para concentrar um feixe estreito em um objeto para formar um ponto de luz concentrado sobre o objeto. Uma matriz linear de fotodiodos ou outro detector ótico sensível à posição é usado para determinar a localização do ponto. O ângulo A do feixe direcionado ao objeto é fixo e conhecido, e da mesma forma é a distância L entre a fonte de luz e o detector fotossensível. Consequentemente, o alcance R do objeto da linha de base definida pela fonte de luz e o detector fotossensível na Figura 22.14 podem ser determinados como uma função do ângulo das relações trigonométricas da seguinte maneira:

$$R = L \cot A \qquad (22.13)$$

22.8 TÉCNICAS DE INSPEÇÃO NÃO ÓTICAS SEM CONTATO

Além dos métodos de inspeção ótica sem contato, há também uma variedade de técnicas não óticas utilizadas para tarefas de inspeção na manufatura. Exemplos incluem técnicas sensoriais baseadas em campos elétricos, radiação e ultrassom. Esta seção revisa brevemente essas tecnologias à medida que elas possam ser utilizadas para inspeção. Elas são importantes porque são *métodos de avaliação não destrutivos*.

Técnicas de campo elétrico. Sob determinadas condições, uma sonda eletricamente ativa pode criar um campo elétrico, afetado por um objeto nos arredores da

Figura 22.14 Princípio da percepção de triangulação ótica

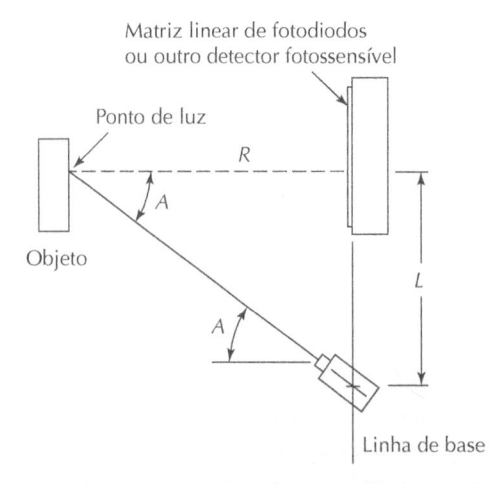

sonda. Exemplos de campos elétricos incluem relutância, capacitância e indutância. Na aplicação típica, o objeto (peça) é posicionado em uma relação definida para a sonda. Uma medição do efeito do objeto sobre o campo elétrico permite uma medição ou calibragem indireta de determinadas características da peça, como características dimensionais, espessura da chapa e, em alguns casos, falhas (fissuras e vazios abaixo da superfície) no material.

Técnicas de radiação. Técnicas de radiação utilizam raios X para procedimentos de inspeção sem contato sobre metais e produtos fabricados com solda. A quantidade de radiação absorvida pelo objeto de metal pode ser usada para indicar espessura e presença de falhas na peça de metal ou seção soldada. Um exemplo é o uso de técnicas de inspeção de raios X para medir a espessura da chapa de metal feito em uma laminadora. A inspeção é realizada como um procedimento on-line/pós-processo, com informações da inspeção usadas para fazer ajustes na abertura entre rolos laminadores.

Métodos de inspeção ultrassônica. As técnicas ultrassônicas fazem uso do som de alta frequência (mais de 20 mil Hertz) para várias tarefas de inspeção. Algumas das técnicas são realizadas manualmente, enquanto outras são automatizadas. Um dos métodos automatizados envolve emitir ondas ultrassônicas para uma sonda e refleti-las no objeto a ser inspecionado. Na configuração do procedimento de inspeção, uma peça-teste ideal é colocada na frente da sonda para obter um padrão de som refletido. Esse padrão de som torna-se o padrão contra o qual as peças de produção são mais tarde comparadas. Se o padrão refletido de uma determinada peça de produção casa com o padrão (dentro de uma variação estatística admissível), a peça é considerada aceitável; de outra maneira, ela é rejeitada. Um problema técnico com essa técnica envolve a apresentação de peças de produção na frente da sonda. Para evitar variações alheias aos padrões de som refletidos, as peças têm de ser sempre colocadas na mesma posição e orientação em relação à sonda.

Referências

[1] ARONSON, R. B. "Shop-harnened CMMs". *Manufacturing Engineering*, p. 62-8, abr. 1998.

[2] ARONSON, R. B. "Finding the flaws". *Manufacturing Engineering*, p. 81-8, nov. 2006.

[3] BOSCH, A. (editor). *Coordinate measuring machines and systems*. Nova York: Marcel Decker, 1995.

[4] BROWN & SHARPE. *Handbook of Metrology*. North Kingston, RI, 1992.

[5] DESTAFANI, J. "On-machine probing". *Manufacturing Engineering*, p. 51-7, nov. 2004.

[6] DOEBLIN, E. O. *Measurement systems:* Applications and design. 4. ed. Nova York: McGraw-Hil, 1990.

[7] FARAGO, F. T. *Handbook of dimensional measurement*. 2. ed. Nova York: Industrial Press, 1982.

[8] GALBIATI JR., L. J. *Machine vision and digital image processing fundamentals*. Englewood Cliffs, NJ: Prentice Hall, 1990.

[9] GROOVER, M. P.; WEISS, M.; NAGEL, R. N.; ODREY, N. G. *Industrial Robotics:* Technology, programming, and applications. Nova York: McGraw-Hill, 1986. cap. 7.

[10] GROOVER, M. P. *Fundamentals of modern manufacturing: Materials, processes, and systems*. 3. ed. Hoboken, NJ: John Wiley & Sons, 2007. cap. 45.

[11] HOGARTH, S. "Machines with vision". *Manufacturing Engineering*, p. 42-51, abr. 1998.

[12] KUBEL, E. "Machine vision: Eyes for industry". *Manufacturing Engineering*, p. 42-51, abr. 1998.

[13] LIN, S.-S.; VARGHESE, P.; ZHANG, C.; WANG, H.-P. B. "A comparative analysis of CMM form-fitting algorithms". *Manufacturing Review*, v. 8, n. 1, p. 47--58, mar. 1985.

[14] MORRIS, A. S. *Measurement and calibration for quality assurance*. Englewood Cliffs, NJ: Prentice-Hall, 1991.

[15] MUMMERY, L. *Surface texture analysis:* The handbook. Cidade, DE: Hommelwerke, 1990.

[16] SAUNDERS, M. "Keeping in touch with probing". *Manufactruing Engineering*, p. 52-8, out. 1998.

[17] SCHAFFER, G. H. "Taking the measure of CMMs". *American Machinist*, p. 145-60, out. 1982. Relatório especial.

[18] SCHAFFER, G. H. "Machine vision: A sense for CIM". *American Machinist*, p. 101-20, jun. 1984. Relatório especial.

[19] SHARKE, P. "On-machine inspecting". *Mechanical Engineering*, p. 30-3, abr. 2005.

[20] SHEFFIELD Measurement Division. *66 centuries of measurement*. Dayton, OH: Cross & Trecker Corporation, 1984.

[21] S. STARRETT Company. *Tools and rules*, Athol, MA: S. Starrett Company, 1992.

[22] TOLINSKI, M. "Hands-off inspection". *Manufacturing Engineering*, p. 117-30, set. 2005.

[23] VERNON, D. *Machine vision:* Automated visual inspection and robot vision Londres: Prentice Hall International, 1991.

[24] WAURZYNIAK, P. "Programming CMMs". *Manufacturing Engineering*, p. 117-26, maio 2004.
[25] WAURZYNIAK, P. "Optical inspection". *Manufacturing Engineering*, p. 107-14, jul. 2004.
[26] FARO TECHNOLOGIES. Disponível em: <www.faro.com>. Acesso em: 5 nov. 2010.
[27] WICK, C.; VEILLEUX, R.F. (editores). *Tool and manufacturing engineers handbook*, 4. ed. Dearborn, MI: Society of Manufacturing Engineers, 1987. v. IV: Quality control and assembly.
[28] ZENS JR., R. G. "Guided by vision". *Assembly*, p. 52-8, set. 2002.

Questões de revisão

22.1 Defina o termo medição.

22.2 O que é metrologia?

22.3 Quais são as sete quantidades básicas usadas na metrologia das quais todas as outras variáveis são derivadas?

22.4 Qual é a diferença entre exatidão e precisão na medição? Defina os dois termos.

22.5 Em relação aos instrumentos de medição, o que é calibração?

22.6 O que quer dizer inspeção de contato?

22.7 Cite algumas vantagens da inspeção sem contato.

22.8 O que quer dizer metrologia por coordenadas?

22.9 Quais são os dois componentes básicos de uma máquina de medição por coordenadas?

22.10 Cite as quatro categorias nas quais os métodos de operação e controle de uma MMC podem ser classificados.

22.11 O que significa o termo engenharia reversa no contexto de máquinas de medição por coordenadas?

22.12 Cite quatro das sete características de aplicações potenciais para as quais MMCs mais apropriadas.

22.13 Cite alguns argumentos e objeções para se usar os apalpadores de inspeção montados em porta-ferramentas em máquinas-ferramenta?

22.14 Qual é o método mais comum usado para medir as superfícies de uma peça?

22.15 O que é visão de máquina?

22.16 A operação de um sistema de visão de máquina pode ser dividida em três funções. Cite e os descreva brevemente.

22.17 Qual é a principal aplicação da visão de máquina na indústria?

22.18 O que é um projetor de perfil?

22.19 A palavra *laser* é um acrônimo para o quê?

Problemas

Máquinas de medição por coordenadas

(Para facilidade de cálculo, valores numéricos nos exemplos a seguir são dados a um nível de precisão mais baixo do que o nível para o qual a maioria das MMCs seria capaz)

22.1 Dois pontos correspondendo a uma determinada dimensão de comprimento (em polegadas) foram medidos por uma máquina de medição por coordenadas no plano *x-y*. As coordenadas da primeira extremidade são (12,511; 2,273), e as da extremidade oposta são (4,172; 1,985). As coordenadas foram corrigidas pelo valor do raio do apalpador. Determine a dimensão do comprimento que seria calculada pelo software da MMC.

22.2 As coordenadas nas duas extremidades de uma determinada dimensão de comprimento (em polegadas) foram medidas por uma MMC. As coordenadas da primeira extremidade são (120,5; 50,2; 20,2) e as da extremidade oposta são (23,1; 11,9; 20,3). As coordenadas foram corrigidas pelo valor do raio do apalpador. Determine a dimensão de comprimento que seria calculada pelo software da MMC.

22.3 Três pontos na superfície de um furo foram medidos (em milímetros) por uma MMC nos eixos *x-y*. As três coordenadas são (16,42; 17,17), (20,20; 11, 85) e (24,08; 16,54) e foram corrigidas pelo valor do raio do apalpador. Determine (a) a coordenada do centro do furo e (b) o diâmetro do furo, da maneira como são calculados pelo software da MMC.

22.4 Três pontos na superfície de um cilindro foram medidos (em polegadas) por uma máquina de medição por coordenadas. O cilindro está posicionado de maneira que seu eixo seja perpendicular ao plano *x-y*. As três coordenadas nos eixos *x-y* são (5,242; 0,124), (0,325; 4,811) e (-4,073; –0,544) e foram corrigidas pelo valor do raio do apalpador. Determine (a) as coordenadas do eixo do cilindro e (b) o diâmetro do cilindro, da maneira que são calculados pelo software da MMC.

22.5 Dois pontos em uma linha foram medidos (em polegadas) por uma MMC no plano x-y. Os pontos têm as coordenadas (12,257; 2,550) e (3,341; –10,294), as quais foram corrigidas pelo valor do raio do apalpador. Determine a equação para a linha na forma da Equação (23.7).

22.6 Dois pontos em uma linha são medidos (em milímetros) por uma MMC no plano x-y. Os pontos têm as coordenadas (100,24; 20,57) e (50,44; 60,46), as quais foram corrigidas pelo valor do raio do apalpador. Determine a equação para a linha na forma da Equação (23.7).

22.7 As coordenadas da interseção de duas linhas serão determinadas utilizando uma MMC para definir as equações para as duas linhas, as quais são as bordas de uma peça usinada, cuja a interseção representa o canto no qual as duas bordas se encontram. Ambas as linhas se encontram no plano x-y, e as medições estão em polegadas. Dois pontos são medidos na primeira linha com as coordenadas (5,254; 10,430) e (10,223; 6,052). Dois pontos são medidos na segunda linha com as coordenadas (6,101; 0,657) e (8,970; 3,824). Os valores de coordenadas foram corrigidos pelo valor do raio do apalpador. (a) Determine as equações para as duas linhas na forma da Equação (23.7). (b) Quais são as coordenadas da interseção das duas linhas? (c) As bordas representadas pelas duas linhas são especificadas como perpendiculares. Descubra o ângulo entre as duas linhas para determinar se as bordas são perpendiculares.

22.8 Duas das bordas de uma peça retangular são representadas por duas linhas no plano x-y na mesa de uma MMC, como ilustrado na Figura P22.8. Queremos redefinir matematicamente o sistema de coordenadas de maneira que as duas bordas sejam usadas como os eixo x e y, em vez dos eixos x-y regulares da MMC. Para definir o novo sistema de coordenadas, dois parâmetros têm de ser determinados: (a) a origem do novo sistema de coordenadas tem de ser localizada no sistema de eixos MCC existente e (b) o ângulo do eixo x do novo sistema de coordenadas tem de ser determinado em relação ao eixo x da MMC. Dois pontos na primeira borda (linha 1) foram medidos pela MMC, e as coordenadas são (46,21; 22,98) e (90,25; 32,50). Também dois pontos na segunda borda (linha 2) foram medidos pela MMC, e as coordenadas são (26,53; 40,75) e (15,64; 91,12). Em ambos os casos as unidades estão em milímetros e as coordenadas foram corrigidas pelo valor do raio do apalpador. Determine (a) as coordenadas da nova origem em relação à origem da MMC e (b) quantos graus de rotação do novo eixo x em relação ao eixo x da MMC. (c) As duas linhas (bordas da peça) são perpendiculares?

22.9 Três pontos na superfície plana de uma peça foram medidos (em milímetros) por uma MMC. Os três pontos são (225,21; 150, 23; 40,17), (14,24; 140,92; 38, 29) e (12,56; 22,75; 38,02), cujas coordenadas foram corrigidas pelo valor do raio do apalpador. (a) Determine a equação para o plano na forma da Equação (23.10). (b) Para avaliar a planicidade da superfície, a MMC mede um quarto ponto. Se as suas coordenadas são (120,22; 75,34; 39,26), qual é o desvio vertical desse ponto do plano perfeitamente liso determinada em (a)?

Figura P22.8 Visão de cima da peça em relação aos eixos CMM

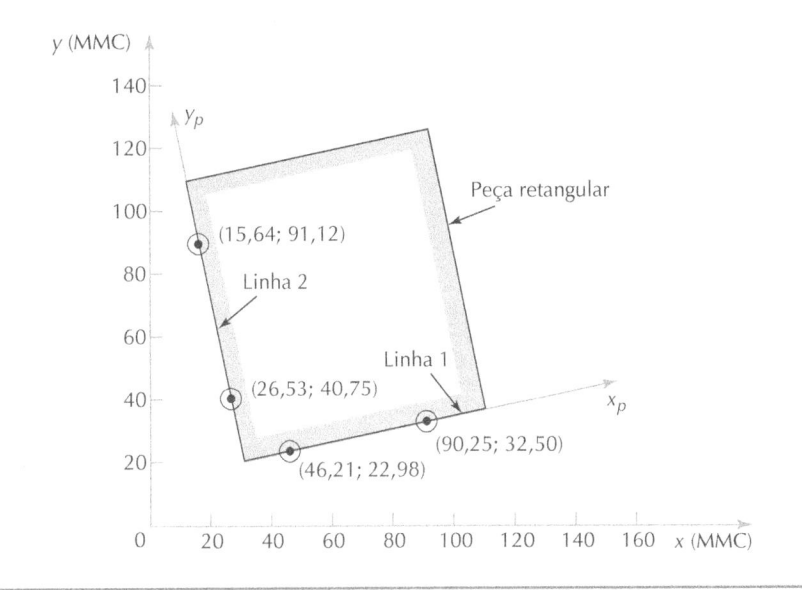

Métodos de inspeção ótica

22.10 Uma câmera de estado sólido tem matriz de pixel 256 × 256. O conversor analógico-digital leva 0,2 microssegundo ($0{,}20 \times 10^{-6}$ s) para converter a sinal de carga analógica para cada pixel no sinal digital correspondente. Se não há perda de tempo na troca entre *pixels*, determine: (a) o montante de tempo necessário para reunir os dados de imagem para um quadro e (b) se o tempo determinado na parte (a) é compatível com a taxa de processamento de trinta quadros por segundo.

22.11 A contagem de *pixels* de uma câmera de estado sólido é 500 × 582. Cada pixel é convertido de um sinal de voltagem analógico para um sinal digital correspondente por um conversor analógico-digital. O processo de conversão leva 0,08 microssegundo ($0{,}08 \times 10^{-6}$ s) para ser completado. Dado esse tempo, quanto tempo é gasto para reunir e converter os dados de imagem para um quadro? Isso pode ser feito trinta vezes por segundo?

22.12 Uma câmera de estado sólido de alta resolução terá matriz de pixel de 1035 × 1320. Uma taxa de processamento de imagens de trinta vezes por segundo tem de ser alcançada, ou 0,0333 segundo por quadro. Para levar em consideração o tempo perdido em outro processamento de dados por quadro, o tempo ADC total por quadro tem de ser 80 por cento do 0,0333 segundo, ou 0,0267 segundo. A fim de ser compatível com essa velocidade, em que período de tempo a conversão analógico-digital tem se der realizada por pixel?

22.13 Um sistema de câmera de estado sólido tem 512 × 512 elementos de imagem. Todos os *pixels* são convertidos sequencialmente por um ADC e lidos para a memória de quadros (do inglês, *frame buffer*) para processamento. O sistema de visão de máquina vai operar à taxa de trinta quadros por segundo. Entretanto, a fim de permitir tempo para o processamento de dados dos conteúdos da memória de quadros, a conversão analógico-digital de todos os *pixels* pelo ADC tem de ser completada em 1/80 segundo. Supondo que dez nanossegundos (10×10^{-9} s) sejam perdidos na troca de um pixel para o próximo, determine o tempo necessário para levar adiante o processo de conversão analógico-digital para cada pixel, em nanossegundos.

22.14 Um dispositivo de varredura a *laser* similar ao mostrado na Figura 22.12 será usado para medir o diâmetro de eixos retificados em uma operação de retífica sem centro (do inglês, *centerless*). A peça tem um diâmetro de 0,475 polegada com uma tolerância de ± 0,002 polegada. O espelho de quatro lados do dispositivo de varredura de feixe de *laser* gira a 250 rpm. As lentes de colimação focam 30 graus da varredura do espelho para um espaço que tem uma polegada de largura. Presume-se que o feixe de luz se desloque a uma velocidade constante através desse espaço. O fotodetector e o conjunto de circuitos de temporização é capaz de decompor unidades de tempo tão precisas quanto cem nanossegundos (100×10^{-9} s). Essa resolução deve ser equivalente a não mais do que dez por cento da banda de tolerância (0,0004 polegada). (a) Determine o tempo de interrupção do feixe de *laser* para uma peça cujo diâmetro é igual ao tamanho nominal. (b) Quanto de uma diferença no tempo de interrupção é associado à tolerância ± 0,002 polegada? (c) A resolução do fotodetector e o conjunto de circuitos de temporização são suficientes para alcançar a regra de dez por cento da banda de tolerância?

22.15 Cálculos de triangulação serão usados para determinar a distância de peças que se deslocam em um transportador. A configuração do aparato de medição ótica é ilustrada no texto na Figura 22.14. O ângulo entre o feixe e a superfície da peça é de 25 graus. Suponha que, para determinada peça passando no transportador, a distância da linha-base é de 6,55 polegadas, como medida pelo sistema de detecção fotossensitivo linear. Qual é a distância dessa peça para a linha base?

ÍNDICE REMISSIVO

A
Aberrações, 66
Acelerômetro, 94
Acessibilidade, 258, 261-262
Ações iniciadas por temporizador, 80-82
Administração científica, 22
Álgebra booleana, 205-207
   carregamento da máquina pelo robô (exemplo), 206-207
   função NOT, 205
   função OR, 205
   interruptor de botão de pressão (exemplo), 207-208
   leis/teoremas na, 206-207
Agendamento, 227
AGVs, *veja também* Sistema de veículo guiado automaticamente
Ajustador, 185
Alavanca, 57
Álgebra lógica, 205
Alimentador de peças, 395
   programáveis, 497
Alta confiabilidade, 532
Alteração ocasionada por evento, 78
American National Standards Institute (ANSI), 501
American Society for Quality (ASQ), 501-502
Amostragem, 511-513, *veja também* Pesquisa (amostragem de dados)
   atributos, 511
   curva de características da operação, 512-513
   de aceitação, 511
   do lote, 511
   erros estatísticos na, 512
   variáveis, 511
Amperímetro, 94
Ampla faixa operacional, 532
Amplificador, 96, 103
Análise básica de dados, Seis Sigma, 490-492
Análise da origem da causa, Seis Sigma, 491-492
Análise de processos, Seis Sigma, 491
Análise de transporte, 247-251
   transportadores contínuos, 247-250
   transportadores unidirecionais, 247-248
Análise do fluxo de produção (AFP), 420-422
   análise de *cluster*, 421-422
   coleta de dados, 420
   diagrama AFP, 421-422
   ordenação de roteamentos do processo, 420-421

Analógico
   definição, 74
   dispositivo de medição, 93-94
Ângulos do passo, 124, 133
Anodização, 28
Apalpador escamoteável, 667
Apalpadores sensíveis ao toque, 546
Aplicações de manuseio de materiais, robôs, 183-185
   carga e/ou descarga da máquina, 184-185
   transferência de material, 184-185
APT, *veja* Ferramenta automaticamente programada
Arc-on time, 185
Arfagem, movimento do punho do robô, 176-177
Armadura em um motor CC, 97
Armazenagem e manuseio de materiais, 13, 28
Armazenamento
   em *buffer* na produção, 268
   em gavetas, 262
   em massa, 262
Arquivo de localização de itens, 269
Arranjo das máquinas em uma célula TG, 428-429
   agrupamento por ordem de classificação, agrupando peças/máquinas por, 428-430
   análise do fluxo de produção (AFP), 420-422
   análise quantitativa no, 428-432
   conceito de peça composta, 423-424
   definição, 415, 421
   famílias de peças, 414-415, 417
   medidas de desempenho para sequências de máquina em uma célula TG (exemplo), 431-432
   método Hollier, 430-431
   projeto de célula de manufatura, 424-426
   sistemas de codificação e classificação de peças, 417-420
   tecnologia de grupo (TG), 413-414
Articulação
   linear, 174
   ortogonal, 174
   rotacional, 174
   rotativa, 174
Articulação de torção, 174
Articulações
   robôs industriais, 174-176
   tipos de, 174
AS/RS, *veja* Sistema automatizado de armazenamento e recuperação
Atividades auxiliares, 37
Atividades de agregação de valor, 37

Atividades desnecessárias, 37
Atraso no equilíbrio, 340
Atuadores, 60, 96-103
   classificação dos, 96
   definição, 96
   elétricos, 96
      motores elétricos, 97-101
      técnicas de campo elétrico, 556
   hidráulicos, 96, 126-128
   pneumáticos, 96, 101-103
Aumento da flexibilidade, 14
AutoCAD, 144
Automação, 3, 22, 55-70
   definição, 56
   detecção e recuperação de erros, 65-66
   dispositivos de medição comumente utilizados na, 94-95
   funções avançadas, 64
   níveis de, 68-69
   nota histórica, 57-58
   rígida, 9
Automação rígida, 9
Automação parcial
   buffers de armazenamento (exemplo), 406
   exemplo, 405-406
Automação programável, 8-9
Avaliação não destrutiva (NDE), 511

B

Balanceamento de linha
   algoritmos de, 417-422
   modelo misto de linhas de montagem, 424-427
Balanceamento de recursos, 687
Barco a vapor, 57
Belt conveyors, 238
Bens de capital, 25
Bens de consumo, 25
Binário, definição, 75
Biométricas, 282
Black Belts, 492
Bobinas, diagramas de lógica Ladder, 209
Boeing Commercial Airplane Company, 32
Boole, George, 205
Boulton, Matthew, 57
Brainstorming, 495-496
Brasagem, 28
Broqueadeira, 21
Buffers de armazenamento
   linhas de montagem manual, 332, 357
   linhas de produção automatizadas, 334
Burbidge, J., 420, 430

C

CAD, *veja também* Projeto assistido por computador (CAD)
Caixas, 262
Calibragem, de dispositivos de medição, 96

CAM, *veja também* Manufatura assistida por computador (CAM)
Came, 57
   mecanismos de acionamento, 373
   software de verificação, 544
Câmeras de estado sólido, 551
Câmera Vidicon, 550
CAN-Q, 456
Carrinhos motorizados, 231
Carros motorizados, 230
Capacidade da fábrica
   efeito de utilização e disponibilidade na, 43
   medidas quantitativas da, 42
Capacidade de produção, 36-37
Capacidade de armazenamento, 258
Capacidade de processamento tecnológico, 36
Capacidade de produção, 42-43
   definição, 42
Capek, Karel, 173
CAPP, *veja também* Planejamento de processo assistido por computador
Características-chave, 508
Características dos materiais, 227-228
Carga de trabalho, 303, 321-323
Carga de trabalho média, FMS
   estações de trabalho, 445
Carga/descarga das estações, 445
Carpintaria, 20
Carregadores de trabalho, 301
Carrinho, 228
Carrinho de mão, 230
Cartão chip, 344
Cartão de circuito integrado, 282
Cartão inteligente, 282
CCF, *veja também* Controle do chão de fábrica
Célula com uma estação, 296
Célula de máquina única, 442
Célula de trabalho, 252
Célula flexível de manufatura (CPF), 310, 442
Célula virtual, máquinas na, 427
Células automatizadas com uma estação, 313-317
   aplicações das, 318-319
   capacidade de armazenamento para uma parte, 315-316
   capacidades de armazenamento maiores do que um, 316-317
   capacitadores para operações de células não atendidas, 314-315
   subsistema de armazenamento e transferência automática de peças, 315-317
Células com uma estação, 308
Célula de máquina
   aplicações, 427-429
   benefícios da, 415
   definição, 415
   famílias de peças, 414-417
   identificando, 414

maior obstáculo na troca para, 417
   nota histórica, 414
   produção, 426
   projeto de produto, 427
Células de máquina, 300, 320
   e movimentação das peças, 425
   formais, 425
   grupo, com manuseio manual, 424-425
   grupo, com gerenciamento semi-integrado, 425
   layouts, 424-427
   layouts em forma de U, 426
   máquinas principais, 427
   projeto, 424-427
   tipos de, 424
   única, 424
   virtual, 427
Células de montagem manuais com uma estação, 359
Células de produção com uma estação, 311-328
   análise das, 321-326
   aplicações das, 317-321
   células automatizadas com uma estação, 313-317
   células tripuladas com uma estação, 312-313
   centros de usinagem CNC, 319-321
Células tripuladas com uma estação, 313-314
   aplicações das, 318
   estação operada manualmente, 313-314
   estação semiautomatizada, 313
Centro de torneamento NC, 319 388
Centro de trabalho, 42
   custo horário de um (exemplo), 50
Centro de usinagem e torneamento, 319-320
   operações do, 321
Centro de usinagem horizontal (HMC), 319
Centro de usinagem universal, 319
Centro vertical de usinagem, 319
Centros de usinagem, 318-319
   classificações dos, 319
   controle numérico, 319
   definição, 318
Centros de usinagem CNC, 318-320
   centros de usinagem, 318-319
      classificações dos, 319
      controle numérico, 319
      definição, 318
CEP, *veja também* Controle Estatístico de Processos
China, 2-3
Chips de memória, 58
Ciclo de comando único, 259
Ciclo de trabalho, etapas no, 60
Ciclos de comando duplo, 259
CIM, *veja também* Manufatura integrada por computador
Circuitos integrados, 58
Classificação de peças e sistemas de codificação, 417-420
   características da, 417-418
   estrutura de modo misto, 418

   estrutura do tipo cadeia, 418
   estrutura hierárquica, 418
CLDATA, 142
CLFILE, 142
   módulo de tradução de entrada, 141-142
   pós-processamento, 142
   tarefa do programador de peças, 130-141
   tarefas computacionais, 141-142
CLPs, *veja também* Controladores Lógicos Programáveis
CN de corte reto, 117
CN, *veja também* Controle numérico
CNC, *veja também* Controle numérico computadorizado
CNC Software, Inc., 144
Codificador de dados, 282
Código, 282
Código secundário, 419
Código suplementar, 419
Código Universal de Produto, 284
Códigos de barra, 282, 285-287
   altura modulada, 285
   bidimensionais (2D), 290-292
      código de barras empilhadas, 290
      simbologia da matriz, 290-291
   enfileirados, 291
   impressoras de códigos de barra, 288-289
   leitores de códigos de barra, 287
      de contato, 287
      sem contato, 287
   lineares (unidimensionais), 284-290
   modulados por largura, 284
   modulado por altura, 284 346
   padrão, adoção de, 285
   scanners de códigos de barra com feixe em movimento, 288
   símbolos, 285
Código de forma, 419
Colagem, 21, 28
Coleta de dados e processamento de informações, 60
Comandos de intertravamento e de sensores, 193-194
Computador de controle central, 236
Computadores, 57
Computador pessoal (PC), 58, 80
   e controle de processos, 84
   e MCU, 115
   software de controle, 375
   usando lógica *soft*, 219-220
Comunalidade do produto, 455
Comunicação de dados por radiofrequência (RFDC), 292
Comutador, 97
Conceito *system*, 20, 439
Condicionamento do sinal, 103
Condições de corte, 127
Configuração cilíndrica, 175-176
Configuração da rotação, linhas de produção automatizadas, 371-372
Configurações de punho, robôs industriais, 176-177

Configurações de punho, robôs industriais, 176-177
Configuração em linha segmentada, 369-370
   linhas de produção automatizadas, 369-370
Configuração polar, 175-176
Configurações, robôs industriais, 175-178
Conjunto de peças para montagem, 261, 268
Contador progressivo, 209-210
Contador progressivo/regressivo, 210
Contador regressivo, 210
Contadores, 209-210
Contadores de pulso, 108
Contato normalmente aberto, 211
Contato normalmente fechado, 211
Contatos, diagramas de lógica Ladder, 210
Continous loop conveyor, 248-249
Controlador em tempo real, 80
Controladores de linha, 375
Controladores Lógicos Programáveis (CLPs), 56, 79, 87, 213-218, 375
   ciclo de operação, 215-216
   componentes dos, 214-215
   controle analógico, 216
   diagramas de blocos de funções, 217
   diagramas de funções sequenciais (SFCs), 217
   diagramas de lógica Ladder, 217, 219
   fonte de alimentação, 214
   funções aritméticas, 216
   funções de matriz, 216
   function block diagram (FBD), 217
   instruction list (IL), 217
   Ladder diagrams (LD), 217
      lista de instrução, 217-219
   módulo de entrada/saída, 215
   processador, 214
   processamento e relatório de dados, 216
   programando, 215-219
   sequencial function chart (SFC), 217
   structured text (ST), 218
   texto estruturado, 218
   unidade de memória, 214
Controle, *veja também* também Controle de qualidade (QC)
   adaptativo, 76
   computacional, 80
   computador central, 236
   controle digital direto (DDC), 84-86
   controle do chão da fábrica (CCF), 6, 80
   controle estatístico de processo (CEP), 6, 491-500
   controle numérico (CN), 80, 112-171
   controle numérico computadorizado (CNC), 115-116, 120
   controle numérico distribuído (DNC), 124-125
   da produção, 6
   das operações de fábrica, 15
   de movimento, 117-121
   de zona, 235-236
   direto, 89
   discreto, 74
   do estoque, 8
   do valor desejado, 79
   industrial, 71
   lógico combinacional, 78, 203
   lógico, 203-208
   preditivo, 75
   processo, 13
   regulatório, 75
   sequencial, 78
   sistema de controle computadorizado, 301
   supervisório, 87
   unidade de controle da máquina (UCM), 115-116, 120--122
Controle adaptativo, 76-77
   função de decisão, 77
   função de identificação, 76-77
   funções de modificação, 77
Controle contínuo
   comparado ao controle discreto, 74
   definição, 74
Controle da produção, 6
Controle de estoque, 6
Controle regulatório, 72, 75-76, 87
Controle de percurso contínuo, 180
Controle do processo, 13
Controle de processos por computador, 79-86
   computadores pessoais (PCs), 80, 84, 89, 90
   Controladores Lógicos Programáveis (CLPs), 87-89
   controle por computador, recursos do, 80
   controle digital direto (DDC), 80-87
   controle numérico e robótica, 87
   controle supervisório, 87-89
   formas de, 80-84
   integração de dados da fábrica extensão empresarial, 90
   intertravamento, 81
   monitoramento de processos computacionais, 84-85
   nota histórica, 79-80
   pesquisa (amostragem de dados), 81-82
   requisitos de controle, 80-81
   sistema de controle distribuído (DCS), 80, 84, 88-90
   sistema de interrupção, 82-84
   tratamento de exceções, 81, 83
Controle de qualidade (CQ), 7, *veja também* Seis Sigma
   Controle estatístico de processo (CEP)
Controle de zonas, 235-236
Controle digital direto (DDC), 79-87
   componentes do sistema, 80
   sistemas, 77
Controle direto, 89
Controle discreto
   comparado ao controle contínuo, 74
   definição, 74
   uso do, 78

Controle do chão de fábrica, 6, 85
Controle do valor-meta, 85
Controle estatístico de processos (CEP), 6, 481-490, *veja também* Diagramas de controle
Controle estatístico de qualidade, 2
Controle industrial, 71
Controle lógico, 203-217
    álgebra booleana e tabelas verdade, 204-205
    elementos da, 204
    usando robótica para ilustrar, 203-204
Controle numérico (CN), 87, 112-171, *veja também* Controle Numérico Computadorizado
Controle numérico computadorizado (CNC), 115-116, 118, 120-125
    características do, 120-121
    definição, 120
    software, 123-124
        aplicativo, 123
        de interface com a máquina, 123
        de sistema operacional, 123
    unidade de controle da máquina para, 121-123
        computadores pessoais (PCs) e, 123
        controles de sequência e, 123
        eixos das máquinas-ferramenta, controles para, 122
        interface de E/S, 122
        memória, 121-122
        unidade central de processamento(CPU), 121
        velocidade do eixo, controles para, 122
Controle numérico direto (DNC), 115, 120, 124-126
    atrás do leitor de fitas (BTR), 124
    configuração do sistema, 124-125
    definição, 124
    redes de computadores, configuração, 125
    redes locais (LANs), 125-126
Controle Numérico Direto (CND); programação de peças
    aplicações, 124
    aplicações de máquinas-ferramenta, 126-141
    CN caminho contínuo, 117
    controle numérico computadorizado (CNC), 115, 116, 120-125
    controle numérico direto (DNC), 115, 124-126
    componentes básicos de um sistema de CN, 115-116
    definição, 112
    desvantagens do, 130-131
    elétricas de enrolar fios, 129
    e processos de metalurgia, 126-129
    equipamento de processamento, 115-116
    fundamentos tecnológicos, 115-120
    máquina de fita para compósitos poliméricos, 130
    máquinas de inserção de componentes, 129
    máquinas de medição por coordenadas, 130
    máquinas elétricas de enrolar filamentos para compósitos
        máquinas-ferramenta, 80
    máquinas-ferramenta, 126
    nota histórica, 113-114
    plotter, 130
    poliméricos, 130
    programa de usinagem, 115, 120, 127, 135, 142
    programação de usinagem, 114, 123, 132, 138, 141
    programador de peças, 115
    sistemas de controle de movimento, 117-118, 123
    sistemas de coordenadas, 118, 142, 144, 153
    vantagens do, 130-131
Controle numérico distribuído (CND)
    definição, 124
    sistemas, 451
Controle preditivo, 75
Controle proporcional-integral-derivativo (PID), 216
Controle regulatório, 75-76
Controle sequencial, 78, 87
Coordenação e controle, 26
Conversor digital-analógico (DAC), 105-107
    decodificação, 105
    etapas de conversão, 105
    exploração de dados, 105
    retentor de ordem zero, 105-107
    retentor de primeira ordem, 106-107
Conversores analógico-digital, 103-105
    função, 103
Corte a laser, forma de energia, 59
Corte a laser, e robôs industriais, 187
Corte por jato de água, e robôs industriais, 187
Cozedura, 24
CQ, *veja também* Controle de qualidade (CQ)
Cravamento, 28
Curva da qualidade média de saída (QMR), 512-514
Curva torque-velocidade, 98
Custo anual de máquina, 49
Custo anual uniforme, 49
Custo da mão de obra direta, 47, 49
Custo do uso dos equipamentos, 49-50
Custos de produção, 49, 53
    custos de matéria-prima,custos fixos, 46
    custos variáveis, 46
    estimando, 49
    mão de obra direta do trabalho, 49
Custos de matéria-prima, 47
Custos fixos, 46
Custos gerais, 47-48
    alocação dos, 48
Custos variáveis, 46

D
DAC, *veja também* Conversor digital-analógico
Dados discretos
    contadores de pulso, 108
    dispositivos de entrada/saída para, 107-108
    geradores de pulso, 108
    interface de entrada com contato, 108
    interface de saída com contato, 108
DCSs, *veja também* Controle Numérico Direto (DNC)

Declarações auxiliares, 169-171
Declarações pós-processador, 168-170
Decodificador de dados, 282
Dedos intercambiáveis, 182
Defeitos por milhão (DPM), 490
Defeitos por milhão de oportunidades (DPMO), 490
Densidade de armazenamento, 258-261
Deposição de camadas finas, 28
Deposição física de vapor, 28
Deposição química de vapor, 28
Desempenho da produção, modelos matemáticos do, 40-50
Desenho, 29
Despaletização, e robôs industriais, 184
Despaletizadores, 226
Detecção de bordas, 553
Detecção e recuperação de erros, 66-69
   em uma célula de usinagem automatizada (exemplo), 67-68
   recuperação de erros, definição, 67
Devol, George C., 57, 173
Dez estratégias para automação e melhoria do processo, 13-14
DFM/A, *veja também* Projeto para fabricação e montagem
Digitalização condicional, 79
Diagnóstico de falhas, 65
Diagrama de funções sequenciais, 217
Diagrama de precedência, 340
Diagrama de blocos de funções, 217
Diagramas de causa e efeito, 489
Diagramas de concentração de defeitos, 488
Diagramas de controle, 485-492
   como *loop* de *feedback*, 485
   diagramas de causa e efeito, 489
   diagramas de concentração de defeitos, 602-488
   diagramas de controle, 485-492
   diagramas de dispersão, 481-496
   diagramas de Pareto, 481
   definição, 485
   folhas de verificação, 482
   histogramas, 481
   implementando, 484-485
   interpretação, 487
   Lei de Pareto, 487-488
   para atributos, 484-486
   para variáveis, 482-484
   tipos de, 482
Diagramas de lógica Ladder, 209-214, 216-218
   bobinas, 209
   circuitos simples de lâmpada (exemplo), 211
   contatos, 209
   relé de controle (exemplo), 211-212
   entradas, 209-210
   interruptor de pressão (exemplo), 211
   três simples círculos com lâmpadas, 211

   símbolos usados nos, 210
Diagrama de rede, 243
Diagrama de/para, 243
Diagramas de dispersão, 483-684
Diagramas de Pareto, 481
Disciplina no lançamento, 351
Disco rígido, 58
Dispositivo de escapamento, 396-397
Dispositivo de escaneamento a laser, 555
Dispositivos mecânicos simples, 181
Dinamômetro, 94
Dispositivo de posicionamento, 397
Dispositivos adesivos, 181
Dispositivos magnetizados, 181
Distância de aquisição, 288
   e requisitos das estações de trabalho, 228, 232-233
Divisão do trabalho, 330-331
DNC, *veja também* Controle Numérico Direto
Dobramento, 27

E

Editor, sistema operacional CNC, 122
Efetuadores finais, 175, 181-182
   ferramentas, 182
   garras, 181-182
Eficiência da linha, 336
   linhas de montagem de modelo único, 336
   linhas de montagem manual, 329
Eficiência do balanceamento de linha, 340
   medidas da, 340-341
Eficiência no reposicionamento, 341
Eixo, 172
Electronic Produt Code (EPC), 291
Eletrificação, 22, 57
Elevadores verticais, 239-240
Empilhadeiras, 226
Encaixe por expansão, 28
Encoder ótico, 64, 95, 134
Encomenda, 28
Energia elétrica, e processos automatizados/não--automatizados, 59
Engelberger, Joseph, 173
Engenharia reversa, 54
Engenharia de projetos, 6
Engenharia de qualidade
   função perda de Taguchi, 497-500
   métodos Taguchi na, 497-501
   projeto robusto, 497-498
Engrenagem, 57
Energia, 56
Enterprise Resource Planning (ERP), 90
Entrada manual de dados, 145
Entradas, diagramas de lógica Ladder, 209-214, 216-218
Envelope de trabalho, 178
Envolvimento do trabalhador, 37

Equipamento de transporte de materiais, 229-243
   sistema de veículos guiados automaticamente (AGVs), 231
   veículos industriais, 233-236
   guindastes/guinchos, 241-242
   tipos de *layout*, 228
   transportadores, 237-241
   veículos monovia/guiados por trilhos, 237-238
Equipamento de unitização, 225
Equipes de trabalho, 490
   montagem por, 359
ERP, *veja também Enterprise resource planning* (ERP)
Erro de quantização, 104
Erros aleatórios, 67
Erros do tipo I e tipo II, 509-512
   para variáveis, 507-508
Erros humanos, 67
Erros sistemáticos, 67, 659
Escovação a aço, e robôs industriais, 187
Espaçamento entre nível de quantização, 104
Especialização das operações, 13
Especialização do trabalho, 330
Esquema de medição de matriz linear, 556
Estabilidade, 532, 533
   e robôs industriais, 179
Estação gargalo, 42
Estação operada manualmente, 311-312
Estações automatizadas, 297
Estações de chamada remota, 236
Estações de retirada e depósito, 265
Estações de trabalho, 296-300
   entrega de peças, 395-398
   estações de carga/descarga, 442-443
   estações de usinagem, 445
   fabricação de folha de metal, 445
   linhas de montagem manuais, 330
   montagem, 329-330, 441-445
   sistemas flexíveis de manufatura (FMSs), 440-445
Estações de trabalho puladas, 305
Estações de usinagem, 441
Estações paralelas, 357-358
Estante dinâmica, 262
Estantes cantilever, 262
Estantes portáteis, 262
Estampagem de chapas de metal, 316
Estator, 97-99
Estimulação rígida, 335
Estímulo, 330
Estímulo com margem, 335
Estratégias de busca em tempo real, 77
Estratégias de localização de armazenamento, 259-260
Estrutura de modo misto, 421
Estrutura do tipo cadeia, 421
Estrutura hierárquica, 421
Estudo do tempo, 22

Estudo do movimento, 26
Evento iniciado por programa ou sistema, 81
Eventos iniciados por operador, 81
Eventos iniciados por programa ou sistema, 81
Excitador, 100
Extensômetro elétrico, 95
Extração de recursos, 553
Extensão do corte, 546-547
Extrusão, 27
Extrusão plástica, 317

F
Fábricas focadas, 36
Faixa de alimentação, 395-396
Faixas alimentadas por gravidade, 396
Faixas-preta, 492
Família de peças, 413-417
   definição, 416
   identificando, 415
Faro gage, 547
Fator de recuperação de capital, 49
Fator de tráfego, 244
Fatores de ruído, 497
Fatores de ruído entre unidades, 497
Fatores de ruído externos, 497
Fatores de ruído internos, 497
Feixes de laser de baixa energia, 554
Ferramenta automaticamente programada (APT), 58, 114-115, 138, 140-143
   comandos de movimentação, 141-143
      comandos ponto a ponto, 141-142
      movimentos de contorno, 142-146
   comandos de movimento de contorno, 142-146
   declarações geométricas, 161-140
      círculos, 165-166
      linhas, 163-165
      planos, 165
      pontos, 162-163
      regras circulares, 166-167
   em sistemas de produção, 8-11
   energia para, 59-60
   estratégia de migração, 14-15
   manutenção e diagnósticos de reparação, 66-67
   monitoramento da segurança, 64-65
   princípios e estratégias, 12-16
   programação de peças com, 161
      exemplos, 170-171
   programável, 8-9
   razões para a, 10
Ferramentas manuais, 3
Fiação, 20
Filosofia da arquitetura livre, tendência em direção à, 89
Fixação em paletes, 301, 369
Fixação modular, 427
Fixação modular em paletes, 301

Flanders, R., 414
Flexible Manufacturing System (FMS), 438
Flexible Machining System (FMS), uso do termo, 440
Flip-flops, 107
FMC, *veja também* Célula de manufatura flexível
FMS, *veja também* Sistemas de montagem flexíveis
FMS dedicado, 442
FMS de ordem aleatória, 442
Folha de operação, *veja também* Folha de roteamento
Folha de rota, 420
Folhas de verificação, 482
Fora de controle estatístico, uso do termo, 477
Força contraeletromotriz, 98
Ford, Henry, 22, 332
Ford Motor Company, 56, 57
Forjamento, 27
   e robôs industriais, 183-184
   forma de energia, 59
Formato da fita, 139
Fórmula de Little, 462
Fonte de alimentação, 214
Forrester, Jay, 113
Fortran, 58
Fotômetro, 94
Fresamento e robôs industriais, 187
Fresadora Cardamatic, 113
Função de interrupção, 79
Função de transferência, 93
Função perda de Taguchi, 497-501
Funções de negócios, 3
Fundição, e robôs industriais, 184
Funil de carga, 395

G
Galvanoplastia, 28
Gerador de pulso, 108
Gargalo, 356-357
Garras com múltiplos dedos, 182
Garras a vácuo, 181
Garras duplas, 181-182
Garras padronizadas, 182
Gastos gerais
   definição, 48
   determinando, 48-49
Gastos gerais corporativos, 47
Gastos gerais da fábrica, 47
Gerenciamento da fábrica, 11
Gerenciamento e segurança do veículo, 291-292
Giro reto, 127
Globalização, 2
Grafcet, 217
Grau de liberdade do movimento, 174
Gravação a laser, e códigos de barras, 288
Grupo de máquinas, 296, 312
Grupos de máquinas, 324-327
Guinada, movimento do punho do robô, 176-177

Guincho, 57
Guindaste, 231
Guindaste de pórtico, 231
Guindastes, 230-231

H
Harder, Del, 57
Hardware de entrega de peças, 398-400
Harris-Intertype (Langston Division), 415, 418
Histogramas, 481
Horizontal Machining Center (HMC), 319
Honeywell, 80
Humanos e máquinas, pontos fortes e atributos
   relativos de, 5

I
Idade do Bronze, 20
Idade do Ferro, 20
Identificação automática e captura de dados (AIDC), 281--294
   código de barras, 283
   definição, 281
   métodos de identificação automática, 282
   métodos de radiofrequência, 283
   razões para utilização da, 283-284
   reconhecimento ótico de caracteres (OCR), 292-293
   tarjas magnéticas, 293
   taxa de erro de substituição (SER), 284
   taxa de primeira leitura, 284
   tecnologia de identificação por radiofrequência (RFID), 290-292
   tecnologias, 283-284
   visão de máquina, 293
Identificação por radiofrequência (RFID), 226, 283, 290-292
Iluminação, 551-552
Iluminação estroboscópica, 551
Iluminação estruturada, 551
Iluminação de frente, 551
Iluminação de lado, 551
Iluminação por trás, 551
Impressão, 24
Impressão a laser, e códigos de barras, 288
Impressão térmica direta, e códigos de barra, 288
   e códigos de barra, 288
In-floor towline conveyors, 238
Índice de capacidade do processo, 480
Índice de desempenho, 76
Indústrias de processo
   níveis de automação nas, 73-74
   indústrias de produção discreta *versus*, 73-75
   variáveis e parâmetros nas, 73-74
Indústrias de produção discreta
   níveis de automação nos, 59-60
   setores de processo *versus*, 59-61
   variáveis e parâmetros no, 59-60

Ingersoll-Rand Company, 439
Injeção de plástico
  e robôs industriais, 184
Inspeção automatizada, 514-416
Inspeção distribuída, 419-420, 422-424
Inspeção manual, 508-509
Instalações, 3-5
  sistemas automatizados, 5
  sistemas de trabalho manual, 3-4
  sistemas trabalhador-máquina, 4-5
Intertravamento de entrada, 82, 101
Inspeção, 629-657, *veja também* Máquinas de medição por coordenadas (MMCs)
  100% manual, 512-514
  amostragem, 510-512
  análise quantitativa da, 420-426
  automatizada, 514-516
  custo da (exemplo), 425
  distribuída, 419-420, 422-425
  distribuída *versus* final, 419-420
  dos atributos, 508-509
  efeito da, 420-422
  e robôs industriais, 187-188
  estiletes, 546-547
  e visão de máquina, 553-554
  final, 419-420, 422-423
  fundamentos, 508-512
  inspeção on-line/em processo, 417-418
  medição da superfície, 545-548
  medição convencional e técnicas de calibragem, 532-533
  manual, 509-510
  máquinas de medição por coordenadas (MMCs), 544-545
  métodos óticos de inspeção sem contato, 556-557
  metrologia, 531-533
  off-line, 515-516
  orientações práticas a partir de equações, 525
  parcialmente distribuída, 522-523
  planos de amostragem, tipos de, 511-512
  precisão, 509-510
  procedimentos, 508-509
  produto, monitoramento do processo *versus*, 516-517
  sem inspeção *versus*, 522-524
  técnicas de inspeção com contato, 534-535
  técnicas de inspeção sem contato, 535
  tecnologias, 554-559
  testes *versus*, 510-511 634-635
  visão de máquina, 551-554
Inspeção 100% manual, 513-515
Inspeção do produto, monitoramento do processo *versus*, 516-517
Inspeção e teste, 28
Inspeção final, 515-518
  inspeção distribuída *versus* (exemplo), 620-621
Inspeção na máquina, 545
Inspeção off-line, 515-516
Inspeção on-line, 13

Inspeção on-line/no-processo, 516-517
Inspeção on-line/pós-processo, 517
Inspeção parcialmente distribuída, 522-523
Inspeção visual, 419
Instalações de produção, 28-32
produção alta, 29, 31-32
  produção baixa, 29-31
  produção média, 29, 31-32
Instruction List (IL), 217-218
Instrumentos analógicos *versus* digitais, 532
Instrumentos de medição, 531-532
Instrumentos de medidas
  alta confiabilidade, 532
  ampla área de operação, 532
  calibragem, 532-533
  características dos, 529
  instrumentos analógicos *versus* digitais, 532
  precisão, 529-530
  resolução, 531
  sensibilidade, 531
  velocidade de resposta, 531
Instrumentos com agulha, 547
Integração de dados da fábrica em extensão empresarial, 90-91
Integração de operações, 13
Interface de contato de entrada, 109
Interface de contato de saída, 109
International Organization for Standardization (ISO), 501
International Standard Industrial Classification (ISIC), 23
Interrupções externas, 84
Interrupções iniciadas por processos, 65
Interrupções internas, 84
Interruptor bimetálico, 94
Interruptor fim-de-curso (mecânico), 94-95
Interruptor de proximidade, 95
Interruptor fotoelétrico, 94
Intertravamento de saída, 82
Intertravamento, 83
Inversão da variável, 205
Inversores, 100
ISO 9000, 501-502

J
Jateamento de areia, 27-28
Jefferson, Thomas, 22
Juran, J., 477nr, 524

K
Kenward, Cyril W., 173
Korling, A., 415

L
Ladder layout, 448
Laminação de chapas de metal, e robôs industriais, 185
Lançamento de taxa fixa, 352-355
  para dois modelos, 352-353
    para três ou mais modelos, 353-355

Lançamento de taxa variável, 351-352
Layout celular, 31-32
Layout da planta, 3, 30, 227-228
Layout de campo aberto, 455
Layout de posição fixa, 30-31
Layout por processo, 30-31
Layout por produto, 31-32
Layout em linha, 454
Layout circular, 448
Layout em escada, 448
Layouts centrados em robôs, 456
Lei de Pareto, 481-482
Leitor de código de barras de contato, 286
Leitor de códigos de barra de feixe fixo, 287
Leitor ou *scanner* de máquina, 282
Leitores de códigos de barra com feixe em movimento, 288
Leitores de códigos de barra sem contato, 286
Ligações, robôs industriais, 174-175
Limiarização, 551-552
Limitações físicas do produto, plantas/empresas, 36
Limite da qualidade média resultante AOQL), 513
Limpeza, 27
Linguagem de programação JAVA, 58
Linguagem VAL, 58
Linha de montagem, 32, 57, 296
Linha de produção mista, 31
Linha de produção de um modelo, 31
Linha de transferência automatizada, 296
Linha de transferência livre, 369
Linhas de fluxo de produção, 31
Linhas de montagem em lote, 336-337
Linhas de montagem de modelo misto, 336-337, 344-353
  balanceamento da linha, 346-349
  carga de trabalho, 345
  definição, 344
  lançamento de taxa fixa, 351-354
  lançamento de taxa variável, 351-352
  lançamento do modelo, 348-355
  número de trabalhadores necessários, determinando, 345--346
  para dois modelos, 351-352
  para três ou mais modelos, 352-355
Linhas de montagem de modelo único, 336-337, *veja também* Balanceamento da linha
  análise das, 336-341
  eficiência de linha, 336
  o problema do balanceamento de linha, 338-346
  perdas de posicionamento, 337-338
  tempo total de trabalho, 337
Linhas de montagem manuais, 294, 329-366
  análise de métodos, 356-357
  buffers de armazenamento, 357-358
  definição, 331
  eficiência da linha, 356
  entre estações adjacentes, compartilhando elementos de trabalho, 357
  estações de trabalho, 355-356
  estações de trabalho de montagem, 332-333
  estações mecanizadas, alterando as velocidades do workhead nas, 357
  estações paralelas, 358
  fundamentos das, 331-336
  níveis de velocidade, 333
  origens das, 331-332
  pré-montagem de componentes, 357
  projeto de, 356-357
  sistemas alternativos de montagem, 358-359
  sistemas de transporte de trabalho, 335-337
  subdividindo elementos de trabalho, 357
  trabalhadores da fábrica, 357
  variedade de produtos, lidando com a, 338-339
  velocidade da linha, 333-334
  zoneamento/restrições, 358
Linhas de produção, 533, 308
  origens das, 331
Linhas de produção automatizadas, 367-392
  aplicações das, 365-368
    operações de usinagem, 369-370
    projeto de sistema, 370-372
  buffers de armazenamento, 367-368
  investimento de capital demandado pelas, 368
  ciclos, 369
  configurações do sistema, 362-364
  configuração em linha segmentada, 362-363
    configuração giratória, 363-364
    controladores de linha, 369
  definição, 368
  fundamentos das, 368-369
  linhas de transferência, análise das, 375-386
  requisitos para aplicação de, 368
  sistema de transferência de peças, 357-360
  mecanismo rotativo de indexação, 359-360
    sistemas de transferência lineares, 357-358
Linhas de transferência, 57, 367, 369
  análise das linhas de transferência de dois estágios, 386--390
  análise de, linhas de produção automatizadas, 383-390
  análise do ciclo de tempo, 381-382
  com *buffers* internos de armazenamento, 384-389
  de bloqueio, 384
  eficiência do *buffer* de armazenamento, limites de, 384--385
  exauridas, 384
  flexíveis, 450
  linhas com mais de dois estágios, 388
  livres, 369
  medidas de desempenho, 380-382
  nota histórica, 376
  orientações práticas a partir de equações, 380-382, 388-389

paletizadas, 369
　sem armazenamento interno de peças, 381-383
　Linhas de transferência paletizadas, 365
Lista de instruções (IL), 217-218
Lógica de controle combinacional, 78, 204
Lógica *soft*, Computadores pessoais utilizando, 219
Logística, 224
Logística externa, 224
Logística interna, 225
Loop layout, 448
Lot Tolerance Percent Defective (LTPD), 512
Lote, 25
　definição, 23

M
Malha de controle por realimentação, 182
MMCs portáteis, 537
Mandril, 4, 533
Manômetro, 94
Manual Data Input (MDI), 145
Manufatura celular, 31, 309, 413-437
Manufatura flexível, 3
Manufatura integrada por computador (CIM), 3, 8-9, 14
Manuseio de material
　agendamento, 227
　características dos materiais, 226-227
　custo do, 224
　definição, 223
　equipamento, 225-226
　equipamento de manuseio de material, 225
　equipamentos de unitização, 225
　importância do, 223-224
　layout da instalação, 227-228
　logística, 224
　princípio da unidade de carga, 228
　projeto, 226-228
　roteamento, 227
　sistemas de armazenamento, 225
　sistemas de identificação e rastreamento, 226
　vazão, 227
Manutenção produtiva total (MPT), 38
Manutenção de equipamentos, 11
Manutenção e diagnósticos de reparação, 66-67
Mão de obra direta, 303
Mapeamento de processo, 490
Máquina a vapor, 57
　de Watt, 21
Máquina de célula formal, 427
Máquina de controle numérico, 57
Máquina de fiar, 21
Máquina de indexação, 456
Máquina da matriz de incidência, 421
Máquina de mesa rotativa, 394
Máquina de mesa rotativa indexada, 370
Máquina de montagem em linha, 393-394

Máquina multitarefa, 400
Máquina totalmente automatizada, 5, 297
Máquinas de apoio, 530
Máquinas de corte térmico, e controle numérico, 129
Máquinas de medir por coordenadas (MMCs), 534, 536-547
　aplicações e benefícios, 544-546
　componentes, 535
　construção, 536-539
　controles, 539
　definição, 535
　estrutura mecânica, 538-539
　braço horizontal, 539
　　cantilever, 538-539
　　coluna, 539
　　ponte fixa, 539
　　ponte móvel, 539
　　torre, 539
　　operação e programação, 540-541
　portátil, 547
　programação DCC, 540-541
　programação off-line, 540-541
　software, 541
　de aplicação específica, 543-544
　　de engenharia reversa, 543
　　pós-inspeção, 543
　　principal, 541- 543
　sondas, 536-538
　　em máquinas-ferramenta, 546-547
Máquinas de produção, 297-298
　parar automaticamente, 38
Máquinas de solda, e controle numérico, 129
Máquinas de transferência, 367
Máquinas essenciais, 426
Máquinas-ferramenta, 21, 57
Máquinas operadas manualmente, 297
Máquinas para flexão de tubos, e controle numérico, 129
Máquinas semiautomatizadas, 5, 299
Mark I, 57
Martelamento, 27-28
Mastercam, 144
Material em processo, 45
Material Handling Industry of America (MHIA), 223
Material Handling Institute, Inc., 282
Matriz de dados, 293
　com ECC200, 291
Matriz de sensor fotoelétrico, 94
McDonough, James, 113
MCU, *veja também* Unidade de controle de máquina
Mecanismo de Genebra, 372-373
Mecanismo Geneva, 372-373
Mecanismos de acionamento de cames, 373
Mecanismos rotativos de indexação, 372-373
Medição, 535-536
Medidas, definição, 531

Medidores, 535-536
Medidores eletrônicos, 536
Melhoria contínua, 37
Memória de acesso aleatório (RAM), 58
Memória de imagem, 550
Merchant, Eugene, 28
Metalurgia, 20-21
Método de aproximação sucessiva, 104
Método de seleção de percurso, 231
Método de seleção por frequência, 231
Método Kilbridge e Wester, 343-345, 359
Método *ranked positional weights* (RPW), 343-344
Métodos convencionais de armazenamento, 225
Métodos de avaliação não destrutiva, 556
Métodos de inspeção ultrassônica, 557
Métricas de produção, 40-54
Métodos óticos de inspeção sem contato, 556-557
    métodos de inspeção ultrassônica, 557
    técnicas de campo elétrico, 556
    técnicas de radiação, 556-557
Métodos Taguchi, 497-501
Métricas quantitativas, 40
Metrologia coordenada, 535-536
Metrologia, definição, 531
Microcomputadores, 79
Microprocessadores Pentium, 58
Microssensor, 94
Minicomputadores, 79
Mitrofanov, S., 415
MMCs, *veja também* Máquinas de medir por coordenadas
Moagem, 20, 36
Modelo de correspondência, 553
Modelo de gargalo, 456-464
    estações de trabalho/servidores, 456
    frequência de operação, 457
    medidas de desempenho do sistema, 458-464
    mistura de peças, 456
    parâmetros operacionais FMS, 457-458
    roteamento de processos, 457
    sistema de manuseio de trabalho, 457
    tempo de transporte, 457
    terminologia/símbolos, 456-457
Modelos de produção, procedimentos de nivelamento nos, 53-54
Modelo estendido de estrangulamento, 461-464
    equações/orientações para, 463
Modicon, 213
Modo girando, 101
Modo de passo travado, 101
Módulos de moagem da máquina, 446
Módulos de torneamento, 446
Moinhos de vento, 57
Moldagem, 20-21, 27
    forma de energia, 59
Moldagem por injeção, forma de energia, 59
Monitoramento de processos computacionais, 86-87

Monocódigo, 421
Monovia, 225
Monitoração do *status*, 66
Monitoramento de processo, 517-518
Monitoramento da segurança, 64-65
Montagem, 25
    e robôs industriais, 187-188
Montagem automatizada
    definição, 393
    tecnologia, 394
Montagem por equipes de trabalho, 359
Morley, Richard, 213
Motor CC sem escovas, 97
Motores CA, 99-101
    indução, 100
    de passo, 100-101
    síncrono, 100
Motores CC, 97-99
Motores
    elétricos, 96, 97-101
    hidráulicos, 96, 102-103
    pneumáticos, 96, 102-103
    solenoides, 101-102
Motores rotativos acionados por fluidos, 103
Movimento de retrocesso, peças, 425
Movimento em sequência, peças, 425
Movimento secundário, peças, 425
MRP, *veja também* Planejamento das Necessidades de Material
Mudança ocasionada por tempo, 78-79, 80
Multiplexadores, 102-103
Multitarefa, 80

N

National Retail Merchants Association (NRMA), 293-294
Negação de uma variável, 205
Níveis tripulados, 305-306, 332-333
Nível da célula ou da máquina, de automação, 69
Nível da fábrica, de automação, 69
Nível de qualidade aceitável (NQA), 512
Nível da máquina, da automação, 69
Nível do dispositivo, da automação, 68-69
Nível do empreendimento, da automação, 69
No controle estatístico, uso do termo, 477
North American Free Trade Agreement (NAFTA), 10
Número aceitável, 511

O

Occupational Safety and Health Act (OSHA), 10
Ohmímetro, 94
Operação automatizada de torneamento (exemplo), 61
Operação no escuro, 315
Operações
    combinadas, 13
    da unidade, 71
    das fábricas, trabalho manual nas, 10-11

de empilhamento, e robôs industriais, 184
de inserção, e robôs industriais, 184
de melhoria da propriedade, 27
de modelagem de peças, 32
de montagem, 25, 28
de processamento, 25-28
  definição, 26
  robôs industriais
    operações de melhoria de propriedades, 27
    operações de moldagem de peças, 27
    operações de processamento de superfície, 23-24
    revestimento pulverizado, 186-187
    solda a ponto, 185
    soldagem, 185-186
de processamento de superfície, 27-28
de produção, 19-39
de usinagem em metal, e robôs industriais, 182
operações de montagem, 25, 28
operações de processamento, 25, 28
"seleção e carregamento", 270
simultâneas, 13
Opitz, H., 414, 418
Optical Character Recognition (OCR), 293
Ordenação de peças, 516
Orientação por cálculo, 234-235
Orientador, 396
Otimização de estado estacionário, 75-76

P

Padrão do Código Eletrônico do Produtos, 291
Padrão Internacional para Controladores Programáveis (IEC 1131-3), 216
Padrões, 22
Padrões e sistemas de medidas, 533-534
Palavras de preparo, 139
Palavras menores, 161
Paletização, e robôs industriais, 183-184
Paletizadores, 225
Parafusos, 57
Parafusagem, 28
Parâmetros de processo, 60
PDF-417, 357
Pease, William, 113
Peças compostas, 423-424
Peças intercambiáveis, 57, 330
Pegar e largar, e robôs industriais, 183
Percurso do corte, 157
Perfuração e estampagem de folhas de metal, forma de energia, 59
Pareto, Vilfredo, 482
Perfuração, 21, 27
e robôs industriais, 187
Permissão de volta, 335
Parsons, John, 57, 113-114
Pick-and-place, e robôs industriais, 183
Pitch, movimento do punho do robô, 176-177

Pesquisa (amostragem de dados), 81-82
PFA, *veja também* Análise do fluxo de produção (PFA)
Pinças mecânicas, 181
Pintura, 28
Pirômetro de radiação, 95
Pixels, 548
Planejamento
  da capacidade, 6
  da produção, 6
  das necessidades de materiais (MRP), 11
  de processo automatizado, 420
  do processo, 6
  Enterprise Resource Planning (ERP), 90
Planejamento automatizado de processos, 420
Planejamento da capacidade, 6
Planejamento da produção, 6
Planejamento das Necessidades de Material (MRP), 6, 11
Planejamento de processo, 6
Planejamento do processo assistido por computador (CAPP), 144
Plano de amostragem por atributos, 511
Plano de amostragem de variáveis, 511
Plano mestre de produção, 7
Policódigo, 421
Polimento, 20
Ponte rolante, 332
Ponto-alvo, 117
Ponto de operação, 100
Pontos endereçáveis, 137, 280
Porta-paletes, 260
Porta-paletes *drive-through*, 262
Posicionador automático de peças, 320
Posicionamento absoluto *versus* incremental, 118-119
Potenciômetro, 94
Prateleiras, 262
Prato de superfície, 535, 546
Precisão
  em robôs, 194
  definição, 195
  inspeção, 508-509
  instrumentos de medida, 531
Precisão e repetibilidade em robôs, 194
  exemplo, 196
  pontos endereçáveis, 194
  precisão, definição, 195
  repetibilidade, definição, 195
  resolução do controle, 194-195
Pregagem, 21
Prensas, e controle numérico, 136
Pressostato, 94
Prevenção de erros, 38
Principais palavras, 161
Princípio da unidade de carga, 228-229
Princípio do fluxo de trabalho, 330
Princípio *USA*, 12-13

Problema do balanceamento de linha, 337-340
   eficiência do balanceamento de linha, 340
   elementos mínimos do trabalho racional, 337-338
   exemplo, 339
   linhas de produção automatizadas, 368
   medidas da, 339-340
   requisitos do trabalhador, 339-340
   restrições de precedência, 337-338
Procedimento operacional padrão (POP), 496
Processamento de partículas, 27
Processo
   definição, 59
   energia para, 58-59
Processo (CEP)
   características do produto, 474-475
   controle estatístico de processo (CEP), 481-489
   definição, 474
   e inspeção, 508
   gerenciamento da qualidade total (GQT), 477-478
   ISO 9000, 501-502
   liberdade de deficiências, 474-475
   moderno, 477-478
   Seis Sigma, 486-495
   tecnologias, 477
   tradicional, 475-477
   variabilidade do processo/capacidade do processo, 477-479
Processos de conformação, 27
Processos de remoção de material, 27
Processos de solidificação, 27
Processos de usinagem, 21
   e robôs industriais, 187
Processos não convencionais, 27
Produção
   definição, 18-20
   nota histórica, 1-2, 20-21
   origem da palavra, 1
Produção alta, 29, 32
Produção assistida por computador (CAM), 9
Produção automatizada, 14
Produção baixa, 29-30
Produção contínua, 24
Produção em lote, 24-25, 30-31
   e por encomenda, 41-42
Produção em massa, 22, 31, 42
Produção em quantidade, 29, 31
Produção enxuta, 3, 36-38
   definição, 37
Produção integrada automatizada, 16
Produção *just-in-time* (JIT), 37, 268
Produção manual, 14
Produção média, 29, 30-31
Fabricação terceirizada, 3
Produto lógico, 205
Produtos produzidos, 24-25
Profil, 141

Programa de controle, software de sistema operacional CNC, 122
Programa de instruções, 56-57, 60-63
   ciclo de trabalho programado, tomada de decisões no, 61-62
   programa de ciclo de trabalho, 60-62
   programas de peças, 60
Programa executivo, sistema operacional CNC, 122
Programação, definição, 216
Programação conversacional, 144-145
Programação DCC, 540-541
Programação de peças assistida por computador, 139-142
   módulo aritmético, 141
Programação de movimento, 192-193
Programação de peças, 139-140
   assistida por computador, 140-143
   com APT, 161-167
   entrada de dados manual (MDI), 144-145
   manual, 138-139
   usando CAD/CAM, 142-144
Programação de peças automatizada por computador, 142-144
Programação e operação do computador, 11
Programação manual de peças, 138-140, 155-160
Programação paramétrica, 427
Programação de robôs, 188-194
   cálculos e lógica de programas, 193
   comandos de intertravamento e de sensores, 192-193
   linguagens, 189-193
   programação de movimentos, 190
   programação guiada, 187-188
   simulação e programação off-line, 239-240
Programa, 9
Programas de qualidade, 3, 473-506
Projeto assistido por computador (CAD), 9
   sistemas, 11
Projeto da mesa móvel, 541
Projeto de células de máquinas, 420
Projeto do produto, 5-6
   e tecnologia de grupo (TG), 427-428
Projeto em movimento, 539
Projeto robusto, 497-498
   definição, 498
Provas, 537-539
   em máquinas-ferramenta, 546-547
Puncionadeira, e controle numérico, 129

R

Radiofrequência (RF), 224
Raios laser de alta energia, 554
Rank order clustering, 422
   agrupando peças/máquinas por, 428-430
   Razão *From/To*, 431-432
Rebitagem, 21
Rebite, 28

Recomendação de procedimento de reparo, 66
Reconhecimento de objetos, 553
Reconhecimento de padrões, 553
Reconhecimento ótico de caracteres (OCR), 293-294
Recuperação de erros
   em uma célula de usinagem automatizada (exemplo), 67-68
     teste, 441
Recuperação de projetos, 420
Recursos humanos, sistemas de produção, 303
Regra da mão direita, 114
Regra do maior candidato, 341-343
   método do valor dos pesos posicionais (RPW), 343-344
Relação produto/produção, 32-36
   complexidade da peça, 33-36
   complexidade do produto, 33-34
   limitações e capacidades da planta de produção, 36-37
   quantidade produzida e variedade do produto, 33-34
Relé eletromecânico, 102
Repetibilidade, em robôs, definição, 196
Repetir operação, movimento da parte, 425
Resolução de controle, 135-137, 194-195
Resolução, sistema de visão, 550
Restrição de zoneamento negativo, 359
Restrição de zoneamento positivo, 359
Restrições de posição, 359
Restrições de zoneamento, linhas manuais, 359
Retentor de ordem zero, 105-107
Retentor de primeira ordem, 105-106
Revestimento, 27-28
Revestimento de pulverizador, 185-186
Revolução Industrial, 21
RFID, *veja também* Identificação por radiofrequência
Riqueza das nações Wealth of Nations, A (Smith), 331
Risco do consumidor, 512
Risco do produtor, 512
Ritmo da linha, 330, 334-336
   andamento com margem, 334
   andamento rígido, 334
   níveis de andamento, 334
   sem andamento, 333-335
Robô articulado, configuração, 175-176
Robô de coordenadas cartesianas, 178
Robô inteligente, 180
Robôs, origem da palavra, 173
Robôs industriais, 57, 79, 172-201, *veja também também* precisão e repetibilidade e programação
   anatomia/atributos do robô, 173-179
   aplicações, 183-189
   aplicações de manuseio de materiais, 184-186
   articulações, 172-174
   breve história dos, 172-173
   características antropomórficas, 171-172
   configurações, 175-178
   configurações de punho, 176-178
   controle inteligente, 180
   controle de sequência, 179
   controle ponto a ponto, reprodução com, 179-180
   definição, 171
   efetuador, 175, 182-183
   elos, 173-175
   manipulador, 173
   montagem e inspeção, 187-188
   operações de processamento, 184-187
   qualidades comercial/tecnológicas, 173
   revestimento pulverizado, 185-186
   sensores, 183-184
   sistema de notação de uma articulação, 178
   sistemas de controle de robôs, 179-180
   sistemas de movimentação das articulações, 178-179
   sistemas de movimentação dos, 178
   soldagem a arco, 185-186
   soldagem de ponto, 185
   volume de trabalho, 178
Robótica, 87
Roda, 57
Rodas de patins, 226
Rolamento, movimento do punho do robô, 176
Roll, movimento do punho do robô, 176-177
Robôs industriais, 80
Ross, Douglas, 114-115
Rossum's Universal Robots (Capek), 173
Rota fixa, 300
Roteamento, 227
   e robôs industriais, 187
   variável, 300-301
Rotor, 97
Rugosidade da superfície, 546-547

S

Scanners estacionárias, 287
Scanners portáteis, 287
Scanning, *veja também* Pesquisa (amostragem de dados)
SCARA (Selective Compliance Assembly Robot Arm),
Scientific Principles of Group Technology (Mitrofanov), 415
Segmentação, 551
Segunda Revolução Industrial, 22
Segurança do veículo, 225
Seis Sigma, 3, 6, 486-495
   análise básica de dados, 494-496 612-614
   análise e priorização, 496
   análise de causa raiz, 495-496
   análise de processos, 493
   campeão, uso do termo, 489
   cliente(s), identificando, 489-490
   coleta de dados, 492-493
   conceito central de, 486
   definição, 485
   desenvolvimento do plano de controle, 497
   diagrama, 489

geração de melhorias alternativas, 496
implementação de melhorias, 496
mapa de processos de alto nível, 492
metas do, 486
nível corrente do sigma, medindo, 493-494
nível seis sigma *versus* nível três sigma, 487
organizando a equipe do projeto, 489
o procedimento DMAIC, 488-494
transferindo responsabilidade e dissolvendo a equipe, 494
Seletor de peças, 398
Seletores, 395
Sem estímulo (nível de estimulação), 335-336
Sensor ultrassônico, 95
Sensor de detecção de obstáculos, 225
Sensor de vazão, 94
Sensores, 93-96, 102
  ativos, 94
  binários, 94
  classificação de, 93
  de detecção de obstáculos, 288
  de posição, 179
  de proximidade, 181
  em robótica, 181-182
  externos, 189-181
  internos, 189
  microsensores, 94
  óticos, 182
  passivos, 94
  sensibilidade de, 96
  táteis, 96, 181-182
  ultrassônicos, 95
Sensores ativos, 93
Sensores binários, 93
Sensores de posição, articulações do robô, 178
Sensores de proximidade, 183
Sensores discretos, 93
Sensores externos, 182-183
Sensores internos, 182
Sensores óticos, 183
Sensor passivo, 94
Sensores táteis, 95, 182-183
Sensoriamento à frente, 235
Sequenciamento, 208-209
Servomotor, 98
Set point control, 79
Setor de serviços, tendência rumo ao, 2
Setor terciário, 23
Setores de produção, 23-25
Setores primários, 23
Setores secundários, 23
Simbologias de matriz, códigos de barra bidimensionais (2D), 290
Sinterização, 27
Sistema americano de produção, 22

Sistema automatizado de armazenamento e recuperação (AS/RS), 225, 263-269
aplicações do, 267
  armazenamento de material em processo, 266-268
  AS/RS de profundidade, 265
  AS/RS *miniload*, 266
  AS/RS tripulado, 266
  AS/RS unitário de carga, 264-265
  características operacionais e de componentes de um, 268
  definição, 264
  dimensionando a estrutura de estantes do, 271-273
  sistema automatizado de recuperação de itens, 266
  taxa de transferência do, 272-273
  tipos de, 265-267
Sistema CAD/CAM, definição, 143
  definição da geometria utilizando, 141-142
  geração do caminho da ferramenta utilizando, 142
  Mastercam, 144
  programação de peças automatizada por computador, 142-144
  programação de peças utilizando, 141-144
Sistema decimal codificado em binário (BCD), 138
Sistema de classificação e codificação Opitz, 422-424
  exemplo, 419-420
Sistema de controle, 58, 62-64
Sistema de controle por realimentação, 63-64
Sistema de controle de malha aberta, 63
  comparado ao sistema de malha fechada, 63-64
Sistema de controle em tempo real, 220
Sistema de controle por computador, 302-303
  sistemas flexíveis de manufatura (FMSs), 456-459
    controle da estação de trabalho, 456-457
    controle da ferramenta, 458-459
    controle de lançadeira, 458
    diagnósticos, 459
    localização da ferramenta, 458-459
    monitoramento e relatório de desempenho, 459
    monitoramento da peça de trabalho, 458
    monitoramento da vida da ferramenta, 459
Sistema de produção, 21
Sistema de interrupção de nível único, 82-83
Sistema de interrupção de múltiplos níveis, 82-83
Sistema de interrupções, 81-83
  de múltiplos níveis, 82-83
  de nível único, 82-83
  externa, 82
  interna, 82
  sistemas de interrupção de nível único *versus* de múltiplos níveis (exemplo), 82-83
Sistema de manuseio de material, 299-302
  carga, posicionamento, e descarga, 300
  carregadores de trabalho, 301-302
  fixação em paletes, 301
  transporte de trabalho entre as estações, 300-301
Sistema de manuseio e armazenamento de materiais, 453-456
  configurações do *layout* FMS, 454-456

equipamentos, 454
funções do, 453
layout centrado em robô, 456
layout de campo aberto, 455
layout em linha, 454
layout em *loop*, 455
layout em escada, 455
Sistema primário de manuseio, 447
Sistema de medidas norte-americano (U.S.C.S.), 533
Sistema de notação de uma articulação, 177
Sistema de posicionamento de *loop* aberto, 132-134
Sistema flexível de manufatura (FMS), uso do termo, 440
Sistema de qualidade, definição ISO para, 502
Sistema de pagamento por peça produzida, 22
Sistema de transferência de parte de trabalho
   linhas de produção automatizadas, 471-474
   mecanismos de indexação rotativos, 474
   sistemas de transferência linear, 472-473
Sistema de transporte contínuo, 333-334
Sistema de veículo guiado automaticamente (AGVs), 231--237, 359
   aplicações, 233
   aplicações de linha de montagem, 233
   definição, 232
   determinando o número de veículos em um, 245-246
   gerenciamento e segurança de veículos, 235-237
   operações de armazenamento e distribuição, 230
   segurança dos veículos, 236
   sistemas de manufatura flexível, 233
   tecnologia de orientação de veículos, 233-235
   transportadores unitários de carga, 233-235
   trens sem condutor, 232
   veículos, tipos de, 232
Sistema de visão bidimensional, 548
Sistema de visão binária, 550
Sistema de visão tridimensional, 548
Sistema europeu de numeração de artigos (EAN), 286
Sistema flexível de usinagem, uso do termo, 440
Sistema Internacional de Unidades (SI), 533
Sistema Opitz, 418-420
Sistema secundário de manuseio, 454
Sistemas a laser, 554-555
Sistemas automatizados, 5
   elementos básicos do, 58-64
   energia para realização do, 59-60
Sistemas automatizados de montagem, 296, 357, 393-412
   análise quantitativa dos, 398-407
   aplicações, 398-399 487-488
   estações de trabalho, entrega de peças nas, 395-398 484-487
      análise quantitativa de, 399-400 488-489
   automação parcial, 402-405 496-499
   configurações dos sistemas, 393-395 482-484
      máquina de montagem em linha, 393-394 482-483
      máquina de montagem monoestação, 395

      máquina com mesa rotativa, 394
      sistema de montagem em carrossel, 394-395
   despesa de capital, 393
   fundamentos dos, 393-397
   máquinas de montagem monoestação, 405-407 494-496
   máquinas de montagem multiestação, 399-405 489-494
   orientações práticas a partir de equações, 406-409
   subsistemas, 393
Sistema automatizado flexível, 8
Sistemas baseados em veículos, 244-247
Sistemas computadorizados de apoio à produção, 8-9
Sistemas de apoio à produção, 3-4, 561
   controle da produção, 6
   funções de negócios, 5
   planejamento da produção, 6
   projeto do produto, 6-7
   trabalho nos, 11-12
Sistemas de armazenamento, 225, 257-280
   análise de engenharia de, 271-275
   armazenagem a granel, 260
   armazenamento em gavetas,
   automatizados, 263-269
   carrossel, 269-271
   desempenho, 258-259
   estantes dinâmicas, 262
   estantes cantilever, 262
   estantes e caixas, 262
   estantes portáteis, 262
   estratégias de localização de armazenamento, 259-260
   função dos, 257
   sistemas de estantes, 261
Sistemas de armazenamento tipo carrossel, 269-271, 275-277
   análise de rendimento, 276-277
   aplicações, 270-271
   capacidade de armazenamento, 276
   sistema horizontal, 270
   sistema vertical, 270
   tecnologia, 270
Sistemas de comutação, 203
Sistemas de controle contínuo, 75-78
controle adaptativo, 76-77
   controle preditivo, 75
   controle regulatório, 74-75
   estratégias de busca on-line, 77-78
   otimização em estado estacionário, 75-76
   outras técnicas especializadas, 78
   Sistemas de controle de malha fechada, 62-63
   comparados aos sistemas de controle de malha aberta, 63-64
Sistemas de controle de movimento, 115-119
   controle ponto a ponto *versus* caminho contínuo, 115-116
   métodos de interpolação, 117-118
   posicionamento absoluto *versus* incremental, 117-118
   Sistemas de controle de processos discretos, 202-209
   controle lógico, 202-208

sequenciamento, 208-209
Sistemas de controle de robôs, 179-180
Sistemas de controle discreto, 78-79
Sistemas de controle distribuído (DCSs), 87-89
Sistemas de controle industrial, 71-91
  contínuo *versus* controle discreto, 75-79
Sistemas de identificação automática,
  armazenamento com, 268
  compatibilidade dos sistemas automatizados de
  Sistemas elétricos de movimentação e articulações do robô, 179
Sistemas de identificação e rastreamento, 225
Sistemas de montagem tipo carrossel, 394-395
Sistemas de movimentação das articulações, 220-221
Sistemas de percurso contínuo, 116
Sistemas de posicionamento, 63-64
Sistemas de posicionamento de CN
  análise de engenharia dos, 132-139
  definição, 132
  pontos endereçáveis, 137
  precisão nos, 137-139
  resolução do controle, 137-139
  sistemas de *loop* aberto, 132-133, 135
  sistemas de *loop* fechado, 132-133, 135-137
Sistemas de posicionamento de malha fechada, 132-133, 135-137
Sistemas de prateleiras, 260
Sistemas de produção, 2-6, 295-310
  automação em, 8-11
  automação e níveis de tripulação, 305-306
  automatizados, 8-9
  células monoestação, 305-307
  componentes dos, 298-302
  definição, 3, 69
  esquema de classificação para, 303-311
  fatores nos, 303
  instalações, 3-5
  layouts do sistema, 305
  máquinas de produção, 297-298
  modelo misto, flexibilidade no, 307-309
  número de estações de trabalho, 304-305
  reconfigurável, 308
  recursos humanos, 302
  sistema de manuseio de materiais, 299-301
  sistemas de apoio à produção, 3
  sistemas de controle por computador, 301-302
  sistemas de produção multiestação com roteamento fixo, 308-309
  sistemas multiestação com roteamento variável, 309
  tipos de operações executadas, 303
  trabalho manual nos, 10-12
  variedade da parte ou do produto, 303-306
Sistemas de produção com uma estação
  análise dos, 320-326
  clusters de máquina, 323-326

  número de estações de trabalho necessárias, 320-323
Sistemas de produção de modelo misto, flexibilidade nos, 305-307
Sistemas de produção flexíveis (SPFs), 57, 231, 296, 306, 309, 425, 438-472
  Allen-Bradley Company, FMS de montagem (exemplo), 454-455
  análise quantitativa dos, 457-470
  aplicações, 453-455
  aspectos de planejamento e projeto, 456-457
  aspectos operacionais, 458
  estações de carga/descarga, 445-446
  componentes do, 444-453
  controle de estação de trabalho, 449-450
  controle de ferramentas, 451-452
  controle do carro transportador, 451
  da Vought Aerospace (exemplo), 453
  dedicado, 444 545
  definição, 440-444
  diagnósticos, 452
  dimensionando, 470-472
  estações de trabalho, 445-447
  estações de usinagem, 446
  fabricação que usa chapas metálicas, 446
  flexibilidade, 440-441
  local da ferramenta, 451-452
  modelo de gargalo, 458-464
  modelo de gargalo estendido, 464-468
  monitoramento e relatório de desempenho, 452
  monitoramento da vida da ferramenta, 452
  monitoramento das peças, 451
  montagem, 446-447
  nível de flexibilidade, 543-544
  nota histórica, 439
  número de máquinas, 442-444
  ordem aleatória, 444
  outras estações de processamento, 446
  recursos humanos, 452-453
  relatórios de desempenho, 452
  equipamento de manuseio de material, 447-450
  sistema de controle computadorizado, 449-452
  sistema flexível de fabricação (exemplo), 453
  tipos de, 441-444
  vantagens, 455-456
Sistemas de produção multiestação com roteamento fixo, 375-376
  máquina de montagem como um jogo de oportunidades, 490-491
  medidas de desempenho, 491-494
Sistemas de manufatura reconfiguráveis, 308
Sistemas de robôs guiados por visão (VGR), 554
Sistemas de trabalho manual, 3
Sistemas de transporte assíncrono, 334
Sistemas de transporte de material, 223-256
  análise de sistemas baseados em veículos, 243-247

análise dos, 243-250
análise dos transportadores, 247-250
Sistemas de transporte de trabalho, 332-334
    buffers de armazenamento, 332
    estações bloqueadas, 332
    exaurido, 332
    métodos manuais de transporte de trabalho, 332-333
    transporte de trabalho mecanizado, 333-334
    Sistemas de visão, 548, *veja também* Visão de máquina
    em tons de cinza, 550
Sistemas de montagem flexíveis, 306
Sistemas lineares de transferência, 372-373
Sistemas pneumáticos, e articulações do robô, 178
Sistemas ponto a ponto, definição, 116
definição, 116
Sistemas rotativos de indexação, 370-371
Sistemas síncronos de transporte, 334
Sistemas trabalhador-máquina, 5
Smith, Adam, 331
Software de verificação de engrenagens, 544
Software para verificação da carroceria do automóvel, 544
Software para verificação de fios, 544
Sokolovskiy, A., 415
Soldagem, 28
    a arco, 184-185
    a ponto, 184
    de ponto, 184
    forma de energia, 59
    por fusão, 21
Soldagem, 21, 28
    por arco, 184-185
    por fusão
Solenoides, 101-102
    lineares, 101-102
SolidWorks, 144
Soma lógica, 205
Sondas de inspeção montadas na máquina, 546-547
Standard Operating Procedure (SOP), 496
Stulen, Frank, 57, 113-114
Submontagem, 25, 187
Subsídios a jusante, 335
Susskind, Alfred, 113

T
Tabelas verdade, 205-206
Tacômetro, 95
Tarjas magnéticas, 292
Taxa de amostragem, 104
Taxa de defeitos
    definição, 321
    efeito composto da, 520
    e requisitos da estação de trabalho, 319-321
    na produção em série, efeito da, 519-521
Taxa de encargos, 48
Taxa de gastos gerais corporativos, 48
Taxa de gastos gerais da fábrica, 48

Taxa de produção, 41-43
    produção em lote e por encomenda, 41-42
    produção em massa, 42-43
    tempo do ciclo, 41
Taylor, Frederick W. e Lilian, 22
TDC2000, 89
Tear, 20-21
    de Jacquard, 57
Teares, 57
Técnicas convencionais de medição e calibração, 536-537
Técnicas de radiação em inspeção, 557
Técnicas de toque, 283
Técnicas de triangulação óticas, 555-556
Tecnologia de grupo (TG), 31, 414-415 507-508
Tecnologia de orientação de veículos, 231-234
Tecnologia de processos, 369
Tecnologia linear de códigos de barra modulados por comprimento, 285
Tecnologias de inspeção não visuais, 534
Tecnologias de inspeção ótica, 534
Tecnologias de manuseio de material, 3
Tecnologias eletromagnéticas, 283
Tecnologias magnéticas, 283
Tecnologias óticas, 283
Têmpera, 21
Temperados, 21
Tempos de configuração (tempo de troca), 31
Tempo de configuração na produção em lote, e requisitos da estação de trabalho, 317-318
Tempo de conversão, 103
Tempo de produção (MLT), 43-45
Tempo de reposicionamento, 316, 321
Tempo de tolerância, 335, 458
Tempo de varredura, 217
Tempo do ciclo, 49
Tempo entre as falhas (MTBF), 42-43
Tempo ocioso, 352-353
Tempo para reparo (MTTR), 42-43
Tempos de preparo reduzidos, 38
Temporizador, 208
Temporizador com atraso no desligamento, 208
Temporizador com atraso no acionamento, 208
Terceirização, 2
    internacional, 2
Terceirização local, 2
Termistor, 95, 176
Termômetro bimetálico, 175
Termopar, 176
Teste de unha, 549
Teste de mudança no cronograma, 441
Teste de variedade de peças, 441
Teste não destrutivo (NDT), 511
Teste, inspeção *versus*, 510-511
Texto estruturado, 219
TG, *veja também* Tecnologia de grupo

Thomson Ramo Woodridge (TRW), 64
Tingimento, 20
Tolerância, 117
Tolerância em porcentagem de defeitos no lote, 512
Tolerâncias do processo
    definição, 479
    e tolerâncias, 479-480
Torneamento, 21, 27
Torno mecânico de Maudsley, 21
Towline conveyors, 238
Trabalhadores de colarinho azul, 3
Trabalhadores de colarinho branco, 3
Trabalhadores de serviços, 306, 332
    linhas de montagem manual, 353
Trabalho manual
    nas operações de fábrica, 10-11
    nos sistemas de produção, 10-12
Transdutor flutuador, 94
Transdutor piezoelétrico, 94
Transdutores, 93, 102
Transdutores digitais, 93
Transferência térmica, e impressão de códigos de barra, 289
Transistores, 58
Transportadores motirizados, 226
Transformador diferencial linear variável, 94
Transportador aéreo, 228
    motorizado e livre, 228
Transportador de carro em trilho, 228-229
Transportador de rodízios, 238
Transportador de roletes, 226
Transportadores unidirecionais, análise de, 247-248
Transportadores, 237-241
    aéreos, 238
    aéreos motorizado e livre, 238
    assíncronos, 240
    baseados em vibração, 239
    contínuos, 241
    de carro em trilho, 239
    de correntes, 238
    de esteira, 238
    definição, 237
    de piso, 238
    de rodízios, 238
    de roletes, 226
    elevador vertical, 239-240
    helicoidal, 239
    motorizados, 237
    movimento contínuo, 240
    não motorizados, 237
    operações e características, 240-241
    recirculação, 241
    unidirecional, 240
Transportadores baseados em vibração, 228-229
Transportadores contínuos, 230
    análise dos, 250-251

Transportadores monodirecionais, 230
Transporte de trabalho mecanizado, 333-334
    sistemas de transporte assíncronos, 334
    sistemas de transporte contínuos, 333-334
    sistemas de transporte síncronos, 334
    transporte intermitente, 334
Transporte direto, 302
Transporte intermitente, 334
Transportes assíncronos, 229-230
Transportes contínuos, 240
    análise dos, 249-250
Transportes de movimento contínuo, 229
Transportadores de esteira, 238
Transportadores helicoidais, 239
Tratamento de exceções, 83
Tratamento térmico, 21
    e robôs industriais, 185
    forma de energia, 59
Tratamentos superficiais, 27-28
Tratores de reboques, 228-229
Tratores de reboque industriais, 229
Trem de pulsos, 73, 107-108
Trem sem condutor, 232
Triagem, 517
Triagem, *veja também* Inspeção 100 por cento manual
Triangulação, 555-556
Trocador automático de ferramentas, 320
Trocador automático de paletes, 315, 320

U

Unidade central de processamento (CPU), 214
Unidade controladora, 59-60
Unidade de controle de máquina (UCM), 114, 120-122
    computador pessoal (PC) e, 122
    controles de sequência, 122
    eixos das máquinas-ferramenta, controles para, 121
    interface E/S, 121
    memória, 120-121
    unidade central de processamento (UCP), 120
    velocidade de rotação, controles para, 121
Unidade de Manutenção de Estoque (SKU), 259-260
Unidade de sistemas hidráulicos, e articulações do robô, 178
Unidade montada no chão, 270
Unidade orientada ao topo, 270
Unidades defeituosas por milhão, 489-490
Usinagem, 27, 375
    forma de energia, 59
Usinagem por controle adaptativo, 77
Usinagem por eletroerosão (EDM),
    forma de energia, 59
Utilização, 42, 43, 258, 455
    e requisitos da estação de trabalho, 321, 323-324

V

Variações aleatórias, 477
Variações atribuíveis, 477, 497

Variáveis de processo, 60
Variável contínua, 74-75
Variável discreta, 75
Variedade do produto, 29
   lidando com a, 336-337
Variedade intensa de produtos, 30
Variedade leve de produtos, 30
Varredura, 215
Varredura de baixo nível e de alto nível, 81-82
Varredura de entrada, 215
Varredura de saída, 215
Vazão, 227
do sistema, 258
Veículo com sensores, 223
Veículos guiados
automaticamente, 222-223
   por trilho, 225-226
Veículos monovia/guiados por trilho, 225-226
Velocidade de resposta, robôs industriais, 178
Velocidade, robôs industriais, 178
Visão computacional, *veja também* Visão de máquina
Visão de máquina, 183, 293, 548-553
   aplicações, 552-553
   aplicações de identificação de peças, 553
   aquisição e digitalização de imagens, 548-551
   câmeras, 550-551
   comparador ótico, 554
   definição, 548
   e inspeção, 552-553
   esquema de medição da matriz linear, 555
   iluminação, 551-552
   iluminação, categorias de, 551
   instrumentos óticos convencionais, 554
   interpretação, 553
   reconhecimento de objetos, 553
   reconhecimento de padrões, 553
   sistema de escalas de cinza, 550
   sistema de visão binária, 550
   sistema, funções básicas dos, 549
   sistemas laser, 555-556
   técnicas óticas de triangulação, 555-556
Volume de trabalho, 177

W
Watt, James, 57
Whitney, Eli, 22, 331
Wilkinson, John, 21
Williamson, David, 439
Windows (Microsoft), 58
Work content time, 335

Y
Yaw, movimento do punho do robô, 176-177

Z
Zona de silêncio, 286

SOBRE O AUTOR

Mikell P. Groover é professor de Engenharia Industrial e de Sistemas na Lehigh University, onde também atua como diretor do Laboratório George E. Kane de Tecnologia de Manufatura e como membro do programa de Engenharia em Sistemas de Manufatura. Graduou-se em Artes e Ciências (1961) e em Engenharia Mecânica (1962). Concluiu o mestrado em Engenharia Industrial (1966) e o doutorado (1969) na Lehigh. Registrado como engenheiro profissional na Pensilvânia, sua experiência industrial inclui muitos anos de trabalho como engenheiro de manufatura na Eastman Kodak Company. Desde que começou a trabalhar na Lehigh, prestou consultoria, realizou pesquisas e elaborou projetos para diversas indústrias.

Suas áreas de ensino e pesquisa incluem processos de manufatura, sistemas de produção, automação, manuseio de materiais, planejamento de instalações e sistemas de trabalho. Na Lehigh University, recebeu inúmeros prêmios por sua atuação como professor e também foi condecorado com o Albert G. Holzman Outstanding Educator Award do Instituto de Engenheiros Industriais (1995) e com o SME Education Award, da Sociedade de Engenheiros de Manufatura (2001). Entre suas publicações há mais de 75 artigos técnicos e nove livros (listados a seguir). Seus livros são utilizados em todo o mundo e já foram traduzidos para os idiomas francês, alemão, espanhol, português, russo, japonês, coreano e chinês. A primeira edição de *Fundamentals of modern manufacturing* recebeu os prêmios IIE Joint Publishers Award (1996) e o M. Eugene Merchant Manufacturing Textbook Award, da Sociedade dos Engenheiros de Manufatura (1996).

Doutor Groover é membro do Instituto de Engenheiros Industriais, da Sociedade Americana de Engenheiros Mecânicos (ASME), da Sociedade dos Engenheiros de Manufatura (SME), do Instituto Norte-Americano de Pesquisa em Manufatura (NAMRI) e da ASM International. Também é membro da IIE e da SME.

Livros anteriores deste autor:

Automation, production systems, and computer-aided manufacturing. Prentice Hall, 1980.

CAD/CAM: Computer-aided design and manufacturing. Prentice Hall, 1984 (em coautoria com E. W. Zimmers Jr.).

Industrial robotics: Technology, programming, and applications. McGraw-Hill Book Company, 1986 (em coautoria com M. Weiss, R. Nagel e N. Odrey).

Automation, production systems, and computer integrated manufacturing. Prentice Hall, 1987.

Fundamentals of modern manufacturing: Materials, processes, and systems.: Prentice Hall, 1996 (John Wiley & Sons, 1999.)

Automation, production systems, and computer integrated manufacturing. 2nd ed. Prentice Hall, 2001.

Fundamentals of modern manufacturing: Materials, processes, and systems. 2nd ed. John Wiley & Sons, 2002.

Fundamentals of modern manufacturing: Materials, processes, and systems. 3rd ed. John Wiley & Sons, 2007.

Work systems and the methods, measurement, and management of work. Pearson Prentice Hall, 2007.